V&R

Veröffentlichungen
des Max-Planck-Instituts für Geschichte

Band 186

Vandenhoeck & Ruprecht

Steffen Kaudelka

Rezeption im Zeitalter der Konfrontation

Französische Geschichtswissenschaft und
Geschichte in Deutschland 1920–1940

Vandenhoeck & Ruprecht

Bibliografische Information Der Deutschen Bibliothek

Die Deutsche Bibliothek verzeichnet diese Publikation in der
Deutschen Nationalbibliografie; detaillierte bibliografische Daten sind
im Internet über <http://dnb.ddb.de> abrufbar
ISBN 3-525-35184-4

© 2003, Vandenhoeck & Ruprecht in Göttingen
Internet: www.vandenhoeck-ruprecht.de
Alle Rechte vorbehalten. Das Werk einschließlich seiner Teile ist urheberrechtlich
geschützt. Jede Verwertung außerhalb der engen Grenzen des Urheberrechtsgesetzes
ist ohne Zustimmung des Verlages unzulässig und strafbar. Das gilt insbesondere für
Vervielfältigungen, Übersetzungen, Mikroverfilmungen und die Einspeisung und
Verarbeitung in elektronischen Systemen. Printed in Germany.
Gesamtherstellung: Hubert & Co., Göttingen
Umschlagkonzeption: Markus Eidt, Göttingen

Gedruckt auf alterungsbeständigem Papier.

Inhalt

Vorwort 9

Frankreich – Der »bewunderte Erbfeind«? 11

Einleitung 27

Kapitel I
Geschichtsschreibung in politischer Absicht: die Geschichte der deutsch-französischen Beziehungen aus der Sicht von Johannes Haller und Gaston Zeller

1. Johannes Haller – historische Wissenschaft als politische Propaganda 51
2. Deutschland und Frankreich – eine Schicksalsgemeinschaft 56
3. Das Buch in der deutschen und französischen Kritik 66
4. Gaston Zeller und der Streit um die »historische Rheinpolitik« Frankreichs 78
5. Der »Gegenentwurf«: »tausend Jahre deutsch-französische Beziehungen« aus französischer Sicht 97
6. Deutsche Reaktionen im Zeichen einer »mobilisation intellectuelle« 110
7. Kontinuitäten deutsch-französischen Gegensatzdenkens nach 1945 123

Kapitel II
Die Arbeiten Marc Blochs in der deutschen und österreichischen Kritik

1. Auch eine Geschichte »langer Dauer«: die Ablehnung der *Annales*-Historie in Deutschland nach dem Zweiten Weltkrieg 129
2. Marc Bloch und die deutsche Geschichtswissenschaft im Kontext neuerer Arbeiten zur Historiographiegeschichte 146
3. Marc Bloch als Historiker der mittelalterlichen Leibeigenschaft 152
   3.1 Die »Anfänge« des Historikers: *Rois et serfs* 154

3.2 Exkurs: Zum Briefwechsel Heinrich Sproemberg – Marc Bloch   166

3.3 Der »Fall« Eugen Wohlhaupter: ein Rezensent außerhalb der »Zunft« 172

4. Forschungen zum europäischen Königtum: *Les Rois thaumaturges* .. 181

4.1 Geringe Resonanz in Deutschland 184

4.2 Parallele Forschungen? Die Arbeiten Percy Ernst Schramms ... 188

5. Auf dem Weg zu einer europäischen Agrargeschichte: *Les caractères originaux de l'histoire rurale française* 203

5.1 Das Buch in der Kritik 208

5.2 Bloch-»Lektüren« im Umfeld der deutsch-österreichischen »Volksgeschichte«: Hermann Wopfner, Adolf Helbok, Barthel Huppertz 215

6. *La Société féodale*: Zur Rezeption eines »vergessenen« Buches 228

Anhang:

Tabelle 1: Übersicht über die in Deutschland und Österreich erschienenen Rezensionen und Notizen zu Schriften Marc Blochs   239

Tabelle 2: Übersicht über die in den *Jahresberichten für Deutsche Geschichte* erschienenen Notizen und Rezensionen 240

Kapitel III
Wissenschaftlicher Fortschritt und demokratische Perspektive.
Das Werk Hedwig Hintzes in der Weimarer Republik
und im Nationalsozialismus

1. »In Würde schweigen ...«? Hedwig Hintzes Frankreichbild im Spiegel ihrer Nachkriegspublizistik 241

2. Die Französische Revolution – ein »Prüfstein der Geister« 260

3. Kampf für die Weimarer Demokratie 282

4. Von Aulard zu Mathiez – die Französische Revolution als Modell einer sozialen Demokratie? 327

4.1 Geschichtsschreibung im Dienst der Republik: die Werke von Aulard, Jaurès und Mathiez und ihre Popularisierung in der deutschen Geschichtswissenschaft 336

4.2 Französischer Sozialismus und deutscher Marxismus – Vermittlungsbemühungen für eine europäische Perspektive 353

4.3 Vom Problem »Staatseinheit und Föderalismus« in der französischen Geschichte zur Forderung eines vereinten Europa: Hedwig Hintzes Habilitationsschrift als Synthese von historischer Wissenschaft und politischem Ideal 365

5. Nachwirkungen: Die Französische Revolution im Deutungskontext einer völkisch-nationalistischen Geschichtsschreibung 388

Kapitel IV
Institutionalisierte Ansätze zu einer Verbesserung des Besprechungswesens: Die »Deutsche Geschäftsstelle zur Verbreitung geschichtswissenschaftlicher Literatur im Ausland«

1. Zur Situation des Buch- und Zeitschriftenmarktes nach 1918 409

2. Die Initiierung der »Geschäftsstelle«: von den ersten Planungen 1931 bis zur Gründung 1934 413

3. Die Berliner Tagung 1936 435

4. Das Scheitern der Pariser Konferenz und das frühe Ende der »Geschäftsstelle« 439

5. Bilanz: Wissenschaft im Dialog? 457

Anhang: Dokumente 460

Resümee und Ausblick 473

Abkürzungsverzeichnis 484

Quellen- und Literaturverzeichnis 487

Personenregister 539

Vorwort

Die vorliegende Untersuchung ist die überarbeitete Fassung meiner Göttinger Dissertation vom Sommer 2001. Sie ist Ergebnis eines langjährigen Interesses an französischer Geschichte und Geschichtswissenschaft, das sich während eines Studienaufenthaltes in Besançon konkretisiert hat.

Für die engagierte Betreuung dieser Arbeit habe ich allen voran meinem Doktorvater Prof. Dr. Hans Medick herzlich zu danken. Er hat mich schon als Schüler zum Studium der Geschichtswissenschaft ermuntert und mich anschließend über viele Jahre mit unermüdlichem Zuspruch und hilfreicher Kritik begleitet. Auch bei persönlichen Sorgen und Nöten hat er mir mit Rat und Tat zu Seite gestanden und geholfen, wo er konnte.

Aufrichtig gedankt sei auch Prof. Dr. Hartmut Lehmann, der die Arbeit mit einem großzügig gewährten Stipendium überhaupt erst ermöglicht und in die Reihe der Veröffentlichungen des Max-Planck-Instituts für Geschichte aufgenommen hat. Prof. Dr. Rudolf von Thadden hat als Zweitgutachter dafür gesorgt, daß mein Promotionsverfahren noch im Sommersemester 2001 abgeschlossen werden konnte. In vielen Gesprächen hat er mich für die Problemlagen des deutsch-französischen Verhältnisses und die »politische Dimension« von Geschichtswissenschaft sensibilisiert.

Heinrich Tuitje hat das Manuskript akribisch Korrektur gelesen. Herrn Dr. Alexandre Escudier danke ich für seine Hilfsbereitschaft bei Übersetzungsproblemen.

Dank schulde ich schließlich den Kollegen und Kolleginnen vom Max-Planck-Institut für Geschichte für ihre freundliche und unkomplizierte Hilfsbereitschaft. Sie haben auch in menschlicher Hinsicht für ideale Arbeitsbedingungen gesorgt. Einen verständnisvollen Zuhörer habe ich besonders in Dr. Peter Schumann gefunden, der die Drucklegung der Arbeit betreut hat. Dr. Swantje Scharenberg hat mich in jeder Lebenslage unterstützt.

Das Buch widme ich meinen Eltern Brigitte und Klaus Kaudelka.

Jena im August 2002   Steffen Kaudelka

Frankreich – Der »bewunderte Erbfeind«?

> »Selten sind zwei Völker so aufeinander ›angelegt‹ gewesen wie Deutsche und Franzosen: Es gab Zeiten, in denen sie im andern einen Spiegel sahen, in dem sie sich selber klarer erkennen konnten als im bloßen Betrachten ihrer selbst. Und es gab Zeiten, in denen sie sich in einer fast apokalyptischen Weise feindlich gegenüberstanden. In den letzten anderthalb Jahrhunderten waren beide Völker im Verhältnis zueinander in einer Art von Manichäismus erstarrt. Es schien so, als glaubten beide, die Welt zerfalle in Mächte des Lichts und Mächte der Finsternis, und die Finsternis habe sich im Nachbarn inkarniert. Es entstand ein Geschichtsbewußtsein, das es vielen als immanente Logik der Geschichte erscheinen ließ, in einer tragischen Auseinandersetzung zwischen Deutschland und Frankreich bestehen zu müssen.«[1]

(Carlo Schmid)

Der Erste Weltkrieg markiert ohne Zweifel einen tiefen Einschnitt in der europäischen, vor allem in der deutsch-französischen Wissenschaftslandschaft. Er führte seitens der Siegermächte nicht nur zum offiziellen Abbruch der Kulturbeziehungen mit Deutschland, sondern zerschnitt auch zahlreiche persönliche Verbindungen deutscher Historiker mit französischen und belgischen Kollegen. Die vielfältigen, vor 1914 etablierten Kommunikationsstrukturen und Kooperationszusammenhänge, insbesondere auf dem Gebiet der wissenschaftlichen Zeitschriften, waren 1918 zerstört.[2] Auch keine der

---

[1] CARLO SCHMID, Vorwort zu: Adolf Schüttler, Unser Nachbar Frankreich, Gütersloh 1964, 1.
[2] Vgl. hierzu BEATE GÖDDE-BAUMANNS, Deutsche Geschichte in französischer Sicht. Die französische Historiographie von 1871 bis 1918 über die Geschichte Deutschlands und der deutsch-französischen Beziehungen in der Neuzeit, Wiesbaden 1971, insbes. 350 ff; DIES., Die Auseinandersetzung der Historiker mit der Niederlage: Frankreich nach 1870/71 – Deutschland nach 1918/19, in: Ilja Mieck/Pierre Guillen (Hg.), Nachkriegsgesellschaften in Deutschland und Frankreich im 20. Jahrhundert, München 1998, 193–206. Die wissenschaftlichen Beziehungen zwischen den Kriegsgegnern sind vor allem im Bereich der Naturwissenschaften erforscht. Vgl. dazu ausführlich BRIGITTE SCHRÖDER-GUDEHUS, Deutsche Wissenschaft und internationale Zusammenarbeit 1914–1928. Ein Beitrag zum Studium kultureller Beziehungen in politischen Krisenzeiten, Diss. Phil. Genf 1966; DIES., Internationale Wissenschaftsbeziehungen und auswärtige Kulturpolitik 1919–1933. Vom Boykott und Gegen-Boykott zu ihrer Wiederaufnahme, in: Rudolf Vierhaus/Bernhard vom Brocke (Hg.), Forschung im Spannungsfeld von Politik und

vor dem Krieg gegründeten deutsch-französischen Verständigungsorganisationen hatte die gewalttätigen Auseinandersetzungen überlebt.[3] Angesichts der verheerenden Kriegsfolgen einerseits und der breiten Unterstützung der Kriegszielpolitik durch die Intellektuellen andererseits waren die Voraussetzungen für eine Wiederaufnahme der wissenschaftlichen Beziehungen denkbar schlecht. Ein »geistiger Waffenstillstand«[4] (Fritz Stern) wurde nicht geschlossen. Vor dem Hintergrund des im Krieg verschärften Kampfes um den Rhein, der von vielen deutschen Intellektuellen mit zäher Energie und großem propagandistischen Aufwand als »Historikerschlacht um den Rhein«[5] geführt wurde, war an ein gegenseitiges Lernen und eine kritisch-produktive Auseinandersetzung mit der französischen Geschichtswissenschaft kaum mehr zu denken. Stattdessen hatte nicht erst mit dem Krieg eine Nationalisierung des Denkens[6] um sich gegriffen, die auch die Geschichtswissenschaft in ihren Bann gezogen hat. Welche tiefgreifenden Wirkungen der Krieg selbst auf die Generation der jüngeren, vom Fronterlebnis verschont gebliebenen Nachwuchshistoriker ausgeübt hat – Ernst Schulin spricht hier in Abgrenzung von den »älteren Historikern« und der »Frontgeneration« von der »Kriegsjugendgeneration«[7] – hat später der Meinecke-Schüler Gerhard Masur in seinen Lebenserinnerungen beschrieben. In seinem 50 Jahre nach dem

---

Gesellschaft. Geschichte und Struktur der Kaiser-Wilhelm-/Max-Planck-Gesellschaft, Stuttgart 1990, 858–885.

[3] So etwa der 1911 gegründete »Verband für internationale Verständigung«. Vgl. ausführlich HANS MANFRED BOCK, Das Deutsch-Französische Institut in der Geschichte des zivilgesellschaftlichen Austauschs zwischen Deutschland und Frankreich, in: Ders. (Hg.), Projekt deutsch-französische Verständigung. Die Rolle der Zivilgesellschaft am Beispiel des Deutsch-Französischen Instituts in Ludwigsburg, Opladen 1998, 11–122; 24.

[4] FRITZ STERN, Die Historiker und der Erste Weltkrieg. Eigenes Erleben und öffentliche Deutung, in: Ders., Verspielte Größe. Essays zur deutschen Geschichte des 20. Jahrhunderts, München 1998, 37–68; 53.

[5] Vgl. hierzu ausführlich FRANZISKA WEIN, Deutschlands Strom – Frankreichs Grenze. Geschichte und Propaganda am Rhein 1919–1930, Essen 1992.

[6] Zu den Wirkungen des Ersten Weltkrieges auf die deutsche Historiographie existiert eine umfassende Literatur. Vgl. dazu BERND FAULENBACH, Ideologie des deutschen Weges. Die deutsche Geschichte in der Historiographie zwischen Kaiserreich und Nationalsozialismus, München 1980; DERS., Deutsche Geschichtswissenschaft nach den beiden Weltkriegen, in: Gottfried Niedhart/Dieter Riesenberger (Hg.), Lernen aus dem Krieg? Deutsche Nachkriegszeiten 1918/1945, München 1992, 207–240; GIDEON REUVENI, Geschichtsdiskurs und Krisenbewußtsein: Deutsche Historiographie nach dem Ersten Weltkrieg, in: TelAviverJbdtG 25 (1996), 155–186.

[7] ERNST SCHULIN, Weltkriegserfahrung und Historikerreaktion, in: Wolfgang Küttler u. a. (Hg.), Geschichtsdiskurs, Bd. 4: Krisenbewußtsein, Katastrophenerfahrung und Innovationen 1880–1945, Frankfurt a. M. 1997, 165–188. Die »Kriegsjugendgeneration« umfaßt laut Schulin die zwischen 1901 und 1910 Geborenen.

Internationalen Historikerkongreß von 1928 verfaßten Bericht über eine Zusammenkunft, an der erstmals nach dem Ersten Weltkrieg wieder eine deutsche Delegation zugelassen war, notierte Masur: »Lese ich jetzt den Bericht, den ich vor mehr als 40 Jahren geschrieben habe, so bin ich erschrocken, wie sehr ich damals unter dem Einfluß des Nachkriegsnationalismus gestanden habe, der den ganzen Kongreß beherrschte.«[8]

Der Krieg gegen Frankreich, der von der Mehrheit der deutschen Gelehrten bekanntlich als »Kulturkrieg« gegen die vermeintlich in den »Ideen von 1789« kulminierende westliche »Zivilisation« geführt worden war, sollte den Gegner in seinem kulturellen und nationalen Selbstverständnis treffen.[9] Der von vielen prominenten Historikern zwischen 1914 und 1918 geleistete Waffendienst mit der Feder erschwerte die Wiederaufnahme der wissenschaftlichen Beziehungen nachhaltig. Die ideologisch überhöhte Antithese vom »Deutschem Geist und Westeuropa«[10] war weit über das Kriegsende hinaus virulent. Die deutsche Geschichtswissenschaft, in der kaum Anzeichen einer kritischen Selbstbesinnung zu vernehmen waren,[11] hatte 1918 aber nicht nur ihre einstige Vorrangstellung verloren. Nicht zuletzt aufgrund eines eigens inszenierten Gegen-Boykotts hatte sie sich demonstrativ von der internationalen Zusammenarbeit isoliert. Gerade einzelne Persönlichkeiten, die, wie

---

[8] GERHARD MASUR, Das ungewisse Herz. Berichte aus Berlin – über die Suche nach dem Freien, Holyoke/Ma. 1978, 121.

[9] Vgl. hierzu die Arbeiten von JÜRGEN U. WOLFGANG VON UNGERN-STERNBERG, Der Aufruf »An die Kulturwelt«. Das Manifest der 93 und die Anfänge der Kriegspropaganda im Ersten Weltkrieg, Stuttgart 1996; WOLFGANG J. MOMMSEN (Hg.), Kultur und Krieg: Die Rolle der Intellektuellen, Künstler und Schriftsteller im Ersten Weltkrieg, München 1996; FRITZ KLEIN, Die deutschen Historiker im ersten Weltkrieg, in: Joachim Streisand (Hg.), Studien über die deutsche Geschichtswissenschaft, Bd. 2: Die bürgerliche deutsche Geschichtsschreibung von der Reichseinigung von oben bis zur Befreiung Deutschlands vom Faschismus, Berlin (Ost) 1965, 227–248; FRITZ STERN, Die Historiker und der Erste Weltkrieg. Privates Erleben und öffentliche Erklärung, in: Transit 8 (1994), 116–136; sowie zuletzt KURT FLASCH, Die geistige Mobilmachung. Die deutschen Intellektuellen und der Erste Weltkrieg. Ein Versuch, Berlin 2000.

[10] So der Titel der von Hans Baron herausgegebenen Aufsätze von ERNST TROELTSCH, Deutscher Geist und Westeuropa. Gesammelte kulturphilosophische Aufsätze und Reden, Tübingen 1925. Vgl. dazu auch FLASCH, Die geistige Mobilmachung, 147 ff, passim. Zum Hintergrund des ideologisch überhöhten Gegensatzes von »deutscher Kultur« und westeuropäischer »Zivilisation« HERMANN LÜBBE, Politische Philosophie in Deutschland, Stuttgart 1963; sowie KLAUS VON SEE, Die Ideen von 1789 und die Ideen von 1914. Völkisches Denken in Deutschland zwischen Französischer Revolution und Erstem Weltkrieg, Gütersloh 1975.

[11] Als einer der wenigen deutschen Gelehrten forderte Walter Goetz sechs Jahre nach Kriegsende eine Überprüfung der politischen Grundlagen der Geschichtswissenschaft, so in seiner 1924 erschienenen Schrift »Die deutsche Geschichtsschreibung der Gegenwart« (in: Die deutsche Nation, 1. September 1924, wieder abgedruckt in: WALTER GOETZ, Historiker in meiner Zeit, Köln 1957, 415–424).

etwa Karl Lamprecht, einstmals gute Beziehungen zu belgischen und französischen Kollegen unterhielten, hatten sich in den Augen ihrer westlichen Kollegen aufgrund ihres Verhaltens im Krieg für jede weitere Zusammenarbeit disqualifiziert.[12] Aber auch jenseits des Rheins hatte man alte Verbindungen zu Deutschland gelöst. Am deutlichsten hatte der berühmte belgische Gelehrte Henri Pirenne seine Abkehr von der deutschen Wissenschaft verkündet. »Was wir von Deutschland verlernen müssen« war die Formel, die der bekannte und vor dem Krieg auch in Deutschland geschätzte Mediävist unter dem Eindruck seiner Internierung in einem deutschen Gefangenenlager 1919 nun als zukünftige Leitlinie für den wissenschaftlichen Verkehr mit dem besiegten Feind ausgab.[13] Damit war in der wissenschaftlichen Praxis für viele westeuropäische Wissenschaftler eine Position bezeichnet, die intellektuelle Neugier gegenüber deutschen Gelehrten und eine intensive Rezeption ihrer Werke, in Einzelfällen auch persönliche Beziehungen in Wirklichkeit zwar nicht grundsätzlich ausschloss, die aber gleichzeitig eine deutliche Abgrenzung und Distanz gegenüber dem Kriegsgegner zu erkennen gab. Dagegen stand die Aufmerksamkeit und Sachkenntnis, mit welcher der französische Mediävist Marc Bloch in den zwanziger und dreißiger Jahren die Entwicklung der deutschen Geschichtswissenschaft verfolgte, zahlreiche Arbeiten deutscher Historiker rezensierte und im eigenen Land bekanntmachte, zugleich aber jede Form nationalistischen Denkens kompromißlos ablehnte und damit den »alten Sünden« konsequent zu begegnen versuchte.[14]

In der ungeliebten Republik von Weimar sah sich die Mehrheit der Historiker vor umfangreiche tagespolitische Aufgaben gestellt. Der Kampf gegen das »System von Versailles«, der Verlust Elsaß-Lothringens, die Besetzung

---

[12] Vgl. dazu BRYCE LYON (Hg.), The Letters of Henri Pirenne to Karl Lamprecht (1894–1915), in: Bulletin de la Commission Royale d'Histoire 132 (1966), 161–231, sowie ROGER CHICKERING, Karl Lamprecht. A German Academic Life (1856–1915), Atlantic Highlands, NJ 1993.

[13] Dazu PETER SCHÖTTLER, »Désapprendre de l'Allemagne«: les Annales et l'histoire allemande pendant l'entre-deux-guerres, in: Hans Manfred Bock (Hg.), Entre Locarno et Vichy. Les relations culturelles franco-allemandes dans les années trente, Bd. 1, Paris 1993, 439–461; DERS., Französische und deutsche Historiker-Netzwerke am Beispiel der frühen »Annales«, in: Hamit Bozarslan (Hg.), Regards et miroirs. Mélanges Rémy Leveau, Leipzig 1997, 213–226. Zu Pirennes Internierung in Deutschland vgl. MATTHIAS STEINBACH, Der Weg ins Niemandsland. Wissenschaft und Krieg: Henri Pirenne als Kriegsgefangener in Jena, in: FAZ, 22. 5. 1996; sowie die Pirenne-Biographie von BRYCE LYON, Henri Pirenne. A biographical and intellectual study, Ghent 1974.

[14] Dies wird besonders in dem von PETER SCHÖTTLER herausgegebenen Band: Marc Bloch. Historiker und Widerstandskämpfer, Frankfurt a. M./New York 1999, deutlich.

des Rheinlandes und schließlich der Ruhrkampf boten zahlreiche, öffentlich honorierte Betätigungsfelder. Bis in die dreißiger Jahre hinein wurde, wie Hans Rothfels rückblickend bemerkte, ein Großteil der wissenschaftlichen Energie von tagespolitischen Herausforderungen absorbiert.[15] Als Gegenstand historischer Untersuchungen erschien der Nachbar im Westen stets im Licht der Auseinandersetzung mit der Kriegsschuldfrage und der Agitation gegen den Versailler Vertrag. Eine große Bedeutung kam dementsprechend der Aufarbeitung des historischen Gegensatzes zwischen Deutschland und Frankreich zu. Hierbei rückte, wie exemplarisch an dem Neorankeaner Hermann Oncken gezeigt worden ist, die Frage nach den Zielen und Methoden der französischen Außenpolitik in das Zentrum einer gegenwartspolitisch motivierten Forschung.[16] An die Stelle einer notwendigen selbstkritischen Auseinandersetzung mit der Niederlage und der Rolle des eigenen Berufsstandes im Kontext der geistigen Kriegsführung trat die Anklage eines gegen Deutschland gerichteten Expansionsdranges, die nur zu oft in die Stigmatisierung Frankreichs als »Erbfeind« mündete. Eine sachliche und vorurteilslose Beschäftigung mit Frankreich und französischer Geschichte blieb in dieser Zeit offensichtlich eine Randerscheinung – auch wenn man in Rechnung stellt, daß die Historikerschaft weder im Kaiserreich noch in der Weimarer Zeit eine politisch homogene Gruppe darstellte. Bereits während des Krieges war es in der Diskussion über die deutschen Kriegsziele bekanntlich zu einer Spaltung der Historikerschaft gekommen, die in der Weimarer Republik unter einem neuen staatlichen und gesellschaftlichen Bezugssystem weiterhin Bestand hatte und gewissermaßen zum Spiegelbild der »segmentierten Kultur«[17] von Weimar geriet. Selbst in der außenpolitisch entspannten Lage nach dem Vertrag von Locarno und der Aufnahme Deutschlands in den Völkerbund gerieten Intellektuelle, die sich, wie die Historikerin Hedwig Hintze in verständigungspolitischer Absicht der französischen Geschichte widmeten, schnell an den Rand der »Zunft«. Unbestritten war die von Briand

---

[15] Hans Rothfels, Die Geschichtswissenschaft in den Dreißiger Jahren, in: Deutsches Geistesleben und Nationalsozialismus. Eine Vortragsreihe der Universität Tübingen. Hg. Andreas Flitner, Tübingen 1965, 90–107.

[16] Zur Frankreich-Historiographie Hermann Onckens vgl. Roland A. Höhne, Die Frankreichhistoriographie der Weimarer Republik am Beispiel von Hermann Oncken, in: Michael Nerlich (Hg.), Kritik der Frankreichforschung 1871–1975, Karlsruhe 1977, 96–109; Klaus Schwabe, Hermann Oncken, in: Deutsche Historiker, Bd. 2 Hg. Hans-Ulrich Wehler, Göttingen 1971, 81–97; Christoph Weisz, Geschichtsauffassung und politisches Denken Münchener Historiker der Weimarer Zeit, Berlin 1970, 244 ff.

[17] Der Begriff stammt von Detlev J. Peukert, Die Weimarer Republik. Krisenjahre der klassischen Moderne, Frankfurt a. M. 1987.

und Stresemann vertretene Verständigungspolitik in ihrer versöhnlichen Absicht der öffentlichen Meinung in Deutschland oftmals voraus.[18]

Während viele deutsche Historiker das Klischee vom historischen »Erbfeind« und einer dauernden Völkerfeindschaft pflegten, konstruierte eine im Umfeld der Weimarer Romanistik betriebene »Kultur- oder Wesenskunde« den Mythos eines generellen, »wesensbedingten« Antagonismus zwischen Deutschen und Franzosen. Grundsätzlich und »wesensmäßig« verstandene Gegensätze zwischen deutscher und französischer Mentalität sollten dabei auf der Grundlage völkerpsychologischer Theoreme wissenschaftlich untermauert werden.[19] An erster Stelle sind hier Romanisten wie Eduard Wechssler[20] und Ernst Robert Curtius[21] oder Essayisten wie Friedrich Sieburg,[22] Hermann Keyserling[23] und Otto Grautoff zu nennen,[24] die in vielgelesenen Büchern ein populäres und ästhetisch verzeichnetes Bild vom gegenwärtigen Frankreich als einem traditionellen, im Niedergang begriffenen oder bestenfalls »statischen« Land vermittelten.[25] Im Zentrum ihrer Publizistik stand ei-

---

[18] Vgl. hierzu die kritischen Erwägungen von PETER KRÜGER, Die Außenpolitik der Republik von Weimar, Darmstadt, 2. Aufl. 1993, 551 ff.

[19] Zu diesem Thema umfassend GERHARD BOTT, Deutsche Frankreichkunde 1900–1933. Das Selbstverständnis der Romanistik und ihr bildungspolitischer Auftrag, 2 Bde., Rheinfelden 1982.

[20] Esprit und Geist: Versuch einer Wesenskunde des Deutschen und des Franzosen, Bielefeld/Leipzig 1927.

[21] Die französische Kultur. Eine Einführung, Stuttgart 1930 (Frankreich, Bd. 1); ARNOLD BERGSTRAESSER, Staat und Wirtschaft Frankreichs, Stuttgart 1930 (Frankreich, Bd. 2). Auf die Anfang der siebziger Jahre durch Michael Nerlich ausgelöste Debatte und zuletzt Anfang der neunziger Jahre wieder entbrannte Kontroverse um Curtius kann an dieser Stelle nicht eingegangen werden. Vgl. dazu WALTER BOEHLICH, Ein Haus, in dem wir atmen können. Das Neueste zum Dauerstreit um den Romanisten Ernst Robert Curtius, in: Die Zeit, 6.12.1996; und WINFRIED WEHLE, Unversöhnt. Zum Streit um Ernst Robert Curtius, in: FAZ, 11.3.1998.

[22] Gott in Frankreich? Ein Versuch, Frankfurt a. M. 1929 (frz. Übersetzung u. d. T. Dieu est-il français?, Paris 1932).

[23] Das Spektrum Europas, Heidelberg 1928.

[24] Die Maske und das Gesicht Frankreichs in Denken, Kunst und Dichtung, Stuttgart 1923. Zu Grautoffs Rolle als Frankreichinterpret und Gründer der »Deutsch-Französischen Gesellschaft« vgl. INA BELITZ, Befreundung mit dem Fremden: Die Deutsch-Französische Gesellschaft in den deutsch-französischen Kultur- und Gesellschaftsbeziehungen der Locarno-Ära. Programme und Protagonisten der transnationalen Verständigung zwischen Pragmatismus und Idealismus, Frankfurt a. M. usw. 1997.

[25] Zum Hintergrund vgl. ERNST SCHULIN, Das Frankreichbild deutscher Historiker in der Zeit der Weimarer Republik, in: Francia 4 (1976), 659–673. Von diesem kulturkundlichen Kontext müssen die Arbeiten von Paul Distelbarth, insbesondere sein Hauptwerk »Lebendiges Frankreich« (Berlin 1936), abgegrenzt werden. Vgl. dazu HANS MANFRED BOCK (Hg.), Paul H. Distelbarth: Das andere Frankreich. Aufsätze zur Gesellschaft, Kultur und Politik Frankreichs und zu den deutsch-französischen Beziehungen 1932–1953, Bern 1997.

ne antithetische Wahrnehmung, die weniger auf die Wahrnehmung der kulturellen Besonderheiten des Nachbarlandes zielte, sondern vielmehr dem Erkennen der nationalen Eigenart dienen sollte. »Bleiben wir also alle verschieden, behaupten wir unsere Unterschiede und versuchen wir, uns besser zu verstehen«, lautete die Formel, mit der Ernst Robert Curtius im Jahr 1922 die Grundlagen für eine zukünftige deutsch-französische Verständigung auf den Punkt zu bringen suchte.[26] Bildhaft verdichtet findet sich dieses Wahrnehmungsmuster vor allem bei Friedrich Sieburg. In seinem in Deutschland bald den Rang eines »Klassikers« einnehmenden und kurze Zeit später auch ins Französische übersetzten Buch »Gott in Frankreich?« bekannte er: »Ich bin ... durch die unermüdliche Art, in der ich mich an Frankreich maß, gleichsam immer deutscher geworden«. Das deutsche und das französische »Wesen« verstand Sieburg gar als die »beiden Pole des Menschseins«: »Mag das, was uns zu Frankreich hinzieht und von ihm abstößt, auch einen völlig veränderten weltpolitischen Hintergrund haben, es führt uns, ob wir wollen oder nicht, auf uns selbst zurück«.[27]

Diese völkerpsychologisch inspirierte Deutung Frankreichs, die in den zwanziger Jahren in der deutschen Öffentlichkeit die geistige Auseinandersetzung mit dem westlichen Nachbarn dominierte, trat sowohl bei Anhängern als auch bei erklärten Gegnern einer deutsch-französischen Verständigung in Erscheinung.[28] Das trotz aller fundamentalen politischen Gegensätze auch nach 1918 zu beobachtende ausgeprägte kulturelle Interesse an Frankreich war jedoch, wie Hans Manfred Bock betont, im Weimarer Bildungsbürgertum »stark nationalpädagogisch« motiviert. Damit waren dem Verstehen des Nachbarlandes von vornherein Grenzen gesetzt, die jedoch in Einzelfällen überschritten werden konnten.[29] Politisch-revisionistische Forderungen ließen sich demnach mühelos mit Lernprozessen und, wie etwa am Beispiel der Deutsch-Französischen Gesellschaft gezeigt worden ist, auch mit konstruktiven Ansätzen verbinden.[30] Obwohl es weniger die Historiker waren, die in den zwanziger und dreißiger Jahren populäre Vorstellungen des gegenwärtigen Frankreich prägten, schlug sich der von der Weimarer

---

[26] Zit. nach GÉRARD RAULET, Gescheiterte Modernisierung. Kritische Überlegungen zur deutschen Frankreichkunde der Zwischenkriegszeit, in: Begegnung mit dem ›Fremden‹: Grenzen–Traditionen–Vergleiche. Hg. Eijiro Iwasaki, Bd. 2, München 1991, 289–301; 297.

[27] Zitiert nach der deutschen Ausgabe, Stuttgart 1993, 30, 22–23. Zu Sieburg TILMAN KRAUSE, Mit Frankreich gegen das deutsche Sonderbewußtsein. Friedrich Sieburgs Wege und Wandlungen in diesem Jahrhundert, Berlin 1993.

[28] Vgl. SCHULIN, Das Frankreichbild deutscher Historiker, 660.

[29] Vgl. BOCK, Das Deutsch-Französische Institut in der Geschichte des zivilgesellschaftlichen Austauschs zwischen Deutschland und Frankreich, 41 ff.

[30] BELITZ, Befreundung mit dem Fremden (wie Anm. 24).

Romanistik und großen Teilen der Frankreich-Publizistik verbreitete Mythos von unterschiedlichen Volkscharakteren auch in den Schriften einiger Historiker nieder. Elemente der traditionellen Frankreich-Topik flossen beispielsweise in das Frankreich-Bild Franz Schnabels ein, der auf der einen Seite fest von der Notwendigkeit eines deutsch-französischen Ausgleichs und der Überwindung der »Ideen von 1914« überzeugt war, andererseits aber Bedürfnis nach Erkenntnis des »klassischen Geistes des Franzosentums« verspürte.[31] Und selbst ein betont national denkender Gelehrter wie Gerhard Ritter unterstrich 1933: »Denn nur im Vergleich mit der Geistesart anderer Nationen lerne ich die Besonderheit der eigenen wirklich verstehen. Zugleich aber entrinne ich der Gefahr verständnisloser Ablehnung der fremden und kritikloser Überschätzung der eigenen Volksart, indem ich fremde Geistesart aus ihren historischen Wurzeln begreifen lerne.«[32] Das in der Zeit zwischen den Kriegen von der »Frankreichkunde« oder »Kulturkunde« entwickelte Konzept von »Verständigung«, das insbesondere von dem Heidelberger Politologen Arnold Bergstraesser theoretisch begründet wurde,[33] diente oftmals als ideologische Folie in der historiographischen Auseinandersetzung mit französischer Geschichte und Geschichtswissenschaft.[34] Der von der »Wesenskunde« entfachte Mythos vom »Dauerfranzosen« bot als weltanschauliches Konstrukt der politischen Instrumentalisierung jedweder Färbung eine breite Angriffsfläche.[35] Die These Gérard Raulets, wonach

---

[31] THOMAS HERTFELDER, Franz Schnabel und die deutsche Geschichtswissenschaft. Geschichtsschreibung zwischen Historismus und Kulturkritik (1910-1945), 2 Bde., Göttingen 1998, 401. In dem von Paul Hartig und Wilhelm Schellberg herausgegebenen »Handbuch der Frankreichkunde« (Frankfurt a. M. 1930) erschöpft sich die Darstellung der französischen Geschichtswissenschaft im Abschnitt »Französische Philosophie und Wissenschaft« in der Erhebung Hippolyte Taines zum »repräsentativsten Vertreter der neueren französischen Geschichtsschreibung«, bei dem die »mathematische Anlage des Franzosen am reinsten« hervortrete. (194)

[32] GERHARD RITTER, Die Ausprägung deutscher und westeuropäischer Geistesart im konfessionellen Zeitalter, in: Congrès International des Sciences Historiques 7 (1933). Résumés des communications 1. 2. 1933, 139-141.

[33] Programmatischen Stellenwert besaß in diesem Kontext seine Schrift »Sinn und Grenzen der Verständigung zwischen Nationen« (München/Leipzig 1930), in der allen republikanischen und pazifistischen Konzeptionen einer Verständigung zwischen Staaten und Kulturen, die um ihrer selbst willen den intellektuellen Austausch suchten und sich davon eine Überwindung nationaler Gegensätze versprachen, eine »schneidende Absage« erteilt wurde. Vgl. dazu ausführlich REINHART MEYER-KALKUS, Die akademische Mobilität zwischen Deutschland und Frankreich (1925-1992), Bonn 1994, 53 ff.

[34] Auch in der *Historischen Zeitschrift* wurden zahlreiche romanistische und populärwissenschaftliche Arbeiten über Frankreich aufmerksam registriert und rezensiert, so etwa die Sammelbesprechung von EDUARD WECHSSLER, Zur Kenntnis des jüngsten Frankreich, in: HZ 134 (1926), 534-544.

[35] Vgl. dazu INGO KOLBOOM, Von der heillosen zur heilsamen Verstrickung. Deutsche und

hinsichtlich der Frankreichkunde der Zwischenkriegszeit nicht von mehreren, sondern von einem einzigen Frankreich-Bild gesprochen werden müsse, das nicht nur die Wechselfälle der politischen Konjunkturen überdauert habe, kann daher einige Plausibilität für sich beanspruchen.[36] Das Stereotyp von Frankreich als dem »Land des Nationalismus« und der zivilisatorischen Sendung passe Raulet zufolge nicht in das herkömmliche »Rechts-Links-Schema, sondern finde sich im gesamten Spektrum der Frankreich-Diskurse wieder. Folgt man den Überlegungen der Imagologie, wurde Frankreich vor dem Hintergrund der geistigen Krise der ersten deutschen Republik nicht allein als ein zu bekämpfender Gegner, sondern vor allem auch als Mitgestalter der eigenen, kollektiven Identität verstanden.[37]

Schließlich erschien nach dem verlorenen Weltkrieg die politische und geistige Auseinandersetzung mit Frankreich als geeignetes Mittel zur Festigung der »Volksgemeinschaft«. So dienten – um nur ein herausstechendes Beispiel zu nennen – die 1925 als »antifranzösisches Festival« (Peter Schöttler)[38] inszenierten »Tausendjahrfeiern« der Zugehörigkeit des Rheinlandes zum deutschen »Volksboden« als »Medium einer nationalen Einbindung und Selbstvergewisserung der [deutschen] Bevölkerung, durch die, wie Hermann Aubin formulierte, eben auch das »Bewußtsein des völkischen Zusammenhangs« geschärft werden sollte.[39]

Welcher Raum aber blieb tatsächlich nach den Erfahrungen des Weltkrieges für eine kritische oder gar konstruktive Auseinandersetzung mit der wissenschaftlichen Produktion des ehemaligen Kriegsgegners? Inwieweit war die Beschäftigung mit der französischen Historiographie von den Erfahrungen der anhaltenden Konfrontation zwischen beiden Ländern bestimmt? Wie haben deutsche Historiker im Schatten von »Versailles« französische Geschichte interpretiert und Ergebnisse der französischen Geschichtswissenschaft aufgenommen, beurteilt und in den eigenen Erkenntnishorizont einbezogen? Welches Selbstverständnis wurde dabei deutlich? Inwieweit diente

---

Franzosen in der gegenseitigen Wahrnehmung, in: Hans Süssmuth (Hg.), Deutschlandbilder in Dänemark und England, in Frankreich und den Niederlanden, Baden-Baden 1996, 287-299; 292.

[36] RAULET, Gescheiterte Modernisierung. Nach Auffassung Raulets ist der herkömmliche, periodisierende Ansatz der Geschichtswissenschaft zugunsten der Vorstellung von einem »synchronen Bild der Kollektivsymbolik« zu verwerfen.

[37] Ebd., 298 f, KOLBOOM, Von der heillosen zur heilsamen Verstrickung, 293 f.

[38] Der Rhein als Konfliktthema zwischen deutschen und französischen Historikern in der Zwischenkriegszeit, in: 1999. Zeitschrift für Sozialgeschichte des 20./21. Jahrhunderts 9, H. 2 (1994), 46-67; 54.

[39] Vgl. dazu etwa WILLI OBERKROME, »Grenzkampf« und »Heimatdienst«. Geschichtswissenschaft und Revisionsbegehren, in: TelAviverJbdtG 25 (1996), 187-204, 198 ff.

die Berichterstattung über die französische Forschung als Mittel zur Abgrenzung von der gegnerischen Wissenschaftskultur und zur Hervorhebung des »Eigenen«? Und wo wurden Ansätze zu einem konstruktiven Dialog oder zu einer produktiven Aneignung sichtbar? Diesen Fragen möchte die vorliegende Arbeit anhand ausgewählter Problemstudien nachgehen, ohne sie freilich abschließend beantworten zu können. Durch die Beschränkung auf den engeren Personenkreis der deutschen Historiker müssen viele frankreichkundliche Publikationen und viele Schlüsselfiguren der deutsch-französischen Beziehungen unberücksichtigt bleiben, insbesondere jene Gruppe von Frankreichkennern, deren publizistisch-propagandistisches Werk in den Jahren nach 1933 auf bedingungslose Unterwerfung oder zumindest auf Kollaboration Frankreichs mit dem NS-Staat zielte.[40] So kann in dieser Arbeit nicht der Frage nachgegangen werden, welche Rolle jene auf Frankreich spezialisierten Institute und Organisationen wie etwa die Auslandswissenschaftliche Fakultät der Berliner Universität für die Ausbildung von NS-Funktionsträgern oder die Kriegsvorbereitung gespielt haben.[41]

Wenn mit diesen einleitenden Bemerkungen versucht wird, die Rolle Frankreichs im politischen und historischen Horizont deutscher Historiker zu skizzieren, so ist damit über das Verhältnis zwischen der deutschen und der französischen Geschichtswissenschaft und ihrer gegenseitigen Wahrnehmung zunächst wenig gesagt. Unstrittig ist hingegen, daß sich in der deutschen Geschichtswissenschaft, insbesondere in ihrem konservativ-nationalen Spektrum, viele Historiker in der Situation einer fortdauernden Konkurrenz mit der französischen Historiographie wähnten und sich durch französische Forschungsleistungen einer permanenten intellektuellen Herausforderung gegenübersahen. Vor diesem Hintergrund motivierte – oder steigerte – nationalstaatliches Denken die gegenseitige Beobachtung und die Aneignung oder Abwehr »fremder« Verdienste. So lobte selbst ein nationalistisch und den Franzosen keineswegs wohlwollend gesonnener Gelehrter wie Adalbert

---

[40] Vgl. hierzu FRANK-RUTGER HAUSMANN, »Deutsche Geisteswissenschaft« im Zweiten Weltkrieg. Die »Aktion Ritterbusch« (1940–1945), Dresden/München 1998. Ausführlicher zum deutschen Frankreichbild im Nationalsozialismus WOLFGANG GEIGER, L'image de la France dans l'Allemagne nazie 1933–1945, Rennes 1999.

[41] Die Rolle einiger Schlüsselfiguren in den deutsch-französischen Beziehungen wie etwa die Ernst Wilhelm Eschmanns (Frankreich-Referent im Auslandswissenschaftlichen Institut) ist bislang nicht vollständig untersucht. Vgl. jedoch die für diesen Personenkreis wichtigen Vorarbeiten von ECKARD MICHELS, Das Deutsche Institut in Paris 1940–1944. Ein Beitrag zu den deutsch-französischen Kulturbeziehungen und zur auswärtigen Kulturpolitik des Dritten Reiches, Stuttgart 1993, sowie von LUTZ HACHMEISTER, Der Gegnerforscher. Die Karriere des SS-Führers Franz Alfred Six, München 1998. Vgl. hierzu auch FRANK-RUTGER HAUSMANN, »Vom Strudel der Ereignisse verschlungen«. Deutsche Romanistik im »Dritten Reich«, Frankfurt a. M. 2000, 541 ff.

Wahl noch im Jahr 1936: »Die Franzosen sind uns deutschen Historikern an Gründlichkeit und Breite ihrer Untersuchungen und Monographien seit langem überlegen.«[42] Und auch Johannes Haller sah die einstmals führende deutsche Geschichtswissenschaft durch eine in seinen Augen besonders erfolgreiche französische Historiographie »täglich« herausgefordert.[43] Daß in solchen Beteuerungen nur zu oft Häme und Mißgunst ebenso wie ein borniertes Überlegenheitsgefühl der eigenen »Zunft« mitschwangen, braucht an dieser Stelle nicht eingehender betont zu werden. Auch ist mit dieser Feststellung noch nicht gesagt, in welchem Maß ein ausgeprägtes nationalstaatliches Konkurrenzdenken die gegenseitige Beobachtung und mithin Prozesse der Abgrenzung oder aber produktiven Aneignung ausländischer Wissenschaft intensivierte.

Zweifellos hingen auch nach 1918 viele deutsche Historiker mit Leidenschaft und innerer Zerrissenheit am »Erbfeind« Frankreich – vor allem jene, die, wie etwa Alexander Cartellieri in Frankreich gelebt, oder jene, die wie Robert Holtzmann an der ehemals deutschen Universität Straßburg gelehrt hatten.[44] Selbst bei einem ausgesprochen nationalistischen Gelehrten wie Johannes Haller, der sich als Hochschullehrer und Publizist wie kaum ein anderer seiner Kollegen als Gegner Frankreichs exponiert hat, war ein unverändert starkes kulturelles Interesse am Nachbarland zu beobachten. Heribert Müller hat angesichts der von Haller und vielen anderen Deutschen gegenüber der französischen Kultur und Sprache empfundenen Faszination die treffende Formel vom »bewunderten Erbfeind« geprägt.[45] Die in dieser Denkfigur verdichtete Ambivalenz gegenüber dem Nachbarland, die wohl für die meisten deutschen Historiker charakteristisch war, hatte Hermann Heimpel eindringlich zum Ausdruck gebracht. In einer ausgerechnet am 14. Juli 1939 gehaltenen Rede stilisierte er Frankreich als das Land einer »Fremde besonderer Art«, als ein »Land der feindlichen, der bösartigen, der heim-

---

[42] ADALBERT WAHL, Rez. von: Armand Rebillon, Les États de Bretagne de 1661 à 1789, Paris 1932; Les sources de l'histoire des états de Bretagne 1492-1791, Paris 1932; in: HZ 154 (1936), 168-170.

[43] Vgl. hierzu unten Kap. I.

[44] Vom »unvergleichlichen Zauber der französischen Sprache« sprach etwa Franz Schnabel. Verbunden war damit der Glaube an Frankreich als das führende Volk Europas. Vgl. HERTFELDER, Franz Schnabel, 404. Zu Cartellieris Bewunderung Frankreichs vgl. MATTHIAS STEINBACH, Des Königs Biograph. Alexander Cartellieri (1867-1955). Historiker zwischen Frankreich und Deutschland, Frankfurt a. M. 2001; DERS., Paris-Erfahrung, Identität und Geschichte. Revolutionsgeschichtsschreibung und Frankreichbild bei Alexander Cartellieri (1867-1955), in: Francia 26/2 (1999), 141-162.

[45] Der bewunderte Erbfeind. Johannes Haller, Frankreich und das französische Mittelalter, in: HZ 252 (1991), 265-317.

lich geliebten Brüder«.⁴⁶ Und wenige Monate später, nach dem Beginn des Feldzugs gegen Frankreich, schrieb derselbe Historiker: »Frankreich ist wieder zum Krieg gegen Deutschland angetreten ... Krieg mit Frankreich ist etwas Besonderes, er hat einen höheren Rang, den Rang der Gemeinsamkeit und der Feindschaft zugleich. Gemeinsamkeit ist hier mehr als die vielberufene englisch-deutsche ›Vetternschaft‹, mehr als ein dünner sentimentaler Europäismus. Sie ist verborgene Liebe und offener Haß, sie ist feindschaftliche Brüderschaft.«⁴⁷

Wenn viele Historiker in den zwanziger Jahren den Glauben an eine deutsch-französische, die Zukunft Europas oder gar das »Abendland« bestimmende Schicksalsgemeinschaft geteilt hatten,⁴⁸ so begrüßten sie 1933 euphorisch den Beginn des »Dritten Reiches« und die nun von den Nationalsozialisten in Aussicht gestellte gewaltsame Revision des Versailler Vertrages. In ihrem »antifranzösischen Affekt«, den Ernst Schulin etwa bei Hermann Heimpel diagnostiziert hat, kamen viele Historiker dem nationalsozialistischen Geschichtsbild aber nicht nur sehr nahe. Auch ein Gelehrter wie Heimpel hatte sich als »Anhänger der historischen Westforschung« ausgewiesen, deren Vertreter seit 1918/19 die Revision der deutschen Westgrenze propagierten.⁴⁹ Auch er hat damit, soweit heute ersichtlich ist, der Eroberungspolitik des »Dritten Reiches« wissenschaftlich vorgearbeitet.⁵⁰

Die Begeisterung, mit der Historiker ganz unterschiedlicher wissenschaftlicher und politischer Prägung die Außenpolitik der Nationalsozialisten öffentlich begrüßten und verteidigten, kulminierte schließlich in den euphorischen Stimmen, mit denen dieselben 1940 den Sieg über Frankreich feierten. Darunter befanden sich nicht nur Vertreter des Faches, die, wie etwa Franz

---

⁴⁶ HERMANN HEIMPEL, Frankreich und das Reich, in: HZ 161 (1940), 229–243; 232.

⁴⁷ DERS., Der Kampf um das Erbe Karls des Großen. Deutschland und Frankreich in der Geschichte, in: DAZ, 24.3.1940.

⁴⁸ »Gelingt es nicht, Frankreich und Deutschland zusammenzuführen, dann ist das Ende der abendländischen Kultur gekommen«, betonte Franz Schnabel. Vgl. HERTFELDER, Franz Schnabel, 402.

⁴⁹ Dazu PETER SCHÖTTLER, Die historische »Westforschung« zwischen »Abwehrkampf« und territorialer Offensive, in: Ders. (Hg.), Geschichtsschreibung als Legitimationswissenschaft 1918–1945, Frankfurt a. M. 1997, 204–261. Eine aktuelle Übersicht über die verschiedenen Strömungen innerhalb der »Westforschung«, auf die an dieser Stelle nicht näher eingegangen werden kann, bietet BURKHARD DIETZ, Die interdisziplinäre »Westforschung« der Weimarer Republik und NS-Zeit als Gegenstand der Wissenschafts- und Zeitgeschichte. Überlegungen zu Forschungsstand und Forschungsperspektiven, in: Geschichte im Westen 14 (1999), 189–209.

⁵⁰ So die These von WINFRIED SCHULZE/OTTO GERHARD OEXLE (Hg.), Deutsche Historiker im Nationalsozialismus. Beobachtungen und Überlegungen zu einer Debatte, Frankfurt a. M. 1999, 20 f. Vgl. zu Heimpels Rolle im Nationalsozialismus auch den Beitrag von PIERRE RACINE, Hermann Heimpel à Strasbourg, in: ebd., 142–156.

Petri oder Franz Steinbach mit der nationalsozialistischen Ideologie und deren weitausgreifenden Expansionsplänen weitgehend konform gingen. Selbst ein dem Regime distanziert gegenüberstehender Gelehrter wie Gerhard Ritter feierte den militärischen Sieg über Frankreich und die Leistungen der Soldaten »unserer Wehrmacht«, die »von den Schwarzwaldpässen herabstiegen, zur Schlacht antraten und vorwärts stürmten über den großen Strom hinweg bis zum Vogesenkamm, das Elsaß wieder heimholend ins Reich – wer das alles mit wachen Sinnen miterlebt hat, nicht als Traum, sondern als leibhaftige Wirklichkeit, der weiß, was Grenzlandschicksal heißt, und ermißt, was der glückliche Abschluß einer jahrhundertelangen Geschichte des ewigen Zwiespalts und der politischen Verlassenheit zu bedeuten hat.«[51] Und Friedrich Meinecke jubelte: »Freude, Bewunderung und Stolz auf dieses Heer müssen zunächst auch für mich dominieren. Und Straßburgs Wiedergewinnung! Wie sollte einem da das Herz nicht schlagen. Es war doch eine erstaunliche, und wohl die größte positive Leistung des 3. Reiches, in vier Jahren ein solches Millionenheer neu aufzubauen und zu solchen Leistungen zu befähigen.«[52]

Aus der machtgewissen Position des Siegers suchten nun Gelehrte wie der Mediävist und entschiedene Nationalsozialist Theodor Mayer im Verein mit frankophilen Parteigängern Hitlers und mit der Unterstützung der deutschen Besatzungsmacht die Annäherung an eine kollaborationsbereite französische Wissenschaft. Nach dem militärischen Sieg über Frankreich sollte nach seinen Vorstellungen endlich auch die Geschichtswissenschaft jene Stellung im »geistigen Wettkampf der Völker« erhalten, die das deutsche Volk »durch seine politische Führung und durch seine Wehrmacht« bereits erlangt habe.[53] Dem militärischen Triumph sollte laut Mayer der geistige und wissenschaftliche Sieg der deutschen Geschichtswissenschaft folgen: »Die deutsche Geschichtswissenschaft wird europäisch denken und arbeiten müssen, denn es wird nach dem Krieg der entscheidende, geistige Kampf um die Gestaltung des allgemeinen europäischen Geschichtsbildes ausgetragen werden. Es wird Aufgabe der deutschen Geschichtswissenschaft sein, ihrer-

---

[51] GERHARD RITTER, Zum Geleit, in: Archiv für Reformationsgeschichte 38 (1941), 193–198. Zur Machtstaatsobsession deutscher Historiker vgl. KARL FERDINAND WERNER, Machtstaat und nationale Dynamik in den Konzeptionen der deutschen Historiographie 1933–1940, in: Franz Knipping/Klaus-Jürgen Müller (Hg.), Machtbewußtsein in Deutschland am Vorabend des Zweiten Weltkrieges, Paderborn 1984, 327–361.

[52] Friedrich Meinecke an Siegfried A. Kaehler, 4.7.1940, in: Friedrich Meinecke, Ausgewählter Briefwechsel. Hg. Ludwig Dehio, Peter Classen, Stuttgart 1962, 364. Zum Hintergrund vgl. KAREN SCHÖNWÄLDER, Historiker und Politik. Geschichtswissenschaft im Nationalsozialismus, Frankfurt a. M. 1992, 171 ff.

[53] THEODOR MAYER, Die Geschichtsforschung im neuen Europa, in: Völkischer Beobachter, Süddeutsche und Münchener Ausgabe, 11./12.4.1942, 4.

seits das europäische Geschichtsbild zu formen oder wenigstens entscheidend mitzubestimmen.« Unter einem »europäischen« Geschichtsbild verstand Mayer freilich eine »germanische Geschichte Europas« bzw. eine Betrachtung der Geschichte Europas »im germanischen Sinn«.[54]

Wenn heute der legitimatorische Charakter der deutschen Geschichtswissenschaft im NS-System außer Zweifel steht, ist damit noch keine Aussage über ihre internationalen Beziehungen und Verflechtungen getroffen. Karl Ferdinand Werner hat bereits 1967 die These aufgestellt, daß die Annahme einer völligen Abschneidung vom Ausland »nicht gerade sehr viel Wahrscheinlichkeit« beanspruchen könne. Bezogen auf die Frage nach der Isolation der deutschen Geschichtswissenschaft müsse vielmehr von einer »geistigen Selbstabschneidung« ausgegangen werden, die auf mangelndes Interesse an Publikationen des Auslands zurückzuführen sei, während die organisatorischen und institutionellen Verbindungen weitgehend aufrecht erhalten wurden.[55] Ähnlich argumentierte zuletzt auch Lutz Raphael, der das geringe Maß an Internationalität der deutschen Geschichtswissenschaft zwischen 1914 und 1945 hervorhebt und insbesondere für die deutsche »Zunft« eine gewollte Abschottung nach außen konstatiert.[56] Wenn also hinsichtlich der politischen »Dispositionen«[57] deutscher Intellektueller und Wissenschaftler von einer hohen »affirmativen Kontinuität« gegenüber dem Nationalsozialismus gesprochen werden muß, ist die Frage zu stellen, welche Bedeutung dann der politischen Zäsur 1933 für die Beurteilung der französischen Historiographie einerseits und die Bereitschaft zum Dialog andererseits zukommt. Kann man demnach im Hinblick auf die internationale Kommunikation von einer Instrumentalisierung der deutschen Geschichtswissenschaft durch die NS-Führung sprechen, oder konnten sich die deutsch-französischen Historikerbeziehungen einer Indienstnahme durch die neuen Machthaber weitgehend entziehen?[58]

---

[54] So Mayer in seiner »Denkschrift über die Errichtung eines deutschen historischen Instituts in Paris« vom 10.2.1941, in: CONRAD GRAU, Planungen für ein Deutsches Historisches Institut in Paris während des Zweiten Weltkrieges, in: Francia 19/3 (1992), 109–128. Zum kulturellen Engagement der deutschen Besatzungsmacht in Frankreich vgl. MICHELS, Das Deutsche Institut in Paris. Vgl. auch LUTZ RAPHAEL, Die Pariser Universität unter deutscher Besatzung 1940–1944, in: GG 23 (1997), 507–534.

[55] KARL FERDINAND WERNER, Das NS-Geschichtsbild und die deutsche Geschichtswissenschaft, Stuttgart 1967, 55f.

[56] Der Beruf des Historikers seit 1945, in: Christoph Cornelißen, Geschichtswissenschaften. Eine Einführung, Frankfurt a.M. 2000, 39–52; 47.

[57] Diesen Begriff diskutiert – in Ergänzung zum Begriff der »Mentalität« – OTTO GERHARD OEXLE, »Zusammenarbeit mit Baal«. Über die Mentalität deutscher Geisteswissenschaftler 1933 – und nach 1945, in: HA 8 (2000), 1–27.

[58] Hinsichtlich der Neustrukturierung der institutionellen Organisation und der Entlassung

Daß auch nach dem Machtantritt der Nationalsozialisten ein geistiger Austausch mit ausländischen Wissenschaftlern möglich war, wurde selbst von führenden Vertretern der deutschen »Zunft« eingeräumt. So konzedierte Gerhard Ritter noch im September 1933, daß »in Wahrheit ... noch immer Möglichkeiten internationaler Aussprache« bestünden, die allerdings »nur in persönlicher Fühlungnahme führender Köpfe der verschiedenen Nationen sichtbar« würden.[59] Trotz der angespannten internationalen Situation, die auch auf dem Internationalen Historikerkongreß 1933 in Warschau zutage getreten war, glaubte Ritter noch von einer »Gemeinsamkeit des europäischen Geistes« sprechen zu können, die, »über alle nationalen Gegensätze hinweg«, »ohne Rücksicht und Hinterhalt zu offener und vertraulicher Aussprache auch über heikle politische Fragen imstande und bereit« sei, und »deren europäische Diskussion sonst durch tausend nationale Vorurteile gehemmt« werde. Die »gemeinsame Basis historisch-politischer Erfahrung und Schulung«, so Ritter, erweise sich »als breit genug, um eine Aussprache in freundschaftlichem Geiste zu ermöglichen.« Die bereits eingetretene politische Isolierung Deutschlands wurde dagegen bereits als verheerend empfunden. Auf dem fünf Jahre darauf folgenden Züricher Historikertag war schließlich auch dieser Restbestand »europäischer Gemeinsamkeit« zerstört.[60]

---

politisch mißliebiger und jüdischer Wissenschaftler war der politische Umbruch 1933 für die Geschichtswissenschaft sicherlich eine Zäsur. Die Frage der Durchsetzung von neuen methodischen und inhaltlichen Ansätzen unter dem nationalsozialistischem Regime wird hingegen kontrovers diskutiert. Während z. B. W. Oberkrome (Volksgeschichte. Methodische Innovation und völkische Ideologisierung in der deutschen Geschichtswissenschaft 1918–1945, Göttingen 1993) behauptet, der Nationalsozialismus habe »nicht einer fortgeschrittenen, durchsetzungsfähigen Reformbewegung innerhalb der Weimarer Historiographie das Rückgrat« gebrochen, wird von anderen Wissenschaftlern die Unterdrückung und Zerstörung hoffnungsvoller Neuansätze hervorgehoben (ERNST SCHULIN, Geschichtswissenschaft in unserem Jahrhundert, in: HZ 245, 1987, 26). Genannt werden in diesem Zusammenhang immer wieder die Arbeiten von »Schülern« Meineckes, etwa von Eckart Kehr, Dietrich Gerhard u. a. Diese Frage kann hier nicht näher diskutiert werden.

[59] GERHARD RITTER, Politische Eindrücke vom VII. Internationalen Historikerkongreß in Warschau-Krakau, 21.–29. August 1933, in: NStUB, NL Brandi, Nr. 51, fol. 47.

[60] Vgl. dazu KARL DIETRICH ERDMANN, Die Ökumene der Historiker. Geschichte der Internationalen Historikerkongresse und des Comité International des Sciences Historiques, Göttingen 1987, 221 ff. Vgl. auch die Schilderung des Kongresses aus der Sicht eines Emigranten: GEORGE W. F. HALLGARTEN, Als die Schatten fielen. Erinnerungen vom Jahrhundertbeginn zur Jahrtausendwende, Frankfurt a. M. 1969, 256 ff. Vgl. auch PETER STADLER, Internationaler Historikerkongreß im Schatten der Kriegsgefahr: Zürich 1938, in: Hartmut Boockmann/Kurt Jürgensen (Hg.), Nachdenken über Geschichte: Beiträge aus der Ökumene der Historiker. In memoriam Karl Dietrich Erdmann, Neumünster 1991, 269–281.

Einleitung

Fragestellung und Forschungslage

Obwohl im Zuge der seit Anfang der 1990er Jahre intensivierten Erforschung der Rolle deutscher Historiker im Nationalsozialismus das Interesse an der Geschichte der Geschichtswissenschaft in der Zwischenkriegszeit deutlich zugenommen hat,[1] hat sich die historiographiegeschichtliche Forschung noch immer nicht aus ihrem nationalen Selbstbezug gelöst. Fragestellungen, die sich den internationalen Beziehungen der deutschen Geschichtswissenschaft in diesem Zeitraum oder, wie Christian Jansen formuliert hat, ihren nationalen und internationalen »Kommunikationszusammenhängen« widmen, wurden bislang vernachlässigt.[2] Insbesondere ist dies bei der Be-

---

[1] An erster Stelle sind hier die Arbeiten von SCHÖNWÄLDER, Historiker und Politik, sowie von WILLI OBERKROME, Volksgeschichte, zu nennen. Einen zentralen Forschungsanschub haben zuletzt die Bände von Peter Schöttler (Hg.), Geschichtsschreibung als Legitimationswissenschaft 1918-1945, Frankfurt a. M. 1997, und von Otto Gerhard Oexle/Winfried Schulze (Hg.), Deutsche Historiker im Nationalsozialismus. Unter Mitarbeit von Gerd Helm und Thomas Ott, Frankfurt a. M. 1999, bewirkt. Wichtig als Informationsquelle bleibt trotz des von Peter Schöttler erhobenen Vorwurfes der »Verharmlosung« (Geschichtsschreibung als Legitimationswissenschaft, Einleitende Bemerkungen, 7-30; 12 f) das Werk von HELMUT HEIBER, Walter Frank und sein Reichsinstitut für Geschichte des neuen Deutschlands, Stuttgart 1966.

[2] Dies unterstreicht nachdrücklich CHRISTIAN JANSEN, Die Hochschule zwischen angefeindeter Demokratie und nationalsozialistischer Politisierung. Neuere Publikationen zur Wissenschafts- und Universitätsgeschichte in Deutschland zwischen 1918 und 1945, in: NPL 38 (1993), 179-220; 215. Gleiches gilt auch für die historiographischen Beziehungen zu anderen Ländern, die erst ansatzweise in den Blickpunkt geraten sind. Vgl. etwa ERNST SCHULIN, Deutsche und amerikanische Geschichtswissenschaft. Wechselseitige Impulse im 19. und 20. Jahrhundert, in: Ders., Arbeit an der Geschichte. Etappen der Historisierung auf dem Weg zur Moderne, Frankfurt a. M./New York 1997, 164-191, 248-255; sowie hinsichtlich der deutsch-britischen Wissenschaftsbeziehungen den Tagungsbericht von VERENA LIPPOLD, Netzwerk und Netzhaut. So plakativ: Geschichtsbilder im britisch-deutschen Austausch, in: FAZ, 20.10.1999. Dagegen liegen mit den Arbeiten von GABRIELE CAMPHAUSEN, Das Rußlandbild in der deutschen Geschichtswissenschaft 1933 bis 1945, in: Hans-Erich Volkmann (Hg.), Das Rußlandbild im Dritten Reich, Köln usw. 1994, 257-283; und GERD VOIGT, Rußland in der deutschen Geschichtsschreibung 1849-1945, Berlin 1994, mehrere Studien über das Rußlandbild in der deutschen Historiographie vor.

trachtung des Verhältnisses deutscher Historiker zur Geschichtswissenschaft des benachbarten »Erbfeindes«, ihrer Positionierung gegenüber französischen Kollegen und ihrer Beurteilung von Forschungsergebnissen des Nachbarlandes zu konstatieren. Wenn es auch zutrifft, daß es in der Beschreibung, Analyse und historischen Aufarbeitung gegenseitiger Wahrnehmung wohl kein transnationales Verhältnis gibt, das so viel wissenschaftliche und publizistische Aufmerksamkeit auf sich gezogen hat wie das deutsch-französische,[3] so gilt dies nicht für unsere Kenntnisse der konkreten historiographischen Wechselwirkungen zwischen der deutschen und der französischen Geschichtswissenschaft in der Zwischenkriegszeit. Eine umfassendere Analyse insbesondere der Beziehungen zwischen der deutschen und der französischen Historiographie im »Zeitalter der Konfrontation« erschien der Mehrheit der Wissenschaftshistoriker diesseits und jenseits des Rheins offenbar kaum als lohnend, auch wenn mit den Arbeiten von Peter Schöttler über das Verhältnis der *Annales*-Geschichtsschreibung zur deutschen Geschichtswissenschaft und zur deutschen »Westforschung« wichtige Studien vorliegen.[4] Obgleich wir dank dieser Arbeiten inzwischen gut über die kritische Distanz eines Marc Bloch oder Lucien Febvre zur Historiographie des Nachbarlandes unterrichtet sind, ist die (oftmals ambivalente) Haltung deutscher Historiker gegenüber der französischen Geschichtsschreibung noch nicht ausreichend aufgearbeitet worden. Auch die deutsche und französische Kulturtransferforschung hat sich bislang überwiegend auf Personen und Themenbereiche aus dem 19. Jahrhundert konzentriert und die Zeitgeschichte vernachlässigt.[5] Während dagegen die kulturellen Beziehungen zwischen Deutschland und Frankreich in der Zwischenkriegszeit in ihrer Vielfalt und in ihrem Umfang inzwischen erstaunlich gut untersucht sind, steht die Erforschung des Verhältnisses der Historiographien beider Länder jedoch noch aus.[6] Nur ansatzweise wurde von der Imagologie, die bis heute

---

[3] Kolboom, Von der heillosen zur heilsamen Verstrickung, 287.

[4] Vgl. dazu die o. g. Beiträge von Peter Schöttler, »Désapprendre de l'Allemagne«: les Annales et l'histoire allemande pendant l'entre-deux-guerres; Ders., Französische und deutsche Historiker-Netzwerke am Beispiel der frühen »Annales« (wie Anm. 13); Ders. (Hg.), Marc Bloch. Historiker und Widerstandskämpfer, Frankfurt a. M./New York 1999.

[5] Vgl. etwa den Band: Transferts. Les relations interculturelles dans l'espace franco-allemand (XVIIIè-XIXè siècle). Textes réunis et présentés par Michel Espagne, Michael Werner, Paris 1988. Vgl. auch Lothar Jordan/Bernd Kortländer (Hg.), Nationale Grenzen und internationaler Austausch. Studien zum Kultur- und Wissenschaftstransfer in Europa, Tübingen 1995.

[6] Dennoch sind die deutsch-französischen Kulturbeziehungen in den dreißiger Jahren keineswegs ein »übersichtliches, abgeschrittenes und abgemessenes Forschungsfeld«. Laut Hans Manfred Bock besteht nach wie vor ein großer Bedarf an monographischen Fallstudien zum Kulturaustausch zwischen deutschen und französischen Intellektuellen«. Vgl. Ders., Zwischen

eine Domäne der Literaturwissenschaft geblieben ist, auch der Zeitraum der zwanziger und dreißiger Jahre des 20. Jahrhunderts in den Blick genommen. Die Geschichtswissenschaft fand hierbei jedoch nur am Rande Berücksichtigung.[7] Obwohl bis heute das Bild von Frankreich und französischer Geschichte einiger weniger bekannter Historiker wie Hermann Oncken, Gerhard Ritter, Johannes Haller, Franz Schnabel und zuletzt Alexander Cartellieri im Rahmen biographischer Studien einmal umfassender, einmal am Rande analysiert worden ist, fehlen Untersuchungen über die Beziehungen zwischen deutscher und französischer Geschichtswissenschaft in den Jahren der Weimarer Republik und des Nationalsozialismus.[8] Dies gilt insbesondere im Hinblick auf die Frage nach dem für jede wissenschaftliche Disziplin notwendigen grenzüberschreitenden Austausch von Forschungsergebnissen in Form gegenseitiger Berichterstattung und der konkreten Zusammenarbeit deutscher und französischer Fachvertreter auf internationaler Ebene.[9] Ebensowenig sind bisher rezeptionsgeschichtliche Fragestellungen, also Fragen nach dem Transfer und der produktiven Umdeutung von Elementen der einen Nationalkultur in die andere, in Angriff genommen worden.

Nach wie vor scheint unsere Vorstellung von der Geschichte der deutschen Historiographie in der Zwischenkriegszeit durch die bereits im Kaiserreich formulierte These vom deutschen »Sonderweg« bestimmt zu sein. Bernd Faulenbach hat für die nationale Abschottung der deutschen Historie auf der einen, die thematischen und methodologischen Engführungen der mei-

---

Locarno und Vichy. Die deutsch-französischen Kulturbeziehungen der dreißiger Jahre als Forschungsfeld, in: Ders. u. a. (Hg.), Entre Locarno et Vichy, Bd. 1, 25-61.

[7] Vgl. hierfür etwa die Arbeiten von MICHEL GRUNEWALD, Der »Erbfeind jenseits des Rheins«. Überlegungen zum Frankreichbild der »Preussischen Jahrbücher« zur Zeit der Weimarer Republik, in: Ders./Jochen Schlobach (Hg.), Vermittlungen. Aspekte der deutsch-französischen Beziehungen vom 17. Jahrhundert bis zur Gegenwart, 2 Bde., Bern usw. 1992, 371-388; DERS., Frankreich in deutschen Kulturzeitschriften 1871-1939. Einige Überlegungen zur Konstituierung von Wahrnehmungsmustern im bilateralen Kontext, in: Frankreich Jahrbuch 1995. Politik, Wirtschaft, Gesellschaft, Geschichte, Kultur, Opladen 1996, 97-112. Zum Forschungsstand vgl. die Übersicht bei HANS MANFRED BOCK, Wechselseitige Wahrnehmung als Problem deutsch-französischer Beziehungen, in: ebd., 35-56.

[8] Vgl. die o.g. Arbeiten von SCHULIN, Das Frankreichbild deutscher Historiker; HERTFELDER, Franz Schnabel; HÖHNE, Die Frankreichhistoriographie Hermann Onckens; MICHAEL MATTHIESEN, Gerhard Ritter. Studien zu Leben und Werk bis 1933, 2 Bde., Egelsbach usw. 1993; STEINBACH, Des Königs Biograph; MÜLLER, Der bewunderte Erbfeind.

[9] Einen ersten Ansatz stellt hier die Studie von KARL DIETRICH ERDMANN, Ökumene der Historiker, dar, in der die deutsch-französische Zusammenarbeit jedoch ausschließlich im Kontext der Internationalen Historikerkongresse thematisiert wird. Dagegen bleibt die »Rezeptions-Problematik« sowie die Rolle der Historiker-»Zunft« im Nationalsozialismus weitgehend im Dunkeln.

sten deutschen Historiker auf der anderen Seite bereits vor einigen Jahren das griffige Schlagwort von der »Ideologie des deutschen Weges« geprägt.[10] Andere sind ihm in dieser Interpretation gefolgt. Auch neuere Arbeiten wie die von Willi Oberkrome über die deutsche »Volksgeschichte« und von Winfried Schulze über die deutsche Geschichtswissenschaft nach 1945 haben das eigentliche Bild vom »Sonderweg« im Sinne einer Abgrenzung von westeuropäischen Entwicklungen eher bekräftigt, auch wenn der Erste Weltkrieg nunmehr als »kardinale forschungsleitende Erfahrung« interpretiert werden kann.[11] Dabei bietet gerade die wechselvolle und widersprüchliche Geschichte der Beziehungen zwischen der deutschen und der französischen Geschichtswissenschaft seit dem 19. Jahrhundert ein gutes Beispiel dafür, daß sich die Konstituierung und Entwicklung einer nationalen Disziplin, die Besetzung bzw. Konstruktion von Themen und Methoden, auch die Organisation von Wissenschaft, immer in Auseinandersetzung mit ausländischen Modellen vollzog.[12] Auch im Zeitraum zwischen den beiden Höhepunkten der deutsch-französischen Feindschaft im 20. Jahrhundert gab es in Deutschland eine Geschichte der Abgrenzung und der Aneignung von französischer Wissenschaft gab, so daß es gerechtfertigt erscheint, vor dem Hintergrund

---

[10] In diesem Sinn auch GEORG G. IGGERS, Deutsche Geschichtswissenschaft: eine Kritik der traditionellen Geschichtsauffassung von Herder bis zur Gegenwart, München 1971, der den Zusammenhang zwischen deutschem »Sonderweg« und deutscher historiographischer Tradition betont. Aus marxistischer Sicht vgl. HANS SCHLEIER, Die bürgerliche deutsche Geschichtsschreibung der Weimarer Republik, Berlin (Ost)/Köln 1975.

[11] OBERKROME, Volksgeschichte. Vgl. auch WINFRIED SCHULZE, Deutsche Geschichtswissenschaft nach 1945, München 1993.

[12] Aus einer Vielzahl von Arbeiten seien an dieser Stelle die Arbeiten von URSULA A. BECHER, Geschichtsinteresse und historischer Diskurs. Ein Beitrag zur Geschichte der französischen Geschichtswissenschaft im 19. Jahrhundert, Stuttgart 1986; DIES., Die Bedeutung Lamprechts bei der Neuorientierung der französischen Geschichtswissenschaft um die Jahrhundertwende, in: Horst Walter Blanke (Hg.), Transformation des Historismus. Wissenschaftsorganisation und Bildungspolitik vor dem Ersten Weltkrieg. Interpretationen und Dokumente, Waltrop 1994, 95–111; sowie von LUTZ RAPHAEL, Historikerkontroversen im Spannungsfeld zwischen Berufshabitus, Fächerkonkurrenz und sozialen Deutungsmustern. Lamprecht-Streit und französischer Methodenstreit der Jahrhundertwende in vergleichender Perspektive, in: HZ 251 (1990), 325–363, genannt. Vgl. auch GÖDDE-BAUMANNS, Deutsche Geschichte in französischer Sicht; und GEORG G. IGGERS, Geschichtswissenschaft in Deutschland und Frankreich 1830 bis 1918 und die Rolle der Sozialgeschichte. Ein Vergleich zwischen zwei Traditionen bürgerlicher Geschichtsschreibung, in: Jürgen Kocka (Hg.), Bürgertum im 19. Jahrhundert, Bd. 3, München 1988, 175–199. Für die Zeit vor 1914 vgl. auch HEINZ-OTTO SIEBURG, Aspects de l'historiographie allemande sur la France entre 1871 et 1914, in: Francia 13 (1985), 561–578 und BEATE GÖDDE-BAUMANNS, Frankreichbilder deutscher Historiker. Kontinuität und Wandel, in: Helga Abret/Michel Grunewald (Hg.), Visions allemandes de la France (1871–1914)/Frankreich aus deutscher Sicht, Bern usw. 1995, 17–33.

der gespannten und zugleich ambivalenten deutsch-französischen Wissenschaftsbeziehungen von einer »Rezeption im Zeitalter der Konfrontation« zu sprechen. In dieser Arbeit soll daher der spannungsreichen und widersprüchlichen Geschichte von produktivem Dialog, heimlicher Faszination, gelehrter Nicht-Rezeption und brüsker Zurückweisung der französischen Historiographie durch deutsche Historiker nachgegangen werden. Dabei soll eine Perspektive entwickelt werden, in der es möglich ist, den Blick auf die konkrete Auseinandersetzung mit französischer Forschung in dieser Zeit zu richten. Daher sollen bisherige Vorstellungen eines »ausweglosen Gegensatzdenkens« relativiert und statt dessen die für jede Wissenschaftsgeschichte ebenso wichtige Frage nach »Alternativsituationen« gestellt werden.[13] Von zentraler Bedeutung erscheint dabei die Frage, in welcher Weise und in welchem Umfang in der historiographischen Auseinandersetzung mit dem traditionellen »Erbfeind«, bei der die »tausendjährige« deutsch-französische Geschichte oftmals im Licht dieser Legende umgeschrieben wurde, französische Forschungsergebnisse registriert, kritisiert und schließlich präsentiert oder rezipiert wurden. Ferner wird zu fragen sein, in welchem Maß Erfahrungen der Gegenwart in die Beurteilung der französischen Geschichtswissenschaft und Geschichte mit einflossen, und auf welchen Optionen die deutsche Kritik beruhte: waren diese methodischer, politisch-sozialer oder handwerklicher Art? Und schließlich: inwieweit gab es eine durch den Herausgeber einer Zeitschrift gesteuerte »Rezensionspolitik«, die Rezensenten an dessen politische oder wissenschaftliche Leitlinie band? Welchen Prämissen gehorchte die Vergabe von Besprechungen? Werden bestimmte Rezensionspraktiken sichtbar?[14]

---

[13] So auch die Forderung von DIETER TIEMANN, Rez. von: Michel Grunewald/Jochen Schlobach (Hg.), Vermittlungen. Aspekte der deutsch-französischen Beziehungen vom 17. Jahrhundert bis zur Gegenwart, 2 Bde., Bern usw. 1992, in: Francia 21/2 (1994), 274–276. Auch wenn kein Zweifel daran bestehen könne, daß »antagonistische und nicht konziliante Einstellungen die Szene beherrschten«, verdienten, so Tiemann, auch »diejenigen Beachtung, die in ihrer Epoche zu den Verlierern gezählt werden müssen. Sie tragen nämlich zur Differenzierung des Urteils über die Vergangenheit bei, und sie sind wegen ihrer Langzeitwirkung in Rechnung zu stellen.«

[14] Den hier skizzierten Fragestellungen ist ansatzweise nur im Rahmen einer Tagung über die deutsch-französischen Kulturbeziehungen in den dreißiger Jahren nachgegangen worden. In ihrem Aufsatz über »Deutsche und französische Geschichtswissenschaft in den dreißiger Jahren« hat INGRID VOSS (in: Entre Locarno et Vichy, Bd. 1, Paris 1993, 417–438) aus der Vielzahl der möglichen Berührungspunkte einige Beispiele deutsch-französischer Kooperationen herausgegriffen und in einen größeren Forschungshorizont eingeordnet. Skizziert wurde neben dem von Fritz Kern und Jean de Pange entworfenen Projekt eines »Handbuches der deutsch-französischen Beziehungen«, den Beziehungen im Rahmen der Fachverbände und den Übersetzungen erstmals die Aufnahme der Forschungsergebnisse innerhalb der Fachzeitschriften. Die mit dieser

Zur Methodik

Die vorliegende Untersuchung stellt keine der »klassischen« Varianten der modernen Historiographiegeschichte dar, wie sie von Horst Walter Blanke skizziert worden sind.[15] Sie vereint vielmehr unterschiedliche Ansätze zu einer kritischen Rekonstruktion einer bestimmten, besonders problematischen Phase der deutschen Historiographiegeschichte. Dabei sollen sowohl ideengeschichtliche, personengeschichtliche als auch institutionengeschichtliche Perspektiven berücksichtigt werden. Besondere Bedeutung kommt in dieser Arbeit nicht nur der intellektuellen Biographie der untersuchten Historiker, sondern auch ihren »lebensweltlichen Bezügen« (Rüdiger vom Bruch) in Form einer umfassenden Kontextualisierung ihrer Biographien zu. Um sowohl das Frankreichbild einiger Historiker als auch die Relevanz französischer Geschichtswissenschaft zu ermessen, reicht es also keineswegs aus, allein deren wissenschaftlich-intellektuelle Produktion in den Blick zu nehmen. Zu fragen ist vielmehr – so weit die Quellen eine derartige Rekonstruktion zulassen – welche konkreten biographischen Bezüge die hier behandelten Historiker mit Frankreich und französischer Geschichte verbanden. Indem personengeschichtliche und organisationsgeschichtliche Aspekte mit innerwissenschaft- bzw. fachwissenschaftlichen Zusammenhängen verknüpft werden, versteht sich diese Arbeit auch als Beitrag zu einer Historiographiegeschichte als Sozialgeschichte.[16] Darüber hinaus soll mit der hier skizzierten deutsch-französischen Fragestellung ansatzweise versucht werden, Historiographiegeschichte als internationale Rezeptionsgeschichte zu schreiben.[17] Der Begriff der »Rezeption« wird dabei zunächst bewußt in einem eingeschränkten Sinn verstanden: er bedeutet zunächst konkrete Kenntnisnahme und Lektüre eines Werkes, wie sie sich mittels einer Rezension oder einer Annotation zu einem Buch äußern können. Er bezieht sich aber auch auf komplexere Transfervorgänge, also auf die produktive Umgestaltung und Aneignung des Fremden in eigene Fragestellungen, und nicht auf dessen

---

Frage verbundene Rezeptionsproblematik mußte angesichts der Kürze des Überblicks aber auch hier unberücksichtigt bleiben.

[15] Typen und Funktionen der Historiographiegeschichtsschreibung. Eine Bilanz und ein Forschungsprogramm, in: Wolfgang Küttler u. a. (Hg.), Geschichtsdiskurs, Bd. 1: Grundlagen und Methoden der Historiographiegeschichte, Frankfurt a. M. 1993, 191–211.

[16] Vgl. hierzu die konzeptionelle Skizze von Rüdiger vom Bruch, Historiographiegeschichte als Sozialgeschichte. Geschichtswissenschaft und Gesellschaftswissenschaft, in: Geschichtsdiskurs, Bd. 1, Frankfurt a. M. 1993, 257–270.

[17] So die Forderung von Peter Schöttler, Französische und deutsche Historiker-Netzwerke am Beispiel der frühen »Annales«.

originalgetreue Abbildung.[18] Eine eigens für historiographiegeschichtliche Fragestellungen formulierte Rezeptionshistorik gibt es bislang jedoch nicht.[19] In der vorliegenden Untersuchung wird daher das Rezeptionsproblem immer am konkreten Einzelfall diskutiert werden müssen. Im Vordergrund stehen dabei mit »Rezeptionsdokumenten«[20] verschiedene Textsorten (Monographien, Rezensionen, Briefstellen), in denen sich Rezeptionen eines Textes oder Autors empirisch nachweisen lassen. Somit geht es in der Auswertung der Quellen weniger um eine Bewertung unter dem Gesichtspunkt des aktuellen wissenschaftlichen Forschungsstandes, um den »wahren«, vom Autor intendierten »Sinn« eines Textes, als vielmehr um die anhand von »Rezeptionsdokumenten« aufzeigbare Bandbreite von Lektüren.

Im Mittelpunkt der Quellenauswahl stehen Rezensionen – eine Textsorte, die von der historiographiegeschichtlichen Forschung zu Unrecht vernachlässigt worden ist, für die Rekonstruktion einer Dispziplingeschichte in vergleichender Perspektive aber unverzichtbar ist.[21] Welche bedeutende Rolle Rezensionen sowohl für Innovation und Wandel in der Geschichtswissenschaft als auch für den internationalen Dialog zukommt, zeigt der Blick nach Frankreich: Marc Blochs und Lucien Febvres Strategie, ihrer Idee von Geschichtswissenschaft zur Durchsetzung zu verhelfen, beruhte zu einem erheblichen Teil auf der Einsicht in die Bedeutung von Rezensionen.[22] So unterhielt Marc Bloch in der Zwischenkriegszeit einen intensiven, mittels Rezensionen geführten Dialog mit der deutschen Geschichtswissenschaft.

---

[18] Die Problematik des interkulturellen Transfers am Beispiel von Nationalkulturen diskutiert JOHANNES PAULMANN, Internationaler Vergleich und interkultureller Transfer. Zwei Forschungsansätze zur europäischen Geschichte des 18. bis 20. Jahrhunderts, in: HZ 267 (1998), 649–685; 673 ff.

[19] Vgl. hierzu die Bemerkungen von WOLFGANG SCHIEDER, Das italienische Experiment. Der Faschismus als Vorbild in der Krise der Weimarer Republik, in: HZ 262 (1996), 73–125; 77; sowie die Überlegungen von BOCK, Wechselseitige Wahrnehmung als Problem deutsch-französischer Beziehungen.

[20] So der Begriff bei CHRISTIAN SIMON, Historiographie. Eine Einführung, Stuttgart 1996, 274 ff: »Rezeptionstheorien«.

[21] Die wissenschaftliche *critique bibliographique* ist bislang nicht Gegenstand der historischen Forschung gewesen, was insofern verwundert, als sie für die Herausbildung und Organisation der wissenschaftlichen Disziplinen, insbesondere der der *sciences sociales,* eine so zentrale Rolle gespielt hatte, wie BERTRAND MÜLLER betont hat: Critique bibliographique et construction disciplinaire: l'invention d'un savoir-faire, in: Genèses 14 (1994), 105–123. Vgl. auch das Plädoyer für Rezensionen von PETER SCHÖTTLER und MICHAEL WILDT (Hg.), Bücher ohne Verfallsdatum. Rezensionen zur historischen Literatur der neunziger Jahre, Hamburg 1998, 9–16.

[22] Vgl. dazu BERTRAND MÜLLER, Lucien Febvre et la politique du compte-rendu, in: Le goût de l'histoire, des idées et des hommes. Mélanges en hommage au professeur Jean-Pierre Aguet, Vevey 1996, 437–459.

Neben seinen Büchern und dem Projekt der *Annales* stellen seine über 500 deutschen und österreichischen Autoren gewidmeten Kritiken die dritte Säule seines wissenschaftlichen Werkes dar.[23] Für beide *Annales*-Gründer war die wissenschaftliche *critique bibliographique* das vielleicht wichtigste Instrument, mit dem sich ihre Zeitschrift als *journal de combat* realisieren ließ. Sie war das Erkennungszeichen einer offensiv und experimentell ausgeübten Praxis von Geschichtswissenschaft. Im folgenden soll daher versucht werden, eine erkenntnisleitende Perspektive für die Textgattung »Rezension« zu skizzieren und Möglichkeiten und Grenzen ihrer Aussagekraft zu problematisieren.[24] Eine kritische Geschichte des Rezensionswesens innerhalb der deutschen Historiographiegeschichte ist nach wie vor ein Forschungsdesiderat.

Rezensionen sind über ihre Eigenschaft als zentrales Mittel der Information und intellektuellen Kommunikation hinaus zugleich Indikatoren für Veränderungen im wissenschaftlichen und politischen Horizont einer kulturellen Elite. Über den engen Rahmen des national begrenzten wissenschaftlichen Publikationswesens hinaus können sie Aufschluß geben über Konjunkturen transnationaler Kooperation oder Konfrontation. Der Handlungsspielraum eines Kritikers wird jedoch von einer Vielzahl von Faktoren reglementiert: Zunächst ist er an eine Reihe von – nicht explizierten – Regeln gebunden, deren Einhaltung Voraussetzung für die Anerkennung der Aussagen des Autors als »wahr« ist.[25] Dazu gehören auch formale Eigenschaften der Textgattung »Rezension«. Daneben können innerhalb einer Zeitschrift ein Redaktionskomitee, ein wissenschaftlicher Beirat oder ein Verleger Einfluß auf den Rezensenten nehmen. Zu bedenken ist, daß das Renommee einer Zeitschrift auch auf der Qualität und wissenschaftlichen Seriosität der kritischen Berichterstattung beruht.

Bertrand Müller hat Rezensionen hinsichtlich ihrer Eigenschaft als »Textgattung« (»forme textuelle«) einerseits und »wissenschaftlicher Praxis« (»pratique« und »écriture«) andererseits differenziert: Während die erste ihren literarischen Ort bestimmt, soll die zweite den Vorgang des »Schreibens« von Geschichte, also des Verfassens von Rezensionen, in seiner logischen

---

[23] Dazu SCHÖTTLER, Marc Bloch und Deutschland, in: Ders. (Hg.), Marc Bloch. Historiker und Widerstandskämpfer, 33–71; DERS., Marc Bloch as a critic of historiographical nationalism in the interwar years, in: Stefan Berger u. a. (Hg.), Writing National Histories. Western Europe since 1800, London/New York 1999, 125–136.

[24] Die folgenden Ausführungen stützen sich auf die Argumente von Bertrand Müller (wie Anm. 21).

[25] Ebd., 107 f.

Dimension erfassen.[26] Diese Differenzierung ist geeignet, die Bedeutung von Rezensionen zu erfassen und zugleich Möglichkeiten und Grenzen ihrer Aussagekraft zu präzisieren. Eine Rezension ist zunächst kein Produkt des Zufalls. Ihr Erscheinen ist an ein ganz bestimmtes System von Regeln und Abhängigkeiten gebunden, die ihr einen festen und abgesteckten Platz innerhalb von Zeitschriften zuweisen und sie in deren Binnenstruktur (Stellenwert gegenüber Aufsätzen, Einordnung im Gesamtkonzept einer Zeitschrift, Koexistenz mit anderen Rezensionen) einbinden. Eine Rezension ist damit ein »objet d'une distribution moins aléatoire et mieux réglementée«. Ihre Periodizität und ihre festgelegte Struktur, die sich aus ihren einzelnen Bestandteilen ergeben und an denen sich der Leser orientiert, schaffen einen »Wiedererkennungswert«, der der Textgattung »Rezension« ihre Bedeutung verleiht: »La signature qui rappelle la continuité d'un discours passé, signale la promesse d'une cohérence, et marque le signe d'une autorité et d'une compétence.«[27] Letztlich ist es auch der kritische Apparat, der die Popularität und den Rang einer wissenschaftlichen Zeitschrift ausmacht.[28] Die wissenschaftliche Kritik ist jedoch nicht nur einer gewissen Reglementierung unterworfen – Müller spricht von einer »topographie des places« –, sondern übt selbst eine ordnende Funktion aus: Rezensionen strukturieren den literarischen »Konsummarkt«, indem sie ein Werk zuallererst sichtbar machen und diesem dann einen bestimmten Platz in der Wissenschaft zuordnen. Sie sind damit eine wichtige Komponente innerhalb der wissenschaftlichen Kommunikation.[29] Für den besprochenen Autor hieße das, daß die Nicht-Erwähnung seines Werkes eine schwerer wiegende Folge hätte als dessen negative Beurteilung: das Verschwinden des Buches vom Markt. Bezogen auf die Wahrnehmung der französischen Historiographie bleibt diese These für unsere Überlegungen zu berücksichtigen. Über den ökonomischen Mechanismus hinaus nimmt die wissenschaftliche Kritik eine weitere, wichtige Funktion wahr, die sich auf der intellektuellen Leistung und der wissenschaftlichen Autorität des Rezensenten gründet: sie ist ein »privilegiertes Instrument des

---

[26] In Anlehnung an die Übersetzung des Titels von Michel de Certeau: L'écriture de l'histoire (Paris 1975), dt.: Das Schreiben der Geschichte, Frankfurt a. M. 1991. Der Begriff der »Logik« soll im Deutschen den französischen Begriff »écriture« ersetzen, womit aber auch die formale Gestaltung von Texten erfaßt wird.

[27] MÜLLER, Critique bibliographique, 109. Diese Hypothesen Müllers beziehen sich zwar überwiegend auf die Zeit des ausgehenden 19. Jahrhunderts, müssen aber für unsere Fragestellung diskutiert werden, weil sie die Bedeutung der »materiellen« Organisation einer Zeitschrift hervorheben.

[28] Darauf hat übereinstimmend mit Müller auch MARGARET F. STIEG, The Origin and Development of Scholarly Historical Periodicals, Tuscaloosa 1986, 182, hingewiesen.

[29] MÜLLER, Critique bibliographique, 107.

intellektuellen und wissenschaftlichen Austausches. Der Rezensent ist nicht nur Hüter des Gesetzes, er ist auch derjenige, der den Austausch, die Kommunikation von Informationen, die Zirkulation von Erkenntnissen und den Transfer von Begriffen ermöglicht.«[30] In ihrer Eigenschaft als einem zentralen Kommunikationsmittel innerhalb und außerhalb einer Disziplin lassen sich Rezensionen – eine ausreichende Anzahl vorausgesetzt – nicht nur als Indikator des wissenschaftlichen Fortschritts begreifen, sondern dienen auch als Schrittmacher eines nationenüberschreitenden Dialogs. Im Hinblick auf die hier zu untersuchende Epoche muß festgehalten werden, daß Rezensionen auf beiden Seiten des Rheins aufmerksam gelesen wurden und oftmals Anlaß zur Kontaktaufnahme waren, häufig aber auch die bewußte Abkapselung vom Ausland legitimieren oder einen Beitrag zur Ausbildung der nationalen Identität leisten mußten.

Wenn in der vorliegenden Untersuchung die Beantwortung der Frage nach der Rezeption der französischen Geschichtswissenschaft in Deutschland als eine »Annäherung vom Rande« betrieben wird, so birgt ein Abweichen von den herkömmlichen methodischen Zugängen der Historiographiegeschichte auch Gefahren in sich. Mit der Fokussierung auf Rezensionen wird nur ein sehr kleiner Betrachtungsausschnitt gewählt. Dies kann zur Folge haben, daß diese als Rezeptionsindikatoren überbewertet werden. Die Existenz einer oder mehrerer Rezensionen kann daher nur andeuten, in welchem Ausmaß und in welcher Weise das eine oder andere Werk tatsächlich rezipiert worden ist. Neben Rezensionen sind daher zusätzliche Quellen heranzuziehen, die ebenfalls Aufschluß über Rezeptionsvorgänge geben können. Daher sollen auch unveröffentlichte Korrespondenzen derjenigen Historiker in den Blick genommen werden, die in der deutschen Historikerschaft als »Vermittler« gewirkt haben. Dabei ist zu berücksichtigen, daß das deutsch-französische Gespräch in der Zwischenkriegszeit nicht immer von »Vorkämpfern« für eine friedliche Zusammenarbeit im Dienst der Völkerverständigung getragen, sondern auch von jenen geführt worden ist, die die Auseinandersetzung mit dem Nachbarn in den Dienst des nationalen Interesses gestellt haben.

---

[30] Ebd., 109 [»instrument privilégié de l'échange intellectuel et scientifique. L'auteur du compte rendu n'est pas seulement cet agent qui fait respecter la loi, il est aussi celui qui permet l'échange, la communication des informations, la circulation des connaissances et le transfert des concepts.«]

Aufbau der Arbeit und Quellenlage

Wenn in dieser Arbeit versucht werden soll, den Blick auf die Auseinandersetzung der deutschen mit der französischen Geschichtswissenschaft zu richten, ist es erforderlich, aus der Vielzahl von »Informationskanälen« (internationales Kongreßwesen, französische Geschichte im universitären Lehrbetrieb, Zeitschriften, Übersetzungen usw.), Schwerpunkte auszuwählen, an denen sich Beurteilung und Rezeption der französischen Geschichtswissenschaft durch deutsche Historiker fallweise rekonstruieren lassen. In der vorliegenden Untersuchung sollen anhand von vier Einzelstudien unterschiedliche Wege der Rezeption nachgezeichnet und problematisiert werden. So wird zunächst die deutsch-französische Auseinandersetzung auf dem Feld der gegenseitigen Geschichtsbilder thematisiert, und es wird dargestellt, wie in beiden Ländern Geschichtsschreibung als Mittel der Geschichtspolitik funktionalisiert wurde. Die Konjunkturen dieser wechselseitigen Geschichtsbilder lassen sich exemplarisch an zwei Büchern aufzeigen, die vom Titel her nahezu identisch sind, sich auch in ihrer Konzeption und in ihrer Zielsetzung zunächst verblüffend ähneln, jedoch bereits von den Zeitgenossen aufgrund ihrer Schlußfolgerungen als jeweilige »Gegenstücke« begriffen wurden: es handelt sich um die erstmals 1930 erschienenen »Tausend Jahre deutsch-französischer Beziehungen« des Tübinger Historikers Johannes Haller, ein Werk, dem ein großer Publikumserfolg bis 1941 immer wieder neue Auflagen bescherte,[31] und das 1932 erschienene französische Pendant »La France et l'Allemagne depuis dix siècles« aus der Feder des Neuzeithistorikers Gaston Zeller. Beide Werke können von ihrer Themenstellung und Intention her zunächst als (spätere) Beiträge zu der schon im Verlauf des Ersten Weltkrieges entbrannten, leidenschaftlich geführten historiographischen Kontroverse zwischen deutschen und französischen Historikern um den Rhein gelesen werden, für die sich den damaligen Beobachtern und Beteiligten der Begriff der »Historikerschlacht« um den Rhein eingeprägt hatte.[32] Obwohl beide Schriften in der Kontinuität der vorangegangenen Aus-

---

[31] Die zweite Auflage erschien bereits im Jahr der Erstveröffentlichung, weitere Ausgaben dann 1936, 1939 und zuletzt die 5. Auflage 1941.

[32] So z. B. GERHARD RITTER, Der Oberrhein in der deutschen Geschichte, Freiburg/Br. 1937, 4. Es ist an dieser Stelle nicht möglich, auch nur die wichtigsten der im Rahmen dieses Streits entstandenen Titel anzuführen. Einen guten Überblick über den Verlauf der Kontroverse gibt WEIN, Deutschlands Strom – Frankreichs Grenze; sowie SCHÖTTLER, Der Rhein als Konfliktthema.

einandersetzungen standen, brachten sie auch einen neuen Aspekt in diese Debatte hinein, durch den sich ihre Darstellungen von dem zuvor erschienenen Schrifttum unterschieden: sowohl Haller als auch Zeller thematisierten, freilich jeder auf seine Weise und ohne konkrete politische Vorstellungen zu formulieren, den Gedanken der deutsch-französischen »Verständigung«. Indem beide Historiker nicht nur kritisch Bilanz der wechselvollen »tausendjährigen« deutsch-französischen Geschichte zogen, sondern gleichzeitig Prognosen für die zukünftige Entwicklung des deutsch-französischen Verhältnisses und eine mögliche Annäherung zwischen beiden Ländern abgaben, gingen ihre Bücher über den Charakter von zwar wissenschaftlichen, aber in der Hauptsache resümierenden Darstellungen hinaus. Beide Arbeiten waren nicht mehr nur unmittelbarer Ausdruck und historiographische Verarbeitung sowohl von Kriegsausgang und Niederlage, sondern auch einer als krisenhaft erlebten und verstandenen politischen Realität zu Beginn der dreißiger Jahre. Sie waren überdies sehr persönliche und mit – freilich diametral entgegengesetzten – politischen Absichten verbundene Bekenntnisschriften. Gegenüber der fatalistischen Geschichtsauffassung eines Johannes Haller, der rückblickend die versäumten Möglichkeiten eines deutsch-französischen Ausgleichs aufzählt und dabei zu einem resignierenden »Zu spät!« kommt, verwirft Zeller die Vorstellung einer langen »Erbfeindschaft« und skizziert im Schlußwort die Vision eines demokratischen Europas ohne Grenzen auf der Grundlage eines deutsch-französischen Kernverbundes. Der Appell Zellers an die Verantwortung derjenigen, die auf die Völker meinungsbildend wirkten, vor allem an den eigenen Berufsstand, blieb in der deutschen Historikerzunft unerwidert. Ungeachtet dessen verweist die Aufnahme der Zellerschen Schrift auf eine Rezeptionshaltung innerhalb einer gut informierten deutschen Historikerschaft, die nur auf den ersten Blick auf eine lediglich marginale öffentliche Wahrnehmung seines wissenschaftlichen Werkes schließen läßt. Außerhalb der publizistischen Fachöffentlichkeit trafen seine Thesen, wie die Tagungsprotokolle der »Westdeutschen Forschungsgemeinschaft« belegen, auf energische Ablehnung vor allem seitens der rheinischen Landes- und »Volkshistoriker«. So läßt sich auf der Grundlage dieser (ungedruckten) Protokolle ein konkreter Fall von »Rezensionspolitik« aufzeigen und dabei rekonstruieren, wie Besprechungen argumentativ vorbereitet und schließlich in die Fachöffentlichkeit lanciert worden sind.

Werden im ersten Kapitel die Rezeptionsgeschichte(n) populärwissenschaftlicher Darstellungen thematisiert, geht es im Anschluß daran um die Rezeption des umfangreichen und vielseitigen Werkes eines der bekanntesten französischen Historiker der Zwischenkriegszeit. Im Hinblick auf die Frage nach dem problematischen Verhältnis zwischen der deutschen und der französischen Geschichtswissenschaft in den zwanziger und dreißiger Jahren darf der Mediävist und Mitbegründer der *Annales*, Marc Bloch, heute den Ruf als bester Kenner der deutschen Geschichtswissenschaft in Frankreich und zugleich als einer ihrer streitbarsten Kritiker beanspruchen. Mit seiner Biographie als innovativer Wissenschaftler, als überzeugter Republikaner und Demokrat, als *Citoyen*, Soldat und Widerstandskämpfer steht er für ein außergewöhnliches Historikerleben im 20. Jahrhundert. Die Bedeutung Blochs liegt jedoch nicht allein in seiner ungebrochenen Aktualität für die Geschichtswissenschaft der Gegenwart, auch wenn er mittlerweile, wie betont worden ist, »im Zuge der Aussöhnung zwischen Frankreich und Deutschland« ein »Schutzpatron der deutsch-französischen Historikergemeinde« geworden [ist], der beschworen wird, wenn es gilt, die gemeinsame Basis und die gegenseitigen Beziehungen zu bekräftigen.«[33] Im Kontext eines gegen Mitte der achtziger Jahre aufgekommenen internationalen Forschungsinteresses an Marc Bloch ist vor allem seine umfassende Kenntnis der deutschen Geschichtswissenschaft in den Blickpunkt geraten, die er über die zwanziger und dreißiger Jahre hinweg als sachkundiger Kritiker kommentiert und in Frankreich bekanntgemacht hat.[34] Seine regelmäßige Berichterstattung hat ihm – neben zahlreichen persönlichen Kontakten zu deutschen und österreichischen Historikern, die er trotz aller kritischer Distanz zu seinen Kollegen jenseits des Rheins unterhielt[35] – die Möglichkeit eines »Dialoges« mit der deutschen Geschichtswissenschaft eröffnet. Mit dessen Hilfe konnte er seine Vorstellungen von einer »neuen« Geschichte präzisieren und somit von veralteten deutschen Traditionen absetzen. Immer wieder ist in der neueren Literatur Blochs Historiographie überzeugend als konsequente Abwendung vom einstigen deutschen »Modell« interpretiert worden.[36] Insbesondere Otto Gerhard Oexle und Peter Schöttler haben die fundamentalen Unterschiede zwischen der französischen Geschichtswissenschaft in der Praxis eines Marc Bloch und der – gemessen an dem Innovationspotential der sich formierenden *nouvelle histoire* – rückständigen deut-

---

[33] So Claudia Märtl im Nachwort zur deutschen Übersetzung von Blochs *Rois thaumaturges* (Die wundertätigen Könige, München 1998, 535–542; 541).

[34] Vgl. dazu etwa den Tagungsband von Hartmut Atsma/André Burguière (Hg.), Marc Bloch aujourd'hui. Histoire comparée et sciences sociales, Paris 1990.

[35] Zu nennen sind hier insbesondere Fritz Rörig, Alphons Dopsch, Walther Vogel, Richard Koebner und Ernst Kantorowicz. An dieser Stelle sei auf die im Literaturverzeichnis sowie in Kap. III. genannten, von Peter Schöttler herausgegebenen und kommentierten Briefeditionen verwiesen.

[36] Zu nennen ist hier insbesondere die »intellektuelle Biographie« Blochs von Ulrich Raulff, Ein Historiker im 20. Jahrhundert: Marc Bloch, Frankfurt a. M. 1995.

schen Historiographie betont.[37] Die vorbildliche Rolle Marc Blochs als eines vorurteilslosen Vermittlers deutscher Geschichtswissenschaft in Frankreich unterstreicht Oexle mit dem Befund: »Einen deutschen Historiker, der damals eine solche Funktion gegenüber der französischen Geschichtswissenschaft übernommen hätte, gab es nicht.«[38] Derartigen, fast einhellig getroffenen Urteilen steht jedoch noch immer eine erstaunliche Forschungslücke gegenüber. Verzichtet wurde bislang auf eine Analyse der zeitgenössischen Rezensionen deutscher Historiker zu den Arbeiten Blochs, was angesichts seiner Bedeutung als erster wirklicher »europäischer Historiker« überrascht. Dieser eine, aber wichtige Aspekt soll im zweiten Kapitel der vorliegenden Untersuchung nachgeholt werden, wobei nicht eigens betont werden muß, daß mit der Frage nach der Rezeption Marc Blochs in der deutschen Geschichtswissenschaft keineswegs diejenige nach der Rezeption der *Annales* insgesamt oder der Historiker in ihrem intellektuellen Umfeld beantwortet ist.[39] Zweifellos dokumentieren die Bibliographien der Arbeiten Blochs, die in der Regel eine Vielzahl deutscher Arbeiten aufweisen, wieviel der Historiker zunächst auch von der deutschen Geschichtswissenschaft profitiert hat, deren nationalistische Verengungen er aber unmißverständlich kritisiert.[40] Doch nach wie vor hält die Debatte um das Verhältnis einiger herausragender *Annales*-Historiker zur deutschen Geschichtswissenschaft, insbesondere um den Einfluß deutscher Historiker auf Bloch an. Die in der deutschen Forschungsliteratur insbesondere von Peter Schöttler formulierte These, daß von einer wirklichen Rezeption der *Annales* in Deutschland frühestens seit den siebziger Jahren gesprochen werden könne, hatte zur Folge, daß man generell nicht länger nach Indizien einer Wahrnehmung französischer Hi-

---

[37] Otto Gerhard Oexle, »Une science humaine plus vaste«. Marc Bloch und die Genese einer Historischen Kulturwissenschaft, in: Peter Schöttler (Hg.), Marc Bloch. Historiker und Widerstandskämpfer, 102-144; 120 ff; Peter Schöttler, Das »Annales-Paradigma« und die deutsche Historiographie (1929-1939). Ein deutsch-französischer Wissenschaftstransfer? In: Lothar Jordan/Bernd Kortländer (Hg.), Nationale Grenzen und internationaler Austausch. Studien zum Kultur- und Wissenschaftstransfer in Europa, Tübingen 1995, 200-220.

[38] Otto Gerhard Oexle, Was deutsche Mediävisten an der französischen Mittelalterforschung interessieren muß, in: Michael Borgolte (Hg.), Mittelalterforschung nach der Wende 1989, München 1995, 89-127; 93; Ders., »Une science humaine plus vaste«, 129.

[39] Wenn sich dieses Kapitel auf die im Untersuchungszeitraum erschienenen deutschen und österreichischen Rezensionen zu Marc Bloch beschränkt, so erhebt diese Auswahl keinen Anspruch auf eine vollständige und repräsentative Darstellung der Rezeption Blochs in Deutschland. Diese erstreckte sich selbstverständlich weit über den Kreis seiner Rezensenten hinaus und wäre Stoff für eine eigene Untersuchung.

[40] Marc Blochs Verbindungen zur deutschen Kulturgeschichte stehen im Mittelpunkt des von Peter Schöttler herausgegebenen Bandes: Marc Bloch. Historiker und Widerstandskämpfer. Vgl. dazu auch Ders., Marc Bloch und Deutschland, in: ebd., 33-71.

storiographie suchen mochte.⁴¹ Darüber hinaus ist in dieser auf die *Annales* verengten Perspektive die Erforschung anderer Traditionen der französischen Geschichtswissenschaft aus dem Blickfeld geraten. Bereits an dieser Stelle soll daher die These gewagt werden, daß die wissenschaftliche Auseinandersetzung mit dem Werk Marc Blochs nicht erst in den 1970er Jahren begonnen hat, sondern eine – bislang nur unzureichend wahrgenommene, allerdings für die deutsche Geschichtswissenschaft nach 1945 folgenlose – Vorgeschichte hat, deren Bandbreite hier nachgezeichnet werden soll.

Europäischen Rang nimmt in der deutschen »Zunft« Hedwig Hintze ein, die wie kein anderer ihrer Kollegen Werke französischer Historiker in Deutschland bekanntgemacht und für ihr eigenes wissenschaftliches Werk produktiv weiterverarbeitet hat. Der Bedeutung Hintzes nicht nur als Kennerin der französischen Geschichte und Geschichtswissenschaft, sondern als herausragender Forscherpersönlichkeit in der Weimarer Republik überhaupt, steht jedoch eine bis zu ihrer Vertreibung und zu ihrem Freitod im Exil führende Verdrängung aus dem deutschen Wissenschaftsbetrieb gegenüber. Diese fand sowohl in der west- als auch in der ostdeutschen Geschichtswissenschaft der Nachkriegszeit ihre Fortsetzung.⁴² Obwohl Hans Schleier die bis heute umfassendste Kenntnis über Biographie und Werk der Ehefrau Otto Hintzes vermittelte, wurde eine weitergehende Rezeption der Mitte der 1970er Jahre auch in Westdeutschland »entdeckten« demokratischen und innovativen Historikerin durch die Unterstellung unterbunden, ihr politisches Engagement sei »naiv« gewesen, da eine »gesamtgesellschaftliche Analyse« ebenso fehle wie »die Reflexion auf die Mittel einer supranationalen Politik«.⁴³ Somit blieb die kritische Historiographie Hedwig Hintzes auch für die in der Bundesrepublik sich fest etablierende »Historische Sozialwissenschaft« eine unbekannte Größe.⁴⁴ Als »nichtarische« Protestan-

---

⁴¹ Zur kritischen Auseinandersetzung mit der Forschungsliteratur vgl. Kap. II.1 und Kap. II.2.

⁴² An diesem Tatbestand änderte zunächst auch die maßgeblich von Hans Schleier geleistete »Wiederentdeckung« der Historikerin im Jahr 1975 nichts (Hedwig Hintze, in: Ders., Die bürgerliche deutsche Geschichtsschreibung der Weimarer Republik, Berlin [Ost]/Köln 1975, 272–302).

⁴³ So Heinz-Gerhard Haupt/Gilbert Ziebura (Hg.), Einleitung in: Wirtschaft und Gesellschaft in Frankreich seit 1789, Gütersloh 1975, 15–31; 16. Demgegenüber stellen die Herausgeber Hintzes Blick für sozial- und wirtschaftsgeschichtliche Zusammenhänge und damit auch für sozialistische Forschungsansätze heraus. Insgesamt blieb Hintze aber im Schatten der soeben entdeckten *Annales*.

⁴⁴ Einen sichtbaren Niederschlag fand diese fortgesetzte »Exkommunikation« auch in der Ausblendung Hintzes aus der von Hans-Ulrich Wehler herausgegebenen Reihe »Deutsche Historiker« (Göttingen 1971ff). Eine gewisse Ausnahme in diesem »Vergessen« Hedwig Hintzes

tin fiel sie zudem aus der Perspektive der jüdischen Erinnerungskultur und als in keinem der »echten« Aufnahmeländer registrierte Emigrantin aus der Perspektive der Exilforschung heraus.[45]

Einen neuen Forschungsanschub bewirkte Mitte der achtziger Jahre Brigitta Oestreich mit einem kritisch-einfühlsamen, auch unbekannte Quellen einbeziehenden Porträt einer ungewöhnlich produktiven Wissenschaftler-Ehe, das nicht nur die herausragenden Persönlichkeiten Otto und Hedwig Hintzes eindringlich beleuchtete. Oestreich machte insbesondere auf das Emigrantenschicksal Hedwig Hintzes aufmerksam, das aufgrund der mangelhaften Quellenlage bis dahin noch im Dunkeln lag.[46] So hat diese Studie dafür gesorgt, daß Hedwig Hintze, die als Frau in der männlich dominierten »Zunft«, als Wissenschaftlerin jüdischer Herkunft und als überzeugte Demokratin und Publizistin in mehrfacher Hinsicht eine Außenseiterin war, auch durch nachfolgende Arbeiten und Skizzen einem breiteren Publikum bekannt wurde.[47] Aufmerksamkeit gewann der »Fall« Hedwig Hintzes er-

---

stellen dagegen die Erinnerungen ihrer Freundin JULIE BRAUN-VOGELSTEIN (Was niemals stirbt. Gestalten und Erinnerungen, Stuttgart 1966) sowie ihres Kollegen DIETRICH GERHARD dar: Otto Hintze – Persönlichkeit und Werk, in: Otto Büsch/Michael Erbe (Hg.), Otto Hintze und die moderne Geschichtswissenschaft, Berlin 1983, 3–18. Demgegenüber wird Hedwig Hintzes Bedeutung für die Karriere ihres Mannes in der von Wolfgang Neugebauer vorgelegten Edition der nachgelassenen verfassungsgeschichtlichen Arbeiten Otto Hintzes erneut auf die Rolle des Einschnitts von 1933 reduziert. Vgl. WOLFGANG NEUGEBAUER, Otto Hintze und seine Konzeption der »Allgemeinen Verfassungsgeschichte der neueren Staaten«, in: Otto Hintze, Allgemeine Verfassungs- und Verwaltungsgeschichte der neueren Staaten. Fragmente, Bd. 1. Hg. Giuseppe Di Costanzo u. a., Neapel 1998, 35–83.

45 So fehlt z. B. ein Eintrag in den wichtigsten Handbüchern zur deutschsprachigen Emigration, vgl. etwa Claus-Dieter KROHN u. a. (Hg.), Handbuch der deutschsprachigen Emigration 1933–1945, Darmstadt 1998.

46 BRIGITTA OESTREICH, Hedwig und Otto Hintze. Eine biographische Skizze, in: GG 11 (1985), 397–419; DIES., Hedwig Hintze geborene Guggenheimer (1884–1942). Wie wurde sie Deutschlands erste bedeutende Fachhistorikerin? In: AnnTrento 22 (1996), 421–432.

47 ROBERT JÜTTE, Hedwig Hintze (1884–1942). Die Herausforderung der traditionellen Geschichtsschreibung durch eine linksliberale jüdische Historikerin, in: Walter Grab (Hg.), Juden in der deutschen Wissenschaft. Jahrbuch des Instituts für Deutsche Geschichte der Universität Tel Aviv, Beiheft 10, Tel Aviv 1986, 249–279; BERND FAULENBACH, Hedwig Hintze-Guggenheimer (1884–1942). Historikerin der Französischen Revolution und republikanische Publizistin, in: Barbara Hahn (Hg.), Frauen in den Kulturwissenschaften. Von Lou Andreas-Salomé bis Hannah Arendt, München 1994, 136–151; HANS-JÜRGEN ARENDT, Artikel »Hintze, Hedwig, geb. Guggenheimer«, in: Manfred Asendorf/Rolf von Bockel (Hg.), Demokratische Wege. Deutsche Lebensläufe aus fünf Jahrhunderten, Stuttgart 1997, 273–274; sowie der fehlerhafte Artikel von INGE STEPHAN, Leben und Werk von Hedwig Guggenheimer-Hintze (1884–1942), in: Dies., Das Schicksal der begabten Frau. Im Schatten berühmter Männer, Stuttgart 1992, 143–156.

neut durch den vom Verband der Historiker Deutschlands auf dem 42. Deutschen Historikertag 1998 getroffenen, jedoch heftig diskutierten Beschluß, künftig einen Hedwig-Hintze-Preis für eine herausragende Dissertation zu stiften.[48] Demgegenüber blieb die Gründung eines »Hedwig-Hintze-Institutes« an der Universität Bremen im Jahr 1996 weitgehend unbemerkt.[49]

Hedwig Hintzes Lebensweg spiegelt nicht nur interessante Züge der Geschichte der Frauen-Emanzipation und des deutschen Judentums wider. Die Rekonstruktion ihres Œuvres und wissenschaftlichen Werdeganges über die Besonderheiten ihrer Frankreich-Berichterstattung hinaus erlaubt vielmehr auch wichtige Einblicke in die Geschichte der deutschen Geschichtswissenschaft während der Weimarer Republik und des Nationalsozialismus. Dennoch sind ihr Werk und ihre Biographie, in denen sich, wie Bernd Faulenbach 1994 treffend formulierte,[50] mehrere für die deutsche Geschichte charakteristische Entwicklungslinien vereinen, noch immer weitgehend unerforscht. So hat man sich anläßlich des 1989 begangenen *Bicentenaire* mit dem Verweis auf die innovative Bedeutung ihres fachwissenschaftlichen Werkes und ihrer hohen ethischen Wertmaßstäben folgenden, der Republik verpflichteten Publizistik begnügt.[51] Eine Ausnahme stellt jedoch die von Rolf Reichardt herausgegebene und eingeleitete Neuherausgabe ihrer Habilitationsschrift von 1928 dar.[52] Einen ersten Versuch zu einer umfassenderen

---

[48] Vgl. hierzu die breite Presseberichterstattung, v. a. die Artikel von VOLKER ULLRICH (Späte Reue der Zunft, in: Die Zeit, 17.9.1998), BODO MROZEK (»Hedwig Hintze-Preis« ins Leben gerufen, in: Der Tagesspiegel, 15.9.1998), WOLFGANG BEHRINGER (Schuldige Väter, milde Söhne, strenge Enkel, in: Berliner Zeitung, 14.9.1998), FRANZISKA AUGSTEIN, Schlangen in der Grube, in: FAZ, 14.9.1998). Vgl. hierzu auch STEFFEN KAUDELKA, Ein Lebenslauf mit Geschichte. Manche führten den Krieg der Geister, Hedwig Hintze hatte Geist und entdeckte die Schicksalsgemeinschaft der Völker, in: FAZ, 10.10.1998.

[49] Vgl. hierzu kritisch mit einem Forschungsüberblick STEFFEN KAUDELKA/PETER THOMAS WALTHER, Neues und neue Archivfunde über Hedwig Hintze (1884–1942), in: JbUG 2 (1999), 203–218.

[50] FAULENBACH, Hedwig Hintze-Guggenheimer, 136.

[51] HORST DIPPEL, Austritt aus dem Ghetto? Deutsche Neuerscheinungen zur Französischen Revolution, in: HZ 252 (1991), 339–394; ROBERT JÜTTE, in: HZ 251 (1990), 710–711; ERICH PELZER, 200 Jahre Französische Revolution – Erträge der Forschung II: Die Französische Revolution als Kulturereignis, in: NPL 36 (1991), 376f; FRED E. SCHRADER, Strategien der Historiographie und Perspektiven der Mentalitätsgeschichte. Ein Forschungsbericht zum Bicentenaire der Französischen Revolution, in: AfSG 30 (1990), 358f; HEINZ-OTTO SIEBURG, Über: Hedwig Hintze, Staatseinheit und Föderalismus im alten Frankreich und in der Revolution, in: Historische Mitteilungen der Ranke-Gesellschaft 6 (1993), 290–296; KURT HOLZAPFEL, in: ZfG 38 (1990), 1125–1126.

[52] ROLF REICHARDT, Vorwort zur Neuausgabe von Hedwig Hintze, Staatseinheit und Föderalismus im alten Frankreich und in der Revolution, Frankfurt a. M. 1989, V–XX.

Analyse ihres wissenschaftlich-publizistischen Werkes hat anschließend Heinz Sproll unternommen.⁵³ Der Augsburger Historiker kontextualisiert Hedwig Hintzes Arbeiten im Umfeld der deutschen Revolutionshistoriographie der Weimarer Republik, läßt aber eine Reihe wichtiger Texte der Historikerin ebenso unberücksichtigt wie ihre Rezensionstätigkeit. Aufgrund dieser und weiterer Selbstbeschränkungen kommt Sproll kaum über die Feststellung der Exzeptionalität ihres Œuvres hinaus. So bleiben insbesondere die Zusammenhänge und Wechselwirkungen zwischen Biographie wissenschaftlichem Werk der Historikerin in dieser durchaus verdienstvollen, aber mit zahlreichen Ungenauigkeiten und Fehlern behafteten Studie unklar. Dieses ist, wie Fred E. Schrader zutreffend hervorgehoben hat, durch eine nach Europa geöffnete Perspektive der Problemstellung und eine Abkehr vom Primat nationalstaatlicher Interessen gekennzeichnet.⁵⁴ Zweifellos hat Hintzes Interesse am Sozialismus ihr den Blick für wirtschafts- und sozialgeschichtliche Zusammenhänge geöffnet, wie Heinz-Gerhard Haupt und Gilbert Ziebura bereits 1975 festgestellt haben.⁵⁵ Ihr tatsächliches Verhältnis zum Sozialismus ist, wie ihre politischen Überzeugungen und ihr konkretes politisches Engagement überhaupt, bis heute nicht ausreichend untersucht worden. Ziel des dritten, über die konkrete Frage nach ihrer Rezeption der französischen Historiographie hinausgehenden Kapitels soll es deshalb sein, den konkreten Zusammenhang ihrer politischen Auffassungen, ihrer kritischen Sicht der deutschen Geschichte und schließlich ihres auch Wandlungen unterworfenen Frankreichbildes und somit die Einheit von Leben und Werk bei Hedwig Hintze nachzuweisen. Dabei soll deutlich werden, daß ihre Positionen zur deutschen Geschichte und zum Sozialismus sich unmittelbar auf ihre frankreichbezogenen Arbeiten und ihre Deutung der Französischen Revolution ausgewirkt haben.

Viele Fragen müssen jedoch aufgrund der mangelhaften Quellenlage auch in einer ausführlichen Darstellung und Analyse ihrer umfangreichen Publizistik offen bleiben. So fehlen insbesondere persönliche Aufzeichnungen der Historikerin, von denen mit den Tagebüchern die wichtigsten nach 1945 verbrannt worden sind.⁵⁶ Ebenso haben sich selbst bei Persönlichkeiten, die

---

⁵³ Französische Revolution und Napoleonische Zeit in der historisch-politischen Kultur der Weimarer Republik. Geschichtswissenschaft und Geschichtsunterricht 1918–1933, München 1992. Vgl. hierzu kritisch die Rezension von CHRISTIAN SIMON, in: Storia della Storiografia 24 (1993), 180–184.

⁵⁴ SCHRADER, Strategien der Historiographie, 359.

⁵⁵ S. Anm. 43.

⁵⁶ Vgl. hierzu die Hinweise bei OESTREICH, Hedwig und Otto Hintze; sowie zu den jüngsten Quellenfunden KAUDELKA/WALTHER, Neues und neue Archivfunde.

nachweislich mit Hintze in persönlichem Kontakt gestanden haben, nur vereinzelt und in sehr geringer Zahl Korrespondenzen mit der Historikerin erhalten. Der Eindruck, daß selbst in der Nachlaßpflege einzelner Kollegen Verdrängungsmechanismen wirksam waren, ist daher nicht ganz von der Hand zu weisen. Eine Rekonstruktion insbesondere ihres ausgedehnten akademischen »Netzwerkes« muß somit notwendigerweise vorerst Forschungsdesiderat bleiben und kann hier nur in Einzelfällen angedeutet werden. Dies betrifft insbesondere die Ermittlung ihres Schülerkreises.[57] Dagegen ist es nicht zuletzt durch die Auswertung eines in Den Haag entdeckten Teilnachlasses gelungen, die bis heute noch lückenhafte Bibliographie Hintzes durch weitere Arbeiten zu ergänzen. Mit Hilfe amerikanischer Bestände ergibt sich jetzt auch ein genaueres Bild der Umstände ihrer gescheiterten Ausreise aus dem niederländischen Exil und der Vorbereitungen für die Übernahme eines Lehrstuhls an der New Yorker *New School for Social Research*.[58]

In dieser Arbeit soll es jedoch darum gehen, ein durch Archivfunde bereichertes, alle wichtigen Aspekte dieses Forscherschicksals zusammenfassendes intellektuelles Porträt vorzulegen, bei dem die Wandlungen ihrer Frankreich-Historiographie im Vordergrund stehen. Demgegenüber muß die Rekonstruktion des deutschen Forschungsdiskurses zur Französischen Revolution und zur französischen Revolutionsgeschichtsschreibung, die hier nicht geleistet werden kann und in Ansätzen bereits Gegenstand zahlreicher Studien war,[59] hinter eine zwar punktuelle, den historischen und historiographie-

---

[57] Einer ihrer prominentesten Schüler war der 1993 verstorbene Walter Markov, der in seinen Erinnerungen kurz auf seine ehemalige Dozentin einging: »Es gab Lehrer, die keine Gloriole schmückte und die ich vorzüglich fand, wie zum Beispiel Hedwig Hintze, die aber auf dem Katheder so vorsichtig operieren zu müssen glaubte, daß ich nicht einmal dahintergekommen bin, daß sie – seltene Ausnahme in der Weimarer Republik – Sozialdemokratin war.« WALTER MARKOV, Zwiesprache mit dem Jahrhundert. Dokumentiert von Thomas Grimm, Köln 1990, 24.
[58] Vgl. hierzu KAUDELKA/WALTHER, Neues und neue Archivfunde.
[59] Über die historiographischen Stereotypen in der deutschen Rezeption der Französischen Revolution kann hier nur auf einige ausgewählte Arbeiten hingewiesen werden: HORST DIPPEL, Universalismus gegen »Nationale Beschränktheit«. Französische Revolution und deutsches Geschichtsverständnis im 19. und 20. Jahrhundert, in: Lendemains 14 (1989), 157–168; BEATE GÖDDE-BAUMANNS, Die Deutschen und die Französische Revolution. Eine 200jährige Auseinandersetzung, in: Frankreich. Eine politische Landeskunde. Hg. Landeszentrale für politische Bildung Baden-Württemberg, Stuttgart usw. 1989, 39–63; HANS SCHLEIER, Zur Revolutionsinterpretation in der deutschen Geschichtsschreibung zwischen 1848 und 1933, in: ZfG 32 (1984), 515–525; HEINZ-OTTO SIEBURG, Die Französische Revolution in der deutschen Geschichtsschreibung 1789–1989, in: Associazione degli Storici Europei (Hg.), La Storia della Storiografia Europea sulla Rivoluzione Francese, Roma 1990, 137–165; WALTER GRAB, Französische Revolution und deutsche Geschichtswissenschaft, in: Jürgen Voss (Hg.), Deutschland und die Französische Revolution, München 1983, 301–322; ERICH PELZER, Die Wiederkehr des gi-

geschichtlichen Kontext aber umfassend berücksichtigende Studie zurücktreten. Dabei fällt der Untersuchungszeitraum in die wohl interessanteste Phase der Geschichtsschreibung zur Französischen Revolution. In den dreißig Jahren nach dem *Centenaire* formierte sich, wie Michel Vovelle betont hat, die akademische und gelehrte Forschung.[60] Dieses Forschungsgebiet wurde zum »Austragungsort der großen Kämpfe und der großen Entdeckungen der französischen Geschichtsschreibung«, das jedoch nicht nur ein politisches Interesse widerspiegelte. Um die Jahrhundertwende entstand eine ganz neue Geschichtsschreibung, welche die liberale durch eine sozialistische Betrachtungsweise ersetzen (Jean Jaurès) und eine neue soziale Geschichte in Form neuer Fragestellungen und Arbeitsfelder entdecken wollte.

Nach dem Ersten Weltkrieg standen auch gravierende wirtschaftliche Probleme einem geregelten und fruchtbaren Austausch von Forschungsliteratur zwischen den ehemaligen Feinden entgegen. Auch die Geschichtswissenschaft war von dieser Mangelsituation nachdrücklich betroffen. Dies veranlaßte den Berliner Historiker Heinrich Sproemberg zu einer neuartigen internationalen Initiative. Auf die Anregung befreundeter französischer Historiker arbeitete er ab 1931 zusammen mit belgischen und niederländischen Kollegen am Aufbau einer Organisation, mit deren Hilfe ein umfassenderer Literaturaustausch zwischen Deutschland und Österreich einerseits, Belgien, Frankreich, den Niederlanden und den skandinavischen Ländern andererseits ermöglicht werden sollte.[61] Ziel dieses Unternehmens war zunächst, die materielle Grundlage für eine dauerhafte Verbesserung der geschichtswissenschaftlichen Berichterstattung über das jeweilige Nachbarland sicherzustellen. Die Initiatoren dieses Projektes dachten hierbei vor allem an eine effektivere und zielgerichtete Versendung von Besprechungsexemplaren an die Redaktionen der für die jeweiligen Fachgebiete zuständigen Zeitschriften. Sowohl Verlegern als auch Wissenschaftlern wollte man hierzu ein Verzeichnis zur Verfügung stellen, mit dessen Hilfe detaillierte Informationen über die Strukturen der jeweiligen nationalen Geschichtswissenschaft und

---

rondistischen Helden. Deutsche Intellektuelle als kulturelle Mittler zwischen Deutschland und Frankreich während der Französischen Revolution, Bonn 1998, 9ff; sowie die Dokumentensammlung von WOLFGANG VON HIPPEL (Hg.), Freiheit-Gleichheit-Brüderlichkeit? Die Französische Revolution im deutschen Urteil, München 1989. Alle genannten Arbeiten behandeln die Zeit der Weimarer Republik jedoch nur kursorisch.

[60] Die Französische Revolution. Soziale Bewegung und Umbruch der Mentalitäten, Frankfurt a. M. 1985; hier: Nachwort zur deutschen Ausgabe, 145.

[61] Von wem diese Initiative auf französischer Seite ausging, läßt sich anhand des Quellenmaterials nicht mehr ermitteln. Nach der Darstellung Sproembergs ist die Idee zu dieser Organisation 1929 bei Gesprächen im Berliner *Institut Français* entstanden.

über zuständige Ansprechpartner eingeholt werden konnten. Darüber hinaus erhoffte sich Sproemberg, der sich im Gegensatz zur Mehrheit seiner deutschen »Zunftkollegen« zu einer wirklichen Verständigung mit den ehemaligen Kriegsgegnern bereit zeigte, eine Normalisierung der wissenschaftlichen Beziehungen insbesondere zu Frankreich und Belgien. So hatte er im Vorwort seiner 1935 erschienenen Studie »Die Entstehung der Grafschaft Flandern«, die er den »Förderern und Freunden in Belgien und den Niederlanden als Zeichen des Dankes« widmete, betont:

> »Wenn man sein Lebenswerk der Erforschung der Geschichte eines bestimmten Gebietes gewidmet hat, wäre man kein wirklicher Historiker, wenn man nicht mit ganzer Kraft ein inneres und unmittelbares Verhältnis zu den Menschen dieses Landes zu gewinnen versuchte und ein tieferes Interesse an ihren historischen Schicksalen im allgemeinen nähme. Für den Deutschen ist das Gefühl wirklicher Anteilnahme an der Geschichte der nördlichen wie der südlichen Niederlande gewiß nichts Unnatürliches ... Dennoch soll nicht geleugnet werden, daß es auch für den mittelalterlichen deutschen Historiker langer Arbeit bedarf, um zu einem sicheren Verständnis der Sonderentwicklung dieser Gebiete zu gelangen und den Weg zu dem Herzen der sie bewohnenden Menschen zu finden, die eine eigene ruhmreiche Geschichte von Jahrhunderten außerhalb des Reiches gestellt hat.«[62]

Mit dieser Wissenschaftsauffassung hatte sich Sproemberg schon im Ersten Weltkrieg von der deutschen »Zunft« distanziert und isoliert. Bereits 1917 war es infolge seiner Ablehnung der deutschen Kriegszielpolitik und seiner Weigerung, sich propagandistisch gegen Belgien und Henri Pirenne zu betätigen, zum Bruch mit seinem Doktorvater Dietrich Schäfer gekommen. Dieser verhinderte später eine akademische Karriere Sproembergs. Aufgrund seiner frühzeitigen Außenseiterposition blieb der größte Teil seiner Arbeiten, wie Sproemberg oftmals beklagte, ungedruckt.[63] So wurde die Publikation der »Grafschaft von Flandern« schließlich erst mit Hilfe einer Subskription in Belgien und den Niederlanden ermöglicht. In Deutschland fand Sproemberg einen Förderer seiner ehrgeizigen Pläne lediglich in Robert Holtzmann.[64] Der 1929 als Nachfolger Albert Brackmanns an die Berliner Universität berufene Mediävist leitete, auch aufgrund seiner Eigenschaft als Vorsitzender der Kommission für die Internationale Bibliographie im *Comité International des Sciences Historiques*, das Unternehmen auf deutscher Seite bis

---

[62] Teil I, Berlin 1935, 5.
[63] So Sproemberg an Marc Bloch, 3.3.1937. Vgl. dazu unten Kap. IV.
[64] Ebenfalls im Vorwort seiner »Grafschaft von Flandern« hob Sproemberg die Unterstützung durch Robert Holtzmann hervor, ohne dessen »Ermutigung und ... sachverständigen Rat« die Arbeit nicht zustandegekommen wäre.

zu dessen Ende 1938.[65] Am Beispiel der zunächst auf französische Initiative hin geplanten und von Holtzmann und Sproemberg 1934 mit einer Verzögerung von mehreren Jahren gegründeten Hilfsorganisation sollen im vierten Kapitel die Bedingungen und Spielräume einer Zusammenarbeit einiger weniger deutscher Historiker mit belgischen und französischen Kollegen herausgearbeitet und problematisiert werden.[66] Dabei kann mit dem Blick auf einen kleinen und im Vergleich zum internationalen Kongreßwesen[67] bislang nicht beachteten Ausschnitt der deutsch-französischen Historikerbeziehungen gezeigt werden, in welchen Formen und unter welchen Voraussetzungen sich der internationale Dialog vor dem Hintergrund der politischen Konjunkturen überhaupt entwickeln und entgegen den sich seit den dreißiger Jahren erneut zuspitzenden deutsch-französischen Beziehungen tatsächlich zu greifbaren Ergebnissen führen konnte.

Ein besonderes Augenmerk verdient hierbei die Frage nach den Folgen der politischen Zäsur von 1933. Die Tatsache, daß antidemokratische und antiwestliche Ressentiments der Mehrheit von konservativ und national eingestellten Wissenschaftlern und Wissenschaftsorganisatoren in Deutschland kaum zu Anpassungsproblemen gegenüber den neuen Machthabern geführt haben, bedeutet nicht, daß der Rückzug Deutschlands aus internationalen Gremien wie dem Völkerbund zwangsläufig auch den Abbruch der wissenschaftlichen Beziehungen nach sich gezogen hat oder die Bereitschaft vieler Wissenschaftler entscheidend hemmte, weiterhin mit ausländischen Kollegen zu kommunizieren. Hinsichtlich der staatlichen Forschungsförderung, die die Unterstützung von Bibliotheken und den Erwerb ausländischer Literatur grundsätzlich einschloß, hat Notker Hammerstein vielmehr auf die Kontinuität zwischen der Weimarer Republik und dem nationalsozialistischen Deutschland hingewiesen.[68] So habe die 1920 gegründete »Reichszentrale

---

[65] Holtzmann war von 1928 bis 1930 Vorsitzender des Deutschen Historikerverbandes und als Nachfolger des verstorbenen Hermann Reincke-Bloch ab 1928 Vorsitzender der Bibliographiekommission im Internationalen Historikerkomitee.

[66] Rekonstruiert wird die Geschichte der »Geschäftsstelle« anhand des im Archiv der Berlin-Brandenburgischen Akademie der Wissenschaften zu Berlin aufbewahrten Nachlasses Heinrich Sproembergs sowie einiger Aktenstücke des Reichsministeriums für Wissenschaft, Erziehung und Volksbildung aus den Jahren 1935-1939. – Auf die fachspezifischen Aspekte seiner Mediävistik kann an dieser Stelle nicht näher eingegangen werden. Vgl. hierzu etwa MICHAEL BORGOLTE, Anfänge deutscher Geschichte? Die Mittelalterforschung der zweiten Nachkriegszeit, in: TelAviverJbdtG 21 (1996), 35-53.

[67] Vgl. hierzu ERDMANN, Ökumene der Historiker.

[68] »Die Vorstellungswelt«, so Hammerstein, »wonach die Deutschen unrechtmäßig gedemütigt, geächtet und unter ihrem wissenschaftlichen Wert behandelt worden seien, konnte gleichsam nahtlos ins Dritte Reich überführt werden.« Vgl. DERS., Die Deutsche Forschungsgemein-

für wissenschaftliche Berichterstattung«, die ursprünglich dem gegen Deutschland verhängten Wissenschaftsboykott durch die Aufrechterhaltung der Berichterstattung über die ausländische Forschungsliteratur entgegenwirken sollte, ihre Arbeit bis zum Ende des Zweiten Weltkrieges aufrechterhalten.[69]

---

schaft in der Weimarer Republik und im Nationalsozialismus. Wissenschaftspolitik in Republik und Diktatur 1920–1945, München 1999, 73. Hammerstein spricht in diesem Zusammenhang mit Recht von einem »Versailles-Syndrom«.

[69] Eine eigens dafür eingerichtete Fotokopierstelle sollte die im Ersten Weltkrieg entstandene Lücke in der naturwissenschaftlichen Literaturversorgung schließen helfen. Daß mit der Arbeit der »Reichszentrale« auch nationalistische Ressentiments laut wurden, ist maßgeblich auf die Person ihres Leiters Karl Kerkhof und seine antiwestliche Propaganda zurückzuführen. Vgl. hierzu HAMMERSTEIN, Forschungsgemeinschaft, 69 ff.

Kapitel I
Geschichtsschreibung in politischer Absicht: die Geschichte der deutsch-französischen Beziehungen aus der Sicht von Johannes Haller und Gaston Zeller

1. Johannes Haller – historische Wissenschaft als politische Propaganda

Es war durchaus nicht selbstverständlich, daß der baltendeutsche Historiker Haller, der den überwiegenden Teil seines Gelehrtenlebens der Geschichte des Papsttums gewidmet hatte, sein historisches Interesse wenige Jahre vor seiner Emeritierung im Jahr 1932 auf das Nachbarland im Westen richtete. Zwar hatte sich Haller, für den Weltkrieg und Niederlage »Lebensepoche«[1] (Karl Ferdinand Werner) waren, besonders nach 1918 in einigen seiner Bücher und Artikel, die er bewußt auch für das außerakademische Publikum verfaßt hatte, mit französischer Geschichte beschäftigt.[2] In zunehmendem Maße hatte er auch publizistisch Stellung zu tagespolitischen Fragen der Gegenwart genommen, wobei er sich in polemisierender Weise gegen Parlamentarismus und Demokratie wandte, die er als »westliche« Ideen kompromißlos ablehnte[3]. Mediävistische Forschung und politische Reflexion verband Haller, der nach eigenem Bekunden für die Demokratie nichts als

---

[1] Nach KARL FERDINAND WERNER, Das NS-Geschichtsbild und die deutsche Geschichtswissenschaft, Stuttgart 1967, 71 f., hat Haller nach dem Ersten Weltkrieg sein Fachgebiet zugunsten zeitgeschichtlicher und publizistischer Tätigkeit zurückgestellt.

[2] Stellvertretend genannt seien hier nur Hallers außergewöhnlich erfolgreiche Veröffentlichung »Epochen der deutschen Geschichte«, Stuttgart/Berlin 1923, die immer wieder, zuletzt bis 1959 neu aufgelegt wurde, und die Sammlung »Reden und Aufsätze zur Geschichte und Politik«, Stuttgart/Berlin 1934, 2. Aufl. 1941.

[3] Das politische Selbstverständnis Hallers und anderer nationalkonservativer Historiker hat BERND FAULENBACH, Ideologie des deutschen Weges. Die deutsche Geschichte in der Historiographie zwischen Kaiserreich und Nationalsozialismus, München 1980, herausgearbeitet. Zu Haller vgl. ebd. 94, 247, 258, 287.

»Ekel« empfand, bekanntlich auch als Hochschullehrer besonders nachdrücklich mit einer haßerfüllten Agitation gegen die Weimarer Republik.[4] Sein ihm von seinen Schülern nachgesagtes rhetorisches Talent kam dem deutschnational und großdeutsch gesinnten Historiker hierfür zweifellos zugute. Doch war für ihn eine *systematische* Beschäftigung mit französischer Geschichte etwas Neues, auch wenn er in seinem Vorwort betonte, nicht »gelehrte Forschung« betreiben zu wollen, sondern die Geschichte der deutsch-französischen Beziehungen in ihrem »inneren Zusammenhang« darzulegen. Dabei galt Haller – gemessen an seinem Schriftenverzeichnis – in der Historikerzunft keineswegs als Frankreichspezialist,[5] und so stellt sich für den hier interessierenden Zusammenhang die Frage nach seiner Motivation umso eindringlicher. In seinem Vorwort betont er, er sei dem Wunsch der Öffentlichkeit nachgekommen, von ihm gehaltene Vorträge zu publizieren. Für ihn, dem sich wie vielen anderen Historikern seiner Zeit das Verhältnis Deutschlands zu Frankreich als *die* »Lebensfrage der deutschen Nation« darstellte, ging es jedoch um weit mehr: in seiner Jugend, beteuert Haller, habe die »Versöhnung zwischen Deutschland und Frankreich« zu den politischen Dingen gehört, die er sich »am sehnlichsten« gewünscht habe, an

---

[4] Vgl. dazu jetzt eindringlich auch HANS-ERICH VOLKMANN, Als Polen noch der Erbfeind war: Zum 50. Todestag des politischen Historikers Johannes Haller, in: Die Zeit, 12.12 1997; sowie HERIBERT MÜLLER, »Eine gewisse angewiderte Bewunderung«. Johannes Haller und der Nationalsozialismus, in: Gestaltungskraft des Politischen. Hg. Wolfram Pyta, Ludwig Richter, Berlin 1998, 443–482; 449ff; das Zitat ebd. Nach den von Müller ausgewerteten Erinnerungen seiner Schüler hatte Haller in seinen Vorlesungen die Weimarer Republik geradezu »vorgeführt«. (450f.) Zum Tübinger Hintergrund vgl. DIETER LANGEWIESCHE, Die Eberhard-Karls-Universität Tübingen in der Weimarer Republik. Krisenerfahrung und Distanz zur Demokratie an deutschen Universitäten, in: ZWLG 51 (1992), 345–381.

[5] Aus der Perspektive von Hallers Tübinger akademischem Umfeld mag dieser Sachverhalt anders bewertet werden. HERIBERT MÜLLER spricht davon, daß Haller »auch vom Katheder … in Deutschland sehr wesentlich die Vorstellungen von Frankreich und französischer Geschichte« geformt habe und einige seiner bekanntesten Schüler später Themen aus der französischen Geschichte »in der Tradition ihres Lehrers« aufgegriffen hätten (Der bewunderte Erbfeind. Johannes Haller, Frankreich und das französische Mittelalter, in: HZ 252, 1991, 265–317; 265). – REINHARD WITTRAM erinnerte sich 1950 in einem Rückblick daran, daß Haller in seinen Vorlesungen »die deutsche Vergangenheit darzustellen vermochte ›wie selbsterlebtes Glück und selbsterlebtes Leid‹. Damals beschäftigte er sich viel mit neuerer Geschichte, mit Bismarck, den deutsch-französischen Beziehungen …« (Erinnerungen an Johannes Haller, gest. 24. Dezember 1947, in: WaG 10, 1950, 67–70; 69). Hallers Schüler THEODOR ESCHENBURG hob in einem späteren Rückblick Hallers negative Haltung zur Weimarer Demokratie hervor: Aus dem Universitätsleben vor 1933, in: Deutsches Geistesleben und Nationalsozialismus. Eine Vortragsreihe der Universität Tübingen. Hg. Andreas Flitner, Tübingen 1965, 24–46; zu Haller vgl. 34f. Ein eindrucksvolles Porträt Hallers zeichnet Eschenburg in seinen Lebenserinnerungen: »Also hören Sie mal zu«: Geschichte und Geschichten 1904 bis 1933, Berlin 1995, 149ff.

eine »wirkliche Verständigung« zu denken, erscheine ihm aber »heute und für lange Zeit vermessen.« Den Glauben an eine »künftige Verständigung« indes wolle er nicht gänzlich aufgeben. Er habe dieses Buch geschrieben, weil er hoffe, damit diesem Ziel vorzuarbeiten: »Denn am Anfang jeder Verständigung steht das Verstehen, und ein fremdes Volk, vollends eines, das so sehr in seinen Überlieferungen lebt wie das französische, versteht man nur aus seiner Geschichte.«[6]

Der deutsche Leser sollte daher unterrichtet werden, »wie die französische Nation ihr Verhältnis zu Deutschland seit Jahrhunderten auffaßt, auffassen zu müssen glaubt.« Präzisiert hat Haller seinen Begriff von ›Verständigung‹ jedoch nicht. Er macht aber deutlich, daß für ihn diese Arbeit nur in der konsequenten Offenlegung der das deutsch-französische Verhältnis belastenden Probleme bestehen kann, wenn er betont, daß er durch das Aufrollen der Vergangenheit beider Völker keine Verschlechterung der Beziehungen beider Länder befürchte. Ohne bestimmte Namen und Vorgänge zu nennen, wendet er sich gegen Verständigungsversuche der – um einen seiner Lieblingsausdrücke zu verwenden – »ästhetischen Literaten«[7]. Von »anderen Kreisen« wolle er lieber gar nicht erst sprechen. Deren Arbeit gleiche nämlich einer »Schmetterlingsjagd«: »sie fassen im besten Fall einen bunten Falter, der bald stirbt. Das Schicksal, das große, das ernste und furchtbare Schicksal ist kein Spielzeug«.[8]

Hallers Ankündigungen waren überraschende Worte aus dem Munde eines Historikers, der zuvor den Deutschen mit seinen »Epochen der deutschen Geschichte« eine »Fibel ›zur Macht‹«[9] in die Hände gegeben hatte und der noch im selben Jahr der Veröffentlichung seiner »Tausend Jahre« anläßlich der Rheinlandräumung einen wütenden Artikel gegen Frankreich und die Franzosen verfaßt hatte. In diesem beschwor er, nicht frei von rassistischen Ressentiments, die Erinnerung an die »Gewaltherrschaft« der Franzosen im Rheinland und redete offen einer Revanche das Wort.[10] An

---

[6] JOHANNES HALLER, Tausend Jahre deutsch-französischer Beziehungen, Stuttgart, 2. Aufl. 1930, Vorwort, VIII.

[7] GANGOLF HÜBINGER hat hervorgehoben, daß im kaiserlichen Deutschland, wo der Schriftsteller im Gegensatz zu Frankreich in der öffentlichen Wertschätzung unterhalb der Universitätseliten rangierte, der Begriff »Literat« aus einem »Überlegenheitsgefühl« professoraler Intelligenz heraus als »beliebtes Totschlagwort für konkurrierende intellektuelle Auffassungen« seine Anwendung fand. Vgl. DERS., Die Intellektuellen im wilhelminischen Deutschland, in: Wolfgang J. Mommsen (Hg.), Intellektuelle im Kaiserreich, Frankfurt a. M. 1993, 198–210; 242–244.

[8] HALLER, Tausend Jahre, Vorwort, VIII.

[9] So WERNER, NS-Geschichtsbild (wie Anm. 1), 71.

[10] »Rheinlands Befreiung, 1. Juli 1930«, in: Tübinger Chronik, 2.7.1930. Wieder abgedruckt

dieser Stelle zeichnet sich also ein deutlicher Widerspruch zwischen Hallers Bemühen um ein historisches Verständnis Frankreichs im Jahr 1930 und seinen zu gleicher Zeit getroffenen ablehnenden Äußerungen über die gegenwärtige Rolle des Nachbarlandes ab.[11] Obwohl die Hallersche Frankreichschrift zu keinem Zeitpunkt Gegenstand einer historiographischen Kontroverse wurde, blieb sie nach 1945 umstritten. Während Hallers Schüler Fritz Ernst noch 1949 in einem Nachruf den Verständigungswillen seines zwei Jahre zuvor verstorbenen Lehrers behauptete: »Lange Aufenthalte in Frankreich, Liebe zur französischen Sprache wie zu allem Romanischen, und vor allem die Ablehnung des Schlagwortes von der ›Erbfeindschaft‹ drückten Haller die Feder zu ›Tausend Jahre deutsch-französische Beziehungen‹ in die Hand. Die Schrift ist durch den ernsthaften Versuch gekennzeichnet, den französischen Standpunkt zu verstehen ... wenn er auch mit Skepsis gegenüber den Möglichkeiten eines deutsch-französischen Zusammengehens endet«[12], bewertete 1970 Gilbert Ziebura Hallers Schrift neben der deut-

---

in: Reden und Aufsätze zur Geschichte und Politik, Stuttgart usw. 1934, 344–355. In einem in der Berliner Börsenzeitung veröffentlichten Kommentar unterstellte Haller dem Nachbarland, daß es nicht Verständigung, sondern vollständige »Unterwerfung« Deutschlands wolle: »**Frankreich liegt gar nichts daran, daß Deutschland lebe, es hat beim völligen Zusammenbruch der deutschen Volkswirtschaft wenig zu verlieren, nichts zu fürchten, unter Umständen etwas zu gewinnen.**« [Hervorheb.i.O.] An eine Verständigung mit Frankreich zu glauben, sei daher »Illusion«; jahrelang sei die deutsche Politik diesem Ziel »nachgelaufen«, um schließlich feststellen zu müssen, daß sie »nicht zu haben ist.« Vgl. DERS., Verständigung? In: Berliner Börsenzeitung, Nr. 361, 6.8.1931, Morgenausgabe.

[11] In seinem 1918 verfaßten Aufsatz über »Den bildenden Wert der neueren Weltgeschichte« schrieb Haller über den Weltkriegsgegner Frankreich: »wir verkannten den Charakter des Gegners, weil wir seine Geschichte nicht kannten ... Zu glauben, die Franzosen hätten sich nach allem, was vorgefallen war, noch durch irgend etwas, sei es auch das größte Entgegenkommen, zu einer Versöhnung mit uns bestimmen lassen, heißt über den Charakter dieses Volkes hinwegsehen, wie er sich auf den Blättern seiner Geschichte von früh an bis in die neueste Zeit mit hundert Zügen eingezeichnet hat, heißt die Seele der französischen Nation nicht kennen.« (Wieder abgedruckt in: Reden und Aufsätze, 181–200; 192). MÜLLER, Der bewunderte Erbfeind, 273, hat die These aufgestellt, daß Haller durch seine Heirat mit Elisabeth Fueter, der Schwester des bekannten Schweizer Historikers Eduard Fueter, den deutsch-französischen Gegensatz auch »im privaten Lebenskreis« erlebte.

[12] »In Hallers Interesse für Frankreich ging eine Linie von seinen Anfängen bis zu seinen späteren Studien und stofflich eine Linie von der führenden Rolle Frankreichs im Mittelalter bis zum 19. Jahrhundert«. (FRITZ ERNST, Johannes Haller, 16. Okt. 1865 bis 24. Dez. 1947, Stuttgart 1949. Wieder abgedruckt in: DERS., Gesammelte Schriften. Hg. Gunther G. Wolf, Heidelberg 1985, 44–56; 49. Müller dagegen bezweifelt, ob Haller romanischem Wesen wirklich nahekam. Es bliebe zu bedenken, so Müller, »daß Haller Paris und Frankreich nie näher und tiefer kennengelernt hat, im Gegensatz zu Rom und Italien, die ihm nach langjährigen Aufenthalten wohlvertraut waren«. Dagegen habe Haller, der sich selber nie als Europäer oder Weltbürger,

schen Literatur zur Rheinfrage (hier besonders die Arbeiten von Hermann Oncken,[13] Aloys Schulte[14] und des Schweizers Hermann Stegemann[15]) als Produkt einer überholten, rein ideengeschichtlichen Betrachtungsweise. Diese Werke können Ziebura zufolge aufgrund ihrer »nationalistischen Grundhaltung« nur noch historiographiegeschichtlichen Wert beanspruchen und waren eher dazu geeignet, die »Legende der ›Erbfeindschaft‹« zu zementieren.[16] Differenzierter sahen wiederum einige Jahre später Ernst Schulin,[17] Peter-Michael Hahn[18] und zuletzt Heribert Müller[19] das Hallersche Buch. So meinte Schulin, daß Haller keine »1000-jährige-Feindschaft« konstruiere und im Gegensatz zu seinen Vorgängern manches »anders und differenzierter« bewerte, so z.B., wenn er Ludwig XIV. und Napoleon III. »gegen Oncken« entlaste, dafür aber das Volk und die Französische Revolution belaste. Auch Hahn glaubt wohlwollend, daß sich Haller »zumindest vom Ansatz her« und »gegen die große Schar deutscher Historiker, die sich in ihrem

---

sondern immer nur als Deutscher empfunden habe, den Namen ›Frankreich‹ stets mit der politischen und militärischen Gefahr eines »revanchelüsternen Konkurrenten« in Zusammenhang gesehen. Vgl. MÜLLER, Der bewunderte Erbfeind, 275f. Auch Reinhard Wittram, der 1960 Hallers Lebenserinnerungen – in zensierter Form (wobei der letzte, etwa 200 Seiten umfassende Teil der Erinnerungen fehlt) – herausgab, spricht in seinem Nachwort von Hallers »innerer Nähe zu romanischem Wesen«. Haller selbst hat in seiner Autobiographie sein Verhältnis zu Frankreich nicht thematisiert. (Lebenserinnerungen. Gesehenes-Gehörtes-Gedachtes, Stuttgart 1960)

[13] Die historische Rheinpolitik der Franzosen, Stuttgart usw. 1922; Die Rheinpolitik Kaiser Napoleons III. von 1863 bis 1870 und der Ursprung des Krieges von 1870/71, 3 Bde., Stuttgart 1926. Zu Oncken ROLAND A. HÖHNE, Die Frankreichhistoriographie der Weimarer Republik am Beispiel von Hermann Oncken, in: Michael Nerlich (Hg.), Kritik der Frankreichforschung 1871–1975, Karlsruhe 1977, 96–109.

[14] Frankreich und das linke Rheinufer, Stuttgart/Berlin 1918. Französische Übersetzung Lausanne 1919.

[15] Der Kampf um den Rhein: das Stromgebiet des Rheins im Rahmen der großen Politik und im Wandel der Kriegsgeschichte, Berlin 1924. In Deutschland wurde Stegemanns Traktat enthusiastisch aufgenommen und mit kämpferischen Seitenhieben auf die französische Geschichtswissenschaft verbunden. Der Rezensent der Elsaß-Lothringischen Jahrbücher, WALTER PLATZHOFF, betonte die in seinen Augen »schwere Unterlassungssünde« der deutschen Geschichtsschreibung, der »gallische[n] Geschichtsklitterung und Geschichtsfälschung« nicht frühzeitig entgegengetreten zu sein, und meinte, daß im »Kampf der Geister ... jedes gute Buch als Waffe zu begrüßen« sei. (ELJb 2, 1923, 177–179)

[16] GILBERT ZIEBURA, Die deutsch-französischen Beziehungen seit 1945. Mythen und Realitäten, Pfullendorf 1970, 173. Vgl. hierzu den Abschnitt »Lehren der Geschichte«, 9ff.

[17] ERNST SCHULIN, Das Frankreichbild deutscher Historiker in der Zeit der Weimarer Republik, in: Francia 4 (1976), 659–673; 662.

[18] PETER-MICHAEL HAHN, Frankreich und das Reich während des 17. Jahrhunderts im Spiegel der deutschen Geschichtswissenschaft des 19. und 20. Jahrhunderts, in: HZ 247 (1988), 53–94; 81.

[19] Vgl. Anm. 5.

Urteil über die Merkmale der französischen Politik weitgehend einig war«, absetzte und versuchte, »eine Gesamtsicht der Beziehungen der beiden Nachbarn« zu schreiben, »welche auch das Ziel verfolgte, das französische Verständnis dieser Ereignisse zu berücksichtigen«. Zuletzt sei noch der Beitrag Müllers angeführt, der nachzuweisen versucht, daß Frankreich in den Augen Hallers nicht nur der verhaßte, sondern auch der »bewunderte Erbfeind« gewesen war. Wie differenziert und nuanciert die Urteile über die »Tausend Jahre« auch immer ausfallen; gegenüber seiner in der Vergangenheit gegen Frankreich gerichteten politischen und gelehrten Agitation deuteten die nun von Haller in seinem Vorwort bekundeten Absichten durchaus auf einen Sinneswandel hin. Im folgenden soll daher in einem kurzen Überblick das Hallersche Buch vorgestellt und geprüft werden, in welcher Weise der Autor sein im Vorwort skizziertes Programm umgesetzt hat.

2. Deutschland und Frankreich – eine Schicksalsgemeinschaft

Für Haller stellte sich das deutsch-französische Verhältnis nicht als ein gewöhnliches Verhältnis zweier europäischer Nachbarn dar, wie es Deutschland oder Frankreich mit anderen Ländern verbindet. Für den Baltendeutschen war dieses vielmehr eine »Schicksalsgemeinschaft«, in der die Zukunft Deutschlands sowohl in der Vergangenheit als auch in der Gegenwart von Frankreich abhing und auch künftig von diesem bestimmt werde. In weiten Teilen seiner 239 Seiten umfassenden Darstellung, in der er dem Mittelalter den geringsten Anteil (27 Seiten) einräumte, das 17. und 18. Jahrhundert sowie die Französische Revolution ebenfalls nur knapp mit jeweils 35 bzw. 31 Seiten abhandelte, um schließlich den deutsch-französischen Beziehungen vom 19. Jahrhundert bis zum Versailler Vertrag mit 137 Seiten den größten Anteil zu widmen, schildert Haller Frankreich als aktiven, zur »Weltherrschaft« strebenden, Deutschland dagegen als passiven, nur reagierenden Part in der »tausendjährigen« Geschichte ihrer Beziehungen. So steht daher auch die Entwicklung der französischen Außenpolitik im Vordergrund dieser Arbeit.[20] Von Beginn einer deutsch-französischen Geschichte an, den

---

[20] Im folgenden wird zitiert nach HALLER, Tausend Jahre deutsch-französischer Beziehungen, Stuttgart, 2. Aufl. 1930. »Der Leser wundere sich nicht«, so Haller, »daß ich so viel von Frankreich, von Ludwig XIV. und seinen weltpolitischen Absichten gesprochen habe und so wenig von Deutschland. Das entspricht nur den Tatsachen. Wir, vom Standpunkt der deutschen Geschichte, sehen im Vordergrund die geraubten Dörfer und Städte des Elsaß und das Lilienbanner auf dem Turm des Straßburger Münsters, sehen die rauchenden Trümmer der Pfalz, die Ruinen des Heidelberger Schlosses und die geschändeten Kaisergräber im Dom zu Speyer. Lud-

Haller mit dem Vertrag von Verdun 843 datiert, sieht er einen deutsch-französischen Antagonismus – zwar noch nicht der Nationen, aber der abgesonderten Königreiche, aus denen dann später beide Nationen erwachsen sind. Von diesem Zeitpunkt an bildete der Streit um den Rhein den Gegenstand der Auseinandersetzungen beider Nachbarn, der jedoch »kein Kampf der Völker um ihren Raum«, sondern »ein Erbstreit der Könige um den Besitz ihrer Vorfahren« gewesen war.[21] Seit der Anfangszeit der kapetingischen Monarchie 987 war das deutsch-französische Verhältnis schließlich nicht von »Freundschaft« geprägt. Es herrschte jedoch »Friede« zwischen beiden Ländern, allerdings nur aufgrund der inneren Zersplitterung des Königreiches Frankreich, das zu schwach gewesen war, um auch nur »an einen Kampf mit der deutschen Großmacht [zu] denken«.[22] Das Kräfteverhältnis kippte schließlich im Jahr 1214 mit der Schlacht bei Bouvines. Dem französischen Staat war es gelungen, die »nationale Einheit« zu vollenden, während sich in Deutschland die Macht des Königtums im Streit zwischen Staufern und Welfen aufgerieben hatte: »Deutschland dankt für Jahrhunderte als Großmacht ab«, lautete Hallers düsteres Fazit.[23] Obwohl Frankreich seitdem unaufhörlich nicht nur nach der Führung im Abendland, sondern nach »Weltherrschaft« strebte, richtete es seinen Blick zunächst nicht gegen Deutschland. Seine Ziele lagen eher im Norden und im Süden und waren in erster Linie gegen England gerichtet. Im Jahre 1477 jedoch, mit der französischen Besetzung Burgunds, war »der Same der deutsch-französischen Erbfeindschaft« endlich gestreut, obwohl die französischen Angriffskriege der Zeit immer noch mehr einem »Bedürfnis der Abwehr« als der Ausdehnung entsprachen.[24] Für den Zeitraum bis zum Tod Heinrichs IV. deutet Haller Deutschland und Frankreich als Länder ohne nachbarschaftliche Sympathie, aber auch ohne »das Bewußtsein einer dauernden Gegnerschaft in politischen Lebensfragen«. Das Verhältnis änderte sich grundlegend mit der Entstehung des »burgundisch-spanisch-italienischen Weltreiches«, unter dem

---

wig XIV. ist für uns der Feind, der Deutschland bestohlen und erniedrigt hat. Für ihn selbst, für Frankreich und die französische Geschichte sind diese Dinge nur Beiwerk, sie bilden die Begleitung ... aber nicht die Melodie.« (49 f)

[21] HALLER, Tausend Jahre, 4 ff. Haller betont, daß hier noch nicht von nationalen Gegensätzen gesprochen werden darf: »Wieder hat man sich davor zu hüten, in jenen ersten Kämpfen um den deutschen Rhein den Ausdruck nationaler Bestrebungen zu sehen. Noch ist das Moment der Nationalität als politischer Beweggrund für Jahrhunderte unentdeckt.« (6)

[22] Ebd., 6 f.

[23] Ebd., 12. Haller sah Deutschland in »großem, weltgeschichtlichem Kampfe von französischen Kräften überwunden«, obwohl es zuvor vor allem in militärischen und wissenschaftlichen Dingen von Frankreich gelernt und profitiert habe. (8 ff)

[24] Ebd., 17.

sich Frankreich in die Defensive gedrängt wähnte. Während Deutschland zu keiner Zeit Eroberungsabsichten im Westen gehegt habe, glaubte man in Frankreich »an gewisse alte Überlieferungen und knüpft Wünsche und Hoffnungen an sie, die nur auf Kosten Deutschlands erfüllt werden können«. Denn »auf dem Grunde seiner Volksseele«, prophezeite Haller düster, lägen »Hefezellen, die, wenn günstige Temperatur sie in Gärung versetzen sollte, ganz von selbst das Anschwellen der Expansion auch nach Osten, nach dem Rhein hin bewirken würden.«[25] Seine Einschätzung der französischen Politik und »Volksseele« sieht Haller fünfundzwanzig Jahre nach dem Tod Heinrichs IV. bestätigt: Frankreich sei, »ausgehend von dem Bedürfnis eigener Sicherheit, dazu gelangt ... Teile rein deutschen Bodens zu begehren und schließlich die Beherrschung Deutschlands für das erste und dringendste seiner Lebensinteressen zu halten«.[26] Seit dem Westfälischen Frieden sei »Deutschland ... zu einer passiven Rolle verurteilt, es mußte sein Schicksal hinnehmen, wie es ihm von andern diktiert wurde, und die Regelung seines Verhältnisses zu Frankreich von andern sich vorschreiben lassen«.[27] Die territorialen Konsequenzen des Friedens von 1648 für das Reich stuft Haller erstaunlicherweise als geringfügig ein. Unablässig betont er das französische Sicherheitsbedürfnis[28] und konzediert den französischen Staatsmännern von Richelieu bis Ludwig XIV., denen er beide eingehende und um Verständnis bemühte Charakterstudien widmet, eine maßvolle Politik. So räumt er freimütig ein, daß deren Eroberungsabsichten zunächst nicht Deutschland galten,[29] was ihn gleichzeitig veranlaßt, nur noch von den »sogenannten« Raubkriegen Ludwigs XIV. zu sprechen – einem bis dahin in der wissenschaftlichen Terminologie der Mehrheit der zeitgenössischen Historikerschaft fest verankerten publizistischen Kampfbegriff.[30]

---

[25] Ebd., 27. Im Hinblick auf die Gegenwart fragt Haller: »hat das französische Volk seine Natur gewechselt, seinen stärksten Instinkt verloren, den Trieb zur Eroberung? Sind nicht mehr – ich zitiere Thiers, den Urfranzosen – ›Eitelkeit, Neid und Ehrgeiz seine wahren Leidenschaften‹? Ist es nicht mehr das Volk der geborenen Soldaten, das in alter und neuer Zeit die Vorbilder und Formen des Kriegertums, den Ritter des Mittelalters, den Offizier der Neuzeit, Vassallität und stehendes Heer, geschaffen, das in seiner langen Geschichte mehr Kriege als jedes andere Volk und seit dreihundert Jahren, mit einziger Ausnahme des Krimkriegs, keinen geführt hat, dessen Ziel nicht Eroberung gewesen wäre?« (225)
[26] Ebd., 27.
[27] Ebd., 90.
[28] »Uns erscheint das alles als eroberndes Umsichgreifen. Die französischen Staatsmänner, die diese Politik entwarfen und durchführten, haben es nicht so empfunden. Was sie leitete, war der Gedanke der Verteidigung, der eigenen Sicherheit.« (40)
[29] Haller betont, daß die »wirklich großen Ziele« Ludwigs nicht in Europa, sondern »auf dem Wasser und jenseits des Ozeans« lägen. (44)
[30] In seinem Dissertationstitel (»Die deutsche Publizistik in den Jahren 1668–1674: ein Bei-

Dennoch ist nach seinem Ermessen unter Ludwig XIV. »die Saat der deutsch-französischen Erbfeindschaft« aufgegangen, im deutschen Volk habe jetzt ein »Franzosenhaß Wurzel« geschlagen. Von nun an, resümiert Haller knapp, sei Frankreich der »Erbfeind«.[31] Während Haller für die großen »Staatsmänner« Bewunderung empfindet, selbst noch einem Napoleon III., der »von Natur aus nicht anders konnte als Deutschland mit Sympathie gegenüberstehen«, Verständnis entgegenbringen kann,[32] so beschwört er gleichzeitig Gefahren für Deutschland, die er im französischen Nationalcharakter angelegt sieht. Nicht Potentaten wie Richelieu oder Ludwig XIV. sind in Hallers Augen für eine extensive Ausdehnungspolitik auf Kosten des Reiches verantwortlich, sondern die französische »Nation« und die »öffentliche Meinung«,[33] die die Herrschenden zu dieser Politik getrieben hätten. Wiederholte Male unterstellt er, daß »Ehrgeiz und Herrschsucht« der Franzosen deren Führung zu einer aggressiven Eroberungspolitik getrieben hätten. Daher könne man bei Ludwig XIV. nicht von einer »maßlosen Eroberungssucht« sprechen, denn »verglichen mit dem, was die öffentliche Meinung seiner Zeit forderte, war Ludwig der Maßvolle«.[34]

Hallers Entlastung der expansiven Außenpolitik der absolutistischen Machthaber und sein gleichzeitig entwickeltes Bild von einem aggressiven französischen Nationalcharakter erscheinen in ihrer Pauschalität zunächst widersprüchlich. Für ein ausreichendes Verständnis seiner Sicht der französischen Geschichte und des deutsch-französischen Verhältnisses als »Schicksalsgemeinschaft« ist daher ein Blick auf Hallers Deutung der eigenen Nationalgeschichte unabdingbar. In deren Zentrum steht für ihn der deutsche

---

trag zur Geschichte der Raubkriege Ludwigs XIV.«, Heidelberg 1892) sowie in seinen »Epochen« hatte Haller diesen Terminus noch verwendet. Bemerkenswert ist, daß bereits vor dem Ersten Weltkrieg bei einigen betont konservativen Historikern wie etwa Erich Marcks, Richard Fester oder Reinhold Koser im Zusammenhang mit der Kritik an der habsburgischen Politik auch eine teilweise Umbewertung der französischen Reichspolitik eingesetzt hatte. Einen Überblick über die deutsche Historiographie zur Reichsproblematik gibt HAHN, Frankreich und das Reich, vgl. bes. 68 ff.

[31] Ebd., 52, 101.
[32] Ebd., 121.
[33] Diesen Begriff hat GILBERT ZIEBURA, Die deutsche Frage in der öffentlichen Meinung Frankreichs von 1911-1914, Berlin 1955, im Hinblick auf seine geschichtswissenschaftliche Verwendung problematisiert.
[34] Ebd., 49. Auch Napoleon III. vermochte nicht seine eigene Politik gegenüber Deutschland durchzusetzen, da »Frankreich« ihm nicht erlaubte »zu tun, was er gern getan hätte«. Es war »Frankreich«, das von ihm den Rhein »erwartete« (121 ff). In welcher Weise es dem französischen Volk gelang, das immerhin in einer »Diktatur« lebte, seinen Kaiser an der Verwirklichung seiner »persönlichen Neigung« zu hindern, erörtert Haller leider nicht. Das gleiche Verdikt galt auch schon für den ersten Kaiser der Franzosen. Vgl. 87 f, 137.

Partikularismus, den er als Ursache für die Schwäche des Reiches und seine mangelhaften Verteidigungsmöglichkeiten gegenüber dem französischen Eindringling identifiziert. In Hallers Augen wurde das Reich zunehmend in europäische Machtkämpfe hineingezogen und sank zu einem bloßen Objekt fremder Interessen herab. Bereits in seinen früheren Schriften hatte der Tübinger Historiker die partikularistische Struktur des Reiches als »deutsche Krankheit«, das Reich als »Leiche« gebrandmarkt.[35] Das Fehlen eines einheitlichen Staates habe eine nationale Politik und die Entstehung eines politischen Nationalbewußtseins verhindert. Der »deutsche Patriotismus [hatte] kein Objekt«.[36] Aber nicht von Haller allein, sondern von der konservativen Mehrheit der Weimarer Historikerschaft wurden Frankreich und Deutschland als »Archetypen differierender Geschichtsabläufe«[37] gesehen. Die im krassen Gegensatz zur französischen Entwicklung stehende verspätete deutsche Nationalstaatsbildung wurde dabei stets als Unheil empfunden. Von diesem Standpunkt aus war es schließlich möglich, eine defensive Interpretation der französischen Außenpolitik des 17. Jahrhunderts mit der Anklage gegen partikularistische Strukturen des alten Reiches zu verbinden und somit der Forderung nach einem starken, durchorganisierten und einheitlichen nationalen Machtstaat Nachdruck zu verleihen.

Vor dem Hintergrund der teils sogar positiven Einschätzung der französischen Machtpolitik muß daher die Frage gestellt werden, inwieweit der aus einem protestantischen Pfarrhaus stammende Haller seine historische Deutung auch unter konfessionellen Gesichtspunkten vorgenommen hat. Peter-Michael Hahn hat in diesem Zusammenhang darauf hingewiesen, daß Haller als Vertreter der »kleindeutschen Schule« der habsburgischen Politik immer wieder aggressive Tendenzen unterstellt habe und es ihm aus diesem Grund leichtgefallen sei, eine defensive französische Reichspolitik fest-

---

[35] Partikularismus und Nationalstaat. Vortrag, geh. auf der 55. Tagung des Vereins deutscher Philologen und Schulmänner in Erlangen am 1.10.1925, Stuttgart 1926, und DERS., Epochen der deutschen Geschichte, Stuttgart 1923 ff. Hallers Urteil bezieht sich sowohl auf das Heilige Römische Reich Deutscher Nation als auch auf den Deutschen Bund. (88, 94)

[36] HALLER, Tausend Jahre, 85 ff. Die Zerstörung des alten Reiches, oder, um Hallers bildhafter Sprache zu folgen, »dieses Auslüften der Mottenkiste des Heiligen Römischen Reiches, die Liquidation des Mittelalters ... hätte »eine Wohltat sein können. Es war sicher kein Unglück, daß die etwa 250 Karikaturen des Staatsbegriffes, die die deutsche Karte aufwies, verschwanden, insbesondere daß der Unfug der geistlichen Fürstenhöfe ein Ende fand«, wenn Deutschland nur »aus eigenem Entschluß und in freier Selbstbestimmung« gehandelt hätte. (79)

[37] So FAULENBACH, Ideologie des deutschen Weges, 38 ff. Faulenbach ergänzt diesen Befund mit dem Hinweis auf die mit der Partikularismus-Kritik verbundenen breiten Ablehnung des Weimarer Parteiensystems unter den konservativen und antirepublikanisch gesinnten Historikern.

zustellen.[38] Wenn demnach in einigen Interpretationen der »Tausend Jahre« Hallers Abkehr von älteren Darstellungen der französischen Geschichte hervorgehoben wird, bleiben jedoch seine ausgeprägt machtstaatliche Position und seine Bewunderung der Monarchie zu berücksichtigen, in die auch konfessionelle Momente eingebunden waren. Im Hinblick auf die deutsch-französische Problematik ist hier aber Hallers Verständnis von ›Frankreich‹ und französischem Nationalcharakter von größerem Interesse, weil letztlich dieses Motiv für seine Auslegung der deutsch-französischen Beziehungen bestimmend wurde. In seinem Buch deutet Haller Frankreich – wenn auch unter negativen Vorzeichen – als Katalysator der nationalen Entwicklung Deutschlands, denn »das nationale Bewußtsein der Deutschen im politischen Sinn ist durch Frankreich zuerst geweckt worden. Am Beispiel der Franzosen hatte man gelernt, was im Leben eines Volkes Vaterland und Nation bedeuteten, ihnen verdankte man das Vorbild moderner Verwaltung, das in den neuen deutschen Mittelstaaten Nachahmung fand. Jetzt lernte man unter der Skorpionenzucht ihrer Herrschaft auch den Weg von Gefühlen zum Willen und zur Tat finden.«[39]

Heribert Müller meint, bei Haller einen »Unterton der Bewunderung« festzustellen, »wenn das Thema französische Geschichte ansteht«.[40] Vor diesem Urteil scheint es geboten, sich die Passagen, in denen Haller ein positives Frankreichbild entwickelt, im Kontext der Komposition seiner Darstellung genauer anzusehen. Beim Durchgang durch die »Tausend Jahre« wird jedoch sehr bald klar, daß die von Müller konstatierte »Bewunderung« des

---

[38] HAHN, Frankreich und das Reich, 81, Anm. 142. Lt. Hahn habe es bereits in der deutschen Historiographie des 19. Jahrhunderts Strömungen gegeben, in denen Frankreichs Politik gegen die des Reiches entlastet wurde. So fand das monarchische Frankreich bei Ranke und Droysen nicht nur aufgrund seiner Überlegenheit Bewunderung, sondern wurde auch in seiner Funktion als Garant der »deutschen Libertät« und des Protestantismus thematisiert (60 ff). Auch Haller meint, daß nach 1648 »niemand mehr [Frankreich] das Recht streitig machen konnte, als Garant der ›teutschen Libertät‹ in inneren Reichsangelegenheiten ein Wort mitzureden. Deutschland, das deutsche Reich und seine Verfassung standen unter vertraglicher Aufsicht Frankreichs« (40). Wie stark Haller den preußisch-österreichischen Gegensatz, die Kluft zwischen dem protestantischen Norden und dem katholischen Süden, empfand, hat er in seinen Lebenserinnerungen geschildert. Anläßlich einer Reise in den Süden berichtet er: »... so wurde mir in der bayrischen Hauptstadt klar, wie viel in der deutschen Geschichte und für die protestantische Gegenwart der Gegensatz zwischen Nord und Süd, Protestantisch und Katholisch bedeutet«. Es war ihm klar geworden, »daß Wien nicht in Deutschland lag und Österreich nicht mehr Deutschland war. Dort noch unendlich viel mehr als in München betete man zu andern Göttern ...« (104 ff)

[39] HALLER, Tausend Jahre, 86. Über die Rolle Frankreichs innerhalb der deutschen Nationalstaatsproblematik vgl. FAULENBACH, Ideologie des deutschen Weges, 54.

[40] MÜLLER, Der bewunderte Erbfeind, 285.

aristokratisch gesonnenen Baltendeutschen keineswegs der französischen Nation oder dem französischen Volk galt. Denn es war und blieb in Hallers Sicht die französische Nation oder die französische »öffentliche Meinung«, die die Herrschenden immer wieder zu einer verantwortungslosen Politik auf Kosten Deutschlands getrieben habe. So sieht Haller die von ihm konstatierten »ureigensten Instinkte« des französischen Volkes signifikant mit der Französischen Revolution zum Vorschein gekommen. Neben dessen Patriotismus, den Haller als »gute« Eigenschaft bewertet, seien vor allem »die Eitelkeit, die sich bewundert sehen, die Herrschsucht, die sich überlegen fühlen will, die Rachsucht, die nie vergißt noch verzeiht, und die Grausamkeit, die die Qual des Opfers genießt; nicht zu vergessen die räuberische Habgier, die alles besitzen, alles an sich raffen und dem Nachbarn gar nichts gönnen will«, hervorstechende Charaktermerkmale des französischen Volkes.[41] Wenn Haller dagegen die kulturelle Blüte Frankreichs unter Ludwig XVI. hervorhebt –

»Das Frankreich von damals glaubte wohl, einer Ausdehnung seiner Grenzen überhaupt nicht zu bedürfen. Es herrschte ja im Reiche des Geistes. Französischer Geschmack und französische Sitten, französische Sprache und französische Ideen hatten seit den Tagen Ludwigs XIV. die Welt erobert. Am meisten die deutsche Welt. Zum zweitenmal geschah, was schon sechshundert Jahre früher geschehen war: Deutschland empfing vom westlichen Nachbar die geschliffenen Formen höherer Gesittung.«[42]

– so geschieht das nicht nur aufgrund seiner Bewunderung der französischen Monarchie oder der Monarchie als Staatsform überhaupt. Vielmehr war es Hallers unzweideutiges Bestreben, dieses »gesättigte Frankreich« gegenüber der kommenden Revolution abzuheben, Wohlstand und Ordnung mit der Herrschaft der »Masse« und dem Chaos zu kontrastieren. Insofern bedeutete für Haller die Französische Revolution den eigentlichen Wendepunkt in der Geschichte der deutsch-französischen Beziehungen. Neben dem Frankreich der vorrevolutionären Zeit, in der man gemäß den »Überlieferungen Karls des Großen« gelebt hatte, gab es nun ein »zweites Frankreich«, in dem bald das Volk »mit seiner Massenseele und seinen Masseninstinkten« herrschen sollte. Dies war für Haller das Frankreich »der Kaufleute und Industriellen, der Anwälte und Tagesschriftsteller, der Ehrgeizigen und Enttäuschten, das Frankreich des unruhigen, begehrlichen, unzufriedenen Mittelstands.«[43]

---

[41] HALLER, Tausend Jahre, 70.
[42] Ebd., 59 ff.
[43] Ebd., 61.

Indem Haller seine Darstellung der französischen Außenpolitik mit der Vorstellung von einem negativen konstanten französischen Nationalcharakter[44] koppelt und dadurch zu erklären sucht, entledigt er sich auch der Notwendigkeit einer genaueren Erforschung der Motive der französischen Politik. Für ihn zählt demnach nicht mehr allein die Tat, sondern schon die vermeintliche Absicht: Denn »vor dem Richterstuhl der Geschichte werden Absichten und Gedanken ebenso zur Rechenschaft gezogen wie begangene Handlungen«, während »der Verteidiger vor dem Strafgericht ... Freispruch beantragen« darf, wenn eine Tat nicht ausgeführt worden ist.[45] So unterscheidet Haller in der Bewertung der französischen Politik auch keine Kriegs- und Friedenszeiten, denn fehlende Machtzuwächse auf französischer Seite seien nicht Folge eines fehlenden Willens, sondern eigener Schwäche. »Niemand« werde, betont Haller, »dem Frankreich der Restauration und des Bürgerkönigtums eine H a n d l u n g [Hervorheb. i. O.] vorwerfen können, die auf Eroberung des Rheins zielte. Aber wenn es für diesen Zweck nichts g e t a n [Hervorheb. i. O.] hat, so lag das nicht am Fehlen der Absicht, sondern nur an der Unmöglichkeit, sie auszuführen.«[46] Mehr noch: die französische Nation sei seit »mehr als einem Menschenalter ... darin unterwiesen, auf den Krieg gegen Deutschland vorbereitet worden, in Schule und Haus, durch Zeitungen und Romane, von der Tribüne und von der Kanzel. Für die Deutschen war der Krieg gegen Frankreich eine unangenehme politische Notwendigkeit, eine Sache der Regierung und der Armee, für die

---

[44] Auch in seinen »Epochen« hat Haller die Vorstellung von der vermeintlichen Beständigkeit eines angeblichen Volkscharakters pointiert formuliert: »Denn es ist nicht wahr, daß die Völker, anders als der einzelne Mensch, ihre innerste Natur von Zeit zu Zeit wechselten und daß die Deutschen von heute mit denen von vor hundert, zweihundert, tausend Jahren nichts mehr gemein hätten« (DERS, Die Epochen der deutschen Geschichte, 1923, 8). Zur Unterscheidung von »französischem« und »deutschem« Wesen vgl. auch seinen Aufsatz: Die Reformation: Fluch oder Segen für das deutsche Volk, in: DERS., Reden und Aufsätze, 151–172: »Dem Deutschen ist die Freiheit die Hauptsache, läßt man ihn auf seine Art leben und sterben, so begehrt er nichts mehr. Der Franzose dagegen will herrschen, andere seinem Willen unterordnen, ihnen die eigne Art – Sprache, Sitte, Glauben – aufzwingen« (162). Hallers Deutungsversuch knüpft hier an das einflußreiche Werk von FRITZ KERN, Die Anfänge der französischen Ausdehnungspolitik bis zum Jahr 1308, Tübingen 1910, an, der in seinem Buch ebenfalls von einem spezifischen französischen Nationalcharakter ausgeht und im Vorwort – unter Berufung auf Albert Sorel – behauptet hatte: »Der Glauben an Recht und Notwendigkeit der Rheingrenze und der französischen Vormacht in Mitteleuropa ist kein Erzeugnis der Kabinettspolitik. Das folgerichtige Voranschreiten zu diesem Ziel hängt vielmehr mit der Entfaltung der französischen Nationalität recht innerlich zusammen.« (V)
[45] HALLER, Tausend Jahre, 113.
[46] Ebd., 112.

Franzosen war er Sache des ganzen Volkes.«[47] Wenn nach Hallers Argumentation die Politik und die Geschichte einer Nation somit in seinem Wesen begründet liegt, wenn also das Streben Frankreichs nach dem Rhein, das sein Buch leitmotivisch durchzieht, auf den Eroberungsdrang der Franzosen zurückzuführen ist, so verlieren die einzelnen Epochen ihr historisches Profil. Der Ablauf der Geschichte scheint damit vorherbestimmt.

Diese Sichtweise muß dann schließlich Folgen für die Beurteilung der Verständigungsmöglichkeiten zwischen beiden Ländern und damit für die Gesamtaussage des Buches haben: für einen friedlichen Ausgleich zwischen Frankreich und Deutschland kann in dieser Perspektive kein Raum mehr bleiben.[48] Der Historiker begnügt sich indes nicht mit der pessimistischen Feststellung einer für die nähere Zukunft aussichtslosen deutsch-französischen Aussöhnung. Haller, dem sich Geschichte als ein »Kampf der Nationen ums Dasein«[49] darstellt, nimmt für sich die Funktion eines Richters über die Geschichte in Anspruch. So kommt er zu dem Schluß, daß Frankreich die »Schuld« trägt, daß »die Verständigung mit dem werdenden Deutschland nicht gelang; es hat sie nicht gewollt.«[50] Frankreich habe in der Geschichte, zuletzt 1914, aber auch 1870, immer den Krieg erstrebt, während Deutschland sich zwar nicht immer »geschickt« verhalten, aber stets den Frieden gewünscht habe. An dieser Vorstellung hielt Haller auch in den folgenden Auflagen seiner »Tausend Jahre« fest. So kam er 1939 zu einem gleichlautenden Urteil: Wer daher »unparteiisch« urteile, werde »darum sagen müssen: wenn es zu dauernder Aussöhnung und friedlichem Einverständnis zwischen den beiden Nachbarn nicht kam, so liegt die größere Schuld, die Hauptschuld bei Frankreich. Es hat nicht gewollt.«[51] Seine Absage an die Möglichkeit einer nicht in zu weiter Ferne realisierbaren deutsch-französischen Verständigung hält Haller bis zur letzten Auflage seines Bu-

---

[47] Ebd., 217.
[48] Ich kann hier nicht mehr Müller folgen, der Haller – »mit Einschränkungen« – als einen »Wegbereiter sachgerechter Präsentation« und sogar als einen »Verfechter deutsch-französischen Zusammengehens« sieht und darin eine Gemeinsamkeit mit Gaston Zeller zu erblicken meint. Haller als »Herold der Erbfeindschaft zu apostrophieren hieße«, so Müller, »einen Historiker von Rang in ein Primitivklischee pressen zu wollen«. (vgl. MÜLLER, Der bewunderte Erbfeind, 306ff).
[49] HALLER, Lebenserinnerungen, 68, 192.
[50] DERS, Tausend Jahre, 155, 169, 175, 187, 196f (»Volkstümlich war der Gedanke der ehrlichen Aussöhnung mit Deutschland niemals gewesen. Im stillen mag er wohl mehr Freunde gehabt haben, als es den Anschein hatte, laut äußern durfte man ihn auch in den Zeiten nicht, wo die Regierung mit Deutschland ging. In der Öffentlichkeit herrschte unerbittlich die Losung der ›Revanche‹.«)
[51] HALLER, Tausend Jahre, Stuttgart, 4. Aufl. 1939, 231.

ches aufrecht. So unterstellte er noch im Vorwort der vierten Auflage ein französisches Interesse an der »Ohnmacht« Deutschlands, dem es keine »Gleichberechtigung« zugestehen wolle.[52] Und auch nach dem Sieg Hitler-Deutschlands über Frankreich, den Haller wie die meisten seiner deutschen Kollegen bejubelte,[53] sieht der Tübinger Historiker in der mittlerweile fünften Auflage noch denselben tief in der französischen Nation verwurzelten Revanchegedanken. »Verführerisch« sei daher jetzt der Gedanke,

»es würde nun in der neuen Ordnung mit allem Alten auch das Verhältnis zu Frankreich, wie es bisher war, verschwinden, um einer dauernd friedlichen und freundlichen Nachbarschaft Platz zu machen. So sehr man das wünschen mag, es wäre doch ein gefährlicher Irrtum, seine Erfüllung schon für gewiß zu halten. Was sich in Jahrhunderten dem Bewußtsein einer Nation eingegraben hat, die an ihrer Vergangenheit hängt wie keine andere und mit Recht stolz auf sie ist, läßt sich nicht in einigen kurzen Sommerwochen hinwegwischen wie die Schrift auf der Schiefertafel.«[54]

Für ein deutsch-französisches Zusammengehen war es für Haller bereits 1930 »zu spät«[55]. Es ist ihm aber zu glauben, wenn er, der erzkonservative und chauvinistische Historiker, gleichzeitig aber »gesinnungsschwankende Parteigänger Hitlers« (Hans-Erich Volkmann), die verpaßte Gelegenheit der Zusammenarbeit beider Länder, »deren vereintes Wirken ... dem europäischen Abendland die Herrschaft über den Erdball dauernd gesichert« hätte, und die nun für immer verloren sei, aufrichtig bedauert.[56] Daß der »geistige Austausch« zwischen beiden Ländern »fruchtbar und förderlich« sei, wie er seinen Lesern von Auflage zu Auflage glaubhaft zu machen ver-

---

[52] Ebd., VII f.

[53] »Mit einer Kraftentfaltung, die das Mögliche zu übersteigen schien, und dank einer Führung, um die uns die Welt beneiden darf, hat Deutschland die Feinde in Ost und West zu Boden gestreckt, frei und hell öffnet sich der Blick in die Zukunft.« (Ebd., Vorwort) An seine Tochter Elisabeth hatte Haller zuvor geschrieben: »›Siegreich woll'n wir Frankreich schlagen‹ - das ist nun keine allgemeine Redensart mehr, auch kein Wunsch oder Vorsatz, sondern Tatsache und Erfüllung. Frankreich *ist* geschlagen, und zwar für ein zwei Menschenalter, vielleicht für immer? Das wird nun von den Deutschen abhängen. Wenn sie den Erfolg verdienen, sich in würdiger Weise entwickeln, weder auf den Lorbeeren einschlafen, noch sich in eitlem Siegerstolz aufblähen, so kann das Jahr 1940 in den Beziehungen zu Frankreich die Epoche von 1648 endgültig beschließen.« Zit. nach MÜLLER, »Eine gewisse angewiderte Bewunderung«, 446 f. - Eine differenzierte Bewertung von Hallers Verhältnis zum Nationalsozialismus, auf das hier nicht eingegangen werden kann, unternimmt auch HANS-ERICH VOLKMANN, Von Johannes Haller zu Reinhard Wittram. Deutschbaltische Historiker und der Nationalsozialismus, in: ZfG 45 (1997), 21-46; DERS., »Als Polen noch der Erbfeind war«.

[54] HALLER, Tausend Jahre, Stuttgart, 5. Aufl. 1941, Vorwort.

[55] Vgl. hierzu die leicht variierten Schlußpassagen der zitierten Auflagen seiner »Tausend Jahre«, in dem sich dieses Motiv jedoch stets wiederholt.

[56] Ebd., 2. Aufl. 1930, 231.

suchte, stand für ihn auch nach dem militärischen und moralischen Sieg über Frankreich außer Zweifel. Deutschland und Frankreich schienen in seinen Augen weiterhin »dafür bestimmt, voneinander zu lernen und einander zu ergänzen, gerade weil sie so verschieden, ja gegensätzlich geartet sind.«[57]

3. Das Buch in der deutschen und französischen Kritik

Sicherlich stellte Hallers Auffassung von Frankreich nur eine Stimme unter vielen dar und kann somit nicht als repräsentative Stellungnahme der Weimarer Historikerschaft in Anspruch genommen werden. In der akademischen Disziplin galt er zudem als überzeugter Einzelgänger – einer Zuschreibung, welcher der Historiker in seinem Selbstverständnis als Außenseiter durchaus zu entsprechen suchte.[58] Bewußt wollte er sich mit seinen Werken von der zeitgenössischen deutschen Geschichtsschreibung absetzen, die er in einer Krise begriffen sah, und die nach seiner Einschätzung »täglich« von einer besonders erfolgreichen französischen Historiographie herausgefordert wurde:

»So schwer es ist, über eine so vielgestaltige und ständig in Fluß begriffene Erscheinung ein gültiges Urteil zu finden, des Eindrucks, daß wir in einer Krise stehen, kann man sich nicht erwehren, wenn man die Neuerscheinungen und den Inhalt der Zeitschriften aus Deutschland mit den französischen vergleicht. Es ist nicht zu leugnen, die Führung, die wir einst besassen, haben wir verloren ... Woran liegt es, daß ihr Feld [der Geschichtsschreibung, S. K.] nicht eifriger und vor allem erfolgreicher bearbeitet wird, während in Frankreich fast jeder Tag neue Erzeugnisse bringt?«[59]

---

[57] Ebd., 5. Aufl. 1941, 231.

[58] Gegenüber Johan Huizinga, mit dem Haller einen langjährigen freundschaftlichen Briefwechsel unterhielt und den er als den »geistvollsten« unter den lebenden Historikern bezeichnete (vgl. HALLER, Über die Aufgaben des Historikers. Vortrag, geh. am 15.11.1934 im Hist. Verein Münster, Tübingen 1935, 27), räumte er ein, daß seine »historiographische Konfession« außerhalb der Zunft stehe und er deshalb als »Ketzer im vollen Sinn des Wortes« zu gelten habe (vgl. Haller an Huizinga, 9.9.1934, in: JOHAN HUIZINGA, Briefwisseling, III, 1934–1945, Utrecht 1991, 38). HERIBERT MÜLLER betont, daß Haller keine Schule im eigentlichen Sinne bildete, keiner wissenschaftlichen Akademie angehörte und nach seinem Tod nur mit einer erstaunlich geringen Zahl von Nachrufen bedacht worden sei. (Der bewunderte Erbfeind, 273)

[59] Hallers heftige Kritik an der Fachwissenschaft ist in einem im (Koblenzer Teil-)Nachlaß aufbewahrten unveröffentlichten Manuskript über die zeitgenössische Geschichtsschreibung (Umfang 3 Seiten) dokumentiert (BAK, NL Haller, Nr. 10). Mit kritischem Blick auf die eigene »Zunft« folgerte der Historiker: »Die Krise der Geschichtsschreibung ist Schuld der Historiker ... An die Stelle bescheidener Wiedergabe dessen, was geschehen, trat mehr und mehr eine teils philosophisch räsonierende, teils psychologisch analysierende Betrachtung, die sich weniger

Der Charakterisierung Hallers als Außenseiter der Zunft muß jedoch die publizistische Breitenwirkung seines Buches entgegengestellt werden. Diese spiegelte sich nicht nur in der hohen Auflagenzahl und den wiederholten Neuauflagen seiner Bücher. Über den engen Kreis der Fachgelehrten hinaus wurde dem Buch, das insbesondere die französischen Historiker herausfordern mußte, auch in der breiteren Öffentlichkeit eine rege Aufmerksamkeit zuteil.[60] In den Reaktionen der deutschen Fachwelt überwogen entgegen dem Erfolg der »Tausend Jahre« beim außerwissenschaftlichen Publikum jedoch kritische Töne. Diese entstammten allerdings unterschiedlichen historiographischen und politischen Lagern, aus denen naturgemäß differenzierte Vorstellungen einzelner Historiker über die Frage der deutsch-französischen Verständigungspolitik zu vernehmen waren.[61] Obwohl man sich in der Auf-

---

um die Taten und Schicksale der Völker, als um die Gedankenwelt und das Seelenleben von Einzelnen bemühte, als ob im Dasein der Menschen Gedanken und Geschmack ausschlaggebend, Trieb und Wille nebensächlich wären. Dabei wurde der Stoff immer dünner, bis man schließlich hoch über der Welt der Tatsachen in der Stratosphäre abstrakter Reflexion angelangt war ... Diese Entwicklung zur reinen ›Geistesgeschichte‹, von Nichthistorikern eingeleitet, aber dem Zuge der Zeit und dem Geschmack einer Generation von geistigen Genießern entsprechend, hätte das Feld so sehr nicht erobert, hätten sich ihm die Historiker von Fach nicht auch ergeben ...« Welche Personen Haller mit seiner Kritik im Blick hatte, ist nicht mit Sicherheit zu beantworten.

[60] Der Auswertung liegen Rezensionen folgender Zeitschriften und Zeitungen zugrunde: *Deutschland*: HZ 144, 1931 (Wilhelm Mommsen); ZfP 22, 1933 (Hans E. Friedrich); JbdtG 6, 1930 (Paul Sattler); DLZ 52, 1931 (Kurt von Raumer); DLZ 58, 1937 (Karl Griewank); VuG 20, 1930; Literarischer Handweiser, 67. Jg., 1930/31 (Waldemar Gurian); Deutschlands Erneuerung 14, 1930 (Edmund Ernst Stengel); Alldeutsche Blätter, 1930; Tübinger Chronik, 30.4.1930; Vorwärts (28.10.1930; F. Stössinger). *Frankreich*: RH 175, 1935 (Marc Bloch); RHM 6, 1931 (Gaston Raphael); RHM 16, 1935 (Georges Pagès). *England*: History 18, 1933/34 (Richard Lodge). *Schweiz*: NZZ, 14.12.1930.

[61] Bei seinem Kieler Kollegen Otto Scheel beklagte sich Haller über die ungenügende Aufnahme seines Buches in der Fachwissenschaft, worauf dieser ihm am 2.2.1934 antwortete: »Daß Oncken und Co Sie mit bleibendem Erfolg totschweigen können, halte ich für ausgeschlossen. Hier in Kiel ist Ihr Name hoch geachtet und Ihre Forschung ebenso geschätzt. In der letzten Sitzung, in der ich Karls Sachsenpolitik behandelte, sprach ein Mitglied meines Seminars ganz spontan und ganz begeistert über Ihre ›Tausend Jahre‹. Ich legte ihm natürlich keinen Zügel an. Ähnlich wird's wohl auch an anderen Universitäten liegen. Das letzte Wort über den buchhändlerischen Erfolg Ihrer ›Tausend Jahre‹ ist sicher nicht gesprochen. Daß deutsche Diplomaten Ihr Buch lesen und benutzen, ist sehr erfreulich. Für Sie ist es wirklich ein Vademecum; oder besser: auch für Sie«; erneut am 12.4.1935 in seiner Eigenschaft als Mitherausgeber des »Handwörterbuchs des Grenz- und Auslandsdeutschtums«: »Da Sie selbst mit vollem Recht sich darüber beklagt haben, daß Ihr Buch über tausend Jahre deutsch-französische Beziehungen vor allem von der Schule Onckens ignoriert worden ist, jedenfalls *die* [Hervorheb. i. O.] Geltung in der Forschung nicht gefunden hat, die es beanspruchen darf und die ihm zu verschaffen ich ... mich eingesetzt habe, möchte ich annehmen, daß es Ihnen doch willkommen sein könnte, wenn Sie im

fassung weitgehend einig war, daß das Buch »anregend wirke« und Haller sich um eine »gesamteuropäische« (Wilhelm Mommsen) oder »erhabene« (Kurt von Raumer), also eine das Verständnis des Gegners einbeziehende Perspektive bemüht habe, wurden sowohl von liberaler als auch von konservativer Seite ernsthafte Bedenken erhoben. Die ausführlichsten und kritischsten Einwände äußerten Hans E. Friedrich in der *Zeitschrift für Politik* und Kurt von Raumer in der angesehenen *Deutschen Literatur-Zeitung*. Diese Kritiken, auf die noch näher eingegangen wird, stellten gleichzeitig die beiden Pole in der deutschen Beurteilung dar. Hingegen widmete Wilhelm Mommsen in der für die »Zunft« fraglos bedeutenderen *Historischen Zeitschrift* dem Buch nur wenige Zeilen, in denen er indes zu einem günstigen Gesamturteil des Hallerschen Werkes kam. Gegenüber der »bisherigen« Literatur zu den deutsch-französischen Beziehungen und zur »Rheinfrage« bewertete Mommsen dieses als einen deutlichen Fortschritt und empfahl es daher auch der Fachwelt.[62] Bemerkenswert an der Rezeption des Hallerschen Buches in Deutschland ist jedoch, daß ein großer Teil der außerhalb der universitären Historikerschaft stehenden Kritiker das Thema der deutsch-französischen Verständigung im Gegensatz zu ihren Fachkollegen in den Vordergrund stellten. Hallers Pessimismus traf hier auf deutliche Ablehnung. So beklagte Friedrich, daß in Hallers Gesamtsicht Resignation vorherrsche und dieser ein »politisches Ethos« vermissen lasse, das an die Stelle einer immer

---

Handwörterbuch Gelegenheit fänden, Ihre Gesamtauffassung von den beiden großen Seiten des Elsaß-Lothringen-Problems zu erörtern, nämlich von der Funktion, die es im Reich ausgeübt hat und von den Spannungen, die außenpolitisch entstanden sind.« (NL Haller, Nr. 19) Aufmunternde Worte fand Haller auch bei seinem niederländischen Kollegen Huizinga, der angeblich die »Tausend Jahre« ebenfalls als Übungsstoff für seine Seminare verwendete. (Huizinga an Haller, 29.8.1931, in: HUIZINGA, Briefwisseling, II, 1925–1933, Utrecht 1990, 348f) Nach dem Krieg avancierte Haller zum Lieblingsautor des Kaiserhauses in Doorn, wie Dankesbriefe der Kaiserin nach Tübingen bezeugen. (NL Haller, Nr. 20) Vgl. dazu und zur Korrespondenz Hallers mit Huizinga MÜLLER, »Eine gewisse angewiderte Bewunderung«, 468ff.

[62] Mommsens positives Urteil überrascht angesichts der Kritik, die Haller in seinen Anmerkungen an dessen Dissertation »Richelieu, Elsaß und Lothringen. Ein Beitrag zur elsaß-lothringischen Frage« (Berlin 1922), sowie an dessen Einleitung zur deutschen Übersetzung des Politischen Testaments Richelieus (Richelieu, Politisches Testament und kleinere Schriften. Eingel. u. ausgew. v. WILHELM MOMMSEN, Berlin 1926) geübt hatte, und deren Ergebnisse er als »irrig« abgetan hatte. Hallers Entkräftung der These einer historischen Rheinpolitik Frankreichs entsprach jedoch ganz den Ergebnissen, zu denen Mommsen in seinen o.g. Schriften gelangt war. In diesen hatte er behauptet, daß Richelieu nicht den typischen Vertretern der französischen Rheingrenzentheorie zuzurechnen sei. Zu der von Mommsen ausgelösten Kontroverse vgl. den Schlagabtausch mit Kurt von Raumer in der Zeitschrift für die Geschichte des Oberrheins 43 (1930), 149–164; 483–488. Die Schriftleitung der Zeitschrift beendete dann angesichts der unüberwindbaren gegensätzlichen Auffassungen die Kontroverse im selben Band.

wiederkehrenden Konstatierung eines scheinbar schicksalsbedingten, tragischen Ablaufs der Beziehungsgeschichte beider Länder und der Frage nach der Schuld für begangenes Unrecht zu stellen wäre.[63] Entsprechend suche Haller für den ersten deutsch-französischen Krieg 1870/71 die Schuld beim französischen Volk, anstatt »die Verkettung der Umstände zu erläutern« und, wie Oncken es getan habe, »die Initiativrolle Napoleons III. und seiner dynastischen Interessen in den Vordergrund der erstmaligen Völkerfeindschaft zu stellen.« Hallers Traum von einer abendländischen »Herrschaft über den Erdball«, den Friedrich als illusorisch und überhaupt nicht wünschenswert verwirft, stellt er den Gedanken eines deutsch-französischen kontinentalen Gegengewichts gegen England und die Vereinigten Staaten als eine auf Europa beschränkte Alternative entgegen, die im Fall einer deutsch-französischen Einigung auch in naher Zukunft erreichbar scheint. Haller bleibe insgesamt seinem Ansatz, »aus den Gesichtskreisen beider Nationen heraus die Politik zu begreifen«, nicht treu und, je näher er der Gegenwart komme, schlichen sich »ira et studium« in seine Darstellung ein.[64] Ähnliche Bedenken äußerte auch der Rezensent des sozialdemokratischen *Vorwärts*. Dieser bezichtigte den Tübinger Historiker der »Willkür«, da er einerseits die Geschichte der Beziehungen beider Länder weitgehend sachgerecht und unabhängig von seiner politischen Meinung schildere, sich hingegen in den Schlußfolgerungen nicht von seiner historischen Urteilskraft habe leiten lassen, sondern dort unverhohlen seine politischen Ansichten zum Ausdruck gebracht habe.[65] Dem Leser dränge sich nach der Lektüre eine andere Konsequenz auf, denn »mag [Haller] als Greis resignierend die deutsch-französische Verständigung für unmöglich erklären, die junge Generation wird sich von der Belastung der Vergangenheit nicht abhalten lassen zu erkennen, worin ihre Aufgabe besteht und zu beweisen, daß sie die Kraft hat, mit dem kriegerischen Getümmel der letzten 1000 Jahre Schluß zu machen.«

Unerwartete Kritik erfuhr Haller darüber hinaus auch von privater Seite. So mißbilligte der Großindustrielle Robert Bosch, dem er die dritte Auflage seiner »Tausend Jahre« übersandt hatte, und mit dem ihn trotz weltanschau-

---

[63] ZfP 22 (1933), 563-565. Auch der Rezensent im *Literarischen Anzeiger*, WALDEMAR GURIAN, wirft Haller vor, mit »allzu modernen nationalpolitischen Maßstäben« zu messen, wenn dieser Papsttum und Kirche als Schöpfungen französischen Geistes erklärt (34). Gurian, ein Schüler Carl Schmitts, hatte sich 1931 mit seiner Arbeit »Der integrale Nationalismus in Frankreich, Charles Maurras und die Action Française« als Frankreichkenner ausgewiesen.
[64] In den *Jahresberichten* registrierte PAUL SATTLER zurecht einen an Treitschke gemahnenden »politisch-polemischen Tonfall«, der jedoch für die Zeit nach der deutschen Reichsgründung, mit der ein neuer Abschnitt in den deutsch-französischen Beziehungen begann, aufgrund der »Natur der Dinge« verständlich sei. (107)
[65] Vorwärts, 28.10.1930.

licher Unterschiede eine »auf gegenseitiger Achtung beruhende Altersfreundschaft« (Theodor Heuss) verband, die düsteren Prognosen des Tübinger Historikers.[66] Selbst drei Jahre nach Machtantritt der Nationalsozialisten hatte der einstmals engagierte Verfechter einer deutsch-französischen Verständigung den Glauben an einen europäischen Frieden noch nicht gänzlich aufgegeben. Vehement widersprach er daher Hallers Beschwörung einer neuen Kriegsgefahr. So meinte Bosch aus eigener Erfahrung zu wissen, daß Frankreich einen modernen Krieg noch mehr fürchte als Deutschland, und daß seine »Eitelkeit und Ruhmsucht« gestillt seien:

»Würden die Franzosen die Überzeugung bekommen, daß Deutschland eine Verständigung auf die Dauer tatsächlich will, so ist meine Überzeugung, wir könnten sie erreichen, und Adolf Hitler könnte es sich leisten, sie herbeizuführen, obgleich gerade er, als Diktator auf der Gegenseite nicht der gewünschte Partner ist. Das ist, was ich Ihrem Pessimismus entgegensetze! Es wird sicher immer hüben und drüben Männer geben, die von der Überzeugung nicht loskommen: Nur was man mit dem Schwert gewinnt, hat man. Aber heutzutage ist es nicht mehr möglich, sich nur durch Gewalt dauernd zu behaupten.«[67]

---

[66] Zu seiner Biographie JOACHIM SCHOLTYSECK, Robert Bosch und der liberale Widerstand gegen Hitler 1933 bis 1945, München 1999; insbesondere 174 ff (Zit. ebd.). Zu Boschs Engagement für eine deutsch-französische Verständigung vgl. den Band: Robert Bosch und die deutsch-französische Verständigung. Politisches Denken und Handeln im Spiegel der Briefwechsel. Hg. Zentralabteilung Öffentlichkeitsarbeit der Robert Bosch GmbH, Stuttgart 1996. Bosch stand in Kontakt mit dem nach dem Luxemburger Emile Mayrisch benannten deutsch-französischen Studienkomitee; einem Gremium deutscher und französischer Industrieller, in dem u. a. Abkommen über Absatz- und Produktionsquoten getroffen wurden. Laut HANS MANFRED BOCK war er jedoch niemals Mitglied des Komitees, das in der Zwischenkriegszeit zweifellos den »umfassendste(n) Versuch wirtschaftsbürgerlicher Verständigung« darstellte (vgl. Ders., Projekt deutsch-französische Verständigung, 39 f). – Nach ersten Plänen Boschs sollte Haller die Biographie des Industriellen schreiben. Angesichts des hohen Alters des Historikers und wohl auch aufgrund politischer Differenzen wurde die Aufgabe bald Theodor Heuss übertragen. Die Biographie erschien kurz nach dem Krieg u. d. T.: Robert Bosch. Leben und Leistung, Stuttgart/Tübingen 1946.

[67] Bosch an Haller, 4.8.1936, in: NL Haller, Nr. 19. Bosch hatte auch den deutschen Schriftsteller Paul Distelbarth unterstützt, dessen Buch »Lebendiges Frankreich« (zuerst 1936) bis in die fünfziger Jahre hinein als eine der erfolgreichsten Frankreichdarstellungen galt. In der 1939 erschienenen vierten Auflage hatte Haller in seinem Vorwort gegen Distelbarths Frankreichbild polemisiert. Zu Distelbarth vgl. HANS MANFRED BOCK, Paul Distelbarths »Lebendiges Frankreich«. Ein Dokument verdeckter Opposition und verständigungspolitischer Kontinuität im »Dritten Reich«, in: Exilforschung, Bd. 12: Aspekte der künstlerischen inneren Emigration 1933–1945. Hg. Claus-Dieter Krohn, München 1994, 99–113; und DERS., Konservativer Einzelgänger und pazifistischer Grenzgänger zwischen Deutschland und Frankreich. Der Frankreich-Publizist Paul H. Distelbarth im Dritten Reich, in: Francia 21/3 (1994), 99–133. – Auf französischer Seite hatte sich der Generaldirektor der *Allgemeinen Elsässischen Bankgesellschaft* (*SOGENAL*), René Debrix, für eine Entspannung in den deutsch-französischen Beziehungen

Bosch sah die europäischen Staaten schließlich aufgrund der wirtschaftlichen und technischen Weiterentwicklung »reif für den Zusammenschluß« – ein Gedanke, der auch in dem Werk Gaston Zellers noch begegnen wird.

Im rechtsnationalen und konservativen Spektrum der Kritik dagegen wurden die Bedingungen eines deutsch-französischen Zusammengehens mit keinem Wort erörtert. So datierte Kurt von Raumer in seiner in der DLZ erschienenen Besprechung den deutsch-französischen Gegensatz weiter zurück als Haller. Folglich meint er, hinter dessen »Subjektivismus in der Gliederung« einen »tieferliegenden Subjektivismus der Auffassung« zu erkennen. In das Zentrum seiner Kritik rückt von Raumer Hallers Deutung der französischen Außenpolitik unter Richelieu und Ludwig XIV., womit er sein eigenes wissenschaftliches Spezialgebiet in den Vordergrund der Diskussion stellt.[68] Der Hauptvorwurf an den Verfasser bezieht sich daher auch auf die defensive Deutung eines Richelieu oder Ludwig XIV., die sich aus einer »zu weitgetriebenen Blickpunktsverlagerung« ergeben hätte. Es sei, betont von Raumer, aufgrund der Vielschichtigkeit der französischen Außenpolitik des 17. Jahrhunderts unmöglich, diese pauschal als defensiv oder offensiv zu charakterisieren. Auch Hallers Darstellung des französischen Volkscharakters sei nicht geeignet, die sicherheitspolitischen und vormachtpolitischen Faktoren der französischen Politik eindeutiger zu bestimmen. Hallers Verzicht auf genauere Analyseinstrumente und sein »Arbeiten mit starken Gegensätzen« sowie seine »Vorliebe für die Pointe« führten so zu manchen Widersprüchen, die die Freude an der Lektüre immer wieder trübten und seinen Ausführungen die »letzte logische Durchdringung und Schärfe« vermissen ließen.[69] Sein zunehmendes Verfallen in Polemik und seine Abkehr von dem Bemühen um eine sachgerechte Darstellungsweise gegen Ende seines Buches

---

eingesetzt und tatkräftig die Herausgabe des »Rhein-Buches« von Lucien Febvre und Albert Demangeon gefördert. Vgl. hierzu Peter Schöttler, Lucien Febvres Beitrag zur Entmythologisierung der rheinischen Geschichte. Nachwort zu Lucien Febvre, Der Rhein und seine Geschichte, Frankfurt a. M./New York 1994, 217–263.

[68] Wie Anm. 60. Kurt von Raumer (1900–1982, 1928 PD Heidelberg, Ordinarius in Riga 1938, Königsberg 1939, Münster 1942) hatte in seinen Arbeiten »Die Zerstörung der Pfalz von 1689 im Zusammenhang mit der französischen Rheinpolitik« (München 1930); »Der Rhein im deutschen Schicksal. Reden und Aufsätze zur Westfrage« (Berlin 1936) immer wieder die zentrale Rolle des Rheins als »europäisches« Problem thematisiert. Die problematischen wissenschaftlichen und politischen Positionen von Raumers, vor allem seit 1933, hat Karen Schönwälder, Historiker und Politik. Geschichtswissenschaft im Nationalsozialismus, Frankfurt a. M./New York 1992, herausgearbeitet. Zu von Raumer vgl. 112f, 350, Anm. 298. Auf Ablehnung stieß von Raumers Darstellung der Zerstörung der Pfalz in Frankreich, wo Gaston Zeller die Arbeit als »tendenziös« und »nutzlos« verrissen hatte. Vgl. Ders., Bulletin historique (Époque moderne), in: RH 175 (1935), 95–120; 111f.

[69] DLZ 52 (1931), 32ff.

trafen dagegen nicht mehr auf die aufmerksame Kritik des Wissenschaftlers. Die Argumentation von Raumers begrenzt sich ausschließlich auf einzelne historische Streitfragen, während die französisch-deutsche Problematik im gesamteuropäischen Kontext wie bei Friedrich oder Bosch nicht problematisiert wird. Hallers Absage an eine zukünftige deutsch-französische Verständigung wird mit keinem Wort erwähnt und seinem Pessimismus nur mit dem lapidaren Hinweis begegnet, daß Haller schließlich keine gelehrte Forschung betreiben wolle. Gleichwohl greift auch von Raumer Hallers Bild von der »Schicksalsmäßigkeit« der deutsch-französischen Beziehungsproblematik auf, wenn er diesem einen dem »schicksalhaften Charakter seines großen Gegenstandes wahrhaft adäquate[n] und von Literatenoptimismus freie[n] Ernst seines politischen Ethos« bescheinigt, der die Anlage eines »strengen Maßstab[es] einer eingehend motivierenden Kritik« berechtigt habe.[70] In der gleichen Zeitschrift lobte Karl Griewank 1937 Haller als einen von »hohem nationalen Verantwortungsbewußtsein erfüllten deutschen Gelehrten«. Obgleich sich Griewank der Kritik seines Vorgängers in den wesentlichen Punkten anschließt, wertet er Hallers nunmehr in der dritten Auflage erschienene Darstellung als »bedeutenden und großzügigen Wurf«, bei dem der Versuch der Einzelkritik »immer ungerecht« sein werde.[71]

In dezidiert nationalistischen Organen wurden indes keine wissenschaftlichen Einwände gegen das Buch erhoben, jedoch unter Umgehung einzelner, um Differenzierung bemühter Passagen Hallers die historische Entwicklung des deutsch-französischen Gegensatzes herausgestellt. Dabei wurde die Geschichte der Beziehungen beider Länder ausschließlich als eine Zeit ewigwährenden Kampfes verkürzt, den Deutschland soeben, also zu Beginn der dreißiger Jahre, im Begriff schien, zu verlieren. Folge wäre ein Frieden, so der Rezensent in der Zeitschrift *Deutschlands Erneuerung* (Untertitel: *Monatsschrift für das deutsche Volk*),[72] der einer »öde[n], inhaltleere[n], schleichende[n] Verwesungszeit« gleichkäme, falls es einem »Partner« gelingen sollte, den anderen »auszumerzen«. In den gleichfalls rechtsgerichteten *Alldeutschen Blättern* wurde lediglich bedauert, daß dieses »so deutschsinnige Werk in lateinischer Schrift gedruckt« worden sei.[73]

Hallers »Tausend Jahre« dürfen als erster Versuch einer deutschen Überblicksdarstellung der deutsch-französischen Beziehungen gelten, die mit wissenschaftlichem Anspruch verfaßt worden ist. Die oben skizzierten kriti-

---

[70] Ebd., 36.
[71] DLZ 58 (1937), 1963–1965.
[72] Deutschlands Erneuerung 14 (1930), 444. Haller wünsche seinem Volk Verstehen des »ebenbürtigen Gegners«, nicht »Verständigung« dem »übermütigen Feinde« gegenüber.
[73] Alldeutsche Blätter, 1930, 118–119.

schen Stimmen zu diesem Werk sollten deutlich machen, auf welche vehementen Vorbehalte die Thematisierung eines Ausgleichs zwischen beiden Ländern beim deutschen Publikum traf. Dort versteifte man sich auf die Diskussion einzelner historischer Streitfragen, während man die Gelegenheit, dem französischen Nachbarn öffentlich Gesprächsbereitschaft zu signalisieren oder gar einen akademischen Dialog zu initialisieren, ungenutzt verstreichen ließ. Eine weniger öffentlichkeitswirksame, aber – angesichts seiner antifranzösischen Grundhaltung – dennoch unerwartete Rezeption fand das Hallersche Buch in dem Kreis der deutschen und französischen Historiker, die sich seit 1935 um eine »Entgiftung« der Schulbücher beider Nationen bemühten. In ihrer 39 Punkte zählenden Resolution übernahmen sie Hallers Deutung der Deutschlandpolitik Napoleons III. in den Vertragstext und vereinbarten unter Punkt VIII.: »Verlorene Mühe wäre es, in der Politik Napoleons III. gegenüber Deutschland nach einem festen Plan oder auch nur einem steten Hintergedanken zu suchen. Sein Plan war nicht, die deutsche Einheit zu verhindern, ebensowenig, sie zu fördern.«[74] Die Beurteilung des französischen Kaisers konnte dabei im Gegensatz zu anderen Punkten einvernehmlich formuliert werden. Drei Jahre später konnte dieser vielversprechende Versuch einer gegenseitigen Annäherung jedoch als gescheitert gelten, da die getroffenen Vereinbarungen wohl kaum den Erwartungen des NS-Regimes entsprochen haben dürften und vielmehr »den Geist wissenschaftlicher Kooperation als polemisierender Konfrontation« geatmet haben.[75] Denn der »Durchgang durch die Geschichte der deutsch-französischen Beziehungen seit der Epoche Ludwigs XIV.« war, wie Dieter Tiemann bemerkt hat, keineswegs »ein Triumphzug der völkischen Geschichtsauffassung«. Für das Scheitern der Bemühungen war letztlich nicht allein der feh-

---

[74] Die Zusammenarbeit mit der angesehenen *Société des Professeurs d'Histoire et de Géographie* hatten Arnold Reimann, Vorsitzender des deutschen Geschichtslehrerverbandes, und Paul Herre, Leipziger Universitätsprofessor und ehemaliger Direktors des Reichsarchivs, initiiert. Vom 25.11. bis zum 1.12.1935 traf man sich in Paris zu einer Schulbuchkonferenz mit den französischen Historikern Pagès, Mantoux, Renouvin, Weill-Raynal und Isaac, hinzu kam der Vorsitzende des französischen Geschichtslehrerverbandes Morizet. Für die deutsche Delegation waren ursprünglich fünf Vertreter vorgesehen, die allerdings wegen angeblicher Devisenschwierigkeiten die Reise nach Frankreich absagen mußten. In Deutschland erschien der Vertragstext mit großer Verzögerung und lediglich in einem nur regional verbreiteten NS-Verbandsorgan. (Nationalsozialistische Erziehung. Kampf- und Mitteilungsblatt des NS-Lehrerbundes, Gau Berlin, 8.5.1937, 229–235)

[75] Vgl. DIETER TIEMANN, Schulbuchrevision im Schatten der Konfrontation. Deutsch-französische Auseinandersetzungen zwischen beiden Weltkriegen, in: GWU 39 (1988), 342–362; 355. Vgl. hierzu auch Voss, Deutsche und französische Geschichtswissenschaft in den dreißiger Jahren, 426f.

lende politische Rückhalt bestimmend. Zum Mißerfolg hatte kaum weniger die offene Feindseligkeit beigetragen, mit der man in Deutschland die deutsch-französischen Verhandlungen kompromittierte.[76] Als man sich erneut im Mai 1951 im Mainzer »Institut für Europäische Geschichte« traf, um das Gespräch über »strittige Fragen europäischer Geschichte« fortzuführen, boten die deutsch-französischen Abkommen von 1935 eine geeignete Basis, und einige Punkte wurden fast unverändert in den 1951 neu abgefaßten Vertragstext übernommen.[77] Der Hinweis auf das Werk Hallers blieb nun allerdings aus. Neu zur französischen Delegation war jetzt Gaston Zeller als Teilnehmer an den bilateralen Gesprächen gekommen.

Die vernichtendste Kritik an Hallers »Tausend Jahren« kam indes aus Frankreich, und hier aus der Feder Marc Blochs.[78] Erstaunlich ist, daß Bloch sich nicht für eine Rezension des Buches in den von ihm und Lucien Febvre geleiteten *Annales* entschlossen hatte. Erst fünf Jahre nach der Erstveröffentlichung des Hallerschen Buches erschien seine Besprechung in der *Revue historique*. Bloch bezweifelte nicht nur den wissenschaftlichen Wert des Buches, sondern sprach dem Buch überhaupt den Charakter eines Geschichtsbuches ab: »ce n'est pas un livre d'histoire«; »c'est, en tout cas, un document«, und zwar ein Dokument »sur un certain état de l'opinion«. Dieses Buch will »richten« anstatt »verstehen«, und in dieser Perspektive fürchte es sich nicht, »de charger presque exclusivement une des deux parties en cause«. In der unreflektierten Verwendung der Begriffe »Deutschland« und »Frankreich« begehe Haller einen fortwährenden Anachronismus und wei-

---

[76] In der Verbandszeitschrift der Geschichtslehrer, *Vergangenheit und Gegenwart*, erhob WILHELM ZIEGLER zahlreiche Einwände gegen die Erklärungen der Geschichtspädagogen, deren Werk und Zielsetzung er als zu weitgesteckt sah und die in seinen Augen kein »formelles Mandat« besessen hätten (»Die ›Entgiftung‹ der deutschen und französischen Lehrbücher. Ein Beitrag zu der ›Einigung‹ der deutschen und französischen Geschichtslehrer«, in: VuG 27, 1937, 463–472). An die Kritik Zieglers schloß sich eine fruchtlose Debatte des Präsidenten der *Société des Professeurs d'Histoire* Henri Boucau mit der Leitung der Zeitschrift an, in der wiederum Ziegler erwiderte (vgl. VuG 28, 1928, 433–436; 699–701). Mit weiterer Kritik an der geleisteten Verständigungsarbeit schlossen sich auch die *Berliner Monatshefte* und die »Schriftleitung« der *Nationalsozialistischen Erziehung* an.

[77] Abgedruckt wurden die neuen Vereinbarungen in: Deutschland-Frankreich-Europa. Die deutsch-französische Verständigung und der Geschichtsunterricht. Hg. i. A. des Internationalen Schulbuchinstituts v. GEORG ECKERT u. OTTO-ERNST SCHÜDDEKOPF; sowie in: GWU 5 (1952), 288–299.

[78] RH 175 (1935), 158. Dt. Übersetzung jetzt in: PETER SCHÖTTLER (Hg.), Marc Bloch: Historiker und Widerstandskämpfer, Frankfurt a. M./New York 1999, 261–262. HERIBERT MÜLLER hat in seinem Aufsatz über Johannes Haller die Rezension Blochs als »im Ganzen ungerecht« bewertet, da Bloch diesem die Qualifikation als Historiker abgesprochen habe (Der bewunderte Erbfeind, 306).

gere sich zu verstehen, was er nicht mag. So erkenne er nicht, daß die Franzosen früher mit anderen Gefühlen als dem der Rache ihrer verlorengegangener Provinzen Elsaß und Lothringen gedachten, nämlich mit »regret, remords, haine de l'injustice«. Hallers Buch (»si étranger à la science«) stellt Bloch dann die Arbeit Zellers gegenüber, die von einwandfreier wissenschaftlicher Haltung (»une impeccable tenue scientifique«) sei. Obwohl Bloch einräumt, daß Haller natürlich nicht mit der deutschen Geschichtswissenschaft insgesamt zu identifizieren sei, wie ebenso die Sünden der eigenen Geschichtsliteratur nicht vergessen werden dürften, bestehe »le vrai drame intellectuel« in der Tatsache, daß »un homme, à quelque pays qu'il appartienne, puisse, écrivant de pareils livres, se dire, se croire et être cru historien ...«

Neben weiteren Kritiken sei an dieser Stelle mit derjenigen des Neuzeithistorikers Georges Pagès[79] noch die eingehendste französische Rezension angeführt. Pagès, den Haller in seinem Buch massiv angegriffen hatte, wollte im Gegensatz zu Bloch im Hallerschen Werk manche Urteile und Aussagen gefunden haben, »que l'on est tout heureux d'emprunter à un Allemand. Elles prouvent, semble-t-il, qu'en dehors de quelques questions brûlantes, l'accord reste possible entre historiens allemands et français.«[80] Während Haller aber in seiner Beurteilung der Zeit zwischen 1789 und 1870 noch von einer »réelle indépendance d'esprit« erfüllt sei, zeigten die Passagen nach 1871 den Verfasser nicht mehr als Historiker, sondern als einen der »pseudo-historiens de la *Kriegsschuldfrage*«, dessen Text nicht mehr lohne, analysiert zu werden. Die Hallerschen Auslassungen bewegten Pagès jedoch zu einigen Bemerkungen genereller Art hinsichtlich der Geschichtsbetrachtung bei Deutschen und Franzosen. Diese ließen ihn zu dem Schluß kommen, daß hier zwei grundverschiedene Konzeptionen von Geschichtsschreibung – »différence essentielle qui existe entre le façon dont les historiens allemands parlent de l'histoire politique contemporaine et la façon dont nous voudrions qu'on parlât«

---

[79] A propos de deux livres récents sur les relations franco-allemandes depuis dix siècles, in: RHM, N.S. 16 (1935), 59–66. Vgl. auch die Rezension von GASTON RAPHAEL, in: RHM 6 (1931), 62–63, und aus englischer Sicht RICHARD LODGE, in: History 18 (1933/34), 254–256. In England war 1932 eine deutsche Übersetzung erschienen. Auch in der Schweiz warf man Haller eine »fatalistische Einstellung« und »Tagespolitik« vor und betonte, daß es niemals zu spät sei, »den Willen zur Verständigung zu betätigen«. (vgl. NZZ, 14. 12. 1930)

[80] PAGÈS, A propos de deux livres, 61. Über die französische Politik im 17. Jahrhundert treffe Haller ein Urteil, »qu'on ne trouverait peut-être dans un autre livre allemand«. So habe Haller den Mut, den sonst in Deutschland üblichen Gebrauch des Terminus »Raubkriege« als »ungerecht« zu verwerfen und die territorialen Eroberungen Ludwigs XIV. nicht als so »maßlos« zu bezeichnen, wie oft behauptet werde. (60)

– unvereinbar gegenüberstünden. Was die deutsche Geschichtsschreibung verfälsche,

»ist, daß sie sich ständig von unterschwelligen moralischen Ansichten speist, und daß es [den deutschen Historikern] genügt, vielleicht ohne daß sie sich immer dessen bewußt sind, daß ihre Interpretation der Tatsachen mit diesen übereinstimmt, um sie für zwingend zu betrachten... So kommt es, daß die Tatsachen im einzelnen betrachtet zwar meistens zutreffend sind, aber fast immer in einer gleichsam verpesteten Atmosphäre eingebettet sind, die sie entstellt.«[81]

Einen Ausweg aus dieser prekären Situation – Pagès spricht in geradezu drastischer Bildhaftigkeit von einem »Miasma« – kann er nicht erkennen. Zu fundamental seien die französische und die deutsche Konzeption, Geschichte zu schreiben, voneinander geschieden. Während in Deutschland die eine »donne à l'historien la mission de juger, d'un point de vue moral, les hommes et les événements«, verweigere die französische dem Historiker dagegen das Recht, auf der Grundlage von Informationen, die immer unvollständig und ungewiß seien, zu urteilen: »Elle lui assigne uniquement pour tâche d'expliquer, c'est-à-dire de comprendre et de faire comprendre. Essayer de tout comprendre, s'interdire de rien juger«. Pagès, der sich zunächst um ein differenziertes Urteil bemüht hatte und für sich reklamiert, »essayer de tout comprendre, s'interdire de rien juger. Je la fais mienne, en tout cas, sans restriction«, verläßt nun selbst diesen Weg, wenn er sich zu der Behauptung versteigt, daß »les exposés historiques qui nous viennent d'outre-Rhin sont, presque toujours des chapelets de jugements«. Das Buch Hallers, so sein Resümee, würde ohne Zweifel nur wenig Leser in Frankreich finden, selbst unter Historikern. Alle diejenigen, die sich für das Thema der deutsch-französischen Beziehungen interessierten, hätten bereits das Buch Zellers gelesen oder würden dieses nachholen.

Wie die Diskussionen um das Hallersche Buch ungeachtet der vielen Einwände von deutscher und französischer Seite eindringlich zeigen, lag für die Mehrheit der Zeitgenossen der Schlüssel zu einer Lösung der europäischen Krise in einer einvernehmlichen Gestaltung des deutsch-französischen Verhältnisses begründet. Die Reaktionen der Menschen diesseits und jenseits des Rheins haben deutlich gemacht, wie nachhaltig sich die Wahrnehmung der mit Beginn der dreißiger Jahre wieder zunehmenden deutsch-französi-

---

[81] [»c'est qu'elle s'inspire perpétuellement d'idées morales sous-jacentes, et qu'il leur suffit, peut-être sans qu'ils s'en rendent toujours bien compte, que leur interprétation des faits s'accorde avec ces idées morales, pour qu'ils l'estiment certaine ... Il arrive que les faits, pris à part, y soient le plus souvent exacts; mails ils baignent presque toujours, si l'on peut dire, dans une atmosphère viciée qui les dénature.«]

schen Spannungen allmählich zu einer neuen Kriegspsychose verdichtet hatten.[82] Mit seinem pessimistischen Ausblick auf das deutsch-französische Verhältnis und insbesondere mit seinen feindseligen Bemerkungen über einen negativen, vermeintlich unveränderlichen französischen Nationalcharakter hat Johannes Haller dazu einen nicht unerheblichen Beitrag beigesteuert. Wenn eine Vielzahl aufmerksamer Zeitgenossen glaubte, daß die Phase der 1925 eingeleiteten deutsch-französischen Annäherung ein Ende gefunden habe,[83] so erteilte der vielgelesene Historiker im Gegensatz zu seinem französischen Widersacher Gaston Zeller der Fortsetzung der Verständigungspolitik und der Möglichkeit eines erneuten Brückenschlags zum ungeliebten, aber »bewunderten« Nachbarn eine Absage. Sein Verharren in völkerpsychologischen Denkkategorien verhinderte trotz einiger in seinem Buch vorhandener Ansätze eine dringende Revision des deutschen Frankreichbildes. Die klischeehafte Vorstellung vom Nachbarland als »Erbfeind« schien ungebrochen und wurde von Hallers Buch weiterhin bedient. Einer potentiellen Instrumentalisierung seiner Thesen für nationalistische Propagandazwecke stand damit nichts mehr im Weg.[84] Doch die Frage, inwie-

---

[82] Am 6.10.1931 berichtete Kleo Pleyer aus Paris seinem Lehrer, daß »die Franzosen trotz ihrer äußeren Machtstellung und unserer äußeren Ohnmacht eine ehrliche Furcht vor Deutschland und seinen inneren Möglichkeiten haben.« Pleyer hoffte natürlich, daß sich die Deutschen letzten Endes »doch als die Stärkeren erweisen werden«, da Frankreich seine »künstliche Vormacht nur dann halten« könne, »wenn eine Reihe dafür günstiger Umstände zusammenwirkt, die alle zu schaffen nicht in Frankreichs Macht liegt« (NL Haller, Nr. 23). Pleyer (1898–1942), 1925 bei Haller promoviert, seit 1930 Dozent an der Deutschen Hochschule für Politik in Berlin, hatte sich 1934 mit einer Arbeit über »Die Landschaft im neuen Frankreich: Stammes- und Volksgruppenbewegung im Frankreich des 19. und 20. Jahrhunderts« (Stuttgart 1935) habilitiert. Pleyer, fanatischer Anhänger des Nationalsozialismus, gehörte nach 1933 zum engeren Umfeld der NS-Historiker um Walter Frank. Vgl. hierzu HELMUT HEIBER, Walter Frank und sein Reichsinstitut für Geschichte des neuen Deutschlands, Stuttgart 1966, 389 ff.
[83] Als einer von vielen kritischen Beobachtern der deutsch-französischen Beziehungen vertrat auch BENNO REIFENBERG, der 1930 in der Nachfolge Friedrich Sieburgs als Frankreich-Korrespondent der Frankfurter Zeitung nach Paris gekommen war, die These vom Ende der deutsch-französischen Annäherung. So etwa in seinem rückblickenden Essay von 1961 »Einfahrt nach Deutschland, Dezember 1931« (in: Ders., Offenbares Geheimnis. Ausgewählte Schriften, Frankfurt a.M. 1992, 288–296), sowie in seiner Einleitung der deutschen Ausgabe von Pierre Viénot, Ungewisses Deutschland. Vgl. dazu HANS MANFRED BOCK, Der Blick des teilnehmenden Beobachters. Zur Entstehung von Pierre Viénots Buch ›Ungewisses Deutschland‹ in der Weimarer Republik und zu dessen Stellung in der französischen Deutschland-Essayistik des 20. Jahrhunderts, in: Pierre Viénot, Ungewisses Deutschland. Zur Krise seiner bürgerlichen Kultur. Herausgegeben, eingeleitet und kommentiert von Hans Manfred Bock, Bonn 1999, 9–77; 223–235. Zum Hintergrund vgl. FRANZ KNIPPING, Deutschland, Frankreich und das Ende der Locarno-Ära 1928–1931, München 1987.
[84] So wurden auf Veranlassung des Auswärtigen Amtes Hallers »Epochen« während der

weit »eigenes publiziertes Gedankengut potentielle Quelle nationalsozialistischer Ideologie hatte sein können«, sparte, wie Hans-Erich Volkmann am Beispiel Hallers problematisiert hat, die überwältigende Mehrheit der deutschen Historiker in der Regel aus.[85]

4. Gaston Zeller und der Streit um die »historische Rheinpolitik« Frankreichs

Gaston Zeller war der deutschen Historikerschaft, als seine Interpretation der »tausendjährigen« deutsch-französischen Geschichte 1932 erstmals erschien, kein Unbekannter mehr. Bereits sechs Jahre zuvor hatte der gebürtige Elsässer seine zweibändige *thèse* »La réunion de Metz à la France«[86] vorgelegt, die ihn in Frankreich und Deutschland schnell bekannt gemacht hatte und seinen bald darauf erfolgten Karrieresprung vom Posten eines Gymnasiallehrers auf einen universitären Lehrstuhl nachhaltig befördert haben dürfte.[87] In seinem schon vor dem Ersten Weltkrieg begonnenen, durch Kriegsdienst und Gefangenschaft aber unterbrochenen Erstlingswerk, hatte Zeller

---

Kriegsjahre ins Französische übersetzt und im besetzten Feindesland verbreitet. Vgl. dazu SCHÖTTLER, Die historische »Westforschung«, 253, Anm. 123. Eine direkte ideologische »Nutzanwendung« glaubte indes Kleo Pleyer aus den Schriften seines Lehrers ziehen zu können. Diesem teilte er 1934 mit: »Sie haben mir auch für den politischen Kampf manche Waffe in die Hand gedrückt, die ich als Mitstreiter der nationalen Erhebung gebrauchen konnte und in Zukunft erst recht gebrauchen werde. Wenn ich auch als Angehöriger einer anderen Generation in manchen wesentlichen Dingen der Wissenschaft und der Politik anders verfahren mag, als Sie es für richtig erachten, so weiß ich mich doch auch dann in dem eigenen Wollen zu wissenschaftlicher und politischer Echtheit Ihrer Persönlichkeit und Leistung zugetan.« Zit. nach MÜLLER, »Eine gewisse angewidert Bewunderung«, 480.

[85] VOLKMANN, Als Polen noch der Erbfeind war (wie Anm. 4).
[86] GASTON ZELLER, La réunion de Metz à la France (1552–1648), 2 Bde.: 1. L'occupation, 2: La protection, Paris 1926.
[87] 1890 in Belfort geboren, war Zeller zunächst Lehrer in Metz (1920–25) und Straßburg (1925–28), bis 1933 Professor für Geschichte und Geographie in Clermont-Ferrand. 1933 übernahm er den Lehrstuhl Lucien Febvres für *histoire moderne* an der Universität Straßburg, der im gleichen Jahr an das *Collège de France* berufen wurde. Nach der deutschen Besetzung Frankreichs folgte Zeller der Universität Straßburg in die unbesetzte Zone nach Clermont, wurde dort jedoch im März 1943 von der Vichy-Regierung entlassen. Von 1946 bis 1955 lehrte Zeller an der Sorbonne. Am 13.10.1960 starb er in Paris. Für weitere Angaben vgl. die Porträts von ROGER PORTAL, in: RHMC 8 (1961), 317–318; PAUL VAUCHER, in: RH 225 (1961), 530–532; PHILIPPE DOLLINGER, in: RA 100 (1961), 208–210; VICTOR-LUCIEN TAPIÉ, in: CIS 30 (1961), 97–100, und: AUP 31 (1961), 345–348; sowie die umfangreicheren Skizzen von GEORGES LIVET, L'Institut et la chaire d'histoire moderne de la Faculté des lettres de Strasbourg de 1919 à 1955, in:

auf über 900 Seiten die Geschichte der Stadt und des Bistums Metz analysiert. Sein Blick richtete sich hierin insbesondere auf die Annexionspolitik der französischen Krone gegenüber diesem Territorium. In Deutschland wurde Zellers Dissertation – im Gegensatz zu manchen anderen französischen Werken, vor allem aber entgegen der Rezeption seiner späteren Schriften – mit ungewöhnlich breiter Aufmerksamkeit registriert. Angesichts seiner umfassenden Auswertung auch der deutschen Literatur wurde dieses Werk zunächst mit einer beinahe neidvollen Bewunderung kommentiert.[88] So bedauerte mit Paul Wentzcke ausgerechnet ein ehemaliger Elsässer aufrichtig, daß »ähnliche Arbeiten nicht schon früher von der dazu berufenen Kaiser-Wilhelm-Universität in Strassburg in Angriff genommen« wurden und meinte, auch von deutscher Seite »Dank für das Gebotene« aussprechen zu dürfen.[89] Andere Rezensenten kamen ebenfalls, was die große Arbeitsleistung und das profunde historische Detailwissen Zellers betraf, zu einem positiven Urteil dieser enormen Fleißarbeit. Gegen dieses verblüffend einhellige Urteil indes gingen die Meinungen der Kritiker nicht nur hinsichtlich der wichtigsten Ergebnisse Zellers weit auseinander. Vielmehr spiegelt die Auseinandersetzung mit diesem Werk in exemplarischer Weise Empfindlichkeiten deutscher Historiker im Umgang mit der französischen Geschichtswissenschaft und zeigt stereotyp gebrauchte Argumentationsmuster auf, die einer vorurteilslosen Vermittlung französischer Wissenschaft nachdrücklich im Wege standen. Darüber hinaus führte die Diskussion der Zellerschen Thesen auch zu einem erneuten Aufleben der innerdeutschen Kontroverse, die Wilhelm Mommsen 1922 mit seinem Buch »Richelieu, Elsaß und Lothringen« über die Bewertung der französischen Expansionspolitik seit dem 16. Jahrhundert ausgelöst hatte.

Zellers Kernthese lautete, daß die Besetzung von Metz durch die französische Krone infolge des 1552 abgeschlossenen Vertrags von Chambord nicht als ein weit in der Vergangenheit fixiertes Ziel einer planmäßigen, nach dem Osten gerichteten französischen Ausdehnungspolitik begriffen werden dürfe.

BullFLStr 36 (1957), 197–213, und: Gaston Zeller et les relations internationales, in: ebd. 39 (1961), 355–370. In den wichtigsten deutschen Zeitschriften ließ sich kein Nekrolog ermitteln.

[88] Der Auswertung liegen Rezensionen folgender Zeitschriften zugrunde: HJb 47 (1927), 378–379 (LUZIAN PFLEGER); HZ 137 (1928), 307–311 (GEORG WOLFRAM); ZfGO N.F. 41 (1928), 168–170 (PAUL WENTZCKE); ELJb 7 (1928), 215 (GEORG WOLFRAM); HVJS 24 (1929), 649–653 (WILHELM MOMMSEN); JbdtG 2 (1926), 612 (MARTIN KREBS).

[89] ZfGO N.F. 41 (1928), 169. Wentzcke (1879–1960) war vor dem Krieg Archivar in Straßburg, 1935 übernahm er als Nachfolger Georg Wolframs die Leitung des »Wissenschaftlichen Instituts der Elsaß-Lothringer im Reich«. Vgl. WOLFGANG KLÖTZER, Nekrolog Paul Wentzcke, in: HZ 192 (1961), 791–792.

Sie sei vielmehr als »accident«[90] zu bewerten, der sich aus der allgemeinen politischen, militärischen und vor allem konfessionellen Lage heraus sozusagen als ein »Nebenprodukt« des geschichtlichen Verlaufs ergeben habe. Demnach dürfe die Übergabe von Metz an die französische Krone 1552 nicht als Etappe auf dem langen Weg einer französischen Rheinpolitik verstanden werden. Die Ursachen für diesen Vorgang seien nicht in einer nach territorialem Machtgewinn zielenden Annexionspolitik der französischen Könige seit dem 16. Jahrhundert zu suchen, sondern in der Struktur des Deutschen Reiches selbst. Dieses habe sich seit mehreren Jahrhunderten in einem Prozeß der Auflösung befunden, in dessen Verlauf es zu einer allmählichen Absonderung der äußersten Provinzen gekommen sei. In diesem »Empire de nationalité germanique« sei schließlich für die lothringischen Bischofsstädte und Bistümer kein Raum mehr verblieben. Man könne daher nicht von »Zufall« sprechen, denn der französische König habe sich erst aufgrund der Aufforderung der protestantischen Fürsten der Stadt bemächtigt: »Henri II ne désira pas Metz française.«[91]

Gaston Zeller war mit seiner Studie weit über eine nur scheinbar vordergründig lokalhistorische Fragestellung und ein bloßes ereignisgeschichtliches Interesse hinausgegangen. Über die akribische Schilderung der Rolle von Metz und seiner Bevölkerung im Grenzgebiet zwischen Frankreich und dem Deutschen Reich vom Mittelalter bis zu endgültigen Einverleibung der Stadt im Jahr 1648 hinaus wendet er sich gegen die in Deutschland und Frankreich, nicht erst seit den Arbeiten von Janssen[92] und Sorel[93] weitverbreitete Vorstellung einer angeblich schon vor der Revolution von 1789 ausgeübten, gleichsam jahrhundertealten französischen Rheinpolitik:

---

[90] ZELLER, réunion, Bd. 1, 415 ff.

[91] Ebd., 417. »En France«, so Zeller, »nos rois ... n'eurent à aucun degré le sens de la nationalité en formation. Dans leurs entreprises à l'extérieur, ils furent sans cesse mus par des considérations d'ordre dynastique ou purement personnel. Faire rentrer dans la communauté nationale des pays qui s'y rattachaient naturellement par la langue, tel n'était point leur souci ... L'un et l'autre subirent des événements qui les dépassaient, comme d'ailleurs ils dépassaient la grande majorité de leurs contemporains. Il n'est même pas absolument certain qu'Henri II, introduit à Metz par les protestants d'Allemagne, y serait resté si l'empereur n'avait commis la faute d'essayer de l'en chasser.«

[92] JOHANNES JANSSEN, Frankreichs Rheingelüste und deutsch-feindliche Politik in früheren Jahrhunderten, Frankfurt a. M. 1861, Freiburg, 2. Aufl. 1883.

[93] ALBERT SOREL, L'Europe et la Révolution française, Bd. 1: Les Mœurs politiques et les traditions, Paris 1885. Für die Urheberschaft der »Rheintheorie« machte Zeller nicht Sorel verantwortlich, wie dies etwa Fritz Kern 1910 und nach ihm eine Vielzahl deutscher und französischer Historiker angenommen hatte, sondern nunmehr ausschließlich die Schrift des katholischen Historikers Johannes Janssen (1829–1891), die dieser in einem Geist der Verleumdung geschrieben habe.

»Eine bestimmte Anzahl historischer oder pseudo-historischer Bücher haben seit fünfzig Jahren versucht, die Auffassung zu verbreiten, daß die Außenpolitik Frankreichs seit dem Mittelalter auf den Rhein hin orientiert gewesen wäre. Der Wille, die von Cäsar und Strabo Gallien zugewiesenen »natürlichen Grenzen« zurückzuerobern, soll demzufolge eines der jahrhundertlang vorherrschenden Motive französischen Handelns nach außen dargestellt haben. Das beständige Bemühen der Kapetinger, dann der Valois, sich nach Osten auszubreiten, soll von langer Hand das von Richelieu, Ludwig XIV. und dem Wohlfahrtsausschuß Erreichte vorbereitet haben.«[94]

In gleicher Weise, wie Zeller die Behauptung einer kontinuierlichen französischen Rheinpolitik sowohl vor als auch nach der französischen Ostexpansion von 1552 verneint, greift er auch das von Politikern und Publizisten immer wieder in die Auseinandersetzung geführte Ideologem der »natürlichen Grenzen« an, das seit der Französischen Revolution *den* ideologischen Brennpunkt des deutsch-französischen Konflikts um den Rhein darstellte.[95] Gestützt auf einen negativen Quellenbefund kam Zeller zu dem Ergebnis, daß sich im Frankreich des 16. Jahrhunderts keine Anspielung auf den Rhein als »notwendige« oder »begehrenswerte« Grenze des französischen Königreiches nachweisen lasse. Diese Doktrin sei vielmehr im Reich selbst entstanden und habe von dort nach Westen gewirkt.[96] Auch später, zur Zeit Richelieus, »l'idée du Rhin apparaît encore comme étrangère aux préoccupations des hommes d'état.« Diese habe sich lediglich in der Öffentlichkeit ausgebreitet, »grâce à quelques théoriciens qui s'en font les apôtres.« Auf dem Friedenskongreß zu Münster hätten die französischen Unterhändler weder davon geträumt, Frankreich nach Nordosten auszudehnen noch in Deutschland Fuß zu fassen. Es sei der »ambassadeur impérial« gewesen, der die Franzosen erinnert habe, »que le Rhin a été destiné par la nature à séparer la France de la Germanie«, um die französischen Bemühungen um elsässische Territorien zu vereiteln. Bis gegen Ende des 18. Jahrhunderts seien es in erster Linie deutsche Jakobiner wie Cloots oder Forster gewesen, die die Theorie vom Rhein als ›natürlicher‹ Grenze Frankreichs verbreitet hätten.[97]

---

[94] ZELLER, réunion, Bd. 1, 21. [»Un certain nombre d'ouvrages historiques ou pseudo-historiques ont, depuis une cinquantaine d'années, essayé de propager cette idée que la politique extérieure de la France aurait été dès le moyen-âge orientée vers le Rhin. La volonté de reconquérir les ›frontières naturelles‹ que César et Strabon assignent à la Gaule aurait constitué l'un des mobiles séculaires de l'activité française à l'extérieur. L'effort tenace et continu des Capétiens, puis des Valois dans la direction de l'est aurait préparé de longue date les réalisations dont le mérite revient à Richelieu, à Louis XIV et au Comité de Salut Public.«]
[95] Zur Entstehung der sog. Rheinideologie und seiner historiographischen Rezeption vgl. DIETER STOLLWERCK, Das Problem der Rheingrenze unter besonderer Berücksichtigung Ludwig XIV., Diss.phil. München 1972.
[96] ZELLER, réunion, Bd. 1, 419.
[97] Ebd., 427.

Zweifellos hatte Zeller mit seiner Studie die »geschichtlich wirksamste von allen geographischen Ideologien Frankreichs« (Ernst Robert Curtius)[98] in Frage gestellt. Neben Lucien Febvre, der sich bereits 1922 in seiner Schrift »La terre et l'évolution humaine«[99] gegen den Determinismus geographischer Faktoren auf menschliche Gesellschaften gewandt hatte, ist Zeller jenen französischen Historikern und Geographen zuzurechnen, die in den zwanziger Jahren begonnen hatten, den traditionellen Begriff der ›Grenze‹ einer Kritik zu unterziehen. Entgegen den älteren Denkmustern der politischen Anthropogeographie eines Friedrich Ratzel wurde in Frankreich damit begonnen, die langlebige Vorstellung von Flüssen als »natürlichen« Grenzen zu korrigieren.[100] Was Zeller und Febvre in ihrer Zielsetzung demnach vereinte, war der am Beispiel des Rheins begonnene Kampf gegen den historischen und politischen Mythos der »natürlichen« Grenzen. Während Zeller jedoch die Rolle dieses Flusses als vermeintliches außenpolitisches Zielobjekt der französischen Politik über Monarchie, Republik und Kaiserreich hinweg in den Vordergrund seiner Arbeiten stellte, widmete sich Febvre mehr den geographischen Grundlagen und der politischen Begriffsgeschichte von Grenzen. In seinem zusammen mit dem Geographen Albert Demangeon verfaßten Buch »Le Rhin. Problèmes d'histoire et d'économie« gelangte er damit zu einer umfassenderen Wirtschafts- und Kulturgeschichte von Grenzräumen.[101] Während beide Forscher darin übereinstimmten, ihre Ge-

---

[98] ERNST ROBERT CURTIUS, Die französische Kultur. Eine Einführung, Stuttgart 1930, Kap. 2: Natürliche Grundlagen, 33.

[99] La terre et l'évolution humaine. Introduction géographique à l'histoire, Paris 1922. Eine deutsche Übersetzung ist bis heute nicht erschienen.

[100] PETER SAHLINS sieht in Zeller (»a pacifist and patriot historian) gewissermaßen den Pionier im Kampf gegen diesen historiographischen Gemeinplatz: »... most historians of France today dismiss the ›doctrine‹ of natural frontiers as too teleological a reading of France's history. In this, they owe an unacknowledged debt to French historian Gaston Zeller ...« (Natural Frontiers Revisited: France's Boundaries since the Seventeenth Century, in: AHR 95, 1990, 1423-1451; 1423). Sahlins analysiert in dieser Studie die Geschichte der Idee der »natürlichen« Grenze im doppelten Kontext von französischer Außenpolitik und der symbolischen Konstruktion nationaler Identität: »As a model for state building, the idea ... sometimes provided the justification, sometimes the organizing principle, of French foreign policy. As a model of French identity, it formed part of a constitutive myth of the state.« (1424)

[101] Paris 1935, dt. Übersetzung Frankfurt a. M./New York 1994. Zur Entstehungsgeschichte dieses Buches (und seines Vorgängers von 1931) vgl. SCHÖTTLER, Lucien Febvres Beitrag. Bereits 1928 betonte Febvre in seinem begriffsgeschichtlichen Artikel zu dem Begriff »Grenze«: »Muß man noch länger darauf herumreiten, daß diese Fluß- oder Küstengrenzen nichts ›Natürliches‹ haben, oder allgemeiner, daß der Geograph mit der Vorstellung von natürlichen Grenzen nichts anfangen kann, daß es nichts von der Natur für den Menschen ›fertig Gegebenes‹ gibt, nichts, was die Geographie der Politik aufgezwungen hätte?« (»Frontière - Wort und Bedeutung«, in: DERS., Das Gewissen des Historikers. Hg. Ulrich Raulff, Frankfurt a. M. 1990, 27-37. Sowohl

schichtsschreibung auch als politische, den Werten der französischen Republik verpflichteten Aufklärungsarbeit zu konzipieren, unterschieden sie sich doch in ihrem methodischen Vorgehen sehr deutlich: Zellers Studie über Metz blieb – trotz ihres unbestreitbaren ideologiekritischen Potentials – einer chronologisch vorgehenden, überwiegend ereignis- und diplomatiegeschichtlichen und weniger problemorientierten Darstellungsweise verhaftet, wie sie auch seine späteren Publikationen kennzeichnet.[102]

Mit seiner Fragestellung richtete sich Zeller jedoch nicht nur gegen den nationalistischen Mißbrauch der Theorie von einer historischen Rheinpolitik Frankreichs im eigenen Land.[103] Seine Thesen mußten vornehmlich all jene Historiker und Geschichtsideologen jenseits des Rheins herausfordern, die – teilweise noch unter dem Eindruck des verlorenen Krieges und der französischen Besatzungsherrschaft im Rheinland – nicht müde wurden, eine Jahrhunderte, auch über das Jahr 1918 hinaus während Kontinuität der französischen »Deutschlandpolitik« zu behaupten.[104] Daher bildete die Propagie-

---

in dieser Studie als auch im »Rheinbuch« hat sich Febvre u. a. auf die Arbeiten Zellers, insbesondere auf die *thèse* sowie dessen Überblick »La France et l'Allemagne depuis dix siècles« gestützt, jedoch den traditionellen methodischen Zugriff Zellers moniert und beklagt, daß den Menschen dieser Region zu wenig Aufmerksamkeit geschenkt werde. Vgl. FEBVRE, Rez. von: Gaston Zeller, in: RHM 3 (1928), 41–47. Im Gegenzug hat Zeller dem »Rheinbuch« eine lobende und ausführliche Besprechung gewidmet. Vgl. ZELLER, Le Rhin vu par un historien et un géographe, in: RA 82 (1935), 47–66. PAUL EGON HÜBINGER, Die Anfänge der französischen Rheinpolitik als historisches Problem, in: HZ 171 (1951), 21–45, behauptet sogar, das Buch von Febvre/Demangeon stehe »unausgesprochen ganz unter dem Einfluß der Gedanken Zellers« (26). Zum Themenkomplex der Geschichte der Grenzen vgl. auch BERNARD GUENÉE, Des limites féodales aux frontières politiques, und DANIEL NORDMANN, Des limites d'état aux frontières nationales, in: Pierre Nora (Hg.), Les Lieux de Mémoire, Bd. 2: La Nation, Paris 1986, 11–33; 35–61.

[102] Die in seiner *thèse* entwickelten Ansätze führte Zeller dann hauptsächlich in den Aufsätzen »L'organisation défensive des frontières du Nord et de l'Est au XVIIè siècle« (1928), »La monarchie d'Ancien Régime et les frontières naturelles« (1933), »Histoire d'une idée fausse« (1936) sowie in »La France et l'Allemagne« weiter aus. Eine Sammlung der wichtigsten Aufsätze Zellers und eine vollständige Bibliographie hat VICTOR-LUCIEN TAPIÉ u. d. T. »Aspects de la politique française sous l'Ancien Régime«, Paris 1964, herausgegeben. Dort auch die Nachweise der einzelnen Druckorte.

[103] Mit seinen Schriften, so z. B. »La réunion de l'Alsace à la France et les prétendues lois de la politique française« (RA 76, 1929, 768–778) wandte sich Zeller auch gegen die Stimmen, die die französische Rheinpolitik im Schatten des Versailler Vertrages ideologisch zu rechtfertigen suchten wie etwa CHARLES BENOIST, Les lois de la politique française et le gouvernement de l'Alsace sous Louis XIV, Paris 1928.

[104] Stellvertretend für viele andere vgl. neben den Schriften Hermann Onckens die Arbeiten von ROBERT HOLTZMANN (Aus der Geschichte des Rheingebietes, in: Der Deutsche und das Rheingebiet. Hg. Gustav Aubin u. a., Halle/S. 1926, 89–132), EDMUND E. STENGEL (Deutschland, Frankreich und der Rhein. Eine geschichtliche Parallele, Langensalza 1926), WALTER PLATZHOFF (Die französische Ausdehnungspolitik von 1250 bis zur Gegenwart, in: Frankreich

rung der aggressiven Rheinpolitik Frankreichs auch ein wichtiges Argument in der deutschen Kriegsschulddebatte und der Agitation gegen den Versailler Vertrag. Selbst ein so besonnener Kritiker wie der Bonner Romanist Ernst Robert Curtius blieb in diesem Punkt alten nationalistischen Anschauungen verhaftet, wenn er schrieb: »Richelieu und Ludwig XIV., die Revolution und Napoleon, sie alle setzten nur die ›historische Rheinpolitik der Franzosen‹ fort, deren Antriebe und Methoden während der Zeit vom Westfälischen Frieden bis zum Vorabend der Ruhrbesetzung Hermann Oncken uns so eindringlich vor Augen geführt hat.«[105] Obwohl Curtius die politische Tragweite und vor allem die politische Instrumentalisierung der Rheinideologie sehr wohl erkannt hatte, ging er in seinen weiteren Ausführungen nicht über eine diffuse Andeutung dieses Problems hinaus. Resigniert folgerte er:

»Es ist müßig darüber zu grübeln, ob die französische Rheinpolitik notwendig war; ob sie durch geschichtliche Zufälle oder durch geopolitische Faktoren bedingt gewesen ist. Wer die Räubereien und Schandtaten Ludwigs XIV. brandmarkt, muß auch die verblendeten deutschen Fürsten tadeln, die von den Tagen Karls V. bis zu Napoleon Deutschland verraten und verkauft haben. Urteil und Stellungnahme zu diesem verhängnisvollsten Komplex des letzten europäischen Geschichtsjahrtausends kann heute und auf lange hinaus [in Deutschland, S. K.] noch nicht auf Grund reiner Erkenntnis, sondern nur durch politischen Willensentschluß erfolgen.«[106]

Nur ein Jahr nach den rheinischen »Tausendjahrfeiern« 1925,[107] mit denen in ganz Deutschland ein neuer Höhepunkt nationaler Empörung und Propaganda gegen den Weltkriegsgegner erreicht war, hatte Zeller ein Terrain betreten, bei dem, wie Wilhelm Mommsen treffend, wenngleich verharmlosend bemerkte, »die national-politischen Anschauungen und Gegensätze

---

und der Rhein. Beiträge zur Geschichte und geistigen Kultur des Rheinlandes. Von Rudolf Kautzsch u. a., Frankfurt a. M. 1925), Paul Wentzcke (Rheinkampf, 2 Bde., Berlin 1925; Ders., Rhein und Reich: geopolitische Betrachtung der deutschen Schicksalsgemeinschaft, Berlin 1927; Ders., Ruhrkampf. Einbruch und Abwehr im rheinisch-westfälischen Industriegebiet, Berlin 1930), Fritz Textor (Entfestigungen und Zerstörungen im Rheingebiet während des 17. Jahrhunderts als Mittel der französischen Rheinpolitik, Bonn 1937), Leo Just (Frankreich und das Reich im Wandel der Jahrhunderte. Kriegsvorträge der Rheinischen Friedrich-Wilhelms-Universität Bonn, H. 2, Bonn 1940; Ders., Der geistige Kampf um den Rhein, Bonn 1941) oder die von Paul Rühlmann herausgegebene Schriftenreihe »Rheinische Schicksalsfragen«. Zur Kontroverse um die Onckensche Kontinuitätstheorie vgl. Stollwerck, Rheingrenze, 146 ff.

[105] Curtius, Französische Kultur, 64.
[106] Ebd.
[107] Über die »Tausendjahrfeiern«, mit denen die Zugehörigkeit des Rheinlandes zum Deutschen Reich demonstriert werden sollte und die eine Flut wissenschaftlicher und pseudo-wissenschaftlicher Publikationen nach sich zogen, vgl. das entsprechende Kapitel bei Wein, Deutschlands Strom, 123 ff.

zwischen Frankreich und Deutschland nicht leicht auszuschalten sind«.[108] Daß Zeller sich der wissenschaftlichen und politischen Sprengkraft seines Themas bewußt war, zeigt sein bemerkenswertes, einem rhetorischen Balanceakt nahekommendes Vorwort. Dort versuchte er zunächst, sich dem deutschen Publikum gegenüber als unabhängigen Wissenschaftler zu präsentieren, der seine Ergebnisse unberührt von den Kriegserfahrungen gewonnen habe:

»Ich glaube nicht, daß die Kriegsereignisse irgend einen Einfluß auf die Art und Weise ausgeübt haben, wie ich meine Aufgabe erledigt habe. Zu keinem Zeitpunkt ist mir in den Sinn gekommen, den am 11. November 1918 glücklicherweise beendeten großen Kampf mit der Feder fortzuführen. Der in Frankreich von der universitären Ausbildung ausgehende wissenschaftliche Geist schützt den in unseren Hochschulen ausgebildeten Historiker vor derartigen Versuchungen. Darum scheint es mir vollkommen überflüssig zu sein, meine Unparteilichkeit zu proklamieren ... Ein Fremder, sei es ein Deutscher, wird mich lesen können, ohne auf jeder Seite meine Nationalität zu wittern. Davon bin ich wenigstens überzeugt.«[109]

Im gleichen Zug macht der Historiker aber auch aus seinem Patriotismus keinen Hehl: er widmet das Buch dem Andenken seines im Krieg gefallenen Bruders und allen seinen »camerades tombés avec lui pour le définitif retour de Metz à la France«. Unmißverständlich macht er klar, daß auch für ihn – nicht nur als Überlebenden von Krieg und Gefangenschaft, sondern vor allem als einem aus einer Grenzregion stammenden Gelehrten – nicht allein ein spezifisches lokalhistorisches Erkenntnisinteresse ausschlaggebend für das Aufgreifen dieses Themas gewesen sei.[110] Vielmehr sei die Behandlung von Metz, zusammen mit »ses sœurs d'Alsace, l'une de nos raisons de vivre«. Obwohl Zeller mit seinen Büchern die aktuelle deutsch-französische Ver-

---

[108] MOMMSEN, Rez. von: Zeller, réunion, 649. Noch 1961 sah sich ein Schüler Zellers zu der Bemerkung veranlaßt, Zeller »a détruit définitivement le mythe des frontières naturelles«, die Eingliederung von Metz »n'y avait, de la part des rois de France, ni arrière-pensées nationales, ni désir de donner à la France cette frontière fluviale dont on ne sait encore aujourd'hui ce qu'elle est au juste, un lien ou une barrière.« Vgl. ROGER PORTAL, Gaston Zeller (1890–1960), in: RHMC 8 (1961), 317–318; 317.

[109] ZELLER, réunion, Bd. 1, Avant-propos, 1. [»Je ne crois pas que les événements aient exercé une influence quelconque sur la façon dont je me suis acquitté de ma tâche. A aucun moment l'idée ne m'a effleuré de continuer par la plume la grande lutte heureusement terminée le 11 novembre 1918. L'esprit scientifique que développe en France l'enseignement supérieur met à l'abri de pareille tentation l'historien formé dans nos Universités. Aussi bien me paraît-il tout à fait superflu de proclamer mon impartialité. ... Un étranger, fût-ce un Allemand, pourra me lire sans renifler à chaque page ma nationalité. Du moins j'en ai la ferme conviction.«]

[110] »Originaire des provinces frontières, je pouvais moins qu'un autre échapper à l'emprise que la cité captive exerça sur nos cœurs et sur nos esprits« (ebd.). Zur Rolle der Herkunft Zellers vgl. PORTAL, Gaston Zeller.

feindung unterlaufen wollte, ließ er keinen Zweifel an der Rechtmäßigkeit der Zugehörigkeit Elsaß-Lothringens zu Frankreich erkennen. Er hielt es für seine nationale Pflicht, diese auch wissenschaftlich zu begründen. Mit seiner Dissertation hatte Zeller also nicht nur ein Stück nationaler Erinnerungs- und Identitätsstiftung beabsichtigt, sondern gleichzeitig den Rahmen seines zukünftigen wissenschaftlichen Programms abgesteckt. Die Geschichte der Beziehungen der französischen Grenzgebiete im Osten zu den benachbarten Regionen seit dem 16. Jahrhundert blieb weiterhin sein wichtigstes Arbeitsgebiet.

In der deutschen akademischen Fachwelt reagierte zuerst das *Historische Jahrbuch*[111] auf die Zellerschen Thesen. Dessen Rezensent, der elsässische Kirchenhistoriker Luzian Pfleger,[112] stellte, wie andere Rezensenten nach ihm auch, zunächst Zellers »gewissenhaften« Umgang mit der deutschen Literatur heraus. Pfleger kennzeichnet zwar den Bruch Zellers mit alten, sowohl in Frankreich als auch in Deutschland verbreiteten Auffassungen von der französischen Rheinpolitik, läßt sich jedoch nicht auf eine kritische Auseinandersetzung mit Zeller ein. Ausführlich und sachlich werden die wichtigsten Punkte des Werkes dargestellt, ohne daß Pfleger selbst deutlich Position bezieht. Das bedeutet allerdings nicht, daß er die Brisanz dieser Studie nicht erkannt hat: vielmehr äußert er Bedenken, ob »die eingehende und flüssige Darstellung die deutschen Zunftgenossen überzeugen« wird. Sein Fazit ist dennoch positiv. Zellers Leistung, ein »vielumstrittenes« Thema »leidenschaftslos« und »sachlich« zu behandeln, verdiene Anerkennung.

Auf vehementen Widerspruch stieß dagegen Zellers Studie ein Jahr später in der *Historischen Zeitschrift*. In einer ausführlichen Besprechung lobte Georg Wolfram, Leiter des 1921 gegründeten »Wissenschaftlichen Instituts der Elsaß-Lothringer im Reich«,[113] Zellers Werk zwar als »gediegene« und »kla-

---

[111] 47 (1927), 378 f.

[112] Der gebürtige Elsässer Pfleger (1876–1944) lehrte von 1905–1939 als Professor an einem bischöflichen Gymnasium in Straßburg. Ein Schriftenverzeichnis, zusammengestellt von ALFRED PFLEGER, in: AEKG 11 (1936).

[113] Über Aufgabenstellung und Tätigkeit des Instituts vgl. die entsprechenden Beiträge in den Elsaß-Lothringischen Jahrbüchern (insbes. die Eröffnungsansprache von ALBERT EHRHARD, Ziel und Aufgabe des Wissenschaftlichen Institutes der Elsaß-Lothringer im Reiche, Bd. 1, 1922, 1–11) sowie die kurze Information bei NOTKER HAMMERSTEIN, Die Johann Wolfgang Goethe-Universität Frankfurt am Main. Von der Stiftungsuniversität zur staatlichen Hochschule, Bd. I: 1914–1950, Frankfurt a. M. 1989, 69–71. Aufgabe des Instituts war gemäß Paragraph 2 der Institutssatzung die »Pflege der gemeinsamen wissenschaftlichen und kulturellen Interessen der Elsaß-Lothringer im Reich unter Ausschluß politischer Bestrebungen«. Hammerstein bescheinigt dem Institut im Hinblick auf dessen Satzung seriöse Arbeit und einen unpolitischen Charakter (»Unbeschadet einiger Heißsporne garantierten der Vorstand des Vereins ... wie auch die

re« Arbeit, bewertete jedoch die gesamte Dissertation trotz »aller Objektivität der Einzeldarstellung« zunächst als »derart tendenziös«, daß es ihm schwerfalle, »dem Verfasser den guten Glauben an seine Auffassung zuzubilligen«.[114] Durchgehend operiert Wolfram mit dem Argument der Nationalität des Verfassers, mit dessen Hilfe er die deutsche Geschichtswissenschaft positiv von der französischen abzugrenzen versucht. Zeller glaube nämlich, so Wolfram, »der deutschen Forschung über lothringische und Metzer Geschichte von vornherein einen Tritt versetzen zu müssen«, indem er behaupte, »in Metz sei in deutscher Zeit so gut wie nichts Wissenschaftliches geleistet worden«. Die Begründung Zellers, die deutschen Gelehrten hätten deshalb keinen größeren Forschungsaufwand betrieben, weil sie gesehen hätten, »wie französisch Metz in seiner Einstellung immer gewesen sei«, weist Wolfram empört zurück:[115] Zeller »mag ein solcher Gesichtspunkt nahe liegen, der deutschen [Hervorheb. i. O.] Wissenschaft ist er völlig fremd.«[116] Wolfram, der bis November 1918 die Straßburger Landes- und Universitätsbibliothek geleitet hatte,[117] griff noch einen anderen Aspekt auf, welcher,

---

Reputation des ersten Leiters und mancher Mitwirkender, daß sich daran gehalten wurde«); ein Urteil, das m. E. nicht für die »Jahrbücher« aufrechterhalten werden kann. Hammerstein räumt ein, daß die Arbeit des Instituts in Frankreich skeptisch verfolgt wurde, meint aber, daß die »untadeligen, von jeder revanchistischen Tendenz freien Untersuchungen, die das Institut veröffentlichte«, dazu beigetragen hätten, das Mißtrauen im Nachbarland zu zerstreuen (70). Die Förderung des »Heimatgedankens« war vor dem politischen Hintergrund der zwanziger und dreißiger Jahre mitnichten ein unschuldiges »unpolitisches« Unterfangen. 1941 zog das Institut in das gerade eroberte Straßburg zurück und nannte sich nun »Straßburger Gesellschaft für Heimatkunde« (vgl. BAB, Rep. 4901, Nr. 2603). Die Forschungslage zu diesem Thema ist derzeit noch unzureichend.

[114] HZ 137 (1928), 307–311.

[115] Zeller hatte in seinem Vorwort behauptet: »Les Allemands, maîtres provisoires, se sont détournés d'une époque où ils rencontraient trop de témoignages d'attachement des Messins pour la France…« (2)

[116] Ebd., 307.

[117] Wolfram hatte 1883 sein Studium an der Straßburger Kaiser-Wilhelms-Universität mit einer Dissertation über »Friedrich I. und das Wormser Concordat« abgeschlossen, wurde 1887 zum Leiter des Lothringer Bezirksarchivs, 1909 der Straßburger Universitätsbibliothek ernannt. 1911 erhielt er eine Honorarprofessur für Südwestdeutsche Geschichte, Bibliothekswesen und Archivwissenschaft. 1925 wurde er zusätzlich zu seiner Funktion als »Generalsekretär« des Elsaß-Lothringen-Instituts zum Leiter des »Gesamtvereins der Deutschen Geschichts- und Altertumsvereine« berufen. Vgl. HAMMERSTEIN, Die Johann Wolfgang Goethe-Universität, 71; SCHLEIER, Die bürgerliche deutsche Geschichtsschreibung der Weimarer Republik, 126 f. Einzelheiten bei PAUL WENTZCKE, Georg Wolfram zum Gedächtnis: 3. Dezember 1858–14. März 1940, Frankfurt a. M. 1941, der Wolframs kämpferisches »nationalpolitisches« Engagement in der Auseinandersetzung mit Frankreich hervorhebt und die »Aufgabe« des »Wissenschaftlichen Instituts der Elsaß-Lothringer im Reich« mit der 1940 erfolgten Eroberung der »verlorenen Provinzen« als im »wesentlichsten Teil erfüllt« ansah.

wie noch zu sehen sein wird, sowohl nach 1918 als auch nach 1945 wiederholt in der Argumentation ehemaliger Elsaß-Lothringer, genauer: vormalig an der Straßburger Reichsuniversität Lehrender, begegnet. Wenn Wolfram der Arbeit Zellers aufgrund dessen umfassender Benutzung der deutschen und der französischen Literatur sowie der Heranziehung in- und ausländischen Aktenmaterials zunächst ein positives Zeugnis ausstellt, so verbindet er dieses Lob jedoch mit einem generellen Seitenhieb auf die französische Wissenschaft. Gleich im Anschluß an sein zuvor ausgesprochenes positives Urteil erklärt er abschätzig, daß diese Studie »in ganz Frankreich« nicht ohne die »Schätze der Straßburger Bibliothek« hätte verfaßt werden können. Zentrales Kriterium in der Argumentation Wolframs, der sich als genauer Kenner der Reichsgeschichte des 16. und 17. Jahrhunderts zu präsentieren sucht, ist das der »Objektivität«. Zeller habe zwar Tatsachen »richtig« wiedergegeben, zeige auch eine »vollkommene Beherrschung des Stoffes«, gebe aber bei der Interpretation von Fakten und Quellen die von ihm postulierte »Objektivität« auf. So unterschlage er einzelne, den Akten zu entnehmende Sachverhalte, »schiebe« Gegenbeweise für seine Thesen beiseite oder interpretiere bestimmte Äußerungen in seinem Sinne einfach um. Mit den »Religionswirren« sei dem Autor schließlich ein Aspekt »entgangen«, der sich für die Geschichte von Metz entscheidend ausgewirkt habe. Denn die Kapitulation der Stadt sei keinesfalls ein »accident« gewesen, wie es Zeller glaubhaft machen wolle. Vielmehr sei sie als »Glied in der langen zielbewußten Kette der französisch-burgundischen Politik« zu deuten, da der Besitz von Metz für Franz I. und Heinrich II. eine »Lebensfrage« bedeutete, und die Stadt infolge der »burgundischen Umklammerung« – einer in seiner Sicht vermeintlichen Bedrohung – nicht dem Habsburger Karl V. überlassen werden durfte.[118] Am Ende seiner schneidenden Kritik belehrte der Rezensent den jüngeren französischen Kollegen, »so ... wahrhaftig nicht mit der Geschichte umspringen« zu können, wenn man den Anspruch vertreten wolle, »eine objektive Darstellung« zu geben.

Der Franzose blieb jedoch nicht der einzige von Wolfram Angegriffene. Dieser verband seine Rezension mit einer Kritik an Wilhelm Mommsen, dessen Buch über »Richelieu, Elsaß und Lothringen« dazu beigetragen habe, daß man in Frankreich »mit Wohlbehagen die wissenschaftliche Mohrenwäsche« aufgenommen habe. Nun glaube man auch dort, eine vermeintliche

---

[118] Auch Wolfram hatte 1925 in den Chor derjenigen deutschen Historiker eingestimmt, die energisch die These der historischen Rheinpolitik Frankreichs verfochten: »Die Rheingrenze ist das uralte Ziel der Politik Frankreichs und seine Politiker wie Geographen und Historiker suchen heute zu beweisen, daß der Rhein die natürliche Grenze Frankreichs sei.« GEORG WOLFRAM, Entstehung der nationalen und politischen Grenzen im Westen, in: Frankreich und der Rhein, 5.

Bestätigung für die (französische) These gefunden habe, daß *vor* Richelieu niemals an die Rheingrenze gedacht worden sei.[119] Mommsens Buch, das »fast von der gesamten deutschen fachwissenschaftlichen Kritik als unhaltbar zurückgewiesen« worden sei, sei nun dafür verantwortlich zu machen, daß nun auch Zeller die Existenz einer historischen Rheinpolitik Frankreichs verneine. Mit dieser Attacke hatte Wolfram einen publizistischen Schlagabtausch mit Mommsen provoziert, der im nächsten Band der *Historischen Zeitschrift* eingeleitet wurde,[120] und in Mommsens Rezension des Zellerschen Buches gewissermaßen seine Fortsetzung fand.

Zu einem anderslautenden Urteil kam Mommsen[121] erwartungsgemäß in einer ebenfalls eingehenden Besprechung in der liberalen *Historischen Vierteljahrschrift*. Im Gegensatz zu Wolfram geht Mommsen sehr ausführlich auf das Vorwort und die Widmung Zellers ein, wobei er den Franzosen nicht – wie Wolfram dies getan hatte – von vornherein der Unwissenschaftlichkeit bezichtigt. Vielmehr konzediert er diesem »das gute Recht«, in einer wissenschaftlichen Abhandlung auch seinen »politischen Standpunkt« zu artikulieren. Mommsen teilt natürlich ebenso wie Wolfram nicht den Glauben Zel-

---

[119] In einer Rezension brachte Hans Rothfels das deutsche Unbehagen an den Thesen Mommsens auf den Punkt: Dessen Arbeit, so Rothfels, habe »etwas nationalpolitisch Unbefriedigendes. Es wäre sehr viel bequemer, der französischen Politik des 17. Jahrhunderts einen schlechthin grenzenlosen Annexionismus vorwerfen zu können«. Obwohl dieses »rein wissenschaftliche« Buch jede »aktuelle Bezugnahme« vermeide, berühre es sich dennoch mit »politischen Tagesfragen«: HANS ROTHFELS, Rez. von: Wilhelm Mommsen, Richelieu, Elsaß und Lothringen, in: PJb 195 (1924), 92-93.

[120] HZ 138 (1928), 220-221. In einer »Erklärung« wandte sich Mommsen entschieden gegen die Behauptung Wolframs, daß man in Frankreich »mit Wohlbehagen« seine Thesen über Richelieu rezipiert hätte. In Erwiderung auf Mommsens Gegendarstellung bekräftigte dann Wolfram erneut, daß die Franzosen »von der wohlwollenden Beurteilung Richelieus gerne Kenntnis« genommen hätten, was Zeller mit seiner Arbeit auch bestätigt habe. Wolframs Urteil besaß in der »Zunft« immerhin soviel Gewicht, daß an anderen Stellen nur noch auf seine Rezension verwiesen wurde (so etwa M. Krebs, JbdtG 2, 1926, 612).

[121] Wilhelm Mommsen (1892-1966) galt – bis 1933 – in der deutschen Historikerschaft als *der* »Exponent der Demokratie« (HEIBER, Walter Frank, 762ff). Er war Mitbegründer und bis 1923 Vorsitzender des »Reichsbundes demokratischer Studenten« sowie Mitglied der DDP. 1936 wurde er auf Betreiben Franks als Mitherausgeber der Geschichtslehrerzeitschrift *Vergangenheit und Gegenwart* entfernt, ein Jahr später entzog ihm Fritz Hartung die Mitarbeit an den *Jahresberichten*. Gegenüber seinem demokratischen Engagement in der Weimarer Zeit steht Mommsen nach 1933 für »einen hochgradig opportunistischen, aber ungeliebten Anpassungsversuch an den Faschismus«. So SCHÖNWÄLDER, Historiker und Politik, 288, Anm.79. Zu Mommsens Biographie in der Weimarer Republik und im Nationalsozialismus vgl. jetzt ANNE CHRISTINE NAGEL, »Der Prototyp der Leute, die man entfernen soll, ist Mommsen«. Entnazifizierung in der Provinz oder die Ambiguität moralischer Gewißheit, in: JbLibFor 10 (1998), 55-91.

lers, daß selbst ein Deutscher nicht imstande sei, von der Darstellung auf die Nationalität des Verfassers zu schließen, wie der Autor im Vorwort formuliert hatte. Gegenüber seinem Widersacher Wolfram und in Anspielung auf dessen Rezension betont er aber, daß Zeller aus diesem Grund um so weniger »der gute Glaube« abzusprechen sei, »wie dies gelegentlich von deutscher Seite geschehen ist«, gerade weil dieser seine politischen »Gefühle« nicht verberge. Denn der »große wissenschaftliche Wert« der Darstellung werde durch die politische Parteinahme Zellers nicht geschmälert, und auch derjenige, der nicht die Auffassung Zellers teile, finde in dem »Werk profunde[r] Gelehrsamkeit« durchaus Belehrung.[122] Unter ausdrücklicher Berufung auf die Besprechung Paul Wentzckes in der *Zeitschrift für die Geschichte des Oberrheins*[123] bestätigt Mommsen den Befund Zellers von der »Zufälligkeit« der Einnahme von Metz. Auch in der Frage der »Rheingrenzentheorie« teilt Mommsen den energischen Widerspruch Zellers, behauptet allerdings, daß diese These »offene Türen« einrenne, da »ernsthafte deutsche Forscher« niemals diese Auffassung vertreten hätten. Auch das methodische Vorgehen Zellers wird lobend hervorgehoben: Zeller habe, unterstreicht Mommsen, jede »Rückwärtsdeutung vom Erfolg her« vermieden und versucht, »die Motive der handelnden Personen aus den Quellen und Akten jener Zeiten zu erklären«. Daher sei die Arbeit des Franzosen nicht als »Tendenzschrift« zu werten, die »mit dem historischen Material aus politischen Gründen bedenkenlos umspringt«, obwohl das ganze Buch hindurch der Umgang mit den Quellen und die Art der Schilderung nicht nur den Wissenschaftler, sondern auch den politischen Standpunkt des Verfassers gezeigt hätten. Demnach sei der Ansicht Zellers zu widersprechen, die französische Politik gegenüber Metz und angrenzenden Territorien als »defensiv« zu bezeichnen, auch wenn das Ereignis von 1552 nicht als Ergebnis eines lange vorbereiteten Plans anzusehen sei. Ebenso wie sein Vorgänger benennt auch Mommsen die Gründe, die seiner Meinung nach Zeller dem Verdacht der Parteilichkeit ausgesetzt haben.

Im Gegensatz zu Wolfram polarisiert Mommsen nicht deutsche und französische Geschichtswissenschaft in pauschaler Weise, sondern beklagt vielmehr die politische Instrumentalisierung der Geschichte im eigenen Land. Mommsen folgert: »Und auch die Gesamtauffassung von Zeller würde man weniger tendenziös finden, wenn nicht gelegentlich aus ihr Nutzanwendungen gezogen würden, die der Politik, nicht der Wissenschaft entspringen«. Diese bemerkenswerte Stellungnahme Mommsens stellte in der wissenschaft-

---

[122] HVJS 24 (1929), 649f.
[123] ZfGO N.F. 41 (1928), 168–170.

lichen Diskussion um die Geschichte der deutsch-französischen Beziehungen ein Novum dar. Sie setzt sich ab vom nahezu einstimmigen Chor derjenigen deutschen Historiker, die seit Kriegsende nicht müde wurden, ihre Wissenschaft in den Dienst der Tagespolitik zu stellen und für die propagandistische Auseinandersetzung mit dem Kriegsgegner der Politik die dafür nötigen Argumente zu liefern.

Die Auseinandersetzung mit den Zellerschen Thesen war mit der hier ausführlich beschriebenen fachinternen Diskussion keineswegs abgeschlossen. Zehn Jahre nach dem Erscheinen des Buches erhob Karl Brandi anläßlich eines Festvortrages im »Wissenschaftlichen Institut der Elsaß-Lothringer im Reich« erneut Einwände gegen das französische Werk. Seine Rede wollte Brandi betont als »Beitrag zur wissenschaftlichen Auseinandersetzung« mit der französischen Forschung über die »Grenzlande« verstanden wissen, wobei er diese Auseinandersetzung auch als zentrale Aufgabe des Institutes deklarierte.[124] So zog der Göttinger Historiker eine direkte Parallele zwischen den Ereignissen von 1552 und 1918: beide wertete er als katastrophale Verluste für das Reich, wobei die durch den Versailler Vertrag bedingte Abtretung von Metz ihn persönlich getroffen habe, da die Stadt, in der er selbst noch Kriegsdienst geleistet hatte, »ein Stück [seiner] selbst« geworden und nun ein zweites Mal »aufgegeben« worden sei. Zu einem Zeitpunkt, an dem die Besetzung des entmilitarisierten Rheinlandes durch das Deutsche (»Dritte«) Reich nur wenige Monate zurücklag, sah Brandi in den Ereignissen von 1552 das Ergebnis einer »weltgeschichtlichen Wendung« der französischen Politik, an deren Ende der französische Vormarsch an den Rhein stand. Brandi erachtete es daher als notwendig zu untersuchen, »ob die damalige Politik der Franzosen so harmlos und rein zweckbedingt war, wie die letzte gehaltvolle französische Arbeit von Gaston Zeller ... glauben machen

---

[124] KARL BRANDI, Karl V. vor Metz. Vortrag bei der Jahresversammlung des Wissenschaftlichen Instituts der Elsaß-Lothringer im Reich zu Frankfurt (13.6.1936), in: ELJb 16 (1937), 1-30. Eine Würdigung des Historikers versucht WOLFGANG PETKE, Karl Brandi und die Geschichtswissenschaft, in: Geschichtswissenschaft in Göttingen. Eine Vorlesungsreihe. Hg. Hartmut Boockmann/Hermann Wellenreuther, Göttingen 1987, 287-320. Zu Brandis Verhalten nach 1933 vgl. auch die treffenden Beobachtung von DIETMAR VON REEKEN, Wissenschaft, Raum und Volkstum. Historische und gegenwartsbezogene Forschung in und über »Niedersachsen« 1910-1945. Ein Beitrag zur regionalen Wissenschaftsgeschichte, in: Niedersächsisches Jahrbuch für Landesgeschichte 68 (1996), 43-90; 49: »Heimat und Volkstum waren für Brandi ... keine neuen wissenschaftlichen Zentralkategorien, besaßen aber in Abgrenzung zu Weltbürgertum und Individualismus in dem politischen Selbstverständnis des Historikers und Zeitgenossen Brandi eine besondere Dignität und führten in seinen öffentlichkeitswirksamen Auftritten zu verbalen Verbeugungen vor den neuen Werten, so daß sich die Machthaber mit dem Renommee des Wissenschaftlers Brandi schmücken konnten.«

will.«¹²⁵ Zu welchem Ergebnis der Festredner angesichts seiner eingangs getroffenen Bemerkungen kam, überrascht nicht. Nach einer detaillierten Analyse sowohl der Politik des französischen Königs als auch der Reichspolitik Karls V. kommt Brandi zu dem Schluß, daß die Einnahme von Metz nicht Zufall, sondern Ergebnis einer gewaltsamen »Überrumpelung« gewesen sei, und nicht, wie Zeller »wollte«, »demi par amour, demi par force« zustandegekommen ist.

Wiederum einige Jahre später, im Jahr 1943, nachdem deutsche Truppen Frankreich besetzt hatten, revidierte Brandi unerwartet – nun in der *Historischen Zeitschrift* – seinen früheren Standpunkt und bestätigte Zellers Thesen von 1926.¹²⁶ Brandi bekämpfte jetzt die Ansicht, daß es gleichgültig sei, ob der französische König durch das Angebot der deutschen Fürsten überrascht worden sei oder nicht, denn an der Einstellung Heinrichs II. hänge schließlich »der ganze Mythos von der uralten, zeitweilig nur latenten französischen Rheinpolitik. War dieser wirklich überrascht, so ging die Rheinpolitik eben nicht von ihm, sondern von den deutschen Fürsten aus, und das«, so Brandi, »ist leider nachweisbar der Fall«.¹²⁷ Es sei also nicht länger zu leugnen daß die drei Bistümer dem französischen König von den deutschen Fürsten »in die Hand gespielt worden« seien. Den Grund für diesen Irrtum sah Brandi in der »gegen den klaren Befund unserer Quellen antizipierte[n] Rheinideologie des nächsten Jahrhunderts«, die »zu lange die Einsicht in die Vorgänge von 1551 und 1552 versperrt« habe. Brandis Argumentation ging jedoch über die Revision einer wissenschaftlichen Detailfrage weit hinaus. Seine Neuinterpretation der Umstände, die zur französischen Besetzung der drei Bistümer geführt haben, zeigt vor dem Hintergrund des aktuellen

---

¹²⁵ Ebd., 2f.
¹²⁶ Eine Erklärungsmöglichkeit für Brandis plötzliches Dementi ergibt sich aus dem zeitgeschichtlichen Hintergrund: angesichts der sich abzeichnenden Niederlage im Krieg gegen die Sowjetunion ging das NS-Regime – und mit ihm ein Teil prominenter deutscher Historiker – nun dazu über, nicht mehr die europäischen Gegner zu attackieren, sondern zugunsten einer antisowjetischen Propaganda stärker die vermeintlich schicksalhafte kulturelle Einheit Europas zu akzentuieren. In diesem Kontext trat daher die lange behauptete These von der »Erbfeindschaft« zurück; statt dessen wurde nun auf den »Abendland«-Begriff zurückgegriffen, um eine germanisch-romanische bzw. christlich-abendländische Zusammengehörigkeit zu konstruieren, die es dem Bolschewismus entgegenzustellen galt. Im gleichen Jahr seines HZ-Aufsatzes publizierte Brandi im *Hannoverschen Kurier* einen Artikel m.d.T. »Was verteidigen wir mit dem Abendland?«, in dem er die Bedrohung Europas durch den Bolschewismus beschwor und zum »Durchhalten« aufrief. Vgl. hierzu Schönwälder, Historiker und Politik, 246ff.
¹²⁷ Karl Brandi, Karl V., Spanien und die französische Rheinpolitik, in: HZ 167 (1943), 13–28. Brandi wertete Zellers Darstellung zwar immer noch als »zu harmlos« (v.a. was die Folgen der französischen Besetzung von Metz betraf), war aber nun bereit, ihm »in vielem« zuzustimmen.

Kriegsgeschehens zumindest in Ansätzen ein Umdenken, das auf die Überwindung des deutsch-französischen Gegensatzes in der Frage der historischen »Rheinpolitik« Frankreichs zielte. Gleich am Beginn seines Aufsatzes betonte Brandi:

»Für die Gegenwart und Zukunft unseres Verhältnisses zu Frankreich ist es die entscheidende Frage, ob die französische Rheinpolitik aus zwingenden Notwendigkeiten der französischen Geschichte sozusagen als naturgegeben betrachtet werden muß. Wäre das der Fall, so hätten auch unsere Kinder und Kindeskinder gleich uns, der Generation von 1870/71, die noch die Rheinpolitik nach 1918 und den Ruhreinfall erlebte, mit einer hoffnungslosen Erbfeindschaft beider Völker zu rechnen.«[128]

Für die Entstehung und Verbreitung der Legende von der französischen Rheinpolitik machte Brandi zwar unverändert das Nachbarland haftbar.[129] In seinem historiographischen Urteil hob sich der Biograph Karls V. jetzt aber deutlich von der Masse der Beiträge[130] ab, die deutsche Historiker seit 1918 zum »Kampf um den Rhein« beigesteuert hatten:

»Durch tausend Jahre fränkisch-französischer Politik ist also im Ernste von einem Vorstoß gegen den Rhein nicht zu reden. So bleiben 400 Jahre neuzeitlicher Geschichte, vielleicht nur 300 Jahre, wenn wir den Beginn aktiver französischer Rheinpolitik erst in dem Vorgehen und der Begründung Richelieus finden ... Sollte sich aber dafür, vollends für das Vorspiel dazu im 16. Jahrhundert, die Begründung aus der besonderen politischen Lage und weithin sogar aus dem Verhalten deutscher Mächte selbst ergeben, so sinkt die Vorstellung von der Rheinpolitik als einer angeborenen französischen Lebensäußerung mehr und mehr in sich zusammen, erscheint jeweils als zeitbedingt und deshalb als überwindbar. Ganz gewiß sind die schon erwähnten älteren Ansätze zu einer lebendigen Ideologie des Rheins nicht zu verkennen. Aber es war doch eine Übertreibung des letzten Jahrhunderts, daraus eine überzeitliche politische Notwendigkeit Frankreichs zu konstruieren.«[131]

---

[128] Ebd., 13.
[129] »Die französische Publizistik hat alles getan, jene Vorstellungen zu prägen und in Umlauf zu bringen, und sie hat dadurch auch auf der deutschen Seite die Ideologie einer wohl gar zweitausendjährigen Auseinandersetzung über den Rhein genährt und eine ernsthafte Beschäftigung damit notwendig gemacht.« (13) Zu den Vertretern dieser »ernsthaften Beschäftigung« rechnete Brandi Haller, Just, Kern, Schulte und Stegemann.
[130] Erwähnenswert ist noch die kurz vor der Saarabstimmung von MARTIN HEROLD, JOSEF NIESSEN u. FRANZ STEINBACH hrsg. Propagandaschrift »Geschichte der französischen Saarpolitik« (Bonn 1934), in der es gegenüber Zeller hieß: »Der Vertrag [von Chambord] begründete natürlich keinen wirklichen Rechtstitel, so wenig wie die Abmachungen der Franzosen im Rheinland nach 1918 mit Separatisten und Landesverrätern ... Der Vorgang [der Übergabe der Stadt an Heinrich II.] ist bezeichnend für die traurige Frontenverwirrung in Deutschland und für die biegsame Art, die Hinterhältigkeit, aber auch für die bewundernswerte Zielsicherheit der französischen Ausdehnungspolitik.« (30)
[131] BRANDI, Karl V., Spanien und die französische Rheinpolitik, 16.

Brandi geht also nicht so weit, die Existenz einer französischen Rheinpolitik überhaupt zu verneinen, sondern datiert deren Anfänge in die Zeit Richelieus. Doch gerade in der Deutung der Politik des französischen Kardinals, an der sich in der deutschen Geschichtswissenschaft eine scharfe Kontroverse entzündet hatte, sieht Brandi die Gelegenheit, das deutsch-französische Verhältnis »zu entgiften«: die deutsch-französische »Erbfeindschaft« sei, so Brandi, nicht zwischen dem Reich und Frankreich entstanden, sondern durch »die Umklammerung Frankreichs durch das Haus Habsburg als Erbin des französisch-burgundischen Gegensatzes«.[132] Damit hatte Brandi eine Position bezogen, die sich nun mit derjenigen Zellers weitgehend deckte. Spektakulärer war jedoch die von Brandi – mitten im Krieg – in die Diskussion gebrachte Überlegung zu einer deutsch-französischen Verständigung mittels einer Neuinterpretation der Politik Richelieus.

Zellers Arbeiten wurden jedoch nicht nur von den deutschen Historikern aufmerksam gelesen. Nach dem militärischen Triumph über Frankreich erhob nun der Münsteraner Romanist Theodor Heinermann im Rahmen des »Kriegseinsatzes« deutscher Romanisten«[133] Widerspruch gegen Zellers

---

[132] Ebd., 16 f.
[133] Frankreich und der Geist des Westfälischen Friedens, Stuttgart usw. 1941 (Gemeinschaftsarbeit der deutschen Romanistik). Der »Kriegseinsatz der Romanisten« steht in Zusammenhang mit dem 1940 von Hochschullehrern initiierten »Kriegseinsatz der Geisteswissenschaften«, der Aktivitäten von Romanisten, Historikern, Anglisten, Germanisten und Geographen koordinieren sollte. Der »Kriegseinsatz« wurde vom Reichserziehungsministerium organisiert, von der DFG finanziert und stellte wie viele andere Organisationen ein Konkurrenzunternehmen zu nationalsozialistischen Institutionen, insbesondere zum »Amt Rosenberg« dar. (SCHÖNWÄLDER, Historiker und Politik, 209 ff). Die erste Romanistentagung fand am 17. u. 18. Mai 1940 in Berlin statt, auf der auch die am Unternehmen beteiligten Historiker zusammentrafen. Unter diesen übernahmen Theodor Mayer u. Walter Platzhoff die Leitung des »Kriegseinsatzes«. Die programmatische Grundlegung geht auf eine Tagung im Februar 1941 in Nürnberg zurück, auf der Fritz Hartung, Th. Mayer, W. Platzhoff, Paul Ritterbusch, Fritz Rörig, Carl Schmitt, Hans Uebersberger u. Hans Zeiss gesprochen haben. Unter dem Titel »Das Reich und Europa« erschien im gleichen Jahr der von den Referenten gemeinsam herausgegebene Tagungsband im Leipziger Verlag Koehler & Amelang. Dieser sollte, wie Mayer und Platzhoff im Vorwort betonten, einen Beitrag leisten »zu der großen Auseinandersetzung, ... die nicht nur eine militärische und politische, sondern ebensosehr eine geistige ist.« Die versammelten Historiker waren »sich ihrer Pflicht bewußt, für das zentrale Problem des jetzigen Krieges und der bevorstehenden Neuordnung Europas das geschichtliche Rüstzeug beizubringen und vom Standpunkt der Gegenwart aus die Entwicklung der Vergangenheit zu betrachten und zu deuten. Sie wollen sich mit dieser Schrift zu dem politischen Charakter ihrer Wissenschaft bekennen.« Dem Nürnberger Tagungsband folgten in der gleichnamiger Serie Arbeiten von GISBERT BEYERHAUS (Die Europa-Politik des Marschall Foch), KARL GRIEWANK (Der Wiener Kongreß und die Neuordnung Europas), ERWIN HÖLZLE (Der Osten im Ersten Weltkrieg), WALTHER KIENAST (Deutschland und Frankreich in der Kaiserzeit), PAUL KIRN (Aus der Frühzeit des Nationalgefühls: Stu-

Darstellungen. Heinermann bezeichnete – ganz in der Tradition deutscher Anklagen gegen einen angeblichen französischen Ausdehnungsdrang nach Osten und der »Erbfeind«-These – die Annexion der drei »deutschen« Bistümer als »eine der schwärzesten Seiten der deutschen Geschichte«, von der der Drang Frankreichs nach dem Rhein seinen Ausgang genommen habe.[134] Der »Schandvertrag« von Chambord stellt für Heinermann die »Quelle des Unglücks« dar, die für Jahrhunderte das Verhältnis Frankreichs zu seinem östlichen Nachbarn bestimmen sollte. Zugunsten einer aktuell-politisch motivierten Auseinandersetzung mit Frankreich verzichtet Heinermann allerdings auf eine nähere fachwissenschaftliche Diskussion der Zellerschen Thesen – was angesichts eines zu kriegspropagandistischen Zwecken geschriebenen Werkes und seiner Qualifikation als Hispanist auch nicht überrascht.[135] Statt dessen polemisiert er gegen seinen Gegner, indem er diesem unterstellt, einen »alte[n] Grundsatz Richelieuscher Politik« verfolgt zu haben, der darin bestehe, »die Welt davon zu überzeugen ..., daß der andere sich oder Teile seines Besitzes selbst Frankreich als Geschenk angeboten hat.«[136] Die »Schuld« am Verlust dieses »Reichsgebietes« treffe Zellers Auffassung zufolge, so Heinermann, die Deutschen also selbst. Im weiteren Verlauf seiner Darstellung, auf den hier nicht näher eingegangen werden muß, wendet sich Heinermann gegen die französischerseits angeblich vorherrschende Konzeption der »natürlichen« Grenzen und schildert Frankreich als brutalen Unterdrücker deutscher (»Lebens«-)Interessen und Verhinderer der deutschen Einheit; eine Politik, die im 17. Jahrhundert Gestalt angenommen und bis in

---

dien zur deutschen u. französischen Geschichte) und zwei von THEODOR MAYER edierten Bänden (Der Vertrag von Verdun 843; Adel und Bauern im deutschen Staat des Mittelalters). ALEXANDER SCHARFF und PAUL WENTZCKE schrieben über »Die europäischen Großmächte und die deutsche Revolution« und »Feldherr des Kaisers. Leben und Taten Herzog Karls V. von Lothringen«. Obwohl in manchen Arbeiten auf direkte politisch-aktuelle Anspielungen verzichtet wurde, waren sie doch, wie Schönwälder bemerkt, »Belege für den Anspruch auf die ›Neuordnung‹ und Beherrschung Europas.« (Historiker und Politik, 216) Vgl. zum Kriegseinsatz ausführlich FRANK-RUTGER HAUSMANN, »Deutsche Geisteswissenschaft« im Zweiten Weltkrieg. Die »Aktion Ritterbusch« (1940–1945), Dresden/München 1998.

[134] HEINERMANN, Frankreich und der Geist, 17 ff.

[135] Gleichwohl versteht Heinermann seinen Einsatz als »wissenschaftliche« Tätigkeit. Im Vorwort betont er, daß er weder einen »historischen Tatsachenbericht« noch eine »Fachstudie« schreiben, sondern die seit dem Westfälischen Frieden »wirksamen geistesgeschichtlichen und politischen Ideen« aufzeigen wolle, die Frankreichs Verhältnis gegenüber Deutschland seitdem bestimmt hätten. Demgegenüber bemängelt er aber, daß in Deutschland noch keine wissenschaftlichen Ansprüchen [!] genügende Darstellung des Westfälischen Friedens vorliege. (5) MARTIN FRANZBACH, Plädoyer für eine kritische Hispanistik, Frankfurt a. M. 1978, bezeichnet Heinermann (1890–1946) als »linientreuen Nazi-Hispanisten«. (23 ff)

[136] HEINERMANN, Frankreich und der Geist, 19.

die Gegenwart als »Geist des Westfälischen Friedens« Frankreichs Haltung gegenüber seinem östlichen Nachbarn bestimmt habe. Heinermanns Kriegsschrift, in der es auch an antisemitischen Äußerungen nicht fehlt, ist jedoch nicht ausschließlich als anti-französische Propagandaschrift zu lesen: nach dem militärischen Erfolg bemühte man sich – mit Blick auf die kollaborationsbereiten Franzosen – in zunehmendem Maße um die »ideologische Sicherung« des »Erbfeindes«, die um so dringlicher erschien, als der geplante Krieg gegen die Sowjetunion die Beherrschung des Gegners im Westen erforderte. Daß Heinermanns Anklage gegen die Französische Revolution, gegen Demokratie und Parlamentarismus und – am Schluß seines Buches – auch gegen England als Verbündeten Frankreichs durchaus mit dieser Zielsetzung korrespondierte, hat Peter Jehle in seiner Arbeit über die Romanistik im NS-Staat gezeigt.[137] Sicherlich könnte Heinermanns Kriegsschrift als außerhalb der Fachhistorie stehendes Beispiel für die Rezeption der Zellerschen Arbeiten übergangen werden, wenn sie nicht wiederum in der deutschen Fachwissenschaft – wenn auch mit deutlicher Kritik – auf wohlwollende Aufmerksamkeit getroffen wäre. Erstaunlicherweise war es Karl Brandi, der in seinem Aufsatz von 1943 meinte, die Darstellung Heinermanns »für das 16. Jahrhundert« zwar berichten zu müssen, die Arbeit aber als »gehaltvoll« beurteilte.[138] Mit Heinermann teilte Brandi die Auffassung, daß die These Zellers, Heinrich II. habe die Bistümer gegen seinen Willen angenommen, angesichts der Folgen der Besetzung für die Zeitgenossen als auch unter »erbländischen Gesichtspunkten« eine »Behauptung von frivoler Unwahrscheinlichkeit« sei.

---

[137] Vgl. hier zum »Kriegseinsatz« der Romanisten PETER JEHLE, Werner Krauss und die Romanistik im NS-Staat, Hamburg/Berlin 1996, 151 ff. Ebd. auch die Übersicht über das »Vorläufige Sofort-Programm der Romanistik« im Rahmen des »Kriegseinsatzes«. Heinermanns Attacken gegen die Französische Revolution stehen durchaus im Einklang mit dem Versuch der Sympathiewerbung durch das Besatzungsregime und dem nationalsozialistischen »Verständigungs«-Begriff, der von einer Position der Stärke heraus konzipiert und angewandt wurde. Jehle schreibt dazu: »Die Verfechter des ursprünglich streng antideutsch gepolten Nationalismus [in Frankreich, S. K.] erkannten in der von der Besatzungsmacht durchgesetzten ›Ordnung‹ sehr schnell ihr eigenes Gesellschaftsprojekt wieder, auch wenn dieses vom Standpunkt des Ancien Régime formuliert war: in der Hauptsache, nämlich der Abschaffung der Ideen von 1789, war man sich einig.« (159)

[138] BRANDI, Karl V., Spanien und die französische Rheinpolitik, 19. Brandis Kritik zielt auf die Behauptung Heinermanns, daß es gleichgültig sei, ob Heinrich II. von den deutschen Fürsten überrascht worden sei oder nicht. Daneben sei es in erster Linie dem französischen König, so Brandi, nicht um drei Bistümer gegangen, sondern um die drei Städte in ihrer Eigenschaft als militärische Stützpunkte.

5. Der »Gegenentwurf«: »tausend Jahre deutsch-französische Beziehungen« aus französischer Sicht

In Deutschland hat man nach 1926 keiner Arbeit Zellers mehr so große öffentliche Aufmerksamkeit entgegengebracht wie seiner Studie über die Annexion von Metz. Wie nur wenige der in den zwanziger Jahren erschienenen französischen Darstellungen hat diese Arbeit die deutsche Kritik herausgefordert und – wie das Beispiel Brandis zeigt – auch zu partiellen Revisionen des eigenen Geschichtsbildes veranlaßt.[139] Anders verhielt es sich dagegen mit seiner Darstellung der »tausendjährigen« deutsch-französischen Beziehungen, die 1932 unter dem Titel »La France et l'Allemagne depuis dix siècles« in Paris in erster, 1948 in einer revidierten, zweiten Auflage erschien.[140] In dieser Studie griff der Autor zwar bisherige Positionen erneut auf, brachte seine politische Stellungnahme aber nun sehr viel prononcierter zum Ausdruck. Damit ging Zeller nicht nur über seine eigenen früheren Arbeiten hinaus, sondern hob sich in der Offenlegung seines persönlichen Standpunktes auch von vielen anderen wissenschaftlichen Publikationen seiner Landsleute deutlich ab. Obwohl nicht mit letzter Sicherheit belegt werden kann, daß Zeller mit seinem neuen Werk, das nur zwei Jahre nach der deutschen

---

[139] In den *Rheinischen Vierteljahrsblättern* erschienen vereinzelt Beiträge, die sich auf die Arbeit Zellers beriefen, ohne sich kritisch mit dessen Thesen auseinanderzusetzen. Als Beispiele seien genannt: KARL G. SCHNEIDER, Die grundlegende Bedeutung der Zeit von 1552 bis 1648 für die neuere französische Ausdehnungspolitik (4, 1934, 11-25) und LEO JUST, Wie Lothringen dem Reich verlorenging (7, 1937, 215-227). Dieser Befund spricht für die heimliche Bewunderung, die der Arbeit Zellers aufgrund ihres hohen Informationsgehaltes vereinzelt entgegengebracht wurde. Nicht zu übersehen bleibt jedoch die Tatsache, daß gerade das Organ des Bonner »Instituts für geschichtliche Landeskunde der Rheinlande« die Widerlegung der Arbeiten französischer Forscher, darunter ganz besonders derjenigen Zellers, zum Programm erhoben hatte. Wie ein anonymer Rezensent im *Elsaß-Lothringischen Jahrbuch* 1938 bemerkte, seien »mannigfaltige Studien, die der Straßburger Universitätslehrer Gaston Zeller in den letzten Jahren aus französischer Schau dem Verhältnis Frankreichs zu Deutschland widmete ... auf gleichlaufende [!] Untersuchungen des von Franz Steinbach geleiteten Instituts ...« getroffen. (Rez. von: Fritz Textor, Entfestigungen und Zerstörungen im Rheingebiet während des 17. Jahrhunderts als Mittel der französischen Rheinpolitik, Bonn 1937, in: ELJb 17, 1938, 273-274). So z.B. FRITZ TEXTOR, Eine entmilitarisierte Zone am Oberrhein im 17. Jahrhundert, in: RhVjBl 5 (1935), 290-301; 298; KARL ZIMMERMANN, Die Kriegsereignisse zwischen Rhein, Saar und Mosel im Jahre 1814, in: ebd., 4 (1934), 25-48; JOSEF VAN VOLXEM, Frankreichs Ardennenpolitik unter Ludwig XIV, in: ebd., 4 (1934), 259-278. Zur Kenntnis genommen wurde Zeller auch von HERMANN AUBIN, Staat und Nation an der deutschen Westgrenze, Berlin 1931, 8.

[140] Die deutsche Übersetzung erschien 1954 im Baden-Badener Verlag für Kunst und Wissenschaft, der insbesondere Schriften zum deutsch-französischen Dialog herausgab, u.a. die 1951 verabschiedete Neufassung der Thesen zur Schulbuchrevision.

Interpretation der »Tausend Jahre deutsch-französische Beziehungen« erschien, direkt auf Haller antwortete, sprechen Inhalt und Konzeption eine eindeutige Sprache. Auffallend ist, daß trotz seiner breiten Kenntnis und Auswertung der deutschen Literatur der Hallersche Titel sowohl in der ersten als auch in der 1948 erschienenen zweiten Auflage mit keinem Wort erwähnt wird.[141] Auch in seinen für die *Revue historique* verfaßten ausführlichen Literaturberichten zu deutschen Neuerscheinungen, in denen er die deutsche Fachwissenschaft sehr aufmerksam und kritisch beurteilte, fand Haller keine Erwähnung.[142] Dagegen zeigen zahlreiche in Frankreich und England erschienene vergleichende Besprechungen, daß das Fachpublikum Zellers Schrift sehr wohl als Entgegnung auf Haller verstand, obwohl dieser Einschätzung von französischer Seite bisweilen ausdrücklich widersprochen wurde.[143] Auch in Deutschland finden sich vereinzelt Hinweise, daß beide Werke als unmittelbare »Gegenstücke« rezipiert wurden.[144]

Wie in seinen früheren Werken versprach Zeller auch dieses Mal, eine »strikt objektive« Arbeit vorzulegen, die jedoch nicht einfach nur die Fakten »sprechen läßt«, sondern die vielmehr deren Interpretation in den Vordergrund rücken wolle. Um der Kritik der Fachgenossen zuvorzukommen räumt Zeller ein, daß es sich bei seiner Arbeit lediglich um einen Essay handele, der dem Bedarf einer breiten Öffentlichkeit nach kurzen und prägnanten Synthesen aus der Feder von Spezialisten nachkommen wolle. Sein politisches Anliegen hat Zeller anders als Haller nicht im Vorwort thematisiert. Auf den Aspekt der deutsch-französischen »Verständigung«, der unausgesprochen die Fragestellung des gesamten Buches bestimmt, geht Zeller wörtlich erst am Schluß seiner Skizze ein. Auch was die Gewichtung der einzelnen Epochen betrifft, steht die französische Arbeit ganz im Gegensatz

---

[141] In seiner kommentierten Bibliographie, die in gleicher Zahl französische und deutsche Titel nennt, bemängelt Zeller, daß die deutsch-französischen Beziehungen in ihrer Gesamtheit noch nicht Gegenstand einer ernsthaften Beschäftigung gewesen sind. Daß Zeller hinsichtlich seiner Literaturauswertung auf dem neuesten Stand war, zeigt sein Hinweis auf die 1931 veröffentlichte achte Auflage des Dahlmann-Waitz. Auch HERIBERT MÜLLER versteht Zellers Buch als eindeutige Antwort auf Haller (Der bewunderte Erbfeind, 306).

[142] RH 175 (1935), 95–120; 184 (1938), 403–430; 187 (1939), 48–62.

[143] So etwa in der Kritik von Georges Pagès: »In ne semble pas, malgré; la presque identité des titres et les deux ans d'intervalle entre la publication de ces deux ouvrages, que le second soit une reponsé au premièr. Peut-être même M. Gaston Zeller ne connaissait-il pas le livre de M. Johannes Haller lorsqu'il a écrit le sien. Il n'y fait, en tout cas, aucune allusion.« (A propos de deux livres, 59)

[144] Vgl. die Rezensionen von Bloch, Pagès, Lodge. Auf deutscher Seite Hinweise bei FRANZ PETRI (JbdtG 8, 1932, 509) sowie LEO JUST, Frankreich und das Reich im Wandel der Jahrhunderte, 63.

zur Komposition des deutschen Vorläufers: sind es bei Haller das Mittelalter und die Frühe Neuzeit, die auf nur knappen Raum abgehandelt werden, so werden bei Zeller die Ereignisse seit der Französischen Revolution nur gestreift. Mit einem Umfang von 145 Seiten behandelt ein Großteil der insgesamt 207 Seiten umfassenden Arbeit die Zeit bis 1789, während der Französischen Revolution selbst nur 25 Seiten gewidmet sind. Auf das 19. und 20. Jahrhundert – die »Ära der großen Krisen« von 1813, 1870 und 1914 – und seine »conclusion« verwendet Zeller mit 37 Seiten nur einen Bruchteil seiner Arbeit. Doch ebenso wie Haller schildert er die Geschichte Deutschlands und Frankreichs aus einer vornehmlich etatistischen, machtpolitischen Perspektive, unter der kultur- und sozialgeschichtliche Aspekte nur am Rande behandelt werden. Damit gewinnt das deutsch-französische Verhältnis den Charakter eines *a priori* gegebenen Antagonismus, den der Autor dann – je nach wissenschaftlichem Einzelbefund und politischem Standpunkt – entweder betont oder relativiert. Die Geschichte der Beziehungen zwischen Deutschland und Frankreich, die auch Zeller mit dem Vertrag von Verdun beginnen läßt, erscheint auf diese Weise als wechselseitige Abfolge von Aufstieg und Niedergang zweier Kontrahenten.

Den Ausgangspunkte der Auseinanderentwicklung des Ost- und Westfrankenreiches (und gleichzeitig der Verletzung des Vertrages von 843) sieht Zeller in der Angliederung Lothringiens an das Ostreich (925) und der Verleihung der Kaiserwürde an Otto den Großen (962), die dem Osten für einen langen Zeitraum die Vorherrschaft (»prépondérance«) sichern und die gegenseitigen »Beziehungen« auf Dauer belasten sollten: »Die gesamte Zukunft der französisch-deutschen Beziehungen wird mit den Folgen des neuen Sachverhaltes belastet bleiben. In der Geschichte dieser Beziehungen ist das ein Moment von allergrößter Bedeutung.«[145] Fortan sollte das Streben nach der Kaiserwürde einen zentralen Stellenwert in der Politik des westlichen Königreiches einnehmen und immer wieder Anlaß für kriegerische Unter-

---

[145] La France et l'Allemagne, 9f. Angesichts der 1925 im Rheinland begangenen 1000-Jahrfeiern sieht Zeller seine Einschätzung der Bedeutung des Datums bestätigt. In seinem sonst von aktuell-politischen Anspielungen weitgehend freien Buch bemerkt er: »Lothringien wurde von Heinrich im Jahr 925 zurückerobert und blieb von da ab endgültig im Besitz des östlichen Königreiches. Die offizielle Grenze zwischen den beiden Königreichen war die, die im Vertrag von Verdun zwischen dem westlichen und dem mittleren Franken festgelegt worden war. Das Deutsche Reich hat 1925 offiziell mit viel Aufwand die 1000jährige Wiederkehr dieses Ereignisses gefeiert; es nannte sie, aus durch die Zeitumstände bedingten Gründen, den »1000. Jahrestag der Saar«. (La France et l'Allemagne, 10). [Die Übersetzungen der französischen Zitate erfolgen aus der deutschen Ausgabe: Tausend Jahre deutsch-französische Beziehungen, Baden-Baden 1954, 6.]

nehmungen in der Zukunft geben.[146] Von größerer Bedeutung für die Gesamtsicht der deutsch-französischen Geschichte bei beiden Autoren ist hier aber die Deutung der Entstehungsprozesse der späteren Nationen. Zeller schließt sich in dieser Frage zunächst der Auffassung Hallers an, wenn er die Teilung des fränkischen Reiches ursächlich nicht mit der Formierung zweier Nationen, sondern nüchterner mit der Absonderung zweier »Staaten« erklärt. Wenn Haller hinsichtlich der ethnischen Zusammensetzung und weiteren Entwicklung der »Völker« die Entstehung des deutschen und französischen Volkes auf die Spaltung der fränkischen, also germanischen Reichsaristokratie zurückführt,[147] betont Zeller die ethnische Vielfalt der Völkerschaften des karolingischen Reiches. Diese ließ sich unter dem Oberbegriff »Franken« subsumieren; eine geschichtliche Einheit also, die nur dem Anschein nach »künstlich« erschien. Die herkömmliche Gegenüberstellung von »Kelten« oder »Galliern« und »Germanen« verwirft Zeller, worin er auch von der Auffassung Hallers praktisch nicht weit entfernt ist:

---

[146] »Die französischen Könige werden sich schlecht darein schicken, daß dem östlichen Nachbarherrscher das Los der Kaiserwürde zugefallen ist; mehr als einmal, wenn sie die Kraft dazu aufbringen können, werden sie versuchen, ihnen diese Würde streitig zu machen. Und andererseits wird die Trauer um das verlorene Erbe Lothars mit dazu beitragen, daß sie sich vom 16. Jahrhundert ab in kriegerische Unternehmungen stürzen.« (La France et l'Allemagne, 10 f). [ZELLER, Tausend Jahre, 6 f.] Zellers weiterreichende Frage nach den Ursachen für die unterschiedliche Machtentwicklung der beiden Königreiche läßt erneut den Patrioten erkennen: »Wenn die Karolinger des Westens sich auf dem Thron behauptet hätten, wenn einer von ihnen die Kraft und das Ansehen dazu besessen hätten, dann wäre der Ruf des päpstlichen Stuhles an ihn gegangen, dann wäre ihm die Kaiserkrone aufgesetzt worden. Und seine Nachkommen, als Nachkommen Karls des Großen an sich schon besonders bevorrechtet, hätten ohne jeden Zweifel der Reihe nach die gleiche Würde für sich in Anspruch genommen wie die Nachfolger Ottos.«

[147] »Ein Waffenadel germanischen Blutes herrschte hüben wie drüben. Aber dieses Großreich zerfiel, und die in ihm herrschende Aristokratie spaltete sich. Im Osten blieb sie, was sie war, germanisch in Sprache und Sitte, im Westen ward sie von der fremdblütigen Bevölkerung des Landes, den romanisierten Galliern, aufgesogen, und es entstanden die beiden Völker der Deutschen und Franzosen.« (HALLER, Tausend Jahre, 3) In seinen Arbeiten und Vorlesungen hat Haller jedoch, wie HERIBERT MÜLLER betont, jeden Anklang an eine primitive rassistische Germanenideologie verworfen und sich damit auch bewußt gegen die Bestrebungen führender NS-Ideologen gestellt. Vgl. Ders., »Eine gewisse angewiderte Bewunderung«, 460ff. KARL FERDINAND WERNER hat Haller aufgrund seiner Bestrebungen, die »deutschen Stämme« als »Produkte deutscher Dynastie- und Territorialgeschichte« zu erklären, zurecht als »antivölkischen« Historiker bezeichnet. Vgl. Ders., Machtstaat und nationale Dynamik in den Konzeptionen der deutschen Historiographie 1933–1940, in: Franz Knipping/Klaus-Jürgen Müller (Hg.), Machtbewußtsein in Deutschland am Vorabend des Zweiten Weltkrieges, Paderborn 1984, 327–361; 345.

»Wenn man in den heutigen Franzosen die einzigen echten Nachkommen der Gallier und in den Deutschen die eigentlichen Vertreter der germanischen Rasse sehen will, so heißt das, daß man einen überaus vielschichtigen Tatbestand zu einer allzu einfachen Idee umzudeuten versucht. Selbst wenn man annimmt, daß die Ausdrücke ›Kelten‹ und ›Germanen‹ reine Rassen bezeichneten (was man heute kaum mehr gelten läßt) und nicht ethnische Zusammensetzungen, so haben doch die Völkervermischungen im Schmelztiegel Nord- und Westeuropas vor Beginn der christlichen Ära und im fünften Jahrhundert die Völkerschaften keltischen und germanischen Ursprungs innig miteinander vermischt. Daher fließt auch, nach Ansicht gewisser Autoren, in den Adern der heutigen Deutschen (wenigstens bei denen des Südens und Westens) vielleicht ebenso viel keltisches Blut wie in denen der Franzosen; und unter den verschiedenen Elementen, die zur Bildung der französischen Nationalität beigetragen haben, kommen nur wenige der germanischen an Bedeutung gleich. Es hieße also nicht, der Geschichte Gewalt antun, wenn man, wie die Franken taten, blutmäßig gemischte Völkerschaften, deren Verschiedenheit im Wesentlichen auf das Mengenverhältnis der einzelnen Bestandteile zurückzuführen war, mit ein und derselben Bezeichnung belegte.«[148]

Dennoch habe, darin sind sich beide Autoren wiederum einig, schon bald nach der Teilung des karolingischen Imperiums die Ethnogenese der Völker begonnen.[149] Das Aufkommen eines ersten deutsch-französischen Gegensatzes datiert Zeller im Widerspruch zu Haller jedoch erst in das beginnende 12. Jahrhundert, in dem Frankreich vor dem Hintergrund des deutschen Investiturstreites begonnen habe, das Papsttum zu unterstützen. Auf diese Streitigkeiten folgte eine langanhaltende Epoche freundschaftlicher Beziehungen zwischen beiden Reichen, die auch das 14. und 15. Jahrhundert überdauerte, nachdem sich die Machtverhältnisse infolge des Interregnums im Reich erneut verkehrt hatten. Territoriale Fragen spielten, so Zeller, in diesem Zeitraum nur eine sehr beschränkte Rolle.[150] Den nach 1477 eintre-

---

[148] La France et l'Allemagne, 4f. [ZELLER, Tausend Jahre, 2]. Haller hatte dagegen, ausgehend von der für ihn angeblichen Verwandtschaft der französischen Sprache mit der südwestdeutschen Mundart, behauptet: »Aber dieser gemeinsame Urbestandteil, mag man ihn in latinisierten gallischen Kelten ... finden – das sei den französischen Schriftstellern gesagt, die so gern von den Südwestdeutschen, den *Celto-allemands*, als einer den Franzosen verwandteren, weniger deutschen Volksart faseln und darauf die kühnsten Schlüsse bauen –, dieser gemeinsame Urbestandteil ist nicht bedeutsam genug gewesen, um in der Geschichte jemals wirksam zu werden.« (HALLER, Tausend Jahre, 3)
[149] La France et l'Allemagne, 8: »Nach 50jähriger Trennung sind die Völker zum Bewußtsein ihrer selbst gekommen.« [ZELLER, Tausend Jahre, 4].
[150] Ebd., 50. Klagen gegen vereinzelte Grenzverletzungen durch Frankreich wertet Zeller als Ausdruck einer reichsinternen Opposition gegen den Kaiser; zu einer wirklichen Eroberungspolitik an den Grenzen sei die französische Krone im 15. Jahrhundert nicht in der Lage gewesen.

tenden französisch-habsburgischen Gegensatz sieht Zeller bis zum Abschluß des Westfälischen Friedens 1648 wirksam. In dieser Zeit weist er der Rolle Deutschlands im europäischen Mächtekonzert nur eine nachgeordnete Bedeutung zu. Ziel der französischen Politik dieser Zeit sei es gewesen, »Deutschland« – das Zeller durch wenige deutsche Territorialfürsten hinreichend repräsentiert findet – durch eine intrigante Bündnispolitik den Habsburgern zu entfremden und die kaiserliche Autorität zu untergraben. Im Gegensatz zu der in diesem Punkt nur skizzenhaften Darstellung Hallers, der im Konflikt zwischen Frankreich und Habsburg die Ursache für die deutschfranzösische »Erbfeindschaft« zu erkennen meint, und für den er die »Überheblichkeit« und »Eitelkeit« der französischen Krone verantwortlich macht, versucht Zeller die französische Politik – besonders bis 1559 – ausführlich nachzuzeichnen. Dieser weist er zwar taktische Fehler nach, sucht sie aber insgesamt zu entlasten. Zu keiner Zeit, weder in der »Episode« von 1552 noch in der Einnahme des Elsaß durch französische Truppen im Verlauf des Dreißigjährigen Krieges sieht Zeller eine französische Eroberungspolitik wirksam.[151] Zur Unterstützung seiner These weist er ausdrücklich auf die Studien Mommsens hin, der ebenso wie Louis Batiffol auf französischer Seite gegen die allzu leichtfertig hingenommene Meinung kämpfe, daß die Eroberung des Elsaß eines der militärischen Ziele Richelieus gewesen sei.[152] Nach Abschluß des Friedenswerkes von 1648 kommt es zur Herausbildung neuer Bündniskoalitionen: während der französisch (bzw. deutsch)-habsburgische Gegensatz an Bedeutung verliert, stehen sich in dem Augenblick, in dem französische Besetzungen der vergangenen einhundert Jahre im Reichsgebiet endgültig vertraglich sanktioniert wurden und Frankreichs Grenze damit bis an den Rhein vorverlegt worden war, Frankreich und Deutschland nunmehr mit wachsendem Mißtrauen gegenüber.[153] Daß der Verlust der drei Bistümer und des Elsaß endgültig war, habe, betont Zeller, an den Deutschen selbst gelegen. Diese hätten sich geweigert, den französischen König als »Vasall« des Kaisers anzuerkennen.[154] Demgegenüber

---

[151] La France et l'Allemagne, 111. Infolge der Niederlage der Schweden bei Nördlingen sei es, so Zeller, zur »friedlichen« Einnahme des Elsaß gekommen. Die französischen Truppen hätten damit den Platz eingenommen, den zuvor die Schweden besetzt hielten: »Es ist eine einfach durch die Umstände erzwungene Schutzmaßnahme, und kein Mensch in Frankreich sieht in diesem Augenblick ihre Dauer voraus.« [ZELLER, Tausend Jahre, 75]

[152] Ebd., 113.

[153] Ebd., 116 ff.

[154] Ebd., 118 f (»le peu de succès de cette idée en Allemagne avait empêché qu'on ne s'y attachât. Il n'aurait tenu qu'aux Allemands de sauvegarder par ce biais l'appartenance à l'Empire des trois villes lorraines d'abord, et de l'Alsace ensuite. Nos rois étaient moins désireux d'unir étroi-

räumt er jedoch ein, daß die Kaiserkrone nach wie vor das Objekt der Begierde des französischen Königs darstellte.

Endgültig zementiert wurde der deutsch-französische Antagonismus, der 1648 seinen Ausgang genommen hat, durch die kriegerische Politik Ludwigs XIV. Auch hier sieht Zeller nach Abschluß der spanischen Erbfolgekriege die deutschen Fürsten in der Verantwortung dafür, daß die territorialen Verluste der vergangenen Jahrhunderte nicht mit den Friedensverhandlungen rückgängig gemacht wurden: Partikularinteressen der deutschen Territorialfürsten hätten eine gemeinsame Option für »Deutschland« verhindert; auch der Kaiser habe nur im Interesse Habsburgs gehandelt.[155] Den schlechten politischen Beziehungen zwischen Frankreich und dem Reich standen jedoch vielfältige wirtschaftliche und kulturelle Kontakte gegenüber, die vor allem durch französische Emigranten vermittelt wurden. Doch gerade der Aktivität einiger Schriftsteller ist es Zeller zufolge zu verdanken, daß der Begriff der »Erbfeindschaft« nunmehr Eingang in das öffentliche Bewußtsein fand:

»Diese allgemeine Antipathie Frankreich gegenüber ist ganz gewiß das Vermächtnis einer früheren Epoche, die Folge des politischen Antagonismus zwischen den beiden Ländern ... Gegenüber Ludwig XIV. fühlten sich die Deutschen wieder als eine Nation; sie haben es wieder gelernt, dem Fremden zu fluchen. Aber diesmal ist der Fremde der Franzose. Die Anschuldigungen und Verleumdungen, die durch eine Kampfliteratur gegen ihn ausgestreut worden sind, haben ihre Früchte getragen, wenigstens bei einem Teil der öffentlichen Meinung. Man übertrug auf ihn die Gefühle des Widerwillens und der Verachtung, die die Schwachen gewöhnlich für den, der sie tyrannisiert, vorbehalten. Seit dem Spanischen Erbfolgekrieg wenden Libellisten auf den Nachbarn im Westen die Bezeichnung ›Erbfeind‹ an ...«[156]

Das 18. Jahrhundert sieht Zeller trotz der sich verschärfenden Animosität zwischen beiden Ländern jedoch wieder relativ frei von ernsthaften Konflikten von »Staat zu Staat«.[157] Den Aufstieg Preußens zur europäischen Groß-

---

tement au royaume des territoires qu'ils n'avaient jamais convoités que de s'aider de leur possession pour s'introduire dans l'Empire.«)

[155] Ebd., 129 (»Si elle [Allemagne] voit confirmer ses pertes territoriales du siècle précédent, c'est, il faut le dire, par la faute de ses princes, de ceux du moins qui, dans les négociations de paix, pourraient parler pour elle et qui ne parlent que pour eux-mêmes.«)

[156] Ebd.,136f. [ZELLER, Tausend Jahre, 91f]. Zeller betont, daß dieser Begriff in Deutschland seit 1813 nur noch auf Frankreich Anwendung fand.

[157] Ebd., 147. »Im 18. Jahrhundert stand Frankreich Deutschland weniger als je zuvor mit Rachsucht oder Begehrlichkeit gegenüber. Zufrieden mit dem, was es besaß, träumte es nur davon, bei der Versöhnung der Völker anzuführen und in Europa eine Art moralische Hegemonie auszuüben, zu der seine Macht und das Ansehen seiner Sprache und seines Gedankengutes ihm das Recht zu geben schienen. Sein Ideal war ganz friedlich.« [ZELLER, Tausend Jahre, 98].

macht, vor allem unter Friedrich II., begleitet er dagegen mit deutlicher Aversion. Obwohl Zeller immer wieder bemüht ist, die Rolle anderer deutscher Territorien von der Preußens zu differenzieren, entwickelt er ein durchweg negatives Bild von Preußen als dem ewigen, rachsüchtigen Widerpart Frankreichs, das schließlich ganz Deutschland in den Kampf gegen Frankreich hineinzieht: »... la prusse deviendrait, au dix-neuvième siècle, le ferment de l'Allemagne«.[158] Im weiteren Verlauf seiner Darstellung, in der noch kurz die Epoche der Französischen Revolution und die Krisen des 19. und 20. Jahrhunderts gestreift werden, gewinnt das Werk immer mehr einen essayistischen Charakter. Wenn Kritiker an dem Buch Hallers mit fortschreitender Chronologie die zunehmende Parteilichkeit der Darstellung monierten, so ist dieses Urteil auch auf das französische Werk übertragbar. Je näher Zeller der Gegenwart kommt, um so deutlicher tritt seine Sympathie für die Sache der eigenen Nation hervor, häufen sich die Einseitigkeiten und Pauschalurteile. Dennoch verzichtet Zeller im Gegensatz zu Haller auf nationalistische Polemik und bleibt im Ton versöhnlicher. Die Epoche der Französischen Revolution, zu deren Idealen sich Zeller ausdrücklich bekennt, wird – wie die Kapitelüberschrift andeutet – als »temps d'arrêt« interpretiert. Mindestens bis 1806 habe Frankreichs Feindschaft, das weiterhin in der »Illusion eines befreundeten Preußen« und »natürlichen Bundesgenossen« Frankreichs gegen Österreich gelebt habe, niemals dem Reich oder

---

[158] Ebd., 170. Vgl. auch 129f, 136, 138, 140ff. Der deutsche Einigungsprozeß durch Preußen habe, so Zeller, seinen Ausgangspunkt in der Schlacht bei Roßbach genommen. Während man in Frankreich Friedrich II. Bewunderung entgegengebracht habe, feierte man in Deutschland den Sieg über den ungeliebten Nachbarn. Erst der deutsche Sieg über Frankreich 1870 habe die Verblendung (»aveuglement«) seitens der Franzosen zerstört. Das Ereignis von Roßbach interpretiert Zeller jedoch nicht als Schlüsseldatum in den deutsch-französischen Beziehungen. Anhand dieses Ereignisses versucht Zeller vielmehr nachzuweisen, daß der Aufstieg Preußens sich auf der Grundlage der Antipathie gegen Frankreich – und aufgrund einer »konfusen Sehnsucht nach nationaler Größe« – entwickelt hatte. Wie bei Haller erscheint auch in Zellers Darstellung Frankreich als Katalysator der deutschen Einigung, freilich nicht von einer Position der Schwäche »Deutschlands« (wie nach 1871), sondern von einer überlegenen militärischen Lage Preußens heraus. Ihren literarischen Ausdruck fand die deutsche Abneigung gegen Frankreich in der Bewegung des Sturm und Drang, die jedoch nicht verhindern konnte, daß am Vorabend der Französischen Revolution Deutschland weiterhin dem geistigen und kulturellen Einfluß Frankreichs erlag: »... l'Allemagne... continue à être baignée de civilisation française, à vivre socialement et intellectuellement dans l'orbite de la France.« (144) Die Voreingenommenheit gegenüber Preußen schien selbst bei Historikern wie Zeller oder Febvre, die sich durchaus um Verständnis des Gegners bemühten, zum historiographischen Allgemeingut zu gehören. Auch Febvre hatte in seinem »Rhein-Buch« ein undifferenziertes Bild von Preußen als einer überwiegend nationalistischen und militaristischen Macht entwickelt. Vgl. SCHÖTTLER, Lucien Febvres Beitrag, 236f.

Preußen gegolten, sondern immer nur dem Kaiser.¹⁵⁹ Auch zuvor, während der ersten Revolutionsphasen, habe Frankreich zu keiner Zeit gegen das Reich gerichtete Eroberungsabsichten gehegt, wo man – außerhalb Preußens – stets mehr Freunde als Feinde besessen habe. Nach diesem Datum habe sich die napoleonische Politik aus Angst vor preußischen und österreichischen Rachegefühlen gegenüber beiden Staaten geändert: »Um alle beide in Respekt zu halten, wurde nun der Kaiser dazu geführt, daß er seine Hand immer schwerer auf Deutschland lasten ließ.« [»Et, pour les tenir toutes deux en respect, l'empereur allait être amené à appesantir de plus en plus sa main sur l'Allemagne.«¹⁶⁰ Erstaunlich nachsichtig beurteilt Zeller Napoleon, den er mehrmals als angeblichen »Wohltäter« Deutschlands lobend hervorhebt.¹⁶¹ Zwischen 1815 und 1870 kreisen die Beziehungen zwischen Deutschland und Frankreich um das Problem des linken Rheinufers: nachdem 1815 die Errichtung eines autonomen rheinischen Pufferstaates gescheitert war, entstand in Frankreich eine von einer liberal und republikanisch geprägten öffentlichen Meinung ausgehende Bewegung, deren »leidenschaftliches« Ziel es war, das linke Rheinufer als französische Grenze zurückzugewinnen, während das Frankreich der Restauration weiterhin seine traditionelle Freundschaft mit Preußen bewahrt habe. Dennoch sieht Zeller ebenso wie in Frankreich (1815) auch in Preußen (1813) einen kriegerischen »esprit de revanche« vorherrschend, der sich allerdings in Preußen zu einem »Haß« gegen Frankreich gesteigert habe, um sich schließlich zu einer »nationalen Tradition« zu entwickeln.¹⁶² In Frankreich habe niemand unter den verantwortlichen Politikern und Literaten erkannt, daß sich die Einigung Deutschlands unter preußischer Führung letztlich gegen das eigene Land richten und im »Verhängnis« von 1870 münden würde.¹⁶³ Deutsche Feindseligkeit gegenüber Frankreich sei es gewesen, die 1914 erneut zur bislang

---

¹⁵⁹ Den Beweis für diese These sieht Zeller in der französischen Kriegserklärung an Österreich (1792), die als »Vorsichtsmaßnahme« an Franz II., König von Böhmen und Ungarn adressiert gewesen war, und aus der hervorgehen soll, daß Frankreich nur gegen den habsburgischen Kaiser Krieg zu führen beabsichtigt habe. (152)

¹⁶⁰ Ebd., 167. [ZELLER, Tausend Jahre, 112].

¹⁶¹ Bezogen auf den im Dezember 1805 unterzeichneten Vertrag zu Schönbrunn schreibt Zeller: »Comme en 1803, l'Allemagne entière était à la discrétion de l'empereur. Il ne fut pas avare de ses bienfaits« (163); und, nach der Schlacht von Jena und Auerstedt: »Napoléon montra aux Prussiens le visage d'un bienfaiteur justement irrité de l'ingratitude de ses obligés«. (167)

¹⁶² Ebd., 177.

¹⁶³ Ebd., 183. Die französische Aggression sei von Bismarck geschürt worden. Napoleon III. habe zur Rückeroberung der Rheingrenze, die er zwar gefordert habe, niemals einen Angriffskrieg gegen Preußen geplant: »Il semble bien avoir été de ces rêveurs qui escomptaient de l'Allemagne un geste généraux, le jour où elle aurait, avec l'aide de la France, réalisé son unité.« (189)

größten militärischen Auseinandersetzung zwischen beiden Ländern geführt habe; einem Krieg, der den Charakter einer »croisade contre le militarisme allemand, fauteur de guerre« annahm.[164]

Die historische Bilanz der »tausendjährigen« deutsch-französischen Beziehungen, die Zeller am Ende seines Buches zieht, fällt schließlich überraschend positiv aus und muß als Gegendarstellung zu Hallers resignierendem »zu spät« gelesen werden: der fatalistischen Geschichtsauffassung eines Johannes Haller stellte Zeller die Vorstellung eines kontingenten Geschichtsverlaufes entgegen. Der deutsch-französische Antagonismus war für ihn zufälliger Natur, da sich über die längste Zeit der gemeinsamen Geschichte hinaus eine »'Tradition der Freundschaft« herausgebildet habe. Ein wirklicher Gegensatz, für den es in Zellers Augen keine tiefergehenden Gründe gegeben hat, hat nach seiner Auffassung nur während eines Zeitraums von weniger als drei Jahrhunderten bestanden. Obwohl zwischen der deutschen und der französischen Arbeit keine methodischen Divergenzen bestehen, in beiden Darstellungen eine traditionelle, narrative Diplomatiegeschichte mit ihrer Abfolge von Siegen und Niederlagen, Friedensverträgen und -brüchen vorherrscht, erteilt Zeller dem Vorurteil einer seit Alters her bestehenden »Erbfeindschaft« eine emphatische Absage. Die Lehre, die aus dem Studium der deutsch-französischen Geschichte zu ziehen sei, könne also nicht darin bestehen, auf einen »caractère de fatalité« dieser Geschichte zu schließen. Statt dessen gelte es, sich aus der gemeinsamen Vergangenheit zu befreien und die Wege der Vorfahren zu verlassen: »Il est des solidarités que l'on doit savoir rompre.«[165] Angesichts der scheinbar unüberbrückbaren geistig-moralischen und politischen Gegensätze der Gegenwart glaubt Zeller trotz der guten Ansätze von 1925 nicht an eine nahe Lösung der deutsch-französischen Problematik. Doch bleibt er nicht bei dieser Feststellung stehen, sondern entwirft in seinem Schlußwort die Vision eines sich um ein deutsch-französisches Kernland herum formierendes Europa ohne Grenzen. Die mögliche Triebkraft einer auf eine gemeinsame Zukunft gerichteten Entwicklung sieht der französische Historiker in wirtschaftlichen Krisen, die alle Völker knebele, gleichzeitig aber ein Handlungsfeld für die gegenseitige Annäherung offenbare. In den Wirtschaftsbeziehungen, in denen angesichts der akuten ökonomischen Krise kein Raum für Ideologien bleibe, lägen daher konkrete Anknüpfungspunkte für eine gemeinsame, interessengesteuerte Politik.[166] Voraussetzung für eine schrittweise Annäherung beider Länder

---

[164] Ebd., 200.
[165] Ebd., 204.
[166] »Dans un monde comme le nôtre, dominé par les lois d'airain de l'économie, il n'y a plus de place pour de vaines idéologies.« (206)

sei jedoch der weitere Fortschritt der Demokratie. Zeller appelliert daher – vor allem im Hinblick auf den eigenen Berufsstand – an die Verantwortung derjenigen Menschen, die auf die Völker meinungsbildend wirken:

»Und schließlich der Schubkraft der Demokratie bei allen anscheinenden Rückschritten vertrauen. Beim Mann auf der Straße, dem Durchschnittsfranzosen oder -deutschen, stellt sich der gesunde Menschenverstand gänzlich in den Dienst der Völkerverständigung. Helfen wir ihm sich zu bilden im Kampf gegen eine unverantwortliche Presse, deren Einfluß sich immer – 1840, 1870, 1914 – zugunsten kriegerischer Lösungen spürbar gemacht hat. An dem Tag, an dem er imstande sein wird, die öffentliche Meinung zu bilden statt sie diktiert zu bekommen, wird er aufhören, Opfer jener zu sein, die Zwietracht schüren. Die falschen Lehren der Geschichte werden ihn dann unberührt lassen. Er wird sich von allen Herrschenden abwenden, und seien es auch die größten Staatsmänner, die dazu beigetragen haben, nationalen Haß zu stiften. Seine Verwünschung wird diesen Übeltätern in Europa gelten.«[167]

Sowohl Zellers als auch Hallers Synthesen waren Reflex einer deutsch-französischen Krise, die als europäische Krise verstanden wurde und die Anfang der dreißiger Jahre auf einen neuen Höhepunkt zusteuerte. Gerade in ihrer Eigenschaft als resümierende Darstellungen essayistischen Zuschnitts waren beide Schriften prädestiniert, Gegensätze im beiderseitigen Geschichtsbild und damit die neuralgischen Punkte, an denen sich damals Kontroversen entzündeten, offenzulegen. Das Geschichtsbild beider Historiker war geprägt vom deutsch-französischen Gegensatz der Zeit, den Zeller als junger Soldat durch die Teilnahme am Weltkrieg auch am eigenen Leib erfahren hatte. Die Gegensätzlichkeit der individuellen Biographie mag neben der Gegenläufigkeit des politischen Standpunktes ein Grund dafür sein, daß bei aller Ähnlichkeit in methodischer Hinsicht beide Autoren eine fundamental unterschiedliche Geschichtskonzeption entwickelt haben, an deren Ende jeweils eine resignierende und eine zukunftsweisende Aussage standen. Insofern können beide Darstellungen mehr als politisch intendierte »Aufklärungsschriften« denn als wissenschaftliche Programme verstanden werden. Während bei Haller mit steigender Auflage ein immer feindseligerer Ton angeschlagen wurde, sich »Wissenschaft und Ressentiment ... in gefährlicher

---

[167] Ebd., 207. [»Et puis, faire confiance à la poussée démocratique, si forte malgré certaines régressions apparentes. Chez l'homme de la rue, le Français ou l'Allemand moyen, les suggestions du bon sens naturel sont toutes en faveur de l'entente entre les peuples. Aidons-le à s'éduquer, en luttant contre une presse irresponsable dont l'influence s'est toujours fait sentir – en 1840, en 1870, en 1914 – au profit des solutions belliqueuses. Le jour où il sera en mesure de faire l'opinion, après l'avoir si longtemps subie, il cessera d'être la proie des semeurs de discorde. Les fallacieux enseignements de l'histoire le laisseront insensible. Il reniera tous les souverains, tous les hommes d'État qui ont contribué à fomenter les haines nationales, fussent-ils parmi les plus grands. Sa malédiction ira à ces malfaiteurs européens.«]

Weise verbanden«,[168] praktizierte Zeller trotz der auch bei ihm vorhandenen zahlreichen Vorurteile eine Abkehr von einer einseitigen, konfrontativen nationalistischen Geschichtsschreibung mit dem Ziel einer deutsch-französischen Verständigung im weitesten Sinne. Diese republikanisch-demokratische Grundüberzeugung ist es auch, die Zeller in die Nähe von Lucien Febvre rücken läßt, der angesichts der »aufziehenden schweren Gewitterwolken« mit seinem »Rhein-Buch« ebenfalls eine »friedliche Geschichtsschreibung des Austauschs und der Kooperation« durchzusetzen beabsichtigte, angesichts der ökonomischen und politischen Probleme im Europa der dreißiger Jahre die Möglichkeiten einer deutsch-französischen Einigung jedoch deutlich pessimistischer einschätzte als sein Kollege aus Clermont-Ferrand.[169] Marc Bloch und Lucien Febvre selbst haben sich jedoch zu der Arbeit Zellers, die mitnichten einer vergleichenden europäischen Sozialgeschichte entsprach, wie sie Bloch auf dem Internationalen Historikerkongreß 1928 in Oslo gefordert hatte,[170] sondern vielmehr einer traditionellen Geschichtsbetrachtung »von Verdun zu Verdun« (Peter Schöttler) gleichkam, nicht öffentlich geäußert: weder in den *Annales* noch in dem die Jahre 1928–1933 umfassenden Briefwechsel der beiden *Annales*-Gründer finden sich eine Rezension bzw. ein entsprechender Hinweis auf das historiographische Werk Zellers.[171] Ebenfalls muß die Frage, ob dieser mit deutschen Historikern persönliche Kontakte unterhielt, an dieser Stelle unbeantwortet bleiben. Belegt ist nur, daß Zeller mit dem Romanisten Ernst Robert Curtius in Kontakt gestanden haben muß. Ihm widmete er sein Buch handschriftlich mit den Worten: »A M. E. R. Curtius, avec l'espoir qu'il puisse tirer profit du ce petit livre pour une nouvelle édition de son admirable ›Essai sur la France‹. Hommage d'un collègue, G. Zeller«.[172]

---

[168] MÜLLER, Der bewunderte Erbfeind, 305.

[169] FEBVRE, Der Rhein und seine Geschichte, 14.

[170] Vgl. dazu Blochs programmatischen Aufsatz: Pour une histoire comparée des sociétés européennes, in: DERS., Mélanges historiques, Bd. 1, Paris 1963, 16–40; dt. Übersetzung in: Alles Gewordene hat Geschichte. Die Schule der ›Annales‹ in ihren Texten. Hg. MATTHIAS MIDDELL/ STEFFEN SAMMLER, Leipzig 1994, 121–159. Zu Blochs Osloer Vortrag ERDMANN, Ökumene der Historiker, 163 ff. Blochs Ausführungen skizzierten, wie ULRICH RAULFF schreibt, auch »das Programm einer internationalen Verständigung auf der Basis wissenschaftlichen Vergleichens und Verstehens.« Vgl. DERS., Ein Historiker im 20. Jahrhundert: Marc Bloch, Frankfurt a. M. 1995, 254.

[171] Marc Bloch – Lucien Febvre: Correspondance. I: La naissance des Annales 1928–1933. Établie, présentée et annotée par Bertrand Müller, Paris 1994.

[172] So die Widmung des mir vorliegenden Exemplars aus dem ehemaligen Besitz Curtius'. Im (unverzeichneten) Nachlaß des Romanisten ist lt. Auskunft der Bonner UB kein Schriftwechsel mit Zeller überliefert. Auch sind in dem Exemplar von Curtius keine Textanstreichungen vorhanden, die eine tiefere kritische Lektüre belegen könnten.

Erste Vorschläge einer konkreten Umsetzung seiner 1932 ausgesprochenen Ideen machte Zeller bereits ein Jahr nach der Veröffentlichung von »La France et l'Allemagne depuis dix siècles«. 1933 entwarf er auf dem Warschauer Historikerkongreß ein Projekt zur Erforschung der Geschichte der internationalen Beziehungen, das auf der Grundlage internationaler Parallelstudien beruhen sollte.[173] Durch die Überwindung der nationalen Forschungsgrenzen erhoffte sich Zeller ein »Maximum an Objektivität« und einen Schritt auf dem Weg zur Annäherung der Völker: »... le but sera de concilier des points de vue et de rapprocher les nations.« Zeller verwarf jetzt den traditionellen Begriff der *histoire diplomatique* und forderte eine Geschichte der internationalen Beziehungen, in der vor allem dem ökonomischen Faktor Rechnung getragen und in der der Begriff der »öffentlichen Meinung« (als Werkzeug der Presse, nicht der Diplomaten) präzisiert und erforscht werden sollte. Ein geeignetes Einsatzfeld dieses übernationalen und interdisziplinären Forschungsansatzes sah Zeller in den deutsch-französischen Beziehungen.

Dieser Gedanke blieb in Deutschland nicht gänzlich unerwidert. Ähnliche Überlegungen entwickelte im Anschluß an Zeller Gerhard Ritter in einer Ankündigung zu einem Vortrag über »Die Ausprägung deutscher und westeuropäischer Geistesart im konfessionellen Zeitalter«.[174] Auch Ritter, der gewiß nicht im Verdacht stand, ein Vorkämpfer der deutsch-französischen Aussöhnung zu sein, sah es als Notwendigkeit der historischen Forschung an, einen Beitrag zur internationalen Verständigung zu leisten. Was ihm vorschwebte, war ein »Stück vergleichender Universalgeschichte«: »Denn nur im Vergleich mit der Geistesart anderer Nationen«, unterstrich der Freiburger Historiker, »lerne ich die Besonderheit der eigenen wirklich verstehen. Zugleich aber entrinne ich der Gefahr verständnisloser Ablehnung der fremden und kritikloser Überschätzung der eigenen Volksart, indem ich fremde Geistesart aus ihren historischen Wurzeln begreifen lerne.« Ritters Verständigungskonzept zielte jedoch in erster Linie auf das Verstehen der eigenen Nation. Im »Fremden« die eigene Wesensart zu erkennen, das war die theoretische Leitlinie einer spezifisch deutschen Vorstellung von »Verständigung«, wie sie zuvor von einflußreichen Denkern wie Arnold Bergstraesser[175] oder Friedrich Sieburg[176] formuliert worden war. Während Zellers Projekt einer Geschichte der internationalen Beziehungen zumindest partiell

---

[173] GASTON ZELLER, Pour une histoire des relations internationales, in: Congrès international des Sciences Historiques 7 (1933). Résumés des communications 1.2, 23–26.
[174] Ebd., 139–141.
[175] Sinn und Grenzen der Verständigung zwischen Nationen, München usw. 1930.
[176] Gott in Frankreich? Ein Versuch, Frankfurt a. M. 1929.

einen Nachklang des Fachpublikums fand, blieb in Deutschland die öffentliche Resonanz auf seine deutsch-französische Geschichte von 1932 marginal.

6. Deutsche Reaktionen im Zeichen einer »mobilisation intellectuelle«

Die auffallend wenigen in den Rezensionsteilen der Fachzeitschriften ermittelbaren Reaktionen auf das Zellersche Buch deuten auf eine erhebliche Unsicherheit der deutschen Historiker hin, eine angemessene Antwort auf das französische Verständigungsangebot zu finden. Allein die *Historische Zeitschrift* widmete der französischen Schrift eine knappe, weniger als eine Seite umfassende Rezension aus der Feder des Jenenser Mediävisten Alexander Cartellieri.[177] Dem deutschen Publikum stellte Cartellieri zunächst den französischen Historiker als Verfasser des Werkes über Metz vor, wobei er hierzu auf die fünf Jahre zuvor in der gleichen Zeitschrift erschienene Besprechung Georg Wolframs verwies, der gegen dieses Werk »ernste Einwendungen« erhoben habe. Anschließend referierte der Rezensent in wenigen Zeilen den Inhalt des Buches, das er vorab als »klar und anregend« beurteilte. Auf eine eingehendere Kritik schien sich Cartellieri allerdings nicht einlassen zu wollen: der konservative Mediävist zeigte sich ganz als ein an nationale Optionen gebundenen Historiker, dessen wissenschaftspolitische Wertmaßstäbe hier ausschließlich einem deutsch-französischen Gegensatzdenken verpflichtet waren. Die Arbeit Zellers sah er daher zuerst als Produkt der französischen und damit einer feindlichen Historiographie. So behauptete Cartellieri, daß Zeller »uns [!] zweifellos einen Dienst« erwiesen habe, indem »wir« [!] eine Darstellung »eines nach Unparteilichkeit strebenden Historikers« vorgelegt bekommen haben. Das einzige Urteil, zu dem sich Cartellieri an gleicher Stelle legitimiert sah, hatte aufschiebenden Charakter: Aufgabe der deutschen Wissenschaft (»unsere« Aufgabe) sei es nun, Zellers Arbeit »nachzuprüfen und an verschiedenen Stellen zu korrigieren.« Insgesamt, so Cartellieri, sei »der französische Standpunkt geschickt und höflich« wiederge-

---

[177] HZ 148 (1933), 385–386. Cartellieri (1867–1955) lehrte von 1902 bis zu seiner Emeritierung 1935 in Jena. Als sein Hauptwerk kann die vierbändige Darstellung »Philipp II. August König von Frankreich (1165–1223)«, 1899–1922, gelten. Daneben schrieb Cartellieri mehrere universalgeschichtliche Werke, u. a. »Weltgeschichte als Machtgeschichte« (München 1927), deren Titel bereits Programm war. SCHLEIER, Die bürgerliche deutsche Geschichtsschreibung, rechnet Cartellieri der Gruppe der »Herzensmonarchisten« (Friedrich Meinecke) in der Weimarer Historikerschaft zu. Differenzierter urteilt STEINBACH, Des Königs Biograph.

geben worden. Erwartungsgemäß wurde auch an dieser Stelle die Kontroverse zwischen Mommsen und von Raumer thematisiert. So beklagte Cartellieri, daß Zeller zwar die Schriften Mommsens und Batiffols erwähnt, die Einwände Kurt von Raumers aber unberücksichtigt gelassen habe.

Auch in den *Jahresberichten für Deutsche Geschichte* schien man sich offensichtlich nicht näher mit den Zellerschen Thesen auseinandersetzen zu wollen. Deren Berichterstatter Franz Petri,[178] zuständig für die 1934 eingerichtete Rubrik »Grenzlande und Auslandsdeutschtum – Grenzfragen im Westen«, vermerkte im Rahmen einer kurzen Besprechung des Hallerschen Werkes – das als »grundsätzliche Neuaufrollung« der deutsch-französischen Problematik gelobt wurde – lediglich Zellers Bekenntnis zum deutsch-französischen Verständigungsgedanken. Während er bezüglich der mittelalterlichen Abschnitte der französischen Arbeit auf die Wiederholung der bereits 1926 vertretenen Ansichten verweist, äußert er sich zu Zellers Darstellung der neueren Zeit positiv: Zeller sei hier zu einem »tieferen Verständnis des deutschen Standpunktes« gelangt.[179] An gleicher Stelle stufte Petri zwei Jah-

---

[178] Petri (1903-1993), Schüler Dietrich Schäfers, hatte sich 1936 mit einer Arbeit über »Germanisches Volkserbe in Wallonien und Nordfrankreich« (2 Bde., Bonn 1937) habilitiert und war ab Mai 1940 in der Funktion eines »Kriegsverwaltungsrates« in der deutschen Besatzungsverwaltung in Belgien zuständig für Kulturpolitik; 1942 erhielt er in Köln einen Lehrstuhl für Mittlere und Neuere Geschichte, insbesondere der Niederlande. 1961 übernahm Petri als Nachfolger Franz Steinbachs die Leitung der historischen Abteilung des Bonner Instituts. HORST LADEMACHER, Franz Petri zum Gedächtnis, in: RhVjBl 57 (1993), VII-XIX, zufolge, soll Hitler in Petris Forschungsergebnissen den Beleg für die Berechtigung seiner Gebietsansprüche gesehen haben. In den Augen Lademachers wäre es jedoch »widersinnig anzunehmen, daß dieses umfangreiche Werk [Petris Habilitationsschrift] mit dem Ziel einer Neubegründung von Expansion oder in der Absicht der subtil begründeten Abwehr französischer Ansprüche geschrieben worden sei«. Lademacher problematisiert zwar den Begriff des »deutschen Volksbodens«, meint aber, daß Petri »in jenen 30er Jahren terminologisch im deutschen Strom der Zeit mitgerissen« worden sei, »ohne daß ihm dies freilich den Blick für historisch gewachsene Eigenheit und Unabhängigkeit und deren erforderliche Anerkennung verstellt hätte.«. (XI) In der Zeit bis 1945 habe Petri »Naivität im Politischen [ge]zeigt und Renitenz dort, wo Wissenschaft dem Stiefel geopfert werden soll[te].« Petri sei »in dieser Zeit der härtesten Konfliktsituation ... als ein Mahner aufgetreten, als ein Wissenschaftler auch, der sich der historischen Wahrheit verpflichtet fühlt und nicht Entwicklungen verbiegt, wenn andere solche Forderungen erhoben.« Zu Petris Nachkriegsbeschäftigung mit der Geschichte der Niederlande schreibt Lademacher: »Da unterliegt nichts dem gängigen Klischee von der notwendigen Völkerversöhnung, vielmehr wird die Beziehung in der Geschichte geprüft, da werden zugleich die intellektuelle Kraft und deren Einfluß auf das jeweilige Nachbarland nachgezeichnet.« (XIII ff) Zu Petri vgl. ausführlich KARL DITT, Die Kulturraumforschung zwischen Wissenschaft und Politik. Das Beispiel Franz Petri (1903-1993), in: Westfälische Forschungen 46 (1996), 73-176. Kritischer zu Petri vgl. unten Kap. IV.

[179] JbdtG 8 (1932), 509 (Leipzig 1934).

re später Zeller als den »wohl anerkannteste[n] Sprecher der verständigungswilligen Richtung der gegenwärtigen französischen Geschichtsschreibung« ein.[180] Zellers Aufruf zur deutsch-französischen Verständigung blieb also mit der HZ und den *Jahresberichten* in den zwei bedeutendsten Informationsorganen der deutschen Geschichtswissenschaft unkommentiert. Daß man sich auf deutscher Seite keineswegs scheute, die Arbeiten Zellers einer fundamentalen Kritik zu unterziehen, haben die bereits untersuchten Rezensionen hinreichend dokumentiert. Das Ausbleiben einer angemessenen Antwort auf das pazifistische Bekenntnis Zellers ist hier also kaum mit einem pauschalen Hinweis auf den die meisten Zeitschriften betreffenden Platzmangel, zumindest nicht in der HZ, zu begründen.

Die Tatsache, daß das Buch Zellers in der deutschen Fachwelt kaum Aufmerksamkeit erregt hatte, bedeutet hingegen nicht, daß es von deutschen Historikern nicht wahrgenommen wurde. Daß vielmehr das Gegenteil der Fall war, geht aus einem »streng vertraulichen« Tagungsprotokoll der 1930 gegründeten »Westdeutschen Forschungsgemeinschaft« hervor, deren Mitglieder im Herbst 1935 im pfälzischen Bad Dürkheim zu einer Konferenz zum Thema »Deutsche in Frankreich – Franzosen in Deutschland« zusammengekommen waren.[181] Auf dieser Tagung, zu der sich die führenden

---

[180] JbdtG 9/10 (1933/34), 683 (Leipzig 1936). Petri grenzt Zeller von der »historisch-politischen Publizistik« FRANTZ FUNCK-BRENTANOS, Le chant du Rhin, Paris 1934, und JACQUES BAINVILLES, Histoire de deux peuples continuée jusqu'à Hitler, Paris 1933, ab, die von deutscher Seite »leider ... wegen der breiten Wirkung ... auf das gangbare französische Geschichtsbild« beachtet werden müsse.

[181] Gegründet wurde die Westdeutsche Forschungsgemeinschaft zu Beginn der dreißiger Jahre aus dem Zusammenschluß des Alemannischen Institutes (Freiburg), des Wissenschaftlichen Institutes der Elsaß-Lothringer im Reich (Frankfurt/M.), des Institutes für geschichtliche Landeskunde der Rheinlande an der Universität Bonn und des westfälischen Provinzialinstitutes für Landes- und Volksforschung (Münster). Der Leiter des Bonner Institutes war gleichzeitig Vorsitzender der »Rheinischen«, später der »Westdeutschen Forschungsgemeinschaft«. Neben der WFG wurden eine Alpenländische, eine Südostdeutsche und eine Nordostdeutsche Forschungsgemeinschaft gegründet. Die Finanzierung erfolgte zunächst über Auswärtiges Amt, Reichsinnen- und Wissenschaftsministerium, später trat lt. SCHÖNWÄLDER, Historiker und Politik, 298, Anm. 240, das Reichssicherheitshauptamt hinzu. Dieser Befund befindet sich bereits bei LOTHAR KETTENACKER, Nationalsozialistische Volkstumspolitik im Elsaß, Stuttgart 1973, 294, Anm. 18. Die Forschungsgemeinschaften waren institutioneller Ausdruck der seit 1930 nochmals intensivierten Beschäftigung mit dem »Grenz- und Auslandsdeutschtum«. Während führende Vertreter einer völkisch orientierten Geschichtsforschung immer wieder die methodische Korrektheit ihrer wissenschaftlichen Arbeit betonten, stand deren Tätigkeit, die als »Dienst am Vaterland« verstanden wurde, im Kontext »deutscher Revisionspolitik gegen das System von Versailles« (Willi Oberkrome) und wurde mit Kriegsbeginn von der politischen Führung instrumentalisiert. Wie MARLENE NIKOLAY-PANTER, Geschichte, Methode, Politik. Das Institut und die geschichtliche Landeskunde der Rheinlande 1920–1945, in: RhVjBl 60 (1996), 233–262, schreibt, boten

Volks- und Rheinlandhistoriker der deutschen »Zunft« versammelt hatten,[182] sollte, wie beschönigend formuliert wurde, »das Wissenschaftsverhältnis zu unserem westlichen Nachbarn Frankreich eine Nachprüfung erfahren und Anregung zur Erforschung der beide Länder interessierenden Wissenschaftsprobleme gegeben werden.«[183] Das Eröffnungsreferat hielt der Geograph Friedrich Metz,[184] der über den »Rhein in der Auffassung der deutschen und französischen Geographie« sprach. Neben der Kritik zahlreicher Arbeiten französischer Geographen, Sprachwissenschaftler und Landeskundler bezichtigte Metz das soeben erschienene »Rhein-Buch« Febvres und Demangeons als ein Machwerk der französischen »Wissenschaftspropaganda«, mit dem erneut das »Versailler Diktat« wissenschaftlich legitimiert werden solle.[185] Daneben gab es Vorträge über »Deutsche und französische Industrielandschaften«, den »germanischen Anteil am Aufbau des französischen Volkstums«, den »sprachlichen Einfluß der Germanen in Frankreich«, sowie Referate von Robert Holtzmann, Hermann Wendorf und Hermann Aubin über die Geschichte der Hugenotten in Deutschland und des Protestantismus in Frankreich. Im Anschluß an Metz referierte

---

die Tagungen der Forschungsgemeinschaften dem NS-Regime »eine willkommene Plattform für seine großdeutschen Vorstellungen und wurden zugleich als Medium zur Gleichschaltung der Volkstumsforschung angesehen.« Konzeptionell beinhaltete diese Forschungsrichtung eine interdisziplinäre Blickerweiterung bei gleichzeitiger Verengung der Perspektive auf die Geschichte als »Volkstumskampf«. Vgl. hierzu MICHAEL FAHLBUSCH, Wissenschaft im Dienst der nationalsozialistischen Politik? Die »Volksdeutschen Forschungsgemeinschaften« von 1931–1945, Baden-Baden 1999; sowie WILLI OBERKROME, »Grenzkampf« und »Heimatdienst«. Geschichtswissenschaft und Revisionsbegehren, in: TelAviverJbdtG 25 (1996), 187–204.

[182] Anwesend waren, um nur die bekanntesten der etwa 60 versammelten Forscher zu nennen, u. a. Hektor Ammann, Hermann Aubin, Günther Franz, Theodor Frings, Helmut Göring, Adolf Helbok, Robert Holtzmann, Fritz Kern, Bruno Kuske, Theodor Mayer, Friedrich Metz, Emil Meynen, Josef Niessen, Gottfried Pfeifer, Martin Spahn, Edmund Ernst Stengel, Hermann Wendorf, Paul Wentzcke.

[183] Niederschrift der Verhandlungen bei der Tagung der Westdeutschen Forschungsgemeinschaft am 19. und 20. Oktober 1935 in Bad Dürkheim (Pfalz), in: Politisches Archiv des AA Bonn, R 60274, fol. 62167–62202. Das Tagungsprogramm ist archiviert im BAK, R 73, Nr. 302.

[184] Metz (1890–1969) leitete zunächst die Leipziger »Stiftung für deutsche Volks- und Kulturbodenforschung«, die Vorläuferorganisation der »Volksdeutschen Forschungsgemeinschaften«. Von 1936 bis 1938 war er Rektor der Universität Freiburg, mit Kriegsbeginn übernahm er die Leitung der WFG. Lt. KETTENACKER, Nationalsozialistische Volkstumspolitik, 46, war Metz »ein besonders streitbarer Anhänger der Auffassung, daß die politischen Grenzen von Rechts wegen mit den Volkstumsgrenzen übereinstimmen sollten.« Ausführlicher dazu WILLI OBERKROME, Volksgeschichte. Methodische Innovation und völkische Ideologisierung in der deutschen Geschichtswissenschaft 1918–1945, Göttingen 1993, 63 ff.

[185] Die grundlegende Bedeutung der Bad Dürkheimer Tagung für die Rezeption dieses Buches in Deutschland hat SCHÖTTLER, Lucien Febvres Beitrag, 241 ff. nachgewiesen.

Franz Steinbach, der neben Theodor Mayer und Paul Wentzcke dem Vorstand der Forschungsgemeinschaft angehörte,[186] zum Thema »Gegensätze deutscher und französischer Geschichtsauffassung«. Anhand von drei ausgewählten Arbeiten französischer Historiker versuchte Steinbach, die nach seiner Auffassung wichtigsten Unterschiede zwischen deutscher und französischer Geschichtsbetrachtung exemplarisch herauszuarbeiten. Neben zwei Darstellungen aus den großen französischen universalgeschichtlichen Reihen *Peuples et civilisations* und *Histoire Générale*[187] glaubt Steinbach, »die« französische Geschichtswissenschaft nun in der Arbeit Zellers hinreichend repräsentiert zu finden. Obwohl diese alle »extremen« Ansichten vermissen lasse, sei sie als »Prototyp« der neuesten Auffassung von der französischen Rheinpolitik besonders geeignet, die »Gegensätzlichkeit« der deutschen und französischen Anschauungen festzumachen. Ohne sich argumentativ mit Zeller auseinanderzusetzen, wirft Steinbach dem Franzosen eine »Verharmlosung« französischer Übergriffe auf das Reich vor, der damit »schwerwiegende Territorialverluste des Reiches« bagatellisiere. Wenn Zeller »das systematische Vordringen Frankreichs gegen den Rhein, die Besetzung von Metz, Tull [!] und Verdun ... als eine Kette von Zufällen« bezeichne, die »mit einer ›Politik der natürlichen Grenzen‹ nichts zu tun habe«, dann, so Steinbach, werde an den »entscheidenden Tatsachen« vorbeigeredet. Die »Gefahr«, die von den wissenschaftlichen Positionen Zellers ausgehe, lägen in ihrer Ausstrahlungs-

---

[186] Steinbach (1895–1964) hatte sich 1926 mit seinen »Studien zur westdeutschen Stammes- und Volksgeschichte« habilitiert und leitete vom gleichen Jahr an das Bonner Institut für geschichtliche Landeskunde der Rheinlande. Daneben war Steinbach Mitherausgeber der »Rheinischen Vierteljahrsblätter«. Nach seiner Entlassung aus dem Militärdienst im Frühjahr 1940 wurde Steinbach an die Universität Gent beordert, nachdem gegen seine ursprünglich vorgesehene Verwendung als Leiter der Kulturabteilung bei der Militärverwaltung in Belgien Einspruch erhoben worden war. Im September 1945 kehrte er nach Bonn zurück, wo er den Lehrbetrieb unverzüglich wiederaufnahm. Vgl. hierzu NIKOLAY-PANTER, Geschichte, Methode, Politik, 260 ff. Zu Steinbachs volksgeschichtlichen Arbeiten vgl. SCHÖNWÄLDER, Historiker und Politik, 106ff; sowie PETER SCHÖTTLER, Die historische »Westforschung« zwischen »Abwehrkampf« und territorialer Offensive, in: Ders. (Hg.), Geschichtsschreibung als Legitimationswissenschaft 1918–1945, Frankfurt a. M. 1997, 204–261. Auf die Rolle der »Volksgeschichte« wird ausführlicher in Kapitel III und IV eingegangen.

[187] LOUIS HALPHEN, Les barbares des grandes invasions aux conquêtes turques du XIè siècle, Paris 1926 (Peuples et civilisations. Hg. Louis Halphen/Philippe Sagnac, Bd. 5); GUSTAVE GLOTZ (Hg.), Histoire Générale: Histoire du Moyen-Age, Bd. 1: Les Destinées de l'Empire en Occident de 395 à 888 par Ferdinand Lot, Christian Pfister, François L. Ganshof, Paris 1928–1934. Steinbach glaubt bereits an den Titeln der genannten Werke die »politische Weltanschauung« der Verfasser »deutlich« zu erkennen. Seiner Vorstellung zufolge geben die Epoche der Völkerwanderung und des frühen Mittelalters besonders »krasse« Beispiele für die Gegensätzlichkeit deutscher und französischer Geschichtsauffassung.

kraft auf die »Weltmeinung«: auch die neuesten Thesen einer »historisch-politischen Publizistik der Franzosen« könnten ebenso »Allgemeingut« werden wie die französische Behauptung von der Bedeutung der antiken Zivilisation und ihren Nachwirkungen auf das Abendland. Von deutscher Seite gelte es daher nun, gegen derartige Auffassungen »Front« zu machen durch eine »hieb- und stichfeste Darstellung des wirklichen Ablaufs der französisch-deutschen Grenzgeschichte«. In dieser Geschichte geht es nach Steinbachs Vorstellung nicht mehr nur darum, die französischen Übergriffe gegen das Reich aufzuzeigen, sondern vielmehr die deutschen »Abwehrkräfte« gegen diese deutlicher erkennen zu lassen.[188] Auf das Schlußwort des Zellerschen Buches ging der Referent jedoch mit keiner Silbe ein.

Warum der deutsch-französische Verständigungsgedanke für die in Bad Dürkheim anwesenden Wissenschaftler kein Thema war, zeigt sich in der im Anschluß an das Referat Steinbachs folgenden Aussprache, an der sich neben Steinbach selbst Robert Holtzmann, Hektor Ammann, Franz Petri, Friedrich Metz, Hermann Wendorf, Fritz Jaffé und Wolfgang von Franqué beteiligten. An die Stelle einer fruchtbaren wissenschaftlichen Diskussion trat jedoch zunächst – auf der Suche nach einem Hauptschuldigen für die französische Rheinpolitik – eine unergiebige Debatte über die historische Rolle Talleyrands. Konsens bestand unter allen Diskutanten schließlich in der Auffassung, daß alle drei von Steinbach angeführten Titel keinesfalls als wissenschaftliche Arbeiten, sondern als politische Schriften zu gelten hätten, deren Verfasser lediglich von einer »wissenschaftlichen Plattform« (Friedrich Metz) aus operierten. Da man in Frankreich »politische Dinge in die Vergangenheit projiziere«, betonte etwa Hektor Ammann, würden folglich gegensätzliche wissenschaftliche Auffassungen genau dort hervortreten, wo

---

[188] Steinbachs vorgetragene Forderung ist Ausdruck einer sich in den dreißiger Jahren innerhalb der deutschen Geschichtswissenschaft vollziehenden Schwerpunktverlagerung in der Beschäftigung mit den westlichen Grenzgebieten. An die Stelle der traditionellen Anklage einer nach Osten gerichteten französischen Eroberungspolitik, wie sie bislang von der politischen Geschichtsschreibung akzentuiert worden ist, gewannen jetzt Ansätze einer nunmehr volks- und landesgeschichtlichen Prämissen verpflichteten Geschichtswissenschaft zunehmend an Bedeutung. Vgl. hierzu SCHÖNWÄLDER, Historiker und Politik, 105 ff. Schönwälder weist auf einen »offensiveren« Trend der deutschen Historie hin, der sich aus der Verschiebung der Gewichte von einer politisch-diplomatischen Geschichte hin zu völkischen Ansätzen, mit denen die »Zusammengehörigkeit aktuell westlich der deutschen Grenze gelegener Gebiete mit dem Deutschen Reich« begründet werden sollten, ergeben habe. Sowohl in den *Jahresberichten* als auch in den *Rheinischen Vierteljahrsblättern* wurde auf die Notwendigkeit einer entsprechenden Akzentverlagerung aufmerksam gemacht. So hieß es in den *Jahresberichten*, daß es nun weniger darauf ankomme, »die französische Ausdehnungspolitik, ihre Zersetzungsmethoden und ihr kulturelles und politisches Vordringen in die germanischen Volksgebiete festzustellen als vielmehr die Widerstandskräfte und das Beharrungsvermögen auf deutscher Seite.« (JbdtG 13, 1937, 575)

genuin politische Meinungen aufeinanderprallen. Dies sei bei Zeller der Fall, der, wie Franz Petri wörtlich ausführte, »aus einem Gefühl der Rechtfertigung heraus die Ereignisse verharmlosen möchte.« Gemeint waren hier natürlich die politischen »Ereignisse« der Gegenwart, die Folgen von Versailles und der französischen Deutschlandpolitik nach 1918. Denn erst von einem »saturierten« Frankreich ging für Petri eine »verständigungswillige französische Geschichtsschreibung« aus. Inwieweit Zeller tatsächlich als repräsentativ für die französische Geschichtswissenschaft gelten könne, war unter den Anwesenden dagegen strittig: gegen Steinbach wandte Holtzmann ein, daß Zeller im Gegensatz zu Halphen ein »Vielschreiber« [!] und keinesfalls »maßgebender Vertreter« der französischen Wissenschaft sei. Demgegenüber meinte Petri, daß dessen Arbeiten in Frankreich durchaus anerkannt seien, da sie dazu beigetragen hätten, daß dort »Übergriffe der französischen historisch-politischen Publizistik« etwa eines Bainville[189] zurückgewiesen werden konnten.

Wie bereits das Beispiel der Dürkheimer Tagung eindringlich zeigt, galten die von der Westdeutschen Forschungsgemeinschaft veranstalteten Tagungen keinesfalls der Diskussion wissenschaftlicher Thesen im Sinne einer grenzüberschreitenden Kommunikation oder gar internationalen Kooperation. Dennoch kann von einem deutschen Desinteresse an der französischen Wissenschaft auf einer Zusammenkunft, die ganz im Zeichen nationaler Abgrenzung stand, keine Rede sein, ganz im Gegenteil. Wenn etwa Franz Petri forderte, daß man »selbst endlich einmal zu einer wohlbegründeten

---

[189] BAINVILLE, Histoire de deux peuples, Paris 1915. Der Populärhistoriker und Monarchist Bainville galt unter den französischen (Weltkriegs-) Propagandisten wohl als der erfolgreichste, nach den Worten HEINZ-OTTO SIEBURGS als der »klassische Exponent der Erbfeindlegende« (Die Erbfeindlegende. Historische Grundlagen der deutsch-französischen Beziehungen, in: Ruth Stiel/Gustav Adolf Lehmann (Hg.), Antike und Universalgeschichte. FS Hans Erich Stier, Münster 1972, 323–345). 1933 erschien die »aktualisierte« Fassung: »Histoire des deux peuples continuée jusqu'à Hitler. Bainvilles erste Version der »Geschichte zweier Völker« erschien 1939 mit einem Vorwort Friedrich Grimms, einem der berüchtigsten deutschen Vertreter der »Erbfeindthese«, in deutscher Übersetzung. Der herausgebende Verlag, die »Hanseatische Verlagsanstalt«, die u. a. die Schriften von Walter Frank, Carl Schmitt, Ernst Jünger sowie ab 1942 die Zeitschrift des »Deutschen Instituts« in Paris, »Deutschland – Frankreich« verlegte, erzielte mit der Übersetzung Bainvilles, die den bevorstehenden Frankreichfeldzug ideologisch vorbereiten helfen sollte, einen propagandistischen wie finanziellen Erfolg. So bestellten Wehrmacht, HJ und andere Verbände über 120.000 Ausgaben und Sonderdrucke. Die 6. Auflage erreichte 1940 das 130. Tausend. Vgl. hierzu SIEGFRIED LOKATIS, Hanseatische Verlagsanstalt. Politisches Buchmarketing im »Dritten Reich«, Frankfurt a. M. 1992; sowie zu Bainville WILLIAM R. KEYLOR, Jacques Bainville and the Renaissance of Royalist History in Twentieth-Century France, Baton Rouge/La. 1979.

einheitlichen Linie kommen [müsse], die wir der französischen im politischen Kampf entgegensetzen können«, so bezeugte diese Formulierung nicht nur die Forderung nach mehr Konformität innerhalb der Fachwissenschaft. Sie beleuchtet vielmehr das nationalistische Selbstverständnis der an diesem Forum beteiligten Historiker im Umgang mit Frankreich und französischer Wissenschaft. Die Aneignung französischer Literatur war, wie die Vorträge und Diskussionen hinreichend zeigen, zweckgebunden und zielte mitnichten auf einen wissenschaftlichen »Austausch« mit dem Nachbarn im Westen, sondern stand ausschließlich unter der Prämisse einer kommenden, finalen Auseinandersetzung mit dem ehemaligen Weltkriegsgegner. Somit war die Kenntnis der französischen Literatur unmittelbare Voraussetzung für die von den »Volksforschern« propagierte »Stärkung« der »Eigenkräfte der Grenzlande«[190] und die Auseinandersetzung mit der französischen Wissenschaft gleichzeitig ein Schritt in der Vorbereitung der »geistigen« Revision von Versailles. Wie Kurt von Raumer 1936 wohl unter dem Eindruck der soeben erfolgten Saarabstimmung apodiktisch formulierte, werde die »letzte Entscheidung«, die im »Kampf um den Rhein« falle, eine »Entscheidung der Geister« sein.[191] Somit ließe sich die These des französischen Germanisten Henri Lichtenberger, daß nach dem Krieg die »démobilisation des esprits« mit der »démobilisation des armées« nicht Schritt gehalten habe,[192] bezüg-

---

[190] So der Jahresbericht der WFG 1934/35, in dem nachdrücklich zur Geschlossenheit aufgerufen wurde: »Es ist immer deutlicher geworden, daß die Lage an der Westgrenze ein bestimmtes Verfahren vorschreibt: Alle landeskundliche Forschung und Darstellung muß vom Binnenland her über die politischen Grenzen vorgetrieben werden, alle Wissenschaftsarbeit jenseits dieser Grenzen muß ihren sicheren Rückhalt, ihre festen Bindungen im Innern haben, um stets die richtungweisenden Anregungen aus den Standorten der deutschen Wissenschaft zu erhalten ... Es kommt hier [im Westen, S.K.] nicht in erster Linie darauf an, bestimmte wissenschaftliche Einzelaufgaben zu lösen, sondern die allgemeine Wissenschaftsrichtung in den abgesprengten Deutschtumsgebieten zu beeinflussen. Das heißt aber, vor allem die Eigenkräfte der Grenzlande zu wecken, zu uns herüberholen und überzeugen, daß sie nur in lebendiger Verbindung mit der deutschen Wissenschaft selber fruchtbar arbeiten können ...Die Wissenschaft kann in diesen Fragen heute nicht mehr freizügig sein, weil es sich um einen Stellungskampf handelt, der nur in geschlossener Form auf einer breiten Grundlage der wissenschaftlichen Kleinarbeit in den Grenzlanden selbst mit Erfolg zu führen ist. Eine Forschungsgemeinschaft unserer Art kann solche Arbeit nicht tragen. Wir brauchen möglichst viele starke Stützpunkte an den Universitäten.« (BAK, R 153, Nr. 1705: Handakten Brackmann aus seiner Tätigkeit bei der Nord- und Ostdeutschen Forschungsgemeinschaft, 1935)
[191] KURT VON RAUMER, Der Rhein als europäisches Problem, in: Ders., Der Rhein im deutschen Schicksal, 22. Auch von Raumer befand das Buch Zellers als »auch für den deutschen Leser anregend, wenn es auch die Grenzen sichtbar werden läßt, die einer Annäherung der beiderseitigen Blickrichtung noch gezogen sind.« (101, Vortext zu den Anmerkungen)
[192] HENRI LICHTENBERGER, L'Allemagne d'aujourd'hui dans ses relations avec la France, Paris, 2. Aufl. 1922, 268 (»Mais il est clair que, dans l'état intermédiaire entre la paix et la guerre

lich der Geisteshaltung der deutschen Rhein- und Volkshistoriker in ihr Gegenteil verkehren: deren Arbeit, die als »nationale Pflicht« (Hektor Ammann) verstanden wurde, war vielmehr Ausdruck einer *mobilisation intellectuelle*. Die im Verlauf der Tagung gehaltenen Vorträge und Diskussionen zeigen, daß die versammelten Historiker, Geographen und Landeskundler zwar gut über die französische Wissenschaft unterrichtet waren, wie Hinweise etwa Franz Petris auf vereinzelte, im Ausland erschienene Rezensionen belegen. Im Hinblick auf die Einschätzung der französischen Wissenschaftsszene bestand aber – auch infolge einer selbstgewollten Isolation von der internationalen Gelehrtenwelt – große Unsicherheit. Der von den »Volksforschern« 1930 noch geforderte Austausch mit ausländischen, vor allem mit elsässischen und lothringischen Gelehrten, hat sich bald als Illusion herausgestellt. Obwohl Franz Steinbach 1931 in einem Tätigkeitsbericht des »Instituts für geschichtliche Landeskunde der Rheinlande« noch betonte, daß man auf die Kooperation mit »niederländischen, belgischen und französischen Gelehrten und Instituten angewiesen« sei und er aus diesem Grund eine Reise nach Frankreich und Belgien plane, ist es im Kontext der Westdeutschen Forschungsgemeinschaft oder des Bonner Instituts nicht zu einer Zusammenarbeit mit französischen Historikern gekommen.[193]

Die als »streng« vertraulich eingestuften und keinesfalls für die Öffentlichkeit bestimmten volksgeschichtlichen Tagungen hatten über die fortgesetzte wissenschaftliche Auseinandersetzung mit dem Kontrahenten Frankreich hinaus weiterreichende Konsequenzen von erheblicher Bedeutung auch für das zukünftige deutsch-französische Verhältnis insgesamt.[194] Den versammelten Historikern stellten sie nicht nur die notwendigen Detailkenntnisse über einzelne französische Arbeiten zur Verfügung. Sie dienten vielmehr als ideologisches Reservoir der Bereitstellung von Argumenten und der pro-

---

où nous vivons en ce moment, la démobilisation des esprits n'est pas allée de pair avec la démobilisation des armées, et qu'aujourd'hui encore, c'est la littérature de combat et de propagande qui continue à remplir la presse, les revues, les livres«).

[193] Zit. nach NIKOLAY-PANTER, Geschichte, Methode, Politik, 249. Auf spätere Tagungen wurden dann allerdings nur diejenigen Forscher aus dem Ausland eingeladen, die, wie Nikolay-Panter schreibt, »dem ›Deutschtum‹ positiv gegenüberstanden.« Die Zielsetzungen der Forschungsgemeinschaft wurden auf einem der ersten Treffen im Sommer 1932 erörtert. Vgl. hierzu den »Bericht der Rheinischen Forschungsgemeinschaft für westliche Grenzlandfragen in Trier vom 31. Juli bis 2. August 1932«, in: BAK, R 153, Nr. 1702.

[194] Die nach den 1925 im Rheinland begangenen Jahrtausendfeiern in Berlin eingetroffenen Protestschreiben des französischen und britischen Botschafters machen hinreichend deutlich, welches politisch sensible Terrain die deutschen »Volksforscher« betreten hatten. Vgl. hierzu NIKOLAY-PANTER, Geschichte, Methode, Politik, 246.

Deutsche Reaktionen im Zeichen einer »mobilisation intellectuelle« 119

pagandistischen Vorbereitung einer Debatte, die nicht nur in die akademische, sondern jetzt auch in die allgemeine politische Öffentlichkeit verlagert werden konnte. Daß dabei die Wissenschaft der Politik zeitweise voraus gewesen war, zeigt der bereits zitierte Jahresbericht der WFG von 1934/35. So wurde hierin auf die Nützlichkeit der Besprechungen als »wertvolle Waffe gegen das grässliche Gefühl der geistigen Verlassenheit« [in den »Grenzlanden«] hingewiesen und etwa beklagt, daß »die Staatsraison zur Zeit die öffentliche Erörterung der Fragen um Eupen-Malmedy in Deutschland verbietet.«

Beispiel und Ergebnis dieser rein zweckorientierten Funktion solcher Zusammenkünfte ist eine Sammelrezension aus der Feder eines der Teilnehmer vom Oktober 1935: unter dem eigentlich unauffälligen Titel »Oberrheinisches Schrifttum« vollzog der Verfasser Theodor Mayer[195] in der ersten Ausgabe des neugegründeten Zentralorgans der deutschen Volksforscher, dem *Deutschen Archiv für Landes- und Volksforschung*,[196] jetzt die »offiziel-

---

[195] Theodor Mayer (1883–1972) lehrte als Mediävist in Wien, Prag, Gießen, Freiburg und Marburg, wo er von 1939 bis 1942 Rektor gewesen war. 1942 wurde er Präsident des »Reichsinstituts für Ältere Deutsche Geschichtskunde«; 1945 aus allen Ämtern entlassen. 1951 gründete er den »Konstanzer Arbeitskreis für mittelalterliche Geschichte«. Mayer gehörte lt. SCHÖNWÄLDER zu den Historikern, die den Nationalsozialismus begeistert aufgenommen und unterstützt hatten (Historiker und Politik, bes. 207 ff). In der Bundesrepublik konnte Mayer seine Karriere unbeschadet fortsetzen, wo er aufgrund seiner Funktion als Präsident der MGH und Mitglied der bedeutendsten wissenschaftlichen Akademien als einer der einflußreichsten Mittelalterhistoriker galt. In einer »Gedenkrede im Namen des Konstanzer Arbeitskreises für mittelalterliche Geschichte« lobte HELMUT BEUMANN zwei von Th. Mayer 1943 veranstaltete Tagungen, »von denen zwei noch heute unentbehrliche ... Sammelbände Zeugnis ablegen.« (in: Ders., Theodor Mayer zum Gedenken, Sigmaringen 1974, 11–23) Gemeint ist hier u. a. der von Mayer 1943 im Rahmen des »Kriegseinsatzes« deutscher Historiker herausgegebene Band »Der Vertrag von Verdun 843. Neun Aufsätze zur Begründung der europäischen Völker- und Staatenwelt«. Auch JOSEF FLECKENSTEIN wertet die beiden Bände Mayers als »Zeugnisse sauberer und strenger Wissenschaft«, als »erstaunliche Leistung mitten in den Wirren des Krieges«, die »ein Beweis dafür [seien], daß es dem Herausgeber gelungen ist, sich und seine Wissenschaft von aller Parteipropaganda frei zu halten.« (Vgl. Ders., Danksagung an Theodor Mayer zum 85. Geburtstag. Versuch einer Würdigung, in: Theodor Mayer zum 85. Geburtstag, Konstanz usw. 1968, 11–29; 24) WALTER SCHLESINGER (Theodor Mayer und der Konstanzer Arbeitskreis, in: Theodor Mayer zum 80. Geburtstag, Konstanz 1963, 9–29; 16) sprach fälschlicherweise sogar von einem »geforderten«[!] Einsatz der Historiker, von denen »keiner den Boden strenger Wissenschaftlichkeit verlassen« habe. In einem Lebensrückblick behauptete Mayer selbst über den »Kriegseinsatz«, daß diesem »völlig unbeeinflußt von staatlichen oder anderen Faktoren die Förderung der Wissenschaft« übertragen worden sei. (Mittelalterliche Studien. Ges. Aufsätze, Lindau/Konstanz 1959, 476)

[196] 1 (1937), 205–215. Die Zeitschrift wurde herausgegeben von Albert Brackmann, Friedrich Metz u. Hugo Hassinger, die »Schriftleitung« oblag Emil Meynen. Das DALV bot die Möglichkeit, die Ergebnisse der volksgeschichtlichen Forschungsgemeinschaften zusammenzufassen

le« Generalabrechnung mit denjenigen neueren französischen Arbeiten, die bereits auf der Bad Dürkheimer Konferenz Gegenstand des Interesses gewesen waren.[197] Mayer setzte in seiner Besprechung nun genau das um, was Febvre und Zeller von Steinbach und Petri vorgeworfen worden war: er brandmarkte sowohl das »Rhein-Buch« von Febvre/Demangeon als auch die deutsch-französische Geschichte Zellers schlechthin als Machwerke französischer Propaganda, welche die »durch die politischen Verhältnisse heraus gebildeten Standpunkte nachträglich mit geschichtlichen und geographischen Argumenten rechtfertigen und als natürlich hinstellen wollen.« Beide Schriften seien bereits »zum Teil schon veraltet«, die »überkünstelte und unnatürliche These von der Notwendigkeit der Internationalisierung des europäischen Stromes ... [sei] vor den historischen Tatsachen wie eine Seifenblase geplatzt.« Gegenüber der verdienstvollen Arbeit Max Braubachs über die »›Reichsbarriere‹ am Oberrhein«[198] sind in den Augen Mayers die französischen Darstellungen »blutleere Gebilde«, die nicht aus Quellenarbeit, sondern aus einer »dialektischen Umdeutung der Ereignisse« entstanden seien, durch die die Ergebnisse einer jahrhundertealten französischen Ostpolitik, für die man in Deutschland stets »Bewunderung« aufgebracht habe, »in die Scheidemünze geschichtlichen Zufalls umgemünzt werden sollten.« Mayer sieht durch die »Ausschaltung« des »Volkstums« in den Schriften Febvres und Zellers die Chance einer »friedlichen Bereinigung« der zwischen beiden Ländern strittigen Fragen vertan: denn nicht nur das Oberrheingebiet stellt für ihn eine (geographische) Einheit dar, sondern auch das »Volkstum« sei

---

und über die Ebene der universitären Wissenschaft hinaus einem größeren Publikum bekanntzumachen. Vgl. dazu OBERKROME, Volksgeschichte, 171 ff. Der Geograph Meynen war 1935 mit einer Arbeit über »Deutschland und Deutsches Reich. Sprachgebrauch und Begriffswesenheit des Wortes Deutschland« hervorgetreten, durch das er wegen der offenen Propagierung nationalsozialistischen Gedankenguts in Konflikt mit dem Regime kam. Die Reichsschrifttumskammer sah die Gefahr, daß »die Untersuchung von Meynen den Gegnern Deutschlands sehr erwünschtes Material zu dem von ihnen behaupteten Pangermanismus« gebe und »ersuchte« daher am 19. 2. 1936 den Leipziger F. A. Brockhaus Verlag, »von der ferneren Auslieferung des gesamten Werkes bis auf weiteres Abstand zu nehmen.« Daraufhin beschwerte sich Friedrich Metz zwei Tage später bei der Deutschen Forschungsgemeinschaft mit dem Argument, daß sich die Reichsschrifttumskammer mit diesem Verbot auf den Standpunkt der Gegner Deutschlands stelle, nach dem das heutige Deutschland »das Deutschland von Versailles« sei und polemisierte: »Wir können also demnächst auch das Verbot der deutschen Nationalhymne erwarten.« (BAK, R 73, Nr. 323)

[197] Den engen Kontakt Mayers zum Bonner Institut bestätigt auch NIKOLAY-PANTER, Geschichte, Methode, Politik, 233.

[198] MAX BRAUBACH, Um die »Reichsbarriere« am Oberrhein, in: ZfGO N.F. 50 (1937), 481–530.

in diesem Gebiet trotz der Aufteilung auf mehrere Staatsnationen ein einheitliches. Daraus ergebe sich für die »Geisteshaltung am Oberrhein« eine »Spannung und eine innere Unruhe und Gegensätzlichkeit, die um so mehr in Erscheinung tritt, als die staatliche Dynamik mehr und mehr zunimmt.« Im Gegensatz zum feudalen Staat, so Mayer, lasse der moderne Staat dem »kulturellen Leben des Volkes« keine hinreichende Freiheit mehr, vielmehr strebe er »die Einheitlichkeit innerhalb der Staatsgrenzen für seine politischen, militärischen und wirtschaftlichen Belange an, auch wenn sich daraus ein Gegensatz zu den Belangen des Volkes« ergebe. Von der Konstatierung einer vermeintlichen Unterdrückung des elsässischen »Volkstums« durch Frankreich leitet Mayer die in seiner Sicht durch grundlegende, unüberwindbare Differenzen geschiedenen Geschichtswissenschaften beider Länder ab: da die deutsche Wissenschaft geschichtliche Konstanten wie »Volk« und »Raum« in den Mittelpunkt ihrer Betrachtungen stelle, schalte sie auch die »politische Seite« aus und könne daher auf »gelehrte Reflexion oder scharfe Dialektik« verzichten. Demgegenüber versuche die französische Wissenschaft im Rahmen der durch die staatlichen Grenzen gegebenen Einheit, die »staatlichen Interessen durch eine kulturelle und räumliche Zusammengehörigkeit zu ergänzen, zu begründen und zu rechtfertigen.« Auf eine Konkretisierung der von ihm diagnostizierten deutsch-französischen Problematik konnte Mayer bewußt verzichten. Seine zwar nicht eindeutig nationalsozialistische, aber völkisch-revisionistische Argumentation macht hinreichend deutlich, daß der Beitrag deutscher »Volksforscher« zum »Grenzkampf« unmißverständlich auf die Forderung nach einer territorialen Neugestaltung des elsaß-lothringischen Grenzraumes hinauslaufen mußte. Einer anderen Möglichkeit, das Elsaß, das einst deutsches Binnenland und eine der »kulturell blühendsten Landschaften Deutschlands« gewesen sei, aus der französischen Fremdherrschaft zu befreien, läßt Mayers Argumentation keinen Raum. Da sich in seinen Augen die Interessen des elsässischen Volkstums mit denen des französischen Staates in keinem Fall decken, kann für ihn eine zukünftige Lösung nur in der kulturellen und völkischen Selbstverwirklichung des Elsaß liegen, das in der Geschichte immer eine rein deutsche Landschaft gewesen sei. Daß diese nur unter der Voraussetzung ihrer Rückkehr in das Deutsche Reich möglich ist, spricht Mayer nicht offen aus, aber deutet es klar genug an. Für ihn ist es daher selbstverständlich, daß die naturgegebenen Gegensätzlichkeiten des »Volkstums« sich in der Wissenschaft beider Länder widerspiegeln und auch dort unüberbrückbar seien, aber dennoch zu einer »Belebung des Interesses« beigetragen hätten.

Drei Jahre später präsentierte der Bonner Historiker Leo Just im Rahmen der »Kriegsvorträge« seiner Heimatuniversität in nochmals gesteigerter Aggressivität die These von der politischen Instrumentalisierung der Geschichte in Frankreich.[199] Ohne sich mit den Schriften Zellers auseinanderzusetzen, die er notiert, aber nicht kommentiert,[200] bemühte sich Just in seiner unter dem Titel »Was müssen wir vom Gegner wissen?« gehaltenen Vorlesung um eine Definition des französischen Verständnisses von Geschichte. Dieses unterschied sich in seinen Augen grundsätzlich von der deutschen Auffassung, wie er unter Berufung auf Ernst Robert Curtius feststellte:

»Für den Franzosen ist die Geschichte etwas wesentlich anderes als für uns. Wir suchen in der Geschichte den ewigen Strom des Werdens durch die Jahrhunderte und Jahrtausende ... Wenn wir uns jetzt des blutsmäßigen Zusammenhanges stärker bewußt werden, der nicht nur die lebenden Deutschen, sondern auch die Generationen vor uns zur Einheit zusammenschließt, so ist doch dieses Bewußtwerden des Ahnenerbes noch immer grundverschieden von dem Verhältnis des Franzosen zur Vergangenheit seiner Nation. Für den Franzosen ist seine Geschichte zugleich Gegenwart. Sie wirkt nicht nur unbewußt im einzelnen Franzosen weiter, sondern sein Verstand und sein Instinkt leben in ihr und arbeiten mit ihr, d. h. die Geschichte, nicht wie sie wirklich war, sondern wie er sie sieht, wie sie im Laufe der Zeit zu einer geschlossenen, festen Tradition geworden ist. Diese Geschichte bildet nicht nur die Grundlage der nationalen Erziehung in Frankreich. Sie beeinflußt, ja gestaltet die politische Willensbildung der Führer. So kommt es, daß die Berufung auf die Geschichte oder, genauer gesagt, die nationale Tradition von jeher in Frankreich ein ganz außerordentlich wichtiges politisches Kampfmittel gewesen ist.«[201]

Just ging es nicht mehr darum, »das französische Geschichtsbild [zu] widerlegen«. Seine Absicht war es jetzt, den deutschen Überfall auf Frankreich propagandistisch zu rechtfertigen. In seinen Augen war nun der Zeitpunkt gekommen, da Frankreich »die Kriegsnot zu spüren [bekommt], die es so oft ins Reich getragen« habe. Den deutschen Angriff schildert er erwartungsgemäß als Verteidigungskrieg, da Frankreich geglaubt habe, die »Erfolge

---

[199] Frankreich und das Reich im Wandel der Jahrhunderte. Kriegsvorträge der Rheinischen Friedrich-Wilhelms-Universität Bonn a. Rh., H. 2, Bonn 1940 (geh. am 25. 1., 1. 2., 8. 2., 15. 2.). In der bereits im Mai 1940 erschienenen 2. Aufl. hatte Just entgegen seiner Behauptung, er habe hier lediglich »kleine Ergänzungen« in den Anmerkungen vorgenommen, den deutschen Angriff auf Frankreich eingearbeitet. Im Anmerkungsteil wies Just auf die Arbeiten der Bonner Universität hin: »Diese Forschungsarbeit, die durch die Grenzlage der Universität bedingt ist, hat stets über den engen Kreis der Fachgelehrten hinausgegriffen. Wenn der Ruf der Zeit an sie erging, wurden ihre Ergebnisse ins Volk getragen und ihre Erkenntnisse in den Dienst der geistigen Abwehr des Feindes gestellt.« (62)
[200] Die Arbeiten Zellers, darunter die *thèse* von 1926 sowie einige Aufsätze, werden unkommentiert erwähnt, auf die Geschichte der Beziehungen von 1932 weist Just lediglich als »Gegenstück« zur Darstellung Hallers hin, die Just als »für die ältere Zeit in mancher Hinsicht anfechtbar« bewertet.
[201] Ebd., 5.

des Reiches« nach 1935 »nicht ertragen zu können« und die »neue Lebensordnung« in Deutschland hasse und fürchte:

»Wir aber nehmen den uns aufgezwungenen Kampf an und führen ihn in der Erkenntnis, die uns die Geschichte des langen Ringens beider Völker immer wieder aufs neue bestätigt: Daß nämlich der **Kampf mit Frankreich nie ein Streit um ein paar Quadratmeilen Landes** gewesen ist, sondern stets ein **Kampf um unsere Selbstbehauptung als Nation,** [Hervorheb. i. O.] um unser völkisches und staatliches Lebensrecht!«[202]

7. Kontinuitäten deutsch-französischen Gegensatzdenkens nach 1945

Gaston Zeller hat mit seinem Versuch, einen Beitrag zur Überwindung der deutsch-französischen Konfrontation nicht nur innerhalb der Geschichtswissenschaft zu leisten, genau die Reaktionen ausgelöst, die er ursprünglich vermeiden – und bekämpfen wollte. Während die meisten deutschen Fachzeitschriften zu seinem Buch schwiegen, brachten die deutschen Rheinland-Forscher und die sich ihnen zugehörig fühlenden Historiker vernichtende Kritiken an seinen Arbeiten vor, die sie gleichzeitig nutzten, um die französische Geschichtswissenschaft pauschal als Instrument politischer Propaganda zu diffamieren. Wie im Fall des »Rhein-Buches« von Febvre ging auch

---

[202] Ebd., 61. Aufgrund der aus dem Nachlaß edierten Briefe Justs (Leo JUST, Briefe an Hermann Cardauns, Paul Fridolin Kehr, Aloys Schulte, Heinrich Finke, Albert Brackmann und Martin Spahn 1923–1944. Hrsg., eingeleitet und kommentiert von Michael F. Feldkamp, Frankfurt a. M. 2002) erscheint eine stärkere Differenzierung der Schriften des Historikers in politisch-publizistische und fachwissenschaftliche Arbeiten unumgänglich. Michael F. Feldkamp (Einleitung, XLIX–CIV; LXXIVff.) hat aufgezeigt, daß der Katholik Just aus beruflichen Gründen seine Forschungen zur Reichskirche in der Frühen Neuzeit, die bei den Nationalsozialisten nicht auf Interesse trafen, als Grenzlandforschung verbrämte. In deren Instrumentalisierung durch die Nationalsozialisten sah er die Gelegenheit, Anerkennung und damit einen Lehrstuhl zu erlangen, der ihm im »Dritten Reich« dennoch verwehrt blieb. Während Just die Kriegspolitik des Regimes öffentlich legitimierte, betrachtete er seinen eigenen Beitrag zur Grenzlandforschung als »undankbare« Aufgabe, obwohl dieser, wie er 1944 formulierte, »aus gediegener Forschung und nicht aus Konjunktur« hervorgegangen sei. Gleichwohl bezeichnete er seine Bonner »Kriegsvorträge« als »literarische Notgeburten« (LXXXII). Michael F. Feldkamp betont, daß Just trotz seiner Verbeugungen vor dem Regime und dem hohen Maß an Selbstverleugnung nicht zu den »Scharfmachern und eingefleischten Nationalsozialisten« gehört habe. Die Briefe zeigten eher einen ängstlichen Gelehrten, der vorwiegend aus Karrieregründen und Opportunismus Parteigenosse geworden war und sich in den Dienst des Regimes gestellt hat.

hier die wichtigste Rezension zu Zellers Arbeit von 1932 auf eine Tagung der Westdeutschen Forschungsgemeinschaft zurück. Die gelehrte Auseinandersetzung mit der französischen Geschichtswissenschaft stand im Kreis dieser Historiker und Geographen im Zeichen des »geistigen Abwehrkampfes« des Feindes ›Frankreich‹. Daher müssen Rezensionen in diesem Kontext nicht als »wissenschaftliche Rezensionen«, sondern zuerst als »politische Rezensionen« einer relativ gut informierten deutschen Historikerschaft gelesen werden, oder anders gewendet, der wissenschaftliche Diskurs wurde hier von einem politischen überlagert.[203] Wie am Beispiel der Rezensionen Georg Wolframs und Theodor Mayers gezeigt werden konnte, setzte eine prononciert negative Kritik an Zellers weit in den aktuell-politischen Raum weisenden Thesen eine Rücksprache und einen argumentativen Rückhalt innerhalb der Zunft voraus. Die Rezeptionsgeschichte der hier vorgestellten Arbeiten zeigt also über die grundlegende Bedeutung von Rezensionen als Informationsmittel hinaus vor allem ihre Funktion als Instrument der Selbstvergewisserung einer um ein einheitliches Urteil bemühten »Zunft«.

Aber auch der Blick nach Frankreich zeigt neben einer Vielzahl positiver Besprechungen[204] das Buch Zellers im Zentrum der Kritik nationalistischer Geschichtsideologen. Als Sprecher dieser Richtung profilierte sich Paul Watrin, Anhänger des französischen Legitimismus und Präsident der 1816 gegründeten *Société Archéologique de France*, der Zeller in deren Zentralorgan *La Science historique*[205] der Unwissenschaftlichkeit und Parteilichkeit zugunsten Deutschlands bezichtigte. Watrin bezweifelte, daß sich Zeller, der »dévot de la déesse ›Démocratie‹« sei, der Folgen seiner Thesen für Frankreich überhaupt bewußt sei: anstatt in der Geschichte der deutsch-französischen Beziehungen von der ethnischen Realität der germanischen und gallischen Rasse auszugehen, habe Zeller seine Geschichte bei der Teilung des Frankenreiches beginnen lassen, was dazu geführt habe, die Franzosen als

---

[203] So Schöttler, Lucien Febvres Beitrag, 247.

[204] Anerkennend äußerten sich Henri Sée (TvG 48, 1932, 73-74); J. Joachim (RA 80, 1933, 235-239), Henry Contamine (AnE 4. sér., 1, 1933, 235-239); Guy de Poerck (RevbelPhH 12, 1933, 737-739); Georges Lefebvre (AhRF 10, 1933, 184-185); H. de Manneville (RHD 47, 1933, 108-109); R. Lodge (History 18, 1933/34, 254-256); Georges Pagès (RHM 16, 1935, 59-66).

[205] La frontière franco-allemande, in: La Science historique. Bull. de la Société Archéologique de France 24 (1932), 109-112. Watrins (1876-1950) staatsrechtliche Dissertation aus dem Jahr 1916, die nach den Worten Augés in der Zwischenkriegszeit im Kampf des Legitimismus gegen den Orleanismus eine Schlüsselrolle gespielt hatte, und die auch von Maurras mit Interesse gelesen worden sei, wurde 1983 erneut aufgelegt. Vgl. Paul Watrin, La tradition monarchique. Hg. Jean-Pierre Brancourt, mit einem Vorwort und einer Bibliographie versehen von Guy Augé, Paris 1983.

die »malfaiteurs européens« zu schildern. In Wirklichkeit seien, so Watrin, »les Allemands ... depuis vingt siècles [!] nos éternels envahisseurs«. Zeller habe die Idee des Vaterlandes, die »communauté de race«, die bei den Galliern »des Alpes à l'Océan et des Pyrénées jusqu'au Rhin« nachzuweisen sei, verkannt und dadurch dem »Internationalismus« gedient. Ebenso wie er 1792 in den Mainzern keine »descendants des anciens Gaulois« erkennen wolle, habe er nach 1918 im Rheinland – »de la part de nos compatriotes séparés« – keine gegen Deutschland gerichtete Bewegung gesehen. Watrin verunglimpft Zeller als einen Anhänger der Demokratie, die er für das angebliche Scheitern der französischen Rheinlandpolitik nach dem Weltkrieg verantwortlich macht: »Wenn Frankreich damals an seiner Spitze einen wirklichen ›Mann‹ anstelle der armen kleinen Politiker gehabt hätte, die es regierten, wären unsere Rassenbrüder befreit, wäre die Frage der natürlichen Grenzen gelöst und der nächste, sehr nächste Krieg vermieden worden! Aber das repräsentative Regime ... ist bei uns sehr stark.«[206] Für die »Fiktion« der demokratischen Partizipation eines jeden Staatsbürgers, so Watrin, müßten alle Franzosen noch »teuer bezahlen«. Der »Mann von der Straße«, dessen Friedensliebe und Vernunft Zeller beschwört habe, müsse daher aufgrund der geschichtlichen Erfahrung über den »ewigen Einfall« der Deutschen, der durch Versailles nicht gebrochen worden sei, instruiert und vor weiteren Aggressionen gewarnt werden. Aus der Argumentation Watrins ergibt sich also nicht nur die Forderung der Rheingrenze als »natürlicher« Grenze, sondern der Anspruch auf eine Erweiterung des französischen Staatsgebietes auf rechtsrheinische Territorien hinaus. In dieser Perspektive kam einer Arbeit nur dann »wissenschaftlicher« Rang zu, wenn sie die »Rechtmäßigkeit« dieser Forderung historisch belegen konnte.

Weder das Buch Hallers noch Zellers Verständigungsversuch von 1932 waren also im eigenen Land unumstritten. In welchem Maß deren Arbeiten den bestehenden Antagonismus zwischen beiden Ländern noch verstärkt haben, muß unbeantwortet bleiben. Eindeutig ist dagegen, daß es sich bei der deutschen wie der französischen Synthese um Konkurrenzunternehmungen über die Deutungskompetenz der deutsch-französischen Geschichte handelt. Der Vergleich beider Arbeiten sollte hier die ganze Breite der strittigen Punkte in der Deutung der gemeinsamen Geschichte aufzeigen. Trotz partieller Revisionen des eigenen nationalen Geschichtsbildes waren beide Arbeiten durch die gegensätzliche politische Aussage und die politische Gesin-

---

[206] WATRIN, La frontière, 112. [»Si la France avait eu alors à sa tête ›un homme‹, au lieu des pauvres petits politiciens qui la gouvernaient, nos frères de race auraient été délivrés, la question des frontières naturelles résolue et la prochaine, très prochaine guerre évitée! Mais le régime électif... est très intensif chez nous.«]

nung ihrer Verfasser fundamental voneinander getrennt. Während das historiographische Interesse an den »Tausend Jahren« in Deutschland nach 1945 weitgehend erloschen und auch die politische Relevanz dieses Buches nicht mehr gegeben war, führten die dem Kreis der Rheinland-Forscher zuzurechnenden Historiker die weiterhin durch Ablehnung geprägte Auseinandersetzung mit Zeller fort. Gegenstand der Kritik war dabei nicht die Arbeit von 1932, die 1948 in zweiter Auflage erschienen war, sondern immer noch Zellers Studie über die drei Bistümer. Hier war es in erster Linie Paul Egon Hübinger, der 1951 noch einmal die Thesen Zellers diskutierte[207] und dabei an alte Positionen anknüpfte – freilich nicht an die 1941 von ihm selbst in einem nationalsozialistischen Kampfblatt vertretenen, sondern an die älteren Rezensionen Wolframs und Brandis.[208] Somit ist sein 1951 in der HZ publizierter Aufsatz – neben den Arbeiten von Paul Kirn und Max Braubach – ein Beispiel dafür, in welchem Maß das deutsch-französische Gegensatzdenken der Zwischenkriegszeit auch nach 1945 keinesfalls überwunden war. Wenige Jahre später unterstützte Hübinger in seiner Funktion als Leiter der Kulturabteilung im Bundesinnenministerium (1954–1959) Gründung und Ausbau des Deutschen Historischen Instituts in Paris.[209]

Gaston Zeller hatte dagegen nach dem Zweiten Weltkrieg seinen früheren Zukunftsoptimismus verworfen. In der Neuauflage seines Buches forderte er 1948 nun wörtlich, daß »Deutschland in einen Käfig gesperrt« werden müsse:

»Wir wurden unter anderem dazu gezwungen, auf bestimmte optimistische Ansichten über die Zukunft ›eines Europa mit unsichtbaren Grenzen zu verzichten, dessen deutsch-französischer Kern das sicherste Kristallisationselement‹ wäre. Zur jetzigen

---

[207] Die Anfänge der französischen Rheinpolitik (wie Anm. 101). PETER-MICHAEL HAHN betont dagegen, daß Hübinger »für längere Zeit der letzte bleiben [sollte], der die nunmehr als heikel empfundene Frage anschnitt, ob von der Monarchie der Valois und Bourbonen eine kontinuierliche und expansive ... Politik betrieben wurde.« (Frankreich und das Reich, 84)

[208] Hübinger hatte im November 1941 für das nationalsozialistische Propagandablatt *Die Westmark. Monatsschrift für deutsche Kultur* einen Beitrag »Um die Westgrenze des alten Reiches« (Bd. 9, 65–67) beigesteuert, in dem er das »Rhein-Buch« Febvres und Demangeons als Geschichtspropaganda anprangerte. Der an der »geistigen Front« ausgetragene »Kampf um den Rhein« endete nach Hübingers Worten »mit einem klaren Sieg der deutschen Wissenschaft«, der es gelungen war, die »Brüchigkeit, ja teilweise beschämende Ungereimtheit der Argumente zu entlarven, mit denen das französische Ausdehnungsstreben gegenüber Deutschland ideologisch unterbaut wurde.« Auch das »Nachzügler-Werk« Febvres und Demangeons »vermochte nicht darüber hinwegzutäuschen, daß die französische Auffassung für alle Zeiten widerlegt worden war.«

[209] Zu Hübinger vgl. WINFRIED SCHULZE, Deutsche Geschichtswissenschaft nach 1945, München 1993, 321, sowie 207 ff (»›Revision‹ des deutschen Geschichtsbildes«).

Stunde kann nicht mehr von Annäherung der Völker durch Abbau der Grenzen die Rede sein. Es geht viel mehr darum, Deutschland in einen Käfig zu sperren.«[210]

Die Möglichkeit einer Lösung des deutsch-französischen Problems sah Zeller, der von den deutschen Besatzern 1943 von der Universität Clermont vertrieben worden war,[211] zumindest für seine Generation als vergeben an: Frankreich bleibe in dieser Situation nichts anderes übrig »que de prendre ses sûretés, toutes ses sûretés, et de laisser agir le temps.« Deutschland wünschte Zeller für die Zukunft »eine ähnliche harte Lektion, durch die es in seinem Innersten so verändert werde, daß es empfänglich für Reue sei und sich für immer von der Barbarei abwende, mit der es das 20. Jahrhundert befleckt hat.«[212] Gegen Ende der fünfziger Jahre jedoch, als deutsche und französische Historiker den zwei Jahrzehnte zuvor im Rahmen einer Schulbuchrevision begonnenen Versuch eines konstruktiven Dialogs erneut aufnahmen, wurden auch Zellers Thesen von der Mehrheit der deutschen Historiker nicht mehr ernsthaft in Frage gestellt.[213] 1954 erschien schließlich

---

[210] La France et l'Allemagne depuis dix siècles, Paris, 2. Aufl. 1948, 209. [»Il a fallu, notamment, renoncer à certaines vues optimistes sur l'avenir d'›une Europe aux frontières invisibles, dont un noyau France-Allemagne serait le plus sûr élément de cristallisation‹. A l'heure actuelle, il n'est plus question de rapprocher les peuples en abaissant les frontières. Il s'agit de mettre l'Allemagne en cage.«] Gleichlautende Stimmen hat KLAUS HEITMANN, Das französische Deutschlandbild in seiner Entwicklung, in: Sociologia Internationalis 4 (1966), 73-83; 165-195, dokumentiert. In diesen Kontext ist auch das Werk des Mediävisten JOSEPH CALMETTE, L'Europe et le peril allemand. Du traité de Verdun à l'armistice de Reims 843-1945, Paris 1947, einzuordnen.

[211] Zur (Universitäts-) Politik des deutschen Okkupationsregimes sowie zur Entlassung Zellers vgl. JOHN E. CRAIG, Scholarship and Nation Building. The Universities of Straßburg and Alsatian Society 1870-1939, Chicago 1984, 331. Über die Zwangsmaßnahmen der deutschen Besatzer gegen die exilierte *Université de Strasbourg* und deren endgültige Schließung am 23.11.1943 vgl. KETTENACKER, Nationalsozialistische Volkstumspolitik, 192 ff; sowie LÉON STRAUSS, L'Université de Strasbourg repliée. Vichy et les Allemands, in: Les Facs sous Vichy. Textes rassemblés et présentés par André Gueslin, Clermont-Ferrand 1994, 87-112. Vgl. auch die entsprechenden Passagen bei CAROLE FINK, Marc Bloch. A Life in History, Cambridge usw. 1989, 246 f. Im Rückblick auf die Erstausgabe seines Buches von 1932 notierte Zeller in seinem mit Oktober 1945 datierten Vorwort: »La critique, même en Allemagne, a bien voulu reconnaître que je n'avais pas dévié de la droite voie. Et j'ose m'en flatter. Mais je me flatte plus encore de ce que l'occupant de 1940 ait mis l'ouvrage à l'index, en compagnie de beaucoup d'autres. J'eusse été tenté de douter de moi s'il avait fait exception en ma faveur à une mesure dirigée contre tous ceux qui pensaient français.« In den von PASCAL FOUCHÉ, L'Édition française sous l'occupation 1940-1944, 2 Bde., Paris 1987, veröffentlichten Zensurlisten taucht Zellers Schrift allerdings nicht auf.

[212] ZELLER, La France et l'Allemagne depuis dix siècles, Paris, 2. Aufl. 1948, 213 [»une si dure leçon qu'elle en soit transformée dans son être profond, qu'elle devienne accessible au repentir, et qu'elle répudie à jamais la sauvagerie dont elle a souillé le XXe siècle.«].

[213] 1951 kamen deutsche und französische Historiker überein, daß »die Könige von Frank-

doch noch die deutsche Übersetzung, die allerdings nicht auf die zweite Edition von 1948, sondern – entgegen der Angabe auf dem Titelblatt – auf die optimistische, im Geist von Locarno verfaßten Originalversion der dreißiger Jahre zurückgriff, und die offensichtlich im Kontext der *rééducation* in der französischen Besatzungszone stand.[214] Ein Jahr später hat Zeller seine Karriere als Professor an der *Sorbonne* und als Wissenschaftler am Pariser *Collège de France*, an das er 1945 berufen wurde, beendet. Wie Peter Sahlins bemerkt, habe sich Zeller nach dem Krieg zwar noch intensiv mit der Geschichte der französischen Außenpolitik befaßt,[215] sei jedoch niemals wieder explizit auf sein früheres »project of demystifying the ›false idea‹ of France's natural frontiers« zurückgekommen.[216]

---

reich vor 1789 eine Politik der ›natürlichen Grenzen‹ mit besonderer Richtung auf den Rhein hin nicht betrieben« haben. Vgl. Deutsch-französische Vereinbarung über strittige Fragen europäischer Geschichte, in: Deutschland – Frankreich – Europa. Die deutsch-französische Verständigung und der Geschichtsunterricht. Im Auftrage des Internationalen Schulbuchinstituts. Hg. Georg Eckert, Otto-Ernst Schüddekopf, Baden-Baden 1953, I.

[214] Die zweite Auflage blieb im wesentlichen unverändert, wurde jedoch um eine kurze Skizze der Jahre 1918–1939 erweitert. Die mir vorliegende Ausgabe trägt einen Stempel mit der Aufschrift »Don du Gouvernement Français«. Nachforschungen in deutschen Archiven nach dem Hintergrund der wohl offiziell geförderten Übersetzung blieben ohne Erfolg. Der herausgebende Verlag, der kein Archiv hinterlassen hat, wurde laut Mitteilung des baden-württembergischen Wirtschaftsarchivs v. 22.7.1996 an den Verfasser 1970 aufgelöst. Auch MÜLLER, Der bewunderte Erbfeind, geht davon aus, daß die Übersetzung unter politischen Vorzeichen gestanden habe. (306)

[215] GASTON ZELLER, Histoire des relations internationales. Hg. PIERRE RENOUVIN, Bd. 2-3: Les temps modernes, Paris 1953-1955.

[216] SAHLINS, Natural Frontiers Revisited, 1450. In diesem Zusammenhang muß noch vermerkt werden, daß in Frankreich bereits nach 1935 kein größeres Interesse bestand, die Kritik einiger Historiker am Begriff der »natürlichen« Grenze weiter zu verbreiten. So wurde Febvres »Rhein-Buch« nach 1935 nicht mehr neu aufgelegt.

Kapitel II
Die Arbeiten Marc Blochs in der deutschen und österreichischen Kritik

1. Auch eine Geschichte »langer Dauer«: die Ablehnung der *Annales*-Historie in Deutschland nach dem Zweiten Weltkrieg

Wohl kaum ein Historiker wird heute noch die fundamentale Bedeutung der französischen »Schule« der *Annales* für die Neukonzeption der Geschichtswissenschaft in unserem Jahrhundert in Abrede stellen. Nicht nur in Frankreich, wo die von Marc Bloch und Lucien Febvre 1929 ins Leben gerufenen *Annales d'histoire économique et sociale* inzwischen zum festen Bestandteil der nationalen Erinnerungskultur avanciert sind,[1] sondern auch in Deutschland darf die im Umkreis dieser Zeitschrift entstandene und praktizierte Historiographie seit geraumer Zeit den Ruf als der wohl »einflußreichste(n) geschichtswissenschaftliche(n) Schule des zwanzigsten Jahrhunderts«[2] beanspruchen. »Wenn das 19. Jahrhundert in der Geschichte der Historiographie ein deutsches Jahrhundert war, dann«, verkündete Gustav Seibt apodiktisch im Hinblick auf die *Annales*, »ist das 20. Jahrhundert ein französisches.«[3] Die von Bloch und Febvre initiierten und von ihren »Erben« nach dem Zweiten Weltkrieg umgesetzten Reformen im Feld der Geschichtsschreibung und der »Geschichtskultur« – etwa im Sinne einer »Solidarität von Gegenwart

---

[1] Die hohe Wertschätzung der *Annales* läßt sich hier eindrucksvoll an ihrer Aufnahme in die siebenbändige Kollektion der *mémoire nationale* ablesen: vgl. KRZYSZTOF POMIAN, L'heure des Annales. La terre – les hommes – le monde, in: Pierre Nora (Hg.), Les lieux de mémoire. II, 1: La Nation, Paris 1986, 377–429.

[2] Dieses Urteil trifft WOLFGANG HARDTWIG in seiner Rezension von Lutz Raphael, Die Erben von Bloch und Febvre. *Annales*-Geschichtsschreibung und *nouvelle histoire* in Frankreich 1945–1980: Hier kochten die Chefs persönlich: Lutz Raphael studiert die Historikerschule der »Annales« und ihre akademischen Erfolge, in: FAZ, 25.11.1994.

[3] GUSTAV SEIBT, Erzähler des Langsamen. Französische Historiographie im 20. Jahrhundert, in: Verena von der Heyden-Rynsch (Hg.), Vive la littérature. Französische Literatur der Gegenwart, München 1988, 234–237.

und Vergangenheit«[4] – haben sich in der internationalen Geschichtswissenschaft endgültig durchgesetzt; die Werke der Gründerväter gelten weltweit als »Klassiker«. In der Historiographiegeschichte figurieren die *Annales*, wie Lutz Raphael betont hat, als »zentraler Akteur im Gestaltwandel der modernen Geschichtswissenschaft vom ›historistischen‹ zum ›sozialwissenschaftlichen‹ Paradigma«, womit eine Auseinandersetzung bezeichnet ist, bei der stets das »Selbstverständnis zeitgenössischer Geschichtswissenschaftler« mit zum Ausdruck gebracht wird.[5]

Diese Feststellung ist keinesfalls akzidentiell. Wie keine andere historische »Schule« des 20. Jahrhunderts haben die *Annales* sowohl in West- als auch Osteuropa Historiker zur wissenschaftlichen Selbstverortung und zum Nachdenken über die eigenen Fachtraditionen herausgefordert. Ihr von der Provinzuniversität Straßburg ausgehender, anscheinend unaufhaltsamer und geradliniger Aufstieg bis zur Eroberung der Pariser Universitäten und der französischen Medienöffentlichkeit hat Historiker diesseits des Rheines in besonderem Maß provoziert und Kritik und Selbstkritik herausgefordert. Aus der Fülle der auch in Deutschland seit den siebziger Jahren sprunghaft angestiegenen und zwischenzeitlich kaum noch überschaubaren Literatur[6] zum Phänomen der *nouvelle histoire*[7] ist in der Vergangenheit nachgerade ein *Annales*-Mythos entstanden. In zahlreichen Interpretationsversuchen wurde der Werdegang einer inzwischen beinahe bis zur Unkenntlichkeit ausdifferenzierten *Annales*-Strömung[8] vereinfacht zur »Erfolgsgeschichte«[9] sti-

---

[4] Im Gegensatz zum nach wie vor präsenten Vorwurf der angeblichen Gegenwartsferne der *Annales* stand »Cette solidarité du présent et du passé«, die Marc Bloch zum Motto der Redaktionspolitik der Zeitschrift erhoben hatte (Pour mieux comprendre l'Europe d'aujourd'hui, in: AHES 10, 1938, 61). Vgl. dazu LUTZ RAPHAEL, The Present as Challenge for the Historian. The contemporary world in the AESC 1929–1949, in: Storia della Storiografia 21 (1992), 25–44, und DERS., Die Erben von Bloch und Febvre. »Annales«-Geschichtsschreibung und »nouvelle histoire« in Frankreich 1945–1980, Stuttgart 1994, 80 f.

[5] RAPHAEL, Erben, 16; 24.

[6] Einen Überblick vermittelt die Bibliographie von JEAN-PIERRE HERUBEL, The »Annales Movement« and its Historiography: A selective bibliography, in: FHS 18 (1993), 346–355.

[7] Dieser Begriff wurde bereits 1930 von Henri Berr in der *Revue de synthèse* verwendet. Siehe JACQUES LE GOFF u. a. (Hg.), Die Rückeroberung des historischen Denkens. Grundlagen der Neuen Geschichtswissenschaft, Frankfurt a. M. 1994, 12.

[8] PETER SCHÖTTLER, Pariser Verführungen. Die Erben von Marc Bloch und Lucien Febvre: Lutz Raphaels Studie über die Historiker-Schule der »Annales«, in: Die Zeit, 30. 12. 1994.

[9] So etwa ROBERT DEUTSCH, »La nouvelle histoire« – die Geschichte eines Erfolges, in: HZ 233 (1981), 107–129. – Inzwischen hat die wissenschaftsgeschichtliche Kontextualisierung der frühen *Annales* innerhalb der europäischen Wissenschaftslandschaft zu einigen Revisionen in der »Erfolgssaga« dieser Gruppe geführt. Neben der Erforschung ihrer internationalen Beziehungen haben vor allem strukturelle Analysen der Lage des französischen Universitätssystems in

lisiert und dem Entwicklungsgang der deutschen Geschichtswissenschaft als Vorbild gegenübergestellt. Durch eine oftmals allzu pauschale Kontrastierung von *nouvelle histoire* und deutschem »Historismus«[10] schien sich die vielerorts angeführte These vom »Sonderweg« der deutschen Geschichtswissenschaft, für die Bernd Faulenbach 1980 die plakative Formel von der »Ideologie des deutschen Weges« geprägt hat, erneut zu bestätigen.

---

den zwanziger und dreißiger Jahren zur Relativierung der von den *Annales*-Gründern immer wieder propagierten »Revolutionierung« der Geschichtsschreibung beigetragen. So hat Olivier Dumoulin mit Hilfe eines (freilich umstrittenen) prosopographisch-quantitativen Ansatzes die Entstehung der *Annales* in den Zusammenhang einer konjunkturellen Krise des Faches ›Geschichtswissenschaft‹ bei einem gleichzeitig zunehmenden Professionalisierungstrend gestellt, um somit die Frage nach dem wissenschaftlichen Paradigmenwechsel in einem institutionellen Kontext außerhalb der wissenschaftlichen Ereignisgeschichte neu verorten und langfristige Veränderungen der Geschichtswissenschaft im französischen Universitätssystem aufzeigen zu können (Profession historien 1919-1939. Un métier en crise? Thèse de 3e cycle, E.H.E.S.S., Paris 1983). Einen ähnlichen Ansatz verfolgt Lutz Raphael, der ebenfalls den von den *Annales* eingeleiteten epistemologischen Bruch relativiert und Bloch und Febvre ihrerseits als »Erben« einer die französische Geschichtswissenschaft bis 1945 dominierenden, von diesen oftmals zu Unrecht verschmähten *histoire historisante* kennzeichnet. Zum Stellenwert der *Annales* innerhalb der französischen Geschichtswissenschaft der Zwischenkriegszeit betont Raphael, daß sich das »Bild intellektueller Geschlossenheit bestimmter Phasen, wie es im Fall Frankreichs die Rede vom Paradigma der ›positivistischen Schule‹ der Jahre 1880-1930 und deren Ablösung durch das neue Paradigma der ›Annales‹ und der ›nouvelle histoire‹ seit 1930 suggeriert hat ... nur aufrechterhalten« läßt, wenn das »zugrundeliegende Korpus historiographischer Werke willkürlich eingegrenzt wird und das Gewicht anderer ›Diskurse‹ ... aus dem Sichtfeld gerät.« (Vgl. DERS., Epochen der französischen Geschichtsschreibung, in: Wolfgang Küttler u. a. (Hg.), Geschichtsdiskurs, Bd. 1: Grundlagen und Methoden der Historiographiegeschichte, Frankfurt a. M. 1993, 101-132; 101 f). Daneben haben Untersuchungen, die den Redaktionsalltag, die konkreten Arbeits- und Lebensumstände und die Forschungsstrategien der beiden *Annales*-Gründer, vor allem auch die enormen Schwierigkeiten in den Blick nehmen, die bei der Gründung der Zeitschrift im Wege gestanden haben, einen wichtigen Beitrag zur Kontextualisierung und Historisierung der Entstehung dieser Gruppe geleistet. Zu nennen ist hier an erster Stelle die Korrespondenz zwischen Bloch und Febvre: Marc Bloch - Lucien Febvre: Correspondance. I: La naissance des Annales 1928-1933. Établie, présentée et annotée par Bertrand Müller, Paris 1994. Vgl. dazu die Besprechung von PETER SCHÖTTLER, »Neue Geschichte« in Briefen, in: WerkstattGeschichte 5 (1996), 130-131, der nunmehr ebenfalls von einer »Entmystifizierung« spricht. Ungeachtet neuerer Forschungsergebnisse bleibt das Jahr 1929 jedoch als symbolisches Datum, gar als »Sternstunde der Geschichtswissenschaft des 20. Jahrhunderts«, weiterhin präsent (so der Klappentext der Anthologie programmatischer Texte von *Annales*-Autoren: MATTHIAS MIDDELL/STEFFEN SAMMLER (Hg.), Alles Gewordene hat Geschichte. Die Schule der Annales in ihren Texten 1929-1992, Leipzig 1994).

[10] Gemeint ist hier ein Historismus-Begriff, wie ihn zu Beginn der siebziger Jahre Georg Iggers und Wolfgang J. Mommsen (Die Geschichtswissenschaft jenseits des Historismus, Düsseldorf 1971) geprägt haben. Dagegen hat sich eine neuere Forschungsrichtung abgesetzt: vgl. OTTO GERHARD OEXLE, Die Geschichtswissenschaft im Zeichen des Historismus. Bemerkungen zum Standort der Geschichtswissenschaft, in: HZ 238 (1984), 17-55.

Die Frage nach der Rezeption der *Annales* in der deutschen Historiographie war in dieser Perspektive schnell abgehandelt: Immer wieder legten frühere Darstellungen dieser ungewöhnlich erfolgreichen Historikergruppe, die seit Ende der siebziger Jahre nun häufiger aus der Feder deutscher Historiker erschienen, den Schluß nahe, daß von einer Rezeption im Sinne einer »produktiv-verarbeitenden Aufnahme von Fragestellungen und einer sinngemäßen Anwendung von Methoden« nur bedingt die Rede sein könne.[11] Bis heute, nachdem der Geschichte der *Annales* von internationaler Seite ungleich mehr Aufmerksamkeit und wissenschaftliches Interesse entgegengebracht worden ist als je einer Gruppe von Wissenschaftlern oder einem einzelnen Historiker zuvor, hat diese These nichts von ihrer Überzeugungskraft verloren. Noch immer wird die Anhäufung von Mißverständnissen und Klischees, die deutsche Historiker den französischen Vorreitern bislang entgegengebracht haben, als »Rezeptionsschutt«[12] beklagt. Von einem »Sperrgebiet der Historiographie« und »Abwehrriegeln«[13] ist nicht selten die Rede, wenn die gegenüber einigen anderen Ländern verzögerte und nur partielle Anerkennung der *Annales*-Historiographie in Deutschland auf einen kurzen Nenner gebracht werden soll.

Als prominentester »Kronzeuge« für die frühe Ablehnung der seit 1945 fest im französischen Wissenschaftsbetrieb etablierten *Annales* gilt hierzulande nach wie vor Gerhard Ritter. Dessen Bannspruch über die Werke Lucien Febvres und Fernand Braudels, denen er eine »kausalistische Entmenschlichung der Geschichte«[14] vorwarf, habe sich nach der beinahe einmütigen Meinung deutscher Wissenschaftshistoriker für die negative Beur-

---

[11] So z. B. ERNST HINRICHS, Läßt sich die Geschichte mit Brettern vernageln? Bemerkungen zu deutsch-französischen Annäherungen in der Geschichtsforschung, in: Frankreich und Deutschland. Zur Geschichte einer produktiven Partnerschaft. Hg. Niedersächsische Landeszentrale für Politische Bildung, Hannover 1986, 129–143. Ähnlich argumentierte zuvor MICHAEL ERBE, Zur neueren französischen Sozialgeschichtsforschung. Die Gruppe um die »Annales«, Darmstadt 1979; DERS., Zur Rezeption der *Annales*-Historie in der Bundesrepublik, in: Lendemains 6 (1981), 68–76. Ein »befremdliches Rezeptionsversäumnis zu mildern« beabsichtigte CLAUDIA HONEGGER 1977 mit ihrer Anthologie erstmals ins Deutsche übertragener Texte von *Annales*-Historikern: Marc Bloch, Fernand Braudel, Lucien Febvre u. a. Schrift und Materie der Geschichte. Vorschläge zu einer systematischen Aneignung historischer Prozesse, Frankfurt a. M. 1977. Zur Rezeptionsfrage siehe ihre Einführung: Geschichte im Entstehen. Notizen zum Werdegang der *Annales*, 7–46.

[12] So PETER SCHÖTTLER, Zur Geschichte der *Annales*-Rezeption in Deutschland (West), in: Alles Gewordene hat Geschichte, 40–60; 40.

[13] MICHAEL JEISMANN, Im Sperrgebiet der Historiographie. Der Abwehrriegel hielt lange stand: Französische Mentalitätsgeschichte in Deutschland, in: FAZ, 4. 5. 1994.

[14] Bericht über die 22. Versammlung deutscher Historiker in Bremen vom 17. bis 29. September 1953, Stuttgart 1954, 35.

teilung und Rezeption der *Annales* im Nachkriegsdeutschland als besonders folgenschwer erwiesen.[15] Christoph Cornelißen spricht in seiner Biographie Ritters sogar von einem »Feldzug«, den der Freiburger Historiker gegen die moderne französische Schule geführt habe, meint aber gleichzeitig, daß Ritters Abwehr der neuen Ansätze nicht auf eine »unreflektierte Abwehr« reduziert werden dürfte.[16] Für Ritters Beurteilung der *Annales* sei schließlich auch die Beurteilung der »politischen Großwetterlage« bestimmend gewesen. Folgerichtig fühlte sich der Freiburger Historiker berufen, vor dem Einfluß marxistischen Denkens, vor einer Überschätzung wirtschaftlicher Faktoren in der Geschichtswissenschaft und damit vor einem »materialistischen Geschichtsdenken« warnen zu müssen.[17] So hat Ritter die Schriften eines Marc Bloch oder Henri Berr erst in den fünfziger Jahren zur Kenntnis genommen, ohne dabei jedoch sein eigenes methodologisches und theoretisches Selbstverständnis zu überprüfen.[18]

Auch Hermann Heimpel, einflußreicher Kollege Ritters im westdeutschen Historikerverband, sprach 1956 in seinem seitdem vielzitierten Eröffnungsvortrag auf dem Ulmer Historikertag abfällig von der »Schule der Bloch und Fèbvre [!], von der Schule der ›Annales‹«, die in Frankreich einen »Ruf nach der Rationalisierung der Geschichte polemisch-prophetenhaft« verkündeten und eine »für deutsche Ohren merkwürdig verspätete Diskussion von neuem« in Gang gebracht hätten, »als müßte der Streit zwischen Lamprecht und seinen Gegnern sich erneuern.«[19] Heimpels Polemik nicht nur gegen die *An-*

---

[15] Eine ausführliche Auseinandersetzung mit den Thesen Ritters erfolgte Mitte der siebziger Jahre bei HEINZ-GERHARD HAUPT, Tendenzen in der bundesrepublikanischen Frankreichforschung, in: Michael Nerlich (Hg.), Kritik der Frankreichforschung 1871-1975, Karlsruhe 1977, 188-199. Haupt läßt seinen Überblick erst in den fünfziger Jahren beginnen; die Vorkriegszeit wird dagegen nicht erörtert.

[16] CHRISTOPH CORNELIßEN, Gerhard Ritter. Geschichtswissenschaft und Politik im 20. Jahrhundert, Düsseldorf 2001, 476 ff. Ritter habe »vielmehr für eine Mischung hergebrachter hermeneutischer Methoden mit Ansätzen aus der Soziologie, der Volkswirtschaft und der Religionswissenschaft« plädiert und damit an sein älteres Programm einer »politischen Strukturgeschichte« angeknüpft.

[17] Ebd., 478.

[18] Ebd., 478. So stellte Ritter 1952 u. a. nach der Lektüre von Blochs »Apologie der Geschichte« fest, daß die »französische Diskussion zwischen Soziologie und Historie bisher einen sehr unglücklichen Verlauf genommen« habe.

[19] HERMANN HEIMPEL, Geschichte und Geschichtswissenschaft. Einleitungsvortrag auf dem Ulmer Historikertag 1956, wieder abgedruckt u. d. T. »Geschichte und Geschichtswissenschaft« in: DERS., Der Mensch in seiner Gegenwart. Acht historische Essays, Göttingen 1957, 201. Vgl. auch den Artikel Heimpels: Der Versuch mit der Vergangenheit zu leben, in: FAZ, 25.3.1959: »In Frankreich ist der Entschluß zur Sozialgeschichte in den letzten Jahrzehnten in der Schule von Lucien Febvre und in deren Organ ... verkündet und vollzogen worden, mit einer Art von

nales, sondern gegen »Kulturgeschichte« überhaupt,[20] verband sich bei dem Historiker mit einer noch gegen Ende der vierziger Jahre feststellbaren revisionistischen Haltung gegenüber dem französischen Nachbarn. Zur Erhellung des geistigen Klimas, in dem Heimpel seit den fünfziger Jahren seine Einwände gegen die französische Geschichtswissenschaft formulierte, sei ein Brief des ehemaligen Straßburgers zitiert, in dem er seine Haltung gegenüber Frankreich deutlich zum Ausdruck brachte. Gegenüber Gerhard Ritter äußerte sich Heimpel im Mai 1949:

»Für mich ist Straßburg eine alte Reichsstadt, was nicht ausschließt, daß das Schicksal endgültig gesprochen hat. Aber so lange man Europa sagt und ein Land gallisiert, das in seinem Urgrund deutsch ist oder sagen wir lieber: alemannisch und fränkisch, so lange verwinde ich für mich nicht die elsässische Frage. Ich habe hier gute französische Freunde und werbe um die Franzosen, wo ich kann, da ich diese nun einmal liebe. Aber so lange mein Nachfolger meine Aussteuer benutzt, in meinen Betten schläft und unter meinen Familienbildern sitzt, würde ich mich in Paris in recht temperierter Stimmung als ein solcher befinden, der froh sein muß, daß man nicht merkt, daß er in Straßburg war. Und schließlich gäbe es auch eine Gegenrechnung; Das Historische Seminar, das ich 1941 antraf, war ein verlodderter Laden. Was ich verließ, waren dreißigtausend wohlgebundene und wohlgeordnete Bände. Ein wüster Haufen ungebundener Schriften zur Französischen Revolution ist von uns gebunden und katalogisiert worden. Ich finde, daß sich mein Nachfolger gelegentlich dafür bedanken könnte ... Natürlich war die Reichsuniversität mit einer schlechten Sache verquickt, und wir haben keinen Grund zur übermäßigen Empfindlichkeit.«[21]

Offensichtlich blieb Frankreich für Heimpel auch nach dem Zweiten Weltkrieg das Land einer »Fremde besonderer Art«; »das Land der feindlichen, der bösartigen, der heimlich geliebten Brüder«, zu dem er es schon im Juli 1939 an öffentlichkeitswirksamer Stelle apostrophiert hatte.[22] Der Geist der Revanche, der Heimpels Vorkriegstext beherrscht (»Nur Brüder kann man

---

Haß gegen die Histoire des faits das Recht der Histoire vivante propagiert. Ich wage zu sagen, daß mir dieses Programm einseitig zu sein scheint; daß es die Gefahr eines Escapismus gegenüber dem politischen Schicksal enthält, daß es, wie Huizinga von aller den Massenswirkungen zugewandten Historie sagt, dem epischen und dramatischen Charakter aller Geschichtsschreibung entgegensteht.«

[20] Vgl. hierzu auch OTTO GERHARD OEXLE, Zweierlei Kultur. Zur Erinnerungskultur deutscher Geisteswissenschaftler nach 1945, in: RhJ 16 (1997), 358–390; 385.

[21] Hermann Heimpel an Gerhard Ritter, 12. Mai 1949, in: MPIG, AVHD, Ordner 1a/1949. Hintergrund des Briefwechsels zwischen Heimpel und Ritter war die im Historikerverband gegen Ende der vierziger Jahre begonnene Suche nach möglichen deutschen Teilnehmern für den 1950 in Paris stattfindenden IX. Internationalen Historikerkongreß.

[22] HERMANN HEIMPEL, Frankreich und das Reich, in: HZ 161 (1940), 229–243; 232. Der Aufsatz ging auf einen am 14. Juli [!] 1939 gehaltenen Vortrag zurück. Vgl. zu der für das deutsch-französische Verhältnis geradezu charakteristischen Metaphorik MICHAEL JEISMANN,

töten und lieben zugleich«), hat den Historiker auch 1949, unmittelbar vor dem offiziellen Gründungsakt der Bundesrepublik, anscheinend nicht verlassen.[23] Dagegen finden sich andere, nur kurze Zeit später getroffene Äußerungen Heimpels, die ihn freilich in einem günstigeren Licht erscheinen lassen. So im Jahr 1950, als Heimpel von den »unvergeßlichen Gesprächen« und dem warmen Empfang der Deutschen auf dem Pariser Historikerkongreß berichtete, die bei ihm einen starken Eindruck hinterlassen hatten.[24] In seinem Tagungsbericht hob der Göttinger Historiker eigens den Beitrag des Bloch-Schülers Robert Boutruche über »Seigneurie« und »Féodalité« hervor, der für ihn den »Höhepunkt einer Berichterstattung« darstellte, und, so Heimpel weiter, »der alle Vorzüge der Schule M. Blochs erkennen« ließ: Darunter verstand Heimpel die »gleichmäßige Rücksicht auf alle okzidentalen Länder«, die »Erweiterung der rechtsgeschichtlichen Fragestellung zum sozialgeschichtlichen Problem« bis hin »zu einer Erfassung der zeit-querschnittlichen Gesamtwirklichkeit«, die auf dem Kongreß »als (historische) ›Anthropologie‹ auch sonst eine große Rolle« gespielt habe. Hinzu kämen »scharfe Problemstellung und genau gesteuerte Diskussion«.[25] Seine grundsätzliche Skepsis gegenüber den in Paris beobachteten Erscheinungen unterdrückte Heimpel dabei keinesfalls. Hinter den von der französischen Geschichtswissenschaft ausgehenden Erneuerungsversuchen meinte er eine »Soziologisierung« der Geschichte feststellen zu müssen. Begriffe wie »Soziologie«, »Psychologie«, »Anthropologie« und »Kulturgeschichte« erschienen ihm als zu unscharf gefaßt. Auch der von französischen Historikern nachhaltig betonten Bedeutung der Sozial- und Wirtschaftsgeschichte widersprach er vehement: Die Zukunft werde zeigen, verkündete der Göttinger Historiker apodiktisch, daß sich diese bereits zu sehr »marxistischen Ge-

---

Das Vaterland der Feinde. Studien zum nationalen Feindbegriff und Selbstverständnis in Deutschland und Frankreich 1792–1918, Stuttgart 1992.

[23] Dem Urteil KARL FERDINAND WERNERS, daß Heimpel hier versucht habe, »die französische Geschichte ihrer Vorzüge zu berauben« (Das NS-Geschichtsbild und die deutsche Geschichtswissenschaft, Stuttgart 1967, 90 f), hat HARTMUT BOOCKMANN 1990 in einer Gedenkschrift energisch widersprochen: Werner habe nicht nur »die subtile Mischung von Zuwendung und Abgestoßensein, welche das Sentiment dieses Aufsatzes« bestimme, sondern auch »dessen wissenschaftliche Dignität« verkannt (Der Historiker Hermann Heimpel, Göttingen 1990, 56, Anm. 54). Tatsächlich befand sich Heimpel zum Zeitpunkt seiner Äußerungen (Juli 1939) noch nicht, wie Werner meint, »im Vollbewußtsein des 1940 errungenen Sieges über Frankreich«. Dagegen erscheint gerade wegen der zitierten Passagen Heimpels Boockmanns Urteil von der »wissenschaftlichen Dignität« des Aufsatzes befremdlich.

[24] Der Tagungsbericht Heimpels in: GWU 1 (1950), 556–559. Wieder abgedruckt und mit einem Bericht über »Paris 1950 in der Erinnerung« ergänzt in: HERMANN HEIMPEL, Aspekte. Alte und neue Texte. Hg. Sabine Krüger, Göttingen 1995, 272–279.

[25] Internationaler Historikertag, in: HEIMPEL, Aspekte, 276.

schichtstheorien« angenähert habe, von denen in Paris »so wenig die Rede« gewesen sei. In Paris scheint Heimpel das Ausmaß der Isolierung seiner Disziplin während der Vorkriegsjahre zu Bewußtsein gekommen zu sein. »Das befreite Frankreich«, schrieb er in seinen Erinnerungen,

»das doch gar nicht gesiegt hatte, herrschte über diese Versammlung ... alles, was nicht deutsch war, war unter sich im innerwissenschaftlichen Fortgang, als wäre das immer so gewesen. Diese Normalität war besonders bedrückend: diese ›Forschungswissenschaft‹, als wäre nichts gewesen, ließ mich fühlen: wir waren nicht ›dabei‹ gewesen bei diesen ›Fortschritten‹.«[26]

Eine Beteiligung an der Diskussion erschien Heimpel nach eigenem Bekunden allein wegen der Sprachschwierigkeiten nicht möglich. Der »kleine zappelige Boutruche«, Heimpels Straßburger »Nachfolger«, habe in »so rasend schnellem Französisch« gesprochen, daß er [Heimpel] nicht der einzige Deutsche war, der nicht mehr folgen konnte. Mehr durch die »Atmosphäre« als durch die »Sache« berührt, schrieb Heimpel, »war mir ... dieser Straßburger Professor, Schüler Marc Blochs, fremder, ferner, als es ein Ostasiate hätte sein können.«[27]

Das ganze Ausmaß der Unkenntnis und des Ressentiments tonangebender Repräsentanten der deutschen Historikerschaft gegenüber der französischen Geschichtswissenschaft zeigt schließlich die würdelose Diskussion, die in der bundesdeutschen Standesorganisation unter Federführung Ritters um einen Nachruf auf Marc Bloch geführt wurde. Von einem Nekrolog auf den 1944 von der Gestapo ermordeten Historiker erhoffte man sich in Deutschland im Vorfeld des Neunten Internationalen Historikerkongresses in Paris eine Normalisierung der Beziehungen zu den französischen Kollegen. So schrieb Ritter am 27. Januar 1950 an Walther Kienast: »Die Gestalt Blochs, des Märtyrers französischer Freiheit, spielt offensichtlich eine große Rolle drüben, und ich erwarte mir eine sehr starke Wirkung davon, wenn ihm die HZ einen würdigen, wenn auch kurzen Nachruf widmet.«[28] Das »Senti-

---

[26] Paris 1950 in der Erinnerung, in: ebd., 277 f. Von den persönlichen Begegnungen zeigte sich Heimpel dagegen positiv berührt. So berichtet er von den Einladungen bei verschiedenen französischen Historikern, die unbefangen von ihren Erlebnissen in deutschen Konzentrationslagern berichteten.

[27] Ebd., 278.

[28] MPIG, AVHD, Ordner 3/1950. Veröffentlicht wurde der Nekrolog schließlich – nachdem man aus Frankreich die entsprechenden Informationen erhalten hatte – aus der Feder W. Kienasts im 170. Band der HZ (1950, 223–225), also ausgerechnet eines »ehemaligen Parteigenossen«, wie OTTO GERHARD OEXLE kritisch bemerkt hat. Vgl. Ders., Das Andere, die Unterschiede, das Ganze. Jacques Le Goffs Bild des europäischen Mittelalters, in: Francia 17/1 (1990), 141–158; 142.

ment« auf französischer Seite fand Ritter »schließlich begreiflich«, aus dem ersichtlich sei, »mit wieviel leidenschaftlichem *Res*sentiment es verbunden« wäre. In einem Rundschreiben an die Mitglieder des Historikerverbandes vom 2. Februar 1950 informierte er die Kollegen über die Vorwürfe, die ihm der Präsident des französischen Historikerkomitees Robert Fawtier gemacht habe, weil es deutsche Historiker unterlassen hätten, sich um die Ermordung Marc Blochs zu kümmern, und bekräftigte seine Einschätzung, daß ein Nachruf »in Frankreich den stärksten Eindruck machen würde und viel dazu beitragen könnte, die enormen Ressentiments, die auch in jenen Heften der BLOCH'schen ANNALES zum Ausdruck kommen, zu mildern und zu entgiften.«[29]

Tatsächlich haben, wie diese Äußerungen dokumentieren, Ritter und der Historikerverband nur wenig zu einer moralischen Wiedergutmachung beigetragen. Der hohe symbolische Wert eines würdigen Nachrufes auf Marc Bloch wurde von deutscher Seite völlig verkannt. Ebenso unterblieb ein selbstkritischer Rückblick auf die verhängnisvolle Rolle der deutschen Geschichtswissenschaft in der jüngsten Vergangenheit.[30] Statt dessen wähnte sich Ritter in der Annahme, die deutsche Geschichtswissenschaft habe die nationalen Grenzen längst überwunden. So schrieb er am 11. Januar 1952 dem Herausgeber der HZ, Ludwig Dehio:

»Die Themenstellung deutscher Historiker ist ja doch wohl nicht mehr einseitig nationalgeschichtlich, sondern längst europäisch, wie der Marburger Historikertag deutlich gezeigt hat. Meinerseits habe ich Verbindung mit Herrn Febvre aufgenommen, um ihn als Mitherausgeber meines ›Archivs für Reformationsgeschichte‹ zu gewinnen, das jetzt dreisprachig werden soll und sich sehr um Mitarbeit von Gelehrten aus dem romanischen Kulturkreis bemüht. Gerade diese Tage habe ich einen Brief an Febvre geschickt und bin nun erfreut zu hören, daß gerade er sich für die europäische Gemeinsamkeit interessiert. Sein Lutherbuch finde ich ausgezeichnet.«[31]

---

[29] MPIG, AVHD, Ordner 3/1950.
[30] Dies unterstreicht WINFRIED SCHULZE, Deutsche Geschichtswissenschaft nach 1945, München 1993, 170 ff. Vor dem Hintergrund der unmittelbar nach Kriegsende verfaßten selbstkritischen Artikel aus der Feder deutscher Historiker überrasche die Selbstverständlichkeit, mit der sich diese auf dem Münchener Historikertag wieder an die Arbeit gemacht hätten.
[31] MPIG, AVHD, Ordner 4/1950–51. Gemeint ist die Darstellung Lucien Febvres: Martin Luther, un destin, Paris 1928 (Hrsg., neu übersetzt und mit einem Nachwort von Peter Schöttler, Frankfurt a. M. 1996). Vorangegangen war dem Brief Ritters eine Anfrage Dehios vom 5.1.1952 (ebd., Ordner 4/1950–51), in der die Frage nach einer deutlicheren Europäisierung der deutschen Geschichtswissenschaft aufgeworfen wurde. Zur Ritters Rezeption des Luther-Buches SCHÖTTLER, Nachwort, 316 ff.

Auch die Bemerkung Justus Hashagens, der zwar die negative Haltung Ritters gegenüber den *Annales* nicht teilte, 1954 in einer Besprechung aber selbstkritisch einräumte, »wie wenig« deutsche Historiker »durchweg von den Spitzenleistungen der französischen Historiographie und Methodenlehre und von ihren Schöpfern wissen«, wurde immer wieder als Indiz für die Ignoranz deutscher Historiker gegenüber den methodischen Innovationen im benachbarten Frankreich gewertet.[32] Dabei ist anzunehmen, daß die Kritik des einstigen Lamprecht-Schülers und 1954 bereits siebenundsiebzigjährigen Emeritus nicht auf die wenigen jüngeren Historiker zielte, die sich seit Beginn der fünfziger Jahre verstärkt um eine Vermittlung der *Annales*-Historiographie in Deutschland bemühten,[33] sondern im Hinblick auf die eigene Generation erfolgt ist.

Die Erklärungsmuster, mit denen dann seit den siebziger Jahren die Vorbehalte gegenüber den *Annales* immer wieder gedeutet wurden, waren mit den Anfeindungen Ritters und Heimpels vorweggenommen. Zum einen, wurde in der Folgezeit häufig argumentiert, hätten in der Zwischenkriegszeit »nationalistische Vorurteile«[34] auf Seiten deutscher Historiker eine unvoreingenommene Aufnahme französischer Arbeiten generell verhindert. Eine größere Plausibilität geht hingegen von einem (wissenschaftsimmanenten) Argument aus, mit dem die Verkennung der *Annales* als eigenständige und richtungsweisende Größe nunmehr erklärt wird: Jenseits der deutsch-französischen Konfrontation in der Zwischenkriegszeit habe, betone nachdrücklich Peter Schöttler, der deutschen Geschichtswissenschaft der zwanziger und dreißiger Jahre vielmehr das »intellektuelle Sensorium« für eine

---

[32] JUSTUS HASHAGEN, Rez. von: Lucien Febvre, Combats pour l'histoire, Paris 1953, in: HZ 178 (1954), 149.

[33] Die Sammelbesprechung von KARL FERDINAND WERNER; Hauptströmungen der neueren französischen Mittelalterforschung, in: WaG 13 (1953), kann als der erste deutsche Bericht gelten, in dem die *Annales* nicht nur als »Schule« wahrgenommen wurden, sondern der sich auch mit einer von kritischer Sympathie getragenen Haltung mit ihrer Programmatik auseinandergesetzt hatte. In einem Rückblick hat Werner die Umstände seiner damaligen Rezension beleuchtet. Vgl. DERS., Historisches Seminar – École des *Annales*. Zu den Grundlagen einer europäischen Geschichtsforschung, in: Jürgen Miethke (Hg.), Geschichte in Heidelberg. 100 Jahre Historisches Seminar, 50 Jahre Institut für Fränkisch-Pfälzische Geschichte und Landeskunde, Berlin usw. 1992, 1–38; 33f.

[34] So SCHÖTTLER, Zur Geschichte der *Annales*-Rezeption, 41ff. Die Langlebigkeit bereits in den fünfziger Jahren geprägter Vorurteile gegenüber der *nouvelle histoire* hat OTTO GERHARD OEXLE anhand vier verschiedener »Wahrnehmungsmuster« in der deutschen Geschichtswissenschaft herausgearbeitet: Was deutsche Mediävisten an der französischen Mittelalterforschung interessieren muß, in: Michael Borgolte (Hg.), Mittelalterforschung nach der Wende 1989, München 1995, 89–127. Zu Ritters Vorwurf der angeblichen Gegenwartsferne des Œuvres Fernand Braudels vgl. 95.

Aufgeschlossenheit gegenüber den neuen sozialwissenschaftlichen Fragestellungen aus Frankreich gefehlt.[35] Begründet wird diese auch andernorts vorgetragene Erklärung mit dem Hinweis auf das Ende der Methodenstreitigkeiten in Frankreich und Deutschland um die Jahrhundertwende, in dessen Folge die geschichtswissenschaftlichen ›Kulturen‹ beider Länder ihre nachhaltige Prägung erfahren hätten, und die den Ausgangspunkt für eine sich grundlegend voneinander differierende Konstituierung der Geschichtsforschung in beiden Ländern markierten.[36] Während die Kontroverse zwischen Geschichtswissenschaft und Soziologie in Frankreich wiederholt als »epistemologische Geburtsstunde«[37] (Lutz Raphael) der *Annales* gedeutet worden ist, wird dem mit dem Namen Lamprechts verknüpften Methodenstreit der 1890er Jahre bis heute die Bedeutung *der* Wegscheide für die Entwicklung der deutschen Geschichtswissenschaft im 20. Jahrhundert zugemessen. Nach wie vor wird der Ausgang des »Lamprecht-Streits« für die langfristige Unterdrückung konzeptioneller und methodischer Erneuerungsversuche in der deutschen Geschichtswissenschaft und damit der jahrzehntelangen Isolierung von innovativen westeuropäischen und amerikanischen Vorbildern verantwortlich gemacht.[38] Insbesondere in der Bundesrepublik wurde und wird

---

[35] SCHÖTTLER, Zur Geschichte der *Annales*-Rezeption, 41. Zu einem ähnlichen, jedoch differenzierteren Urteil kamen HEINZ-GERHARD HAUPT/GILBERT ZIEBURA (Hg.), Wirtschaft und Gesellschaft in Frankreich seit 1789, Gütersloh 1975, 16 ff. Laut Haupt und Ziebura standen der Rezeption wirtschafts- und sozialgeschichtlicher Ansätze »die Abgrenzung der deutschen Historiker ... von gesellschaftskritischen Fragestellungen im weitesten Sinne und eine vom Primat nationalstaatlicher Interessen ausgehende Forschungsperspektive entgegen.« Als Beleg für ihre These führen die Autoren die Diskussionen um die Schriften Hedwig Hintzes an, in denen derartige Tendenzen »überdeutlich« zum Ausdruck gekommen seien.

[36] Exemplarisch für diese Sichtweise HANS SCHLEIER, Epochen der deutschen Geschichtsschreibung seit der Mitte des 18. Jahrhunderts, in: Küttler u. a. (Hg.), Geschichtsdiskurs, Bd. 1, 133–156; 146; ERBE, Zur Rezeption der *Annales*-Historie, 68. Differenzierter GEORG IGGERS, Geschichtswissenschaft in Deutschland und Frankreich 1830 bis 1918 und die Rolle der Sozialgeschichte. Ein Vergleich zwischen zwei Traditionen bürgerlicher Geschichtsschreibung, in: Jürgen Kocka (Hg.), Bürgertum im 19. Jahrhundert, Bd. 3, München 1988, 175–199; und DERS., Geschichtswissenschaft im 20. Jahrhundert: ein kritischer Überblick im internationalen Zusammenhang, Göttingen 1993, 26 ff. Für die Mittelalterhistoriographie vertritt diese Meinung DIETER BERG, Mediävistik – eine »politische Wissenschaft«. Grundprobleme und Entwicklungstendenzen der deutschen mediävistischen Wissenschaftsgeschichte im 19. und 20. Jahrhundert, in: Küttler u. a. (Hg.), Geschichtsdiskurs, Bd. 1, 317–330; 324 f.

[37] LUTZ RAPHAEL, Historikerkontroversen im Spannungsfeld zwischen Berufshabitus, Fächerkonkurrenz und sozialen Deutungsmustern. Lamprecht-Streit und französischer Methodenstreit der Jahrhundertwende in vergleichender Perspektive, in: HZ 251 (1990), 325–363.

[38] So z. B. FRIEDRICH JAEGER/JÖRN RÜSEN, Geschichte des Historismus. Eine Einführung, München 1992, 174: »Das Scheitern Lamprechts hat die historistische Wissenschaftstradition in Deutschland verfestigt und überwindungsresistent gemacht.« Das Aufkommen der *Annales* wird

die seit dem ausgehenden 19. Jahrhundert kontrovers diskutierte Kulturgeschichte Lamprechtscher Prägung auf ihre Vorläuferrolle für die moderne Sozialgeschichte reduziert.[39] Während sich gegen Ende der sechziger Jahre eine Forschungsrichtung um Gerhard Oestreich auf die Suche nach verschütteten Traditionen moderner Sozialgeschichtsschreibung im Werk Karl Lamprechts begab,[40] beriefen sich andere auf eben jene von Lamprecht verursachte folgenschwere Behinderung sozialhistorischer Forschung in Deutschland.[41]

Den Methodenkontroversen in Deutschland und Frankreich wurde somit eine ausschlaggebende historische Wirkung zuerkannt, was zur Folge hatte, daß deren unmittelbare »kausale Bedeutung für den Entwicklungsgang der Geschichtswissenschaft systematisch überhöht« und ungestört reproduziert werden konnte.[42] In dieser Perspektive wurden die *Annales,* wie Raphael zu Recht kritisch bemerkt hat, zu »Kronzeugen erwünschter Paradigmenwech-

---

in dieser Perspektive dann zwangsläufig als »anti-historische Wende der Kulturwissenschaft« interpretiert.

[39] Auch in der DDR waren die Haltungen gegenüber Lamprecht ambivalent. Während er von Historikern um HANS SCHLEIER und KARL CZOK als »fortschrittlicher« Historiker, als »Alternative zu Ranke« (so der Titel eines 1988 von Schleier herausgegebenen Bandes einer Auswahl von Lamprecht-Schriften) gedeutet wurde, verurteilte ihn JÜRGEN KUCZYNSKI aufgrund seiner Unterstützung der annexionistischen Kriegszielpolitik im Ersten Weltkrieg als einen der »wildesten Verfechter imperialistischer Ideologie«: vgl. Ders., Vorgefechte im Meinungsstreit, in: ZfG 32 (1984), 429–439; 431.

[40] Bestimmend für diese Richtung wurde GERHARD OESTREICH, Die Fachhistorie und die Anfänge der sozialgeschichtlichen Forschung in Deutschland, in: HZ 208 (1969), 320–363. Oestreichs Fragestellung wurde auch von seiner Schülerin LUISE SCHORN-SCHÜTTE aufgegriffen: Karl Lamprecht. Wegbereiter einer historischen Sozialwissenschaft? in: Notker Hammerstein (Hg.), Deutsche Geschichtswissenschaft um 1900, Stuttgart 1988, 153–191; DIES., Karl Lamprecht und die internationale Geschichtswissenschaft an der Jahrhundertwende, in: AfK 67 (1985), 417–464.

[41] Deutlich hat dies HANS-JOSEF STEINBERG in seinem Porträt Lamprechts formuliert, in: Hans-Ulrich Wehler (Hg.), Deutsche Historiker, Bd. 1, Göttingen 1971, 58–68. ROGER CHICKERING hat die zwei vorherrschenden Meinungsrichtungen prägnant zusammengefaßt: Während Lamprecht den einen als Held erscheint, der den kühnen Versuch gewagt habe, »Geschichtswissenschaft zur Weltgeschichte zu erweitern« und sie anderen, sozialwissenschaftlichen Disziplinen zu öffnen, werde dieser insbesondere von in Bielefeld ansässigen Historikern als ein »Narr« dargestellt, der aufgrund seiner »Verwirrung« und »Ehrgeizes« die »gute Sache« nachhaltig geschädigt habe. Lamprecht stelle somit das Paradox eines Historikers dar, der »mit Kraft und geniale(r) Phantasie die richtigen Fragen an die deutsche Geschichte« gestellt habe und »mit ebensoviel Kraft und genialer Phantasie die falschen Antworten fand.« (Ein schwieriges Heldenleben. Bekenntnisse eines Biographen, in: Gerald Diesener (Hg.), Karl Lamprecht weiterdenken. Universal- und Kulturgeschichte heute, Leipzig 1993, 207–222).

[42] RAPHAEL, Historikerkontroversen, 362 f.

sel« in der Geschichtswissenschaft.⁴³ In neueren Forschungen ist nun der Versuch unternommen worden, den Ausgang des »Lamprecht-Streits« als zentrale Bruchstelle für die langfristige Diskreditierung der Sozialgeschichte in Deutschland zu korrigieren. »Kulturgeschichte« wurde hier nicht mehr auf ihre Vorläuferrolle für die Sozialgeschichte reduziert, sondern als interdisziplinärer, über die akademische Zunft hinausgreifender Diskurszusammenhang spezifiziert.⁴⁴ In seiner Studie über »Historische Kulturforschung« hat Stefan Haas den Nachweis zu erbringen versucht, daß kulturhistorische Forschung in Deutschland auch über das Ende des Ersten Weltkriegs hinaus in unterschiedlichen Zusammenhängen betrieben worden und die bisherige Interpretation des Methodenstreits auf die Projektion des seit den sechziger Jahren in der bundesdeutschen Geschichtswissenschaft virulenten Widerspruchs zwischen Sozial- und Politikgeschichte zurückzuführen sei. Demnach könne, wo Kulturgeschichte nur in ihrer Funktion als Vorläuferin der Sozialgeschichte gesehen werde, »nur von einem Scheitern ihrer Protagonisten gesprochen werden.«⁴⁵ Anhand einer Neuinterpretation des Methodenstreits als »Theorienstreit« ist Haas zu der Überzeugung gelangt, daß es in den Auseinandersetzungen zwischen Vertretern der Kulturgeschichte auf der einen und den Verfechtern der Politikgeschichte auf der anderen Seite weder Sieger noch Verlierer gegeben habe. Ebenso sei die Kontroverse um Kulturgeschichte nicht als Auseinandersetzung individueller Weltanschauungen oder reiner Methodenfragen zu verstehen, sondern als ein Zusammenprallen »komplexer Denksysteme wissenschaftlicher Geschichtsbetrachtung«, nicht als ein Aufeinandertreffen individueller Meinungen also, sondern von »Argumentationszusammenhängen«, deren inhaltliche Präzisierung Haas mit Hilfe des Terminus »Geschichtstheorie« adäquat zu erfassen sucht.⁴⁶ Wie Haas schlüssig zeigt, kam der kulturhistorische Diskurs in Deutschland nicht mit dem Ende des Ersten Weltkriegs zum Erliegen, sondern versiegte erst in den dreißiger Jahren. Die Gründe hierfür lagen weniger

---

⁴³ RAPHAEL, Erben, 16. Die Übertragung des von THOMAS KUHN, The Structure of Scientific Revolutions (1962), diskutierten Paradigma-Begriffes auf die Geschichtswissenschaft hat KARL-GEORG FABER, Geschichtslandschaft – Région historique – Section in history. Ein Beitrag zur vergleichenden Wissenschaftsgeschichte, in: Saeculum 30 (1979), 4–21, am Beispiel der Landesgeschichte problematisiert.

⁴⁴ STEFAN HAAS, Historische Kulturforschung in Deutschland 1880–1930. Geschichtswissenschaft zwischen Synthese und Pluralität, Köln 1994.

⁴⁵ Ebd., 11.

⁴⁶ »Das Ziel jeder Fraktion« ist nach Haas »der Aufbau eines in sich konsistenten Systems der Erklärung und Letztbegründung historischer Forschung« gewesen. An der Differenz zwischen »Methode und Weltanschauung« als Erklärungsmuster sei die Debatte schließlich zum Stillstand gekommen. (158)

in der personellen Ausdünnung der Kulturgeschichte, sondern vor allem im Aufkommen einer völkisch-nationalen Geschichtsschreibung, die ihre wesentlichen Impulse aus der Landes- bzw. »Volksgeschichte« bezog und mit dem Heimatbegriff die Synthesekategorie der »Kultur« ablöste.[47]

Die Frage nach transnationalen Rezeptionsvorgängen, also nach der Ausstrahlung Lamprechts (und vor allem anderer Vertreter der Kulturgeschichte) nach Westeuropa und den Wirkungen französischer oder belgischer Forschungen auf die Kulturgeschichtsschreibung in Deutschland ist damit allerdings noch nicht beantwortet. Während Haas nur den deutschsprachigen Raum untersucht und dabei die fast zeitgleich verlaufende französische Debatte in Frankreich ebensowenig erörtert wie die Frage nach Impulsen westeuropäischer Historiker auf die deutsche Kulturgeschichtsschreibung,[48] kommt Luise Schorn-Schütte in einer neueren Untersuchung zu einem differenzierteren Ergebnis.[49] Nachwirkungen Lamprechts sieht sie mit der Landesgeschichte der Weimarer Republik und der Soziologie Alfred Webers und Hans Freyers nicht nur im Inland. Auch in zahlreichen westlichen Ländern sowie in Polen will Schorn-Schütte Spuren von »erstaunlicher Breite« ausmachen.[50] Ihr Resümee, Lamprechts Konzept habe einen »Teil einer national übergreifenden Neuorientierung historischen Forschens« dargestellt, weist jedoch zugleich auf die noch zu leistende Forschung hin. Aber auch hier bleibt die Diskussion primär auf die Person Lamprechts eingeengt. Skeptischer ist dagegen Ursula A. Becher. Sie stellt eine eher marginale Bedeutung Lamprechts für die sich um 1900 ebenfalls in einer Orientierungskrise befindende französische Geschichtswissenschaft fest.[51] Während Lang-

---

[47] Ebd., 344 ff.

[48] Diese habe, so Haas, in seinem Untersuchungszeitraum »nahezu keine ausländischen Ansätze« aufgenommen. (20).

[49] LUISE SCHORN-SCHÜTTE, Nachwirkungen der Lamprechtschen Geschichtsschreibung. Rezeptionen im Ausland und in der deutschen Geschichtswissenschaft und Soziologie, in: Diesener (Hg.), Karl Lamprecht weiterdenken, 272–294.

[50] Lamprechts Geschichtsschreibung der Kultur »als Werden der Nation« und nicht des Staates, so Schorn-Schütte, habe für einen kurzen Zeitraum für Länder wie Belgien und Polen Vorbildcharakter besessen. Über Pirenne seien Anregungen Lamprechts auch in Frankreich, speziell von Henri Berr, aufgenommen und in dessen *Revue de synthèse historique* weitergegeben worden. Diese These wird jedoch durch die Feststellung, daß von einer »prägenden Rolle Lamprechts für die synthetisierende Geschichtsschreibung« Berrs keine Rede sein könne, sogleich relativiert. Schorn-Schüttes günstige Beurteilung der Folgewirkungen Lamprechts wird von anderen Autoren deutlich skeptischer gesehen. So sieht etwa RÜDIGER VOM BRUCH keine »Einflußzonen« Lamprechts speziell in der deutschen Wirtschafts- und Sozialgeschichtsschreibung (Weiterführung der Schmollerschen und Lamprechtschen Traditionen in der Weimarer Republik, in: ebd., 225–241; 234 ff)

[51] URSULA A. BECHER, Die Bedeutung Lamprechts bei der Neuorientierung der französischen

lois und Seignobos dessen Werke als zu abstrakt und unpräzise abqualifizierten, habe Henri Berrs *Revue de Synthèse* Lamprecht zwar Raum für die Präsentation seiner Ideen eingeräumt, insbesondere seinen Vorstellungen einer synthetischen Geschichtswissenschaft. Lamprechts Wirkungen seien jedoch auch hier auf die Rolle eines wichtigen Anregers und Stichwortgebers beschränkt geblieben. Seine Konzeptionen hätten zwar das Interesse einer aufgeschlossenen Historikerschaft gefunden, jedoch keinen Beitrag zu konkreten inhaltlichen Umgestaltungen in der französischen Historiographie geleistet.[52]

Durch die oben erwähnten Arbeiten ist die vielfach postulierte Bedeutung der Methodenstreitigkeiten für eine offensichtlich konträre Entwicklung der deutschen und der französischen Geschichtswissenschaft relativiert worden, ohne die nationalspezifischen Profile beider Wissenschaftskulturen im ganzen in Frage zu stellen.[53] Demnach ist der Lamprecht-Streit als singuläres Erklärungsmodell der historiographischen Variante des deutschen »Sonderwegs« schon allein deshalb nicht länger tragfähig, weil von ihm – unterhalb der Ebene der Nationalgeschichtsschreibung – bereits seit der Jahrhundertwende wesentliche Impulse auf die Landes- und Kulturgeschichtsschreibung in Deutschland und Westeuropa ausgingen, die nach dem Zweiten Weltkrieg in der Geschichtswissenschaft sowohl der Bundesrepublik als auch der DDR aufgegriffen und weiterentwickelt worden sind.[54] Im Zuge der Lamprecht-Renaissance einerseits, der Konkurrenzsituation zwischen Geschichtswissenschaft und Sozialwissenschaft gegen Ende der sechziger Jahre anderer-

---

Geschichtswissenschaft um die Jahrhundertwende, in: Horst Walter Blanke (Hg.), Transformation des Historismus. Wissenschaftsorganisation und Bildungspolitik vor dem Ersten Weltkrieg. Interpretationen und Dokumente, Waltrop 1994, 95-111.

[52] Becher konkretisiert ihr Ergebnis am Beispiel Febvres, der Lamprechts Gedanken mit großem Interesse begegnet sei, diese aber aufgrund eigener Traditionen und »mentaler Dispositionen« entscheidend weiterverarbeitet habe. (Ebd., 110)

[53] Wie RAPHAEL, Historikerkontroversen, 362, gezeigt hat, weisen die Methodenkontroversen in Frankreich und Deutschland »die Beharrungskraft einer Geschichtswissenschaft« auf, »deren institutionelle Position nicht erschüttert wurde, deren kulturelle Ausstrahlung nur langsam verblaßte und deren Fachkultur im Forschungsalltag ungestört reproduziert wurde.« Bereits 1979 hat ERNST SCHULIN vor einer allzuweiten Rückdatierung einer deutschen Sonderentwicklung bezüglich ihres »Defizits an Sozialgeschichte« gewarnt und dagegen die »Übereinstimmungen«, die in der Entwicklung zwischen der deutschen, französischen und amerikanischen Geschichtswissenschaft bis zum Ende der zwanziger Jahre geherrscht hätten, betont. Vgl. Ders., Geistesgeschichte, Intellectual History und Histoire des Mentalités seit der Jahrhundertwende, in: Ders. (Hg.), Traditionskritik und Rekonstruktionsversuch. Studien zur Entwicklung von Geschichtswissenschaft und historischem Denken, Göttingen 1979, 144-162; 153.

[54] Zu den allgemeinen Nachwirkungen Lamprechts vgl. SCHORN-SCHÜTTE, Wegbereiter, 170 ff.

seits, verlagerte sich in Deutschland die Suche nach kultur-, sozial- und wirtschaftsgeschichtlichen Neuansätzen nun auf die Bereiche historischer Forschung, die unter dem Namen ›geschichtliche Landeskunde‹ oder ›vergleichende Landesgeschichte‹ zusammengefaßt werden können.[55] Gerade in diesem Bereich entdeckte man eine Öffnung der Geschichtswissenschaft gegenüber benachbarten Humanwissenschaften, wie sie für den Methodenpluralismus und die Interdisziplinarität der *Annales* kennzeichnend war. Franz Irsigler hat in einer vergleichenden Studie zur Landesgeschichte in Deutschland und Frankreich zu zeigen versucht, daß sich hier – neben grundsätzlichen strukturellen Unterschieden – nicht nur erste Berührungspunkte zwischen den frühen *Annales* und deutscher Geschichtswissenschaft finden ließen, sondern von der deutschen Landesgeschichte auch wichtige Anregungen auf das Œuvre Marc Blochs ausgegangen seien. Dagegen ist unstrittig, daß man in Frankreich nach dem Ersten Weltkrieg die Anfänge der Geschichtlichen Landeskunde jenseits des Rheins und ihre Verbindungen zu einer »volksdeutsch« ausgerichteten Grenzlandforschung mit Skepsis und Sorge betrachtete, wie kritische Rezensionen Blochs und Febvres aus den zwanziger Jahren eindeutig zeigen.[56] Gegen die neuerdings vorgebrachte These einer »Adaption« oder gar Nachahmung der deutschen Landesgeschichte durch *Annales*-Historiker hat sich zu Recht Peter Schöttler nachdrücklich gewandt, der die politische und methodische Unvereinbarkeit von *Annales*-Historie und deutscher Landesgeschichte betont.[57]

Die Frage nach gegenläufigen, von Frankreich nach Deutschland verlaufenden Rezeptionsprozessen ist damit auch im Bereich der Landesgeschichte noch nicht beantwortet. Hiervon sind jedoch die in den fünfziger Jahren in der bundesdeutschen Geschichtswissenschaft um Werner Conze und Theodor Schieder geführten Diskussionen um sozial-, kultur- und strukturgeschichtliche Ansätze abzugrenzen, die nicht, wie oftmals vermutet worden

---

[55] Ebd., 182 ff.

[56] Franz Irsigler, Zu den gemeinsamen Wurzeln von »histoire régionale comparative« und »vergleichender Landesgeschichte« in Frankreich und Deutschland, in: Hartmut Atsma/André Burguière (Hg.), Marc Bloch aujourd'hui. Histoire comparée et sciences sociales, Paris 1990, 73–85. Vgl. auch Irmline Veit-Brause, The Place of Local and Regional History in German and French Historiography: some general reflections, in: AJFS 16 (1979), 447–478.

[57] Peter Schöttler, Marc Bloch und Deutschland, in: Ders. (Hg.), Marc Bloch. Historiker und Widerstandskämpfer, Frankfurt a. M./New York 1999, 33–71; 34 f; Ders., Das »Annales-Paradigma« und die deutsche Historiographie (1929–1939). Ein deutsch-französischer Wissenschaftstransfer? In: Lothar Jordan/Bernd Kortländer (Hg.), Nationale Grenzen und internationaler Austausch. Studien zum Kultur- und Wissenschaftstransfer in Europa, Tübingen 1995, 200–220. In gleicher Weise argumentiert auch Oexle, Was deutsche Mediävisten an der französischen Mittelalterforschung interessieren muß, 91 ff.

ist, auf eine Rezeption französischer Forschungen zurückzuführen sind, sondern als Weiterentwicklung früherer Ansätze, etwa der ›Deutschen Soziologie‹ eines Hans Freyer oder der ›Politischen Volksgeschichte‹ Otto Brunners verstanden werden müssen.[58]

Wie die punktuelle *Annales*-Rezeption durch Werner Conze zeigt, wurde bald nach dem Zweiten Weltkrieg nicht nur in Frankreich, sondern auch in der Wahrnehmung der westdeutschen Geschichtswissenschaft die Frühzeit der *Annales* von der beginnenden »Ära Braudel« überschattet.[59] Im Vordergrund standen Diskussionen um grundsätzliche methodologische Fragen, wie sie Braudel in seiner für eine nahezu komplette Generation von Historikern »schulbildenden« Habilitationsschrift aufgeworfen hatte.[60] Im Mittelpunkt des historischen Interesses standen jetzt zeitgemäßer erscheinende Werke der zweiten Generation von *Annales*-Historikern wie Braudel und Labrousse. Vor diesem Hintergrund stellte sich die Suche nach Indizien für eine Rezeption Marc Blochs der Mehrheit der (bundes)deutschen Wissenschaftshistoriker offenbar als nur wenig erfolgversprechend dar. Infolgedessen beließ man es in früheren Darstellungen bei dem (vorläufigen) Forschungsresultat, daß man im Deutschland der Zwischenkriegszeit von den wichtigsten seiner Schriften nur vereinzelt Notiz genommen habe, die tatsächliche Bedeutung der beiden *Annales*-Pioniere für die Zukunft des Faches hingegen weit unterschätzt worden sei.

---

[58] SCHULZE, Deutsche Geschichtswissenschaft nach 1945, insbes. Kap. 16: Von der »politischen Volksgeschichte« zur »neuen Sozialgeschichte«, 281 ff. Daß die *Annales* »keineswegs einen von zwei gleichberechtigten Traditionssträngen für die frühe deutsche Sozialgeschichte« in der Bundesrepublik bildeten, unterstreicht THOMAS ETZEMÜLLER, Sozialgeschichte als politische Geschichte. Werner Conze und die Neuorientierung der westdeutschen Geschichtswissenschaft nach 1945, München 2001, 54 ff. Die ungenaue Rezeption der *Annales* durch Conze analysiert Etzemüller am Beispiel von Braudels »Struktur«-Begriff als Akt eines *creative misreading*.

[59] Dies belegen jetzt häufiger erscheinene Sammelrezensionen, u. a. von KARL FERDINAND WERNER in der HZ (Sonderheft 1/1962, 467 ff), HEINZ-OTTO SIEBURG (ebd., Sonderheft 2/1965, 277 ff), und der Aufsatz von KARL ERICH BORN, Neue Wege der Wirtschafts- und Sozialgeschichte in Frankreich: Die Historikergruppe der »Annales«, in: Saeculum 15 (1964), 298-309, genannt. Eine Ausnahme stellt das Porträt von MANFRED WÜSTEMEYER, Die »Annales«: Grundsätze und Methoden ihrer »neuen Geschichtswissenschaft«, in: VSWG 54 (1967), 1-45, dar, der sich noch einmal des Problems der historischen Methode Blochs annahm.

[60] FERNAND BRAUDEL, La méditerranée et le monde méditerranéen à l'époque de Philippe II, Paris 1949. Maßgeblich zu den *Annales* nach 1945 ist RAPHAEL, Erben, insbes. 106 ff.

2. Marc Bloch und die deutsche Geschichtswissenschaft im Kontext neuerer Arbeiten zur Historiographiegeschichte

Vor dem Hintergrund des Siegeszuges der zweiten *Annales*-Generation nach 1945 war das historiographische Œuvre Marc Blochs in Frankreich für mindestens zwei Jahrzehnte in den Hintergrund getreten.[61] Während seine gesammelten Aufsätze auch hier erst im Jahr 1963 veröffentlicht wurden,[62] erschien in Deutschland die erste Übersetzung eines seiner wichtigsten Werke, der *Société féodale*, mit einer Verzögerung von über vier Jahrzehnten.[63] In einer 1965 erschienenen längeren und kenntnisreichen Besprechung der *Mélanges* räumte Erich Maschke ein, daß Blochs Bücher in Deutschland zwar einen »starken Eindruck« hinterlassen hätten, sein Gesamtwerk jedoch »bis heute« nicht rezipiert worden sei.[64]

---

[61] Vgl. RAPHAEL, Erben, 91. Raphael betont die Bedeutung des »Bruches« von 1945 für die konzeptionelle Weiterentwicklung der *Annales* unter dem Einfluß Braudels, dessen intellektuelles Werk auch zahlreiche Einflüsse »jenseits« der *Annales* aufweist und nicht in einer direkten Traditionslinie des Blochschen Œuvres steht. (112f)

[62] Mélanges historiques (Préface de Charles-Edmond Perrin), 2 Bde., Paris 1963.

[63] Die Feudalgesellschaft, Berlin/Frankfurt a. M. 1982 (Neuausgabe Stuttgart 1999). Danach erschienen: Apologie der Geschichte oder der Beruf des Historikers, München 1985 (neue Ausgabe u. d. T. Apologie der Geschichtswissenschaft oder der Beruf des Historikers, hrsg. Peter Schöttler, mit einem Vorwort von Jacques Le Goff, Stuttgart 2002); Die seltsame Niederlage, Frankfurt a. M. 1992; Die wundertätigen Könige, München 1998.

[64] ERICH MASCHKE, Marc Bloch 1886-1944, in: JbNSt 178 (1965), 258-269. 1963 hatte Maschke eine Gastprofessur an der Pariser *École Pratique des Hautes Études* inne, während der er Verbindungen »zur Schule der *Annales*« knüpfen konnte, »die ihm in Fragestellungen und Methoden das bot, was er suchte.« ECKART SCHREMMER, Erich Maschke (2. März 1900-11. Februar 1982), in: HZ 235 (1982), 251-255. In den Jahren vor 1945 gehörte Maschke zu den profiliertesten nationalsozialistischen Ostforschern. Im Oktober 1945 wurde er von den Sowjets verhaftet und konnte erst 1953 in die Bundesrepublik zurückkehren. In Königsberg wurde der durch die bündische Jugend geprägte Historiker Assistent von Hans Rothfels, 1929 im Alter von neunundzwanzig Jahren Privatdozent. Zur fundamentalen Bedeutung der antidemokratischen und antimodernen Jugendbewegung für revisionistische und völkische Strömungen in der Weimarer Republik und im Nationalsozialismus vgl. INGO HAAR, »Revisionistische« Historiker und Jugendbewegung: Das Königsberger Beispiel, in: Peter Schöttler (Hg.), Geschichtsschreibung als Legitimationswissenschaft 1918-1945, Frankfurt a. M. 1997, 52-103. In einem Lebensrückblick sprach Maschke noch einmal von den Fortschritten der französischen Forschung um die *Annales* und der materialistischen Geschichtsforschung »im Osten« [!], deren Herausforderungen er sich nach 1956 bereitwillig gestellt habe: »Ich bejahte das Neue, das vor mir stand, voll und ganz.« Durch die Freundschaft zu Fernand Braudel sei er in seinem eingeschlagenen Weg bestätigt worden, wie die *Annales* ihm überhaupt »in Fragestellungen und Methoden« das geboten hätten, was er »erstrebt« habe (Begegnungen mit Geschichte, in Ders., Städte und Menschen. Beiträge zur Geschichte der Stadt, der Wirtschaft und Gesellschaft 1959-1977, Wiesba-

Die Frage nach Berührungspunkten zwischen der deutschen Geschichtswissenschaft und den *Annales* in der Zwischenkriegszeit wurde erst gegen Mitte der achtziger Jahre im Kontext eines neuen, internationalen Forschungsinteresses an der Person des Wissenschaftlers und Widerstandskämpfers Marc Bloch aufgeworfen. So stand bei einer anläßlich des 100. Geburtstages Blochs veranstalteten Konferenz auch die Suche nach den intellektuellen Prägungen seines umfangreichen und in großen Teilen noch immer unbekannten Œuvres im Mittelpunkt.[65] Dabei ist immer wieder die Frage nach dem Verhältnis Blochs zur deutschen Geschichtswissenschaft aufgeworfen und problematisiert worden. In einem Beitrag über »Marc Bloch und die deutsche Geschichtswissenschaft« hat Karl Ferdinand Werner bekräftigt, daß Bloch und seine Mitstreiter nach dem Schlüsselerlebnis des Ersten Weltkriegs ohne Zweifel eine »neue«, andere als bislang in Deutschland und Frankreich praktizierte Geschichte intendierten, diese Erklärung aber nicht ausreiche, um das Verhältnis Blochs zur deutschen Wissenschaft hinreichend zu erklären.[66] Wenn auf der einen Seite Blochs Historiographie als konsequente Abwendung von der positivistischen Vorkriegs-Geschichtsschreibung begriffen werden muß, so hat der deutsch-französische Gegensatz auf der anderen Seite zweifellos befruchtend auf die Genese der *nouvelle histoire* gewirkt: Einige Schriften Blochs nahmen im Zuge seiner jahrzehntelangen Auseinandersetzung mit der deutschen Geschichtswissenschaft – wie etwa sein Nekrolog auf Georg von Below oder die Rezension des Historismus-Buches Friedrich Meineckes von 1936 zeigen – auch programmatischen Charakter an.[67] Die Kommentare des *Annales*-Gründers gegenüber der jenseits des Rheins betriebenen Historiographie waren jedoch nicht

---

den 1980, VII–XIX). Kritisch zu M. aus polnischer Sicht: MARIAN BISKUP, Erich Maschke – ein Vertreter der Königsberger Geschichtswissenschaft aus polnischer Sicht, in: JbGesMOstdtl 41 (1993), 91–107.

[65] ATSMA/BURGUIÈRE (Hg.), Marc Bloch aujourd'hui. Dieses Forschungsinteresse zeigt sich auch an der regen Beteiligung deutscher Historiker. Vgl. hierzu neben den Beiträgen Heinz Dopschs und Karl Ferdinand Werners v. a. FRANZ IRSIGLER, Zu den gemeinsamen Wurzeln von »histoire régionale comparative« und »vergleichender Landesgeschichte« in Frankreich und Deutschland, und OTTO GERHARD OEXLE, Marc Bloch et la critique de la raison historique (ebd., 419–433), der den Einfluß Max Webers auf die Theorie der historischen Erkenntnis bei Bloch diskutiert.

[66] KARL FERDINAND WERNER, Marc Bloch et la recherche historique allemande, in: Atsma/Burguière (Hg.), Marc Bloch aujourd'hui, 125–134. Vgl. hierzu auch die zustimmende Kritik LUTZ RAPHAELS, Zwischen wissenschaftlicher Innovation und politischem Engagement: Neuerscheinungen zur Geschichte der frühen Annales-Schule, in: Francia 19/3 (1992), 103–108; 107.

[67] Un tempérament: Georg von Below, in: AHES 3 (1931), 553–559; DERS., »Historisme« ou travail d'historien? In: AHS 1 (1939), 429–430. Diese Artikel finden immer wieder Beachtung,

durchgehend ablehnend. Bloch hat sich in den Jahren nach 1919 der deutschen Geschichtswissenschaft nicht nur nicht verschlossen, hat sie nicht nur umfangreich kommentiert und kritisiert, sondern auch zitiert. Auch in seinen Rezensionen habe es Bloch, wie Werner zu Recht herausstellt, trotz aller mitunter grundsätzlichen Kritik niemals an Respekt vor den wissenschaftlichen Leistungen ausländischer Gelehrter fehlen lassen.[68] Auf diese Weise habe Bloch das französische Publikum darüber hinaus mit den »Schätzen« der internationalen Wissenschaft vertraut gemacht. Zusammenfassend läßt sich sagen, daß Marc Bloch nicht nur als der beste französische Kenner der deutschen Geschichtswissenschaft, sondern auch ihr bedeutendster Vermittler in Frankreich gelten muß.[69] Angesichts seines unermüdlichen Einsatzes als Rezensent deutscher Forschungen in der *Revue historique*, den *Annales*, der *Revue de synthèse* und im *Bulletin* der Straßburger *Faculté des Lettres* und seines vielfach vorgetragenen Plädoyers für eine vergleichende europäische Geschichtsforschung muß Bloch heute als einer der »ersten wirklichen europäischen Historiker« gelten.[70]

Wenn das Œuvre Marc Blochs vielfältige intellektuelle Verbindungslinien zur deutschen Geschichtswissenschaft aufweist, so ist die Frage, inwieweit sich die wegweisende Bedeutung des wissenschaftlichen Werkes Blochs auch auf einer Rezeption deutscher Forschungen gründet, der deutschen Geschichtswissenschaft der ersten drei Jahrzehnte des 20. Jahrhunderts in gewisser Hinsicht eine »Vorbildfunktion« zukam, mit Werners Forschungsskizze von 1986 noch nicht hinreichend beantwortet.[71] Aufbauend auf seinen älteren Arbeiten ist Karl Ferdinand Werner so weit gegangen, wörtlich

---

wenn die Abgrenzung Blochs von herausragenden Vertretern der deutschen universitären Geschichtswissenschaft verdeutlicht werden soll.

[68] Die von Bloch verfaßten Porträts in- und ausländischer Historiker ähnelten, wie ein Rezensent treffend bemerkte, immer auch einem Selbstporträt (MATTHIAS GRÄSSLIN, Das Gefühl, das aus reiner Erkenntnis entspringt. Marc Blochs Aufsätze über die Methoden der Geschichtswissenschaft und über seine Historikerkollegen. Rez. von: Marc Bloch, Histoire et historiens. Textes réunies par Etienne Bloch, Paris 1995, in: FAZ, 15. 3. 1996, 12).

[69] PETER SCHÖTTLER hat gezeigt, daß keine andere nationale Geschichtswissenschaft und Geschichte in den *Annales* der dreißiger Jahre in gleichem Umfang vertreten war wie die deutsche. Vgl. Ders., Das »Annales-Paradigma« und die deutsche Historiographie. Daß auch Febvre sich in einem enormen Umfang als Rezensent betätigt hat, zeigt die von BERTRAND MÜLLER herausgegebene Bibliographie des travaux de Lucien Febvre, Paris 1990.

[70] So das Urteil WERNERS, Marc Bloch et la recherche historique allemande, 128.

[71] Die z. Z. von BERTRAND MÜLLER u. PETER SCHÖTTLER in Zusammenarbeit mit dem Göttinger MPIG vorbereitete Edition sämtlicher Rezensionen Blochs zur deutschen Geschichtswissenschaft versucht nicht nur, der Bedeutung Blochs als Rezensent deutscher Forschungen Rechnung zu tragen. Vielmehr wird sie auch die Basis für künftige Forschungen zum Werk Blochs darstellen. Der Beitrag von STEFFEN SAMMLER, »Histoire nouvelle« und deutsche Geschichtswissen-

von einer »Verwurzelung« des Blochschen Œuvres in der deutschen Geschichtswissenschaft zu sprechen.[72] In Teilen der deutschen Geschichtswissenschaft haben diese Vorstellungen von der deutschen Historiographie als »Schrittmacher« für die Entwicklung der *Annales* vorschnell Verbreitung gefunden, ohne durch gesicherte Forschungen gestützt zu sein.[73] Auf der Suche nach möglichen deutschen Einflüssen auf Bloch und Febvre ist wiederholt auf die Bedeutung der 1918 wieder französisch gewordenen Universität Straßburg, insbesondere ihrer reichhaltigen Universitätsbibliothek, verwiesen worden.[74] Andere haben die These vertreten, die deutsche *Vierteljahrschrift für Wirtschafts- und Sozialgeschichte* habe den *Annales*-Gründern als Vorbild für die Konzipierung der ersten wirtschaftsgeschichtlichen Fachzeitschrift in Frankreich gedient, die deutsche Geschichtswissenschaft also auch hier eine »Modellfunktion« eingenommen.[75] Derartige Thesen wurden nicht zuletzt durch französische Forschungen unterstützt. Auch in Frankreich hat

---

schaft. Der Einfluß deutscher Historiker auf die Herausbildung der Geschichtskonzeption von Marc Bloch, in: Comparativ 1 (1992), 54-63, ist für diese Fragestellung wenig erhellend.

[72] Auf der Tagung anläßlich des 100. Geburtstages Blochs habe er sich »nicht gescheut, die Wurzel seines [Blochs, S. K.] Œuvres auch in der deutschen Forschung zu betonen.« (Marc Bloch und die Anfänge einer europäischen Geschichtsforschung. Vortrag gehalten am 16. Juni 1994 anläßlich der Wiederkehr des 50. Todestages des französischen Mediävisten Marc Bloch, Saarbrücken 1995, 30). In seinem Beitrag »Historisches Seminar – École des *Annales*«, 36 f) spricht Werner von Blochs nicht nur französischer, sondern »europäischer Forschungsbasis«. Für »nicht wenige«, so Werner, sei der »deutsche Einfluß auf Marc Bloch eine Entdeckung« gewesen. Pierre Toubert habe dann in seinem Vorwort »viel genauer« dargelegt, »was die *Ecole des Annales* der deutschen Forschung verdankt.« (vgl. dazu unten Anm. 77).

[73] Ausdrücklich ist hier die These REINHARD ELZES zurückzuweisen, der auf der Schlußdiskussion der Otto Brunner-Tagung (März 1987) in Trient (in: AnnTrento 13, 1987, 150), behauptet hatte: »Wer etwa das Buch ›Kulturströmungen und Kulturprovinzen in den Rheinlanden‹ ... liest«, finde für »das Rheinland ... so ziemlich alles, was die ›Annales‹ für größere Räume ... versucht haben, nämlich totale Geschichte, interdisziplinär, von verschiedenen Fachleuten.« Vgl. kritisch zur »Vereinnahmung« Blochs PETER SCHÖTTLER, Marc Bloch und Deutschland, 34 f.

[74] Zur Geschichte der Universität Straßburg vgl. JOHN E. CRAIG, Scholarship and Nation Building. The Universities of Straßburg and Alsatian Society 1870-1939, Chicago 1984.

[75] Hier läßt sich die Behauptung von HARTMUT BOOCKMANN einreihen, der Georg von Below, den Mitbegründer der VSWG, als »Großvater« der *Annales* bezeichnet hat (Der Historiker Hermann Heimpel, Göttingen 1990, 13). Über die angebliche »Vorbildrolle« der VSWG vgl. DERS., Deutsche Geschichte ist mehr als rhein-donauländische Heimatkunde. Die ostdeutsche Geschichte wird in der Bundesrepublik zuwenig erforscht, in: FAZ, 22. Mai 1989, 12. Mißverständlich auch LE GOFF, wenn er meint, daß die »Begründer der ›Annales‹ ... in der deutschen Vierteljahrschrift für Sozial- und Wirtschaftsgeschichte‹ eine Fragestellung vorgebildet [fanden], die sie selbst faszinierte.« In: Die Rückeroberung des historischen Denkens (wie Anm. 7), 18. Aufschlußreiche Einblicke in die Gründungsgeschichte der *Annales d'histoire sociale et économique* und die Rolle der VSWG bietet der von BRYCE u. MARY LYON herausgegebene Band: The

man in den achtziger Jahren – nachdem die *Annales* auf ihr nunmehr fünfzigjähriges Bestehen zurückblicken konnten[76] – begonnen, die sehr intime und umfassende Kenntnis Blochs von der deutschen Forschung herauszuarbeiten. Hier haben Pierre Toubert und Jacques Le Goff anläßlich der Neuauflagen zweier Hauptwerke Blochs auf die Bedeutung deutscher Vorarbeiten für die Historiographie Blochs hingewiesen, die These einer direkten »Vorbildfunktion« jedoch zurückgewiesen.[77]

Gegen die pauschale These einer angeblichen deutschen »Vorbildfunktion« für die Geschichtswissenschaft Blochs hat sich nunmehr eine neuere Forschungsrichtung abgesetzt. Ein besonderer Stellenwert kommt hierbei dem von Ulrich Raulff vorgelegten intellektuellen Porträt Blochs zu. Auch Raulff dokumentiert zwar die stupende Kenntnis Blochs von der deutschen Geschichtswissenschaft, interpretiert dessen Werk jedoch als konsequenten und fundamentalen Bruch mit den Traditionen des deutschen Historismus.[78] Wie keine andere Arbeit zuvor macht Raulffs Studie deutlich, in welch hohem Maß Bloch als Historiker *und* politischer Bürger die Geschichtswissenschaft im 20. Jahrhundert revolutioniert hat und somit beispielhaft für »die problematische Konjunktur von politischer Intelligenz und wissenschaftlicher Historie in diesem Jahrhundert« geworden ist.[79] Nur wenige Historiker, die, wie Raulff zeigt, mit Bloch den Wunsch nach einer »neuen Sprache des Politischen« in der Historiographie teilten, standen wie dieser der Repu-

---

birth of Annales history. The letters of Lucien Febvre and Marc Bloch to Henri Pirenne (1921–1935), Brüssel 1991.

[76] Mit den Artikeln von ANDRÉ BURGUIÈRE, Histoire d'une histoire: La naissance des *Annales*, in: AESC 34 (1979), 1347–1359; und JACQUES REVEL, Histoire et sciences sociales: les paradigmes des *Annales*, in: ebd., 1360–1376; wurde das Jubiläum in den *Annales* allerdings recht bescheiden begangen.

[77] PIERRE TOUBERT, Préface zu: Marc Bloch, Les caractères originaux de l'histoire rurale française, Paris, 3. Aufl. 1988, 5–41; JACQUES LE GOFF, Préface zu: Marc Bloch, Les Rois thaumaturges, Paris 1983, I–XXXVIII.

[78] ULRICH RAULFF, Ein Historiker im 20. Jahrhundert: Marc Bloch, Frankfurt a. M. 1995. An dieser Stelle muß auf eine Zusammenfassung der einzelnen Ergebnisse Raulffs verzichtet werden. Zur Bedeutung dieses Buches vgl. OEXLE, Viel mehr als nur ein »Klassiker«: Marc Bloch, in: RhJ 15 (1996), 79–95, der sich ebenfalls vehement gegen die These einer deutschen Vorbildfunktion für Bloch und die *Annales* wendet: vgl. DERS., Das Andere, die Unterschiede, das Ganze, 151. – Bei allen Vorzügen der Studie Raulffs wird Marc Bloch als »einsame Lichtgestalt« in der europäischen Historiographie der Zwischenkriegszeit präsentiert. So erscheint Bloch aus den Strukturen der zeitgenössischen französischen Geschichtswissenschaft herausgehoben, wie auch sein Verhältnis zu Febvre und anderen Mitstreitern der *Annales* ausgeblendet wird. Auch die Beziehungen zu deutschen Historikern wie etwa zu Alphons Dopsch werden nicht näher erörtert.

[79] RAULFF, Ein Historiker im 20. Jahrhundert, 452ff: »Die Aktualität Blochs«.

blik nahe. Dies trifft insbesondere für die sich nach 1918 in Deutschland und Österreich etablierende »Volksgeschichte« zu. Auch hier habe man zwar den »Aufstand gegen die traditionelle politische Geschichte« mit »gleicher Heftigkeit und in Quellen- und Methodenfragen nicht geringerer Findigkeit« geprobt, aber im Zeichen der Revision von Versailles und damit in einer konträren politischen Ausrichtung zur französischen Entwicklung gestanden. Insofern habe in politischer und ethischer Hinsicht zwischen deutscher »Volksgeschichte« und historischer Anthropologie eines Marc Bloch »eine ganze Welt« gelegen.[80]

Dem Interesse am Werk Marc Blochs und seinen Beziehungen zur deutschen und österreichischen[81] Geschichtswissenschaft steht jedoch eine erstaunliche Forschungslücke gegenüber. Während die Frühgeschichte der *Annales* heute als gut erforscht gelten kann, sind bislang weder die Urteile deutscher Historiker aus den zwanziger und dreißiger Jahren zu den Arbeiten Blochs und Febvres dargestellt worden noch ist systematisch nach Rezensionen und anderen Rezeptionsindizien gesucht worden.[82] Im folgenden sollen daher Reaktionen deutscher Historiker auf die Geschichtsschreibung Blochs erschlossen und anhand biographischer »Miniaturen« der Rezensenten kontextualisiert werden. Wer waren hier die Gelehrten, die sich als Kritiker oder gar Kenner des Blochschen Œuvres profiliert haben, und wie sind diese Historiker innerhalb der deutschen Geschichtswissenschaft der Zwischenkriegszeit politisch und wissenschaftlich einzuordnen?[83] Welcher Spielraum blieb den Kritikern des jüdischen Professors und überzeugten Republikaners Bloch vor allem nach 1933?

---

[80] Ebd., 456 f. Daß in der Praxis der *Annales* die deutsche VSWG kaum als »Vorbild« dienen konnte, hat PETER SCHÖTTLER betont (Das »Annales-Paradigma« und die deutsche Historiographie; DERS., »Désapprendre de l'Allemagne«: les Annales et l'histoire allemande pendant l'entre-deux-guerres, in: Hans Manfred Bock (Hg.), Entre Locarno et Vichy. Les relations culturelles franco-allemandes dans les années trente, Bd. 1, Paris 1993, 439–461).

[81] Vgl. SCHÖTTLER, Die Annales und Österreich in den zwanziger und dreißiger Jahren, in: ÖZfG 4 (1993), 74-99.

[82] Auf eine ausführliche Darstellung der Rezensionen deutscher Historiker zu Lucien Febvre soll hier verzichtet werden. Wie PETER SCHÖTTLER gezeigt hat, war auch Febvre ein guter Kenner deutscher Geschichte und Geschichtswissenschaft, seine persönlichen Beziehungen zu Deutschland waren jedoch mehr »indirekter Natur« (Lucien Febvre, Luther und die Deutschen, in: Lucien Febvre, Martin Luther, Frankfurt a. M./New York 1996, 279–335).

[83] Da die Frage nach der Rezeption Blochs eine Differenzierung hinsichtlich seiner einzelnen Arbeitsschwerpunkte erfordert, ist hier ein chronologischer und an den »Hauptwerken« Blochs orientierter Ansatz gewählt worden.

3. Marc Bloch als Historiker der mittelalterlichen Leibeigenschaft

Ulrich Raulff hat in seiner Biographie Marc Blochs das Thema benannt, das dessen Werk von den Anfängen 1911 bis zum Jahr 1939 geradezu leitmotivisch durchzieht: es ist das »Thema der Freiheit und Unfreiheit in den Wirtschafts- und Herrschaftsordnungen des Mittelalters«.[84] Blochs Interesse an der Bestimmung des »Wesens« von Freiheit und Unfreiheit in der mittelalterlichen Gesellschaft hat ihn nach dem Ersten Weltkrieg zu Arbeiten über rechtliche, soziale und wirtschaftliche Aspekte der mittelalterlichen Leibeigenschaft[85], aber auch zu agrar- und technikgeschichtlichen Studien veranlaßt. Auch Krzysztof Pomian hat die Bedeutung dieser Schriften hervorgehoben und auf ihre Rolle für die Konzeption der französischen Nationalgeschichte bei Bloch verwiesen. Während Lucien Febvre die Entstehung Frankreichs in erster Linie in ihrer territorialen Dimension interessiert habe, sei die französische Nationalstaatsbildung von Marc Bloch hauptsächlich als eine Abfolge »sozialer Veränderungen« gesehen worden.[86] Obwohl der wegweisende Beitrag Marc Blochs zur Erneuerung der Geschichtswissenschaft im 20. Jahrhundert heute in seinen wichtigsten Zügen dokumentiert ist und seine umfassende Sachkenntnis auf dem Gebiet der mittelalterlichen Agrar- und Rechtsgeschichte weltweit Anerkennung findet, nehmen seine Forschungen zur Geschichte der Leibeigenschaft den (in Frankreich) umstrittensten und vielleicht auch den in Deutschland am wenigsten bekannten Teil seines wissenschaftlichen Œuvres ein.[87]

Im Jahr 1986 – ein Datum, an dem anläßlich des einhundertsten Geburtstages Marc Blochs vielerorts Leben und Werk des Historikers gewürdigt wurden – aktualisierte der polnische Historiker Bronislaw Geremek, der sich selbst als dessen »Schüler« versteht, eine in den vergangenen vierzig Jahren wiederholt geübte Kritik an den frühen Arbeiten seines wissenschaftlichen Vorbildes. Eine berühmt gewordene Formel Lucien Febvres aufgreifend, mo-

---

[84] RAULFF, Ein Historiker im 20. Jahrhundert, 315. Die wichtigsten Schriften Blochs zu diesem Themenkomplex sind wieder abgedruckt in: Mélanges historiques II, 4. Teil: Le Servage dans la Société Européenne. Vgl. auch die Erinnerungen FEBVRES, Marc Bloch, in: Ders., Das Gewissen des Historikers. Hg. Ulrich Raulff, Frankfurt a. M. 1990, 223-233, der bereits 1956 auf den Aktualitätsbezug des historischen Werkes seines Freundes hingewiesen hatte.
[85] Zur Abgrenzung der Begriffe »Leibeigenschaft« und »Hörigkeit« im deutschen Sprachgebrauch vgl. die entsprechenden Artikel von HANS-WERNER GOETZ u. WERNER RÖSENER in: LMA, V, 1845-1848; 125.
[86] POMIAN, L'heure des Annales, 405.
[87] So DOMINIQUE BARTHÉLEMY in seinem Nachwort zu Marc Bloch, Rois et serfs et autres écrits sur le servage, Paris 1996, 312.

nierte Geremek an den Studien des jungen Mediävisten die noch konventionelle, eher durch Archivgelehrsamkeit gekennzeichnete und zu eng an juristische und institutionelle Kategorien angelehnte Arbeitsweise: Diese frühen Untersuchungen, so Geremek, »se situaient encore en grande partie dans cette tradition des historiens de la campagne auxquels Lucien Febvre reprochait en 1932, impitoyablement, que ›leurs paysans ne labouraient que des cartulaires, avec des chartes en guise d'araires‹«.[88] Geremeks Einwand markiert den vorläufigen Endpunkt einer wissenschaftlichen Kontroverse um die Forschungen Blochs zur *servitude*, die der belgische Mediävist Léo Verriest bereits 1946 ausgelöst hatte. Verriest hatte Blochs Thesen zur Typologie der *servage*, zur quantitativen Bestimmung der *serfs* und zur Herkunft der Institution einer vernichtenden Kritik unterzogen, die nachhaltende Wirkung zeigen sollten: für ein halbes Jahrhundert, resümierte der französische Mittelalterhistoriker Dominique Barthélemy, standen Bloch und Verriest »Rücken an Rücken«, was schließlich zu einer jahrzehntelangen Vernachlässigung der *servage* als historisches Forschungsobjekt geführt habe.[89] Auch der französische Mediävist Guy Bois, der am Beispiel eines kleinen Dorfes bei Cluny die Transformation der »mittelalterlichen« Gesellschaft vom fränkischen Reich zur sog. »Feudalgesellschaft« und damit den Übergang von der antiken Sklaverei zur grundherrschaftlichen Hörigkeit mikroperspektivisch in den Blick genommen hat, bekräftigte die bisherige Marginalisierung seines Forschungsproblems in der französischen Geschichtsschreibung.[90] Bois' zufolge hätten sich in Frankreich seit den dreißiger Jahren gerade drei Mediävisten dieses Themas angenommen, dessen Bedeutung nur von wenigen Historikern erkannt worden sei und das in den bekannten Überblicksdarstellungen kaum Berücksichtigung gefunden habe.

Ebenfalls im Jahr 1986 hat sich der französische Sozialhistoriker Pierre Bonnassie um die Wiederentdeckung Blochs als »historien de la servitude« bemüht.[91] Bonnassie unterzog dessen Studien zur Leibeigenschaft einer kri-

---

[88] BRONISLAW GEREMEK, Marc Bloch: historien et résistant, in: AESC 41 (1986), 1091-1105; 1095. Das Zitat aus einer Rezension Febvres zu M. Bloch, Les caractères originaux de l'histoire rurale française, in RH 169 (1932), 189-195, lautet wörtlich: »Leurs paysans ne labouraient que dans les cartulaires, avec des chartes comme outils.« (191)
[89] BARTHÉLEMY, Nachwort, 312. B. bezieht sich auf VERRIEST, Institutions médiévales. Introduction au corpus des records de coutumes et des lois de chefs-lieux de l'ancien comté de Hainaut, Bd. 1, Mons/Frameries 1946.
[90] GUY BOIS, Umbruch im Jahr 1000. Lournand bei Cluny – ein Dorf in Frankreich zwischen Spätantike und Feudalherrschaft, Stuttgart 1993, 41 f: Der Niedergang der Sklaverei. Von Marc Bloch bis Pierre Bonnassie (erstmals erschienen u. d. T.: La Mutation de l'An Mil. Lournand, village mâconnais, de l'Antiquité au féodalisme, Paris 1989).
[91] PIERRE BONNASSIE, Marc Bloch, historien de la servitude. Réflexions sur le concept de ›classe servile‹, in: Atsma/Burguière (Hg.), Marc Bloch aujourd'hui, 363-387.

tischen Neulektüre und kontrastierte Blochs Interpretationen aus den zwanziger und dreißiger Jahren mit neueren Forschungsergebnissen. Im Ergebnis hielt er fest, daß Blochs Thesen über die Transformation der antiken Sklaverei zur hochmittelalterlichen Praxis von »Unfreiheit« im 10./11. Jahrhundert sowie sein Versuch, die komplexe Realität der Abhängigkeitsverhältnisse im Mittelalter zu entschlüsseln, durch neuere Interpretationen zur »Feudalrevolution« und zur »Feudalisierung« bestätigt worden seien. Dagegen könne Blochs Konzeption der *classe servile*, mit dessen Hilfe er die »Klasse« der Abhängigen im ganzen zu skizzieren und die Kriterien der Zugehörigkeit zu erfassen suchte, heute nicht mehr uneingeschränkt übernommen werden.[92]

Nachdem Georges Duby Anfang der siebziger Jahre in Marc Bloch den Urheber der Mentalitätsgeschichte gesehen und Jacques Le Goff diesen knapp zehn Jahre später zum »Begründer der Historischen Anthropologie«[93] erhoben hat, wirft nun auch Barthélemy im Nachwort zur Neuausgabe von *Rois et serfs* die Frage auf, ob sich diese methodische Ausrichtung nicht bereits vier Jahre früher mit Blochs *thèse* angekündigt habe.[94] Die Frage nach dem Stellenwert seiner ersten größeren Studie über die *servage* bleibt hingegen sowohl bei Bonnassie als auch bei Barthélemy noch weitgehend unbeantwortet. Wie die Mehrheit der Wissenschaftshistoriker nehmen beide vorzugsweise die späteren programmatischen Aufsätze Blochs in den Blick, insbesondere die wegweisende Studie über »Liberté et servitude personnelles au Moyen Âge, particulièrement en France: contribution à une étude des classes«, in dem Bloch sein Modell der *classe servile* entwickelt hatte.[95]

3.1 Die »Anfänge« des Historikers: *Rois et serfs*

Marc Blochs 1920 erschienene Studie (und kriegsbedingt verkürzte *thèse d'état*) *Rois et serfs. Un chapitre d'histoire capétienne*,[96] ist unter deutschen Wissenschaftshistorikern bis heute kaum beachtet, geschweige einer tiefergehenden Analyse für wert befunden worden. Auch in Frankreich war dieses

---

[92] Ebd., 367 ff.

[93] GEORGES DUBY, Préface zu M. Bloch, Apologie pour l'histoire ou Métier d'historien (Paris, 7. Aufl. 1974), 15; LE GOFF, Préface zu M. Bloch, Les Rois thaumaturges, II (wie Anm. 77).

[94] BARTHÉLEMY, Nachwort, 331.

[95] AHDE 10 (1933), 5–101. Wieder abgedruckt in: Mélanges I, 286–355.

[96] Ursprünglich hatte Bloch eine umfangreichere Studie über das Problem der Leibeigenschaft in der *Ile-de-France* vorgesehen (u. d. T.: Les populations rurales de l'Ile-de-France à l'époque du servage). Vgl. hierzu sein Vorwort, 10 ff. Blochs Anfänge als Dozent in Straßburg schildert CAROLE FINK, Marc Bloch. A Life in History, Cambridge/New York 1989, 79 ff.

Werk, zusammen mit zahlreichen anderen Studien Blochs zum Problemkomplex der *servage*, lange Zeit in Vergessenheit geraten. Während in der Vergangenheit anhand von Blochs Hauptwerken *Les Rois thaumaturges*,[97] den 1931 erschienenen *Caractères originaux de l'histoire rurale française*[98] und dem letzten großen Werk, der *Société féodale*,[99] der wegweisende Beitrag Blochs zur Innovation der historischen Methode und Erkenntnis im 20. Jahrhundert aufgezeigt werden konnte, ist der Stellenwert seines historiographischen Frühwerks bislang nicht angemessen gewürdigt und in seinem Œuvre gewichtet worden.[100] Dies ist umso erstaunlicher, als *Rois et serfs* immer wieder eine Brückenfunktion zu seinen zentralen Werken zugesprochen worden ist. Denn bereits hier, betont Blochs amerikanische Biographin Carole Fink, waren jene Frage- und Themenstellungen sichtbar, die Bloch auch in seinen späteren Arbeiten immer wieder beschäftigten und zu weitergehenden Forschungen veranlaßt hatten. Vor allem sei schon hier die Begabung Blochs offenkundig, rechtliche Aspekte mit politischen, sozialen, ökonomischen und psychologischen Faktoren zu kombinieren, um zu einer tieferen Erkenntnis der Vergangenheit zu gelangen.[101] Auch sein wissenschaftliches Selbstverständnis vom Historiker als Untersuchungsrichter, dem *juge d'in-*

---

[97] Les Rois thaumaturges. Étude sur le caractère surnaturel attribué à la puissance royale particulièrement en France et en Angleterre, Straßburg 1924. (Dt. u. d. T. Die wundertätigen Könige, München 1998).

[98] Les caractères originaux de l'histoire rurale française, Oslo/Paris 1931. Dieses Buch ist bis heute nicht ins Deutsche übersetzt worden.

[99] La société féodale, 2 Bde., Paris 1939/40 (L'Évolution de l'humanité, 34). Die erste deutsche Übersetzung erschien mit einer Verzögerung von über vierzig Jahren u. d. T. »Die Feudalgesellschaft«, Berlin/Frankfurt a. M. 1982; eine korrigierte Übersetzung Stuttgart 1999.

[100] Auch in neueren biographischen Skizzen wird Blochs *thèse* nicht erwähnt. Vgl. z. B. JACQUES REVEL, Marc Bloch, in: Jacques Julliard/Michel Winock (Hg.), Dictionnaire des intellectuels français. Les personnes-les lieux-les moments, Paris 1996, 157f. Während der erste Nachdruck von »Rois et serfs« (Genf 1976) noch unkommentiert blieb, ist inzwischen in der von Bertrand Müller und Peter Schöttler edierten Reihe *Histoire de l'histoire* eine Neuauflage mit einem Nachwort von Dominique Barthélemy (wie Anm. 87) erschienen. Die jahrzehntelange Nichtbeachtung der frühen Schriften Blochs wird jedoch auch durch diese Ausgabe nicht kompensiert, in der die Entstehung der Arbeit zwar in den zeitgenössischen politischen Kontext eingeordnet wird und die Einflüsse einiger Historiker des 19. Jahrhunderts skizziert, jedoch nicht die Methodik und die Verbindungslinien zu späteren Arbeiten erörtert werden. So bleibt die Genese des Buches, insbesondere der Einfluß Henri Sées auf Bloch, unklar.

[101] FINK, Marc Bloch, 94. Arbeiten zum Problem der Unfreiheit markieren sowohl Anfang als auch Abschluß seines Œuvres: vgl. Blanche de Castille et les serfs du chapitre de Paris, in: Mémoires de la Société de l'histoire de Paris et de l'Ile de France 38 (1911), 224-272; Comment et pourquoi finit l'esclavage antique, in: AESC 2 (1947), 30-43, 161-170.

struction,[102] sowie seine Neugier für symbolische Handlungen und Gesten[103] seien bereits, so wird oft behauptet, in *Rois et serfs* angelegt gewesen. Insofern wird man sagen können, daß diese Studie Blochs, der vor dem Ersten Weltkrieg »erklärter Positivist« war,[104] in einer epistemologischen Umbruchphase des Historikers anzusiedeln ist. Diese war nachhaltig durch die Erfahrung des Krieges bedingt.[105] Wie nunmehr gegen die These von der angeblichen Gegenwartsferne des Blochschen Œuvres gezeigt werden konnte, weisen nicht nur die bekannten »Kriegsschriften«, sondern auch Blochs Studien zur *servage* einen deutlichen Aktualitätsbezug auf.[106] Der Krieg, von Bloch mehrmals als großes »Laboratorium« der Humanwissenschaften bezeichnet,[107] hatte bei dem Historiker und Kriegsteilnehmer Bloch, wie Raulff eindringlich belegt, mit seiner Verwischung von Wahrheit, Propaganda und Lüge das Vertrauen in die »Möglichkeit des redlichen Zeugnisses«

---

[102] Vgl. hierzu RAULFF, Ein Historiker im 20. Jahrhundert, 181 ff. Dagegen war im Deutschland der zwanziger und dreißiger Jahren die von Bloch abgelehnte »Richter-Geschichte« gängige Praxis. Ein Beispiel dafür gibt der 1933 von dem »Ostforscher« Albert Brackmann herausgegebene Band »Deutschland und Polen. Beiträge zu ihren geschichtlichen Beziehungen«. Trotz der hierin erhobenen Forderung, daß der Historiker »kein Richter über die Vergangenheit und kein Gesetzgeber für die Zukunft« sein dürfe, »sondern ein Diener der Wahrheit, der als solcher durch Geburt vor allem seinem Volke, aber daneben auch den mit ihm in Raum- und Kulturgemeinschaft verbundenen Nachbarn und dem Wohle der Menschheit verpflichtet« sein müsse« (Vorwort, IV), war der Band als propagandistisches Gegenunternehmen der seit 1931 in Frankreich u.d.T. »Problèmes politiques de la Pologne contemporaine« erschienenen Schriftenreihe aus der Feder polnischer und französischer Historiker entstanden. Er sollte den deutschen Teilnehmern am Internationalen Historikerkongreß 1933 in Warschau als »Argumentationshilfe« in der befürchteten Auseinandersetzung mit französischen und polnischen Historikern dienen. Vgl. dazu ERDMANN, Ökumene der Historiker, 197 ff. Erdmann bescheinigt dem Band, »unter aller Vermeidung aller damaligen revisionspolitischen Aktualität die historischen Dimensionen des Verhältnisses der beiden Nachbarvölker zueinander wissenschaftlich ausgeleuchtet [zu haben], ... ohne falsche Töne von Anklage oder Verteidigung anklingen zu lassen, in dem offensichtlich gelungenen Bestreben, einen Beitrag zu leisten zur Förderung des Gedankenaustausches zwischen den Historikern der beiden Länder.« Kritik an dieser Sicht äußern SCHÖNWÄLDER, Historiker und Politik, 292, Anm. 142; und GERD ALTHOFF, Die Beurteilung der mittelalterlichen Ostpolitik als Paradigma für zeitgebundene Geschichtsbewertung, in: Ders. (Hg.), Die Deutschen und ihr Mittelalter, Darmstadt 1992, 159 ff.

[103] Erinnert sei nur an die scheinbar nebensächliche Geste des königlichen Handauflegens, des *toucher des écrouelles*, anhand derer Bloch seine Vorstellung von der französischen Nationalgeschichte des Mittelalters entwickelt hat. Vgl. dazu unten Kap. II.4.

[104] Darauf wies zuletzt OTTO GERHARD OEXLE hin: Viel mehr als nur ein »Klassiker«, 82.

[105] RAULFF, Ein Historiker im 20. Jahrhundert, 207.

[106] Gegen die These vom »unpolitischen« Historiker Bloch erhebt auch OEXLE, Mediävisten, 94ff, vehement Einspruch.

[107] Réflexions d'un historien sur les fausses nouvelles de la guerre, in: RSH 33 (1921), 13–35; wieder abgedruckt in: Mélanges I, 41–57.

nachhaltig erschüttert.[108] Die Einsicht in das grundsätzliche Problem der Glaubwürdigkeit des menschlichen Zeugnisses verband sich bei ihm jedoch nicht mit einer Abkehr von den konventionellen Techniken der historischen Kritik, sondern mit einer Erweiterung und Neukonzeption von Geschichte als einer gleichsam auf Hypothesenbildung und Empirie gestützten »Beobachtungswissenschaft«. Diese sollte es ihm ermöglichen, sowohl den Gegenstandsbereich als auch das Arsenal an Methodiken und Fragestellungen der Geschichtswissenschaft erheblich zu erweitern.[109] Eine wichtige Rolle nahm dabei die Begriffsgeschichte ein, der Bloch neben der Historischen Psychologie und der vergleichenden Geschichte ebenfalls eine große Bedeutung beimaß.[110]

Auch *Rois et serfs* kann demnach als ein Beitrag Blochs zur historischen Semantik angesehen werden. Im Mittelpunkt dieser Arbeit steht die quellenkritische Untersuchung zweier königlicher *ordonnances libératrices* Ludwigs X. (1315) und Philipps V. (1318), mit denen sich die Söhne Philipps IV. den Ruf erworben haben, die Leibeigenschaft auf den französischen Krondomänen annulliert und alle Domanialbauern in die Freiheit entlassen zu haben. Obwohl auch zu früheren Zeiten bekannt war, daß die letzte Bauernbefreiung erst im Jahr 1779 unter Ludwig XVI. stattgefunden hat, ist diesen Dokumenten immer wieder eine Bedeutsamkeit zugeschrieben worden, die, wie Bloch betont, einer kritischen Überprüfung nicht länger standhalten könne. Über die Bestimmung der tatsächlichen Bedeutung dieser Erlasse hinaus ist es jedoch sein erklärtes Ziel, das Wesen der Hörigkeit nicht nur in Form einer Charakterisierung des Rechtsstatus eines Unfreien zu definieren,[111] sondern nunmehr zu einer umfassenderen Analyse der Gesamterscheinung der Unfreiheit zu gelangen. Seine Studie über *Rois et serfs* verstand Bloch daher lediglich als Auftakt zu einem umfangreicheren Unternehmen: als ein »chapitre de l'histoire financière des Capétiens«. Die wesentlichen Ergebnisse[112]

---

[108] RAULFF, Ein Historiker im 20. Jahrhundert, 68.

[109] Raulff zufolge ist das gesamte historiographische Werk Blochs buchstäblich »im Horizont des Krieges« entstanden. Vgl. Ders., Ein Historiker im 20. Jahrhundert, 22. Vgl. dazu insbes. Kap. 2: »Im Feld. Die neuen Wege der historischen Erkenntnis«, 66ff; zur Konzeption der Historie als »Beobachtungswissenschaft« vgl. 92ff.

[110] Diese drei Methoden sieht Raulff als die bestimmenden in Blochs Œuvre an. (ebd., 246). In einer Vorlesung über mittelalterliche Geschichte begründete Bloch selbst einmal die Bedeutung der Begriffsgeschichte: Die »beste Art, nicht auf ein Wort hereinzufallen«, sei nämlich die, »seine Geschichte zu betrachten«. (ebd, 118).

[111] Die Seitenangaben beziehen sich im folgenden auf die Neuausgabe von 1996. Zur Bestimmung der Merkmale eines Unfreien vgl. Kap. I., Les droits serviles et leur perception, 25 ff. Bloch nennt hier den *chevage* (Kopfzins), den *formariage* (Schürzengeld) und die *mainmorte* (Nachlaß eines Unfreien).

[112] Eine Zusammenfassung der wichtigsten Ergebnisse seiner Untersuchung findet sich in

seiner Untersuchung waren damit schon angedeutet: die vermeintliche Beseitigung der Unfreiheit durch Ludwig X. und Philipp V., so Bloch, hatte nicht nur bereits ein Jahrhundert früher unter Ludwig IX. (dem »Heiligen«) eingesetzt und war vor allen Dingen kein Akt der Gnade, sondern ein Instrument rein fiskalischer Natur, welches zudem auf lediglich zwei *bailliages* (Senlis und Vermandois) beschränkt blieb. Nachdem Philipp IV. gegen Ende des 13. Jahrhunderts dazu übergegangen war, seine Hörigen gegen eine enorme Summe freizulassen, erweiterten seine Söhne die Politik des *affranchissement* zu einem Instrument monarchischen Machtkalküls, indem nunmehr Freikäufe durch königliche Bevollmächtigte erzwungen wurden. Die seit Anfang des 12. Jahrhunderts zu verzeichnende Bewegung gegen die Hörigkeit zielte somit nicht auf eine Überwindung der *servitude*, sondern entlarvte sich in der bäuerlichen Realität als eine zunehmend verfeinerte königliche Steuerpolitik (»une entreprise audacieuse«) zur Deckung eines unaufhaltsam steigenden Geldbedarfs der Monarchie.[113] Darüber hinaus analysiert Bloch die auf das Naturrecht bezugnehmenden Begründungen der Freilassungen in den französischen Königsurkunden als rhetorische Floskeln und führt die mehr literarische Verwendung des Freiheitsbegriffes auf die Kirchenväter zurück, die diesen ihrerseits bei antiken Autoren entlehnt hätten.[114] Was bleibt, resümiert Bloch, ist eine keinesfalls neuartige, sondern lediglich territorial begrenzte und in ihren Ergebnissen mäßig erfolgreiche Finanzpolitik, die in seiner Sicht die Evolution der mittelalterlichen Gesellschaft jedoch um einen bislang vernachlässigten Aspekt zu ergänzen vermag. Blochs Studie stellt sich heute, so kann man bilanzieren, zwar nicht als eine Rechtsgeschichte im konventionellen Sinn dar, verkörpert also keinen »Positivis-

---

Blochs Skizze: Un aspect de la société médiévale: Rois et serfs, zuerst erschienen in: The French Quarterly 3 (1921), 69–72; wieder abgedruckt in: Rois et serfs et autres écrits (wie Anm. 87), 5–7.

[113] Rois et serfs, 85 ff, 151 ff.

[114] Ebd., 132 ff; zusammengefaßt in: Un aspect, 6: »D'où vient l'erreur que se sont transmise tant de générations d'historiens? D'un préambule.« Die Tatsache, daß man lange Zeit in den Präambeln der Urkunden frühe Menschenrechtserklärungen erkannt haben wollte, weist Bloch als Illusion zurück: »Cette prétendue hardiesse n'était qu'un lieu commun, qui traînait dans tous les livres de droit et dans toutes les ›sommes‹ théologiques, une phrase toute faite que bien avant 1315 se léguaient l'un à l'autre les clercs de la chancellerie: principe emprunté par les Pères de l'Eglise à la philosophie antique et dépouillé par eux ...« Zum Freiheitsbegriff aus der Sicht der neueren Forschung vgl. FRANTIŠEK GRAUS, »Freiheit« als soziale Forderung. Die Bauernbewegungen im Spätmittelalter, in: Johannes Fried (Hg.), Die abendländische Freiheit vom 10. bis zum 14. Jahrhundert. Der Wirkungszusammenhang von Idee und Wirklichkeit im europäischen Vergleich, Sigmaringen 1991, 409–433, der Blochs Deutung des Freiheitsbegriffs als »soziales Schlagwort« bestätigt. (411 f)

mus einer reinen Rechtsgeschichte«, wie Raulff nachdrücklich betont,[115] spiegelt aber dennoch einen zweifellos noch vorhandenen »Primat der schriftlichen Quellen« in seinem Frühwerk wider.

In Deutschland bezog bereits 1922 die *Historische Zeitschrift* als erstes Fachorgan Stellung.[116] Mit einer Verzögerung von vier Jahren reagierte schließlich mit den *Mitteilungen des Instituts für Österreichische Geschichtsforschung* auch die wichtigste österreichische Zeitschrift mit einer vergleichsweise ausführlichen Rezension.[117] Gegenstand einer wissenschaftlichen Kontroverse ist Marc Blochs Habilitationsschrift jedoch zu keinem Zeitpunkt geworden. In der HZ charakterisierte der Breslauer Mediävist Robert Holtzmann die Arbeit zwar als »etwas breit und weitschweifig«, ansonsten aber als »zuverlässig(e) und überzeugend(e)« Darstellung. In der deutschen Geschichtswissenschaft galt Holtzmann vor allem aufgrund seiner 1910 erschienenen »Französischen Verfassungsgeschichte von der Mitte des 9. Jahrhunderts bis zur Revolution« als der »Spezialist« für französische »Verfassungsgeschichte«.[118] Wie wenig der deutschen Forschung die Umstände und die historische Bedeutung der von Bloch untersuchten königlichen Befreiungsordonnanzen bekannt gewesen sein müssen, ist an der ungewöhnlichen Ausführlichkeit und Distanz abzulesen, mit der sowohl Holtzmann als auch der österreichische Rezensent in das Thema Blochs einzuführen und dessen Ergebnisse sachgerecht zu referieren suchten. So ordnete Holtzmann dessen Arbeit zunächst in den Forschungskontext ein und stellte die in der älteren deutschen Literatur[119] vertretene Auffassung dar, die den Rechtsakten der französischen Könige eine maßgebliche, bis in die Gegenwart unwidersprochene Bedeutung für die Beseitigung der Hörigkeit in Frankreich zugeschrieben hatte. Während sich der österreichische Rezensent, der Rechtshistoriker und Jurist Hans von Voltelini, eines klaren Urteils enthielt,[120]

---

[115] RAULFF, Ein Historiker im 20. Jahrhundert, 201.
[116] ROBERT HOLTZMANN, Rez. von: Marc Bloch, Rois et serfs, in: HZ 126 (1922), 150–152. Vgl. auch die Notiz in: NA 49 (1924), 404.
[117] HANS VON VOLTELINI, in: MIÖG 41 (1926), 333–335.
[118] Französische Verfassungsgeschichte von der Mitte des neunten Jahrhunderts bis zur Revolution, München/Berlin 1910 (ND Darmstadt 1965).
[119] Holtzmann bezieht sich auf die Darstellungen von ERNST ALEXANDER SCHMIDT, Geschichte von Frankreich, 4 Bde., Hamburg 1835–1848, und GEORG WEBER, Allgemeine Weltgeschichte, 2. Aufl., Leipzig 1882.
[120] Im Gegensatz zu seinem deutschen Kollegen beurteilte Voltelini das Buch »insofern bemerkenswert, als es auch deutsche Literatur heranzieht.« Hans von Voltelini (1862–1938), seit 1908 Lehrstuhlinhaber an der Juristischen Fakultät Wien für deutsches Recht und österreichische Reichsgeschichte. Weitere Angaben bei WOLFGANG WEBER, Biographisches Lexikon zur Geschichtswissenschaft in Deutschland, Österreich und der Schweiz, Frankfurt a. M. usw. 1984,

stellte Holtzmann in einer weitgehend sachlichen und die wesentlichen Ergebnisse Blochs zuverlässig referierenden Besprechung dem Franzosen ein erstaunlich günstiges Zeugnis aus: Bloch habe es sich nicht nur zur Aufgabe gemacht, die »wahre Bedeutung« der königlichen Ordonnanzen zu erforschen, sondern fasse diese Aufgabe »an der Wurzel an, so daß sie sich ihm zu einer Untersuchung über die Stellung der Kapetinger zur Hörigkeit und Freilassung erweitert«.[121] Die Frage indes, inwieweit die Rezensenten das eigentlich Neue an der Blochschen Studie – die versuchte Abwendung von einer begrenzten rechts- und verfassungsgeschichtlichen Perspektive zu einem auf die historische Realität in umfassenderem Verständnis gerichteten sozial- und wirtschaftsgeschichtlichen Ansatz – tatsächlich erkannt hatten, muß unbeantwortet bleiben. Sicher ist hingegen, daß zumindest Holtzmann als aufmerksamer und genauer Beobachter der französischen Geschichtswissenschaft gelten kann. So hatte er bereits Blochs 1911 verfaßte Studie über Blanka von Kastilien zur Kenntnis genommen.[122] Trotz einzelner Beanstandungen, insbesondere an der mangelnden begrifflichen Differenzierung zwischen »Knechten und Hörigen, Grundeigenen und Leibeigenen«, der Datierung der Entstehung der Hörigkeit in den Übergang zwischen dem 10. und 11. Jahrhundert sowie an Blochs Ausführungen über das Wort »frank« (auf dessen »germanischer« Herkunft Holtzmann nachdrücklich bestand) gelangte Holtzmann zu einem grundsätzlich positiven Urteil: in der vorliegenden Arbeit, so der Rezensent, könne die deutsche Geschichtswissenschaft »eine erfreuliche Bereicherung unserer Kenntnis von der Geschichte der unfreien Bevölkerungsklassen finden«. Deutlich kritischer bemerkte Holtzmann dagegen die nach seinem Ermessen unzureichende Benutzung der deutschen Literatur an. Indem er dem Verfasser nicht nur die von ihm vermißten deutschen Titel pedantisch aufzählte, sondern auch das Fehlen eines französischen Werkes beklagte, nahm seine sonst um Zurückhaltung bemühte Darstellung einen belehrenden Tonfall an, der an einem einzigen, aber sehr entscheidenden Punkt in Polemik umschlug: Der in der deutschen Geschichtswissenschaft noch weitgehend unbekannte Marc Bloch wird von Holtzmann als »Schüler Pfisters« und »Chargé de cours« eingeführt, der durch seinen Lehrer »1919 an die alte deutsche Universität Straßburg gebracht« worden sei. So nachvollziehbar nur wenige Jahre nach dem verlore-

---

628; und Karl-Hans Ganahl, Nekrolog Hans von Voltelini, in: ZRG GA 60 (1940), XI-XXIV.

[121] HZ 126, 151.

[122] Blanche de Castille et les serfs du chapitre de Paris, in: Mémoires de la Société de l'histoire de Paris et de l'Ile de France 38 (1911), 224–272. Wieder abgedruckt in: Mélanges I, 462–490. Bei dieser Studie handelt es sich um Blochs ersten Aufsatz.

nen Weltkrieg die Andeutung eines ehemaligen Straßburger Hochschullehrers auf den Verlust der Heimat gewesen sein mag, so eindeutig sticht dieser Seitenhieb aus dem sonst anerkennenden Gesamturteil Holtzmanns hervor. In Frankreich wurden indes die polemischen Anspielungen Holtzmanns mit seismographischer Genauigkeit registriert.[123] Daß Holtzmann jedoch den nachteiligen Folgen seiner Rezensionen für sein zukünftiges Verhältnis zu Marc Bloch vollkommen gleichgültig gegenüberstand, sollte sich erst im nachhinein herausstellen.

Zwölf Jahre später hat sich Holtzmann noch einmal zu seinen Rezensionen Blochs geäußert. In einer Postkarte vom 6. Januar 1934 an Heinrich Sproemberg, seinem Mitarbeiter an der Neuausgabe von Wattenbachs ›Geschichtsquellen im Mittelalter‹ und zugleich Redaktionssekretär der ebenfalls von ihm geleiteten »Deutschen Geschäftsstelle zur Verbreitung geschichtswissenschaftlicher Literatur im Ausland«,[124] gab er in schroffer Knappheit Auskunft über seinen Standpunkt gegenüber dem zwischenzeitlich zu internationalem Renommee gelangten Historiker:

»Sehr geehrter Herr Dr., Zu Marc Bloch: Meine Anzeige von Rois et serfs (1920) in HZ.126, 150 ff. ist wohl harmlos (wiewohl nicht ohne leise Anspielung darauf, dass der Autor damals noch nicht ganz äquivalent den früheren Vertretern an der deutschen Univ. Strassburg war). Vielleicht hat er aber die Anzeige seiner Rois thaumaturges in der Sav.-Zs.GA.45 etwas übel genommen? Ich weiss es nicht, kenne ihn nicht und habe auch brieflich bis jetzt nie etwas mit ihm zu tun gehabt. Er hat mir bisher nie etwas geschickt, ich daher auch ihm nicht.«[125]

Vorangegangen war dieser abweisenden und überheblichen Stellungnahme eine Karte Marc Blochs[126] an Heinrich Sproemberg, in dem dieser seinen deutschen Kollegen um die Übersendung von zwei Exemplaren der Festschrift anläßlich des 60. Geburtstages Robert Holtzmanns gebeten hatte.[127]

---

[123] Marc Bloch reagierte auf derartige Äußerungen deutscher Historiker äußerst sensibel. Vgl. dazu SCHÖTTLER, Marc Bloch und Deutschland. Vgl. auch den Exkurs in diesem Kapitel: Zum Briefwechsel Heinrich Sproemberg – Marc Bloch.

[124] Zur Organisation und Funktion dieser Einrichtung ausführlich Kap. IV.

[125] BBAW, NL Sproemberg, wiss. Korrespondenz, 1934 (im folgenden zitiert: NL Sproemberg. Soweit es sich bei Zitaten um Angaben aus der wissenschaftlichen Korrespondenz Sproembergs handelt, wird lediglich das Jahresdatum der Korrespondenz angegeben. Der Fundort des entsprechenden Aktenbandes ergibt sich jeweils aus dem Datum der zitierten Korrespondenz. Bei Zitaten aus anderen Nachlaßteilen erfolgt die genaue Angabe der entsprechenden Bandnummer).

[126] Bloch an Sproemberg, 21. 12. 1933.

[127] Kritische Beiträge zur Geschichte des Mittelalters: Festschrift für Robert Holtzmann zum 60. Geburtstag am 17. Oktober 1933. Hg. WALTER MÖLLENBERG, MARTIN LINTZEL, Berlin 1933 (ND Vaduz 1965).

Bloch hatte eine Rezension der Festschrift angekündigt, zu der er zusammen mit seinem Straßburger Freund und Mitarbeiter Charles-Edmond Perrin beauftragt worden sei, und die entweder im Rahmen einer Sammelbesprechung in der *Revue historique* oder in *Le Moyen Age* erscheinen sollte. In seinem Schreiben hatte Bloch nicht nur den großen Stellenwert von Festschriften unterstrichen, denen er hier, offensichtlich bewußt untertreibend, ein größeres Gewicht beimaß als Monographien, sondern vor allem die Bedeutung länderübergreifender Berichterstattung für die internationale wissenschaftliche Zusammenarbeit betont. Nur eine Woche später hat Sproemberg Blochs Schreiben dann an Holtzmann weitergeleitet und ihn seinerseits um Unterstützung für das Blochsche Vorhaben gebeten.[128] Wie aus der Korrespondenz Sproembergs ersichtlich ist, ist der deutsch-französische Buchtransfer tatsächlich nur kurze Zeit später zustande gekommen.[129] In dem bis kurz vor Holtzmanns Tod im Juni 1946 reichenden Schriftwechsel zwischen Sproemberg und Holtzmann ist jedoch der Name Marc Bloch, den Sproemberg seinen in- und ausländischen Korrespondenzpartnern gegenüber immer wieder als bedeutendsten Berichterstatter deutscher Literatur in Frankreich gewürdigt hatte,[130] zu keinem Zeitpunkt mehr erwähnt worden. Ebensowenig hat Sproemberg ein weiteres Mal zwischen Bloch und Holtzmann vermittelt.

In gleicher Weise verweist die Auswertung der wenigen Rezensionen, die sich Robert Holtzmann und Marc Bloch zwischen 1920 und 1940 gegenseitig gewidmet hatten, auf ein in der Folgezeit gespanntes Verhältnis zwischen beiden Historikern. Gegenüber der Mediävistik eines Walther Kienast,[131] Alphons Dopsch,[132] oder Theodor Mayer,[133] die Blochs Ansatz oder dessen

---

[128] Sproemberg an Holtzmann, 29.12.1933.

[129] Das Antwortschreiben Sproembergs an Bloch ist nicht überliefert. Aus einer Paraphe Sproembergs geht jedoch hervor, daß er Bloch am 18. Januar 1934 geantwortet hat. Das Dankschreiben Blochs datiert vom 21.1.1934.

[130] So z. B. gegenüber seinem Freund François-Louis Ganshof am 18.1.1934.

[131] Vgl. WALTHER KIENAST, Der französische Staat im dreizehnten Jahrhundert, in: HZ 148 (1933), 457–519; zu »Rois et serfs« vgl. 483ff. Kienast geht zwar nicht näher auf Blochs Studie ein, baut aber einen Großteil seines Aufsatzes, insbesondere seine Ausführungen über die Staatsfinanzen, auf dessen Grundlegungen zum französischen Lehnswesen auf.

[132] ALPHONS DOPSCH, Herrschaft und Bauer in der deutschen Kaiserzeit. Untersuchungen zur Agrar- und Sozialgeschichte des hohen Mittelalters mit besonderer Berücksichtigung des südostdeutschen Raumes, Jena 1939, 22ff, der für Deutschland den unbefriedigenden Forschungsstand über die soziale Entwicklung der unfreien Bevölkerungsklassen insbesondere vom 10. bis zum 13. Jahrhundert betont und dagegen »Rois et serfs« und Blochs Aufsatz »Liberté et servitude personnelles au moyen âge« lobend hervorhebt. Über die Beziehung zwischen Bloch und Dopsch, die sich auch persönlich begegneten, berichtet SCHÖTTLER, Die Annales und Österreich.

[133] Theodor Mayer stellt insofern einen Sonderfall dar, als er erst nach 1945 allmählich dazu

Ergebnisse in den größeren Zusammenhang ihrer eigenen Arbeiten gestellt haben, kann bei Holtzmann von einer kritischen Auseinandersetzung, die zwischen dem »alten« und dem »neuen« Straßburger in dieser Form denkbar gewesen wäre, oder gar von einer »Rezeption« des Frühwerks Marc Blochs nicht gesprochen werden. Während sich Holtzmann nach 1922 nur noch ein einziges Mal kritisch mit dem Werk Blochs auseinandergesetzt hat - 1924 besprach er in ähnlich abfälliger Weise dessen Studie über die wundertätigen Könige[134] - hat Bloch zwar mehreren Arbeiten des Deutschen eine kurze Besprechung oder Notiz gewidmet, diese jedoch niemals mehr zum Gegenstand einer umfangreicheren Rezension oder programmatischen Auseinandersetzung gemacht. Auch die gegenüber Sproemberg angekündigte Rezension ist schließlich, entgegen Blochs zuvor geäußerten Überzeugungen, überaus schmal ausgefallen. In einer zusammen mit Perrin verfaßten Sammelbesprechung über neuere deutsche Forschungen zum Mittelalter ist Bloch lediglich auf einen Aufsatz der Festschrift eingegangen, ohne sich kritisch mit ihrer Gesamtkonzeption auseinanderzusetzen oder das historiographische Werk des Jubilars insgesamt zu würdigen.[135] Zur Begründung seiner knappen Abhandlung verwies Bloch auf die Besprechung seines Pariser Kollegen Louis Halphen, die bereits zwei Jahre zuvor in der *Revue historique* er-

---

überging, die Schriften Blochs stärker zur Kenntnis zu nehmen, wie er sich auch erst jetzt entschließen konnte, eine vergleichende Geschichtsbetrachtung einzufordern. In diesem Sinne schrieb er 1951: »Für besonders fruchtbar halte ich aber die Gegenüberstellung und Vergleiche der deutschen und der französischen Entwicklung, durch die vieles erst klar und deutlich wird. Ebenso bedeutsam ist aber der Vergleich der Forschungsmethoden, die in der französischen und deutschen Geschichtswissenschaft zur Anwendung gelangen, beide können daraus den größten Vorteil ziehen.« (Rez. von: Philippe Dollinger, L'évolution des classes rurales en Bavière depuis la fin de l'époque Carolingienne jusqu'au milieu du XIIIe siècle, Paris 1949, in: HZ 171, 1951, 582-586). Während Mayer in seinem im Rahmen einer Tagung der »Geschäftsstelle« 1936 in Berlin gehaltenen und seitdem vielzitierten Vortrag über die »Entstehung des ›modernen‹ Staates im Mittelalter und die freien Bauern« (ZRG GA 57, 1937, 210-288) mit keinem Wort auf die Forschungen Blochs einging, begann er nach 1945, dessen Schriften vermehrt zu zitieren, so z.B. in: Die Königsfreien und der Staat des frühen Mittelalters, in: Das Problem der Freiheit in der deutschen und schweizerischen Geschichte, Lindau/Konstanz 1955, 7-56. Daß Mayer auch vor 1945 durchaus Notiz von den Schriften Blochs genommen hatte, geht aus seinen Sammelrezensionen über die Wirtschaftsgeschichte des Mittelalters in den *Jahresberichten* hervor. Dort hatte er gelegentlich auf kleinere Aufsätze und Artikel Blochs hingewiesen (vgl. Tab.2).

[134] ROBERT HOLTZMANN, Rez. von: Marc Bloch, Les Rois thaumaturges, in: ZRG GA 45 (1925), 492-496. Dazu ausführlich unten Kap. II.4.1.

[135] MARC BLOCH/CHARLES-EDMOND PERRIN, Histoire d'Allemagne, in: RH 181 (1937), 405-458. Es handelt sich dabei um den Beitrag des Herausgebers und Magdeburgers Staatsarchivdirektors Walter Möllenberg über das älteste Magdeburger Kopialbuch: Der Liber privilegiorum s. Mauricii Magdeburgensis, 93-102, den Bloch - entgegen seiner Ankündigung, die wichtigsten Aufsätze des Bandes zu besprechen - nur mit wenigen Zeilen referiert.

schienen sei.[136] Gemessen an der außerordentlich umfangreichen Tätigkeit Blochs als kritischer Kommentator der deutschen Historiographie blieb sein Interesse an den Arbeiten Holtzmanns auf dessen Quelleneditionen beschränkt, denen er zwei kurze Rezensionen widmete.[137] Holtzmanns Monographien, etwa seine Biographie Ottos den Großen[138] oder seine Aufsätze zur mittelalterlichen Politik- und Verfassungsgeschichte wurden hingegen nicht von Bloch rezensiert. Nur ein einziges Mal hat Bloch in gewohnter Weise ein unter Holtzmanns Leitung entstandenes Werk einer scharfen Kritik unterzogen.[139] Dabei handelte es sich um die 1931 erschienene zweibändige Neuausgabe des ›Gebhardtschen Handbuches der Deutschen Geschichte‹, zu der Holtzmann umfangreiche Abschnitte beigesteuert hat.[140] Gerade diese Partien haben Blochs leidenschaftlichen Widerspruch herausgefordert, der dem ganzen Unternehmen zwar Nützlichkeit bescheinigte, ihm im Ergebnis jedoch einen wahrhaft unhistorischen Charakter vorwarf (»un très utile vade-mecum ... Un livre d'histoire? Ceci est une autre affaire«). Während die politische Ereignisgeschichte, die zudem fast ausschließlich chronologisch angeordnet und oftmals unnötig detailliert dargestellt worden sei, den größten Raum beanspruchen würde, blieben wirtschaftliche Phänomene ebenso ungenügend berücksichtigt wie religiöse und geistige Faktoren. Das Gesamturteil Blochs fiel dementsprechend negativ aus: »En somme, un recueil à consulter sans cesse, mais bien impropre à la lecture et qui surtout ne semble guère fait pour éveiller, dans les jeunes esprits, le goût et le sens de

---

[136] RH 176 (1935), 93–94. Die Festschrift, so Halphen, sein zwar von bescheidenem Umfang, die dort behandelten Fragen seien aber »parmi les plus débattues et valent qu'on s'y arrête«. Auch Halphen ist mit keinem Wort auf das Werk Holtzmanns eingegangen.

[137] MARC BLOCH, Rez. von: Thietmar von Merseburg, Chronicon (MGH, Scriptores rerum Germanicarum, Nova series 9), herausgegeben von Robert Holtzmann, Berlin 1935, in: RH 181 (1937), 428–429; Hors de France: deux instruments de travail, in: AHS 1 (1939), 311–312 (Rez. von: Wilhelm Wattenbach, Deutschlands Geschichtsquellen im Mittelalter. Deutsche Kaiserzeit, Bd. 1, H. 1, herausgegeben von Robert Holtzmann, Berlin 1938).

[138] Kaiser Otto der Große, Berlin 1936. Ein Schriftenverzeichnis befindet sich in: ROBERT HOLTZMANN, Aufsätze zur deutschen Geschichte im Mittelelberaum. Hg. Albrecht Timm, Darmstadt 1962, 320–324.

[139] MARC BLOCH, Bulletin Historique: Histoire d'Allemagne, Moyen Âge, in: RH 169 (1932), 616 f.

[140] Handbuch der deutschen Geschichte. Hg. Bruno Gebhardt, Stuttgart 1891ff; neu bearbeitet und herausgegeben von Robert Holtzmann, Bd. 1: Von der Urzeit bis zur Thronbesteigung Friedrichs des Großen, Bd. 2: Vom Zeitalter Friedrichs des Großen bis zur neuesten Zeit, 7. Aufl., Stuttgart 1930–1931. Von Holtzmann wurden insbesondere die verfassungs- und wirtschaftsgeschichtlichen Beiträge verfaßt: »Wirtschaftsleben, Verfassung und Recht in der ältesten Zeit (II.), Lothar und die Hohenstaufen (X.), Verfassung, Recht, Wirtschaft vom Ende der Karolingerzeit bis zum Interregnum (XI.).

l'histoire véritable.« Einmal mehr werde, so Bloch, die Paradoxie deutlich, daß Deutschland, das sich wie kein anderes Land der Erde für seine Geschichte begeistere und noch immer über gute Historiker verfüge, mit Ausnahme der Arbeit Lamprechts noch kein einziges Werk hervorgebracht habe, von dem man wahrhaft sagen könne, eine »Geschichte Deutschlands« zu sein. Offensichtlich galt ihm Holtzmann als ein Repräsentant jener *science allemande*, die Marc Bloch in seinen Rezensionen immer wieder mit den vielzitierten Begriffspaaren »trop d'institutions, pas assez de réalités humaines«, oder »trop d'érudition et d'édition, pas assez d'histoire« charakterisiert hatte.[141]

Im Gegensatz zu Bloch scheint Holtzmann nach seiner Besprechung der *Rois thaumaturges* das Interesse an den Arbeiten seines Kollegen vollständig verloren zu haben. Zwar rezensierte er weiterhin einige französische Arbeiten, wandte sich aber nach dem Ersten Weltkrieg von der französischen Geschichte zugunsten einer Konzentration auf die mittelalterliche Reichsgeschichte ab. Wie die Mehrheit der deutschen Historiker stimmte er bald nach dem Krieg in den Chor derjenigen Nationalisten ein, die lautstark den Verlust des alten »Reichslandes« Elsaß-Lothringen und die durch den Versailler Vertrag entstandenen »Rechtsverletzungen« beklagten.[142] So traten insbesondere beim Ausblick auf Deutschlands Zukunft, wie anders kaum zu erwarten, auch bei ihm antifranzösische Ressentiments noch einmal deutlich hervor. Gleichwohl kann Holtzmann aufgrund seiner Funktion als Vorsitzender der bibliographischen Kommission im Internationalen Historikerkomitee als einer der wenigen deutschen Historiker gelten, die als Organisatoren auf dem Feld der internationalen geschichtswissenschaftlichen Zusammenarbeit gewirkt und sich um die Wiederherstellung des durch den Ersten Weltkrieg verlorengegangenen Ansehens der deutschen Wissenschaft bemüht haben.[143]

---

[141] Zit. nach WERNER, Marc Bloch et la recherche historique allemande, 125. Vgl. auch Blochs äußerst kritische Auseinandersetzung mit der deutschen Mediävistik der Zwischenkriegszeit im Kontext seines Nachrufes auf Georg von Below: Un tempérament: Georg von Below, in: AHES 3 (1931), 553–559.

[142] Aus der Geschichte des Rheingebiets. Germanen und Deutsche, Römer und Franzosen am Rhein, in: Der Deutsche und das Rheingebiet. Hg. GUSTAV AUBIN u. a., Halle 1926, 89–132. Im Ton zwar gemäßigt, konstatierte auch er eine jahrhundertealte Expansion Frankreichs nach Osten, die er – ähnlich wie Johannes Haller – auf die »Mentalität«, also die »geistige Beschaffenheit« des französischen Volkes zurückführen wollte (98).

[143] In Karl-Dietrich Erdmanns Studie über die »Ökumene der Historiker«, der bislang umfangreichsten Darstellung der Geschichte der internationalen Organisation der Geschichtswissenschaft, bleibt Holtzmanns Rolle jedoch auffallend blaß. Eine biographische Skizze Holtzmanns fehlt sowohl in der bislang neunbändigen Sammlung »Deutsche Historiker« als auch in

3.2 Exkurs: Zum Briefwechsel Heinrich Sproemberg – Marc Bloch

Heinrich Sproemberg gehört nicht nur zu der kleinen Zahl deutscher Historiker, die zu Beginn der fünfziger Jahre, als die deutsche Geschichtswissenschaft tatkräftig mit dem Wiederaufbau ihrer alten Personal- und Organisationsstrukturen beschäftigt war, öffentlich ein Wort des Bedauerns für den tragischen Tod Marc Blochs aufbrachten,[144] sondern ist auch dem kleinen Kreis deutscher Gelehrter zuzurechnen, die – wie etwa Alphons Dopsch, Richard Koebner, Fritz Rörig oder Walther Vogel – in persönlichem Kontakt mit dem französischen Wissenschaftler gestanden haben.[145] Bezeichnenderweise war es Bloch, der, nachdem er bereits mit Fritz Rörig Kontakt aufgenommen hatte, 1932 auch zu Sproemberg in Form der Übersendung eines Sonderdruckes in Verbindung getreten war.[146] Bis zum März 1937 erfolgte dann zwischen beiden Historikern ein reger Austausch von Publikationen, der jeweils von freundlichen Hinweisen auf entsprechende Rezensionen im Nachbarland begleitet war.[147] Immer wieder äußerten sich beide Historiker

---

den einschlägigen Überblicksdarstellungen zur Berliner Universitätsgeschichte oder zur Geschichte der deutschen Geschichtswissenschaft in der Zwischenkriegszeit. Vgl. jedoch die kurzen Nachrufe von ALBRECHT TIMM, in: Holtzmann, Aufsätze zur Deutschen Geschichte im Mittelberaum, VII-X; und HEINRICH SPROEMBERG, in: HZ 170 (1950), 449-450; WALTHER HOLTZMANN, in: DA 8 (1951), 256-257.

[144] So geschehen auf der 22. Versammlung deutscher Historiker in Bremen, 17.-19. September 1953, 36. Laut VEIT DIDCZUNEIT, Heinrich Sproemberg – ein nichtmarxistischer Historiker in der DDR, in: GWU 45 (1994), 573-578, ist Sproembergs Diskussionsbeitrag auf dem Bremer Historikertag »fast feindselig« aufgenommen worden.

[145] Bislang sind lediglich die Briefwechsel Marc Blochs mit Fritz Rörig und Richard Koebner ediert worden, die allerdings nur für einen kurzen Zeitraum umfassen: Marc Bloch – Fritz Rörig, correspondance (1928-1932), établie et présentée par Peter Schöttler, in: Cahiers Marc Bloch 1 (1994), 17-52; Marc Bloch: Lettres à Richard Koebner (1931-1934), établies et présentées par Peter Schöttler, in: Cahiers Marc Bloch 5 (1997), 73-82. Zum Briefwechsel zwischen Bloch und Rörig vgl. auch SCHÖTTLER, Marc Bloch und Deutschland, 48 ff. Der Kontakt zwischen Bloch und Rörig ist 1932 ohne ersichtlichen Grund abrupt abgebrochen. Vgl. SCHÖTTLER, Marc Bloch – Fritz Rörig, correspondance, 19.

[146] European Feudalism, in: Encyclopedia of the Social Sciences 6 (1931), 553-559; wieder abgedruckt in: Mélanges II, 177-188. Dt. in: Feudalismus – Materialien zur Theorie und Geschichte. Hg. LUDOLF KUCHENBUCH, Frankfurt a. M./Berlin 1977, 576-595. Blochs erste Sendung an Sproemberg ist nicht im Nachlaß enthalten. Sproembergs Antwort am 20.10.1932. Dem Artikel folgten weitere Rezensionen und kürzere Publikationen Blochs. Denkbar ist, daß Bloch – wie im Fall Rörigs – durch Henri Pirenne auf Sproemberg aufmerksam geworden ist, der mit dem Deutschen seit 1931 korrespondierte.

[147] Der Briefwechsel zwischen Sproemberg und Bloch umfaßt insgesamt elf Korrespondenzen, sieben sind von Sproemberg an Bloch gerichtet, vier von Bloch an Sproemberg. Bis zum De-

außerordentlich positiv über die Fortschritte der Forschung im Nachbarland und betonten die Notwendigkeit einer vergleichenden europäischen Geschichtswissenschaft. So hob Sproemberg hervor, daß die neuesten französischen Forschungen zur mittelalterlichen Verfassungsgeschichte immer deutlicher zeigten, »wie wenig die Verfassungsformen der mittelalterlichen Staaten national gebunden und lokal beschränkt« gewesen seien.[148] Deutlicher werde auch, »daß auch ohne den Nachweis unmittelbarer Beziehungen Fortschritte in der Staatsorganisation sich zwangsläufig auf die übrigen Staaten des Abendlandes fortgepflanzt haben, worauf ja besonders [Otto] Hintze aufmerksam gemacht« habe. Aus diesem Grund gewännen »diese Arbeiten natürlich unmittelbare Bedeutung für die Entwicklung der deutschen Zustände« und müßten »daher stärker als bisher den deutschen Historikern zur Kenntnis gebracht werden.« Diesem Ziel diene schließlich, so Sproemberg weiter, auch die in Deutschland von Robert Holtzmann, in Frankreich von Louis Eisenmann, einem Vetter Marc Blochs, geleitete Austauschorganisation zwischen Deutschland, Frankreich und Belgien, für die er den Kollegen aus Straßburg zu gewinnen suchte.[149]

1934 kam es jedoch zu einer Verstimmung zwischen beiden Historikern. Ausgelöst wurde sie durch Sproemberg, der sich in seiner 1931 erschienenen Studie über ›Alvisus, Abt von Anchin‹ negativ hinsichtlich der Quellenlage seines Themas geäußert und damit eine indirekte Kritik an der französischen Archivverwaltung geübt hatte.[150] So erklärte er die ausschließliche Verwendung von gedruckten Materialien mit einem allgemeinen Hinweis auf die Situation der Archive in Frankreich. Aufgrund der »Vernichtung und Zerstreuung der kirchlichen Archive in der französischen Revolution«, des »Fehlens moderner Regestenwerke« und schließlich des Vorhandenseins »vielfach unvollständige(r) und unkritische(r) Urkundenausgaben«, rechnete der Deutsche mit weiteren bedeutenden, unentdeckten handschriftlichen Quellen über Alvisus. Eine größere Archivreise sei jedoch für ihn als »Privatmann« nicht in Frage gekommen und hätte den »Rahmen der Reise gesprengt«.[151]

---

zember 1934 ist die Brieffolge sehr dicht, woraus geschlossen werden kann, daß die Korrespondenz lückenlos überliefert ist. Der letzte Kontakt datiert vom 3.3.1937.
[148] Sproemberg an Bloch, 20.10.1932.
[149] Vgl. hierzu ausführlich Kap. IV.
[150] Beiträge zur französisch-flandrischen Geschichte, Bd. 1: Alvisus, Abt von Anchin (1111–1131), Berlin 1931. Die Bemerkungen Sproembergs 148 ff. Der zweite Band hat nach Angabe von GERHARD HEITZ und MANFRED UNGER, Heinrich Sproemberg, 1889–1966, in: Heinz Heitzer u. a. (Hg.), Wegbereiter der DDR-Geschichtswissenschaft: Biographien, Berlin 1989, 300–317, im Manuskript vorgelegen, ist jedoch nie zum Druck gekommen.
[151] Sproemberg schrieb wörtlich: »Die Sammlung umfaßt nur gedrucktes Material. Bei den besonderen Verhältnissen in Frankreich (Vernichtung und Zerstreuung der kirchlichen Archive

Eben diese Hinweise auf die besondere Überlieferungssituation seiner Quellen hatte Marc Bloch zum Anlaß genommen, in einer kurzen Anzeige des Buches,[152] das ihm der Verfasser zuvor übersandt hatte, die Bemerkungen Sproembergs scharf zurückzuweisen: »pourquoi faut-il qu'il ait cru devoir s'excuser sur le mauvais état de nos dépôts et les insuffisances de leur équipement?« Die Wertung Sproembergs sei weder »nachsichtig« noch »gerecht«. »Elle est«, so Bloch, »par surcroît, un peu choquante«. Dem Buch als solchem stellte Bloch anschließend dennoch ein positives Zeugnis aus. Sproemberg habe eine sorgfältige und objektive Studie vorgelegt, die, in ihrer vollkommenen Klarheit »dans la ligne de la meilleure tradition érudite allemande, aujourd'hui trop rarement respectée« stehe. Sproemberg verteidigte sich daraufhin in einem Brief an Bloch mit der Begründung, daß er keinesfalls »eine Art Generalangriff gegen den Zustand der französischen Archive und ihrer Verwaltung« beabsichtigt habe, sondern »lediglich den deutschen Gelehrten gegenüber eine Klausel einfügen« wollte, »daß trotz der sorgsamen Durchsicht des gedruckten Materials anders als in Deutschland auf französischem Boden die Wahrscheinlichkeit ungedruckten Materials viel größer« sei.[153] Aus diesem Grund sei seine Bemerkung nicht gegen die französische Archivverwaltung gerichtet gewesen, sondern habe sich lediglich auf den »Zustand des Materials« bezogen. Erst die Französische Revolution habe, so Sproemberg weiter, der vormals vorzüglichen Erforschung des Mittelalters in Frankreich einen Rückschlag versetzt, während in Deutschland zu Beginn des 19. Jahrhunderts die Monumenta Germaniae ihre Arbeit aufgenommen habe. Daß Sproemberg sich zu Unrecht angegriffen fühlte, veranschaulicht der letzte Absatz seines Briefes. Gegen den Verdacht einer grundsätzlichen Feindschaft gegen die französische Geschichtswissenschaft müsse er sich, so Sproemberg, schon allein deshalb verwahren, da er bereits im Vorwort seines Buch die besonderen Schwierigkeiten hervorgehoben habe, die für einen Deutschen bestanden hätten, sich nach dem Ersten Weltkrieg der westeuropäischen Geschichte zu widmen. Darüber hinaus verweist Sproemberg auf seine Rolle als Vermittler französischer Geschichtswissenschaft in Deutschland: »Ich glaube sogar behaupten zu können«, schreibt er an Bloch, »daß nicht Viele in Deutschland so viel für das Bekanntwerden und die sachliche Würdigung französischer fachwissenschaftlicher Arbeiten

---

in der französischen Revolution, Fehlen moderner Regestenwerke und vielfach unvollständige und unkritische Urkundenausgaben), ist mit Sicherheit darauf zu rechnen, daß noch bedeutendes handschriftliches Material für Alvisus vorhanden ist.« (Beiträge zur französisch-flandrischen Geschichte, 148)

[152] RSH 54 (1934), 283.
[153] Sproemberg an Bloch, 30.11.1934.

in Deutschland tun wie ich.« Sproemberg schließt mit dem Wunsch, daß Marc Bloch seine Klärung des Mißverständnisses freundlich aufnehmen möge.

Die Antwort aus Frankreich ließ nicht lange auf sich warten. Nur zwei Wochen später räumte Bloch ein, daß er, gerade weil er die deutsch-französische Zusammenarbeit genauso schätze wie Sproemberg, gestehen müsse, ein wenig besorgt gewesen zu sein »par quelques phrases susceptibles d'une interprétation assurément étrangère à votre pensée profonde«.[154] Natürlich sei es durch die Revolution zu Verlusten von Archivalien gekommen, unvorsichtig sei es aber, die Armut der kirchlichen Archive für ganz Frankreich zu behaupten. Französische Archivare hätten im Verlauf des 19. und 20. Jahrhunderts viel gearbeitet, so Bloch weiter, so daß zwar deren Methode zu kritisieren sei, sie aber dennoch präzise Arbeitsinstrumente geschaffen hätten. Hinzu komme, daß es in Frankreich keine Tradition in der Art deutscher »Urkundenbücher« gegeben habe. Bei aller Bewunderung der »érudition allemande« sei er jedoch weit davon entfernt, »d'approuver tout ce qui s'est fait ou se fait encore chez nous.« Angebracht wäre es daher, nicht zu sagen: »ceci n'est pas aussi bon«, sondern vielmehr zu sagen: »ceci est différent«. Eine Studienreise nach Frankreich hätte nach seiner Ansicht die Gewißheit gebracht, daß die Mehrzahl der für Sproemberg in Frage kommenden Quellen tatsächlich gedruckt vorliege. Dennoch könne er verstehen, daß diese für den Deutschen nicht möglich gewesen sei. »Herzliche« Diskussionen dieser Art, so meint Bloch abschließend, würden jedoch dem gegenseitigen Verständnis dienen und seien somit unerläßlich für die internationale intellektuelle Zusammenarbeit. Er hoffe daher, daß Sproemberg seine Erklärungen akzeptieren werde.

Kurze Zeit später bedankte sich Sproemberg für Blochs »liebenswürdigen Zeilen« und dafür, in den *Annales* von Bloch rezensiert zu werden, fügte jedoch hinzu: »Wenn die kritische Ausstellung an meiner Arbeit nicht von einem Gelehrten gekommen wäre, den ich wissenschaftlich und persönlich so schätze wie Sie und der so unterrichtet ist über meine Bestrebungen für eine Zusammenarbeit mit der französischen Wissenschaft, so hätte ich mich zweifellos überhaupt nicht geäußert.«[155] Der kurze Zwischenfall schien damit bereinigt. Tatsächlich hielten Bloch und Sproemberg ihren Kontakt, wenn auch nicht in der früheren Intensität, noch einige Jahre aufrecht. So bedankte sich Sproemberg 1937 für die Übersendung der Besprechung seiner »Entstehung der Grafschaft Flandern«, die Bloch anerkennend in den *Anna-*

---

[154] Bloch an Sproemberg, 14.12.1934.
[155] Sproemberg an Bloch, 31.12.1934.

les rezensiert hatte.[156] Im Gegenzug bemühte sich Sproemberg, Blochs Publikationen in seinem Sammelreferat in den *Jahresberichten* und der *Hansischen Umschau* so weit wie möglich zu berücksichtigen. Nach 1937 ist der Kontakt zwischen beiden Historikern dann endgültig abgebrochen. Zu diesem Zeitpunkt begann sich bereits die Verdrängung Sproembergs aus den Redaktionen der *Hansischen Geschichtsblätter* und der *Jahresberichte* abzuzeichnen, so daß sich sein bereits ohnehin nur schmaler wissenschaftlicher Handlungsspielraum weiter einengte und ihm in der Zukunft jede weitere öffentliche Wirksamkeit – mit der Ausnahme einiger weniger Rezensionen, die er in der HZ veröffentlichen konnte – versagt bleiben sollte.[157] Im Gegensatz zu den Hanse-Forschern Rörig und Vogel hat Bloch Sproemberg jedoch keine Publikationsmöglichkeit in den *Annales* eingeräumt.

Wie wir heute wissen, gab der Disput zwischen beiden Historikern, der nach der Korrespondenz zu urteilen ausgeräumt schien, Bloch bereits im Sommer 1934 Anlaß zu einer deutlich ablehnenden Haltung gegenüber seinem deutschen Kollegen. In einem Brief an seinen Freund und Kollegen Georges Espinas teilte Bloch die Gründe seiner Mißbilligung Sproembergs unverhohlen mit:

»Was ich bisher (in Briefen und Publikationen) von Dr. Sproemberg gesehen habe, begeistert mich nicht. Er scheint zu jenem Typus von Deutschen zu gehören, die allzu freundlich, ja unterwürfig und beflissen sind. Ich ziehe eine strengere und würdigere Gattung bei weitem vor. Er schreibt mir Briefe von überbordender Herzlichkeit und führt stets nur die internationale Zusammenarbeit im Munde.«[158]

Bloch begründete sein hartes Urteil mit Sproembergs Bemerkung über die französische Archivverwaltung, von der er sich offensichtlich auch persönlich angegriffen gefühlt hatte. »Als Ausrede dafür«, so Bloch weiter,

»daß er keine französischen Archivbestände benutzt hat, fällt ihm nichts besseres ein, als auf deren schlechte Aufarbeitung und Inventarisierung hinzuweisen. Dabei handelt es sich in erster Linie um Archive aus dem Pas-de-Calais, von denen Sie noch besser wissen als ich, was 1914 mit ihnen geschehen ist. All dies mag nebensächlich sein, meinetwegen. Aber es ist besser, man verortet den Menschen.«[159]

---

[156] Aux origines de la Flandre. C.r. de: Heinrich Sproemberg, Die Entstehung der Grafschaft Flandern, Teil I: Die ursprüngliche Grafschaft Flandern (864–892), Berlin 1935, in: AHES 8 (1936), 588–590. Sproembergs Dankesschreiben an Bloch vom 3.3.1937. Zwischen 1932 und 1937 hat Bloch seinem deutschen Gegenüber insgesamt fünf Sonderdrucke geschickt, davon zwei Rezensionen von Sproembergs Büchern.
[157] Vgl. hierzu ausführlicher Kap. IV.
[158] Marc Bloch an Georges Espinas, 21.7.1934, zit. nach SCHÖTTLER, Marc Bloch und Deutschland, 52.
[159] Ebd.

Sproembergs gute Kontakte zu belgischen und niederländischen, aber auch zu zahlreichen französischen Kollegen blieben von seiner Auseinandersetzung mit Marc Bloch unberührt. Offenbar spielte Sproembergs Wertschätzung Henri Pirennes, dessen Werke er in Deutschland gegen große Widerstände und unter Hinnahme persönlicher Ausgrenzung zu popularisieren suchte – anders als bei Fritz Rörig, an dem Marc Bloch dies positiv hervorgehoben hatte – hier keine Rolle.[160] Den Vorwurf der nationalistischen Verengung, den Bloch berechtigterweise wiederholt gegen eine Reihe deutscher Historiker richtete, konnte er gegen Sproemberg jedoch kaum mit gutem Grund erheben.[161]

Diese nur auf den ersten Blick unscheinbare Episode macht aber deutlich, auf welch fragiler Grundlage der einmal hergestellte Kontakt zwischen einem deutschen und einem französischen Wissenschaftler in dieser Zeit beruhte, und wie leicht unvorsichtige Bemerkungen wie die Sproembergs zum Abbruch eines grenzüberschreitenden Dialoges führen konnten. Nach 1945 veränderte sich der wissenschaftliche Handlungsspielraum Sproembergs grundlegend. Vor allem mit der Übernahme des Lehrstuhls für mittelalterliche Geschichte an der Universität Leipzig im Jahr 1950 war es ihm nun für einige Jahre möglich geworden, ungezwungen und unabhängig von politischen Vorgaben der SED über westeuropäische Forschungen zu berichten und diese in sein Lehrangebot einzubeziehen. Vier Jahre nach seinem Auftritt auf dem Bremer Historikertag 1953 veröffentlichte Sproemberg in der ostdeutschen *Zeitschrift für Geschichtswissenschaft* eine ausführliche Kritik eines aktuellen *Annales*-Heftes, wobei er erneut auf das Schicksal Blochs aufmerksam machte und beklagte, daß man sich in Deutschland noch immer nicht zu einer eingehenden wissenschaftlichen und biographischen Würdigung des Historikers durchgerungen habe.[162] In der Praxis des Wissenschaftlers und Lehrers[163] Sproemberg schlug sich sein nach wie vor unverändert großes Interesse an der westeuropäischen Geschichtswissenschaft in ei-

---

[160] Ebd., 49.
[161] Auf Sproembergs internationales Engagement wird in Kap. IV. ausführlich eingegangen.
[162] HEINRICH SPROEMBERG, Bemerkungen zu einer neuen Geschichte Frankreichs, in: ZfG 5 (1957), 373–381. Sproemberg würdigte Bloch als den »größten Sozial- und Wirtschaftshistoriker Frankreichs auf dem Gebiet des Mittelalters«.
[163] Eindrücke von dessen »unkonventionellen« Vorlesungen gibt der ehemalige Assistent Sproembergs, Manfred Unger, wieder, der die gesamteuropäische Ausrichtung der Historiographie seines Lehrers betont: vgl. VEIT DIDCZUNEIT u. a., Geschichtswissenschaft in Leipzig: Heinrich Sproemberg, Leipzig 1994, 93 ff. In zahlreichen unmittelbar nach dem Zweiten Weltkrieg verfaßten Denkschriften (»Die Erneuerung der Geschichtswissenschaft in Deutschland«, »Zur Neugliederung der Geschichtswissenschaft an den Universitäten«), aber auch in seinen Vorlesungsmanuskripten der fünfziger Jahre hat Sproemberg nicht nur die Notwendigkeit einer In-

ner weiterhin umfangreichen Rezensionstätigkeit nieder.[164] Seine unbedingte Bereitschaft zur Verständigung mit Wissenschaftlern aus dem westlichen Ausland kam zum anderen in seinem großen Engagement zur Geltung, mit dem er zwischen 1953 und 1957 zahlreiche Diskussionen und Tagungen in dem von ihm gegründeten »Leipziger Arbeitskreis mittelalterlicher Historiker« organisierte. Die Ereignisse in Ungarn im Herbst 1956 beendeten schließlich in der DDR die Phase des politischen Tauwetters mit gravierenden Konsequenzen für den internationalen Dialog der Leipziger Geschichtswissenschaft.[165] In der Folgezeit wurden sowohl Auslandsreisen Sproembergs als auch Einladungen zu Gastvorträgen an Gelehrte aus dem westeuropäischen Ausland verhindert. So resultierte Sproembergs Emeritierung im Sommer 1958 nicht zuerst aus Altersgründen, sondern ergab sich aus dem zunehmenden politischen Druck, der von marxistischer und »bürgerlicher« Seite auf ihn ausgeübt wurde. Mit der Zäsur des Jahres 1956, der Verdrängung Sproembergs von seinen Funktionen an der Universität sowie der Reglementierung des Reiseverkehrs durch die Partei endete nicht nur das innerdeutsche, sondern auch das ostdeutsch-westeuropäische Gespräch in Leipzig.[166]

3.3 Der »Fall« Eugen Wohlhaupter: ein Rezensent außerhalb der »Zunft«

Die in seiner *thèse* aufgeworfen Fragestellungen hatte Bloch in einem Aufsatz über »Liberté et servitude personnelles au moyen âge«, der aus einem auf dem internationalen Rechtshistorikertag 1932 in Madrid gehaltenen Vortrag hervorgegangen war, erneut aufgegriffen und vertieft. Mit Blick auf seine

---

ternationalisierung der deutschen Geschichtswissenschaft gefordert, sondern auch selbst durch umfangreiche Berücksichtigung ausländischer Forschungen eingelöst.

[164] Von Seiten der in der SED organisierten Historiker wurde Sproemberg vorgeworfen, nicht in der DDR zu publizieren. Tatsächlich hatte Sproemberg die meisten seiner Rezensionen in westdeutschen Zeitschriften veröffentlicht, insbesondere in der *HZ*, in den *Rheinischen Vierteljahrsblättern* und im *Deutschen Archiv*. Seine Rezension in der ZfG blieb eine Ausnahme. Ein Verzeichnis seiner Rezensionen findet sich in: HEINRICH SPROEMBERG, Mittelalter und demokratische Geschichtsschreibung. Ausgewählte Abhandlungen. Hg. Manfred Unger, Berlin (Ost) 1971, 449 ff.

[165] Vgl. grundlegend zur Entwicklung der Geschichtswissenschaft der DDR in den fünfziger Jahren mit dem Schwerpunkt der Untersuchung der SED-Hochschulpolitik ILKO-SASCHA KOWALCZUK, Legitimation eines neuen Staates. Parteiarbeiter an der historischen Front. Geschichtswissenschaft in der SBZ/DDR 1945 bis 1961, Berlin 1997.

[166] Vgl. hierzu ausführlich DIDCZUNEIT, Geschichtswissenschaft in Leipzig: Heinrich Sproemberg.

Jahre zuvor begonnenen Untersuchungen über die historische Entwicklung der *servage* vom 9. bis zum 13. Jahrhundert hatte Bloch noch einmal umfassende begriffsgeschichtliche Studien betrieben, in deren Zentrum die Trennung des rechtlichen Status der Sklaverei (*esclavage*) karolingischer Zeit von der Leibeigenschaft (*servage*) in kapetingischer Zeit stand.[167] Einige Passagen gerade dieser Schrift von 1933 – nach Barthélemy »son texte le plus riche, mais peut-être aussi le plus difficile, en matière de servage«[168] – in denen Bloch seine Sympathie für die Schicht der »Unfreien« sehr deutlich hervorhebt,[169] haben seine Biographen immer wieder dazu veranlaßt, seine Schriften zur *servage* vor dem Hintergrund seines demokratischen Selbstverständnisses als *citoyen* zu lesen. So stellte Carole Fink bereits 1989 fest: »What stands out in his didactic, sophisticated discussions, sprinkled with legal, linguistic, and literary examples, is a strong, modern voice mixing sympathy, irony, and outrage at the wide-spread exploitation and violence of medieval Europe.«[170] Ulrich Raulffs Ausführungen über die Behandlung dieses Themas bei Bloch knüpfen an dieser Stelle an, gehen aber in der Reichweite ihrer Interpretation weit über die Bemerkungen Finks hinaus. Indem er die Definition von »Freiheit« und »Unfreiheit« in Blochs mittelalterlichen Studien – immer verstanden als Zugehörigkeit zur oder Ausschluß von der »aktiven Rechtsgemeinschaft« – mit dessen Vorstellungen von Freiheit aus der Sicht des Republikaners und Widerstandskämpfers verknüpft, weist

---

[167] Vgl. FINK, Marc Bloch, 119 ff. »Les institutions humaines«, resümiert Bloch, seien zuallererst »des réalités d'ordre psychologique«. Eine Klasse existiere daher nur durch die Idee, die man sich von ihr mache: »Écrire l'histoire de la condition servile, c'est, avant tout, retracer, dans la courbe complexe et changeante de son développement, l'histoire d'une notion collective: celle de la privation de liberté.« (Mélanges I, 355) Blochs Ergebnisse diskutieren umfassend BONNASSIE, Marc Bloch (wie Anm. 91), und BARTHÉLEMY, Postface (wie Anm. 87).

[168] BARTHÉLEMY, Postface, 313, Anm. 1.

[169] In seiner Studie bemerkt Bloch: »Comme toutes les institutions de l'âge vassalique, le servage s'est développé dans une atmosphère de rudesse, où les abus de droit étaient quotidiens ... A donner du statut servile une image trop bien ordonnée et qui se puisse résumer comme en quelques articles d'un code, l'historien manquerait à faire sentir tout ce que cette puissance d'un homme sur un autre comportait, dans la pratique, de brutalité et d'arbitraire.« (317) An anderer Stelle verleiht Bloch seiner Überzeugung Ausdruck, daß »dans une société organisée ... l'individu n'est jamais pleinement libre« und fügt sein eigenes Beispiel hinzu: »Je me tiens pour un homme libre; mais étant professeur d'Université, si je suis ›libre‹, par exemple, vis-à-vis de l'État d'employer à mon gré mes vacances, je ne le suis point de manquer à donner mon enseignement, pendant l'année scolaire, et, lorsque je me trouve contraint d'interrompre alors mon activité, il me faut en demander la ›liberté‹ aux autorités compétentes.« (328)

[170] FINK, Marc Bloch, 120. Das Interesse am Problem von Freiheit und Unfreiheit, meint Fink, ohne ihre Information zu präzisieren oder zu belegen, habe Bloch von seinem »staunchly republican father« geerbt.

er der Mediävistik Blochs eine immanente politische Bedeutung zu.[171] Somit läßt sich resümieren, daß Blochs Verständnis von Wissenschaft bei weitem nicht nur als Beruf oder Berufung verstanden werden darf, sondern, wie angesichts seines späteren Engagements im Kampf gegen die Judenpolitik Vichys erkennbar wird, auf der Grundlage seiner republikanisch-demokratischen Grundüberzeugungen beruht. Denn Blochs Version der Geschichte der Freiheit liegt, schreibt Raulff, »als Kontrastfolie die moderne Konzeption des ›*citoyen*‹ als eines freien und gleichen politischen Subjekts zugrunde.« Seine Schriften spiegeln demnach nicht nur den politischen Blick des Historikers, sondern sind, indem Bloch die Ausgrenzung der Juden aus dem französischen Volk mit derjenigen der Leibeigenen aus dem *populus Francorum* vergleicht, gleichsam politische Gesten.

So eindrucksvoll und überzeugend die Interpreten Marc Blochs sein wissenschaftliches Werk aus einem Abstand von über einem halben Jahrhundert gedeutet haben, so wenig kann heute davon ausgegangen werden, daß einem Zeitgenossen und Rezensenten die leisen Anspielungen Blochs, seine Parteinahme für die einstmals Unterdrückten, kurz: die politische Note dieser Schrift auffallen konnten. Als besonders einfühlsamer und sachkundiger Kritiker dieses wichtigen Aufsatzes hat sich 1935 aber der bayerische Jurist und Rechtshistoriker Eugen Wohlhaupter erwiesen.[172] In einer dem Text Blochs folgenden, übersichtlich aufgebauten und ausführlichen Rezension referiert Wohlhaupter zuverlässig die wichtigsten Thesen des in seinen Augen »trefflichen« Aufsatzes des »um die Ständegeschichte sehr verdienten Straßburger Rechtshistorikers«. Marc Bloch habe sein zentrales Thema, den Bedeutungswandel ständischer Freiheit und Unfreiheit, »in sehr eindrucksvoller Weise« mittels einer Bestimmung sowohl der inneren als auch der äußeren Merkmale der *servage* sowie einer regionaler Differenzierung bestimmt. Seine »sorgfältige Analyse« zeige »deutlich den Gegensatz von *servage* und Sklaverei«. Im zweiten Abschnitt seines Aufsatzes habe Bloch anhand einer Untersuchung zum Freiheitsbegriff der Kirche und »sehr feine(r) Beobachtungen über den Bedeutungswandel im Sprachgebrauch« die Stel-

---

[171] Raulff führt in diesem Zusammenhang Passagen aus Briefen Blochs aus den vierziger Jahren an, in denen der Historiker den rechtlichen Status der Juden in Frankreich mit dem der *serfs* in der Geschichte parallelisiert: Ein Historiker im 20. Jahrhundert, 318 ff. »Der Fluchtpunkt der Perspektive, in der der Historiker die wirtschaftlichen, sozialen und rechtlichen Charakteristika der Leibeigenschaft bestimmt«, sei, so Raulff, stets »der politische Staatsbürger«. Aus diesem Blickwinkel heraus sei auch die »Société féodale« konzipiert.

[172] HZ 151 (1935), 105–107. Vgl. auch die Rezension des gesamten Jahrbuches der spanischen Rechtsgeschichte, in dem Blochs Studie erschienen war, von ERNST HEYMANN (ZRG GA 55, 1935, 518–521). Auf die »sehr viel Interessantes enthaltenden Darlegungen« Blochs konnte Heymann aus Platzgründen nur hinweisen.

lung der Institution der *servage* in der Entwicklung der ständischen Freiheit insgesamt analysiert. Trotz einiger Kritikpunkte, die Wohlhaupter jedoch als Ergänzungen verstanden wissen wollte – so der Hinweis auf die Entwicklung des genossenschaftlichen Begriffs städtischer Freiheit – kommt Wohlhaupter zu einem überaus anerkennenden Gesamturteil: Bloch habe in seiner Darstellung »mit einer unbestreitbaren Quellenkenntnis und einer unleugbaren Fähigkeit zur Zusammenschau eine vertiefte Betrachtung der französischen Ständeverhältnisse angeregt«, deren Komplexität mit dem Kollektivbegriff »Mangel an Freiheit« adäquat beschrieben worden sei. Die meisten Kritikpunkte Wohlhaupters beziehen sich indes auf den dritten Abschnitt des Textes, in dem Bloch über die französische Situation hinaus versucht hatte, anhand eines Vergleichs der deutschen, spanischen und englischen Rechtslage eine europäische Fragestellung zu entwickeln. So kritisiert Wohlhaupter, daß Bloch aufgrund einiger Lücken in der Auswertung der deutschen Literatur nicht erkannt habe, »daß auch das deutsche Schrifttum zu seinen Problemen bereits Stellung genommen hat.« Aber auch hier bleiben die Einwände Wohlhaupters wohlwollend, wenn er einräumt, daß Blochs Bemerkungen zum gesamteuropäischen Kontext der *servage* nur »Andeutungen« sein können. Sie müssen daher als Intention des Rezensenten verstanden werden, sich als sachkundigen Kritiker zu präsentieren und sich insofern auf eine Stufe mit dem französischen Wissenschaftler zu stellen. Nationale Töne oder gar Anspielungen auf den jüdischen Gelehrten Bloch sind bei Wohlhaupter nicht zu finden. Ein Blick auf die Biographie des Rechtsgelehrten und Juristen mag die »Ausnahmesituation« dieser von Vorurteilen gänzlich freien Rezension verdeutlichen.

Der Lebensweg Eugen Wohlhaupters war in mehrfacher Hinsicht außergewöhnlich. Als eine »Spitzenbegabung unter den Rechtswissenschaftlern seiner Generation«[173] hat er in seinem kurzen Leben – 1946 verstarb er im Alter von nur 46 Jahren – ein außerordentlich umfangreiches Œuvre hinterlassen.[174] Neben seiner Tätigkeit als Hochschullehrer und juristischer Gutachter ist Wohlhaupter vor allem als Rezensent für juristische Fachorgane sowie in großem Umfang auch für verschiedene historische Fachzeitschrif-

---

[173] Zu Wohlhaupters Biographie vgl. umfassend Hans Hattenhauer, Rechtswissenschaft im NS-Staat: Der Fall Eugen Wohlhaupter, Heidelberg 1987; V.

[174] Übersicht über die gesamte literarische und dozentliche Tätigkeit von Prof. Dr. Eugen Wohlhaupter, erg. von H. G. Seifert, o. O. 1948. »Vom tätigen Leben: Bilder der Erinnerung« (Selbstverl. 1947) lautete beinahe folgerichtig der Titel seiner kurzen Autobiographie. (erneut abgedruckt in: Hattenhauer, Wohlhaupter, 41 ff. Der Einfachheit halber wird nach der Ausgabe Hattenhauers zitiert. Vgl. auch den ausführlichen Nachruf von Heinrich Mitteis, Eugen Wohlhaupter (1900–1946), in: ZRG GA 65 (1947), 454–463.

ten, etwa die *Historische Zeitschrift* oder das *Historische Jahrbuch*, hervorgetreten.[175] Unter Historikern ist Wohlhaupter dennoch kaum bekannt. Dagegen hat sein Leben und Werk mit der erst vor wenigen Jahren erschienenen Biographie Hans Hattenhauers eine ausführliche Würdigung erhalten.[176] Dabei ist deutlich geworden, daß Wohlhaupters wissenschaftliche Karriere nur auf den ersten Blick »normal« verlaufen ist. Erst bei genauerem Hinsehen offenbart sich ein vielfach gebrochener Lebensweg, der einen aufschlußreichen Zugang zur komplexen Problematik wissenschaftlicher Auslandsbeziehungen unter den Bedingungen des Nationalsozialismus ermöglicht.

Nach dem zu urteilen, was heute über seinen wissenschaftliche Werdegang bekannt ist, mußte Wohlhaupter trotz seiner anerkannten wissenschaftlichen Qualifikationen und enormen Leistungen bereits zu Lebzeiten als Außenseiter gelten. Nach seiner 1928 erfolgten Habilitation bei Konrad Beyerle - einem der Mitgestalter des zweiten Teils der Weimarer Reichsverfassung, der die Grundrechte beinhaltete - brach Wohlhaupter 1929/1930 und 1930/1931 zu Studienreisen nach Spanien auf.[177] Der Aufenthalt in Madrid eröffnete dem jungen Gelehrten ein »Forschungsgebiet, auf dem er in ganz Europa maßgebend werden und im deutschsprachigen Raum bis heute ohne Nachfolger bleiben sollte.«[178] In dieser Zeit, aus der zahlreiche, auch in der Landessprache verfaßte und zum Teil profunde Studien zur spanischen Rechtsgeschichte hervorgegangen sind,[179] hatte Wohlhaupter umfangreiche Beziehungen zur spanischen Gelehrtenwelt geknüpft. Es ist das ausgeprägte Interesse an der spanischen Geschichte und Geschichtswissenschaft - Wohlhaupters Forschungsschwerpunkt konzentrierte sich nach eigenem Bekunden auf die Frage nach dem »Einfluß des kanonischen Elements auf das spa-

---

[175] Dies betont KARL SIEGFRIED BADER in seinem Nachruf, in: HJb 62–69 (1942–1949), 992–996.

[176] Wie Anm. 173.

[177] Zur Auslandsarbeit der Görres-Gesellschaft vgl. den Bericht von HEINRICH FINKE, Internationale Wissenschaftsbeziehungen der Görres-Gesellschaft, Köln 1932.

[178] HATTENHAUER, Wohlhaupter, 7. In seiner Autobiographie »Vom tätigen Leben« vermerkte Wohlhaupter über die bevorstehende Forschungsreise: »Am wenigsten Lust verspürte ich, auf viel gepflügten Äckern der deutschen Rechtsgeschichte nochmals die Schollen umzuwenden und gleichsam nur eine Nachlese zu halten ... Mich drängte es schon damals zu einer entschlossenen Weitung des Blicks, und jugendliche Vorliebe für Spaniens Kulturwelt, unterdessen vorgenommene einleitende Studien zur spanischen Rechtsgeschichte machten es mir nicht schwer, die Frage Heinrich Finkes, ob ich mit einem Forschungsauftrag der Görres-Gesellschaft nach Spanien gehen wolle, bejahend zu beantworten.« (zitiert nach HATTENHAUER, Wohlhaupter, 96. Alle Passagen aus diesem Text im folgenden nach der Ausgabe Hattenhauers)

[179] Studien zur Rechtsgeschichte der Gottes- und Landfrieden in Spanien, Heidelberg 1933.

nische Recht« – was ihn mit dem französischen Historiker Bloch über Jahre hinweg verband, wie zahlreiche Rezensionen beider Wissenschaftler über Neuerscheinungen auf dem Gebiet der spanischen Rechtsgeschichte belegen.[180] Entsprechend hat auch Marc Bloch die Arbeiten Wohlhaupters zur Kenntnis genommen und in den *Annales* in zwar knappen, jedoch anerkennenden Rezensionen gewürdigt.[181] Ob beide Historiker miteinander korrespondierten oder sich vielleicht persönlich begegneten – im Frühjahr 1932 hatte Bloch seine Thesen zur Leibeigenschaft auf dem Rechtshistorikerkongreß in Madrid präsentiert – muß aufgrund der Lückenhaftigkeit des Nachlasses von Wohlhaupter offen bleiben.[182] 1940 hatte Marc Bloch noch einmal, nun jedoch äußerst kritisch, Stellung zu Wohlhaupter bezogen. Vier Jahre zuvor waren in der von Karl August Eckhardt herausgegebenen Schriftenreihe der »Akademie für Deutsches Recht« aus dessen Feder zwei Abhandlungen über die »Germanenrechte« erschienen; Publikationen also, die hinsichtlich ihrer Thematik und des Zeitpunktes ihrer Veröffentlichung den Herausgeber, dem es in erster Linie um den Nachweis des Fortbestehens des germanischen Elements im spanischen Recht gegangen war, in die Nähe nationalsozialistischen Gedankenguts rücken lassen konnten.[183] Daß die Akademie sich geweigert hatte, mit Wohlhaupter ein Mitglied der Görres-Gesellschaft in ihren Reihen aufzunehmen – 1937 wurde sein Aufnahmeantrag

---

[180] Zu den zahlreichen Rezensionen Blochs zur spanischen Geschichtswissenschaft vgl. das Schriftenverzeichnis in: Mélanges II, 1032 ff. Von besonderem Interesse war für beide Historiker die jährlich erscheinende, führende spanische Zeitschrift für Rechtsgeschichte: Anuario de historia del derecho español.

[181] Autour de l'histoire de la société espagnole, in: AHES 6 (1934), 616. »On sait avec quel zèle«, so Bloch, »depuis bien des années déjà, la grande société savante de l'Allemagne catholique, la ›Görresgesellschaft‹, s'attache à explorer le passé de l'Espagne ... Mais quand verrons-nous une pareille école d'historiens hispanisants se former, chez nous, si proches de l'Espagne cependant et liés à son passé par tant d'attaches anciennes?« (Gesammelte Aufsätze zur Kulturgeschichte Spaniens, Bd. III. Hg. Heinrich Finke, in Verb. m. Konrad Beyerle u. Georg Schreiber, Münster 1931. Zum Beitrag Wohlhaupters, Zur Rechtsgeschichte des Spiels in Spanien, 55–128, bemerkt Bloch: Wohlhaupter »attire utilement notre attention sur un mode d'activité qui, pour être en marge de la vie économique, ne mérite certainement pas le vertueux dédain que lui témoignent, à l'ordinaire, les historiens.«

[182] Vgl. den Kongreßbericht Blochs: Une réunion d'historiens, en Espagne, in: AHES 4 (1932), 385.

[183] MARC BLOCH, A travers les anciens droits germaniques. Rez. von: Eugen Wohlhaupter, Gesetze der Westgoten, Weimar 1936 (Germanenrechte, 11), in: A.H.S. 2, 1940, 247–248. Sarkastisch kommentierte Bloch: »...on ne saurait dénier aux institutions du Troisième Reich la rapidité d'exécution ni au Troisième Reich lui-même un sens assez avisé – dirons nous: de son rayonnement? dirons-nous: de sa propagande? – pour accorder, dans ses dépenses d'armements, la place voulue à l'arme du livre. Et voilà l'occasion d'un assez triste retour sur nous-mêmes!«

abgewiesen[184] – und daß Wohlhaupter zudem selbst politischer Verfolgung ausgesetzt gewesen war, konnte Bloch nicht wissen. Es gehört zu den Paradoxien in Wohlhaupters Lebenslauf, daß er sich als Gegner des Nationalsozialismus bis zum Ende des Regimes an einer politisch in besonderem Maße exponierten Universität halten konnte.

Während sich Wohlhaupters enge Verbindungen zur Görres-Gesellschaft sowie sein Eintritt in die Bayerische Volkspartei im Herbst 1931 als nicht karrierefördernd erwiesen, bereitete ihm seine überzeugte christlich-katholische Haltung ernsthafte Schwierigkeiten. War Wohlhaupters Situation in seiner Zeit als Privatdozent an der Universität München trotz vereinzelter Denunziationen noch vergleichsweise gesichert gewesen, so änderte sich sein Leben mit dem Wechsel an die Juristische Fakultät der Universität Kiel schlagartig. Ein Blick auf die politische Situation an dieser Fakultät nach dem Januar 1933 mag das Außergewöhnliche des Wechsels eines katholischen Bayern in den protestantischen Norden verdeutlichen. Die in der Weimarer Zeit vergleichsweise liberale und vom damaligen preußischen Kultusminister Carl Heinrich Becker besonders geförderte Rechts- und Staatswissenschaftliche Fakultät war nach dem Machtwechsel in Deutschland bevorzugtes Objekt nationalsozialistischer Wissenschaftspolitik geworden. Den politischen Vorgaben der neuen Machthaber entsprechend wurde die Fakultät unmittelbar nach dem 30. Januar 1933 radikal umgestaltet.[185] Eine umfassende personelle und organisatorische Neuordnung an einer nunmehr den Status einer »Grenzlanduniversität« tragenden Alma mater sollte den Weg für den Eingang der nationalsozialistischen Rechtsidee unter dem Signum einer »völkischen Rechtserneuerung« in die Rechtswissenschaft bahnen. Dieser Versuch einer Ideologisierung der Kieler Juristischen Fakultät zur »politischen Stoßtruppfakultät«, insbesondere unter dem Rektorat von Paul Ritterbusch (1937–1941), ist wiederholt unter dem Namen »Kieler Schule«[186] beschrieben geworden. Wie Jörn Eckert in seinem Beitrag über die Juristische Fakultät Kiel im Nationalsozialismus schreibt, verlieh der Versuch der Politisierung der Wissenschaft speziell dieser Fakultät eine »Sonderstellung« unter allen deutschen rechtswissenschaftlichen Fachbereichen. Was die Neuanstellung von Dozenten im Zuge der »Säuberung« des

---

[184] HATTENHAUER, Wohlhaupter, 29.

[185] JÖRN ECKERT, Die Juristische Fakultät im Nationalsozialismus, in: Uni-Formierung des Geistes. Universität Kiel im Nationalsozialismus, Bd. 1. Hg. Hans-Werner Prahl, Kiel 1995, 51–85; zu Wohlhaupter vgl. 64 ff. Zur Geschichte der Disziplin nach 1933 vgl. die Studie von MICHAEL STOLLEIS (Hg.), Rechtsgeschichte im Nationalsozialismus: Beiträge zur Geschichte einer Disziplin, Tübingen 1989.

[186] Ebd. 51 ff.

Lehrkörpers betraf, konnten nur solche Wissenschaftler in Betracht gezogen werden, von denen die Nationalsozialisten zumindest eine loyale Haltung dem neuen Regime gegenüber erwarten konnten.

Umso erstaunlicher war es nun, daß man 1934 ausgerechnet einem Mann wie Eugen Wohlhaupter, der allein in konfessioneller Hinsicht ein »Fremdkörper« an dieser Universität darstellen mußte, aber auch aufgrund seiner politischen Einstellung »den Typ des weltanschaulich dem NS unerwünschten Hochschullehrers« repräsentierte,[187] die Vertretung des germanistischen Lehrstuhl Karl August Eckhardts anbot. Dieser war kurz zuvor zu den Nationalsozialisten konvertiert und hatte mehrfach versucht, eine Berufung Wohlhaupters nach Kiel zu hintertreiben.[188] Dort entwickelte sich Wohlhaupter jedoch sehr bald zu einem der »fleißigsten und produktivsten Wissenschaftler der Fakultät«.[189] Da man ihm in Kiel und Berlin kein politisches Vertrauen entgegenbrachte, mußte er diesen Mangel durch Leistung und ein über das gesunde Maß hinausgehendes Arbeitspensum kompensieren.[190] Dennoch wurde Wohlhaupter erst im Jahr 1944, also zehn Jahre nach seinem Antritt in Kiel, zum beamteten außerordentlichen Professor ernannt. Aus »politischen Gründen« sah sich die Fakultät durch den Einspruch der Parteiführung nicht in der Lage, ihm ein planmäßiges Extra-Ordinariat zu übertragen. Stattdessen sah er sich immer wieder, insbesondere seitens einiger Studenten und des mit einem Mitspracherecht in Berufungsfragen ausgestatteten NS-Dozentenbundes, politischen Verfolgungen und Denunziationen ausgesetzt, die ihn oftmals bedrohlich nahe an den Rand der physischen und psychischen Existenz führten.[191] Rückblickend notierte er in seiner Autobiographie:

»Für mich bedeuteten die zwölf Jahre seiner Herrschaft [des Nationalsozialismus, S.K.] einen Leidensweg von der ersten bis zur letzten Stunde. Innerlich, weil ich von Tag zu Tag mehr erkannte, daß es auf eine Vernichtung naturrechtlicher, christlicher

---

[187] HATTENHAUER, Wohlhaupter, 15. Vgl. auch die unkritische Darstellung von ERICH DÖHRING, Geschichte der juristischen Fakultät 1665–1965, in: Geschichte der Christian-Albrechts-Universität Kiel 1665–1965, Bd. 3, Teil 1, Neumünster 1965, der zu Wohlhaupter schreibt, daß von diesem »nicht erwartet werden konnte, daß er sich zu intensiver Wirksamkeit im Sinne der nationalsozialistischen Ideologie bereit finden würde.« (220)
[188] Ebd., 64. Eckhardt, ein Vetter von Günther Franz, hatte seine in der Weimarer Republik begonnene Karriere in der NS-Zeit unter dem Schutz Heinrich Himmlers weiter ausbauen können. Vgl. ECKERT, Juristische Fakultät, 61 ff.
[189] ECKERT, Juristische Fakultät, 64.
[190] HATTENHAUER, Wohlhaupter, 11. Wohlhaupter arbeitete, so Hattenhauer, »sowohl nach Qualität wie nach Quantität für zwei«.
[191] Ebd., 21 ff. 1944 erfolgte ein dienstlicher Verweis wegen der Durchführung eines kirchenrechtsgeschichtlichen Seminars im SS 1944.

und rechtsstaatlicher Grundsätze abgesehen war, und weil die großen Stürme auf das Christentum und das Recht, obwohl sie nicht ganz gelangen, schon innenpolitisch die fürchterlichsten Folgen zeitigten, die ein Jurist von christlicher Grundhaltung nur mit tiefster Besorgnis, ja mit Grauen feststellen konnte. Aber auch äußerlich bin ich von 1933 bis 1945 einen Leidensweg gegangen. Ich galt aus einer Reihe von Gründen, vor allem wegen meiner bekannten verfassungsfreundlichen Einstellung und wegen meines Festhaltens an meiner katholischen Überzeugung als weltanschaulich untragbar und staatspolitisch verdächtig und bekam das fortgesetzt in Zurücksetzungen und Demütigungen aller Art zu spüren. Von Beförderungen war keine Rede, alle Berufungen ... wurden durch das Veto des Dozentenbundes oder der Parteikanzlei im Keime erstickt, ich wurde mit einem Hungerlohn abgefunden, und selbst die Annahme ausländischer Ehrungen wurde mir dadurch vergällt, daß die erforderliche Genehmigung des Ministeriums jahrelang verzögert wurde. Dazu trat eine kleinliche Überwachung meines ganzen Privatlebens, insbesondere der Korrespondenz und meiner Telephongespräche sowie meiner gesellschaftlichen Beziehungen.«[192]

Seine ungesicherte Stellung an der Fakultät brachte es mit sich, daß Wohlhaupter sich kaum Verpflichtungen entziehen konnte, die das Regime gerade von einem Kieler Hochschullehrer erwartete. Nur so lassen sich sein Eintritt in die NSDAP (am 1. Mai 1937), Vorträge vor NS-Rechtswahrerbund- und Volksbildungsstätte sowie seine Rede am 5. Mai 1942 auf einer Tagung des »Kriegseinsatzes der Geisteswissenschaften« in Weimar zum Thema »Das germanische Element im spanischen Recht« verstehen.[193] Daß Wohlhaupter trotz seiner Gegnerschaft zum Nationalsozialismus national gesinnt gewesen war, zeigen einige Äußerungen in seinem Lebensbericht, die aus einer Distanz von über fünfzig Jahren zwar kaum ohne Beklommenheit zur Kenntnis genommen werden können, deren zeitgenössische Begrifflichkeit dennoch nicht als nationalistische Anmaßung begriffen werden darf, sondern zeitgenössische Ausdrucksweisen und Werthaltungen widerspiegelt. So schrieb er zu seinem Aufenthalt in Spanien:

»Wir Deutschen galten in jeder Beziehung als das erste Wissenschaftsvolk der Erde; vor den exakten und objektiven Methoden deutscher Forschung legten die Spanier

---

[192] HATTENHAUER, Wohlhaupter, 103.
[193] Abgedruckt in: ZRG RA 66 (1948), 135–264. Die Veranstaltung fiel zusammen mit der Jahrestagung der deutschen Rechtshistoriker. Verpflichtet war Wohlhaupter insbesondere seinem Rektor Paul Ritterbusch, der gleichzeitig Beauftragter des Reichserziehungsministeriums für den »Kriegseinsatz der Geisteswissenschaften« war, jedoch 1938 die Einleitung eines förmlichen Verfahrens angestrengt hatte, um die gegen seinen Schützling erhobenen Vorwürfe zu entkräften. Im Gegenzug waren von Wohlhaupter allein rein äußerliche Bekenntnisse zum NS-Staat unvermeidbar. Zum »Kriegseinsatz« vgl. FRANK-RUTGER HAUSMANN, »Deutsche Geisteswissenschaft« im Zweiten Weltkrieg. Die »Aktion Ritterbusch« (1940–1945), Dresden/München 1998.

sogar ihre nicht unberechtigte Skepsis gegen Erörterung hispanistischer Themen von ausländischer Seite ab. So habe ich durch Besprechung deutscher Bücher ... und auf sonstige geeignete Weise das Meinige zur deutschen Kulturpropaganda zu leisten gesucht.«[194]

»Es bleibt eben wahr«, heißt es an anderer Stelle, »daß, wer mit Verstand eine Auslandsreise tut, nicht nur etwas erzählen kann, sondern auch als besserer Deutscher heimkehrt.«[195] Seine Wissenschaft konnte Wohlhaupter jedoch trotz vereinzelter Zugeständnisse von politischen Einflüssen frei halten.[196] So wurde ihm etwa vorgeworfen, »bei der Besprechung eines Buches nicht auf das Judentum des Verfassers hingewiesen« zu haben, oder 1939 noch immer Beziehungen zum Ausland zu pflegen.[197]

Die politische Verfolgung Wohlhaupters war mit dem Ende des Nazi-Regimes keinesfalls abgeschlossen. Am 23. Juli 1945 wurde Wohlhaupter auf Anordnung der britischen Besatzungsmacht ohne Nennung von Gründen vom Dienst suspendiert. Die Entfernung Wohlhaupters von der Universität, um die sich die NSDAP in den zurückliegenden zehn Jahren ohne Erfolg bemüht hatte, war nun der Militärregierung »mühelos gelungen«.[198] Am 23. Dezember 1946 ist er, eine Woche bevor die britische Militärregierung am 30. Dezember 1946 seine Entlassung widerrief, an einer Magenkrankheit verstorben.

4. Forschungen zum europäischen Königtum: *Les Rois thaumaturges*

Marc Blochs erstes umfangreicheres Buch, das 1924 in Straßburg erschienene Werk über die »wundertätigen« heilenden Könige, dem vielerorts ein maßgeblicher Impuls für die Erneuerung der Geschichtswissenschaft in diesem Jahrhundert zugeschrieben worden ist, ist bereits ausgiebig interpretiert und sowohl in seinem fachwissenschaftlichen als auch in seinem zeitgenössischen *politischen* Entstehungszusammenhang verortet worden. Es waren zuerst Carlo Ginzburg und Jacques Le Goff, die in ihren ausführlichen Einleitungen zu Neuauflagen der *Rois thaumaturges* die Genese des Werkes vor-

---

[194] HATTENHAUER, Wohlhaupter, 99.
[195] Ebd., 97.
[196] ECKERT, Juristische Fakultät, 64.
[197] Diese »Tatbestände« hatte Wohlhaupter in dem 1938 von Ritterbusch angestrengten Verfahren zu seiner Entlassung angegeben. Vgl. HATTENHAUER, Wohlhaupter, 24 f. Bei der Rezension eines jüdischen Gelehrten handelte es sich jedoch nicht um Blochs Schrift, sondern um Giorgio Levi, Il duello giudizario, Florenz 1933, in: HZ 168 (1933), 400.
[198] Ebd., 38.

nehmlich aus Blochs Erfahrung des Krieges abgeleitet und dabei insbesondere die von ihm angewandte regressive Methode eingehend beleuchtet haben.[199] Wenn zuvor behauptet worden ist, daß sich in Blochs Arbeiten zur *servage* der Einfluß des Krieges deutlich abzeichnet, so darf diese Feststellung für die Konzeption dieses Buches in weitaus höherem Maß Gültigkeit beanspruchen. Daß bei Bloch ein direkter Sinnzusammenhang zwischen seinen Kriegserfahrungen, seinem Interesse an Gerüchten und Falschmeldungen, kurz: seinen Erfahrungen auf dem Gebiet der Zeugenpsychologie und der Analyse des politischen Gebrauchs des Heilungswunders besteht, hat nachdrücklich Carlo Ginzburg hervorgehoben. Den Irrtum nicht nur als »Fremdkörper« beseitigt, sondern als »Studienobjekt« zu einem neuen Gegenstand historischer Erkenntnis befördert zu haben, ist nach Ginzburgs Ansicht das eigentlich Neue an Blochs Methode.[200] Auf dieser Bahn sei Bloch, wie Ginzburg schlüssig erklärt, nicht nur die Abkehr von der traditionellen Politikgeschichte gelungen, sondern auch die Ablösung der Rechtsgeschichte durch die Sozialgeschichte.[201] Ulrich Raulff ist in seiner Interpretation noch weiter als Ginzburg und Le Goff gegangen, indem er, in Anlehnung an Bloch selbst, der sein Werk als einen »Beitrag zur politischen Geschichte Europas«[202] verstanden wissen wollte, die *Rois thaumaturges* nicht mehr nur als einen Beitrag dieses Historikers auf dem »Weg zu einer neuen politischen Geschichte« gelesen, sondern dessen Schrift als eine »politische Geste« an sich zu entziffern gesucht hat.[203] Das Verständnis von Blochs umfangreicher Untersuchung über eine nur auf den ersten Blick nebensächliche Geste – und nicht über das Zeremoniell der Königsweihe selbst – habe wiederum zu tun mit der Konstruktion der französischen Nationalgeschichte in Blochs Denken: »Durch die Episode des Mirakels«, so Raulff, lasse Bloch »das Volk als aktiven Partner in die französische Nationalgeschichte eintreten.«[204] Mit seiner Entdeckung des Volkes als aktiven Subjekts in der Ge-

---

[199] CARLO GINZBURG, Einleitung zu *I re thaumaturgi*, Turin 1973, XI–XIX; DERS., Mentalität und Ereignis. Über die Methode bei Marc Bloch, in: Spurensicherungen. Über verborgene Geschichte, Kunst und soziales Gedächtnis, München 1983, 126–148; JACQUES LE GOFF, Préface zu Bloch, Les Rois thaumaturges.
[200] GINZBURG, Mentalität und Ereignis, 131 ff.
[201] Ebd., 133.
[202] »En somme, ce que j'ai voulu donner ici, c'est essentiellement une contribution à l'histoire politique de l'Europe, au sens large, au vrai sens du mot.« (BLOCH, Les Rois thaumaturges, Introduction, 21)
[203] LE GOFF, Préface, XXXVIII: »Le message de Marc Bloch pour demain, c'est l'appel au retour de l'histoire politique mais une histoire politique renouvelée, une anthropologie politique historique …«; RAULFF, Ein Historiker im 20. Jahrhundert, 276 ff.
[204] Ebd., 282 ff.

schichte sei ihm eine »Herrschaftsgeschichte von unten« gelungen: indem sich Bloch nun ausgiebig mit der Geste des Heilens beschäftigt, stellt er die Königsweihe als weiteren »Höhepunkt« und zugleich »Konstruktionspunkt« der französischen Geschichte auf eine Stufe mit dem revolutionären Bundesfest von 1790. Aus diesem Grund sieht Raulff in den *Rois thaumaturges* die »politische Geste eines republikanischen Historikers zum Problem der Nation«,[205] mit der er, indem er beide Ereignisse als gleichwertig nebeneinanderstellt, nicht nur die Frage der Legitimation der Republik, ja die Frage nach Fortschritt und Rückschritt in der Geschichte durchkreuzt und damit obsolet macht, sondern den Ansatz zu einer Nationalgeschichte entwirft, die im Ergebnis Republik und Königtum miteinander zu versöhnen vermag.[206]

Die Intention des Buches und sein symbolischer Gehalt gehen also weit über eine bloße Rekonstruktion eines Rechtsaktes und sakralen Zeremoniells hinaus. Diesen Sachverhalt gilt es zu bedenken, wenn die Rezeption der *Rois thaumaturges* in der deutschen und der französischen Geschichtswissenschaft in den Blick genommen wird. Wie Jacques Le Goff in seiner instruktiven Einleitung gezeigt hat, ist Marc Blochs eigenwillige Perspektivik auch von anerkannten Fachhistorikern in Frankreich und Belgien nicht immer adäquat erfaßt worden. »L'intérêt du livre«, schreibt Le Goff, »a explicitement échappé à plusieurs...Il semble que le plus grand nombre, tout en étant louangeurs, ne sont rassurés face à la ›bizarrerie‹ du sujet que parce que Marc Bloch a fait preuve de beaucoup d'érudition.«[207] So meinte etwa der berühmte belgische Mediävist François-Louis Ganshof: »Dans l'exposé, l'essentiel se trouve ainsi, sinon sacrifié à l'accessoire, du moins relégué à une place où il est moins bien mis en lumière. L'argumentation y perd en relief et en clarté.«[208] Und Robert Fawtier, der eine scharfe Kritik an einzelnen Punkten der Arbeit

---

[205] »Es ist das Werk eines überzeugten Republikaners, geschrieben und veröffentlicht nach einer der schwersten Krisen, die sein Land je erlebt hat, kurz nach dem Großen Krieg 1914–18. Es nimmt seinen Platz ein in einer Kultur, in der sich politische Diskurse und historische Deutungen so sehr durchdringen, wie es sich heute kaum noch vorstellen läßt. Als Stellungnahme in einer solchen politischen Kultur muß man die »Rois thaumaturges« auch begreifen.« (ebd., 310)

[206] Raulff nennt diesen Sachverhalt »die spezifische Außenpolitik« der »Rois thaumaturges« (311).

[207] LE GOFF, Préface, XXXI.

[208] RevbelPhH 5 (1926), 611–615; 612. Auch von Lucien Febvre, Blochs wohl aufmerksamsten und vielleicht auch gerechtesten Kritiker, kam, trotz enthusiastischem Lob, auch verhaltene Kritik: »Die Begeisterung eines alten Mannes für dies große, jugendliche und doch schon voller Gelehrsamkeit steckende Werk«, schrieb Febvre in seinem Porträt des Freundes, »sollte nicht dessen Mängel vertuschen.« So meinte Febvre, beim Verfasser »eine gewisse Begriffsgläubigkeit« erkennen zu können. Dessen »Voreingenommenheit gegenüber ›Mentalität‹« habe seinen Freund dazu geführt, »religiöse Probleme eher zu umkreisen als wirklich zu durchdringen.« (Febvre, Marc Bloch, 226 f)

formulierte und damit den energischen Widerspruch Blochs auslöste, urteilte 1926 in der Zeitschrift *Le Moyen Age*: »Une grosse partie du livre sort du cadre des études auxquelles est consacrée cette Revue et même des études historiques.«[209] Kennern des Blochschen Œuvres zufolge – darunter Charles-Edmond Perrin – habe Bloch aufgrund der ambivalenten Reaktionen auf sein Buch im eigenen Land den von ihm eingeschlagenen Pfad bald aufgegeben, so daß sein Buch über die Königsheilung innerhalb seines Werkes einen singulären Platz beibehielt und bald in den Schatten seiner anderen großen Werke trat.[210] Erst 1961 erfolgte in Frankreich eine Neuauflage; eine deutsche Übersetzung erschien mit einer Verzögerung von 74 Jahren.[211]

4.1 Geringe Resonanz in Deutschland

Während das westeuropäische Ausland Blochs Studie eine Vielzahl von lobenden Besprechungen widmete, trafen die *Rois thaumaturges* in Deutschland nur auf geringe Resonanz. Als einen der »Schätze« der Bibliothek der Straßburger *Faculté des lettres*, wie Lucien Febvre das Buch einmal nannte,[212] wurde es zwar von einer Reihe deutscher Mediävisten, insbesondere von Percy Ernst Schramm, Walther Kienast,[213] Heinrich Mitteis oder Ernst Robert Curtius[214] rezipiert. In der deutschen Fachöffentlichkeit wurde das

---

[209] MA, 2. sér. 27 (1926), 238–244; die Antwort Blochs: La Popularité du toucher des écrouelles, in: ebd. 28 (1927), 34–41.

[210] Vgl. die Bemerkungen Le Goffs in: ÉTIENNE BLOCH (Hg.), Marc Bloch: une biographie impossible, Limoges 1997, 118 (Katalog der gleichnamigen, in Deutschland und Frankreich gezeigten Ausstellung). Vgl. auch die einleitenden Bemerkungen PERRINS in: Mélanges I, XI: »Il est à noter que, après cette date [1924, S. K.] Marc Bloch n'est plus revenu sur la question de l'onction royale...«

[211] MARC BLOCH, Die wundertätigen Könige. Mit einem Vorwort von Jacques Le Goff und einem Nachwort von Claudia Märtl, München 1998.

[212] Zitiert nach LE GOFF, Préface, XXX.

[213] KIENAST, Der französische Staat (wie Anm. 131), 468. Auch Kienast betonte die herausragende Bedeutung des königlichen Heilungswunders für die Sakralität des französischen Königtums, unterdrückte die Persönlichkeit des Historikers Bloch jedoch vollständig, der bei ihm lediglich als »ein neuerer Franzose« auftritt, der diesen Sachverhalt »geistreich« als »Religion von Reims« bzw. als das »achte Sakrament des Königtums« charakterisiert habe.

[214] CURTIUS, Die französische Kultur. Eine Einführung, Stuttgart 1930, 58: »Die geschichtlichen Grundlagen«. Weitaus differenzierter als etwa Holtzmann urteilte der Bonner Romanist, wenn er meinte, daß im »priesterlich-religiösen Charakter« des Königtums (womit er sich im Gegensatz zu Percy Ernst Schramm befand) ein Schlüssel zum Verständnis nicht nur der französischen Geschichte, sonder auch seiner »Nationalideologie« liege. Bemerkenswert ist insbesondere Curtius' Aufruf zur deutsch-französischen Verständigung über den Weg einer gemeinsam zu erarbeitenden Geschichtsauffassung: »Die beiden nationalen Geschichtsauffassungen ...

Buch dagegen nur in zwei Rezensionen gewürdigt.[215] Hier reagierte jedoch nicht die *Historische Zeitschrift*, sondern zunächst die *Zeitschrift für Rechtsgeschichte*. Wahrscheinlich ist, daß Robert Holtzmann aufgrund seines Rufes als Kenner der französischen Verfassungsgeschichte und »erprobter« Bloch-Rezensent das Angebot von der Savigny-Zeitschrift bekommen hatte. Im Gegensatz zu einigen westeuropäischen Mediävisten sprach Holtzmann der Fragestellung Blochs jedoch nicht den Rang eines ernstzunehmenden historischen Forschungsthemas ab. Dennoch zeigt seine Kritik aber wiederum ein – im Vergleich zu seiner ersten Bloch-Rezension noch gesteigertes – antifranzösisches Ressentiment, zugleich aber auch eine große Bewunderung für das voluminöse Werk. Bloch wird erneut eingeführt als ein »an der französischen Universität, die man in der deutschen Stadt Straßburg errichtet hat«, lehrenden Gelehrten, dessen »gewisse Weitschweifigkeit ... schon bei jener früheren Untersuchung [*Rois et serfs*, S. K.] aufgefallen« und nun »zu noch viel breiterer Entfaltung gediehen« sei. »Geschieht ähnliches bei uns«, so Holtzmann weiter, »so gibt das Anlaß zum Belächeln deutscher Gründlichkeit und Umständlichkeit.« Bevor er zu einer inhaltlichen Auseinandersetzung mit dem Buch kommt, schließt Holtzmann noch eine weitere Polemik gegen Frankreich und die französische Wissenschaft an: die Tatsache, daß der vorliegende Band mit »hübschen Reproduktionen« von Drucken, die Skrofelheilungen abbilden, ausgestattet ist, gibt ihm Anlaß zu dem »Beweis«, daß »man in dem neuen Straßburg über Geld verfügt.« Wenn Bloch also »nicht in der Beschränkung den Meister gezeigt« habe, so verdiene »der Inhalt im übrigen doch sicherlich unser gerechtes Lob.« Der Verfasser habe »mit Gewissenhaftigkeit und Geschick das Material zusammengetragen, besprochen, anschaulich gemacht und gedeutet, die einzelnen Phasen der Entwicklung und die verschiedenen Riten dargelegt ...« Sogleich nimmt Holtzmann jedoch wieder seine Kritik an Bloch auf: »Was wohl am wenigsten befriedigt«, fährt er fort, seien dessen Darlegungen über die »Entstehung des Brauchs und der Anschauung, die ihm zugrunde« liege. Es folgen ausgedehnte Belehrungen Holtzmanns, die allein in die Feststellung münden, daß der Ursprung der Königsheilungen in England im Gegensatz zu Blochs

---

müssen überwunden werden durch die Einsicht, daß es um 800 eben noch kein Nationalbewußtsein gab, noch nicht die Scheidung zwischen Deutschen und Franzosen, die sich im Lauf der Geschichte verfestigt hat. Das regnum francorum war noch kein nationales Gebilde.« (56)

[215] HOLTZMANN, Rez. von: Bloch, Les rois thaumaturges; EDGAR HENNECKE, in: ZfKG 44 (1925), 123–124. Eine Durchsicht des »Dietrich«, der Internationalen Bibliographie der Zeitschriftenliteratur (Bibliographie der Rezensionen) der Jahrgänge 1925–1939 ergab folgende Anzahl von Rezensionen: USA 2; England 3; Italien 4; Frankreich 14; Belgien 2; Spanien 1; Niederlande 1.

Annahme um ein halbes Jahrhundert später datiert werden müsse, Bloch aber richtig erkannt habe, daß deren Herkunftsland Frankreich sei.[216] Die Frage, auf welche Weise der Glaube an die königliche Heilkraft seinen Weg nach Frankreich gefunden habe, läßt auch er offen. Seiner Einschätzung zufolge liege hier eine »Auswirkung der altorientalischen Herrscher- und Heilandsmystik« auf die »germanischen Reiche des Mittelalters« vor. Doch auch bei dieser Frage zeigt sich erneut, wie bei Holtzmann wissenschaftliche Erwägungen immer wieder hinter feindseligen Bemerkungen gegen den Nachbarn im Westen zurücktreten. So zieht er eine direkte Linie von der Ausbreitung der königlichen Heilkraft mit der historischen Expansionspolitik Frankreichs: »ohne Zweifel«, schreibt er mit Verweis auf Fritz Kerns Buch über die ›französische Ausdehnungspolitik‹[217], hänge die Etablierung der königlichen Thaumaturgie »mit den ausschweifenden Berufungs- und Zukunftsansprüchen der Franzosen [!] zusammen, die im 10. Jahrhundert nicht geringer waren als in den späteren Zeiten bis herab auf die Gegenwart.«

Die zentrale Thematik des Buches und der methodische Perspektivenwechsel, den es einleitete, blieb Holtzmann dagegen verborgen – obwohl sich seine Korrekturen an Blochs Datierungen aus der Perspektive des heutigen Forschungsstandes über die Genese des Heilungsritus als durchaus berechtigt erwiesen haben und er damit genau jenen Punkt im Werk Blochs bezeichnet hat, der schließlich von einer späteren Forschergeneration einer Revision unterzogen wurde.[218] Holtzmanns Detailversessenheit hatte mitunter auch deutsche Kollegen zum Spott gereizt.[219] Seine geradezu ahistorische, ja feindselige Vermengung von wissenschaftlichen und politischen Diskurs im

---

[216] Eine kleine, in den Anmerkungen notierte Bemerkung macht sehr deutlich, in welchem Ausmaß sich Pedanterie und Polemik in Holtzmanns Kritik kreuzen. Zu Blochs fehlerhafter Schreibweise eines Namens kommentiert er: »Ebenda begegnet auch wieder einmal der Namen [!] Heinrich Brünner. Nein, dieser auch um die französische Rechtsgeschichte nicht unverdiente Mann schrieb sich Brunner, sprich: Brounerre.« [Hervorheb. i. O.] Marc Bloch kannte Otto Brunner wohl tatsächlich nicht, wie MICHAEL BORGOLTE vermutet: Die Erfindung der europäischen Gesellschaft. Marc Bloch und die deutsche Verfassungsgeschichte seiner Zeit, in: Schöttler (Hg.), Marc Bloch. Historiker und Widerstandskämpfer (wie Anm. 57), 171–194; 180.

[217] Die französische Ausdehnungspolitik bis zum Jahr 1308, Tübingen 1910.

[218] Wie Jacques Le Goff gezeigt hat, setzt in England und Frankreich das Phänomen der Königsberührungen tatsächlich mit der Mitte des 13. Jahrhunderts erst über ein Jahrhundert später ein, als Bloch behauptet hatte. Die Diskussion dieser Fragen soll hier nicht weiter verfolgt werden. Vgl. dazu ausführlich Le Goffs Aufsatz »La genèse du miracle royal«, in: Atsma/Burguière, Marc Bloch aujourd'hui, 147–156.

[219] So merkte sein Schüler Martin Lintzel in seiner Rezension von Holtzmanns »Geschichte der sächsischen Kaiserzeit« ironisch an: »H. dürfte manchem zuviel wissen. Bei ihm liegt das 10. Jahrhundert sozusagen im hellen Sonnenlicht der Erkenntnis ... Bei H. erscheinen gewisse Fragen und Kontroversen der Forschung viel eindeutiger entschieden, als es der Fall sein dürfte,

Zeichen einer Anklage Frankreichs bedarf indes keiner weiteren Erörterung. Ganz im Widerspruch zum Œuvre Blochs figurierte das Thema »Versailles« in Holtzmanns Rezensionen keineswegs als »Leerstelle«.[220] Wichtiger erscheint an dieser Stelle der Blick auf die konzeptionelle Ebene seiner Einwände, um die Kluft zu verdeutlichen, die Blochs Denken vom Geschichtsverständnis des Deutschen trennte. Hierbei zeigt sich, daß Holtzmann, indem er seine Kritik ausschließlich auf die Diskussion falscher Datierungen konzentrierte, in genau jener »harten Sklaverei des Dokuments«[221] befangen war, die Marc Bloch immer wieder, zuletzt in seiner wissenschaftlichen Vermächtnisschrift, der »Apologie de l'histoire«, als »Sucht nach den Ursprüngen« (»la hantise des origines«) gegeißelt hatte.[222] Holtzmanns Sichtweise der *Rois thaumaturges* blieb genau in diesem, rein gelehrten Kontext gefangen, auch wenn ihm die vom englischen und französischem Königtum betriebene Sakralisierungsstrategie, die Bloch so eindringlich als konstituierendes Element des modernen Staates analysiert hatte, sowie die von Bloch betriebene Dekonstruktion dieses Wunderglaubens nicht entgangen war. So äußerte er im Gegensatz zu vielen Rezensenten im westeuropäischen Ausland keine Skepsis bezüglich der Forschungswürdigkeit einer Erscheinung am Rande des monarchischen Krönungszeremoniells. Dieses wurde zwar aus medizinhistorischer Perspektive bereits zwanzig Jahre früher untersucht, von nicht wenigen Mittelalter-Historikern jedoch noch immer allzu leichtfertig als »bizarr« verworfen.[223] Wiederum in Kontrast zur überwiegend po-

---

und manche Vorgänge und Personen, ihre Charaktere, Ziele und Motive scheint H. viel genauer zu kennen, als es nach dem Stande der Quellen möglich ist.« (HZ 168, 1943, 143–145).

[220] Wie Ulrich Raulff hervorgehoben hat, steht »Versailles« unausgesprochen als »Chiffre für eine Richter-Geschichte« und somit als »eine Art von dunklem Gegenpol« zu Blochs Geschichtsauffassung (DERS., Ein Historiker im 20. Jahrhundert, 244 f).

[221] So Bloch 1938 in seinem Aufsatz über »Technique et évolution sociale: réflexion d'un historien«: »l'historien n'est pas un homme libre. Si pour despotes d'autres ont la machine et d'autres encore le microscope, qui borne implacablement la vision du biologiste, nous vivons, nous, sous le dur esclavage du document.« (Mélanges II, 833–838; 834)

[222] Apologie pour l'histoire ou métier d'historien. Édition critique préparé par ÉTIENNE BLOCH, Paris 1993, Chapitre I (L'histoire, les hommes et le temps), 4: L'idole des origines. Die »Sucht« nach den Ursprüngen nahm bei Bloch den Rang eines der »Stammesgötzen der Historiker« (»cette idole de la tribu des historiens«) ein, die Bloch zufolge dazu geführt habe, Ursprünge und Ursachen zu verwechseln und die Vergangenheit in den Dienst der Gegenwart zu stellen. Sein Fazit lautete also: »Jamais, en un mot, un phénomène historique ne s'explique pleinement en dehors de l'étude de son moment.«

[223] Gleich am Beginn seiner Rezension stellte er klar: »Als Beispiel und Ausfluß der höheren, überirdischen Gewalt, mit der auch das christliche Königtum jahrhundertelang umkleidet war, verdienen die Wunderheilungen der französischen und englischen Könige allgemeine Beachtung.« Eine Ausnahme unter den deutschen Historikern stellt Fritz Kern dar, der in seinem Buch

sitiven Reaktion seiner ausländischen Kollegen stand jedoch seine abfällige Bemerkung über die »Weitschweifigkeit« des Verfassers, dem er Bildung und Gelehrsamkeit nicht offen zugestehen mochte, dessen Werk er aber, wie zwischen den Zeilen zu lesen ist, nichtsdestoweniger seinen Respekt zollte. Auf die Frage des Ursprungs des von Bloch untersuchten Wunderglaubens konzentrierte sich auch Percy Ernst Schramm, der sich in den dreißiger Jahren wie kein anderer deutscher Historiker intensiv mit der Geschichte des europäischen Königtums befaßt hatte.

Auch dem Kirchenhistoriker Edgar Hennecke, der das Buch Blochs in der *Zeitschrift für Kirchengeschichte* rezensierte, war die zentrale Thematik der *Rois thaumaturges* entgangen, wenn er dem Autor auch gründliche Sorgfalt bescheinigte und dessen Einschätzung des Glaubens an die königliche Heilkraft als Aberglauben und »kollektiven Irrtum« (Marc Bloch) teilte.[224] In seiner Kritik belächelte er die in romanischen Ländern anzutreffende »Wundersucht«, die zwar auch in Deutschland im Rahmen der Kaiserkrönungen zu finden, hier aber »nicht in dem bigotten Ausmaßer [sic]« bemerkbar war.

4.2 Parallele Forschungen? Die Arbeiten Percy Ernst Schramms

Percy Ernst Schramms 1939 erschienene zweibändige Studie »Der König von Frankreich. Das Wesen der Monarchie vom 9. bis zum 16. Jahrhundert« stand lange Zeit im Ruf des großen deutschen »Parallelereignisses« zu Marc Blochs Königsbuch.[225] Sie war das Ergebnis eines gegen Mitte der dreißiger

---

»Gottesgnadentum und Widerstandsrecht im früheren Mittelalter« (Leipzig 1914) Blochs Thema der königlichen Wunderheilung gestreift hatte (»Der Heilzauber des Königs in England und Frankreich«, Darmstadt, 2. Aufl. 1954, 104f). Zu Kern vgl. die Rezension Blochs in: RH 138 (1921), 249; sowie das Nachwort von Claudia Märtl zur deutschen Übersetzung der »Rois thaumaturges«.

[224] Wie Anm. 215.

[225] In seiner 1990 erschienenen und sogleich umstrittenen Biographie Ernst Kantorowicz' (Histoires d'un historien: Kantorowicz, Paris 1990; dt. u. d. T.: Kantorowicz. Geschichten eines Historikers, Stuttgart 1992) hat ALAIN BOUREAU – in krasser Verkennung der intellektuellen und politisch-sozialen historischen Kontexte der zwanziger Jahre – dessen Friedrich-Biographie als »großes Parallelereignis« (Raulff) der »Rois thaumaturges« gedeutet, was erheblichen Widerspruch ausgelöst hat. Vgl. hierzu die kritischen Stellungnahmen von RAULFF, Ein Historiker im 20. Jahrhundert, 331 ff; SCHÖTTLER, Der deutsche Historiker als Denkmal und Mythos. Zu einer fragwürdigen Biographie über Ernst Kantorowicz, in: SZ, 2. 4. 1992; DERS., L'érudition – et après? Les historiens allemands avant et après 1945, in: Genèses 5 (1991), 172–185; OTTO GERHARD OEXLE, Das Mittelalter als Waffe. Ernst H. Kantorowicz' ›Kaiser Friedrich der Zweite‹ in den politischen Kontroversen der Weimarer Republik, in: Ders., Geschichtswissenschaft im Zeichen des Historismus, Göttingen 1996, 163–215; 289–302.

Jahre begonnenen Studiums der Geschichte der Königskrönungen in den europäischen Monarchien, zu dem der seit 1929 in Göttingen lehrende Historiker über die Erforschung der mittelalterlichen »Ordines« und Symbole gelangt war.²²⁶ Die zwei großen Bücher, die Schramm auf diesem Themengebiet publizierte, seine 1937 erschienene ›Geschichte des englischen Königtums im Lichte der Krönung‹, sowie die zwei Jahre später veröffentlichte Synthese der französischen Krönungsgeschichte, resultierten aus zahlreichen ausführlichen Vorarbeiten, die Schramm zuvor in Fachzeitschriften publiziert und der wissenschaftlichen Öffentlichkeit zur Diskussion gestellt hatte.²²⁷ Mit diesen Studien, in denen Schramm methodisch und thematisch Neuland betrat, hat sich der Historiker schon frühzeitig den Ruf als ein vergleichend arbeitender Forscher von »europäischem« Rang erworben, der bis heute ungebrochen scheint. Bereits 1972 bemerkte Hermann Heimpel, wiederum nicht ohne Seitenhieb auf die *Annales*, in einem Nachruf auf seinen Göttinger Kollegen, den er zum Begründer der »historischen Ikonographie« erhoben hatte, daß dieser, »Jahrzehnte bevor das Gegensatzpaar als französischer Import in aller Munde kam«, neben »Ereignis-Geschichte Strukturgeschichte« betrieben habe.²²⁸ In seinen Vorlesungen habe Schramm »Sozialgeschichte aus erster Hand« betrieben. »Eine Wegmarkierung von europäischem Rang für die Erforschung des Mittelalters« meinte Norbert Kamp 1987 in einem Rückblick auf die Geschichte der Göttinger Mittelalterforschung in den Arbeiten Schramms zu erkennen.²²⁹ Dieser Meinung haben sich nur wenige Jahre später Karl Ferdinand Werner und Otto Gerhard Oexle angeschlossen. So vertrat Werner die Auffassung, Schramm habe sich nicht mit der »Pauschalformel« vom »germanischen« Charakter des mittelalterlichen Königtums begnügt, sondern »vergleichende Geschichten des französischen und englischen Königtums« vorgelegt, die auch »in den be-

---

²²⁶ Vgl. das von Annelies Ritter zusammengestellte Schriftenverzeichnis: Veröffentlichungen von Professor Dr.phil. Percy Ernst Schramm, Hamburg 1960.
²²⁷ PERCY ERNST SCHRAMM, Die Krönung bei den Westfranken und Angelsachsen von 878-1000, in: ZRG KA 23 (1934), 117-242; Der König von Frankreich. Wahl, Krönung, Erbfolge und Königsidee vom Anfang der Kapetinger (987) bis zum Ausgang des Mittelalters (I), in: ZRG KA 25 (1936), 222-354; II, in: ZRG KA 26 (1937), 161-284; Ordines-Studien II: Die Krönung bei den Westfranken und den Franzosen, in: AUF 15 (1938), 3-55.
²²⁸ HERMANN HEIMPEL, Königtum, Wandel der Welt, Bürgertum. Nachruf auf P. E. Schramm, in: HZ 214 (1972), 96-108. Von einer »Strukturgeschichte avant la lettre« spricht auch URSULA WOLF, Litteris et Patriae, 326.
²²⁹ NORBERT KAMP, Percy Ernst Schramm und die Mittelalterforschung, in: Boockmann/ Wellenreuther (Hg.), Geschichtswissenschaft in Göttingen, 344-363; 363.

handelten Ländern Autorität« erlangt hätten.²³⁰ Auch Oexle hat die europäische Dimension des Schrammschen Œuvres hervorgehoben: »Vor allem P. E. Schramm« sei es gewesen, der »die Erforschung des mittelalterlichen und frühneuzeitlichen Königtums im Blick auf Bilder, Symbole, Rituale ... begründete und damit der Erforschung des europäischen Mittelalters ganz neue Dimensionen eröffnete.«²³¹ Auch aus Frankreich kamen, wie Werner richtig betont, anerkennende Worte. Jacques Le Goff ging in seiner Zustimmung über das Urteil der deutschen Kollegen hinaus, indem er Schramm auf eine Stufe mit Marc Bloch und Fernand Braudel stellte. Auch Schramm habe, so Le Goff, insbesondere in seinem in den fünfziger Jahren entstandenem Werk über ›Herrschaftszeichen und Staatssymbolik‹, ähnlich wie Braudel und Bloch, Formen der Machtausübung »in die Perspektive der ›langen Dauer‹« gestellt.²³² Andere wiederum sahen in den Arbeiten des Deutschen nicht nur einen Beweis für das Fortbestehen seriöser Forschung über das Jahr 1933 hinaus, sondern vielmehr einen Ausdruck seiner politischen Überzeugungen, die positiv auch gegen nationalsozialistisches Gedankengut abzusetzen seien. So meinte etwa Horst Möller, in Schramms Büchern über das englische und französische Königtum eine »bewußte Hinwendung zur westlichen Welt« erkennen zu können.²³³ Damit ist schließlich eine Frage angesprochen, die auf die Zeitgebundenheit des Schrammschen Œuvres zielt und folglich einen genaueren Blick auf dessen Darstellung des französischen Königtums erfordert. Hierbei ist jedoch nicht mehr die Frage nach dem Verhältnis des Historikers zum Nationalsozialismus zu diskutieren, was vor einigen Jahren mit Joist Grolle ein Schüler Schramms ausführlich und differen-

---

²³⁰ KARL FERDINAND WERNER, Marc Bloch und die Anfänge einer europäischen Geschichtsforschung, 31 f. Bereits 1967 hatte Werner in seiner Studie über »Das NS-Geschichtsbild und die deutsche Geschichtswissenschaft« das Œuvre Schramms positiv hervorgehoben, da sich Schramm deutlich gegen die nach 1933 vorherrschende Tendenz abgesetzt habe, geschichtswissenschaftliche Forschung nunmehr vornehmlich auf die deutsche Geschichte zu konzentrieren. (54)
²³¹ OTTO GERHARD OEXLE, Das Andere, die Unterschiede, das Ganze, 152.
²³² JACQUES LE GOFF, Eine republikanische Monarchie. François Mitterands Größe lag in seiner Verfügung über die Traditionen Frankreichs, in: FAZ, 15. 5. 1995. Um sich positiv von der französischen Forschung abzusetzen, die er für veraltet hielt, beabsichtigte Schramm bereits in seinem ›König von Frankreich‹ »dem Wandel von Jahrhundert zu Jahrhundert, ja von Generation zu Generation gerecht zu werden, um möglichst viel von den ›Kräften‹ der Geschichte festzuhalten.« (Vorwort, VI.)
²³³ HORST MÖLLER, »Wissensdienst für die Volksgemeinschaft«. Bemerkungen zur nationalsozialistischen Wissenschaftspolitik, in: Berlinische Lebensbilder, Bd. 3: Wissenschaftspolitik in Berlin. Minister, Beamte, Ratgeber. Hg. Wolfgang Treue, Karlfried Gründer, Berlin 1987, 307–324; 322. Diese Aussage ist in ihrer Pauschalität nach allem, was über das politische Denken Schramms heute bekannt ist, nicht länger aufrechtzuerhalten.

zierend unternommen hat.²³⁴ Über die Frage hinaus, welchen Stellenwert die *Rois thaumaturges* 1939 in Schramms Werk eingenommen haben (oder angesichts der politischen Zeitumstände vielleicht nur einnehmen konnten), erscheint es lohnend, die tiefer liegende »Politik« in den Blick zu nehmen, die Schramms Forschungen über das französische Königtum zugrundegelegen hat. Dabei geht es nicht mehr um die vordergründige Frage, inwieweit Schramm in seinen Forschungen tatsächlich politische Ereignisse seiner Gegenwart verarbeitet hat. Daß seine Arbeiten, wie Ursula Wolf zu Recht betont, natürlich an den »Problemen der eigenen Zeit orientiert« gewesen waren, steht außer Frage.²³⁵ Welche Absicht Schramm jedoch mit dem ›König von Frankreich‹ verbunden hatte, ist damit noch nicht beantwortet.

In ihrer Untersuchung über die deutsche Historiographie während der Weimarer Republik und des Nationalsozialismus hat Ursula Wolf die Auffassung vertreten, daß weder das Buch Schramms von 1939 noch seine Studien über das westeuropäische Königtum in ihrer Gesamtheit als vordergründige Reflexe auf die veränderte politische Situation im nationalsozialistischen Deutschland nach 1933 begriffen werden dürften.²³⁶ Schramm habe diese Studien bereits in den zwanziger Jahren konzipiert und, wie verschiedene Neuauflagen zeigen, auch nach 1945 fortgeführt.²³⁷ Das Jahr 1939 markiert demnach nur einen vorläufigen Abschluß seiner Forschungen über die westeuropäischen Monarchien. Gleichwohl betont Wolf, daß Schramm »eine deutlich wahrnehmbare Aversion gegenüber der französischen Mentalität« besessen habe.²³⁸ Daß Schramm deutliche Aversionen gegen westlich-

---

²³⁴ JOIST GROLLE, Der Hamburger Historiker Percy Ernst Schramm: ein Historiker auf der Suche nach der Wirklichkeit, in: Vorträge und Aufsätze. Hg. vom Verein für Hamburgische Geschichte, H. 28, Hamburg 1989. Kritisch zu Schramms Rolle in der Göttinger Fakultät auch ROBERT P. ERICKSEN, Kontinuitäten konservativer Geschichtsschreibung am Seminar für Mittlere und Neuere Geschichte: Von der Weimarer Zeit über die nationalsozialistische Ära bis in die Bundesrepublik, in: Heinrich Becker u. a. (Hg.), Die Universität Göttingen unter dem Nationalsozialismus: Das verdrängte Kapitel ihrer 200-jährigen Geschichte, München usw. 1987, 219–245.

²³⁵ Gegen die Annahme Möllers vertritt Wolf die Auffassung, daß Schramm seine historischen Arbeiten weitgehend von persönlichen Überzeugungen freigehalten habe. Schramm sei vielmehr »überzeugter und praktizierender Historist, der eine oberflächliche Aktualisierung vergangener Zeiten für gegenwärtige politische Zwecke ablehnte.« (Litteris et Patriae, 322 ff) Nach der tieferliegenden »Politik« in Schramms Werken fragt Wolf jedoch nicht.

²³⁶ Ebd., 326.

²³⁷ Geschichte des englischen Königtums im Lichte der Krönung, Weimar 1937 (ND Köln 1970); Der König von Frankreich. Das Wesen der Monarchie vom 9. bis zum 16. Jahrhundert. Ein Kapitel aus der Geschichte des abendländischen Staates, Weimar 1939 (2. Aufl., Darmstadt/Weimar 1960).

²³⁸ WOLF, Litteris et Patriae, 324. Einen Nachweis für diese Behauptung führt Wolf jedoch nicht an.

demokratisches Gedankengut und die »Ideen von 1789« hegte, steht außer Zweifel.[239]

Einen Schlüssel zum Verständnis seines Textes meine der Autor zunächst selbst liefern zu müssen. Wie Schramm 1937 im Vorwort seiner Arbeit über die englische Königskrönung schrieb, hoffe er, durch seine Arbeiten zur westeuropäischen Geschichte »auch die deutsche Geschichte besser verstehen« zu können. »Diese Forschungsweise, die im Rahmen der allgemeinen Geschichte das Besondere eines jeden Volkes zu erkennen sucht«, so Schramm, »dünkt mich die Aufgabe der Geschichtsforschung zu sein. Den andern kennen und verstehen« schaffe auch »die Voraussetzung dafür, daß man ihn auch mit dem rechten Maße mißt.«[240] Das Verständnis der anderen Völker trat also zunächst deutlich hinter dem Versuch zurück, eine »neue Sicht für die deutsche Geschichte« zu finden. Gleiches Anliegen führte ihn auch zu dem Buch von 1939: »Lohnend« erschien es dem Verfasser wiederum, »einmal den Blick über die Grenze zu wenden, ihn an dem Anderssein der Nachbarn zu schärfen, um ihn dann wieder auf die Probleme unserer eigenen Geschichte zurückzulenken.«[241] Schramms Ziel war es endlich, das »Wesen« der Völker zu erfassen. Zielte seine Betonung der »Wesensverschiedenheit« der europäischen Völker somit auf eine Überwindung der Gegensätze zwischen französischer und deutscher und eine Relativierung der eigenen »Kultur«, wie Schramm zwanzig Jahre später glaubhaft machen wollte? Wäre nicht vielmehr zu fragen, ob der Historiker hier mit der vorgeblichen Besinnung auf die deutsche Sonderart nicht einer Argumentationslinie gefolgt war, die Anfang der dreißiger Jahre schon einmal der Politologe und Theoretiker der deutsch-französischen Verständigung Arnold Bergstraesser in seiner Schrift »Sinn und Grenzen der Verständigung zwischen den Nationen« als zu verfolgende, auch nationalsozialistischen Vorstellungen entgegenkommende Direktive ausgegeben hatte?[242] Diente Schramms Blick auf

---

[239] Dies hat insbesondere Grolle in seinem Essay über Schramm zum einen am Beispiel von Briefen deutlich gemacht, die der Historiker seiner Frau im März 1933 aus den USA nach Göttingen geschrieben hatte. Zum anderen führt Grolle ein Programm Schramms an, in dem dieser eine Halbjahresbilanz der nationalsozialistischen Diktatur ausarbeitete, in welcher der Historiker den Gedanken einer »Erklärung deutscher Pflichten« und die »Idee sozialer Rechte« als Gegenmodell zur »französischen Deklaration der Menschenrechte von 1789« entwickelt hatte. (Der Hamburger Historiker Percy Ernst Schramm, 22 ff)

[240] SCHRAMM, Geschichte des englischen Königtums, Vorwort, XII–XV.

[241] DERS., König von Frankreich, Vorwort, VIII.

[242] Natürlich lassen sich die Konzeptionen des politisierenden Gelehrten Bergstraesser nicht direkt neben das Vorwort Schramms stellen. Auffällig ist bei Schramm jedoch die explizite Fokussierung auf die eigenen nationalen Besonderheiten. Forschung erscheint demnach bei Schramm also nicht mehr nur um ihrer selbst willen, sondern auch mit einem nationalen Auftrag

die europäischen Nachbarn nicht in erster Linie der (Neu-)Festigung des eigenen nationalen Bewußtseins und der Bestätigung der eigenen nationalen Identität? Im Nachtrag, den Schramm am 1. November »aus dem Felde« anläßlich der Auslieferung seines Buches anfügte, hoffte der nunmehr in Uniform am »Westwall« diensttuende Gelehrte, daß dieses »doch vielleicht dem einen und andern dazu dienlich sein [könne], ein Volk besser zu begreifen, das wir heute wiederum auf der Seite unserer Gegner finden.« 1939 hatte Schramm der deutschen Öffentlichkeit suggeriert, daß sein Buch durchaus im Kontext der Aufklärung über den Kriegsgegner gelesen werden könne. Als wissenschaftlicher Beitrag zu einer fortdauernden deutsch-französischen Konkurrenz wurde es in der deutschen Geschichtswissenschaft schließlich aufgenommen und gedeutet. So meinte Walther Kienast in einer Rezension betonen zu müssen: »Es erfüllt uns mit Stolz, daß ein deutscher Gelehrter ein Werk vorlegt, wie es die französische Wissenschaft, obwohl das Thema zu ihren Lieblingsgegenständen gehört, nicht hervorgebracht hat.«[243] Diese Aussage traf Kienast keineswegs in Unkenntnis der französischen Literatur. Vielmehr gehörte Kienast zu den wenigen deutschen Historikern, die die Literatur des Nachbarn außerordentlich aufmerksam zur Kenntnis genommen und rezipiert haben. Wie seine Rezension des Schrammschen Buches zeigt, hat auch Kienast das Werk Marc Blochs und die den *Rois thaumaturges* zugrunde liegende Fragestellung sehr ernst genommen. Den von Bloch ausführlich beschriebenen Glauben des Volkes an die Skrofelheilung hatte Kienast zudem als schlüssigen Beweis für den geistlichen Charakter des französischen Königtums verstanden, den Schramm in seinen Forschungen in Frage gestellt hatte.[244]

---

versehen. Ob er sein Vorwort tatsächlich aus Opportunitätserwägungen verfaßt hatte, wie er später versicherte, muß dagegen offen bleiben. Zu Bergstraessers Schrift vgl. die instruktive Deutung von REINHART MEYER-KALKUS, Die akademische Mobilität zwischen Deutschland und Frankreich (1925-1992), Bonn 1994, 53-71. GÉRARD RAULET hat gezeigt, daß der Versuch nationaler »Wesensbestimmungen«, wie er von der deutschen Kultur- und Wesenskunde der zwanziger und dreißiger Jahre betrieben worden ist, bestehende Stereotypen und Klischees eher bestätigt und damit zur Verfestigung des deutsch-französischen Gegensatzes beigetragen hat. Raulet zufolge verhinderte eine tiefgehende Identitätskrise des Bildungsbürgertums das Hinwegsetzen über die Kategorie der »Eigenart« der Kulturen: Gescheiterte Modernisierung. Kritische Überlegungen zur deutschen Frankreichkunde der Zwischenkriegszeit, in: Begegnung mit dem ›Fremden‹: Grenzen-Traditionen-Vergleiche. Akten des VIII. Internationalen Germanisten-Kongresses Tokyo 1991. Hg. Eijiro Iwasaki, Bd. 2, München 1991, 289-301.
[243] WALTHER KIENAST, Rez. von: Percy Ernst Schramm, Der König von Frankreich. Das Wesen der Monarchie vom 9. zum 16. Jahrhundert. Ein Kapitel aus der Geschichte des abendländischen Staates, 2 Bde., Weimar 1939, in: HZ 166 (1942), 122-127.
[244] Ebd., 125. Im Anschluß an Schramm verneinte auch Kienast den »priesterlichen« Charakter des französischen Königtums, bestand aber auf seiner These, daß dieses mehr als ein bloßes

Weder Schramms Vorwort noch überhebliche Reaktionen einzelner deutscher Fachvertreter können freilich Anlaß zu der Behauptung bieten, der gelehrte Verfasser der Geschichte des französischen Königtums habe eine antifranzösische Propagandaschrift intendiert. Dennoch entgeht einem aufmerksamen Leser nicht, daß seine Schrift bei aller Sachlichkeit in der Darstellung politisch relevante Aussagen für die Gegenwart enthält. Schramm geht es zunächst darum aufzuzeigen, welchen Weg die französische Nation unter der Führung ihrer Könige auf ihrem Weg zum Einheitsstaat gegangen war. Aus seiner Bewunderung für die Leistungen der französischen Monarchie macht er dabei keinen Hehl. Erst unter ihrer Führung habe sich ein »Bündel von Stämmen« in einem jahrhundertelangen Ringen zur französischen Nation »verdichten« können, »bei dem Frankreich sowohl im Herzen empfunden als auch mit dem Verstande erkannt« werden konnte.[245] Schramm beabsichtigte also nicht, eine Geschichte der französischen Nation zu schreiben, um zu erörtern, auf welche Weise in Frankreich »Volk« und »Nation« immer mehr zur Deckung kamen. Ihm ging es insbesondere darum, das »französische Problem« von der Seite des Königtums her zu beschreiben; eines Königtums, das in seinen Augen auf dem Weg zur »religion royale« zum »Inbegriff des Staates« und zum »Inbegriff der französischen Nation« geworden war. Daß sich die im Westfrankenreich im 11. und auch noch im 12. Jahrhundert zersplitterten Volksstämme im Lauf der Geschichte »über alle Gegensätze hinweg« zu einer »im Blute begründet(en), durch den Boden geschützt(en)« Einheit zusammengefunden haben, war in seinen Augen vornehmlich ein Verdienst der französischen Könige, ein Verdienst, das auch »im Bewußtsein der heutigen Franzosen« hinter den Ereignissen der Französischen Revolution zurückgetreten ist.[246] In seiner Studie hatte Schramm also anhand der Geschichte des französischen Königtums die unterschiedliche Entwicklung von Ost- und Westfrankenreich auf dem Weg zum nationalen Einheitsstaat aufgezeigt. Heribert Müller hat am Beispiel Johannes Hallers darauf hingewiesen, daß der kontinuierliche Prozeß der Herrschaftsverdichtung hin zur Ausbildung der zentralistischen Königsnation in Frankreich nicht nur auf diesen »Parteigänger des Einheitsstaats«,

---

Gottesgnadentum darstellte, wie Schramm behauptet hatte. »Daß der Glaube an die Skrofelheilung in vorchristlichen Schichten wurzelte«, war für Kienast »ohne Belang«, denn »nach der Vorstellung der Zeit« habe sich »in diesem Wunder die göttliche Begnadung der Krone« ausgewirkt.

[245] König von Frankreich, 268.

[246] »Vieles von dem, was die Revolution lehrte und beanspruchte, ist schnell wieder verweht. Die kosmopolitischen Gedanken zerdrückte die Politik, deren eherne Regeln weitergalten, wenn auch Phantasten und Weltbeglücker sie ändern zu können meinten.« (272 f)

sondern auch auf Percy Ernst Schramm eine außerordentlich starke Faszination ausgeübt habe. Trotz seiner von nüchterner Sachlichkeit bestimmten Darstellung sei die Bewunderung Schramms für das aus ihrer Geschichte resultierende Traditionsbewußtsein der Franzosen sowie die »bruchlosen Kontinuitäten bis in das republikanische 20. Jahrhundert« unverkennbar.[247] Seine Bewunderung für diesen »eindrucksvollen« Weg zur Einheit von Staat und Nation galt jedoch nicht nur der Geschichte Frankreichs, sondern auch derjenigen des englischen Königtums. Im gleichen Zug – und das ist für Schramm entscheidend – hatte er sich in seinen Büchern von 1937 und 1939 bemüht, das Besondere, das »Wesen« der einzelnen Völker zu betonen. Allein in dieser Perspektive erschien nun auch eine Legitimation des nationalsozialistischen Deutschlands denkbar. Indem er faschistische Feste der Vergangenheit mit Aufmärschen der Nationalsozialisten in der Gegenwart verglich, machte Schramm deutlich, welche hohe Bedeutung er der Ausbildung und Pflege eines nationalen Selbstwertgefühls beimaß:

»Dort – um nur zwei Beispiele zu nennen – die Feste unter dem Fascio an den Stätten der römischen Geschichte und hier die Aufmärsche unter dem Hakenkreuz in Berlin, München und Nürnberg – zu erneuerten Staaten auch neue Formen des staatlichen Lebens, in denen die Eigenart der Völker sich deutlicher ausspricht als in den Paragraphen ihrer Gesetze. Von hier aus gesehen versteht sich besser, was die englische Krönung heute bedeutet...Aus der höfisch verbrämten Weihehandlung, an der nur wenige unmittelbaren Anteil hatten, ist die Feier eines Millionenvolkes geworden – ein Volksfest in dem tieferen Sinne, daß an diesem Tage alle Glieder des Empire ihrer Zusammengehörigkeit bewußt sind und sich darauf besinnen, daß ihnen eine tausendjährige Geschichte gemeinsam ist, daß eine durch sie geformte Eigenart sie zusammenschließt und daß als lebender Repräsentant alles dessen der ›König von Großbritannien, Irland und der Dominions jenseits der See, der Verteidiger des Glaubens und Kaiser von Indien‹ ihnen allen zugehört. Es ist ein Tag, in dem sich Vergangenheit, Gegenwart und Zukunft zusammenschließen, während bei den Nachbarn die Zeiten auseinandergefallen sind.«[248]

Schramms Befangenheit in den Kategorien von Symbolen und nationalen Traditionen erschließt sich auch im Blick auf seine Beurteilung der *Rois thaumaturges*. Während er sich im Vorwort seines ›König von Frankreich‹

---

[247] Der bewunderte Erbfeind. Johannes Haller, Frankreich und das französische Mittelalter, in: HZ 252 (1991), 265–317; 303 f.

[248] SCHRAMM, Geschichte des englischen Königtums, 231. Wolf zufolge war »ein starker Staat« Schramms »wichtigstes Ziel, als dessen Voraussetzung er ›das Zusammenwachsen aller Deutschen zu einer unzermürbbaren Einheit‹ betrachtete.« Mit seinen Büchern über die Geschichte des englischen und französischen Königtums habe er »einen Weg« aufzeigen wollen, »der Deutschland diesem Ziel ebenfalls näher bringen könnte«. (Litteris et Patriae, 328)

noch hämisch über die französische Rechtsgeschichte im allgemeinen äußerte,[249] zollte er dem Buch Marc Blochs Anerkennung, das er als »grundgelehrt« und »gedankenreich« lobte.[250] Doch auch in der Kritik an Bloch zeigt sich, wie Ulrich Raulff betont hat, der zeitgebundene Blick des deutschen Historikers: Schramm habe nämlich, so Raulff, allein die germanische Idee des Königsheils als Quelle des Glaubens an die Heilkraft der Könige akzeptiert und dabei verschwiegen, daß Bloch die »mythische Abstammung« der Kapetingerkönige auf David und Salomo zurückgeführt hatte.[251] Wenn nach Raulff die Interpretation des Königsheils bei Schramm als direkter »Ausfluß deutscher Gelehrsamkeit im Jahre 39« zu verstehen ist, muß hinzugefügt werden, daß Schramm seine Kritik an Bloch bereits 1936 formuliert hatte:[252]

»Marc Bloch hat in seinem Buche den Glauben an die Heilkraft aus dem Glauben an das ›geweihte Königtum‹ verständlich zu machen gesucht, den er aus der germanischen Welt einerseits, der römischen anderseits ableitete. Trotz der zahlreichen Belege und des aufgebotenen Scharfsinns kann diese Erklärung nicht befriedigen. Denn, was bei Bloch als eine einheitliche Erscheinung dargestellt ist, zerfällt bei näherem Zusehen in sehr verschiedene Vorstellungen, denen noch dazu in den einzelnen Jahrhunderten eine ganz verschiedene Kraft zugekommen ist. Man kann dem gelehrten Verfasser höchstens einräumen, daß der Glaube an die ›royauté sacrée‹ den Glauben an die Heilkraft gefördert hat. Der Boden aber, in dem er wurzelte, muß ein anderer gewesen sein.«[253]

---

[249] Es liege im Wesen der »Verfassungsgeschichten« so Schramm, daß sie »die Geschichte gleichsam zum Gefrieren [bringen], um sie rechtsgeschichtlich faßbar zu machen. Es mag sein, daß diese statistische Betrachtungsweise bei unsern Nachbarn jenseits des Rheines durch die Eigenart ihres Denkens noch verstärkt worden ist. Daß sie die Gefahr einer Vergewaltigung [!] des Geschehens in sich birgt, liegt auf der Hand.« (Der König von Frankreich, Vorwort, VI)

[250] SCHRAMM, König von Frankreich, 151 (»Die Heilung von Skrofeln durch den König«, 151ff).

[251] ULRICH RAULFF, Parallel gelesen: Die Schriften von Aby Warburg und Marc Bloch zwischen 1914 und 1924, in: Aby Warburg. Akten d. internationalen Symposiums Hamburg 1990. Hg. Horst Bredekamp u. a., Weinheim 1991, 167–178; 174. Raulff zufolge »funktionierte« Blochs Werk als »Kriegserklärung an die legendäre und xenophobe Geschichte der damaligen Rechten«. Frankreichs heilige Könige hätten sich nach Bloch als »große Ausländer gegeben«, als die sie geliebt worden waren. Vgl. auch RAULFF, Ein Historiker im 20. Jahrhundert, 292 ff.

[252] RAULFF, Parallel gelesen, 175. 1936 hatte Schramm das Blochsche Buch gleich am Anfang seines Aufsatzes lobend hervorgehoben: »Meine Anmerkungen zeigen«, so Schramm, »mit wie großem Nutzen ich dies inhaltsreiche und anregende Werk benutzt habe; daß ich manches sachlich anders sehe und auch in der Gesamtauffassung abweiche, deute ich hier an.« (Der König von Frankreich, II, in: ZRG GA 25, 1936, 223)

[253] Ebd., 318 f; und in: Der König von Frankreich, 151 ff. Inwieweit Schramm frühere Arbeiten Blochs zur Kenntnis genommen hat, ist aus der Quellenlage nicht ersichtlich. Im NL

Schramm fährt fort, indem er auf den »Volksglauben« verweist, in dem verschiedene »Aberglauben« unverändert wirksam seien:

»Doch läßt sich in diesem Falle mit ziemlicher Bestimmtheit sagen, aus welchem Kulturbereich der Glaube an die Heilkraft der französischen Könige abzuleiten ist. Denn im germanischen Bereich finden wir ein ›Sippenheil‹, das in dem Geschlecht des Königs als ›Königsheil‹ besonders mächtig ist ...«

Obgleich Schramm jede Kennzeichnung des französischen Verfassers als Jude unterließ, rückte er mit seiner Interpretation nolens volens in die Nähe germanophiler NS-Ideologen. Nur wenige Jahre nach Schramm hatte auch Ernst Krieck, führender Pädagoge und Philosoph des Regimes, in seinem 1943 verfaßten Werk »Volkscharakter und Sendungsbewußtsein« die Heilkraft der englischen und französischen Könige fälschlicherweise als ein »Weiterleben der germanischen Tradition im Mittelalter« gedeutet.[254] Ohne den am germanischen »Königsheil« interessierten Rassentheoretiker Krieck und den Historiker Schramm auf eine Stufe setzen zu wollen, stellen wir fest, daß auch Schramm vom damaligen Germanenkult der Nationalsozialisten offensichtlich nicht unbeeinflußt geblieben war.[255] Die gleiche Feststellung ist in dieser Hinsicht auch für Heinrich Mitteis zu treffen, der in dem Abschnitt Schramms über die königliche Heilkraft eine positive Auswirkung des »Aufschwung(es) der Germanenforschung in den letzten Jahren« zu erkennen meinte.[256] Auf die Untersuchung Marc Blochs hinzuweisen wäre in

---

Schramm sind nach Auskunft des Hamburger Staatsarchivs keine Korrespondenzen mit Bloch überliefert. Dagegen war Bloch ein aufmerksamer und kritischer Leser der Arbeiten des Deutschen. Vgl. Blochs sehr kritische Rezension von ›Kaiser, Rom und Renovatio‹ (Leipzig 1929), in: RCHL 65 (1931), 9-11; und seine Bemerkungen zu Schramms angekündigten Büchern über die westeuropäischen Monarchien: Autour des Royautés, in: AHS 2 (1940), 143-145.

[254] Volkscharakter und Sendungsbewußtsein. Politische Ethik des Reichs, Leipzig, 2. Aufl. 1943. Ob sich Krieck in seinen Ausführungen möglicherweise auch auf Schramm bezog, ist aufgrund fehlender Literaturhinweise in Kriecks Schrift nicht zu beantworten. Zu Krieck vgl. ERNST HOJER, Nationalsozialismus und Pädagogik. Umfeld und Entwicklung der Pädagogik Ernst Kriecks, Würzburg 1996.

[255] Dagegen beantwortete Schramm die Frage nach seinem persönlichen Verhältnis zum Nationalsozialismus: »Hinsichtlich der Wiederaufrüstung (Gleichgewicht der Kräfte) 200prozentiger Nazi. Hinsichtlich ›Arbeitsfrieden‹, Festigung des Bauerntums, ›Kraft durch Freude‹ 100prozentiger Nazi. Rassentheorie, Germanenkult [!], Bildungspolitik, NS-Weltanschauung: 100prozentiger Gegner.« (Zit. nach GROLLE, Der Hamburger Historiker Percy Ernst Schramm, 33)

[256] ZRG GA 61 (1941), 366-372. Auch die Abkehr vom Wahlprinzip seit der Zeit Ludwig des Heiligen wollte Mitteis nicht als Bruch mit der germanischen Tradition der Königswahl verstanden wissen. Mitteis glaubte vielmehr, im Übergang zum Erbrecht eine der Möglichkeiten zu sehen, »die schon in den germanischen Grundvorstellungen angelegt waren und sich aus ihnen heraus entfalten konnten.«

dieser Perspektive kaum opportun gewesen, so daß davon ausgegangen werden kann, daß die Erwähnung Blochs, dessen Werk Mitteis sehr wohl bekannt gewesen war, in dieser Rezension auch bewußt unterlassen worden ist. Mitteis schloß mit ähnlichen Worten wie zuvor Kienast:

»Es ist Schr. sehr zu danken, daß er uns in dem Augenblick, wo ein neues Blatt in der Geschichte der deutsch-französischen Beziehungen aufgeschlagen wird, eine so eingehende und von so hoher Warte aus geschriebene Untersuchung über die Grundlagen der französischen Monarchie geschenkt ... hat ... Der Blick über die Grenzen der Heimat, den wir so tun dürfen, wird auch dazu dienen, die Erkenntnis unsres eigenen Wesens und des Gesetzes, nach dem wir angetreten, zu mehren – und darin liegt der tiefste Sinn aller Geschichte.«

In der deutschen Historikerzunft blieben derartige Deutungen jedoch nicht unwidersprochen. So machte Carl Brinkmann Schramm im Jahr 1940 zum Vorwurf, das Buch Marc Blochs und insbesondere dessen Beweise für die »Internationalität des geistlichen Königtums« unterschätzt zu haben.[257] Im Gegensatz zu Schramm und in Übereinstimmung mit Bloch, dessen Thesen er uneingeschränkt gefolgt war, sah auch Hellmut Kämpf den Ursprung des königlichen Heilungswunders in dem Glauben an diese Erscheinung selbst begründet. Kämpf hatte in seiner 1935 erschienenen Dissertation über »Pierre Dubois und die geistigen Grundlagen des französischen Nationalbewußtseins um 1300« gefordert, daß auch der »Glaube einer Zeit Recht und Platz« in der allgemeinen politischen Geschichte finden müsse. Dies gelte in seinen Augen insbesondere für das Phänomen der Wundertätigkeit der französischen Könige, denen weder ihre »Geschichtlichkeit« noch ihre »Wirksamkeit im geschichtlichen Ablauf« abgesprochen werden könne.[258] Vielfachen Widerspruch[259] erfuhr Kämpf jedoch durch seinen anschließenden Versuch, aus dem Wunder der Königsheilungen eine »Ideologie« des mittelalterlichen französischen Königtums schlechthin abzuleiten, wie überhaupt sein Anliegen nicht eine Darstellung der Geschichte der französischen Mon-

---

[257] DLZ 61 (1940), 635–637. Brinkmann störte sich in erster Linie an der methodischen Vorgehensweise Schramms, immer wieder eigene Schriften zu zitieren, wodurch sich dieser »mancher Gelegenheit zu weiteren und gerechteren Ausblicken« beraubt habe. Schramm habe dadurch, verstärkt durch die Bevorzugung einiger Autoren, den »Eindruck des Esoterischen« erweckt.

[258] Leipzig/Berlin 1935, 33 ff. Ein Verzeichnis der Publikationen Kämpfs (1911–1971) findet sich in: ALFRED BRÜCKNER u. a. (Hg.), Miscellanea in honorem Hellmut Kämpf. Festschrift zum 60. Geburtstag von Professor Dr.phil.habil. Hellmut Kämpf, Weingarten 1971.

[259] Kritischen Widerspruch äußerten in Deutschland insbesondere ROBERT HOLTZMANN (DLZ 56, 1935, 2098–2100) und nach dem Krieg FRIEDRICH BAETHGEN (Bemerkungen zu der Erstlingsschrift des Pierre Dubois, in: MIÖG 58, 1950, 351–372). Deutliche Worte der Kritik kamen auch von Marc Bloch: Aux origines du patriotisme français, in: AHES 8 (1936), 586.

archie war, sondern anhand der Figur des Pierre Dubois, eines königlichen Legisten im Dienst Philipps IV., geistigen Grundlagen und Ursprüngen der »nationalfranzösischen Politik« nachzuspüren.[260] Welche politische Brisanz der Fragestellung Kämpfs letztlich zugrundelag, ist an der Ernsthaftigkeit abzulesen, mit der sich deutsche und französische Historiker seit dem 19. Jahrhundert immer wieder der Person Dubois' angenommen haben. Für eine Reihe deutscher Mediävisten verkörperte dessen publizistisches Werk die Konzeption einer bereits frühzeitig auf territoriale Expansion ausgelegten französischen Nationalideologie, wie auf französischer Seite gleichermaßen Alexander von Roes als Verkünder eines angeblich schon im Mittelalter wirksamen deutsch-französischen Gegensatzdenkens herhalten mußte.[261] Die Bücher Johannes Hallers oder Fritz Kerns, auch Gaston Zellers, spiegeln sehr deutlich deren fragwürdige Versuche, eine zu Lebzeiten erfahrene »Erbfeindschaft« unreflektiert aus der Gegenwart in das Mittelalter zurückzuprojizieren. Der Rekurs auf Dubois und von Roes als vermeintliche Vertreter bereits im Mittelalter angelegter Nationalideologien machte somit, wie Otto Gerhard Oexle am Beispiel des *advocatus regalis* Dubois gezeigt hat, die bei diesem Thema oftmals sichtbare Verschränkung von historischem Interesse und politischem Gegenwartsbewußtsein transparent.[262] Ohne die Thesen Kämpfs weiter diskutieren zu müssen, erkennen wir aus den Reaktionen auf die *Rois thaumaturges*, daß die von Marc Bloch in den Rang eines ernstzunehmenden geschichtswissenschaftlichen Themas gehobene Episode der königlichen Thaumaturgie in Deutschland auf ernsthaftes Interesse traf und es auch im Jahr 1935 noch durchaus möglich war, Blochs Thesen weitgehend zu übernehmen. Die von Schramm und Kämpf verfolgten Fragestellungen machen jedoch auch deutlich, wie leicht die Thematisierung der Geschichte der französischen Monarchie – und damit unmittelbar zusammenhängend der Formierung der französischen Nation durch die einigende Kraft ihres Königtums – in den Sog außerwissenschaftlicher Deutungsmuster geraten konnten. Ein Beispiel für die Gefahr der politischen Instrumentalisierbarkeit dieses Themas gab der Autor der Studie über Pierre Dubois, dem zunächst keine antifranzösische Tendenz unterstellt werden kann, nur wenige Jahre später in seiner 1940 an der Universität Würzburg gehaltenen An-

---

[260] Kämpf, Pierre Dubois, Vorwort, III.
[261] Vgl. hierzu HEINZ-OTTO SIEBURG, Die Erbfeindlegende. Historische Grundlagen der deutsch-französischen Beziehungen, in: Ruth Stiel/Gustav Adolf Lehmann (Hg.), Antike und Universalgeschichte. FS Hans Ernst Stier, Münster 1972, 323–345; 327.
[262] Utopisches Denken im Mittelalter: Pierre Dubois, in: HZ 224 (1977), 292–339; zur historiographischen Deutung Dubois' vom »Dogmatiker des Chauvinismus« (Kern) bis hin zum »Vorläufer des Völkerbundsgedankens« vgl. 322 ff.

trittsvorlesung schließlich selbst. In einem Vortrag über die »Geschichte der Westgrenze des Deutschen Reiches bis zur Französischen Revolution« kam Kämpf – inzwischen selbst Soldat – noch einmal auf die Wunderheilungen der französischen Könige zurück, die er jetzt explizit in den Kontext der französischen »Ausdehnungspolitik« seit dem Mittelalter stellte. In dieser Perspektive erscheint das königliche Heilungswunder lediglich als ideologische Basis und Legitimation eines zur »Weltherrschaft« strebenden »rex christianissimus«.[263] Daß die Weltgeschichte einen gänzlich anderen Verlauf genommen habe, wurde von Kämpf, der nun unter dem Eindruck des deutschen Sieges über Frankreich stand, lebhaft begrüßt. Die militärische Aggression gegen den Nachbarn rechtfertigte der Historiker schließlich als Vollendung einer historischen Mission. Deutsche Truppen stünden, so Kämpf, erneut »im Raume der alten fränkischen Landnahme und Siedlung«. Unmißverständlich machte er klar, daß dem Deutschen Reich im Jahr 1940 die Führungsrolle über Frankreich zukommen solle, damit die »Mitte Europas« wieder begänne, »als Herz Europas seine Gefäße zu durchbluten«.[264] Nach dem Krieg setzte Kämpf seine mittelalterlichen Forschungen zwar fort, trat jedoch, mit der Ausnahme einer Buchpublikation,[265] nur noch als Rezensent und Mitarbeiter an der von der Wissenschaftlichen Buchgesellschaft Darmstadt herausgegebenen Reihe »Wege der Forschung« in Erscheinung. 1962 wurde er nach einer mehrjährigen Tätigkeit als Dozent an der Technischen Hochschule Stuttgart zum Gründungsrektor der Pädagogischen Hochschule Weingarten berufen.

Doch zurück zu Schramm. Die wissenschaftliche Autorität, die sich der Historiker durch seine Vorkriegsarbeiten erworben hatte, blieb nach dem Zweiten Weltkrieg unangetastet: 1963 wurde ihm mit der Ernennung zum Kanzler des Ordens Pour-le-Mérite die höchste Auszeichnung verliehen, die einem Wissenschaftler in der Bundesrepublik Deutschland zuteil werden konnte. Auch sah Schramm selbst nach 1945 keinen Anlaß zu wesentlichen Korrekturen an seinen Büchern über das englische und französische Königtum. So betonte er anläßlich der zweiten Auflage des ›Königs von Frank-

---

[263] Potsdam 1940. In der *Welt als Geschichte* wurde 1942 eine Rubrik »Soldatenbriefe« von Historikern« eingerichtet, die mit Feldpostbriefen Hellmut Kämpfs und Ahasver von Brandts eröffnet wurde. Kämpf, der sich als Soldat des Afrikakorps auf einem »Kreuzzuge« wähnte, gab hier erneut seiner Hoffnung Ausdruck, daß sich Frankreich als »die erste europäische Kulturnation« nun bereit fände, sich in ein »wirkliches Europa« einzufügen. (WaG 8, 1942, 358–361).

[264] Ebd., 86 f. Passagen des Textes sind wieder abgedruckt in: WILFRIED PAPST (Hg.), Das Jahrhundert der deutsch-französischen Konfrontation: ein Quellen- und Arbeitsbuch zur deutsch-französischen Geschichte von 1866 bis heute, Hannover 1983, 99 (Quellentext Nr. 50).

[265] Das Reich im Mittelalter, Stuttgart 1950.

reich< im Jahr 1960, daß er sich »wegen keines Satzes zu entschuldigen brauche«, obwohl sein Buch in einer Zeit entstanden sei, »in der das herrschende Regime in nationalistischer Selbstüberschätzung auf alles Fremde herabsah.«[266] Zum 1939 verfaßten Vorwort bemerkte er zwanzig Jahre später, daß er damals nicht deutlicher sprechen konnte, da andernfalls das Erscheinen seines Buches gefährdet gewesen sei. »Gemeint war«, so Schramm 1960: »Seht Euch doch die Geschichte an, um gewahr zu werden, wie eng verwandt uns – trotz aller Gegensätze, trotz aller Unterschiede – unsere westlichen Nachbarn sind und welch Verhängnis es für beide Völker bedeutet, daß sie abermals die Waffen gegeneinander erheben!«[267] Der Tenor der Schrammschen Absichtserklärungen war nun jedoch ein anderer. War es Schramm vor dem Krieg noch primär um das Verständnis des eigenen Volkes gegangen, wollte er seine Forschungen jetzt als Beitrag für den »Weg nach Europa« verstanden wissen.[268] Die Geschichte der Monarchie in Europa bedeutete ihm nun, wie er in einem 1966 gehaltenen Vortrag über den »Mythos des Königtums« bekannte, ein »Schlüsselthema«, um »Europa zu verstehen«.[269] Im gleichen Aufsatz, den Schramm dem Phänomen der königlichen Wunderheilungen widmete, ist der Redner noch einmal auf die *Rois thaumaturges*, das »berühmte Werk« des »auf gemeine Weise ermordeten« französischen Historikers eingegangen. Seine frühere Deutung über die Herkunft der Königsheilungen hat er dabei lediglich relativiert, indem er nun feststellte, daß »in dem Anspruch, daß der König eine Heilkraft vererbe, noch etwas aus der frühgermanisch-magischen Geschichte« nachwirke.[270]

Es wäre trotz aller scheinbaren Nähe der Fragestellung, nämlich der Suche »nach einer totalen Geschichte der Macht«,[271] und trotz aller aufgebotenen Gelehrsamkeit auf Seiten beider Autoren unzulässig, Percy Ernst Schramms ›König von Frankreich‹ in direkte Analogie der *Rois thaumaturges* Marc Blochs zu stellen. Zu unterschiedlich sind beide Bücher allein in ihrer politischen und methodologischen Ausrichtung. Während auf der einen Seite die Dekonstruktion eines Mythos, die Entlarvung des königlichen Heilungs-

---

[266] Der König von Frankreich, Vorwort zur 2. Aufl., Darmstadt 1960, XII.
[267] Ebd., XI.
[268] Geschichte des englischen Königtums, Vorwort zum ND, XIX, Köln 1970.
[269] ›Mythos‹ des Königtums. Eine Einführung in das Problem: Monarchie in Europa, in: Kaiser, Könige und Päpste, Bd. 1: Von der Spätantike bis zum Tode Karls des Großen (814), Stuttgart 1968, 68–78.
[270] Ebd., 71.
[271] Was LE GOFF im Hinblick auf Marc Bloch geschrieben hat, darf auch für Percy Ernst Schramm Gültigkeit beanspruchen: »... la quête d'une histoire totale du pouvoir, sous toutes ses formes et avec tous ses instruments. Une histoire du pouvoir où il ne soit pas coupé de ses bases rituelles, privé de ses images et de ses représentations.« (Préface, XXXVIII)

wunders als kollektiven Irrtums, gleichzeitig aber die Deutung der thaumaturgischen Geste als karitativen Bindegliedes zwischen Monarchie und französischem Volk vorgeführt wird, dominiert auf der anderen Seite die Frage nach der Konstitution und Genese des französischen Staates und der französischen Nation durch die einigende Kraft der *Institution* des Königtums. In welcher Weise Resultate solider historischer Forschung nach 1933 Verlautbarungen und vermeintlichen Erfordernissen tagespolitischer Propaganda angeglichen werden konnten, hat dann Hellmut Kämpf in seiner ›Geschichte der Westgrenze‹ unter Bezugnahme auf eigene Forschungen demonstriert. Dagegen ist Schramm im Gegensatz zu vielen seiner deutschen Fachkollegen nicht so weit gegangen, die in seinen Forschungen erworbenen Kenntnisse den politischen Bedürfnissen der neuen Machthaber unmittelbar dienstbar zu machen. Was ihn über seine Mediävistik hinaus zusätzlich von Bloch unterscheidet, ist schließlich seine persönliche Biographie nach 1939. Während sich der eine nach der militärischen Niederlage seines Vaterlandes dem französischen Widerstand anschließt, wird der andere offiziell mit der Führung des Kriegstagebuchs der deutschen Wehrmacht beauftragt. Dennoch werden auch hier erstaunliche Parallelen sichtbar: sowohl Bloch als auch Schramm begegnen uns nach 1939 nicht mehr nur als aktive Kombattanten. Beide haben nach der militärischen Niederlage des eigenen Landes vielmehr versucht, Krieg und Niederlage als persönlich erlittene Grenzerfahrungen aus wissenschaftlicher Sicht zu deuten und Rechenschaft über sich selbst und ihr Land abzulegen. Es würde an dieser Stelle zu weit führen, die Wahrnehmungsmuster des Krieges bei beiden Historiker zu vergleichen und auch Schramms Historiographie nach dem Krieg, den er als »Notar des Untergangs«[272] bis zum letzten Tag begleitet und der schließlich mit der Zeitgeschichte auch zur Begründung eines neuen Arbeitsfeldes des Mediävisten geführt hatte, auf die Korrelation von »Erfahrungswandel und Methodenwechsel« (Reinhart Koselleck) abzutasten. Dagegen bleibt eine Frage offen, die sich an die persönlichen Biographien der beiden Historiker nach 1939 anschließt. Sie ist durch die Behauptung Alain Boureaus aufgeworfen worden, Schramm habe sich zu einem Zeitpunkt, als die »Gefahren« offenbar geworden seien, die »dem Studium der Macht und ihrer Symbolik innewohnen«, durch seine Tätigkeit als offizieller Führer des Kriegstagebuches und damit durch eine freiwillige und »bewußt vollzogene Parteinahme« den Nationalsozialisten ange-

---

[272] So Schramms eigene Sichtweise. (Zit. nach GROLLE, Der Hamburger Historiker Percy Ernst Schramm, 35) Vgl. hierzu auch den aufschlußreichen Nachruf, den HERMANN HEIMPEL seinem Kollegen im Hinblick auf dessen »Doppelleben« als Wissenschaftler und »Krieger« gewidmet hat: Symbolische Formen und Kriegstagebuch. Percy Ernst Schramm – Der Forscher und Mitmensch, in: GT, 19.11.1970.

nähert, während Bloch nach 1927 darauf verzichtet habe, »seine »Forschungen über den Zauber der Macht« fortzuführen.²⁷³ Eine unverhohlen geäußerte »Sehnsucht nach einem starken Staat« wird man Schramm jedenfalls in seinen Büchern schwerlich nachweisen können, wie dies Boureau in einer etwas abenteuerlichen Weise am Beispiel von Kantorowicz' großem Nachkriegswerk »Die Zwei Körper des Königs« unternommen hat.²⁷⁴ So abwegig jedoch Boureaus vorangegangener Versuch gewesen sein mag, in seiner Biographie Ernst Kantorowicz' die vermeintliche Parallelität der Fragestellungen Blochs und seines Protagonisten durch suggestive Andeutungen zu untermauern, so anregend erscheint die mit dieser These aufgeworfene Frage nach der Ableitbarkeit politischen Handelns aus der Wissenschaft von der Geschichte einerseits, der Verführbarkeit durch die Geschichte und der von dem Studium der »Macht« ausgehenden Faszination, andererseits.

5. Auf dem Weg zu einer europäischen Agrargeschichte:
Les caractères originaux de l'histoire rurale française

Blochs 1931 in Paris und Oslo erschienene Agrargeschichte Frankreichs war, obgleich aus einer Reihe von zwei Jahre zuvor gehaltenen Vorlesungen am norwegischen Institut für Vergleichende Gesellschaftsforschung hervorgegangen, das Ergebnis langjähriger, seit der Vorkriegszeit betriebener Forschungen auf dem Gebiet der historischen Geographie, der agrarischen Technik, der Evolution der Agrarstrukturen und der »bäuerlichen Kultur«

---

²⁷³ BOUREAU, Kanotorowicz, 14 ff. Über die Frage, warum die »Rois thaumaturges« in Blochs Œuvre einzigartig bleiben sollten, hat bereits Le Goff spekuliert, ist dabei aber zu anderen Vermutungen gekommen als Boureau. Le Goff zufolge war es eher die zwar anerkennende, dennoch weitenteils verständnislose Aufnahme dieses Buches in Frankreich. Einen politischen Zusammenhang sieht Le Goff hier indes nicht (Préface, XXXII). In einer Rezension der »Selected Studies« Kantorowicz', die 1965 in den USA erschienen sind, hatte Schramm festgestellt, daß »keiner der Aufsätze, die K' nach dem Verlassen Deutschlands schrieb«, sich »mit den Taten großer Persönlichkeiten, mit Schlachten oder Verträgen, mit irgendwelchen Vorgängen der politischen Geschichte« befaßt habe: »Er, dessen Hauptbuch [Kaiser Friedrich II., S. K.] Tausende verschlungen hatten, war jetzt dankbar, wenn er vereinzelte Leser fand, die für die Publikationen seiner 2. Lebensphase Verständnis aufbrachten.« (In: Erasmus 18, 25. August 1966, 450–456) Entgegen den berechtigten Befürchtungen Kantorowicz' war die Rezeption seiner Friedrich-Biographie in der deutschen Öffentlichkeit nach 1945 außerordentlich positiv. Vgl. hierzu DIETRICH KUHLGATZ, Verehrung und Isolation. Zur Rezeptionsgeschichte der Biographie Friedrichs II. von Ernst Kantorowicz, in: ZfG 43 (1995), 736–746.
²⁷⁴ BOUREAU, Kantorowicz, 137.

(*civilisation agraire*). Sie stellt neben seinen Arbeiten zur Geschichte der Leibeigenschaft und zum europäischen Königtum ein drittes wichtiges Forschungsfeld dar, das, wie Bronislaw Geremek betont hat, in den dreißiger Jahren immer weiter in das Zentrum seines Interesses gerückt war.[275] Neben den *Rois thaumaturges* und der *Société féodale* sind die *Caractères originaux* demnach als drittes Hauptwerk Blochs anzusehen. Der Entstehungsgeschichte dieses Buches ist Pierre Toubert vor wenigen Jahren in einem ausführlichen Vorwort anläßlich einer Neuauflage nachgegangen.[276] Dieses bleibt aus zwei Gründen von anhaltender Bedeutung: Zum einen wurde spätestens jetzt der innovative Methodenpluralismus deutlich, der Blochs Agrargeschichte gegenüber anderen Werken auszeichnet, die in den dreißiger Jahren erschienen waren.[277] Neu war neben der vergleichenden Perspektive, der Untersuchung langer Zeiträume und der konsequenten Anwendung (nicht Erfindung) der regressiven Methode insbesondere die Erweiterung des wissenschaftlichen Anschauungsmaterials über den Primat der schriftlichen Quellen hinaus hin zu einer Erschließung neuer Techniken der Visualisierung historischer Phänomene.[278] Zum anderen hat Toubert nicht nur die französische Vorgeschichte der Agrargeschichte entschlüsselt, sondern auch deutsche und englische Anregungen auf ihren Autor hervorgehoben. Die »Caractères« erscheinen seitdem in einem direkten Traditionszusammenhang mit der deutschen Landes- und Siedlungsgeschichte und Kulturgeographie der Vorkriegszeit, zugleich aber auch als Weiterentwicklung fortschrittlicher englischer und französischer Ansätze.[279] Gemessen an den vielfältigen Anregungen, die von der deutschen mittelalterlichen Agrar-, Wirtschafts-

---

[275] Ablesbar auch an der ungewöhnlichen Intensität, mit der sich Bloch als Rezensent insbesondere mit der deutschen Wirtschaftsgeschichtsschreibung auseinandergesetzt hatte.

[276] PIERRE TOUBERT, Préface.

[277] Vgl. POMIAN, L'heure des Annales, 395 ff. Fast zeitgleich erschien in Frankreich die Agrargeschichte G. Roupnels, Histoire de la campagne française (Paris 1932), die auf den ersten Blick zahlreiche Ähnlichkeiten mit den »Caractères« aufweist, letztlich aber doch, wie Pomian herausarbeitet, anderen Prämissen gehorchte als Blochs Synthese.

[278] Vgl. hierzu auch RAULFF, Ein Historiker im 20. Jahrhundert, Kap. 2.2: Sichtbare Dinge oder Techniken der Aufklärung, 92 ff.

[279] Touberts These von der Modellfunktion der deutschen Geschichtswissenschaft für die Konzeption der Agrargeschichte Blochs ist in Deutschland bislang nicht explizit zurückgewiesen, allerdings durch die Bloch-Biographie Raulffs erheblich relativiert worden. Zwar wird Touberts Vorwort auch von Raulff als »ausgezeichnet« bewertet (ebd., 173), Blochs Historiographie jedoch als Abwendung vom deutschen Modell, gar als Synonym für die Gegensätzlichkeit der deutschen und französischen Geschichtswissenschaft in der Zwischenkriegszeit interpretiert. Die Frage nach dem deutschen »Vorbildcharakter« der Agrargeschichte Blochs ist, wenngleich an zahlreichen Beispielen schlüssig widerlegt, dennoch offen, wie überhaupt deren Einordnung in den deutsch-französischen Forschungsstand der dreißiger Jahre noch aussteht.

und Verfassungsgeschichte ausgingen, hätte, wie Toubert betont, Blochs Agrargeschichte besonders in Deutschland auf Aufgeschlossenheit und Zustimmung treffen müssen.[280] Sein Befund widerspricht indes dieser Erwartung. Hier wie in allen anderen europäischen Ländern blieb Toubert zufolge die Rezeption des Werkes marginal.[281] Ein sicheres Indiz für seine These sieht er in der fünfzehnseitigen [!] Rezension Hermann Wopfners,[282] die freilich an einen Historiker »de troisième catégorie« vergeben worden sei. In einer farblosen Rezension habe Wopfner, »modeste spécialiste de la paysannerie tyrolienne«, einen Katalog von »réticences et d'observations vétilleuses« ausgebreitet und somit die Rezeption des Buches in Deutschland zusätzlich erschwert. Das Schweigen der *Vierteljahrschrift für Sozial- und Wirtschaftsgeschichte*, der *Historischen Vierteljahrschrift* und der österreichischen *Mitteilungen* bewertet er gegenüber der zwar aufmerksamen, aber in weiten Teilen eher verständnislosen Aufnahme in England und Frankreich jedoch als Ausdruck der Abschottung Deutschlands sowohl von fremden als auch eigenen progressiven wissenschaftlichen Traditionen und, darüber hinaus, als Beispiel für die sich verfestigenden kulturellen Barrieren im Europa der dreißiger Jahre. Die Frage nach der Ursache für eine (vermeintlich) spezifische deutsche Reaktion auf die »Caractères« blieb vor dem Hintergrund des von Toubert geschilderten europäischen Rezeptionskontextes allerdings unbeantwortet.

Ein genauer Blick auf die materielle Präsenz der agrarhistorischen Studien Marc Blochs in deutschen Zeitschriften zeigt dagegen, daß diese Arbeiten häufiger kommentiert wurden als die früheren Werke des Historikers. Kein anderes Werk Blochs wurde so oft und ausführlich rezensiert wie die »Caractères«. Neben der *Historischen Zeitschrift* brachten sowohl die *Zeitschrift für die gesamte Staatswissenschaft* als auch die *Zeitschrift für Rechtsgeschichte* umfangreiche Besprechungen anerkannter Wirtschaftshistoriker.[283] Dage-

---

[280] TOUBERT, Préface, 29.

[281] »L'accueil à l'étranger«, schreibt Toubert, »confirme un fait que l'on pressentait, en général: la gloire de Bloch y a dans une large mesure été posthume et le rayonnement international de son œuvre date surtout de l'après-guerre.« (Préface, 28) – Zu einem anderen Ergebnis kam zuvor die amerikanische Bloch-Biographin Fink, die die deutschen Kritiken neben englische, französische, italienische, polnische und schwedische Stimmern stellt und von einer »large positive response« spricht (Marc Bloch, 126 f.).

[282] HZ 149, 1934, 82–97.

[283] ZRG GA 52 (1932), 538–540 (CARL BRINKMANN); ZfgSt 94 (1933), 115–121 (ALPHONS DOPSCH). Eine von Leo Just angekündigte Besprechung im *Historischen Jahrbuch* blieb dagegen aus (Neuere Geschichte Frankreichs, Belgiens und der Niederlande, in: HJb 55, 1935, 571). Vgl. auch den positiven Hinweis bei HANS WAGNER, Literaturbericht Wirtschaftsgeschichte, in: AfK 25 (1935), 347. Bemerkenswert ist hingegen, daß mit der *Geographischen Zeitschrift* und der

gen reagierten, wie Toubert hingegen richtig beobachtet hat, weder die *Vierteljahrschrift für Sozial- und Wirtschaftsgeschichte* noch die *Jahrbücher für Nationalökonomie* oder *Schmollers Jahrbuch* auf Blochs Konzeption einer neuen Agrar- und Wirtschaftsgeschichtsschreibung; Zeitschriften also, von denen aufgrund ihrer inhaltlichen Ausrichtung eine größere Aufgeschlossenheit gegenüber wirtschaftsgeschichtlichen Forschungsergebnissen auch des Auslandes zu erwarten gewesen wäre. Demgegenüber ist einzuschränken, daß sowohl in der VSWG als auch in der ZRG Rezensionen zu wichtigen Vorarbeiten der Agrargeschichte, die Bloch 1930 unter dem Titel »La lutte pour l'individualisme agraire dans la France du 18e siècle« in den *Annales* veröffentlicht hatte,[284] ausführliche Besprechungen erschienen sind, die im Kontext der Rezeptionsfrage der »Caractères« berücksichtigt werden müssen.[285] In diesem Aufsatz, dessen Inhalt in seine Agrargeschichte eingegangen ist, gab Bloch einen ausführlichen Überblick über den konfliktreichen Kampf um bäuerliches Individualeigentum vor dem Hintergrund der Herauslösung der Landwirtschaft aus den Bindungen der Flur- und Markgenossenschaft im Frankreich des 18. Jahrhunderts.

Für die Kritiker der 1930 erschienenen Abhandlung, den Leningrader Historiker Josef Kulischer[286] und den Heidelberger Nationalökonomen und Wirtschaftshistoriker Carl Brinkmann, waren die *Annales* und Marc Bloch zum Publikationszeitpunkt ihrer Rezensionen keine unbekannten Größen

---

Zeitschrift für Erdkunde Zeitschriften außerhalb der »Zunft« das Buch annotierten. Vgl. hierzu Tab. 1.

[284] AHES 2 (1930), 329–381; 511–556; Teil I (*L'œuvre des pouvoirs d'Ancien Régime*) wieder abgedruckt in: Mélanges II, 593–637.

[285] ZRG GA 51 (1931), 690–691 (CARL BRINKMANN); HZ 144 (1931), 203 (DIETRICH GERHARD); VSWG 27 (1934), 284–286 (JOSEF KULISCHER).

[286] Kulischer (1878–1933), Verfasser einer vielbeachteten »Allgemeinen Wirtschaftsgeschichte des Mittelalters und der Neuzeit«, die im Rahmen des von Below und Meinecke herausgegebenen »Handbuchs der mittelalterlichen und neueren Geschichte« (2 Bde., München/Berlin 1928/29, 6. Aufl. 1988) erschienen ist, stand in der Tradition der deutschen Geschichtswissenschaft und hatte mehrere Jahre in Berlin gelebt, wo er zu Beginn der dreißiger Jahre als Gastdozent am Institut für Auslands- und Wirtschaftsrecht gelehrt hatte. In deutschen Zeitschriften, insbesondere der VSWG, hatte er zahlreiche Rezensionen französischer Historiker, darunter Henri Sée und Georges Lefebvre, veröffentlicht. Im Gegenzug sind Kulischers Arbeiten auch von der französischen Geschichtswissenschaft aufmerksam kritisiert worden. Allein Bloch hatte ihm mehrere Rezensionen in den *Annales* gewidmet (AHES 1, 1929, 252–253; 2, 1930, 132; 7, 1935, 409–410). In der Historiographiegeschichte ist Kulischer heute nahezu unbekannt. Vgl. jedoch GERD VOIGT, Rußland in der deutschen Geschichtsschreibung 1849–1945, Berlin 1994, 146–159; sowie ERNST SCHULIN, Geschichtswissenschaft in unserem Jahrhundert, in: HZ 245 (1987), 1–30; 9, der die Aufgeschlossenheit der russischen Historiographie gegenüber sozial- und wirtschaftsgeschichtlichen Fragestellungen zu Beginn des 20. Jahrhunderts betont.

mehr. Sowohl Brinkmann als auch Kulischer gehörten zu den frühen, wenn auch wenigen deutschen bzw. deutschsprachigen Mitarbeitern der *Annales*. Während Brinkmann bereits in der ersten Nummer der Zeitschrift einen Bericht über statistische Quellen der deutschen Wirtschaftsgeschichtsforschung veröffentlichte, trat sein russischer Kollege drei Jahre später mit einem ausführlichen Artikel hervor.[287] Für beide blieb die Mitarbeit in dem innovativen französischen Forum jedoch eine einmalige Angelegenheit. Während ein weiterer Beitrag Kulischers von Febvre und Bloch zurückgewiesen wurde, lassen sich dagegen die Gründe für den Abbruch der Kooperation der beiden *Annales*-Gründer mit Brinkmann nicht aus den verfügbaren Quellen rekonstruieren.[288] Sowohl Febvre als auch Bloch hatten sich gegen Ende der zwanziger Jahre positiv über den Heidelberger Nationalökonomen und Finanzwissenschaftler geäußert. Während Febvre im Juni 1928 gegenüber Bloch hervorhob: »il est bien poli, cet homme – et de nous écrire en français, c'est presque une manifestation«,[289] hatte Bloch in den *Annales* dessen 1927 erschienenen Überblick über ›Wirtschafts- und Sozialgeschichte‹ anerkennend besprochen.[290] Bereits 1932 wurde bei Brinkmann jedoch eine »Neigung zu völkischen Mystifikationen und zur Bewunderung autoritärer politischer Inszenierungen« deutlich, die zumindest Marc Bloch kaum entgangen sein dürfte.[291] Eine öffentliche Verbeugung vor den neuen Machthabern vollzog

---

[287] CARL BRINKMANN, Les nouvelles sources de la statistique dans l'Allemagne d'après guerre, in: AHES 1 (1929), 576–581; JOSEF KULISCHER, La grande industrie aux XVIIe et XVIIIe siècles: France, Allemagne, Russie; in: AHES 3 (1931), 11–46. Insbesondere Febvre hatte sich wiederholt hämisch über Kulischers Arbeiten geäußert. Über dessen Artikel für die *Annales* schrieb Febvre an Bloch: »Je suis aux prises en ce moment avec un gros et compact article de Külischer [!] sur l'évolution comparée de la grande industrie ... article de seconde main, fait avec les Boissonnade et les Sée de chaque pays, mais judicieux et par moments instructif malgré ce péché originel.« Zit. nach: The Birth of Annales history. The letters of Lucien Febvre and Marc Bloch to Henri Pirenne (1921–1935). Hg. BRYCE und MARY LYON, Brüssel 1991, 123.

[288] Zur Haltung Blochs und Febvres gegenüber Kulischer vgl. die Briefe von Bloch an Febvre vom 9. und 16.10.1933 sowie die abfälligen Bemerkungen Febvres gegenüber Bloch im Brief von 25.8.1930. Brinkmann hatte das Angebot Blochs, einen Artikel über den Unterricht der Wirtschaftsgeschichte in Deutschland zu verfassen, unbeantwortet gelassen. Vgl. M. Bloch – L. Febvre, Correspondance, 33.

[289] Ebd., 19.

[290] München/Berlin 1927, 2. Aufl. Göttingen 1953. Blochs Rezension in: AHES 2 (1930), 135.

[291] So das Urteil von HEIKO KÖRNER, Carl Brinkmann. Eine wissenschaftsbiographische Skizze, in: Reinhard Blomert u.a. (Hg.), Heidelberger Sozial- und Staatswissenschaften. Das Institut für Sozial- und Staatswissenschaften zwischen 1918 und 1958, Marburg 1997, 159–165. Körner bezieht sich auf die 1932 gehaltene Rede Brinkmanns zur Reichsgründungsfeier: Wirtschaftsform und Lebensform. Rede zur Reichsgründungsfeier am 18. Januar 1932, Heidelberg 1932.

der seit 1923 in Heidelberg Lehrende dann 1934 mit seinem Beitrag über »Theoretische Bemerkungen zum nationalsozialistischen Wirtschaftsprogramm«, in dem er »den Sieg unserer nationalen Erhebung« als »das gewaltige Ereignis persönlicher Tat« zu feiern gedachte und auch seine eigene Klasse, die »Wirtschafts- und Gesellschaftsforscher« aufforderte, der »Intuition der ›politischen Soldaten‹ auch mit den technischen Mitteln unseres Fachdenkens und unserer Fachsprache gerecht zu werden.«[292] Mit dem Machtantritt der Nationalsozialisten verblieb Brinkmann nach dem Ausscheiden Alfred Webers als alleiniger Direktor am renommierten Heidelberger »Institut für Sozial- und Staatswissenschaften«. Dieses leitete er in einem Kurs von bereitwilliger Anpassung an das Regime bis 1942.[293]

Ebenfalls nicht mehr zu klären ist die Frage, warum die VSWG im Anschluß an die sachkundige Rezension Kulischers nicht auch den »Caractères« eine Rezension widmete, während Brinkmann dem in der *Zeitschrift für Rechtsgeschichte* bereits angekündigten Buch im Folgeband eine Besprechung folgen lassen konnte.[294] Angesichts der ungewöhnlich großen Aufmerksamkeit der deutschen Wirtschafts- und Sozialgeschichtsschreibung gegenüber Blochs Agrargeschichte sollen in einem Überblick zunächst die wichtigsten Kritikpunkte der Rezensenten vergleichend herausgearbeitet werden.

5.1 Das Buch in der Kritik

Bei allen Unterschieden in der Beurteilung einzelner Thesen Blochs kamen alle drei Rezensenten zu einem grundsätzlich positiven Urteil der Arbeit. Während Brinkmann als erster Rezensent bereits 1932 konzedierte, daß das vorliegende »Werk der Vergleichung und Zusammenfassung von weit über Frankreich hinaus reichendem wirtschafts- und rechtsgeschichtlichem Interesse« sei, betonten wenige Jahre später auch Dopsch und Wopfner die große,

---

[292] Der Artikel erschien als erster Beitrag in *Schmollers Jahrbuch* 58 (1934), 1–4.

[293] Zu Brinkmanns Führungsstil und seinen wissenschaftlichen Arbeiten nach 1933 vgl. CARSTEN KLINGEMANN, Das »Institut für Sozial- und Staatswissenschaften« an der Universität Heidelberg zum Ende der Weimarer Republik und während des Nationalsozialismus, in: JbfSozGes 1 (1990), 79–120, sowie CHRISTIAN JANSEN, Professoren und Politik. Politisches Denken und Handeln der Heidelberger Hochschullehrer 1914–1935, Göttingen 1992.

[294] Kulischer ist am 17.11.1933 gestorben. Denkbar ist, daß er bereits mit einer Rezension der Agrargeschichte beauftragt worden war, diese aber nicht mehr rechtzeitig fertigstellen konnte. In seiner Besprechung des Aufsatzes hatte Kulischer auf das bereits erschienene »schöne« Buch Blochs hingewiesen. Auf eine Erörterung der Besprechungen Kulischers und Brinkmanns, die beide sehr positiv ausgefallen waren, soll hier zugunsten der ausführlicheren Rezensionen der Agrargeschichte verzichtet werden.

in die Zukunft weisende Leistung des französischen Kollegen, von der sie sich gleichermaßen für die deutsche Forschung Anregung versprachen. So urteilte Dopsch:

»Im ganzen genommen liegt hier eine sehr stattliche und wertvolle wissenschaftliche Leistung vor, indem *B.* mit großem Wissen und Geschick die Grundlinien einer Agrargeschichte Frankreichs entworfen hat. Das Werk verdient jedenfalls alle Anerkennung und wird auch für die deutsche Agrar- und Sozialgeschichte von großem Nutzen sein.«[295]

Dieser Meinung schloß sich auch Wopfner an, der ebenfalls von einem »wertvollen und anregenden Überblick über die französische Agrargeschichte des Mittelalters und der Neuzeit« sprach, besonders aber Blochs »gewandte und anregende Darstellungsweise« lobend hervorhob.[296] Daß die etwa 250 Seiten umfassende Arbeit nur den Versuch einer Synthese darstellen konnte, in der Bloch sich darauf beschränken mußte, die wichtigsten Grundlinien der französischen Agrarentwicklung und die in der Zukunft zu bearbeitenden Fragen aufzuzeigen, ist, soweit erkennbar, von den Rezensenten gebührend berücksichtigt worden. »Die Bescheidenheit und Reserve, mit welcher der Verf. auftritt«, schrieb Dopsch anerkennend, mache »sich auch in der Darstellung angenehm fühlbar.« Überall sei eine »Vorsicht« zu beobachten, die »sofort den gewiegten Fachmann erkennen« lasse, der sich »der vorhandenen Schwierigkeiten voll bewußt« sei. Treffend unterstrich auch Wopfner, daß Blochs Synthese nur jenen Teil der französischen Agrargeschichte fokussiert habe, »in welchem das Urtümliche noch stärker zum Ausdruck« komme, wie er ebenso großen Wert auf die Feststellung legte, daß seine zahlreichen Einwände, die er an Detailfragen auszusetzen gehabt hatte, »nicht mißverstanden werden« dürften und nicht im Widerspruch zu der »dankbaren Anerkennung des reichen Inhalts« stünden, den Blochs Buch zu bieten hätte. Dankbar wurde allseits sein Aufzeigen der Forschungslücken und -aufgaben hervorgehoben. »Auch der Nationalökonom bemerkt«, wie Brinkmann konzedierte, »mit Vergnügen eine ihm verwandte, wirklichkeitsnahe Weise der Auffassung und Darstellung, die nur ganz selten durch einen gewissen französischen Rationalismus ... leicht getrübt« werde. Keiner der drei Rezensenten ließ zudem antifranzösische Ressentiments erkennen. Ihr Darstellungsstil zeichnete sich weitgehend durch eine auffällige Sachlichkeit aus, die nur bei Wopfner zeitweise in einen belehrenden und ironischen Tonfall umschlug. Die Bereitschaft zu zupackender und offener Kritik wird besonders bei Dopsch sichtbar, dessen Auseinanderset-

---

[295] ZfgSt 94 (1933), 121.
[296] HZ 149, 1934, 97.

zung mit Bloch jedoch stets an sachlichen Gesichtspunkten orientiert gewesen war, und der jede pauschalierende Wertung sorgfältig vermied.[297]

Trotz des positiven Gesamturteils und der überraschend einmütigen Bilanz hinsichtlich der Qualität der Studie Blochs, zu der alle Rezensenten gekommen waren, blieb deutlicher Widerspruch nicht aus, den Dopsch und Wopfner in ihren längeren Besprechungen detaillierter als Brinkmann entfalteten. Während sich seine Kritiker noch in der Auffassung einig waren, daß Bloch die deutsche Literatur nur unzureichend herangezogen habe – wobei sich ergänzende Hinweise bei Brinkmann und Dopsch nur auf einige wenige Titel beschränkten, der Dopsch-Schüler Wopfner dagegen bemüht war, daraus generelle Schwächen des Buches abzuleiten[298] – differieren die Rezensionen zunächst in der Einschätzung des Forschungsstandes, deutlicher jedoch in der Akzentuierung der Kritik einzelner Thesen Blochs.[299] Unübersehbar ist jedoch, daß die vorgebrachten Einwände weniger an theoretisch-methodologischen Fragen orientiert, sondern vielmehr durch das ehrgeizige Bemühen der Rezensenten um einzelne Korrekturen geprägt waren. Dies betraf insbesondere die Passagen, in denen Bloch versucht hatte, die französische Agrargeschichte etwa am Beispiel der Grundherrschaft von der deutschen bzw. ostdeutschen Entwicklung abzugrenzen. So legte etwa Wopfner Wert auf die Feststellung, daß die Einschränkung der grundherrlichen Eigenbetriebe nicht, wie Bloch behauptet hatte, in Frankreich ein bis zwei Jahrhunderte früher erfolgt war, sondern vielmehr zeitgleich und in ähnlicher Weise wie in Deutschland verlaufen sei. Zur gleichen Auffassung kam Dopsch, der die von Bloch behauptete zeitlich versetzt verlaufene Abschwächung der Fronden in Frankreich und Deutschland ebenfalls mit dem Hinweis auf die Verringerung der Eigenbaubetriebe zu relativieren suchte. Auch Brinkmann erhob Bedenken gegen eine in seinen Augen oftmals überspitzte

---

[297] Vgl. SCHÖTTLER, Die Annales und Österreich, 79 ff.

[298] Dopsch bezog sich hierbei auf Literatur zur Technikgeschichte, speziell auf das von Max Ebert herausgegebene »Reallexikon der Vorgeschichte«, das Bloch nicht berücksichtigt hatte. Gerade in seinem Kapitel »La vie agraire« hatte Bloch diese aber am meisten berücksichtigt. Weitaus einschneidender beurteilte Wopfner die unzureichende Berücksichtigung neuerer deutscher Arbeiten: In vielen Problembereichen wie etwa der Grundherrschaft habe Bloch auf tiefergehende Analysen verzichtet, was zu Fehldeutungen im Hinblick auf den Vergleich französischer und deutscher Entwicklungen geführt habe.

[299] Während Brinkmann die französische Forschung gegenüber Deutschland und England erst mit dem Buch Blochs aus der »landschaftlich-antiquarischen Geschichtsschreibung« heraustraten sah, hob Wopfner den Fortschritt der französischen Agrargeschichtsschreibung gegenüber der deutschen hervor, die noch keine zusammenfassende Darstellung hervorgebracht habe. Tatsächlich sind beide Auffassungen, aus denen eine hohe Wertschätzung der Agrargeschichte Blochs spricht, nicht sehr weit voneinander entfernt.

Gegenüberstellung französischer und deutscher Zustände. Mit Nachdruck wurde auch Blochs Kernthese der für die französische Agrarverfassung charakteristischen Dominanz einer Zweiteilung der Flur- und Ackerbauformen zurückgewiesen.[300] So behauptete Dopsch, daß sich die Zweifelderwirtschaft als mediterrane Wirtschaftsform nicht eindeutig von der nordisch-englischen Dreifelderwirtschaft abgrenzen lasse und verwies auf die Existenz der Zweifelderwirtschaft auch im Norden. Das Phänomen dieser Koexistenz blieb jedoch ein Rätsel, wie Bloch freimütig einräumte. Für ihn war jede landwirtschaftliche Verfahrensweise Ausdruck einer »Geisteshaltung« (»Tant il est vrai que tout usage agraire est, avant tout, l'expression d'un état d'esprit«). Das Erklärungsmodell eines August Meitzen, demzufolge einzelne Siedlungstypen bestimmten Entstehungszeiten und Volksstämmen zuzuschreiben seien, lehnte Bloch ab.[301] Hinter jeder spezifischen Wirtschaftsweise stünden vielmehr »Typen von Zivilisationen«.[302] Demgegenüber schien es Wopfner »zweifelhaft«, ob die Ablehnung Meitzens gerechtfertigt sei, denn »erst nach genauer Feststellung der geographischen Verbreitung der verschiedenen Flurformen [könne] hier ein sicheres Urteil abgegeben werden.« Gewiß, so Wopfner weiter, seien diese Formen von »äußeren geographischen Bedingungen und von allgemeinen Siedlungszuständen abhängig; sie kurzweg als Schöpfungen eines unsicheren ›Volksgeistes‹ zu erklären, daran [denke] heute niemand.«

Wie deutlich geworden ist, haben sowohl Wopfner als auch Dopsch gegen eine Reihe von einzelnen Punkten Widerspruch formuliert, wobei Blochs agrargeschichtliche Konzeption, sein breiter Ansatz und seine systematische Verwendung nichtliterarischer Quellen stellenweise zwar angedeutet wurden, die Bedeutung des Buches hinsichtlich der Kombination vielfältiger

---

[300] Bloch hatte in seinem Kapitel über die Wirtschaftssysteme und die Wirtschaftstechnik (»La vie agraire«) die These der Koexistenz einer »meridionalen«, in Südfrankreich vorherrschenden Form der Zweifelderwirtschaft, und einer »septentrionalen«, im nördlichen und westlichen Frankreich vorkommenden Anbauweise (Dreifelderwirtschaft) vertreten: »La coexistence de deux grands types d'institutions agraires ... est à la fois une des originalités les plus frappantes de notre vie rurale, et l'une des plus précieuses révélations que nous apporte, sur les racines profondes de notre civilisation, en général, l'étude de l'économie champêtre.« (BLOCH, Caractères, 82)

[301] »Au temps où la race semblait devoir donner la clef du passé, on songea, tout naturellement, à demander au Volksgeist le mot de cette énigme, comme de tant d'autres. Tel fut, notamment, hors de France, l'objet de la grande tentative de Meitzen, précieuse comme initiatrice, mais qu'on doit tenir aujourd'hui pour définitivement ruinée.« Auch WERNER RÖSENER betont, daß Meitzens spekulative Kombinatorik die agrargeschichtliche Forschung »auf Irrwege gelockt« habe. (Einführung in die Agrargeschichte, Darmstadt 1997, 5 f)

[302] Ausführlich hierzu RAULFF, Ein Historiker im 20. Jahrhundert, 111 ff.

Methoden aber letztlich in den Hintergrund trat. Wenn an dieser Stelle versucht worden ist, die Eigenheit der untersuchten Rezensionen in kurzen Zügen zu erfassen, muß hinsichtlich Wopfners Besprechung noch eine Ausnahme hinzugefügt werden: denn gerade der Innsbrucker, der die meisten Einwände gegen Bloch erhoben hatte, war der einzige Rezensent, der die Anwendung der regressiven Methode eigens hervorgehoben und zutreffend auf Werner Wittichs Darstellung über »Die Grundherrschaft in Nordwestdeutschland« (1896) hingewiesen hatte, der, wie Toubert anmerkt, neben Robert Gradmann zu den Pionieren dieser Verfahrensweise in der deutschen Wirtschaftsgeschichtsschreibung gezählt werden muß.[303]

Angesichts der überwiegend detailorientierten Kritik der deutschen und österreichischen Rezensenten an den »Caractères« drängt sich hier auch die Frage nach den Reaktionen in Frankreich auf. Dort kamen, wie Toubert betont, die fundiertesten und interessantesten Kritiken mit Albert Demangeon und Jules Sion aus der Feder zweier Geographen.[304] Ähnlich den deutschen Rezensenten habe auch Demangeon nicht nur den Beitrag Meitzens und Gradmanns zur Genealogie des Buches hervorgehoben, sondern insbesondere bei den ersten beiden Kapiteln der Agrargeschichte über die Genese der Landschaft sowie über die Verteilung der Flurformen Bedenken angemeldet. Toubert betont, daß gegenüber der Kritik aus den Kreisen der französischen Historiker »les analyses longues et intelligentes de Demangeon et de Sion révèlent un trait que confirmera la destinée historiographique du Caractères originaux: synthèse personnelle et efficace, c'est parmi les géographes qu'elle a trouvé son premier champ privilégié de réception.«[305]

An dieser Stelle erscheint es angebracht, einen Blick auch auf diejenigen deutschen Historiker zu werfen, die Mitte der dreißiger Jahre grundlegende Werke zur Agrargeschichte geschrieben, die französische Forschung aber weitenteils außer Acht gelassen haben.[306] Aus diesem Forschungszweig ragen Persönlichkeiten heraus, die ihre wissenschaftliche Formationsphase in der Zwischenkriegszeit durchlaufen haben und nach 1945 zu den Trägern der westdeutschen Wirtschaftsgeschichtsforschung gerechnet werden müssen: Wilhelm Abel, Günther Franz und Friedrich Lütge. Weder Lütge, Verfasser einer 1934 erschienenen Monographie über die Entwicklung der Grundherr-

---

[303] Wie Wopfner zu Recht feststellt, wird in Blochs Agrargeschichte der Bezug auf Wittich nicht deutlich, während Gradmann explizit genannt wird.
[304] TOUBERT, Préface, 26 ff.
[305] Ebd., 28.
[306] Wie RÖSENER, Agrargeschichte, 9 ff, feststellt, ist die agrarhistorische Forschung in Deutschland nach dem Ersten Weltkrieg weniger intensiv betrieben worden als vor 1914; eine systematische und flächendeckende Forschung habe nicht existiert.

schaft im mitteldeutschen Raum sowie einer drei Jahre später veröffentlichten Arbeit zur Agrarverfassung des frühen Mittelalters, noch Abel, Autor der nach dem Krieg zum »Klassiker« erhobenen Studie über »Agrarkrisen und Agrarkonjunktur im Mittelalter vom 13. bis zum 19. Jahrhundert«, lassen einen nennenswerten Einfluß Blochs auf ihre Forschungen erkennen.[307] In der von Franz 1938 herausgegebenen, 1422 Titel umfassenden »Bücherkunde zur Geschichte des deutschen Bauerntums« rangierte Blochs Agrargeschichte zwar immerhin an 123. Position, von einer Rezeption dieses Werkes konnte jedoch weder bei Franz noch bei Abel oder Lütge die Rede sein.[308] Ebensowenig läßt sich Rudolf Kötzschke zu den Lesern Blochs rechnen.[309] Der Verzicht auf eine europäische Perspektive und den Versuch, die Verfassungswirklichkeit der ländlichen Grundstrukturen im Blochschen Sinne zu erfassen, kennzeichnete die deutsche Forschung in weiten Teilen auch über 1945 hinaus. Ein begriffsjuristischer Formalismus war demnach auch der seit 1962 erscheinenden, von Günther Franz initiierten mehrbändigen »Deutschen Agrargeschichte«[310] eigen, an der wiederum Abel und Lütge maßgeblich beteiligt waren. Erinnert sei in diesem Zusammenhang an die von Hans Rosenberg bereits 1969 vorgetragene grundsätzliche Kritik an der deutschen Tradition der Wirtschafts- und Sozialgeschichtsschreibung.[311] Eine von Skepsis und Ablehnung getragene Aufmerksamkeit fand Blochs Agrargeschichte im Deutschland der dreißiger Jahre hingegen weniger in der

---

[307] FRIEDRICH LÜTGE, Die mitteldeutsche Grundherrschaft. Untersuchungen über die bäuerlichen Verhältnisse Mitteldeutschlands im 16.–18. Jahrhundert, Jena 1934; DERS., Die Agrarverfassung des Mittelalters im mitteldeutschen Raum vornehmlich in der Karolingerzeit, Jena 1937; WILHELM ABEL, Agrarkrisen und Agrarkonjunktur in Mitteleuropa vom 13. bis zum 19. Jahrhundert, Berlin 1935; DERS., Die Wüstungen des ausgehenden Mittelalters. Ein Beitrag zur Siedlungs- und Agrargeschichte Deutschlands, Jena 1943.

[308] Zu Franz vgl. ausführlich WOLFGANG BEHRINGER, Bauern-Franz und Rassen-Günther: Die politische Geschichte des Agrarhistorikers Günther Franz (1902–1992), in: Otto Gerhard Oexle/Winfried Schulze (Hg.), Deutsche Historiker im Nationalsozialismus, Frankfurt a. M. 1999, 114–141.

[309] Das im NL Sproemberg enthaltene »Verzeichnis der Bibliothek von Rudolf Kötzschke« (Nr. 60) enthält keinen Titel Blochs.

[310] Stuttgart 1962 ff. Beteiligt waren außerdem Herbert Jankuhn und Heinz Haushofer.

[311] HANS ROSENBERG, Deutsche Agrargeschichte in alter und neuer Sicht, wieder abgedruckt in: Ders., Machteliten und Wirtschaftskonjunkturen. Studien zur neueren deutschen Sozial- und Wirtschaftsgeschichte, Göttingen 1978, 118–149. Rosenbergs Rezension bezieht sich auf die zu diesem Zeitpunkt erschienenen Bände von Abel, Haushofer und Lütge. Seine Kritik richtete sich dabei vornehmlich auf die Darstellung Lütges, dem er eine zu starke Konzentration auf die rechtlichen Aspekte der Agrarentwicklung vorhält und dagegen die »unvergeßbaren« Werke eines Maitland, Vinogradoff, Knapp, Tawney, Bloch und Lefebvre abgrenzt.

universitären Wirtschafts- und Sozialgeschichte,[312] sondern eher im Umkreis einer »völkischen« Wissenschaft, die unter dem Sammelbegriff der »Volksgeschichte« seit den zwanziger Jahren einen konjunkturellen Aufschwung erlebte und einer Reihe deutscher und österreichischer Wirtschafts- und Sozialhistoriker neue methodische Impulse vermitteln konnte, hinsichtlich ihrer politischen Implikationen und der einseitigen Betonung der Kategorie des »Volkes« aber in Einklang mit revisionistischen Tendenzen der Zwischenkriegszeit stand.[313] Relevant wurde die Frage nach den Verbindungslinien der *Annales* zur interdisziplinär ausgerichteten Volkstumsforschung der zwanziger und dreißiger Jahre innerhalb der kontroversen Diskussion um die Wurzeln der »modernen« deutschen Sozialgeschichte der Nachkriegszeit. Die lange Zeit gültige These des bestimmenden Einflusses französischer und angelsächsischer Vorbilder einer inhaltlich und konzeptionell erneuerten deutschen Nachkriegshistorie ist unter Hinweis auf die in der Weimarer Republik etablierte, im Nationalsozialismus politisch instrumentalisierte und nach 1945 »entnazifizierte« völkische Geschichtswissenschaft nachdrücklich von Winfried Schulze bestritten worden.[314] Demgegenüber hat Willi Oberkrome energisch die inhaltlichen, intentionalen und theoretischen Divergenzen zwischen »Volksgeschichte« und »moderner« Sozial- und Strukturgeschichte akzentuiert.[315] Ohne die umstrittene Frage der Kontinuität zwischen »völkischer« Geschichtswissenschaft und erneuerter Historiographie der fünfziger Jahre an dieser Stelle zu thematisieren, soll nun ein näherer Blick auf die geschichtswissenschaftlichen Positionen der Leser der Agrargeschichte Blochs geworfen werden.

---

[312] Ausgenommen ist die sog. Wiener Schule der Geschichtswissenschaft um Alphons Dopsch, die hier nicht näher behandelt werden soll. Vgl. hierzu SCHÖTTLER, Die Annales und Österreich.

[313] Vgl. hierzu grundlegend WILLI OBERKROME, Volksgeschichte. Methodische Innovation und völkische Ideologisierung in der deutschen Geschichtswissenschaft 1918–1945, Göttingen 1993. Die österreichische Situation untersuchen WOLFGANG JACOBEIT u. a. (Hg.), Völkische Wissenschaft. Gestalten und Tendenzen der deutschen und österreichischen Volkskunde in der ersten Hälfte des 20. Jahrhunderts, Wien usw. 1994.

[314] SCHULZE, Deutsche Geschichtswissenschaft nach 1945, 281 ff. Schulze spricht in diesem Zusammenhang von einem »Erfahrungsschub« für die westdeutsche Geschichtswissenschaft, auf dessen Grundlage sich nach einer gelungenen »Entnazifizierung des Volksbegriffs« ein neuer Zugang zur Sozialgeschichte eröffnen konnte.

[315] Vgl. OBERKROME, Volksgeschichte, 223 ff. Vgl. dazu die aufschlußreiche Kritik von KARL-HEINZ ROTH, in: 1999 H. 2 (1994), 129–135.

5.2 Bloch-»Lektüren« im Umfeld der deutsch-österreichischen »Volksgeschichte«: Hermann Wopfner, Adolf Helbok, Barthel Huppertz

Anläßlich seines 60. Geburtstages im Jahr 1936 wurde Hermann Wopfner von Freunden gebeten, eine autobiographische Skizze zu verfassen, die den Aufsätzen seiner Festschrift vorangestellt werden und den Lesern Aufschluß über den Lebensweg des Jubilars geben sollte. Die Erinnerungen Wopfners, die bereits vieles von dem vorwegnahmen, was der Tiroler Volkskundler und Historiker nach dem Zweiten Weltkrieg in seiner Autobiographie zu berichten hatte, sind in vielerlei Hinsicht symptomatisch für seine Geschichtsauffassung und sein Wirken als Historiker:

»Die Erforschung der Ursachen der Bauernbewegung führte im weiteren Verlauf weit über die Wirtschaftsgeschichte und Rechtsgeschichte hinaus ins Gebiet der Kulturgeschichte. Mehr und mehr trat die Forderung heran, die Eigenart bäuerlichen Fühlens und Denkens kennen zu lernen. Dazu schienen aber bald die geschichtlichen Quellen nicht mehr auszureichen. Die seelische Haltung des Bauern hat sich im Laufe der Jahrhunderte nur langsam geändert; so mochte es angemessen erscheinen und berechtigt, die Art des Bauern von heute kennen zu lernen, um den Bauer der Vergangenheit besser zu verstehen. Ich begann nun meine Wanderungen in Tirol, um durch unmittelbaren Verkehr mit dem Landvolke, namentlich den Bewohnern verkehrsentlegener Landschaften mit ursprünglicheren Lebensformen die Geistigkeit des mittelalterlichen Bauern besser verstehen zu lernen. Ich konnte dabei beobachten, wie rasch in den letzten Jahrzehnten die Überreste des älteren Kulturlebens dahinschwanden, sowohl die Zeugen der geistigen Eigenart, wie diejenigen der materiellen Kultur. Es leuchtete mir die Erkenntnis auf, daß es allerhöchste Zeit sei, diese Denkmäler alter Volkskultur in Hausbau, Wirtschaftsführung und Geräte, in Sitte und Brauch zu beschreiben und dadurch vor dem Versinken in Vergessenheit zu retten. Anderseits schien es mir wertvoll, meinen Schülern an der Universität die Möglichkeit zu geben, die Erscheinungen des ländlichen Kulturlebens von heute geschichtlich verstehen zu lernen, das heißt aus ihrer Entwicklung heraus. So ergaben sich einerseits Forschungen für eine geschichtliche Volkskunde, die mich seit 1910 so ziemlich in alle Täler Nord- und Südtirols führten. An der Universität begann ich die heimatkundlichen Vorlesungen bereits 1910; es dürfte die Innsbrucker Universität wohl eine der ersten deutschen Universitäten gewesen sein, in welcher derartige Vorlesungen im Zusammenhang mit dem Betrieb der Geschichte stattfanden.«[316]

---

[316] Die Erinnerungen Wopfners in: OTTO STOLZ, Aus dem Werdegange eines Meisters der Geschichte und Volkskunde Tirols: Hermann Wopfner, in: Tiroler Heimatblätter 14 (1936), 214–218. Die Festschrift erschien u. d. T.: Marx Sittich von Wolkenstein: Landesbeschreibung von Südtirol, verfaßt um 1600, Innsbruck 1936.

Die volkskundlichen Wanderungen, in die Wopfner auch seine Studenten einbezog, prägten sein gesamtes Schaffen, aus dem besonders sein Alterswerk, das »Tiroler Bergbauernbuch« herausragt.[317] Seine Feldforschungen, die er über Jahrzehnte hinweg als »Autodidakt« am Tiroler Bauerntum unternommen hatte, haben ihm sehr bald nach dem Zweiten Weltkrieg den Ruf eines der bekanntesten Vertreter der österreichischen Volkskunde eingetragen.[318] Die Arbeiten Wopfners, von denen die meisten das Bauerntum seiner Heimat zum Gegenstand haben, zeigen dabei eine ausgeprägte, für die »Volkshistoriker« charakteristische Hingabe an das eigene Volk.[319] Diese lassen zunächst eine methodologische Aufgeschlossenheit erkennen, die es nahelegt, Wopfner denjenigen Historikern zuzuordnen, die in den zwanziger und dreißiger Jahren durch eine Erweiterung des traditionellen historiographischen Instrumentariums und die Anwendung bislang nicht oder nur wenig benutzter Quellentypen zweifellos zu einem »Modernisierungsschub« der Geschichtswissenschaft beigetragen haben. Der von Wopfner praktizierte »Gang ins Freie« (Ulrich Raulff) wäre demnach als grundlegende Erkenntnismethode durchaus vergleichbar mit dem Ansinnen Marc Blochs, seinen Schülern »das Sehen« und somit die sichtbare Welt wieder näher zu bringen[320] – erinnert sei an das Lob Lucien Febvres, das er an die Adresse der französischen Geographie um Vidal de la Blache richtete, mit dem Studium der materiellen und sichtbaren Dinge auch Marc Bloch neue Horizonte eröffnet zu haben.[321] »Wie viel bisher nicht Beachtetes lernte ich da kennen«, schrieb Wopfner in seiner Ende der vierziger Jahre verfaßten Autobio-

---

[317] Von einigen Arbeiten Wopfners erschienen Neuauflagen bzw. Neudrucke: Entstehung und Wesen des tirolischen Volkstums. Bäuerliche Siedlung und Wirtschaft. Zwei Beiträge aus dem Band: Tirol, Land und Natur, Volk und Geschichte, geistiges Leben. Hg. von Hauptausschuß des Deutschen und Österr. Alpenvereins, Bd. 1, München 1933. Mit einem Vorwort von Adolf Leidlmair, Innsbruck 1994; Bergbauernbuch. Von Arbeit und Leben des Tiroler Bergbauern, 1. Siedlungs- und Bevölkerungsgeschichte, 2. Bäuerliche Kultur und Gemeinwesen, 3. Wirtschaftliches Leben. Aus dem NL hrsg. von Nikolaus Grass, Innsbruck 1995–97.

[318] So etwa KARL ILG, Nekrolog Hermann Wopfner (1876–1963), in: HZ 198 (1964), 789–791. Der unkritische Nekrolog Ilgs (eines Schülers Wopfners) problematisiert an keiner Stelle den Begriff der »Volksgeschichte« und die politische Ausgangslage an der Universität Innsbruck nach dem Ersten Weltkrieg. Ebenso unkritisch auch das kurze Porträt Leidlmairs: Hermann Wopfner und die Volkskunde von Tirol, in: Entstehung und Wesen des tirolischen Volkstums, V–XVII.

[319] OBERKROME, Volksgeschichte, 37.

[320] Über das »neue Sehen« Blochs als Gegenstand innovativer Geschichtsbetrachtung in der Zwischenkriegszeit RAULFF, Ein Historiker im 20. Jahrhundert, 92ff: Sichtbare Dinge oder Techniken der Aufklärung.

[321] »La géographie, c'était l'air pur, la promenade à la campagne, le retour avec une brassée de genêts ou de digitales, les yeux décrassés, les cerveaux lavés et le goût du réel mordant sur

graphie, »so manches an alten Bauten, Geräten, Wirtschaftsformen, Wirtschaftsbräuchen, Lebensformen, Lebensauffassungen, Festtagsbräuchen, Bräuchen des Einzellebens und der Gemeinschaften ließ sich noch feststellen, was wenige Jahre später bereits verschwunden war ... Auf solchen Wanderungen«, so Wopfner weiter, »suchte ich meine Studenten, die aus verschiedenen Ländern stammten, zum Vergleich des Gesehenen mit der Volkskultur ihrer Heimat anzuregen. Auch auf urtümliche Züge kultureller Entwicklung ließ sich hinweisen.«[322] Dennoch wäre es unzulässig, Parallelen zwischen der traditionskritischen und aufklärerischen Geschichtswissenschaft eines Marc Bloch und einer letztlich affirmativen, der »Heimatbewegung« verpflichteten und zeitweise folkloristisch anmutenden Volkskunde Hermann Wopfners zu ziehen. Zu weit waren, wie im folgenden gezeigt werden soll, die Auffassungen des französischen Republikaners und des Tiroler Patrioten über das *métier d'historien* voneinander entfernt.[323]

Wopfners Ausführungen gaben wohl Auskunft über die von ihm geforderte Erweiterung der wissenschaftlichen Quellenbasis des Historikers, dürfen aber nicht allein als wissenschaftliches Programm gelesen werden. Vielmehr zeichnete sich hier Wopfners Bekenntnis zur »Heimat« ab; ein Bekenntnis, das für seine Geschichtskonzeption paradigmatisch werden und im Gegenzug sein Weltbild und seine politische Haltung bestimmen sollte. Sein Leben und wissenschaftliches Werk sind, wie Reinhard Johler treffend formuliert hat, »durch einige wenige Motive strukturiert«, die als Hauptbestandteile des »Tiroler Mythos« zusammengefaßt werden können: »die Liebe zum und die Verwurzelung im Bauernstand, dessen Wehrhaftigkeit, demokratische Verfassung, Religiosität und schließlich die Bedrohung durch Technik, Tourismus und Verkehr.«[324] Wopfners intellektuelle Biographie spiegelt, wie

---

l'abstrait.« LUCIEN FEBVRE, Marc Bloch et Strasbourg. Souvenirs d'une grande histoire, in: Combats pour l'histoire, Paris, 2. Aufl. 1965, 391–407; 394.

[322] HERMANN WOPFNER, Autobiographie, in: Nikolaus Grass (Hg.), Österreichische Geschichtswissenschaft in Selbstdarstellungen, Bd. 1, Innsbruck 1950, 157–201; 181, 191. Seine Erfahrungen hat Wopfner in einem kurzen Lehrbuch zusammengefaßt: Anleitung zu volkskundlichen Beobachtungen auf Bergfahrten, Innsbruck 1927.

[323] Wie Leidlmair unterstreicht, würde man Wopfner und seinem Wirken »nicht gerecht werden, unterstellte man ihm ein besonderes Interesse an den methodologischen und definitorischen Debatten über den Stellenwert, den Gegenstand und die Aufgaben der Volkskunde, wie sie noch zu seinen Lebzeiten einsetzten ...›Kritik der Tradition‹ oder ›Abschied vom Volksleben‹ wären für ihn keine attraktiven Themen gewesen.« (XIV)

[324] REINHARD JOHLER, Innsbruck: Zur Entstehung von Volkskunde an der Sprachgrenze, in: Jacobeit (Hg.), Völkische Wissenschaft, 407–415. Mit Wopfner beschäftigen sich auch die weiteren Aufsätze Johlers in diesem Band: Geschichte und Landeskunde: Innsbruck (449–462); »Volksgeschichte«: Adolf Helboks Rückkehr nach Innsbruck (541–547); »Tradition und Gemeinschaft«: Der Innsbrucker Weg (589–601).

Johler gezeigt hat, sowohl die Problematik der politischen Lage Tirols als auch die institutionelle und inhaltliche Entwicklung der österreichischen Geschichtswissenschaft nach dem Ersten Weltkrieg exemplarisch wider. Der Zusammenbruch der Habsburgermonarchie und die Annexion Südtirols hatten den Weg der Innsbrucker Volkskunde, deren bedeutendster Exponent Wopfner werden sollte, in den wissenschaftlichen »Grenzkampf« der Zwischenkriegszeit beschleunigt. Kennzeichen einer Reihe universitärer Disziplinen, die sich in einem nationalen »Abwehrkampf« wähnten, waren eine nationale Selbstvergewisserung auf der einen, die Zurückweisung der italienischen Ansprüche auf den Alpenkamm als »natürliche« Grenze auf der anderen Seite.[325] Während die österreichische »Volksgeschichte« unter diesen politischen Zielsetzungen bereits vor 1918 mit großem Aufwand betrieben worden war, gingen nach dem Zusammenbruch des Vielvölkerstaates nationale »Abwehr« und Festigung und Propagierung des »deutschen Volkstums« (im Sinne des Tiroler Mythos) in Innsbruck wie an allen anderen österreichischen Universitäten Hand in Hand.[326] Daher sah man nach dem Krieg nicht in Frankreich, sondern in dem bald vom Faschismus regierten Italien *den* »Erbfeind«, den es fortan auch wissenschaftlich zu bekämpfen galt. Die Universität Innsbruck nahm dabei einen besonderen Status ein: neben Bonn und Leipzig avancierte die Lehrstätte Hermann Wopfners, Adolf Helboks und Harold Steinackers zu einem der Zentren einer sowohl thematisch als auch methodisch reformbereiten, »volksdeutschen« Geschichtswissenschaft. Kristallisationspunkt der neuen Aufgabenfelder war das von Wopfner initiierte und im Jahr 1923 in die »Grenzlanduniversität« Innsbruck implantierte »Institut für geschichtliche Siedlungs- und Heimatkunde der Alpenländer«. Durch die Einbeziehung deutscher Gelehrter wie etwa des Geographen Friedrich Metz erreichte man hier über die personelle Integration hinaus auch materielle und vor allem ideelle Unterstützung analoger deutscher Ein-

---

[325] Publizistischer Träger dieses Kampfes war die von Wopfner 1921 begründete und herausgegebene Zeitschrift *Tiroler Heimat*.
[326] Vgl. OBERKROME, Volksgeschichte, 36 ff. Wie Oberkrome betont, war Österreich mit seinen territorialen Verlusten ungleich härter betroffen als das Deutsche Reich. Die Reaktionen der österreichischen Geschichtswissenschaft entsprachen, wie der Verfasser zeigen kann, denen der sächsischen und rheinischen Landeskunde. Johler macht darauf aufmerksam, daß Tirol bereits 1859 und 1866 durch den Verlust der Lombardei und Venetiens zu einem »Grenzland« geworden war. Nach 1918 kam Tirol eine besondere Aufgabe im Rahmen einer gesamtdeutschen »Sendung« zu; der »Tiroler Mythos« wurde, wie Johler zeigt, in einen »germanischen« eingeschmolzen. Ziel war die theoretische Vorbereitung des »Anschlusses« zu Deutschland, die in ihrer Bestimmung der tirolischen Eigenart sowie der Betonung der österreichischen »Deutschheit« ambivalente Züge trug.

richtungen, denen hierbei eine Vorbildfunktion zukam.[327] Wie Wopfner, der den Krieg als Freiwilliger an der »Alpenfront« erlebt hatte, in einer 1918 verfaßten Denkschrift bezeugte, hielt er es für eine »vaterländische und nationale Pflicht, der Annexion Deutsch-Südtirols durch Italien mit den Waffen der Wissenschaft entgegenzutreten.«[328] »Das traurige Kriegsende forderte«, wie Wopfner noch in seiner Autobiographie festhielt, »von den Lehrern an unserer Universität Mitarbeit an den Versuchen zur Rettung Südtirols, das der italienische Imperialismus von der alten, organischen Einheit Tirols losreißen und seiner Herrschaft unterwerfen wollte.«[329] Der sich im Lauf der dreißiger Jahre zunehmend verschärfende »Kampf« gegen eine »politisierende italienische Wissenschaft« führte ihn zur Begründung einer »Deutschen Heimatkunde«, mit der »die Einzelheiten des deutschen Heimatlandes als Sondergestaltungen innerhalb der großen Einheit deutschen Wesens« erfaßt und begriffen werden sollten, um schließlich zu einer »organischen Kulturgestaltung aus dem Wesen der deutschen Heimat heraus« zu gelangen.[330] Als eine der »wertvollsten Früchte« seiner kulturpolitischen Bemühungen sah Wopfner ein »deutsches Nationalgefühl«, das aus »der Erkenntnis und der Liebe zur Heimat erwächst«. Impliziert in diese Haltung war auch bei Wopfner eine Ablehnung der österreichischen Republik als eine dem deutschen Wesen fremde, von den Siegermächten oktroyierte Staatsform bei gleichzeitig entschiedener Befürwortung des »Anschlusses« an das Deutsche Reich.[331]

---

[327] JOHLER, Geschichte und Landeskunde, 450 ff. Bereits 1920 wurde in Bonn das »Institut für Geschichtliche Landeskunde der Rheinlande« gegründet, zu dem namentlich über Hermann Aubin gute Kontakte bestanden.

[328] Zit. nach JOHLER, ebd., 451.

[329] WOPFNER, Autobiographie, 186.

[330] WOPFNER, in: Stolz, Aus dem Werdegang eines Meisters, 218. Wie Wopfner in seinen Erinnerungen unterstrich, glaubte er in »Zeiten des politischen Elends und der Not von Volk und Vaterland« mit seinen Arbeiten »einem zeitgegebenen Bedürfnis« entgegengekommen zu sein. »Hinwendung zur Heimat« bedeuteten auch für ihn »Trost und Zuversicht« (187).

[331] Vgl. hierzu HERBERT DACHS, Österreichische Geschichtswissenschaft und Anschluß 1918-1930, Wien/Salzburg 1974. Zu Wopfner 223 ff. »Viele von denen, die dem alten Österreich aufrichtig anhingen«, schrieb Wopfner im Rückblick, »konnten sich zunächst in das neue, kleine Österreich nicht recht hineinfinden und betrachteten seine Zukunft mit verzeihlichem Pessimismus. So konnte der Gedanke einer Vereinigung mit Deutschland ... auch in einem gut österreichischen Land wie Tirol und in weiten Kreisen ganz Österreichs Boden gewinnen ... Auch ich bekannte mich damals zum sogenannten Anschlußgedanken.« (Autobiographie, 186) Dem Nationalsozialismus stand Wopfner als Tiroler naturgemäß ebenso ambivalent gegenüber wie den früheren autoritären Herrschaften unter Dollfuß und Schuschnigg – letzterer ein Neffe Wopfners.

Probates Mittel für den »Nachweis vom alten deutschen Charakter Südtirols«, der in der disziplinübergreifenden Zusammenarbeit von Geographen, Historikern, Germanisten und Romanisten erbracht werden sollte, war eine Siedlungsgeschichte, in der neben der klassischen philologischen Methode der Ortsnamenforschung nun kartographische, statistische und naturwissenschaftliche Verfahren Anwendung fanden.[332] Die Bedeutung dieser Siedlungsgeschichte bestand hauptsächlich darin, daß mit ihrer Hilfe das »deutsche Recht« auf Südtirol unter Hinweis auf die von Deutschen erbrachte Kolonisationsleistung, auf die »deutsche Arbeit« historisch untermauert werden sollte.[333] Als ideologischer »Überbau« des Versuches, die Existenz deutschen »Volks- und Kulturbodens« in Südtirol zu belegen, diente die bereits im frühen 19. Jahrhundert formulierte »Mitteleuropaidee«.[334] Diese wurde von der Forderung Srbiks und Steinackers nach einer den Gegensatz von »kleindeutscher« und »großdeutscher« überwindenden »gesamtdeutschen Geschichtsschreibung« begleitet. Wopfners Forschungen blieben jedoch auf den engeren landesgeschichtlichen Rahmen Tirols beschränkt.[335] Sie zeigen zwei unterschiedliche Schwerpunkte und Arbeitsweisen: zum einen ist hier der »Volkskundler« erkennbar, dessen Hauptinteresse sich auf die Frage nach der »seelischen Beschaffenheit« der Tiroler Bauern richtete, wobei erneut die Spuren sichtbar werden, die Wopfners wissenschaftliche Vorbilder Lamprecht und Kötzschke hinterlassen haben. Die Erkenntnis der »geistigen Eigenheit« des Tiroler Volkes, die Wopfner zum Ziel seiner Wissenschaft erhoben hatte, war dabei Voraussetzung aller weitergehenden agrar- und siedlungshistorischen Forschungen. Untersuchungen über »völkischen Stammbaum«, »Rassenelemente«, »geistige Eigenart«, Religion und Bräuche der Tiroler rangierten bei Wopfner noch vor der erwartungsgemäß weniger spekulativen Betrachtung der Siedlungs- und Wirtschaftsformen sowie der Analyse der Agrarstrukturen.[336] Zum anderen trat Wopfner als kritischer Wirt-

---

[332] Wie Wopfner bekannte, habe er sich bemüht, »auf dem Wege der Siedlungsgeschichte das hohe Alter des südtirolischen Deutschtums und die natürliche Einheit Nord- und Südtirols nachzuweisen.« (ebd., 187)

[333] DERS., Tirols Eroberung durch deutsche Arbeit, in: Tiroler Heimat 1 (1921), 5–38; DERS., Deutsche Siedlungsarbeit in Südtirol. Eine volkskundliche Studie, Innsbruck 1926.

[334] Zur Genese von »Mitteleuropaidee« und »gesamtdeutscher« Geschichtsschreibung ausführlich SRBIK, Geist und Geschichte vom deutschen Humanismus bis zur Gegenwart, Bd. 2, 338 ff.

[335] OBERKROME, Volksgeschichte, 38,

[336] Vgl. die einzelnen Anschnitte seiner 1933 erschienenen Studien über »Entstehung und Wesen des tirolischen Volkstums«. Johler zufolge habe Wopfner »Rassenelemente« der Tiroler lediglich beschrieben. Allerdings standen seine Forschungen nicht im Widerspruch zur »Rassenlehre«. Vgl. JOHLER, Geschichte und Landeskunde, 459.

schafts- und Sozialhistoriker auf, der sich schon frühzeitig für quantifizierende Verfahren mittels Fragebogen und statistischen Erhebungen aufgeschlossen gezeigt hatte, die jedoch nicht in grundsätzliche Überlegungen zur Theorie einer »Volksgeschichte« mündeten.[337] Im Gegensatz zu seinem Schüler Adolf Helbok, mit dem ihn vielfältige wissenschaftliche und politische Überzeugungen verbanden, sind bei Wopfner auch anerkennende Worte für französische Forschungsergebnisse zu finden. So besprach er 1937 die Arbeiten des Bloch-Schülers Perrin über die lothringische Grundherrschaft sowie über die Auswertung zweier elsässischer Güterverzeichnisse anerkennend in der HZ.[338]

Helbok, 1919 von Wopfner und Steinacker in Innsbruck habilitiert, war in seinen Bemühungen um eine programmatische Begründung einer deutschen »Volksgeschichte« weit über die Ansätze seines Lehrers Wopfner hinausgegangen. Bereits der Untertitel seiner 1921 erschienenen Studie über »Siedelungsforschung« lassen seine kulturpolitischen Absichten deutlich erkennen: der von ihm eingeschlagene Weg einer gesamtdeutschen Landesgeschichte auf der Grundlage der Siedlungsforschung sollte einen Beitrag zur »geistigen und materiellen Wiederaufrichtung des deutschen Volkes« leisten.[339] Bereits in seinen frühen Schriften hat sich, wie Oberkrome zeigt, ein »radikalisierter Revanchismus« angekündigt, der die »volkskonservativen, national restaurativ intendierten Entwürfe der meisten seiner Kollegen überstieg.«[340] In den dreißiger Jahren profilierte sich Helbok, der sich ausdrücklich zum Nationalsozialismus bekannte, als Vertreter einer genuin nationalsozialistischen Geschichtswissenschaft.[341] Seine zunächst verdienstvolle methodologische Erweiterung des geschichtswissenschaftlichen Instrumenta-

---

[337] OBERKROME, Volksgeschichte, 38.
[338] WOPFNER, Rez. von: Charles-Edmond Perrin, Recherches sur la seigneurie rurale en Lorraine d'après les plus anciens censiers, Paris 1935; Ders., Essai sur la fortune immobilière de l'abbaye Alsacienne de Marmoutier aux X. et XI. siècles, Paris 1935, in: HZ 156 (1937), 625–627. Auf eine ausgesprochen positive Resonanz trafen Perrins Arbeiten auch in der bereits untersuchten Besprechung Theodor Mayers im *Deutschen Archiv für Landes- und Volksforschung*: Oberrheinisches Schrifttum (vgl. Kap. I, Anm. 196) sowie im *Elsaß-Lothringischen Jahrbuch* (15, 1936, 225).
[339] ADOLF HELBOK, Siedelungsforschung. Ein Weg zur geistigen und materiellen Wiederaufrichtung des deutschen Volkes, Berlin 1921.
[340] OBERKROME, Volksgeschichte, 39.
[341] Vgl. hierzu mit entsprechenden Zitaten JOHLER, Adolf Helboks Rückkehr, 544 ff. Wie Helbok in seinen 1963 veröffentlichten Erinnerungen schrieb – in denen er nicht von seinen nationalsozialistischen Überzeugungen abgerückt ist – sei auch Adolf Hitler über »die Lage seiner volksgenealogischen Arbeiten unterrichtet« gewesen, für die er sich »lebhaft« interessiert habe und »entschlossen war, sie nach dem Kriege großzügig zu fördern.« HELBOK, Erinnerungen: ein lebenslanges Ringen um volksnahe Geschichtsforschung, Innsbruck 1963, 166.

riums stand nach 1933 jedoch unübersehbar im Zeichen der wissenschaftlichen Untermauerung eines völkisch-biologistischen und rassistischen Geschichtsbildes.[342] Ein Jahr nach seiner Berufung auf den Kötzschke-Lehrstuhl am renommierten »Leipziger Seminar für Landesgeschichte und Siedlungsforschung« – inzwischen zum »Institut für Landes- und Volksgeschichte«[343] umbenannt – trat Helbok mit seiner wohl wichtigsten und umfangreichsten Veröffentlichung hervor: annähernd 700 Seiten widmete der nun in Berlin lehrende »Volkshistoriker« dem Versuch, unter grundsätzlicher Berücksichtigung »der Einflüsse des Bodens und des Blutes« die »Besonderheit des deutschen Volksweges« zu analysieren und der Frage nachzugehen, »warum Deutsche und Franzosen trotz anderseits wieder vieler, gerade auch blutlicher Gemeinsamkeiten, zu so verschiedenen Formen des volkhaften und staatlichen Lebens sich auslebten.«[344] Ausgangspunkt seiner Untersuchung war die vergleichende Betrachtung der Kulturlandschaftsentwicklung in Deutschland und Frankreich, in der neben der ausführlichen Schilderung geographischer Grundlagen klimatische Faktoren und die Beschaffenheit des Waldes in bislang ungekanntem Umfang erörtert wurden. Als Schüler Wopfners kannte Helbok natürlich die Arbeiten seines Lehrers, also auch dessen Rezension der Agrargeschichte Blochs. Bezugnehmend auf Wopfners Kritik wies auch er Blochs Ausführungen über das »Zeitalter« der Rodungen im Frankreich des Hochmittelalters zurück. Anhand einer Untersuchung der Ortsnamen, von der er sich Aufschluß über die Verteilung von besiedeltem und unbesiedeltem Raum erhoffte, kam Helbok zu dem Ergebnis, daß es in Frankreich im Gegensatz zu Deutschland und »Ostfrankreich« – das er aufgrund des »Landschaftstypus« dem heutigen Deutschland zurechnet – keine größeren Gebiete gibt, die einst »siedlungsleer« waren und auf eine umfangreiche Kolonisationstätigkeit schließen lassen. »Angesichts solcher Tatsachen«, argumentierte er,

»muß man sich fragen, wo denn der Raum für die große Rodungsarbeit des 12. und 13. Jh. gewesen sein soll, von dem die französischen Historiker wie neulich wieder M. Bloch sprechen. Bloch denkt an Urbarmachung in römischer Zeit bebauten Lan-

---

[342] Sowohl Johler als auch Oberkrome bescheinigen Helbok einen konsequent angewandten interdisziplinären Ansatz. In Vorwort seiner 1937 erschienenen Volksgeschichte Deutschlands und Frankreichs forderte Helbok: »Denn es ist längst klar geworden, daß über die engeren (schriftlichen) Quellen des Historikers hinaus endlich einmal alle andern Quellen erfaßt werden müssen, da ja das Leben der Vergangenheit als Totalität niemals auf einer ohnedies nur trümmerhaft erhaltenen Schicht erschaut werden kann.«
[343] Ebd., 130ff; JOHLER, Geschichte und Landeskunde, 458 f.
[344] Grundlagen der Volksgeschichte Deutschlands und Frankreichs. Vergleichende Studien zur deutschen Rassen-, Kultur- und Staatsgeschichte, Textband, Berlin/Leipzig 1937, IV.

des. Aber auch dann müßten die Namen uns das erkennen lassen. Nein, es liegt hier einfach die Übernahme der subjektiven Auffassung von Ausbau vor, die uns in den Klosterchroniken entgegentritt und H. Wopfner hat Bloch mit Recht die Notwendigkeit entgegengehalten, mit Siedlungskarten zu arbeiten.«[345]

Im Ergebnis hielt Helbok fest, daß die »Siedlungsräume« in Frankreich, das den Charakter eines »offenen Parklandes« trug, sehr viel müheloser zu erweitern waren als in Deutschland, wo ungünstigere Eigenschaften des Bodens und der Wälder eine »weit schwerere, einstweilen noch unlösbare Aufgabe« für die Besiedlung des Landes gestellt hätten. Die Tragweite dieser Interpretation erschließt sich, wenn man der Bedeutung gewahr wird, die Helbok den siedlungshistorischen Vorgängen beimißt: Rodung und Inbesitznahme des Waldes der alten Germania prägen den »deutschen Volkskörper«, ein in seinem Verständnis durch die »züchterische Kraft des Bodens« auserlesenes Volk und eine »Kultur von starker Kraft und Einheit.«[346] Helbok verstieg sich zu der absurden Behauptung, daß die aus der Kultivierung des Wildlandes bewirkte »Menschenauslese« sich besonders am »weltbekannten Beispiel« Hitlers demonstrieren lasse, der aus einem »klassischen Rodungslande« stamme.[347] Diese Gebiete, in denen »für Weichlinge« kein Platz gewesen sei, hätten »ganze Künstler- und Gelehrtengenerationen und vor allem hervorragende Staatsmänner« hervorgebracht. Kulturarbeit ist für Helbok demnach »rassenzüchterische Arbeit«, die in Deutschland, dem »Mutterland europäischer Kultur«, durch »Bauernpioniere« geleistet worden sei. Frankreich dagegen habe als »Land der Statik« und der »Urbanisierung« keine »Rasse« bilden können, da in dessen Volksentwicklung das »bestimmende Element jenes urhaften Völkischen« fehle und der »Sinn für Rasse« ausgestorben sei.[348] Die Erwerbung von Land sei hier nicht vom Volke ausgegangen, sondern in nicht immer »königlicher« Weise von der Monarchie in »planmäßiger Erwerbstaktik« betrieben worden.[349] Die von Helbok am Ende seines Buches auf über einhundert Seiten verfolgte Frage nach dem problematischen Verhältnis von Zentralismus und Partikularismus in der Geschichte Frankreichs läßt deutlich die Lektüre Kleo Pleyers erkennen, der in seinem ein Jahr früher erschienenen Buch »Die Landschaft im neuen

---

[345] Ebd., 70.
[346] Ebd., 123.
[347] Ebd., 410.
[348] Ebd., 236, 303. In seinem 1939 erschienenen Buch »Deutsche Geschichte auf rassischer Grundlage« hat Helbok seine Forderung bekräftigt, die »Nordrasse« als »größte Leistungsrasse der Welt« in den Mittelpunkt der Geschichtsbetrachtung zu stellen. Vgl. zu hierzu SCHÖNWÄLDER, Historiker und Politik, 114 ff.
[349] HELBOK, Grundlagen, 642 ff.

Frankreich« ebenfalls aus der Perspektive von »Blut und Boden« die von der französischen Geschichtsschreibung verdeckten »zentripetalen und zentrifugalen« Kräfte, die »raum- und volkspolitisch begründeten Hemmnisse der Entwicklung des französischen Einheitsstaats« herauszuarbeiten beabsichtigt hatte.[350] Am Ende der Untersuchungen Helboks und Pleyers standen schließlich unverkennbar expansionistische Forderungen, die unverkennbar im Einklang mit nationalsozialistischen Eroberungsplänen standen: unter Hinweis auf die von den Germanen einst bewirkte »Erneuerung Europas« gab sich Helbok der Hoffnung hin, daß auch nach 2000 Jahren noch einmal »vom deutschen Raume eine neue Bewegung« ausgehen könne. Denn, so schloß er: »Was vor Jahrtausenden sich erfüllt hat, soll und wird wieder wahr werden: Am deutschen Wesen soll die Welt genesen!«[351] Das von Pleyer beklagte Schicksal der außerhalb der »staatlichen Grenzen« lebenden »sechzehn Millionen gefährdeten Deutschen« schloß ebenfalls ein ausdrückliches Bekenntnis zur Neuordnung Mitteleuropas ein. An seiner Überzeugung, daß Deutschland die Rolle eines Vorbildes für die »völkischen Freiheitsbewegungen« der Gegenwart einnehmen solle, ließ Pleyer keinen Zweifel.[352]

In ihren Deutungen waren Helbok und Pleyer, die beide gegen Ende der zwanziger Jahre Studienfahrten nach Frankreich unternommen hatten, weit über die in der deutschen Historiographie gängigen Interpretationsmuster der französischen Geschichte hinausgegangen. Vorherrschend war nicht mehr die traditionelle Anklage einer über Jahrhunderte währenden aggressiven französischen Ostexpansion, wie sie die nationalkonservative Historikerschaft in Deutschland immer wieder erhoben hatte. Im Vordergrund stand jetzt ein Frankreichbild, in dem die Vorstellung von einem angeblich im Niedergang und moralischen Verfall begriffenen Land verbreitet wurde.[353] In ihren Publikationen konnten sich beide in zum Teil beträchtlichem

---

[350] Die Landschaft im neuen Frankreich. Stammes- und Volksgruppenbewegung im Frankreich des 19. und 20. Jahrhunderts, Stuttgart 1935, 26 ff. – CHRISTOF DIPPER bezeichnete Pleyer als einen der »radikalsten« und »zugleich innovativsten« Volksforscher. Vgl. Ders., Rez. von: Oberkrome, Volksgeschichte, in: HZ 261 (1995), 458–460. Auf Pleyer wird noch einmal ausführlich in Kap. III.5. eingegangen.

[351] HELBOK, Grundlagen, 691. Das Zitat i. O. gesperrt.

[352] PLEYER, Landschaft, 395 ff.

[353] »Wenn man den Eindruck gewinnt, als habe Pleyer die *unité morale* der französischen Nation in ihrem unzerstörbaren Charakter zu gering bewertet, so wird man sich vor Augen halten dürfen«, schrieb Theodor Schieder in seinem Nekrolog, »daß hier aus der Notwehr gegen den westlichen Nationalstaatsbegriff vorgegangen wird, der den Osten zu zerstören drohte. Es gehörte jener Mut dazu, der Kleo Pleyer auszeichnete, daß er diesen Vorstoß als einen Angriff auf der ganzen Front unternahm, daß er den Feind in seinem Lebenszentrum selbst aufsuchte

Umfang auf verfemte jüdische Autoren berufen, die von einem Großteil der deutschen Geschichtswissenschaft zu diesem Zeitpunkt nicht nur als kaum zitierbar galten, sondern, wie Hedwig Hintze oder Marc Bloch, unmittelbarer persönlicher Verfolgung ausgesetzt waren oder noch ausgesetzt werden sollten. Auch Pleyer hat, wie er freimütig bekannte, Nutzen aus einer »Reihe bedeutsamer Arbeiten« gezogen, die in Frankreich vor dem Ersten Weltkrieg erschienen waren. Dazu gehörten Blochs Frühwerk »L'Ile-de-France« von 1913 und ein Aufsatz Febvres über die »Franche-Comté« von 1905.

Moderater im Ton und eigenwilliger im methodischen Ansatz als Helboks Monumentalwerk ist die von dem Steinbach-Schüler Barthel Huppertz 1939 erschienene Dissertation über ›Räume und Schichten bäuerlicher Kulturformen in Deutschland‹ konzipiert. Huppertz' ehrgeiziges Ziel, die »großen Zusammenhänge der gesamtdeutschen Bauerngeschichte«[354] zu beleuchten, suchte er mit einer Methode zu erreichen, mit der einerseits die bloße Kompilation von geschichtlichen Einzeltatsachen der ländlichen Rechts- und Verfassungsentwicklung, andererseits der Irrtum einer einseitigen Überbewertung »räumlicher Unterschiede« vermieden werden konnten.[355] Eigenheiten der ländlichen Verfassung einzelner Gebiete sollten nach seinem Verständnis vielmehr als »unterschiedliche Ausdrucksformen des Gesamtverlaufs unserer Bauerngeschichte« verstanden werden, regionale Sonderprägungen demnach als »Glieder eines organischen Ganzen« zum Ausdruck kommen. Die bisherige Verfahrensweise, die Ergebnisse lokaler Einzelforschung lediglich in dem für Deutschland gültigen Rahmen der regional ausgeprägten Agrarverfassungstypen einzuordnen, erklärte Huppertz für obsolet. Auch die von anderen Erscheinungen des bäuerlichen Lebens isolierende sachliche Spezialisierung auf Detailfragen sollte zugunsten einer volksgeschichtlichen Synthese überwunden werden, in der auch die Ursachen der gegensätzlichen Entwicklung der ländlichen Verfassung in den verschiedenen Einzellandschaften zum Ausdruck kommen. Ähnlich wie Bloch argumentierte auch Huppertz, daß eine überzogene Spezialisierung den Blick auf die historische Realität verstelle. Dem Siedlungsforscher blieben daher wesentliche Einsichten verschlossen, wenn er die engen Abhängigkeitsverhältnisse zwischen Arbeitsgerät und Flurform vernachlässige. So warf er Albert Hömberg vor, in seiner Arbeit »Entstehung der westdeutschen Flurformen«

---

und die Fragwürdigkeit des Fundaments entlarvte, auf dem er stand.« THEODOR SCHIEDER, Kleo Pleyer zum Gedächtnis, in: Jomsburg 6 (1942), 133–137.

[354] Räume und Schichten bäuerlicher Kulturformen in Deutschland. Ein Beitrag zur Deutschen Bauerngeschichte, Bonn 1939.
[355] Ebd., Einführung, 1 ff.

den in der Agrargeschichte Blochs dokumentierten Zusammenhang zwischen Flurform und Pflugform übersehen zu haben.[356] Blochs Darstellung wäre, betonte Huppertz, »namentlich wegen der zahlreichen im Anhange beigegebenen Abbildungen von Flurkarten H.s Untersuchungen sehr förderlich gewesen«. In seiner Dissertation bekräftigte Huppertz dann noch einmal die Richtigkeit der Blochschen Thesen.[357]

Eine »neue wissenschaftliche Plattform« für seine über die alte Forschung hinausgehenden Bestrebungen zu errichten, definierte Huppertz als Hauptaufgabe seiner in erster Linie problemorientiert konzipierten Studie, die unter Einbeziehung der von den Nachbarwissenschaften wie Archäologie, Dialektgeographie und Ethnologie vermittelten Anregungen wegweisend sein sollte:

»Wie sehr der Satz ›Probleme, nicht Methoden machen eine Wissenschaft‹ auch zu Recht besteht, so ist es doch gewiß, daß bei unserer außergewöhnlichen Problemlage **nur eine besondere Methode Erfolg verspricht und daß somit bei der Behandlung der hier berührten Fragen und bei unserer Zielsetzung dem methodischen Weg eine hervorragende Bedeutung zukommt.**« [Hervorheb. i. O.][358]

Die Anwendung der »geographischen« und »kartographischen Methode« sah der Bonner nicht nur als geeignetes Mittel, um die bisherige statistische Betrachtungsweise durch eine »dynamische« zu ersetzen, sondern um zu einer neuen Betrachtung der bäuerlichen Kulturentwicklung überhaupt zu gelangen.[359] Dabei ging es vorrangig nicht um die Erfassung bäuerlicher Lebensformen und Rechtsordnungen, sondern um »den Bauern selbst, der hinter diesen Dingen steht, und um seine geistige Haltung, die allerdings in Sachgütern und Rechtsformen ihren Ausdruck« fände.[360] Voraussetzung sei

---

[356] HUPPERTZ, Zum gegenwärtigen Stand der westdeutschen Flurnamenforschung (Rez. von: Albert Hömberg, Die Entstehung der westdeutschen Flurformen. Blockgemengflur, Streifenflur, Gewannflur, Berlin 1935), in: RhVjBl 6 (1936), 330–339. In seiner drei Jahre später erschienenen Studie »Grundfragen der Siedlungsforschung« hatte Hömberg, Mitarbeiter am Berliner »Seminar für Staatenkunde und Historische Geographie« und Schüler Walther Vogels, die Ergebnisse Blochs eingearbeitet und, wie Oberkrome zeigt, sich »weit von den inhaltlichen Stereotypen der Volksgeschichte« entfernt. (Volksgeschichte, 204) Bemerkenswert an der Arbeit Hömbergs ist nicht nur die Widerlegung zahlreicher klassischer Topoi der »Volksgeschichte«, sondern auch das Vorwort des Rektors der Berliner Universität Willy Hoppe: Dieser bemerkte, in Hömbergs Untersuchung stecke »etwas von dem bohrenden Fleiße, von dem unerbittlichen Forschungsdrang, mit dem Walther Vogel vorwärtsstrebte.«

[357] HUPPERTZ, Räume und Schichten, 160.

[358] Ebd., 10. Von der »Werkstatt« des Historikers spricht Huppertz in seiner Einleitung.

[359] Die Karte verstand Huppertz jetzt nicht mehr als »Mittel des Unterrichts«, sondern als »Mittel der Forschung«.

jedoch die notwendige Auflösung der deutschen Agrarverfassungstypen in ihre Grundbestandteile, also die Lebensverhältnisse der Bauern, um diese später »raumübergreifend« neu verknüpfen und darstellen zu können. Wie der Titel seiner Arbeit bereits andeutet, ging es Huppertz nicht nur um die notwendige Differenzierung der »Kulturräume«, sondern um eine Übersetzung geographischer Faktoren in eine chronologische Perspektive: in Anwendung der regressiven Methode sollte versuchte werden, aus den »Räumen« die »historische Schichtung«, die Wandelbarkeit und historische Bedingtheit bestimmter Flurformen, bäuerlicher Traditionen und rechtlicher Entwicklungen zu erkennen.

Knapp fünfzig Jahre nach dem Erscheinen der »Räume und Schichten« hat Franz Irsigler dem ehemaligen Mitarbeiter des »Instituts für geschichtliche Landeskunde der Rheinlande« angesichts seines interdisziplinären Ansatzes und seiner Anwendung der regressiven Methode konzediert, eine zu Blochs Agrargeschichte »im Ansatz vergleichbare Untersuchung« verfaßt zu haben.[361] Allerdings unterscheiden sich beide Arbeiten, wie Irsigler hervorhebt, deutlich in ihrem Ansatz: Während Blochs Aufmerksamkeit den Beziehungen zwischen Grundherren und Bauern und dem bäuerlichen Leben an sich gegolten habe, richte sich das Erkenntnisinteresse von Huppertz auf die möglichst genaue Bestimmung und Abgrenzung von Agrarlandschaften »als konstituierenden Elementen von Kulturräumen«.[362] Gegenüber dem außerordentlich problematischen Begriff des »Kulturraums« habe sich die französische Forschung durch den Verzicht auf eine Theorie historischer Räume als »weitaus offenere Richtung« erwiesen.[363] Tatsächlich machte auch Huppertz in Form einer den deutschen »Volkshistorikern« angepaßten Terminologie Konzessionen an die neuen Machthaber: Am Ende seiner Untersuchung steht nicht nur die wichtige Feststellung der Wandelbarkeit historischer Räume, sondern auch die obligate Bekräftigung der Bedeutung des

---

[360] Ebd., 315.
[361] IRSIGLER, Zu den gemeinsamen Wurzeln, 80f. Vgl. auch die auf Huppertz aufbauende und dessen Karten verwendende Studie Irsiglers: Groß- und Kleinbesitz im westlichen Deutschland vom 13.-18. Jahrhundert: Versuch einer Typologie, in: Péter Gunst (Hg.), Grand Domaine et petites exploitations en Europe au Moyen Age et dans les temps modernes. Rapports nationaux, Budapest 1982, 33-59. Schon 1942 hatte der Rezensent der HZ die Studie Huppertz' als »Höhepunkt der kartographischen Methode in den Kulturwissenschaften« gefeiert und hervorgehoben, daß auch die kartographische Methode »zum Menschen« führe (HZ 166, 1942, 111-116).
[362] IRSIGLER, Zu den gemeinsamen Wurzeln, 81.
[363] Zum Begriff des Kulturraums vgl. IRSIGLER, Raumkonzepte in der historischen Forschung, in: Zwischen Gallia und Germania, Frankreich und Deutschland. Konstanz und Wandel raumbestimmender Kräfte, Trier 1987, 11-27.

»nordisch-germanischen Bauernvolkes« sowie die Betonung der zentralen Rolle »rassischer und völkischer Gegebenheiten« als treibende Kraft aller »Kulturbewegungen«. Eine Legitimierung expansionistischer Bestrebungen leistete er mit seinem kurz vor Kriegsausbruch erschienenem Buch jedoch nicht. Huppertz starb im März 1945 in einem russischen Kriegsgefangenenlager. Seine Dissertation wurde jedoch im Gegensatz zu den Arbeiten Helboks oder Pleyers auch nach dem Zweiten Weltkrieg rezipiert.[364]

6. La Société féodale: Zur Rezeption eines »vergessenen« Buches

Wie František Graus, ein guter Kenner des Blochschen Œuvres, in einer Rezension der zu Beginn der achtziger Jahre veröffentlichten ersten deutschen Übersetzung der Société féodale[365] treffend bemerkte, habe die Rezeptionsgeschichte dieses vielleicht wichtigsten Buches Marc Blochs unter einem »Unstern« gestanden.[366] Kriegsereignisse und die Ächtung des Autors in Deutschland hätten die Diskussion seiner 1939 und 1940 erschienenen Synthese der mittelalterlichen Feudalgesellschaft sogleich nach ihrem Erscheinen verhindert. In Frankreich dagegen seien es nach dem Krieg andere Werke Blochs gewesen, denen das Interesse der französischen Historiker gegolten habe. So sei die Rezeption dieses heute von vielen in den Rang eines »Klassikers« gehobenen Buches für viele Jahrzehnte nicht nur in Deutschland marginal geblieben.[367] In seiner Rezension hatte Graus angedeutet, was

---

[364] So FRANZ STEINBACH in seinem Nekrolog, in: RhVjBl 15/16 (1950/51), 502. In die NSDAP ist Huppertz erst nach Kriegsbeginn eingetreten: seine Mitgliedskartei nennt den 1. 4. 1940 als Aufnahmedatum.

[365] 1. La formation des liens de dépendance, Paris 1939; 2. Les classes et le gouvernement des hommes, Paris 1940. Die jüngste deutsche Übersetzung (Die Feudalgesellschaft. Aus dem Französischen von Eberhard Bohm, Stuttgart 1999) ist wie bereits die deutsche Ausgabe von 1982 wiederum ohne Einleitung zur Geschichte dieses Buches und seines Verfassers erschienen.

[366] GRAUS, Rez. von: Marc Bloch, Die Feudalgesellschaft, in: ZHF 12 (1985), 219–221. Karl Ferdinand Werner hat darauf hingewiesen, daß er bereits in den fünfziger Jahren eine deutsche Übersetzung des Buches Blochs angeregt, der französische Verlag jedoch auf einem Verkauf der Rechte aller Bände der Reihe L'Évolution de l'humanité bestanden hatte, in der die »Société féodale« erschienen war. Werner sieht in diesem Umstand den Grund für die dreißigjährige Verzögerung der deutschen Übersetzung. (DERS., Présentation, in: Marc Bloch aujourd'hui, 49)

[367] Eine Ausnahme stellen in der westdeutschen Geschichtswissenschaft die Kritiken von THEODOR SCHIEFFER dar: vgl. dessen Rezension von: Robert Boutruche, Seigneurie et Féodalité. Le premier âge des liens d'homme à homme, Paris 1959, in: HJb 81 (1961), 334–335, in der er an die als »klassisch zu geltende« Société féodale Blochs erinnert und das Buch des Bloch-Schülers Boutruche in diese Tradition einordnet.

Walther Kienast bereits 1950 in seinem Nachruf auf Marc Bloch der französischen und deutschen Öffentlichkeit glaubhaft machen wollte: wie der damalige Herausgeber der HZ formulierte, habe sich eine »ausführliche« Besprechung »unter dem Druck der Rassegesetze als untunlich« erwiesen.[368] Daß er selbst das mutige Buch seines französischen Kollegen zur Kenntnis genommen hatte, versuchte der Grazer Historiker dann mit einem Hinweis auf eine andere von ihm verfaßte Rezension zu beweisen, in der er auf die *Société féodale* wenigstens verwiesen habe.[369] Zu seiner Verteidigung – und der der deutschen Geschichtswissenschaft insgesamt – berief sich Kienast auf die damalige politische Lage und die drohende Zensur, vermied es aber, nach den Gründen zu fragen, warum die Mehrheit seiner deutschen Kollegen das Buch kaum zur Kenntnis genommen hatte. Wie gerade sein Beispiel sehr gut zeigt, konnte die Unkenntnis über die Person eines Autors sehr wohl mit der Kenntnis seiner Schriften zusammenfallen – erinnert sei in diesem Zusammenhang nur an die unter bundesdeutschen Historikern geführte Diskussion um den Nachruf auf Marc Bloch, für den die wichtigsten Informationen aus Frankreich beschafft werden mußten.

Daß es nach Kriegsbeginn nicht ausgeschlossen war, Blochs großer Synthese ausführlichere Kritiken zu widmen, zeigen die couragierten Rezensionen Theodor Schieffers im *Deutschen Archiv* von 1941 und 1942.[370] Warum von allen deutschen Fachzeitschriften allein die 1937 neugegründete Zeitschrift,[371] in denen Blochs Arbeiten bislang nicht berücksichtigt wurden, nun den zwei Bänden der *Société féodale* Besprechungen widmete, läßt sich

---

[368] KIENAST, Nekrolog Bloch, 223.

[369] DERS., Rez. von: La Conquête de Constantinople. Par Villehardouin. Éditée et traduite par Edmond Faral, 2. Bde., Paris 1938/39, in: HZ 163 (1941), 361–367. Kienast bezichtigte Bloch der Verallgemeinerung, sprach aber trotzdem von einem »an Stoff und neuen Gesichtspunkten reichen Buche«.

[370] DA 4 (1941), 278–279; DA 5 (1942), 285–286. Daneben besprach Schieffer dort weitere französische Werke, vgl. etwa seine lobende Rezension von: Augustin Fliche und Victor Martin (Hg.), Histoire de l'Église depuis les origines jusqu'à nos jours, Paris 1937 ff, in: DA 5 (1942), 548–550.

[371] Zur Entstehungsgeschichte des *Deutschen Archivs* vgl. WOLFGANG PETKE, Karl Brandi und die Geschichtswissenschaft, in: Hartmut Boockmann/Hermann Wellenreuther (Hg.), Geschichtswissenschaft in Göttingen, Göttingen 1987, 287–320; 315 ff. Die zunächst von Karl Brandi, Wilhelm Engel und Walther Holtzmann herausgegebene Zeitschrift sollte neben »der Erforschung geschichtlicher Wahrheit« auch der »Pflege völkischen Geschichtsbewußtseins dienen« und sich an all jene richten, »für die das Wissen um die mittelalterliche deutsche Vergangenheit ein innerer Wert ist, die an einer ernsten und verantwortungsbewußten, von wahrhaft jungen Kräften getragenen Forschung lebendigen Anteil nehmen wollen.« (Zum Geleit) Zu diesem Zweck hatte man sich ausdrücklich zum Ziel gesetzt, umfassend und regelmäßig über in- und ausländische Neuerscheinungen zu berichten.

nicht mehr feststellen. Dagegen ist heute die Entstehungsgeschichte der zweibändigen Synthese Blochs durch die vor wenigen Jahren erschienene Edition der Korrespondenz zwischen Henri Berr, dem Leiter der auf einhundert Bände geplanten Reihe *L'Évolution de l'humanité*, und dem Pariser Historiker gut dokumentiert.[372] Aufschlußreich für die Frage nach der Rezeption der Feudalgesellschaft sind hierbei in erster Linie die im Anhang der Korrespondenz abgedruckten, mit eigenhändigen Paraphen Blochs versehenen Dokumente zur Organisation der »Pressearbeit«. Sowohl die von Bloch angefertigte Liste »Envois Personnels«, welche die Namen aller Personen enthält, denen Bloch ein persönliches Exemplar zugedacht hatte, als auch die Übersicht der einzelnen Zeitschriften, an die Rezensionsexemplare verschickt werden sollten (»Service de Presse«), beinhalteten in der ursprünglichen Fassung deutsche Empfänger: neben Alphons Dopsch als einzigem deutschsprachigen Historiker standen die Namen der Redaktionen einiger deutscher Fachzeitschriften.[373] Welche Ereignisse Bloch schließlich zu einem nicht bekannten Zeitpunkt dazu veranlaßt hatten, sämtliche Empfänger in Deutschland von der Verteilerliste zu streichen, muß offen bleiben. Natürlich rechtfertigt dieser Befund weder die periphere Rezeption des Werkes noch darf er als hinreichend gesicherte Annahme dafür mißverstanden werden, daß das Buch in Deutschland nur schwer oder vielleicht überhaupt nicht erhältlich war. Der Blick auf die Biographie des Rezensenten läßt dagegen die Möglichkeit offen, daß Schieffers Aufenthalt in Frankreich seit Mitte 1940 dem Historiker nicht nur den materiellen Zugang zur neuesten französischen Literatur ermöglicht, sondern ihn auch beruflich mit der französischen Geschichtswissenschaft in Berührung gebracht hat. Auf welchem Weg die Rezensionsexemplare der Blochschen Arbeit in die Hände der Redaktion des *Deutschen Archivs* gelangten, läßt sich heute nicht mehr klären.

Im Sommer 1940, unmittelbar nach der militärischen Niederlage Frankreichs, wurde Schieffer, seit 1936 Mitarbeiter Kehrs bei der MGH und seit 1939 preußischer Archivassessor am Geheimen Staatsarchiv in Dahlem, in den fünfzehn Mitarbeiter zählenden Stab der »Archivschutzkommission« der deutschen Militärverwaltung im besetzten Frankreich berufen.[374] Dort

---

[372] Marc Bloch, Écrire la Société féodale. Lettres à Henri Berr, 1914–1943. Hg. JACQUELINE PLUET-DESPATIN, Paris 1992 (dt. u. d. T.: Briefe an Henri Berr 1924–1943: mein Buch »Die Feudalgesellschaft«. Mit einem Vorwort zur deutschen Ausgabe von Otto Gerhard Oexle, Stuttgart 2001).

[373] Ebd., 129; 131. Vorgesehen für ein Rezensionsexemplar waren folg. Zeitschriften: HZ, HJb, ZRG, GGA, DA und die Zeitschrift für romanische Philologie. Die erwähnten Dokumente sind von der Herausgeberin weder kommentiert noch datiert. Auch ist ungewiß, auf welchen der zwei Bände sich die Listen beziehen.

arbeitete er bis Anfang 1942 als Besatzungsoffizier im Rang eines »Kriegsverwaltungsrates« in einer Gruppe von Archivaren und Historikern, unter denen sich auch Eugen Ewig, der spätere Mitbegründer und Direktor des Deutschen Historischen Instituts Paris, befand. Aufgrund seiner Tätigkeit für den »Archivschutz«, wie sich die Kommission offiziell nannte, und dem dadurch gewährten Zugang zu den in Pariser Bibliotheken und Archiven deponierten mittelalterlichen Beständen war es Schieffer nach dem Krieg schließlich möglich, die Urkunden Lothars I. und Lothars II. für den Diplomata-Apparat der MGH zu edieren. »Inmitten einer zum Zerreißen gespannten politischen Situation«, erinnerte er sich 1966 in seiner Vorrede zu diesem Urkundenband, »entstand so bis etwa Ende 1941, unter verständnisvoller Mithilfe der französischen Archive und Bibliotheken, ein umfangreicher neuer und neuartiger Karolingerapparat.«[375] Die Kehrseite dieser subjektiven Empfindung des nach seinen eigenen Aussage »au dessus de la mêlée« arbeitenden und schreibenden Curtius-Schülers war jedoch, wie auch sein Schüler Hermann Jakobs konzediert hat, die organisatorische und ideelle Einbindung der Archivkommission in den militärischen Machtapparat der nationalsozialistischen Besatzungsbehörden.[376] »Archivschutz« und Archivalienraub lagen, bedingt durch die enge Anbindung der Archivkommission an Reichssicherheitshauptamt und den »Einsatzstab Reichsleiter Rosenberg« (ERR), stets gefährlich nah zusammen.[377] Die wissenschaftliche Arbeit der in Frankreich eingesetzten Archivare darf daher immer nur im Kontext der politischen Zielsetzungen und Vorgaben der deutschen Besatzungsmacht gesehen werden. Das von Wissenschaftlern im Offiziers-

---

[374] Zur Biographie Schieffers ERICH MEUTHEN, Nekrolog Theodor Schieffer, in: HZ 256 (1993), 241–248; ausführlicher und kritischer HERMANN JAKOBS, Theodor Schieffer (1910–1992). Ein Gelehrtenleben im 20. Jahrhundert, in: HJb 113 (1993), 1–20. Im Nachruf von HEINRICH APPELT (DA 48, 1992, 417–418) sind die vierziger Jahre ausgespart; der Verfasser spricht fälschlicherweise von einer »kriegsbedingten Pause«. Informativ und mit einer Bibliographie versehen ist der von den MGH herausgegebene Band: Theodor Schieffer 1910–1992. Mit Beiträgen von Heribert Müller (Theodor Schieffer. Leben und Werk), Horst Fuhrmann (Theodor Schieffer und die Monumenta Germaniae Historica), Rudolf Hiestand (Theodor Schieffer und die Regesta Pontificum Romanorum), Carlrichard Brühl (Theodor Schieffer als Diplomatiker), München 1992.
[375] Vorrede, in: MGH Diplomata Karolinorum, 3. Band: Die Urkunden Lothars I. und Lothars II. Bearb. von Theodor Schieffer, Berlin/Zürich 1966, X.
[376] JAKOBS, Theodor Schieffer (1910–1992), 6 ff.
[377] WOLFGANG HANS STEIN, Die Inventarisierung von Quellen zur deutschen Geschichte. Eine Aufgabe der deutschen Archivverwaltung in den besetzten westeuropäischen Ländern im Zweiten Weltkrieg, in: Inventar von Quellen zur deutschen Geschichte in Pariser Archiven und Bibliotheken. Bearb. von einer Arbeitsgruppe unter Leitung von Georg Schnath. Hg. Ders., Koblenz 1986, XXVII–LXVII.

rang zusammengestellte und – für sich betrachtet – durchaus verdienstvolle und nützliche »Inventar von Quellen zur deutschen Geschichte in Pariser Archiven und Bibliotheken«, das 1986 noch als Buch erschien, diente nicht nur, wie immer betont wurde und wird, der wissenschaftlichen Erfassung aller in Frankreich aufbewahrten, für die deutsche Geschichte relevanten Quellen- und Urkundenbestände. Als wichtigste Aufgabe galt mit Blick auf kommende Friedensverhandlungen die Erstellung von »Rückforderungslisten«, also Listen mit ehemals aus dem Deutschen Reich geraubten Kulturgut, das sich noch immer in Frankreich befand.[378] Unabhängig von der immer nur im Einzelfall zu entscheidenden Frage, ob die Archivschutzkommission direkt an Plünderungen und »Kulturraub« beteiligt gewesen war,[379] bleibt die Feststellung, daß durch die – in manchen Fällen sicherlich unvermeidbare Nähe – zum RSHA und zur Dienststelle Alfred Rosenbergs die Grenze vom »Kulturschutz« zum »Kulturraub« oftmals überschritten wurde.[380] Die von den deutschen Besatzern deportierten Bibliotheken Marc Blochs, Henri Hausers und Louis Halphens dokumentieren dabei nur einen schmerzlichen Höhepunkt der Folgen einer unglücklichen, gleichzeitig aber auch verbrecherischen Kollaboration von Teilen der deutschen Geschichtswissenschaft mit diversen NS-Dienststellen.[381] Zwar scheiterten Pläne zu einer Umwandlung

---

[378] Kritisch zum »Archivschutz« ANJA HEUß, Kunst- und Kulturgutraub. Eine vergleichende Studie zur Besatzungspolitik der Nationalsozialisten in Frankreich und der Sowjetunion, Heidelberg 2000, 260 ff. – Das »Inventar« wurde 1944 abgeschlossen. Im »Schlußbericht über die Einsatzergebnisse der Gruppe Archivwesen in der Militärverwaltung Frankreich 1940-1944« formulierte deren Leiter Georg Schnath, daß dieses »auf Generationen ein bleibendes Denkmal für den Kriegseinsatz deutscher Archivare und Historiker in Frankreich« bleiben werde, wie er überhaupt den »Kriegseinsatz deutscher Archivare« als »bedeutsames Stück deutscher Kulturarbeit im besetzten Gebiet« herausstellte. Abgedruckt in: KARL HEINZ ROTH, Eine höhere Form des Plünderns. Der Abschlußbericht der »Gruppe Archivwesen« der deutschen Militärverwaltung in Frankreich, in: 1999 4, H. 2 (1989), 79-112.

[379] Diese Auffassung vertritt vehement ROTH, Eine höhere Form des Plünderns; DERS., Klios rabiate Hilfstruppen. Archivare und Archivpolitik im deutschen Faschismus, in: Archivmitteilungen. Zeitschrift für Archivwesen, archivalische Quellenkunde und historische Hilfswissenschaften 41 (1991), 1-10. Zu einem differenzierteren Urteil gelangt HEUß, Kunst- und Kulturgutraub. So war der »Archivschutz« als Bestandteil der Militärverwaltung einerseits verbrecherischen Organisationen wie dem ERR bei der Suche nach begehrten Materialien behilflich und auch aktiv an dem Raub jüdischen Eigentums beteiligt. Andererseits fühlten sich laut Heuß die aus dem Personal der Preußischen Staatsbibliothek und des Preußischen Geheimen Staatsarchivs rekrutierten Fachleute der Militärverwaltung anders als Vertreter der parteipolitischen Institutionen noch an »minimale moralische und juristische Werte und Formen« gebunden.

[380] STEIN, Inventarisierung, XXXVIII. Zur Dienststelle »Einsatzstab Reichsleiter Rosenberg« vgl. ROTH, Eine höhere Form des Plünderns, 81.

[381] Auf den Diebstahl der Bibliotheken Blochs und Hausers verwies bereits Kienast in seinem Nachruf auf Bloch, über den Raub seiner Papiere hat Louis Halphen seinem Freund Sproemberg

der Archivkommission in ein Historisches Institut,[382] die in Paris erarbeiteten Inventare und Editionen sollten jedoch umfassend in die Forschungsaktivitäten der Westdeutschen Forschungsgemeinschaft eingebunden werden, welche die neuen Eroberungen des NS-Regimes historisch-wissenschaftlich zu untermauern hatte.[383]

Wie immer man die Tätigkeit Theodor Schieffers und anderer Archivare und Historiker in der Pariser Kommission gewichten mag: die Verfügungsgewalt über nunmehr vergrößerte Quellenbestände wirkte sich beruflich keinesfalls als Nachteil für die meist jüngeren Nachwuchswissenschaftler aus. Ganz im Gegenteil bot die Arbeit als Archivar im besetzten Frankreich vielfach Gelegenheit zur wissenschaftlichen Weiterqualifikation. So konnte sich Schieffer 1942 mit einer Arbeit über »Das Urkundenwesen der Könige von Burgund«[384] habilitieren, die aus der Beschäftigung mit den Urkunden Lo-

---

am 21.11.1946 berichtet: »... J'en suis sorti indemne, non sans avoir connu de durs souffrances, et ai pu tant bien que mal me réorganiser (la Gestapo m'a enlevé mon institut, mes livres, mes notes) et me remettre au travail. Il m'est agréable de penser que l'Allemagne nazie est – je veux du moins l'espérer – en voie de disparition; mail il est pénible de constater que tant d'hommes instruits et cultivés, ou qui paraissaient l'être, ont pactisé avec le crime.« NL Sproemberg, 1946. Den Raub der Bibliothek H. erwähnt auch THEODOR SCHIEFFER mit deutlichen Worten in seiner Rezension von: Louis Halphen, Charlemagne et l'Empire carolingien, Paris 1947, in: HJb 71 (1951), 400–402; 401: »Der einzige ernsthafte Mangel ist die unzureichende Auswertung der deutschen Literatur. Es steht uns nicht an, dem Verfasser daraus einen Vorwurf zu machen, denn an Behinderung hat es ihm in den schweren Jahren der deutschen Besatzung nicht gefehlt: man hat ihm die Bibliothek abgeschleppt, auch die Manuskripte und Notizen gingen ihm verloren, so daß er in südfranzösischen Zufluchtsorten unter Bedingungen, die man sich leicht ausmalen kann, das schon einmal abgeschlossene Werk neuschreiben mußte, – Dinge, über die er sich, ohne die heute beliebte Märtyrerpose, in vornehmster Zurückhaltung nur andeutungsweise ausspricht.« Zum Frankreichreferat des Amts VII (Weltanschauliche Forschung und Auswertung) des RSHA, das für diese Fälle verantwortlich war, MICHAEL WILDT, Generation des Unbedingten. Das Führungskorps des Reichssicherheitshauptamtes, Hamburg 2002, 364ff; 514ff.

[382] Eine Darstellung der Gründungsgeschichte des DHI, die in die Besatzungszeit zurückreicht, ist nach wie vor ein Forschungsdesiderat. Vgl. jedoch die Dokumentation von CONRAD GRAU, Planungen für ein Deutsches Historisches Institut in Paris während des Zweiten Weltkrieges, in: Francia 19/3 (1992), 109–128; mit einer Denkschrift Theodor Mayers; sowie WERNER PARAVICINI (Hg.), Das Deutsche Historische Institut Paris. Festgabe aus Anlaß der Eröffnung seines neuen Gebäudes, des Hôtel Duret de Chevry, Sigmaringen 1994, 72ff.

[383] Ausführlich dazu STEIN, Inventarisierung, Lff. Eine Übersicht über die von der »Gruppe Archivwesen« unterstützten Forschungsvorhaben deutscher Historiker befindet sich bei ROTH, Eine höhere Form des Plünderns, 111f.

[384] Die Arbeit lag zunächst nicht in gedruckter Form vor, ist aber später als »Historisch-diplomatische Einleitung« in die Edition der Rudolfinger-Urkunden eingegangen: Die Urkunden der Burgundischen Rudolfinger. Bearb. von Theodor Schieffer unter Mitwirkung von Hans Eberhard Mayer, MGH, München 1977, 1–87. In seiner »Vorrede« berichtet Schieffer auch hier von der positiven Wendung, die der Sieg über Frankreich für die deutsche Geschichtswis-

thars I. hervorging. Der wiederholt in Gelehrtenbiographien und Nachrufen vorgebrachte Hinweis auf die im Besatzungsgebiet geleistete »seriöse« und zielgerichtete wissenschaftliche Arbeit genügt daher nicht, um die Tätigkeit eines Wissenschaftlers und Offiziers im besetzten Frankreich hinreichend zu qualifizieren.

Ungeachtet der möglichen Verstrickung Schieffers in völkerrechtswidrige Aktionen der Archivschutzkommission bleibt jedoch sein Verdienst, als einziger deutscher Historiker die *Société féodale* Marc Blochs sogleich nach ihrem Erscheinen rezensiert zu haben. Die Beschäftigung Schieffers mit der französischen Geschichte datiert dabei keineswegs seit seiner Tätigkeit in Frankreich. Bereits mit seiner Dissertation über »Die päpstlichen Legaten in Frankreich vom Vertrage von Meersen (870) bis zum Schisma von 1130« (1935) hatte sich der Mediävist und Urkundenforscher auf die Geschichte des Nachbarlandes spezialisiert. Wenige Jahre zuvor hatte er als Student ein Semester in Paris absolviert. Wenn Schieffers Bloch-Rezensionen ein gewisses Interesse an der französischen Geschichtswissenschaft erkennen lassen, muß hinsichtlich seiner Aufgeschlossenheit gegenüber *Annales*-Historikern generell differenziert werden: Wenn aus seinem Schülerkreis wiederholt behauptet worden ist, der gelehrte Urkundeneditor sei Zeit seines Lebens Verfechter einer ereignis- und personenzentrierten Geschichtsdarstellung geblieben, so mindert diese Feststellung nicht die große Bewunderung, die Schieffer den Arbeiten Blochs entgegengebracht hatte. Tatsächlich hatte Schieffer des öfteren, insbesondere in seinen späteren Darstellungen zur Geschichte des Mittelalters, von einem »Sieg der Persönlichkeit über die Strukturen« gesprochen.[385] Daß der Kölner gewiß kein Freund der von den *Annales* geforderten und insbesondere nach 1945 betriebenen Strukturgeschichte gewesen war, zeigen seine immer wieder erhobenen Einwände gegen die drohende Abkehr von einer persönlichkeitsorientierten Geschichtsschreibung. Konzeptionelle und methodische Erneuerungsversuche deklarierte Schieffer in seinen Texten wiederholt als »Moden«, wobei er sich in seinen Büchern nie-

---

senschaft bedeutete: »Dann aber trat die seltsame Wendung ein, daß der Krieg die Forschung im Ausland nicht hemmte, sondern förderte.«

[385] So z. B. in seinem 1975 gehaltenen Vortrag über die »Krisenpunkte des Hochmittelalters« (Opladen 1976), in der sich sein Geschichtsverständnis exemplarisch niederschlägt. Erich Meuthen hat hierzu ganz richtig betont, daß sich diese Konzeption geradezu als Gegenbild der in Frankreich propagierten *longue durée* lesen lasse. DERS., Nekrolog Schieffer, 246. Schieffer habe sich, so Meuthen, »durch ›strukturelle‹ Vorgegebenheiten regelrecht herausgefordert gefühlt als Wächter über die Entscheidungsfreiheit der ihm biographisch anvertrauten Persönlichkeiten gegenüber der sie bei anderen Historikern oft einfangenden Zwangsläufigkeit geschichtlicher Prozesse.«

mals explizit auf einzelne *Annales*-Autoren bezog.[386] Von diesen Vorbehalten rückte er auch in seinen Kritiken Blochs nicht ab, ordnete sie aber seiner Anerkennung der wissenschaftlichen Verdienste des *Annales*-Mitbegründers deutlich unter. So beurteilte er 1960 in einer Rezension eines aus dem Nachlaß Blochs herausgegebenen Bandes dessen Historiographie als »meisterhaft« und »einseitig« zugleich.[387] Zu einem der »Großen unseres Faches« rechnete Schieffer Bloch deshalb, weil er wie nur wenige verstanden hatte, die Vielfalt der mittelalterlichen Lebenswelten auf hohem wissenschaftlichen Niveau zu beschreiben. Die an Bloch kritisierte Vernachlässigung der politischen Geschichte und der »Taten handelnder Menschen« einerseits, der von seinen Schriften ausgehende Reiz andererseits, ließ die Bewertung der Historiographie Blochs für ihn zu einer »Grundsatzfrage« werden:

»Läßt man die angedeuteten prinzipiellen Erörterungen beiseite und nimmt das Werk einfach als das, was es ist und sein will, dann ist es in seiner Klarheit, Dichte und Präzision meisterlich, ja bewundernswert. Es gehörte in der Tat ein Meister der Sozial-, Wirtschafts- und Verwaltungsgeschichte dazu, um in den Darlegungen über Königtum und Krondomäne, königliche Verwaltung und Justiz, über Lebensbedingungen und Rechtsformen von Bauern, Adel und Stadtbürgern, über Handel, Märkte und Geld in ihrer wirtschaftlichen und sozialen Funktion mit solch souveräner Stoffkenntnis aus dem Vollen zu schöpfen, in sicherer Linienführung zu orientieren, aber doch nicht bei Überschau und Durchblick stehen zu bleiben, sondern durch behutsam ausgewählte und eingestreute Details (bis zur Episode) eine veranschaulichende Vorstellung von der Vielfalt des Zuständlichen zu vermitteln, die ›Atmosphäre‹ mit einzufangen.«[388]

Über den Historiker Schieffer ist mit diesen Bemerkungen freilich längst nicht alles gesagt. Hervorgehoben werden muß, daß er sich als angehender Wissenschaftler Mitte der dreißiger Jahre mutig zu seinem jüdischen Lehrer Wilhelm Levison bekannte, der im September 1935 aus dem Universitätsdienst entlassen worden war.[389] Vielleicht war es gerade die menschliche

---

[386] Krisenpunkte; Die deutsche Kaiserzeit (900-1250), Frankfurt a. M. 1973.
[387] THEODOR SCHIEFFER, Rez. von: Marc Bloch, La France sous les derniers Capétiens 1223-1328, Paris 1958, in: HJb 80 (1960), 338-340.
[388] Ebd., 340.
[389] THEODOR SCHIEFFER, In Memoriam Wilhelm Levison (1876-1947). Reden und Grußbotschaften bei der Gedenkfeier der Universität zum 100. Geburtstag am 31. Mai 1976, in: Alma mater. Beiträge zur Geschichte der Universität Bonn, Bd. 40, Köln/Bonn 1977. Schieffer, der 1934 von Levison promoviert wurde, berichtet von der Warnung seines Lehrers, sich möglichst nicht öffentlich vor dessen Haustür sehen zu lassen. Vgl. hierzu auch HORST FUHRMANN, Zeitenthobene Geschichte. Historiograph und Urkundenforscher vor Flammenhorizonten: Zum Tode des Mediävisten Theodor Schieffer, in: FAZ, 11.4.1992. Aussagekräftig für Schieffers Haltung ist auch sein Nachruf auf Walther Holtzmann (DA 20, 1964, 301-324): »Wer [nach Levi-

Verbundenheit Schieffers mit Levison, die ihn als überzeugten Katholiken auch nicht daran hinderte, nach dem Beginn des Weltkrieges einen jüdischen Gelehrten aus Frankreich mit einer durchweg anerkennenden und sachlichen, vor allem aber kenntnisreichen Rezension zu ehren.[390] Seine Kritik zeigt deutlich, daß ihm das Neuartige – Blochs Versuch einer systematischen und vor allem vergleichenden Synthese – an diesem Buch nicht entgangen ist. Nach einführenden Beobachtungen zu der Kollektion Henri Berrs, in der Schieffer »noch Anklänge an den Fortschrittsoptimismus eines Condorcet« zu vernehmen meinte, betonte Schieffer, daß Bloch nicht mehr eine herkömmliche Ereignisgeschichte intendiert habe, sondern auf ein Verständnis der mittelalterlichen Gesellschaftsstruktur, auf das »vertiefte Verständnis des Zuständlichen im weitesten Sinne« zielte.[391] In diesem Rahmen habe der Verfasser nunmehr »ein Bild des vom Feudalismus bestimmten Staats- und Gesellschaftsaufbaus im mittelalterlichen Europa« entworfen. Bei seiner Deutung des Lehnswesens sei Bloch von den »Banden des Blutes« als den »ursprünglichsten Beziehungen unter Menschen« ausgegangen, also der »Sippe in ihrer rechtlichen und wirtschaftlichen Bedeutung«. Bei allem, was wir über Theodor Schieffer wissen, beabsichtigte er mit diesem Satz wohl kaum, mit der Hervorhebung dieses in Blochs Darstellung zweifellos zentralen, in deutschem Verständnis aber hochgradig mißverständlichen Begriffs, möglichen Zensoren zuvorzukommen. Bekanntlich hat Bloch, wie Schieffer richtig gesehen hat, einen Großteil seiner wissenschaftlichen Energie auf die Frage nach den objektiven und imaginären Bindungen – eben den berühmten *liens sociaux* – verwandt, die eine Gesellschaft zusammenhalten.[392] Die von Bloch im zweiten Teil seines Buches beschriebenen »*liens du sang*« galten damit dem Versuch, die Gesellschaft von ihren *inneren* Bindungen zu erfassen, und weniger dem Anspruch, diese etwa als allein gültigen Ausgangspunkt einer sozial-strukturellen Analyse der mittelalterlichen Feudalgesellschaft zu

---

sons Entlassung, S. K.] einigen Mut aufbrachte, brauchte ihn noch keineswegs als einen Paria zu behandeln.« Noch habe das Regime, so Schieffer, »ein gewisses Maß von formaler Legalität« bewahrt. (306 f)

[390] Schieffer publizierte daneben in der katholischen Monatsschrift *Hochland*, laut KONRAD ACKERMANN die »bedeutendste Zeitschrift des geistigen Widerstandes« im Nationalsozialismus (Der Widerstand der Monatsschrift Hochland gegen den Nationalsozialismus, München 1965, 183). Dort erschien aus seiner Feder ein bemerkenswerter Aufsatz über Tocqueville (Ein Denker wider seine Zeit: Alexis de Tocqueville, in: Hochland 33/2, 1936, 305–318), in dem Tocqueville mit folgenden Worten zitiert wird: »Ich habe die Freiheit immer geliebt; alle meine Gedanken führen mich zu der Überzeugung, daß ohne sie auf die Dauer keine moralische und politische Größe möglich ist.« (307)

[391] DA 4 (1941), 278 f.

[392] Vgl. RAULFF, Ein Historiker im 20. Jahrhundert, 321 ff.

definieren. Zu vielfältig waren die gesellschaftlichen Strukturen von Abhängigkeit und Verbundenheit, um die »Banden des Blutes« als exklusives Charakteristikum des feudalen Systems mißzuverstehen. Als das »anregendste Kapitel« der »Feudalgesellschaft« befand Schieffer jedoch den europäischen Vergleich der Lehnssysteme. Ungeachtet der in seinen Augen »etwas trocken und schwunglos« geschriebenen Darstellung konzedierte er dem Verfasser, »einen bemerkenswerten Versuch gedrängter, aber erschöpfender Synthese« auf der Grundlage »solider Stoffbeherrschung« unternommen zu haben.

Noch positiver als den ersten Band bewertete Schieffer ein Jahr später am gleichen Ort den zweiten Band der *Société féodale*.[393] Diesen hatte Bloch hauptsächlich der Untersuchung der mittelalterlichen Herrschaftsformen gewidmet. Auch hier will der Rezensent zwar eine betont »rationale« und »soziologische« Perspektive erkennen, die von der politischen Geschichte und der »Eigenständigkeit geistiger Bewegungen« weitgehend abstrahiere. Schieffer beläßt sein abschließendes Urteil jedoch nicht nur bei einer positiven Würdigung des Buches – das in seinen Augen eine Leistung darstellt, »die umfassende Kenntnis und wirkliche Beherrschung von Stoff und Literatur« verrate – sondern erklärt Blochs mutigen Versuch und seinen Willen zur Synthese, zur »Vulgarisierung im guten Sinne«, auch für die deutsche Geschichtswissenschaft als erstrebenswertes Ziel. Schieffers Vorahnung, daß Henri Berrs Reihe weniger vom breiten Publikum, für das sie ursprünglich gedacht war, als von Fachhistorikern rezipiert werden würde, hat sich zumindest für die *Société féodale* bestätigt. An Schieffers Rezensionen findet schließlich die These František Graus' seine Bestätigung, derzufolge eine Synthese vom Zuschnitt der *Société féodale* in Einzelheiten zwar nachgeprüft, in ihrer Perspektive jedoch weder »wirklich kritisiert noch gewürdigt« werden könne.[394] Nennenswerte Impulse auf die deutsche Mittelalterforschung übte, wie František Graus feststellte, die *Société féodale* nicht aus.[395]

Diesen Befund unterstreicht auch Michael Borgolte in seinem Vergleich der *Société féodale* mit der deutschen Verfassungsgeschichte.[396] Zwar habe es insbesondere mit den Arbeiten Otto Hintzes, Heinrich Mitteis' und Otto Brunners nicht an Versuchen gefehlt, die nationalgeschichtliche Verengung der deutschen Geschichtswissenschaft aufzubrechen und durch einen euro-

---

[393] DA 5 (1942), 285–286.
[394] GRAUS, Rez. von: Marc Bloch, Die Feudalgesellschaft (wie Anm. 366).
[395] Verfassungsgeschichte des Mittelalters, in: HZ 243 (1986), 529–589; 575.
[396] Die Erfindung der europäischen Gesellschaft. Marc Bloch und die deutsche Verfassungsgeschichte seiner Zeit, in: Schöttler (Hg.), Marc Bloch. Historiker und Widerstandskämpfer (wie Anm. 57), 171–194.

päischen Vergleich zu bereichern.³⁹⁷ Diese hätten jedoch auf dem Gebiet der deutschen Verfassungsgeschichte der dreißiger Jahre, nicht aber – analog zu Bloch – auf jenem der Sozialgeschichte stattgefunden. So blieb für Mitteis und Brunner, die die Trennung zwischen den einzelnen Fachdisziplinen ebenfalls durch eine integrierende und vergleichende Betrachtung zu ersetzten suchten, die Fixierung auf den Staat und die politische Ebene prägend.³⁹⁸ Blochs »Feudalgesellschaft« war dagegen eine »gedachte Gesellschaft« (Borgolte), die als europäische Gesellschaft nicht auf alten, künstlichen Grenzziehungen gegründet war, sondern sich aus ihren inneren Bindungen (*Les liens d'homme à homme*) herleitete.³⁹⁹ Blochs wissenschaftliche und weltanschauliche Differenz zur deutschen Mediävistik lag somit in einer unterschiedlichen Vorstellung von Gesellschaft begründet, derzufolge dem Staat lediglich eine akzidentelle Rolle zukam. Mit *La Société féodale* hat der Historiker seine 1928 in Oslo erhobene Forderung nach einer internationalen, vergleichenden europäischen Sozialgeschichte mustergültig realisiert.⁴⁰⁰

---

³⁹⁷ Otto Hintze, Wesen und Verbreitung des Feudalismus, in: Sitzungsberichte der Preußischen Akademie der Wissenschaften, Phil.-hist. Klasse, 1929; Heinrich Mitteis, Lehnrecht und Staatsgewalt. Untersuchungen zur mittelalterlichen Verfassungsgeschichte, Weimar 1933, Ders., Der Staat des hohen Mittelalters. Grundlinien einer vergleichenden Verfassungsgeschichte des Lehnszeitalters, Weimar 1940; Otto Brunner, Land und Herrschaft. Grundfragen der territorialen Verfassungsgeschichte Südostdeutschlands im Mittelalter, Baden bei Wien 1939. Dagegen bestreitet Gadi Algazi den methodisch innovativen Charakter von »Land und Herrschaft« (Otto Brunner – »Konkrete Ordnung« und Sprache der Zeit, in: Schöttler, Geschichtsschreibung als Legitimationswissenschaft (wie Anm. 64), 166–203.

³⁹⁸ Auf Blochs Auseinandersetzung mit Otto Hintze kann hier nicht näher eingegangen werden, vgl. dazu Borgolte, Die Erfindung der europäischen Gesellschaft, 175 ff.

³⁹⁹ Ebd., 182 f. Der geographische Rahmen der Blochschen Feudalgesellschaft leitete sich also »aus dem Innern des untersuchten Phänomens« ab. Vgl. dazu auch Otto Gerhard Oexle, Une science humaine plus vaste«. Marc Bloch und die Genese einer Historischen Kulturwissenschaft, in: Schöttler (Hg.), Marc Bloch. Historiker und Widerstandskämpfer (wie Anm. 57), 102–144; 120 f.

⁴⁰⁰ Pour une histoire comparée des sociétés européennes, in: Marc Bloch, Mélanges Historiques, Bd. 1, Paris 1963, 16–40.

Anhang: Tabellen

Tabelle 1: Übersicht über die in Deutschland und Österreich erschienenen Rezensionen und Notizen zu Schriften Marc Blochs

Titel (in chronol. Folge)	Erscheinungsjahr und -ort	Rezension	Rezensent
Rois et serfs«-un chapitre d'histoire capétienne	Paris 1920	HZ 126 (1922), 150–152 MIÖG 41 (1926), 333–335 NA 45 (1924), 404*	R. Holtzmann H. v. Voltelini M. Krammer
Serf de la glèbe: histoire d'une expression toute faite	RH 138/1921	NA 45 (1924), 404*	M. Krammer
Les »Rois thaumaturges«. Étude sur le caractère surnaturel attribué à la puissance royale en France et en Angleterre	Straßburg 1924	ZRG GA 45 (1925), 492–496 ZfKG 44 (1925), 123–124	R. Holtzmann E. Hennecke
Les colliberti: étude sur la formation de la classe servile	RH 157/1928	NA 47 (1928), 693–694 ZRG GA 49 (1929), 724*	W. Levison U. Stutz
Un problème d'histoire comparée: la ministérialité en France et en Allemagne	RHDFE 7/1928	ZRG GA 49 (1929), 724*	U. Stutz
La lutte pour l'individualisme agraire dans la France du XVIIIe siècle	AHES 2/1930	ZRG GA 51 (1931), 690–691 HZ 144 (1931), 203* VSWG 27 (1934), 284–286	C. Brinkman D. Gerhard J. Kulischer
Les caractères originaux de l'histoire rurale française	Oslo/Paris 1931	ZRG GA 52 (1932), 538–540 ZfgSt 94 (1933), 115–121 Geogr.Z. 39 (1933), 500 HZ 149 (1934), 82–97 AfK 25 (1935), 347* ZfEk 9 (1941), 4*	C. Brinkmann A. Dopsch O. Schlüter H. Wopfner H. Wagner W. Hartke
Liberté et servitude personnelles au moyen âge, particulièrement en France. Contribution à une étude des classes	AHDE 10/1933	HZ 151 (1935), 105–107 ZRG GA 55 (1935), 520* HGBl/HU 59 (1934), 325	E. Wohlhaupter E. Heymann H. Sproemberg
De la grande exploitation domaniale à la rente du sol: un problème et un projet d'enquête	Bull.ICSH.5/1933	HGBl/HU 59 (1934), 324f	H. Sproemberg
Le problème d'or au moyen âge	AHES 5/1933	HGBl/HU 58 (1933), 246	W. Vogel
Le salaire et les fluctuations économiques à longue période	RH 173/1934	HGBl/HU 59 (1934), 339*	W. Vogel
A propos d'une étude sur les liens seigneuriaux en Flandre: problèmes de méthode (C. r. de: P. C. Boeren, Étude sur les tributaires d'Église dans le comté de Flandre du IXe au XVe siècle, Amsterdam/Paris 1936)	AHES 9/1937	HGBl/HU 62 (1937), 281	W. Vogel
La société féodale. 1. La formation des liens de dépendance; 2. Les classes et le gouvernement des hommes	Paris 1939/1940	DA 4 (1941), 278–279 DA 5 (1942), 285–286	T. Schieffer T. Schieffer

Tabelle 2: Übersicht über die in den »Jahresberichten für Deutsche Geschichte« erschienenen Notizen und Rezensionen zu Marc Bloch[1]

Titel (in chronol. Folge)	Erscheinungsjahr und -ort	Rezension	Rezensent
L'origine et la date du »Capitulare de villis«	RH 143/1923	6 (1923), 51 (alte Zählung)	M. Stimming
La organizacion de los dominios reales carolingios y los teorias de Dopsch	AHDE 3/1926	2 (1926), 364	W. Stach
Observations sur la conqête de la Gaule romaine par les Rois francs	RH 154/1927	3 (1927), 198-199 3 (1927), 204	W. Stach W. Levison
Un problème d'histoire comparée: la ministérialité en France et en Allemagne	RHDFE 7/1928	4 (1928), 266	H. Hirsch
L'Empire et l'Idée de l'Empire sous les Hohenstaufen	RCC 60/1929	5 (1929), 216-217	W. Holtzmann
La vie rurale. Problèmes de jadis et de naguère	AHES 2/1930	6 (1930), 130	R. Kötzschke
Féodalité, Vasalité, Seigneurie: à propos de quelques travaux récents	AHES 3/1931	7 (1931), 264	M. Lintzel
Liberté et servitude personnelles au moyen âge, particulièrement en France. Contribution à une étude des classes	AHDE 10/1933	9/10 (1933/34), 401	H. Hirsch
De la grande exploitation domaniale à la rente du sol: un problème et un projet d'enquête	BullICHS 5/1933	9/10 (1933/34), 440	Th. Mayer
Le problème d'or au moyen-âge	AHES 5/1933	9/10 (1933/34), 440	Th. Mayer
Les »inventions« médiévales	HES 7/1935	11 (1935), 361	Th. Mayer
La »Hufe« (C.r.de: F. Lütge, Die Hufe in der thüringisch-hessischen Agrarverfassung der Karolingerzeit)	AHES 10/1938	14 (1938), 355	Th. Mayer

---

[1] Berücksichtigt sind nur die in den Forschungsberichten und mit Titelangabe aufgeführten Werke Blochs. Nicht genannt sind die Arbeiten, die nur bibliographisch verzeichnet wurden. Bei den mit *versehenen Angaben handelt es sich lediglich um eine Notiz.

Kapitel III
Wissenschaftlicher Fortschritt und demokratische Perspektive. Das Werk Hedwig Hintzes in der Weimarer Republik und im Nationalsozialismus

1. »In Würde schweigen ...«? Hedwig Hintzes Frankreichbild im Spiegel ihrer Nachkriegspublizistik

Im August 1921, ein Jahr nach seiner vorzeitigen, durch eine Augenkrankheit erzwungenen Emeritierung von seinem Berliner Lehrstuhl für Verfassungs-, Verwaltungs-, Wirtschaftsgeschichte und Politik, schrieb der damals sechzigjährige Otto Hintze an seinen Freund und Kollegen Meinecke: »Auch wenn meine Kraft nicht in dem Maße, wie es der Fall ist, gebrochen wäre, könnte ich mich des Gefühls, daß es abwärts mit uns geht, schwerlich erwehren ... Ich meinerseits neige zu einer mehr kontemplativen Haltung. Ich sehe die Unhaltbarkeit und Unwiederherstellbarkeit des Alten ein, aber ich kann dem Neuen in seiner chaotischen Gärung noch keine Seite abgewinnen, die mich zu ihm zöge. Ein Ideal, für das man seine ganze Kraft einsetzt, müßte doch irgendeine Möglichkeit der Verwirklichung bieten, und wo ist heute ein solches?«[1] Während der Zeit, als Otto Hintze sich nach dem Krieg weit-

---

[1] Zitiert nach GERHARD OESTREICH, Otto Hintzes Stellung zur Politikwissenschaft und Soziologie, in: Otto Hintze, Soziologie und Geschichte. Gesammelte Abhandlungen zur Soziologie, Politik und Theorie der Geschichte. Hg. Gerhard Oestreich, Göttingen, 2. Aufl. 1964, 7–67; hier: 7. Bei aller Betonung der Notwendigkeit demokratischer Reformen konnte sich Hintze schwerer als seine Freunde Troeltsch und Meinecke mit der neuen Ordnung abfinden, die für ihn letztlich einen »Zusammenbruch aller bisherigen Vorstellungen und Ideale« bedeutete. Erst gegen Ende der zwanziger Jahre habe sich Hintze – so der bisherige Forschungsstand – vom »preußischen« Fundament seines Denkens gelöst: in gleicher Weise, wie er seiner Wissenschaft ein neues, kritischeres Staatsverständnis zugrundelegt habe, sei die für ihn paradigmatische Bedeutung Preußens hinter die Englands und Frankreichs zurückgetreten. Vgl. JÜRGEN KOCKA, Otto Hintze, in: Deutsche Historiker, Bd. 3, Göttingen 1972, 41–64; OESTREICH, Otto Hintzes Stellung, 41 ff. Zu einem gegenteiligen Ergebnis ist WOLFGANG NEUGEBAUER, Otto Hintze und seine Konzeption der »Allgemeinen Verfassungsgeschichte der neueren Staaten«, in: Otto Hintze, Allgemeine Verfassungs- und Verwaltungsgeschichte der neueren Staaten. Fragmente,

gehend aus der Universität und für einige Jahre auch von seiner Tätigkeit als politischer Publizist zurückgezogen hatte, trat seine Frau Hedwig mit ihren ersten geschichtswissenschaftlichen Veröffentlichungen hervor.[2] Die Grundlage hierfür hatte sie, nach einem für das preußische Rote Kreuz abgeleisteten Dienstjahr, ab 1915 in Vorlesungen und Seminaren bei ihrem Mann und bei weiteren Persönlichkeiten der Berliner Universität wie Ernst Troeltsch, Friedrich Meinecke und dem Nationalökonomen Heinrich Herkner gelegt.[3] Dagegen ist über ihre persönlichen Erfahrungen mit dem Krieg in der Berliner Etappe aufgrund fehlender autobiographischer Aufzeichnungen nichts bekannt. Wie Hedwig Hintze den Krieg verarbeitet, welchen Einfluß er nicht nur auf ihr politisches Denken, sondern auch auf ihr wissenschaftliches *métier* ausübte, läßt sich allenfalls indirekt über die Analyse ihrer Schriften oder anhand der wenigen überlieferten Äußerungen erschließen. Daß sie, anders als ihr Mann, der die neue Republik nur zögerlich anerkannte, schon bald andere politische Wege gehen würde, daß sie sich spätestens in der zweiten Hälfte der zwanziger Jahre zur glühenden Verfechterin von Sozialismus, westlichem Demokratieverständnis und Menschenrechten entwickeln sollte, war in den ersten Nachkriegsjahren keinesfalls klar erkennbar. Zweifellos empfand sie zunächst in gleicher Weise wie ihr Mann die politische und gesellschaftliche Situation Deutschlands nach 1918 als nationale Katastrophe. »Die Not und Schmach der Zeit«, schrieb sie 1919 an den gemeinsamen Freund, den Germanisten Konrad Burdach, »frisst meinem Mann auch furchtbar am Herzen, und ich muss alles aufbieten, ihn ein wenig abzulenken – damit all der Jammer nicht seine Gesundheit ganz untergräbt.«[4] Wenige Monate später sprach sie in einem Dankesbrief für die Übersendung eines Wagner-Aufsatzes aus der Feder Burdachs selbst von »pein- und drangvollen Tagen«, in denen man »die Last des allzunahen, der schönheitsfeindlichen Politik einmal abschütteln und sich am Zeitlos-Schönen erheben

---

Bd. 1. Hg. Giuseppe Di Costanzo u. a., Neapel 1998, 35–83, gekommen, der das Jahr 1918 keineswegs als werkgeschichtliche Zäsur bewertet und das Zurücktreten des preußischen Paradigmas bei Hintze auf die Jahre vor 1910 datiert.

[2] Hedwig Hintzes Schriftenverzeichnis ist, soweit möglich, vollständig im Literaturverzeichnis wiedergegeben.

[3] Im Sommersemester 1910 hatte sich H. an der Berliner Universität immatrikuliert; 1911 hörte sie Otto Hintzes Vorlesung über »Vergleichende Verfassungsgeschichte«. Im Herbst 1912 hatte sie ihr Studium unterbrochen, um, wie sie in ihrem Lebenslauf formulierte, »zunächst als Assistent an den Arbeiten meines Mannes teilzunehmen.« 1915 nahm sie als Gasthörerin die vor dem Krieg begonnenen Studien wieder auf. Vgl. hierzu ihren zur Promotionsmeldung im Dezember 1923 verfaßten Lebenslauf, in: UAB, Phil.Fak., Nr. 627, Bl. 94–104: Promotionsakten Hedwig Hintze (im folg. zit. als Leb. I).

[4] BBAW, NL Burdach, Hedwig Hintze an Burdach, Briefe vom 6.3.1919, 8.6.1919.

und erbauen« müsse. Mit der als krisenhaft empfundenen eigenen Gegenwart korrespondierte schließlich auch ihre vehemente Ablehnung des Versailler Vertrages, den auch sie, wiederum im Einklang mit vielen linksliberalen Intellektuellen, in ihren Schriften immer wieder mit deutlichen Worten verurteilte.[5] Diesen Protest artikulierte sie bis Ende der zwanziger Jahre.

Diese Situation änderte sich scheinbar erst um das 1924. Die in diesem Jahr erschienene Einführung zur deutschen Übersetzung von Aulards »Politischer Geschichte der Französischen Revolution« schien einen fundamentalen Bruch mit ihren bisherigen politischen und wissenschaftlichen Vorstellungen anzudeuten. Leidenschaftlich engagierte sich Hedwig Hintze nun für den Altmeister der französischen Revolutionshistoriographie, indem sie gleichzeitig für eine konsequente Übertragung republikanischer Prinzipien auf deutsche Verhältnisse plädierte. Die plötzliche Schärfe ihrer Ausführungen und die breite öffentliche Resonanz, auf die dieser Text getroffen war, hat in der Mehrheit der bisherigen Deutungen Hintzes dazu geführt, den eigentlichen Beginn ihrer wissenschaftlichen Karriere auf das Jahr 1924 zu datieren.[6] Vor dem Hintergrund ihres späteren Engagements für die unter dem Oberbegriff der »Ideen von 1789« subsumierbaren Werte sind die Publikationen der Jahre 1919 bis 1923 in den Hintergrund getreten und bislang keiner genaueren Lektüre unterzogen worden. Die dem Jahr 1924 in der Interpretation ihres wissenschaftlichen Œuvres bisher zugeschriebene, aber nicht näher erklärte Schlüsselfunktion, soll im folgenden in Frage gestellt werden. Dabei erscheint es angebracht, Hintzes Verhältnis zu Frankreich zunächst

---

[5] Wiederholt sprach sie vom Versailler Vertrag als »Machwerk«, so z. B. in ihrer Einleitung zu HUGO PREUß, Verfassungspolitische Entwicklungen in Deutschland und Westeuropa. Historische Grundlegung zu einem Staatsrecht der Deutschen Republik. Aus dem Nachlaß herausgegeben und eingeleitet von Hedwig Hintze, Berlin 1927, XIX.

[6] BRIGITTA OESTREICH, Hedwig und Otto Hintze. Eine biographische Skizze, in: GG 11, (1985), 397-419, 404 f; HEIKE BRANDSTÄDTER, Hedwig Hintze: Kleine Schriften: Versuch einer Lektüre, in: AnnTrento 22 (1996), 433-449, 437, meint, daß sich Hintze seit 1924 »von der historischen Zunft abzusetzen und wissenschaftlich wie politisch eigene Wege zu gehen« beginnt; ROLF REICHARDT, Vorwort zur Neuausgabe von Hedwig Hintze, Staatseinheit und Föderalismus im alten Frankreich in der Revolution, Frankfurt a. M. 1989, V-XXVIII, XII f.; BERND FAULENBACH, Hedwig Hintze-Guggenheimer (1884-1942). Historikerin der Französischen Revolution und republikanische Publizistin, in: Barabara Hahn (Hg.), Frauen in den Kulturwissenschaften. Von Lou Andreas-Salomé bis Hannah Arendt, München 1994, 136-151, 143. Auch HANS SCHLEIER, Hedwig Hintze, in: Ders., Die bürgerliche deutsche Geschichtsschreibung der Weimarer Republik, Berlin (Ost)/Köln 1975, 272-302, 278, schreibt diesem Datum eine »große biographische Bedeutung« für Hedwig Hintze zu, da sie »ihren politisch-historischen Standpunkt erstmals in dieser Deutlichkeit an die Öffentlichkeit« gebracht habe, deutet aber im Gegensatz zu den anderen hier genannten Autoren Hintzes publizistisches Engagement vor 1924 immerhin an.

vor jenem Datum zu beleuchten. Es ist also zu fragen, ob ihr kämpferischer Einsatz für Aulard und ihr politisches Engagement für die Republik tatsächlich einen tiefe, noch ungeklärte Zäsur darstellen, oder ob diese nicht eher als vorläufiger Endpunkt einer bereits während oder unmittelbar nach dem Krieg begonnenen Entwicklung, einer vielleicht frühzeitig erfolgten Emanzipierung von der politisch-wissenschaftlichen Gedankenwelt ihres Mannes und der bereits vor dem Krieg begonnenen Beschäftigung mit der Geschichte der Französischen Revolution zu verstehen sind.[7]

Hedwig Hintzes erste, nach dem Krieg publizierte Schriften, lassen sich grob in zwei Arbeitsbereiche teilen. Zum einen steht mit ihrem Interesse an der Geschichte und den Ausprägungen des französischen Regionalismus ein Themenbereich im Vordergrund, der sie seit ihrem Studium beschäftigt hat und später Gegenstand sowohl ihrer Dissertation als auch Habilitation werden wird. Es handelt sich um Schriften über »Die Frage des Frauenwahlrechts in der Französischen Revolution«, einen Aufsatz, den sie 1919 in der von Friedrich Naumann herausgegebenen Zeitschrift *Die Hilfe* publiziert, und Veröffentlichungen zum französischen Regionalismus, die ihr späteres und wichtigstes Arbeitsfeld konturieren.[8] Auffällig ist, daß ihre Arbeiten zu diesem Themenkomplex bis Mitte der zwanziger Jahre in Zeitschriften ausgeprägt konservativen oder gar völkischen Zuschnitts erscheinen. So publiziert sie etwa in den renommierten *Preußischen Jahrbüchern*, einem Organ, in dem auch bereits ihr Mann mehrfach veröffentlicht hatte. 1925, ein Jahr nach ihrem berühmt gewordenen Einsatz für Aulard, schreibt sie eine umfangreichere Studie über den ›französischen Regionalismus‹ für das *Jahrbuch des Deutschen Schutzbundes für das Grenz- und Auslandsdeutschtum*.[9] Der von dem Breslauer Privatdozenten Karl C. von Loesch geführte »Schutzbund«, der als eine der »Keimzelle(n) der allmählich wachsenden ›volksdeutschen Bewegung‹« beschrieben worden ist,[10] stand mit seinen tagespolitischen Ak-

---

[7] SCHLEIER, Hedwig Hintze, 274, enthält sich der Antwort auf die Frage, inwieweit Otto und Hedwig Hintze »politisch übereinstimmten oder differierten«, glaubt aber, daß »die späteren Unterschiede« zu diesem Zeitpunkt »noch nicht vorhanden« waren. – In der hier gewählten Perspektive soll dagegen gefragt werden, ob nicht im Leben des Preußenhistorikers der geistige Einfluß seiner Ehefrau eher als der revolutionäre Umbruch der Nachkriegszeit die eigentliche Zäsur darstellt.

[8] Die Hilfe. Zeitschrift für Politik, Literatur und Kunst 11 (1919), 132–134; Der moderne französische Regionalismus und seine Wurzeln, in: PJb 181 (1920), 347–376; Der französische Regionalismus, in: Deutsche Nation. Eine Zeitschrift für Politik 3 (1921), 287–292.

[9] Der französische Regionalismus, in: Volk unter Völkern. Jahrbuch des Deutschen Schutzbundes 1 (1925), 349–367. Vgl. hierzu die positive Rezension DIETRICH GERHARDS, in: HZ 133 (1926), 178.

[10] Zum »Schutzbund« und seiner Verankerung innerhalb der völkischen Bewegung vgl. WILLI

tivitäten und der Propagierung völkischer Ideen zumindest seit Mitte der zwanziger Jahre in deutlichem Widerspruch zu den politischen Überzeugungen Hedwig Hintzes.

Neben diesen im engeren Sinn historiographischen Arbeiten tritt Hintze schon ab 1920 als Rezensentin der Texte einiger deutscher und französischer Intellektueller auf, die sie als prononciert Frankreich-kritische Kommentatorin der politischen Entwicklung beider Länder in der unmittelbaren Nachkriegszeit ausweisen. Auf diese Texte ausgesprochen konservativen Zuschnitts, die sie schon früh in Zeitschriften republikanischen und liberalen Charakters publizierte, soll hier zunächst näher eingegangen werden. Es handelt sich hierbei um Veröffentlichungen, die von der bisherigen Forschung zwar registriert, jedoch keiner genaueren Lektüre unterzogen worden sind.

Besonders aufschlußreich für das Verhältnis Hedwig Hintzes zu Frankreich wie überhaupt für ihre politische und wissenschaftliche Geisteshaltung nach dem Ersten Weltkrieg ist eine 1923 unter dem Titel »Deutsche Geistigkeit im Verhältnis zu Frankreich« erschienene Sammelrezension.[11] Dieser Text, der Besprechungen der Arbeiten des Historikers Johannes Bühler, des bekannten Germanisten und Nietzsche-Biographen Ernst Bertram und des rheinischen Dichters Jakob Kneip vereinigt,[12] steht ganz im Zeichen des Kampfes gegen die französische Deutschlandpolitik nach 1918. Wie der Text klar erkennen läßt, stand auch Hintze zu diesem Zeitpunkt unter dem Eindruck der Besetzung des Ruhrgebietes, die sie ebenso wie die meisten Deutschen empört beklagte. Deutlich erkennbar ist jedoch ihr gleichzeitiges Bemühen, unter den rezensierten Autoren und »Rheinkämpfern« zwischen solchen zu unterscheiden, die vom blindwütigen Haß gegen Frankreich ge-

---

OBERKROME, Volksgeschichte. Methodische Innovation und völkische Ideologisierung in der deutschen Geschichtswissenschaft 1918-1945, Göttingen 1993, 25 ff. Wie der Kontakt zwischen Hedwig Hintze und dem »Schutzbund« zustande kam, ist ungeklärt. Hintzes Verehrung von Jaurès als »geniale(n) sozialistische(n) Philosoph(en) und Historiker« und »große(n) Friedensfreund« (364) dürfte kaum dem Interesse des um die »Behauptung des deutschen Volkstums in politischen, kulturellen und völkischen Kampfe« ringenden »Schutzbundes« entsprochen haben. Der Aufsatz von 1925 blieb ihr einziger Beitrag für diese Zeitschrift.

[11] In: Das neue Deutschland 11 (1923), 20-23. SCHLEIER, Hedwig Hintze, 276, stufte die Zeitschrift 1975 als Organ der »taktisch wendigeren imperialistischen Ideologen« ein. Ihr Herausgeber, Adolf Grabowsky, leitete später die bekanntere *Zeitschrift für Politik*.

[12] JOHANNES BÜHLER, Der Franzose. Eine Geschichte Frankreichs für Deutsche, München 1921; ERNST BERTRAM, Rheingenius und Génie du Rhin, Bonn 1922; JAKOB KNEIP, An Frankreich, Köln 1922. Bertram hatte bereits ein Jahr zuvor in der Kölner Monatsschrift *Die Westmark* eine Erwiderung auf Barrès publiziert: Le génie du Rhin. Anmerkungen zu einer akademischen Vortragsreihe von Maurice Barrès.

leitet werden, und denjenigen, in deren Schriften sich »edelste deutsche Geistigkeit« widerspiegele. Zur ersten Kategorie rechnet die Rezensentin das Buch Bühlers, der es versäumt habe, den deutschen Lesern eine »gemeinverständliche Geschichte Frankreichs« zu bieten. Hintze zeigt sich äußerst kritisch über den Verfasser, der ganz unter dem Eindruck der Besetzung durch farbige französische Truppen steht, gegen die man im besetzten Rheinland und später auch im Reich das böse Wort von der »schwarzen Schmach« in Umlauf gebracht hatte.[13] »Entrüstung über das«, beklagt Hintze, »was wir seit Versailles von Frankreich erdulden müssen«, sei »bei jedem deutsch Empfindenden ein so selbstverständliches, so elementares Gefühl, daß man, je echter es ist, um so weniger Wesens davon zu machen« brauche. Bühler, einzig von »Groll und Grimm« geleitet, habe daher das Ziel verfehlt, eine objektive Darstellung der französischen Geschichte zu geben. Herausgekommen sei daher lediglich ein »Zerrbild«, eine »oberflächliche Kompilation«, in der das »Schimpfen auf die Franzosen in allen Perioden ihrer Geschichte« die »Grenzen des guten Geschmacks« überschritten habe. In ihren Augen ist Bühlers Schrift aus diesen Gründen nicht geeignet, »deutsches Ansehen im Ausland zu heben« oder gar den in Frankreich »lebendigen Respekt vor deutscher Wissenschaft wachzuerhalten«. Infolgedessen spricht sie Bühler ab, eine »patriotische Tat« begangen zu haben.

Dem »unpatriotischen« Werk Bühlers stellt Hintze dann die Darstellung des Kölner Germanisten Ernst Bertram entgegen. Dieser habe, wie sie betont, eine der »reifsten deutschen Abwehrschriften, die französische Hetzpropaganda hervorgerufen« habe, verfaßt. Bertrams »meisterhafte Erwiderung auf die schamlos betriebene und verkündete Rheinlandpolitik von Maurice Barrès« sei eine »dankenswerte Tat«, denn hier erhebe sich »edelste deutsche Geistigkeit über die Geschichtsklitterungen und Geschichtsfälschungen eines ehemals stolz geprägten, aber im Chauvinismus traurig und lächerlich entarteten Repräsentanten französischer Angst- und Gewaltpolitik und französischen Literatentums.« In ihrem Urteil beruft sie sich auf den Protest Straßburger Studenten gegen die im Herbst 1920 gehaltenen Vorlesungen Barrès. Sie hätten ihren Abscheu vor jeder Art Nationalismus, ob deutscher oder französischer Provenienz, zum Ausdruck gebracht. Hintze läßt keinen Zweifel daran, daß auch sie die Okkupation und drohende Separation des Rheinlandes für Unrecht hält: »Daß die Rheinlande nach Volkstum und Sprache, nach Sitte und Sage, Kunst und Kultur echt deutsches Gebiet sind und bleiben sollen und wollen, das wird gegenüber den kindischen

---

[13] Vgl. hierzu GISELA LEBZELTER, Die »Schwarze Schmach«. Vorurteile-Propaganda-Mythos, in: GG 11 (1985), 37–58.

Umdeutungen und Entstellungen eines Barrès mit vornehmer Ueberlegenheit ... auf diesen Seiten wieder einmal verkündet.« Bertram erscheint in einer Reihe großer Namen, in denen sie würdige Verteidiger der Freiheit der Rheinlande zu erkennen glaubt: dies sind zunächst die »großen Toten« Goethe, Madame de Staël, Görres, Victor Hugo und zuletzt Heinrich Heine und Helmuth von Moltke. Es folgen dann die Vertreter des gegenwärtigen »guten« Kampfes »des Geistes« gegen den »französischen Verführungs- und Vernichtungswillen«: Hintze nennt Stefan George, Thomas und Heinrich Mann, Ernst Robert Curtius sowie Hermann Oncken. Sie alle bilden in ihren Augen »ein würdiges Denkmal deutschen Fühlens, Wollens und Könnens.«

Ihr persönliches Verhältnis zu Frankreich definiert Hintze schließlich in der Kritik der autobiographischen Schrift des rheinischen Dichters Jakob Kneip. Mit Kneip teilt sie zunächst die Auffassung von dem als schicksalhaft empfundenen Verhältnis zwischen Deutschland und Frankreich. Deutschland und Frankreich, das sind in ihren Augen zwei der »edelsten Kulturvölker«. Sie seien gerade aufgrund ihrer Verschiedenheit auf »Ergänzung und Bereicherung« angewiesen. In ihrer Geschichte sei es dennoch immer wieder zu »unseligen Vernichtungskämpfen« gekommen. Trotz des französischen »Siegerübermuts« und des Friedens von Versailles habe Kneip, der den »deutschen Standpunkt in schöner selbstsicherer Ruhe« bewahre, auf den Frieden mit Frankreich gesetzt in der Überzeugung, daß es weder Sieger noch Besiegte, sondern immer nur Opfer gebe. So offenkundig Hedwig Hintze die friedliebende Gesinnung Kneips teilt, so skeptisch bleibt sie gegenüber seiner Vision einer durch pazifistisch-literarische Kreise vermittelten, auf kultureller Grundlage ruhenden deutsch-französischen Verständigung. Unter Berufung auf den von ihr verehrten Marburger Romanisten Ernst Robert Curtius, einen »unserer besten und feinfühligsten Kenner Frankreichs«, hält sie die Politik »einseitiger« deutscher »Annäherungsversuche« für den augenblicklichen Zeitpunkt für verfehlt. Denn die Kluft, die beide Länder seit dem Krieg trennt, sieht sie durch die aktuelle Politik Frankreichs in Deutschland noch vergrößert. Ihre Position begründet sie daher gleichermaßen gegen Bühlers »ohnmächtig tobender Gehässigkeit« und gegen Kneips großzügiges Entgegenkommen, indem sie Curtius zitiert: »Wir wollen und dürfen die Fehler nicht nachmachen, die Frankreich nach 1870 begangen hat. Wir wollen und dürfen uns nicht in eine Haß- und Abwehrstellung hineintreiben lassen, die uns moralisch vergiften würde. Aber ebensowenig werden wir die Hände ausstrecken. Schweigen ist für uns das einfache Gebot der Würde.«[14]

---

[14] HINTZE, Deutsche Geistigkeit, 22 (zit. nach CURTIUS, Deutsch-französische Kulturproble-

Hedwig Hintzes Haltung in der geistigen Auseinandersetzung mit Frankreich kam in diesen Jahren dem Geistesaristokratismus eines Ernst Robert Curtius sehr nahe, der sich bis in die ersten Nachkriegsjahre hinein mit den lebensphilosophischen Auffassungen des George-Kreises identifiziert hatte in dem Glauben, sich angesichts einer kulturellen, ganz Europa erfassenden Krise nunmehr »auf die sittliche Welt in uns und über uns« besinnen zu müssen.[15] 1925 hatte Curtius jedoch erneut davor gewarnt, sich zu einem Zeitpunkt, wo Frankreich »politisch die Vormacht des Kontinents« sei, wieder der »französischen Kulturhegemonie hinzugeben.«[16] In deutlichem Gegensatz zu Hintze, die sich in den folgenden Jahren engagiert um eine Popularisierung der »Ideen von 1789« in Deutschland bemühte, war Curtius von den Idealen der Französischen Revolution abgerückt. Die Heimat der Revolution, das war in seinen Augen nicht mehr Frankreich, sondern Rußland, die Rolle der »*nation initiatrice*« von Frankreich nach Rußland übergegangen. Die »französische Kulturidee«, die Curtius einst in den Ideen der Menschenrechte und der Demokratie repräsentiert sah, hatte sich in seinen Augen »zersetzt«. Obwohl er einräumte, daß man durchaus noch Sympathien für die Prinzipien der Französischen Revolution hegen könne, habe die »Ideologie von 1789«, wie er abwertend behauptete, keine »Überzeugungskraft für den europäischen Geist« mehr.[17] Daß Hedwig Hintze in ihrer Rezension von einer Kritik an dieser Polemik absah, ist wohl ihrem ehrlichen Respekt vor der wissenschaftlichen und intellektuellen Autorität des bekannten Romanisten zuzuschreiben. Trotz einzelner Einwände gegen Curtius' methodisches Vorgehen würdigte sie 1926 sein Buch als »wichtigen und wertvollen

---

me, in: Neuer Merkur, Juni 1921, 145–155.) Curtius' Aufsatz war Auftakt einer vom deutschen und französischen Publikum aufmerksam verfolgten Debatte mit André Gide, der im gleichen Jahr mit *Les rapports intellectuels entre la France et l'Allemagne* in der *Nouvelle Revue Française* antwortete. Beide verband die Kritik an der von Henri Barbusse 1919 gegründeten Clarté-Gruppe, einer Antikriegsbewegung, auf die auch Kneip seine Hoffnung gesetzt hatte. Zu Curtius vgl. HANS MANFRED BOCK, Die Politik des »Unpolitischen«. Zu Ernst Robert Curtius' Ort im politisch-gesellschaftlichen Leben der Weimarer Republik, in: Lendemains 59 (1990), 16–61.

[15] So Curtius in einem Brief vom 13.10.1918 an Carl Heinrich Becker. Zit. nach BOCK, Die Politik des »Unpolitischen«, 21. Curtius hatte diese Haltung, wie Bock zeigen kann, aus der Beschäftigung mit den Autoren der politischen Romantik, v.a. Adam Müllers (1779–1829) gewonnen. »Gesellschaft« und »Politik« schrumpften angesichts der insbesondere durch George geprägten »Wahrnehmungs- und Verhaltens-Dispositionen« bei Curtius jedoch zu »nachgeordneten Restgrößen«. Vgl. auch DERS., Ernst Robert Curtius und die Aporien des ›unpolitischen‹ Intellektuellen, in: Manfred Gangl/Gérard Raulet (Hg.), Intellektuellendiskurse in der Weimarer Republik: zur politischen Kultur einer Gemengelage, Frankfurt a. M. 1994, 233–244.

[16] ERNST ROBERT CURTIUS, Französischer Geist im neuen Europa, Berlin 1925, 291. Vgl. hierzu die Rezension Hintzes im BT vom 12.8.1926.

[17] CURTIUS, Französischer Geist, 290.

Baustein zur Konstruktion einer europäischen Geistesgemeinschaft«. Aufgrund seines »nationalen Taktgefühls« und der »Aufgeschlossenheit seiner europäischen Einstellung« sah sie in Curtius noch immer einen geeigneten »Mittler« in den deutsch-französischen Kulturbeziehungen. Erst in den dreißiger Jahren distanzierte sie sich von Curtius' ästhetisierenden und von konkreten politischen Problemen abstrahierenden Frankreich-Darstellungen. Mit ihrer pointierten Kritik an der 1930 von diesem und dem Heidelberger Politologen Arnold Bergstraesser vorgelegten Studien brachte Hedwig Hintze zugleich ihre Mißbilligung einer sich um »Wesenserkenntnis« und »Gesamtschau« bemühenden und sich dabei fortlaufend traditioneller Klischees bedienenden kulturkundlich-populärwissenschaftlichen Frankreich-Essayistik zum Ausdruck, in der die deutsch-französischen Beziehungen vorwiegend als Kulturproblem gedeutet wurden.[18]

Hedwig Hintzes Ablehnung der offiziellen französischen Deutschlandpolitik, die sie mit der überwältigenden Mehrheit ihrer Landsleute und unabhängig von (partei)politischen Überzeugungen teilte, ist offenkundig und kaum erklärungsbedürftig. Das deutsch-französische Verhältnis stellte sich nach dem Krieg für sie wie für die gesamte deutsche Intelligenz als Triumph eines vom nationalistischen Hegemoniewillen dominierten Frankreich über ein am Boden liegendes und gedemütigtes Deutschland dar. Was dagegen verwundert, ist ihre auffallend unkritische Kommentierung der propagandistischen Auseinandersetzung Ernst Bertrams mit Barrès. Wenn sie Bühler den Rang des Historikers abspricht und seine französische Geschichte als »oberflächliche Kompilation« abwertet, in der die »Grenzen des guten Geschmacks« überschritten worden seien, so erstaunt ihre positive Reaktion auf Bertram gerade angesichts seiner geistlosen, rassistisch-biologistischen Entgleisungen. Diese dürften ihr kaum entgangen sein, entsprachen sie doch keineswegs den von ihr skizzierten Wertmaßstäben. Im Nachwort seiner Streitschrift hatte Bertram das Horrorszenario eines durch »geistige Erstarrung« und »Selbst-Afrikanisierung« bedrohten französischen Volkes entworfen, das sich »geistig« und »blutmässig« nicht mehr mit eigenen Kräften retten könne und deshalb nun »unstillbar den Quellen seiner Erneuerung«

---

[18] Vgl. HEDWIG HINTZE, Das heutige Frankreich, in: ZgesSt 92 (1932), 262–271. Es handelt sich hierbei um eine äußerst kritische Auseinandersetzung mit Curtius' 1930 erschienenem und wohl populärstem Buch »Die französische Kultur«. Dem Verfasser warf sie nun einen »verblüffenden Mangel an politischen Impulsen« vor. So habe Curtius die Probleme, die »ganz dazu angetan wäre(n), die beschauliche Ruhe des Ästheten zu erschüttern«, eher umschrieben als in ihren »Tiefen« erfaßt. Seine »in Tiefen der Persönlichkeit« wurzelnde Liebe zu Frankreich, so Hintze, sei den »eigentlich politischen Erwägungen, Wünschen und Sorgen gar nicht zugänglich«.

zustrebe. Den Schlüssel zur »Lebensfrage« Frankreichs glaubte er künftig in der »Erneuerung durch deutsches Blut und Gebiet« zu entdecken. Daher sei entgegen der irrtümlichen Annahme der deutschen »Patrioten« die »elementare Gier Frankreichs nach Einverleibung deutschen Bodens« weniger auf »gallische Raubsucht« zurückzuführen. Deutschland, forderte Bertram, müsse es aber ablehnen, »als Ferment und Heilmittel für Frankreichs greisen biologischen Organismus zu dienen.«[19]

Zweifellos hatte Bertram in seinem »Rheingenius« die haßerfüllte Propaganda des Nationalisten Barrès mit Recht als »erlesenen nationalen Zweckschwindel« entlarvt und mit »Spott, Hohn und berechtigter Ironie« an den Pranger gestellt.[20] Wie nur wenige Schriftsteller und Politiker seiner Zeit hatte Barrès durch seinen Versuch, das besetzte Rheinland als genuin französische Kulturlandschaft zu deklarieren und damit auch geistig für Frankreich zu annektieren, den empörten Widerspruch der deutschen Intelligenz provoziert. Neben Bertram verfaßten eine Reihe anderer, in der deutschen Kulturwelt exponierter Gelehrter Gegenschriften gegen die »chauvinistische Geschichtsklitterung« (Karl Otto Conrady) einer der Symbolfiguren des französischen Nationalismus. Barrès hatte man, wie Curtius in seiner Darstellung von 1921 ausführte, eine erhebliche Mitschuld am Entstehen von

---

[19] BERTRAM, Rheingenius, Nachwort, 103 ff. An die Adresse Frankreichs gerichtet polemisierte er: »... Mögt ihr doch kommen mit Mohren und Halbmohren – wir können euch in nichts hindern, uns alles Böses anzutun, was in eurer physischen Gewalt steht ... Wir wissen, dass wir erst am Anfang all des Unheils stehen, das ihr, oder eure verblendeten Führer, euch selber und uns zu bereiten entschlossen seid ... Aber in einem können wir euch hindern: Nur sollt ihr euch nicht den Anschein geben dürfen, als kämet und bliebet ihr auch nur im geringsten mit unsrer Beistimmung und stummen Billigung. Nur sollt ihr euch nicht einbilden dürfen, dass ihr auch nur die geringste Aussicht hättet, uns euch und eurem Apostolat der Zivilisation gefügig zu machen.« Wenn Frankreich Wert auf ein gutes Verhältnis zum nachbarlichen Rheinland lege, so Bertram abschließend, so könne dies nur geschehen, wenn es deutlich werde, »dass ihr jeden Versuch aufgegeben habt, aus unserer Heimat ein zu romanisierendes Glacis und halbfranzösisches Zwischengebiet zu machen ... dass ihr euch jedes Anspruchs entschlagt, uns zu ›zivilisieren‹ und uns wie einen afrikanischen Eingeborenenstaat zu behandeln, den man ›friedlich durchdringt‹ – eine Leibgarde von Niggern an der Spitze.« Noch ein Vierteljahrhundert nach dem Ende des Zweiten Weltkriegs hatte HAJO JAPPE in seiner durchweg apologetischen Biographie Bertrams (Ernst Bertram. Gelehrter, Lehrer und Dichter, Bonn 1969) von der »würdigen Überlegenheit« der Empörung seines Lehrers gesprochen, »die sich in der Sicherheit ihres Kampfes für Wahrheit und Recht und gestützt auf eine feste, umfangreiche Breite von Tatsachen mit der ganzen ihm eigenen hellen und flinken Geistesschärfe kundtut.« Die »Vornehmheit seiner Haltung« habe in »allem kritisch-polemischen Gefecht jene Höhenlage« gewahrt, »die goethisch über jedem Nationalhaß steht, über jedem Chauvinismus, für den die deutsche Sprache kein Wort« habe. (134f)

[20] Ausführlich zu Bertram: KARL OTTO CONRADY, Völkisch-nationale Germanistik in Köln. Eine unfestliche Erinnerung, Schernfeld 1990, 30.

Kriegsstimmung und Deutschenhaß im Vorkriegs-Frankreich zugewiesen.[21] Auch Hedwig Hintze hatte versucht, sich in Form einer lobenden Rezension von Curtius' Barrès-Buch an der Debatte zu beteiligen.[22] Doch gingen die Meinungen bei der umstrittenen Frage, ob und inwieweit der Führer der französischen Nationalisten schon der Vergangenheit angehöre, seit Beginn der zwanziger Jahre auseinander.[23] Dennoch ist Bertram, wie sein »Rheingenius« in aller Deutlichkeit zeigt, mit seiner Polemik schon frühzeitig aus der Reihe der vergleichsweise gemäßigten Kritiker wie Thomas Mann, Victor Klemperer und Ernst Robert Curtius ausgeschert. Auch Hedwig Hintze muß diesen Kritikern zugerechnet werden. Während Bertrams Zeitgenossen dessen nationalistisches Gedankengut jedoch weitgehend übersahen oder, wie das Beispiel Hintzes eindringlich zeigt, nicht thematisierten, trafen seine polemischen Ausfälle gegen Frankreich in dem Maß auf Übereinstimmung, in dem man seine Anklage gegen Barrès in einem Akt kollektiver nationaler Solidarität glaubte teilen zu müssen. Nur auf der Ebene einer gemeinsamen empörten Zurückweisung von Barrès und unter dem schockierenden Eindruck von Rheinlandbesetzung und Ruhrkampf konnten sich auch die politischen Überzeugungen eines Ernst Bertram und einer Hedwig Hintze treffen, die sich bezüglich ihrer intellektuellen und politischen Option für oder gegen Frankreich zu diesem Zeitpunkt bereits deutlich voneinander entfernt hatten. Nur so ist es zu erklären, daß sie in ihrer Aufzählung der »streitbaren« Deutschen Stefan George, Heinrich und Thomas Mann, ja sogar einen Hermann Oncken in einem Zug nennen und die tiefen Gegensätze, die diese Personen gerade in ihren unterschiedlichen Wertmaßstäben gegenüber Demo-

---

[21] ERNST ROBERT CURTIUS, Maurice Barrès und die geistigen Grundlagen des französischen Nationalismus, Bonn 1921, VII. Zu Barrès weiterhin OTTO GRAUTOFF, Zur Psychologie Frankreichs. I. Napoleon Bonaparte und Maurice Barrès, in: PJb (1922), 187-206; JOACHIM KÜHN, Der Nationalismus im Leben der dritten Republik, Berlin 1920; VICTOR KLEMPERER, Maurice Barrès, in: GRM 10 (1922), 45-55.

[22] BT, 29.1.1922. Auch hier bewunderte sie »die Kunst und den Takt«, die »freie geistige Höhe«, auf der sich Curtius' Darstellung halte, die sich durch »persönliche und nationale Würde« auszeichne. Unter Berufung auf Curtius betont sie nachdrücklich, daß sich nicht nur der französische, sondern der europäische Nationalismus überhaupt »als unfähig« erweise, »die großen europäischen Fragen zu lösen.«

[23] Vgl. hierzu die instruktive Studie von PAOLA TRAVERSO, Victor Klemperers Deutschlandbild – Ein jüdisches Tagebuch, in: TelAviverJbdtG 26 (1997), 307-344; zur Debatte um Barrès vgl. 317 f. Gegen seinen Widersacher Curtius bezeichnete Klemperer Barrès aufgrund seiner Popularität im französischen Volk als »bedeutenden Vertreter der lebendigen französischen Gegenwart«. Demzufolge sah er in dessen Barrès-Buch eine »Abrechnung mit einer toten Vergangenheit«. Curtius sehe nicht, so Klemperer, daß Barrès »ein Lebender ist«: KLEMPERER, Maurice Barrès, 47.

kratie und republikanischem Frankreich trennte, übersehen konnte.[24] Aber es bleibt die Frage, warum Hintze die »Enge völkisch-nationaler Sicht«, in welcher der Kölner Germanist seit Kriegsende befangen war, nicht erkannt oder nicht zum Gegenstand ihrer Kritik erhoben hatte. Auch Bertrams Verständnis von Wissenschaft lief, wie noch zu zeigen ist, den Vorstellungen einer sich der wissenschaftlichen »Objektivität« verpflichtet fühlenden Hedwig Hintze entgegen. Mit Bertram, der, wie Inge Jens notierte, »im besetzten Rheinland mehr denn je an die Notwendigkeit glaubte, Deutsches gegenüber Fremdländischem abzugrenzen und persönliche Schikanen mit einer versteift nationalen, würdig-starren Haltung zu beantworten«,[25] teilte Hintze offensichtlich die Illusion, daß sich, wie dieser im Vorwort seines »Rheingenius« geschrieben hatte, die Welt »aus Gesinnung und Werk«, nicht aus »Streit und Meinung« erneuere. Ganz sicher solidarisierte sie sich jedoch mit seiner festen Überzeugung, daß ein Sieg der »Ideologie von Barrès« eine dauerhafte »Verewigung des europäischen Unfriedens« bedeuten würde.

Gleichwohl war Bertrams Option für eine »bewußte Aufkündigung« der Traditionen der Aufklärung spätestens 1918 mit dem Erscheinen seines Nietzsche-Buches und eigentlichen Hauptwerkes weithin sichtbar geworden. Bertrams 1918 erschienene Abhandlung »Nietzsche. Versuch einer Mythologie« hatte den dem George-Kreis nahestehenden Dichter schlagartig bekannt gemacht. Bei diesem Werk handelte es sich nicht um eine Biographie im konventionellen Sinn. Dieses Buch mußte im Licht der sich abzeichnenden Niederlage Deutschlands als Ausdruck einer tiefgreifenden Verunsicherung gelesen werden. Wie keine andere Figur schien das Schicksal eines nunmehr auch von Bertram enthistorisierten und symbolhaft verklärten Nietzsche die verzweifelte Situation der Deutschen in den Jahren nach dem Krieg widerzuspiegeln. Nietzsches Werk galt Bertram und mit ihm einer breiten Schicht der deutschen Intelligenz als »tiefster Ausdruck des Deutschseins« und damit gleichzeitig als »Vermächtnis eines sich künftig entwickelnden

---

[24] Wahrscheinlich ist, daß die Einreihung Heinrich Manns in ihre Liste nicht auf die Lektüre seiner Schriften, sondern auf die des Bertramschen Buches zurückgeht. Dieser hatte stellenweise aus Manns Schrift »Kaiserreich und Republik« zitiert, die im Dezember 1919 innerhalb seiner der Weimarer Republik gewidmeten Essay-Sammlung »Macht und Mensch« erschienen war. Die höchst einseitige und sinnentstellende Auswahl Bertrams verdeckte jedoch Manns ursprüngliche Absicht der Verteidigung der neuen republikanischen Ideale. Im Fall der Nennung Georges ist es denkbar, daß sie mit dessen Werk über den mit Hedwig und Otto Hintze befreundeten Kurt Breysig in Berührung gekommen war. B. war bekanntermaßen ein dem George-Kreis nahestehender Historiker. Über dessen Verbindungen zu George vgl. CAROLA GROPPE, Die Macht der Bildung. Das deutsche Bürgertum und der George-Kreis 1890–1933, Köln 1997.

[25] Thomas Mann an Ernst Bertram. Briefe aus den Jahren 1910–1955. Herausgegeben und mit einem Nachwort versehen von Inge Jens, Pfullingen 1960, 296.

deutschen Wesens«.²⁶ Verbunden mit dieser irrationalen, das Deutschtum überhöhenden Deutung Nietzsches, des in Bertrams Augen »letzten großen Deutschen«, war seine Absage an die wissenschaftliche Historie: die von Bertram entwickelte Auffassung von Geschichte als »Wertsetzung« und nicht als »Wirklichkeitsherstellung« erwies sich nicht nur für die Entstehung einer verfälschenden Nietzsche-Legende und die Integration Nietzsches in einen »völkischen Mythos« (Steven Aschheim) als außerordentlich folgenreich.²⁷ Vielmehr ebneten seine nationalistische Interpretation und pseudoreligiöse Deutung Nietzsches seinen Weg in das Lager der national-völkischen Rechten und seine zeitweise Annäherung an den Nationalsozialismus.²⁸ Der sein Buch strukturierende Gegensatz zwischen »Kultur« und »Zivilisation« zeigte bereits frühzeitig Bertrams antidemokratische und antiwestliche Haltung. Sie wurde von der Kritik in beträchtlichem Ausmaß geteilt.²⁹ Insofern war die Rezeption von Bertrams »Nietzsche« durchaus mit der breiten Zustimmung vergleichbar, mit der das intellektuelle Publikum auch seine Streitschrift gegen Barrès aufgenommen hatte.

Ob Hedwig Hintze auch dieses Buch kannte, läßt sich aus den verfügbaren Quellen nicht mehr ermitteln. Ihr Hinweis auf Stefan George läßt aber vermuten, daß sie entweder dessen dichterisches Werk oder einzelne in seinem Umkreis entstandene Arbeiten zumindest in Teilen zur Kenntnis genommen hatte. Wie aus ihrer Korrespondenz mit Konrad Burdach ersicht-

---

²⁶ So das Urteil von STEVEN E. ASCHHEIM, Nietzsche und die Deutschen. Karriere eines Kults, Stuttgart 1996, 151 ff. Bertrams Perspektive auf Nietzsche enthielt, wie Aschheim deutlich macht, immer auch »eine Botschaft des Trostes«. »Sein« Nietzsche »ging über alle Dualismen hinaus und wurde zur Metapher wie zum Träger der Erlösungshoffnungen Deutschlands«. Zur Bedeutung des Nietzsche-Mythos im Umkreis Bertrams und des George-Kreises vgl. auch GEORGE L. MOSSE, Ein Volk, ein Reich, ein Führer. Die völkischen Ursprünge des Nationalsozialismus, Königstein/Ts. 1979, 220–233: Führer, Bund und Eros.
²⁷ Vgl. hierzu kritisch auch OTTO GERHARD OEXLE, Das Mittelalter als Waffe, 187 ff., der Bertrams Werk innerhalb des George-Kreises kontextualisiert. Ein der Bertramschen Auffassung verwandtes Wissenschaftsverständnis findet sich auch bei Curtius. Wie er 1925 mitteilte, sei »die Welt nicht dazu da um historisch verstanden zu werden, sondern um in Liebe ergriffen zu werden.« Zit. nach BOCK, Die Politik des »Unpolitischen«, 27.
²⁸ Vgl. hierzu v. a. CONRADY, Völkisch-nationale Germanistik, 38 ff.
²⁹ Hierin trafen sich Ernst Bertrams »Nietzsche« und Thomas Manns »Betrachtungen eines Unpolitischen« in verblüffender Übereinstimmung. Im Gegensatz zu Manns »Betrachtungen« als einem »der alten, untergehenden Ordnung« verpflichteten Dokument betont Aschheim Bertrams Beitrag für eine nationalistische Rezeption Nietzsches in Deutschland nach 1918 (Nietzsche und die Deutschen, 152). – Auf vehemente Ablehnung traf Bertrams Buch dagegen in Frankreich. Mit seiner harschen Kritik an dem Deutschen hatte sich Felix Bertaux insbesondere den Zorn von Ernst Robert Curtius zugezogen. Vgl. dazu BOCK, Die Politik des »Unpolitischen«, 45 f.

lich ist, interessierte sich Hintze in den Nachkriegsjahren lebhaft für Nietzsche. So berichtete sie Burdach von der Lektüre von Nietzsches »Wagner in Bayreuth«, die sie gemeinsam mit ihrem Mann unternommen hatte.[30]

Die im Januar 1923 geäußerte Überzeugung Hintzes, daß der gespannten politischen Gegenwartslage nur mit einem »würdevollen Schweigen« begegnet werden könne, entsprach weder ihrem zurückliegenden noch ihrem zukünftigen publizistischen Engagement. Schon bald nach der Besetzung des Ruhrgebietes stellte sie sich dem wöchentlich erscheinenden *Rheinischen Beobachter* als Berichterstatterin der internationalen, besonders aber der französischen Presse über dieses Ereignis zur Verfügung.[31] Dort war man, wie Hedwig Hintze wenig später in ihrem zur Dissertation eingereichten Lebenslauf notierte, auf ihre Sammelbesprechung von 1923 aufmerksam geworden, so daß man sie als Mitarbeiterin zu gewinnen versuchte.[32] Vom 3. April bis zum 27. Mai 1923 dokumentierte sie hier in der Rubrik »Echo des Auslandes« unter breiter Auswertung der belgischen, französischen, niederländischen, britischen und amerikanischen Tagespresse, aber auch einiger Fachzeitschriften die interne Debatte um die Ruhrbesetzung innerhalb des alliierten Lagers.[33] Dabei beachtete sie gleichermaßen Stimmen aus den republikanischen, kommunistischen und konservativen Fraktionen. Sie stellte diese mit Hilfe einer geschickten Montagetechnik einander gegenüber. Indem sie auf diese Weise entschiedene Kritiker der Ruhrpolitik Poincarés auf pazifistischer und kommunistischer Seite sowie erklärte Anhänger dieser Politik auf klerikal-konservativer Seite gleichzeitig und gleichberechtigt zu Wort kommen ließ, mußte sie einerseits die auf deutscher Seite vorherrschende Überzeugung von der Unrechtmäßigkeit der französischen Politik zwangsläufig verstärken. Andererseits war es ihr auf diese Weise möglich, ihrem deutschen Publikum auch die Stimmen aus dem alliierten Lager zu präsentieren, die sich nicht nur gegen die französische Politik erhoben, sondern mit denen eine zukünftige Zusammenarbeit denkbar schien. Besonders auffällig war daher Hintzes Herausstellung der *union sacrée* der deutschen und französischen Arbeiter, die Brandmarkung des Versailler Friedens als »Frieden der Schwerindustrie« und die Betonung der materiellen und geisti-

---

[30] BBAW, NL Burdach, Brief vom 8.6.1919.
[31] Rheinischer Beobachter. Wochenschrift für das deutsche Selbstbestimmungsrecht an Rhein, Saar und Ruhr. Herausgeber war Wolfgang Scheidewin. Die Zeitung hatte seit ihrer Gründung 1921 mehrere Male Titel, Erscheinungsort- und weise gewechselt. Im März 1931 wurde sie ganz eingestellt.
[32] Leb. I, 103.
[33] Erschienen am 3.4. (222–224), 8.4. (238–239), 15.4. (254–255), 22.4. (269–271), 29.4. (284–285), 6.5. (300–301), 13.5. (317–318), 20.5. (334–335), 27.5. (351).

gen Folgekosten der französischen Besatzungspolitik, wie sie durch die kommunistische *Humanité* erfolgte. Beim deutschen Publikum mußte sie somit zweifellos Sympathien oder zumindest Verständnis für die politische Linke in Frankreich erwecken. Deren Politik stand, wie Hintze deutlich zeigen konnte, im krassen Gegensatz zur nationalistischen Propaganda der klerikalen Blätter wie beispielsweise *La France Illustré*, *Action Libérale Populaire* oder *Revue de France*, die zäh an dem eingeschlagenen Kurs der Besatzungspolitik festhielten. Eine ausführlichere Kommentierung von deutscher Seite schien in Anbetracht der ohnedies aussagekräftigen Versatzstücke aus der feindlichen Pressewelt überflüssig.[34] Keinen Zweifel ließ sie jedoch daran aufkommen, daß bei ihr die rechtsgerichtete französische Presse wie etwa die *Action française*, die sie als »Hetzpresse« brandmarkte, Abscheu hervorrief. Der Glaube an eine gerechte Sache ließ bei Hedwig Hintze offenkundig nicht den Gedanken aufkommen, daß auch sie sich einer »Kampfzeitschrift« – so hatte Herausgeber Scheidewin die Ausrichtung des *Rheinischen Beobachters* gegenüber Friedrich Meinecke charakterisiert – angeschlossen hatte. Am 17.6.1923 erschien dort Meineckes »Ein Wort an Frankreich«, ein Artikel, den der Berliner zuvor der Wiener *Friedenswarte* angeboten hatte, der dort aber in der ursprünglichen Form abgelehnt worden war.[35] In der Empörung über die französischen Forderungen kamen sich die Meinungen Hintzes und Meineckes auf breiter Spur entgegen. Beide wähnten sich an einem Wendepunkt der Geschichte.[36] Hintze gab jedoch ihre journalistische Tätigkeit nach wenigen Wochen wieder auf, da, wie sie in ihrem Lebenslauf später mitteilte, das ihr zur Verfügung gestellte Material »immer mehr den Charak-

---

[34] Für die schnelle Orientierung sorgten Überschriften, die entweder den Pressetexten als Zitat entnommen waren oder in Schlagworten den Inhalt im Sinn des Blattes ankündigten, so z. B.: »Nieder mit der militärischen Besetzung im Rheinlande«, »Die Aussichtslosigkeit des französischen Unternehmens«, »Die schwedische Öffentlichkeit zu unserem Abwehrkampf« usw.

[35] Dem *Rheinischen Beobachter* wiederum erschien der Artikel »beinahe etwas zu weich«, wie Scheidewin Meinecke am 8.6.1923 mitteilte. Wieder abgedruckt in: FRIEDRICH MEINECKE, Politische Schriften und Reden. Hg. Georg Kotowski, Darmstadt 1958, 351–356. Die Briefe Scheidewins an Meinecke in: NL Meinecke, Nr. 38, Briefe vom 1.6.1922, 23.3.1922, 8.6.1923.

[36] »So stehen denn Frankreich und Europa«, wie Meinecke am Ende seines »Wortes an Frankreich« schrieb, »heute vor einer Entscheidung, die auf Jahrhunderte hinaus die Weltgeschichte bestimmen wird.« Wenn Frankreich mit seiner »bisherigen Macht- und Sicherungspolitik« fortfahre, so Meinecke düster, werde Europa »trauernd das Haupt verhüllen und mit dumpfem Fatalismus kommende schreckliche Dinge erwarten.« Auch Otto Hintze teilte Mitte der zwanziger Jahre diese Diagnose. 1925 betonte er: »... wir befinden uns am Anfang eines vollkommen neuen Abschnitts der europäischen, ja der Weltgeschichte«. Zur Krisendiagnostik dieser Zeit exemplarisch ALFRED WEBER, Die Krise des modernen Staatsgedankens in Europa, Stuttgart 1925; hierzu die Rezension OTTO HINTZES, in: ZgesSt 80 (1925/26), 354–360.

ter des Zufälligen und Sporadischen angenommen« habe, »so daß sich ein zuverlässiges Bild nicht mehr gewinnen ließ.«[37]

Hedwig Hintze widmete sich nun erneut ihren wissenschaftlichen Studien. Im Sommer 1923 immatrikulierte sie sich abermals an der Berliner Universität, nahm an Kursen bei Meinecke und Brackmann teil und setzte die Arbeit an ihrer Dissertation über »Das Problem des Föderalismus in der Frühzeit der Französischen Revolution« fort, mit der sie 1924 erfolgreich promovierte. Wie der Blick auf ihre ersten fachwissenschaftlichen Veröffentlichungen zeigt, blieb Hedwig Hintzes frühes Frankreich-Bild nicht in dieser einseitigen Wahrnehmung befangen. Auch wenn diese Arbeiten in gleichem Maß wie ihre Journalistik weiterhin eine äußerst aufmerksame und kenntnisreiche Beobachterin der aktuellen politischen Entwicklungen der deutsch-französischen Beziehungen erkennen lassen, konzentrierte sich ihr wissenschaftliches Interesse zunächst auf die Frage von Staatseinheit und Föderalismus in der französischen Geschichte.[38] Nach 1924 rückten dann, wie in einem der folgenden Kapitel gezeigt werden soll, auch zunehmend Probleme der deutschen politischen Gegenwart und umstrittene Fragen der deutschen Geschichte in den Mittelpunkt ihres öffentlichen Engagements.

Hedwig Hintzes Beschäftigung mit der Geschichte der französischen Revolution hatte ihren Ausgangspunkt in der Analyse der historischen Wurzeln der zeitgenössischen, politisch höchst disparaten Regionalismus-Bewegung im Nachbarland.[39] Nach dem Krieg, als Archivreisen nach Frankreich für einige Jahre unmöglich waren, konnte sie mit der Auswertung der Materialien beginnen, die sie kurz vor Kriegsausbruch auf zahlreichen Bibliotheks- und Archivaufenthalten in Paris und in der Provinz gesammelt hatte. Ergebnis ihrer intensiven Studien waren die umfangreiche, 1920 erschienene Arbeit »Der moderne französische Regionalismus und seine Wurzeln« sowie ein im Folgejahr unter dem Titel »Der französische Regionalismus« veröffentlichter kürzerer Aufsatz.[40] Auch in diesen fachwissenschaftlichen Arbeiten ist der

---

[37] Leb. I, 103.

[38] Ihr Interesse an den »modernsten« französischen Problemen spiegelte sich auch in ihren öffentlichen Vorträgen. So sprach sie im November 1921 vor der Berliner Fakultät für Auslandsstudien zum Thema »Hauptstadt und Provinz in Frankreich«. (Leb. I, 103)

[39] Wie Hintze in ihrem Lebenslauf notierte, konzentrierten sich ihre »eigenen Arbeiten ... mehr und mehr auf die Erforschung der Genesis des französischen Staates unter starker Berücksichtigung der großen Revolution.« Ihr Mann habe ihre Studien nun »auf jene die Vereinheitlichung Frankreichs stets begleitende föderalistische Unterströmung« gelenkt, »die sich besonders stark im neueren ›Regionalismus‹ bemerkbar« mache. (Leb. I, 102)

[40] Hierbei handelt es sich im Kern um einen Bericht über den von der *Fédération régionaliste française* im Dezember 1920 in Paris abgehaltenen Kongreß. Kenntnisreich schildert Hintze die gegenwärtigen Debatten der republikanischen auf der einen, der ultra-nationalistischen Anhän-

aktuelle politische Zuschnitt unverkennbar. Hedwig Hintzes Bemühungen, die moderne regionalistische französische Bewegung im historischen Kontext der Revolutionsgeschichte zu verorten und auf diese Weise die besonders außerhalb Frankreichs landläufige Vorstellung eines scheinbar seit jeher unangefochten zentralistisch regierten Staates zu korrigieren, galten zum einen der deutlichen Kritik an den geistigen Repräsentanten des französischen Nationalismus. Diese glaubte sie besonders im Umfeld der von Léon Daudet und Charles Maurras geführten *Action française* zu erkennen. Diese betrachteten Republik und Dezentralisation als unvereinbare Größen und hatten – nicht nur aus diesem Grund – die Rückkehr Frankreichs zur Monarchie auf ihre Fahnen geschrieben.[41] Zum anderen bot sich bereits hier die Möglichkeit, ihre politischen Sympathien zum Ausdruck zu bringen. Hintze favorisierte gegenüber dem konservativen Spektrum der französischen Zentralismus-Kritik, das sowohl den reaktionären Regionalismus im Umkreis der *Action française*, den in ihren Augen »wilden« Nationalismus des »chauvinistischsten« aller Franzosen Maurice Barrès als auch den »sentimentalen Regionalismus« einer Vielzahl französischer Heimatdichter umfaßt, eindeutig die föderalistische Theorie Pierre-Joseph Proudhons. Das Interesse Hintzes an Proudhon ging auf Ernst Troeltsch zurück. In seinem Seminar hatte sie in den Wintersemestern 1917/18 und 1918/19 ein ausführliches Referat über »das Verhältnis von Karl Marx zu P. J. Proudhon« angefertigt, wobei auch »die Probleme des historischen Materialismus angepackt werden mussten«.[42]

---

ger der Regionalismus-Bewegung auf der anderen Seite. Auch hier bekundet sie, da das »Experiment des zentralisierten Groß-Berlins so erhebliche Schwierigkeiten« bereite, ihre Sympathie mit den Bestrebungen der FRF. Vgl. hierzu umfassend REINHARD SPARWASSER, Zentralismus, Dezentralisation, Regionalismus und Föderalismus in Frankreich. Eine institutionen-, theorie- und ideengeschichtliche Darstellung, Berlin 1986, der Hintzes Habilitationsschrift von 1928 allerdings nicht zur Kenntnis nimmt.

[41] Zur *Action française* ERNST NOLTE, Der Faschismus in seiner Epoche. Action française, italienischer Faschismus, Nationalsozialismus, München/Zürich, 5. Aufl. 1979, der den reaktionären Regionalismus Maurras' allerdings nur am Rande erwähnt. In den Augen der Öffentlichkeit blieb jedoch der Name Maurras' mit der französischen Regionalismus-Bewegung eng verbunden, was dieser, wie Sparwasser betont, sicher nicht zum Vorteil gereichte. Die politische Brisanz der ursprünglich traditionalistischen Föderalismus-Bewegung hat Hedwig Hintze nicht verkannt. Vielmehr betonte sie die Gefahr der von diesen Kreisen ausgehenden Politik, die sie in der drohenden Beseitigung der »demokratischen Errungenschaften« der Französischen Revolution sah. Vgl. HEDWIG HINTZE, Staatseinheit und Regionalismus in Frankreich, in: SMH 64 (1927), 364–371; hier: 368f.

[42] Leb. I, 102. Dieses Referat und ein weiteres über die Geschichtstheorie Wilhelm Wundts hätten es ihr weiterhin erlaubt, 1920 zum »Untergang des Abendlandes« Spenglers »Stellung zu

Der in seiner 1863 erschienenen Schrift *Du Principe fédératif* entwickelte Föderalimus-Begriff bildete, in Verbindung mit seinem Konzept der Staatenlosigkeit und des Mutualismus den Kern der politischen Ideen Proudhons.[43] Sein Verständnis von Föderalismus zielte jedoch nicht nur auf eine zu schaffende demokratische Ordnung von Staat und Gesellschaft im nationalen Rahmen, sondern bildete auch die Basis für die künftige Neugestaltung der Beziehungen der europäischen Nationen untereinander. Als gleichsam dynamisches und universelles Prinzip blieb der Föderalismus Proudhonscher Prägung nicht auf die Kritik am Verwaltungszentralismus des französischen Einheitsstaates beschränkt, sondern umfaßte die Bereiche Staat, Wirtschaft, Gesellschaft und Justiz gleichermaßen. Das föderative System bildete in seinen Vorstellungen die Voraussetzung für eine freiheitliche Verfassung und damit für eine gerechte Umverteilung der staatlichen Macht von oben nach unten und die vernünftige Abgrenzung der Zuständigkeiten zwischen Staat und Bürgern. Anders als die verleumderische Propaganda eines Barrès also, der im Krieg die »völlige Niederwerfung« Deutschlands gepredigt habe, habe Proudhon, wie Hintze eindringlich betont, seine Vorstellungen von einer Dezentralisierung mit einer »allgemeinen Waffenniederlegung« verbunden und einen »Bund der Staaten Europas« in Aussicht gestellt. Hedwig Hintzes Aufnahme des föderalen Gedankens – den Robert Jütte mit Blick auf ihre späteren Überlegungen zur Neugliederung Europas als ihr »politisches Credo«[44] bezeichnet hat – stellt ihr erstes Bekenntnis zu einem befriedeten, demokratischen und konföderierten Europa dar. »Wie sehr gibt uns heute das schicksalsschwere Wort Proudhons zu denken«, warnte sie 1920, indem sie den Theoretiker der Arbeiterbewegung zitierte: »Entweder wird das 20. Jahrhundert die Ära der Föderationen eröffnen, oder die Menschheit wird wiederum zu einem tausendjährigen Fegefeuer verdammt sein.«[45] Lobend erwähnt sie daher die Gründung der *Société Proudhon*, einer »kleinen Gruppe von Idealisten«, gegründet zu einem Zeitpunkt, als die »erschöpfte und zer-

---

nehmen und diese neueste ›Philosophie der Geschichte‹ den übrigen modernen Geschichtstheorien einzuordnen, bzw. von ihnen abzugrenzen.«

[43] HANS MANFRED BOCK, Pierre-Joseph Proudhon (1809–1865), in: Walter Euchner (Hg.), Klassiker des Sozialismus, Bd. 1, München 1991, 97–109. Vgl. auch SPARWASSER, Zentralismus, 87 ff. Die Internationalität seines Denkens hebt MARION SCHWEIKER, Der Mutualismus Pierre-Joseph Proudhons als Grundlage einer föderativ-demokratischen Neuordnung Europas, Göttingen 1996, hervor. Nach dem Ersten Weltkrieg erlebte Proudhon, wie Sparwasser feststellt, eine »regelrechte Renaissance«.

[44] JÜTTE, Hedwig Hintze, 264. Hinsichtlich der Neugestaltung des Verhältnisses von Reich und Ländern in der Weimarer Republik hat Hintze von diesem Paradigma indes Abstand genommen.

[45] Der moderne französische Regionalismus, 375.

marterte Welt aus der Hölle des vierjährigen Krieges« aufgetaucht sei und sich dem Frieden genähert habe. Tatsächlich gründete sich Hedwig Hintzes politisches Programm zu diesem Zeitpunkt aus erklärten Gründen noch nicht auf ihrem Bekenntnis zu den »Ideen von 1789«. Dieses sollte sie erst vier Jahre später öffentlich ablegen.

Dennoch wurden ihre pazifistisch-föderalistischen Überzeugungen und ihre Nähe zum Sozialismus bereits mit ihren Studien zur Genese des regionalistischen Gedankens in der französischen Geschichte deutlich sichtbar.[46] Eindringlich versuchte sie, ihr deutsches Publikum von der enormen Bedeutung der Regionalismus-Debatte als integralem Bestandteil der französischen Politik auch für deutsche Interessen zu überzeugen. Doch die Aussicht einer deutsch-französischen Verständigung beurteilte sie pessimistisch: »Die erschütterte Welt«, beklagt sie, sei noch immer nicht »zur Ruhe« gekommen, noch immer seien »die Aussichten auf die Verwirklichung eines echten Völker- und Friedensbundes im Sinne Proudhons« gering.[47] Zugleich teilte auch sie den weit verbreiteten Glauben an eine geistige und politische Schicksalsgemeinschaft zwischen Frankreich und Deutschland, wobei der Schlüssel für die Zukunft Europas in den Händen des Nachbarn im Westen liege: »Wenn Frankreich in seinen offiziellen Vertretern« fortfahre, »durch Worte und Taten unversöhnlichen Hasses die Vernichtung Deutschlands zu betreiben«, so werde Frankreich gemeinsam mit Deutschland »in den Abgrund stürzen«.[48]

---

[46] Auch der von Hintze verehrte Jean Jaurès hatte sich auf Proudhon berufen. – In Deutschland hatte sich nach 1918 die Rezeption Proudhons von ihrer ursprünglichen antimarxistischen Stoßrichtung gelöst und umfaßte nunmehr breitere sozialreformerische Kreise von Intellektuellen, Wissenschaftlern und Gewerkschaftlern. Vgl. BOCK, Pierre-Joseph Proudhon, 108.

[47] Einige Jahre später ist Hintze von den Proudhonschen Vorstellungen eines europäischen Föderativsystems abgerückt. Den in ihren Augen »extremen« Föderalismus Proudhons verwirft sie nun als »Utopie«. An die Stelle seiner Ideale tritt jetzt Jean Jaurès' Projekt einer »freien Föderation autonomer Nationen«. Diese sollte die Grundlage bilden für eine pazifistische Neuordnung der europäischen Nationen nach dem Ersten Weltkrieg. Ihre Vorstellungen eines europäischen Völkerbundes hat Hintze noch einmal im Schlußkapitel ihrer Habilitationsschrift zusammengefaßt. Vgl. Dies., Staatseinheit und Revolution, 483 ff; hier: 485. Eine ähnliche geistige und politische Haltung findet sich bei Franz Schnabel, der sich 1919 in Rezensionen der Arbeiten Ernst Robert Curtius' und Romain Rollands ebenfalls für eine Anknüpfung der vor dem Krieg entwickelten Ansätze einer deutsch-französischen Verständigung ausspricht, diese Position aber im Gegensatz zu Hintze angesichts des von Barrès entfachten Chauvinismus und aus Enttäuschung über den Sieg der rechtskonservativen, deutschlandfeindlichen Kräfte in Frankreich wenig später revidiert. Zu Schnabels Frankreichbild ausführlich THOMAS HERTFELDER, Franz Schnabel und die deutsche Geschichtswissenschaft. Geschichtsschreibung zwischen Historismus und Kulturkritik (1910–1945), Bd. 1, Göttingen 1998, 396 ff.

[48] Der Topos von der schicksalhaften Verbundenheit beider Länder findet sich auch in ihren späteren Schriften wieder, etwa in: Das heutige Frankreich, 262 ff.

Unter Berufung auf den von ihr ebenso verehrten französischen Pazifisten und Literatur-Nobelpreisträger Romain Rolland betont sie abschließend: »Frankreich und Deutschland sind die beiden Flügel des Abendlandes. Wer den einen zerbricht, lähmt den Flug des andern.«

2. Die Französische Revolution – ein »Prüfstein der Geister«

Wie anhand ihrer ersten Schriften zum Problem des französischen Regionalismus gezeigt werden konnte, hatte Hedwig Hintze mit ihrer Option für Proudhon ihre positive Grundeinstellung gegenüber Sozialismus und Pazifismus bereits vor ihrer Promotion zu erkennen gegeben. Ein deutliches, öffentliches Bekenntnis zu ihren politischen Idealen, die sie sämtlich in der Erklärung der Menschen- und Bürgerrechte von 1789 und 1793 vertreten fand, legte sie jedoch erstmals in der von ihr betreuten und eingeführten deutschen Übersetzung der »Politischen Geschichte der Französischen Revolution« Alphonse Aulards ab. Sie erschien Ende 1924 auf dem deutschen Buchmarkt mit einer Verzögerung von über zwanzig Jahren gegenüber der französischen Erstausgabe.[49] Die darin zum Ausdruck gebrachte, oftmals dokumentierte[50] leidenschaftliche Parteinahme für den zu diesem Zeitpunkt noch immer bedeutendsten französischen Revolutionshistoriker und die Französische Revolution stellte jedoch mehr dar als nur das persönliche politische Glaubensbekenntnis einer bis dahin noch unbekannten Historikerin. Die von ihr so eindringlich geforderte Neubewertung dieses Ereignisses für die deutsche Geschichtswissenschaft, mit der sie gleichzeitig das professorale Deutungsmonopol ihrer akademischen Zunftkollegen in Frage stellte, war für sie der entscheidende Ausgangspunkt einer auch durch die Geschichts-

---

[49] HINTZE, Einleitung zu Alphonse Aulard, Politische Geschichte der Französischen Revolution. Entstehung und Entwicklung der Demokratie und der Republik 1789–1804, Band 1, München 1924, IX–XV. Das Vorwort ist mit Oktober 1924 datiert. Auf Vermittlung ihres Mentors Friedrich Meinecke war Hintze mit der Überwachung der Übersetzung von F. von Oppeln-Bronowski betraut worden, die, wie sich herausstellte, grundlegend überarbeitet werden mußte. Wie sie später in ihrem zum Habilitationsverfahren eingereichten Lebenslauf mitteilte, hatte diese Aufgabe eine »ungeahnt starke Belastung meiner Zeit und Kraft« mit sich gebracht. Vgl. UAB, Phil.Fak., Nr. 1243, Bl. 92–118: Habilitationsakten Hedwig Hintze, darin: Lebenslauf, Bl. 93–102 (im folg. zit. als Leb. II). Das Archiv des herausgebenden Verlages Duncker&Humblot ist im Zweiten Weltkrieg vernichtet worden, so daß sich ihre Mitarbeit von hier aus nicht mehr rekonstruieren läßt.

[50] SCHLEIER, Hedwig Hintze, 278 ff; OESTREICH, Hedwig und Otto Hintze, 404 f; REICHARDT, Vorwort zur Neuausgabe, XII f; FAULENBACH, Hedwig Hintze-Guggenheimer, 143.

wissenschaft vermittelbaren und von dieser getragenen deutsch-französischen Annäherung. Ihr positives Bekenntnis zur Französischen Revolution, deren Ideale sie vorbehaltlos für die eigene Nation zu aktualisieren suchte, galt vielmehr dem Versuch, einen Schlußstrich unter den »Krieg der Geister« zu ziehen. Einen »Krieg«, der von kulturellen Eliten beider Länder bekanntermaßen als Kampf der »Ideen von 1789« gegen die »Ideen von 1914« geführt, und, wie sich an den vielfältigen Reaktionen auf ihren Text ablesen läßt, 1918 keinesfalls beendet war.

Mit Aulard verband Hedwig Hintze zunächst das Interesse, das Ereignis der Französischen Revolution aus der parteilichen und leidenschaftlichen Deutung Hippolyte Taines zu befreien. Dessen sechsbändige Darstellung »Les origines de la France contemporaine« war bekanntlich unter dem traumatisierenden Eindruck des verlorenen Krieges gegen Deutschland und des Aufstandes der Pariser Kommune verfaßt worden. Taines vorrepublikanischen Werten verpflichtete, ressentimentgeladene und reaktionäre Deutung war weniger als Geschichte der Französischen Revolution, sondern erklärtermaßen als die ihrer »Pathologie« konzipiert gewesen.[51] Sie mußte somit nicht nur zu den mit der Französischen Revolution verkörperten Idealen, sondern auch zu den politischen Werten und Zielen der Dritten Republik in unversöhnlichem Gegensatz stehen.[52] Aulard und seine Mitarbeiter verwandten als Repräsentanten der seit 1886 an der Sorbonne etablierten akademischen Revolutionshistoriographie fortan beträchtliche Anstrengungen auf eine bis in Einzelheiten gehende Widerlegung dieser auch außerhalb Frankreichs außerordentlich einflußreichen Revolutionsgeschichte. Sie suchten diese durch eine streng wissenschaftliche, vor allem aber eine nunmehr die demokratische Republik legitimierende Deutung zu ersetzen.[53] Aulards

---

[51] Zu Taine vgl. MONA OZOUF, Art. »Taine«, in: Kritisches Wörterbuch der Französischen Revolution, Bd. 2, 1633-1650.

[52] Über Leben und Werk des ersten Inhabers des Lehrstuhls für französische Revolutionsgeschichte informiert eine umfangreiche Literatur, aus der nur einige Titel genannt werden können: FRANÇOIS FURET, Die universitäre Geschichtsschreibung der Französischen Revolution, in: Ders./Mona Ozouf (Hg), Kritisches Wörterbuch der Französischen Revolution, Bd. 2, Frankfurt a. M. 1996, 1505-1535; PASCAL ORY, Art. »Aulard«, in: Jacques Julliard/Michel Winock (Hg.), Dictionnaire des intellectuels français. Les personnes. Les lieux. Les moments, Paris 1996, 97-98; JAMES L. GODFREY, Alphonse Aulard (1849-1928), in: Bernadotte Schmitt (Hg.), Some Historians of modern Europe. Essays in Historiography, Port Washington, N.Y., 2. Aufl. 1966, 45-63; La Révolution française, Sondernummer zu Alphonse Aulard, Okt.-Dez. 1928. Von deutscher Seite ist zu nennen ERNST SCHULIN, Die Französische Revolution, München 1988, 35 f.

[53] Vgl. zum Kontext CHRISTIAN SIMON, Staat und Geschichtswissenschaft in Deutschland und Frankreich 1871-1914. Situation und Werk von Geschichtsprofessoren an den Universitäten Berlin, München, Paris, Bd. 1, Bern 1988, 637 ff.

Hauptwerk, seine 1901 erschienene zweibändige »Politische Geschichte der Französischen Revolution«, muß als Verwirklichung dieses Anspruchs auf eine seitdem institutionalisierte, auf Fakten und Originalquellen basierende kritisch-philologische Revolutionshistoriographie verstanden werden. Auch in Deutschland war der Einfluß Taines bis in die Jahre nach 1918 hinein beträchtlich.[54] Vor dem Hintergrund der neuen, noch ungefestigten republikanischen Ordnung in Deutschland ergab sich in den Augen Hedwig Hintzes die Notwendigkeit einer Korrektur auch im eigenen Land und in der eigenen »Zunft«: denn die in Deutschland nach ihrer Einschätzung noch immer am meisten gelesene Geschichte der Französischen Revolution sei nicht wie bei Aulard aus Liebe, sondern »aus Haß und Furcht geboren«.[55] Dagegen habe Aulard sich die »streng beschränkte Aufgabe« gestellt, »in der Revolution den Ursprung der französischen Demokratie und Republik aufzuzeigen« – eine Aufgabe, der er mit »fanatischer intellektueller Redlichkeit« nachgekommen sei. Hintze verschweigt nicht, daß auch Aulards Geschichtsschreibung »von ganz bestimmten politischen Anschauungen getragen und beschwingt« wird, wie sie überhaupt seiner Berufung auf den ersten Lehrstuhl für Revolutionsgeschichte politische Bedeutung beimaß. Die historischen Wurzeln seiner politischen Anschauungen führte sie jedoch auf die Französische Revolution zurück, so daß er seine Lehrtätigkeit nicht als »politischer Agitator«, sondern als »Forscher und Führer« entfalten konnte. Von Aulard übernimmt sie zunächst dessen Diktum, das auch für ihre eigene Beschäftigung mit Frankreich und seiner Revolutionsgeschichte bestimmend werden sollte: »Pour la comprendre, il faut l'aimer«.[56] Aulard hatte diese Maxime verkündet, um sich vor dem Verdacht der Parteilichkeit zu schützen. Selbstverständlich spricht Hedwig Hintze auch für sich, wenn sie gegen Aulards Kritiker vorsorglich einwendet, daß »Liebe, gepaart mit intellektueller Redlichkeit und quellengenährter Kritik« nicht »unbedingt« blind machen müsse. Dabei beruft sie sich auf Goethe, indem sie behauptet, daß gerade Liebe »tiefste und fruchtbarste Erkenntnis« vermittle.[57] In einer Perspek-

---

[54] Wie weitreichend der Einfluß Taines auch innerhalb der deutschen Historiographie war, zeigt sich etwa bei Franz Schnabel, der in seinen Arbeiten über die Französische Revolution positiv an Taine und Tocqueville angeknüpft hat. Vgl. hierzu ausführlicher HERTFELDER, Franz Schnabel und die deutsche Geschichtswissenschaft, 410 f. – In dem von PAUL HARTIG u. WILHELM SCHELLBERG 1930 herausgegebenen »Handbuch der Frankreichkunde« erschöpfte sich die Darstellung der zeitgenössischen Geschichtswissenschaft in der Erhebung Taines zum »repräsentativsten Vertreter der neueren französischen Geschichtsschreibung«. (Abschnitt »Französische Philosophie und Wissenschaft«, 194)

[55] HINTZE, Einleitung zu Aulard, XI.
[56] Zit. n. HINTZE, Einleitung zu Aulard, XI.
[57] Ebd., XI.

tive, in der Liebe zum historischen Gegenstand und zur kritischen Methode als Voraussetzung für wissenschaftliches Arbeiten und wissenschaftliche Erkenntnis überhaupt begriffen wird, kann die haßerfüllte, eine die Revolution ablehnende Darstellung wie die aus der Feder eines Taine keinen wissenschaftlichen Anspruch erheben. Denn gerade die aus Liebe geborene Wissenschaftlichkeit sei es, die einen Historiker wie Aulard auch zum politischen »Führer« bestimmen könne. Hintzes Glaube, daß politische Überzeugungen und wissenschaftliches Programm keinen Widerspruch darstellen, sondern vielmehr aufeinander bezogen werden, ja, ihr Vorhandensein als Voraussetzung für wissenschaftliches Arbeiten überhaupt begriffen werden müssen, verweist auf den Ausgangspunkt ihres Denkens:

»Für Aulard besteht die Französische Revolution vornehmlich in der Erklärung der Menschenrechte von 1789 und der ergänzenden von 1793 und in allen seither gemachten Versuchen, diese Prinzipien in die Wirklichkeit umzusetzen ... Die Revolution, wie er sie auffaßt, ist ein aus der Vergangenheit herüberleuchtendes Ideal, mit dessen Verwirklichung die jetzt lebenden und die kommenden Generationen betraut sind. Es ist im Kern ein Ideal reiner Humanität.«[58]

Hedwig Hintzes radikales Eintreten für die universalen Prinzipien der Französischen Revolution bedeutet dennoch keinen Bruch mit ihren bisherigen, vermeintlich nationalistischen Auffassungen, wie sie in ihren vorangegangenen Rezensionen zum Ausdruck gekommen waren. Ihre positive Stellung zu den Ideen von 1789 steht in der gleichen Kontinuität ihres politischen Denkens wie ihre anhaltende Aversion gegen alle Varianten des französischen Nationalismus, von dem sie die deutsch-französische Verständigung akut bedroht sieht. Diese Haltung wird in keiner ihrer späteren Schriften so deutlich wie in der Einführung zu Aulard: wortgleich wiederholt sie hier ihre bereits 1923 geäußerten Ansichten, daß die Rheinlande »nach Volkstum und Sprache, Sitte und Sage, Kunst und Kultur echt deutsches Gebiet« seien.[59] Wohl mit Blick auf das gespannte deutsch-französische Verhältnis zitiert Hintze Robespierre, der seine Landsleute vor Beginn der kriegerischen Auseinandersetzungen Frankreichs mit den übrigen europäischen Großmächten gewarnt habe, daß »Friedensboten in Waffen nirgends willkommen seien.« Hier werden die Parallelen zwischen der historischen Situation von 1792 und der prekären Lage Deutschlands nach dem verlorenen Weltkrieg sichtbar, die sich auch ihren Lesern aufdrängen mußten. Wie damals der Krieg »die republikanische Partei Frankreichs in den Sattel« gehoben habe, die schließlich »an der Antinomie zugrunde gegangen (war), daß sie einem ihr

---

[58] Ebd., XIII.
[59] Ebd., XIV.

wesensfremden kriegerischen Prinzip das Dasein verdankte«, so ist, wie sich jetzt ergänzen läßt, auch die durch eine erneute gewaltsame Auseinandersetzung in ihrem Bestand gefährdete Weimarer Republik aus einem Krieg hervorgegangen. Hedwig Hintze spricht diesen Gedanken nicht offen aus,[60] aber ihre Worte enthalten bei aller Bewunderung Aulards auch eine deutlich vernehmbare Mißbilligung der französischen Ruhr- und Rheinlandpolitik nach 1918: Aulard selbst habe in dem »Befreiungskampf« der Deutschen gegen Napoleon die »größte und denkwürdigste Epoche der deutschen Geschichte« gesehen; ein Kampf, der darüber hinaus »im Einklang mit den wahren Prinzipien der Französischen Revolution« und auch denen Kants gestanden habe. Auch wenn diese aus Aulards Buch zitierte Passage eine falsche und unglückliche Einschätzung der Befreiungskriege widerspiegelt, ist sie durchaus im Sinne seiner Bewunderin. Denn die »reinen« Prinzipien der Französischen Revolution sind, »unter den Schutz großer Namen« gestellt, bedauerlicherweise »verdunkelt und verfälscht« worden durch Aulards 1915 in einer Kriegsrede verkündete Absicht, »beim Friedensschluß die Rheinlande ... vom Reiche abzulösen und als Pufferstaat zu organisieren.«[61] Derartige »Entgleisungen« hätten es ermöglicht, so folgert Hintze, daß man »auch in den geistigen Kreisen Deutschlands Aulard mit den französischen Chauvinisten zusammenwerfen konnte.« Dennoch verwahrt sie sich gegen diese, in Deutschland weitverbreitete Einschätzung Aulards, den sie ihrem deutschen Publikum auch weniger als Historiker, sondern vielmehr als Erzieher zum politischen Denken präsentieren möchte. Erst die Kenntnis seiner politischen Einstellung würde, wie sie betont, das »richtige« Verständnis seines wissenschaftlichen Werkes ermöglichen. In Anlehnung an Aulard formuliert sie in den letzten Zeilen dieses Textes schließlich ihr persönliches politisches Programm: es ist zunächst die Forderung nach einem durch den Völkerbund befriedeten und regierten Paneuropa. Darüber hinaus plädiert sie mit Aulard für eine Allianz der bürgerlichen und sozialistischen Parteien als notwendi-

---

[60] BRIGITTA OESTREICH hat Hedwig Hintzes Einleitung als »wissenschaftlich nicht sehr ergiebige, stellenweise peinlich anmutende Lobeshymne auf Aulard« charakterisiert und fragt, ob »so unbekümmert nur eine zur Habilitation strebende Frau schreiben (konnte), die in der Ehe ›versorgt‹« war, oder ob sie »die Liberalität der Wissenschaft ihrer Zeit höher« einschätzte, als dies heute geschehe (Hedwig und Otto Hintze, 404f). In der Hintze nicht zu Unrecht attestierten Naivität wird allerdings die Kontinuität ihrer offenkundigen Ablehnung der französischen Nachkriegspolitik übersehen, die in diesem Text erneut zum Ausdruck kommt. Dagegen erwähnt HANS SCHLEIER Hintzes Ablehnung des Versailler Vertrages und seiner negativen Folgen für Deutschland, mißt dieser aber insgesamt einen sehr geringen Stellenwert in ihrem politischen Denken zu, wie er ebenfalls diese Komponente in der Einleitung zu Aulard übersieht (Hedwig Hintze, 280).
[61] HINTZE, Einleitung zu Aulard, XIV.

ges Mittel für eine zukünftige Politik des Friedens und des deutsch-französischen Ausgleichs:

»Nach vielen Selbstzeugnissen ist der Freund und Mitarbeiter eines Jean Jaurès im Einklang mit den echten Prinzipien der Revolution zugleich Patriot und Weltbürger. Er tritt ehrlich ein für ›Vereinigte Staaten von Europa‹, bekämpft die nationalistische Verhetzung der Schuljugend ... Auf dem linken Flügel der bürgerlichen Parteien stehend, verschmäht Aulard nicht die Bundesgenossenschaft der Sozialisten, wenn es gilt die liberalen und demokratischen Prinzipien der Revolution zu verwirklichen. Die ›Internationale‹, ... jener den französischen Nationalisten so verhaßte Gesang, wird ihm zum Symbol der republikanischen Seele des jungen Frankreich, zum Symbol der Zukunft, das gleichberechtigt neben der Marseillaise gelten müßte ...«[62]

Freimütig äußert Hintze ihre Überzeugung, daß »auch das deutsche politische Denken durch das Studium« des Aulardschen Werkes »nachhaltig befruchtet« werden könne. Wie der Weg zu einem demokratischen Europa letztlich beschritten werden könne, zeigt sie anhand von Aulards Einsatz für die 1898 anläßlich des Dreyfus-Prozesses gegründete französische »Liga der Menschen- und Bürgerrechte«, als deren Vizepräsident der französische Historiker amtierte. Lobend hebt sie deren Engagement für eine deutsch-französische Annäherung hervor und betont die gemeinsamen Bemühungen der Demokraten beider Länder um eine »loyale« Lösung der Reparationsfrage sowie ihren Protest gegen die französische Ruhrbesetzung.

Daß Hedwig Hintzes mutiger Text nicht nur hehre Worte waren, bewies sie noch im gleichen Jahr mit ihrem Engagement für die Ziele dieser paneuropäischen Organisation. Kurz nach Erscheinen der deutschen Ausgabe der »Politischen Geschichte der Französischen Revolution« war sie mit Aulard in brieflichen Kontakt getreten. Auf dessen Bitte versuchte Hedwig Hintze, deutsche Gelehrte für die Gründung einer unter dem Schutz des Völkerbundes stehenden *Ligue européenne pour la défense de la liberté* zu gewinnen.[63] Das vermutlich von Aulard mitentworfene Manifest der »Europäischen Liga« hatte sie, wie aus ihrem Schreiben an Adolf von Harnack hervorgeht, an Heinrich Herkner, Lujo Brentano, Walther Lotz, Alfred Weber, Carl Brinkmann, Leopold von Wiese und schließlich an die Historiker Friedrich Meinecke, Karl Stählin, Hans Delbrück und Friedrich Thimme gesandt.[64] Während auf der Seite der Nationalökonomie und Staatswissen-

---

[62] Ebd.
[63] Anders als SPROLL, Französische Revolution und Napoleonische Zeit, 106, behauptet, hatte Hedwig Hintze den persönlichen Kontakt zu Aulard nicht vor dem Ersten Weltkrieg, sondern erst nach dem Erscheinen der deutschen Ausgabe gesucht.
[64] H. Hintze an Adolf von Harnack, 29.1.1926, in: StBPK, NL Harnack, Kasten 33.

schaften Brentano, Lotz, Weber und Brinkmann unterzeichneten[65] – von Wiese hatte sich offenbar noch nicht entschieden[66] – war ihr Erfolg bei den Historikern sehr viel bescheidener: Meinecke erbat sich Bedenkzeit,[67] Delbrück lehnte mehr aus »persönlichen als aus sachlichen Gründen« ab.[68] Nur ihren Lehrer Stählin, der »freudigst« unterzeichnet habe, und Friedrich

---

[65] Brentano (1844–1931), Mitbegründer des Vereins für Sozialpolitik, hatte zuletzt einen Lehrstuhl an der Universität München inne. Vgl. seine Autobiographie: Mein Leben im Kampf um die soziale Entwicklung Deutschlands, Jena 1931. Lotz (1865–1941), Schüler Brentanos, folgte seinem Lehrer 1893 nach München, wo er bis 1935 Finanzwissenschaft, Statistik und Volkswirtschaftslehre lehrte. Zu A. Weber vgl. umfassend EBERHARD DEMM, Ein Liberaler in Kaiserreich und Republik. Der politische Weg Alfred Webers bis 1920, Boppard a. Rh. 1990; DERS., Von der Weimarer Republik zur Bundesrepublik. Der politische Weg Alfred Webers 1920–1958, Düsseldorf 1999.

[66] Ein Porträt des Kölner Soziologen bei HEINE VON ALEMANN, Leopold von Wiese (1876–1969), in: Friedrich-Wilhelm Henning (Hg.), Kölner Volkswirte und Sozialwissenschaftler. Über den Beitrag Kölner Volkswirte und Sozialwissenschaftler zur Entwicklung der Wirtschafts- und Sozialwissenschaften, Köln 1988, 97–138. Von H. Herkner, W. Lotz und von L. von Wiese haben sich keine Nachlässe erhalten; in den Nachlässen L. Brentanos und A. Webers (beide im BA Koblenz) sowie im NL Stählin (GStAPK) befindet sich keine Korrespondenz mit Hintze.

[67] Meineckes Bedenken gegenüber einem organisierten Zusammenschluß republikanisch gesinnter Hochschullehrer zeigte sich deutlich in seiner im April 1926 auf der Weimarer Tagung deutscher Hochschullehrer gehaltenen Rede »Die deutschen Universitäten und der heutige Staat«. In seinen Augen war »der deutsche Professor ... zu sehr Individuum, um Vereinsmensch zu sein.« Den Reaktionären unter seinen Kollegen meinte er daher mit einem Appell an Vernunft, politische Einsicht und nationales Pflichtgefühl begegnen zu können: die »ungeheure Spaltung, die in die Nation durch Weltkrieg und Revolution gekommen ist«, zu überwinden, betrachtete er als wichtigste Aufgabe der Universitäten. Dabei bestand Meinecke auf einer strikten Trennung von Politik und Wissenschaft und erklärte: »Wir ... wollen nicht etwa das Schreckliche tun und eine demokratische Wissenschaft begründen.« (MEINECKE, Politische Schriften und Reden, Darmstadt 1958, 402–413) – HARM KLUETING hat den Beitrag Meineckes als Beleg für dessen Wandlung vom »Vernunftrepublikaner« zum »Herzensrepublikaner« gewertet: »Vernunftrepublikanismus« und »Vertrauensdiktatur«: Friedrich Meinecke in der Weimarer Republik, in: HZ 242 (1986), 69–98. Tatsächlich illustriert Meineckes Begriff der »temporären Vertrauensdiktatur« die tatsächliche Distanz »vernunftrepublikanischer« Positionen zu den mehr normativ fixierten Demokratievorstellungen seiner Schülerin Hedwig Hintze.

[68] Delbrücks Ablehnung geht auf eine Kontroverse zurück, die der Berliner Historiker vier Jahre zuvor mit Aulard geführt hatte. Dieser hatte Delbrück vorgeworfen, ein vom »Bund Neues Vaterland« und der französischen »Liga für Menschenrechte« entworfenes »Völkerversöhnungsmanifest« nicht unterzeichnet zu haben. Darauf erschien am 17. 2. 1922 im *Berliner Tageblatt* Delbrücks »Offener Brief an Herrn Professor A. Aulard, Paris«. Delbrück bestritt jede »moralische« Kriegsschuld Deutschlands und offerierte dem französischen Historiker eine öffentliche Debatte, die unter Vorsitz eines Gelehrten aus dem neutralen Ausland im besetzten Köln geführt werden sollte. Unter Hinweis auf eine vorzeitige russische Mobilmachung im Sommer 1914 und den daraus resultierenden Eintritt des französisch-russischen Bündnisfalles bestritt er jede Alleinverantwortung Deutschlands für den Kriegsausbruch.

Thimme, der sich mit der Begründung »Germans to the front« zur Unterschrift bereiterklärt hatte, konnte sie für diese Aktion gewinnen.[69] Ob sich Harnack schließlich selbst dem Unternehmen anschloß, ist unklar.[70] Aufgrund seines Engagements für eine internationale wissenschaftliche Zusammenarbeit und seiner unbestreitbaren Loyalität gegenüber der Weimarer Republik kann aber davon ausgegangen werden, daß er dem Unternehmen grundsätzlich positiv gegenüberstand. An einer für 1927 von der Sorbonne vorgesehenen Ehrung konnte er aus gesundheitlichen Gründen nicht teilnehmen, ließ sich aber ein Jahr später zum Präsidenten der neugegründeten, dem Völkerbund untergeordneten *commission nationale de coopération intellectuelle allemande* wählen.[71] In Frankreich genoß er offensichtlich aufgrund seiner internationalen Bemühungen spätestens seit diesem Zeitpunkt den Ruf als »grand promoteur des relations intellectuelles internationales«.[72] Von größerer Bedeutung für die nur geringen Erfolgschancen Hintzes, Kollegen aus dem Freundes- und Bekanntenkreis für das Aulardsche Projekt zu mobilisieren, war jedoch die fehlende Unterstützung ihres Mannes. Zweifellos mußte die Weigerung Otto Hintzes, die politischen Pläne seiner Ehefrau mit Hilfe seiner Autorität zu fördern, auf die Skepsis und das Mißtrauen poten-

---

[69] In einer 1927 erschienenen Rezension von Stählins Schulbuch »Elsaß und Lothringen im Ablauf der europäischen Geschichte« (München 1926, in: HZ 135, 1927, 128-129) hatte Hintze die »mutige« und »gute« europäische Gesinnung ihres Lehrers hervorgehoben. – Thimme hatte 1926 gegenüber Meinecke die Auffassung vertreten, daß »der Weg zur Wiedergewinnung deutscher Macht nur über und durch loyale Völkerbundarbeit geht«. Vgl. ANNELISE THIMME (Hg.), Friedrich Thimme 1868-1938. Ein politischer Historiker in seinen Briefen, Boppard a. Rh. 1994, 276. Ein Jahr später hatte er sich direkt mit Aulards Kritik an seiner »Aktenpublikation« auseinandergesetzt, die auch in französischer Übersetzung erschienen war: FRIEDRICH THIMME, Französische Kritiken zur deutschen Aktenpublikation, in: Europäische Gespräche. Hamburger Monatshefte für Auswärtige Politik 5 (1927), 461-479.

[70] Neben dem zitierten Schreiben Hintzes an Harnack ist im NL Harnack keine weitere Korrespondenz mit der Historikerin überliefert. Ebensowenig finden sich in der umfangreichen Literatur zu Leben und Werk Harnacks Hinweise auf seine Unterstützung der *Ligue européenne*. Auch die nach wie vor umfassendste Biographie aus der Feder seiner Tochter (AGNES VON ZAHN-HARNACK, Adolf von Harnack, Berlin-Tempelhof 1936, 2. Aufl., Berlin 1951) geht lediglich auf seine 1924 gehaltene Ansprache »Das Friedenswerk von Paris und die Not der Völker« ein, in der sich Harnack noch empört über die wirtschaftlichen und sozialen Folgen des Versailler Vertrags für Deutschland ausgelassen hatte.

[71] Dies berichtet KURT NOWAK, Historische Einführung: Adolf von Harnack. Wissenschaft und Weltgestaltung auf dem Boden des modernen Protestantismus, in: Kurt Nowak (Hg.), Adolf von Harnack als Zeitgenosse. Reden und Schriften aus den Jahren des Kaiserreichs und der Weimarer Republik, Teil 1: Der Theologe und Historiker, Berlin 1996, 86.

[72] Adolf von Harnack, in: La Coopération intellectuelle. Revue de l'Institut international de coopération intellectuelle de la Société des Nations Nr. 19 vom 15.7.1930, 362 f.

tieller Unterzeichner treffen.⁷³ Er war es auch, der als einer der ersten deutschen Historiker die paneuropäischen Ideen Hedwig Hintzes einer kritischen Betrachtung unterzog und damit den Auftakt für einen sich über Jahre erstreckenden, auch in der Öffentlichkeit ausgetragenen politisch-wissenschaftlichen Dialog mit seiner Ehefrau legte.

Unter dem Titel »Nationale und europäische Orientierung in der heutigen politischen Welt« antwortete Otto Hintze nur ein Jahr später auf die Thesen seiner Frau und skizzierte nunmehr seine Position gegenüber den Siegermächten, insbesondere Frankreich. In kurzen Zügen umriß er hierbei die Möglichkeiten einer von den alten und neuen Großmächten gemeinsam getragenen europäischen Verständigungspolitik. Mit diesem Artikel, der in der von dem Publizisten Richard Bahr (1867–1936) herausgegebenen »liberalen Halbmonatsschrift« *Wille und Weg* erschien – einer Zeitschrift, zu deren Autoren auch Hedwig Hintze gehörte⁷⁴ – nahm der Historiograph Preußens seine seit Kriegsende eingestellte politische Publizistik noch einmal auf.⁷⁵ Im Gegensatz von nationaler und europäischer Einstellung sah Otto Hintze nicht nur einen signifikanten Grundzug des deutschen Parteienwesens, sondern ein geradezu konstitutives Element der deutschen Geschichte überhaupt. Stärker als in der Geschichte der anderen europäischen Nationen glaubte er in der deutschen Vergangenheit eine mehr europäisch als national ausgerichtete Geisteshaltung erkennen zu können. Anders als Frankreich ha-

---

⁷³ Neben der ablehnenden politischen Haltung ihres Mannes kam für Hedwig Hintze zusätzlich dessen allmählicher Rückzug aus der wissenschaftlichen Öffentlichkeit erschwerend hinzu, der auch Auswirkungen auf ihre eigene Präsenz im Kreis der Berliner Professorenschaft hatte. Immer wieder schilderte sie in Briefen an befreundete Kollegen die ungünstigen persönlichen Umstände, die ebenso wie ihre schwache Stellung als Außenseiterin an der Berliner Universität die Pflege persönlicher Kontakte erschwerten. So z. B. in ihrem Schreiben an W. Goetz vom 23. 11. 1931, in: BAK, NL Goetz, NR. 93.

⁷⁴ Otto Hintze, Nationale und europäische Orientierung in der heutigen politischen Welt, in: Wille und Weg 1 (1925), 394–400 (wieder abgedruckt in: Soziologie und Geschichte. Gesammelte Abhandlungen zur Soziologie, Politik und Theorie der Geschichte. Hg. Gerhard Oestreich, Göttingen, 2. Aufl. 1964, 193–199). H. Hintze schrieb im gleichen Band über »Die Krisis des Liberalismus in der Französischen Revolution« (593–598).

⁷⁵ Die Frage, inwieweit die Wiederaufnahme der politischen Publizistik Otto Hintzes ab 1925 als Antwort auf die Schriften seiner Frau zu verstehen ist, kann hier nur angedeutet werden. Auffallend ist, daß er in seinen Artikeln und vor allem in seinen Rezensionen immer wieder Bezug auf die Französische Revolution genommen hat, der er nicht ablehnend, aber doch erheblich nüchterner gegenüberstand als seine Frau. In *Wille und Weg* folgten weitere Artikel aus seiner Feder: »Liberalismus, Demokratie und auswärtige Politik«; »Die Domestikation Deutschlands und die nationale Moral«; »Der Staat als Betrieb und die Verfassungsreform«; »Föderalistischer Imperialismus. Betrachtungen um den Kelloggpakt« (vgl. die Bibliographie Otto Hintzes, in: Ges.Abh. I, 563–579).

be es Deutschland aber versäumt, einen starken Nationalstaat aufzubauen.[76] Indem er den Ursprung des modernen Nationalstaats in der Französischen Revolution annimmt, erkennt auch er den weltgeschichtlichen Rang dieses Ereignisses an, betont aber gleichzeitig den Machthunger und die Rivalität der europäischen Nationen untereinander. Diese hätten sich aus der modernen Struktur der Nationalstaaten ergeben und schließlich den Ersten Weltkrieg verursacht. Erst hierdurch sei das »alte« Europa beseitigt worden, wie sich überhaupt mit dem Ende des Zeitalters der bürgerlichen Nationalstaaten das europäische Staatensystem in ein »Weltstaatensystem« aufgelöst habe. An die Stelle dieses »alten« Europas sei nun der Völkerbund getreten – »ein Machtinstrument für den rivalisierenden, aber schließlich immer wieder in übereinstimmendem Geiste ausgeübten Einfluß Englands und Frankreichs«. Das heißt jedoch nicht, daß Otto Hintze der Idee eines befriedeten europäischen Staatenbundes – nicht Bundesstaates – gleichberechtigter Mitglieder, der Rechts, Wehr- und Wirtschaftsgemeinschaft zugleich sein müsse, ablehnend gegenüberstand. Nur verwies er die Vorstellung einer nahen Verwirklichung der »Vereinigten Staaten von Europa« in den Bereich der Illusion, die letztlich eine »Gleichstellung mit den Siegermächten« und damit eine Überwindung der gewaltigen Kluft, die das geschlagene Deutschland »politisch, wirtschaftlich und moralisch« von diesen trenne, bedeuten würde. Im gegenwärtigen Frankreich erkannte Hintze eine neue »Weltgroßmacht«, die, anstatt ein föderiertes Europa zu schaffen, im Verein mit England den europäischen Kontinent vielmehr zu beherrschen suche. Aus diesem Grund plädierte er mit Blick auf die Rolle Rußlands für die Schaffung einer auch den Osten integrierenden zukünftigen europäischen Ordnung, oder, falls dies nicht gelänge, für eine neutrale Stellung Deutschlands zwischen Frankreich und Rußland.[77] Nationale und europäische Politik erschienen ihm nicht als Gegensätze, sondern als notwendige Voraussetzung eines vernünftigen Ausgleichs mit den Siegermächten.

Hedwig Hintzes Plädoyer für eine Aussöhnung mit Frankreich auf Grundlage der Prinzipien von 1789 fand ein lebhaftes und vielfältiges Echo

---

[76] In der bereits europäisch orientierten deutschen Kaiserpolitik des Mittelalters meint Hintze die Wurzel der »unpolitischen Veranlagung des deutschen Menschen« erblicken zu können, dem »auch heute noch Humanität und Kultur mehr am Herzen« lägen als »Macht und Größe eines Staatswesens« (193 f).

[77] DIETRICH GERHARD berichtet, daß Hintze seit Mitte der zwanziger Jahre auch in Rußland eine neue Weltmacht sah. Mit dieser Einschätzung stand er in deutlichem Gegensatz zu vielen seiner Zeitgenossen und auch seiner Frau. Vgl. DERS., Otto Hintze. Persönlichkeit und Werk, in: Büsch/Erbe (Hg.), Otto Hintze und die moderne Geschichtswissenschaft, 3-18; hier: 9.

in den Fachpublikationen, aber auch in der Tagespresse.[78] In der *Historischen Zeitschrift* lobte der Meinecke-Schüler Hans Rothfels die wissenschaftliche Zuverlässigkeit, mit der Hintze sowohl die Übersetzung betreut als auch das Werk Aulards einem breiten Publikum nahegebracht habe.[79] Unter Berufung auf die eingehende Besprechung, die Hans Glagau, ein ausgewiesener Kenner der französischen Revolutionsgeschichte, der französischen Erstausgabe Aulards sogleich nach ihrem Erscheinen gewidmet hatte,[80] bemängelt Rothfels jedoch Hintzes Ausblendung der damals vorgelegten Einwände, von denen sie, wie ihre Einleitung zeige, durchaus Kenntnis gehabt habe. Diese zielten, sowohl bei Glagau als auch bei Rothfels, auf die perspektivische Verengung, in der Aulard die Geschichte der Revolution nicht – wie sein Buchtitel ankündigt – als allgemeine »politische Geschichte« konzipiert, sondern eine Darstellung der Entstehung der Demokratie und der ersten französischen Republik gegeben habe. Mit dieser einseitigen Blickrichtung Aulards korrespondiere, wie beide Kritiker betonen, seine einseitige Quellenauswahl. Rothfels begreift Aulards Deutung gerade wegen ihrer Einseitigkeit, mit der die historischen Probleme der Französischen Revolution behandelt wurden, mehr als historisches Dokument. Damit stellt sich für ihn die zentrale Frage nach dem gegenwärtigen »Bildungswert« dieser Darstellung, der er im zweiten Teil seiner Rezension nachgeht. Die Historisierung des 1901 erschienenen Buches ermöglicht es Rothfels, die Entwicklung der akademischen Revolutionsforschung gegen die »machtpolitische Verfälschung« und gegen die klerikale und nationalistische Deutung zunächst noch als innerfranzösische Notwendigkeit, ja als »Marksteine der französischen Partei- und Bildungsgeschichte« zu würdigen. Von seiner Kritik an Aulards Methode setzt Rothfels, gewiß kein Anhänger der parlamentarischen Demokratie westlichen Musters, überraschenderweise Hedwig Hintzes Einleitungstext positiv ab. Er bescheinigt ihr, Aulard richtig in seinen historisch-wissenschaftlichen Kontext eingeordnet zu haben, indem sie den Pariser Historiker vom »französischen Chauvinismus« »distanziert« habe. Gegen Hintzes Verteidigung des politischen Engagements Aulards im Weltkrieg als »momentane Entgleisung« wendet Rothfels – im Ton gemäßigt, in der Argumentation aber unmißverständlich – ein, hier liege ebensowenig eine »Aberration« vor wie in Aulards Entschuldigung der gewaltsamen Ausschreitungen

---

[78] ERNST VON ASTER, in: Die Gesellschaft 2 (1925), 458–461; WALTHER KOCH, in: SMH 63 (1926), 565–566; HUGO PREUß, in: DJZ 30 (1925), 977; FRITZ SCHOTTHÖFER, in: FZ, 18.7.1925, 1. Morgenblatt.

[79] HZ 132 (1925), 129–131; PAUL DARMSTÄDTER, in: ZgesSt 79 (1925), 139–140.

[80] HANS GLAGAU, Die Geschichte der Revolution in demokratischer Beleuchtung, in: HZ 91 (1903), 233–254.

im Verlauf der Revolution. Gegen die Interpretation Aulards – und damit auch Hintzes – qualifiziert Rothfels derartige, in der Tradition großer Revolutionen stehende Vorgänge nicht mehr als rein »innenpolitische Spezialvorgänge«, sondern als weit in die »Lebenszusammenhänge des Staatensystems« eingreifende Vorgänge, deren »propagandistischer Sinn« zugleich ein »geistiger und machtpolitischer« sei: »Erst in dieser universalgeschichtlichen Einordnung«, so Rothfels abschließend, werde »das Aulardsche Werk seine Fruchtbarkeit für einen breiteren Leserkreis voll entfalten können.«

Rothfels' Rezension zeichnet sich durch den Versuch aus, sich der expliziten, tagespolitischen Stellungnahme zu den demokratischen »Ideen von 1789« durch eine Konzentration auf eine zunächst wissenschaftliche Prüfung der Darstellung Aulards zu entziehen. Sehr wohl ist er über den historischen Kontext, in dem die universitäre Revolutionsforschung unter Aulard in den 1880er Jahren seinen Anfang nahm, orientiert. Zugleich ist er auch bereit, die Leistungen Aulards und die Widrigkeiten, die der Durchsetzung einer republikanischen Sichtweise der Revolution im Frankreich der Dritten Republik entgegenstanden, zu würdigen. Dennoch resultiert sein abschließendes Urteil in einer grundsätzlichen persönlichen und negativen Stellungnahme zu den in ihr verkörperten demokratischen Idealen. Seine Besprechung unterscheidet sich somit zunächst von den im linken Spektrum (*Sozialistische Monatshefte*, *Die Gesellschaft*) erschienenen Kritiken, nimmt aber auch, wie das Beispiel der Polemik Heinrich Ritters von Srbik zeigen wird, eine Sonderstellung innerhalb der Reaktionen der konservativen Historikerschaft ein.[81] Die Rothfels von verschiedenen Seiten attestierte Ablehnung des

---

[81] Denkbar ist, daß Rothfels mit Rücksicht auf Otto Hintze, den er zu seinen wissenschaftlichen Vorbildern gerechnet hatte, seine Kritik hier nicht schärfer gefaßt hat. Als regelmäßiger Gast der berühmten Sonnabend-Nachmittag-Tees verkehrte Rothfels auch privat mit den Hintzes. In seinen 1965 verfaßten »Erinnerungen an Otto Hintze« kam Rothfels auch auf seine ehemalige Kollegin zu sprechen: »Frau Hedwig Hintze war vermutlich die Einrichtung eines ›jour fixe‹ zu verdanken, der ihren gesellschaftlichen Neigungen entsprach und ihren Mann in etwas entschädigen mochte für das, was ihm durch ein sich verschärfendes Augenleiden an äußerem Kontakt abging. Man empfing am Sonnabend nachmittag in der Wohnung am Kurfürstendamm zu einer ausgedehnten Teestunde. Wir sind oft in den Jahren zwischen 1920 (?) und 26 (bis ich nach Königsberg abging) dorthin gepilgert, mehr der geistigen als der leiblichen Genüsse halber ... Diese Schilderung, die sich nach über 40 Jahren und mangels eigener Aufzeichnungen sehr im allgemeinen bewegt, wäre unvollständig, wenn nicht ein Nebenzug erwähnt würde, der die Atmosphäre oft etwas elektrisch auflud. Frau Hintze – für damalige Verhältnisse sehr ›links‹ und geistig sehr beweglich, griff nicht selten in einer Weise in das Gespräch ein, die manchem von uns aber auch dem Hausherrn auf die Nerven ging. Es war bewundernswert, wie ein Grundzug seines Wesens, den man beherrschte Ritterlichkeit nennen mag, auch in kritischer Situation mit großer Selbstverständlichkeit obsiegte.« (NL Rothfels, Nr. 36) Insbesondere gegenüber seinem Kollegen Siegfried August Kaehler äußerte sich Rothfels wiederholt abschätzig über Hed-

Weimarer Systems und eine mit westlichen Weltanschauungen unvereinbare, betont deutsch-nationale Gesinnung klingt in seiner Rezension allenfalls an.[82] Seine Kritik zeigt, daß die Frage nach der individuellen wissenschaftlichen Positionierung gegenüber der Französischen Revolution über eine politische Zuordnung allein nicht hinreichend qualifizierbar ist.[83]

Hedwig Hintzes Diktum von der Französischen Revolution als »Prüfstein der Geister« sollte sich an keiner anderen Rezension so deutlich bewahrheiten wie an der gereizten Reaktion des Wiener Historikers Heinrich Ritter von Srbik.[84] Im Gegensatz zu Rothfels, dessen Kritik sich vornehmlich ge-

---

wig Hintze. So berichte er kurz nach ihrer Promotion: »Als weitere akademische Neuigkeit kann ich noch berichten, daß Hedwiga s.c.l. promoviert hat! Nun wird sie wohl ganz unerträglich werden.« (NstUB, Cod.Ms.S.A.Kaehler 1, 144 a, Rothfels an Kaehler, 28. 6. 1924) An anderer Stelle berichtete er: »In Berlin war ich 2 Stunden bei Meinecke, er war herzlicher als seit langem und schimpfte auf Frau Hintze: bei jeder Gelegenheit kommt der Pazifismus bei ihr heraus, sie ist ein radikales Weib. – Auf der Grundlage ließ sich ganz gut verhandeln.« (NstUB, Cod.Ms.S.A.Kaehler 1, 144 b, Rothfels an Kaehler, 10. 11. 1928). Die Hinweise auf diese Briefe verdanke ich Jan Eckel. – Neben der Aulard-Rezension hatte R. bereits ein Jahr zuvor Hedwig Hintzes Aufsatz »Ökonomische Probleme der Französischen Revolution« (ZfP 13, 1924, 450–460) positiv besprochen (HZ 130, 1924, 632–633).

[82] Auf Rothfels' umstrittene Rolle im Nationalsozialismus kann an dieser Stelle nicht näher eingegangen werden. Seine Ressentiments gegenüber westlichen Politik- und Demokratieidealen thematisiert ausführlich LOTHAR MACHTAN, Hans Rothfels und die sozialpolitische Geschichtsschreibung in der Weimarer Republik, in: Ders. (Hg.), Bismarcks Sozialstaat. Beiträge zur Geschichte der Sozialpolitik und zur sozialpolitischen Geschichtsschreibung, Frankfurt/New York 1994, 310–384, 313 ff; sowie INGO HAAR, Historiker im Nationalsozialismus. Deutsche Geschichtswissenschaft und der ›Volkstumskampf‹ im Osten, Göttingen 2000. Gegen Haar wendet sich HEINRICH AUGUST WINKLER, Hans Rothfels – ein Lobredner Hitlers? In: VfZG 49 (2001), 643–652.

[83] Frühere Auseinandersetzungen Rothfels' mit Aulard deuten darauf hin, daß seine Beschäftigung mit der Geschichte der Französischen Revolution keinesfalls sporadischer Natur war. In einer Besprechung eines Aufsatzes Aulards über »La Théorie de la violence et la Révolution française« hatte er, ungeachtet seiner grundsätzlichen kritischen Einstellung zu Aulard und erheblicher Einwände im Detail versucht, zu einem differenzierten Urteil zu kommen. Vgl. ROTHFELS, in: HZ 129 (1924), 538–539.

[84] DLZ 46 (1925), H. 47, 2302–2306. Auf Srbiks Historiographie, die v. a. für die Zeit des Nationalsozialismus gut erforscht ist, kann an dieser Stelle nicht weiter eingegangen werden. Vgl. etwa GERNOT HEIß, Von Österreichs deutscher Vergangenheit und Aufgabe. Die Wiener Schule der Geschichtswissenschaft und der Nationalsozialismus, in: Ders. u. a. (Hg.), Willfährige Wissenschaft. Die Universität Wien 1938–1945, Wien 1989, 39–76; SCHÖNWÄLDER, Historiker und Politik, 91 ff, passim. Einschlägige Darstellungen über den Theoretiker der gesamtdeutschen Geschichtsauffassung stammen überwiegend aus dem Umfeld seines Schülerkreises und tragen z. T. apologetische Züge. Dies gilt v. a. für JÜRGEN KÄMMERER (Hg.), Heinrich Ritter von Srbik. Die wissenschaftliche Korrespondenz des Historikers 1912–1945, Boppard a. Rh. 1988. Darin auch die »Einführung« von ADAM WANDRUSZKA (XI–XXI), der Srbiks Rolle im Dritten Reich unkritisch reflektiert.

gen methodische und politische Einseitigkeiten des Aulardschen Werkes gerichtet hatte, bezog Srbik nun die Betreuerin der Übersetzung und Vorrednerin Aulards in seine Polemik ein. Mit seiner in der vielgelesenen *Deutschen Literaturzeitung*, dem Organ der deutschen Akademien der Wissenschaften, erschienenen Rezension eröffnete Srbik zugleich eine publizistische Debatte. Sie wurde weniger als wissenschaftliche Auseinandersetzung um die Deutung einzelner Aspekte der Französischen Revolution geführt, sondern spiegelte vielmehr die Konfrontation zweier nicht nur hinsichtlich der Revolutionsdeutung fundamental verschiedener politischer Lager innerhalb der deutschen Historikerschaft wider. Srbik war weder bereit, Aulards Darstellung in ihrem historischen Entstehungskontext zu würdigen – ganz im Gegenteil blickte er hämisch auf dessen Auseinandersetzung mit Taine herab – noch an ihrem eigenen Anspruch zu messen. Statt die Französische Revolution in ihrer Genese, in ihrem »europäischen, universalen Charakter« zu erfassen, habe Aulard, wie Srbik betonte, in völlig einseitiger Perspektive die Geschichte der Revolution allein unter dem Gesichtspunkt der Entwicklung der Demokratie und der Republik betrachtet und dabei die gewaltsamen Begleiterscheinungen der Revolution unterschlagen.[85] Hedwig Hintze hielt er vor, Aulards »rationalistische«, der »Bedeutung der Einzelpersönlichkeit« verschlossene, nur dem »Volk« als »politisch organisierter Masse« aufgeschlossene und letztlich unkritische Historiographie »nur ganz unzureichend« herausgestellt zu haben. Zielpunkt seiner Anfeindungen – man ahnt es bereits – ist jedoch nicht Aulards Revolutionsdeutung allein, sondern vielmehr dessen publizistisches, die Interpretation von Geschichte und Gegenwart verbindendes Engagement im Weltkrieg.[86] In der Tradition von Louis Blanc,

---

[85] Aulards Sympathie gehöre »den Jakobinern« (hier irrt Srbik!), er billige oder beschöne die »Exzesse der selbstherrlichen Vernunft des atomisierenden Geistes; er gleitet sanft über die blutigsten und düstersten Seiten der Revolution, den Terror und alle Verbrechen an der Menschlichkeit hinweg, die im Namen der Freiheit begangen wurden; Pseudodemokratie erscheint bei ihm oft als wahre Demokratie.« (SRBIK, Rezension Aulard, 2304)

[86] Wie SERGIO LUZZATTO treffend bemerkt, verwandelte Aulard während des Krieges die Hörsäle der Sorbonne zu Gräben in einem Krieg des Geistes (Les tranchées de la Sorbonne: Les historiens français et le mythe de la guerre révolutionnaire (1914-1918), in: Storia della Storiografia 20, 1991, 3-27). Zwischen Erstem Weltkrieg und Französischer Revolution besteht nicht nur ein Sinnzusammenhang, sondern beide sind, wie Aulard schreibt, die »gleichen Ereignisse«. (ALPHONSE AULARD, La guerre actuelle commentée par l'histoire. Vues et impressions au jour le jour (1914-1918), Paris 1916, 10). 1917 wird Aulard Mitglied in dem von der französischen Regierung eingesetzten *Comité d'études*, einer von Historikern und Geographen unterstützten Vereinigung, die wissenschaftlich abgesicherte Informationen über den Grenzverlauf im Rheinland für zukünftige Friedensverhandlungen zur Verfügung stellen sollten. PETER SCHÖTTLER meint dagegen, daß keiner der dort tätigen Wissenschaftler eine dauerhafte Abtretung des linken Rheinufers befürwortet habe. Vgl. Ders., Der Rhein als Konfliktthema, 50.

Proudhon und Jaurès stehend, sei Aulards 1915 vorgetragene Forderung der Annexion des linken Rheinufers keineswegs, wie Hintze glaubhaft zu machen versucht habe, als »Entgleisung« zu verstehen. »Soll man« daher, fragt der Rezensent sein Publikum, »diese französische Demokratie nach solchen Proben leichthin dem deutschen politischen Denken als vorbildlich empfehlen?« Diese Frage beantwortete er sogleich selbst mit dem Resümee: »so weit ist es mit uns Deutschen am Ende denn doch wohl noch nicht gekommen, daß wir ohne Einschränkung mit Aulard die französische Revolution als ›politisches und soziales, vernunftmäßiges Ideal‹ ansehen müssen, so wenig wir uns sträuben, das positiv Wertvolle, was sie gebracht hat, anzuerkennen.«

Die empörte, gleichzeitig aber auch hilflos wirkende Polemik des Wiener Historikers wirft ein bezeichnendes Licht auf die erhebliche Verunsicherung der historischen Fachwissenschaft angesichts der prononciert vorgetragenen Forderung nach einer kompromißlosen Umsetzung westlicher Prinzipien auf deutsche Verhältnisse, noch dazu aus der Feder einer jungen, in der »Zunft« nicht »arrivierten« Historikerin. Seine Argumentation war, sieben Jahre nach Ende des Krieges, vollständig in einer verengten, das deutsche und französische bzw. westeuropäische Denken antithetisch gegenüberstellenden Geschichtssicht befangen. Mit seiner ganz im »Geist von 1914« verfaßten Rezension formulierte der Wiener Historiker natürlich auch seine persönliche Absage an die deutsch-französische Verständigungspolitik, die soeben, mit den im Oktober 1925 abgeschlossenen Verträgen von Locarno, einen ersten großen, wenn auch brüchigen Erfolg erzielt hatte. Diese für jeden Beobachter des aktuellen Geschehens unübersehbare Anspielung auf die jüngsten politischen Entwicklungen veranlaßte Hedwig Hintze ihrerseits zu energischem Widerspruch. Da die *Deutsche Literaturzeitung* ihr mit der fadenscheinigen Begründung, grundsätzlich keine Gegendarstellungen zu drucken, den Raum für eine Stellungnahme verschloß, wandte sie sich erfolgreich an die *Frankfurter Zeitung*. Wie bereits der Titel ihrer Replik – »Geist von Locarno und historische Kritik«[87] – signalisierte, fühlte sich Hedwig Hintze

---

[87] FZ, 14. Februar 1926, 1. Morgenblatt. Ein der Schriftleitung der DLZ eingereichtes Manuskript ihrer Gegendarstellung hatte Hintze mit der Begründung zurückerhalten, daß die DLZ grundsätzlich keine Entgegnungen veröffentliche. Auch ein erneuter Versuch, den Redaktionsausschuß der Zeitschrift zu einer Richtigstellung zu bewegen, blieb ohne Erfolg. Angeblich sei die DLZ, wie ihr am 18.12.1925 mitgeteilt wurde, »bereits zu Beginn dieses Jahres zu dem Beschlusse gelangt, Entgegnungen aus Platzmangel keine Aufnahme gewähren zu können.« Tatsache ist jedoch, daß man Aulard auch innerhalb der DLZ äußerst kritisch gegenüberstand und, wie man ihr andeutete, »die Wahrhaftigkeit des Historikers Aulard« in Frage stellte. Von diesem soll, wie es in dem Brief weiter heißt, während der Locarno-Tagung eine Äußerung bekannt geworden sein, wonach Frankreich »keinerlei Konzessionen in bezug auf den Schutz der Minoritäten zu befürchten habe, da es ja gar keine Minoritäten besitze«, und dies, so der zuständige

weder aus persönlichen noch wissenschaftlichen, sondern primär aus »sehr ernsten politischen Gründen« verpflichtet, Srbiks Anschuldigungen zurückzuweisen und ihre Kontroverse mit dem Wiener Historiker einem breiteren Publikum bekannt zu machen. Obwohl es, wie sie in Anspielung auf die große, 1925 erschienene Metternich-Biographie Srbiks betonte, jedem »unbenommen« bliebe, »das System Metternichs und seinen Ideengehalt dem System der Menschenrechte und den Ideen von 1789 vorzuziehen«, seien Srbiks Ausführungen aber

»in einer höchst gefährlichen Weise ... dazu angetan, die deutsch-französischen Beziehungen [Hervorheb. i. O.] neuerdings zu vergiften, diese so unendlich schwierigen und immer wieder gefährdeten Beziehungen, denen man sich nur mit einem Maximum von nationalem Taktgefühl nähern dürfte, gerade weil sie ... den ›Eckstein‹ für die dauernde Befriedung unseres alten Europa bilden.«

Demonstrativ bekannte Hintze, ihre Einleitung Aulards bewußt als politischen Appell verstanden zu haben. »In einer Zeit, in der unsere junge deutsche Republik noch um Form und Festigkeit ringt«, sei es ihr »als eine im besten Sinne nationale Aufgabe« erschienen, ihren »Landsleuten ein berühmtes Vorbild republikanisch-demokratischer Kämpfe und Erfolge näher zu bringen.« Durch seine mißverständliche Art des Zitierens habe Srbik den Leser nun in die Irre geführt, indem er ihm glaubhaft zu machen versuche, daß Aulard, im Verein mit Proudhon und Jaurès tatsächlich die Rheingrenze als französisches Politikziel proklamiert hätte.[88] Ihrem Kontrahenten empfahl sie abschließend, die »unbesiegte deutsche Wissenschaft frei(zu)halten von allen Bindungen, die dazu führen können, den unbefangenen Blick für die wahren Zusammenhänge zu trüben. Intellektuelle Redlichkeit in historischer Darstellung und Kritik unerschrocken zu üben«, so Hintze, sei nicht »die geringste und nicht die unwirksamste Betätigung deutschen Nationalstolzes.«

Redakteur, »in einer Zeit, in der die Kinder wegen jedes deutschen Wortes, das sie in der Pause zu sprechen wagen, bestraft werden.« BBAW, DLZ, Nr. 10: Schriftwechsel 1928-1931, Hedwig Hintze an den Redaktionsausschuß der DLZ vom 16.12.1925; Antwort vom 18.12.1925.

[88] Mit zahlreichen Argumenten, die hier nicht im einzelnen aufgeführt werden können, versuchte Hintze ihre Behauptung, daß es sich bei Aulards Rede von 1915 tatsächlich nur um eine »Entgleisung« gehandelt habe, zu stützen. Desgleichen ordnete sie auch Proudhons Äußerungen in ihren historischen Kontext ein, der in Wahrheit die Theorie der »natürlichen Grenzen« aufs Schärfste bekämpft habe. Bezüglich Jaurès antwortete sie, daß es »nicht uns« anstehe, »in seiner Gruft einen solchen Toten zu verunglimpfen, der Nationalismus und Internationalismus in einer großartigen Synthese zu verbinden gestrebt« habe, für die »gerade wir Deutschen – getreu unseren besten Traditionen – Verständnis haben sollten.«

Beistand fand Srbik schließlich nicht bei der *Frankfurter Zeitung*, die sich geweigert hatte, eine längere Gegendarstellung zur »Abwehr« Hedwig Hintzes zu bringen, sondern bei der von dem deutschnationalen Mediävisten und Wirtschaftshistoriker Georg von Below mitherausgegebenen *Vierteljahrschrift für Sozial- und Wirtschaftsgeschichte*. Diese sah sich, da es sich in ihren Augen um »die Wahrung der historischen Methode« ginge, veranlaßt, dem Wiener Historiker »in einer bedeutungsvollen Angelegenheit« ihre Seiten zu öffnen.[89] Welche Bedeutung die VSWG der Kontroverse schließlich beimaß, zeigt sich an dem Befund, daß Srbiks Antwort die erste größere Auseinandersetzung dieser Zeitschrift mit der französischen Wissenschaft und Geschichte seit ihrem Wiedererscheinen nach dem Krieg war. Bis zu diesem Zeitpunkt hatte sich die VSWG nicht am »Abwehrkampf« der Mehrheit der deutschen Historiker gegen den Versailler Vertrag und an den historiographischen Kontroversen um die Frage der Rheingrenze und die Zugehörigkeit Elsaß-Lothringens zum Deutschen Reich beteiligt – ein Entscheidung, die offenkundig einen bewußten Rückzug in die Wissenschaft und eine Beschränkung auf rein fachliche Fragen signalisieren sollte. Tatsächlich hatte sie mit dem weitgehenden Verzicht, Arbeiten westeuropäischer Autoren in angemessenem Umfang und nach Maßgabe der Verfügbarkeit ausländischer Titel mit Besprechungen zu würdigen, das Ende ihrer einstigen Internationalität besiegelt. Diese hatte die Zeitschrift in den Vorkriegsjahren zu einem begehrten und angesehenen Forum des internationalen wissenschaftlichen Austauschs gerade für französische und belgische Historiker gemacht.[90] Das wissenschaftliche Erscheinungsbild der VSWG blieb bis Mitte der zwanziger Jahre sichtbar durch den autoritären Führungsstil Georg von Belows geprägt, der die Zeitschrift, die nach den Worten seines Nachfolgers Hermann Aubin »ganz sein Gebilde geworden war«, trotz eines mehrköpfigen Heraus-

---

[89] So die Erklärung der »Schriftleitung«. SRBIK, Geist von Locarno und historische Kritik, in: VSWG 16 (1926), 439–444.

[90] Nach dem Krieg sind der französische Archivar Georges Espinas (1869–1948) und Henri Pirenne als ständige Mitarbeiter und Berater aus dem Herausgeberkreis ausgeschieden. Hämisch hat sich BELOW in seinem autobiographischen Essay nach dem Krieg über die einstigen Mitarbeiter ausgelassen: vgl. Ders., Georg von Below, in: Sigfrid Steinberg (Hg.), Die Geschichtswissenschaft der Gegenwart in Selbstdarstellungen, Bd. 1, Leipzig 1925, 1–49. Vgl. auch den Bericht von MINNIE VON BELOW, Georg von Below. Ein Lebensbild für seine Freunde, Stuttgart 1930. Das Herausgeberteam bestand auch nach dem Krieg mit Stephan Bauer, Georg von Below, Ludo Moritz Hartmann und Kurt Kaser in seiner alten Zusammensetzung weiter. Nach dem Tod Hartmanns 1924 und Belows 1927 lag sie in den Händen Bauers, Kasers und Aubins, der die Zeitschrift ab 1933 in alleiniger Regie weiterführte. Zur Geschichte der VSWG vgl. AUBIN, Zum 50. Band der Vierteljahrschrift für Sozial- und Wirtschaftsgeschichte, in: VSWG 50 (1963), 1–24.

gebergremiums bis 1926 faktisch leitete. Belows Aufmerksamkeit galt insbesondere dem Rezensionsteil der Zeitschrift, den er nicht nur äußerst zögerlich der internationalen Fachwissenschaft öffnete, sondern im Gegenteil mit einer Vielzahl eigener Beiträge versah.[91] Sowohl die französische Historiographie wie auch Themen der französischen Geschichte blieben, obwohl die Zahl der rezensierten ausländischen Titel bis 1928 wieder langsam anstieg, in dieser Phase nahezu vollständig ausgeblendet.[92]

Ähnlich wie Below duldete, wie Srbiks Kontroverse mit Hintze zeigt, auch der Wiener Historiker keine Rivalen und entwickelte starke egozentrische und aggressive Züge. Hedwig Hintze sah sich nun mit dem Vorwurf konfrontiert, »einen rein wissenschaftlichen Streitfall gewaltsam in die Arena der Tagespolitik« gezerrt und, neben »mangelnden sachlichen Gründen«, insbesondere »persönliche Spitzen« eingesetzt zu haben. Srbik versuchte nun ebenfalls mit polemischen Bemerkungen, in denen er seiner Kontrahentin vorweg die wissenschaftliche Kompetenz absprach,[93] nachzuweisen, daß sich Aulards Äußerung von 1915 mühelos in die Tradition auch der französi-

---

[91] 1928 hat Hermann Aubin in einer Würdigung seines Vorgängers betont, daß sich Below »in zunehmenden Maße dieser Zeitschrift bedient (habe), in der er weniger seine sachlichen Beiträge als seine Kritik zu Wort kommen ließ. Namentlich in den letzten Jahren« habe er »im Besprechungsteil wachsam die Wege des [sic] Wissenschaft« kontrolliert. HERMANN AUBIN, Georg von Below als Sozial- und Wirtschaftshistoriker, in: VWSG 21 (1928), 1-32; hier: 14. Zu Below vgl. jetzt ausführlich HANS CYMOREK, Georg von Below und die deutsche Geschichtswissenschaft, Stuttgart 1998.

[92] Der Anteil der besprochenen französischen Literatur lag bis 1928 stets unter der Zahl der Rezensionen zur italienischen, holländischen, skandinavischen, ab 1926 auch zur englischen und amerikanischen, sowie zur polnischen und russischen Wissenschaft. Im Zeitraum zwischen 1924 und 1928 erschienen lediglich zwei Rezensionen zur französischen Geschichtswissenschaft bzw. zu Titeln in französischer Sprache. Entsprechend kritisch wurde die VSWG auch in Frankreich beurteilt. Mit Blick auf den ersten, 1922 erschienenen Nachkriegsband, notierte Lucien Febvre: »il n'y a d'articles, dans le fascicule que j'ai vue, que des articles allemands. L'ensemble est du reste médiocrement intéressant. Aucun changement dans la forme de la Revue, dans sa ré-presentation: la séance continue.« (L. Febvre an H. Pirenne, 31. 5. 1922, in: The birth of Annales history. The letters of Lucien Febvre and Marc Bloch to Henri Pirenne (1921-1935). Hg. Bryce und Mary Lyon, Brüssel 1991, Nr. 9, 37)

[93] Srbik stellt Hintzes Kritik am »Metternichschen System« dem Urteil ihres Mannes entgegen, »den sie mir erlauben« werde, »in diesen Dingen doch als die kompetentere Instanz anzusehen.« Dieser hatte in einer Rezension bemerkt, daß in Deutschland Metternichs »staatsmännische Bedeutung lange unterschätzt worden ist«, wie »ein kundiger Forscher wie Srbik« aufgezeigt habe. (Rez. von: Otto von Bismarck, Deutscher Staat. Ausgew. Dokumente, eingel. von Hans Rothfels, München 1925, in: ZfP 15, 1926, 380-384) Aus guten Gründen verschweigt Srbik allerdings Otto Hintzes eindeutige Absage an jeden Versuch, das System Bismarcks als politisches Vorbild zu aktualisieren in einer Zeit, in der »die demokratische Organisation sich der älteren monarchischen neuerdings im allgemeinen überlegen gezeigt hat.«

schen Sozialisten einreihen ließe, den Rhein als natürliche Grenze Frankreichs und damit als historische und geographische Begebenheit zu betrachten. Entgegen seiner Forderung nach Einhaltung wissenschaftlicher Objektivität führte Srbik letztlich selbst eine unwissenschaftliche, die Französische Revolution nicht mehr thematisierende und schließlich Politik und Historie vermischende Debatte fort, in der er abermals die von ihm Beschuldigten als Propagandisten einer gegen Deutschland gerichteten Eroberungspolitik zu entlarven suchte, die in den Eroberungen des revolutionären Frankreich ihren Ausgang genommen und bruchlos bis zum Ersten Weltkrieg angedauert habe. Sowohl in Proudhon als auch in Jaurès, dessen »ethische Persönlichkeit« er wie kein anderer hochschätze und sich dabei »auch von Frau Hintze nicht« übertreffen lassen wolle, meinte Srbik entschlossene Verfechter eines seit jeher gleichbleibenden französischen Anspruchs auf die Rheingrenze ausmachen zu können. Gänzlich verständnislos stand Srbik jedoch dem Verfasser der französischen Revolutionsgeschichte gegenüber, der sich zwar als Vizepräsident der »Liga für Menschen- und Bürgerrechte«[94] in anerkennenswerter Weise betätigt, zu den Anschuldigungen des Versailler Vertrages aber geschwiegen habe. Überhaupt habe Aulard seine Äußerungen in opportunistischer Weise taktischen Notwendigkeiten unterworfen. Seiner Kontrahentin empfahl Srbik »das ausgezeichnete und tapfere Buch Aloys Schultes«,[95] woraus besser als aus den Worten Hintzes zu ersehen sei, »wie ›der

---

[94] Als Vizepräsident der *Ligue des droits de l'homme et du citoyen* hatte Aulard den Abschnitt »Frankreich« des von WALTER FABIAN und KURT LENZ 1922 herausgegebenen Werkes »Die Friedensbewegung. Ein Handbuch der Weltfriedensströmungen der Gegenwart« (ND Köln 1985, 169-171) verfaßt. Allzu unbekümmert hatte der Patriot Aulard der deutschen Öffentlichkeit glaubhaft zu machen versucht, daß »Frankreich wohl die friedlichste aller Nationen« sei. In der Französischen Revolution sei das französische Volk »das einzige« gewesen, das »dem Kriege den Krieg erklärt« und in Zukunft nur noch »Verteidigungskriege« zugelassen habe. Das wahre Frankreich wollte Aulard nur in einem demokratisch regierten, republikanischen Frankreich erkennen, indem er alle anderen Abschnitte der französischen Geschichte, die Despotie Napoleons wie die Herrschaft der Bourbonenmonarchie, mit den friedlichen Traditionen des seit jeher demokratisch gesinnten Volkes für unvereinbar erklärte. Seine Überzeugung, daß nur die Demokratie Garant für einen völkerverbindenden Frieden sein könne, gipfelte in dem Schlußsatz, der auch das Denken Hintzes grundlegend bestimmte: »Der wahre Pazifismus ist die Demokratie.«

[95] ALOYS SCHULTE, Frankreich und das linke Rheinufer, Stuttgart 1918. Die mehrfach wieder aufgelegte, streckenweise chauvinistische, teilweise durchaus gelehrte »Streitschrift« des Bonner Professors gehörte in Deutschland lange Zeit zu den meistgelesenen Büchern zum Thema »Rheinkampf«. Zu Schulte vgl. MAX BRAUBACH, Aloys Schulte 1857-1941, in: 150 Jahre Rheinische Friedrich-Wilhelms-Universität zu Bonn 1818-1968. Bonner Gelehrte. Beiträge zur Geschichte der Wissenschaften. Geschichtswissenschaften, Bonn 1968, 299-310.

Hohepriester der modernen Jakobiner sein Evangelium vergißt, wenn es den Interessen Frankreichs hinderlich ist.‹«

Für Hedwig Hintze war die Debatte mit Srbiks Polemik keinesfalls erledigt. Erneut beschuldigte sie in der *Frankfurter Zeitung* den »Geschichtsprofessor Heinrich Ritter von Srbik« einer verfälschenden Zitierweise, die jeder »historischen Methode« Hohn sprechen und darüber hinaus »einer sich langsam anbahnenden Politik der Völkerverständigung neue Schwierigkeiten« bereiten müsse.[96] Dem unversöhnlichen Beharren Srbiks auf der Äußerung Aulards von 1915, bei der dieser von der »Lüge« als dem »Nationalgewerbe der Deutschen« gesprochen hatte, begegnete sie mit der wiederholten Forderung, endlich einen Schlußstrich unter die »unselige Kriegszeit« zu ziehen:

»... denn wir sind es unserer nationalen Ehre schuldig, alles zu vermeiden, was dem einstigen Mißurteile Aulards noch nachträglich einen Schein von Berechtigung verleihen könnte. Jene Kriegsatmosphäre der verblendenden Qualen und Delirien müssen wir endlich hinter uns lassen, um in die reineren Regionen der Klarheit und Wahrheit emporzusteigen.«

Auch die Redaktion der *Frankfurter Zeitung* sah sich nun ihrerseits gezwungen, sich in die Kontroverse einzuschalten. Gegen den Vorwurf Srbiks, daß ihm hier kein Raum für eine Gegendarstellung gewährt worden sei, antwortete die Redaktion mit dem vollständigen Abdruck eines Briefes an den Historiker, worin diesem allerdings Gelegenheit zu einer Replik des gleichen Umfangs eingeräumt worden war. Darüber hinaus nahm man in Frankfurt nun aber auch direkt zugunsten Hedwig Hintzes Stellung, indem man Srbik entgegnete, daß seine Erwiderung »die Beanstandungen von Frau Dr. Hintze nicht widerlegt hat.« Im Fall Jaurès‹, argumentierte die *Frankfurter Zeitung*, »fiele doch Ihnen die Beweislast für Ihre Behauptungen zu. Wir meinen, daß Frau Dr. Hintze schon ein Uebriges getan hat, als sie Zeugnisse für die Unrichtigkeit Ihrer Behauptung beibrachte, anstatt Ihnen den positiven Nachweis zu überlassen. Unseres Ermessens schließen Sie daher diesen Teil der Polemik zu Unrecht mit der Feststellung, daß Behauptung gegen Behauptung stehe.« Was Aulard betreffe, so habe seine »Entgleisung« nichts »mit dem fachlichen Werte seines viel älteren Werkes« zu tun, dessen Begrenzung Aulard im Vorwort selbst eingeräumt habe. Unter Vorbehalt einer sachlichen Prüfung des Inhalts hatte man, wie der Brief zeigt, Srbik also durchaus eine Stellungnahme zu den »präzisen Einwendungen von Frau Dr.

---

[96] HEDWIG HINTZE, Die Kampfesweise des Ritters von Srbik (datiert mit »Oktober 1926«), in: FZ, 10.1.1927, 1. Abendblatt.

Hintze« angeboten. Eine Antwort hat die *Frankfurter Zeitung*, wie abschließend vermeldet wurde, jedoch nicht erhalten.

Einen vernehmbaren Nachhall in der Geschichtswissenschaft hat die wissenschaftlich unergiebige Debatte, bei der es weder Sieger noch Besiegte geben konnte, soweit übersehbar, nicht gefunden.[97] Vielmehr ist deutlich geworden, in welchem Ausmaß die konservative Historikerschaft von einer, wie Isiah Berlin einmal für das intellektuelle Leben der deutschen Nachkriegsgesellschaft pauschal formuliert hat, »gegenaufklärerischen Mentalität« gefangen gewesen war.[98] Nur wenige Historiker waren wie Hedwig oder Otto Hintze bereit, das aus der Geschichtswissenschaft verfügbare kritische politische Potential entweder in den Dienst einer internationalen Verständigung zu stellen, oder, wie im Fall des letztgenannten, kritisches Bewußtsein einer notwendigen Reflexion über die Neuanfänge des staatlichen und gesellschaftlichen Lebens in Deutschland unter den Bedingungen der Republik nutzbar zu machen. Dagegen stand das Denken Srbiks im Zeichen einer prononciert vorgetragenen Abgrenzung gegenüber westlichen demokratischen Traditionen, die zumindest zum Teil in der Erforschung der Kriegsschuldfrage und der Vorgeschichte des Ersten Weltkrieges ihre konkrete Umsetzung erfahren hatte.[99] Helmut Reinalter hat Srbik als einen »sehr stark von der komplexen Wirklichkeit des alten Österreich um die Jahrhundertwende und der Zeit des Ersten Weltkrieges« geprägten Gelehrten charakterisiert, dessen historisches Werk deutlich die Einflüsse seiner politischen Haltung aufzeige.[100] So standen seine deutschnationale Gesinnung sowie sein »radikaler völkischer Nationalismus« einer Bereitschaft zu einer fachwissenschaftlichen Diskussion um eine von Hintze geforderte Neubewertung der Französischen Revolution grundsätzlich entgegen. Daß Srbik unter keinen Umständen zu einem Schlußstrich unter die Kriegsereignisse und zu einem Dialog mit der Geschichtswissenschaft des ehemaligen Kriegsgegners bereit

---

[97] Unterstützung hatte Hedwig Hintze offenbar von Walter Goetz erfahren, dem sie am 12. Januar 1927 schrieb: »Ihre Zustimmung zu meiner Srbik-Fehde war und ist mir um so wertvoller, weil sie dem unbekannten ›jungen Doktor‹ galt, hinter dem nicht die Empfehlung durch einen in Historikerkreisen bekannten Namen stand. Da ich aber wissenschaftlich und litterarisch in der Tat nichts weiter bin, als ein ›junger Doktor‹ – noch dazu weiblichen Geschlechts! –, so musste ich mich in dieser sehr unerfreulichen Angelegenheit sogar noch einmal wehren … Ich bin fest überzeugt, in dieser Fehde eine gute Sache von überindividueller Bedeutung zu vertreten.« In: BAK, NL Goetz, Nr. 35.

[98] Zit. n. FRITZ STERN, Die Historiker und der Erste Weltkrieg. Privates Erleben und öffentliche Erklärung, in: Transit 8 (1994), 116–136; hier: 129.

[99] Österreich-Ungarns Außenpolitik von der bosnischen Krise 1908 bis zum Kriegsausbruch 1914. Hg. HEINRICH RITTER VON SRBIK u. a., 9 Bde., Wien 1930. Vgl. HELMUT REINALTER, Heinrich Ritter von Srbik, in: Deutsche Historiker, Bd. 8, Göttingen 1982, 78–95; hier: 81.

[100] Ebd., 78.

Die Französische Revolution – ein »Prüfstein der Geister«   281

war, hat er in später noch mehrmals unter Beweis gestellt.[101] Trotz seiner späteren Mitgliedschaft im *Comité de coopération intellectuelle* des Völkerbundes, von der Edgar Bonjour berichtet hat, ließ der Metternich-Biograph während der zwanziger und dreißiger Jahre keine öffentliche Gesprächsbereitschaft mit der französischen Geschichtswissenschaft erkennen.[102]

Das ungewöhnlich starke, an französische Intellektuellen-Traditionen erinnernde und von festen moralischen und politischen Überzeugungen gleichsam getragene Engagement Hedwig Hintzes schadete ihrer weiteren Karriere zunächst nicht. 1926 wurde sie von Friedrich Meinecke mit der regelmäßigen Berichterstattung über französische Neuerscheinungen auf dem Gebiet der französischen Revolutionsgeschichte in der *Historischen Zeitschrift* betraut, die sie bis 1933 ausüben konnte. Hinzu kamen Beiträge und Rezensionen in der *Zeitschrift für Politik* und der *Zeitschrift für die gesamte Staatswissenschaft*. In Frankreich wurde Hedwig Hintze für ihr Engagement mit der Aufforderung Aulards geehrt, in die angesehene *Société de l'Histoire de la Révolution Française* einzutreten.[103] Auch über ihre Einleitung und anschlie-

---

[101] Aufschlußreich für Srbiks politische Haltung, ist ein Brief an seinen befreundeten Kollegen Wilhelm Bauer vom 29.11.1919. Zwar erkannte er der Sozialdemokratie »die notwendige und heilsame Förderung der Demokratisierung von Staat und Gesellschaft« an, doch erwies er sich selbst als hartnäckiger Anhänger der »Dolchstoßlegende«. Der deutschen, vor allem aber der ihm verhaßten österreichischen Sozialdemokratie lastete er an, »die Zerstörung der Front, das furchtbare Elend des Schandfriedens, die tiefste Schmach und Not« verursacht zu haben. Die Sozialdemokratie stehe letztlich »unter jüdischer Führung, ist von jüdischem, undeutschem Denken durchtränkt und fördert immer mehr auf Kosten des Deutschtums den Giftstoff im Volk, das Judentum.« – Lt. GÜNTHER RAMHARDTER, Geschichtswissenschaft und Patriotismus. Österreichische Historiker im Weltkrieg 1914–1918, München 1973, 187, hatte sich Srbik *im Krieg* weder publizistisch im Sinne der österreichischen Kriegszielpropaganda noch politisch betätigt. Einer politischen Neutralität entsprach dieses Verhalten jedoch keineswegs: Anders als sein Freund Meinecke war Srbik mitnichten bereit, als Fürsprecher der Republik aufzutreten. Als »Miterlebender, Mitkämpfer und Mitleidender« im »Kampf unseres Volkes in der Welt« hatte er sich zwar 1940, bemüht, den von nationalsozialistischer Seite angegriffenen Meinecke zu verteidigen, betonte aber, daß er dessen »Wandlung vom Konservativen zum Demokraten und Anwalt der Weimarer Republik nicht mitgemacht«, wie er ebensowenig dessen »Anschauungen in der Rassenfrage nicht geteilt« sowie dessen »Begriff der Kulturnation nicht gebilligt« habe. Im Gegensatz zu diesem glaubte Srbik nicht an das »Eiland reiner Wissenschaft« und hegte nicht »die Leidenschaft zum reinen Geist«, die Meinecke beherrsche, der »manchmal das Blut im Körper des Vergangenen nicht« verspüre. (Rez. von: Gerhard Schröder, Geschichtsschreibung als politische Erziehungsmacht, Hamburg 1939, in: HZ 162, 1940, 335–339)

[102] So rezensierte er zwischen 1918 und 1945 nur noch einen französischen Titel (Joseph Aulneau, Histoire de l'Europe centrale depuis les origines jusqu'à nos jours, Paris 1926, in: HZ 137, 1928, 509–514). Srbiks ablehnende Haltung spiegelte sich auch in seinem Verhalten auf dem Internationalen Historikertag 1938 in Zürich wider. Vgl. hierzu den Bericht Bonjours, in: ERDMANN, Ökumene der Historiker, 244.

[103] H. Hintze an W. Goetz, 12.1.1927, in: BAK, NL Goetz, Nr. 35.

ßende Verteidigung Aulards hinaus hat sich Hedwig Hintze weiterhin um eine Popularisierung seiner Revolutionsinterpretation in der deutschen Geschichtswissenschaft bemüht. »Je mehr ich in das Studium der Französischen Revolution eindringe«, schrieb sie im Januar 1927 an Walter Goetz, der Aulard für einen Beitrag in der von ihm herausgegebenen neuen »Propyläen-Weltgeschichte« zu gewinnen versuchte,

»um so klarer wird mir, wie nötig gerade in Deutschland eine Verbreitung der Aulard'schen Auffassung wäre ... Ich stehe Aulard keineswegs unkritisch gegenüber und kenne seine Grenzen sehr gut; aber von seinem Werk muß heute meines Erachtens eine wissenschaftliche Betrachtung des Revolutionszeitalters ausgehen, (man landet vielleicht an ganz anderen Gestaden!) und in Deutschland hält die ›offizielle‹ Auffassung in der Hauptsache immer noch bei Taine!«[104]

Obwohl der von Hintze vermittelte Kontakt zwischen Goetz und Aulard unverzüglich zustandegekommen war, mußte dieser, wie er Goetz mitteilte, trotz einer früher gegebenen Zusage seine Mitarbeit aus gesundheitlichen Gründen absagen.[105] Einen Tag zuvor hatte Aulard im Berliner Reichstag einen Kongreß des Weltverbandes der Völkerbundligen eröffnet.[106] Für die Propyläen-Weltgeschichte, die in den Augen ihres Herausgebers als Zeugnis einer neuen, demokratisch gesinnten deutschen Wissenschaft konzipiert gewesen war, konnte letztlich kein ausländischer Beitrag gewonnen werden.[107]

3. Kampf für die Weimarer Demokratie

Zweifellos war Hedwig Hintzes Studium der Geschichte der französischen Revolution konstitutiv für ihr wissenschaftliches und politisches Selbstverständnis. Nicht zuletzt leitete sie daraus ihre mit großem Enthusiasmus vorgetragene Forderung nach einer politischen und sozialen Realisierung der

---

[104] Ebd.
[105] A. Aulard an W. Goetz, 27.5.1927, in: BAK, NL Goetz, Nr. 32.
[106] Der Text ist u. d. T. »La Propagande pour la Société des Nations« abgedruckt im Juliheft der Zeitschrift »La paix par le droit«, 235–239.
[107] Vgl. zum Konzept der zehnbändigen Reihe WOLF VOLKER WEIGAND, Walter Wilhelm Goetz, 1867–1958. Eine biographische Studie über den Historiker, Politiker und Publizisten, Boppard a. Rh. 1992, 271 ff. Neben Aulard waren auch Pirenne, Huizinga, Gooch und De Sanctis als Bearbeiter eines Beitrags vorgesehen. Als Ersatz für Aulard verfaßte der in der Schweiz lebende deutsche Historiker Alfred Stern, ebenfalls ein Spezialist für der französischen Revolutionsgeschichte, einen Beitrag über »Die Französische Revolution und ihre Wirkung auf Europa« (Propyläen-Weltgeschichte, Bd. 7, Die Französische Revolution, Napoleon und die Restauration 1789–1848, Berlin 1929, 1–114). Vgl. hierzu Hintzes Kritik in: ZgesSt 90 (1931), 136–140.

demokratischen Prinzipien von 1789 in Deutschland ab. Aus ihren Studien zur französischen Revolutionsgeschichte- und Geschichtsschreibung bezog die Historikerin auch die entscheidenden Impulse für ihr langjähriges publizistisches und persönliches Engagement mit dem Ziel einer deutsch-französischen Verständigung. Diese betrachtete sie als unverzichtbare Voraussetzung für die Schaffung eines befriedeten und durch einen Völkerbund regierten Europa. Unter Berufung auf Kant und Jaurès wurde Hintze nicht müde, in fast jedem ihrer Aufsätze für die Propagierung einer europäischen Föderation auf der Grundlage eines deutsch-französischen Ausgleichs einzutreten. Welche konkreten Schritte zur Verwirklichung dieser pazifistischen Vision einzuschlagen waren, thematisierte sie jedoch nicht. Vielmehr nahm Hedwig Hintze, die ihr politisches Credo maßgeblich aus den Prinzipien der Französischen Revolution und der Philosophie des deutschen Idealismus bezog, von einer Diskussion tagespolitischer Streitpunkte deutlich Abstand. Wie ihre Rezeptions- und Vermittlungsbemühungen der Arbeiten Aulards gezeigt haben, waren ihre positiv-aufklärerischen und demokratischen Werte in erster Linie fachwissenschaftlich vermittelt. Umgekehrt war es Hintzes erklärtes Ziel, ihre politischen Botschaften im Medium der Fachwissenschaft über die engen disziplinären Grenzen hinaus zu transportieren, ohne sich jedoch in einer der demokratischen Weimarer Parteien persönlich zu engagieren.[108] Diese Haltung hat ihr den Vorwurf eingebracht, Wissenschaft und Politik nicht immer in gebotener Weise auseinanderzuhalten.[109]

Hedwig Hintze beschränkte sich nicht auf die allgemeine Forderung nach parlamentarischer Demokratie im Innern und nach Frieden und Zusammenarbeit auf internationaler Ebene. Ihre in den zwanziger Jahren verfaßten Artikel und Rezensionen lassen nicht nur die kenntnisreiche Historikerin der französischen Geschichte, sondern auch eine sensible Beobachterin und Kommentatorin der politischen Probleme ihrer Gegenwart erkennen. Im

---

[108] Anhaltspunkte, die auf eine Parteimitgliedschaft Hedwig Hintzes schließen lassen, ergeben sich weder aus ihrem publizistischen Werk noch aus ihren wenigen erhalten gebliebenen persönlichen Dokumenten. Ein konkretes parteipolitisches Engagement hätte vermutlich auch ihrem Anspruch auf die universelle Geltung ihrer humanitär-sozialistischen und pazifistischen Überzeugungen kaum entsprochen. JÜTTE, Hedwig Hintze, 272 f, vermutet, daß Hintze zu Beginn der zwanziger Jahre dem linksliberalen, die Zusammenarbeit mit den Sozialdemokraten suchenden Flügel der DDP nahegestanden und sich erst gegen 1929 der SPD angenähert habe.

[109] Diesbezügliche Skepsis, auch offenkundige Vorwürfe, kamen insbesondere in den Gutachten zu ihrer Habilitationsschrift zum Ausdruck. So äußerten Erich Marcks, Albert Brackmann und Fritz Hartung grundsätzliche Bedenken gegen eine überparteiliche Lehrtätigkeit Hintzes, während Otto Hoetzsch als Dekan sowie Karl Stählin als Zweitgutachter positiver urteilten. Selbst Albert Mathiez erhob diesbezüglich in seiner Rezension der Habilitationsschrift Hintzes Kritik.

Mittelpunkt ihres Interesses standen die Diskussion um die Krise der europäischen Demokratie, die Problematik des aufziehenden Faschismus und des insbesondere in Gelehrtenkreisen als Bedrohung empfundenen Bolschewismus.[110] Das drängendste Problem, das sich Hintze jedoch zuerst stellte, war die Gefährdung der Weimarer Republik. In der Zeit zwischen dem Abschluß ihrer Dissertation und ihrer Vertreibung aus Deutschland im Jahr 1933 galt daher ein Großteil ihrer publizistischen Aktivitäten der Stabilisierung und Rettung der ersten deutschen Demokratie. Aus den Texten, in denen sie sich auch mit einer Reihe deutscher Historiker, Staatsrechtler und Soziologen auseinandersetzte, ragen die Porträts heraus, mit denen Hedwig Hintze Hugo Preuß, den Schöpfer der Weimarer Reichsverfassung, darstellte. Seinem umfangreichen historischen und politischen Werk widmete sie 1927 zwei längere Würdigungen, die ihre erstaunlich breite Kenntnis auf dem Gebiet des deutschen Staatsrechts dokumentieren.[111] Hedwig Hintzes Einleitung zu Preuß' unvollendeter Verfassungsgeschichte sowie ihre von großer Sympathie getragene Charakterstudie des Historikers, Politikers und Juristen stellte in der Auseinandersetzung um die Legitimität des Verfassungswerks von Weimar eine Ausnahmeerscheinung dar. In ihrem Bemühen, die umstrittene republikanische Verfassung von 1919 als Ergebnis liberaler deutscher Staatstraditionen zu deuten und ihr auf diese Weise ihre historische Rechtmäßigkeit zu bescheinigen, erarbeitete sich Hintze in der historischen »Zunft« eine eigenständige Position. Mit ihrer die Weimarer Republik konsequent bejahenden Haltung hob sie sich selbst von Stimmen aus dem Lager gemäßigter oder »vernunftrepublikanischer« Kritiker der neuen Verfassung demonstrativ ab. Deutlich sichtbar wird diese Distanz im Vergleich zu den auffallend verhaltenen Urteilen, die Otto Hintze in seinen ›Staat und Verfassung‹ gewidmeten Artikeln formuliert hatte.[112] Auch in den wenigen Rezensionen aus der Feder anderer Weimarer Historiker kam eine unüber-

---

[110] Die Einschätzung BRIGITTA OESTREICHS, daß sich Hintzes Œuvre »etwas einseitig um ihr zentrales Thema gruppiert«, ist mit Blick auf ihre in diesem Kapitel untersuchten Rezensionen zu politikwissenschaftlichen Themen nicht aufrechtzuerhalten. (Hedwig Hintze, 429)
[111] HEDWIG HINTZE, Einleitung zu Hugo Preuß, Verfassungspolitische Entwicklungen in Deutschland und Westeuropa. Historische Grundlegung zu einem Staatsrecht der Republik, Berlin 1927, V-XX; DIES., Hugo Preuß. Eine historisch-politische Gesamtcharakteristik, in: Die Justiz. Zeitschrift für Erneuerung des deutschen Rechtswesens 2 (1927), 223-237. In dieses Umfeld gehört auch ihr Aufsatz: Der deutsche Einheitsstaat und die Geschichte, in: Die Justiz 3 (1928), 431-447. Diese Zeitschrift war Organ des »Republikanischen Richterbundes« in Deutschland.
[112] Vgl. hierzu etwa Otto Hintzes Auseinandersetzung mit Hans Kelsen, Rudolf Smend, Franz Oppenheimer, Hugo Preuß, Gottfried Salomon oder Carl Schmitt. Nachweis der Druckorte in der Bibliographie Otto Hintzes.

sehbare, wenn auch bisweilen wohlwollende Zurückhaltung gegenüber den nachgelassenen Arbeiten Hugo Preuß' zum Ausdruck. Dabei setzten sich die Verfasser der in der *Historischen Zeitschrift* und in *Vergangenheit und Gegenwart* erschienenen Besprechungen jedoch positiv von der scharfen Verfassungskritik eines Fritz Hartung ab.[113]

Wie die Arbeiten über Preuß zeigen, bildeten die deutsche und die französische Geschichte in der wissenschaftlichen Praxis Hintzes keine streng getrennten Arbeitsfelder. Charakteristisch für eine Vielzahl ihrer Schriften ist vielmehr eine vergleichende Untersuchung insbesondere derjenigen Abschnitte der deutschen und der französischen Vergangenheit, die sie positiv besetzen und in eine zukunftsweisende, auf gemeinsamen Traditionen beruhende Sicht der europäischen Geschichte integrieren konnte. Neben der erfolgreichen Französischen Revolution von 1789 lieferte, um nur ein Beispiel zu nennen, auch der demokratische Aufbruch von 1848 in Deutschland politische Identifikationsangebote. Mit Preuß teilte sie somit nicht nur ihre politischen Überzeugungen; Hedwig Hintzes Zustimmung zum Werk des Berliner Gelehrten galt in gleichem Maß auch seinem methodischem Vorgehen: die von Preuß unter dem späteren Titel »Verfassungspolitische Entwicklungen in Deutschland und Westeuropa. Historische Grundlegung zu einem Staatsrecht der Deutschen Republik« vergleichend konzipierte und von einem liberalen Standpunkt aus geschriebene Interpretation der Grundzüge der westeuropäischen Verfassungsentwicklung entsprach letztlich auch der Absicht Hintzes, die jeweiligen Nationalgeschichten aus ihrer Isolierung zu lösen und einer von demokratischen Idealen getragenen, europäischen Perspektive zugänglich zu machen. Ihre die demokratisch-liberalen Traditionen akzentuierende Sicht der deutschen Geschichte konnte Hintze daher vorzugsweise dort artikulieren, wo sie, wie im Fall der Preuß gewidmeten Arbeiten, deutsche und westeuropäische Entwicklungen zugleich diskutierte. Obwohl sie in ihren späteren Publikationen nur noch vereinzelt Bezug auf sein Œuvre nahm, sah sie in Preuß – neben dem von ihr zeitlebens verehrten Jean

---

[113] HZ 136 (1927), 532–535 (ROBERT HOLTZMANN); VuG 17 (1927), 400–401 (FRITZ FRIEDRICH). Zu Recht hat HANS SCHLEIER Holtzmann vorgeworfen, die politischen Auffassungen Preuß' umgangen zu haben und damit dem eigentlichen Kern der Gegensätze ausgewichen zu sein. (Hedwig Hintze, 287; 283) Anlaß zu öffentlichen Protesten, wie Schleier meint, hat Hedwig Hintzes Einleitung allerdings nicht gegeben. Dagegen hat Fritz Hartung Preuß' juristisches und publizistisches Werk als »unhistorisch« und »doktrinär« kritisiert. Preuß, so Hartung, sei es nicht auf den »geschichtlichen Verlauf als solchen« angekommen. »Die Geschichte« sei ihm vielmehr »Grundlage und Beweisführung für sein politisches Programm« gewesen. (FRITZ HARTUNG, Rez. von: Hugo Preuß, Staat, Recht und Freiheit. Aus 40 Jahren deutscher Politik und Geschichte. Mit einem Geleitwort von Theodor Heuss, Tübingen 1926, in: ZgesSt 83, 1927, 396–400).

Jaurès – vielleicht ihr wichtigstes Vorbild. Das Motiv der Liebe, das Preuß seiner mitten im Ersten Weltkrieg geäußerten Kritik am politischen System in Deutschland vorangestellt hatte, erinnert an Hintzes Einleitung Aulards: »Wenn vorurteilsfreie Liebe naturgemäß auch zur Kritik drängt«, auch wenn sie »manchmal herb erscheinen muß«, betonte Hintze in Übereinstimmung mit Preuß, sei sie doch »niemals lieblos«.[114] Gleichwohl behält die Feststellung Hans Schleiers ihre Gültigkeit, daß in Hintzes nur skizzenhaft entworfenem Bild von der deutschen Geschichte viele Fragen offenbleiben.[115] Auch kann keine abschließende Antwort auf die Frage gegeben werden, welche Schriften deutscher Autoren Hintze über die von ihr rezensierten Arbeiten hinaus rezipiert hat.[116]

Während sich die Forschung wiederholt auf Hedwig Hintzes Arbeiten über Hugo Preuß konzentriert hat, fehlen Untersuchungen über ihre Beziehungen zu weiteren von ihr favorisierten Wissenschaftlern, Politikern und Publizisten. So blieb ihre Beschäftigung mit Alfred Weber ebenso unberücksichtigt wie ihr Studium der Werke führender europäischer Sozialisten.[117] Daneben hat Hedwig Hintze, wie Andeutungen in ihrer Korrespondenz nahelegen, offenbar auch die Schriften des sozialdemokratischen Staatsrechtlers Hermann Heller sowie die Arbeiten protestantischer religiöser Sozialisten um Eduard Heimann und Paul Tillich aufmerksam rezipiert.[118] Von ih-

---

[114] PREUSS, Das deutsche Volk und die Politik, Jena 1915 (wieder abgedruckt in: Ders., Staat, Recht und Freiheit). HINTZE, Verfassungspolitische Entwicklungen, VIII.

[115] SCHLEIER, Hedwig Hintze, 285.

[116] Bis 1933 zeichnet sich ihr Gesamtwerk durch eine erstaunlich hohe Zahl von Besprechungen deutscher Arbeiten aus. Wie aber schon ein erster Blick auf diese Arbeiten zeigt, waren es hier weniger Kollegen aus dem historischen Fach, denen ihre wissenschaftliche und politische Aufmerksamkeit galt. Wichtige Anregungen vermittelten ihr die Debatten um die Weimarer Reichsverfassung und die in eine Krise geratene Staatsrechtswissenschaft. Sieht man von ihren Sammelberichten in der HZ und den der deutschen Geschichte oder deutschen Persönlichkeiten gewidmeten Beiträgen ab, so sind in der Zeit zwischen 1920 und 1933 sechzehn Artikel erschienen, in denen sich Hintze mit Arbeiten deutscher Historiker, Romanisten und Staatswissenschaftler auseinandergesetzt hat. In dieser Zahl sind die in Sammelrezensionen (vgl. die oben diskutierte Sammelbesprechung von 1923) erschienenen Kritiken nur einfach berücksichtigt.

[117] HEDWIG HINTZE, Rez. von: Alfred Weber, Die Krise des modernen Staatsgedankens in Europa, Stuttgart 1925, in: ZgesSt 80 (1926), 354-360. Auffällig ist weiterhin Hintzes Interesse an den Schriften bekannter Sozialisten. Vgl. ihre Rezension zu: Hendrik de Man, Zur Psychologie des Sozialismus, Jena 1926, in: ZfP 17 (1928), 477-479.

[118] Vgl. den bereits erwähnten Briefwechsel Hedwig Hintzes mit Walter Goetz. – Eduard Heimann (1889-1967), Volkswirtschaftler in Köln, Freiburg und Hamburg. 1918/19 Mitglied der von den Sozialdemokraten eingesetzten Sozialisierungskommission. 1933 Emigration in die USA und Professor an der New Yorker New School for Social Research. H. war Mitherausgeber der *Neuen Blätter für den Sozialismus* und gehörte dem von dem evangelischen Theologen und Philosophen Paul Tillich (1886-1965) geführten »Bund religiöser Sozialisten« an. In dieses Um-

rem Streit mit dem Wiener Historiker Srbik abgesehen, beschränkte sich Hedwig Hintze in der Öffentlichkeit etwa seit Mitte der zwanziger Jahre auf die Diskussion der Arbeiten von Autoren, die eindeutig dem linken politischen Spektrum zugerechnet werden müssen oder sich offen zum Sozialismus bekannten. Die Auseinandersetzung mit rechten französischen Strömungen, die sie kurz nach dem Ersten Weltkrieg noch öffentlich geführt hatte, war damit keinesfalls beendet. Diese fand jedoch nicht mehr in Form von Rezensionen oder Presseartikeln statt. Ganz im Gegenteil ist gesichert, daß Hintze auch die Werke ihrer politisch rechtsstehenden Fachkonkurrenz aufmerksam zur Kenntnis genommen hat. Insofern kann behauptet werden, daß ihr gesamtes historiographisches Werk auch als Ergebnis einer langjährigen Auseinandersetzung mit konservativ-nationalistischen Revolutionsdeutungen in Deutschland und Frankreich und damit als liberaldemokratischer Gegenentwurf zu den damals einflußreichen reaktionären Interpretationsmodellen zu verstehen ist.

Hintzes Engagement für die Republik von Weimar war weder inhaltlich auf theoretische Erörterungen noch zeitlich auf die Phase relativer Stabilität beschränkt. So unterstützte sie die Arbeit des 1926 von Friedrich Meinecke initiierten und schließlich von 64 Hochschullehrern gegründeten »Weimarer Kreises«, ohne jemals direkt an diesem Forum beteiligt worden zu sein.[119] Dennoch wird sich die Bestimmung des politischen Profils der Historikerin aufgrund der mangelhaften Quellenbasis nicht in Form einer parteipolitischen Programmatik konkretisieren, sondern vorläufig nur in Ansätzen vornehmen lassen. Die Kenntnis des historiographischen Œuvres Hedwig Hintzes bliebe somit unvollständig, wenn der Blick allein auf ihre Forschungen zur französischen Revolutionsgeschichte gelenkt würde. Ihre Option für die Weimarer Republik stellt keinesfalls eine von ihrer Historiographie abgekoppelte Anstrengung, sondern vielmehr deren Fundament dar. Daher sind die zahlreichen Würdigungen der Weimarer Reichsverfassung aus ihrer Feder ebenso wie ihr praktischer Einsatz im Rahmen des Weimarer Kreises und als demokratische Hochschullehrerin als integrale Bestandteile ihres wissenschaftlichen Wirkens anzusehen.[120] Anhand der bereits zitierten Ar-

---

feld ist auch der bekannte Staatsrechtler Heller einzuordnen, der ebenfalls dem Gründungskreis der *Neuen Blätter* angehörte. Auf Hintzes mögliche Verbindung zu diesem Kreis wird im zweiten Teil dieses Kapitels eingegangen.

[119] Vgl. hierzu grundlegend HERBERT DÖRING, Der Weimarer Kreis. Studien zum politischen Bewußtsein verfassungstreuer Hochschullehrer in der Weimarer Republik, Meisenheim a. G. 1975. Bis 1931 lautete der offizielle Name des Kreises »Vereinigung verfassungstreuer Hochschullehrer«.

[120] Die Geschlossenheit ihres Œuvres zeigt sich u. a. an der Tatsache, daß sie die wichtigsten

beiten über Hugo Preuß, aber auch ihrer hauptsächlich in der *Zeitschrift für Politik* erschienenen Rezensionen sollen daher Hintzes verfassungspolitische Vorstellungen hinsichtlich einer Neugliederung des Reiches präzisiert werden, die im Leitbild des »demokratischen, dezentralisierten Einheitsstaates« mündeten.

Schon ein erster vergleichender Blick auf die Herkunft, die Biographien und die Charaktere des Schöpfers der Weimarer Reichsverfassung und der Historikerin der französischen Revolutionsgeschichte lassen auffällige Parallelen erkennen, die eine spätere wechselseitige Wahrnehmung und Anerkennung beider Gelehrter fast als selbstverständlich erscheinen lassen mussten.[121] Aus dem assimilierten jüdischen Großbürgertum stammend, waren sowohl Hintze als auch Preuß, wie ihre zahlreichen Bekenntnisse zu Deutschland und zu einem »wahren Deutschtum« bezeugen, fest in die deutsche Kulturentwicklung eingebunden. Die Feststellung Dian Schefolds, daß kaum eine der Schriften des Berliner Millionärssohns ohne Zitate aus der schönen Literatur auskam, trifft in gleichem Maß auf die Tochter des Münchener Bankiers Moritz Guggenheimer zu, die bereits als Jugendliche mit selbstverfaßten Gedichten und literaturwissenschaftlichen Beiträgen aufgefallen war.[122] Beide erhielten trotz vollständiger Integration in das deutsche Geistes- bzw. Rechtsleben zeitlebens keine Professur an einer staatlichen Universität. Preuß, der als Privatdozent siebzehn Jahre und letztlich vergeblich auf den Erhalt eines ordentlichen Lehrstuhls gewartet hatte, erhielt erst 1906 einen Ruf an die neugegründete, ausschließlich aus privaten Mitteln finanzierte Berliner Handelshochschule, deren Rektor er 1918 wurde.[123] Auch in den Parteien, denen Preuß angehört hatte, blieb er politischer

---

aus ihren Rezensionen gewonnenen Ergebnisse erneut in ihrem Hauptwerk thematisierte. So kam sie im Schlußkapitel ihrer Habilitationsschrift auf die von ihr besonders geschätzten Persönlichkeiten zurück. Ein Teil dieses Kapitel ist u. d. T. »Nation und übernationale Bindung im Lichte des deutsch-französischen Fragenkreises« als separate Veröffentlichung erschienen in: Die Hilfe 35 (1929), 165–166.

[121] In der Literatur ist der Grund für die Beschäftigung Hintzes mit Preuß kaum reflektiert worden. So meint etwa FAULENBACH, Hedwig Hintze-Guggenheimer, 145: »Es lag für Hedwig Hintze nahe, die französische und die deutsche Entwicklung in vergleichender Perspektive zu sehen. So überrascht es nicht, daß sie aus dem Nachlaß von Hugo Preuß dessen unvollendetes Werk ... herausgab und einleitete ...«

[122] DIAN SCHEFOLD, Hugo Preuß (1860–1925). Von der Stadtverfassung zur Staatsverfassung der Weimarer Republik, in: Helmut Heinrichs (Hg.), Deutsche Juristen jüdischer Herkunft, München 1983, 429–453. Die von Hedwig Hintze teilweise unter dem Pseudonym »Hedwig Senta« veröffentlichten Gedichte befinden sich im Den Haager Teilnachlaß. Vgl. hierzu die Angaben im Literaturverzeichnis.

[123] Nachfolger Preuß' wurde 1928 Carl Schmitt, der seinem Vorgänger im Januar 1930 eine Rede widmete: CARL SCHMITT, Hugo Preuß. Sein Staatsbegriff und seine Stellung in der deut-

Außenseiter.[124] Sowohl Hintze als auch Preuß, dessen Ansichten in betontem Gegensatz zum staatsrechtlichen Positivismus seiner Zeit standen, verstanden und praktizierten ihre Wissenschaft als *politische* Wissenschaft.[125] Als Wissenschaftler und Vertreter einer begüterten Oberschicht traten sie offensiv für eine Politik ein, die, sozialdemokratischen in dem einen, sozialistischen Positionen in dem anderen Fall nahekommen, die bestehende Klassengesellschaft zugunsten einer sozialen Demokratie umzuwandeln suchte. Preuß hatte hierbei von einer Umwandlung des »Obrigkeitsstaates« in einen »demokratischen Volksstaat« gesprochen. Auch hinsichtlich der Leidenschaft und radikalen Schärfe, aber auch bezüglich ihres Temperamentes, mit dem beide Wissenschaftler ihre politischen Überzeugungen ungeachtet persönlicher Nachteile gegen zahlreiche Widerstände seitens politischer Rechtskreise verteidigten, zeigen sich manche Gemeinsamkeiten.[126] Ein spezifisch

---

schen Staatslehre, Tübingen 1930; u. d. T. »Hugo Preuß in der deutschen Staatslehre« leicht verändert wieder abgedruckt in: Die Neue Rundschau 41/1 (1930), 289–303. Schmitts sachliche und durchaus anerkennende Würdigung Preuß' und anderer jüdischer Gelehrter wurde wenige Jahre später von Seiten der SS benutzt, um den NS-Juristen zu stürzen. Zum Hintergrund ausführlich ANDREAS KOENEN, Der Fall Carl Schmitt. Sein Aufstieg zum »Kronjuristen des Dritten Reiches«, Darmstadt 1995, 721 ff.

[124] Vor 1918 Mitglied der Fortschrittlichen Volkspartei, schloß sich Preuß nach der Revolution der DDP an, die ihn allerdings nicht in den Reichstag entsandte und nach seiner Amtszeit als erster Innenminister der Weimarer Republik auch bei dem Wiedereintritt in die Reichsregierung im Oktober 1919 nicht berücksichtigte. Preuß blieb jedoch preußischer Landtagsabgeordneter. Nach dem Urteil Walter Jellineks war Preuß der »am weitesten links gerichtete Staatsrechtslehrer des damaligen Deutschlands«: WALTER JELLINEK, Entstehung und Ausbau der Weimarer Reichsverfassung, in: Handbuch des Deutschen Staatsrechts. Hg. Gerhard Anschütz u. a., Tübingen 1930, 127–138; 127.

[125] Vom Vorwurf des politisierenden Gelehrten sprach Preuß ausgerechnet – wohl mit Blick auf seine eigene Person – Carl Schmitt frei. Preuß, so erklärte Schmitt 1930, »der jahrzehntelang in der politischen Opposition stand und immer wieder auf die Prinzipien von Staat und Verfassung zurückging, mußte der herrschenden Staatslehre seiner Zeit als ein polemischer Schriftsteller erscheinen. Daher konnte ihm jeder, der hinter der herrschenden Lehre Deckung nahm, sehr leicht vorwerfen, daß er politisiere und daß es nicht reine Jurisprudenz sei, was er treibe. Heute durchschauen wir diese Art juristischer Reinheit. Wir wissen, daß es ein spezifisch politischer Kunstgriff ist, sich selbst als unpolitisch und den Gegner als politisch hinzustellen.« (SCHMITT, Hugo Preuß. Sein Staatsbegriff und seine Stellung in der deutschen Staatslehre, 5)

[126] Ein plastisches Porträt seines Freundes und Kollegen hat der Staatsrechtler GERHARD ANSCHÜTZ in seinen Erinnerungen gezeichnet: Vgl. Ders., Aus meinem Leben. Hg. Walter Pauly, Frankfurt a. M. 1993, 121 ff, der die lebenslange Zurücksetzung Preuß' jedoch nicht auf seine jüdische Herkunft zurückführt, sondern mit dessen politischen Ansichten begründet. Eine einschlägige Biographie Preuß' liegt bislang nicht vor. Zu nennen sind jedoch: GÜNTHER GILLESSEN, Hugo Preuß. Studien zur Ideen- und Verfassungsgeschichte der Weimarer Republik. Diss. Phil. Freiburg 1955 (Buchausgabe Berlin 2000. Mit einem Nachwort von Manfred Friedrich); ERNST MASTE, Hugo Preuß. Vater der Weimarer Verfassung, in: APuZ 43/60, 26.10.1960, 695–702;

»jüdischer« Aspekt ist in den Arbeiten Hintzes und Preuß' dagegen nicht erkennbar.[127] Die Feststellung Theodor Heuss', Preuß habe ein »Judenproblem nicht gekannt und anerkannt«, trifft zumindest bis 1933 auch für Hedwig Hintze zu.[128]

Die Frage, ob zwischen beiden Berliner Gelehrten auch persönliche Verbindungen bestanden haben, kann heute nicht mehr beantwortet werden.[129] Eine nur wenige Wochen nach seinem Tod im Oktober 1925 in der *Deutschen Juristen-Zeitung* erschienene Rezension von Hedwig Hintzes Einleitung der Revolutionsgeschichte Aulards belegt freilich, daß der Staatsrechtler schon frühzeitig auf die streitbare Historikerin aufmerksam geworden war.[130] Die Betreuung der Edition seiner nachgelassenen Schriften wurde indes nicht Hedwig Hintze übertragen, sondern von Theodor Heuss übernommen.[131] Gerhard Anschütz und Hedwig Hintze wurden jedoch vom Verlag Carl Heymann mit der Herausgabe des unvollendeten Manuskripts des »Staatsrechts der deutschen Republik« beauftragt, das nach den Plänen

---

SIEGFRIED GRASSMANN, Hugo Preuß und die deutsche Selbstverwaltung, Lübeck 1965; neuere Darstellungen von ERNST BENDA, Hugo Preuß und Gerhard Leibholz. Von der Weimarer Verfassung zum Grundgesetz, in: ZRGG 48 (1996), 291-302; sowie die dem Forschungsstand nicht mehr entsprechende Darstellung von GUSTAV SCHMIDT, Hugo Preuß, in: Deutsche Historiker, Bd. 7, Göttingen 1980, 55-68. Von einer seinem Werk angemessenen Rezeption Preuß' kann dennoch nicht gesprochen werden. Diese hat erst jetzt mit den Arbeiten von DETLEF LEHNERT, Hugo Preuß als moderner Klassiker einer kritischen Theorie der »verfaßten« Politik. Vom Souveränitätsproblem zum demokratischen Pluralismus, in: PVJS 33 (1992), 33-54; und DERS., Verfassungsdispositionen für die Politische Kultur der Weimarer Republik – Die Beiträge von Hugo Preuß im historisch-konzeptiven Vergleich, in: Ders./Klaus Megerle (Hg.), Pluralismus als Verfassungs- und Gesellschaftsmodell. Zur politischen Kultur in der Weimarer Republik, Opladen 1993, 11-47, eingesetzt, der Preuß nunmehr als modernen Theoretiker westlich-pluralistischer Politikmodelle präsentiert.

[127] Gleichwohl sehen DIAN SCHEFOLD, Hugo Preuß: »Aus dem großen Zusammenbruch den demokratischen Volksstaat retten«. Zwischen Obrigkeitsstaat, gemeindlicher Selbstverwaltung und Weimarer Verfassung, in: Recht und Politik 33 (1997), 27-37, und ROBERT JÜTTE, Hedwig Hintze, in den intellektuellen Positionen beider Wissenschaftler mittelbar einen jüdischen Beitrag zur Weimarer Republik. Ein Selbstzeugnis, daß auf ein bewußtes Bekenntnis zum Judentum schließen läßt, ist jedoch weder von Preuß noch von Hintze bekannt.

[128] HEUSS, Geleitwort zu Hugo Preuß, Staat, Recht und Freiheit, 15. Diese Haltung hat sie offenbar nach ihrer Vertreibung aus Deutschland aufgegeben. In einem im holländischen Exil verfaßten, undatierten Lebenslauf teilte Hintze mit, daß sie sich nunmehr auch für die »soziologischen und ideologischen Grundlagen der neuen jüdischen Kolonisation in Palästina« zu interessieren beginne.

[129] Der größte Teil des Nachlasses von Hugo Preuß ist beim Umzug seiner Söhne in das amerikanische Exil verlorengegangen. Vgl. GILLESSEN, Hugo Preuß. Auch im Teilnachlaß des Bundesarchivs Berlin befinden sich keine Briefe von oder an Preuß.

[130] Siehe Anm. 78.

[131] HUGO PREUSS, Staat, Recht und Freiheit.

Preuß' einen historisch-verfassungspolitischen, einen rechtstheoretischen Teil sowie einen Kommentar zur Weimarer Reichsverfassung umfassen sollte. Der Arbeitsüberlastung Anschütz' war es schließlich zu verdanken, daß mit Hintze eine Außenseiterin auf dem Gebiet des Staatsrechts den ersten, historischen Abschnitt eigenständig herausgeben und mit einer Einleitung versehen konnte.[132]

In ihren Porträts Hugo Preuß' verzichtete Hedwig Hintze bewußt auf eine Vollständigkeit anstrebende Darstellung der verfassungspolitischen und verfassungsrechtlichen Positionen, die der Staatsrechtslehrer in seinem umfangreichen wissenschaftlich und politisch-publizistischen Werk, insbesondere aber als Urheber der Weimarer Reichsverfassung vertreten hat.[133] Ohne Frage zeichnet sie die wissenschaftlich-intellektuellen Prägungen Preuß' durch Rudolf Gneist und Otto Gierke kenntnisreich nach, wie sie auch scharfsichtig den Einfluß angelsächsischen Denkens auf den Universalgelehrten hervorhebt. Dessen historisch-politisches Wirken verortete sie nicht mehr allein in der historischen oder juristischen Disziplin, sondern – heutige Einschätzungen vorwegnehmend – im Umfeld einer fächerübergreifenden »political science« anglo-amerikanischen Vorbilds.[134] Gleichwohl ging es der Historikerin weniger um ein ausführliches Porträt des Juristen, Staatsrechtlers und Historikers oder um die Diskussion einzelner Widersprüche seiner juristischen Konzeptionen. Mit Blick auf die damals gängige, insbesondere aber im rechten politischen Spektrum populäre Verfassungskritik stellt Hintze vielmehr einen Leitgedanken in den Vordergrund ihrer Arbeit, der den Kernpunkt der politischen Intentionen Preuß' prägnant erfaßt: die aus einem »wahren« Verständnis der deutschen Geschichte abgeleitete Legitimation

---

[132] So die Darstellung Hintzes in ihrem Lebenslauf (Leb. II). Den unvollendeten Kommentar hat Anschütz 1928 u. d. T. »Reich und Länder. Bruchstücke eines Kommentars zur Verfassung des Deutschen Reiches« herausgegeben. Den rechtstheoretisch-dogmengeschichtlichen zweiten Teil hatte Preuß noch nicht begonnen. Anschütz hat später den als »klassisch« geltenden Kommentar der Weimarer Reichsverfassung (Die Verfassung des Deutschen Reiches, 14. Aufl. 1933) und zusammen mit Richard Thoma das »Handbuch des Deutschen Staatsrechts« herausgegeben. Es ist bezeichnend für die politische Kultur der Weimarer Jahre, wenn ein demokratisch gesinnter Staatsrechtler wie Anschütz fälschlicherweise für »jüdisch« gehalten wurde. Vgl. SIEGMUND KAZNELSON (Hg.), Juden im deutschen Kulturbereich. Ein Sammelwerk, Berlin, 2. Aufl. 1959, 1045. Dort eine Liste der für Juden gehaltenen Nichtjuden.

[133] Neben den Porträts von THEODOR HEUSS und CARL SCHMITT sind die ebenfalls von Sympathie und Anerkennung diktierten Arbeiten von ERNST FEDER, Hugo Preuß. Ein Lebensbild, Berlin 1926; und WALTER SIMONS, Hugo Preuß, Berlin 1930; nachzutragen.

[134] HINTZE, Hugo Preuß, 223. Mit dieser Einschätzung Preuß' als (modernen) Politikwissenschaftler kommt Hintze der Definition von LEHNERT, Hugo Preuß als moderner Klassiker, 48, sehr nahe, der das wissenschaftliche Profil des Gelehrten mit der Formel »rechtliche, historische und theoretische Grundlagen der Politik« zu beschreiben versucht.

des Weimarer Verfassungswerks. In einer Art ununterbrochener Zwiesprache, die auch ihre eigenen Positionen deutlich hervortreten läßt, versucht sie mit Preuß zu beweisen, daß die neue republikanische Verfassung des Deutschen Reiches trotz ihrer Entstehung im Kontext von Kriegsniederlage und Revolution unzweideutig in der Kontinuität der *positiven* Traditionen deutschen Verfassungsdenkens steht. Bei aller Singularität der deutschen Nationalstaatsentwicklung plädierte sie dafür, diese als Bestandteil der westeuropäischen Verfassungsgeschichte zu begreifen.[135] Es kann kein Zweifel bestehen, daß Hedwig Hintze die Weimarer Reichsverfassung somit auch als zwar verspätete, aber konsequente Verwirklichung der »Ideen von 1789« interpretierte. Als Anwältin Preuß' verteidigt sie gewissermaßen dessen politisches Vermächtnis, wenn sie sich energisch gegen das von gesellschaftlichen Rechtskreisen in Umlauf gesetzte, böswillige Schlagwort von der »undeutschen« Verfassung wendet:

»Seltsames und nicht immer gutgläubiges Mißverstehen ist so weit gegangen, das Werk von Weimar als ›undeutsch‹ zu verrufen, und sein Schöpfer selbst hat das Wort von der ›undeutschen‹ Reichsverfassung mit erfrischender Deutlichkeit als ›eines jener Schlagworte‹ gekennzeichnet, ›die trotz ihrer bodenlosen Dummheit und Verlogenheit doch schlau auf Wirkung in die Breite berechnet sind.‹«[136]

Die Weimarer Verfassung erscheint demnach nicht mehr als eine dem Deutschen Reich von den Siegermächten oktroyierte, den deutschen historischen Gegebenheiten nicht entsprechende und daher »wesensfremde« Ordnung. Sie steht vielmehr als notwendiges Erbe am Ende einer durch »nationale Zer-

---

[135] Diese Haltung implizierte jedoch die strikte Leugnung jeglicher verfassungsrechtlicher Kontinuität der Weimarer Ordnung zum Bismarck-Reich. Während Preuß und Hintze auf der Feststellung eines radikalen demokratischen Neubeginns insistierten (wobei sie sich hier auf einer Linie mit den politisch rechtsstehenden Historikern befanden, die die Weimarer Verfassung als tiefgreifenden Bruch mit der deutschen Geschichte interpretierten), betrachtete die Mehrheit der prorepublikanischen Historiker die Weimarer Verfassung dennoch als »Abschluß einer innerpolitischen Entwicklung«, die, wie etwa Friedrich Meinecke ausführte, »von dem Herrschaftsstaate der absoluten Monarchie über die Stufe der konstitutionellen Monarchie hinüber zum vollen demokratischen Gemeinschaftsstaate führte.« Vgl. BERND FAULENBACH, Ideologie des deutschen Weges. Die deutsche Geschichte in der Historiographie zwischen Kaiserreich und Nationalsozialismus, München 1980, 250.

[136] HINTZE, Verfassungspolitische Entwicklungen, VII. Mit seinem »Die ›undeutsche‹ Reichsverfassung« betitelten, am 16. 2. 1924 in der *Vossischen Zeitung* erschienenen Artikel hatte sich Preuß vehement gegen die Verunglimpfung der Weimarer Verfassung als »undeutsch« zur Wehr gesetzt (wieder abgedruckt in PREUSS, Staat, Recht und Freiheit, 473–481). Nach KURT SONTHEIMER, Antidemokratisches Denken in der Weimarer Republik. Die politischen Ideen des deutschen Nationalismus zwischen 1918 und 1933, München, 3. Aufl. 1992, 188, war es »ein Gemeinplatz der antidemokratischen Literatur«, die Weimarer Reichsverfassung als »fremdes Gewächs« zu bezeichnen.

rissenheit« geprägten deutschen Geschichte. Übereinstimmend mit Preuß stellt Hintze fest, daß mit dieser demokratisch-republikanischen Verfassung erstmals ein »nationaler deutscher Staat« entstanden ist. »In Deutschlands schwerster Stunde geboren«, vermochte diese in Hintzes Augen endlich »dem dumpfen, gärenden und allzu leicht abirrenden Einheitswillen des deutschen Volkes ... den Rahmen [zu] schaffen«, der der Vergangenheit und dem Wesen des deutschen Volkes am besten entspreche.[137] Preuß sei es, wie Hintze betont, nicht darum gegangen, die Republik als die bessere Staatsform gegenüber der Monarchie zu propagieren. Vielmehr habe er die Erkenntnis gewonnen, daß die Weimarer Republik »mit elementarer Notwendigkeit aus der geschichtlichen Entwicklung und aus der zwingenden politischen Lage« hervorgegangen war, »ohne daß sie zielbewußt von einer Partei erstrebt und durch List oder Gewalt durchgesetzt worden wäre.«[138] Nicht nur vor dem Hintergrund der deutschen Geschichte, sondern auch nach dem »furchtbarsten Zusammenbruch, den die deutsche Geschichte« kenne, gebe es, wie Hintze bekräftigte, zur Republik keine Alternative. Mit Pathos unterstrich sie dabei das Verdienst Preuß':

»Und dann kam der große historische Moment, da der aus den tiefen Schichten des Volkes aufgestiegene einfache Arbeiterführer, der klassenbewußte überzeugte Sozialist Friedrich Ebert und der geistig hervorragende Repräsentant des besitzenden und gebildeten Bürgertums, der Theoretiker des Liberalismus und der korporativen Selbstverwaltung, der damalige Rektor einer Berliner Hochschule Hugo Preuß einander fanden, sich zusammentaten zu selbstlos-entsagungsvoller Arbeit im Dienste des schwer geprüften deutschen Volkes.«[139]

Wie »deutsch« die Weimarer Reichsverfassung in ihrem Ergebnis schließlich war, das mußte Preuß, wie Hedwig Hintze ausdrücklich bemerkt, mit »resigniertem, aber schmerzdurchtöntem Humor« feststellen, als er angesichts der bestehenden Reste der Länderstaatlichkeit die Defizite der territorialen Neugliederung des Reiches bilanzierte. Die Preuß vorschwebende, bereits in den Verfassungsdebatten der Paulskirche erörterte Konzeption eines »dezentralisierten Einheitsstaates«, die den Ländern nur noch die Rolle als Selbstverwaltungskörperschaften zuwies, hatte sich 1918/19 in Anbetracht der verbliebenen Autonomien der Länder, insbesondere Preußens und der süddeutschen Territorien, nicht durchsetzen lassen.[140] Die von Preuß - in

---

[137] Ebd.
[138] HINTZE, Hugo Preuß, 231.
[139] HINTZE, Verfassungspolitische Entwicklungen, XVII.
[140] Auf die einzelnen Verfassungsentwürfe und deren Umsetzung in der Verfassung kann hier nicht eingegangen werden. Vgl. hierzu JASPAR MAUERSBERG, Ideen und Konzeption Hugo Preuß' für die Verfassung der deutschen Republik 1919 und ihre Durchsetzung im Verfassungswerk

Anwendung seines aus der Weiterentwicklung der Genossenschaftstheorie Gierkes gewonnenen politischen Genossenschaftsbegriffes – geplante Neuordnung der verfassungspolitischen Struktur des Reiches, die eine Stärkung der Reichsgewalt, eine horizontale Gliederung der Länder sowie eine Aufteilung Preußens zugunsten eines unitarischen Volksstaates vorsah, scheiterte jedoch nicht nur am Widerspruch der Länder.[141] Auch innerhalb der Fachwissenschaft regte sich, wie Bernd Faulenbach gezeigt hat, erbitterter Widerspruch am Konzept der Aufteilung Preußens, auch wenn Historiker wie Meinecke, Delbrück und Rachfahl die historische Mission des größten deutschen Landes für beendet erklärt hatten.[142] Mit diesem machtpolitischen Konstruktionsfehler der Weimarer Republik kam daher erneut die in Preuß' Augen verhängnisvollste Konstante der deutschen Geschichte zum Vorschein: jene Eigenstaatlichkeit der Länder, die bereits im Mittelalter in Gestalt der eine »antinational-dynastische Politik« treibenden Landesfürstentümer (nach Preuß lediglich »Surrogate echter staatspolitischer Gemeinwesen«) ihren Ausgang genommen hatte. Während es, wie Preuß in seiner 1906 erschienenen Geschichte des deutschen Städtewesens schilderte,[143] in den meisten europäischen Nationalstaaten zu einem Sieg der »Einheit über die Vielheit« gekommen war, habe der die deutsche Geschichte bestimmende Partikularismus zu keiner Zeit überwunden werden können. Die für die neuere Staatsbildung so unentbehrlichen korporativen wie nationalen Momente seien in Deutschland, anders als in England und Frankreich, verkümmert.[144]

Für Hedwig Hintze konnte kein Zweifel an der Tatsache bestehen, daß der preußische Staat seine Integrationsfunktion für das Reich mit dem Ende des Weltkrieges verloren hat. Im Zentrum der »Hohenzollernlegende«, der

---

von Weimar, Frankfurt a. M. 1991; sowie CHRISTOPH GUSY, Die Weimarer Reichsverfassung, Tübingen 1997, 28 ff. Zum staats- und verfassungstheoretischen Diskurs ULRICH K. PREUß, Die Weimarer Republik – ein Laboratorium für neues verfassungsrechtliches Denken, in: Andreas Göbel u. a. (Hg.), Metamorphosen des Politischen. Grundfragen politischer Einheitsbildung seit den 20er Jahren, Berlin 1995, 177–187; sowie SONTHEIMER, Antidemokratisches Denken in der Weimarer Republik, 63 ff.

[141] Zur Problematik des Verhältnisses von Reich und Ländern in der Weimarer Republik vgl. LUDWIG BIEWER, Reichsreformbestrebungen in der Weimarer Republik. Fragen zur Funktionalreform und zur Neugliederung im Südwesten des Deutschen Reiches, Frankfurt a. M. 1980; sowie GERHARD SCHULZ, Zwischen Demokratie und Diktatur. Verfassungspolitik und Reichsreform in der Weimarer Republik, Bd. 1: Die Periode der Konsolidierung und der Revision des Bismarckschen Reichsaufbaus 1919–1930, Berlin 1963.

[142] FAULENBACH, Ideologie des deutschen Weges, 273 ff.

[143] HUGO PREUß, Die Entwicklung des deutschen Städtewesens, Bd. 1: Entwicklungsgeschichte der deutschen Städteverfassung, Leipzig 1906.

[144] HINTZE, Verfassungspolitische Entwicklungen, VIII ff.

Identifizierung der deutschen Geschichte seit dem 18. Jahrhundert mit dem Aufstieg Preußens, stand die Gestalt Friedrichs des Großen:

»Gewiß, auch in den maßgebenden Kreisen der Fachhistoriker besitzt heute die Legende von der bewußt deutschnationalen Politik der Hohenzollern keine Geltung mehr; aber unverantwortliche Parteipolitiker, Filmdichter, und eine nach Heldenverehrung lechzende, irregeleitete Jugend treiben auch heute noch mit der Gestalt Friedrichs des Großen, der uns zum deutschen Nationalstaat niemals Führer war, noch sein kann, einen Mißbrauch, der als Gegenschlag schon recht unerfreuliche Geschichtsklitterungen von nicht eben berufener Seite ausgelöst hat.«[145]

Die Legitimation der Weimarer Verfassung erfolgte bei Hugo Preuß und Hedwig Hintze jedoch nicht ausschließlich mit dem pragmatischen Argument der 1918 notwendig gewordenen Rettung der Einheit der Nation.[146] Selbst im Gegensatz zur Mehrheit der linksliberalen Historiker und Publizisten beriefen sich beide auf die nun verwirklichten demokratischen Traditionen der deutschen Geschichte, die sie ansatzweise in der Reformation und im Bauernkrieg des 16. Jahrhunderts, »dem von demokratischem Geist beseelten Handeln der Bürgerschaft in den Reichsstädten«, den Freiheitskriegen und schließlich in dem von Preuß als größten deutschen Staatsmann und Staatsdenker verehrten Freiherrn vom Stein sahen.[147] So widersprach Hintze etwa der in der »Zunft« vorherrschenden Deutung der Befreiungskriege, die sie »ganz im Einklang mit den Ideen von 1789 und den Lehren Immanuel

---

[145] Ebd., XII. Inwieweit sich Hintze mit ihrer letzten Bemerkung auf die Friedrich-Biographie Werner Hegemanns (Fridericus oder das Königsopfer, Hellerau 1924) bezieht, der das in der gebildeten Öffentlichkeit vorherrschende Bild des Preußenkönigs demontiert und die akademische Geschichtswissenschaft in Deutschland der Apologie beschuldigt hat, kann aufgrund der ungünstigen Quellenlage nicht beantwortet werden. Der Streit um Hegemanns Kritik an Friedrich dem Großen, der auch Hedwig Hintze nicht entgangen war, befand sich 1927 auf einem Höhepunkt. In weithin beachteten Rezensionen hatten sich mit Veit Valentin und Eckart Kehr auch linksliberale Historiker kritisch mit den Friedrich-Büchern Hegemanns auseinandergesetzt, die sie wegen ihrer unzureichenden wissenschaftlichen Fundierung ablehnten. Hedwig Hintzes Rezensionen der Bücher Hermann Wendels legen den Schluß nahe, daß sie sich ausführlicher mit den im Umkreis der »Historischen Belletristik« entstandenen Werken auseinandergesetzt hat. Denkbar ist, daß sie mit Wissen um die politischen Hintergründe der Kampagne gegen die »Historische Belletristik« und aus Rücksicht auf einen anderen Außenseiter der »Zunft« Hegemann nicht direkt angriff. Zum Hintergrund ausführlich CHRISTOPH GRADMANN, Historische Belletristik. Populäre historische Biographien in der Weimarer Republik, Frankfurt a. M. 1993, 156 ff.

[146] Vgl. hierzu FAULENBACH, Ideologie des deutschen Weges, 248 ff, der zeigt, in welchem Ausmaß selbst Befürworter der Weimarer Republik diese aus Furcht vor einer drohenden Klassenherrschaft weniger mit Hilfe demokratischer Prinzipien, sondern im Hinblick auf eine Überwindung der revolutionären Situation überwiegend »instrumental« begründeten.

[147] HINTZE, Hugo Preuß, 232.

Kants« betrachtete. Dagegen wurde in der Perspektive Preuß' und Hintzes die durch Bismarck vollzogene Reichseinigung und das wilhelminische Obrigkeitssystem ausdrücklich vom positiven Traditionsbestand der deutschen Geschichte ausgenommen.[148]

Mit ihrer Einschätzung der deutschen Geschichte, die Preuß und Hintze im wesentlichen unter dem Blickwinkel der verspäteten und deshalb »tragischen« Nationalstaatsbildung betrachteten, befanden sich beide Historiker nur vorübergehend im Einvernehmen mit der Mehrheit der deutschen Historiker. In dieser Perspektive hatte auch Hedwig Hintze die deutsch-französische Geschichte zunächst unter dem Gesichtspunkt der in beiden Ländern konträr verlaufenden Herausbildung des nationalen Einheitsstaates gedeutet.[149] Während sie die Kritik am historischen deutschen Partikularismus wohl mit den meisten ihrer Fachkollegen teilte, verband sie diese jedoch nicht mit einer Anklage gegen die Weimarer Parteiendemokratie. Ganz im Gegenteil verweisen sowohl Hintze als auch Preuß auf die in der deutschen Geschichte vorhandenen Ansätze einer unter demokratischen Vorzeichen stehenden Einheitsbildung, wie sie etwa in der Revolution von 1848 angelegt war. Deren »tiefste(n) Sinn« und »höchste historische Berechtigung« sah Hintze in der Absicht, »die deutsche Einheit auf Grund der Souveränität des Volkes« zu schaffen – ein Vorhaben, das »nach dem Versagen der Fürsten« gescheitert war und weder mit dem Aufstieg Preußens kompensiert noch mit der Reichsgründung Bismarcks verwirklicht werden konnte.[150] Ungeachtet ihrer kritischen Sicht auf die Geschichte der deutschen Einheitsbildung konnte das zentralistisch organisierte und regierte Frankreich hier nur noch

---

[148] Ebd., 234. Preuß habe sich, wie Hintze betonte, gegen jene Wurzel des Wahns gewehrt, »der nur diese militärisch obrigkeitliche Staatsbildung als deutscher Art entsprechend anerkennen, all jene anderen Strömungen, von deren lebendigem Geiste die deutsche Geschichte durchzogen ist, als ›undeutsch‹ verwerfen will.« Bereits vor Kriegsausbruch habe er »zu den wenigen hellsichtigen und sorgenvollen deutschen Patrioten gehört, die der von kernhafter Tüchtigkeit des deutschen Volkes getragene große wirtschaftliche und kulturelle Aufschwung während des wilhelminischen Zeitalters nicht über die bedenklichen und tief wurzelnden Schäden des ganzen Systems hinwegtäuschen konnte.« Vgl. auch Preuß' »Denkschrift zum Entwurf des allgemeinen Teils der Reichsverfassung vom 3.1.1919«, in der es heißt: »Der neue Bau des Deutschen Reichs muß also ganz bewußt auf den Boden gestellt werden, den Bismarck bei seiner Reichsgründung ganz bewußt nicht betreten hat.« PREUß, Staat, Recht und Freiheit, 370.

[149] HEDWIG HINTZE, Der deutsche Einheitsstaat und die Geschichte, in: Die Justiz 3 (1928), 431–447.

[150] Ebd., 441 ff. »Das heutige Deutschland«, so Hintze, bringe »wieder Verständnis auf für die Enttäuschung und Verbitterung der alten Achtundvierziger, die in dem auf Blut und Eisen gegründeten Reich nicht das einige Deutschland ihrer Hoffnung erblicken konnten.« Im Kontext ihrer positiven Bewertung der Revolution von 1848 muß auch ihr Porträt des liberalen Publizisten Ludwig Bamberger (Die Justiz 8, 1932/33, 145–158) gelesen werden.

bedingt als Vorbild fungieren: unter der Herrschaft Napoleons »zum Machtmittel eines despotischen Herrscherwillens geworden«, konnte der gegenwärtige französische Zentralismus kaum noch den republikanischen und demokratischen Traditionen des Landes entsprechen.[151]

Obwohl Hedwig Hintze die deutsche und die französische Geschichte vorrangig unter dem Aspekt der nationalstaatlichen Einheitsbildung (nicht aber in einer etatistischen Perspektive) betrachtet, ist ihre Distanz zu der in der deutschen Historikerschaft greifbaren, durch die Erfahrung der Niederlage und die Ablehnung der demokratischen Staatsform gespeisten »Sonderwegsideologie« unübersehbar. In radikaler Umkehrung dieser Sichtweise ist ihr Blick auf die deutsche Geschichte nicht von der Apologie einer spezifisch »deutschen« verfassungsgeschichtlichen Entwicklung bestimmt, sondern durch die Betonung historischer Alternativsituationen gekennzeichnet, wie sie sich etwa mit der Revolution von 1848 ergeben habe. Die von ihr im Gegensatz zu vielen anderen Demokraten aus dem bürgerlich-liberalen Lager erhobene Forderung nach einem gefestigten demokratischen deutschen Nationalstaat beruhte demnach nicht auf der Hoffnung einer schnellen Wiederaufrichtung der im Krieg besiegten Großmacht.[152] Vielmehr war die Historikerin tief überzeugt vom endgültigen Ende des Zeitalters der ›klassischen‹ Nationalstaaten, wie sie die europäische Landkarte im 19. Jahrhundert geprägt hatten. Ihr an Preuß orientierter Ruf nach einem deutschen Einheitsstaat fand seine Berechtigung nur in der Schaffung der notwendigen Voraussetzungen für ein geeintes Europa auf der Grundlage einer Föderation freier Staaten und war somit, entgegen den in der deutschen Historikerzunft vorherrschenden Deutungsmustern, nicht rückwärtsgewandt, sondern in die Zukunft gerichtet. Auch in der Propagierung dieser Vision trafen sich Hintze und Preuß ein weiteres Mal: während das von der Historikerin vertretene Ideal eines geeinten Europa der politischen Philosophie eines Kant und Jaurès entlehnt war, mußte sich die Forderung nach einem Völkerbund bei Preuß zum einen fast zwangsläufig aus seinem Leitbild der sich von der kommunalen Teilautonomie über den parlamentarischen Verfassungsstaat

---

[151] Ebd., 446. Hintergrund dieser kritischen Einschätzung war das Aufkommen nationalistisch-regionalistischer Gegenströmungen im 19. Jahrhundert, die Hintze in ihren frühen Arbeiten thematisiert hat.

[152] So schrieb etwa Gerhard Anschütz in seinen Erinnerungen: »Die demokratische Idee ist bei mir – auch hier folgte ich den bedeutenden Männern, wie, Friedrich Naumann und Max Weber an der Spitze, [die] mir Führer und Vorbild waren – stets Hand in Hand gegangen mit einer anderen Idee, der nationalen«. Die Anschütz »vorschwebende Staatsform war weniger liberalistisch, individualistisch als machtpolitisch ... gedacht. Demokratische Einrichtungen als Mittel zum Zweck der Stärkung der Staatsgewalt, das war der Grundgedanke.« (Aus meinem Leben, 161 ff)

bis zur internationalen (Rechts-)Gemeinschaft erstreckenden Bürgergenossenschaft ergeben.[153] Zum anderen muß Preuß als Anhänger universalistischer Prinzipien gesehen werden, wie sie in der Französischen Revolution zum Ausdruck gekommen waren.[154] In den »Ideen von 1789« sah auch er die grundlegenden Gestaltungsprinzipien einer zukünftigen europäischen Ordnung. »Als letzte Krönung des Werkes von Weimar« hatte Preuß, wie Hintze zutreffend interpretierte, »ein überstaatliches Ideal vorgeschwebt …«[155] Als notwendige Folge dieses Zieles teilte auch sie die strikte Ablehnung des Versailler Vertrages, den sie erneut als »Machwerk« und »unmenschliches Diktat« und damit als ein dem Völkerrechtsgedanken zuwiderlaufendes Machtinstrument der Siegermächte und schwere Belastungsprobe für die junge deutsche Demokratie kritisierte.[156]

In Hugo Preuß fand Hedwig Hintze nicht nur den Theoretiker des demokratischen Verfassungsstaates oder den engagierten Verfechter des Völkerbundgedankens. Auch das von Preuß in seinen Schriften entwickelte Konzept der Demokratie als *sozialer* Demokratie, das die Historikerin als Weiterentwicklung des Sozialismusbegriffs von Jean Jaurès verstand,[157] deckte

---

[153] LEHNERT, Verfassungsdispositionen, 25 f, spricht in diesem Zusammenhang treffend von »doppelter Relativierung des souveränen Machtstaates«.

[154] Zu Preuß' Rezeption dieses Ideenkomplexes vgl. GILLESSEN, Hugo Preuß, 43 f. Bereits 1888 hatte Preuß die allgemeine Gleichgültigkeit gegenüber dem kommenden *Centenaire* beklagt und an die »ideelle internationale Gemeinschaft der Staaten und Völker« erinnert, »deren historisches Geburtsjahr nun einmal 1789, deren Hebamme die große französische Revolution« sei. Bei aller Anerkennung der weltgeschichtlichen Bedeutung der Revolution von 1789 sah Preuß auch die Grenzen ihrer politischen Botschaft. (Die Jubelfeier der Französischen Revolution 1888, in: Staat, Recht und Freiheit, 538-550; 539)

[155] HINTZE, Verfassungspolitische Entwicklungen, XX.

[156] »Die deutsche Demokratie«, hatte Preuß am 24. Februar 1919 vor der Weimarer Nationalversammlung ausgeführt, könne nur einen Völkerbund begrüßen, der »selbst eine wahrhaft demokratische Verfassung hat, der die Freiheit und Gleichberechtigung aller seiner Glieder ohne Rückhalt und Vorbehalt anerkennt. Wir wollen keine Bürger minderen Rechts in unserm Reich, aber wir wollen auch nicht ein Glied minderen Rechts in einem Völkerbunde sein.« PREUß, Begründung des Entwurfs einer Verfassung für das Deutsche Reich, in: Staat, Recht und Freiheit, 394-421; 400. Aus Protest gegen die Annahme des Versailler Vertrages war Preuß als Innenminister mit dem Kabinett Scheidemann zurückgetreten. Zu welchen Affekten der Versailler Vertrag selbst bei überzeugten Demokraten führen konnte, zeigt sich bei Gerhard Anschütz. In seiner 1922 an der Universität Heidelberg gehaltenen Rektoratsrede »Drei Leitgedanken der Weimarer Reichsverfassung« hatte dieser ausgeführt: »Kehrt euren Haß aber nicht gegen eure Volksgenossen und Mitbürger, kehrt ihn dahin, wo er hingehört. Der Feind steht nicht links und nicht rechts, er steht am Rhein; da steht er, der einzige, mit dem es nicht Friede noch Versöhnung gibt…« (Zit. nach PAULY, Zu Leben und Werk von Gerhard Anschütz, XIII)

[157] Preuß' Argumente für die soziale Demokratie klängen, urteilte Hintze, »nicht gerade sehr ›marxistisch‹«, seien aber »ganz im Geiste des älteren humanitären, vornehmlich in Frankreich

sich weitgehend mit ihren – allerdings nur schemenhaften – Ideen zur Ausgestaltung der Weimarer Demokratie. Da sich bei Hedwig Hintze keine Äußerungen oder theoretischen Überlegungen zum Parlamentarismus und zum deutschen Parteienwesen finden lassen, bleibt hier nur der Versuch, ihre theoretischen Vorstellungen von ›Demokratie‹ über den Umweg der Hugo Preuß gewidmeten Schriften sowie anhand der für diese Fragestellung relevanten Rezensionen zu rekonstruieren. Obwohl Preuß vor dem Ersten Weltkrieg der Sozialdemokratie skeptisch gegenübergestanden hatte, wies er in seiner 1919 vor der Weimarer Nationalversammlung gehaltenen Rede darauf hin, daß »politische Freiheit und Verantwortlichkeit, die sittliche Würde der Demokratie« dafür Voraussetzung sein müssen, »den arbeitenden Menschen den Aufstieg zu freiem Menschentum mit seiner sittlichen Würde und Verantwortlichkeit zu bahnen.«[158] So könne, wie Preuß betonte, die Verfassung den sozialen Fortschritt zwar nicht unmittelbar schaffen, diesem aber die politischen und rechtlichen Bedingungen gewähren. Bereits in seiner Verfassungsdenkschrift vom 3. Januar 1919 hatte Preuß die Synthese von Liberalismus und Sozialismus in der höheren Einheit einer sozialen Demokratie gefordert:

»Die deutsche Republik kann nur die demokratische Selbstorganisation des deutschen Volkes als einer politischen Gesamtheit sein. Dieser Grundgedanke wird nur noch verstärkt durch den dem Charakter der Revolution entsprechenden Gedanken fortschreitender Sozialisierung ... Daß eine fruchtbare Sozialisierung nur auf dem Boden der politischen Demokratie zu erstreben ist, hat gerade die deutsche Sozialdemokratie immer nachdrücklich bekannt und schon in ihrem Namen zum Ausdruck gebracht.«[159]

In der demokratisch-sozialistischen Synthese sah Preuß demnach weniger eine Kompromiß- oder Notlösung für die Rettung des sozialen Friedens der durch äußerste gesellschaftliche Antagonismen bedrohten Republik, sondern eine Stütze der deutschen Demokratie, die, wie er unterstrich, »notwendigerweise und mit Recht das soziale Moment stärker als die westlichen Demokratien« betone.[160] Hedwig Hintze hatte ihn daher zweifellos zutreffend

---

beheimateten Sozialismus gedacht, der heute, nachdem gewisse marxistische Formeln von gedankenlosen Nachbetern zu Tode gehetzt worden sind, auch bei uns allmählich wieder Geltung gewinnt, in manchen Strömungen und Bewegungen der Jugend bereits auflebt und im Wirkungsgrad noch wachsen wird, wenn in Deutschland die historische Bedeutung des Lebenswerkes von Jean Jaurès besser, als heute, bekannt sein wird.« [Hervorheb. i. O.] HINTZE, Hugo Preuß, 236.
[158] PREUSS, Begründung des Entwurfs einer Verfassung, 397.
[159] DERS., Denkschrift zum Entwurf des allgemeinen Teils der Reichsverfassung, 370.
[160] Zit. nach LEHNERT, Verfassungsdispositionen, 23.

verstanden, wenn sie mit dessen Worten an die politisch Verantwortlichen appellierte, das »demokratische und das soziale Prinzip nicht gegeneinander verhetzen zu lassen zum Nutzen derer, die, antinational und antidemokratisch, im Dienste der Reaktion und des Monopolkapitalismus stehen.«[161] Die von ihr zitierte Passage aus der Rede Preuß' deutet an, daß auch sie von der Unvereinbarkeit des marxistischen Gedankens des Klassenkampfes mit dem demokratischen Prinzip überzeugt war. Einer marxistischen Interpretation gesellschaftlicher Konflikte stand schließlich nicht nur Hintzes Affinität zur pazifistisch-humanitären Sozialismus-Konzeption eines Jean Jaurès entgegen. Ihre Furcht vor dem Bolschewismus, die sie in den zwanziger Jahren mehrmals in Rezensionen zum Ausdruck brachte, entsprang ohne Frage auch dem unmittelbaren Miterleben der revolutionären Ereignisse im Berlin der Nachkriegszeit.[162] So mußte die von Hugo Preuß bei Kriegsende ausgesprochene eindringliche Warnung, anstelle eines »Volksstaates« ein »umgedrehtes Obrigkeitssystem« in Gestalt einer proletarischen Diktatur zu errichten, auch bei der Historikerin aus dem gutsituierten Bürgertum auf Zustimmung treffen.[163] Gleichwohl waren Hintzes Vorstellungen von einer sozialistischen Demokratie parteiungebunden. Somit teilte sie nicht nur die »intellektuelle Selbständigkeit seines historisch-politischen Urteils«, sondern auch dessen Überzeugung von der Richtigkeit des Grundprinzips der reformpolitischen Evolution und damit der friedlichen Austragung sozialpolitischer Kämpfe.[164]

---

[161] HINTZE, Verfassungspolitische Entwicklungen, XV. Hintze beruft sich hier auf eine im Juni 1925 auf dem Gewerkschaftstag des Allgemeinen Freien Angestelltenbundes gehaltene Rede Preuß'. Vgl. DERS., Die Bedeutung der demokratischen Republik für den sozialen Gedanken, in: Staat, Recht und Freiheit, 481–497.

[162] Vgl. die in Anm. 117 genannten Rezensionen Hintzes zu Alfred Weber und Hendrik de Man.

[163] Am 14. November 1918 hatte Preuß mit seinem im *Berliner Tageblatt* erschienenen Artikel »Volksstaat oder verkehrter Obrigkeitsstaat?« (wieder abgedruckt in: Recht, Staat und Freiheit, 365–368) das sozialdemokratische Revolutionskabinett gewarnt, den deutschen Staat unter Entrechtung und Zurückdrängung des Bürgertums zu konstituieren: »Wie haben uns die Reaktionäre die Entwicklung in der Art der ›westlichen Demokratien‹ zu verekeln gesucht; und nicht nur Liberale, auch Sozialdemokraten sind ihnen auf den Leim gegangen. Wollen wir jetzt statt dessen den Bolschewismus nachahmen, die negative Platte des russischen Zarismus?« Mit der zuspitzenden Formel »Demokratie oder Bolschewismus« mahnte er, daß die »moderne Demokratie« niemals auf der Grundlage des sozialen Klassenkampfes beruhen, sondern nur durch die rechtliche »Einheit und Gleichheit aller Volksgenossen« errichtet werden könne.

[164] LEHNERT, Verfassungsdispositionen, 18. Wie der Verfasser zeigt, hatte Preuß' Ziel eines Ausgleichs zwischen ›bürgerlicher‹ und ›sozialer‹ Demokratie nichts mit dem Ideal eines konfliktscheuen Gesellschaftsbildes zu tun. Vielmehr habe es in seiner Absicht gelegen, »die wirt-

Daß Hedwig Hintzes Demokratiekonzept zunächst den Grundprinzipien bürgerlich-liberaler Demokratievorstellungen verhaftet blieb, zeigt sich auch an ihrer positiven Rezension der wohl wichtigsten zeitkritischen Schrift Alfred Webers, die 1925 unter dem Titel »Die Krise des modernen Staatsgedankens in Europa« erschienenen war.[165] »Erschüttert durch eine unerhörte Katastrophe« hatte der Soziologe und Mitbegründer der Deutschen Demokratischen Partei Ausschau nach rettenden Auswegen aus der – von ihm primär kulturell gedeuteten – Krise der europäischen Staaten gehalten. Seine historisch fundierte und von nationalistischen Tönen nicht freie Kritik des Machtstaats und der Machtpolitik der jüngeren Vergangenheit, die in seinen Augen in einen »staatszerstörenden« Nationalismus gemündet war, verband Weber mit der Diskussion möglicher Schritte für einen wirtschaftlichen, geistigen und politischen Wiederaufbau Europas. Obwohl Weber den Versailler Vertrag und den Völkerbund als hegemoniale Machtmittel der alliierten Siegermächte zunächst abgelehnt hatte, optierte auch er bald für den Aufbau einer europäischen Föderation. Dessen Kernstück sah er in einer gleichberechtigten deutsch-französischen Verständigung.[166] Die von humanitären Gedanken bestimmte Vision einer globalen Friedensordnung und das von ihm skizzierte Modell eines neuen »Weltstaatensystems« fand, wie zu erwarten war, Hintzes Zuspruch.[167] Mit Begeisterung begrüßte sie das in ihren Augen von »edelster deutscher Geistigkeit« durchzogene, »von einsichtigem nationalem Wollen« bestimmte Buch, das »hoch empor aus der Flut der

---

schaftlichen Interessengegensätze von dem Boden des staatspolitischen auf den des gewerkschaftlichen Kampfes hinüberzuleiten.« (22)

[165] Vgl. Anm. 117. Ein kritisches Resümee des Buches gibt DÖRING, Weimarer Kreis, 213 ff. Die wichtigsten Aspekte seiner Demokratietheorie faßt DEMM, Ein Liberaler in Kaiserreich und Republik, 294ff; DERS., Geist und Politik – die Konzeption der Führerdemokratie Alfred Webers, in: Manfred Gangl/Hélène Roussel (Hg.), Les intellectuels et l'État sous la République de Weimar, Paris 1993, 13–23, zusammen. Einen umfassenden Interpretationsversuch Webers unternimmt ebenfalls VOLKER KRUSE, Soziologie und »Gegenwartskrise«. Die Zeitdiagnosen Franz Oppenheimers und Alfred Webers, Wiesbaden 1990.

[166] WEBER, Krise, 165 f. Seine Vorstellung dieser europäischen, unter Hinzuziehung von England und Italien zu bildenden, auf materieller und geistiger Grundlage beruhenden Föderation, hat Weber allerdings nicht präzisiert. Zu Webers (später revidierten) Ablehnung des Versailler Vertrages und des Völkerbundes vgl. DEMM, Ein Liberaler in Kaiserreich und Republik, 272; 286 ff.

[167] »Mit nichts sollte man sich«, resümierte Weber, »so intensiv befassen als den ideellen, den realen und den politischen Voraussetzungen für eine solche Föderation, aber auch den technischen Problemen, die sie in sich trägt. Der Föderalismus als Prinzip, derart verwirklicht, daß er nicht die verschleierte Vorherrschaft von einer oder ein paar Hegemoniemächten darstellt, ist bislang noch nirgends verwirklicht, vor allem auch nicht im Völkerbund, der auf engerer Basis das Vorbild für Europa sein könnte.« (165f)

jetzt in Mode gekommenen Untergangs- und Krisenliteratur« rage. So unterstützte sie Weber in seiner Forderung, daß »gerade uns Deutschen die Aufgabe« zufalle,

»die Totalität des wirklich Europäischen um uns zu versammeln, den Nationalgedanken, an dem wir uns selber aufraffen, in ein in diesem Sinn universelles Kulturbewußtsein derart zu verankern, daß er das Recht und die freie Existenzmöglichkeit der anderen europäischen Staaten nicht nur scheinbar, sondern wirklich genau so in sich trägt wie die Selbstbestimmung unseres eigenen Daseins.«[168]

Den eigentlichen Grund der gegenwärtigen Krise, der nicht nur dem von ihm skizzierten Fernziel entgegenstand, sondern auch die europäischen Demokratien unmittelbar in ihrem Bestand gefährdete, sah der Kultursoziologe jedoch nicht, wie sein Schüler Arnold Bergstraesser zurecht betont hat, im Gegensatz zwischen den wirtschaftlichen Kräften und der politischen Ordnung der mitteleuropäischen Demokratien.[169] Die von ihm diagnostizierte Krise hatte ihre Ursache in einer geistigen Krise, einer Krise des Staatsgedankens, die sich gegenwärtig in den drei großen, in seiner Ausdeutung auf einer Stufe stehenden Symptomen Bolschewismus, Faschismus und schließlich im »neuen Verhältnis zu den Wirtschaftskräften« manifestiert habe.[170] »Zerfressen von Parteiungen und Gegensätzen«, durch die Siegermächte eines Großteils seiner Souveränität beraubt und ohne jeden »positiven Traditionsaufbau«, sei, so Weber, »jede selbständige starke Staatlichkeit« in Deutschland erloschen. Die »eigentlich politischen deutschen Lebenskräfte« sah der Soziologe nur noch in den »organisierten Wirtschafts- und Klassenkräfte(n)«. Die »Schicksalsfrage« des modernen, in seiner Existenz bedrohten Staates bestand für ihn daher nur im Weiterbestehen einer »selbständigen, von der Gesellschaftsformation unabhängigen Staatsgewalt«.[171] Wenn seine soziologische Deutung somit bewußt auf das »Eigenrecht des Staates gegenüber den gesellschaftlich-ökonomischen Gruppen und ihren partikularen Interessen« zielte,[172] Weber also bestrebt war, »vom Geistigen« auszugehen und »ideelle Kräfte« über materielle Prinzipien zu stellen, konnte die Lösung der anstehenden Probleme nur eine geistige sein.[173] Diese glaubte der Soziologe mit seinem bereits im Ersten Weltkrieg

---

[168] WEBER, Krise, 170.
[169] ARNOLD BERGSTRAESSER, Die Soziologie der Freiheit. Alfred Weber zum Gedächtnis, in: Außenpolitik 10 (1959), 141–149.
[170] WEBER, Krise, 117 ff.
[171] Ebd., 125 ff.
[172] BERGSTRAESSER, Alfred Weber, 145.
[173] Vgl. hierzu HANS J. LIETZMANN, Kontinuität und Schweigen. Über die Fortwirkung Alfred Webers und seiner politischen Theorie in der westdeutschen Politikwissenschaft, in: Hans

entwickelten, erstmals aber in seiner Schrift von 1925 ausformulierten Konzept der »Führerdemokratie« gefunden zu haben.[174] Sein Projekt einer »Synthese zwischen dem geistig inhärenten Freiheitsbewußtsein der Massen« und der »Notwendigkeit der Unterordnung unter eine überragende Führung« verstand er daher als Vorarbeit für eine »neue Staatstheorie«, die den »gewissermaßen nur biologischen gesellschaftlichen Zustand in einen ideell gedachten, dem zerbrochenen Humanitarismus gleichwertigen« verwandeln sollte.[175] Da Faschismus und Bolschewismus nach seiner Einschätzung »bestenfalls nur Durchgangs- und Übergangserscheinungen« darstellten, kam für ihn »auf wirklich europäischem Boden« langfristig nur die »oligarchische Massenorganisation auf demokratischer Basis« als politisches Gestaltungsmittel in Frage.[176] Mit diesen Überlegungen zu einer revidierten Theorie der politischen Willensbildung stand Weber in der Tradition eines Verfassungsdenkens, das bereits am Ende des 19. Jahrhunderts von Liberalen wie Friedrich Meinecke, Friedrich Naumann oder Max Weber vertreten worden war und nach dem Ende des Ersten Weltkriegs Eingang in die verfassungspolitische Diskussion des »Weimarer Kreises« gefunden hatte. Alfred Webers lebensphilosophisch geprägtes Modell der »unegalitären Demokratie«,[177] die er in den »großen Demokratien des Westens«, namentlich in England, Frankreich und den Vereinigten Staaten bereits »ganz reinlich« verwirklicht sah, zielte jedoch nicht auf eine nur von elitären Überzeugungen abgeleitete

---

G. Nutzinger (Hg.), Zwischen Nationalökonomie und Universalgeschichte: Alfred Webers Entwurf einer umfassenden Sozialwissenschaft in heutiger Sicht, Marburg 1995, 137-159; 145 f.

[174] Die Einsicht in die naturgegebene Ungleichheit der Menschen hatte Weber schon in seiner 1918 erschienenen Schrift über »Die Bedeutung der geistigen Führer in Deutschland« entwickelt. Unter Berufung auf »Nietzsche, Bergson, aber auch Leute wie Sorel und die Syndikalisten« folgerte Weber 1925: »Es kann ... in modernen Massenverhältnissen nicht mehr eine individualistisch-ideologisch egalitäre, sondern nur noch eine unegalitäre, eine ganz moderne Führerdemokratie in Frage kommen. In einer solchen muß immer Freiwilligkeit der organisierten Gemeinschaftszusammenballung der Geführten mit einer tatsächlichen Schichtung dieser, eine Kontrolle der aus dieser Schichtung hervorgehenden Führer durch demokratische Revision der Vertrauens, das sie genießen, zusammengehen mit weitgehend selbständiger Entscheidung und Willensbildung der ausgelesenen Führerspitze.« (WEBER, Krise, 164; 137 f)

[175] Ebd., 136; 172.

[176] Ebd., 139. Eine inhaltliche Konkretisierung dieses vage gebliebenen Konzepts sucht man jedoch vergebens. Auf »die sehr großen Probleme« wie das der »Führerauslese«, der »besten Formung der Parteien und Presse, der Beeinflussung der Parteibildung und Führerauslese durch die Art des Wahlrechts, der Steigerung der geistigen Kompetenz der Masse« und die anderen »technisch wesentlichen« Gesichtspunkte glaubte er, da es ihm hier auf »die Herausarbeitung des ganz Allgemeinen« angekommen sei, nicht eingehen zu können. (Ebd., 140)

[177] DÖRING, Weimarer Kreis, 215, betont jedoch, daß von Alfred Webers Konzept der »Führerdemokratie« keine direkte Verbindungslinie zur Herrschaftssoziologie seines Bruders führe.

neue Form des Verhältnisses zwischen Führern und Geführten. Vor dem Hintergrund der in Deutschland seit Beginn der dreißiger Jahre nicht mehr zu übersehenden Schwäche des Regierungssystems und der Instabilität der wirtschaftlichen Verhältnisse sind Webers Überlegungen eher als Beitrag zu einer zeitgemäßen, der Weimarer Realität angemesseneren Demokratietheorie zu verstehen.[178] Indem er die Demokratie als zwangsläufige und notwendige Konsequenz von Industrialisierung und Massengesellschaft und damit als Folge des »Zivilisationsprozesses« deutete,[179] konnte er den vermeintlichen, in der Folge des Weltkrieges aber ideologisch überhöhten Gegensatz zwischen westlichem Demokratieverständnis und deutschem Freiheitsdenken auflösen. Hedwig Hintze hatte ihn daher richtig verstanden, wenn sie in ihrer Rezension die »befreiende« Wirkung der von Weber als Legende entlarvten Antithese von »deutschem Wesen« und westlicher Staatslehre unterstrich.[180] Dennoch bleibt die positive Resonanz, auf die das funktionalistisch-elitäre Demokratieverständnis des Vernunftrepublikaners Weber[181] bei der bekennenden Republikanerin traf, erklärungsbedürftig. Trotz gewichtiger, noch zu thematisierender Einwände gegen dessen Deutungsversuch im einzelnen, insbesondere gegen dessen Einschätzung von Bolschewismus und Faschismus, kam Hintze zu einem überraschend zustimmenden Urteil der in Webers Programm der »Führerdemokratie« implizierten Elitenherrschaft. Daß sie dieses, von der klassischen normativen Demokratietheorie und damit vom Postulat der (französischen Traditionen entsprechenden) Identität von Regierten und Regierenden abweichende Demokratieverständnis hier offenbar akzeptierte, kam jedoch erst in einer zwei Jahre nach ihrer Weber-Kritik publizierten Rezension deutlicher zum Ausdruck.[182] In ihrem

---

[178] »Die Beseitigung einer unhaltbar gewordenen Rechtfertigungsideologie«, so Döring, »die den zeitgenössischen Kritikern der Weimarer Republik ein naheliegendes Ziel für eine wirksame Polemik bot, war in der Tat ein nicht zu unterschätzendes Motiv der Wortführer des Weimarer Kreises.« (Döring, Weimarer Kreis, 229 f)

[179] Weber, Krise, 112 f.

[180] Hintze, Rez. von: Weber, Krise, 297.

[181] Zu diesem Urteil kommt Demm, Ein Liberaler in Kaiserreich und Republik, 261, der Weber trotz seiner zahlreichen Bekenntnisse zur Republik nicht als »überzeugten Republikaner« bezeichnet. Weber habe, wie Demm erneut unterstrichen hat (Alfred Weber und die Nationalsozialisten, in: ZfG 47, 1999, 211–236; 216), »keine affirmative Haltung zur Weimarer Republik« gehabt.

[182] Die »klassische«, auf Rousseau zurückgehende Demokratietheorie wurde angesichts von Industrialisierung und Massendemokratie von vielen Intellektuellen als nicht mehr zeitgemäß kritisiert. Mit seiner Feststellung, daß eine modern verstandene Demokratie nicht mehr die »Identität zwischen Herrschern und Beherrschten« sein könne, hat Alfred Weber die wichtigste Prämisse der 1942 von Joseph Alois Schumpeter in seinem Buch »Capitalism, Socialism and De-

Kommentar zum 1926 erschienenen Buch des belgischen Sozialisten Hendrik de Man »Zur Psychologie des Sozialismus« räumte sie ein:

»Anknüpfend an die Hoffnung seines Autors, [A. Weber, S. K.] in den einzelnen europäischen Staaten eine ›unegalitäre Führerdemokratie‹ zu entwickeln und auf Grund der alten, verwandelten und verjüngten Humanitätsidee eine neue europäische Gemeinschaftsform zu finden, hatte ich dem persönlichen Glauben Ausdruck gegeben, »daß wir diese neue Form nicht finden werden, ohne Staat und Demokratie mit einem europäischen Sozialismus zu unterbauen, mit einem Sozialismus, der fähig wäre, den zu krankhafter Überreife gediehenen modernen Kapitalismus zu überwinden und zu ersetzen und jene Führerschicht zu dulden und zu tragen, von der Weber das Heil erhofft.«[183]

Alfred Weber wäre indes falsch interpretiert, wollte man seine Konzeption der »unegalitären Demokratie« in die geistige Nähe völkischer oder gar faschistischer Führerideologien rücken.[184] Seine demokratietheoretischen Vorstellungen waren, wie Eberhard Demm schlüssig nachweisen konnte, vielmehr vom angelsächsischen Verfassungsdenken inspiriert.[185] Nicht von der Umsetzung einer direkten, radikalen Demokratie, sondern von der Realisierung der englischen Idee der Repräsentativverfassung habe er sich eine wirkungsvollere Verteidigung der Weimarer Republik erhofft. Weber bezog sich dabei nicht nur auf die Kritik von rechts, sondern auch auf jene antidemokratischen Intellektuellen, die, wie etwa Carl Schmitt, die erste deutsche Republik mit radikaldemokratischen Argumenten bekämpften.[186] Obwohl

---

mocracy« entwickelten Konkurrenztheorie der Demokratie vorweggenommen. Vgl. hierzu Döring, Weimarer Kreis, 221; sowie Lietzmann, Kontinuität und Schweigen, 147 ff.
[183] Hintze, Rez. von: de Man, Psychologie, 478.
[184] Zur jüngsten Kontroverse um Webers Verhältnis zum Nationalsozialismus vgl. jetzt Demm, Alfred Weber und die Nationalsozialisten, der die »demokratische Komponente« der Theorie der »Führerdemokratie« Webers akzentuiert. Wie Demm und andere gegen die Kritiker Webers einwenden, habe sich dieser vielmehr gegen »faschistische oder cäsaristische Experimente« und Gewalttendenzen jeglicher Art unmißverständlich abgegrenzt. – Dagegen behauptet Lietzmann, Kontinuität und Schweigen, 150 ff, daß Webers Demokratiemodell keinen Eingang in die Politikwissenschaft der Nachkriegszeit gefunden habe, was in Webers Haltung begründet sei, »Pluralismus und Heterogenität eher als illegitime Störfaktoren einer defizitären historischen Epoche« zu begreifen. Webers Fixierung auf eine »autoritative Führerschaft« und seine Überzeugung von der notwendigen Einschränkung der Partizipationsmöglichkeiten als Bewältigungsstrategie politischer Krisen hätten ihm die »Auslieferung des Staates an den Pluralismus gesellschaftlicher Interessen und Bewegungen« als unannehmbar erscheinen lassen.
[185] Demm, Ein Liberaler in Kaiserreich und Republik, 299 ff; Döring, Weimarer Kreis, 227 ff. Wie die Mehrheit der Mitglieder des Weimarer Kreises plädierte auch Weber für einen Ausbau der verfassungsrechtlichen Stellung der Exekutive nach dem Vorbild der englischen Kabinettsregierung, also einer Stärkung von Reichskanzler und Reichsregierung.
[186] Demm, Ein Liberaler in Kaiserreich und Republik, 305 f. 1931 hatte Hedwig Hintze den

Hedwig Hintze – in Übereinstimmung mit ihrem Lehrer Troeltsch – die Demokratie mehr als ethisch-normatives denn als funktionales Prinzip verstand – und sich in dieser Sichtweise vom verfassungspolitischen Pragmatismus der Mehrheit der im »Weimarer Kreis« versammelten »Vernunftrepublikaner« unterschied – hing sie dennoch keiner realitätsfernen Gleichheitsfiktion an. Folgt man ihren Interpretationen Hugo Preuß', so kann davon ausgegangen werden, daß ihre Sicht der Demokratie ebenfalls der Vorstellung einer nicht nur um Meinungsführerschaft, sondern um Macht ringenden Bildungselite gehorchte. Ob ihre Haltung in dieser Frage mehr der Einsicht in die mangelnde Funktionsfähigkeit des Weimarer Parlamentarismus entsprang oder eher aus dem Bewußtsein ihrer eigenen Zugehörigkeit zu einer im Zeitalter von Massendemokratie und Klassenkampf in ihrem sozialen Status bedrohten gesellschaftlichen Elite resultierte, kann vorerst nicht geklärt werden.[187] Festzuhalten bleibt jedoch, daß Hedwig Hintze in der zweiten Hälfte der zwanziger Jahre offenbar einem Demokratieverständnis anhing, das erkennbar durch elitäre Züge gekennzeichnet war. Für diese These spricht nicht nur ihre später mehrmals wiederholte Zustimmung zu Weber, sondern auch ihre von großer Sympathie getragene Annäherung an Preuß, der in seinem 1891 erschienenen Aufsatz über »Die Sozialdemokratie und der Parlamentarismus« in der Politik die beiden Klassen der »Leithammel und der gewöhnlichen Herdentiere« voneinander geschieden hat. Preuß hatte das demokratische Prinzip der politischen Gleichberechtigung nicht, wie er später formulierte, mit der »Gleichheit der Individuen« identifiziert, sondern in der »Unfähigkeit der Rechtsordnung« erkannt, ihre Ungleichheit zu messen«.[188]

Staatsrechtler, den sie in einer »Evolution nach links« begriffen sah, für den Weimarer Kreis zu gewinnen gesucht. Vgl. Hintze an Goetz, 23.11.1931. Nach freundlicher Auskunft E. Demms bestanden keine persönlichen Kontakte zwischen Alfred Weber und Hedwig Hintze. Auch im Nachlaß Carl Schmitts findet sich kein Hinweis auf eine mögliche Verbindung.

[187] Zur Skepsis bürgerlich-liberaler Denker gegenüber der Massendemokratie und zu dem in diesen Kreisen vertretenen Konzept der »plebiszitären Führerdemokratie« vgl. umfassend NORBERT J. SCHÜRGERS, Politische Philosophie in der Weimarer Republik. Staatsverständnis zwischen Führerdemokratie und bürokratischem Sozialismus, Stuttgart 1990, 61 ff. Daß in der politischen Philosophie bürgerlich-liberaler Intellektueller Freiheit und Macht, Demokratie und starke Staatsführung keine Gegensätze bildeten, demonstriert Schürgers u.a. am Beispiel Troeltschs und Meineckes. So habe Troeltsch gezeigt, daß die Idee der Gleichheit, die dem Streben nach Macht diametral entgegenstünde, zu einer »Mißachtung der Republik durch die Intelligenz« führe. Wie Troeltsch formuliert hat, habe »jede Demokratie aus Gesetz der Natur und aus eigenstem Interesse den aristokratischen Elementen des Menschentums gerecht« zu werden. (Zit. nach SCHÜRGERS, Politische Philosophie in der Weimarer Republik, 70)

[188] Vgl. LEHNERT, Hugo Preuß als moderner Klassiker, 42 f. Dem sozialdemokratischen Gleichheitsprinzip hatte Preuß in seinem Aufsatz von 1891 (in: Staat, Recht und Freiheit, 144–172) die »Herrschaft der natürlichen Aristokratie« als das »ewige Grundprinzip alles staat-

Wenn Hintze damit offensichtlich mehr von einem bürgerlich-liberalen Demokratieverständnis ausging, war sie doch von der Unzulänglichkeit des kapitalistischen Systems und der Notwendigkeit einer tiefergreifenden, über die Ideen Webers hinausgehenden, sozialistischen Umgestaltung der bestehenden Wirtschafts- und Gesellschaftsordnung tief überzeugt.[189] Dem auf geistigen Grundlagen beruhenden Lösungsweg, den Weber aus seiner historisch gestützten Diskussion des Spannungsverhältnisses zwischen ›Massen‹ und ›Führern‹ sowie zwischen ›Freiheit‹ und ›Staat‹ gewonnen hatte, begegnete sie daher trotz ihres positiven Gesamturteils mit deutlicher Skepsis. Ihr Widerspruch richtete sich zunächst gegen dessen Einschätzung des Faschismus, der nach Weber »auf die europäische Mitte geistig und sachlich ... noch stärker« einwirke als der Bolschewismus:

»Ich vermag im Faszismus [sic], den W.[eber]. ja selbst einmal ›als wirklich zur Herrschaft gelangt italienisch und singulär‹ nennt, keine ernsthafte gemeineuropäische Gefahr zu erblicken, während mir der Bolschewismus zündend und propagandafroh an unseren Grenzen als d i e [Hervorheb. i. O.] drohende Gefahr für Europa erscheint und ich ihn seinerseits nur als Teilerscheinung sehe des Lösung heischenden modernen Problems des Verhältnisses von Staat und Wirtschaftskräften. Im neuen Rußland ist zum erstenmal in weltgeschichtlichen Dimensionen die große, uns theoretisch längst vertraute Auseinandersetzung zwischen Sozialismus und Kapitalismus gewagt worden, ein Vorgang, der mir nur mit der Staatsumgestaltung und Gesellschaftsumschichtung durch die große französische Revolution vergleichbar scheint. Die eigentliche Schicksalsfrage für Europa scheint mir die Auseinandersetzung mit diesem neuen revolutionären Prinzip zu sein.«[190]

---

lichen Lebens« gegenübergestellt. In ihrer Einleitung der »Verfassungspolitischen Entwicklungen« hatte Hintze zutreffend darauf hingewiesen, daß Preuß als »eine Führernatur im besten Sinne des Wortes ... niemals der Formulierung jenes theoretischen Widersinns fähig gewesen [wäre], der ihm von gewissen Gegnern untergeschoben wurde, daß nämlich ein ›Volksstaat‹ ohne Obrigkeit möglich sei.« – Auf die politische Spannbreite zwischen der demokratischen Staatswissenschaft Hugo Preuß' und der Kultursoziologie Alfred Webers kann hier nicht ausführlich eingegangen werden. Während Preuß, wie Gerhard Schulz formuliert hat, »Romantik und Idealismus, Genossenschaftstheorie, nationale Idee und weltbürgerliches Bewußtsein ... auf rationale Weise zu einer denkwürdigen Einheit« verband und sein Ziel auf die »politische Erziehung eines unpolitischen Volkes« gerichtet habe, galt Webers Engagement hingegen, wie am Beispiel seines Buches von 1925 gezeigt werden konnte, der Stärkung der Staatsgewalt. Vgl. SCHULZ, Zwischen Demokratie und Diktatur, 127. Hier auch ein aufschlußreicher Vergleich der verfassungspolitischen Positionen Hugo Preuß' und Max Webers. Lt. SCHÜRGERS, Politische Philosophie in der Weimarer Republik, 61, gehörte die Förderung einer »geistigen Aristokratie« zu den Basistheoremen liberaler Philosophie.
[189] Zu Webers nicht eindeutig definiertem Konzept einer Synthese zwischen Kapitalismus und Kollektivismus vgl. DEMM, Ein Liberaler in Kaiserreich und Republik, 291; passim.
[190] WEBER, Krise, 120f; HINTZE, Rez. von: Weber, Krise, 299f. Mit dieser Aussage ist auch die Einschätzung Dietrich Gerhards zu revidieren, der Hedwig Hintze eine Unterschätzung der

Illusorisch erschien ihr jedoch Webers Hoffnung, den »Staat als geistigen und ideellen Faktor und als den Ausdruck des durch geistige Faktoren bedingten Mehrheitswollens einer Volkseinheit«[191] zu erhalten und eine unabhängige Staatsgewalt durch die Unterordnung ökonomischer Faktoren unter dessen Belange zu sichern. Auch wenn Weber einräumt, daß weder der moderne Staat »entökonomisiert« noch Parlament und Parteien vor dem Zugriff wirtschaftlicher Partikularinteressen geschützt werden könnten, traf doch seine Erwartung, daß neben diesen Einflüssen »ideelle Kräfte als letzte entscheidende« den Staat in seiner Einheit bewahren würden, nicht auf Hintzes Vertrauen. So konnte sie dem engagierten Demokraten und Urheber des Konzepts der »nationalen Führerdemokratie« zwar noch ein »tapferes und selbständiges Zukunftswollen« bescheinigen, Webers diesbezüglichen Optimismus aber nicht mehr teilen:

»Ob diese Frage zu lösen ist so fast ausschließlich vom Geistigen her, wie W.[eber] es mit starker konstruktiver Kraft versucht? Ob es der nationalen Führerdemokratie, deren Träger er schon unter uns lebend glaubt, so schlechthin gelingen wird, ›das Ökonomische auf die ihm zukommende Dienerrolle gegenüber einer selbständig erhaltenen Staatsgewalt‹ zurückzudrängen? ... Die beherrschende Rolle der ökonomischen Kräfte und Interessen im Weltgeschehen...läßt sich nicht rückgängig machen und nicht verschleiern. Die Form des russischen Sozialismus würde für Europa wahrscheinlich den Untergang jener Zivilisation bedeuten, deren neue Gemeinschaftsform W. auf Grund der alten, verwandelten und verjüngten Humanitätsidee in so zukunftsfreudiger Hoffnung zu finden sucht.«[192]

Wenn Hedwig Hintze in ihren Rezensionen den ökonomischen Kräften immer wieder eine zentrale, die nationale und internationale Politik gleichermaßen beherrschende Rolle zuschrieb, stellt sich die Frage, warum sie ihre persönliche Vorstellung vom Sozialismus zu keiner Zeit mit den Erfordernissen konkreter ökonomischer Notwendigkeiten begründet hatte. Eine Dis-

---

Sowjetdiktatur unterstellt und sie in diesem Punkt im Gegensatz zu ihrem Mann gesehen hat (Otto Hintze – Persönlichkeit und Werk, 9).

[191] WEBER, Krise, 132.

[192] HINTZE, Rez. von: Weber, Krise, 300. Zu einer fast gleichlautenden Einschätzung ist auch Otto Hintze in seiner Rezension der Schrift Alfred Webers gekommen: »Indessen – der Geist allein vermag das neue Europa, das not tut, nicht zu schaffen ... Er bedarf der Mitwirkung materieller Kräfte, der realen Interessen, die das Leben der Menschen und der Völker beherrschen und gestalten. Diese realen Kräfte entspringen vornehmlich aus der wirtschaftlichen Struktur Europas, aus der Lagerung und Verteilung seiner technischen Kraftquellen und ökonomischen Produktivkräfte mit den großen Zentren des Kohlen- und Erzbergbaues an den Grenzen von Deutschland.« Unübersehbar ist hier auch der Einfluß seiner Frau, wenn er etwa forderte, daß »der Gedanke der Humanität ... doch auch in Zukunft als Leitstern dienen« müsse. (OTTO HINTZE, Rez. von: Weber, Krise, in: ZgesSt 80, 1925/26, 354–360)

kussion bestehender Lösungsansätze zur Bewältigung der wirtschaftlichen und politischen Krisen ihrer Gegenwart sucht man in ihren politischen Schriften vergeblich. So bleibt angesichts ihrer definitiven Ablehnung eines Staatssozialismus sowjetischer Prägung unklar, inwieweit Hintze mit Weber und anderen Intellektuellen, die dem Modell eines »demokratischen Sozialismus« anhingen, für die grundsätzlicher Beibehaltung eines zwar reformierten und gezähmten, aber grundsätzlich kapitalistischen Wirtschaftssystems optierte. Anders als im Fall Otto Hintzes, der sich in seinen Rezensionen wiederholt der Diskussion realer wirtschaftspolitischer Problemfragen gestellt hatte, ist bei Hedwig Hintze entgegen ihrer eigenen Aussage ein konsequenter Verzicht auf die Erörterung politischer und ökonomischer Sachfragen festzustellen.[193] Im Hinblick auf das Zusammentreffen ihrer nicht näher spezifizierten bürgerlich-liberalen und sozialistischen Ideen entzieht sich Hintzes politisches Denken somit einer mit formalen Kriterien wie »Demokratie« und »Sozialismus« nicht mehr eindeutig zu leistenden Kategorisierung. Dennoch läßt sich Hintzes Sozialismusbegriff näher beschreiben und ihre Position im linken politischen Spektrum der Weimarer Republik eindeutiger bestimmen, als dies mit dem Versuch, sie pauschal als Anhängerin eines vorerst undefinierten »demokratischen Sozialismus« zu bezeichnen, getan wäre.[194]

Indem Hedwig Hintze den Sozialismus mit den Worten de Mans als Erweiterung der gesellschaftlichen Verhältnisse von der »Klassenrevanche zur Menschheitsangelegenheit« verstand, schien sie von der Definition Alfred Webers, der ihn 1918 im Kern als Solidarprinzip bezeichnet hat, nicht sehr weit entfernt gewesen zu sein.[195] Hedwig Hintzes Sozialismusbegriff ist –

---

[193] Ebd. Trotz sichtbarer Parallelen zur Argumentation seiner Frau heben sich die Rezensionen Otto Hintzes in ihrer analytischen und begrifflichen Klarheit und seiner rationaleren Einschätzung der realen politischen Verhältnisse in den deutsch-französischen Beziehungen und der neuen Rolle Frankreichs in Europa deutlich ab.

[194] Helga Grebing definiert das Konzept des demokratischen Sozialismus als jeweilige »Summe eines praxisbezogenen Diskurses auf der Grundlage einiger eher knapper und manchmal sogar verknappter theoretischer Fundamente« und weist darauf hin, daß das, was »demokratischer Sozialismus« war und ist, »jeweils historisch kontingent erschlossen werden« muß. DIES, Das Konzept des demokratischen Sozialismus als antitotalitäre Alternative. Historische Fundamente und aktuelle Akzentuierung, in: IWK 29 (1993), 283-294; 286. Grundlegend zum politischen Konzept des »demokratischen Sozialismus«: HORST HEIMANN/THOMAS MEYER (Hg.), Reformsozialismus und Sozialdemokratie. Zur Theoriediskussion des Demokratischen Sozialismus in der Weimarer Republik, Berlin 1982; FRANZ RITTER, Theorie und Praxis des Demokratischen Sozialismus in der Weimarer Republik, Frankfurt a. M. 1981.

[195] HINTZE, Rez. von: de Man, Psychologie, 479. DEMM, Ein Liberaler in Kaiserreich und Republik, 273, weist Weber einen »Sozialismus nach idealistischer Manier« nach, der von der Diskussion praktischer Vorschläge völlig absehe. Die nach dem Ersten Weltkrieg von Weber ge-

anders als ihr kritischer Kommentar zu Weber suggerieren mag – aus einer idealistischen Denkhaltung abgeleitet und vielmehr ethisch als ökonomisch oder wissenschaftlich begründet. Die Fundierung ihres Sozialismuskonzeptes auf ideellen Motiven rückt Hintze unverkennbar in die geistige Nähe zum ethisch motivierten Sozialismusverständnis des ehemaligen belgischen Arbeiterführers und marxistischen Funktionärs Hendrik de Man. Dieser hatte sich nach dem Ersten Weltkrieg vom Marxismus losgesagt und mittels seiner 1926 erschienenen Schrift »Zur Psychologie des Sozialismus« versucht, durch eine theoretische Überwindung der Kluft zwischen sozialistischer Parteiendoktrin und Parteienpraxis der nach seiner Diagnose in eine geistige Krise geratenen sozialistischen Bewegung neue Impulse zu vermitteln.[196] Der ungewöhnlich lebhafte Widerhall, den seine von vielen Zeitgenossen als publizistische Sensation bewertete Schrift in den zwanziger Jahren fand, deutet darauf hin, daß de Man mit seiner als »Überwindung des Marxismus« deklarierten Schrift einem nicht nur innerhalb der Arbeiterbewegung weitverbreiteten Orientierungsbedürfnis nach einer Neudefinition der sozialistischen Idee entgegen kam, die infolge des Ersten Weltkrieges und des Zusammenbruchs der Zweiten Internationale erschüttert war.[197] Auch unter den bürgerlichen Linksintellektuellen und republikanischen Liberalen in Deutschland begegnete man seinen Thesen, wie die annähernd zweihundert zu seinem Buch erschienenen Rezensionen und dessen Übersetzung in zwölf Sprachen belegen, mit ungewöhnlich großer Aufmerksamkeit.[198]

---

plante Programmschrift »Sozialismus und Freiheit« ist in revidierter Form erst 1946 u.d.T. »Freier Sozialismus« erschienen.

[196] In der bereits 1927 erschienen zweiten Auflage der »Psychologie des Sozialismus« erklärte de Man: »Die Befreiung von marxistischen Schlußfolgerungen nicht allein, sondern von marxistischer Denkart überhaupt ist für mich die Voraussetzung gewesen, eine unerträglich gewordene Spannung zwischen Wirklichkeitserkenntnis und sozialistischem Wollen zu lösen.« (249)

[197] Das Werk de Mans (1885-1953) hat unter deutschen Historikern und Politologen bislang nur geringes Interesse gefunden. Vgl. jedoch KERSTEN OSCHMANN, Über Hendrik de Man: Marxismus, Plansozialismus und Kollaboration: ein Grenzgänger in der Zwischenkriegszeit, Diss. Phil. Freiburg 1987, der in der sozialistischen Theorie de Mans eher einen Ausdruck der Krise selbst als ein Lösungsangebot zu deren Überwindung sieht. Dennoch zählt Oschmann de Man »zu den hervorragendsten Vertretern des Sozialismus in der Zeit zwischen den beiden Weltkriegen«. (8) De Man hatte von 1906-1909 Volkswirtschaft, Geschichte und Völkerpsychologie, u.a. bei Wilhelm Wundt, Karl Lamprecht und Karl Bücher studiert und war sehr gut mit der deutschen Geschichte und Kultur vertraut. Von Pirenne zu einer (ungedruckt gebliebenen) Dissertation über »Das Genter Tuchgewerbe im Mittelalter« angeregt, wurde de Man in Leipzig promoviert, allerdings erst 1919 in Gent zum Dr.phil. ernannt. Vgl. OSCHMANN, Über Hendrik de Man, 42 ff.

[198] Ebd., 144 ff. Mit dieser beträchtlichen Zahl von Kritiken gehörte dieses Buch, wie Oschmann betont, zu den publizistischen Sensationen des Jahres 1926. Dennoch darf de Mans

Denn mit der zeitweiligen Übernahme von Regierungsverantwortung durch sozialistische Parteien in mehreren europäischen Ländern stellte sich nunmehr auch diesen Kreisen das von de Man als Hauptproblem bezeichnete »Verhältnis von Sozialismus und Klassenkampf« mit höherer Dringlichkeit als vor dem Krieg, wie auch die Frage nach dem Verhältnis zwischen Intellektuellen und der Sozialdemokratie überhaupt nach einer neuen Antwort verlangte.[199] Hedwig Hintzes Auseinandersetzung mit einem ausgewiesenen sozialistischen Theoretiker stellt demnach noch keine Ausnahmeerscheinung einer politisch linksorientierten Historikerin dar, sie muß zunächst im Zusammenhang mit diesem auch von breiten bürgerlichen Kreisen als vordringlich empfundenen Problem gesehen werden.[200] Hintzes ausgesprochen positives Urteil über die »Psychologie des Sozialismus« läßt jedoch keinen Zweifel an ihrer grundsätzlichen Übereinstimmung mit den Thesen de Mans aufkommen, dessen Schrift sie mit der Arbeit Alfred Webers von 1925 auf eine Stufe stellte als »durchaus ernst zu nehmende Werke von Persönlichkeiten, die mutig den Gegenwartsproblemen ins Auge sehen und ebenso mutig Neuland suchen.«[201] De Mans Ausführungen wertet Hintze als »eine Etappe ... auf dem Wege zu jener neuen sozialen Gemeinschaftsform, die mir vorschwebte.« Gemeint ist damit, wie sie selbst allerdings nur andeutet, die geistige Vorbildfunktion der Sozialismuskonzeption Jean Jaurès' für die politische Programmatik der reformorientierten, demokratisch-sozialistischen Gruppe innerhalb der Jungsozialistischen Bewegung der Weimarer Republik, der auch Hendrik de Man angehörte:

Selbststilisierung als »sozialistischer Führer« nicht darüber hinwegtäuschen, daß er selbst innerhalb der Sozialdemokratie weitgehend unbekannt blieb.

[199] De Man, Die sozialistische Idee, Jena 1933, 3. Zum Verhältnis der Sozialdemokratie zu Intellektuellen und Akademikern in der Weimarer Republik vgl. HEINRICH AUGUST WINKLER, Der Schein der Normalität. Arbeiter und Arbeiterbewegung in der Weimarer Republik 1924 bis 1930, Berlin 1985, 709 ff; sowie PETER LÖSCHE/FRANZ WALTER, Die SPD. Klassenpartei - Volkspartei - Quotenpartei: zur Entwicklung der Sozialdemokratie von Weimar bis zur deutschen Vereinigung, Darmstadt 1992, 40 ff.

[200] So bezeichnete etwa Theodor Heuss das Buch als »die ernsthafteste Analyse des marxistischen Denkens und seiner Wirkungen, die bisher von sozialistischer Seite versucht wurde.« Zit. nach OSCHMANN, Über Hendrik de Man, 1529.

[201] HINTZE, Rez. von: de Man, Psychologie, 478. Zu diesen Persönlichkeiten rechnet Hintze weiterhin den liberalen italienischen Politiker Francesco Nitti, der in seinem 1926 in Deutschland erschienenen Buch »Bolschewismus, Faschismus und Demokratie« beide Diktaturen bereits einige Jahre vor der Machtübernahme der Nationalsozialisten in ihrer anti-liberalen Struktur als wesensverwandt beschrieben, sie aber hinsichtlich ihrer ideologischen Zielvorstellungen deutlich voneinander unterschieden hat. Daneben erwähnt sie den französischen Rechtswissenschaftler Emile Giraud, der 1925 mit einer Schrift über »La crise de la démocratie et les réformes nécessaires du pouvoir législatif« hervorgetreten ist.

»Das in deutscher Sprache geschriebene Buch des Belgiers, das vom Autor selbst als ein ›Arbeitsprogramm‹ für den deutschen Jungsozialismus gedacht ist ... erscheint mir deshalb für uns Deutsche von ganz besonderer Wichtigkeit, weil es das reiche Gedankengut des älteren französischen, vorwiegend humanitär gefärbten Sozialismus auswertet und lebendig macht, jenes Sozialismus, den Marx und Engels aus taktischen und praktischen Gründen bekämpft haben und vielleicht bekämpfen mußten. Für den Aufbau der neuen europäischen Gemeinschaftsform ist jener ältere Sozialismus mit seinen starken ethischen und religiösen Antrieben ebensowenig zu missen wie der heroische Kämpfergeist des deutschen Marxismus.«[202]

Auch wenn sich die mit dieser Rezension zunächst nur vage als bekennende Sozialistin ausweisende Historikerin nicht konkreter zu den einzelnen Thesen de Mans geäußert hat, ist es doch möglich, die Konturen ihres politischen Denkens anhand ihrer Beschäftigung mit einigen der führenden Jungsozialisten der Weimarer Republik näher zu bestimmen. Dabei wird sich feststellen lassen, daß eine Reihe der politischen Maximen Hintzes, die bereits in ihren früheren Arbeiten deutlich wurden, in der Programmatik der Jungsozialisten erneut zum Ausdruck kamen.[203] Bevor diese in ihren Grundzügen skizziert wird, soll noch einmal ausführlicher auf das Sozialismusverständnis de Mans eingegangen werden.

Wie der von der Jugendbewegung beeinflußte Sozialist de Man sogleich im Vorwort seines Buches bekannte, begriff er den Sozialismus, insbesondere den »jungen Sozialismus«, nicht mehr »als geschlossenes System von sozialen Ansichten«. Mit dem Anspruch, den Weimarer Jungsozialisten ein tragfähiges und zukunftsweisendes »Arbeitsprogramm« zur Verfügung zu stellen, definierte er diesen nunmehr als ein »zum sozialistischen Menschentum« führendes »persönliches Seelenerlebnis«, als ein »Bündnis aller ... die ohne Rücksicht auf die Jahre auf Grund ihrer Weltanschauung den Sozialismus als ein Seelenerlebnis auffassen ...«[204] De Mans Begründung des Sozialismus aus ethischen Motiven mündete jedoch nicht in ein praktisches politi-

---

[202] Ebd., 478f.

[203] Aus der Sicht Winklers waren die Weimarer Jungsozialisten »nicht selten typische ›Novembersozialisten‹ – werdende oder fertige Akademiker, meist aus bürgerlichem Milieu stammend, die erst während des Krieges oder danach die ›soziale Frage‹ entdeckt und sich aus Idealismus der Sozialdemokratie angeschlossen hatten.« WINKLER, Der Schein der Normalität, 365ff. Zur jungsozialistischen Bewegung der Weimarer Republik noch immer grundlegend: FRANZ WALTER, Nationale Romantik und revolutionärer Mythos. Politik und Lebensweisen im frühen Weimarer Jungsozialismus, Berlin 1986.

[204] DE MAN, Psychologie, 7. »Sozialist bin ich«, erklärte de Man, »nicht weil ich an die Überlegenheit des sozialistischen Zukunftsbildes über irgendein anderes Ideal glaube, sondern weil ich die Überzeugung habe, daß das sozialistische Motiv bessere und glücklichere Menschen macht.« (Ebd., 413)

sches Konzept. Wie er vor dem Hintergrund seiner Biographie als marxistischer Intellektueller und Politiker bekannte, wollte er die »Psychologie des Sozialismus« weniger als praktisches Lösungsangebot für die tiefgreifenden wirtschaftspolitischen Probleme seiner Gegenwart, sondern zunächst als »geistige Autobiographie« und »innere Befreiung«, gar als »seelische Neugeburt« verstanden wissen.[205] In dieser Perspektive bezeichnet der Begriff ›Sozialismus‹ künftig nicht mehr ein vom marxistischen Dogma des Klassenkampfes ausgehendes, wirklichkeitsfremdes und daher unbrauchbar gewordenes Instrument zur Interpretation der gesellschaftlichen Wirklichkeit. De Man versteht ihn, wie sein Biograph ausführlich gezeigt hat, vielmehr als eine auf persönlichem Bekenntnis und weltanschaulicher Einstellung beruhende »flexible« Theorie, die Grundlage für jedes auf gesellschaftliche Veränderung zielende politische Engagement zu sein habe.[206] Obwohl seine ethische Begründung des Sozialismus kein kohärentes strategisches Konzept für eine mögliche Transformation Deutschlands in eine sozialistische Gesellschaft beinhaltete und de Man mit seinen Thesen keine nennenswerten Impulse auf die programmatische Diskussion der SPD ausüben konnte, enthielt sie einige konkrete Forderungen, mit denen der belgische Sozialist die theoretische Diskussion innerhalb der Sozialdemokratie zu beleben und das Erscheinungsbild des Sozialismus in den zwanziger Jahren insgesamt zu verändern versuchte. Dazu gehörte vornehmlich sein an die deutschen Sozialdemokraten gerichteter Appell, sich von der marxistischen Ideologie zu lösen und sich anderen sozialen Schichten zu öffnen, um der Partei den Weg von der Klassen- zur Volkspartei bereiten zu können. Seinem Konzept eines ethisch verfaßten Sozialismus lag die Vorstellung einer Rechtsgemeinschaft zugrunde, die nicht auf die wirtschaftliche, sondern auf die rechtliche Gleichstellung ihrer Mitglieder, in seinen Worten auf die Umwandlung eines kapitalistischen Gesellschaftsvertrages in einen sozialistischen zielte.[207] An

---

[205] Ebd., 1 ff: »Meine Kritik am Marxismus«, schrieb de Man, »wurde dadurch von der Ebene des Wissens in die Ebene des Gewissens verlegt.«

[206] Zum Verhältnis von Theorie und Praxis im politischen Denken de Mans vgl. OSCHMANN, Über Hendrik de Man, 139 ff; zu de Mans Kritik am marxistischen Determinismus vgl. 169 ff. Die Debatte um die ethische Begründung des Sozialismus war, wie Oschmann zeigt, keinesfalls neu, sondern wurde bereits vor der Jahrhundertwende aufgegriffen. Nachdem in den zwanziger Jahren der doktrinäre Marxismus an Geltungskraft verloren hatte, nahm innerhalb der Sozialdemokratie auch die Bereitschaft zu, sich mit ethischen Grundsätzen auseinanderzusetzen. Gleichwohl blieben die ethischen Sozialisten ohne offizielle Billigung und Unterstützung der Partei, die sich zumindest theoretisch, wie das Heidelberger Programm der SPD von 1925 zeigt, noch deutlich am Marxismus orientierte.

[207] Ebd., 217 ff. De Man plädierte gegen eine Befriedigung der wirtschaftlichen Bedürfnisse nach einem starren Gleichheitsschema, sondern für eine »Produktionsordnung, die durch die

diesem Ziel hielt de Man auch in den Jahren nach der Veröffentlichung seiner »Psychologie des Sozialismus« fest. So nutzte er, wie Heinrich August Winkler betont hat, jedes sich ihm bietende Forum, um für einen sittlich begründeten Sozialismus zu werben, welcher der Sozialdemokratie die Möglichkeit eröffnen sollte, über die marxistisch eingestellte Industriearbeiterschaft hinaus Anhänger zu gewinnen.[208] De Man dachte dabei natürlich an die gegenüber sozialistischem Gedankengut aufgeschlossene akademische Intelligenz, die er in dem von ihm 1926 mitbegründeten »Verband sozialdemokratischer Akademiker« zu sammeln hoffte.[209] Bilanzierend kann festgehalten werden, daß sich de Man, der seit der Veröffentlichung der »Psychologie des Sozialismus« in offiziellen Parteikreisen als Abtrünniger galt, mit seiner Forderung nach einer ethischen Neubegründung des Sozialismus in der Weimarer Sozialdemokratie nicht durchsetzen konnte. Sein Verständnis vom Sozialismus als fortwährende sozialreformerische Aufgabe bildete jedoch in theoriegeschichtlicher Perspektive das geistige Fundament für die Neuentwicklung der Sozialdemokratie nach dem Zweiten Weltkrieg, wie sie im Godesberger Programm von 1959 zum Ausdruck kam.[210]

Das anerkennende Urteil, das Hedwig Hintze den Thesen de Mans entgegenbrachte, galt nach ihrer eigenen Aussage weniger seiner Kritik des orthodoxen marxistischen Lehrgebäudes, die überwiegend auf der Anwendung sozialpsychologischer Methoden beruhte und daher einem beträchtlichen Teil der Leser nur schwer zugänglich war. Im Kontrast zur Mehrheit der Kritiker de Mans, die den Verzicht des Autors beklagten, seinen mitunter scharfsichtigen Analysen konkrete Handlungsanweisungen folgen zu lassen, hielt Hintze dessen positive Schlußfolgerungen für den maßgeblichen Kern seiner ethisch begründeten Theorie des Sozialismus.[211] An erster Stelle stand hierbei ein Bekenntnis zum Pazifismus, das beide Intellektuellen unter Berufung auf das Werk Jean Jaurès' ablegten und das gleichzeitig mit einem positiven Bekenntnis zu Europa und zur eigenen Nation gekoppelt war. Denn »gerade für den Menschen«, schrieb de Man, »der aus hohen sittlichen und

---

Vergesellschaftung der großen Produktionsmittel die rechtliche Grundlage für die Ausbeutung einer Klasse durch eine andere aufheben werde.«

[208] WINKLER, Der Schein der Normalität, 711 f.
[209] Vgl. dazu WINKLER, Der Schein der Normalität, 709 ff.
[210] OSCHMANN, Über Hendrik de Man, 237.
[211] Diese Sichtweise bestätigte HENDRIK DE MAN in seiner 1953 in deutscher Übersetzung erschienenen Autobiographie: vgl. DERS., Gegen den Strom. Memoiren eines europäischen Sozialisten, Stuttgart 1953, 187; 190. Resigniert stellte er nun fest, daß sein Buch »keine positiven ›Programmpunkte‹ aufwies, die eine verjüngte sozialistische Bewegung auf ihre Fahnen hätte schreiben können« und dessen »praktische Wirkungen ... auf die Bewegung weder dem Aufsehen entsprachen, das es hervorrief, noch der Zahl der Leser, die es in so vielen Ländern gefunden hat.«

kulturellen Beweggründen sein Vaterland liebt, kann es kein höheres Ideal geben, als dieses Vaterland nach dem Ausdruck von Jaurès so umzugestalten, zu erweitern und zu veredeln, daß es statt den anderen Völkern Furcht und Haß einzuflößen, ihnen Vertrauen und Frieden bringt.«[212] Mit de Man sah es Hintze daher als die dringlichste Aufgabe des Sozialismus an, »den Krieg zu vermeiden« und »Europa und die Welt zu einem überstaatlichen Rechtsgebilde zu organisieren.«[213] Auch im Hinblick auf die Frage, auf welchem Weg der Sozialismus im eigenen Land zu verwirklichen sei, kann von einer grundsätzlichen Übereinstimmung zwischen de Man und Hintze ausgegangen werden. Hedwig Hintzes beinahe überschwengliche Zustimmung zu den Werken von Hugo Preuß, Alfred Weber und Hendrik de Man lassen keinen Zweifel an ihrer Überzeugung aufkommen, daß sie eine sozialistische Gesellschaftsordnung nur auf der Grundlage einer politischen Demokratie für realisierbar hielt. Sozialismus und Demokratie wurden von ihr nicht als sich gegenseitig ausschließende oder alternative, sondern als untrennbare, einander bedingende politische Prinzipien begriffen. Die in linkssozialistischen Kreisen kursierende Parole »Republik, das ist nicht viel – Sozialismus ist das Ziel«,[214] die als sinnfälliger Ausdruck für die Herabsetzung der republikanischen Staatsform als lediglich technische Voraussetzung für eine zukünftige radikale Umgestaltung der deutschen Gesellschaft gelesen werden konnte, stand dem Demokratie- und Sozialismusverständnis Hedwig Hintzes entgegen. Ob bei Hintze damit eine Identifizierung von Demokratie und Parlamentarismus vorlag, scheint angesichts ihrer Befürwortung oder zumindest ihrer Billigung einer »Führerdemokratie« fraglich. Ein antiparlamentarischer Affekt ist schließlich nicht nur in Alfred Webers »Krise des modernen Staatsgedankens« zu verzeichnen, sondern auch im Werk de Mans greifbar, der sich eine »Neubelebung des Sozialismus« noch nicht als »Massenangelegenheit«, sondern zunächst nur als eine »Führerangelegenheit« vorstellen konnte.[215] Da er den Sozialismus als geistige Bewegung eher als »ein Produkt der seelischen Not von Intellektuellen« denn als »Produkt der materiellen Not von Proletariern«[216] begriff, wandte sich de Man nicht

---

[212] DE MAN, Psychologie, 409.
[213] Ebd., 402f; HINTZE, Rez. von: de Man, Psychologie, 479.
[214] Hierbei handelte es sich um eine Losung, mit der Weimarer Jungsozialisten zum 1. Mai demonstrierten. Zit. nach DIETER GROH/PETER BRANDT, »Vaterlandslose Gesellen«. Sozialdemokratie und Nation 1860–1990, München 1992, 192.
[215] DE MAN, Psychologie, 433. Dem parlamentarischen Parteiensystem stand de Man mit unverhohlener Skepsis gegenüber. Vgl. hierzu OSCHMANN, Über Hendrik de Man, 104 f.
[216] DE MAN, Die Intellektuellen und der Sozialismus, Jena 1926, 24. »Intellektuelle«, so de Man, seien »mehr als Mitläufer, sie sind Vorläufer gewesen. Fast alle produktiven Denker des Sozialismus als Geistesbewegung entstammten nichtproletarischen Gesellschaftsschichten …

an die »Massen«, die in seiner Sicht »immer nur auf jene Lehren unmittelbar reagieren, die ihnen für ihre Augenblickszwecke Schlagworte liefern.« Seine Konzeption eines ethischen Sozialismus sollte nur die Intellektuellen ansprechen, »die ganz wenigen, unter denen sich die möglichen Führer der kommenden Generation befinden, die ganz wenigen, bei denen Erkenntnis lebensgestaltend wirken kann.« Ohne Zweifel hatte de Man dabei seine eigene Person im Auge, wenn er behauptete: »Denn wer sich selber führen kann, ist zum Führer geeignet, und wer zum Führer geeignet ist, der kann nicht anders als führen.«[217] De Man sah in der Unterscheidung zwischen »Massen« und »Führern« jedoch keine Aufwertung der einen oder Abwertung der anderen Klasse. Vielmehr interpretierte er die soziale Differenzierung zwischen beiden Gruppen als unvermeidliche Folge einer Entwicklung, die bereits mit der Französischen Revolution eingesetzt und in der »Eroberung des Staates durch die Gebildeten« geendet habe. Die gleiche Feststellung habe auch für die demokratischen Parteien zu gelten, in denen sich die »berufsmäßigen Spezialisten«, die sämtlich den geistigen Berufen angehörten, zu einer neuen Klasse gebildet hätten.[218] Mit diesen Aussagen nahm de Man innerhalb der sozialistischen Linken keine isolierte Position ein. Die Auffassung, daß Demokratie, wie Julius Leber einmal formulierte, »zunächst Auslese« sei, Demokratie also nicht Herrschaft der ›Masse‹ sein könne, sondern der Führung ausgewählter Persönlichkeiten bedürfe, traf in der Weimarer Sozialdemokratie nicht durchweg auf Ablehnung. Denn im Kontext einer von marxismuskritischen Sozialdemokraten initiierten Diskussion über eine Ablösung des Verhältniswahlrechts zugunsten eines dem parlamentarischen Regierungssystem besser angepaßten Persönlichkeitswahlrechts wurde auch innerhalb der SPD über die Frage der Ausbildung geeigneter, demokratisch legitimierter Führungspersönlichkeiten intensiv nachgedacht.[219] Auch hierbei wurde nicht nur die Distanz, welche die demokratischen Sozialisten von marxistischen Theoretikern trennte, sondern auch die Kluft zwischen den Intellektuellen und offizieller Parteiführung innerhalb der Weimarer Sozialdemokratie deutlich sichtbar.[220]

Der proletarische Klassenkampf ist an sich noch kein Sozialismus, er stellt nur die Bereitschaft einer Klasse dar, sich im Kampfe um ihre Interessen sozialistischer Zielsetzungen zu bedienen.«
[217] DE MAN, Psychologie, 432.
[218] Ebd., 280f.
[219] Vgl. hierzu DOROTHEA BECK, Theodor Haubach, Julius Leber, Carlo Mierendorff, Kurt Schumacher. Zum Selbstverständnis der »militanten Sozialisten« in der Weimarer Republik, in: AfSG 26 (1986), 87-123; 113f.
[220] Vgl. OSCHMANN, Über Hendrik de Man, 246ff.

Hedwig Hintzes Forderung eines demokratischen, auf der Grundlage der Republik beruhenden Sozialismus, die in ihrer positiven Rezension de Mans noch einmal zum Ausdruck kam, gestattet es, die Historikerin politisch im »rechten« Spektrum der Weimarer SPD einzuordnen.[221] Als Arbeitsprogramm für die Jungsozialisten fand das Buch de Mans allein im Lager der ethischen und religiösen Sozialisten Zustimmung, die sich im sogenannten Hofgeismarer Kreis zusammengefunden hatten, während innerhalb der sozialistischen Bewegung insgesamt keine nennenswerte theoretische Anknüpfung an sein Werk zu verzeichnen war, Anhänger des marxistischen Flügels der sozialistischen Arbeiterjugend de Man sogar als »roten Spengler« titulierten.[222] Daß sich Hintze nachweislich den im Umfeld der Hofgeismarer vertretenen politischen Anschauungen verbunden fühlte, zeigen letztlich auch ihre Bemühungen, die in dieser Gruppe versammelten demokratischen Sozialisten für den vornehmlich bürgerlich-liberal geprägten »Weimarer Kreis« um Friedrich Meinecke und Walter Goetz zu gewinnen. In einem Schreiben an Goetz vom November 1931 schlug Hintze neben Hendrik de Man den Staatsrechtler Hermann Heller sowie die religiösen Sozialisten Eduard Heimann, Paul Tillich und Karl Mennicke als potentielle Mitglieder des Weimarer Kreises vor.[223] Daneben erwähnte sie den Historiker Arthur Rosenberg (»der gewesene Kommunist und sehr anerkannte Verfasser des Buches über die Entstehung der deutschen Republik«), den Philosophen David Baumgardt sowie den früheren Heidelberger Nationalökonomen Emil Lederer, die von Goetz bislang keine Einladung für eine Teilnahme an den Tagungen des Kreises erhalten hatten.[224] Trotz vorausgegangener Initiativen

---

[221] Hinsichtlich ihrer wenigen Publikationen in sozialistischen Periodika ist diese Einordnung jedoch nicht eindeutig: während Hintze in den *Sozialistischen Monatsheften* – nach WINKLER, Der Schein der Normalität, 658, ein Organ »rechter Sozialdemokraten« – nur einen Aufsatz veröffentlichte, druckte die offizielle theoretische Zeitschrift der SPD, *Die Gesellschaft*, ihre 1928 gehaltene Antrittsvorlesung sowie zwei Rezensionen der Bücher Hermann Wendels. 1933 publizierte Hintze drei Beiträge in dem von Emil Lederer herausgegebenen *Archiv für Sozialwissenschaft und Sozialpolitik*.

[222] OSCHMANN, Über Hendrik de Man, 146 ff; 251.

[223] Hedwig Hintze an Walter Goetz, 23.11.1931. Über die Gruppe der »religiösen Sozialisten« vgl. RENATE BREIPOHL, Religiöser Sozialismus und bürgerliches Geschichtsbewußtsein zur Zeit der Weimarer Republik, Zürich 1971.

[224] Zu Rosenberg (1889–1943) vgl. die Skizze von HELMUT BERDING, in: Deutsche Historiker, Bd. 4, Göttingen 1972, 81–96; sowie RUDOLF WOLFGANG MÜLLER/GERT SCHÄFER (Hg.), »Klassische« Antike und moderne Demokratie – Arthur Rosenberg zwischen alter Geschichte und Zeitgeschichte, Politik und politischer Bildung, Göttingen 1986. Über Lederer (1882–1939), seit 1932 Ordinarius für Sozial- und Finanzwissenschaft an der Berliner Universität, vgl. HANS ULRICH EßLINGER, Emil Lederer: Ein Plädoyer für die politische Verwertung der wissenschaftlichen Erkenntnis, in: Hubert Treiber/Karol Sauerland (Hg.), Heidelberg im Schnitt-

von Gustav Radbruch, aber auch anderer prominenter Sozialdemokraten, zumindest den sozialdemokratischen Staatsrechtler Heller einzuladen, ist Goetz mit Ausnahme Baumgardts an keinen der von Hedwig Hintze genannten Gelehrten herangetreten.[225] Auch an Hedwig Hintze selbst, die sich zuvor um eine Teilnahme an der im Oktober 1931 gehaltenen Tagung bemüht hatte, ist keine Einladung ergangen. Enttäuscht teilte sie Goetz mit:

»Hochgeehrter Herr Professor, Von verschiedenen Seiten ist mir in letzter Zeit gesagt worden, daß Sie mich auf der Weimarer Professoren-Tagung vermisst haben, und diese Mitteilung hat in mir eine nicht ganz banale Freude ausgelöst. Ich hatte zwar nie angenommen, daß gerade Sie, verehrter Herr Professor, mich haben ausschließen wollen: ich habe nur angenehme Erinnerungen an gelegentliches persönliches Zusammentreffen und an unseren Briefwechsel zurückbehalten und – offen gestanden – hatte ich mich nicht darum gekümmert, von wem in letzter Linie die Einladungen ausgingen. Aber die Tatsache bleibt bestehen, daß ich *keine* Einladung erhalten habe, und Sie werden begreifen, daß ich zu stolz bin, mich aufzudrängen, auch da, wo es sich um eine gute Sache handelt und wo ich vielleicht nützliche Mitarbeit leisten könnte.«[226]

Obwohl Hedwig Hintze von Goetz und Meinecke vom Weimarer Kreis ausgeschlossen worden war, zeigte sie sich entgegen ihrer Ankündigung nur einen Monat nach der Oktober-Tagung 1931 wieder kooperativ. Nachdem ihre Vermittlungsbemühungen schließlich ohne Erfolg geblieben waren, widmete sie sich intensiver der politischen Arbeit mit den Studenten der Berliner Universität, an die sie, wie sie gegenüber Goetz äußerte, »naturgemäß leichter« herankäme als an die Professoren.[227] Eine effektive Zusammenarbeit

---

punkt intellektueller Kreise. Zur Topographie der »geistigen Geselligkeit« eines »Weltdorfes«: 1850–1950, Opladen 1995, 422–444; CLAUS-DIETER KROHN, Zur intellektuellen Biographie Emil Lederers, in: Emil Lederer, Der Massenstaat. Gefahren einer klassenlosen Gesellschaft, Graz 1995, 9–40. Alle von Hintze Genannten sind nach 1933 emigriert bzw. nicht mehr nach Deutschland zurückgekehrt. Auch Albert Einstein und Franz Oppenheimer blieben vom Weimarer Kreis ausgeschlossen.

[225] Vgl. DÖRING, Weimarer Kreis, 141 f. Baumgardt (1890–1963) war bis 1937 Professor in Berlin, 1939 emigrierte er in die USA. In seinem Œuvre beschäftigte er sich mit Fragen der Moralphilosophie und der Ästhetik. Hermann Heller hatte sich ausdrücklich bereit erklärt, den Weimarer Kreis zu unterstützen.

[226] Hedwig Hintze an Walter Goetz, 3.11.1931, in: BAK, NL Goetz, Nr. 93, Bd. 2: Weimarer Hochschultagung. Insgesamt gab es in der Weimarer Republik nur vier »offizielle« Tagungen des Kreises, und zwar in den Jahren 1926, 1927, 1931 und 1932. Seine Gründer verzichteten auf eine formale Mitgliedschaft und eine satzungsmäßige Organisation, wie sie sich ebenfalls aus Gründen professoraler Ängstlichkeit einer Presseberichterstattung entgegengestellt hatten. Der Erfolg der Oktober-Tagung 1931 war indes äußerst bescheiden. Gegenüber 800 ausgesprochenen Einladungen waren nur 59 Teilnehmer zu verzeichnen, 1932 lediglich noch 30. (vgl. DÖRING, Weimarer Kreis, 104 ff)

[227] Hintze an Goetz, 23.11.1931. In ihren Übungen sei man, wie Hintze hervorhob, »meist

der kämpferischen Demokratin und ihrer »verfassungstreuen« Kollegen wäre angesichts der unterschiedlichen politischen Zielvorstellungen beider Seiten auch kaum vorstellbar gewesen: Wie Herbert Döring gezeigt hat, hatte Meinecke »eine Entpolitisierung« des akademischen Lebens und der Universitäten als das eigentliche Ziel des Weimarer Kreises definiert. »Unser Zweck ist erreicht, unsere Tagungen werden überflüssig«, erklärte der Vernunftrepublikaner, »wenn die große Mehrheit der Kollegen auch dem neuen Staate gegenüber jene selbstverständliche Staatsgesinnung wiedergefunden hat, die im alten Staate unsere Kreise erfüllte.«[228] Die politische Reichweite des Weimarer Kreises erschöpfte sich demnach in einer unreflektierten Akklamation des bestehenden Staates, wobei die demokratischen und sozialen Ideale seiner republikanischen Verfassung in den Hintergrund traten. Die Initiatoren des Weimarer Kreises begnügten sich daher mit nur wenigen ausgewählten sozialistischen oder pazifistischen Hochschullehrern, die, wie Döring betont, für die Stiftung einer »Großen Koalition« im akademischen Bereich notwendig waren. Besondere Rücksicht nahmen sie dagegen auf die der Deutschen Volkspartei nahestehenden Kollegen.[229] Diese Tatsache wirft

---

so stark politisch interessiert, daß ich hier oft, statt anzuregen, bremsen und zur leidenschaftslosen Geschichtsbetrachtung zurücklenken muß.« Von Goetz erbat sie im Dezember 1931 ein offizielles Mandat des Weimarer Kreises, um auf einer Veranstaltung des Deutschen Studentenverbandes, dem Dachverband der republikanischen Studentenvereinigungen, zu denen oftmals hochgestellte Persönlichkeiten wie etwa der preußische Kultusminister Grimme geladen wurden, für die demokratische Sache werben zu können. Thema der Veranstaltung war nach Hintze die »Aussprache über die geistige Situation der Hochschule und ihre Lage in der Krise der Gegenwart«. Später berichtet sie von der Veranstaltung: »Der Abend war sehr gut besucht; aber die Professoren, für die er veranstaltet war, glänzten durch Abwesenheit; einer der Vertreter des Studentenverbandes berichtete, daß sie an 750 Berliner Professoren Einladungen hatten ergehen lassen; über 700 haben solcher Einladung keine Folge geleistet.« (Hintze an Goetz, 13.12.1931, in: NL Goetz, Nr. 93, Bd. 2)

[228] Zit. nach DÖRING, Weimarer Kreis, 92.
[229] Ebd., 7 ff; 92 ff; 139 ff. So erklärte Meinecke: »Ich suche nach Argumenten, mit denen man in die eigene Gedankenwelt der Reaktionäre Bresche brechen kann, mit denen man sie hinüberziehen kann auf den Boden des neuen Staats. Denn wir brauchen auch sie, wir schätzen das, was gut und tüchtig ist an den gestürzten Schichten, und wollen insbesondere mit unseren reaktionären Kollegen wieder in nationaler Harmonie zusammenwirken, damit von den Universitäten insgesamt jener Geist einer selbstverständlichen und freudigen Anerkennung wieder ausgehe, der früher da war.« – Angesichts des Ausschlusses pronociert demokratisch oder pazifistisch eingestellter Außenseiter warnt Döring davor, den Weimarer Kreis und seine Wortführer als demokratische Repräsentanten der deutschen Hochschullehrerschaft anzusehen. Den Kern des Kreises bildeten vielmehr die zur Gelehrtenaristokratie zählenden Geheimräte der Republik, die allesamt hervorragende Repräsentanten ihres Faches gewesen seien. Andererseits konnten kaum jüngere Dozenten für die politischen Ziele des Weimarer Kreises gewonnen werden. So waren, wie Döring betont, die »Sechzig- bis Achtzigjährigen«, deren politisches Bewußtsein noch im

nicht nur ein Licht auf die scheinbar unüberbrückbare Distanz zwischen Pazifisten und Sozialisten und den im Weimarer Kreis organisierten liberalen demokratischen Historikern. Sie spiegelt vielmehr die Dimension der Außenseiterposition, in die im Gegensatz zu den »Vernunftrepublikanern« insbesondere jene Intellektuellen im akademischen Milieu gedrängt wurden, die sich nachdrücklich zur Demokratie *und* zum Sozialismus bekannten. Aber auch innerhalb des sozialistischen Spektrums der Weimarer Republik bewegten sich diese Gelehrten zwischen den politischen und ideologischen Fronten, an denen, wie Helmut Berding im Hinblick auf die Biographie Arthur Rosenbergs prägnant formuliert hat, »die politische Praxis kaum Spielraum und die politische Theorie nur ein schwaches Echo« gefunden hat.[230] Am Beispiel Hermann Hellers, für den sich Hintze, wie sie gegenüber Goetz bekundete, »litterarisch schon lange« interessierte, ohne ihn jedoch persönlich zu kennen, sollen kurz die wichtigsten der im Hofgeismar-Kreis der Jungsozialisten vertretenen politischen Positionen skizziert werden, zu denen Hedwig Hintzes Überzeugungen in einer deutlich sichtbaren Affinität standen.[231]

Wie sich einer ihrer Organisatoren rückblickend erinnerte, sahen die Mitglieder des 1923 gegründeten Hofgeismarkreises neben der ethischen Grundlegung des Sozialismus ein zentrales Anliegen in der Aufgabe, »das in der sozialistischen Bewegung noch immer lebendige Mißtrauen gegenüber

---

Kaiserreich geprägt worden war, stärker als ihre jüngeren Kollegen zur Anerkennung der Weimarer Neuordnung bereit.«

[230] BERDING, Arthur Rosenberg, 94.

[231] Heller wurde 1891 als Sohn eines jüdischen Rechtsanwaltes im polnischen Teil der Habsburgermonarchie geboren. 1920 habilitierte er sich mit einer Arbeit über »Hegel und der nationale Machtstaatsgedanke in Deutschland«. Nachdem er – wie sein Freund Gustav Radbruch – im Laufe des Kapp-Putsches nur knapp der Exekution entkommen war, engagierte er sich in der Erwachsenenbildung und wurde wenige Jahre später zum Leiter des Amtes für Volksbildung der Stadt Leipzig berufen. 1926 arbeitete Heller als Referent am Kaiser-Wilhelm-Institut für ausländisches öffentliches Recht und Völkerrecht in Berlin. 1928 erfolgte ebenfalls in Berlin die Ernennung zum außerordentlichen, 1931 schließlich jene zum ordentlichen Professor für Öffentliches Recht an der Universität Frankfurt. Zuvor hatte Heller in Italien die Herrschaftspraxis des Faschismus studiert. Aus diesem Aufenthalt ist seine 1929 erschienene Schrift »Europa und der Faschismus« hervorgegangen. Bekannt geworden ist Heller jedoch durch seine Rolle als Verteidiger der preußischen Landtagsfraktion und Gegenspieler Carl Schmitts vor dem Leipziger Reichsgericht im Prozeß um die Rechtmäßigkeit von Papens sog. Preußenschlag vom 20. Juli 1932. Heller starb am 5. November 1933 während einer Gastprofessur in Madrid. Zu Heller vgl. CHRISTOPH MÜLLER, Hermann Heller (1891-1933). Vom liberalen zum sozialen Rechtsstaat, in: Deutsche Juristen jüdischer Herkunft, 767–780; DERS., Hermann Heller (1891-1933): »Nationale Kulturgemeinschaft und anti-nationaler Nationalismus«, in: Hans Erler u. a. (Hg.), »Meinetwegen ist die Welt erschaffen«: Das intellektuelle Vermächtnis des deutschsprachigen Judentums. 58 Portraits, Frankfurt a. M. 1997, 345–361.

unserem eigenen Staat und Volk zu überwinden und ein neues positives Volksbewußtsein, eine klar entschiedene Staatsgesinnung zu erarbeiten.«[232] Die patriotischen Stimmungen, die auf dem ersten Treffen der Hofgeismarer zum Ausdruck kamen und aus heutiger Sicht nur noch vereinzelt als »nationalistische Ausrutscher« gedeutet werden,[233] dürfen jedoch nicht nur als nationalistische Radikalisierung der Jungsozialisten infolge der Besetzung des Ruhrgebietes verstanden werden. Ein Großteil seiner Anhänger suchte nach den Erfahrungen des Ersten Weltkrieges vielmehr nach einer grundsätzlichen Neubegründung des Verhältnisses zwischen Arbeiterbewegung und Nation.[234] Diese Ansätze zu einer neuen Definition des Nationalen standen innerhalb der um Hermann Heller und Theodor Haubach versammelten Gruppe der Hofgeismarer jedoch im Kontext eines konsequenten Bekenntnisses zur demokratischen Republik *und* zu einem sozialistischen Patriotismus französischer Prägung, dessen Leitfigur insbesondere Haubach in Jean Jaurès sah.[235] Der Begriff der Nation wurde, wie Helga Grebing betont hat, in diesen Kreisen der Sozialdemokratie als »Ausdruck der Tradition des politischen Humanismus westeuropäischer Prägung und als nur in Verbindung mit der Demokratie akzeptabel begriffen.«[236] Der wichtigste Theoretiker dieses Konzepts wurde indes Hermann Heller, der den Hofgeismarer Jungsozialisten mit seiner erstmals 1925 veröffentlichten und 1931 erneut aufgelegten Schrift »Sozialismus und Nation« einen Schlüsseltext vorgelegt hat-

---

[232] So FRANZ OSTERROTH, Der Hofgeismarkreis der Jungsozialisten, in: AfSG 4 (1964), 525-569; 536, einem der Mitbegründer des Kreises. Vgl. auch GROH/BRANDT, »Vaterlandslose Gesellen«, 191 ff.

[233] So etwa HELGA GREBING, Sozialdemokratie und Nation. Zur Geschichte der Diskussion der »nationalen Frage« in der SPD vor und nach 1945, in: Klaus Schoenhoven/Dietrich Staritz (Hg.), Sozialismus und Kommunismus im Wandel. Hermann Weber zum 65. Geburtstag, Köln 1993, 69-90; 73.

[234] WINKLER, Der Schein der Normalität, 368 f. Die nationale Frage, so Winkler, blieb auch nach 1918 »ein blinder Fleck im offiziellen Selbstverständnis der Partei. Die Sozialdemokraten ... ignorierten jenes Bedürfnis nach einem positiven Nationalbewußtsein, das es, wie Hofgeismar zeigte, auch in den eigenen Reihen gab.«

[235] GROH/BRANDT, Vaterlandslose Gesellen, 191 f; WALTER, Nationale Romantik und revolutionärer Mythos, 82 ff: »Zwischen Fridericus Rex und Jean Jaurès: Politische Ortsbestimmung im Widerstreit um die Außenpolitik«. Haubach (1896-1945), zunächst Redakteur im sozialdemokratischen *Hamburger Echo*, wurde 1930 Pressechef im Berliner Polizeipräsidium. Nach dem 20. Juli 1944 als Mitglied des Kreisauer Kreises verhaftet, wurde er im Januar 1945 hingerichtet. - Bereits ein Jahr nach seiner Gründung kam es zu einer Abspaltung des marxistischen Flügels der Jungsozialisten, die sich künftig im sog. Hannoveranerkreis organisierten. Als Folge der Auseinandersetzung um die Veröffentlichungen des Nationalrevolutionärs Ernst Niekisch in Publikationen der Hofgeismarer löste sich der Hofgeismar-Kreis 1926 auf.

[236] GREBING, Sozialdemokratie und Nation, 73 f.

te.²³⁷ Sozialismus und Nation definierte Heller nicht als sich gegenseitig ausschließende, sondern als untrennbar verbundene, die nationale *und* soziale »Volksgemeinschaft« konstituierende Elemente:

»Die Nation ist eine endgültige Lebensform, die durch den Sozialismus weder beseitigt werden kann noch beseitigt werden soll. Sozialismus bedeutet keineswegs das Ende, sondern die Vollendung der nationalen Gemeinschaft, nicht die Vernichtung der nationalen Volksgemeinschaft durch die Klasse, sondern die Vernichtung der Klasse durch eine wahrhaft nationale Volksgemeinschaft.«²³⁸

Auch bei dem Sozialdemokraten Heller ist ein ethisch begründeter Sozialismusbegriff anzutreffen, dessen »wahres Wesen« er in der »Idee der gesellschaftlichen Gerechtigkeit« und »in dem Willen zu gegenseitiger Hilfe und gerechter Gemeinschaft, in der sittlichen Gestaltung unserer gegenseitigen Beziehungen« begründet sah.²³⁹ Indem er die Begriffe »Nation«, »Demokratie« und »Sozialismus« positiv besetzte und aktualisierte, versuchte Heller einen Beitrag für die Stabilisierung der Weimarer Republik zu leisten. Gegen den Marxismus betrachtete Heller nicht die Aufhebung, sondern die »Veredelung« des Staates als das eigentliche Ziel des Sozialismus.²⁴⁰ Daher forderte er, daß die sozialistische Idee nicht gegen, sondern *in* der Nation verwirklicht werden müsse, in einem Gemeinwesen also, in das die Arbeiterschaft vollständig zu integrieren und an den Staat heranzuführen sei. Den entscheidenden Integrationsfaktor stellte für ihn das Nationalgefühl dar. Heller war davon überzeugt, daß die Arbeiter nur durch die Aneignung der Nationalkultur in die Nation integriert werden könnten. Diesen Gedanken einer republikanischen Staatsbejahung, auf die sein gesamtes politisches Wirken zielte, komprimierte er in der Formel: »Klasse muß Nation werden!«

---

²³⁷ Im folgenden wird nach der 2. Aufl., Berlin 1931, zitiert.
²³⁸ Ebd., 38. WINKLER, Der Schein der Normalität, 370, wertet Hellers Vorstellung einer sozialen und nationalen Volksgemeinschaft als »Versuch konkreter Ideologiekritik und politischer Vorwärtsverteidigung«, mit dem dem Gegner auf der politischen Rechten die soziale Berechtigung abgesprochen werden sollte, sich auf nationale Interessen zu berufen. Auch WALTER, Nationale Romantik und revolutionärer Mythos, 88, sieht in Heller keinen Nationalisten. Das Nachkriegsdeutschland, so Walter, »war kein jungfräulicher Boden, auf dem ein nationaler Patriotismus eine erfolgreiche Symbiose mit dem sozialistischen Gedanken zum Nutzen der Demokratie hätte eingehen können ... Die nationale Idee war hier weder revolutionär noch demokratisch, sie war in ihrer nun entwickelten, festen Gestalt innenpolitisch reaktionär und außenpolitisch hegemonial ...« (87). Vgl. auch WALTER EUCHNER, Sozialdemokratie und Demokratie. Zum Demokratieverständnis der SPD in der Weimarer Republik, in: AfSG 26 (1986), 125–178, der Heller die positive Absicht unterstellt, nationalistisch und zugleich antikapitalistisch eingestellte Kreise für sozialdemokratische Auffassungen zu gewinnen.
²³⁹ HELLER, Sozialismus und Nation, 9.
²⁴⁰ Ebd., 71.

»Klasse« und »Nation« wiesen in seinem Staatsverständnis über die gegenwärtige Lage hinaus, wenn er betonte: »Die Klasse muß in die Nation eingehen, die Nation aber die Klasse in sich aufnehmen ... Die nationale ohne die soziale Volksgemeinschaft ist nicht zu haben.«[241] Gegen die marxistische Vorstellung von der Notwendigkeit eines internationalen Klassenkampfes setzte Heller seine Hoffnung auf den Kampf der Arbeiter um die Teilhabe an der Kulturtradition der Nation. Seinem Sozialismusbegriff lag somit ein Verständnis von der Nation als »Kultur- und Schicksalsgemeinschaft« zugrunde, das ihn jedoch nicht daran hinderte, die Diskussion jeweils eigener nationaler Wege zum Sozialismus mit der Einsicht in die Notwendigkeit internationaler Zusammenarbeit in Verbindung zu bringen.[242] Wenn die nach dem Ersten Weltkrieg in »rechten« Kreisen der Weimarer Sozialdemokratie vollzogene Abkehr vom Marxismus gleichzeitig eine Abwendung vom einstigen Internationalismus implizierte, die Entwicklung zum Sozialismus damit zukünftig in nationalen Bahnen vollzogen werden sollte, so schloß die von Heller angestrebte Nationalisierung der Arbeiterschaft eine Verständigung auf internationaler Ebene, insbesondere mit dem »Erbfeind« Frankreich, keinesfalls aus.[243] Ganz im Gegenteil plädierte er trotz seiner früheren Verurteilung des Versailler Vertrages für eine europäische, die nationale Sichtweise ergänzende Perspektive, wie sie im Heidelberger Programm der SPD von 1925 eingefordert worden war, und wie sie angesichts des aufkommenden Faschismus in Europa praktisch unausweichlich wurde.

Ein konkretes Programm einer zukünftigen sozialistischen Wirtschaftspolitik hat indes auch Heller nicht erarbeitet. Als sittliches Ideal war der Sozialismus in seinem Verständnis weder an eine wissenschaftliche Begründung noch an einen politischen Träger noch an die Existenz der Arbeiterbewegung gebunden, sondern konnte von allen Menschen unabhängig der Zugehörigkeit zu einer sozialen Klasse wahrgenommen werden.[244] Somit ist Heller auch nicht als Sozialismus- oder Wirtschaftstheoretiker einzuordnen, sondern vielmehr als Staatstheoretiker zu begreifen, dessen Beitrag zur Weiter-

---

[241] Ebd., 44; 77.
[242] GREBING, Sozialdemokratie und Nation, 73; WALTER, Nationale Romantik und revolutionärer Mythos, 87 f. Seine außenpolitische Maxime brachte Heller auf die Formel: »Wir wollen die sozialistische Internationale, weil wir die Nation wollen.«
[243] Sichtbarer Ausdruck für dieses Bestreben war das Heidelberger Programm der SPD von 1925, das, obwohl wieder stärker der Rhetorik des Klassenkampfes verpflichtet, die Forderung »der Vereinigten Staaten von Europa« aufnahm. Vgl. GREBING, Sozialdemokratie und Nation, 73.
[244] WOLFGANG SCHLUCHTER, Entscheidung für den sozialen Rechtsstaat. Hermann Heller und die staatstheoretische Diskussion in der Weimarer Republik, Baden-Baden, 2. Aufl. 1983, 120 f.

entwicklung der sozialistischen Theorie vielmehr in der Neubestimmung des Verhältnisses zwischen Staat und Sozialismus zu sehen ist.[245] Obwohl er die Weimarer Republik als kapitalistischen Klassenstaat identifizierte, betrachtete er den Staat in seiner gesamten Organisationseinheit doch als unverzichtbares Instrument für die Realisierung einer sozialistischen Gesellschaftsordnung. Nur so sind seine auf der Verfassungsfeier von 1929 formulierten Worte zu verstehen: »Wir feiern die Weimarer Verfassung nicht, weil sie uns bereits Erfüllung wäre, sondern weil sie uns unsere Aufgabe ermöglicht.«[246] Gegen Ende der zwanziger Jahre hat Heller die Eignung der nationalen Idee für die Bewältigung aktueller Probleme jedoch zunehmend in Frage gestellt und sich mehr der Ausarbeitung einer Theorie der Transformation des liberalen in einen sozialen Rechtsstaat gewidmet. Seine eigentliche wissenschaftliche Leistung als Staatsrechtler und Verfassungspolitiker besteht daher in der Antizipation eines Verfassungsmodells, das durch die Synthese nationaler, demokratischer und sozialer rechtsstaatlicher Elemente gekennzeichnet ist.[247] Als Theoretiker des sozialen Rechtsstaats und der sozialen Demokratie wurde Heller schließlich von der bundesdeutschen Staatsrechtswissenschaft seit den siebziger Jahren entdeckt.[248] Dennoch ist das Werk des sozialdemokratischen Staatsrechtlers, Verfassungspolitikers, des Bildungs- und Kulturtheoretikers und des Anwalts der Weimarer Republik zu komplex, um dieses in einem eindeutigen Rezeptionskontext erfassen zu können. Wie Wolfgang Schluchter betont hat, lebten dessen Schriften »eher von der begründeten Verneinung anderer als von der selbständigen Herleitung eigener Ziele.«[249] So ist es bislang nicht gelungen, Heller ein kohärentes wissenschaftliches System oder die Bildung einer wissenschaftlichen Schule nachzuweisen. Auch seine Verortung im politischen Koordinatensystem der Weimarer Republik erfordert die Angabe einer konkreten Bezugsgröße. Während Heller innerhalb der Weimarer Staatsrechtslehre als Repräsentant der äußersten Linken gelten muß, stand er mit seinen politi-

---

[245] So die Interpretation von ALBRECHT DEHNHARD, Dimensionen staatlichen Handelns. Staatstheorie in der Tradition Hermann Hellers, Tübingen 1996, 29.

[246] Zit. nach KLAUS TANNER, Die fromme Verstaatlichung des Gewissens. Zur Auseinandersetzung um die Legitimität der Weimarer Reichsverfassung in Staatsrechtswissenschaft und Theologie der zwanziger Jahre, Göttingen 1989, 184.

[247] Ebd., 33.

[248] Hellers Lehre vom »sozialen Rechtsstaat« hat sich, wie EUCHNER, Sozialdemokratie und Demokratie, zeigt, in der Formulierung des Art. 20 des Bonner Grundgesetzes niedergeschlagen. Seine Staatslehre gelte als »eine der Inkunabeln der modernen Politikwissenschaft«. Auch Hans Mommsen hat Heller als »Vater der Politikwissenschaft in Deutschland« bezeichnet (Zum Verhältnis von politischer Wissenschaft und Geschichtswissenschaft in Deutschland, in: VfZG 10, 1962, 341-372; 350).

[249] SCHLUCHTER, Entscheidung für den sozialen Rechtsstaat, 9.

schen Aussagen,wie ein Großteil der Hofgeismarer Jungsozialisten und der religiösen Sozialisten um Heimann und Tillich, dem rechten Flügel der Sozialdemokratie nahe.

Obwohl von Hedwig Hintze außer der erwähnten Andeutung in ihrem Brief an Walter Goetz vom November 1931 keine weiteren Äußerungen über Heller überliefert sind, läßt sich anhand ihrer in diesem Kapitel untersuchten Rezensionen doch ein genaueres Bild ihrer politischen und weltanschaulichen Orientierungen ermitteln. Mit den ethischen und religiösen Sozialisten der Weimarer Republik forderte Hintze weitreichende, jedoch niemals präzisierte Korrekturen am kapitalistischen System und die eindeutige Unterordnung der Wirtschaft unter die Vorgaben der Politik. Während sie in ihren Schriften immer wieder Kritik am ökonomischen Liberalismus übte, kann die Frage, inwieweit sie sich gleichzeitig auch für die Beibehaltung des politischen Liberalismus einsetzte, angesichts fehlender Äußerungen der Historikerin zum Problem des Parteienstaats nicht mehr eindeutig beantwortet werden. In deutlichem Gegensatz zu den radikalen politischen Vorstellungen »linker« Sozialisten und Marxisten kämpfte Hedwig Hintze für den Erhalt und die Stabilisierung der Weimarer Republik, die sie weniger als Etappe auf dem Weg zu einer sozialistischen Gesellschaft, sondern mehr als deren unverzichtbare Grundlage betrachtete. Ihr Demokratieverständnis kam damit der Auffassung Ernst Troeltschs sehr nahe, der die Demokratie gleichermaßen als historische Konsequenz aus der deutschen Geschichte *und* als notwendige Bedingung für einen gerechten »Umbau der sozialen Ordnung« in Deutschland begriff.[250] Die Abwendung der gegen Ende der zwanziger Jahre immer deutlicher zu Tage tretenden parlamentarischen Krise der Weimarer Republik auf der einen und die Durchsetzung einer sozialistischen Ordnung auf der anderer Seite erwartete Hintze mit Hugo Preuß, Alfred Weber, Hendrik de Man, Ernst Troeltsch und letztlich auch mit Heller jedoch von einer demokratisch legitimierten und geeigneten Führerschicht.[251] Das von diesen Denkern skizzierte, in bürgerlichen wie auch in sozialistischen Kreisen vertretene Konzept der »Führerdemokratie« sollte aber keinesfalls die

---

[250] Zu Troeltschs Begriff der »wahren Demokratie der Gerechtigkeit« vgl. SCHÜRGERS, Politische Philosophie in der Weimarer Republik, 78.
[251] Inwieweit Hintze der antipositivistischen und antiliberalen Staatsrechtslehre Hellers folgte, muß offen bleiben. Im Kontext des Methodenstreits in der Staatsrechtslehre der zwanziger Jahre verbarg sich auch hinter Hellers Kritik des herrschenden Verfassungspositivismus eine deutliche antiparlamentarische Tendenz, die, wie Schluchter betont hat, auch antidemokratisch wirken konnte. Gleichwohl ist die Frage zu stellen, ob sich Hintze der Tatsache bewußt geworden war, daß die Übergänge zwischen ›linker‹ Krisendeutung im Umkreis der religiösen Sozialisten um Tillich und der Kulturdiagnostik deutschnationaler Kreise und damit auch zwischen ›linker‹ und ›rechter‹ Kritik am Weimarer Staat oftmals fließend waren.

Etablierung autoritärer oder gar die Nachahmung faschistischer oder bolschewistischer Herrschaftsformen legitimieren. Vielmehr sollten gerade vor dem Hintergrund der sich in Italien und Rußland formierenden totalitären Regime dem demokratischen Staat jene Autoritäten vorangestellt werden, von denen man sich die Zähmung derjenigen kapitalistischen Kräfte erhoffte, die man für die politische und wirtschaftliche Krise der Weimarer Republik verantwortlich gemacht hatte.

Die von Hintze anvisierte sozialistische Ordnung sollte daher konsequent auf dem Boden der Demokratie errichtet werden und parallel in eine internationale Gemeinschaft des Friedens und der Kooperation einmünden. Der »sozialistische Patriotismus«, dessen Vorbild Hintze und ein Großteil der ethischen Sozialisten insbesondere im Lebenswerk von Jean Jaurès erblickten, ermöglichte ihnen im Glauben an eine Überwindung des Nationalismus sowohl ein positives Bekenntnis zur eigenen Nation wie zu einer europäischen Föderation. Dieses Bekenntnis hatte Hermann Heller mit dem Begriff der »nationalen Kulturgemeinschaft« im europäischen Bundesstaat umschrieben, der nicht als Appell an ein reaktionäres, auf eine erneuerte Großmachtstellung Deutschlands zielendes Nationalverständnis gedacht, sondern im Gegenteil als Versuch intendiert war, durch die Einbindung aller gesellschaftlichen Gruppen in die nationalen Traditionen, speziell aber der Arbeiterschaft, die von deutschnationalen und nationalsozialistischen Kreisen ausgehende nationalistische Gefahr zu bannen. Der von vielen Sozialdemokraten vertretene, an einen »universalistischen« Nationalgedanken anknüpfende und um einen sozialpolitischen Akzent erweiterte Patriotismus muß daher als Bedingung für die Integration der antagonistischen Gruppen der Weimarer Gesellschaft und der Wirtschaft in die republikanisch-demokratische Gemeinschaft verstanden werden. Die Überzeugung, daß jede sozialistische Politik eine über den klassenspezifischen Interessenlagen stehende Zusammenarbeit aller Mitglieder der Gesellschaft zur Voraussetzung haben müsse, hatte Hedwig Hintze mit ihrem Versuch, den Weimarer Kreis für die Aufnahme von Sozialisten und Pazifisten zu öffnen, glaubwürdig an der eigenen Person demonstriert. Wenn ihre Bekenntnisse auch oftmals idealistisch anmuteten, war ihr politisches Denken doch der ständigen Frage nach einer realistischen Umsetzung sozialistischer Politik fern von marxistischen Visionen des Klassenkampfes verpflichtet. Wenn somit die These vieler Kritiker der Weimarer Sozialdemokratie zutrifft, daß in der Spätphase der ersten deutschen Republik eine der offenkundigsten Schwächen dieser Partei im Fehlen einer positiven, zukunftsorientierten Gesamtkonzeption gelegen habe,[252] sollte man Hedwig Hintzes politisches Denken nicht vorschnell als

---

[252] Belege etwa bei OSCHMANN, Über Hendrik de Man, 135 f.

sentimentale Verklärung eines primär humanitär aufgefaßten Sozialismus beschreiben. Ihr persönliches und publizistisches Engagement galt vielmehr der Unterstützung derjenigen sozialistischen Theoretiker, die einen konzeptionellen, wenn zunächst auch nicht erfolgreichen Beitrag zur Weiterentwicklung eines nicht mehr auf ökonomische Fragen verengten Sozialismusbegriffes leisteten.

4. Von Aulard zu Mathiez – die Französische Revolution als Modell einer sozialen Demokratie?

> »Il ne faut pas vivre dans le passé, il faut vivre dans le présent et surtout dans l'avenir« (Albert Mathiez)[253]

Hedwig Hintzes publizistisches Engagement zielte auf eine Stabilisierung und Weiterentwicklung der in hohem Maß unter Bewährungsdruck stehenden Weimarer Republik. Bereits in ihren Hugo Preuß gewidmeten Porträts und in zahlreichen Rezensionen hatte sie für das Modell einer sozial verfaßten deutschen Demokratie geworben. Nur in einem Gemeinwesen, in dem Sozialismus und Demokratie zu einer tragfähigen Synthese gebracht werden konnten, sah sie die Grundlage für eine politische Lösung der akuten ökonomischen und sozialen Krisen. Darüber hinaus betrachtete sie einen ethisch motivierten, vornehmlich der politischen Philosophie Jaurès' entlehnten Sozialismus als Grundlage und Ausgangspunkt für eine gerechte, den Prinzipien von Humanität und Völkerverständigung verpflichtete europäische Neuordnung. Europa in einem »überstaatlichen Rechtsgebilde« zu reorganisieren setzte folglich einen auf dem Boden der bürgerlichen Republik fundierten demokratischen Sozialismus voraus. Wenn Hedwig Hintze der Weimarer Republik doch eine größere Bedeutung als nur die einer »Etappe« auf dem Weg zur sozialistischen Staatsform beimaß, so vertrat sie mit Jaurès die Auffassung, daß ein »konsequentes Zuendedenken der republikanisch-demokratischen« Ideen automatisch zum Sozialismus führen, der Sozialismus somit als »notwendiges Ergebnis der republikanischen Errungenschaften« gelten müsse.[254] Es ist naheliegend anzunehmen, daß sie ›Sozialismus‹ in

---

[253] Zit. nach HEDWIG HINTZE, Albert Mathiez. Une page de souvenirs, in: AHRF 9 (1932), 481–483.

[254] Das Sozialismusverständnis Jaurès' ist für sie »das klassische Beispiel dafür, wie eine selbständige Persönlichkeit durch konsequentes Zuendedenken der republikanisch-demokratischen Gedankenreihen zum Sozialismus gelangt.« (HEDWIG HINTZE, Rez. von: Jacques Delev-

Anlehnung an Heller auch als »wirtschaftliche Demokratie«, als »einen politisch durchsetzbaren ökonomischen Demokratisierungsprozeß« verstand.²⁵⁵ Dennoch neigte Hintze zu einem idealistisch interpretierten Sozialismusverständnis. Ihr Sozialismusbegriff war vornehmlich intellektuell geprägt und weniger dem deutschen Marxismus verpflichtet, sondern stand eher in der Tradition des französischen Frühsozialismus.

Mit der Einführung der Republik waren zwar die theoretischen Voraussetzungen für eine Demokratie mit sozialistischem Antlitz und die Schaffung einer europäischen Föderation gegeben. Jetzt kam es jedoch darauf an, nicht mehr nur die demokratischen, sondern auch die sozialen Ideen der Französischen Revolution, die ja nicht nur die *liberté*, sondern auch die *egalité* und die *fraternité* auf ihre Fahnen geschrieben hatte, in der neuen deutschen Republik zu verwirklichen. Das Leitbild der sozialen Demokratie stand bei Hedwig Hintze nicht nur im Mittelpunkt ihres politischen Denkens. Es beeinflußte in gleichem Maß auch ihre fachwissenschaftlichen Arbeiten zur Geschichte der Französischen Revolution sowie ihre Kritik der französischen Revolutionshistoriographie. Ohne die Aufdeckung der Voraussetzungen ihrer politischen Überzeugungen bliebe auch das Verständnis ihrer Geschichtswissenschaft unvollständig. Denn mit Jaurès betrachtet Hintze die Französische Revolution als Lehrstück: seine Frage nach den Möglichkeiten und Bedingungen einer sozialen Demokratie bleibt – freilich ohne den expliziten Anspruch, die eigenen Forschungen als »sozialistische« Interpretationen zu deklarieren – auch bei ihr gestellt. Für Jaurès war die Revolution bekanntermaßen kein abgeschlossenes Ereignis. Vielmehr hatte er seine Leser auf eine »zukünftige Revolution« vorbereitet, in der, wie Ursula Becher schreibt, »das in der ersten angelegte Modell sozialer Demokratie verwirklicht werden sollte«:²⁵⁶ »une nouvelle et plus profonde révolution où les pro-

---

sky, Les antinomies socialistes et l'évolution du socialisme français, Paris 1930, in: ZgesSt 89, 1930, 636–641) Wenn Jaurès zum Sozialismus gelangt, schreibt Hintze an anderer Stelle, so ist das zunächst theoretisch geschehen, »durch ein konsequentes Zuendedenken der republikanisch-demokratischen Ideenreihen.« (Jean Jaurès, in: Zeitschrift für den französischen und englischen Unterricht 29, 1930, 161–176)

²⁵⁵ Vgl. Ilse Staff, Zur Rezeption der Ideen der Französischen Revolution von 1789 in der deutschen Staatslehre des 20. Jahrhunderts, in: Die Ideen von 1789 in der deutschen Rezeption. Hg. Forum für Philosophie Bad Homburg, Frankfurt a. M. 1989, 223–258; 226 f. In einer durch Aufhebung von Klassengegensätzen erzielten sozialen Homogenität sahen Heller und andere demokratische Staatsrechtler die Voraussetzung von Demokratie und ihrer Weiterentwicklung. Der Weimarer Reichsverfassung habe jedoch ein »eindeutiges Bekenntnis zu einem inhaltlichen Organisationsprinzip der Gesellschaft« gefehlt. (Otto Kirchheimer)

²⁵⁶ Ursula A. J. Becher, Ist die Französische Revolution zu Ende? Politische Erfahrung und historisches Symbol im Frankreich des 20. Jahrhunderts, in: GG 11 (1985), 5–18; 6. Heinz-Ger-

létaires saisiront le pouvoir pour transformer la propriété et la moralité.«[257] Hintzes Historiographie knüpft jedoch nicht nur an die von Jaurès vorgegebene Präferenz des Sozialen vor dem Politischen an.[258] Über ihre Anstrengung hinaus, die Geschichte der Französischen Revolutionen auch für Fragestellungen der Sozial- und Wirtschaftsgeschichte zu erschließen und deren ökonomischen Faktoren nachzugehen, wird vielmehr die Absicht erkennbar, diesen Abschnitt der französischen Geschichte zugleich mit der Ambition der Pädagogin zu untersuchen und zu popularisieren. Mit dieser Entscheidung stand sie nicht mehr abseits des in Frankreich, aber auch in Deutschland mit unverminderter Kraft weiterwirkenden, weil immer wieder zu neuer aktueller politischer Relevanz gelangenen revolutionären Diskurses. »Über die Französische Revolution« sprechen bedeutete zu jeder Zeit, auch »über die Gegenwart« zu sprechen.[259] Dies trifft insbesondere für den Zeitraum nach 1917 zu: seit der Oktoberrevolution diente, wie Ursula Becher hervorhebt, die Deutung der Revolution von 1789 »nicht mehr allein der Selbstbestätigung der einmal erreichten Form der politischen und gesellschaftlichen Wirklichkeit«. Sie war nun »ein Medium, Veränderung eben dieser Wirklichkeit zu imaginieren.«[260]

HARD HAUPT/GILBERT ZIEBURA, Wirtschaft und Gesellschaft in Frankreich seit 1789, Gütersloh 1975, 22, weisen darauf hin, daß Jaurès mit seiner *Histoire socialiste* auch die Absicht verfolgt habe, der Klassengesellschaft der Dritten Republik »den Spiegel ihres eigenen Selbstverständnisses vorzuhalten, sie an ihren eigenen Maßstäben zu messen und für ungerecht zu befinden.«

[257] »Wir betrachten die Französische Revolution als ein ungeheures Ereignis von bewundernswerter Fruchtbarkeit; aber sie stellt in unseren Augen keinen Abschluß dar, dessen Konsequenzen die Geschichte lediglich ins Unendliche fortzuführen hätte. Die Französische Revolution hat indirekt den Boden für das Aufkommen des Proletariats bereitet. Sie hat die zwei wesentlichen Bedingungen für den Sozialismus geschaffen: die Demokratie und den Kapitalismus. Aber sie bedeutete im Kern das politische Aufkommen der bürgerlichen Klasse.« (»Nous considérons la Révolution française comme un fait immense et d'une admirable fécondité; mais elle n'est pas, à nos yeux, un fait définitif dont l'histoire n'aurait ensuite qu'à dérouler sans fin les conséquences. La Révolution française a préparé indirectement l'avènement du prolétariat. Elle a réalisé les deux conditions essentielles du socialisme: la démocratie et le capitalisme. Mais elle a été, en son fond, l'avènement politique de la classe bourgeoise.«) JEAN JAURÈS, Histoire socialiste de la Révolution française, Paris 1969, Vol. I: La Constituante, Introduction, 61 f.

[258] Vgl. hierzu MONA OZOUF, Art. »Jaurès«, in: Kritisches Wörterbuch der Französischen Revolution, Bd. 2, 1536–1551; 1540.

[259] So die pointierte Formulierung von BECHER, Ist die Französische Revolution zu Ende?, 6 f. Als singuläres Ereignis rage die Französische Revolution »aus dem üblichen Arsenal von Beispielen und Analogien heraus, die auf exemplarische Weise zur Erklärung politischer Sachverhalte und zur Interpretation aktueller gesellschaftlicher Veränderungen herangezogen werden.« Sie diene vielmehr als »historisches Symbol im Prozeß der Identitätsvergewisserung der französischen Gesellschaft.«

[260] Ebd., 11.

Inwieweit war vor dem Hintergrund der wirtschaftlichen, sozialen und politischen Problemlage der dreißiger Jahre die »Rückfrage an die historische Erfahrung der Revolution auch ein Erkenntnisinteresse an Lösungswissen für die Bewältigung aktueller Krisen«?[261] Wie ist die von Hintze bewußt vollzogene Aufkündigung der Trennung von »politischer Lebenswelt« und historischer Aufklärung mit dem wiederholt vorgetragenen Anspruch der Historikerin vereinbar, eine objektive, dem politischen Tagesstreit, ja sogar eine der innerfranzösischen Auseinandersetzung enthobene, »leidenschaftslose« Geschichtswissenschaft zu betreiben?[262] Hedwig Hintzes Historiographie beinhaltet, wie schon gezeigt wurde, einen Subtext – einen internen Diskurs über die Frage nach der »gerechten« Gesellschaft. In diesem Kontext liegt auch der Schlüssel zu ihrem persönlichen Verhältnis zum Marxismus, den sie gegen Ende der zwanziger Jahre als historisches Phänomen wissenschaftlich zu kontextualisieren statt ideologisch zu verteidigen sucht. Den Historischen Materialismus bewertete sie dagegen, ohne ihn zum Dogma zu erheben, für ihr Fach als gewinnbringenden methodischen Ansatz. Im Verlauf der Untersuchung ihrer der Französischen Revolution gewidmeten historischen Arbeiten sollen daher noch einmal die methodologischen Prämissen ihrer Geschichtswissenschaft überprüft und die Subjektivität ihres persönlichen Standpunktes hinterfragt werden, der dem Werk Hintzes weiteres spezifisches Profil verleiht. Insofern erscheint es wenig sinnvoll, ihre wissenschaftlichen Ergebnisse vor dem Hintergrund des heutigen Forschungsstandes zu examinieren und damit notwendigerweise zu relativieren. Hier soll vielmehr der Versuch unternommen werden, Hedwig Hintzes Historiographie zur Französischen Revolution aus ihren eigenen individuellen Voraussetzungen und Entstehungsbedingungen zu entschlüsseln und zunächst auf ihre eigene innere Logik hin zu befragen.

Wenn Hedwig Hintzes Œuvre durch die Tendenz gekennzeichnet ist, geschichtswissenschaftliche Forschung öffentlichkeitswirksam mit demokratischer Aufklärungsarbeit zu verbinden, also eine wissenschaftlich-kritische mit einer im Hinblick auf ihren Untersuchungsgegenstand politisch-identifikatorischen Geschichtsbetrachtung zu versöhnen, so ist damit über die Charakteristik ihrer Frankreich-Berichterstattung zunächst wenig gesagt. Denn ihre herausragende Stellung innerhalb der deutschen Frankreichhistoriographie, die bislang mehr konstatiert als wirklich erforscht worden ist,[263] ba-

---

[261] Ebd., 12.
[262] Dieser Topos taucht regelmäßig in ihren fachwissenschaftlichen Arbeiten auf, so etwa in: HINTZE, Staatseinheit und Föderalismus, 481, passim.
[263] Dies trifft auch für die Arbeit von SPROLL, Französische Revolution und Napoleonische Zeit, zu, der die Bezüge zwischen Hintzes Biographie, ihrer politischen Lebenswelt und ihrer

siert auf einer von nationalistischen Vorurteilen freien Rezeption des französischen Forschungsdiskurses. Damit hat sie einen nationalkulturell geprägten Deutungsrahmen der Französischen Revolution bewußt verlassen. Hintzes genuine wissenschaftliche Leistung, die durch einen Vergleich mit der Historiographie damals anerkannter Frankreichspezialisten wie etwa derjenigen Adalbert Wahls zusätzliche professionelle und »moderne« Konturen gewinnt, besteht in der ausgeprägten Eigenständigkeit ihres Urteils. So wird namentlich an ihrer 1928 erschienenen Habilitationsschrift »Staatseinheit und Föderalismus im alten Frankreich und in der Revolution« erkennbar, daß sie keinesfalls die Positionen der führenden französischen Frankreichforscher, insbesondere Alphonse Aulards und Albert Mathiez', *en bloc* übernommen und somit die französische Debatte kritiklos in die deutsche Geschichtswissenschaft transferiert hat. Hier zeigt sich vielmehr, wie Hedwig Hintze französische Ansätze und Positionen weiterentwickelt und produktiv für eigene Fragestellungen nutzbar gemacht hat. Ausgehend von ihrer verfassungsgeschichtlichen Fragestellung ist es ihr gelungen, sich von der äußerst feindselig geführten Debatte zwischen Aulard und seinem Gegner Mathiez fernzuhalten. Dem fast militanten Gegensatz zwischen »Dantonisten« und »Robespierristen«, der die französische Revolutionsforschung weit über 1945 hinaus nicht nur grundlegend geprägt, sondern auch gespalten hat, maß sie nur untergeordnete Bedeutung bei.[264] Eine entschiedene Parteinahme für den einen oder anderen Kontrahenten, für Aulard und gegen Mathiez – oder umgekehrt – verbot sich für die deutsche Republikanerin aus mehreren Gründen. So hätte jegliche Parteilichkeit in diesem Streit nicht nur ihrem an sittlich-moralischen Werten orientierten Objektivitätsideal widersprochen.[265] Als Wurzel von Demokratie und Menschenrechten, aber auch von sozialem Fortschritt, bildete die Französische Revolution von ihrem Standpunkt aus eine Einheit. So standen sich die liberalen demokratischen und die sozialistischen Elemente der Revolution keineswegs unüberbrückbar gegen-

---

Historiographie nicht in ausreichendem Maß untersucht und eine Vielzahl »kleinerer« Schriften der Historikerin unberücksichtigt läßt. So kommt Sproll etwa zu der höchst allgemeinen, nicht näher erläuterten Feststellung, Hintze habe eine »Modernisierung der deutschen Geschichtswissenschaft eingeleitet«.

[264] Diese Position zeigt sich z. B. an ihrer sehr kritischen, gleichfalls jedoch um Verständnis bemühten Rezension von Mathiez' Buch »Autour de Danton« (Paris 1926), in: HZ 137 (1928), 342–343, in der sie dem Verfasser den Ratschlag erteilte, »danach [zu] trachten, seine große Begabung von allzu persönlichen und kleinlichen Bindungen und Hemmungen zu befreien, wie sie im Vorwort zu seinem neuen Buch mit fast peinlicher Deutlichkeit anklingen.«

[265] Darüber hinaus hätte eine klare Entscheidung in dieser Frage die bestehenden Widerstände, die seitens der »Zunft« gegen ihre aufgeschlossene und positive Berichterstattung über den französischen Forschungsdiskurs bestanden, erheblich vergrößert.

über. Ganz im Gegenteil muß davon ausgegangen werden, daß Hintze die progressive Perspektive von Jaurès teilte, der in seiner »Sozialistischen Geschichte der Französischen Revolution« stets einer Evolution und einem Fortschritt nachgespürt hatte.[266] Seine auf das Ziel »Sozialismus« ausgerichtete Darstellung der politischen Entwicklung der französischen Republik (deren Ursprünge in den Jahren zwischen 1789 und 1793 lagen) galt dem Versuch, die sozialistische Bewegung und die Traditionen der Dritten Republik miteinander zu versöhnen und die französischen Sozialisten in die republikanische Gemeinschaft zu integrieren. Auf diese Weise suchte Jaurès »die universalisierenden Ansprüche der sozialistischen Politik mit den Eigentümlichkeiten der nationalen Geschichte« zu vereinen.[267] Auch Hedwig Hintzes Arbeiten zur Französischen Revolution liegt eine vermittelnde Position zugrunde, obwohl bereits hier behauptet werden kann, daß ihr besonderes Augenmerk den sozialen Konfliktlinien ihrer späteren Phase galt.

Mochte die 1924 erschienene Einleitung des Hauptwerkes von Alphonse Aulard noch eine entschiedene Parteinahme für den Altmeister der Revolutionshistoriographie in Frankreich signalisieren, zeichnete sich in Hintzes Rezeption des französischen Diskurses bereits zu diesem Zeitpunkt ein Perspektivenwechsel ab. Daß die deutsche Historikerin die von Aulard vorgegebenen Bahnen einer ›liberalen‹ Deutung der Französischen Revolution bald verlassen sollte, deutete sich schon in ihren ersten Aufsätzen zum Problem des Regionalismus in Frankreich an.[268] Hatte Aulard den Konflikt zwischen Girondisten und Montagnards noch als Gegensatz zwischen Paris und den Departements interpretiert, betonte Hintze schon frühzeitig die ökonomische Dimension dieser in Wahrheit vielschichtigeren Auseinandersetzung. Dieser Perspektivenwechsel von einer im traditionellen Verständnis ›liberalen‹ zu einer die ökonomischen Faktoren betonenden ›sozialistischen‹ Deutung war bereits 1928 vollzogen.[269] Deutlicher Ausdruck der Verschiebung von einem ursprünglich verfassungspolitischen zu einem wirtschafts- und sozialgeschichtlichen Blickwinkel war Hedwig Hintzes im Herbst diesen Jahres gehaltene Antrittsvorlesung zum Thema der »Epochen der französischen

---

[266] Vgl. SUNIL KHILNANI, Revolutionsdonner. Die französische Linke nach 1945, Hamburg 1995, 234 f. Umfassend zu Jaurès vgl. den Sammelband: Jaurès Historien de la Révolution Française. Hg. MAURICE DOMMANGET u. a., Paris 1989.
[267] Ebd., 235.
[268] HINTZE, Der moderne französische Regionalismus; DIES., Der französische Regionalismus.
[269] Erschienen u. d. T.: Bürgerliche und sozialistische Geschichtsschreiber der Französischen Revolution. Taine–Aulard–Jaurès–Mathiez, in: Die Gesellschaft. Internationale Revue für Sozialismus und Politik 6 (1929), 73–95.

Revolutionshistoriographie«. Mit den Arbeiten von Albert Mathiez und Georges Lefebvre hatte sich in Frankreich ein Wandel der historiographischen Perspektive und Fragestellung ergeben: während Aulard – und auch Philippe Sagnac als sein Nachfolger auf dem Pariser Lehrstuhl für die Geschichte der Französischen Revolution – einer weitgehend verfassungsgeschichtlich orientierten Politikgeschichte verhaftet blieben, folgte mit der Schule von Mathiez eine Generation von Historikern, deren Arbeiten ein primäres Interesse an ökonomischen und sozialen Faktoren zur Erklärung der französischen Geschichte zugrundelag. Der mit diesem Wandel erfolgte Austausch der Identifikationsfiguren Danton und Robespierre spielte in der Sichtweise Hedwig Hintzes keine Rolle. So ist sie Mathiez, der Robespierre als sozialistischen Revolutionär gedeutet und den »Unbestechlichen« mit Lenin gleichgesetzt hat, nicht gefolgt.[270] Gegen diese ideologische Verzerrung der Geschichte berief sich Hintze vielmehr auf die methodischen Fortschritte, die Mathiez auf dem Gebiet der ökonomischen Interpretation der Französischen Revolution zweifellos gelungen waren. Gleichwohl wurde von Mathiez eine neue Forschungsrichtung angekündigt, die sich, über den personengebundenen Konflikt zwischen Danton und Robespierre hinaus, nunmehr der Frage der politischen Dimension der Lebensmittelfrage und damit den anonymen Volksmassen zuwendete.[271] Mit Blick auf die deutsche Geschichtswissenschaft kritisierte Hintze daher auch, daß eine »Ideengeschichte, die sich fast ausschließlich im luftleeren Raume bewegt ... heute nicht mehr recht genießbar« sei. Diese müsse, wie sie mehrmals forderte, »fortan auf dem festen Fundament sozial- und wirtschaftsgeschichtlicher Forschung ruhen ...«[272] Am Beispiel ihrer Habilitationsschrift und der nach 1928 er-

---

[270] Mit seinem Buch »Le Bolchevisme et le Jacobinisme« (Paris 1920) hatte Mathiez erstmals eine direkte Beziehung zwischen Französischer Revolution und Oktoberrevolution hergestellt. In dieser Perspektive erschien Robespierre als Ahnherr der russischen Revolution und die Jakobinerdiktatur als sozialistischer Vorläufer einer Diktatur des Proletariats. Zur französischen sozialistischen Deutung der Französischen Revolution vgl. die Überblicke bei EBERHARD SCHMITT, Einführung in die Geschichte der Französischen Revolution, München 1976, 22 ff; und ERNST SCHULIN, Die Französische Revolution, München, 2. Aufl. 1989, 39 ff. Über die politische Tragweite dieses Deutungsmusters vgl. FRANÇOIS FURET, Das Ende der Illusion. Der Kommunismus im 20. Jahrhundert, München/Zürich 1998, Kap. 3: Die universelle Faszination der Oktoberrevolution, 87 ff.

[271] Vgl. dagegen kritisch die ausführliche Darstellung von SUSANNE PETERSEN, Lebensmittelfrage und revolutionäre Politik in Paris 1792–1793, München/Wien 1979.

[272] HEDWIG HINTZE, Zur politischen Ideengeschichte Frankreichs im 18. Jahrhundert, in: ZfP 19 (1930), 212–217; 217. Hintzes Kritik bezieht sich hier auf die Dissertation von EVA HOFFMANN-LINKE, Zwischen Nationalismus und Demokratie. Gestalten der Französischen Vorrevolution, München 1927.

schienenen Arbeiten wird zu zeigen sein, wie Hintze versucht hat, dem von ihr selbst eingeforderten Paradigmenwechsel nachzukommen.

Durch die Distanzierung von einem reinen, meist durch eine Vorliebe für »große« Persönlichkeiten gekennzeichneten politik- oder geistesgeschichtlichen Ansatz entzog sich ihr Bild von der Französischen Revolution einer Instrumentalisierung deutscher »Sonderwegs«-Vorstellungen. Im Rahmen des anhaltenden deutschen Kampfes gegen die »Ideen von 1789« war ihr Werk ideologisch nicht verwertbar. Ganz im Gegenteil zog sie den Zorn nationalistischer und antidemokratischer Kreise innerhalb der deutschen Geschichtswissenschaft auf sich. Ihr Verzicht auf die selbst von liberaler Seite aufrechterhaltene Perhorreszierung der Schreckensherrschaft und ihre Beschränkung auf eine Rezeption prorepublikanischer und sozialistischer Revolutionshistoriker haben zu einem akademischen Ausgrenzungsprozeß geführt, der mit ihrer Entlassung aus der Redaktion der *Historischen Zeitschrift* im Mai 1933 nur einen vorläufigen Höhepunkt gefunden hatte. In einem Akt vorauseilenden Gehorsams gegenüber den neuen Machthabern hatte sich Friedrich Meinecke schon über vier Monate vor ihrer Entlassung aus dem Universitätsdienst von seiner ebenso streitbaren wie kompetenten Mitarbeiterin getrennt:

»Sehr verehrte Frau Kollegin, wir sind zu einer überaus schmerzlichen Mitteilung an Sie genötigt. Bestimmte, nicht leicht zu nehmende Andeutungen zwingen uns zu der Annahme, daß der Historischen Zeitschrift heute Gefahren drohen. Wir werden den wissenschaftlichen Charakter der Zeitschrift unter allen Umständen behaupten, aber müssen in der Auswahl der Mitarbeiter fortan eine größere Beschränkung üben, um den angedeuteten Gefahren vorzubeugen. Sie gelten nun einmal als politisch besonders belastete Persönlichkeit. Wir werden Ihren Beitrag zum neuen Hefte, unter Streichung der Namen der ständigen Mitarbeiter, noch bringen können, aber müssen sodenn auf Ihre weitere ständige Mitarbeit leider verzichten. Aber wir sprechen Ihnen zugleich unseren wärmsten Dank für Ihre langjährige, hingebende und sachkundige Mitarbeit aus. M. [einecke] Br. [ackmann]«[273]

Nach ihrer Entfernung aus der HZ waren Bekannte und Freunde des Ehepaares dazu übergegangen, Hedwig Hintze auch offen zu diffamieren. Antisemitische Vorurteile spielten dabei eine untergeordnete Rolle. Auch wenn ihr Vorgänger in der HZ, der Tübinger Ordinarius Adalbert Wahl, sie nach ihrer Vertreibung aus Deutschland als »widerliche Jüdin«[274] diskriminierte,

---

[273] GStAPK, I. HA Rep. 92/NL Meinecke, Nr. 213, handschriftlicher Entwurf, 20.5.1933.

[274] Aufgrund der dem Verfasser vom Oldenbourg-Verlag gemachten Auflage, für alle Zitate aus dem Bestand der *Historischen Zeitschrift* sowie der Korrespondenz Wilhelm Oldenbourgs die Genehmigung des Verlages einzuholen, wird hier zitiert nach: HELMUT HEIBER, Walter Frank und sein Reichsinstitut für Geschichte des neuen Deutschlands, Stuttgart 1966, 280.

so ist Hintzes Verdrängung aus der deutschen Geschichtswissenschaft auch aufgrund ihrer wissenschaftlichen und politischen Haltung erfolgt. Denn Hintze, so lautete bezeichnenderweise Wahls Vorwurf, habe die Notizen in Meineckes Zeitschrift »in geradezu unerhörter Weise, ganz im Sinne der Blut- und Schreckensmänner und ihrer Apologeten« abgefaßt. Die in diesem Zitat enthaltene Anspielung auf Hintzes Popularisierung und Verteidigung des Robespierristen Mathiez und ihre verständnisvolle, ja sogar positive Haltung gegenüber der *terreur*, ist unübersehbar. Zu einer öffentlichen, wenn auch indirekten Verteidigung der ins Exil getriebenen Historikerin, hat sich keiner ihrer in Deutschland verbliebenen Kollegen durchringen können. Zwar hatte der 1933 in der *Tijdschrift voor Geschiedenis* an die Adresse der Herausgeber der HZ erhobene Vorwurf, man habe dort auf politischen Druck eine Reihe mißliebiger Mitarbeiter entlassen, in der deutschen »Zunft« beträchtliche Verwirrung und Unmut ausgelöst. Während man hier zunächst noch über eine Gegenerklärung nachgedacht hatte, wurde diese Idee aber bald wieder verworfen und betont, daß man »lediglich« Hedwig Hintze gekündigt habe. So meinte sich Hintzes Lehrer Albert Brackmann gegenüber Karl Brandi durch die Bemerkung rechtfertigen zu können: »Die einzige Persönlichkeit, die wir ausgeschlossen haben, sollte von uns schon längst ausgeschifft werden: das war Frau Dr. Hedwig Hintze, und sie ist ja nicht etwa wegen ihres Judentums, sondern wegen ihrer unmöglichen politischen und wissenschaftlichen Haltung zum Austritt aufgefordert worden.«[275]

Hintzes fachliche Qualifikation wurde dagegen selbst in der weiterhin auf »Objektivität« und »wissenschaftliche Qualität« bedachten »Zunft« niemals ernsthaft in Frage gestellt. Auf welche Weise sich Neid und Anerkennung in Deutschland, Bewunderung und Kritik im Ausland mischten, zeigen nachdrücklich die zahlreichen Rezensionen und Reaktionen auf ihr Hauptwerk von 1928. So war aus der haßerfüllten Bemerkung Wahls im Grunde genommen eine unterschwellige Bewunderung der wissenschaftlichen Leistung seiner Konkurrentin herauszuhören: denn trotz seiner scharfen Kritik an Friedrich Meineckes Politik als Herausgeber der HZ – dem »Flagschiff« seines Vetters Wilhelm Oldenbourg – bescheinigte der Tübinger Historiker der Zeitschrift ein insgesamt doch hohes wissenschaftliches Niveau.[276] Eine parteiische Berichterstattung wurde Hedwig Hintze schließlich noch Jahre spä-

---

[275] Albert Brackmann an Karl Brandi, 18.10.1933, in: NSUB NL Brandi, Nr. 47, 120; 122. »Gegen diesen Mitarbeiter« seien, wie Brackmann am 23.10.1933 noch einmal unterstrich, »schon seit Jahren stärkste Bedenken von den verschiedensten Seiten erhoben worden.« Zum Hintergrund HEIBER, Walter Frank, 280.

[276] BWA F 5/243: Adalbert Wahl an Wilhelm Oldenbourg, 18. April 1935.

ter von konservativer Seite vorgeworfen, von der nunmehr, gegen Hintze und die republikanische Forschung in Frankreich gerichtet, eine Rehabilitation Hippolyte Taines in Angriff genommen wurde.[277]

4.1 Geschichtsschreibung im Dienst der Republik: die Werke von Aulard, Jaurès und Mathiez und ihre Popularisierung in der deutschen Geschichtswissenschaft

Wie provozierend Hintzes Arbeiten auf die etablierte Historikerschaft in Deutschland gewirkt haben müssen, läßt sich am Thema ihrer in der Aula der Berliner Universität gehaltenen Antrittsvorlesung erahnen, die die soeben habilitierte Historikerin am 26. Oktober 1928 den »Epochen der französischen Revolutionsgeschichtsschreibung: Taine – Aulard – Jaurès – Mathiez« widmete. Vor den Mitgliedern ihrer Prüfungskommission und der Elite der Berliner Geschichtswissenschaft referierte sie über ein Thema, das sie bereits 1924 im Zusammenhang mit der Kontroverse um Aulard beschäftigt hatte. Zudem stand die Auseinandersetzung mit der internationalen Revolutionshistoriographie im Mittelpunkt ihrer Berichterstattung für die HZ, die ihr schon im Sommer 1926 von Friedrich Meinecke übertragen worden war. Warum dieser Text nicht dort, sondern – unter dem veränderten Titel »Bürgerliche und sozialistische Geschichtsschreiber der Französischen Revolution« – in der *Gesellschaft*, dem wichtigsten theoretischen Organ der SPD, erschien, muß vorläufig ungeklärt bleiben.[278] Ebensowenig kann zu diesem Zeitpunkt festgestellt werden, ob Hedwig Hintze ihren Vortrag für den

---

[277] Dazu unten ausführlicher. In diesem Kontext sind auch die Beiträge von HERMANN PLATZ, Hippolyte Taine, in: Hochland 25 (1928), 246–252; sowie von RUDOLF STADELMANN zu situieren: Hippolyte Taine und die politische Gedankenwelt der französischen Rechten, in: ZgesSt 92 (1932), 1–50; Hippolyte Taine und das Problem des geschichtlichen Verfalls, in: HZ 167 (1943), 116–135. Eine Deutung Taines aus völkischer Sicht bei WILHELM LANGWIELER, Hippolyte Taine: Ein Weg zum völkisch-rassischen Realismus, Heidelberg 1935 (Diss. Phil. Heidelberg 1932).

[278] Herausgeber war Rudolf Hilferding. WINKLER, Der Schein der Normalität, 660, bezeichnet *Die Gesellschaft* als offizielle theoretische Zeitschrift der Partei. Sowohl Hilferdings Sozialismuskonzeption der zwanziger und dreißiger Jahre als auch seine Illusionen weisen durchaus Parallelen zur politischen Haltung Hedwig Hintzes auf. So plädieren beide für die Durchsetzung einer wirtschaftlichen bzw. sozialen Demokratie auf parlamentarischem Weg. Gemeinsam ist ihnen auch die Kritik an den Herrschaftstechniken der Bolschewisten. Zu Hilferding vgl. das kurze Porträt von HEINZ-GERHARD HAUPT, in: Deutsche Historiker, Bd. 8, Göttingen 1982, 56–77; sowie von WALTER EUCHNER, in: Ders. (Hg.), Klassiker des Sozialismus, Bd. 2, München 1991, 99–111.

Druck überarbeitet hat.[279] Festzuhalten bleibt, daß selbst Kenner ihrer Arbeiten wie Albert Salomon, der während der Amtszeit Hilferdings als Reichsfinanzminister (1928/29) die Zeitschrift redigierte, Hintze vorschnell als bekennende Marxistin bezeichneten.[280]

Entgegen ihrer Ankündigung, über »Epochen« der Revolutionsgeschichtsschreibung zu referieren, behandelte Hintze jedoch nur einen kurzen, wenn auch zweifellos bedeutenden Ausschnitt aus der französischen Revolutionshistoriographie. Sie entwickelt ein Argumentations- und Deutungsmuster, das auch für ihre spätere Auseinandersetzung mit den hier Porträtierten bestimmend bleiben wird. Um die Kluft zu demonstrieren, die Historiker wie Taine einerseits, Aulard, Mathiez und Jaurès andererseits trennt, läßt sie die eigentliche Revolutionsgeschichtsschreibung in Frankreich zunächst mit Taine beginnen. Dabei übergeht Hintze frühe Revolutionskritiker wie etwa Edmund Burke, während sie die von Michelet begründete romantische Tradition sowie die Werke Tocquevilles und Quinets, denen sie nur wenige positive Aspekte abgewinnen kann, lediglich streift. Unter Hinweis auf die problematische politische Situation im Frankreich des 19. Jahrhunderts habe alles, was von französischen Historikern geschrieben worden sei, einen »leidenschaftlichen, pamphletartigen Charakter« angenommen. Weit über ein halbes Jahrhundert lang« sei es, wie Hintze betont, für französische Historiker nicht leicht gewesen, »den universalen Standpunkt zu gewinnen, von dem aus Ranke in seiner berühmten Schrift über die ›Großen Mächte‹ ... das Bild der Revolution und der ›Wiederherstellung‹ skizzierte.«[281] Von der gemäßigt-kritischen Sicht eines Tocqueville setzt sie nun die Darstellung Taines ab, dessen »Fall« in Deutschland von der Generation, die »in den ersten 25 Jahren des neugegründeten deutschen Reiches jung war«, noch immer »mit einer manchmal befremdenden Leidenschaft umstritten« werde.

Die kritische Dekonstruktion der Historiographie des Schriftstellers und leidenschaftlichen Gegners der Revolution versucht Hedwig Hintze jedoch nicht auf der Grundlage seiner militanten Ablehnung der Revolution und deren Ideen durchzuführen. Vielmehr ist sie bestrebt – wie bereits vier Jahre zuvor – Taine anhand einer quellenkritischen Argumentation als voreingenommenen und damit als unseriösen Historiker zu überführen. Angesichts seines aus Angst und Ressentiment geborenen Werkes und der durch Revolutionsfurcht und Abscheu vor Deutschland verursachten »doppelten Traumatisierung« des Historikers (Mona Ozouf) war es für Hintze demnach eine

---

[279] Lt. Anmerkung der Redaktion gibt der Aufsatz den Inhalt der Antrittsvorlesung wider. Der Nachlaß Hintzes gibt keinen Hinweis auf eine veränderte Fassung.
[280] Dazu unten ausführlicher.
[281] HINTZE, Bürgerliche und sozialistische Geschichtsschreiber, 73.

leichte Aufgabe, dessen reaktionäre Haltung zu ignorieren.[282] Um den Bruch zwischen Taine und Aulard zu veranschaulichen und auch die wissenschaftliche Qualität der in Frankreich auf Taine folgenden Geschichtsschreibung zu unterstreichen, ist Hintze bemüht, von der jeweiligen politischen Option für oder gegen die Revolution zu abstrahieren – ein Argumentationsversuch, der sie jedoch nur scheinbar aus den vertrauten Mustern der pro- und gegenrevolutionären Geschichtsschreibung hinausführt. Aus guten Gründen interessiert sie in diesem Zusammenhang auch die Zweckgerichtetheit von Taines *Origines de la France contemporaine* nicht.[283] Sie versucht daher nicht, seinen historiographischen Bildungsgang – etwa seine Prägung durch Burke und Tocqueville – zu erfassen oder ihn hier als einen der ideologischen Wortführer der Gegenrevolution anzuklagen.[284] Was sie Taine vorwirft, ist auch weniger seine Reduktion der Französischen Revolution auf den von ihm verteufelten »Jakobinismus« als seine deterministische Sichtweise auf deren Geschichte. So habe er nicht nur vor einer Reihe von historischen Fakten und Umständen die Augen verschlossen. Taine, »der die revolutionäre Krisis als einen inneren Krankheitsprozeß des französischen Volkes auffaßt«, betont Hintze, habe »nie die große Wahrheit begriffen, daß das Schreckensregiment der Bergpartei eine grauenvolle aber wirksame Waffe gewesen ist zur Rettung von Revolution und Vaterland.« Vielmehr habe er nur solche Dokumente und Archivalien herangezogen, die seine *a priori* aufgestellten Thesen stützen und für diese nachträglich Beweise liefern konnten. Mit Monod, Aulard und Mathiez versucht Hintze daher nachzuweisen, daß Taines deduktiv verfahrende Wissenschaft nicht den Anforderungen der historischen Kritik genüge, ja der »Schein der Objektivität«, den er zu erwecken suche, ein höchst »gefährlicher Schein« sei. »Zum Historiker großen politischen und sozialen Geschehens« sei Taine, so lautet folglich ihr abschließendes Urteil, »nicht geboren«.[285]

---

[282] Ozouf, Art. »Taine«, 1634.

[283] Diese bestand, wie Ozouf schreibt, in der therapeutischen Absicht des Historikers: »Er will eine Diagnose stellen, ein Rezept verordnen und eine ›Gesellschaftsform‹ finden, in die das französische Volk eintreten kann.« (Ebd., 1633)

[284] Während Alice Gérard (Die französische Kontroverse um die Große Revolution in Wissenschaft und Politik 1789 bis 1989, in: Frankreich. Eine politische Landeskunde. Hg. Landeszentrale für politische Bildung Baden-Württemberg, Stuttgart 1989, 64–85) in Taine einen »der Väter der neuen nationalistischen Rechten« um Barrès und Maurras sieht, verweist Ozouf auf die keineswegs vorbehaltlose Akzeptanz des Historikers innerhalb der katholischen und monarchistischen Opposition in Frankreich. Dessen kritische Darstellung des *Ancien Régime* habe auch der »reaktionären Verwertung« seines Werkes Grenzen gesetzt.

[285] Hintze, Bürgerliche und sozialistische Geschichtsschreiber, 75.

Dagegen betrachtet Hintze den Subjektivismus eines Alphonse Aulard geradezu als konstituierendes Element seiner Auffassung von Geschichte als kritischer Wissenschaft. Die verstehende Liebe gegenüber der Französischen Revolution, Aulards *amor intellectualis*, eröffne dem Historiker vielmehr einen Zugang zum Verständnis der Geschichte. Dessen Bekenntnis zur Revolution und die Offenlegung seines persönlichen Standpunktes wertet Hintze in diesem Fall nicht als Eingeständnis der drohenden Gefahr einer parteipolitisch verzerrten Interpretation der französischen Geschichte: »Wie viel ehrlicher sind doch solche Hinweise auf Reste eigener Gebundenheit, als die ›éclatantes promesses d'impartialité‹ eines Taine!« Aulard, behauptet sie, »war zugleich der vorbildliche Vertreter zwar nicht einer voraussetzungslosen Wissenschaft, die es nicht gibt und nicht geben kann, wohl aber einer vorurteilsfreien Wissenschaft.«[286] In der Tatsache, daß auch Aulards Historiographie zeitgebunden, den politischen Werten der laizistischen Dritten Republik verpflichtet war, sieht Hintze keinen Widerspruch zu ihrer festen geschichtstheoretischen Überzeugung, daß Geschichte unparteiisch geschrieben werden müsse. Die Objektivität geschichtswissenschaftlicher Erkenntnis bindet sie somit an die Liebe zum Forschungsgegenstand und eine intellektuell-redliche Reflexion über die ihm zugrundeliegenden persönlichen Wertsetzungen. Einzelnen seiner Beteuerungen gegenüber bleibt sie dennoch skeptisch. So kennzeichnet sie Aulard, der die Liebe zum eigenen Volk allzu pathetisch beteuerte, in seinen Anfängen – ganz in marxistischer Manier – als einen »bürgerlichen« Historiker, als einen Vertreter jener Schicht, die »die Revolution gemacht hat und der Hauptnutznießer der sozialen und politischen Errungenschaften der großen Bewegung« gewesen sei.[287] Dabei verschweigt Hintze nicht, daß der erste Inhaber des Lehrstuhls für die Geschichte der Französischen Revolution von seiner Ausbildung her kein professioneller Historiker war.[288] Dennoch sieht sie mit der Geschichtsschreibung Aulards, der die auf gründlichem Quellenstudium basierende kritische Methode in das Zentrum seiner geschichtstheoretischen Reflexionen

---

[286] Ebd., 78.
[287] Einschränkend bemerkt Hintze jedoch, daß sich Aulard seiner »typisch bürgerlichen Einstellung« zunächst nicht ganz bewußt geworden sei, er zu schnell »Bürgertum« und »Volk« gleichgesetzt habe. (Ebd., 78)
[288] URSULA A. J. BECHER, Geschichtsinteresse und historischer Diskurs. Ein Beitrag zur Geschichte der französischen Geschichtswissenschaft im 19. Jahrhundert, Stuttgart 1986, 65 f, sieht in Aulard einen Außenseiter innerhalb der sich in Frankreich im letzten Drittel des 19. Jahrhunderts als *science historique* etablierenden Geschichtswissenschaft. Dieser passe weder von seiner »literarischen« Vorbildung noch von seinem wissenschaftlichen Konzept in das Muster dieser neuen Geschichtswissenschaft, die trotz der Einrichtung des Lehrstuhls für französische Revolutionsgeschichte durch eine weitgehende Ausgrenzung der Zeitgeschichte gekennzeichnet sei.

gerückt hat, und an die fortan der Anspruch der Geschichte als Wissenschaft geknüpft war, die alte Dichotomie zwischen Literatur und Wissenschaft endgültig aufgelöst.

Auf die inhaltlichen und methodischen Grenzen seines Werkes hatte Hintze freilich schon Jahre zuvor hingewiesen. So betonte sie bereits in ihrem 1924 erschienenen Aufsatz über »Ökonomische Probleme der Französischen Revolution«,[289] daß es sich bei Aulards »Politischer Geschichte der Französischen Revolution« mit den Worten des Verfassers um eine »Abstraktion« handele: diese lag in der Beschränkung auf die Schilderung verfassungsgeschichtlicher Vorgänge, während der Historiker wirtschaftliche und soziale Aspekte unter Hinweis auf die für einen einzelnen Gelehrten nicht mehr zu überblickende Quellenlage unberücksichtigt ließ. »Aber die moderne, durch den historischen Materialismus vielfach angeregte und befruchtete Geschichtsforschung und Geschichtsschreibung«, entgegnete Hintze an gleicher Stelle, könne an »Problemen, wie sie die Sozial- und Wirtschaftsgeschichte der Französischen Revolution einschließt, nicht auf die Dauer vorübergehen – trotz der kaum zu übersehenden Schwierigkeiten ihrer Behandlung.«[290] Der von Aulard konstruierte »Idealtypus« der Revolution, der, wie Hintze schon mehrfach geschildert hat, in der Erklärung der Menschenrechte von 1789 und 1793 bestehe, sei zu eng und fasse daher nicht »die ungeheure Wirklichkeit« der Geschichte der Revolution. Deshalb bleibt sie in ihrer Antrittsvorlesung nicht lange bei der von Aulard geschaffenen republikanischen Synthese stehen, in der die revolutionären Ereignisse zugunsten einer Betrachtung der neuen demokratischen Prinzipien und Institutionen vollständig in den Hintergrund gedrängt worden waren.[291] Die historiographischen Debatten des 19. Jahrhunderts, die Aulard zu einem versöhnlichen, im vitalen Interesse der Dritten Republik liegenden Ausgleich zu bringen suchte, trafen nicht mehr auf Hintzes Aufmerksamkeit. Konzediert Hintze also, daß dem Werk Aulards gerade durch sein implizites republikanisches Bekenntnis von Beginn an Grenzen gesetzt waren?[292] Mit ihm teilte

---

[289] Hintze, Ökonomische Probleme der Französischen Revolution.
[290] Ebd., 450.
[291] Vgl. hierzu auch Furet, Die universitäre Geschichtsschreibung, 1514ff: »Die stürmischen Ereignisse«, schreibt Furet, bilden in seinen Augen nur die äußeren Umstände, unter denen diese Revolution sich vollzog, die Wechselfälle ihrer Prinzipien, die ihrer Natur äußerlich und fremd sind; im übrigen können sie zu ihr im Widerspruch stehen und ihre positiven Folgen vorübergehend verzögern.« So treibe Aulard »den Willen zur Exkulpation der Revolution bis zum Extrem: Er begnügt sich damit, den Abstand zwischen den von ihr verkündeten Prinzipien und dem wirklichen Geschehen mit dem Rekurs auf das ihr Fremde zu erklären.«
[292] Furet zufolge habe das republikanische Credo Aulards sein Werk »in ein noch engeres Korsett« gezwängt als »irgendeine explizite Interpretation. Die Revolution ist nur die erste Sze-

sie schließlich die Vorstellung von der Französischen Revolution als einem noch zu verwirklichenden politischen Programm. Demnach beinhaltete die Erklärung der Menschenrechte in ihrem Verständnis nicht nur ein demokratisches, sondern auch ein soziales Vermächtnis. Anders als viele Historiker des 19. Jahrhunderts (und auch des 20. Jahrhunderts) stellt sie den Sozialismus jedoch nicht den Menschenrechten gegenüber. Vielmehr ist, wie François Furet betont hat, der Sozialismus durch die »Ausdehnung der Gleichheitsidee auf den sozialen und ökonomischen Bereich« aus diesen hervorgegangen.[293] In diesem Kontext ist Hedwig Hintzes Charakterisierung von Jaurès zu verstehen, der, wie sie unterstreicht, »mit innerer Notwendigkeit« zum Sozialismus gelangt sei: »durch ein entschlossenes Zuendedenken der republikanisch-demokratischen Ideenreihen.«[294]

Die von Aulard hinterlassene Forschungslücke füllten nun mit Jean Jaurès und Albert Mathiez zwei engagierte Sozialisten und Forscher, mit deren Werk sich Hintze auch in den folgenden Jahren, bis in die Zeit ihres Exils hinein, auseinandersetzen wird. Um zu ermessen, welchen Stellenwert beide Persönlichkeiten im Leben Hintzes spätestens seit 1928 einnehmen sollten, mag allein der Blick auf ihre letzten, in der Emigration verfaßten Arbeiten genügen, die sowohl Jaurès als auch Mathiez gewidmet waren: es handelt sich zunächst um einen 1936 in der niederländischen *Tijdschrift voor Geschiedenis* unter Pseudonym veröffentlichten Aufsatz über »Jean Jaurès und Karl Marx«, mit dem sie erste Ergebnisse ihrer bereits in den zwanziger Jahren begonnenen Biographie Jaurès' präsentierte.[295] Den bereits 1932 verstorbenen Mathiez, ihr zweifellos größtes wissenschaftliches Vorbild unter den modernen französischen Revolutionsforschern, ehrte sie acht Jahre später mit einem ebenfalls in der *Tijdschrift* erschienenen Nachruf. Auch in diesem 1940 publizierten Text, in dem sie sich nun, angesichts des Krieges und ganz entgegen ihrer Gewohnheit, jeglicher politischer Parteinahme oder Anspie-

---

ne des Dramas, dessen entscheidende Episode beinahe hundert Jahre später durch den Sieg der Republikaner geschrieben wurde. Ihre Geschichte besteht weniger aus dem, was sie ist, als aus dem, was sie ankündigt: So erklärt sich auch, daß sie das revolutionäre Phänomen auf das parlamentarische Leben und die organisierten Parteien reduziert. Wegen mangelnder Begrifflichkeit bleibt der Historiker in der retrospektiven Analogie befangen, aus der die Revolution vereinfacht, verarmt und durch die Dritte Republik domestiziert hervorgeht ... Die Französische Revolution hat nicht alles erreichen können, aber sie hat alles in Angriff genommen; sie hat die Weichen für das Folgende gestellt. Darum auch kann ihre Geschichte in der Retrospektive durch die ihres Erbes, der radikalen Republik, gelesen werden.« (Ebd., 1518)

[293] Ebd., 1516 f.
[294] HINTZE, Bürgerliche und sozialistische Geschichtsschreiber, 81.
[295] PEREGRINA [die Fremde, S. K.] (= HEDWIG HINTZE), Jean Jaurès und Karl Marx, in: TvG 51 (1936), 113–137.

lung enthielt, griff sie noch einmal die Argumentation ihrer Antrittsvorlesung auf.²⁹⁶

Im Herbst 1928 schilderte sie ihrem Berliner Publikum Jaurès nicht nur als vorbildliche, ihr Leben lang humanitären Prinzipien verpflichtete Persönlichkeit, sondern als einen Historiker, der erstmals die handelnden Menschen – und damit eine sozialgeschichtliche Perspektive – in den Mittelpunkt seiner Forschungsarbeit gestellt habe. Seine »Sozialistische Geschichte der französischen Revolution« ist für Hintze »der glänzendste Beweis für die Fruchtbarkeit der ökonomischen Interpretation der Geschichte«, mit der vor allem beabsichtigt werde, eine »genaue Vorstellung von den handelnden Menschen« zu gewinnen.²⁹⁷ Eine begriffliche Differenzierung zwischen einer »ökonomischen« und einer »sozialistischen« Geschichtsinterpretation nimmt sie jedoch nicht vor. Im Hinblick auf die zuvor erörterte Frage nach der wissenschaftlichen »Objektivität« bei Aulard, die sie bei diesem »bürgerlichen« Historiker allein durch die Transparenz seines Standpunktes gewahrt sieht, billigt sie auch dem Sozialisten Jaurès eine »parteilos-wissenschaftliche« Haltung zu. Hedwig Hintze zitiert Aulard, der gegenüber dem Jüngeren das gewagte Wort vom »vielleicht unparteiischsten« aller Revolutionshistoriker gebraucht hat. »Objektiv« ist die »Sozialistische Geschichte« demnach aufgrund der Tatsache, daß Jaurès und dessen Koautoren freimütig ihre Subjektivität einräumen; »sozialistisch« ist sie in Hintzes Augen zum einen, weil überzeugte Sozialisten die Feder führen. »Sozialistisch« ist sie aber auch, weil die Französische Revolution nach dem Willen ihrer Verfasser »ihr Licht erhält von dem Ziel, auf das sie ihrer Ansicht nach zurückführen muß.«²⁹⁸ Im Anschluß an Jaurès versteht Hintze soziale Verhaltensweisen und Lebensäußerungen vornehmlich als Ausdruck »ökonomischer« Faktoren. Doch charakterisiert sie den französischen Philosophen und Historiker keineswegs als dogmatischen Marxisten. Trotz seiner prinzipiellen Zustimmung zur marxistischen Theorie von ökonomischer Basis und gesellschaftlichem Überbau – diese These wird sie später differenzieren – berufe sich Jaurès auf einen »ganz großzügig, ganz wesenhaft aufgefaßten Marx«. So habe

---

²⁹⁶ HINTZE, Albert Mathiez (1874–1932), in: TvG 55 (1940), 42–49. Eine politische Aussage Hintzes meint hingegen HEIKE BRANDSTÄDTER, Hedwig Hintze: Kleine Schriften. Versuch einer Lektüre, in: AnnTrento 22 (1996), 433–449, erkennen zu können. Anhand der von Hintze verwendeten Mathiez-Zitate zieht Brandstädter eine nicht unproblematische Parallele zwischen der Entrechtung und Vertreibung der Juden aus Nazi-Deutschland und der Situation der französischen Emigranten zur Zeit der Französischen Revolution. Hintze hatte in ihrem Nekrolog jedoch streckenweise Formulierungen und Zitate unverändert aus bereits publizierten Texten wiederverwendet.

²⁹⁷ HINTZE, Bürgerliche und sozialistische Geschichtsschreiber, 83.
²⁹⁸ Ebd., 82.

er in seiner »Sozialistischen Geschichte« eingeräumt: »... vergessen wir nicht – der von engstirnigen Interpreten allzu oft verkleinerte Marx selbst hat es nie vergessen –, daß es Menschen sind, auf welche die ökonomischen Kräfte einwirken.«[299] Wenn der Historische Materialismus somit die Folie für Jaurès' Werk bilde, so vertrete dieser doch eine Geschichtsphilosophie, die nicht nur durch Marx, sondern eben auch von einem optimistischen »Fortschrittsglauben im Geiste der Aufklärung und einem fast mystischen Idealismus, der zuweilen an Schiller erinnert«, geprägt sei. Diese »doppelpolige, mit genialer subjektiver Willkür angewandte Methode« habe sich, erklärt Hintze, »glänzend bewährt und ihn befähigt, einen in seiner unendlichen Fülle nie ganz zu fassenden historischen Gegenstand in so plastischen und wirklichkeitsnahen Bildern wiederzugeben, wie es wohl keinem seiner Vorgänger gelungen war.«[300]

Welche neuen wissenschaftlichen Erkenntnisse der »durch den historischen Materialismus geschärfte Blick« auf die Französische Revolution erbracht hat, demonstriert Hintze am Beispiel des Volksbegriffs. Während Michelet – dem Jaurès dennoch viel verdankt und den er verehrt – und die romantische Geschichtsschreibung diesen durch eine »mystisch-metaphysische« Vorstellung verklärt habe, sei es Jaurès gelungen, das Subjekt der Revolution, das handelnde Volk, vor dem Hintergrund der jeweilgen Revolutionsphasen in seiner sozialen Zusammensetzung zu differenzieren. Erst auf diese Weise ließen sich die Motive der Akteure und die Folgen ihrer Handlungen präzise ermitteln. Dies gelte, wie Hintze am Beispiel des Konflikts zwischen Berg und Gironde veranschaulicht, insbesondere für die Kriegsphase der Revolution. Im Hinblick auf die Frage nach ihrem klassenspezifischen Charakter teilte sie Jaurès' Sichtweise einer »bürgerlichen« Revolution:

»Aus der quellenmäßig unterbauten Darstellung von Jaurès geht klar hervor, wie in der ersten Phase der Revolution das besitzende und gebildete Bürgertum als treibende Kraft, aber auch als Hauptgewinner durchaus im Vordergrund steht. Die flüssig gemachten Schätze des Kirchenguts und der Güter der Emigranten kamen in allererster Linie dem kaufkräftigen Großbürgertum zugute. Das Großbürgertum geht nun auch so lange mit der Revolution mit, wie diese es trägt, fördert, bereichert.«[301]

---

[299] Ebd., 83.
[300] Ebd., 84.
[301] Ebd., 86. Im Gegensatz zu Michelet hatte Jaurès den Umbruch von 1789 bekanntlich nicht als Ergebnis von Armut, sondern als Folge »bürgerlicher« Prosperität gedeutet. Auf die Frage, inwieweit Hintze diese plakative Deutung später differenziert hat, wird noch an anderer Stelle zurückzukommen sein. – Einen Überblick über das Spektrum der Ursachendeutung gibt

Hedwig Hintze geht jedoch über Jaurès – der den Konflikt zwischen Berg und Gironde als begrenzten politischen Konflikt interpretiert – hinaus, indem sie die interessengesteuerte Politik der Gironde als im Kern »ökonomisch-klassenmäßig bedingt« beurteilt:

»Als in der Krisis des Krieges mit dem Wirtschaftsliberalismus gebrochen werden muß im Interesse der kämpfenden, hungernden, vor allem in der Hauptstadt zusammengeballten Massen, macht sich der Klassenegoismus einzelner Führer des Bürgertums in Tönen ›wütender Reaktion‹ Luft. Solche Elemente sind sofort bereit, die Revolution an das Ausland zu verraten.«[302]

Die eigentliche soziale Frage war jedoch keine »Arbeiterfrage«, die es, wie Hintze zutreffend feststellt, zur Zeit der Revolution weder im Sinn eines ausgebildeten Klassenbewußtseins noch einer festgefügten Organisationsstruktur der Arbeiterschaft geben konnte. Im Zentrum der sozialen Problematik habe vielmehr, wie sie mit Verweis auf die Forschungen Henri Sées und Georges Bourgins betont, eine »Bauernfrage« gestanden. Als Initiator einer problemorientierten Geschichtsschreibung der Französischen Revolution bleibt es aber in ihrer Sicht Jaurès' Verdienst, die Frage nach deren sozialen und ökonomischen Bedingungen aufgeworfen und als geschickter Wissenschaftsorganisator die »Collection de documents inédits sur l'histoire économique de la Révolution française«, eine bedeutende Quellensammlung zum Wirtschaftsleben während der Revolution, begründet zu haben.[303]

Am Ende der von Hedwig Hintze als lineare Fortschrittsgeschichte konzipierten Entwicklungslinie der französischen Revolutionshistoriographie steht das Werk von Albert Mathiez. Den sozialistischen Forscher und Anhänger Robespierres, dem es aufgrund des Bruches mit Aulard im Jahr 1908 verwehrt geblieben ist, seinem ehemaligen Lehrer auf dem renommierten Pariser Lehrstuhl für die Geschichte der Französischen Revolution zu folgen, interpretiert sie als legitimen und kompetenten Sachwalter des wissenschaftlichen Erbes Jaurès'. Während in ihrer Darstellung Jaurès' die humanitären Züge des französischen Sozialistenführers im Vordergrund standen, ist Hintze gegenüber der problematischen menschlichen Gestalt von Mathiez zurückhaltender. So räumt sie ein, daß dieser den Kampf gegen seinen ein-

---

HANS-ULRICH THAMER, Ursprünge und Ursachen der Französischen Revolution, in: PLOETZ. Die Französische Revolution. Hg. Rolf Reichardt, Freiburg 1988, 8 ff.

[302] HINTZE, Bürgerliche und sozialistische Geschichtsschreiber, 86.

[303] Ebd., 89 f. »Durchdrungen« von dem Gedanken, daß »das Spiel der ökonomischen Interessen, der sozialen Kräfte die Bewegung der Geschichte bestimmt und ihr ihren Sinn verleiht«, habe gerade Jaurès den Anstoß zu einem groß angelegten Publikationswerk gegeben und sich zum Ziel gesetzt, »vor allem das tiefer liegende Kollektivleben der menschlichen Gemeinschaft« zu erforschen. (HINTZE, Ökonomische Probleme der Französischen Revolution, 451)

stigen Lehrer Aulard »nicht immer pietätvoll geführt«, in wissenschaftlicher Hinsicht dagegen große Fortschritte erzielt habe. Den Inhalt dieses »Kampfes«, die von Mathiez vorgenommene Auswechslung der jeweiligen Identitätsfiguren Danton und Robespierre und den symbolischen Gehalt dieses Vorganges thematisiert Hintze nicht. Auch in späteren Aufsätzen wird sie deutlich machen, daß es sich in ihren Augen hierbei um eine innerfranzösische Angelegenheit handele, die das deutsche Interesse am französischen Forschungsdiskurs nicht berühre.[304] Vielmehr würdigt sie Mathiez als verdienstvollen Herausgeber der »Sozialistischen Geschichte«, vor allem aber als engagierten Wirtschafts- und Sozialhistoriker, der die von Jaurès gegebenen Impulse einer ökonomischen Interpretation der Revolution aufgenommen und dessen einmal eingeschlagenen Weg konsequent fortgeführt habe. Die Umstände des schon 1908 vollzogenen Bruchs mit seinem einstmaligen Lehrer Aulard bleiben in Hintzes Vorlesung ebenso im Dunkeln wie die eigentliche Tragweite dieses sowohl in politischer als auch in wissenschaftlicher Hinsicht bedeutsamen Einschnitts für die französische Revolutionshistoriographie.[305] Wenn sie etwa ausführt, daß sich Aulard auch im Alter zunehmend vom Methodenwert ökonomischer Deutungsansätze überzeugen ließ, übergeht sie den wirklichen Kern dieser langjährigen Auseinandersetzung. Mutig erklärt sie stattdessen ihren Zuhörern, daß der Historische Materialismus bei Mathiez den Erklärungsrahmen der Revolution darstelle und zu neuen Einsichten in das Wesen der Schreckensherrschaft geführt habe:

»Mathiez ist ein überzeugter Anhänger und sehr temperamentvoller Verfechter des historischen Materialismus. Er weiß diese Methode mit Meisterschaft und in einer Weise zu handhaben, die jede Einseitigkeit vermeidet, und a u s g e h e n d [Hervorheb. i. O.] von den ökonomischen Bedingungen, die allgemeinen Zusammenhänge im historischen Geschehen erfaßt und durchleuchtet.«[306]

Dabei schließt sie sich der Interpretation Mathiez' an, der die jakobinische Wirtschaftsdiktatur als ökonomische Zwangsmaßnahme zur Sicherstellung

---

[304] Damit befand sich Hintze im Gegensatz zu dem bekennenden »Dantonisten« Hermann Wendel, der dem Revolutionsforscher und »Revolutionär« Mathiez deutlich kritischer gegenüberstand. In einem seiner Nachrufe auf den 1932 verstorbenen Mathiez kam Wendel zu der Bilanz: »Denn er zählte zu den Franzosen, die noch jetzt in ihrer Großen Revolution leben; ihnen ist der Weg von 1792 bis 1932 keine hundertvierzig Jahre lang; für sie gehört es keineswegs zu den akademischen Fragen, ob der Wohlfahrtsausschuß mit dieser oder jener Maßregel einen Bock geschossen hat oder nicht, und bis auf diesen Tag stellen sie zu den Gruppen, die einander im Lager der Montagne bis aufs Messer der Guillotine bekämpften, entschiedene Parteigänger ...« (HERMANN WENDEL, Nachruf auf Albert Mathiez, in: Das Tagebuch 13/1, 1932, 398–401).
[305] Vgl. hierzu ausführlich FURET, Das Ende der Illusion, 87 ff.
[306] HINTZE, Bürgerliche und sozialistische Geschichtsschreiber, 91.

der Lebensmittelversorgung in den Städten und damit als klassenpolitisches Instrument einer Partei zugunsten der armen Bevölkerungsschichten gedeutet hat. Die Anhänger der regierenden Bergpartei, ursprünglich selbst bürgerlicher Herkunft, waren nunmehr durch äußere Umstände gezwungen, gegen die eigenen Interessen zu handeln, um am Ende durch die wirtschaftliche Unterstützung der unteren Klassen den Sieg der Revolution dauerhaft zu sichern. Erneut zeigt sich hier Hintzes Sensibilität für das Schicksal der anonymen Volksmassen, wenn sie eine Passage aus Mathiez' bedeutendstem, ein Jahr zuvor erschienenen Werk »La Vie chère et le mouvement social sous la Terreur« zitiert: »Regierende Männer, die an das Eigentum glauben, sind genötigt gegen das Eigentum Krieg zu führen! Individualisten wenden die Grundsätze des Kommunismus an! Der Patriotismus, das öffentliche Wohl ... hatte dieses Wunder vollbracht.«[307] Im Kontext des Sturzes Robespierres (9. Thermidor) und der durch grassierende Inflation geschwächten Wirtschaft sei es aber, wie Hintze im Anschluß an Mathiez betont, schließlich dazu gekommen, daß die »Bourgeoisie« ihre Macht endgültig befestigen konnte. Mit Mathiez versucht Hintze also die ökonomische Bedingtheit zentraler politischer Ereignisse aufzuzeigen und damit Verständnis für die Komplexität des Revolutionsverlaufs zu wecken.

Was ihren Zuhörern im Verlauf dieser feierlichen akademischen Veranstaltung ohnehin deutlich geworden sein dürfte, spricht Hedwig Hintze am Ende noch einmal unmißverständlich aus. Die Französische Revolution, betont sie, sei »keine nur-französische Angelegenheit«.[308] Das sozialistische Vermächtnis von 1789 formuliert sie schließlich mit einem Zitat, das jedoch nicht von Mathiez, sondern von Jaurès stammt: Denn mit der Revolution habe

»trotz Reaktion und Verdunkelung das neue Recht endgültig von der Geschichte Besitz ergriffen ... Auf dieses neue Recht ... stützt sich der Sozialismus. Er ist eine im höchsten Sinne demokratische Partei, da er im wirtschaftlichen wie im politischen Gebiet die Souveränität aller organisieren will. Und zwar begründet er die neue Gesellschaft auf das Recht der menschlichen Persönlichkeit ... Demokratische Politik und Klassenpolitik – das sind die beiden keineswegs einander ausschließenden Ideen, zwischen denen die proletarische Wirkungskraft sich bewegt und die einst die Geschichte in der Einheit der sozialen Demokratie verschmelzen wird.«[309]

Sucht auch Hedwig Hintze unter dem Einfluß der von ihr studierten »sozialistischen« Historiker die Ursprünge der sozialistischen Theorie in der Fran-

---

[307] Ebd., 92.
[308] Ebd., 94.
[309] Ebd., 95.

zösischen Revolution, begründet sie den Sozialismus mit politischem Gedankengut des 18. Jahrhunderts? Diese Frage läßt sich hier noch nicht abschließend beantworten. Hinreichend deutlich geworden ist ihr Bemühen, die Revolution in Anlehnung an Jaurès als politisches Lehrstück für die Gegenwart zu erweisen. Als demokratisches Beispiel für Recht und Gerechtigkeit erscheint sie als unerschöpfliches Reservoir sowohl für die Formulierung einer patriotischen als auch einer europäischen Vision. Dennoch hat Hedwig Hintze ein übersichtliches und sachgerechtes Bild der wichtigsten Tendenzen in der französischen Revolutionshistoriographie skizziert. Die eigentliche wissenschaftsgeschichtliche Bedeutung ihrer Vorlesung besteht daher zunächst in dem Versuch, in Deutschland eine wissenschaftliche Rezeption von Jaurès einzuleiten, dessen Werk bis dahin kaum bekannt gewesen sein dürfte. Diese Tatsache mag kurz am Beispiel der *Historischen Zeitschrift* veranschaulicht werden. Dort ist lediglich ein Titel seiner mehrbändigen »Histoire socialiste« auf das Interesse der deutschen Geschichtswissenschaft getroffen. Dieses richtete sich jedoch, wie die Rezension seiner Studie über »La guerre franco-allemande« belegt, vornehmlich auf die Schuldfrage am deutsch-französischen Krieg von 1870/71 und nicht auf Jaurès' Deutung der Französischen Revolution von 1789.[310] Die von Hintze initiierte Jaurès-Rezeption wurde schließlich mit der Vertreibung der Historikerin im Jahr 1933 nicht nur gewaltsam, sondern dauerhaft unterbrochen.

Auch Mathiez' Arbeiten waren dem deutschen Fachpublikum, sieht man von den bis 1928 veröffentlichten Rezensionen Hintzes sowie der einzigen, ablehnenden Besprechung Adalbert Wahls[311] ab, noch nicht geläufig. Zweifellos war Mathiez in seiner Arbeitsweise als Sozialhistoriker, wie Hintze zutreffend erkannt hat, den Ideen und Methoden der bisherigen Revolu-

---

[310] PAUL GOLDSCHMIDT, Rez. von: Jean Jaurès, Histoire socialiste, 1789-1900, Bd. XI: La guerre franco-allemande (1870/71), Paris 1908, in: HZ 102 (1909), 614-616. Während der deutsche Rezensent zu einem insgesamt positiven Urteil kam, hatte Jaurès' Darstellung in Frankreich Empörung ausgelöst und den Vorwurf auf sich gezogen, Tendenzliteratur zu sein. Vgl. hierzu die instruktive Darstellung von BEATE GÖDDE-BAUMANNS, Deutsche Geschichte in französischer Sicht. Die französische Historiographie von 1871 bis 1918 über die Geschichte Deutschlands und der deutsch-französischen Beziehungen in der Neuzeit, Wiesbaden 1971, 273.

[311] ADALBERT WAHL, Rez. von: Albert Mathiez, Autour de Robespierre, Paris 1925, in: HZ 134 (1926), 140-142. Wütend attackierte der Tübinger Mathiez' Helden als den »Hauptverderber der Revolution« und einen der »abstoßendsten Schlächter der Weltgeschichte«. Angesichts solcher Urteile verwundert es, wenn Wahl noch immer als einer der »wohl besten Kenner der Französischen Revolution unter den deutschen Historikern des frühen 20. Jahrhunderts« bezeichnet wird. So HERTFELDER, Franz Schnabel und die deutsche Geschichtswissenschaft, Bd. 1, 410.

tionsforschung voraus. Auf dem Gebiet der Wirtschafts- und Sozialgeschichte der Französischen Revolution darf er daher noch heute den Ruf als »Pionier« beanspruchen.[312] In den Jahren nach 1928 stand die Diskussion seiner Werke im Mittelpunkt ihrer nicht nur in der HZ veröffentlichten Forschungsberichte. Darüber hinaus kam es im Frühjahr 1929 auch zu einer ersten Begegnung mit Mathiez – während des ersten Frankreichaufenthaltes Hedwig Hintzes nach dem Ersten Weltkrieg.[313] Mit Theodor Eschenburg, Martin Göhring und Hermann Wendel gehörte Hintze zu den wenigen Deutschen, die den führenden französischen Revolutionshistoriker in seinem akademischen Pariser Umfeld erleben und später ein auf persönliche Beobachtungen gestütztes Bild dieses streitbaren Gelehrten entwerfen konnten.[314] Hintzes menschliche Sympathie, die sich nicht zuletzt in ihrem Plan einer Biographie äußerte, galt aber weiterhin dem 1914 ermordeten Sozialistenführer und europäischen Pazifisten Jaurès.

Über die Popularisierung der Forschungsergebnisse Jaurès' und Mathiez' hinaus ist Hedwig Hintzes Stil durch einen hohen Grad an persönlicher Identifizierung mit ihrem Untersuchungsgegenstand gekennzeichnet. So können die nur auf den ersten Blick chronologisch erscheinende, tatsächlich aber im Sinn einer stetigen wissenschaftlichen Aufwärtsentwicklung aufgebaute Präsentation und die von ihr ausgewählten Zitate durchaus im Licht der Weimarer Gegenwart gelesen werden. Wie Mathiez stellt auch Hintze

---

[312] Dies bestätigen sowohl FURET (Die universitäre Geschichtsschreibung, 1525), der Mathiez politische Voreingenommenheit vorwirft (»Die Revolution wird ständig in die Zukunft verlängert, die sie anzukündigen hat«) und seinem Werk »intellektuelle Schwäche« bescheinigt, als auch ALICE GÉRARD (Albert Mathiez. Sozialistischer Historiker und Robespierrist, in: Christadler (Hg.), Die geteilte Utopie, 173-182), die in ihm – aufgrund seiner Arbeiten über die Geschichte der revolutionären Religion – sogar einen »Vorläufer der Mentalitätsgeschichte« sieht. Zu diesen Arbeiten (»Les origines des cultes révolutionnaires, 1789-1792«, Paris 1904; »Contributions à l'histoire religieuse de la Révolution française«, Paris 1907), in denen Mathiez die Anregungen der Religionssoziologie Durkheims verarbeitet hat, s. RAULFF, Marc Bloch, 334 ff. Die einzige Biographie des Historikers ist von einem amerikanischen Historiker verfaßt worden: JAMES FRIGUGLIETTI, Albert Mathiez, historien révolutionnaire (1874-1932), Société des études robespierristes, Paris 1974.

[313] Die Hintergründe dieser persönlichen Begegnung liegen, ebenso wie die der 1931 unternommenen Deutschlandreise Mathiez', im Dunkeln.

[314] THEODOR ESCHENBURG, »Also hören Sie mal zu«: Geschichte und Geschichten 1904 bis 1933, Berlin 1995, 186, berichtet über eine Vorlesung, die er als Student 1926 in Dijon bei Mathiez gehört hat. Ausführlicher dagegen die im NL Otto Beckers befindlichen Briefe Martin Göhrings (der 1931 bei Mathiez studiert hat), die eine eigene Untersuchung verdienten. Eine Sonderstellung nimmt unter den Genannten der »Dantonist« und außerhalb der »Zunft« stehende Historiker Hermann Wendel ein, vgl. DERS., Albert Mathiez, in: Das Tagebuch 13/1 (1932), 398-401; Danton und Robespierre, in: Die Gesellschaft 9/2 (1932), 521-544.

wiederholt Bezüge zur eigenen gesellschaftlichen Wirklichkeit her, ohne jedoch die Gegenwart konsequent mit den Revolutionsereignissen als Vorbild einer politisch-sozialen Umwälzung zu konfrontieren.[315] Was sie von ihm aber grundlegend unterscheidet ist die Distanz zu seinem Unterfangen, durch die Herstellung von Analogien zwischen der Revolution und aktuellen Ereignissen ein brauchbares Instrument zur politischen Analyse der Gegenwartsgeschichte zu entwickeln. Im Gegensatz zu Mathiez geht Hintze nicht so weit, Übereinstimmungen zwischen der Oktoberrevolution und der Revolution von 1789, zwischen Lenin und Robespierre oder zwischen Bolschewisten und Jakobinern nachzuweisen. Mathiez' zeitweilige Mitgliedschaft in der kommunistischen Partei Frankreichs und sein 1920 erschienenes Buch »Le Bolchevisme et le Jacobinisme« kommentiert sie daher nicht. Vielmehr verzichtet sie darauf, den Robespierrismus Mathiez' näher zu qualifizieren.[316] Obgleich sie mit Jaurès und Mathiez an den »sozialistischen Verheißungscharakter« (François Furet) der Französischen Revolution glaubt, sieht sie keine Notwendigkeit einer pauschalen politischen Qualifizierung dieser Historiker als Sozialisten oder Marxisten. Insofern trifft der für die gedruckte Fassung ihrer Antrittsvorlesung gewählte Titel »Bürgerliche und sozialistische Geschichtsschreiber der Französischen Revolution« Hintzes Anliegen nicht wirklich. Erst in ihrem bereits erwähnten Artikel von 1936 über »Jean Jaurès und Karl Marx« wird sie ihr Erkenntnisinteresse präziser formulieren: »Es kommt mir hier nicht darauf an, zu untersuchen, ob Jaurès ›Marxist‹ gewesen ist oder nicht. Ich halte eine derartige Fragestellung von vornherein für schief.«[317] Hintze geht es also weniger um eine plakative politische Zuordnung als um die Frage nach dem jeweiligen individuellen Standpunkt gegenüber der Marxschen Lehre. Ihr Interesse gilt vielmehr der Bestimmung der subjektiven produktiven Verarbeitung der von Marx ausgegangenen Denkanstöße, in deren Zentrum der Historische Materialismus als fruchtbares Arbeitsinstrument des wirtschafts- und sozialgeschichtlich orientierten Historikers steht. Hintze argumentiert methodologisch, nicht

---

315 GÉRARD, Albert Mathiez, 178, beschreibt dieses Muster als ein »Modell politischer und patriotischer Orthodoxie, das ein System von bleibenden Werten, ein Kategorienraster für den moralischen und staatsbürgerlichen Unterricht der Franzosen darstellt.«
316 GÉRARD (ebd., 176 ff), verortet Mathiez' Robespierrismus, in dem sie eine »archaische Alternative zur strikten marxistischen Interpretation« sieht, im religiösen Charakter, im »revolutionären Evangelium« der Revolution und schreibt ihm eine pädagogische, eine nationale, eine ideologische sowie eine religiöse Funktion zu.
317 HINTZE, Jean Jaurès und Karl Marx, 113. Hintze bezieht sich auf die berühmte Anekdote, nach der sich Marx selbst keineswegs als »Marxist« verstanden wissen wollte (»... je ne suis pas marxiste«). Zum historischen Kontext dieser Äußerung RUDOLF WALTHER, Art. »Marxismus«, in: Geschichtliche Grundbegriffe, Bd. 3, Stuttgart 1982, 950.

ideologisch. Zwischen ihrer Warnung, daß eine soziale Interpretation der Französischen Revolution nicht auf ein starres theoretisches Erklärungsmodell gegründet werden dürfe, und der von ihr geäußerten Überzeugung vom heuristischen Wert dieser Methode besteht demnach kein Widerspruch. Welchen genauen theoretischen Erklärungswert mißt Hintze jedoch dem Historischen Materialismus bei, den sie hier in den Rang eines methodologischen Hilfsinstruments versetzt? Wie verhält sie sich als Historikerin gegenüber dem Marxismus? Um die Antwort auf diese Frage präzisieren zu können, müssen weitere Texte Hedwig Hintzes herangezogen werden, in denen sie sich ausführlicher mit Mathiez, aber auch mit den Arbeiten anderer, auch angelsächsischer Sozialisten und Revolutionshistoriker auseinandergesetzt hat. Dabei wird nochmals ihre Auffassung von wissenschaftlicher Objektivität deutlich werden.

Diese glaubt Hintze nicht durch Beteuerungen vermeintlicher Unabhängigkeit und Unparteilichkeit, sondern ganz im Gegenteil durch die freimütige Aufdeckung des persönlichen Standpunktes erreichen zu können. Vorbildlich hätten in dieser Hinsicht Aulard und Jaurès gewirkt, an deren Beispiel Hintze ihr eigenes Ideal formuliert: denn beide, betont sie, hätten »stets danach gestrebt, auch die eigene Forscherpersönlichkeit historisch und kritisch zu werten, sich der eigenen Voraussetzungen möglichst klar bewußt zu werden, diese aufzudecken und gerade dadurch zu objektivieren.«[318] Hintze sieht dadurch das »hohe Amt« des Historikers nicht herabgewürdigt. Bei einem Untersuchungsgegenstand wie der Französischen Revolution sei, wie sie unterstreicht, ein »völliger Verzicht auf Berücksichtigung der Gegenwartsfragen« nicht mehr durchzuführen. Die Mißdeutung, die Mathiez in Deutschland erfahren habe – die sie leider nicht näher beschreibt – führt Hintze auf den Umstand zurück, daß dieser lediglich seine Methode, nicht aber seine politischen Überzeugungen aufgedeckt habe. Als kritische Historikerin vertritt Hintze somit auch weiterhin die Auffassung, daß die Geschichte Wissenschaft sein soll – ein Anspruch, den sie in der Vergangenheit immer wieder durch den Vergleich der Geschichts*schreibung* eines Taine und der Geschichts*wissenschaft* eines Aulard zu untermauern versucht hat. »Wissenschaft« ist die Geschichte in den Augen Hintzes aber erst, wenn es ihr gelingt, sich von den Ansprüchen eines überholten Objektivitätsideals zu trennen. Daß sich hinter dieser Sichtweise kein naiver Geschichtsoptimismus verbirgt, sondern daß darin eine skeptische Auffassung vom Beruf des Histori-

---

[318] HEDWIG HINTZE, Die Französische Revolution. Neue Forschungen und Darstellungen, in: HZ 143 (1931), 298-319; 300 f. In diesem Text greift Hintze über weite Strecken auf die Argumentation ihrer Antrittsvorlesung zurück.

kers zum Ausdruck kommt, zeigt sich an Hintzes aufschlußreicher, 1930 erschienener Rezension der Danton-Biographie Hermann Wendels. Gegenüber dem Verfasser vertritt Hintze die Meinung, es sei »eine mißliche Sache, von ›den‹ Regeln ›des‹ Historikers zu sprechen« angesichts einer »weltgeschichtlichen Krise ohnegleichen«, in der »auch die reinen Bezirke des Forschens nicht mehr völlig verschont bleiben, wo es nicht mehr ganz möglich ist, sich in eine ›voraussetzungslose‹ Wissenschaft zu flüchten. Gerade dem Historiker, der immer wieder umlernen muß, immer wieder mit neuen Augen sehen lernt, zeigt sich die Wahrheit selbst, der er zu dienen hat, mehr als je in wandelbarer, schwerer und schwerer zu erfassender Gestalt.«[319] Mit ihrer Kritik an Wendel, den sie zunächst als »guten Kenner Frankreichs« und der Quellen der Revolutionsgeschichte vorstellt, verficht Hintze den Anspruch der Wissenschaftlichkeit der Historie auch gegen einen Vertreter der »Historischen Belletristik«: »Vor dem Wagnis einer künstlerisch beseelten Gesamtschau«, entgegnete sie dem Lothringer Wendel, »wäre im Interesse der historischen Wahrheit doch wohl eine nüchterne kritische Nachprüfung der einzelnen Anklagepunkte [gegen Danton, S. K.] ratsam gewesen.«[320] Hintze, die zu keinem Zeitpunkt müde wurde, die Französische Revolution als politisches Vermächtnis zu interpretieren, unterläßt es im vorliegenden Fall, auf die demokratische Geschichtssicht Wendels hinzuweisen. Dieser hatte den Gegenstand seiner Biographie in direkte Analogie zur politischen Lage Deutschlands im Jahr 1930 gesetzt und vor dem Hintergrund der parlamentarischen Krise der Weimarer Republik an die Gemeinsamkeit aller Demokraten appelliert.[321]

Zurück zu Mathiez. Im wesentlichen bleibt Hintze in ihrem HZ-Aufsatz von 1931, in dem sie nun einem breiteren Fachpublikum noch einmal die wichtigsten Arbeiten Mathiez' vorstellt, dem Argumentationsmuster verhaftet, das sie schon in ihrer Antrittsvorlesung entwickelt hat. Interessanter als

---

[319] HINTZE, Rez. von: Hermann Wendel, Danton, Berlin 1930, in: Die Gesellschaft 9/1 (1932), 458–459.

[320] Hintzes Kritik am Verteidiger Dantons muß natürlich gleichzeitig als Verteidigung Mathiez'-Robespierres gelesen werden: »Die Stellung Robespierres, des in Wahrheit ›Unbestechlichen‹«, schreibt sie, »scheint in der Tat eine einzigartige gewesen zu sein.« In seinem informativen Nachwort zur Danton-Biographie Wendels weist HELMUT SCHEUER, Ein Grenzfall, in: Wendel, Danton, ND Königstein/Ts. 1978, 423–443, darauf hin, daß dessen Arbeit bis auf wenige Ausnahmen von der deutschen und französischen Fachwissenschaft – im Gegensatz zu den Werken Emil Ludwigs – außerordentlich positiv aufgenommen wurde.

[321] Darauf weist GRADMANN, Historische Belletristik, 154 f., hin. Die von Wendel gezogene Analogie zwischen der Französischen Revolution und der Gegenwart wird schon rein äußerlich an dem Entstehungsdatum greifbar, das er mit »Fructidor des Jahres XII der deutschen Republik« angegeben hat.

der erneute Nachweis des »Klassencharakters« der Auseinandersetzung zwischen Berg und Gironde oder etwa die mit Louis Gottschalk, einem amerikanischen Spezialisten der französischen Revolutionsgeschichte, erörterte Frage, inwieweit ein Mann wie Marat als früher »Sozialistenführer« charakterisiert werden könne,[322] ist die genauere Untersuchung ihrer Stellung zum Marxismus und zum Historischen Materialismus. Wie hat die Historikerin, die sich der Engelsschen Definition der Französischen Revolution als einer »sozialen Revolution« anschließt und daraus die Forderung einer Öffnung der Geschichtswissenschaft für ökonomische Fragestellungen ableitet, ihre Position zum Sozialismus definiert?[323] Zunächst ist festzuhalten, daß Hintze diese immer in der fachlichen Auseinandersetzung mit sozialistischen Denkern zu bestimmen versucht. Da keine entsprechenden Selbstzeugnisse der Historikerin vorliegen, bleibt hier nur der Weg, Hintzes Standpunkt indirekt über die Analyse ihrer Rezensionen zu erschließen.[324]

---

[322] Vgl. LOUIS R. GOTTSCHALK, Jean-Paul Marat. A study in Radicalism, New York 1927. Vor Gottschalk, der sich ausdrücklich zu einer »materialistischen Interpretation der Geschichte« bekenne, habe, wie Hintze hervorhebt, bereits Jaurès »in den Plänen Marats die dämmernde Idee des ›Staatssozialismus‹ ... nachgewiesen.« (HINTZE, Die Französische Revolution, 313)

[323] HINTZE, Rez. von: Mathiez, La place de Montesquieu dans l'histoire des doctrines politiques du XVIIIe siècle (AHRF, 1930), in: HZ 143 (1931), 196–197. »Derartige vom modernen Sozialismus ausgehende Anregungen« seien, wie Hintze an anderer Stelle schreibt, »lange Zeit von der zünftigen Historie verschmäht worden. Der Staat als Macht- und Militärorganisation stand ihr durchaus im Mittelpunkt des Interesses; die *Histoire bataille*, wie die Franzosen unübersetzbar sagen, beherrschte das Feld.« (Die Französische Revolution, 316)

[324] An dieser Stelle sollte erwähnt werden, daß bereits bei Otto Hintze eine deutliche Aufgeschlossenheit gegenüber dem Historischen Materialismus und den sozialistischen Theorien zu finden ist. So hatte er für seine Antrittsvorlesung von 1895 das Thema »Karl Marx und die Geschichtsauffassung des Sozialismus« gewählt (vgl. GERHARD OESTREICH, Otto Hintze. Tradition und Fortschritt, in: Strukturprobleme der frühen Neuzeit. Ausgewählte Aufsätze. Hg. Brigitta Oestreich, Berlin 1980, 127–141). Und 1925 kommt er – vielleicht auch durch die Auseinandersetzung mit seiner Frau – zu dem Schluß: »Die einseitige These von der rein ökonomischen Determiniertheit des Kultur- und Gesellschaftslebens hat sich doch als ein fruchtbares heuristisches Prinzip erwiesen.« (OTTO HINTZE, Max Webers Religionssoziologie, in: Ges.Abh. II, 135 ff) Wie Gerhard Oestreich betont hat, ist seit den dreißiger Jahren im Werk Otto Hintzes eine stärkere Betonung der ökonomischen Faktoren festzustellen. So habe der inzwischen fast Siebzigjährige ein »mittelbares und unmittelbares Bekenntnis zur Größe von Marx abgelegt.« (Otto Hintzes Stellung, 47 f) Letztlich spricht auch seine Offenheit gegenüber politisch links stehenden Kollegen, so etwa gegenüber Gustav Mayer, für Hintzes Aufgeschlossenheit.

4.2 Französischer Sozialismus und deutscher Marxismus – Vermittlungsbemühungen für eine europäische Perspektive

Die (nicht nur) von Jean Jaurès, Albert Mathiez, Henri Sée und Georges Bourgin aufgeworfene Frage nach den sozialen Faktoren der Französischen Revolution ist bei diesen Autoren von Beginn an mit der Frage nach den Anfängen einer sozialistischen Theorie in der Revolution verknüpft. Bereits in der Vergangenheit hatte Hintze unter Hinweis auf die Arbeiten Sées und Bourgins betont, daß die Ereignisse seit 1789 – trotz einschneidender Eingriffe in die Eigentumsverfassung und das Wirtschaftsleben – lediglich einen Scheinsozialismus hervorgebracht hätten. Wie aber ist der Widerspruch zwischen dieser Feststellung einerseits und der These des »sozialistischen« Charakters der Revolution andererseits aufzulösen? Hintze diskutiert diese Antinomie am Beispiel des englischen Staatsrechtlers und Theoretikers des »pluralistischen Sozialismus« Harold Laski, der in seiner Schrift »The Socialist Tradition in the French Revolution«[325] die Revolution von 1789 zu einem »Hauptereignis« in der Geschichte des Sozialismus erhoben hatte. Die Art und Weise, wie sie in ihrem oben bereits erwähnten HZ-Aufsatz von 1931 Laskis Ergebnisse referiert, wirft noch einmal Licht auf Hintzes Sozialismusbegriff. Ist Sozialismus dagegen mit Laski als »bewußte Intervention des Staates in den Produktions- und Verteilungsprozeß« zu verstehen, so stellt die Französische Revolution weder für Laski noch für Hintze ein klassisches sozialistisches »Ereignis« dar. Sicherlich war, wie Hintze referiert, die in einer »alten und anerkannten Tradition verwurzelte Gesellschaftsordnung« gefallen. Ebenso ließen sich ein »aufdämmerndes Klassenbewußtsein« eines im Entstehen begriffenen Industrieproletariats sowie die Anfänge einer »politisch-ökonomisch gerichteten Frauenbewegung« feststellen.[326] »Man lernte begreifen«, betont sie, »daß Reichtum und Armut keine gottgegebenen, unabänderlich feststehenden Realitäten seien, daß vielmehr durch Gesetz Reiche und Arme geschaffen werden könnten ...«[327] Angesichts des Sturzes Robespierres (und des damit einhergehenden Sieges der »Bourgeoisie«) war nun aber nicht mehr die Frage bedeutsam, was diese den Menschen bereits

---

[325] HAROLD J. LASKI, The Socialist Tradition in the French Revolution, London 1930. Eine Kurzbiographie Laskis gibt RODNEY BARKER, Harold Laski (1893–1950), in: Klassiker des Sozialismus, Bd. 2, München 1991, 239-252. Zu Laski vgl. auch RAINER EISFELD, Pluralismus, in: Iring Fetscher/Herfried Münkler (Hg.), Pipers Handbuch der politischen Ideen, Bd. 5, München 1987, 424 ff.
[326] HINTZE, Die Französische Revolution, 319.
[327] Ebd.

gebracht, sondern was sie der Menschheit angekündigt habe. Hierin sah Hintze die 1789 formulierte Aufgabe des Sozialismus: »man fühlte, daß die Revolution zugunsten der Arbeiter noch werde kommen müssen ...« In ihrer Perspektive war mit der Französischen Revolution besonders nachdrücklich das Problem der Gleichheit und damit der Gerechtigkeit gestellt. Unübersehbar ist ihr pädagogisches Bemühen, mit Bezug auf den behandelten Autor wiederum ihren eigenen politischen Standpunkt zur Geltung zu bringen und an das soziale Gewissen ihrer Leser zu appellieren, in jedem Fall aber zum Nachdenken anzuregen:

»Wenn ein Volk den Versuch gemacht hat, seine Lage durch Umgestaltung der politischen Einrichtungen zu verbessern und durch das Ergebnis enttäuscht worden ist, wird es dann nicht in den weder als notwendig noch als wünschenswert empfundenen Eigentumsprivilegien [Hervorheb. i. O.] das der wahren Gleichheit entgegenstehende Haupthindernis erkennen? ... Und wenn die Frage nach dem Wesen des Eigentums einmal in dieser Weise aufgeworfen ist, werden dann nicht praktische Lösungsversuche gewagt werden? Wird sich ein neuer Napoleon finden, um solchen Unternehmungen ein Ende zu bereiten?«[328]

Deutlich klingt in dieser Rezension das Wunschbild einer besseren Gesellschaft an, mit dem die historisch-politische Analyse des Revolutionsgeschehens zugunsten einer (scheinbaren) Konstruktion einer logischen Abfolge von einer politischen in Richtung auf eine soziale Revolution zurückgestellt wird. Dennoch hat sich Hintze in anderen Texten und in anderen Foren differenzierter mit dem Problem des Sozialismus und seiner Genese im Zeitalter der Französischen Revolution auseinandergesetzt.[329] Die Zeitgebundenheit der Fragestellungen Hintzes, die in ihren historischen Betrachtungen von den Krisen der Gegenwart ausgeht, bleibt freilich auch hier ersichtlich. Gegen Ende der zwanziger Jahre deutet sich in ihrem Werk ein Perspektivenwechsel an, der sie allmählich von der Erforschung der Französischen Revolution aus einem ursprünglich primär verfassungsgeschichtlichen Blickwinkel zu einer verstärkten Einbeziehung soziologischer Elemente führt.[330] Mit zu-

---

[328] Ebd. Die Eigentumsfrage war – darauf weist Hintze hin – auch für Tocqueville von zentraler Bedeutung. Die begriffliche Aufspaltung der Französischen Revolution in eine politische und eine soziale Bewegung war eine Folge der Julirevolution von 1830. Vgl. hierzu REINHART KOSELLECK, Art. »Revolution«, in: Geschichtliche Grundbegriffe, Bd. 5, Stuttgart 1984, 768.

[329] Wichtige Besprechungen und Aufsätze erscheinen seit Ende der zwanziger Jahre in der *Zeitschrift für die gesamte Staatswissenschaft*, und, im Jahr 1933, in dem von Emil Lederer herausgegebenen *Archiv für Sozialwissenschaft und Sozialpolitik*. Hintzes Korrespondenz mit Lederer ist verschollen.

[330] Zu dieser Einschätzung ist bereits SCHLEIER, Hedwig Hintze, 292, 295, gekommen, ohne näher auf Hintzes Neuakzentuierung der Französischen Revolution einzugehen. Dagegen hat

nehmender Intensität beschäftigt sich Hedwig Hintze nun mit der Geschichte des Sozialismus in Frankreich und Deutschland im 19. Jahrhundert und der Ausstrahlung des Marxismus auf das französische sozialistische Denken.[331] In den Mittelpunkt ihrer Rezensionstätigkeit rücken Publikationen französischer Soziologen, Politikwissenschaftler und Historiker, die von ihren Autoren zugleich als Beitrag zur Diskussion der aktuellen politischen und ökonomischen Krisenerscheinungen verstanden wurden.[332] Die genannten Arbeiten Hintzes müssen daher auch als Reflex auf die jüngsten Ereignisse – des auf die Weltwirtschaftskrise folgenden ökonomischen Niedergangs, der Instabilität des parlamentarischen Systems und der sich verschärfenden politischen Radikalisierung – gelesen werden. Vor diesem Hintergrund sah sie 1930 die »Ideen von 1789« als gescheitert an. In ihren Augen war dies mit einem Versagen der bürgerlichen Demokratie insgesamt gleichzusetzen.[333] Die durch den Ersten Weltkrieg verursachten Verwerfungen – in ihren Augen bedeutete also nicht nur der Bolschewismus einen geschichtlichen Rückschritt – setzt Hintze dabei in direkte Analogie zu den französischen Revolutionskriegen: »Ein welthistorisch orientierter Beurteiler darf aber nicht die Tatsache übersehen«, betont sie, »daß gerade die edelsten, werbenden Ideen der bürgerlichen Demokratie in den großen Krisen der Geschichte praktisch

---

Hintze in den Augen mancher zeitgenössischer konservativer Revolutionsinterpreten soziologische Ansätze wie etwa die von Augustin Cochin aus politischen Gründen unterschlagen.

[331] HINTZE, Rez. von: Gaëtan Pirou, Les Doctrines économiques en France depuis 1870, Paris 1925, in: HZ 134 (1926), 142–145; Rez. von: HENRI SÉE, Matérialisme historique et interprétation économique de l'histoire, Paris 1927, in: ZgesSt 87 (1929), 631–636; Rez. von: Delevsky, Les antinomies socialistes et l'évolution du socialisme français; Rez. von: CELESTIN BOUGLÉ, Socialismes français. Du socialisme utopique à la démocratie industrielle, Paris 1932, in: ASWSP 68 (1933), 754–755; Rez. von: Ernest Poisson, Fourier, Paris 1932, in: ASWSP 69 (1933), 638–639. Diese Perspektivenverschiebung kann vorläufig nur anhand der gedruckten Texten Hintzes beschrieben werden. Erst eine Auswertung ihrer Vorlesungsmanuskripte kann Aufschluß über die Frage geben, inwieweit sich diese auch auf ihre Lehrtätigkeit und damit auf das pädagogisch vermittelte Bild der Französischen Revolution niedergeschlagen hat.

[332] Wie Hintze in ihrer Rezension Bouglés (Socialismes françaises) schildert, habe deren Verfasser betont, daß es angesichts dieses Themas »nahezu unmöglich sei, Gegenwartsprobleme, Gegenwartssorgen auszuschalten und zu vergessen.« Damit werde dessen Buch, so Hintze weiter, »von vornherein den Schichten einer allzu dünnen, rein akademischen Luft, den allzu ängstlich gehüteten Bezirken einer angeblich voraussetzungslosen Geschichtsbetrachtung entrückt und den erregenden, aber auch Erkenntnis fördernden Problemen des Tages offen gehalten ...« (753)

[333] HINTZE, Rez. von: Delevsky, Les antinomies socialistes, 640. »Die gewaltige Katastrophe«, schrieb sie an anderer Stelle, »in der heute der verzweifelt sich wehrende Kapitalismus zusammenbricht, hat mit mahnenden Stößen doch schon das scheinbar geschützte, gesicherte Frankreich berührt.«

nicht standgehalten haben.«[334] Die wichtigste Aufgabe des gegenwärtigen Sozialismus sah sie jetzt, nachdem die »zukunftsreichsten Kräfte des französischen Sozialismus« nach dem Tod Jaurès' und dem Weltkrieg »vom Kommunismus eingefangen« und »sklavisch unter das russische Gebot«[335] gebeugt seien, darin, die »tragische Spaltung in den eigenen Reihen zu überwinden: »wird es dem die Interessen breiter Arbeitermassen vertretenden Sozialismus gelingen«, fragt Hintze, »von neuen ökonomischen und ideologischen Voraussetzungen aus den Idealen der Völkerföderation und des Weltfriedens zum realen Dasein zu verhelfen, während die bürgerliche Demokratie bei solchen Verwirklichungsversuchen gescheitert ist?«[336] Das Schicksal des Sozialismus liege, wie sie etwa Jacques Delevsky entgegnet, nicht in seiner Befreiung von den abgeblichen Fesseln der marxistischen Lehre, sondern vielmehr in der Frage, ob dieser »zukunftswillig die Lösung der wirtschaftlichen, gesellschaftlichen und politischen Fragen fördern kann, die eine durch Krieg und Revolutionen verwüstete, noch heute durch Rüstungswahnsinn und nationalistisch-reaktionäre Verblendung gequälte Welt ihm aufgibt«.

Denn auch im Marxismus erkennt Hedwig Hintze jenes Humanitätsideal, das sie bei den französischen Sozialisten und insbesondere bei Jaurès stets lobend hervorhebt. »Was für ein vorwärts weisendes sittlich befreiendes Moment in der berüchtigten Lehre der Marx und Engels liegt, wird besonders klar«, schreibt sie 1929 in einer Rezension, wenn man wie Henri Sée »diesem sogenannten ›Materialismus‹ den edlen, aber in der sozialen Wirklichkeit ohnmächtigen, wesentlich rückwärts gewandten ›Idealismus‹ eines Carlyle gegenüberstellt.«[337] In ihren Besprechungen wendet sie sich daher immer wieder gegen die von französischen Autoren vereinzelt vorgenommene, in ihren Augen unhistorische Gegenüberstellung des älteren französischen ›Sozialismus‹ und des deutschen ›Marxismus‹, einer idealistisch-humanitären

---

[334] Ebd. Gegenüber Delevsky sieht Hintze die Verwirklichung der (bürgerlichen) humanitären Ideale durch die »Barbarei des Weltkrieges«, der von den westlichen Nationen »angeblich zur Verteidigung der Demokratie« geführt worden sei, in weite Ferne gerückt.
[335] HINTZE, Rez. von: Pirou, Les Doctrines économiques, 143. Später wird Hintze dieses Urteil abschwächen, wenn sie etwa bei Bouglé hervorhebt, daß sich dieser auch mit den Gegenwartsproblemen der Kommunistischen Partei beschäftige und dort einen Punkt berührt habe, an dem bei Demokraten und Sozialisten das »Verstehenwollen und Verstehenkönnen« ende, »in Frankreich und in anderen Ländern.« (HINTZE, Rez. von: Bouglé, Socialismes français, 754)
[336] HINTZE, Rez. von: Pirou, Les Doctrines économiques, 143. Von dieser Position läßt sich eine Parallele zu den politischen Ansichten Hermann Wendels ziehen, der nach seinem Rückzug aus der Politik (zwischen 1912 und 1918 war er jüngster Reichstagsabgeordneter der SPD) die Zersplitterung der sozialistischen Bewegung beklagte. Vgl. hierzu SCHEUER, Ein Grenzfall, 428.
[337] HINTZE, Rez. von: Sée, Matérialisme historique, 633 f.

und einer proletarisch-klassenkämpferischen Konzeption oder schlicht einer »guten« gegen eine »schlechte« Lehre. Es liegt jedoch weniger in Hintzes Absicht, derartige Werturteile als Ausdruck politischer Überzeugungen zurückzuweisen oder zu befürworten. Ihr geht es mehr um die als unzureichend identifizierte ideengeschichtliche Methode, anhand derer historische Phänomene wie Sozialismus und Marxismus nur unvollständig gedeutet werden können. Hintze plädiert also, und auch hier zeigt sich ihre methodologisch-erklärende und nicht ideologisch-parteigebundene Beweisführung, für eine stärkere Berücksichtigung ökonomischer und sozialer Bedingungen, sprich der materiellen Verhältnisse in der Geschichte. In dieser Perspektive erscheint es plausibel, daß Hintze den Sozialismus nicht als gesetzlich verankerte Doktrin versteht und seiner Entwicklung vielleicht eine logische, aber keine zwingende Entwicklung zugrundeliegt. Bezüglich Hintzes Sozialismusverständnis muß also zwischen einem ideellen Wertesystem und einem politisch-ökonomischen Gesellschaftsmodell differenziert werden. So gesehen besteht kein Widerspruch zu der eingangs getroffenen Feststellung, daß Hintze sozialistische Überzeugungen in Anlehnung an Jaurès als notwendiges Ergebnis republikanischer »Errungenschaften« begriff.

Immer wieder taucht daher in Hintzes Schriften die Behauptung auf, der Marxismus und der Historische Materialismus seien weder in Deutschland noch in Frankreich richtig verstanden, dafür aber umso vehementer verurteilt worden.[338] Denn »je weiter man sich in der Erforschung des so leicht mit einem Worte zu verdammenden ›Marxismus‹ vorwagt, argumentiert Hintze, »um so härter stößt man auf die jeder großen geistigen Konzeption eignenden erregenden Antinomien.«[339] Unter Berufung auf einen späten Engels-Brief verweist sie etwa auf die noch nicht restlos geklärte Frage der Rolle der »Produktion und Reproduktion« für die materialistische Geschichtsauffassung, die von ihren Begründern nicht als festumrissenes Theoriegebäude formuliert worden sei, sondern sich selbst in eine lange Entwicklungslinie einreihe.[340] Aufgrund der Einsicht, daß Marx und Engels ihre Lehre unter

---

[338] HINTZE, Rez. von: Pirou, Les Doctrines économiques, 142. »Wir haben schon im In- und Ausland Leute genug«, schreibt Hintze, »die von der Höhe irgend eines politischen oder weltanschaulichen Standpunktes herab etwa den Marxismus beurteilen – meist verurteilen –, ohne auch nur versucht zu haben, in die Schwierigkeiten der Theorien über den Mehrwert oder die Profitrate einigermaßen einzudringen.«

[339] HINTZE, Rez. von: Sée, Matérialisme historique, 633.

[340] Hintze bezieht sich hier auf jenen berühmten und immer wieder kontrovers interpretierten Engels-Brief vom 21. September 1890, in dem dieser einen deterministischen Zusammenhang der »materialistischen« Geschichtsbetrachtung zurückzuweisen versucht hat: »Nach materialistischer Geschichtsauffassung ist das in *letzter* Instanz bestimmende Moment in der Geschichte die Produktion und Reproduktion des wirklichen Lebens. Mehr hat weder Marx noch ich je be-

Hinweis auf die Eigenbewegung religiöser, intellektueller und juristischer Anschauungen selbst relativiert und im Lauf der Geschichte verändert und daher nicht absolut aufgefaßt hätten, plädiert Hintze für eine Historisierung des Historischen Materialismus:

»Der marxistische Materialismus wird hier [bei Sée, S. K.] nicht ... als ein anzunehmendes oder zu verwerfendes Dogma behandelt: die mit den Umständen seiner Entstehung zusammenhängende Doppelpoligkeit, die ihn einerseits als revolutionäres Werkzeug des Kampfes, andererseits als wissenschaftliches Erkenntnismittel erscheinen läßt, wird klar herausgestellt, und gerade eine ›marxistische‹ Interpretation ... muß dahin gelangen, den historischen Materialismus selbst wieder zu ›relativieren‹, ihn seinerseits in den Fluß der historischen Entwicklung zu stellen.«[341]

Welcher Erkenntniswert ergibt sich aber nun aus der »Theorie« des Historischen Materialismus für den Fachhistoriker? Hintze formuliert wiederum kein eigenes Urteil, zitiert aber eine Passage aus der Schrift Sées, die auch für ihre Position Gültigkeit beanspruchen darf:

»Der historische Materialismus ... hat der historischen Wissenschaft große Dienste geleistet und tut es immer noch. Wenn diese Lehre auch weit davon entfernt ist, allen Anforderungen der historischen Kritik zu genügen, wenn sie oft gegen die Gegebenheiten der historischen Erkenntnis verstößt, gerade weil ihre Begründer zu fest an das Vorhandensein historischer oder ökonomischer Gesetze geglaubt haben, so hat sie zum mindesten dazu beigetragen, uns Vergangenheit und Gegenwart besser verstehen zu lassen und die Geschichte dem Rahmen der Wissenschaften einzufügen.«[342]

Hintzes Stellung zum Historischen Materialismus war, wie Hans Schleier 1975 mit Recht festhielt, zwiespältig, wenngleich sie die von ihr angeführten »Antinomien« sicherlich nicht, wie Schleier ebenfalls behauptet, in den Historischen Materialismus »hineininterpretiert« habe.[343] Sie erhob Marx' Lehre gewiß nicht in den Rang einer Weltanschauung, sondern maß ihr lediglich großen »Methoden- und Erkenntniswert« für die Geschichtswissenschaft bei. An den Schriften vom Marx und Engels hat sie später versucht,

---

hauptet. Wenn nun jemand das dahin verdreht, das ökonomische Moment sei das *einzig* bestimmende, so verwandelt er jenen Satz in eine nichtssagende, abstrakte, absurde Phase.« (Karl Marx/Friedrich Engels, Werke, Bd. 37, Berlin 1978, 463). Lt. ALF LÜDTKE, Anregungskraft und blinde Stellen. Zum Alphabet des Fragenstellens nach Marx, in: Ders. (Hg.), Was bleibt von marxistischen Perspektiven in der Geschichtsforschung?, Göttingen 1997, 9–32, signalisiert diese »letzte Instanz« »Abwehr mechanistischer Simplifizierungen, im Sinne einer schlichten Kausalbeziehung zwischen ›Ökonomie‹ und ›Verhalten‹.«

[341] HINTZE, Rez. von: Sée, Matérialisme historique, 633 f.
[342] Ebd., 635 f.
[343] SCHLEIER, Hedwig Hintze, 293.

die Genese des historischen Materialismus bei seinen Begründern selbst zu beschreiben, so daß sie 1933 zu dem Schluß kam, daß es sich hierbei weder um ein physiologisch-mechanistisches Weltbild noch um reinen »Utilitarismus« handele. Der Materialismus, so Hintze, sei eine »Geschichtserklärung, die einem Idealismus gegenüber, der vom Absoluten ausgeht, die greifbaren ökonomischen Bedingungen und Bedingtheiten sehr scharf – manchmal einseitig scharf – betont« habe.[344] Die langjährige Beschäftigung mit der Geschichte des Marxismus führte sie dennoch, wie im folgenden nur noch angemerkt werden kann, zu einer Verlagerung ihrer wissenschaftlichen Interessen.

Hedwig Hintzes Forderung, die Geschichte der sozialistischen Ideen in einer europäischen, zumindest in einer die engen nationalstaatlichen Begrenzungen überwindenden deutsch-französischen Perspektive zu betrachten, gewinnt Anfang der dreißiger Jahre deutlichere Konturen. Ihre Rezensionen haben sie zu einer demonstrativen Kritik an – vornehmlich französischen – Interpretationen veranlaßt, in denen der französische Sozialismus und der Marxismus deutscher Prägung vereinfachend als national tradierte Erscheinungen dargestellt worden sind.[345] Demgegenüber betont sie den gemeinsamen, in der Französischen Revolution und in der Philosophie des deutschen Idealismus wurzelnden Traditionsbestand und die wechselseitige Ausstrahlungskraft beider Ideologien, die jedoch in der Vergangenheit nicht einfach nur aus dem Blickfeld geraten seien.[346] Sowohl die sozialistische als auch die marxistische Lehre sieht Hintze unter dem Gesichtspunkt länderspezifischer Interessen und Identitätsbildungsprozesse immer wieder gegeneinander instrumentalisiert und nationalpolitischen Auseinandersetzungen überlassen. Hintze widerspricht daher auch der Einstellung jener französischen Denker aus den Reihen einer in ihren Augen »intellektualisierten Bourgeoisie«, die, wie etwa Aulard, die liberale Erklärung der Menschenrechte zum ideellen Kerngehalt der Revolution erheben und Frankreich dadurch vor äußeren ideologischen und ökonomischen Einflüssen geschützt glauben.[347] Ihr Interesse an den Berührungspunkten der sozialistischen Tra-

---

[344] HINTZE, Jean Jaurès und die materialistische Geschichtstheorie, 196 f.

[345] In Frankreich konnte, wie ALICE GÉRARD betont, die bis dahin als fremd empfundene marxistische Lehre erst mit dem Werk von Mathiez an die nationale Tradition der Revolution anknüpfen (Albert Mathiez, 173)

[346] Hintze erinnert an ein Wort von Friedrich Engels, der 1882 ausgeführt hatte: »Wir deutschen Sozialisten sind stolz darauf, daß wir abstammen nicht nur von Saint-Simon, Fourier und Owen, sondern auch von Kant, Fichte und Hegel.« (zit. nach HINTZE, Jean Jaurès und Karl Marx, 114)

[347] So etwa Hintzes Kritik an Bouglé, der sich nicht in ausreichendem Maße der »bürgerlich-individualistischen Schranken« der »Ideen von 1789« bewußt sei. »Während die Sozialisten Jau-

ditionen konkretisiert sich seit Beginn der dreißiger Jahre am Projekt ihrer Jaurès-Biographie und der zunächst in einzelnen Aufsätzen verfolgten Frage nach dem Stellenwert des Marxismus im politischen Denken von Jaurès und der Geschichte der »materialistischen« Geschichtstheorie, die sie bis zur Auseinandersetzung zwischen Marx und Proudhon zurückverfolgt.[348] In Jaurès' Denken sieht sie nicht nur die Traditionen von 1789 *und* 1793 - die hier als Chiffren für ›Republik‹ und ›Sozialismus‹ fungieren - vereint. In ihm lebt auch das Vermächtnis der Revolution fort. Obgleich er den »bürgerlichen« Charakter der Französischen Revolution unterstrichen habe, habe er gleichzeitig deutlich gemacht, daß für ihn der Sozialismus »die höchste Erfüllung der Revolutionsideale von 1789« bedeute.[349] Humanitäre Ideale habe Jaurès aber auch im Marxismus gefunden: »Mit seinem starken Willen zur Synthese«, schreibt Hintze an anderer Stelle, »weiß er für einen Augenblick den französischen Sozialismus älteren Stils mit Marxismus und Syndikalismus zu versöhnen, zwingt er historischen Idealismus und Materialismus, Kollektivismus und Individualismus, Reform und Revolution, Internationalismus und Patriotismus zu einer großartigen Einheit zusammen, die aber, in seiner genialen Persönlichkeit wurzelnd, an sie gebunden bleibt.«[350] In

---

rès und Proudhon aus den Errungenschaften von 1789 und 1793 Mut und Kraft gewinnen, Gegenwart und Zukunft nach neuen Maßstäben und neuen Notwendigkeiten zu gestalten«, suche Bouglé »in jener seltsam vergeistigten und verdünnten Tradition ein Schutzmittel, das Frankreich vor neuen revolutionären Erschütterungen und Umwälzungen bewahren soll.« (HINTZE, Rez. von: Bouglé, Socialismes français, 756)

[348] Während ihres Studien- und Arbeitsexils am *Centre de Documentation internationale contemporaine* in Vincennes bei Paris, das mit Unterbrechungen von 1933 bis 1936 dauerte, sammelte sie Material für ihre Jaurès-Biographie. Wie wichtig ihr dieses Projekt gewesen war, wird aus ihren Hilferufen an befreundete Wissenschaftler ersichtlich, so etwa an Fritz Epstein, dem sie am 5.2.1936 schrieb: »Meine freie Zeit benützte ich dazu, auf den hiesigen Bibliotheken vorbereitende Studien zu einem Buche über Jean Jaurès zu treiben. Ich bin nämlich von meinem Studium der französischen Revolution aus zum modernen Frankreich vorgeschritten, und Jaurès steht seit langem im Mittelpunkt meines wissenschaftlichen Interesses. Deutschland gegenüber heißt es, ich treibe Studien über die Dritte französische Republik.« (BAK, NL F. Epstein, Nr. 21: Allgemeine Korrespondenz) Am 4.3.1936 berichtet sie Epstein: »Ich hoffe, dann etwa Anfang Mai wieder [nach Paris, S. K.] herzukommen, meine hier befindlichen Habseligkeiten anderweitig unterzubringen; am meisten Sorge macht mir das für mein geplantes Jaurès-Buch gesammelte Material. Darüber läßt sich wohl schwer korrespondieren, solang ich in Deutschland bin ...« Aus einem am 2.2.1939 von Berlin aus an Alvin Johnson gerichteten Brief geht hervor, daß Hintze ihr Jaurès-Material in Frankreich zurückgelassen hat. Im damaligen Deutschland findet Hintzes Bewunderung für Jaurès vielleicht nur noch in Gustav Mayers Sympathie für den großen Sozialisten eine Parallele: GUSTAV MAYER, Erinnerungen. Vom Journalisten zum Historiker der deutschen Arbeiterbewegung, Hildesheim 1993, 159 ff.

[349] HINTZE, Jean Jaurès und Karl Marx, 126.

[350] HINTZE, Rez. von: Pirou, Les Doctrines économiques, 143; ähnlich: HINTZE, Jean Jaurès;

Jaurès findet Hintze die Synthese eines humanitär-idealistischen und eines materialistischen, eines französischen und eines deutschen Sozialismus ausgebildet: denn Jaurès habe, wie sie ausführlich darlegt, zwischen dem »ökonomischen Materialismus« eines Karl Marx und dem »integralen Sozialismus« eines Benoît Malon keinen fundamentalen Unterschied in der Konzeption erkennen können.[351] So habe er, zumindest in Frankreich, ökonomischen Materialismus und Geschichtsidealismus bereits versöhnt gesehen, und diese Versöhnung auch theoretisch zu begründen, die »wesenhafte Zusammengehörigkeit der beiden Auffassungen zu betonen« versucht.[352]

Freimütig weist Hedwig Hintze nicht nur auf Mißverständnisse und Widersprüche seiner Interpretation des Marxismus hin, die ihn in ihren Augen letztlich als idealistischen Denker ausweisen.[353] Sie kann sich darüber hinaus auch auf Jaurès' vielzitiertes Diktum berufen, der in der Einleitung seiner »Histoire socialiste« erklärt hatte: »Aussi notre interprétation de l'histoire sera-t-elle à la fois matérialiste avec Marx et mystique avec Michelet.«[354] Bereits in ihrem kurzen Porträt von 1930 hatte sie die seiner Historiographie zugrundeliegende politische Missionsabsicht hervorgehoben:

»So hebt er das historische Geschehen zuweilen in ein verklärendes Licht. Die historische Vergangenheit, in dieser Weise sub specie aeternitatis betrachtet, wird zur Quelle moralisch-politischer Kraft, einer Kraft, die die Zukunft nach neuen Notwendigkeiten und neuen Maßstäben gestalten will.«[355]

Ungeachtet des ausgeprägten kritischen Urteilsvermögens weist doch Hintzes affirmative Zitierpraxis auf ihre Überzeugung hin, wonach auch der deutsche Sozialismus einen bedeutsamen philosophischen und humanistischen Grundgedanken berge. *Hierin* lag der Kern ihres Marxismus-Verständnisses. Hatte nicht auch Marx den Begriff des Ideals und des Fortschritts eingeführt, stellte die kommunistische Lehre nicht mehr dar als die »notwendige Folge« der kapitalistischen Gesellschaft? Und lag der Forde-

---

DIES., Jean Jaurès und die materialistische Geschichtstheorie (ASWSP 68, 1933, 194–218); DIES., Jean Jaurès und Karl Marx.
[351] HINTZE, Jean Jaurès und die materialistische Geschichtstheorie, 201 ff.
[352] Ebd., 205.
[353] Ebd., 207; 211 ff; DIES., Jean Jaurès und Karl Marx, 114; 123 f. Hintze thematisiert hier etwa Jaurès' Distanzierung vom Revisionismus eines Eduard Bernstein, dessen Theorie in Wirklichkeit unübersehbare Parallelen zu seinem Reformismus aufweise. Am Ende seiner Verteidigung Marx', insbesondere des Materialismus und der dialektischen Methode, komme Jaurès, wie Hintze zeigen will, doch wieder auf die Prinzipien eines reformatorischen Sozialismus zurück.
[354] JAURÈS, Histoire socialiste, 66.
[355] HINTZE, Jean Jaurès, 170.

rung nach der Auflösung der Klassengegensätze nicht ein humanistisches Ideal zugrunde, folgte nicht auch Jaurès »dem gleichen ethischen Impuls wie Marx«, wenn er die von ihm begründete Zeitschrift *Humanité* benenne? Hintze kommt zwar zu dem vorläufigen Urteil, daß Jaurès' Sozialismus »erst durch das Studium von Marx ... das materielle ökonomische Fundament« sowie eine »stärkere revolutionäre und klassenkämpferische Note« erhalten habe.[356] Drei Jahre später, in ihrem im Pariser Exil verfaßten Aufsatz über »Jean Jaurès und Karl Marx«, werden jedoch, was Jaurès' Verhältnis zu Marx betrifft, kritischere Untertöne vernehmbar. Hier legt Hintze den Akzent auf die von Jaurès entwickelte Vorstellung einer positiven »sozialen Transformation«, die der französische Sozialist der im »Kommunistischen Manifest« aufgestellten Hypothese einer plötzlichen »proletarischen Revolution«, ja überhaupt der gesamten Marxschen Verelendungs- und Revolutionstheorie gegenübergestellt hat.[357] Deutlicher als zuvor, mit einem in mancher Hinsicht geschärften Blick, arbeitet Hintze nunmehr die Mißverständnisse und Abweichungen Jaurès' heraus, die bei dessen Marx-Interpretation offenbar geworden seien.[358] Inwieweit Hintze vor dem Hintergrund der Erfahrung ihres Exils und der politischen Ereignisse seit 1933 damit auch zu einer nüchterneren Lesart des ›Marxismus‹ gekommen ist, läßt sich an dieser Stelle dagegen nicht ersehen.

Wenn der Historische Materialismus als Methode und analytisches Instrumentarium zur Erforschung der Gesellschaft wichtige Einblicke vermitteln konnte, konnte er bei Hintze doch nicht Weltanschauung werden. Somit erscheint es verständlich, daß sich Hintze jeder revolutionären Klassenkampfpropaganda enthielt, während sie den emanzipatorischen Gehalt des Marxismus keinesfalls leugnete. Ihr Blickwinkel war mit Jaurès auf »Klassenversöhnung«, nicht auf »Klassenkampf« gerichtet. Leitkategorien waren Moral und Gerechtigkeit, nicht die die Geschichte vorantreibenden materiellen Triebkräfte.[359] Im Gegensatz zu einem beträchtlichen Teil der französischen

---

[356] HINTZE, Jean Jaurès und die materialistische Geschichtstheorie, 218; DIES., Jean Jaurès und Karl Marx, 115f.

[357] Ebd., 127ff.

[358] Ebd., 129ff. Hintze weist nachdrücklich auf Jaurès' Fehlinterpretation des Demokratiebegriffs bei Marx und Engels hin: Jaurès, so Hintze, glaube nicht an die Verwirklichung des Sozialismus gegen die demokratische Republik, sondern *in* der Republik. Während Jaurès demnach meine, daß die Republik »die politische Form des Sozialismus« sei, habe Engels dagegen erklärt, daß es sich bei dieser Vorstellung um eine »ganz unverzeihliche Illusion« handele.

[359] Jaurès' Arbeit, so DIETER GROH (Jean Jaurès und die deutsche Sozialdemokratie, in: Ulrike Brummert (Hg.), Jean Jaurès: Frankreich, Deutschland und die Zweite Internationale am Vorabend des Ersten Weltkrieges, Tübingen 1989, 1–17), habe ihn als »Wegbereiter einer um die Jahrhundertwende weit verbreiteten, zum Neukantianismus in der Philosophie parallel ver-

Linken jedoch, die, wie etwa Albert Mathiez, die russische Revolution zeitweilig als Wiederaufführung ihrer eigenen historischen Revolution verstanden hatte, findet sich in ihren Texten keine Verbindungslinie von 1789 zu 1917. Mochte sie zeitweise zu einer Apologie der *terreur* neigen, so verurteilte sie weiterhin und unbeirrt die Diktatur der Bolschewisten. Offenkundig war es ferner weder Hintzes Absicht, den Revolutions- oder Demokratiebegriff der Lehre von Marx und Engels herauszuarbeiten noch deren Bild vom historischen Prozeß der Französischen Revolution zu analysieren.[360] Evident ist vielmehr ihr Bemühen, die materialistische Geschichtsauffassung vom Vorurteil eines festgefügten historischen Dogmengebäudes zu lösen und – fern jeglicher Isolierung ökonomischer Momente – am Beispiel Jaurès' Möglichkeiten ihrer schöpferischen Umsetzung aufzuzeigen. Damit grenzte sich Hintze von jenen Kritikern ab, die im Historischen Materialismus ein geschlossenes und mit letzter Wahrheit versehenes System sehen wollen. Ihr – allem Anschein nach reservierter – Standpunkt gegenüber der deutschen Arbeiterbewegung blieb dabei eine Leerstelle. Gewiß verschweigt sie nicht, daß Jaurès als deren Kritiker den deutschen Sozialisten eine »ganz und gar künstliche Anwendung der Klassentheorie und des ökonomischen Materialismus« und damit ein »Mißverstehen« der neueren deutschen Geschichte vorgeworfen hatte.[361] Daß freilich auch Hintzes Sicht der deutschen Geschichte an einigen Punkten Widersprüche aufweist, offenbart etwa ihre Stellungnahme zu der Auseinandersetzung Jaurès' mit Franz Mehring um die Rolle Friedrichs des Großen. Während sie in ihren früheren Schriften zu einer konsequenten Verurteilung der historischen Rolle des Preußenkönigs gefunden hatte, ist sie nun (im Herbst 1932) bemüht, anhand der positiv-verklärenden Einschätzung des preußischen Herrschers durch Jaurès die »Weite und Fruchtbarkeit« seiner »historischen Theorie« zu demonstrieren. Diese habe ihn befähigt,

»Verhältnisse und Persönlichkeiten verständnisvoll zu durchdringen, die dem echten Sohn des revolutionsgeborenen demokratischen Frankreich, dem kühnen Vorkämp-

---

laufenden Strömung innerhalb des Sozialismus« ausgewiesen. »Diese Strömung proklamierte die Parole ›Zurück zu Kant!‹ und meinte damit die Forderung nach moralphilosophischer Fundierung politischer Ziele. In Deutschland blieb sie auf rein gesinnungsethisch orientierte Akademiker beschränkt und deshalb ohne nachhaltige Wirkung auf das Verhalten und Handeln von Partei und Gewerkschaften.«

[360] Umfassend haben diese Aufgabe EBERHARD SCHMITT/MATTHIAS MEYN, Ursprung und Charakter der Französischen Revolution bei Marx und Engels, in: Ernst Hinrichs u. a. (Hg.), Vom Ancien Régime zur Französischen Revolution. Forschungen und Perspektiven, Göttingen 1978, 588-649; sowie FRANÇOIS FURET, Marx et la Révolution Française, Paris 1986, unternommen. Dort auch Hinweise zum Forschungsstand.

[361] HINTZE, Jean Jaurès und die materialistische Geschichtstheorie, 217.

fer einer sozialistischen Gesellschaftsordnung an sich recht fern liegen mußten: das Preußen Friedrichs des Großen und seine Beziehungen zu dem merkwürdigen Gebilde des ›heiligen Reichs‹.«[362]

Welche Rückschlüsse ergeben sich nun aus Hintzes theoretischen Reflexionen für ihre Geschichtswissenschaft? Hierzu ist es notwendig, noch einmal zurückzugehen und ihre konkrete historiographische Praxis in den Blick zu nehmen. In welcher Weise die Historikerin Überlegungen zum Problem des Sozialismus und des Historischen Materialismus produktiv umgesetzt hat, ist deutlicher an ihrer 1928 erschienenen, über 600 Seiten umfassenden Habilitationsschrift »Staatseinheit und Föderalismus im alten Frankreich und in der Revolution« abzulesen. Wie ein aufmerksamer Kritiker sogleich nach dem Erscheinen dieses Buches treffend bemerkt hat, spiegelt Hintzes umfangreiche und über ein Jahrzehnt fortgeführte Arbeit einen kritischen Selbstverständigungsprozeß bezüglich ihrer inhaltlichen *und* methodischen Positionen wider.[363] Um diesen Prozeß in seinen Grundzügen aufzeigen zu können, soll Hintzes Projekt der Geschichte des französischen Nationalstaatsbildungsprozesses, das auf eine bereits 1911 begonnene Beschäftigung mit dem Problem des französischen Zentralismus zurückgeht, zunächst anhand des aktuellen Bezuges und der wichtigsten Ergebnisse ihrer Arbeit skizziert werden. Wichtig erscheint hierbei auch ein Blick auf die ungewöhnlich breite Rezeption dieser Arbeit nicht nur in der deutschen, sondern auch in der französischen und angelsächsischen Geschichtswissenschaft. Denn die durch eine Vielzahl positiver Rezensionen belegte hohe Anerkennung der fachlichen Qualität ihrer Habilitationsschrift steht zu der Gleichgültigkeit vieler Vertreter der deutschen »Zunft« in krassem Widerspruch, die nur wenige Jahre später Hintzes Vertreibung aus dem Wissenschaftsbetrieb kommentarlos hingenommen oder, wie im extremen Fall Fritz Hartungs (des Erstgutachters dieser Arbeit) oder Adalbert Wahls, ausdrücklich begrüßt haben. Aber auch im konservativen Spektrum der deutschen Historikerschaft wurde, wie sich am Beispiel einiger seit Beginn der nationalsozialistischen Herrschaft erschienenen frankreichbezogenen Arbeiten nachweisen läßt, Hintzes Werk aufmerksam rezipiert. Die an ihre Vermittlungsbemühungen gekoppelte politische Botschaft wurde jedoch in diesem Kontext, wie später noch gezeigt wird, in ihr Gegenteil verkehrt.

---

[362] Ebd., 218.
[363] Dies versucht die aus orthodox-marxistischer Sichtweise formulierte Kritik von KARL KORSCH, Das Problem Staatseinheit-Föderalismus in der französischen Revolution, in: Archiv für die Geschichte des Sozialismus und der Arbeiterbewegung 15 (1930), 126–146, zu belegen.

4.3 Vom Problem »Staatseinheit und Föderalismus« in der französischen Geschichte zur Forderung eines vereinten Europa: Hedwig Hintzes Habilitationsschrift als Synthese von historischer Wissenschaft und politischem Ideal

Wenn Hedwig Hintze sich mit dieser Arbeit das Ziel gesetzt hatte, »die Genesis des französischen Einheitsstaates und den Kampf um den Föderalismus in der großen Revolution« zu schildern, begab sie sich damit weder auf ein rein historisches noch auf ein ausschließlich französisches Terrain.[364] Denn auch im Deutschen Reich war nach dem Ersten Weltkrieg die Notwendigkeit einer territorialen Neugliederung und damit einer Neubestimmung des Verhältnisses von Reich und Ländern, insbesondere der Rolle Preußens, zu akuter Relevanz gelangt. Ihre Analyse der Entstehung des französischen Zentralismus – einer politisch-gesellschaftlichen Organisationsform, die, wie sie zu Recht erwähnt, vielen europäischen Ländern als Vorbild diente – verstand Hintze durchaus als aktuellen Beitrag zu dieser Debatte. Diese Absicht ist von den meisten Rezensenten erkannt und positiv hervorgehoben worden. Die breite öffentliche, überwiegend positive Resonanz[365] auf dieses Buch erstreckte sich daher auch in den Bereich der rechts- und staatswissenschaftlichen Diskussionen über eine allenthalben als reformbedürftig empfundene Neuabgrenzung von Reichs- und Länderkompetenzen.[366] Zu diesem aktuellen Hintergrund ihrer Habilitationsschrift, an deren Ende die Vision einer

---

[364] HINTZE, Staatseinheit und Föderalismus, 5.

[365] Insgesamt haben sich 29 in- und ausländische Rezensionen ermitteln lassen, die sowohl in Fachzeitschriften als auch in Tageszeitungen erschienen. Aus der Vielzahl positiver Reaktionen soll zunächst die Rezension JUSTUS HASHAGENS angeführt werden. Er würdigte die fernab der französischen Archive und Bibliotheken verfaßte Studie als »eine der besten Leistungen der deutschen Geschichtsschreibung«. Ausführlich charakterisiert er das positive Verhältnis Hedwig Hintzes zur republikanisch gesinnten Revolutionshistoriographie in Frankreich, nimmt sie aber vom Vorwurf der Parteilichkeit ausdrücklich aus: »Die Leistungen der Verfasserin ... gehen weit über den Durchschnitt hinaus, und die Wissenschaft wird ihr namentlich auch dafür dankbar sein, daß sie besondere Mühe darauf verwandt hat, sich ausführlich und in vielen Fällen überzeugend mit der bisherigen Forschung auseinanderzusetzen ...« (In: Schmollers Jahrbuch, 55, 1, 1931, 174–178). Zu Hashagen (1877–1961) vgl. die (streckenweise leider fehlerhafte) Skizze von PETER BOROWSKY, Justus Hashagen, ein vergessener Hamburger Historiker, in: Zeitschrift des Vereins für Hamburgische Geschichte 84 (1998), 163–183.

[366] Vgl. etwa HERMANN SACHER, Das Problem Reich und Länder, in: Literarischer Handweiser 65 (1928/29), H. 5, 326 ff; und FRITZ MORSTEIN-MARX, in: Archiv des öffentlichen Rechts 57 (1930), 240–243. Aus der umfangreichen, kaum noch zu überblickenden Literatur zu dieser Problematik, insbesondere im Hinblick auf die Entstehung der Weimarer Reichsverfassung, sei hier nur auf SCHULZ, Zwischen Demokratie und Diktatur, verwiesen.

gerechten und friedlichen europäischen Neuordnung stand, hat sich die Historikerin in einem 1927 in den *Sozialistischen Monatsheften* erschienenen Aufsatz ausdrücklich bekannt.[367] Mit der Mehrheit der sozialistischen und liberalen Parteien im Reich plädierte sie für das maßgeblich von dem liberalen DDP-Politiker und Reichsminister Erich Koch-Weser entworfene Modell eines »dezentralisierten Einheitsstaates«[368] als Ausgangspunkt einer europäischen Föderation freier Staaten:

»Die ganze französische Geschichte stellt sich als eine stets erneute Überwindung jedes Partikularismus durch die im Kampf erstarkende nationale Einheit dar. Jeder gesunde Partikularismus kann nur in diesem Sinn weiterwirken. Von hier aus öffnet sich auch ein Ausblick auf deutsche Fragen. Es sei heute nur angedeutet, daß auf dem Weg, der von deutschem Partikularismus und deutscher dynastisch-territorialer Zerrissenheit zur vollendeten staatlich-nationalen Einheit führt, auch Probleme des ›Regionalismus‹ liegen, das heißt Probleme einer Neugliederung Deutschlands auf wirtschaftsgeographischer und kulturell-sozialer Basis, ohne allzu ängstliche Berücksichtigung der Grenzen der alten Bundesstaaten, die zum Teil sehr künstliche Produkte sind und aus einer überlebten Vergangenheit in die bewegte Gegenwart mit all ihren brennenden Problemen hineinragen ... Wenn Frankreich vom Zentralismus, Deutschland vom Partikularismus her sich dem Typus des dezentralisierten Einheitsstaats nähert, kann solche Entwicklung uns dem Ziel einer Föderation der europäischen Nationen ein gutes Stück näher bringen.«[369]

Was Hedwig Hintze zufolge hinsichtlich der Neugliederung des Reiches vom Nachbarland gelernt werden sollte, bestand in ihren Worten in dem »unbedingten Einheitswillen eines seine eigenen Geschicke lenkenden Volkes«; einem »die harten Tatsachen des politischen Lebens meisternden Einheitswillen«, der »so grundverschieden von dem Hochflug deutscher Träume ...« sei.[370] Ohne Frage stellte auch ihre Habilitationsschrift über den französischen Staatsbildungsprozeß im Ergebnis eine Option für den unitarischen (Einheits)Staat dar. Bezogen auf die deutschen Verhältnisse bedeutete dies – nach den Vorstellungen Erich Koch-Wesers und Hugo Preuß', den in der Weimarer Nationalversammlung maßgeblichen Verfechtern dieses Modells – eine Stärkung der Reichsgewalt und eine Beschneidung der Souveränitäts-

---

[367] HEDWIG HINTZE, Staatseinheit und Regionalismus in Frankreich, in: SMH 64 (1927), 364–371.
[368] Ausführlicher in: ERICH KOCH-WESER, Einheitsstaat und Selbstverwaltung, Berlin 1928. Zum Hintergrund ERNST PORTNER, Koch-Wesers Verfassungsentwurf. Ein Beitrag zur Ideengeschichte der deutschen Emigration, in: VfZG 14 (1966), 280–298; sowie WERNER STEPHAN, Aufstieg und Verfall des Linksliberalismus 1918–1933. Geschichte der Deutschen Demokratischen Partei, Göttingen 1973, 354 ff.
[369] HINTZE, Staatseinheit und Regionalismus in Frankreich, 371.
[370] HINTZE, Der deutsche Einheitsstaat und die Geschichte, 446.

ansprüche der Länder mit dem Ziel einer rationalen territorialen Gliederung Deutschlands.[371] Hedwig Hintze warnte allerdings vor einer leichtfertigen Nachahmung des französischen Zentralismus, der in ihren Augen nicht mehr den republikanischen und demokratischen Traditionen des Landes entsprach. Als engagierte Verfechterin eines verbesserten inneren Aufbaus des Deutschen Reiches erwies sich Hintze schließlich noch in ihrem ersten Beitrag für die von Alvin Johnson herausgegebene *Encyclopaedia of the Social Scienes*.[372]

In ihrer umfangreichen Arbeit über »Staatseinheit und Föderalismus« übertrug sie indes, wie zuletzt Rolf Reichardt kritisch angemerkt hat, Begriffe aus der zeitgenössischen Weimarer Kontroverse auf das alte Frankreich, das keinen »Föderalismus« im strengen Sinne des Wortes gekannt habe.[373] Auch Henri Hauser äußerte Bedenken gegen die von Hintze vorgenommene Verlagerung zeitgenössischer politischer Begriffe und Vorstellungen in die Vergangenheit: »Weiter heißt es einen ganz modernen Gedanken in die Vergangenheit tragen, wenn man glaubt, Frankreich hätte aus einem Föderativvertrag schon bestehender Staatsgebilde hervorgehen können, etwa nach Art der Vereinigten Staaten oder nach Rousseaus Vorstellung von der Entstehung der Gesellschaft durch einen Vertrag.« Der französische Staat, betont Hauser, habe sich vielmehr nach »dem Zufall der jeweiligen Lage gebildet, durch Annexion der Lehensfürstentümer und später durch Aufsaugung der Apanage-Herrschaften.«[374] Zurecht kritisierte Hauser bei Hintze die mangelhafte begriffliche Trennung von »bürgerlichpolitischen« und »lokalen« Freiheiten. Demgegenüber erlag der französische Wirtschaftshistoriker offensichtlich einem für die Beurteilung der Arbeit folgenschweren Mißverständnis, wenn er glaubte, Hedwig Hintze habe die

---

[371] Nachdem es Hugo Preuß 1919 nicht gelungen war, sich mit seinen im ersten Entwurf zur Reichsverfassung vorgesehenen Neuordnungsplänen durchzusetzen, wurde die Debatte einer Reichsreform fortgesetzt und 1928 erneut vom Kabinett Marx aufgegriffen und einem Verfassungsausschuß überwiesen. Vgl. hierzu ausführlich WILLIBALT APELT, Geschichte der Weimarer Reichsverfassung, München 1946.

[372] HINTZE, Art. »Regionalism«, in: ESS 13 (1934), 208–218. Insgesamt hatte Hintze seit Sommer 1933 fünf Beiträge zu Johnsons Enzyklopädie beigesteuert. Vgl. hierzu die Angaben im Literaturverzeichnis.

[373] REICHARDT, Vorwort zur Neuausgabe, VI f.

[374] HENRI HAUSER, Rez. von: Hintze, Staatseinheit und Föderalismus, in: ZgesSt 86 (1929), 169–173; 170. In seinem 1924 in Paris erschienenen Buch »Le Problème du Regionalisme« hatte sich Hauser bereits mit den Erscheinungsformen des modernen französischen Regionalismus auseinandergesetzt, dessen Relevanz zuletzt im Weltkrieg – in Form einer überlebenswichtigen Konzentration aller nationalen Kräfte – deutlich geworden sei. Vgl. hierzu Hedwig Hintzes Rezension in: HZ 132 (1925), 530–533.

französische Geschichte auf den vermeintlich alleinigen Gegensatz zwischen Unitarismus und Föderalismus reduzieren wollen. In die gleiche Richtung zielte auch die (für die Freundschaft zu Hintze jedoch folgenlose) Kritik von Albert Mathiez, der aus diesem Grund meinte, die Arbeit Hintzes schließlich als Fehlleistung beurteilen zu müssen.[375] Abweichend von Hintze verortete dieser die für das vorrevolutionäre Frankreich maßgebende Konfliktlinie nicht zwischen Zentralisten und Dezentralisten, sondern in dem Kampf um die Erhaltung oder Abschaffung feudaler und ständischer Privilegien.[376] Mathiez' Urteil erscheint freilich in einem anderen Licht, wenn man berücksichtigt, daß der führende französische Revolutionshistoriker – wie schon Aulard und Jaurès – der Frage des »Föderalismus« nur äußerst geringe Bedeutung eingeräumt hat. Denn die vollständige Liquidierung aller »föderalistischen« Momente aus dem revolutionären Staat habe sich, wie Karl Korsch betont, auch theoretisch in der Vernachlässigung und Ignorierung dieser Problematik seitens der französischen Geschichtswissenschaft niedergeschlagen.[377] Die negative Konnotation des Begriffes habe schließlich dazu geführt, wie Hintze nachdrücklich am Beispiel der zeitgenössischen Regionalismus-Bewegung in Frankreich betont, daß auch nach einer Zeitspanne von über einhundert Jahren »Föderalismus« in Frankreich mit Partikularismus oder gar Separatismus gleichgesetzt wurde. Denn die jakobinische Tradition war hier, wie Henri Hauser hervorhob, noch immer lebendig.[378] Gerade nach den Erschütterungen des Ersten Weltkrieges glaubte man sich mit dessen Worten den »Luxus eines gewissen inneren Föderalismus« nur in dem Maße leisten zu können, in dem die internationale Staatengemeinschaft auch die Sicherheit des Landes garantieren könne. Erst vor diesem Hintergrund wird deutlich, daß sich in Frankreich und Deutschland nicht nur völlig unterschiedliche, zu wechselseitigen Mißverständnissen führende Vorstellungen mit dem Begriff »Föderalismus« verbanden. Vielmehr wird begreiflich, daß ein französischer Historiker eine derartige Fragestellung, die Hedwig Hintze hier aus einem spezifisch deutschen Blickwinkel verfolgt, kaum aufgegriffen hätte.

Hintze intendierte jedoch keine enge Vorstellungs- und Begriffsgeschichte des Schlagworts *fédéralisme*. Dieses wurde zwar, wie sie zeigt, von den Montagnards als politischer Kampfbegriff gegen die als Separatisten und Revolu-

---

[375] ALBERT MATHIEZ, Rez. von: Hintze, Staatseinheit und Föderalismus, in: AHRF 5 (1928), 577–586. Vgl. hierzu auch die Hinweise bei REICHARDT, Vorwort, VI, und JÜTTE, Hedwig Hintze, 265.
[376] So auch die Argumentation von KORSCH, Das Problem Staatseinheit-Föderalismus, 129 f.
[377] Ebd., 145 f.
[378] HAUSER, Rez. von: Hintze, Staatseinheit und Föderalismus, 171; 173.

tionsfeinde gebrandmarkten Girondisten in die politische Auseinandersetzung geführt.[379] Anders als der in dieser Hinsicht mißverständliche Titel ihrer Arbeit suggeriert, handelt es sich bei ihrer Studie um eine breit angelegte Untersuchung der historischen Entwicklung des Konfliktes zwischen zentrifugalen und zentripetalen Kräften in Frankreich, der, bereits im *Ancien Régime* angelegt, in der Radikalisierungsphase der Revolution seinen Höhepunkt gefunden hatte. Diese Studie, in der verfassungs-, sozial-, idee-, wirtschafts- und parteiengeschichtliche Kapitel nebeneinandergestellt sind, nimmt somit den Charakter einer allgemeinen Revolutionsgeschichte an, in der jedoch der Verfasserin bisweilen die eigentliche Fragestellung zu entgleiten droht.[380] Ausgehend von der These, daß die Frage nach der Organisationsform der staatlichen Existenz Frankreichs am Vorabend der Revolution keineswegs endgültig beantwortet war, weist Hintze nach, daß erst der Sieg der Jakobiner 1793 und die von dieser Partei – nicht nur mit Gewalt, sondern auch mit kulturpolitischen Maßnahmen – betriebene »Zentralisierung von oben« das Land in einem Maß vereinheitlicht habe, wie es dem monarchischen Absolutismus niemals gelungen war. Gegenstand ihrer Arbeit ist also die Frage, inwieweit bis zu diesem Zeitpunkt des gewalttätigen »Umschlagens« der Revolution infolge innerer und äußerer Bedrohung alternative Möglichkeiten einer föderativen staatlichen Ordnung bestanden haben. Denn wenn die Revolution »den großen Gegenschlag« gegen den alten Staat bedeutet habe, folgert Hintze zu Beginn ihres Buches, sei »damit eigentlich schon gesagt, daß sie auch eine Reaktion gegen jene eigentümliche Form der monarchischen Zentralisation bedeutet, welche die letzten Jahrhunderte des Absolutismus ausgebildet hatten.«[381] Kritiker Hintzes haben freilich mit Recht angemerkt, daß die Einheit des französischen Staates im Untersuchungszeitraum (den letzten Jahrzehnten des *Ancien Régime* und den ersten vier Jahren der Revolution) stets außer Frage stand, das Erkenntnisinteresse der Historikerin sich folglich weniger an der Alternative ›Staatsein-

---

[379] Wie Hintze spricht auch MONA OZOUF von einem »von den Jakobinern zu Propagandazwecken zusammengestückelten Monster«: Art. »Föderalismus«, in: Kritisches Wörterbuch der Französischen Revolution, Bd. 1, 49–66; 51. Als solches konnte die Anklage des »Föderalismus« sowohl mit der Demokratie (bis September 1789 hegte niemand in Frankreich Zweifel an der Überzeugung, daß das Land die monarchische Staatsform benötige) als auch mit der Aristokratie assoziiert werden.

[380] Dazu hat Hauser treffend angemerkt: »Da zuerst der Krieg, dann die Frage der Lebensmittelversorgung, schließlich der Klassenkampf zwischen ›Armen‹ und ›Reichen‹ zu den Ursachen gehören, die Frankreich zur Zentralisation geführt haben, gelangt Frau Hintze dazu, nahezu alle Seiten der Revolution zu behandeln, so daß es einem manchmal nicht leicht wird, zum eigentlichen Thema zurückzufinden.« (Ebd., 172)

[381] HINTZE, Staatseinheit und Föderalismus, 2.

heit‹ oder ›Föderalismus‹ hätte orientieren sollen, sondern korrekt an der Frage nach Selbstverwaltung und Dezentralisation auf der einen, bürokratischer Regierung und Zentralismus auf der anderen Seite.[382]

Daß das Problem des »Föderalismus« an der Schwelle der Revolution von 1789 durchaus noch offen war, zeigt Hedwig Hintze am Beispiel der auf den Prinzipien der Volkssouveränität und Gewaltenteilung gegründeten munizipalen Revolution vom Juli 1789. Dieses Ereignis, dem bereits 1924 ihre Dissertation gegolten hatte, habe durch die Einsetzung von Stadtverwaltungen einen »schroffen Bruch« mit dem alten Staat bewirkt: »Allenthalben in den Städten, dann auch in den Landgemeinden erhob sich das vielfach durch Lebensmittelkrisen erregte und verbitterte ›Volk‹ gegen die Gewalten des Ancien Régime, gegen den ›despotisme féodal‹, den ›despotisme ministériel‹.«[383] Insbesondere Brissots Munizipalitätenplan vom Sommer 1789, der eine auf lokale Notwendigkeiten begrenzte Selbstverwaltung von Städten und Gemeinden vorsah, die zu den Prinzipien der Nationalkonstitution nicht im Widerspruch standen, deutete Hintze als ein vollständiges »Programm einer Föderativrepublik«, einer von den Gemeinden aufsteigenden »Staatsverfassung«.[384] Schon das im Dezember des gleichen Jahres beschlossene Munizipalgesetz sah hingegen keine Souveränität der Gemeinden und autonome politische Partizipation ihrer Bürger mehr vor.[385]

Zeitlich parallel zur Munizipalgesetzgebung verlief die Departementalgesetzgebung der Konstituante. Diese bedeutete als wirksame Folge des »Einheitsfanatismus« des Abbé Sieyès, des »Theoretikers der unbedingten Staatseinheit«, einen Rückschlag gegen jede Form von provinzieller Selbstverwaltung. Unter seinem Einfluß auf Verfassungsausschuß und Nationalversammlung war, wie Hintze betont, der Föderation der Provinzen »das Todesurteil gesprochen.«[386] Dem unaufhaltsamen Vordringen der vom Pariser Verfas-

---

[382] So die Hintzes Fragestellung präzisierende Kritik von PAUL DARMSTÄDTER, in: HZ 138 (1928), 643–646. Die Historikerin hatte freilich eingeräumt, daß im damaligen Frankreich für einen Föderalismus in einem modernen staatsrechtlichen Verständnis kaum Raum gewesen sei. (68)

[383] HINTZE, Staatseinheit und Föderalismus, 207 ff. »Als Schlag gegen den absolutistischen Zentralstaat« habe, wie auch Rolf Reichardt unterstreicht, die Französische Revolution zunächst »eine gewaltige Freisetzung regionaler und munizipaler Eigenverantwortlichkeit, einen Schub ›demokratischer‹ Initiative und politischer Legitimation ›von unten‹« bedeutet. (REICHARDT, Vorwort, VIII)

[384] Ebd., Kap. XI: Die Munizipalgesetzgebung der Konstituante; hier: 215 ff.

[385] Die gesetzliche Regelung der Munizipalitätenfrage durch die Konstituante habe freilich, wie Hintze zeigen kann, Frankreich nicht vor der diktatorischen Rolle, die in der Folgezeit seine Hauptstadt spielen sollte, bewahren können. (232 f)

[386] Ebd., Kap. X: Die Departementsgesetzgebung der Konstituante; hier: 181 ff. Mit seiner

sungsausschuß verfolgten Zentralisationspolitik mochte der Protest der Provinzialstände (die per Dekret vom Dezember 1789 suspendiert wurden) indes keinen wirksamen Widerstand mehr entgegensetzen: »Immer klarer, immer schärfer wird der Gedanke der einheitlichen Nation formuliert, die sich im einheitlichen Staate den ihr angemessenen Körper zu schaffen bestrebt sein muß.«[387] Hintze legt die Betonung jedoch nicht auf die vermeintliche Unausweichlichkeit des zentralistischen Staatsaufbaus und der restlosen Beseitigung jeglicher Provinzialautonomien. Ihr Blick ist vielmehr auf die konfliktreiche Auseinandersetzung der Provinzen mit der Pariser Zentrale gerichtet, die gleichermaßen durch die Abwehr der Anmaßungen der Hauptstadt wie durch die fortwährende Suche nach föderativen Alternativmodellen gekennzeichnet war.

Auf welche Weise dennoch ein vorübergehender versöhnlicher Ausgleich von »Haupt« und »Gliedern« erreicht werden konnte, schildert Hintze am Beispiel der Föderationsbewegung von 1790, die im Föderationsfest vom 14. Juli des Jahres einen symbolischen Höhepunkt gefunden hatte. Niemals zuvor in der französischen Geschichte hatte nach Hintze »das korporative Prinzip eine so große und schöne Gelegenheit gefunden, seine staatsbildende Kraft zu entfalten und zu bewähren.«[388] Trotz einiger Skepsis gegenüber der schon bei den Zeitgenossen vernehmbaren patriotischen Schwärmerei[389] und trotz der unübersehbaren Gegensätze zwischen Paris und den Departements sah sie in den Föderationsbewegungen des Landes doch »ein Fest der Brüderlichkeit« und des »freiwilligen nationalen Zusammenschlusses«: »Aufsteigend aus kleinen lokalen Schutzbünden und Einungen, aus Föderationen der Nationalgarden, der Städte und Landschaften« sei damals »in Wahrheit die französische Nation« entstanden, eine »wissende und wollende Nation, die ihr Schicksal auf sich nimmt und es selbst zu lenken bereit ist.«[390] Während

---

Forderung nach einem einheitlich verfaßten und zentralistisch regierten Frankreich habe sich Sieyès, »der kühne Neuerer, der ... im schroffen Bruch mit der Vergangenheit die Konstituierung des dritten Standes als Nationalversammlung beantragt hatte, direkt in die Bahnen der monarchischen Traditionen, der alten Nivellierungs- und Zentralisierungspolitik der Könige« begeben.

[387] Ebd., 188.
[388] Ebd., 2f; Kap. XII: Die Föderationen und das Föderationsfest vom 14. Juli 1790, 235ff.
[389] Ebd., 251f: »Diese Feiern mit all' ihrem theatralischen Pomp und ihrer zuweilen etwas billigen Begeisterung waren so recht im Geschmack des erregbaren, leicht zu entflammenden französischen Volkes, das sich damals in der Tat bis in tiefe Schichten hinab als ein Volk zu fühlen begann.« Zudem wies Hintze auf das Vorbild der amerikanischen Föderationsfeste von 1789 hin. Die französischen Feste, so ihre Schlußfolgerung, dürften daher nicht als einfache »symbolische Verwirklichung« des Rousseauschen »contrat social« begriffen werden.
[390] Ebd., 258.

republikanische Historiker wie Lavisse und Aulard den 14. Juli 1790 als die »eigentliche Geburtsstunde der modernen französischen Einheit« gesehen haben und auch ein Marc Bloch in der Föderationsbewegung – allerdings »gleichberechtigt« neben der Königsweihe – einen der beiden Knotenpunkte der französischen Geschichte erblickt hat,[391] sah Hedwig Hintze angesichts der über die Grenze nach Deutschland verkündeten und dort weithin begrüßten Menschheitsideale eine frühe »Völkerföderation« aufdämmern. Deren Chancen seien aber infolge der späteren Revolutionskriege ungenutzt verstrichen. An dieser Stelle wird deutlich, wie sich die Historikerin in ihrem Befund von Aulard absetzte, sich aber gleichsam dessen Geschichtsteleologie zu eigen machte. Unter dem Blickwinkel der französischen Nationalstaatsbildung in der Revolution glaubte Aulard zwar den politischen und moralischen Abschluß einer bereits von der Monarchie eingeleiteten Zentralisierungspolitik zu erkennen, zog aber das genossenschaftliche Element der Föderationsbewegung und den weiterbestehenden Dualismus zwischen Hauptstadt und Provinzen verständlicherweise nicht in Betracht, wie er überhaupt in seinen Arbeiten kein tiefergehendes Verständnis für die komplizierte Problematik des Föderalismus und der Staatsauffassung der Girondisten auf der einen und der Bergpartei auf der anderen Seite aufbrachte.[392] Auch warnte Hedwig Hintze davor, die Föderationen lediglich in einen »ideengeschichtlichen Zusammenhang« zu bringen und in ihnen ausschließlich »Feste des Patriotismus und der Begeisterung für die eroberte Freiheit« zu erblicken. Mit dem Hinweis auf deren tieferliegenden ökonomischen Wurzeln – den aus der Furcht vor der aristokratischen Konterrevolution einerseits und der Sorge um die Sicherstellung der Lebensmittelversorgung andererseits spontan gebildeten Bürgermilizen – werde man bald erkennen, daß sie »den Nöten und Notwendigkeiten einer Krisis entsprangen, die alle Leidenschaften der Menschen weckte und bereits chaotisch auszuarten drohte.«[393]

Dagegen traf die im nationalen Kult des Bundesfestes implizite politische Botschaft der deutsch-französischen Verständigung, die der Republikaner

---

[391] Dazu ausführlich RAULFF, Marc Bloch, 277 ff. Die von Raulff beschriebene »Bipolarität der Nationalmystik« bei Bloch stellt hier den Ausgangs- und Schlüsselpunkt zum Verständnis der *Rois thaumaturges* als »politische Geste« dar. Nach Bloch gab es, wie er zuerst 1915 in seinem *Carnet de guerre* notierte und 1940 in seiner Schrift »Die seltsame Niederlage« wiederholte, »zwei Kategorien von Menschen, die nichts von der Geschichte Frankreichs verstehen: diejenigen, welche die Weihe von Reims nicht ›fühlen‹ – diejenigen, welche die Bewegung der Föderationen nicht ›fühlen‹.«

[392] Zu Hintzes kontinuierlicher Auseinandersetzung mit Aulard vgl. insbesondere Kap. XIII: Der Streit um Geist und Charakter des Föderalismus, 262 ff.

[393] Ebd., 236.

Aulard mühelos in die Gegenwart übertragen zu können glaubte,[394] auf Hintzes euphorische Zustimmung: »Wann wohl«, fragt sie im Anschluß an Aulard und Jaurès – der hierin sogar eine »heilige Mission« des Proletariats zu entdecken meinte – »werden die beiden Völker in der Erinnerung an jene heiligen Stunden die Kraft schöpfen, ihre Vereinigung zu erneuern?«[395] Bis in ihre Wortwahl hinein offenbart sich hier, in welchem Maß Hintzes Reflexionen auch den Erlebnissen der Gegenwart, voran der Erfahrung des Weltkrieges als Epochenschwelle, geschuldet waren. Im zwölften, dem Föderationsfest von 1790 gewidmeten Kapitel ihres Buches versucht sie nun nachzuweisen,

»... wie in Frankreich das Humanitätsideal, die Gedanken des Völkerbunds und der Völkerversöhnung gerade in den Köpfen der liberalen Girondisten verhängnisvoll umschlugen in undurchführbare und unerträgliche Propagandaideen, wie auf diese Weise leichtherzig und leichtfertig ein Angriffskrieg heraufbeschworen wurde, der alle liberalen und humanitären Gedanken der jungen Revolution gefährdete und hemmte, der Gironde selbst den Untergang brachte, zu Schreckensregiment und Militärdiktatur führte und in seinen unabsehbaren Folgen noch heute verhängnisvoll auf der zivilisierten Menschheit lastet.«[396]

Wie die meisten Kritiker Hintzes übereinstimmend feststellten, gehörten die hier mit großem Einfühlungsvermögen geschilderten Vorgänge zu einem der besten Kapitel ihres Buches. Auf besonderes Lob trafen diese wohlwollenden, zweifellos von der volkstümlichen Darstellung Jaurès' inspirierten Passagen verständlicherweise in Frankreich. Henri Hauser konzedierte der Deutschen, daß auch sie den Patriotismus der Franzosen von 1790 »gefühlt« habe:

»Sie [Hintze, S.K.] hat die Föderativbewegung mit einem Verständnis für die Abtönungen und zuweilen mit einer glücklichen Ausdrucksweise behandelt, die einer Ausländerin alle Ehre machen ... Sie spricht von den Vorgängen auf dem Marsfeld in ihrer kritischen Art, aber doch mit sichtlicher Bewegung, die den französischen Lesern zu Herzen gehen wird. Auch sie hat etwas von dem heiligen Schauer empfunden, der manche der großen Deutschen jener Zeit ergriffen hat, Kant, den Goethe, der Hermann und Dorothea schrieb, Schiller.«[397]

---

[394] AULARD, L'Internationale (Dépêche de Toulouse, 2. September 1902), zit. nach HINTZE, Staatseinheit und Föderalismus, 568, Anm. 112. In diesen Zusammenhang fällt auch der schon erwähnte Auftritt des französischen Historikers im Deutschen Reichstag am 26. Mai 1927.
[395] Ebd., 260. »Schienen«, fragt Hintze, »nicht gerade Frankreich und Deutschland – ›die beiden auserwählten Völker der Humanität‹ – wie Heinrich Heine sie 1844 genannt hat, ihrer Vereinigung im Geiste näher als jemals früher oder später?«
[396] Ebd.
[397] HAUSER, Rez. von: Hintze, Staatseinheit und Föderalismus, 171 f.

Grundsätzliche Einwände gegen den von Hintze hergestellten Zusammenhang vom Entstehungsprozeß der französischen Nation in Gestalt des Föderationsfestes und innenpolitischen Dezentralisationsbestrebungen erhob auf deutscher Seite dagegen Gerhard Ritter. Der »Gedanke der Brüderlichkeit aller Franzosen«, so Ritter, habe mit der Problematik von ›Staatseinheit und Föderalismus‹ »schlechterdings nichts zu tun.« »Föderation der Volksgenossen« und »Föderation der Menschheit« sei »begrifflich und praktisch etwas völlig anderes, als Dezentralisation der inneren Staatsverwaltung.« Man müsse sich also davor hüten, den »föderalistischen Utopien der Männer von 1790 eine allzu große praktisch-politische Tragweite zuzusprechen ...«[398] Daß dieser fachliche Einwand auch auf außerwissenschaftliche Motive des Historikers zurückzuführen war, konnte innerhalb der deutschen »Zunft« kaum verborgen bleiben. Hatte Ritter zuvor in einer brieflichen Äußerung gegenüber Hermann Oncken noch von einem »merkwürdig langweilige[n]« Buch gesprochen,[399] korrigierte er seine Einschätzung allerdings später.[400] Denn »trotz aller Schwächen« habe, wie er nach der Publikation seiner Besprechung nun einräumte, Hintzes Buch »seine – in den meisten Rezensionen recht kritiklos allein unterstrichenen, aber nicht ganz zu leugnenden – Meriten.« In Ritters Rezension und in seinen Briefen an Hermann Oncken spiegelt sich eine nicht nur für diesen Historiker typische Mischung aus Ablehnung und neidvoller Anerkennung der fachlichen Leistung Hintzes wider, auf die an dieser Stelle kurz eingegangen werden soll.

Gerhard Ritters Verdikt steht hier stellvertretend für die Auffassung vieler seiner Historikerkollegen, die die Beteiligung von Frauen im Wissenschaftsbetrieb strikt ablehnten. Gegenüber Hedwig Hintze schlug sich diese Verweigerung in einer Vielzahl von abfälligen Äußerungen nieder, die mitunter auch durch antisemitische Untertöne verstärkt werden. Insbesondere sprach sich Ritter im Blick auf Hedwig Hintze leidenschaftlich gegen die Habilitation von Frauen aus. Auffällig ist sein prinzipieller Duktus. Gegenüber Oncken verstieg er sich zu der unsachlichen Behauptung:

»Ich halte Habilitationen von Frauen auf dem Gebiete der politischen Geschichte für einen absoluten Nonsens. Einfach deshalb, weil sie doch niemals auf eine Berufung zählen dürfen. Denn wie die Dinge heute liegen, würde ein weiblicher Ordinarius für neuere Geschichte von der Studentenschaft mit solcher Energie abgelehnt werden,

---

[398] GERHARD RITTER, Rez. von: Hintze, Staatseinheit und Föderalismus, in: DLZ 50 (1929), 181–189.
[399] NdsStAO, NL Hermann Oncken, Korrespondenzakten: 271-14, Nr. 462: Gerhard Ritter an Hermann Oncken, 17.04.1928. Dem Hinweis Onckens folgend hatte Ritter die Arbeit Hintzes bei der DLZ zur Rezension bestellt.
[400] Ebd., Ritter an Oncken, 16.3.1929.

daß eine solche Berufung einen sicheren Mißerfolg für die berufende Fakultät bedeuten müßte. Man soll aber niemanden habilitieren, den man nicht eines Tages auch wieder los werden kann. Daß Frau Hintze nicht auf eine Berufung rechnet, ist selbstverständlich. Dann sollte man aber eben aus diesem Grunde sie nicht habilitieren, um nicht [einen] unerwünschten Präcedenzfall zu schaffen. Es sollte mich sehr wundern, wenn eine [sic] so verständiger Mann wie O.[tto] Hintze für solche Gesichtspunkte kein Verständnis aufbrächte. Der übervorsichtige Opportunismus Meineckes und Marcks' ist mir deshalb nicht ganz verständlich.«[401]

»Um auf die Habilitationsfrage einzuwirken«, bekannte Ritter immerhin ein knappes Jahr später, sei seine Rezension nicht nur zu spät erschienen, sondern »auch nicht geeignet« gewesen.[402] Im übrigen waren die Eifersucht und das bemerkenswerte Mißtrauen, mit welcher der Freiburger Historiker den Weg Hedwig Hintzes verfolgte, auch in direkter Konkurrenz begründet.[403] Denn Hintze hatte in ihrer Habilitationsschrift die physiokratischen Selbstverwaltungspläne eben jener Reformer im *Ancien Régime* diskutiert, denen auch Ritter zwei umfangreichere, ebenfalls 1928 erschienene Aufsätze gewidmet hatte.[404] Wie sich Ritter, der für sich mit Selbstverständlichkeit die Rolle des wissenschaftlichen Vorreiters in Anspruch nahm, gegenüber Oncken beklagte, habe er »immerfort das Pech«, mit seinen Arbeiten »so aktuell zu sein, daß sie genau gleichzeitig von Andern [sic] noch einmal gemacht« würden, und nun auch noch Hedwig Hintze »auf weiten Strecken eine vollkommene Parallele« zu seinen Aufsätzen gegeben habe.[405] Ein direktes Gespräch mit seiner weiblichen Kollegin hat Ritter niemals gesucht, wie er sich auch durch deren Arbeiten nicht zu eigenen Korrekturen veranlaßt fühlte. Er sah den Wert der Arbeit Hintzes lediglich darin, einzelne seiner Ergebnisse bestätigt zu sehen. Der Freiburger Historiker unterstrich die Richtigkeit der von Hintze im ersten Teil ihres Buches gemachten Befunde,

---

[401] Ebd., Ritter an Oncken, 5.5.1928. Kritisch zu dieser Episode auch MICHAEL MATTHIESEN, Gerhard Ritter. Studien zu Leben und Werk bis 1933, Bd. 2, Egelsbach 1993, 675.

[402] Ebd., Ritter an Oncken, 16.3.1929.

[403] »Sehr lebhaft« hätten ihn, so Ritter, die »Habilitationsabsichten der Hintze« interessiert. Abfällig von »der« Hintze oder »der Jüdin« zu sprechen entsprach einer weitverbreiteten Gepflogenheit einer Vielzahl prominenter deutscher Historiker. Diese ist auch bei Oncken selbst anzutreffen, den Hedwig Hintze im Glauben, daß dieser »für die Sache der Frauen tatkräftiger einzutreten« pflegt als die meisten Professoren, wenige Wochen vor dessen Mitteilung an Ritter noch vertrauensvoll um Unterstützung ihres Habilitationsverfahrens gebeten hatte. (Hedwig Hintze an Hermann Oncken, 28.2.1928, in: NL Oncken, Nr. 227-14)

[404] GERHARD RITTER, Der Freiherr vom Stein und die politischen Reformprogramme des Ancien Régime in Frankreich, in: HZ 137 (1928), 442-497; 138 (1928), 24-46. Auf diese Arbeiten haben verschiedene Rezensenten Hintzes wie Paul Darmstädter auch hingewiesen.

[405] NL Oncken, Ritter an Oncken, 17.4.1928.

während er die von ihr geschilderte Auseinandersetzungen zwischen Berg und Gironde als eine nicht mehr zum eigentlichen Thema gehörende Fragestellung disqualifizierte und deren Verteidigung der Schreckensherrschaft einer scharfen Kritik unterzog.

Doch erst indem Hintze ihre Untersuchung über das Epochenjahr 1789 hinausführt und auf die Kämpfe zwischen Bergpartei und Gironde ausdehnt, kann sie trotz erheblicher Korrekturen im einzelnen eine zweifellos fundamentale Kontinuitätslinie zwischen dem Frankreich des *Ancien Régime* und der Revolution aufdecken: im Ergebnis unterstützt sie somit die scheinbar paradoxe These Tocquevilles, derzufolge der Verwaltungszentralismus, auf den die Monarchie so lange hingearbeitet hatte, durch die Revolution nicht beseitigt, sondern vielmehr erst vollendet worden war.[406] Es sind nicht die Grundsätze von 1789 im öffentlichen Verwaltungswesen, die damals und in der Folge gesiegt haben, sagt Tocqueville 1856 in »L'Ancien Régime et la Révolution«, sondern es sind im Gegenteil diejenigen des alten Staates, die damals wieder in Kraft traten und auch in Kraft blieben.[407] Hintze bestätigt damit auch den Befund von Marx und Engels, bei denen die Revolution unter dem Aspekt der bürokratischen Zentralisation ebenfalls als Fortsetzerin der monarchischen Politik des *Ancien Régime* erschien. Auch Marx und Engels hatten in der Politik der Revolution – also in der Zerschlagung der ständischen Partikulargewalten und der Schaffung des nationalen Einheitsstaates – eine zentrale Kontinuität zu den Bestrebungen der Krone erkannt.[408] Nachdrücklich widerspricht Hintze allerdings der von Tocqueville vorgenommenen Gleichsetzung des Verwaltungssystems des *Ancien Régime* und der modernen, durch die Revolution geschaffenen Zentralisation.[409] Daß im Fall des *Ancien Régime* nur sehr bedingt von einem im modernen Sinne zentralisierten »Einheitsstaat«, dagegen aber von einem territorial geeinten, mit Paris von einem Mittelpunkt regierten Staat gesprochen werden kann, legt

---

[406] Vgl. hierzu den umfangreichen, die Arbeiten Hintzes allerdings nicht berücksichtigenden Forschungsbericht: ROLF REICHARDT/EBERHARD SCHMITT, Die Französische Revolution – Umbruch oder Kontinuität?, in: ZHF 7 (1980), 257–320.

[407] »Ce ne sont pas ... les principes de 1789 en matière d'administration publique qui ont triomphé à cette époque et depuis, mais bien au contraire ceux de l'ancien régime qui furent tous remis alors en vigueur et y demeurèrent.« ALEXIS DE TOCQUEVILLE, L'Ancien Régime et la Révolution, Bd. 1, Paris 1952, 129. Die These, daß die Französische Revolution die Zentralisation nicht geschaffen, sondern lediglich vollendet habe, hatte Tocqueville freilich schon 1835 in seinem Buch »Über die Demokratie in Amerika« aufgestellt. Vgl. ANDRÉ JARDIN, Alexis de Tocqueville. Leben und Werk, Frankfurt a. M./New York 1991, 445.

[408] Vgl. SCHMITT/MEYN, Ursprung und Charakter der Französischen Revolution bei Marx und Engels, 627.

[409] HINTZE, Staatseinheit und Föderalismus, 44 ff; 60 ff.

sie überzeugend dar, indem sie die allzu einfache Vorstellung einer planmäßig verlaufenen kontinuierlichen Zentralisationspolitik differenziert. So dokumentiert sie einerseits die komplizierte Verwaltungsstruktur im alten Frankreich anhand der für das vorrevolutionäre Frankreich charakteristischen Überlagerung von zentralen und korporativ-regionalen Gewalten, des zeitweiligen chaotischen Nebeneinanders von Kompetenzen und Institutionen und schließlich des Ringens der Provinzen um Autonomie. Andererseits gelingt es ihr zu belegen, daß die Zentralisierungspolitik des Wohlfahrtsausschusses »kein der Revolution von 1789 inhärenter Zug« war.[410] Erst im Prozeß der Radikalisierungsphase der Revolution setzte sich das zentralistische Prinzip als unausweichliche, Frankreich und seine Revolution rettende Maßnahme durch. Als Reaktion auf Bürgerkrieg und Krieg mit den europäischen Großmächten war sie damit durch die Umstände erzwungen und keinesfalls frühzeitig von der Gironde intendiert.[411]

Karl Korsch hat in seiner scharfsichtigen Rezension der Habilitationsarbeit Hintzes die These vertreten, die Verfasserin habe einen inneren Entwicklungsprozeß von einem ursprünglich föderalistischen Staatsideal hin zu einer »rückhaltlosen Anerkennung des modernen Einheitsstaates« durchlaufen, der ihre wirkliche Position nicht deutlich erkennen lasse und die Gefahr von Mißverständnissen berge.[412] Als überzeugter Marxist und entschiedener Unitarier unterstrich Korsch zwar den vermeintlich »reaktionären« Charakter der föderalistischen Bestrebungen in der wichtigen Phase der Entscheidung für oder gegen den Klassenstaat des *Ancien Régime*. Vor dem Hintergrund der Bedeutung des revolutionären Kampfes maß er jedoch der Frage der Staatsform letztlich eine untergeordnete Bedeutung bei.[413] Wie ist aber

---

[410] So die prägnante Formulierung von EBERHARD SCHMITT, Zur Zäsurideologie der französischen Revolution von 1789, in: KARL BOSL (Hg.), Der moderne Parlamentarismus und seine Grundlagen in der ständischen Repräsentation, Berlin 1977, 195–240; 217 f; der sich allerdings nicht auf die Forschungen Hintzes bezieht.
[411] HINTZE, Staatseinheit und Föderalismus, 260, passim.
[412] KORSCH, Das Problem Staatseinheit-Föderalismus, 126 f. Auch der Rezensent des *Berliner Tageblattes* (19.3.1929) interpretierte Hintzes Buch letztlich als konsequentes Plädoyer für den starken Einheitsstaat: »Statt Aufteilung Zusammenfassung, statt Föderation Konföderation.«
[413] An diesem Punkt hat Korsch, der durchweg ideologiekritisch argumentiert, freilich eine wenn nicht unzulässige, so aber Hintzes Intention völlig verkennende Parallele zwischen föderalistischen bzw. regionalistischen Tendenzen auf der einen, und monarchistischen bzw. gegenrevolutionären Strömungen auf der anderen Seite gezogen. Nachdrücklich hat Hintze schon im Vorwort vor den politischen Gefahren jener (kulturellen) Traditionalisten gewarnt, die mit den »alten Provinzen« das vorrevolutionäre Frankreich »wiedererwecken und alle liberalen und demokratischen Errungenschaften der Revolution in einem reaktionären, manchmal klerikal gefärbten, leicht imperialistisch ausgreifenden Nationalismus und Militarismus ersticken wollen.« (HINTZE, Staatseinheit und Föderalismus, 6) In diesem Zusammenhang hatte sie sich ja bereits

der von ihm offenkundig zu Recht diagnostizierte Widerspruch aufzulösen? Hintzes starke Sympathie für die Anhänger einer föderativen Staatsgestaltung – Rousseau, Turgot, Condorcet – mündete nicht, wie man nach der Lektüre der ersten Hälfte ihres Buches meinen könnte, in der Formulierung eines föderalistischen, im nationalen Rahmen zu verwirklichenden Staatsideals. Die Historikerin und überzeugte Anhängerin des maßgeblich von Hugo Preuß entwickelten Prinzips der »bürgergenossenschaftlichen« Selbstregierung weist vielmehr auf die partizipatorische Komponente in den von ihr beschriebenen föderativen Zusammenschlüssen hin.[414] ›Föderalismus‹ bedeutet in ihren Augen ein konstitutives demokratisches Element im Staats- und Willensbildungsprozeß auf freiwilliger Grundlage.[415] Als politischer Legitimationsfaktor ist dieser Begriff Ausdruck eines korporativen Zusammengehörigkeitsgefühls und dient zunächst dem freiwilligen, von unten nach oben aufsteigenden Zusammenschluß der Individuen, Kommunen und Provinzen in der Einheit der *Nation*, der auf europäischer Ebene seine Fortsetzung findet.[416] An die Stelle der herrschaftlichen Organisation der Staatseinheit von oben soll der Versuch treten, diese, wie im Föderationsfest geschehen, genossenschaftlich zu begründen und zu vertiefen. Hintzes »föderalistisches« Ideal ist im Kontext der deutschen Diskussion der zwanziger Jahre demnach als Bekenntnis für die demokratische Republik, mit Blick auf beide Länder aber auch als Kritik eines als unausgewogenen und letztlich undemokratisch befundenen Staatsaufbaus zu bewerten. An die Stelle eines zentralistisch regierten Staates sollte ein dezentralisierter, gegen eine dynastisch vorgeprägte Länderstaatlichkeit gerichteter und auf den Prinzipien eines lokalen und regionalen »Selfgovernment« beruhender Einheitsstaat treten. Daß nationale Einheitlichkeit nicht unbedingt mit staatlicher Zentralisation, etwa nach

---

gegen die Aktivitäten eines Barrès und der *Action française* gewandt. Die Problematik der Argumentation Korschs hat erstmals RUDOLF VON THADDEN herausgestellt. Am Beispiel der Restaurationszeit, die durch den Widerspruch von napoleonischem Verwaltungszentralismus und konstitutionellem Verfassungsrahmen gekennzeichnet war, geht von Thadden in einer strukturgeschichtlichen Perspektive der funktionalen Bedeutung des Zentralismusproblems für die politische Entwicklung Frankreichs in der nachrevolutionären Ära nach. Vgl. Ders., Restauration und napoleonisches Erbe. Der Verwaltungszentralismus als politisches Problem in Frankreich (1814–1830), Wiesbaden 1972, 276 f.

[414] Dazu umfassend DETLEF LEHNERT, Verfassungsdemokratie als Bürgergenossenschaft. Politisches Denken, Öffentliches Recht und Geschichtsdeutungen bei Hugo Preuß – Beiträge zur demokratischen Institutionenlehre in Deutschland, Baden-Baden 1998.

[415] Immer wieder weist Hintze (vgl. Kap. XII, 235 ff, und XIII, 262 ff) mit Nachdruck auf den Faktor der Freiwilligkeit hin.

[416] Hintzes föderalistisches Ideal ist nur europäisch zu denken: so sprach sie sich auch gegen den utopischen Föderalismus eines Proudhon aus, dessen von der Familie ausgehende »Föderation der Föderationen« von zu kleinen Einheiten her konzipiert war. (Ebd., 485)

französischem Muster, gleichzusetzen war, hatte bereits Preuß hervorgehoben.[417]

Was Hintze idealtypisch vorschwebte, ist vielleicht besser mit Blick auf die von ihr eingangs erörterten Reformpläne der Physiokraten, insbesondere desjenigen Turgots, ersichtlich. Dieser sah vor, den französischen Staat »einerseits durch Gewährung eines bestimmten Maßes von Selbstverwaltung zu demokratisieren, andererseits aber durch Art und Funktion eben dieser Selbstverwaltung das in Korporationen, Stände, Provinzen zerteilte französische Volk zu einer einheitlichen Nation zu verschmelzen.«[418] Das von Hintze skizzierte Reformprojekt Turgots, welches das 1931 von der katholischen Soziallehre entfaltete Subsidiaritätsprinzip in seiner Grundidee bereits antizipierte, sah zum einen die Entlastung der Zentralregierung von Detailfragen zugunsten wichtigerer Aufgaben wie etwa der der Gesetzgebung vor. Zum anderen sollte laut Turgot die Bevölkerung – durch eine allgemeine Volkserziehung, aber auch durch die Notwendigkeit der Beschäftigung mit den sie betreffenden Angelegenheiten – mit »Gemeingeist« (*esprit public*) erfüllt werden. Der im Sprachgebrauch der Theoretiker des 18. Jahrhunderts verwendete Begriff der »Föderativrepublik« entzog sich jedoch, wie Hintze mehrmals hervorhebt, einer eindeutigen Definition.[419] Bezogen auf die Gegenwart zielte ihre schließlich nur sehr vage Vorstellung von Föderalismus letztlich auf einen »Völkerföderalismus«: einen brüderlichen Zusammenschluß der Nationen in einem geeinten Europa auf der Grundlage eines europäischen Gemeinschaftsgefühls. Immer wieder versucht Hedwig Hintze darzulegen, daß der »Völkerföderalismus« im 18. Jahrhundert eine »ganz geläufige Idee« gewesen sei, die ihre Grundlage in einem europäischen, allerdings auf »erlesene geistige Kreise« beschränkten Gemeinschaftsgefühl, in einer »Art überstaatlicher Gelehrtenrepublik« gefunden habe.[420] Dagegen sah Otto Hintze 1928 die europäischen Nationen von einem

---

[417] Als »zusammenhaltendes Band des Staatswesens« hatte Preuß, gegen den Fortbestand von Partikulargewalten, »das nationale Selbstbewußtsein eines sich selbst organisierenden Staatsvolkes« definiert. Seine Bemühungen galten, wie LEHNERT, Verfassungsdemokratie als Bürgergenossenschaft, 184f., zeigen kann, einer »Synthese der widerstreitenden Motive des Föderalismus und Unitarismus«. Darüber hinaus sollte mit dem Versuch, über den Weg einer Reichsreform die preußische Hegemonie zu brechen, auch ein außenpolitisches Signal gesetzt und die Rückkehr Deutschlands in die internationale Gemeinschaft erleichtert werden. Zur Föderalismusdiskussion in Deutschland vgl. JOCHEN HUHN/PETER-CHRISTIAN WITT (Hg.), Föderalismus in Deutschland. Traditionen und gegenwärtige Probleme, Baden-Baden 1992; darin insbesondere JÜRGEN JOHN, Die Reichsreformdiskussion in der Weimarer Republik, 101–126.
[418] Ebd., 103ff.
[419] Ebd., Kap. III; 269.
[420] Ebd., 269f.

»Föderalismus freier Staaten«, wie ihn seine Frau propagierte, noch weit entfernt. Er diagnostizierte vielmehr einen maßgeblich von Frankreich unter dem Dach des Völkerbunds betriebenen »föderalistischen Imperialismus«, der abermals die Einkreisung Deutschlands zum Ziel habe.[421] Die Hoffnung auf einen friedlichen Ausgleich zwischen den Weltkriegsgegnern mochte er dennoch nicht aufgeben: »Föderalismus und Imperialismus sind Gegensätze. Das Eindringen föderalistischer Methoden in die imperialistische Politik scheint doch anzuzeigen, daß das eine Prinzip im Zunehmen, das andere im Abnehmen ist. Vielleicht kommt einmal der Tag, wo Vernunft und Gerechtigkeit im Staatenleben mehr zu Kraft und Geltung gelangen werden, als es leider heute der Fall ist. Dann würde der Imperialismus dem Föderalismus das Feld räumen können.«[422]

Als direkte politische Stellungnahme zu der im Kontext der Reichsreformdebatte geführten Diskussion um die Organisation des Deutschen Reiches als Bundes- oder Einheitsstaat kann Hintzes Studie über die französische Staatsbildung freilich nicht herangezogen werden. Wohl aber stellen ihre problemorientierten Reflexionen über Möglichkeiten und Bedingungen einer demokratischen und effektiven Selbstverwaltung ein Hauptanliegen ihres Buches dar. Wie Hedwig Hintze darin wiederholt zeigt, bezog sich der von der Gironde vertretene Föderalismusbegriff nicht auf einen *staatsrechtlichen* Föderalismus,[423] sondern auf das Verhältnis des Staates zu den ihm untergeordneten Selbstverwaltungsorganen. Er ist daher nicht mit der Weimarer Debatte um die bundes- oder zentralstaatliche Gliederung des Deutschen Reiches identisch. Eine direkte Übertragung der am Beispiel der französischen Geschichte untersuchten föderalistischen Leitvorstellungen auf die im Deutschland der zwanziger und beginnenden dreißiger Jahre geführte Diskussion um die Reform der Ordnungsprinzipien von Staat und Gesellschaft ist damit ausgeschlossen. Von hier führt also kein unmittelbarer Weg von einer geschichtswissenschaftlichen Untersuchung zu einer aktuellen Debatte verfassungsrechtlich-politischer Natur.

Ein direkter Zusammenhang bestand dagegen, wie Hintze immer wieder hervorhob, zwischen dem Problem der staatlich-administrativen Organisation Frankreichs und den sozialen und politischen Konflikten. So ist der zweite Teil ihrer Arbeit schließlich dem Nachweis gewidmet, daß die Debatte um die Zentralisation nicht nur ein fundamentales Element in den Verfassungskämpfen zwischen Berg und Gironde darstellte und wirtschaftliche

---

[421] Otto Hintze, Föderalistischer Imperialismus. Betrachtungen um den Kellogpakt, in: Ges.Abh. II, 210–215.
[422] Ebd., 215.
[423] Darauf weist Hintze, Staatseinheit und Föderalismus, 415, auch hin.

und soziale Gegensätze diesen Konflikt weiter zuspitzen, sondern daß Strukturprobleme durch diese Gegensätze funktionalisiert werden konnten.[424] Die Auseinandersetzungen um den damals in Frankreich völlig ungeklärten, bald zum bloßen Schlagwort in der politischen Auseinandersetzung degenerierten Begriff des »Föderalismus«, die alle »Lebensfragen des neuen Frankreich« tangierten, stellt Hintze nun in den größeren Zusammenhang mit den innen- und außenpolitischen, ökonomischen und sozialen Bewegungen der Revolution. Erst jetzt fällt mit der Darstellung des von den Girondisten heraufbeschworenen Krieges gegen die europäischen Großmächte, der die zentralistische Staatsform Frankreichs schließlich dauerhaft besiegelte, des Aufstands der Pariser Kommune und der Proklamierung der Republik vom 21. September 1792 die Thematik »Staatseinheit und Föderalismus« mit den realen Ereignissen der Revolution zusammen. Hedwig Hintze erhebt jedoch weder den Anspruch einer neuen Gesamtinterpretation noch schreibt sie eine konventionelle Ereignisgeschichte der Revolution. Ganz im Gegenteil ist ihr Konzept einer Verwaltungsgeschichte als »allgemeine« Geschichte durch die Abkehr von einer reinen politischen Ereignisgeschichte und eine Hinwendung zu einer strukturgeschichtlichen, um sozialgeschichtliche Elemente erweiterten Perspektive gekennzeichnet – einem epochenübergreifenden, gewissermaßen auf die *longue durée* gerichteten Blickwinkel, der sich erst im zweiten Teil ihrer Habilitationsschrift dramatisch zu einer minutiösen Rekonstruktion der revolutionären Ereignisse verdichtet.[425] Da Hintze ihre zentrale wissenschaftliche Fragestellung an längerfristigen Prozessen orientiert, bleibt sie – ohne sich von ihrer positiven Identifikation mit

---

[424] Ebd., 339f.
[425] Indem Hintze ihren verfassungsgeschichtlichen Ansatz disziplinübergreifend um wirtschafts-, sozial- und politikgeschichtliche Elemente erweitert, somit Verfassungsgeschichte als Allgemeine Geschichte praktiziert, geht ihre Methode über eine »social history of ideas«, von der ROLF REICHARDT spricht (Vorwort zur Neuausgabe, IX), weit hinaus. Erklärtes Ziel Hedwig – und auch Otto Hintzes – ist es vielmehr gewesen, Distanz zu einer für überholt befundenen reinen Ideengeschichte zu gewinnen. Wenn man jedoch wie OBERKROME (Volksgeschichte, 19) ›Sozialgeschichte‹ als »›kritische‹, z.T. explizit emanzipatorische Wissenschaft in politisch-pädagogischer Verantwortung« definiert, die ihre »Affinität zu den Zielen und Positionen der westeuropäischen Aufklärung« betont, dann wäre auch Hedwig Hintzes Historiographie dieser Kategorie zuzuordnen, obwohl sie sowohl bezüglich der Methode als auch der Thematik kaum als Beispiel einer frühen ›Historischen Sozialwissenschaft‹, wohl aber einer kritischen Gesellschaftsgeschichte in Anspruch genommen werden kann. – Sichtbar wird hier natürlich der Einfluß Otto Hintzes, der in seinen verfassungshistorischen Studien durch die Berücksichtigung sozialer Faktoren und Strukturen bereits über eine reine Institutionengeschichte hinausgelangt ist. NEUGEBAUER, Otto Hintze und seine Konzeption der »Allgemeinen Verfassungsgeschichte der neueren Staaten«, 60f, spricht hier von einer Tendenz zu einer »Dialektik von sozialer und politischer Struktur«.

den Ideen und der Einsicht in die politische Bedeutung der Revolution für die Gegenwart zu distanzieren oder die Epochenbedeutung dieses Ereignisses in Frage zu stellen – auch nicht in einer mit der Symbolik des Datums 1789 verbundenen »Zäsurideologie« befangen.[426] Und obwohl sie hinsichtlich der Verwaltungsstruktur die Fiktion eines schroffen Gegensatzes zwischen *Ancien Régime* und Revolution verwirft und sowohl historische Kontinuitäten als auch die zahlreichen Reformversuche des vorrevolutionären Frankreich aufdeckt, entzieht sie sich einer einfachen politisch-methodologischen Zuordnung:[427] mit ihrer stets problemorientierten Darstellung der französischen Nationalstaatsbildung, die vielmehr deren Verwerfungen und Brüche akzentuiert, rückt Hintze zudem von vorherrschenden Erklärungsmustern der Mehrzahl deutscher Historiker ab, die unter der gängigen Prämisse der »Sonderwegsthese« die erfolgreiche, vermeintlich konsequente und zielgerichtete Staatswerdung Frankreichs mit der eigenen Geschichte kontrastiert haben.[428] Wenn von dieser Seite die französische Außenpolitik nach 1918 noch als ein dem französischen Staatswesen inhärenter Zug verurteilt und dämonisiert wurde, so muß Hedwig Hintzes langjähriges Engagement, ihrem Publikum ein differenziertes, streckenweise bewußt nüchternes Bild der französischen Geschichte zu vermitteln, auch in dieser Hinsicht als Beitrag zu einer Verständigung mit dem Weltkriegsgegner gesehen werden.

Dennoch wäre es verfehlt, ihr Werk als »erste breit ausgeführte marxistische Darstellung des Kampfes und Sturzes der Girondisten«[429] zu klassifizieren, obwohl Hintze in Anlehnung an Marx und über Jaurès hinausgehend in der Auseinandersetzung zwischen Girondisten und Jakobinern Anzeichen eines Klassenkampfes gesehen hat.[430] Wenn Hedwig Hintzes Terminologie

---

[426] Vgl. hierzu umfassend SCHMITT, Zur Zäsurideologie der französischen Revolution, sowie den instruktiven Forschungsbericht von REICHARDT/SCHMITT, Die Französische Revolution, 260 ff. Die Wirkung der Revolution, so die Autoren, lasse sich nicht auf eine »Zäsur« reduzieren, sondern liege in der »Verbindung von Bruch *und* Kontinuität«.

[427] Zur anerkannten Unterteilung der verschiedenen »Schulen« innerhalb der Revolutionshistoriographie vgl. die Überblicksdarstellungen bei SCHMITT, Einführung in die Geschichte der Französischen Revolution, und SCHULIN, Die Französische Revolution, oder exemplarisch die Kategorisierung der verschiedenen politischen Strömungen bei SPROLL, Französische Revolution und Napoleonische Zeit.

[428] Vgl. hierzu v. a. FAULENBACH, Ideologie des deutschen Weges, 38 ff. Wie weit die undifferenzierte, durch die Niederlage im Ersten Weltkrieg noch verstärkte Vorstellung von einem seit jeher zentralisierten, auf dem Werk eines starken dynastischen Machtwillens beruhenden französischen Nationalstaats verbreitet war, zeigt auch das Œuvre eines ausgewiesenen Frankreich-Kenners wie Franz Schnabel. Vgl. ausführlich HERTFELDER, Franz Schnabel und die deutsche Geschichtswissenschaft, 404 ff.

[429] So etwa die Fehleinschätzung Albert Salomons, in: Die Gesellschaft 6 (1929), 92–94.

[430] Jaurès sehe, betont Hintze, hier keinen eigentlichen Klassenkampf, sondern einen Kampf

den Verdacht nähren konnte, daß hier eine überzeugte Marxistin die Feder führt, so hat sie tatsächlich von einem durchgängigen ideologischen Gebrauch der Kategorie der »Klasse« – die sie niemals sozialgeschichtlich präzisiert – deutlich Abstand genommen. Ebensowenig wie für sie die marxistische Kategorie des »Klassenkampfes« einen alles erklärenden Mechanismus bedeutete, gab sie einem starren Erklärungsmuster von Basis und Überbau Raum. Wie schon bei Jaurès, blieb auch bei ihr der Einfluß aufklärerischen Denkens bestimmend. Dennoch ist kaum zu übersehen, daß sie marxistische Interpretationsansätze aufgenommen und auf die Problematik »Staatseinheit und Föderalismus« übertragen hat. So kam Karl Korsch zu der für die Beurteilung des politischen Standpunktes Hintzes zur Revolution insgesamt und für die Rezeption Hintzes bedeutungsvollen These, die Historikerin habe sich im Verlauf ihrer Untersuchung immer mehr der »materialistischen Geschichtsauffassung des modernen Sozialismus« angenähert.[431] Von einer zunächst ideengeschichtlichen Betrachtung der Prinzipien des »Föderalismus« sei die Verfasserin schließlich zur Einsicht in die materielle Grundlage des dargestellten Konfliktes und damit zur Erkenntnis der wirklichen Triebkräfte der historischen Entwicklung gelangt. Erst die im zweiten Teil ihrer Arbeit konsequent »materialistisch« durchgeführte Untersuchung des Konflikts habe zudem die korrekte Einsicht in das wirkliche Wesen des Gegensatzes von Föderalismus und Unitarismus als eines dem revolutionären Prozeß inhärenten inneren Widerspruchs ermöglicht.[432] Gerade die Einsicht in die geschichtliche Bedeutung dieses Widerspruches trenne Hintze von französischen (bürgerlichen) Historikern wie Aulard oder Mathiez, deren Augen-

---

zwischen zwei politischen Parteien, die »klassenmäßig gar nicht sehr scharf geschieden waren.« Sie wolle dagegen zeigen, »wie im Ringen dieser ganz gewiß in erster Linie politisch bestimmten Parteien Gegensätze klassenmäßiger und ökonomischer Natur immer stärker mitschwingen, wie schließlich auch der Föderalismus ein allerdings sehr schwer zu entschleierndes ökonomisches Antlitz zeigt.« (HINTZE, Staatseinheit und Föderalismus, 327 f) Angesichts des unscharfen Klassenbegriffs Hintzes muß man doch annehmen, daß sie hier vielmehr den Antagonismus zweier verschiedener gesellschaftlicher und ökonomischer Konzeptionen innerhalb des revolutionären Lagers erblickt hat.

[431] KORSCH, Das Problem Staatseinheit-Föderalismus, 127.

[432] Ebd., 134 f. In diesem Punkt hat Korsch übereinstimmend mit Mathiez und Hauser die für die Revolution entscheidende Konfliktlinie nicht im Gegensatz zwischen Föderalisten und Unitaristen, sondern im Kampf zwischen Vertretern feudaler Privilegien und den Anhängern der Revolution verortet: »Der Kampf um die ... Staatsform geht in diesem geschichtlichen Augenblick unter in dem Kampf um die Schaffung des Staates überhaupt, um die Bildung dieser neuen revolutionären bürgerlichen Staatsgewalt, deren einziger Sinn in diesem Augenblick darin besteht, den Untergang des alten feudalistischen Staatssystems wirklich zu vollziehen und an seiner Stelle einen Staat mit einem anderen ökonomischen Inhalt, einem anderen geschichtlichen Wesen, einem anderen Klassencharakter hervorzubringen ...«

merk sich lediglich auf das politische Ergebnis der Revolution, auf das Muster eines Kampfes zwischen Revolution und Konterrevolution, nicht auf ihren »ökonomischen und sozialen Inhalt« oder die »konkrete revolutionäre Aktion« selbst richte:

> »So haben nach dieser abstrakten politischen Geschichtsschreibung alle in der gleichen Richtung an dem gemeinsamen Werk der Gründung des modernen französischen Staates, das heißt des zentralisierten bürgerlichen Einheitsstaates mitgewirkt. Sieyès und Robespierre als Fortsetzer des ancien régime, das Napoleonische Empire und sogar die Bourbonische ›Restauration‹ als Fortsetzung und Testamentsvollstreckung der revolutionären Jakobiner, dies alles nicht als eine kritische Kennzeichnung eines paradoxen Zusammenhanges, einer wahren geschichtlichen Ironie, sondern als die schlichte Feststellung einer historischen Tatsache – das ist das schließliche Ergebnis dieser »liberalen und demokratischen bürgerlichen Geschichtsschreibung«. Sie beginnt mit den ›Ideen von 1789‹ oder mit dem Jakobinerkultus und endet mit der Tocquevilleschen Auffassung der revolutionären Staatsgründung als Vollendung des ancien régime und mit dem Napoleonkultus.«[433]

Laut Korsch habe Hedwig Hintze damit an die von Proudhon und Quinet vertretene Auffassung des Gegensatzes von Föderalismus und Staatseinheit als *den* inneren Widerspruch der revolutionären Bewegung angeknüpft, die entgegen einer allzu schematischen materialistischen wie der im gegenwärtigen Frankreich vorherrschenden politischen »bürgerlichen« Geschichtsauffassung als »wirkliche kritische Geschichte« und »in allen ihren Erscheinungen wesentlich als Widerspruch und Kampf« gelesen werden müsse.[434]

Daß Hedwig Hintzes Darstellung keineswegs einer abstrakten Geschichtslogik folgt, sondern, wie zuvor schon Jaurès, eine »Geschichte mit unendlichen Komplikationen« (Mona Ozouf) schreibt,[435] zeigt sich auch an ihrem weiteren Umgang mit dem Föderalismusproblem. Dieses tritt vor dem Hintergrund der Ereignisse des Jahres 1792 nur scheinbar in den Hintergrund. Natürlich mußte seit dem von der Gironde leichtfertig entfesselten Krieg, der, wie sie mit Jaurès formuliert, die Revolution »hineintreiben ließ in Schreckensherrschaft und Militärdiktatur, jenen Pakt, der die ganze Welt noch bindet und den endlich die sozialistische Menschheit zerbrechen möge«,[436] jede Diskussion über »Föderalismus« als Verrat erscheinen.[437] Denn

---

[433] Ebd., 137.
[434] Ebd., 144. Als »Kampf um die Zerstörung des alten Zwanges und die Verwirklichung einer neuen Freiheit« bringe die Revolution wiederum »mit unvermeidlicher geschichtlicher Notwendigkeit« einen »neuen Zwang und eine neue Unfreiheit« hervor.
[435] OZOUF, Art. »Jaurès«, 1547.
[436] HINTZE, Staatseinheit und Föderalismus, 305.
[437] Später demonstriert Hintze, wie auf dem Höhepunkt der inneren und äußeren Krise der

durch den auswärtigen Krieg und die damit aufgekommene Frage der Annexionen habe sich das »ökonomische Problem« angekündigt, das bald zum bestimmenden Faktor sowohl der Außen- wie der Innenpolitik werden, zur Verschärfung der Parteikämpfe beitragen, zum Untergang der Gironde führen und letztlich das zentralistische System dauerhaft befestigen sollte.[438] Eine ursprünglich »uneigennützige revolutionäre Propaganda« sei in »tragischer Zwangsläufigkeit« umgeschlagen in eine »ökonomisch bedingte« Ausdehnungs- und Eroberungspolitik – mit Folgen für die wirtschaftliche Lage, insbesondere für die Lebensmittelversorgung innerhalb Frankreichs. Hier, in den Lebensmittelunruhen des Jahres 1792, glaubte Hintze nun »den Durchbruch eines elementar wirkenden klassenkämpferischen Moments« zu sehen, das »aller künstlichen Konstruktionen« spotte und bereits klar und eindeutig formuliert worden sei. Zwar schildert sie ausführlich die im Konvent geführten Diskussionen über die Einführung von Höchstpreisen und die gerechtere Aufteilung von Pachtgütern in kleinere Parzellen, doch werfen ihre Zitate ein Licht auf ihre Vorstellung von Demokratie als sozialer Demokratie: immer wieder führt sie Zeugnisse von Zeitgenossen an, die auf die Unverträglichkeit eines freien (Getreide-)Handels mit den Prinzipien der Republik hingewiesen und die Bildung neuer privilegierter Klassen beklagt haben, immer wieder gibt sie Beispiele, bei denen Gemeinwohl und die Beschwörung der Einigkeit vor Privatinteresse und Klassenegoismus rangieren.[439] So entlastet sie etwa Robespierre, der die Aufnahme des Rechts auf Arbeit in die Verfassung gefordert hatte, vom Vorwurf einer rein taktisch bedingten Opposition gegen das girondistische Verfassungsprojekt Condorcets.[440] Unverkennbar ist ihre ganz auf Jaurès gestützte kritische Distanz gegenüber einem von der Gironde vertretenen doktrinären, »ungehemmten ökonomischen Li-

---

einst von der Gironde vertretene »Föderalismus« von dieser Partei in ein propagandistisches Mittel zur Abwendung drohender Kriegssteuern verkehrt wurde. »Nirgends«, so Hintze, habe sich die »klassenmäßige Gebundenheit« der Girondisten deutlicher verraten. (Ebd., 407 f)

[438] Ebd., 338 ff. Obwohl Hintze einräumt, daß Frankreich sein Territorium innerhalb der natürlichen Grenzen ausgedehnt und den Rhein nicht als politische, sondern als natürliche Grenze beansprucht habe, sei Frankreich doch »auf die Bahn der Annexionen getrieben« worden. Der von der Gironde heraufbeschworene »heilige Krieg« habe dann zu einer »imperialistischen Eroberungs- und Annexionspolitik großen Stils und zur revolutionären Diktatur Frankreichs über Europa geführt.« (361)

[439] Ebd., 343 ff. So etwa ihre ausführliche Paraphrasierung der Rede Saint-Justs vom Januar 1793, mit der Hintze zugleich Verständnis für die kommende Schreckensherrschaft zu wecken versucht: »So steigt aus dieser prophetischen Rede das Bild der nahen und notwendigen Diktatur herauf, einer Diktatur, für deren schicksalbestimmte Aufgabe die liberalen Girondisten nie einen Funken von Verständnis aufgebracht haben.« (351)

[440] Ebd., Kap. XVII, 416 ff.

beralismus«, der, unter »Benachteiligung der Lohnarbeiter und der wirtschaftlich Schwachen«, auf dem Höhepunkt der wirtschaftlichen Krise vor allem den Besitzenden und dem Großhandel zugute gekommen sei.[441] Hintze zeigt, wie die Frage nach der wirtschaftlichen Alternative – freies Spiel der Kräfte oder Zwangsbewirtschaftung – den sich zuspitzenden Kampf zwischen Berg und Gironde bald dominierte. Die zwei Parteien, die – in dieser Bewertung stimmt sie mit Jaurès überein – »klassenmäßig nach Herkunft und Lebenshaltung kaum wesentlich verschieden waren«, wurden schließlich zu einem gegenseitigen »erbitterten Klassenkampf« getrieben.[442] Mehr und mehr habe sich die Gironde zur »Verteidigerin von Eigentum und Kapital«, ja zur Verteidigung der »eigentlichen Klasseninteressen der Reichen« aufgeworfen. Anderseits habe sich die Bergpartei, die, wie Hintze zu Recht unterstreicht, ursprünglich ebenfalls freihändlerische Überzeugungen vertreten habe, zu Maßnahmen eines »großzügig improvisierten Staatssozialismus« gezwungen gesehen.[443] Daß am Ende dieser Auseinandersetzung die Schreckensherrschaft der Bergpartei stand, deutet sie – entgegen französischen Interpretationen – nicht allein als Konsequenz aus der notwendigen Bekämpfung der Reaktion im Inneren, sondern vielmehr als Folge der Bedrohung von außen, die die Revolution und den französischen Staat insgesamt bedrohten.[444] Die Jakobiner erscheinen hier nicht als blutrünstige Diktatoren, sondern als pragmatisch und verantwortlich, besonnen und entschlossen zugleich handelnde Politiker, die sich, im Gegensatz zu den auf ihr Eigenwohl fixierten Girondisten, die Rettung der revolutionären Errungenschaften auf ihre Fahnen geschrieben haben. Wenig später untermauert sie ihre Einschätzung, indem sie diese Phase der Revolution trotz ihrer Greuel als die »eigentlich heroische Periode der großen Bewegung« bezeichnet, in der die französische Nation die neue Staatsform »gegen Verrat, Wucher und Hungersnot siegreich« verteidigt habe.[445] Trotz ihrer anfänglichen, deutlich artikulierten Sympathie für den »edlen und hochherzigen« Liberalismus der Gironde, der den Grundzug ihrer Staatsgesinnung bildete, weist

---

[441] Ebd., 384f.

[442] Noch 1979 erklärte SUSANNE PETERSEN, Lebensmittelfrage und revolutionäre Politik (wie Anm. 271), die sich umfassend auf die Studie Hintzes stützt, daß die materiellen Grundlagen des Konflikts zwischen Berg und Gironde im Dunkeln liegen und auch der Gehalt der Auseinandersetzungen beider Parteien ungeklärt sei. (27)

[443] HINTZE, Staatseinheit und Föderalismus, 405; 412. Hintze bezieht sich in ihrer über Jaurès hinausgehenden Einschätzung auf den Soziologen André Lichtenberger (Le socialisme et la Révolution française, Paris 1899).

[444] Ebd., 393.

[445] Rez. von: ALFRED STERN, Der Einfluß der französischen Revolution auf das deutsche Geistesleben, Stuttgart/Berlin 1928, in: ZfP 20 (1931), 428–431.

Hintze ihr jedoch auch die Verantwortung für die Entstehung der Diktatur zu.[446]

Welches Licht fällt demnach auf den Föderalismus der Gironde? Dieser Föderalismus, der, wie sie schlüssig nachzuweisen versucht, niemals beabsichtigt habe, die einheitliche und unteilbare Republik zu beseitigen und in einen Bundesstaat zu verwandeln – was die Historikerin am Beispiel des Verfassungsentwurfs Condorcets von 1793 demonstriert – erscheint in Hintzes Augen nun als »System des Liberalismus und Individualismus«: ein System, das zu Beginn der Revolution Erfolge gefeiert habe, dann aber mit der Entfesselung des Krieges einer »improvisierten Diktatur« weichen mußte.[447] »Das scheinbar so gerechte Eintreten für die Departements gegenüber der Vormachtstellung von Paris«, so Hintze, »sieht doch vielfach aus wie ein Wirken im Sinne der vom Großbürgertum beherrschten Verwaltungsbehörden in der Provinz oder der partikularistischen Interessen der Handelsstädte unter Benachteiligung der in Paris zusammengedrängten Massen des arbeitenden Volkes, die vor allem billiges Brot verlangten und brauchten.«[448] Die Bergpartei habe nicht sehr fest an die Gefahren des girondistischen Föderalismus geglaubt, »aber sie gebrauchten das unklare Schlagwort als wirksame Waffe im Entscheidungskampf gegen einen in der Tat für den Fortbestand von Revolution und Vaterland höchst gefährlichen Gegner.« Ihre Sympathie für föderalistische Prinzipien leugnet Hintze jedoch auch am Ende ihrer Untersuchung nicht. Sie bewertet – anders als ihre deutschen Landsleute, denen die französische Geschichte im Kern als »glückliche« Entwicklung erschienen ist – die Tatsache, daß in Frankreich das liberale genossenschaftliche immer wieder durch das herrschaftliche Prinzip bürokratischer Zentralisation »vergewaltigt« worden ist, als »tragische Antinomie«.[449] Eine Antinomie, die die Französische Revolution schließlich in ihrer Gesamtheit auszeichnet: als »Vorkämpfer der Humanität« habe sich das »mit allen Reizen einer hohen Geisteskultur und einer dem Frieden dienenden verfeinerten

---

[446] »Verstiegener Idealismus und handfestes Klasseninteresse sind so ein bedenkliches Bündnis eingegangen und haben die verblendeten Girondisten schließlich unfähig gemacht, produktive Arbeit zu leisten für Volk und Vaterland.« (Ebd., 415) Ein abschließendes Urteil über die Frage von Schuld und Unschuld dieser Partei mochte Hintze dennoch nicht fällen, sondern wich hier erneut auf das Moment der »Tragik« aus, indem sie Anatole France zitiert: »... eitel, unvorsichtig, ehrgeizig und leichtsinnig, zugleich gemäßigt und gewalttätig, schwach im Terror wie im Vergeben, rasch bereit zur Kriegserklärung, zögernd in der Kriegführung ... verkörperten sie dennoch die leuchtende Jugendzeit der Revolution, deren Reiz und Ruhm sie gewesen waren.« (468)
[447] Ebd., 412.
[448] Ebd., 414f.
[449] Ebd., 482.

Zivilisation früh geschmückte« Land allzu leicht »auf die Bahnen einer eroberungssüchtig ausgreifenden Gewaltpolitik« drängen lassen. So sei schließlich das Bild einer blutigen und terroristischen Revolution im Bewußtsein der Menschen haften geblieben.

5. Nachwirkungen: Die Französische Revolution im Deutungskontext einer völkisch-nationalistischen Geschichtsschreibung

Daß Hintzes Habilitationsschrift »bei allem echt historischen Verständnis für die Tragik der Gironde und ihrer tiefsten Sympathie für das humanitärpazifistische Gepräge der ersten Revolutionsphase« auf eine »Apologie des Berges« hinausgelaufen sei, meinten selbst wohlgesonnene Mitglieder der Prüfungskommission wie Karl Stählin feststellen zu müssen.[450] »Tiefe Besorgnis« angesichts der politischen Tendenzen Hintzes äußerte indes Fritz Hartung in seiner Funktion als Erstgutachter der Arbeit, ohne sich jedoch der einstimmig getroffenen Befürwortung der Zulassung Hintzes seitens der Berliner Kollegen widersetzen zu wollen:

»Hätte ich nur über die Habilitationsschrift zu urteilen, so würde ich ohne jedes Bedenken für die Zulassung zu den weiteren Leistungen stimmen. In manchen der anderen Schriften aber, vor allem in den Einleitungen zu der deutschen Übersetzung von Aulards Revolutionsgeschichte wie zu den verfassungspolitischen Entwicklungen von H. Preuss scheint mir Frau Hintze ihre wissenschaftliche Aufgabe zu gunsten einer halb persönlichen halb politischen Stimmungsmache verkannt zu haben. Sie tritt darin mit unkritischer Einseitigkeit für die beiden Männer und ihre Arbeiten ein, ohne auch nur den Versuch zu machen, sie in den Zusammenhang der Geschichte ihrer Wissenschaften einzureihen und ihre historische Bedingtheit – die Aulard und Preuß ebenso besitzen wie ihre Gegner – zu schildern. Ich glaube, daß die politische Sympathie hier die Kritik unterdrückt hat ... Ja selbst die Habilitationsschrift mündet in ein politisches Programm ein. Aber gerade die Art, wie die Verfasserin hier auf ihre wissenschaftlichen Ergebnisse ihr politisches Programm aufbaut, scheint mir zu zeigen, daß sie sich der Grenzen zwischen Wissenschaft und Politik, Objektivität und Tendenz bewußt ist, daß sie sie in ihren rein wissenschaftlichen Arbeiten einzuhalten versteht. Ich sehe der künftigen akademischen Wirksamkeit der Habilitandin nicht ganz ohne Sorgen entgegen; aber wenn wir solchen Sorgen Einfluß auf unser Urteil über die wissenschaftliche Qualifikation gewahren wollten, so könnte in den Fächern,

---

[450] UAB, Phil.Fak., Nr. 1243, Bl. 92–118: Habilitationsakten Hedwig Hintze, Gutachten von Hartung, Stählin, Meinecke, Brackmann, Marcks; hier: Bl. 109. Auch zit. bei SCHLEIER, Hedwig Hintze, 289.

die einen politischen Einschlag haben, überhaupt keine Habilitation mehr zustande komme.«[451]

Daß in dieser Stellungnahme des überzeugten Anti-Republikaners Hartung auch eine unterschwellige Ablehnung der »demokratisch-pazifistisch« gesonnenen Meinecke-Schüler mitschwang, legt Werner Schochows differenziertes Porträt des Historikers nahe.[452] Dagegen begründete Albert Brackmann, Mitherausgeber der *Historischen Zeitschrift* und künftiger Generaldirektor der Preußischen Staatsarchive, nach eigenem Bekunden stets bemüht, Wissenschaft und Politik zu trennen,[453] seine öffentliche Zurückhaltung mit dem Argument, daß ein Urteil über eine Person schwierig sei, mit der man durch gesellschaftlichen Verkehr und persönliche Bekanntschaft verbunden sei.[454] Die fachliche Qualifikation wurde Hedwig Hintze indes von keinem ihrer Gutachter-Kritiker abgesprochen. So urteilte etwa Brackmann, daß seine Schülerin in dieser Hinsicht die meisten der zuletzt in Berlin zugelassenen Habilitanden überrage.[455] Aber auch er schloß sich den Befürchtungen seiner Kollegen an, indem er bemerkte: »Umstritten ist nur die Originalität ihrer Auffassung und die Frage, ob sie Wissenschaft und Politik stets scharf auseinander halten wird.« So ist angesichts der erfolgreichen Habilitation Hintzes wohl Hans Schleier zuzustimmen, der darauf hingewiesen hat, daß die streitbare Historikerin nur durch die Ehe mit ihrem Mann vor dem gleichen Schicksal bewahrt wurde, das Gustav Mayer widerfahren war.[456] Nach

---

[451] Ebd., Bl. 109.
[452] WERNER SCHOCHOW, Ein Historiker in der Zeit. Versuch über Fritz Hartung (1883–1967), in: Jahrbuch für die Geschichte Mittel- und Ostdeutschlands 32 (1983), 219–250; 227. Gegenüber seinem Lehrer Fester hatte sich Hartung damit gebrüstet, Meinecke-Schüler als mögliche Rezensenten von der DLZ ferngehalten zu haben.
[453] So Brackmann an Brandi, 31.12.1933, zit. nach HEIBER, Walter Frank, 852.
[454] Brackmann, der regelmäßig im Haus der Hintzes verkehrt hatte, zog sich später zurück. Seine Gründe teilte er nach dem Tod Otto Hintzes Meinecke mit: »Ganz anders war mein Verhältnis zu Otto Hintze. Schon bei meinem Antrittsbesuch im Jahre 1922 hatte ich einen außerordentlichen starken Eindruck von ihm gewonnen, und dieser Eindruck ist geblieben, je mehr ich ihn kennen lernte. Es bahnte sich, als ich hierher berufen war, auch ein sehr reger Verkehr an. Ich erschien ziemlich regelmäßig auf den Sonnabend-Tees, bis mir allmählich die Ihnen ja wohl bekannten Verhältnisse im Hause den Besuch unmöglich machten. Ich habe das stets sehr bedauert, aber ihm natürlich niemals meine Gründe gesagt. Er wußte mit seinem feinen Empfinden sofort Bescheid und hat mir diese meine Zurückhaltung nie verübelt.« (Albert Brackmann an Friedrich Meinecke, 21.8.1941, in: NL Meinecke, Nr. 4, 354) – Zu Brackmanns Rolle im »Dritten Reich« vgl. auch MICHAEL BURLEIGH, Wissenschaft und Lebenswelt: Generaldirektor Brackmann und die nationalsozialistische Ostforschung, in: WerkstattGeschichte 3 (1994), 68–75.
[455] UAB, Phil.Fak., Nr. 1243, Bl. 111.
[456] SCHLEIER, Hedwig Hintze, 287. Mayer scheiterte bekanntlich aus politischen Gründen im

1933, als ihr in Deutschland nur noch die Spalten der von Erich Brandenburg herausgegebenen *Historischen Vierteljahrschrift* offen standen, veränderte sich ihre persönliche Situation dramatisch.[457] Auch eine am Kieler Historischen Seminar noch im Jahr der »Machtergreifung« geplante Übersetzung des Hauptwerkes von Mathiez, für deren Betreuung Otto Becker Hedwig Hintze zu gewinnen versuchte, konnte nicht mehr verwirklicht werden.[458] Schließlich beschleunigte der schwindende Einfluß Otto Hintzes innerhalb der Berliner Geschichtswissenschaft und die Aufkündigung der Zusammenarbeit durch ihren früheren Mentor Friedrich Meinecke den Diffamierungs- und Ausgrenzungsprozeß gegen die »linke« Historikerin selbst in ihrem ehemaligen Bekanntenkreis. Nach dem Tod Otto Hintzes im April 1940 hatten letztlich auch dessen Schüler in der Vertraulichkeit der Privatsphäre jede Zurückhaltung aufgegeben. Und in den Nachrufen auf Otto Hintze wurde die Bedeutung der 1912 geschlossenen Ehe für den Lebensweg des Verstorbenen bewußt übergangen.[459] Das Ressentiment gegen Hedwig

---

Habilitationskolloquium. Vgl. hierzu seinen Bericht an die Schwester Gertrud Jaspers, in: MAYER, Erinnerungen, 390f; sowie die Biographie von JENS PRELLWITZ, Jüdisches Erbe, sozialliberales Ethos, deutsche Nation: Gustav Mayer im Kaiserreich und in der Weimarer Republik, Mannheim 1998.

[457] Die *Historische Vierteljahrschrift*, 1889 von Ludwig Quidde als *Deutsche Zeitschrift für Geschichtswissenschaft* gegründet, wurde 1937 auf politischen und wirtschaftlichen Druck eingestellt. Vgl. hierzu die ausführliche Schilderung bei HEIBER, Walter Frank, 308ff; sowie CATHRIN FRIEDRICH, Erich Brandenburg – Historiker zwischen Wissenschaft und Politik, Leipzig 1998, 117 ff. – In der HVJS erschienen aus der Feder Hintzes noch wichtige Rezensionen der Werke Georges Lefebvres: zunächst dessen »La grande peur de 1789« (Paris 1932) sowie die »Collection de Documents inédits sur l'histoire économique de la Révolution française« (Strasbourg 1932), beide in: HVJS 29 (1935), 204; 622-623.

[458] Otto Becker an Hedwig Hintze, 17.2.1933, in: NL Becker, Nr.19. Erschienen ist Mathiez' Geschichte der Französischen Revolution 1940 in Zürich in einer Edition der (emigrierten) Büchergilde Gutenberg. In Deutschland kam das dreibändige Hauptwerk des Historikers zehn Jahre später auf den Markt – ohne Vorwort des Herausgebers und (anonym gebliebenen) Übersetzers. Otto Becker war, soweit ersichtlich, der einzige Historiker in der Bundesrepublik, der sich nach dem Zweiten Weltkrieg nach dem Schicksal Hedwig Hintzes erkundigte. 1953 fragte er diesbezüglich bei Willy Andreas an, der aber in seiner Antwort die Frage geflissentlich überging. (Otto Becker an Willy Andreas, 9.5.1953, in: GLAK, NL Willy Andreas, Nr.837; Willy Andreas an Otto Becker, 15.5.1953, in: BAK, NL Otto Becker, Nr.68). Den Hinweis auf die Briefe verdanke ich Tobias Kaiser.

[459] So etwa im Nachruf aus der Feder Fritz Hartungs, der sich gegenüber Richard Fester dazu bekannte, die Ehe Otto Hintzes absichtlich verschwiegen zu haben. Vgl. FRITZ HARTUNG, Otto Hintze, in: FBPG 52 (1941), 199-233; ähnlich auch HEINRICH OTTO MEISNER, Otto Hintzes Lebenswerk (27. August 1861-25. April 1940), in: HZ 164 (1941), 66-90. Hedwig Hintzes letzter, ein Tag nach dem Tod ihres Mannes im holländischen Exil geäußerter Wunsch, daß ihr Name mit dem ihres Mannes »zusammen weiterleben« solle, konnte sich angesichts der Feindschaft ihrer ehemaligen Kollegen nicht erfüllen. Vgl. BRIGITTA OESTREICH, Hedwig Hintze geborene

Hintze, das ebenso der Frau im Wissenschaftsbetrieb und der Historikerin mit sozialistischen Überzeugungen wie der »Jüdin« galt,[460] spiegelt sich exemplarisch in den Äußerungen Fritz Hartungs wider. Dieser war seinem Lehrer Otto Hintze auf dessen Berliner Lehrstuhl gefolgt und hatte den von ihm Verehrten in dessen letzten Lebensmonaten des öfteren besucht – was ihn nicht daran hinderte, nur kurz nach dessen Tod folgenden Brief an den überzeugten Nationalsozialisten Richard Fester zu schreiben:

»Ich glaube, daß er [Otto Hintze, S.K.] die Anbeterin von Aulard nie geheiratet haben würde. Aber sie hat sich zunächst mit der Anpassungsfähigkeit ihrer Rasse ganz als hingebende Schülerin gezeigt und seine Ideen aufgenommen; auch hat wohl weniger er sie als vielmehr sie ihn geheiratet. Ihr Gedanke war dabei wohl, eine Rolle in Hintzes gelehrtem ›Salon‹ zu spielen, den sie mit offenen Nachmittagen groß und elegant aufzog. Als Hintze krank wurde, ist sie dann geistig ihre eigenen Wege gegangen, zu Aulard und Henri Sée, politisch ganz zur Demokratie und zum Pazifismus. Er ist, als er sich seit 1922 wieder allmählich erholte und auf sich selbst besann, diesen Weg nicht mitgegangen und hat gelegentlich in ihrer Gegenwart sich sehr ablehnend zu ihren Ideen geäußert. Seit 1933 war sie meist getrennt von ihm, zuletzt lebte sie in Holland, wo sie auch heute noch ist. Hintzes Freunde und Schüler haben ihr nie verziehen, daß sie, statt ihrem Mann bei seinen Arbeiten zu unterstützen, lieber eigene Artikel schrieb und ihn allein ließ, selbst als sie noch bei ihm wohnte. Er selbst hat aber nie ein Wort darüber fallen lassen.[461]

Daß Otto Hintze die politischen Überzeugungen seiner Frau keinesfalls pauschal zurückgewiesen, sondern sich diesen immer mehr angenähert und sich streckenweise auch mit ihnen identifiziert hat, ist von seinen konservativ und antidemokratisch gesinnten Anhängern wohl bewußt unterschlagen worden. Denn sogleich nach dem Erscheinen der Habilitationsschrift seiner Frau hatte Otto Hintze in einer Rezension der ›Verfassungslehre‹ Carl Schmitts die Überzeugung vertreten:

»Die sonderbaren Schwärmer unter den deutschen Historikern, die es noch heute entrüstet von sich weisen, unser politisches Denken durch das Beispiel des republika-

---

Guggenheimer (1884–1942). Wie wurde sie Deutschlands erste bedeutende Fachhistorikerin? In: AnnTrento 22 (1996), 421–432. Hartung war, wie Oestreich und Schochow zurecht unterstreichen, kein »ideologischer Antisemit«.

[460] So übereinstimmend SCHLEIER, Hedwig Hintze, 290; und OESTREICH, Hedwig und Otto Hintze, 399. Hedwig Hintze fand zu keiner Zeit die Unterstützung, die andere »jüdische« Kollegen wie Hans Herzfeld oder Hans Rothfels erfahren haben. Wie Hartung berichtete, hatte er aufgrund der »jüdischen Versippung« Otto Hintzes mit behördlichen Schwierigkeiten zu kämpfen, die der von ihm geplanten Herausgabe seiner gesammelten Schriften noch im Weg gestanden haben. In dieser Perspektive verlieren die Worte Hartungs, wie Oestreich zurecht bemerkt, etwas von ihrer Härte.

[461] BAK, NL Fester, Nr. 246, Bl. 115–116: Fritz Hartung an Richard Fester, 22.12.1940.

nischen und demokratischen Frankreich seit der großen Revolution befruchten zu lassen, könnten durch das Studium dieses durch leidenschaftslose Sachlichkeit ebenso wie durch Geist und Gründlichkeit ausgezeichneten Buches lernen, in welchem Maße sich unser öffentliches Leben tatsächlich den Formen des französischen angepaßt hat. Wenn wir dabei von dem nationalpolitischen Ethos der Franzosen nur so wenig abbekommen haben, so liegt das allerdings nicht bloß an unserer unglücklichen politischen Entwicklung, sondern vor allem auch an den ungesunden Existenzbedingungen, unter denen wir zu leben gezwungen sind, ganz besonders auch infolge des Versailler Friedensvertrages ...«[462]

Wenn sich die Feindschaft gegenüber Hedwig Hintze aus dem Umfeld der Schüler ihres Mannes zweifellos verhängnisvoll auf die langfristige Verdrängung Hedwig Hintzes aus dem kollektiven Gedächtnis der »Zunft« ausgewirkt hat – so hat die Historikerin keinen Nachruf in der HZ erhalten – sind nach 1933 dennoch einige Reaktionen auf ihr Hauptwerk und Spuren der Lektüre ihrer Schriften erkennbar. So wurde Hintzes Darstellung der Entwicklung des französischen Zentralismus mit Kleo Pleyer ausgerechnet von einem überzeugten Nationalsozialisten aufgegriffen, der wohl wie kaum ein anderer Vertreter aus dem Umfeld der »Volksgeschichte« dem von Walter Frank propagierten Typus des »kämpfenden Historikers« entsprach.[463] In seiner 1935 erschienenen und ein Jahr zuvor von Hermann Oncken als Habilitationsschrift angenommenen Arbeit »Die Landschaft im neuen Frankreich. Stammes- und Volksgruppenbewegung im Frankreich des 19. und 20. Jahrhunderts« wendete Pleyer die von einer verfassungsgeschichtlichen Fragestellung ausgehenden Studien Hintzes in eine völkisch-rassistische Perspektive, ohne die Historikerin direkt anzugreifen: in eine »Sicht aus Blut und Boden«, aus der die staatliche Einheit Frankreichs jetzt hinsichtlich ihrer ethnisch-rassischen Homogenität hinterfragt wurde.[464] Mög-

---

[462] OTTO HINTZE, Rez. von: Carl Schmitt, Verfassungslehre, München 1928, in: HZ 139 (1929), 562–568; 563 f. Später hat sich Otto Hintze deutlich von Schmitt distanziert. Vgl. hierzu den von SCHOCHOW, Ein Historiker in der Zeit, 231, zitierten Brief an Fritz Hartung vom April 1935.

[463] Zu Pleyer vgl. OBERKROME, Volksgeschichte, 190 ff; sowie ausführlich HEIBER, Walter Frank, 389 ff. Von Johannes Haller promoviert, wurde Pleyer (1898–1942), Mitglied des Reichsinstituts für Geschichte des neuen Deutschlands, 1934 Dozent an der Berliner Universität. Drei Jahre später wurde er, nachdem sich eine Professur in Berlin nicht durchsetzen ließ, Nachfolger von Hans Rothfels auf dem Königsberger Lehrstuhl. 1939 folgte er einem Ruf an die »Deutsche Alpen-Universität« Innsbruck. 1942 ist Pleyer, »Kämpfer in Leben und Forschung«, in Rußland gefallen. Vgl. hierzu den Nachruf von THEODOR SCHIEDER, Kleo Pleyer zum Gedächtnis, in: Jomsburg 6 (1942), 133–137.

[464] Pleyer beruft sich vielmehr ausgiebig auf die grundlegenden Ausführungen Hintzes über die Vielfalt der Regionen im alten Frankreich. Vgl. DERS., Die Landschaft im neuen Frankreich, 45, 49, 60, 67, 89, 219.

lich ist, daß Pleyer 1926 als Assistent Max Hildebert Boehms am Berliner Institut für Grenz- und Auslandsstudien Kenntnis von Hintzes Arbeiten genommen hat. Im *Jahrbuch* des 1919 gegründeten »Deutschen Schutzbundes für das Grenz- und Auslandsdeutschtum« hatte Hintze ein Jahr zuvor einen Artikel zum französischen Regionalismus veröffentlicht, der allerdings der einzige Beitrag der Historikerin für dieses völkische Organ bleiben sollte.[465] Gemeinsame Basis dieser ungewöhnlichen Mitarbeit dürfte die von beiden Seiten von einem diametralen politischen Standpunkt aus unternommene Entmythologisierung der These von der historischen Einheit Frankreichs gewesen sein – ein Vorhaben, das rechtskonservativen Kreisen in Deutschland Raum für völkische (Um-)Deutungen bot. Die Idee von der Zurückweisung der französischen »Lieblingsvorstellung von der Einheit Frankreichs« stellte laut Helmut Heiber einen zentralen programmatischen Bestandteil des mit dem »Schutzbund« in enger Verbindung stehenden »Vereins für das Deutschtum im Ausland« (VDA) dar.[466]

Kleo Pleyer, der mit finanzieller Hilfe der »Deutschen Notgemeinschaft« seit 1928 immer wieder Forschungsreisen nach Frankreich unternahm, »um den französischen Regionalismus zu studieren«,[467] und der über eine erstaunlich breite Kenntnis der neueren französischen Literatur verfügte, wollte sich erklärtermaßen nicht mehr auf eine »Abfolge verfassungspolitischer Forderungen und Erfolge der neuen landschaftlichen Mächte« beschränken.[468] Eine »gesellschaftsgeschichtliche« Darstellung hatte nach seiner Ansicht nunmehr »volkhafte Kraftbildungen« und »Lebensäußerungen« ebenso zu berücksichtigen wie verfassungsgeschichtliche Vorgänge. Seine Darstellung sei daher »weder von einem konservativen oder liberalen, noch von einem demokratischen oder sozialistischen Parteistandpunkt aus geschrieben, sondern vom Blickpunkt des völkischen Lebens.«[469] Die französische Geschichte erschien dem »Grenzkämpfer« Pleyer folglich als ewiger Dualismus zwischen romanisch-zentripetalen und germanisch-zentrifugalen Kräften.[470]

---

[465] Volk unter Völkern. Jahrbuch des Deutschen Schutzbundes 1 (1925), 349–367. Zum »Schutzbund« OBERKROME, Volksgeschichte, 25 ff.

[466] HEIBER, Walter Frank, 390. Eine ideologische Verwandtschaft mit rechtsgerichteten, traditionellen regionalistischen Strömungen in Frankreich entdeckten auch einige Nazi-Romanisten. Vgl. dazu FRANK-RUTGER HAUSMANN, »Aus dem Reich der seelischen Hungersnot«: Briefe und Dokumente zur romanistischen Fachgeschichte im Dritten Reich, Würzburg 1993, 58 ff; DERS., »Vom Strudel der Ereignisse verschlungen«. Deutsche Romanistik im »Dritten Reich«, Frankfurt a. M. 2000.

[467] WALTER FRANK, Kleo Pleyer, Ein Kampf um das Reich, in: HZ 166 (1942), 507–533; 534.

[468] PLEYER, Landschaft, 2 f.

[469] Ebd.

[470] Vgl. OBERKROME, Volksgeschichte, 205 f; PLEYER, Landschaft, 26 ff.

In diesem Verständnis deutete er etwa das von Hintze mit republikanischem Pathos geschilderte Föderationsfest von 1790 als »Schaubild germanisch-genossenschaftlichen Reichsaufbaus«.[471] Pleyers Absicht, mit der »landläufigen Vorstellung von der französischen Einheit und Freiheit aufzuräumen«, ging einher mit einer konsequenten Ablehnung des französischen »Staats- und Kulturzentralismus«, der in seinen Augen zu einer »egalitär-zentralistischen Erstarrung« des Nachbarlandes geführt hatte. So kam er bereits zu Beginn seiner Untersuchung zu dem Ergebnis, daß »mehr als die Hälfte des französischen Staatsgebietes« aus »ursprünglich nichtfranzösischem Volksboden« bestehe.[472] Wie Theodor Schieder 1942 in seinem apologetischen Nachruf zutreffend hervorhob,[473] hatte Pleyer im Ancien Régime und in der Revolution die föderative Grundstruktur Frankreichs gesucht. Pleyer sei zu dem richtigen Ergebnis gelangt, daß erst die Wende von 1793 die zentralistischen Bestrebungen endgültig entschieden und Staat und Nation auf das Zentrum Paris ausgerichtet hätten. Trotz dieses diskussionswürdigen Teilbefundes waren Pleyers Schilderungen neben rassistischen und antisemitischen Ausfällen jedoch durch zahlreiche historische Fehlurteile und ideologische Verzerrungen geprägt.[474] So stellte Pleyer den Föderalismus als »germanische« Erscheinung dar, während der Zentralismus als typisch »romanische Ordnung« auf Ablehnung traf. Übertragen auf die französische Staatsordnung beinhaltete dieses Schema eine Bejahung der Stammes- und Volksgruppen bei gleichzeitiger Ablehnung von Paris als »Hauptherd des französischen Militarismus, Chauvinismus, Imperialismus.«[475] Gleich Rom sei Paris »unersättlich in seiner Sucht« gewesen, »sich über den Erdteil und Erdkreis zu erheben.« Welche politischen Folgerungen ergaben sich aus der Sicht Pleyers für die Gegenwart? Der Verfasser sieht angesichts der von ihm konstatierten vielfältigen »Volksgruppen- und Landschaftsbewegungen« nicht nur den französischen Nationalstaatsgedanken überhaupt in Frage gestellt, sondern eine Gefährdung für den europäischen Frieden:

»Ein Staat aber, der mit den völkischen, stammheitlichen, landschaftlichen Eigenwesen nichts anderes anzufangen versteht als sie auszutilgen, ein solcher Staat ist nicht

---

[471] PLEYER, Landschaft, 65.
[472] Ebd., 8.
[473] Wie Anm. 463.
[474] So bezeichnete Pleyer die jakobinische Bewegung als »Gegenrevolution« (68; passim). Auch die Überbewertung separatistischer Tendenzen stieß auf Kritik und Widerspruch. Vgl. HEIBER, Walter Frank, 390.
[475] PLEYER, Landschaft, 388 f. Nach der deutschen Besetzung Frankreichs hatte die Vichy-Regierung vergeblich versucht, die Départements zugunsten der alten Regionen aufzulösen. Vgl. HEINZ-GERHARD HAUPT, Sozialgeschichte Frankreichs seit 1789, Frankfurt a. M. 1989, 105.

nur von Übel für das eigene Land, er ist ein Herd des Unheils für einen Erdteil von so reicher völkischer Mannigfalt, wie sie Europa sehr durcheinandergewirkt besitzt. Indem Paris den zentralistischen Einheitsstaat und künstlichen Nationalstaat als politisches Schönheitsideal hinstellte, führte es über den Kontinent unsäglich viel völkisches Elend herauf.«[476]

Die Wurzeln der europäischen »Volksgruppennot« meinte Pleyer auf die Ideen von 1793 und somit auf ein »übersteigertes Nationalstaatsprinzip« zurückführen zu müssen, unter dem »völkische Minderheiten« im Europa von Versailles unterdrückt und ihres Selbstbestimmungsrechts beraubt würden.[477] Als Richtbild der Zukunft empfahl der sudetendeutsche Historiker, der die Darstellung deutscher Vergangenheit als »totale Mobilmachung aller historischen Lebenskräfte der Nation«[478] und den Deutschen als »Vorkämpfer« für die »völkischen Freiheitsbewegungen« begriff, daher das deutsche »Volksgruppenrecht«. Seine Hoffnung setzte er in den Nationalismus der Führer der *Action française*, von denen er sich einen neuen föderativen Staatsaufbau Frankreichs versprach.[479] Den dort beobachteten »Volksgruppenkampf« der Gegenwart begriff Pleyer folgerichtig nur als »Teil des großen Nationalitätenkampfes, den vierzig Millionen Menschen im Europa von Versailles führen müssen, voran sechzehn Millionen gefährdete Deutsche außerhalb der reichsdeutschen Staatsgrenzen.«[480] Der von Pleyers »akzentuiert expansionistischer Geschichtsdarstellung«[481] bewirkte außenpolitische Flurschaden hatte sogleich nach Erscheinen seines Buches dazu geführt, daß dieses auf Veranlassung des Auswärtigen Amtes noch im Januar 1936 eingezogen und erst 1940 freigegeben wurde.[482] Die zuvor im Propagandami-

---

[476] PLEYER, Landschaft, 395.
[477] Ebd., 396. »Eine völkische Minderheit«, so Pleyer, sei eine »Volksgruppe, die von der andersvölkischen zentralparlamentarischen Mehrheit vergewaltigt« werde und die »im Rahmen des formaldemokratischen Pseudo-Nationalstaates à la Frankreich keinen Bereich eigenvölkischer Selbstverwaltung und Selbstbestimmung« habe.
[478] OBERKROME, Volksgeschichte, 190.
[479] PLEYER, Landschaft, 218 ff. »Dezentralisierung«, »Föderalismus«, »Selbstverwaltung« und »Landschaft« fungieren bei Pleyer undifferenziert als Leitbilder einer »germanischen Genossenschaftsidee«, während der Zentralismus als romanisches Prinzip durchgehend abgelehnt wird. Die Frage, ob eine genossenschaftliche Staatsordnung noch möglich sei, hing für Pleyer demnach vom Anteil der »germanischen Kräfte« in Frankreich ab.
[480] Ebd., 397.
[481] Vgl. SCHÖNWÄLDER, Historiker und Politik, 116.
[482] Vgl. hierzu ausführlich HEIBER, Walter Frank, 389 ff. KARLHEINZ WEIßMANN verstieg sich 1995 zu der unhaltbaren These, daß »auch die Arbeiten von entschieden nationalsozialistischen ›Volkshistorikern‹ wie Kleophas Pleyer oder Harold Steinacker nicht ohne wissenschaftlichen Wert« seien. Vgl. Ders., Der Weg in den Abgrund. Deutschland unter Hitler 1933 bis 1945, Berlin 1995 (= Propyläen Geschichte Deutschlands, Bd. 9), 217.

nisterium geführten Diskussionen um die wissenschaftliche Haltbarkeit seiner Thesen waren mit Kriegsbeginn gegenstandslos geworden. Als akute Bedrohung hatte man Frankreich, das viele im nationalsozialistischen Deutschland als ein im Niedergang oder bestenfalls als ein in traditioneller Erstarrung begriffenes Land geringschätzten, jedoch seit geraumer Zeit nicht mehr empfunden.[483]

Spuren einer eindeutig ablehnenden Rezeption Hintzes lassen sich nach 1933 insbesondere bei jenen konservativen Revolutionsinterpreten nachweisen, die wie Gisbert Beyerhaus ihr Augenmerk auf die historiographische Tradition gegenrevolutionärer und nationalistischer Strömungen in Frankreich seit 1789 richteten. In seinem für die Rezeption der französischen Revolutionshistoriographie nach 1933 höchst aufschlußreichen Beitrag über »Die konservative Staatsidee in Frankreich und ihr Einfluß auf die Geschichtswissenschaft«[484] erläuterte der Breslauer Historiker und Schüler Aloys Schultes zunächst die geistigen Wurzeln der französischen Rechten. Diese teilte er mit der gegenrevolutionären Bewegung um de Maistre und Bonald sowie dem ›integralen Nationalismus‹ um die *Action française* in zwei unterschiedliche Strömungen ein. Besonderes Interesse galt hier aber der politischen Prägung Taines, in dem sich Beyerhaus zufolge der Übergang der konservativen Staatsidee auf die Geschichtswissenschaft vollzogen habe: »Die jungkonservativen Kräfte in Frankreich erlebten an den Origines vor allem den kühnen Durchstoß in die Wirklichkeit, die Vernichtung der Phrase und des Klischees, die Befreiung von der revolutionären Legende.«[485] Dagegen handelte es sich nach Beyerhaus bei Aulards Hauptwerk um die »Ausarbeitung einer parteiamtlichen Geschichtsdogmatik« im Interesse der Dritten Republik. Mit der von Aulard verfolgten »Vernichtung« Taines sah Beyerhaus die Stunde der »jungen Konservativen« in Frankreich gekommen, die einen »Prozeß der Reinigung und Selbstbesinnung in Angriff« nahmen, den der Breslauer Historiker nun nachzuzeichnen beabsichtigte. Seine Ausführungen wären in diesem Zusammenhang nicht von Interesse, handelte es sich hierbei lediglich um einen weiteren Versuch, Taine gegen eine als Fälschung gedeutete Geschichtsinterpretation Aulards und seiner Nachfolger zu reha-

---

[483] So der Befund von WOLFGANG GEIGER, L'image de la France dans l'Allemagne nazie 1933–1945, Rennes 1999.

[484] HZ 156 (1937), 1–23. Beyerhaus (1882–1960) habilitierte sich 1920 in Bonn mit einer Arbeit über »Kants Programm der Aufklärung«. 1932 wurde er ordentlicher Professor in Breslau. Angaben zum Lebenslauf bei WOLFGANG WEBER, Biographisches Lexikon zur Geschichtswissenschaft in Deutschland, Österreich und der Schweiz. Die Lehrstuhlinhaber für Geschichte von den Anfängen des Faches bis 1970, Frankfurt a. M. 1984, 46 f.

[485] BEYERHAUS, Die konservative Staatsidee, 4.

bilitieren. Aufmerksamkeit verdient der Beitrag von Beyerhaus auch nicht allein durch den Versuch eines entschieden konservativen, dem NS-Regime nahestehenden deutschen Historikers, nach 1933 eine Rezeption der revolutionsfeindlichen französischen Historiographie in Deutschland einzuleiten. Vielmehr zeichnet sich hier der Beginn einer verspäteten Rezeption des Werkes von Augustin Cochin ab, jenes konservativ-katholischen Gelehrten, den die deutsche Rechte nach Taine nun als Wortführer einer in Frankreich gegen die Deutungshoheit der republikanischen Geschichtsschreibung gerichteten Interpretationsrichtung zu vereinnahmen suchte.[486] So wurde Hintze unterstellt, in ihren Arbeiten Cochin als Führer der Aulard-Opposition bewußt übergangen zu haben. Beyerhaus zufolge hatte Hintze in ihrer Einleitung Aulards von 1924 statt einer »sachlichen Orientierung über das Kräfteverhältnis der wissenschaftlichen Strömungen in Frankreich« eine pauschale Verurteilung der politischen Gegner Aulards vorgenommen.[487]

In Deutschland blieb die Rezeption des Historikers Augustin Cochin jedoch nicht auf seine Rolle als politischer Widerpart zur republikanischen Historiographie unter der Führung Aulards beschränkt. In ihm, der erst 1903 zur Revolutionsgeschichte gekommen und 1916 im Alter von 39 Jahren gefallen war, sahen Anhänger einer konservativen, dezidiert antirepublikanischen Geschichtsschreibung auch den Vertreter einer neuen, soziologisch verfahrenden Revolutionsforschung. Sein Name stand für einen radikalen Bruch mit der universitären, quasi offiziösen französischen Revolutionshistoriographie. Bereits 1929 hatte ein aufmerksamer Kritiker in einer Rezension von Hedwig Hintzes Hauptwerk auf die Bedeutung Cochins für die Erklärung der Dynamik der Französischen Revolution hingewiesen.[488] Wie der Rezensent in der katholischen Tagespresse an Hedwig Hintzes Buch bemängelte, bliebe ihre Erklärung der Parteigegensätze in der Revolution durch Klassendifferenzen unvollständig und der Konflikt zwischen Berg und Gironde in seiner soziologischen Basis folglich unverständlich.[489] Durch

---

[486] Der in Frankreich herrschenden Revolutionshistoriographie warf Beyerhaus vor, für 25 Jahre »das Sittengesetz außer Kraft« gesetzt und durch Absetzung von Kausalitäten einen revolutionären Mythos geschaffen zu haben. (Ebd., 7)
[487] Ebd., 8.
[488] So der Rezensent des in Berlin erscheinenden Zentrumblattes *Germania. Zeitung für das deutsche Volk* B. Histermann in der Ausgabe vom 14.7.1929. Die Rezension fand sich im Den Haager Teilnachlaß Hintzes. Die Identität des Rezensenten konnte nicht geklärt werden.
[489] Histermanns Kritik bezog ausdrücklich die Geschichtsschreibung Adalbert Wahls ein, der aus Gründen politischer Übereinstimmung Cochin wohl zur Kenntnis genommen, dessen soziologische Methode jedoch scharf zurückgewiesen hatte. Vgl. ADALBERT WAHL, Rez. von: Augustin Cochin, La Crise de l'histoire révolutionnaire: Taine et M. Aulard, Paris 1909, in: HZ 104 (1910), 681–682.

die bei Hintze anzutreffende »Verfilzung« von Ideologie und historischer Realität sei ein »primitives Revolutionsbild« entstanden. Tatsächlich findet sich in Hintzes Werk, das in erster Linie der *défense republicaine* (Augustin Cochin) verpflichtet war, in dem jedoch mitnichten ein »primitives« Bild entworfen wurde, kein Hinweis auf die von Cochin untersuchten »Sociétés de pensée«. Am Beispiel der Bedeutung dieser »Denkgesellschaften« für die Durchsetzung aufklärerischen Gedankenguts im vorrevolutionären Frankreich hatte Cochin im Gegensatz zu seinen Vorgängern nunmehr das eigentliche Wesen und den Mechanismus der Jakobinerherrschaft zu entschlüsseln gesucht.[490]

Augustin Cochin erscheint Beyerhaus nun als »der Berufenste im Namen der jungkonservativen Generation«, der 1909 mit seiner Schrift »La crise de l'histoire révolutionnaire: Taine et M. Aulard« in den laufenden Streit eingegriffen habe, um die Autorität des Historikers Taine wiederherzustellen, ohne sich aber dessen Geschichtsinterpretation zu eigen zu machen. Was Taine noch durch eine Psychologie des Jakobinismus erklären wollte, habe später, wie Beyerhaus mit Cochin zu zeigen versucht, der Vertiefung durch verfeinerte Methoden bedurft: »Ce n'est point la psychologie du jacobin qui sera le dernier mot de l'énigme révolutionnaire; ce sera la sociologie du phénomène démocratique.«[491] Mit Cochin sei gegen die bisherige »kollektivistische Verfälschung« der Geschichte »das Jakobinertum seines nationalen Nimbus entkleidet und in seiner krassen Wirklichkeit« gesehen worden: »das Ungeheuer des abstrakten logischen Fanatikers, der abwechselnd Anarchie und Despotismus hervorruft, der die Tradition bald zerschlägt, bald in einem tausendjährigen Reich die Tradition neu begründen möchte.«[492] Cochins »Schlag gegen die [französische] Linke« habe angeblich auch die »deutsche Demokratie«, die Beyerhaus in Hedwig Hintze personifiziert, »in seiner ganzen Wucht« empfunden.

Über diese Bemerkung hinaus manifestiert sich bei Beyerhaus, der sich wenige Jahre später am nationalsozialistischen »Kriegseinsatz der Geisteswissenschaften« beteiligen sollte,[493] eine ausgeprägte Aversion gegen die de-

---

[490] Wiederentdeckt wurde das Werk Cochins in den siebziger Jahren vor allem von FRANÇOIS FURET: Augustin Cochin; die Theorie des Jakobinismus, in: Ders., 1789 - Jenseits des Mythos, Hamburg 1989, 182-227; 246-250 (Übers. von: »Penser la Révolution Française«, Paris 1978). Vgl. auch FRED E. SCHRADER, Augustin Cochin et la République française, Paris 1992.

[491] BEYERHAUS, Die konservative Staatsidee, 8.

[492] Ebd.

[493] GISBERT BEYERHAUS, Die Europa-Politik des Marschalls Foch (Das Reich und Europa. Hg. Theodor Mayer/Walter Platzhoff, Bd. 1, Leipzig 1942). Zum »Kriegseinsatz« FRANK-RUTGER HAUSMANN, »Deutsche Geisteswissenschaft« im Zweiten Weltkrieg. Die »Aktion Ritterbusch« (1940-1945), Dresden/München 1998.

mokratischen Ideale der Französischen Revolution. Wenn er gleichzeitig bestrebt war, sich als ein gegenüber neuen methodischen Verfahren der französischen Revolutionsforschung aufgeschlossener Historiker zu präsentieren, muß diese Antipathie berücksichtigt werden. Zweifellos beschreibt er Cochins Forschungen und intellektuelle Prägungen, insbesondere durch Durkheim und Ostrogorski, zutreffend. Während Aulard noch mit anonymen Größen gearbeitet habe, habe Cochin anhand seiner Untersuchung der »Denkgesellschaften« der soziologischen und parteigeschichtlichen Forschung neue Perspektiven eröffnet. Treffend charakterisiert Beyerhaus auch den französischen Historiker als Initiator einer problemorientierten Revolutionshistoriographie, die sich nicht mehr mit der bloßen Feststellung und Rekonstruktion des revolutionären Wandels begnügt, sondern nach den tieferen Kausalitäten fragt.[494] So genüge es, betont Beyerhaus,

»das Bild der Vorgeschichte bei Aulard und Cochin Zug für Zug zu vergleichen, um den wesentlichen Fortschritt in der Erkenntnis festzustellen. Bei Aulard scheint alles klar und abgeschlossen. Es gibt keine Probleme mehr. Bei Cochin ist die Erstarrung aufgelöst in einen strömenden Fluß von neuen Fragen und Erkenntnissen.«[495]

Die Französische Revolution, die Cochin wie Aulard und Taine als »Einheit« auffaßt, erscheint nicht mehr als spontane Volkserhebung oder als Werk des Volkswillens. Sie ist eine von Anfang bis Ende vorbereitete und damit künstliche Schöpfung. Den philosophischen Gesellschaften, den »Sociétés de pensée«, denen Cochin sein einziges, posthum veröffentlichtes Buch »Les sociétés de pensée et la Révolution en Bretagne« gewidmet hat,[496] kam dabei die zentrale Rolle als praktischer »Erprobungsstätte« der Demokratie im modernen Sinn zu; »der Erfindung der demokratischen Politik als nationaler Ideologie.«[497] Diese stellten den »Nährboden einer neuen politischen Legitimität« dar (Roger Chartier), die mit dem monarchischen System unvereinbar war. Ausgehend von den ›philosophischen Gesellschaften‹ entwickelt Cochin eine neue These des Jakobinismus. Dieser wird fortan weder als Ideologie oder Verschwörung, sondern als Gesellschaftstypus gedeutet, des-

---

[494] Die Tatsache, so Beyerhaus, daß z.B. in der Bretagne »eine christliche und königstreue Bevölkerung binnen 10 Monaten sozusagen vom Feudalsystem zu einer Art reiner Demokratie überging, erfordert eine tiefere Erklärung.« Es gehöre »zum eindringlichsten der französischen Forschung, wie Cochin die bretonischen Listen und Protokolle, z.T. öde Verwaltungsakten, mit Blut und Leben zu erfüllen« vermochte. (Ebd., 11; 13)

[495] Ebd., 13.

[496] Erschienen Paris 1925. Vgl. hierzu ausführlich FURET, Augustin Cochin, 183ff; sowie ROGER CHARTIER, Die kulturellen Ursprünge der Französischen Revolution, Frankfurt a.M./New York 1995.

[497] REICHARDT/SCHMITT, Die Französische Revolution, 317.

sen »Mechanismus« aufzudecken ist: nach Beyerhaus ein »unbewußtes Gesetz, dem jede revolutionäre Führerschicht gehorchen muß.« Die Demokratie erscheint folglich nicht mehr als Garant einer wirklichen, meßbaren Gleichheit, sondern als »politisches System« (François Furet), das vielmehr auf die abstrakte Gleichheit der Individuen zielt, und, wie Beyerhaus betont, in der »Vernichtung des Heterogenen« seine konkrete Gestalt annimmt.[498] So haben die revolutionären Klubs im Anschluß an die ›philosophischen Gesellschaften‹ mittels eines Ausleseverfahrens (*épuration*) eine Homogenität der Versammelten erzielt. Bereits vor 1793 habe somit eine »*terreur sèche*« existiert. Eine ›philosophische Gesellschaft‹ diente also nicht der tatsächlichen Delegierung von Verantwortung, sondern zielte auf die Herstellung einer einmütigen Meinung – eine neue Politik kollektiven Zwangs, an deren Ende ein Modell der reinen Demokratie errichtet wird.[499] Der Jakobinismus ist daher als die »französische Variante« einer politischen und gesellschaftlichen Ordnung zu begreifen, in der nicht wirkliche Führer agieren, sondern in der die vermeintlichen Führer manipuliert werden: Danton und Robespierre sind nach Cochin weniger jakobinische Führer, sondern die für das Funktionieren des Systems unabdingbaren »Marionetten«, oder, wie Furet formuliert, »Produkte des Jakobinismus«.[500] Eine einmal erreichte, »sozialisierte« Wahrheit ist nun dazu berufen, sich auf die ganze Gesellschaft und schließlich auf den Staat auszudehnen. Diese Transformation der »reinen Demokratie« von einer geistigen zu einer politischen Macht stellt für Cochin die Französische Revolution dar. Der Ursprung der Revolution ist folglich in einer politischen Dynamik begründet, die von einer neuen, egalitären Legitimität ausgeht, mittels derer die traditionelle, auf Ungleichheit gegründete und in Interessengruppen gespaltene Gesellschaft abgelöst wird.[501]

Die für Cochins Historiographie maßgebliche, methodologisch zukunftsweisende Differenzierungslinie ist Beyerhaus, der Cochin wie Fagniez und Bainville vornehmlich »im Geist der konservativen Staatsidee« betrachtete und hinsichtlich ihres antidemokratischen Affekts vereinnahmte, verborgen geblieben.[502] Denn Cochins Geschichtsschreibung bedeutete, wie Furet ge-

---

[498] BEYERHAUS, Die konservative Staatsidee, 12.
[499] FURET, Augustin Cochin, 194 ff.
[500] Ebd., 197; BEYERHAUS, Die konservative Staatsidee, 12. Die Revolution, schreibt Furet, ist »weniger Aktion als Sprache, und mittels dieser Sprache, dem Ort der Übereinstimmung, prüft die Maschine die Menschen; die jakobinischen Führer sind eher das Sprachrohr der Ideologie, als daß die Ideologie ihr Sprachrohr wäre.«
[501] FURET, Augustin Cochin, 199 f.
[502] Während Beyerhaus bei Fagniez den gegen die Dritte Republik gerichteten Blickwinkel hervorhebt, entdeckt er bei Bainville Affinitäten zu preußisch-militärischem Denken: »Aber gerade dem militärischen und realistischen Deutschland entnahm er ... die stärksten Antriebe. Die

zeigt hat, einen fundamentalen Bruch mit der bis dahin in zwei politische Lager gespaltenen Revolutionsforschung. So hatte Cochin gefordert, von den Erklärungen der historischen Akteure Abschied zu nehmen und statt dessen zwischen dem »Erlebten« und der »kritischen Überprüfung des Erlebten« zu unterscheiden – eine von apologetischen oder anklagenden Motiven abweichende Differenzierung, die die Revolutionsforschung tatsächlich in zwei Lager spaltete: in eine kritische Geschichtsschreibung, die »gegenüber dem Erlebten der begrifflichen Analyse den Vorzug gibt und für die Tocqueville das beste Beispiel liefert, und einer beschreibenden Geschichte, bei der es um die Vorstellungen der Teilnehmer des Geschehenen geht und die daher ebensogut rechts- wie linksgerichtet, aristokratisch wie jakobinisch, liberal wie linksradikal sein kann.«[503] Den mit dem Werk Cochins markierten Trennungsstrich sieht Furet daher in der Ablösung einer »Historiographie der Nation« durch eine »Historiographie der Gesellschaft«.[504] Diese Unterscheidungslinie ist bei Beyerhaus nicht anzutreffen. Obwohl sowohl Hedwig Hintze als auch Gisbert Beyerhaus den Wert und die zukünftige Bedeutung soziologischer Fragestellungen für die Erforschung der Französischen Revolution erkannt und auch betont haben,[505] stehen sich ihre politischen Bezugssysteme unvereinbar gegenüber. Auf den gescheiterten Versuch Hedwig Hintzes, die demokratischen Wertvorstellungen der »Ideen von 1789« in Deutschland zu vermitteln und damit einen Beitrag zur Stabilisierung von Weimar zu leisten, folgte eine im Kontext der »Konservativen Revolution« anzusiedelnde und explizit gegen eine aufklärerische Geschichtswissenschaft gerichtete Historiographie, die ihr antidemokratisches und antiliberales Selbstverständnis auch aus einer Rezeption monarchistisch-reaktionärer Traditionsbestände der französischen Rechten bezog. In dieser Perspektive war es für Beyerhaus kein Widerspruch, Cochin als Gegner der Französischen Revolution und Erforscher des Jakobinismus, Fagniez als Programmatiker einer jungkonservativen Geschichtsschreibung, welche die

---

Kenntnis der preußischen Monarchie war ihm die höchste Schule politischer Weisheit. Die deutschen Historiker von Mommsen bis Treitschke waren ihm die Führer zu einer echt konservativen Staatsgesinnung.« (BEYERHAUS, Die konservative Staatsidee, 18).

[503] FURET, Augustin Cochin, 189. So auch CHARTIER, Die kulturellen Ursprünge, 232f, der davor warnt, die Revolution in Kategorien zu denken, die sie selbst vorgegeben hat. Man dürfe die Ursprünge der Revolution, betont Chartier, nicht auf das Bewußtsein reduzieren, das die historischen Akteure selbst von diesem Ereignis hatten.

[504] FURET, Augustin Cochin, 192.

[505] Vgl. jedoch ihre Rez. von: Gaston Martin, La Franc-Maçonnerie française et la Préparation de la Révolution, Paris 1926, in: HZ 136 (1927), 205–206; sowie zu: Louis de Cardenal, La province pendant la Révolution. Histoire des clubs jacobins (1789–1795), Paris 1929, in: HZ 146 (1932), 583–584.

Wiederherstellung der »moralischen und gesellschaftlichen Einheit« auf ihre Fahnen geschrieben hat, und schließlich Bainville als Gewährsmann einer seit jeher aggressiven, gesetzmäßig verlaufenden französischen Außenpolitik zu schildern.[506] Worauf es Beyerhaus ankam, war eine Entmystifizierung der Französischen Revolution, deren Urheber in seinem an Cochin geschulten Verständnis »weder Helden noch Ungeheuer und Irrsinnige, sondern Durchschnittsmenschen« waren. Diese Einsicht bedeutete ihm einen Erkenntnisfortschritt gegenüber Aulard und einen Erfolg der »jungkonservativen Kräfte in Frankreich«, deren »Erlebnis der nationalen Einheit ... kein bloßes Traumbild geblieben« sei.[507]

Christian Simon hat die interessante und hier keineswegs abschließend zu beantwortende Frage aufgeworfen, ob es zwischen 1918 und 1933 im Bereich der Revolutionsgeschichtsschreibung eine gemeinsame internationale Kultur der linken Demokraten, der Konservativen und der Liberalen gegeben habe, die sich über die Grenzen der nationalen Historiographien hinaus verständigt haben.[508] Wie die Rezension Beyerhaus' von 1937 andeutet, war die gegen Ende der zwanziger Jahre in Deutschland zumindest partiell einsetzende Rezeption Cochins auf rechtspolitische, antiliberale Kreise beschränkt.[509] Sie diente, wie sich nach 1945 deutlicher zeigen sollte, nicht der Bereicherung der bisherigen Forschung, sondern der Zurückweisung der republikanischen Revolutionshistoriographie. Auch in Frankreich hatte die politische Rechte eine größere Toleranz gegenüber den Arbeiten Cochins zu erkennen gegeben. Sowohl François Furet als auch Simon haben dabei übereinstimmend zu bedenken gegeben, daß mit der Gegnerschaft zur Revolution und ihrer republikanischen Historiographie auch die Voraussetzung für eine großzügigere Akzeptanz gegenüber soziologischen und massenpsycho-

---

[506] BEYERHAUS, Die konservative Staatsidee, 16 ff. »Die ganz geschlossene Tradition der französischen Außenpolitik«, so Beyerhaus, sei »eine Einheit und der Locarnogeist darin nur eine Episode.« Die Geschichtsschreibung, die diese Außenpolitik fortführe, sein »kein System von Verhüllungen und von Euphemismen, sondern die logische Entwicklung der Gesetze, die seit Jahrhunderten über dem Leben Frankreichs stehen.«

[507] Ebd., 23.

[508] CHRISTIAN SIMON, Rez. von: Heinz Sproll, Französische Revolution und Napoleonische Zeit in der historisch-politischen Kultur der Weimarer Republik, München 1992, in: Storia della Storiografia 24 (1993), 180–184; 181 f.

[509] Ein fest umrissenes, neues wissenschaftliches Programm war seitens der politischen Parteigänger Cochins jedoch weder in Deutschland noch in Frankreich zu erkennen. Die deutsche Rezeption erstreckte sich in den dreißiger Jahren vom rechten (Carl Schmitt) bis zum linken politischen Spektrum (Gottfried Salomon). Vgl. SCHRADER, Augustin Cochin et la République française, 177.

logischen Ansätzen gegeben war.⁵¹⁰ Obwohl Cochins Versuch, mit seinen Arbeiten gleichsam die ideologischen Grundlagen der Dritten Republik zu enthüllen,⁵¹¹ insbesondere der antirepublikanischen Rechten als vielversprechender Ansatz erscheinen mußte, blieb er von der universitären französischen Geschichtswissenschaft nicht nur wegen seiner politischen Nähe zur nationalistisch-reaktionären Gedankenwelt der *Action française* ausgeschlossen.⁵¹² Es waren auch Widerstände gegen sein soziologisches Begriffssystem und sein Abstand von der erzählenden Geschichtsschreibung, die ihn von einer tonangebenden, im Dienst der Dritten Republik stehenden positivistischen Historie trennte.

Die These einer weitreichenden Rezeption rechter französischer Strömungen durch konservative deutsche Kulturkritiker wäre mit dem Nachweis ihrer politischen Nähe zu Cochin noch nicht bestätigt. Wie der Fall Pleyers zeigt, griff eine extrem nationalistische bzw. genuin faschistische Geschichtsschreibung zum Zweck völkischer Umdeutungen auch auf Forschungsergebnisse einer linksdemokratisch-sozialistischen Historiographie zurück. Auch Adalbert Wahls kontinuierliche, von Anfang der zwanziger bis Ende der dreißiger Jahre fortgesetzte Berichterstattung über französische

---

⁵¹⁰ FURET, Augustin Cochin, 185f; SIMON, Staat und Geschichtswissenschaft, 637 ff. Dagegen zeigt die Übereinstimmung zwischen Cochin und Mathiez, zu der beide in ihrer Ablehnung der exzessiven Kritik Aulards an Taine fanden, die Problematik einer starren Zuordnung von politischen Tendenzen und historiographischen Schulen auf. Über die Schranken, die ihnen ihre unterschiedliche Herkunft, ihr ungleicher Charakter und ihre gegensätzliche politische Haltung auferlegten, trafen sich beide Historiker einstweilen in einer – von Durkheims Religionssoziologie inspirierten – Interpretation der Revolution und der Republik, von der aus die Funktionalisierung der offiziellen Historiographie der Dritten Republik durch Aulard zurückgewiesen wurde. Vgl. hierzu die eindringliche Darstellung bei SCHRADER, Augustin Cochin et la République Française, 104ff: »L'alliance de Cochin avec Mathiez contre Aulard«. – Mit seiner 1904 aufgestellten These von der Existenz einer »revolutionären Religion« (»Les origines des cultes révolutionnaires, 1789-1792) hatte Mathiez mit Aulards Doktrin von der areligiösen Revolution gebrochen. Die Revolution habe mit dem Patriotismus vielmehr eine politische Religion geschaffen. In der (französischen) Historiographie war somit, wie ULRICH RAULFF (Marc Bloch, 334 ff) gezeigt hat, ein Punkt erreicht, an dem »das An sich der patriotischen Mission, die sie mit pädagogischen Mitteln ... erfüllt, vom Für sich der Reflexion eingeholt und objektiviert wird.« Die Stiftung und Indienstnahme dieser politischen Religion habe in Frankreich jedoch auf Seiten der Republikaner gelegen: »Alle späteren Versuche der politischen Rechten ... das Feld der politischen Religion zu besetzen oder durch Umdeutungen einzunehmen«, blieben, so Raulff, »unwiderruflich auf die Vorgaben der Revolution fixiert ...«

⁵¹¹ SCHRADER, Augustin Cochin et la République Française, 116f.

⁵¹² Gegenüber Bainville und Fagniez muß das Verhältnis Cochins zu Maurras und seiner *Action française* abgegrenzt werden. Denn epistemologisch und intellektuell trennen Cochin und Maurras Welten, worauf FURET, Augustin Cochin, 213 ff, und SCHRADER, Augustin Cochin et la République Française, 101 ff, übereinstimmend verweisen.

Neuerscheinungen bezog gleichermaßen Arbeiten konservativer und republikanisch gesinnter Historiker des Nachbarlandes ein. So hatte der Tübinger, der gewöhnlich Arbeiten »linker« Revolutionshistoriker scharf kritisierte, wie er überhaupt die Ideen von 1789 als »das Böse« schlechthin denunzierte, 1937 Georges Lefebvre Anerkennung für seine umfassende Napoleon-Biographie ausgesprochen.[513] Letztlich wurde den im Umkreis der *Action française* zu verortenden antirepublikanischen Historikern wie Jacques Bainville und Gustave Fagniez in der deutschen Historiographie der Weimarer Republik nur marginale Aufmerksamkeit entgegengebracht.[514]

Auch die von Peter Richard Rohden verfaßte Einleitung zur 1939 erschienenen deutschen Übersetzung der Revolutionsgeschichte Crane Brintons war von einem kaum verhüllten Ressentiment sowohl gegen das historische Ereignis als auch gegen die bisherige revolutionsfreundliche Historiographie in Deutschland und Frankreich geprägt.[515] Die Revolution von 1789, betont Rohden,

»die von den Franzosen gern die ›Große Revolution‹ genannt wird, kann als ein Schulbeispiel dafür dienen, wie sehr das Urteil auch des objektivsten Historikers zeit-

---

[513] ADALBERT WAHL, Rez. von: Georges Lefebvre, Napoléon, Paris 1935, in: DLZ 58 (1937), 25-28; DERS., Die Ideen von 1789 in ihren Wirkungen auf Deutschland, in: Zeitwende 1 (1925),113-126. Zu Wahls Frankreichhistoriographie ausführlich SPROLL, Französische Revolution und Napoleonische Zeit. Eine höchst anerkennende Würdigung des Werkes auch bei MAX BRAUBACH, Französische Revolution und Kaiserreich. Ein Bericht über Neuerscheinungen, in: HJb 57 (1937), 619-626; sowie bei WILLY ANDREAS, Napoleon und die Erhebung der Völker, in: WaG 4 (1938), 245-272.

[514] Vgl. hierzu ausführlich OLIVIER DUMOULIN, Histoire et historiens de droite, in: Jean-François Sirinelli (Hg.), Histoire des droites en France, Bd. 2: Cultures, Paris 1992, 327-398. Bainvilles 1915 verfaßtes Werk, die »Histoire de deux peuples. La France et l'Empire allemand«, ist 1939 in deutscher Übersetzung mit dem verfälschenden Untertitel: »Frankreichs Kampf gegen die deutsche Einheit«, in der »Hanseatischen Verlagsanstalt«, dem Hausverlag Walter Franks, erschienen. Ausführlich zur Rolle dieses NS-Verlages SIEGFRIED LOKATIS, Hanseatische Verlagsanstalt. Politisches Buchmarketing im »Dritten Reich«, Frankfurt a. M. 1992. Zu Fagniez und der katholisch-nationalistischen Historiographie in Frankreich vgl. SIMON, Staat und Geschichtswissenschaft in Deutschland und Frankreich, Bd. 1, 628 ff.

[515] PETER RICHARD ROHDEN, Die Französische Revolution im Spiegel der europäischen Geschichtsschreibung. Einleitung zu Crane Brinton, Europa im Zeitalter der Französischen Revolution, Wien 1939, 5-38. Zu Rohden (1891-1942) vgl. den Nachruf von FRITZ HARTUNG, in: HZ 167 (1943), 667; sowie SCHÖNWÄLDER, Historiker und Politik, 188, passim. Inwieweit diese Übersetzung, deren Hintergründe nicht bekannt sind, in Zusammenhang mit dem 150. Jahrestag der Revolution gebracht werden kann, muß offen bleiben. Zur Deutung der Französischen Revolution im Dritten Reich vgl. ALBRECHT BETZ, Wegscheide nach 150 Jahren. Die Prinzipien der Französischen Revolution im Dritten Reich und im Exil, in: Harro Zimmermann (Hg.), Schreckensmythen – Hoffnungsbilder. Die Französische Revolution in der deutschen Literatur; Essays, Frankfurt a. M. 1989, 251-270.

gebunden ist und vom eigenen Erleben abhängt. Das gilt natürlich in erster Linie für die französischen Revolutionsgeschichtsschreiber, die sich nicht einmal durch die Erfahrungen des Weltkrieges dazu haben bewegen lassen, die heute reichlich verstaubt anmutenden politischen Schlagworte ›Freiheit, Gleichheit, Brüderlichkeit‹ zu den Akten zu legen.«[516]

Im Gegensatz zu Hintze, die Rohden nicht erwähnt, ihr aber hier indirekt repliziert,[517] stellen Taines »Origines« für ihn trotz gewichtiger Einwände im einzelnen zugleich den Ausgangs- als auch den Höhepunkt der wissenschaftlichen Revolutionsgeschichtsschreibung in Frankreich dar. Denn Taine sei ein philosophischer Kopf: die »Fähigkeit zu staunen« habe ihn davor bewahrt, die Revolution lediglich als Faktum zur Kenntnis zu nehmen, um sie dann, wie seine Vorgänger, zu bejahen oder abzulehnen. Taine hingegen wundere sich und entdecke infolgedessen Probleme, »wo die anderen nur Tatsachen wahrnehmen.«[518] Taines Diagnose mochte zweifelhaft erscheinen – seine Fragestellung, die Rohden für unübertroffen hält, hingegen nicht. Cochin wird demgegenüber als der einzige Historiker präsentiert, der Taine »nach der soziologischen Seite« hätte ergänzen und ausbauen können. Daß Rohden Cochins soziologischen Ansatz keinesfalls ausreichend begriffen hat, zeigt nicht allein diese falsche Behauptung.[519]

Gegenüber den konservativen Revolutionsinterpreten wird Aulard als »kleinbürgerlicher Radikaler« gedeutet, dessen vornehmliches Ziel darin bestanden habe, den »Reaktionär« Taine durch den Nachweis fehlerhafter oder unvollständiger Zitate »zur Strecke zu bringen«. Für den deutschen Beobachter bestand nach Rohdens Überzeugung jedoch kein Anlaß, kommentierend in die folgenden Auseinandersetzungen zwischen Aulard und seinen Gegnern einzugreifen. Der von ihm ausgegebenen Maxime indes, derzufolge die Feststellung ausreiche, daß Taines Darstellung als »geistvoll und lebendig«, Aulards Arbeiten dagegen als »geistlos und langweilig« zu gelten hätten, wollte Rohden selbst nicht folgen. Denn an dieser Stelle bot sich für ihn die Möglichkeit, die Dritte Republik zu verspotten, Aulards Werk als partei-

---

[516] ROHDEN, Die Französische Revolution, 5.
[517] Rohdens Kritik, insbesondere an Aulard, erscheint wie eine direkte Auseinandersetzung mit den Arbeiten Hintzes. Wohl aus Gründen zurückliegender Kooperation hat der Meinecke-Schüler Rohden darauf verzichtet, seine frühere Kollegin an der Berliner Universität namentlich anzugreifen. 1931 hatte Hedwig Hintze zu der von Rohden herausgegebenen Reihe »Menschen, die Geschichte machten«, ein Porträt Franz I. beigesteuert (Band 2, Wien 1931, 228-232). Ein Nachlaß Rohdens konnte nicht ermittelt werden.
[518] Ebd., 25 f.
[519] Ebd., 33 f. Anders als Rohden behauptet, hatte Cochin eben nicht an die berüchtigte Komplott-These angeknüpft, derzufolge die Französische Revolution durch eine Verschwörung der Freimaurer entstanden sei.

gebunden zu denunzieren, ohne auf seine Werke einzugehen, das von Hedwig Hintze entworfene Bild des einflußreichen französischen Historikers zu demontieren und schließlich auch die Rechtfertigung der *terreur* durch beide zu diffamieren.[520] Vehementer noch als seine Kritik an Jaurès und Mathiez fiel daher sein Angriff gegen Aulard als »Eideshelfer aller Linkskreise« aus, die nicht bei dessen Auffassungen stehen geblieben seien, sondern sich um den Nachweis bemüht hätten, daß »Freiheit, Gleichheit und Brüderlichkeit« – für den deutschen Historiker nichts als verstaubte und überalterte Floskeln – »restlos nur im sozialistischen Zukunftsstaat verwirklicht werden können.«[521] Daß Rohden sein Engagement, sein historisches Wissen und seine Ablehnung der Demokratie mit Kriegsbeginn in den Dienst der nationalsozialistischen Sache gestellt hat, mag aus einer solchen Position konsequent erscheinen – zwangsläufig war sie nicht.[522] Vielleicht war es der noch vorhandene Abstand zwischen der revolutionsfeindlichen Position eines konservativen Gelehrten und der Abwertung der Französischen Revolution durch führende nationalsozialistische Parteiideologen – die bekanntlich das Datum 1789 aus der Geschichte »streichen« wollten[523] –, der dazu führte, daß Roh-

---

[520] Das Werk Aulards sei so langweilig, daß er (Rohden, S.K.) sich verzweifelt fragen müsse, aus welchen Gründen eine deutsche Übersetzung erschienen sei. Als »letzte Rettung« für den deutschen Leser blieben nur noch die sechs Bände Taines. (Ebd., 36) Kritisch hatte sich Rohden bereits in seiner Einleitung zu seinem Robespierre-Buch mit der französischen Revolutionshistoriographie auseinandergesetzt: Robespierre. Die Tragödie des politischen Ideologen, Berlin 1935.

[521] So etwa in seiner Schrift: Die französische Politik und ihre Träger: Advokat, Schriftsteller, Professor, München 1941; hierin auch eine Wiederholung seiner Kritik an der republikanischen Revolutionshistoriographie, die in eine Klischeevorstellung von Frankreich als einer in geistiger Erstarrung begriffenen »provinziellen Professorenrepublik« mündete.

[522] Im November 1940 war der Historiker im Rahmen der »7. Reichsarbeitstagung des Amtes Schrifttumspflege« beim »Beauftragten des Führers für die Überwachung der gesamten geistigen und weltanschaulichen Schulung und Erziehung der NSDAP« (»Amt Rosenberg«) für einen Vortrag zum Thema »Der Sterbegesang der französischen Aufklärung« vorgesehen (BA Berlin, NS 8, Nr. 247, fol. 170). Der Vortragstext ist, insofern er tatsächlich verfaßt wurde, verschollen. Wie Fritz Hartung in seinem Nachruf andeutete, habe Rohden, der nun nicht mehr mit der Waffe kämpfen konnte, »dem Vaterland seine Feder« zur Verfügung gestellt. Karen Schönwälder zufolge blieb Rohden trotz einzelner profaschistischer Bekenntnisse (Englands und Frankreichs Weg zur Plutokratie, in: NS-Monatshefte 119, 1940, 68–73; England und Frankreich. Ein Beitrag zum Thema »Westeuropa«, Berlin 1941 [Schriftenreihe der NSDAP]) jedoch einer traditionellen politisch-dynastischen Sichtweise der französischen Geschichte verhaftet. Rohdens 1943 veröffentlichte »französische Geschichte« erschien 1959 u. d. T. »Politische Geschichte Frankreichs« in überarbeiteter Form und galt in der Bundesrepublik für eine längere Zeit als Standardwerk.

[523] So das berüchtigte Diktum von Joseph Goebbels von 1933. Zit. in: WOLFGANG VON HIPPEL (Hg.), Freiheit-Gleichheit-Brüderlichkeit? Die Französische Revolution im deutschen Urteil,

den in Frankreich auch nach 1933 noch zu jener Kategorie von Deutschen gerechnet wurde, mit denen man, wie sich Henri Hauser ausdrückte, »leben könne.«[524]

Während Hintzes Werk in den Vereinigten Staaten auf positive Resonanz getroffen ist und die führenden Frankreichspezialisten, zu denen neben Crane Brinton auch Leo Gershoy gezählt werden muß,[525] sich persönlich für ihre Rettung aus dem holländischen Exil und die Einrichtung eines Lehrstuhls an der New Yorker »New School for Social Research« eingesetzt haben, blieb Hintze in weiten Kreisen der französischen Geschichtswissenschaft eine Unbekannte. Dies trifft – mit Ausnahme der führenden Vertreter der universitären Revolutionshistoriographie (Henri Hauser, Georges Lefebvre, Albert Mathiez) – insbesondere für die beiden *Annales*-Gründer und deren engsten Mitarbeiter zu. Natalie Zemon Davis hat das interdisziplinäre Team der *Annales* in einem beachtenswerten Rezensionsessay als eine »Genossenschaft französischer Brüder« bezeichnet. Dieses habe nicht nur ausschließlich aus Männern bestanden, sondern – mit Ausnahme Lucie Vargas – auch kaum Beiträge von Historikerinnen veröffentlicht und darüber hinaus in erheblichem Maß von der bezahlten oder privaten Mitarbeit von Frauen profitiert.[526] Vor dem Hintergrund dieses Einwandes wäre es unzureichend, das »Schweigen« der *Annales* allein mit dem bloßen Hinweis auf das von den In-

---

München 1989, 344f. Ähnlich auch die Äußerungen Alfred Rosenbergs anläßlich des 150. Revolutionsjubiläums 1939 (ebd., 354ff).

[524] So Henri Hauser an Johan Huizinga, 22.4.1933. (JOHAN HUIZINGA, Briefwisseling, 1884–1945, Bd.2, Utrecht 1990, 439f). Für seine 1935 erschienene, gemeinsam mit Karl Alexander von Müller herausgegebene »Knaurs Weltgeschichte« (Von der Urzeit bis zur Gegenwart) hatte Rohden, der sich 1932 in Paris aufgehalten hatte, Hauser und Huizinga als Koautoren zu gewinnen versucht. Wie bei vielen vor 1933 initiierten internationalen Projekten blieb auch diese Arbeit schließlich ein rein deutsches Produkt.

[525] Beide Historiker haben positive Gutachten für Hintze verfaßt und ihre Einstellung an der *New School* wärmstens befürwortet. So hielt Crane Brinton ihre Habilitationsschrift für »the most distinguished work in the field done by a German since von Sybel – and a permanent part of the historiography of the French Revolution.« (Crane Brinton an Alvin Johnson, 20.8.1940). Leo Gershoy schloß sich diesem Urteil an: »For years I have been reading her articles and reviews in various European periodicals ... They were invariably thoughtful and critical in spirit, reflecting the maturity of a scholar throughly steeped in the knowledge and understanding of his field. Her long story, Föderalismus und Einheit ..., is a brilliant and suggestive study of administrative problems of France in the Old Regime. There is no question in my mind that scholarship in America would be enriched by her presence in this country ...« (Leo Gershoy an Alvin Johnson, 10.9.1940; beide Briefe in: SUNY, American Council for Emigres in the Professions, File Hedwig Hintze)

[526] NATALIE ZEMON DAVIS, Die Frauen und die Geschichtswissenschaft. Das Beispiel der Annales, in: Neue Rundschau 105 (1994), 56–70 (Rez. von: PETER SCHÖTTLER, Lucie Varga. Zeitenwende. Mentalitätsgeschichtliche Studien 1936–1939, Frankfurt a.M. 1991).

teressen Blochs und Febvres abweichende Spezialgebiet der deutschen Historikerin zu erklären. Gerade die Aufmerksamkeit, die Henri Hauser den Arbeiten Hintzes entgegengebracht hat, läßt ihre Nichtberücksichtigung in den *Annales* umso unverständlicher erscheinen. Dies gilt insbesondere im Hinblick auf die immer wieder aufgeworfene Frage, warum Bloch und Febvre der nach Paris geflüchteten Emigrantin nicht die Mitarbeit angeboten haben.[527] Gewiß deckte sich Hintzes Historiographie, in der im Gegenzug keine Hinweise auf die bahnbrechenden Arbeiten Blochs oder Febvres zu finden sind, kaum mit dem Programmkatalog der *nouvelle histoire*.[528] Wohl aber traf sie deren Sensibilität für das Volk als die Vergessenen der Geschichte und huldigte, wie Ulrich Raulff für Marc Bloch festgestellt hat, in gleicher Weise einem Ideal der Gerechtigkeit.[529] Der Weg in eine akademische Laufbahn blieb den meisten Historikerinnen schließlich auch in Frankreich versperrt. Von der Ausgrenzung von Frauen durch das auch hier männlich dominierte akademische Establishment läßt sich durchaus eine Parallele zur deutschen Geschichtswissenschaft ziehen, in der die Arbeiten von Frieda Braune, Hanna Kobylinski und Maria Grollmuß ebenfalls nur wenigen Spezialisten bekannt geworden sind.[530]

---

[527] So vor allem PETER SCHÖTTLER, Rationalisierter Fanatismus, archaische Mentalitäten. Marc Bloch und Lucien Febvre als Kritiker des nationalsozialistischen Deutschland, in: WerkstattGeschichte 5 (1996), H. 14, 5-21; 9.

[528] Im Nachlaß Hintzes befindet sich allerdings ein Leihschein der Berliner Staatsbibliothek aus dem Jahr 1931, der belegt, daß Hintze zumindest Blochs Agrargeschichte, *Les caractères originaux de l'histoire rurale française,* zur Kenntnis genommen hat.

[529] Vgl. FURET, Die universitäre Geschichtsschreibung, 1511; RAULFF, Marc Bloch, 453 ff.

[530] Alle drei Genannten haben sich mit Problemen der französischen Geschichte bzw. der Demokratie beschäftigt: HANNA KOBYLINSKI trat 1933 mit einer Arbeit über »Die französische Revolution als Problem in Deutschland 1840 bis 1848« hervor, FRIEDA BRAUNE, eine Studienfreundin Hintzes, promovierte 1916 mit einer Dissertation über »Edmund Burke in Deutschland: ein Beitrag zur Geschichte des historisch-politischen Denkens« (Heidelberg 1917, ND 1977), MARIA GROLLMUSS, eine Schülerin von Walter Goetz, Erich Brandenburg, Hans Freyer und Friedrich Meinecke, 1929 über »Joseph Görres und die Demokratie« (Leipzig 1932). Vgl. DIES., Die Frau und die junge Demokratie. Ein Versuch über Frau, Politik und Demokratie, Frankfurt a. M. 1925. Maria Grollmuß wurde nach Aussage ihrer Biographin nach zehnjähriger Haft 1944 im Konzentrationslager Ravensbrück ermordet: MARJA KUBASEC, Sterne über dem Abgrund. Aus dem Leben der Antifaschistin Dr. Maria Grollmuss, Bautzen 1961; DIES. (= MARIA KUBASCH), Maria Grollmuß, Berlin 1970. – In der maßgeblich von Otto Becker herausgegebenen Reihe »Historische Studien« sind auch nach 1933 mehrere Arbeiten von Frauen erschienen: KATHARINA HEINRICHS, Die politische Ideologie des französischen Klerus bei Beginn der großen Revolution, Berlin 1934; MARGOT LÜHRS, Napoleons Stellung zu Religion und Kirche, Berlin 1939.

Kapitel IV
Institutionalisierte Ansätze zu einer Verbesserung des Besprechungswesens: Die »Deutsche Geschäftsstelle zur Verbreitung geschichtswissenschaftlicher Literatur im Ausland«

1. Zur Situation des Buch- und Zeitschriftenmarktes nach 1918

Trotz der zögerlichen Überwindung des von den Alliierten verhängten Wissenschaftsboykotts in der zweiten Hälfte der zwanziger Jahre und der allmählichen Re-Integration der deutschen Forschung in die *scientific community* der westlichen Siegermächte stand einer Normalisierung der wissenschaftlichen Beziehungen zwischen Deutschland und Frankreich weiterhin das Problem der Versorgung mit ausländischer Literatur entgegen.[1] Neben den tiefgreifenden politischen Gegensätzen und Spannungen zwischen beiden Ländern, von denen die Wissenschaft keineswegs ausgenommen war, er-

---

[1] Daß der gegen Deutschland verhängte Wissenschaftsboykott in der Forschungspraxis nicht nur von der Seite einiger interessierter französischer Gelehrter gelegentlich unterlaufen wurde, zeigt die Erwerbungspolitik der Universitätsbibliothek Straßburg nach 1918. Dort wurde, wie der nach der deutschen Besetzung Frankreichs eingesetzte kommissarische Leiter der ULB Straßburg Karl Julius Hartmann berichtete, die deutsche Literatur trotz knapper Mittel auch weiterhin in beachtlicher Menge angeschafft. Vgl. DERS., Die Universitäts- und Landesbibliothek Straßburg, in: ZfB 59 (1942), 441–452; 449. Hartmann (1893–1965) war von 1935–1958 Direktor der UB Göttingen und von 1942–1945 kommissarischer Leiter der ULB Straßburg. Zum Hintergrund vgl. PETER BORCHARDT, Die deutsche Bibliothekspolitik im Elsaß. Zur Geschichte der Universitäts- und Landesbibliothek Straßburg 1871–1944, in: Paul Kaegbein/Peter Vodosek (Hg.), Staatliche Initiative und Bibliotheksentwicklung seit der Aufklärung, Wiesbaden 1985, 155–213. Zum Hintergrund vgl. BRIGITTE SCHRÖDER-GUDEHUS, Internationale Wissenschaftsbeziehungen und auswärtige Kulturpolitik 1919–1933. Vom Boykott und Gegen-Boykott zu ihrer Wiederaufnahme, in: Rudolf Vierhaus/Bernhard vom Brocke (Hg.), Forschung im Spannungsfeld von Politik und Gesellschaft. Geschichte und Struktur der Kaiser-Wilhelm-/Max-Planck-Gesellschaft, Stuttgart 1990, 858–885; DIES., Die Jahre der Entspannung: Deutsch-französische Wissenschaftsbeziehungen am Ende der Weimarer Republik, in: Yves Cohen/Klaus Manfrass (Hg.), Frankreich und Deutschland. Forschung, Technologie und industrielle Entwicklung im 19. und 20. Jahrhundert, München 1990, 105–115.

schwerten vor allem finanzielle Schwierigkeiten in Deutschland den Erwerb ausländischen Schrifttums nachhaltig. Auch dadurch wurde eine angemessene Berichterstattung nicht nur über französische Neuerscheinungen oftmals verhindert.[2] Von der wirtschaftlichen Krise waren auch die Staats- und Universitätsbibliotheken betroffen, insbesondere die für den Buch- und Zeitschriftenimport maßgeblich zuständige Preußische Staatsbibliothek in Berlin. Deren Leiter Hugo Andres Krüß hatte sich unmittelbar nach seiner Ernennung zum Generaldirektor im Jahr 1925 für eine rasche Wiederaufnahme internationaler Bibliotheksbeziehungen ausgesprochen. Wie er anläßlich seiner Amtseinführung betonte, erhoffe er sich eine angemessene Versorgung der wichtigsten Bibliothek im Reich mit ausländischer Literatur und dadurch ein Wiederanknüpfen der »durch den Krieg abgerissenen Fäden internationaler wissenschaftlicher Zusammenarbeit« und fügte hinzu: »Kein Verstehen des Andern ohne Wissen vom Andern!«[3]

Ein besonders gravierender Rückstand, der in den Augen mancher Zeitgenossen die deutsche Forschung nach 1918 auf lange Sicht von der internationalen Kommunikation abzuschneiden drohte, war vor allem im Bereich der Fachzeitschriften eingetreten. Während die Berliner Staatsbibliothek vor dem Krieg noch ca. 2200 ausländische Periodika bezog, sank die Zahl der Abonnements im Jahr 1920 auf 140.[4] Werner Schochow spricht für die gleiche Bibliothek dagegen von 3240 abonnierten ausländischen Zeitschriften im Jahr 1914 gegenüber 420 im Jahr 1920.[5] Zehn Jahre später hatte sich das

---

[2] Während in den letzten Jahren das wissenschaftliche Buch- und Bibliothekswesen im Dritten Reich verstärkt in den Blickpunkt der Forschung genommen worden ist, liegen nur sehr wenige Arbeiten über die internationalen Bibliotheksbeziehungen in den zwanziger und dreißiger Jahren vor. Insbesondere auf dem Gebiet der Geschichtswissenschaft fehlen Untersuchungen über die staatliche und universitäre Erwerbungspolitik, über Buchzensur sowie über den internationalen Literatur- und Wissenschaftsaustausch. Einen Überblick über den Forschungsstand geben HANS-GERD HAPPEL, Das wissenschaftliche Bibliothekswesen im Nationalsozialismus. Unter besonderer Berücksichtigung der Universitätsbibliotheken, München 1989; sowie PETER VODOSEK/MANFRED KOMOROWSKI (Hg.), Bibliotheken während des Nationalsozialismus, Teil II, Wiesbaden 1992. Vgl. jedoch die instruktive Arbeit von SIEGFRIED LOKATIS, Hanseatische Verlagsanstalt. Politisches Buchmarketing im »Dritten Reich«, Frankfurt a. M. 1992, insbes. Kap. 3.5: Die HAVA als Institutsverlag Walter Franks, 66 ff.

[3] Zit. nach WERNER SCHOCHOW, Hugo Andres Krüß und die Preußische Staatsbibliothek. Seine Berufung zum Generaldirektor 1925 und die Folgen, in: Bibliothek. Forschung und Praxis 19 (1995), 7–19; 8.

[4] So die Angabe bei WINFRIED SCHULZE, Der Stifterverband für die Deutsche Wissenschaft 1920–1995, Berlin 1995, 50.

[5] WERNER SCHOCHOW, Die Preußische Staatsbibliothek 1918–1945. Ein geschichtlicher Überblick, Köln 1989, 5. Vor dem Krieg hatte die Preußische Staatsbibliothek 55% ihrer Erwerbungsmittel für das Schrifttum des Auslandes ausgegeben. Welche der angegebenen Zahlen zu-

Problem der Versorgung mit ausländischer Fachliteratur durch die Weltwirtschaftskrise noch einmal verschärft. 1931 waren die Bibliotheken im größten deutschen Einzelstaat, wie Hugo Andres Krüß beklagte, »in, wie es scheint, unaufhaltsamem und überaus bedrohlichem Rückgang begriffen.«[6] Bereits gegen Ende der zwanziger Jahre hatte Devisenmangel an vielen Seminar- und Universitätsbibliotheken erneut zu einem empfindlichen Mangel gerade an ausländischer Fach- und Zeitschriftenliteratur geführt.[7] Auch die von der »Notgemeinschaft der Deutschen Wissenschaft« sogleich nach ihrer Gründung im Jahr 1920 eingerichtete sog. zentrale Beschaffungsstelle, die das Ziel hatte, die ausländischen Erwerbungen der deutschen wissenschaftlichen Bibliotheken zu koordinieren und durch zusätzliche Mittel zu ergänzen, war 1931 kaum noch funktionsfähig.[8] Aufgrund mangelnder Zuschüsse seitens des Reiches war das von der Notgemeinschaft Anfang der zwanziger Jahre konzipierte Erwerbungssystem ausländischer Literatur zusammengebrochen.[9] Allein 1932 wurden an den deutschen Universitätsbibliotheken 7000 ausländische Zeitschriften abbestellt.[10] Der Direktor der Tübinger Universitätsbibliothek Georg Leyh kommentierte diesen Einschnitt mit den Worten: »Es ist nicht zuviel gesagt, daß es in dem ausländischen Zeitschriften- und Bücherbestand der Universitätsbibliotheken heute aussieht, wie in einem Stück Hochwald, das über Nacht von einem Windbruch getroffen

---

trifft, läßt sich hier nicht nachprüfen. Festzuhalten bleibt jedoch der von beiden Autoren diagnostizierte erhebliche Rückgang.

[6] Ebd., 25.

[7] So wurde z. B. am Historischen Seminar Breslau 1934 mit der *Revue d'histoire ecclésiastique* lediglich eine einzige ausländische Zeitschrift gehalten. Vgl. BA Berlin, Reichsministerium für Wissenschaft, Erziehung und Volksbildung (Rep. 49.01), 1728: Universität Berlin, Nr. 10.

[8] Dazu PAMELA SPENCE RICHARDS, Deutschlands wissenschaftliche Verbindungen mit dem Ausland 1933-1945, in: Vodosek/Komorowski (Hg.), Bibliotheken während des Nationalsozialismus, 111-132; 114. Nach den Worten ihres Mitbegründers und ersten Präsidenten, Friedrich Schmidt-Ott, war die »Notgemeinschaft« in erster Linie eine »Notgemeinschaft der Bibliotheken«. (Zit. nach SCHOCHOW, Staatsbibliothek, 13).

[9] 1934 wurde der Bibliotheksausschuss aus der Forschungsgemeinschaft ausgegliedert und der Preußischen Staatsbibliothek unterstellt, die zukünftig den Literaturerwerb unter dem Dach der »Reichstauschstelle« und des »Beschaffungsamtes der deutschen Bibliotheken« koordinierte. Vgl. NOTKER HAMMERSTEIN, Die Deutsche Forschungsgemeinschaft in der Weimarer Republik und im Nationalsozialismus. Wissenschaftspolitik in Republik und Diktatur 1920-1945, München 1999, 148. Zur 1933 eingerichteten »Reichstauschstelle« vgl. SCHOCHOW, Staatsbibliothek, 52f, 63.

[10] Vgl. MICHAEL KNOCHE, Wissenschaftliche Zeitschriften und Bibliotheken in den dreißiger Jahren, in: Vodosek/Komorowski (Hg.), Bibliotheken während des Nationalsozialismus, 133-147; 137.

wurde: junge und alte Stämme liegen gebrochen und geknickt im Wirrwarr durcheinander.«[11]

Auch die Geschichte der hier dargestellten »Geschäftsstelle« zeigt, daß es 1933 trotz vielfach belegter Abbestellungen französischer Zeitschriften - so wurden in diesem Jahr etwa am Historischen Seminar der Universität Jena die *Annales* gekündigt - keineswegs zu einem vollständigen Bruch im Austausch von Rezensionsexemplaren und Aufsätzen zwischen deutschen und französischen Historikern kam.[12] Gerade am Beispiel dieser Organisation dokumentiert sich besonders nachdrücklich die Ambivalenz der nationalsozialistischen Forschungspolitik, die Jan-Pieter Barbian am Beispiel der Literaturpolitik im »Dritten Reich« herausgearbeitet hat.[13] So intensivierten die nationalsozialistischen Machthaber ihre Propaganda auf einzelnen Wissenschaftsfeldern durchaus. Sie wollten so zum einen der wachsenden Abneigung ausländischer Wissenschaftler gegen eine Kooperation mit Deutschland entgegenwirken. Zum anderen sollten durch den Export von Literatur dringend benötigte Devisen erwirtschaftet werden. Demgegenüber wurde der wissenschaftliche Dialog mit dem Ausland durch eine betont restriktive Kulturpolitik erschwert. Zu diesem Zweck wurde etwa der Import ausländischer Fachliteratur aus politischen und devisenwirtschaftlichen Gründen auf ein Mindestmaß gedrosselt und von der Gestapo (ab 1936) sowie der für französische Titel zuständigen sog. Auslandszeitung GmbH Köln (ab 1937) überwacht.[14] Seit 1934 waren darüber hinaus staatlich geförderte Auslandsreisen durch das Erziehungsministerium genehmigungspflichtig.[15] Gleichzeitig förderten die verantwortlichen NS-Kulturpolitiker die Verbreitung deutscher wissenschaftlicher Fachliteratur. Infolge der Rezession und der sehr hohen Buchpreise in Deutschland war der Auslandsabsatz deutscher Bücher seit 1929 stetig zurückgegangen und allein zwischen 1933 und 1935 um 27% gesunken.[16] In der Hoffnung, mit deutschen Forschungsprodukten nicht nur die eigene Volkswirtschaft stärken, sondern darüber hinaus wirksam »Kulturpropaganda« für das nationalsozialistische Deutschland betreiben zu

---

[11] Zitat ebd., 137.

[12] Die *Annales* waren in Jena 1929 auf Veranlassung Alexander Cartellieris angeschafft worden. Vgl. hierzu MATTHIAS STEINBACH, Des Königs Biograph, 8; 218. Wer die Abbestellung anordnete, läßt sich nicht mehr ermitteln.

[13] Literaturpolitik im »Dritten Reich«. Institutionen, Kompetenzen, Betätigungsfelder, München 1995.

[14] Vgl. HAPPEL, Das wissenschaftliche Bibliothekswesen im Nationalsozialismus, 67 ff; ausführlicher BARBIAN, Literaturpolitik, 545 ff.

[15] Vgl. RICHARDS, Deutschlands wissenschaftliche Verbindungen, 122. Reiseanträgen mußte lt. Richards eine gutachterliche Äußerung des politischen Gauleiters der NSDAP beigefügt sein.

[16] Diese Zahl nennt KNOCHE, Wissenschaftliche Zeitschriften, 135.

können, kam es in diesem Zeitraum zu einer Neuordnung des Buchexportverfahrens: der von den deutschen Verlegern angebotene Preisnachlaß von immerhin 25% für ausländische Bezieher wurde für die Verleger durch staatliche Subventionen abgefangen. Das Ausland erhielt von dieser kulturpolitischen Intervention des NS-Staates offiziell keine Kenntnis. Ganz im Gegenteil wurden Mitteilungen über den Hintergrund der Preissenkungen, die als rein privatwirtschaftliche Maßnahme der deutschen Verleger erscheinen sollte, unter Strafe gestellt.[17] Für das »Buchexport-Ausgleichsverfahren« wurde 1935 eigens eine »Wirtschaftsstelle des deutschen Buchhandels« eingerichtet. Barbian bewertet diese Maßnahme als eine der »erfolgreichsten Innovationen der nationalsozialistischen Literaturpolitik.«[18] Bereits im ersten Jahr konnte der deutsche Buchexport somit um 40% gesteigert und gleichzeitig der Import ausländischer Literatur kontrolliert werden.[19]

Vor diesem konkreten wirtschafts- und kulturpolitischen Kontext muß auch die Entstehungsgeschichte der von Heinrich Sproemberg und Robert Holtzmann gegründeten Organisation betrachtet werden. Obwohl diese zu keinem Zeitpunkt als Instrument offizieller Wissenschafts- oder Kulturpolitik fungierte, erwarteten ihre Förderer aus Universität, Politik und Verlagswirtschaft eine Intensivierung des Exports deutscher Fachbücher und Zeitschriften in die westlichen Nachbarländer. Diesem propagandistischen Ansinnen trug schließlich auch die offizielle Bezeichnung des Unternehmens Rechnung, das 1934 unter dem amtlichen Titel »Deutsche Geschäftsstelle zur Verbreitung geschichtswissenschaftlicher Literatur im Ausland« seine Arbeit offiziell aufnahm.

2. Die Initiierung der »Geschäftsstelle«: von den ersten Planungen 1931 bis zur Gründung 1934

Sowohl die Entstehungsgeschichte als auch die Gründe für das Scheitern der »Geschäftsstelle« sind untrennbar mit der Biographie Heinrich Sproembergs verknüpft.[20] Mit Recht darf der 1889 in Berlin geborene, dem Großbürger-

---

[17] Vgl. BARBIAN, Literaturpolitik, 646ff: Die Buchpropaganda gegenüber dem Ausland.
[18] Ebd., 651.
[19] Ebd., 652f.
[20] Zum Lebenslauf VEIT DIDCZUNEIT, Heinrich Sproemberg – ein Außenseiter seines Faches. Unter besonderer Berücksichtigung seiner Tätigkeit als Leipziger Hochschullehrer 1950 bis 1958, in: Ders. u. a. (Hg.), Geschichtswissenschaft in Leipzig: Heinrich Sproemberg, Leipzig

tum entstammende Historiker – nicht nur im Blick auf die deutsche Zweigstelle dieser Organisation – als maßgeblicher Initiator und treibende Kraft des Unternehmens bezeichnet werden. Sein Ruf und seine Popularität als international orientierter und verständigungswilliger Gelehrter in der Zwischenkriegszeit, der Sproemberg jedoch erst weit nach 1945 zuteil wurde, gründete sich insbesondere auf seine freundschaftliche, Anfang 1914 entstandene Beziehung zu Henri Pirenne.[21] Studien zu seiner Dissertation, mit der frühzeitig eine Spezialisierung auf belgische und niederländische Geschichte erfolgt war, hatten Sproemberg noch vor dem Ausbruch des Ersten Weltkrieges die Kontaktaufnahme mit belgischen und niederländischen Historikern ermöglicht.[22] Der im Laufe des Krieges aufgrund politischer und fachwissenschaftlicher Differenzen vollzogene Bruch mit seinem Lehrer Dietrich Schäfer verhinderte jedoch eine spätere Hochschulkarriere. Bis zu seiner Berufung an die Rostocker Universität im Jahr 1946 sollte Sproemberg

---

1994, 11–90; DERS., Heinrich Sproemberg – ein nichtmarxistischer Historiker in der DDR, in: GWU 45 (1994), 573–578.

[21] Über sein Verhältnis zu Pirenne hat Sproemberg in einem kurz vor seinem Tod angefertigten und unvollendet gebliebenen Bericht Rechenschaft abgelegt: Pirenne und die deutsche Geschichtswissenschaft, in: DERS., Mittelalter und demokratische Geschichtsschreibung, Berlin 1971, 377–439. – Nachdem Sproemberg in der DDR lange als »bürgerlicher« Historiker verdächtigt und 1957/58 im Zuge der »sozialistischen Umgestaltung« der historischen Institute von der Universität verdrängt worden war, wurde er 1989 von seinen Schülern vorschnell als Begründer einer eigenen »DDR-Mediävistik« etikettiert und undifferenziert in die Traditionslinie einer marxistischen Geschichtswissenschaft eingeordnet – während ein undogmatischer marxistischer Historiker wie Walter Markov ausgeblendet wurde. Vgl. GERHARD HEITZ/MANFRED UNGER, Heinrich Sproemberg, 1889 bis 1966, in: Heinz Heitzer u. a. (Hg.), Wegbereiter der DDR-Geschichtswissenschaft, Berlin (Ost) 1989, 300–317. Auch in seinen nach der »Wende« erschienenen Erinnerungen hebt sein früherer Assistent Manfred Unger hervor, daß es »ganz gewiß eine DDR-Mediävistik« gegeben habe, für die Sproemberg genannt werden müsse: »Obgleich es ihm selber nicht bewußt gewesen sein wird und er es wohl nicht einmal angestrebt hat: sein Name muß als ein Begründer der DDR-Mediävistik gelten, die er aber nicht gegen (!) eine andere sah, sondern in einem lebendigen, offenen Austausch über die zu jener Zeit noch schwachen staatlichen und ideologischen Grenzen hinweg.« MANFRED UNGER, Notizen zur Assistentenzeit, in: Didczuneit u. a., Geschichtswissenschaft in Leipzig, 91–118; 108 f. – Walter Ulbricht würdigte ihn in seinem Kondolenzschreiben von 1966 als einen »international geachteten Gelehrten, der zeit seines Lebens die humanistischen Traditionen der deutschen Wissenschaft vertreten« habe. (Zit. nach HEITZ/UNGER, Heinrich Sproemberg, 315) In der Bundesrepublik wurde Sproemberg dagegen aufgrund seiner für den Aufbau der Geschichtswissenschaft in der DDR unvermeidlichen Zusammenarbeit mit der SED verunglimpft: Sproemberg, so behauptete Carlrichard Brühl noch 1990, »hatte ohne Not einen Ruf nach Leipzig angenommen und spielte dort die Rolle des ›bürgerlichen Historikers‹ von Ulbrichts Gnaden.« (CARLRICHARD BRÜHL, Deutschland – Frankreich. Die Geburt zweier Völker, Köln 1990, 720)

[22] HEINRICH SPROEMBERG, Die Bischöfe von Lüttich im elften Jahrhundert. Teildruck: Die Quellen, Diss. Phil. Berlin 1914.

keinen Lehrstuhl bekommen. Wie er 1941 gegenüber Friedrich Meinecke bekannte, sei er, da sich nach 1918 für ihn »keinerlei Arbeitsmöglichkeit« in der deutschen Geschichtswissenschaft geboten habe, »ganz in den Kreis der belgisch-niederländischen Historiker gekommen«, der ihm »dank Pirenne sehr bereitwillig Aufnahme« gewährt habe.[23] Die »allgemeine Richtung der deutschen mittelalterlichen Geschichtsschreibung« sei ihm jedoch von Beginn an »als wenig zukunftsreich« und von der Hilfswissenschaft dominiert erschienen. Neben der Distanz zur universitären Mediävistik war es in den zwanziger Jahren vor allem sein freundschaftlicher und liberaler Umgang mit westeuropäischen Kollegen, der ihn in der deutschen »Zunft« stigmatisierte, zahlreichen Historikern im westlichen Ausland dagegen als kooperationsbereiten Deutschen und »Freund« zu erkennen gab. Wie Sproemberg im Vorwort seiner 1931 erschienenen Studie »Alvisus, Abt von Anchin (1111–1131)« bekannte, habe »der Krieg und seine Folgen ... es einem deutschen Historiker außerordentlich erschwert, sich der französischen und belgischen Geschichte zu widmen, ohne von inländischer oder ausländischer Seite der einseitigen Parteilichkeit beschuldigt zu werden.«[24] Dies treffe, so Sproemberg weiter, auch für die Darstellung der Zeiten zu, die »den Kämpfen der Gegenwart längst entrückt« seien. »Jeder, der die Schwierigkeiten freier wissenschaftlicher Arbeit in Deutschland« kenne, werde wissen, betone Sproemberg weiter, »wie groß die inneren und äußeren Hemmungen für diese waren und noch sind.« Ziel seiner Arbeit sei es nun, »jenem großen Werke [zu] dienen, das Bruno Krusch bei dem Abschluß seines Riesenwerks über die Geschichtsschreiber der Merowingerzeit bereits am 14. Dezember 1919 mit folgenden Worten umrissen hat: ›Pace restituta tomus noster utriusque populi rebus gestis inserviens utrobique evolvi potest, faxitque Deus, ut Musae vincula iterum conectant saeviente Marte crudeliter disrupta ...‹«[25] Erst mit der Räumung des Rheinlandes sah Sproemberg »das größte Hindernis einer Verständigung auf dem Fuße völliger Gleichberechtigung zwischen den beiden großen Nachbarmächten beseitigt.«

---

[23] Sproemberg an Meinecke, 12.8.1941, in: NL Sproemberg, Wiss. Korrespondenz, Bd.146. Im folgenden stammt die zitierte Korrespondenz, soweit nicht anders angegeben, aus dem NL Sproemberg. Der Fundort des entsprechenden Aktenbandes ergibt sich jeweils aus dem Datum der zitierten Korrespondenz.

[24] HEINRICH SPROEMBERG, Beiträge zur Französisch-Flandrischen Geschichte, Bd.1: Alvisus, Abt von Anchin (1111–1131), Berlin 1931, 11.

[25] Ebd. [»Nachdem der Friede wiederhergestellt worden ist, kann unser Band, indem er den Taten beider Völker dient, auf beiden Seiten aufgeschlagen werden, und Gott möge machen, daß die Musen die Bande wiederum verknüpfen, die, während Mars wütete, grausam zerrissen worden sind.«]

Sproembergs freimütiges Bekenntnis blieb im Ausland nicht unerwidert. Obwohl die Idee zum Aufbau einer deutsch-französischen Austauschorganisation erstmals zu Beginn der dreißiger Jahre bei Gesprächen Sproembergs im soeben gegründeten »Französischen Akademikerhaus« in Berlin diskutiert wurde,[26] konkretisierte sich das deutsch-französische Projekt erst zwei Jahre später. Französische Historiker, darunter der Ko-Direktor der *Revue historique*, Louis Eisenmann, Professor an der Sorbonne und Vetter Marc Blochs, sowie der Leiter des *Office national des universités et écoles françaises*, Charles Petit-Dutaillis, waren 1931 mit dem Wunsch nach einer Wiederaufnahme des fachwissenschaftlichen Austauschverkehrs an Sproemberg herangetreten.[27] Da die politische Situation und die Unverbindlichkeit der Anfrage aus Frankreich es Sproemberg zufolge nicht zugelassen habe, so-

---

[26] NL Sproemberg, Wiss. Korrespondenz, Nr. 149: Organisation zur Verbreitung geschichtswissenschaftlicher Literatur im Ausland (Beilage II). Das *Institut français* wurde im Herbst 1930 gegründet und diente als Anlaufstation für junge *Normaliens*, die sich mit der deutschen Kultur und Geschichte vertraut machen wollten. Zugleich sollte es einen Austausch zwischen französischen und deutschen Intellektuellen auf hohem Niveau ermöglichen. Die Geschichte des französischen Akademikerhauses (und anderer französischer Kulturinstitute in Deutschland), zu dessen Gästen u. a. Jean-Paul Sartre, Raymond Aron und Henri Brunschwig auf französischer sowie Max Dessoir und René König auf deutscher Seite zählten, ist noch ein Forschungsdesiderat. Vgl. dazu DOMINIQUE BOUREL, Jalons pour une histoire culturelle des rapports entre la France et l'Allemagne au XXè siècle, in: Préfaces 13 (1989), 97–101; sowie zum Hintergrund dieses »französischen Mikrokosmos« ANNIE COHEN-SOLAL, Sartre 1905–1980, Reinbek 1991, 174 ff. Zur Geschichte des 1921 in Mainz gegründeten *Centre d'Etudes Germaniques* vgl. jedoch die (ungedruckte) Magisterarbeit von JENS HEGELER, Kulturvermittlung im Kontext der französischen Rheinlandbesetzung. Das Centre d'Etudes Germaniques und die Revue Rhénane in Mainz (1919–1930), Göttingen 1996.

[27] Diese Entstehungsgeschichte entspricht den Darstellungen Sproembergs, die jedoch im Detail voneinander abweichen und variieren. Zum *Office national des universités et écoles françaises*, dem französischen Pendant zum DAAD, vgl. TIEMANN, Zweigstelle Paris des DAAD und Institut français de Berlin. Zwei Einrichtungen der auswärtigen Kulturpolitik mit jugendpolitischer Orientierung, in: Hans Manfred Bock u. a. (Hg.), Entre Locarno et Vichy, Bd. 1, Paris 1993, 287–300. 1919 hatte Petit-Dutaillis noch erklärt, Aufgabe von Wissenschaft und Unterricht sei es, »de garantir le monde contre le virus germanique, et bâtir la paix, sur des fondations plus solides que ne le sont les combinaisons diplomatiques.« (Zit. ebd., 288). – Das *Institut français* bzw. die *Maison académique française* wurde 1939 von den Nationalsozialisten geschlossen. Begründet wurde dies mit der antinationalsozialistischen und republikanischen Haltung des früheren Leiters Henri Jourdan. Vgl. dazu ECKARD MICHELS, Das Deutsche Institut in Paris 1940–1944. Ein Beitrag zu den deutsch-französischen Kulturbeziehungen und zur auswärtigen Kulturpolitik des Dritten Reiches, Stuttgart 1993, 142 f; sowie die Erinnerungen HENRI JOURDANS, Souvenirs d'un Français en poste à Berlin de 1933 à 1939, in: Mémoires de l'Académie des Sciences, Belles-Lettres et Arts de Lyon 29 (1975), 125–137. Zum Institut vgl. DOMINIQUE BOSQUELLE, L'Institut Français de Berlin dans les années trente, in: Cahiers d'études germaniques 21 (1991), 217–250.

gleich an »führende Persönlichkeiten« der deutschen Geschichtswissenschaft heranzutreten, habe er sich zunächst an seinen Mentor Robert Holtzmann gewandt. Diesem berichtete er im Mai 1931, daß der Zustand des deutsch-französischen Austauschverkehrs »trotz internationaler Beschlüsse und grundsätzlicher Bereitwilligkeit äußerst im Argen« liege.[28] Daß Sproemberg als ein außerhalb der Universität stehender Privatgelehrter die Angelegenheit nicht selbständig fördern und im Fall eines Erfolges lediglich als Assistent Holtzmanns fungieren konnte, ist ihm von Beginn seiner Aktivitäten an bewußt gewesen. Daher konnten weitere Historiker für die deutsch-französischen Pläne erst interessiert werden, nachdem mit Holtzmann, Nachfolger Reincke-Blochs in der deutschen Sektion des *Comité International*, ein fest in die hierarchische Struktur der »Zunft« eingebundener Universitätsgelehrter seine Unterstützung zugesagt hatte. Das politische Klima in Deutschland wurde von Sproemberg und Holtzmann Ende 1931 jedoch als so gespannt eingeschätzt, daß sie zunächst nicht wagten, sowohl die breite Fachwissenschaft als auch die nicht-wissenschaftliche Öffentlichkeit über das Projekt zu informieren. Trotz der äußerst problematischen Situation des deutsch-französischen Verhältnisses wies jedoch Walther Kienast, der neben Friedrich Meinecke schon frühzeitig um Unterstützung gebeten wurde, Sproemberg daraufhin, daß es angesichts der gespannten politischen Lage »vielleicht der letzte Augenblick für lange Zeit wäre, eine solche Zusammenarbeit zu organisieren.«[29] Eine große Zahl von Zustimmungserklärungen deutscher und österreichischer Lehrstuhlinhaber sowie der Leiter der historischen Fachzeitschriften, die nachdrücklich auf die Schwierigkeiten des Erwerbs ausländischer Rezensionsexemplare hingewiesen haben, konnten schließlich noch im Lauf des Jahres 1931 eingeholt werden.[30] Im Sommer des gleichen Jahres fand darüber hinaus in Berlin eine Konferenz statt, an der neben Holtzmann und Eisenmann jeweils ein Vertreter der Preußischen Staatsbibliothek, der *Deutschen Literaturzeitung* und der *Historischen Zeitschrift* teilnahmen. Geplant war zunächst, in beiden Ländern einen Aufruf zu erstellen, der die Unterschriften der wichtigsten Gelehrten an den Universitäten, der Generaldirektoren der Staatsbibliotheken sowie maßgeblicher Verlagsvertreter vereinen sollte. Erst nach dieser Vergewisserung einer breiteren Un-

---

[28] Sproemberg an Holtzmann, 29.5.1931.
[29] Ebd., Sproemberg an Holtzmann, 6.6.1931.
[30] Holtzmann sprach in einem Brief an Louis Eisenmann vom 31.7.1931 von bislang 17 Unterzeichnern; gegenüber dem Leiter des »Archivs für Kulturgeschichte« am 12.2.1932 von 22 Persönlichkeiten aus dem wissenschaftlichen Bereich (eingeschlossen der Generaldirektoren der Staatsbibliotheken in Berlin, München und Wien) sowie 40 zustimmungswilligen Zeitschriftenredaktionen.

terstützung und einer grundlegenden Übereinstimmung zwischen den beteiligten Gelehrten, den Bibliotheken, Fachzeitschriften und Verlagen sollten konkrete Maßnahmen in Angriff genommen werden. Sproemberg und Holtzmann betonten dabei stets, daß sie die von ihnen ehrenamtlich geleistete Arbeit lediglich als »Selbsthilfemaßnahme« der deutschen Wissenschaft verstanden wissen wollten und daher vorerst nicht um Unterstützung des Staates bäten.

Wer auf deutscher Seite das Projekt befürwortete, läßt sich anhand der Unterlagen im Nachlaß Sproembergs nicht mehr lückenlos ermitteln. Dagegen liegen repräsentative Stellungnahmen vor, die die ablehnende Haltung einiger deutscher Historiker besonders deutlich dokumentieren. Sie lassen die kaum überwindbar scheinenden Schwierigkeiten hervortreten, die eine Verständigung mit belgischen und französischen Kollegen erschwerten, wenn nicht vollständig verhinderten. Einer, dessen grundsätzlich ambivalente Haltung aus der Reihe der Angeschriebenen besonders hervorstach, war der Jenenser Mediävist Alexander Cartellieri. Ihn hielt Sproemberg aufgrund seiner breiten Kenntnisse der französischen Geschichte ursprünglich für besonders berufen, dem Unternehmen durch seinen Rat fördernd zur Seite zu stehen.[31] Da Sproemberg sein Anliegen gegenüber Cartellieri mit dem Argument zu begründen versucht hatte, daß »die wirtschaftliche Not« nun zwinge, »Wege zu gehen, die man vor dem Kriege nicht beschritten« habe, und »niemand in Deutschland und Österreich ein so großes und begründetes Ansehen als Autorität auf dem Gebiet der französischen Geschichte« besitze wie er, mußte die Antwort für ihn ernüchternd sein. Sproembergs Versicherung, daß die geplante Aktion »in keiner Weise zu irgendeiner persönlichen Fühlungnahme mit französischen und belgischen Gelehrten« zwinge, erwiderte der Umworbene mit dem Hinweis, daß ihm besonders darin liege, »daß nicht dabei von Annäherung der Völker oder ähnlichen mir genügend bekannten Dingen gefabelt« werde.[32] Später fügte er unter Hinweis auf seine Kriegsreden hinzu, daß Frankreich »zu der gerechten Pol.[itik] des hl. Ludwig zurückkehren« müsse, was für ihn bedeutete, daß Frankreich »schwächer« sein müsse als Deutschland.[33] Andernfalls, so Cartellieri wörtlich, gä-

---

[31] Lt. DIDCZUNEIT, Heinrich Sproemberg, 28, hatte Sproemberg zu Beginn der zwanziger Jahre eine Habilitation bei Cartellieri erwogen, die jedoch aus wirtschaftlichen Gründen nicht stattfinden konnte.

[32] Cartellieri an Sproemberg, 13. 8. 31.

[33] Cartellieri an Sproemberg, 9. 4. 1932. Zu den Kriegsreden Cartellieris vgl. DERS., Frankreichs politische Beziehungen zu Deutschland vom Frankfurter Frieden bis zum Ausbruch des Weltkrieges. Vortrag, Jena 1916; DERS., Der Krieg und die wissenschaftliche Arbeit. Rede vor der Studentenversammlung vom 31. 10. 1914, in: Jenaische Zeitung, 4./5. 11. 1914.

be »es nie Ruhe«. Sein ausgeprägtes antifranzösisches Ressentiment hatte Cartellieri nach 1918 auch in seinen wissenschaftlichen Veröffentlichungen deutlich zum Ausdruck gebracht. »Alle Völker durch Freiheit, Gleichheit und Brüderlichkeit zu beglücken«, polemisierte er 1921 in einer Überblicksdarstellung zur Geschichte der neueren Revolutionen, sei »das höchste Ziel«. Es werde »am besten erreicht, wenn sie alle Frankreich gehorchen, ihre Weisungen von der Seine empfangen, wofür sie auch entsprechend zu zahlen haben ... Immer und überall wirkt Ludwig XIV.«[34] Obwohl Cartellieri seine Nützlichkeit bei dem Unternehmen zunächst nicht erkennen wollte, gab er schließlich, nachdem er umfassend über das Unternehmen, insbesondere über den Kreis der Teilnehmer, informiert worden war, doch noch seine grundsätzliche Zustimmung.[35] Inwieweit sein Rat in der Folgezeit tatsächlich eingeholt wurde und er überhaupt in die laufende Arbeit der »Geschäftsstelle« involviert wurde, muß unbeantwortet bleiben. Im Rahmen der 1936 in Berlin veranstalteten internationalen Tagung der an der Organisation beteiligten Gelehrten ist er nicht mehr in Erscheinung getreten.

Sproembergs Korrespondenz mit dem Jenenser wirft nicht nur ein Licht auf das Frankreichbild Cartellieris, das eine für seine Generation typische Ambivalenz gegenüber dem westlichen Nachbarland aufwies, ihm nach den Worten seines Biographen gar zur »schicksalhaften Last« werden sollte.[36] Er gehörte er zu jenen deutschen Historikern, die nach 1918 einerseits schwere Vorwürfe gegen Frankreich und seine Siegerpolitik erhoben, andererseits aber ein ausgeprägtes Interesse an der französischen Geschichtswissenschaft zu erkennen gaben – ein Interesse, das im Fall Cartellieris etwa an der ver-

---

[34] DERS., Geschichte der neueren Revolutionen vom englischen Puritanismus bis zur Pariser Kommune (1642–1871), Leipzig 1921, 202.

[35] Nach seinem während des Weltkrieges erfolgten Bruch mit Pirenne hatte Cartellieri seine Unterstützung von der Zusage abhängig gemacht, künftig nichts mehr mit dem belgischen Historiker zu tun zu haben. Der Ausgang des Krieges hatte den Gegensatz der ehemaligen Freunde unüberbrückbar gemacht. Während Pirenne 1920 in seinen »Souvenirs de Captivité en Allemagne« eine Anklage gegen den Militarismus der geistigen Elite Deutschlands formulierte, notierte Cartellieri am 13.11.1918 in sein Tagebuch: »Wer könnte so blödsinnig sein und an den Völkerbund glauben, wenn wir Elsaß-Lothringen dauernd verlieren? Wolf sagte gleich: Das nehmen wir wieder! Bravo, so muß die Jugend denken, und ich möchte die Vergeltung erleben. Meine ganze Wissenschaft muß sich in den Dienst der Sache stellen und in den Gemütern der Hörer ein brennendes Verlangen nach dem erzeugen, was von Rechts wegen unser war.« (Zit. nach MATTHIAS STEINBACH, Der Weg ins Niemandsland. Wissenschaft und Krieg: Henri Pirenne als Kriegsgefangener in Jena, in: FAZ, 22.5.1996) Ich danke Matthias Steinbach für den o.g. Hinweis.

[36] So das Urteil von STEINBACH, Des Königs Biograph, 8, sowie ausführlicher zum Frankreichbild Cartellieris 180 ff.

hältnismäßig frühzeitigen Anschaffung der *Annales* in Jena abzulesen war.[37] Sproembergs Bemühungen um Cartellieri lassen vielmehr die Strategie erkennen, welche die deutschen Initiatoren anwenden mußten, um auch betont national eingestellte und jede Verständigung ablehnende Historiker für eine Zusammenarbeit gewinnen zu können. Aus diesem Grund sahen sich Sproemberg und Holtzmann gezwungen, ihre Anfragen stets mit dem Hinweis zu versehen, daß bei ihrem Unternehmen nicht an eine politische Aktion gedacht sei und daher auch »jene Persönlichkeiten« ausgeschlossen werden müßten, die »auf dem Gebiete unserer Wissenschaft als ›Verständigungspolitiker‹ bekannt seien – wobei Namen freilich nicht genannt wurden.[38] Die Beteiligung einer Persönlichkeit wie etwa Hedwig Hintze – mit der Sproemberg niemals Kontakt aufgenommen hat – oder anderer profilierter Linksintellektueller wäre auch in seinen Augen völlig undenkbar gewesen. Dennoch deutete die Tatsache, daß er an der *Deutschen Literaturzeitung*, den *Jahresberichten für Deutsche Geschichte* und den *Hansischen Geschichtsblättern* seit 1931/32 als Rezensent mitwirken konnte, zunächst auf eine Unterstützung seines Anliegens, die Berichterstattung über belgische und französische Neuerscheinungen auszubauen und vor allem auf eine neue, auf gegenseitiger Anerkennung beruhende Grundlage zu stellen. Eine besondere Bedeutung kam hierbei den von Albert Brackmann und Fritz Hartung geleiteten und mit staatlichen Mitteln geförderten *Jahresberichten* zu, denen innerhalb der deutschen Geschichtswissenschaft zweifellos die Rolle eines Prestigeunternehmens zukam. Sproemberg hatte sich zunächst das Vertrauen Albert Brackmanns erworben, der ihm zu Beginn des Jahres 1932 das für die internationale Ausstrahlung der *Jahresberichte* außerordentlich wichtige Referat über sein Spezialgebiet, die Geschichte Flanderns, übertrug.[39] Damit hatte Sproemberg den benötigten Freiraum erlangt, um insbesondere die wissenschaftliche Leistung Henri Pirennes würdigen und dem während des

---

[37] Ebd. Vgl. auch oben Anm. 12.
[38] Sproemberg an Cartellieri, 20. 8. 1931.
[39] HEINRICH SPROEMBERG, Niederlothringen, Flandern und das burgundische Reich, in: Jahresberichte für deutsche Geschichte 6 (1930), 470–497. Das Referat wurde im nächsten Berichtsjahr u. d. T. »Die Nachbargebiete der deutschen Westgrenze« fortgeführt. Um angesichts des mißverständlichen Titels möglichen Konflikten zuvorzukommen, betonte Sproemberg gegenüber seinen ausländischen Freunden, daß dieser keinesfalls politische Ansprüche zum Ausdruck bringen solle (so an den französischen Historiker Édouard Perroy, 25.6.1937). Soweit das Verhältnis zwischen Frankreich und Deutschland tangiert sei, falle dies in das Aufgabengebiet von Franz Petris »Grenzlande und Auslandsdeutschtum«. (Vgl. hierzu auch unten Anm. 85) – Sein Referat, unterstrich Sproemberg, diene den »Gemeinsamkeiten«. Zur politischen Ausrichtung und Organisationsstruktur dieser Rezensionszeitschrift HANS SCHLEIER, Die bürgerliche deutsche Geschichtsschreibung der Weimarer Republik, 177 ff.

Krieges nach Deutschland deportierten und nach 1918 wiederum bekämpften Historiker Bereitschaft zu einer erneuten Zusammenarbeit signalisieren zu können.[40] Seine erste für die *Deutsche Literaturzeitung* verfaßte Rezension widmete er Pirennes »Histoire de Belgique«, deren Bedeutung er in umfassenden Kritiken auch in den *Jahresberichten* gerechtzuwerden versuchte.[41] Wohl aufgrund dieser freundlichen Beachtung fand sich Pirenne bereit, die Austauschaktion zu befürworten und seine belgischen Schüler und Kollegen für eine Zusammenarbeit mit den Deutschen zu gewinnen. Durch seine Wertschätzung Pirennes und das dem Jüngeren entgegengebrachte Vertrauen wurde Sproemberg jedoch immer stärker in eine Außenseiterposition gedrängt.

Widerstand gegen Sproembergs Publikationen, insbesondere gegen seine ausführlichen und lobenden Besprechungen von Pirennes »Histoire de Belgique«, von denen die letzte pünktlich zum 70. Geburtstag des berühmtem belgischen Historikers erschien, kamen zunächst aus dem Umkreis des Bonner ›Instituts für geschichtliche Landeskunde der Rheinlande‹.[42] Von dort hatte dessen Leiter Franz Steinbach den Angriff auf Sproemberg übernommen und diesem eine unkritische und tendenziöse Sichtweise Pirennes vorgeworfen.[43] Da man in Berlin die grundsätzliche Zustimmung der Westforscher zu dem internationalen Austauschprojekt jedoch für unverzichtbar hielt, bemühte sich Sproemberg in der Folgezeit um eine Beilegung des Konfliktes – freilich

---

[40] Im März 1931 hatte Pirenne an Sproemberg geschrieben: Je souhaits de tout mon cœur, croyez-le bien, que les relations scientifiques se rétablissent, telles qu'elles étaient avant la guerre entre travailleurs belges et travailleurs allemands.« (Sproemberg an Brackmann, 3. 3. 1933)

[41] HEINRICH SPROEMBERG, Rez. von: Henri Pirenne, Histoire de Belgique, Bd. 1, Brüssel, 5. Aufl. 1929, in: DLZ 52 (1931), 987–993.

[42] DERS, Rez. von: Henri Pirenne, Histoire de Belgique, Bd. 7, Brüssel 1932, in: DLZ 53 (1932), 2476–2486. Auf die Empörung der Bonner Historiker ist Sproemberg von Albert Brackmann hingewiesen worden, der hier vermittelnd eingegriffen hat (vgl. Sproemberg an Brackmann, 6. 2., 13. 2. 1933). Sproemberg hat daraufhin in einem persönlichen Schreiben an Steinbach seine Darstellung Pirennes verteidigt. (Sproemberg an Steinbach, 9. 2. 1933)

[43] Steinbach hatte sich zunächst bei seinem Freund Petri beklagt: »Die kritiklose Lobhudelei gegenüber Pirenne durch Sproemberg darf m. E. nicht unwidersprochen bleiben. Ist es nicht z. B. lächerlich, wenn er behauptet bezw. die Behauptung Pirennes unterstützt, daß wegen der freien Verfassung Belgiens von einer Unterdrückung der Vlamen gar keine Rede sein könne? Wer ist eigentlich Sproemberg, wissen Sie etwas näheres über ihn«? (Westfälisches Archivamt, Archiv LWL, NL Petri, Steinbach an Petri, 16. 1. 1933) Am 1. 3. 1933 wandte sich Steinbach direkt an Sproemberg: »Und daran kann doch kein Zweifel sein,« betonte der Bonner empört, »daß Pirenne in vieler Hinsicht einseitig, um nicht zu sagen tendenziös, die belgische Geschichte sieht und darstellt ... Ihren Satz ... daß Pirenne ›in sich selbst die Grenze zwischen Vaterlandsliebe und geschichtlicher Wahrheit zu ziehen gewußt hat‹, könnte ich nicht unterschreiben. Allen Gelehrtenruhm billige ich ihm zu, aber das nicht.«

in dem Wissen, daß man in Bonn »vorwiegend propagandistisch eingestellt« und dabei, der »Mode« der Zeit entsprechend, wie Sproemberg formulierte, nicht gerade »wählerisch« sei.[44] Daß sich sein kollegiales Verhältnis zu Brackmann einerseits und sein Konflikt mit der Prominenz der »Westforscher« andererseits nach wenigen Jahren in der Form umkehren sollte, daß ihm nach seiner Verdrängung aus den *Jahresberichten* und anderen wichtigen Zeitschriften nur noch hier Publikationsmöglichkeiten eingeräumt wurden, konnte Sproemberg zu diesem Zeitpunkt noch nicht ahnen.[45] Die Auseinandersetzungen um Pirenne ließen aber unmißverständlich erkennen, daß ein Durchbruch in den Verhandlungen um die endgültige Errichtung der »Geschäftsstelle« noch in weiter Ferne stand.

Entgegen den Erwartungen Holtzmanns und Sproembergs, die ihren Ansprechpartnern in Deutschland den nahen Abschluß der Verhandlungen andeuteten und – entgegen der tatsächlichen Sachlage – auf die Unterstützung des deutschen Historikerverbandes verwiesen, wurde auch 1932 noch kein abschließender Erfolg erzielt.[46] Am Ende des Jahres notierte Sproemberg resigniert: »Die schwierigen und mühsamen Vorarbeiten haben zur Genüge erwiesen, wie groß die Widerstände sind, die einer Herstellung des Mindestmasses eines sachlichen Austausches in unserer Wissenschaft entgegenstehen, sonst wäre auch schon längst durch die vielen Einzelbemühungen ein Erfolg erzielt worden.«[47] Neben den schwer zu überwindenden politischen

---

[44] Sproemberg an Brackmann, 3.3.1933. In seinem Bericht über die Gerolsteiner Grenzlandtagung vom April 1933 betonte Sproemberg: »Für die Austauschaktion ist ihrerseits der reiche Schatz unmittelbarer persönlicher Kenntnisse in den Rheinlanden von großem Wert und nicht minder die ständige Fühlungnahme mit den rheinischen wissenschaftlichen Kreisen.« (NL Sproemberg, wiss. Korrespondenz 1933)

[45] Die Darstellung von Sproembergs Verhältnis zu Steinbach und Petri, auf die unten ausführlicher eingegangen wird, weicht hier ausdrücklich von der Schilderung PETER SCHÖTTLERS, Die historische »Westforschung« zwischen Abwehrkampf« und territorialer Offensive, in: Ders. (Hg.) Geschichtsschreibung als Legitimationswissenschaft, 204–261, hier: 257, Anm. 147, ab, der erstaunlicherweise behauptet, daß Sproemberg aufgrund der von Steinbach und Petri angewendeten Ausgrenzungspraktiken »jede Publikationsmöglichkeit« verloren habe.

[46] Offenkundig hatte sich der Historikerverband bis August 1933 nicht zu einer Entscheidung durchringen können: wie Albert Brackmann nach dem Warschauer Internationalen Historikerkongreß an dessen Vorsitzenden Brandi schrieb, hätten »Franzosen und Belgier gleichmäßig den dringenden Wunsch, uns in diese Austauschorganisation hineinzuziehen.« Der Abschluß der Verhandlungen müsse daher »jetzt *unbedingt* erfolgen«, »wenn wir«, so Brackmann weiter, »nicht Franzosen und Belgier aufs schärfste vor den Kopf stoßen wollen. Holtzmann übersieht diese Situation nicht so wie ich.« Auch Brackmann vertrat die Meinung, mit der Beteiligung an dem internationalen Projekt »im Interesse der »deutschen Sache« zu handeln. (Brackmann an Brandi, 30.8.1933, in: NL Brandi, Nr. 44, 130)

[47] Sproemberg an Cartellieri, 13.12.1932; Sproemberg an das »Archiv für Kulturgeschichte«, 12.2.1932. »Die außergewöhnlich schwierige politische Lage« lasse es, so Sproemberg, »im Au-

Vorbehalten mußten auch technische Fragen geklärt und Bedenken der Verleger ausgeräumt werden. So betonten Sproemberg und Holtzmann nicht nur immer wieder den unpolitischen Charakter der Aktion, sondern mußten in langen und zeitraubenden Schriftwechseln das Funktionieren des Austausches erklären. Gedacht war nicht an eine Sammelstelle für Besprechungsexemplare, wie sie in Gestalt der »Reichstauschstelle« bereits vorlag. Alle bestehenden Verbindungen zu französischen Institutionen sollten vielmehr unangetastet bleiben, während die »Geschäftsstelle« nur auf Antrag und nur als Vermittler zwischen deutschen und französischen Stellen tätig werden sollte. Daß sich die Verhandlungen unerwartet verzögerten, lag in dem Umstand begründet, daß die Interessen zwischen den einzelnen Wissenschaftlern, den Verlagen und den Zeitschriftenredaktionen nicht immer zur Deckung kamen. Während den Verlagen, die eine verlustreiche und unkontrollierte Abgabe von Rezensionsexemplaren befürchteten, der vermehrte Verkauf ihrer Produkte im Ausland in Aussicht gestellt wurde, mußten die Leiter der Zeitschriften auf Wunsch der Verleger hin im Einzelfall aufgefordert werden, die Besprechung besonders teurer Werke auf mehrere Ausgaben zu verteilen, um somit besondere Aufmerksamkeit auf mehrbändige Werke zu lenken.[48] Alle Beteiligten mußten sich weiterhin verpflichten, nicht besprochene Bücher nach Jahresfrist zurückzugeben. Auch dadurch erwarteten sich die Leiter der deutschen »Geschäftsstelle« einen Rückgang bei der Fehlleitung von Rezensionsexemplaren.[49]

Auch auf französischer Seite traten, insbesondere im Umkreis Louis Eisenmanns, des Vorsitzenden der Pariser Geschäftsstelle, immer wieder Hindernisse auf, während die belgischen Historiker unter Leitung des Pirenne-Schülers François L. Ganshof die Verhandlungen rasch abschließen konnten. Bei Ganshof, der inzwischen eine Vermittlerrolle zwischen den deutschen und französischen Organisatoren übernommen hatte, beschwerten sich Sproemberg und Holtzmann über die »unglaubliche Bummelei« Eisenmanns, der im Herbst 1932 noch immer nicht den Abschluß der Verhandlungen in Frankreich erreicht hatte und offensichtlich durch persönliche Ge-

---

genblick nicht tunlich erscheinen, mit der Aktion ... an die Öffentlichkeit zu treten, obwohl auf das entschiedenste jede politische oder konfessionelle Bindung abgelehnt wird. Die Ausschaltung dieser Störungsfaktoren ist gerade das Ziel der Aktion.«

[48] So verlangte etwa der Kölner Verlag J. P. Bachem von Holtzmann, seinen Kollegen Eisenmann aufzufordern, die Besprechung des von der Revue historique gewünschten neunbändigen Werkes von Karl Bachem, Vorgeschichte, Geschichte und Politik der deutschen Zentrumspartei« auf mindestens vier Ausgaben der Zeitschrift zu verteilen. (Holtzmann an J. P. Bachem, 18. 11. 1931; das Antwortschreiben v. 1. 12. 1931)

[49] So etwa Holtzmann an den Vertreter der *Byzantinischen Zeitschrift* Dölger, 17. 11. 1931.

schäfte überlastet war.[50] Verärgert schrieb Holtzmann an Eisenmann im November 1932, daß er nun davon ausgehe, daß »die Ursache Ihres langen Schweigens in der Austauschangelegenheit allein persönliche Gründe gehabt hat und daß nunmehr mit größter Beschleunigung die Sache von Ihnen in Angriff genommen werden wird.«[51] Dies begrüße er umso mehr, so Holtzmann weiter, »weil auf Grund Ihrer bestimmten Erklärungen im Frühjahr schon zu Beginn des Sommers mit einem Funktionieren des Austausches gerechnet werden mußte ...« Die Antwort Eisenmanns, die wiederum von Ganshof mündlich überbracht wurde, ist nicht bekannt, konnte aber die Verstimmung auf deutscher Seite nicht auflösen.[52] Um so bedeutsamer wurde daher die Vermittlerfunktion des Belgiers. Ihm dankte Sproemberg für seine wichtige Arbeit:

»Für die Austauschorganisation und weit darüber hinaus für die sachliche Zusammenarbeit zwischen Belgien und Deutschland überhaupt ist ihr persönliches Eingreifen ja von unschätzbarem Wert. Wir fühlen das ja immer wieder besonders stark im Gegensatz zu dem Verhalten Professor Eisenmanns und im Grunde doch der französischen Historiker überhaupt. Es ist wirklich zu schade, daß sich in Frankreich nicht endlich eine Persönlichkeit findet, die sich energisch dieser wichtigen sachlichen Arbeit annimmt. Ich habe so etwas den Eindruck, daß unser Versuch, die ersten Arbeiten der französischen Geschäftsstelle in die richtige Form zu bringen, schon deren Eifer völlig lahm gelegt hat ... Die französische Übersetzung des Zeitschriftenkataloges ist ... wirklich sehr unsorgfältig gemacht. Am liebsten hätten wir den ganzen Katalog neu aufgestellt, aber Professor Holtzmann ist der Ansicht, daß wir nicht auch noch alle Arbeit für die Franzosen machen sollten. Wir wissen jedenfalls wirklich nicht, woran es liegt, daß die Arbeit in Frankreich nicht vorwärts kommt. Ich habe Herrn Dr. Benaerts zwei Mal Sonderdrucke geschickt, zuletzt das Referat aus den ›Jahresberichten‹, aber keine Antwort erhalten.«[53]

---

[50] Sproemberg an Ganshof, 18.10.1932; Holtzmann an Ganshof, 12.10.1932. »Persönlich«, schrieb Sproemberg, sei Eisenmann »stets von der denkbar größten Liebenswürdigkeit und es ist ein Vergnügen, mit ihm zusammenzuarbeiten, aber sobald er abgereist ist, denkt er offenbar nur recht selten an die getroffenen Abmachungen, weil er schon wieder andere Aktionen vorhat.«

[51] Holtzmann an Eisenmann, 10.11.1932.

[52] »Es traf sich sehr gut«, so Eisenmann an Sproemberg (28.11.1932), »daß Prof. Ganshof Prof. Holtzmann und Ihnen mündlich auseinandersetzen konnte, was zu schreiben mir ziemlich unangenehm gewesen wäre. Derlei persönliche Sachen wirken äußerst störend, dürfen aber nach meinem Geschmack *in publicis* kaum angedeutet werden. Nun ist Euch alles klar geworden, jedes Mißverständnis, als ob da Politik irgendwie eine Rolle gespielt hätte, verschwunden, und werden wir uns hoffentlich, wenn ich, womöglich in ein paar Wochen, wieder über Berlin komme, der ersten Erfolge der Aktion freuen können.«

[53] Sproemberg an Ganshof, 23.1.1933. Pierre Benaerts, Leiter eines Dokumentationszentrums einer industriellen Handelsgruppe, wurde 1932 zum Generalsekretär der französischen Geschäftsstelle ernannt. Auch das Verhalten einiger deutscher Gelehrter gab in Frankreich An-

Angesichts des französischen Zögerns in den Verhandlungen bestätigt sich der am Beispiel des *Institut français* gewonnene Befund Dieter Tiemanns, wonach die französische Kulturpolitik gegen Ende der zwanziger Jahre als eine »Politik des behutsamen Vortastens« bezeichnet werden kann.[54] Nicht sentimentales Verständigungsdenken, sondern eine diplomatische und abwägende Handlungsweise bestimmte das französische Vorgehen offenkundig auch in diesem Fall. Charakteristisch hierfür ist der nach einer Berlinreise von 1928 angefertigte Bericht Eisenmanns, der zudem stellvertretender Leiter des *Office national* war, in dem er seine Landsleute vor übereilten Maßnahmen warnte. Das Protokoll seines Vortrags vor der *assemblée générale* gibt seine Taktik unmißverständlich wieder: »... marcher prudemment et laisser agir le temps; ce sera le meilleur moyen de réussir. Dans l'ensemble M. Eisenmann croit que le terrain est bien préparé et qu'une première étape sera facilement franchie, mais il tient à bien affirmer son impression très nette que toutes ces choses doivent être traitées par nous sur le plan de la raison et de l'utilité et nullement de l'effusion sentimentale.«[55]

Entgegen den deutschen Vorbehalten gegenüber Eisenmann hielt Ganshof den französischen Professor durchaus für geeignet, überzeugend für die Anliegen der Austauschorganisation in Frankreich einzutreten. Hingegen war es auch Ganshof nicht gelungen, seinen Freund und französischen Kollegen Marc Bloch für die Aktion zu gewinnen.[56] Obwohl dieser anfangs seine Unterstützung signalisierte und der Austauschorganisation eine längere Notiz in den *Annales* widmete,[57] und obwohl sich sein Name an erster Stelle des von 17 französischen Historikern unterzeichneten Aufrufs befand,[58] stand er dem Unternehmen im Ganzen doch ablehnend gegenüber. Den entscheidenden Grund dafür, seine aktive Mitarbeit zu verweigern, sah Bloch in der Person Sproembergs. In einem Brief an seinen französischen Kollegen Georges Espinas teilte der Straßburger Mediävist unverhohlen sein grundsätzliches Mißtrauen gegenüber dem Deutschen, aber auch seine praktischen Bedenken hinsichtlich der konkreten Ziele der Aktion mit:

---

laß zu Kritik. So teilte Eisenmann Sproemberg am 10.4.1933 mit, daß Benaerts seine Publikationen nach Deutschland geschickt, jedoch keine Antwort erhalten habe.

[54] TIEMANN, Zweigstelle Paris des DAAD und Institut Français de Berlin, 290 f.
[55] Zit. ebd., 290.
[56] Ganshof an Sproemberg, 28.1.1933. Ganshof beurteilte Bloch als »den besten französischen Historiker der jüngeren Generation« und einen guten Kenner Deutschlands, bedauerte aber, daß dieser nicht in Paris, sondern in Straßburg arbeite und daher nicht für die Aktion zu gewinnen sei.
[57] MARC BLOCH, Pour se mieux connaître, in: AHES 7 (1935), 183.
[58] Dies hatte angeblich Eisenmann nach Berlin berichtet (Sproemberg an Bloch, 24.3.1933).

»Wie sie wissen, stehe ich nicht in dem Verdacht, der grenzüberschreitenden Zusammenarbeit der Historiker keine äußerste Bedeutung beizumessen. Das ist mein ständiges Reden in meinen ›Bulletins‹ in der *Revue historique*. Ich hasse den wissenschaftlichen Nationalismus. Aber ich meine, die Zusammenarbeit sollte in beiden Richtungen erfolgen, und sie muß wirklich zweckmäßig organisiert sein. Personenfragen sind in diesen Dingen von sekundärer Bedeutung, aber es fällt schwer, sie völlig auszuklammern. Was ich bisher (in Briefen und Publikationen) von Dr. Sproemberg gesehen habe, begeistert mich nicht. Er scheint zu jenem Typus von Deutschen zu gehören, die allzu freundlich, ja unterwürfig und beflissen sind. Ich ziehe eine strengere und würdigere Gattung bei weitem vor. Er schreibt mit Briefe von überbordender Herzlichkeit und führt stets nur die internationale Zusammenarbeit im Munde.«[59]

Während Bloch den Deutschen für allzu »aufdringlich« befand,[60] sprach er auch dem Unternehmen insgesamt seine Nützlichkeit ab:

»Aber Sproemberg geht noch viel weiter. Er bittet Sie und er bittet mich um bibliographische Listen. Das bedeutet viel Arbeit, die ich persönlich mich weigere zu leisten und die auch für einen Mann wie Sie einen erheblichen Zeitverlust bedeuten würde ... Zumal das ganze Unternehmen abwegig ist. Es macht nämlich keinen Sinn, die *Hansischen Geschichtsblätter* oder die *Jahrbücher für deutsche Geschichte* in eine Art internationaler Superzeitschrift zu verwandeln. Keinen Sinn, wie mir scheint, für die Wissenschaft im allgemeinen. Denn ihre Bibliographien sind für das Ausland immer unvollständig. Da ist es meines Erachtens besser, daß sich die verschiedenen nationalen Zeitschriften wechselseitig unterstützen und vervollständigen.«[61]

Erscheint Blochs Kritik hinsichtlich der von Sproemberg angefertigten Bibliographien vielleicht berechtigt, ist es jedoch fraglich, ob er die wesentli-

---

[59] Marc Bloch an Georges Espinas, 21.7.1934, zit. nach PETER SCHÖTTLER, Marc Bloch und Deutschland, in: Ders. (Hg.), Marc Bloch. Historiker und Widerstandskämpfer, Frankfurt a. M./New York 1999, 33–71; 52. Als Grund für seine Ablehnung führte Bloch Sproembergs Bemerkungen in dessen Arbeit über »Alvisus. Abt von Anchin« an, wegen der er mit dem Berliner Historiker in eine Kontroverse geraten war. Vgl. hierzu ausführlicher den Exkurs in Kap. II.

[60] So SCHÖTTLER, Marc Bloch und Deutschland, 53. Schöttler behauptet, Marc Bloch sei bei Sproemberg auf »Zugeständnisse an die nazistische Politik« getroffen. Weder der inkriminierte Beitrag Sproembergs (Niederlothringen, Flandern und Friesland, in: Wilhelm Wattenbach, Deutschlands Geschichtsquellen im Mittelalter. Deutsche Kaiserzeit. Hg. Robert Holtzmann, Bd. 1, Heft 1, Berlin 1938, 83 ff) noch Blochs Rezension (Hors de France: deux instruments de travail, in: AHS 1, 1939, 311–312) können m. E. diese Thesen stützen – selbst wenn man in Rechnung stellt, daß Bloch, wie Schöttler an anderer Stelle schreibt, jedes »moralische oder explizit politische Urteil« in seinen Rezensionen vermied (Rationalisierter Fanatismus, archaische Mentalitäten. Marc Bloch und Lucien Febvre als Kritiker des nationalsozialistischen Deutschland, in: WerkstattGeschichte 5, H. 14, 1996, 5–21; hier: 12). Um so mehr verwundert es, daß Schöttler meint, daß »Sproembergs Biographie und sein konkretes Verhalten ... nicht näher zu interessieren« brauchen. (Ebd., 51)

[61] Bloch an Espinas (wie Anm. 59).

chen Zielsetzungen des Unternehmens überhaupt erfaßt hat. Denn dieses sollte im Kern lediglich vermittelnd tätig werden. Ebensowenig dachte man daran, in die Autonomie der einzelnen Zeitschriftenredaktionen einzugreifen. Ganz im Gegenteil sollte mit den von den »Geschäftsstellen« beider Länder ausgearbeiteten Katalogen der individuelle grenzüberschreitende Austausch gefördert werden. Ganz offensichtlich überwog aber bei Bloch, der nachdrücklich für eine Stärkung der Berichterstattungsfunktion der Zeitschriften plädierte, Skepsis gegenüber der Nützlichkeit internationaler Bibliographien.[62]

Anfang 1933 wurden die Verhandlungen zwischen der deutschen und der französischen Seite wieder aufgenommen, doch bald von den Konsequenzen der nationalsozialistischen Machtübernahme in Deutschland überschattet. Nicht Eisenmann, der im März 1933 noch zu Gesprächen nach Berlin fuhr, sondern Sproembergs Freund Ganshof äußerte freimütig seine Bedenken, den offiziellen Abschluß der Organisation, der nun kurz bevorstand, jetzt zu vollziehen:

»Mehr wie je glaube ich an die Berechtigung und die Notwendigkeit dieser Aktion. Ich glaube aber nicht, daß der Augenblick jetzt dafür geeignet ist. Die Atmosphäre, die Stimmung ist, meine ich, nicht mehr günstig. Die Maßregeln, die gegen die Juden in Deutschland genommen wurden (auch wenn keine materiellen Mißhandlungen stattgefunden haben, wie man es mir deutscherseits berichtet und wie ich es ... [unleserlich] glaube), haben in wissenschaftlichen Kreisen Belgiens den furchtbarsten Eindruck gemacht. Ich muß sagen, daß bei uns Leute – auch ... [unleserlich], wie es mein Fall ist, kein Tropfen jüdischen Blutes in den Adern fließt, und derjenige, der, wie es auch mein Fall ist, sympathisch gegenüber Deutschland steht – wirklich mit Entsetzen in den Zeitungen liest, wie die Juden aus der Verwaltung, dem Gerichtswesen, dem Unterricht usw. ausgeschaltet werden. Mehr brauche ich nicht zu schreiben. Sie werden wohl verstehen, daß derartige Gefühle nicht günstig sind für unsere Aktion. Ich glaube also, daß wir besser warten, bis die Stimmung besser wird.«[63]

Trotz seiner Befürchtungen fand sich Ganshof jedoch bereit, Holtzmann und »anderen deutschen Historikern in jeder Weise behilflich zu sein.« Angesichts des drohenden Scheiterns der Initiative berief sich Sproemberg dagegen auf die getroffene Vereinbarung, den Literaturaustausch ungeachtet der politischen Entwicklung in den beteiligten Ländern aufrechtzuerhalten.

---

[62] MARC BLOCH, Encore un répertoire de bibliographie historique courante, in: AHES 3 (1931), 390–391. Es handelt sich um eine Rezension der seit 1930 unter der Leitung Robert Holtzmanns erscheinenden, im Auftrag des Internationalen Historikerkomitees herausgegebenen »International Bibliography of Historical Sciences«.

[63] Ganshof an Sproemberg, 6.5.1933.

Ohne die von Ganshof angesprochenen Maßnahmen gegen die Juden zu kommentieren, antwortete er:

»Ich möchte Sie ... an ein Gespräch erinnern, das wir bei Ihrem letzten Berliner Aufenthalt geführt haben. Wir konnten dabei feststellen, daß jeder für sein Land den nationalen Standpunkt mit größter Entschiedenheit betonen und daß die gemeinsame Arbeit sich aufbauen solle auf dem unbedingten Respekt vor der nationalen Auffassung des anderen in bestimmten Fragen. Wir haben uns auch sonst, wie Sie sich erinnern werden, darüber geeinigt, bei der wissenschaftlichen Berichterstattung in die innenpolitischen Angelegenheiten des Nachbarlandes sich nicht unnötig einzumischen. Unter diesem Zeichen der unpolitischen Sachlichkeit steht unsere ganze Austauschaktion und ich möchte Ihre Worte, daß diese mehr denn je notwendig ist, stark unterstreichen. Sie ist doch gerade geschaffen worden, um die wissenschaftliche Arbeit unabhängiger von den politischen Spannungen des Tages zu machen.«[64]

Über die Tatsache, daß seine langjährigen Bemühungen für einen produktiven deutsch-französischen Dialog durch den politischen Machtwechsel erheblich beeinträchtigt werden würden, machte sich Sproemberg indes keine Illusionen. Wenn er daher gegenüber Ganshof dafür plädierte, den »nationalen Charakter« der Aktion stärker zu betonen, indem statt des gemeinsamen Aufrufs ein Abkommen unterzeichnet würde, tat er dies weniger aus patriotischer Überzeugung, sondern mit dem Ziel, die nicht leichte Position des Vertrauensmannes zu festigen und ihn vor dem Druck der öffentlichen Meinung im eigenen Land zu schützen. Aus diesem Grund bedauerte er auch, daß »die Verhältnisse in Frankreich« den offiziellen Abschluß der Verhandlungen derart verzögert hätten, daß man jetzt nicht mehr »in der Stille« und unberührt von den politischen Ereignissen arbeiten könne. Dennoch könnten wissenschaftliche Beziehungen, wie Sproemberg betonte, »wie diplomatische niemals zwischen Kulturnationen auf die Dauer entbehrt werden.«[65] Allerdings sei er der festen Überzeugung, daß »die deutsche Wissenschaft, die durch die Stürme des Krieges und der Novemberrevolution wieder zu sachlicher Arbeit zurückgefunden« habe, »ihre große Tradition auch in Zukunft voll behaupten« werde. Aber, setzte Sproemberg hinzu, »seien Sie überzeugt, daß meine persönliche Gesinnung Ihnen und Herrn Professor Pirenne gegenüber durch äußere Ereignisse niemals verändert werden kann.«[66]

Man mag Sproembergs Strategie, die Austauschaktion ungeachtet der politischen Entwicklung im eigenen Land um beinahe jeden Preis fortzusetzen, für opportunistisch halten. Wenn aber überhaupt ein Ergebnis erreicht werden sollte, war es aus taktischen Gründen unverzichtbar, einen betont natio-

---

[64] Sproemberg an Ganshof, 15.5.1933.
[65] Ebd.
[66] Ebd.

nalen Standpunkt einzunehmen, gleichzeitig die Vertragspartner aber immer wieder daran zu erinnern, daß die gemeinsame Arbeit von tagespolitischen Einflüssen konsequent freigehalten werden müsse. Auf der anderen Seite war Sproemberg stets bestrebt, sich aufgrund seiner verständigungsbereiten Grundhaltung sowohl von konservativen als auch von linksdemokratischen Historikern abzugrenzen. Exemplarisch für dieses Bemühen ist seine Reaktion auf einen Zeitungsartikel des ehemaligen preußischen Kultusministers Carl Heinrich Becker. In der *Vossischen Zeitung* hatte dieser die Deutschen 1931 aufgefordert, endlich die Tatsache des verlorenen Krieges zu realisieren und die Voraussetzung für eine nüchterne Analyse der gegenwärtigen Krisensituation zu schaffen, um die reaktionäre Ideologie der Vorkriegszeit überwinden zu können. Beckers Kritik galt insbesondere den deutschen Historikern, denen er an öffentlichkeitswirksamer Stelle rückwärtsgerichtetes Denken und einen unheilvollen Revanchismus vorwarf:

»Auch die geistigen Führer unseres Volkes, die, wie z.B. unsere Historiker, berufen wären, uns den Weg zum neuen Leben zu zeigen, hüllen sich in die Toga einer heroisch-tragischen Welt- und Geschichtsauffassung, hinter der doch im Grunde nichts anderes steht, als das Ressentiment, d.h. eben auch die Restitution der Vergangenheit, nicht der Aufbau einer neuen Zukunft. Im Grunde ist es in all diesen Kreisen der Glaube an die Gewalt. Man mag an die Macht glauben, wenn man sie besitzt, oder wenn man die Bewegungsmöglichkeit hat, sie zu entwickeln oder zu erzeugen. Aber zu glauben, daß Deutschland in dieser Lage sei, das ist Utopie, ja es wäre ein Verbrechen, wenn es nicht bloß die, ach, so liebenswürdige echtdeutsche Romantik wäre ... Man sollte alle unsere Pseudopropheten auf Staatskosten ins Ausland schicken, damit sie Deutschland einmal von außen sähen und sich einmal nicht nach ihrem Wunschbild, sondern in ihrer realen Winzigkeit und Bedingtheit erblicken könnten. Dann würden sie die Lächerlichkeit ihres Gewaltgeistes und Machtinstinktes erkennen.«[67]

In seiner nur drei Tage später erfolgten Antwort wies Sproemberg Becker darauf hin, daß es auch unter den deutschen Historikern »viele Männer« gäbe, auf die sein hartes Urteil nicht zutreffe. »Die meisten wagen es freilich unter dem Druck der äußeren Verhältnisse nicht«, betonte der Berliner Mediävist freilich mit Blick auf seine eigene Person, »laut ihre Stimme zu erheben und haben wohl auch den Glauben verloren, daß eine nüchterne Auffassung der historischen Vorgänge in ihrer Anwendung auf die Gegenwart eine große Wirkung hervorbringen könne.«[68] Der Hauptteil der Andersdenkenden habe sich daher auf die »reine Fachwissenschaft« zurückgezogen, »in der eine unromantische Auffassung der Geschichte viel unbefangener« geäu-

---

[67] CARL HEINRICH BECKER, Auferstehungsgeist. Eine Osterbetrachtung, in: Vossische Zeitung, 5.4.1931.
[68] Sproemberg an Becker, 8.4.1931.

ßert werden könne. Der von Becker konstatierte »übertriebene Nationalismus« sei gerade bei den jüngeren Historikern keinesfalls so beherrschend, wie oftmals angenommen werde. Als Beweis seiner Behauptung und um zu zeigen, daß »in der Stille manches geschieht gegen die Völkerverhetzung und für die Völkerverständigung«, verwies Sproemberg, der sich hier als »durchaus national gesinnter Deutscher« und »entschiedener Protestant« bezeichnete, auf das Vorwort seines »Alvisus« sowie auf die im Aufbau befindliche Austauschorganisation. Deren Gründung stand nach einer dreijährigen Verhandlungsarbeit nun kurz vor dem Abschluß.

Durch die neue politische Lage in Deutschland waren Sproemberg und Holtzmann jedoch gezwungen, wie Sproemberg Anfang 1934 gegenüber Hugo Andres Krüß andeutete, »in der Austauschangelegenheit sehr vorsichtig vorzugehen und abzuwarten, bis die Aufregung sich in Frankreich und Belgien gelegt« habe.[69] Nach Sproembergs Überzeugung hatte diese Geduld schon bald »gute Früchte getragen« und die Organisation ihre erste schwere »Feuerprobe« überstanden, als die beteiligten französischen und belgischen Historiker trotz der Ereignisse seit dem 30. Januar 1933 die Verhandlungen mit den Deutschen nicht abgebrochen hatten.[70] So konnte der französische Zeitschriftenkatalog noch Mitte 1933 fertiggestellt und den Partnern in Deutschland übergeben werden. Die deutsche »Geschäftsstelle«, die bereits im Herbst 1933 unter die Protektion des Deutschen Historikerausschusses und des Reichsministerium des Innern, ab 1934 des neugegründeten Reichsministeriums für Wissenschaft, Erziehung und Volksbildung gestellt wurde, konnte sich ein Jahr später von der Notgemeinschaft lösen.[71] Die Zusage amtlicher finanzieller Unterstützung brachte es allerdings mit sich, daß zum einen offiziellen Stellen gegenüber weiterhin sehr vorsichtig operiert werden mußte, zum anderen, daß Regierungsstellen direkten Einfluß auf das Unternehmen gewannen: Am 11. März 1934 informierte Holtzmann seinen Mitarbeiter Sproemberg, daß man

---

[69] Sproemberg an Krüß, 22. 1. 1934. Nach dem Austritt Deutschlands aus dem Völkerbund im Oktober 1933 wurde Krüß von den Nationalsozialisten gezwungen, seine Mitarbeit in den internationalen Gremien einzustellen, in denen er eine einflußreiche Rolle gespielt und denen ein Großteil seiner Arbeitskraft gegolten hatte. Vgl. Schochow, Hugo Andres Krüß, 15.
[70] Sproemberg an Ganshof, 9. 6. 1933.
[71] Zum Allgemeinen Deutschen Historikerausschuß (ADAH), der 1928 zur Koordinierung der Auslandsarbeit der wichtigsten historischen Institutionen gegründet wurde, vgl. Schleier, Die bürgerliche deutsche Geschichtsschreibung, 121 f. Der ADAH wurde 1936 vom NS-Wissenschaftsminister Rust aufgelöst und mit regimetreuen Historikern, an der Spitze Walter Platzhoff, neu besetzt.

»das Wort Austausch künftig immer und streng vermeiden [müsse], da das die Bedingung ist, unter der das Reichsinnenministerium sich mit meinen Anträgen einverstanden erklärt hat. Denn aller Austausch von Literatur ist Sache der Notgemeinschaft. Es ist ja sachlich auch ganz richtig, wenn wir das tun, denn es handelt sich ja bei uns nicht um Austauschgeschäfte. Vielleicht überlegen Sie sich einmal einen prägnanten Namen. In *Deutschland* [Hervorheb. i. O.] werden wir gut tun, die Verbreitung deutscher Literatur im Ausland in den Vordergrund zu stellen.«[72]

Ein erster großer Erfolg gelang der Organisation, die sich erst jetzt »Geschäftsstelle zur Verbreitung geschichtswissenschaftlicher Literatur im Ausland« nannte, im Sommer 1934 mit der Fertigstellung des »Verzeichnisses der französischen Zeitschriften auf dem Gebiet der Geschichte und ihrer Hilfswissenschaften«, das für die Leiter der Verlage und Zeitschriften in Deutschland ein wichtiges Arbeitsinstrument darstellte. In allen größeren deutschen Fachzeitschriften wurde unter der Überschrift »Förderung wissenschaftlicher Auslandsbeziehungen« auf die »wertvolle Einrichtung« der »Geschäftsstelle« und des Kataloges hingewiesen.[73] Die Besprechung ausländischer Literatur sollte effizienter gestaltet werden, indem Rezensionsexemplare zielgerichteter als zuvor an die zuständigen Zeitschriften geschickt werden konnten. Entsprechend wurde auch in Frankreich ein Katalog der deutschen Zeitschriften verbreitet, mit dessen Hilfe französische Verleger Besprechungsexemplare den jeweiligen deutschen Zeitschriften zur Verfügung stellen konnten. Gegenseitige Unterstützung wurde auch für den Fall zugesagt, daß ausländische Literatur über die heimischen Bibliotheken und Buchhandlungen nicht beschafft werden konnte.

In einzelnen Fällen war es Sproemberg und Holtzmann darüber hinaus gelungen, im Rahmen ihrer Verhandlungen auch auf die Besprechung französischer Titel in Deutschland positiven Einfluß zu nehmen. So setzten sie sich etwa dafür ein, daß die *thèse* Pierre Benaerts eine äußerst anerkennende Kritik in der VSWG erfuhr. Dort lobte sie Gustav Aubin als eine »anschauliche, von strenger Objektivität getragene Darstellung« und eine der »wertvollsten Beiträge, welche die deutsche Wirtschaftsgeschichte der neueren Zeit erhalten« habe.[74] In Frankreich wurde diese Geste aufmerksam als »glücklicher Anfang der gewünschten Zusammenarbeit registriert.«[75] Im Sommer 1934 wurde zusätzlich in Absprache mit dem Hansischen Geschichtsverein ein »hansisches Referat« in die »Geschäftsstelle« integriert und die Erweiterung

---

[72] Holtzmann an Sproemberg, 11. 3. 1934.
[73] HZ 151 (1935); VSWG 28 (1935), 104; HHGBl 59 (1934), 400.
[74] Gustav Aubin, Rez. von: Pierre Benaerts, Les origines de la grande industrie allemande, Paris 1933, in: VSWG 27 (1934), 286-287.
[75] Eisenmann an Sproemberg, 14. 3. 1934.

der bisher auf Deutschland, Belgien und Frankreich begrenzten Organisation auf die skandinavischen Länder in Aussicht gestellt.[76] Allmählich wurden auch die ersten Ergebnisse der getroffenen Vereinbarungen greifbar. Während auf Vermittlung der Vertrauensmänner Rezensionsexemplare und Zeitschriften ausgetauscht wurden, reagierte man im Ausland mit Interesse und Wohlwollen auf die Sammelberichte Sproembergs in den *Jahresberichten*, bei deren Zusammenstellung ihn vor allem belgische Historiker, voran der befreundete Ganshof, tatkräftig unterstützten. Von Ganshof, der regelmäßig die Titellisten des Sproembergschen Referates in den *Jahresberichten* durchsah und kommentierte, erwartete sich der Berliner auch Hilfe bei der Vermittlung französischer Kooperation, die sich hierzu nur zögerlich einstellte.[77] Daneben wurde vor dem Hintergrund der Devisenprobleme über Möglichkeiten einer Sicherstellung der Abonnements der großen ausländischen historischen Fachzeitschriften diskutiert.

Dennoch blieb das Verhältnis zwischen Deutschen und Franzosen trotz der sich wiederholenden gegenseitigen Zusicherungen persönlicher Wertschätzung distanziert. Einen Eindruck dieses unübersehbar reservierten Verhältnisses der Deutschen gegenüber ihren französischen Partnern vermittelt eine Schilderung Robert Holtzmanns, der sich in seiner Eigenschaft als Mitglied des Allgemeinen Deutschen Historikerausschusses im Frühjahr 1934 in Paris zu Verhandlungen aufhielt. In seinem Bericht an das Preußische Ministerium für Wissenschaft, Kunst und Volksbildung, in dem er das Verhalten der ausländischen Teilnehmer gegenüber den deutschen Vertretern in den Vordergrund stellte, notierte er:

»Das Verhalten der Franzosen zu uns Deutschen hat sich in den 5 Jahren, die ich dem Ausschuß angehöre, nicht geändert; es ist äußerlich sehr freundlich, entschieden mehr als korrekt, aber doch so, daß eine gewisse kühle Distanz eingehalten bleibt, die wir unsererseits natürlich gleichfalls wahren. Auch in den rein persönlichen Beziehungen wird hier die Freundlichkeit nie zu einer Freundschaft, wie sie z. B. manche von uns mit dem Belgier (Flamen) Ganshof verbindet.«[78]

Von den französischen Beamten sei er aber, wie Holtzmann ausdrücklich unterstrich, während seiner Studien in den Pariser Archiven stets »mit großer Freundlichkeit und Zuvorkommenheit behandelt« worden. Wie sich Holtzmann gegenüber Sproemberg über die französischen Gesprächspartner

---

[76] Sproemberg an Ganshof, 3.7.1934. Als Leiter des Referats war Walter Vogel vorgesehen.
[77] Sproemberg an Ganshof, 2.12.1934. »Ihre stets bereite Hilfe bei der Auswahl der belgischen Literatur«, betonte Sproemberg, »hat das Fehlen einer Unterstützung von französischer Seite besonders empfinden lassen.«
[78] ROBERT HOLTZMANN, Die Tagung des Internationalen Historikerausschusses zu Paris am 21.–24. März 1934, in: BAB, Rep. 49.01, Nr. 3089.

äußerte, ist bis auf seine bereits geschilderte Ablehnung, ebenfalls auf Marc Bloch zuzugehen und ihn von sich aus in die Austauschgeschäfte einzubeziehen, aus den vorliegenden Korrespondenzen nicht zu ermitteln. Wohl aber ließ Holtzmann im Gegensatz zu Sproemberg, den er insbesondere während der Planungen für die Berliner Konferenz der Geschäftsstellen im Jahr 1936 vor den amtlichen Stellen stets zu decken und fördern versuchte, eine deutliche Reserve gegenüber der Verständigungsidee erkennen. Vorbehalte äußerte er, soweit aus den Quellen ersichtlich ist, vornehmlich gegenüber Louis Eisenmann. Natürlich war sich aber auch Holtzmann darüber im klaren, daß auf dessen Mitarbeit keinesfalls verzichtet werden konnte.[79] Schließlich legte er – auch hier mehr im Einklang mit den offiziellen deutschen Stellen als mit seinem Sekretär – in seiner Korrespondenz mit Verlegern, dem Börsenverein und mit deutschen Historikerkollegen einen größeren Akzent auf die propagandistische Seite des Unternehmens. Unübersehbar trafen auch manche von beiden Gelehrten angeschlagene nationale Töne in der deutschen Geschichtswissenschaft auf positive Resonanz. Vereinzelte Reaktionen innerhalb der »Zunft« zeigen, daß die von Sproemberg intendierte Verständigungsarbeit mitunter völlig verkannt und die »Geschäftsstelle« als deutsches Propagandaunternehmen verstanden und begrüßt wurde. So betonte der Geschäftsführer des Hansischen Geschichtsvereins, der Lübecker Staatsarchivar Johannes Kretzschmar:

»Über die Bedeutung Ihrer Organisation besteht bei uns kein Zweifel. Ich erinnere mich sehr genau einer ersten Unterhaltung mit dem ... Geheimrat Sigismund von der Notgemeinschaft über den großen Schaden, den der deutsche Einfluß auf geistigem und wirtschaftlichem Gebiete erlitt, als man die nötigen Mittel nicht mehr aufbringen zu können glaubte, um unsere deutsche Literatur wie bisher im Auslande zu propagieren, während Franzosen und Engländer das Ausland mit ihrer Literatur über-

---

[79] Holtzmann an Wilhelm Mommsen, 27.11.1934. »Ihr Urteil über Herrn Eisenmann entspricht durchaus meiner Auffassung, wir hatten aber keine Wahl und es ist sehr fraglich, ob ein anderer französischer Historiker bereit und fähig war, die großen Widerstände in Frankreich für dieses Unternehmen zu überwinden.« Der Brief Mommsens an Holtzmann ließ sich leider nicht ermitteln. Die deutschen Vorurteile gegenüber Eisenmann dürften sich aber mit denen der Nationalsozialisten decken, die 1936 versucht haben, eine Einladung Eisenmanns nach Deutschland zu verhindern. Holtzmann hatte sich im Zusammenhang mit der Auseinandersetzung um die »Korridorhistorie« scharf gegen die polnische und pro-polnische französische Historiographie gewendet. Intern stellte dies auch eine Kollision mit Eisenmann dar, der sich an der in Deutschland scharf zurückgewiesenen Serie »Problèmes politiques de la Pologne contemporaine« (Bd. 2: La Silésie polonaise, Paris 1932: Conférences faites à la Bibliothèque Polonaise de Paris, 19.3.1931) an führender Stelle beteiligt hatte. Vgl. hierzu Holtzmann an Brandi v. 3.2.1933, in: NStUB, NL Brandi, Nr. 45.

schwemmten. Hier tut Ihre Organisation ein gutes Werk und es ist uns eine selbstverständliche Pflicht, mitzuarbeiten, soweit es unsere Kräfte gestatten.«[80]

Inwieweit derartige Äußerungen von Sproemberg gezielt provoziert wurden oder Bestandteil seiner Strategie waren, auch betont nationale Kreise wie den Hansischen Geschichtsverein für die Unterstützung der Austauschorganisation zu gewinnen, mag dahingestellt bleiben. Bis Mitte der dreißiger Jahre konnte er ungehindert mit ausländischen Kollegen kommunizieren, belgische, französische und niederländische Historiker als Korrespondenten für die *Jahresberichte* gewinnen und unter der Protektion einflußreicher Wissenschaftspolitiker wie etwa Albert Brackmann deren Arbeiten an öffentlichkeitswirksamer Stelle bekannt machen. Im Frühjahr 1935 unternahm Sproemberg eine zweiwöchige Vortragsreise durch Belgien und die Niederlande, während der über den Beitritt der Niederlande zu dem deutsch-belgisch-französischen Gemeinschaftsunternehmen verhandelt wurde.[81] Auch von tonangebenden Vertretern der »Westforschung«, die unter der Führung von Franz Steinbach ihr Sprachrohr im Bonner Institut für geschichtliche Landeskunde der Rheinlande besaßen, wurde seine Arbeit nach anfänglichen Streitfragen geduldet, später sogar gefördert.[82] Der unüberbrückbare Gegensatz zwischen Sproembergs wissenschaftlich-politischer Grundhaltung und der völkischen Kulturraumforschung eines Albert Brackmann, Franz Petri oder Franz Steinbach war hier jedoch schon klar zu Tage getreten.[83] Wohl mit Blick auf seine unübersehbare pro-westliche Haltung wurde

---

[80] Johannes Kretzschmar (Hansischer Geschichtsverein) an Sproemberg, 3.7.1934.

[81] HEINRICH SPROEMBERG, Bericht über eine Reise nach den Niederlanden und Belgien vom 31.3.–14.4.1935, in: NL Sproemberg, wiss. Korrespondenz 1935. Einer Vereinbarung mit den niederländischen Historikern stand erwartungsgemäß der noch unbereinigte Vorfall zwischen Huizinga und der HZ von 1933 entgegen. In seinem Schreiben an Brackmann wies Sproemberg auch offen auf neuerliches Fehlverhalten der HZ gegenüber der *Tijdschrift voor Geschiedenis* hin (Sproemberg an Brackmann, 28.4.1935. Die HZ hatte es unterlassen, die Festschrift für den in Utrecht lehrenden Dresdener Historiker Otto Oppermann [1873–1944] angemessen zu besprechen und überhaupt darauf hinzuweisen, daß es sich hier um eine Festschrift handelte). Auch dieser Zwischenfall konnte aber dank der Vermittlung durch Ganshof bald ausgeräumt werden (Sproemberg an Brackmann, 9.5.1935).

[82] Steinbach hatte nicht zu den Unterzeichnern des von Sproemberg und Holtzmann versendeten Aufrufs gehört, sondern seine Bereitschaft zur Mitarbeit lediglich mündlich erklärt (vgl. Holtzmann an Steinbach, o.D. [1934]). Auf Sproembergs Auseinandersetzung mit der »Westforschung« wird unten ausführlicher eingegangen.

[83] Dazu kritisch KAREN SCHÖNWÄLDER, Historiker und Politik. Geschichtswissenschaft im Nationalsozialismus, Frankfurt a.M./New York 1992, insbes. 191 ff; sowie zur »Bonner Schule« SCHÖTTLER, Die historische »Westforschung«; DERS., Von der rheinischen Landesgeschichte zur nazistischen Volksgeschichte oder Die unhörbare Stimme des Blutes«, in: Winfried Schulze/ Otto Gerhard Oexle (Hg.), Deutsche Historiker im Nationalsozialismus, Frankfurt a.M. 1999,

Sproembergs Referat in den *Jahresberichten* 1931 geteilt: während Sproemberg fortan über die »Nachbargebiete der deutschen Westgrenze« berichtete, wurde Franz Petri mit dem Referat »Grenzlande und Auslandsdeutschtum« beauftragt.[84] Dieses trug erkennbar propagandistische Züge und spiegelte, wenn auch mit dem Anspruch auf wissenschaftliche Objektivität versehen, eindeutig die annexionistischen Positionen der deutschen »Westforschung«.[85]

3. Die Berliner Tagung 1936

Wiederum auf Vorschlag der französischen Historiker begann man ab 1935 mit den Vorbereitungen für eine Tagung in Berlin, auf welcher der Beitritt der Niederlande zu dem deutsch-belgisch-französischem Unternehmen formal vollzogen und die Beteiligung der skandinavischen Ländern projektiert werden sollte. Von einer mündlichen Aussprache erwartete Robert Holtzmann, wie er gegenüber offiziellen Stellen argumentierte, daß sich »unbegründete Bedenken beseitigen lassen ... und eine Atmosphäre gegenseitigen Vertrauens« geschaffen werde, »die allein eine fruchtbare praktische Weiterarbeit« ermögliche.[86] Über die Vertrauensmänner und Generalsekretäre der beteiligten Geschäftsstellen hinaus sollten weitere Persönlichkeiten der jeweiligen nationalen Historikerausschüsse sowie deutsche Verlagsvertreter zu der (nichtöffentlichen) Zusammenkunft eingeladen und das Rahmenprogramm mit Vorträgen über Probleme der mittelalterlichen und neueren Verfassungsgeschichte gestaltet werden. Während die Frage der einzuladenden belgischen, dänischen, niederländischen, norwegischen und schwedischen Referenten keine Schwierigkeiten bereitete, stellte die Auswahl der französi-

---

89-113. Vgl. auch KARL DITT, Die Kulturraumforschung zwischen Wissenschaft und Politik. Das Beispiel Franz Petri (1903-1993), in: Westfälische Forschungen 46 (1996), 73-176.

[84] Vgl. zu Petris Stellung innerhalb der »Westforschung« auch HANS DERKS, Deutsche Westforschung. Ideologie und Praxis im 20. Jahrhundert, Leipzig 2001, 85 ff, der – entgegen der wohlwollenden Deutung Petris durch Ditt – Petris Nähe zur SS hervorhebt und diesen als Vordenker der SS-Konzeptionen im Umfeld des »Großholland-Planes« (195 ff) interpretiert.

[85] Sproemberg hob in seiner Korrespondenz immer wieder hervor, sein Berichtsteil trage im Gegensatz zu Petris Referat, das sich mit der »tausendjährigen politischen Auseinandersetzung zwischen Deutschland und Frankreich« beschäftige und daher »sehr erhebliche allgemeinpolitische Bedeutung« beanspruche, einen »rein fachwissenschaftlichen Charakter.« (Sproemberg an Erich Bleich, 3.1.1936)

[86] Schreiben Holtzmanns an das Reichsministerium für Wissenschaft, Erziehung und Volksbildung, 25.11.1935, in: BAB, Rep. 49.01, Nr. 2832.

schen Historiker die deutschen Organisatoren vor größere Probleme. So würden Marc Bloch und Louis Halphen, die, wie Ganshof gegenüber Sproemberg betonte, »Nicht-Arier« seien, eine Einladung prinzipiell ablehnen.[87] Neben Eisenmann und Benaerts, die als Vertreter der französischen Organisation von Beginn an fest eingeplant waren, schlug Sproemberg daraufhin den mit ihm befreundeten Mediävisten und Verfassungshistoriker Robert Latouche vor, der seit 1936 regelmäßig Berichte und Rezensionen für die VSWG verfaßte.[88]

Die ersten Konflikte mit den zuständigen Reichsbehörden, die die amtliche Genehmigung der Tagung bis zuletzt zu gefährden drohten, waren schließlich mit der Auswahl der französischen Gäste bereits vorgezeichnet. So erhob das 1934 von den Nationalsozialisten gegründete und bald von SD und SS dominierte Reichsministerium für Wissenschaft, Erziehung und Volksbildung[89] scharfen Einspruch gegen die geplante Einladung Louis Eisenmanns, der nicht nur den nationalsozialistischen Entscheidungsträgern im REM als »äußerst gefährlicher Kulturpropagandist« galt, sondern auch in der »Zunft« als »großer Freund Polens« (Wilhelm Mommsen) denunziert wurde.[90] Eisenmann sei, lautete das polemisch-ablehnende Votum[91] des zu-

---

[87] Ganshof an Sproemberg, 17.1.1936.

[88] ROBERT LATOUCHE, Agrarzustände im westlichen Frankreich während des Mittelalters, in: VSWG 29 (1936), 105–113; DERS., Geographie urbaine de la France du point de vue historique. Tendances et réalisations, in: VSWG 32 (1939), 148–156.

[89] Dies zeigt anschaulich LUTZ HACHMEISTER, Der Gegnerforscher. Die Karriere des SS-Führers Franz Alfred Six, München 1998, 88; zu Scurla vgl. 125 ff. Zur Gründung des RMWEV im Kontext der NS-Kultur-und Wissenschaftspolitik vgl. BARBIAN, Literaturpolitik, 232 ff.

[90] In der deutschen Geschichtswissenschaft wurden insbesondere Eisenmanns Thesen zur »Idee der Nationalität« scharf zurückgewiesen, die dieser auf dem Internationalen Historikerkongreß 1928 in Oslo vorgetragen hatte, und die von einem etatistischen Nationalismusverständnis ausgingen. Insbesondere Hans Rothfels bemühte sich gegenüber Eisenmann nachzuweisen, daß die Wirklichkeit der Nationalitätenprobleme im Osten »mit den bürgerlich-demokratischen Maßstäben des Westens weder geistig zu erfassen noch politisch zu organisieren« sei. Hier sei, betonte er in seinem auf dem Göttinger Historikertag von 1932 gehaltenen Vortrag über »Bismarck und der Osten«, anders als im Westen, »der Nationalstaat lebensfremde Doktrin«, das »Nichtzusammenfallen, das nothafte Draußenstehen von Millionen Deutscher zumal – nicht nach den heutigen Grenzen, wie sich versteht, sondern dem Wesen nach – naturgegebene Lage und fruchtbares Prinzip zugleich, wenn anders diese Situation geistig angeeignet wird.« Schon Bismarcks konservativ-völkisch geprägte Nationalitätenpolitik im Osten sei vielmehr gegen das nationalstaatliche Prinzip des Westens, gegen die Verbindung von Demokratie und Nationalismus gerichtet gewesen. Vgl. DERS., Bismarck und der Osten, ein Beitrag zu einigen Grundfragen deutscher Geschichtsauffassung, in: Bericht über die 18. Versammlung Deutscher Historiker in Göttingen, 2.–5. August 1932, München/Leipzig 1933, 42 f; die gedruckte Fassung u. d. T.: Bismarck und die Nationalitätenfragen des Ostens, in: HZ 147 (1933), 89–105; 105. Seine Analysen verband Rothfels mit einem deutlichen Bekenntnis zu einer aktiven Natio-

ständigen Leiters der Auslandsabteilung, Herbert Scurla, »voll und ganz Erbe der rühmlichst bekannten Bestrebungen des Slawisten Ernest Denis, dessen Name das Institut Français in Prag« trage: »In den slawischen Ländern« habe er »kulturpolitische Einkreisungspolitik gegen Deutschland getrieben.« Er sei, so Scurla weiter, »außerordentlich gefährlich, von Haus aus Slawist«, spreche aber fließend Deutsch und sei »nebenbei Historiker.« 1928 habe es Eisenmann auf dem Internationalen Historikerkongreß von Oslo »fertig gebracht«, »nun auch die Masaryk'schen Theorien, eine Veredelung der Demokratie durch die tschechische Humanitätsideologie, die Theorie, die mit Rücksicht auf die Minderheiten in der Tschechoslowakei von außerordentlicher Wichtigkeit wurde, als aus französischem Geistesgut geboren umzustempeln.«[92] Als einer der »schärfsten Gegner der Auswirkungen der deutschen Volkstumsidee, Herders und der Romantik im slawischen Raum« hielt man den französischen Historiker in Berlin »unter keinen Umständen« für einen »geeigneten Gast«. Vom Reichserziehungsministerium wurde daher Weisung erteilt, »Prof. Holtzmann in geeigneter Weise« zu veranlassen, »auf die Einladung Eisenmanns zu verzichten«, was, wie man mit Nachdruck hinzusetzte, auch »ganz offiziell« geschehen könne. Daß es schließlich nicht zu einer Intervention der nationalsozialistischen Behörden gegen die »Geschäftsstelle« kam, mag auf die unmittelbar vor der Tagung erfolgte krankheitsbedingte Absage Eisenmanns zurückzuführen sein. Der erfolgreiche Verlauf des Treffens wurde trotz des Votums des REM, das einem amtlichen Einreiseverbot gleichkam, nicht beeinträchtigt. Ungeachtet mehrerer plötzlicher Absagen, so auch von Ganshof und Benaerts, konnten mit den Pariser Historikern Maurice Crouzet – der Ende 1936 von Benaerts das Amt des Sekretärs des französischen Büros übernahm – und Émile Coornaert[93] rasch

---

nalitätenpolitik des Deutschen Reiches mit dem Ziel einer neuen, föderativen Staatenordnung in Europa unter deutscher Führung. Die Bekämpfung des westlich-demokratischen Nationalstaatsbegriffs war hierfür Voraussetzung. Sein Vortrag bedeutete zugleich eine Kampfansage gegen das »formelle Bündnis der französischen und polnischen Historiographie«. Zum Hintergrund vgl. ausführlich INGO HAAR, »Revisionistische« Historiker und Jugendbewegung: Das Königsberger Beispiel, in: Schöttler (Hg.), Geschichtsschreibung als Legitimationswissenschaft, 52–103; hier: 76 ff; und PETER SCHUMANN, Die deutschen Historikertage von 1893 bis 1937. Die Geschichte einer fachhistorischen Institution im Spiegel der Presse, Diss. Phil. Marburg/L. 1974, 399 ff. Auch auf dem konfliktbeladenen Warschauer Historikerkongreß von 1933 hatte sich Eisenmann aus der Sicht vieler deutscher Teilnehmer als Gegner Deutschlands profiliert. Vgl. hierzu den Bericht von Wilhelm Mommsen an Karl Brandi v. 12.9.1933, in: NL Brandi, Nr. 44, Bl. 125–128.
[91] BAB, Rep. 49.01, Nr. 2832, Bl. 8–9, Gutachten vom 22.1.1936.
[92] Ebd.
[93] Nach dem Zweiten Weltkrieg war Coornaert, Historiker am *Collège de France*, im Rahmen von deutsch-französischen Historikerkonferenzen, die an die Schulbuchgespräche von

Vertreter dieser für die gemeinsame Organisation wichtigen Persönlichkeiten gefunden werden. Mit finanzieller Unterstützung des Reichserziehungsministeriums und des Auswärtigen Amtes wurde schließlich die Tagung vom 13. bis zum 15. März 1936 im Berliner Harnackhaus durchgeführt. Neben der Verabschiedung eines ordentlichen Statuts wurde insbesondere der Beitritt der Niederlande und der skandinavischen Länder erörtert, mit dessen Vorbereitungen die anwesenden Vertreter dieser Länder beauftragt wurden.[94] Darüber hinaus referierte Hugo Andres Krüß im Anschluß an Gespräche mit Verlagsvertretern über die Entwicklung der ausländischen Erwerbungen der Staatsbibliothek zwischen 1925 und 1934. Geschichtswissenschaftliche Vorträge von Oscar Albert Johnsen (Oslo) über »Die wirtschaftlichen Grundlagen des ältesten norwegischen Staates«, Robert Latouche (Grenoble) über »Die ländliche Organisation im Westen Frankreichs während des Mittelalters«, Johannes Paul (Greifswald) über »Die Nachwirkungen der Schwedenherrschaft in der Bevölkerung Pommerns und des Baltikums«, von Theodor Mayer (Freiburg) zum Thema der »Entstehung des modernen Staates im Mittelalter in Deutschland« sowie Nicolas Bernadus Tenhaeff (Den Haag) über »Die Anfänge der nord-niederländischen Generalstaaten (1576–1585)« rundeten die Verhandlungen ab.[95] Auch Sproemberg beteiligte sich mit einem Vortrag über »Residenz und Territorium im niederländischen Raum«.[96] Für den Mai 1937 wurde abschließend ein Gegentreffen in Paris vereinbart. Dem Reichserziehungsministerium konnte Robert Holtzmann in seinem Rechenschaftsbericht resümierend mitteilen, daß »die französische Delegation von Anfang an mit größter Energie und Wärme für die Förderung und Ausbreitung unserer Organisation in die Verhandlungen eingetreten« sei und dies »unzweifelhaft als ein besonders wich-

---

1935 anknüpften, an der Gründung des Mainzer Instituts für Europäische Geschichte beteiligt. Vgl. CORINE DEFRANCE, Die Franzosen und die Gründung des Instituts für Europäische Geschichte in Mainz 1949–1955, in: Winfried Schulze/Corine Defrance, Die Gründung des Instituts für Europäische Geschichte in Mainz, Mainz 1992, 55–77, 56.

[94] Vgl. hierzu die Dokumente im Anhang: 1) Statut der Organisation zur Verbreitung geschichtswissenschaftlicher Literatur im Ausland; 2) Ausländische Teilnehmerliste (BAB, Rep. 49.01, Nr. 3090, Bl. 4; 7). Im Verlauf des Jahres 1936 wurden noch eine dänische sowie eine niederländische Geschäftsstelle gegründet.

[95] Vgl. den ausführlichen Bericht von ROBERT HOLTZMANN, Tagung der Organisation zur Verbreitung geschichtswissenschaftlicher Literatur im Ausland am 13. und 14. März 1936 im Harnack-Haus zu Berlin-Dahlem, in: DLZ, 7.6.1936, 985–990; sowie die Zusammenfassung in der Revue Historique 177 (1936), 738 f. Die Teilnahme Theodor Mayers ist vermutlich auf seine Mitgliedschaft im ADHA zurückzuführen.

[96] Erschienen in: RhVjBl 6 (1936), 113–139.

tiges Moment für das Gelingen der Tagung zu betrachten« sei.[97] Daß die niederländische *Tijdschrift voor Geschiedenis* eine Zusammenarbeit mit deutschen Historikern weiterhin ablehnte und damit keineswegs alle bestehenden deutsch-niederländischen Streitfragen und Verstimmungen ausgeräumt werden konnten, kam in den wenigen für die fachwissenschaftliche Öffentlichkeit und die amtlichen Stellen bestimmten Berichten dagegen nicht zur Sprache. Da man sich schon frühzeitig in einem gemeinsamen Beschluß darauf geeinigt hatte, die »unpolitische Tätigkeit« der Organisation nicht »in die Tagespresse« zu bringen, blieb das publizistische Echo auf die Tagung äußerst gering.

4. Das Scheitern der Pariser Konferenz und das frühe Ende der »Geschäftsstelle«

Die trotz Vorbehalten gegen eine Einladung Eisenmanns gewährte finanzielle Unterstützung seitens des REM und die freundschaftliche Atmosphäre während der Tagung, die in zahlreichen Dankesschreiben der ausländischen Gäste an ihre deutschen Gastgeber noch einmal hervorgehoben wurde, konnten jedoch nicht darüber hinwegtäuschen, daß die internationalen Aktivitäten Sproembergs und Holtzmanns in Reichserziehungsministerium und Partei zunehmend mit Mißtrauen und Argwohn verfolgt wurden. Schon der Ton der Ablehnung Eisenmanns und die Aufmerksamkeit, mit der die wissenschaftliche Tätigkeit des französischen Slawisten und Historikers seitens des REM beobachtet und seit Kriegsbeginn auch für den propagandistischen »Abwehrkampf« gegen Frankreich verwertet wurden,[98] deuten an, auf welch gefährlichem Terrain sich Sproemberg und Holtzmann spätestens ab 1936 bewegten. Die Berliner Tagung stellte schließlich den entscheidenden Wendepunkt in der Geschichte der Austauschorganisation dar. Wie Sproemberg

---

[97] Holtzmann an Wilhelm Engel (RMWEV), 26.3.1936, in: BAB, Rep. 49.01, Nr. 3090, Bl. 5-6.

[98] Louis Eisenmann (1869-1937) war seit 1922 Inhaber des Lehrstuhls für die Geschichte und Zivilisation der Slawen (*chaire d'histoire et civilisation des Slaves*) an der Sorbonne. Gegen seine Schriften aus nationalsozialistischer Sicht vgl. die Propagandaschrift von Georg Ostrich (= Georg Rabuse), Das Gesicht der französischen Wahrheit. Die Politisierung der französischen Geisteswissenschaften, Berlin 1940, 51 ff: »Einkreisungswissenschaft«. Rabuse war unter der Leitung Karl Eptings ab 1940 Referent für Zeitschriftenfragen des Deutschen Instituts in Paris. Zum Hintergrund vgl. ECKARD MICHELS, Das Deutsche Institut in Paris 1940-1944. Ein Beitrag zu den deutsch-französischen Kulturbeziehungen und zur auswärtigen Kulturpolitik des Dritten Reiches, Stuttgart 1993.

nach dem Zweiten Weltkrieg berichtete, habe das Reichserziehungsministerium damals seine Teilnahme »entdeckt« und versucht, ihn noch im Verlauf der Tagung aus »politischen und rassischen Gründen« von der Mitarbeit zu entfernen.[99] Nur dem »entschlossenen Widerstand« Robert Holtzmanns und der ausländischen Delegierten sei es zu verdanken gewesen, daß die versuchte Intervention der Nationalsozialisten erfolglos geblieben sei. Obwohl Sproemberg dank Holtzmanns Protektion bis 1936 unbehelligt die Sekretärsfunktion der gemeinsam gegründeten »Geschäftsstelle« ausüben und darüber hinaus als Rezensent für zahlreiche in- und ausländische Zeitschriften arbeiten konnte, wurde sein Spielraum, den er als Privatgelehrter bis dahin behaupten konnte, nach und nach immer enger. Als politischer »Außenseiter« und als »Nicht-Arier« trafen seine internationalen Aktivitäten im Rahmen einer zwar nicht amtlichen, aber mit Billigung und staatlicher finanzieller Unterstützung arbeitenden Institution auf Ablehnung. Im Umfeld der führenden nationalsozialistischen Wissenschaftsfunktionäre in REM und NSDAP galt er – wie wenig später aktenkundig geworden ist – seit 1936 als untragbar. Die ersten Denunziationen erfolgten jedoch aus den Reihen der Berliner »Zunft«. So urteilte der im Dezember 1937 zum Rektor der Friedrich-Wilhelms-Universität ernannte Berliner Landeshistoriker und entschiedene Nationalsozialist Willy Hoppe in einem für das Reichsministerium für Wissenschaft, Erziehung und Volksbildung angefertigten Gutachten:

»Sproemberg, den ich seit der Vorkriegszeit kenne, ist Mischling und hat zu den jüdischen Intellektuellen der Geschichtswissenschaft in den ganzen Jahren enge Beziehungen unterhalten. Er ist ein wohlhabender Privatgelehrter, der mit einer gewissen Betriebsamkeit einen Wirkungskreis sucht. Wissenschaftlich und auf Grund persönlicher Beziehungen wäre er durchaus in der Lage, als Sekretär tätig zu sein. Ich halte ihn aber, abgesehen von dem oben Gesagten, wegen seiner politischen ablehnenden Haltung für nicht geeignet, die Sekretärsfunktion einer deutschen Kommission zu übernehmen.«[100]

---

[99] Die von Sproemberg erwähnte Intervention (in: NL Sproemberg, Wiss. Korrespondenz, Nr. 149: Organisation zur Verbreitung geschichtswissenschaftlicher Literatur im Ausland) ist weder in seiner Korrespondenz vor 1945 dokumentiert noch in den Akten des REM überliefert.

[100] Willy Hoppe an das RMWEV, 9.12.1938, in: BAB, Rep. 49.01, Nr. 3090: Deutsche Geschäftsstelle zur Verbreitung geschichtswissenschaftlicher Literatur im Ausland, 1936–1939, Bl. 36. Vorausgegangen war diesen Stellungnahmen ein Antrag Robert Holtzmanns und seines Berliner Kollegen, des Romanisten Ernst Gamillscheg, vom 23.11.1938 zur Gründung einer »Deutschen Kommission zur Förderung der wissenschaftlichen Beziehungen zwischen Deutschland, Belgien und Luxemburg«, für die Sproemberg als Sekretär vorgesehen war. Dazu unten ausführlicher.

Mit gleichen Bedenken wandte sich auch der Reichsamtsleiter des in hochschul- und wissenschaftspolitischen Fragen höchst einflußreichen und jeder internationalen Zusammenarbeit ablehnend gegenüberstehenden NSD-Dozentenbundes, Walther Schultze, an das Ministerium: »Es erscheint mir zunächst einmal völlig unmöglich«, unterstrich der Reichsdozentenbundführer und Berliner Honorarprofessor, »den entscheidenden Einfluß, den ein Sekretär in einem derartigen Ausschuß auszuüben vermag, einem außerhalb der Universität stehenden Mann wie dem genannten Sproemberg, der zudem noch Achteljude ist und nicht das geringste Verhältnis zum Nationalsozialismus besitzt, zu überlassen.«[101] Obwohl die Auflösung der »Geschäftsstelle« im März 1936 vorerst noch abgewendet werden konnte, wurde sie mit der sukzessiven Verdrängung Sproembergs von seiner Funktion als Berichterstatter für die an ihr beteiligten Zeitschriften in ihrer Wirksamkeit empfindlich getroffen. Diese basierte in erster Linie auf dem persönlichen Engagement ihrer Gründer und dem von den ausländischen Partnern entgegengebrachten Vertrauen. Den Anfang machten hierbei Albert Brackmann und Fritz Hartung, die 1937 Sproembergs Referat in den *Jahresberichten* zunächst um 20% kürzten. Die Konsequenzen dieser Maßnahme für die internationale Arbeit der »Geschäftsstelle« hat Sproemberg in seinen Briefen klar hervorgehoben. Es sei ein »Widersinn«, beklagte er sich etwa gegenüber Heinrich Büttner vom Alemannischen Institut in Freiburg, »Tagungen zu veranstalten, die dem Zweck dienen, die wissenschaftliche Verbundenheit mit den Nachbargebieten zu fördern und dann gleichzeitig die wissenschaftliche Berichterstattung darüber möglichst vernichten zu wollen.«[102] Für die

---

[101] BAB, Rep. 49.01, Nr. 3090, Bl. 20-21. Sproemberg stammte großväterlicherseits von dem jüdischen Juristen und Berliner Professor Heinrich Dernburg (1829-1907) ab. Vgl. hierzu DIDCZUNEIT, Heinrich Sproemberg, 15 ff. Zum nationalsozialistischen Wissenschaftsverständnis Schultzes (1894-1979) vgl. HORST MÖLLER, »Wissensdienst für die Volksgemeinschaft«. Bemerkungen zur nationalsozialistischen Wissenschaftspolitik, in: Berlinische Lebensbilder, Bd. 3: Wissenschaftspolitik in Berlin. Hg. Wolfgang Treue, Berlin 1987, 307-324, hier: 314. Als eine der zahlreichen für die NS-Wissenschaftspolitik zuständigen Organisationen konkurrierte der bis 1943 von Schultze geführte NSD-Dozentenbund (NSDDB) sowohl mit dem REM als auch mit dem »Amt Rosenberg«, dem von Heinrich Himmler geleiteten »Ahnenerbe« und dem »Stellvertreter des Führers« (Rudolf Heß). Hinzu kamen die unzähligen Gauleiter und Gau-Dozentenführer, die Mitspracherechte reklamierten. Vgl. hierzu den Überblick bei HAMMERSTEIN, Forschungsgemeinschaft, 549; sowie ausführlicher zur Entstehung des NSDDB den Band: Erziehung und Schulung im Dritten Reich, Teil 2: Hochschule, Erwachsenenbildung. Hg. MANFRED HEINEMANN, Stuttgart 1980; darin v. a. die Beiträge von REECE C. KELLY, Die gescheiterte nationalsozialistische Personalpolitik und die mißlungene Entwicklung der nationalsozialistischen Hochschulen, 61-76; VOLKER LOSEMANN, Zur Konzeption der NS-Dozentenlager, 87-109.

[102] Sproemberg an Heinrich Büttner, 16.10.1937. Lt. WALTER HEINEMEYER, Heinrich Büttner, in: Der Archivar 24 (1971), 335 f, verhinderte das Votum des NSD-Dozentenbundes eine

Kürzung seines Referates machte Sproemberg jedoch nicht die beiden Herausgeber verantwortlich, mit denen er bis zu diesem Zeitpunkt in kollegialer Beziehung gestanden hatte, sondern »Strömungen« in der Leitung des Organs, die darauf ausgerichtet seien, eine »Beschränkung der Berichterstattung auf das heute deutsche Gebiet« durchzusetzen.[103] »Gerade unter den heutigen Verhältnissen«, betonte Sproemberg gegenüber Theodor Mayer, von dem er sich – vielleicht aufgrund seiner einflußreichen Stellung innerhalb der »Westforschung«[104] – eine erfolgreiche Intervention gegen die Maßnahmen Brackmanns und Hartungs versprach, halte er es »für seine Pflicht, die zahlreichen ausländischen Beziehungen, die ich bei meinen eigenen wissenschaftlichen Arbeiten erworben habe, für eine gute und ausreichende Berichterstattung der deutschen Wissenschaft einzusetzen.«[105] Verständnis für seine Position suchte Sproemberg auch bei Franz Petri, von dem er sich ebenfalls Unterstützung für seine Arbeit erwartete. »Leider«, betonte Sproemberg, hätten »die jüngeren Herren [in den *Jahresberichten*, S. K.], die jetzt mehr in den Vordergrund getreten sind, ein weit geringeres Verständnis für die Westfragen als früher. Am liebsten möchte man sich von den niederländisch-belgischen Arbeiten zurückziehen und sich nur auf ›deutsche Geschichte‹ beschränken.« Bisher habe aber, unterstrich Sproemberg weiter, der Einfluß der Herausgeber verhindert, daß allzu viel Schaden geschehen sei, »aber es wäre doch gut, wenn wir einmal über diese Fragen, gegebenenfalls auch mit Herrn Prof. Steinbach, sprechen würden, denn das wider-

---

universitäre Karriere des gläubigen Katholiken. Vgl. hierzu auch FRANK-RUTGER HAUSMANN, »Deutsche Geisteswissenschaft« im Zweiten Weltkrieg. Die »Aktion Ritterbusch« (1940–1945), Dresden/München 1998, 185. Büttner (1908–1970) war unter der Leitung Theodor Mayers Assistent am Alemannischen Institut in Freiburg, danach Mitarbeiter an der MGH (1938) und Archivrat am Staatsarchiv Darmstadt. Zwischen 1940 und 1942 arbeitete er im Rang eines Kriegsverwaltungsrats in der »Gruppe Archivwesen« der deutschen Militärverwaltung im besetzten Frankreich. Während der deutschen Besetzung Frankreichs war er im Rahmen der Planungen für ein »Deutsches Historisches Institut« – auf Empfehlung von Theodor Mayer und Werner Best – als Leiter vorgesehen. Zum Hintergrund vgl. CONRAD GRAU, Planungen für ein Deutsches Historisches Institut in Paris während des Zweiten Weltkrieges, in: Francia 19/3 (1992), 109–128; 116. Nach dem Krieg war Büttner maßgeblich an den Planungen für die Gründung des Deutschen Historischen Instituts in Paris beteiligt.

[103] Sproemberg an Theodor Mayer, 16.10.1937; Sproemberg an Hartung, 17.8.1937.

[104] Mayer, seit 1937 Mitglied der NSDAP, war Direktor des Alemannischen Instituts in Freiburg (ab 1935: Oberrheinisches Institut für geschichtliche Landeskunde) und Vorsitzender der Badischen Historischen Kommission. Später leitete er bis Kriegsbeginn 1939 die Westdeutsche Forschungsgemeinschaft. Vgl. hierzu ausführlich MICHAEL FAHLBUSCH, Wissenschaft im Dienst der nationalsozialistischen Politik? Die »Volksdeutschen Forschungsgemeinschaften« von 1931–1945, Baden-Baden 1999, 357 ff.

[105] Sproemberg an Mayer, 16.10.1937.

spricht doch geradewegs den Zielen und Bestrebungen Ihrer Kreise, die eben nicht die heutige deutsche Grenze auch für die früheren Jahrhunderte in fachwissenschaftlicher Beziehung als maßgebend anerkennen wollen.«[106]

Weder derartige Schritte und Sproembergs patriotische Beteuerungen noch der Hinweis an Hartung, daß ausländische Kollegen durch Lieferung von Literatur und kritische Durchsicht der Manuskripte maßgeblichen Anteil am Erfolg des bibliographischen Periodikums geleistet hatten, konnte die beiden Herausgeber von ihrem Beschluß abbringen.[107] Während Sproemberg noch auf eine Intervention Franz Steinbachs und Paul Wentzckes hoffte, planten Brackmann und Hartung schon seinen vollständigen Ausschluß aus der Redaktion. Dieser erfolgte dann auch, für Sproemberg völlig unerwartet, am 5. Februar 1938 in wenigen Sätzen und ohne nähere Begründung.[108] Eine Antwort erhielt er erst auf seine drängende Frage, wie die Leitung der *Jahresberichte* gegenüber den ausländischen Lesern und Mitarbeitern den plötzlichen Abbruch der Berichterstattung über ihre wissenschaftlichen Arbeiten zu erklären gedachte.[109] Hartungs drei Monate später gegebene Antwort enthüllt nicht nur in aller Klarheit, daß die Herausgeber der *Jahresberichte* eine vorurteilsfreie Berichterstattung über ausländische Literatur für überflüssig befanden.[110] Sie macht außerdem deutlich, in

---

[106] Westfälisches Archivamt, Archiv LWL, NL Petri, Sproemberg an Petri, 24. 9. 1937.

[107] Sproemberg an Hartung, 25. 2. 1937. Aus der engen Kooperation mit seinen ausländischen Kollegen und der reibungslosen Zusammenarbeit mit Brackmann habe sich, wie Sproemberg betonte, ein »Gefühl der engen Verbundenheit mit der bisherigen Leitung und der Verantwortung gegenüber den Mitarbeitern im Ausland« ergeben. Diese Arbeit sei ihm bislang auch als »ein Dienst an der deutschen Geschichtswissenschaft« erschienen.

[108] Brackmann und Hartung an Sproemberg, 5. 2. 1938. »... Sie wissen bereits, und deshalb brauchen wir es nicht erst ausführlich zu begründen, daß wir aus sachlichen Erwägungen eine neue Gliederung der Abschnitte über die Westgrenze ... vornehmen wollen und daß für den bisher von Ihnen betreuten Abschnitt über die Nachbargebiete kein rechter Raum mehr bleibt. Wenn wir deshalb von Ihrer weiteren Mitarbeit absehen, so tun wir das mit dem Ausdruck herzlichen Dankes für die uneigennützige Hingabe, mit der Sie sich Jahre lang Ihrer mühevollen Aufgabe unterzogen haben. Es ist uns ein aufrichtig empfundenes Bedürfnis, das Ihnen noch einmal auszusprechen ...«

[109] Sproemberg an Hartung, 23. 4. 1938. Noch in Sproembergs letztem Beitrag für die *Jahresberichte* wurden die Namen der ausländischen Mitarbeiter gestrichen und keine Sonderdrucke mehr bewilligt.

[110] Bereits 1930 hatte sich Hartung bei seinem Lehrer Richard Fester über einige Mitarbeiter der *Jahresberichte* beklagt. Diese, führte der Berliner aus, »sind ein reines Sorgenkind für Brackmann und mich. Vor allem macht uns die Berichterstattung über Tschechen und Polen Schwierigkeiten, denn die (natürlich deutschen) Mitarbeiter sehen ihre Aufgabe darin, Reklame für die uns unzugängliche tschechische u. poln. Literatur zu machen, statt strengste Auswahl zu treffen und nur das Allerwichtigste kurz auszuführen.« (Hartung an Fester, 31. 12. 1930, in: BAK, NL Fester, Nr. 246, Bl. 53)

welchem Maß auch national-konservative Historiker wie Hartung dem nationalsozialistischen Regime in vorauseilendem Gehorsam entgegenkamen. Sproemberg, lautete schließlich sein Vorwurf, habe

»... aus dem Forschungsbericht über die Literatur zur Geschichte der Nachbargebiete der deutschen Westgrenze in ihrer Beziehung zur deutschen Geschichte einen Bericht über die in diesen Nachbargebieten entstandene Literatur zur Geschichte dieser Länder überhaupt gemacht ... Wir haben bereits seit Jahren vor allem auf den sich aus Ihrer Einstellung ergebenden Mißstand aufmerksam gemacht, daß Ihr Bericht mehr Raum in Anspruch nahm, als ihm im Rahmen unserer die ganze deutsche Geschichte berücksichtigenden Berichte zugebilligt werden konnte. Und doch mußten wir eine den heutigen Auffassungen entsprechende Berichterstattung über Volkskunde, Ortsnamenforschung u. a. in Ihren Berichten vermissen. Schließlich war es auch nicht angängig, daß Sie Briefe mit ausländischen Forschern und Redaktionen in Angelegenheiten der Jahresberichte wechselten, ohne uns davon in Kenntnis zu setzen.«[111]

Seine Argumentation hatte Hartung von Paul Sattler übernommen; dem verantwortlichen Redakteur der *Jahresberichte*, der die Abneigung des Organs gegenüber Sproemberg und seiner Arbeitsweise, vor allem gegenüber dessen ausländischen Mitarbeitern, bereits im November des Vorjahres in einem Brief an Petri zu rechtfertigen suchte:

»Die Angelegenheit Sproemberg ist aus sachlichen und aus persönlichen Gründen schwierig genug. Ich bezweifle nicht, daß seine Berichte materialreich, gründlich und daher auch wichtig sind. Ich glaube aber, daß sie das Material nach Gesichtspunkten auswählen, die den Jahresberichten nicht angemessen sind. Die bibliographische Zusammenstellung von Titellisten für Gebiete, die die Grenzen des deutschen Volksbodens überschreiten, muß bewußt als Auswahlbibliographie angelegt sein. Es wäre sehr zu bedauern, wenn die Jahresberichte einen Bericht über belgisch-niederländische Geschichte, der in erster Linie das für *unsere* Arbeiten wesentliche berücksichtigt, nicht mehr bringen würden. Es kann aber nicht die Aufgabe der Jahresberichte sein, eine Arbeit zu leisten, die von den belgisch-niederländischen Gelehrten dankbar als Ersatz für eine fehlende Bibliographie ihrer Geschichte angenommen wird. Die Jahresberichte denken nicht daran, den Bericht ganz fallen zu lassen und sie wissen auch, daß sie einen sachkundigeren und eifrigeren Mitarbeiter schwerlich finden werden. Leider hat Spr. bisher alle Einwirkungen, seinen Bericht anders zu gestalten, mit beharrlichem Eifer umgangen, da seine an sich begrüßenswerten Beziehungen zu ausländischen Fachgenossen ihn von diesen mehr abhängig machen als von uns. Er fühlt sich auch wohl zu sehr als der von seinen ausländischen Mitarbeitern beglaubigte Botschafter im Reich der deutschen Geschichtswissenschaft als daß er sich eine Selbstständigkeit gegenüber der wissenschaftlichen Kulturpropaganda des Auslandes bewahren könnte. Dieses Verhalten bereitet uns dadurch Sorgen, daß Staats- und Parteistellen, deren Einfluß auf die Gestaltung unseres Mitarbeiterkreises

---

[111] Hartung an Sproemberg, 4.5.1938.

immer größer wird, an sich schon jede Beziehung zu ausländischen Kreisen argwöhnisch betrachten und in diesem Falle aus Gründen, die Ihnen bekannt sein dürften, seine Mitarbeit an einem von staatlichen Geldern unterhaltenen Unternehmen nur ungern sehen. Spr. oder richtiger die Sproemberg G.m.b.H. bedeutet für uns bei unserem Bestreben, die moralische und finanzielle Unterstützung von Staat und Partei zu finden, ohne die wir uns auf die Dauer nicht behaupten können, eine Belastung, und ich bezweifle, daß bei dieser Sachlage die Herausgeber einem konkret ausgesprochenen Wunsch dieser Stellen Widerstand entgegensetzen können.«[112]

Solidaritätsbekundungen für Sproemberg kamen allein aus dem Ausland. So machte der niederländische Historiker Diederik Theodorus Enklaar seine weitere Mitarbeit an den *Jahresberichten* von der Zusage der Herausgeber abhängig, Niederländer und Deutsche künftig streng als Angehörige unterschiedlicher Nationen zu betrachten.[113] Obwohl er in Petri einen »würdigen Nachfolger« seines Freundes Sproembergs sah, forderte Enklaar von ihm

»die Erkenntnis, daß wir Niederländer keine Deutschen sind, und muß Ihnen darauf hinweisen, daß wir auch sehr bestimmt nicht begehren, das zu werden. Ich vermute, daß Ihre Kenntnisse von unserer Geschichte und unseren heutigen Zuständen diese Erkenntnis leicht machen wird. So wenig als ich mich in Ihren deutschen Sachen, die nur Ihnen und Ihnen allein angehen, hineinzumischen wünsche und so sehr ich mir von jeder Kritik über Sachen, die ich als Ausländer nicht beurteilen kann, enthalte, erwarte ich von Ihnen keine propagandistische Tätigkeit. Wenn Sie mit diesen Ansichten einverstanden sind, stelle ich gern meine schwache(n) Kräfte zu Ihrer Verfügung und hoffe bald schöne Jahresberichte von Ihrer Hand zu sehen.«

Stellvertretend für die Herausgeber versuchte Petri das Verhalten der *Jahresberichte* zu rechtfertigen: »Was die politische Ideologie angeht«, schrieb er seinem ausländischen Kollegen,

»so dürfen Sie ebenfalls überzeugt sein, daß ich als deutscher Historiker mit all meinen Arbeiten niemals etwas anderes erstreben werde als eine immer tiefere Erkenntnis der Wahrheit und Wirklichkeit ... Dazu steht natürlich nicht in Widerspruch, daß wir zu gleicher Zeit um eine größere Gegenwartsnähe unserer Wissenschaft ringen ... Ich empfinde die Gegenwartsnähe in so demokratischen Zeiten wie den unseren, wo nicht nur eine kleine bürgerliche Auslese, sondern die breitesten Schichten des Volkes am politischen und geistigen Leben teilnehmen, als besonders dringlich. Heute bekam in einen Brief von ... Herrn Professor Brackmann, in dem er mich bittet Ihnen mitzuteilen, daß auch die Jahresberichte ›selbstverständlich die heutigen Niederlande als völkisch und politisch vollkommen selbstständig gegenüber Deutschland anerkennen und daß sie auch aus ihrer Arbeit politische Zielsetzungen fernhalten.«[114]

---

[112] Westfälisches Archivamt, Archiv LWL, NL Petri, Sattler an Petri, 8.11.1937.
[113] Westfälisches Archivamt, Archiv LWL, NL Petri, Enklaar an Petri, 7.4.1938.
[114] Westfälisches Archivamt, Archiv LWL, NL Petri, Franz Petri an Enklaar, 16.4.1938.

Beschwichtigen konnte Petri seinen niederländischen Kollegen mit diesen Ausführungen jedoch nicht. Wie Enklaar Sproemberg wenig später mitteilte, sei sein Verhältnis zu Petri »auf dem toten Punkt« angekommen.[115] Neben anderen niederländischen Gelehrten zog er sich daher von seiner früheren Mitarbeit an den *Jahresberichten* vollständig zurück. »Die Unabhängigkeit unseres Vaterlandes«, betonte Enklaar, »geht mir über die internationale Zusammenarbeit.«

Dagegen blieb Sproembergs Verhältnis zu Petri durch diese Vorgänge erstaunlicherweise unberührt.[116] Unübersehbar ist Sproembergs Selbstverleugnung, wenn er nach seiner Verdrängung aus den *Jahresberichten* und wider besseres Wissen bemüht war, die aus seiner Sicht »guten« Kontakte zu Petri und Steinbach trotz grundsätzlicher politischer Differenzen zu erhalten und einer direkten Konfrontation aus dem Weg zu gehen. Aus diesem Grund versuchte er auch, wie er gegenüber Enklaar zugab, einer Besprechung von Petris 1937 erschienener Habilitationsschrift »Germanisches Volkserbe in Wallonien und Nordfrankreich« auszuweichen:

> »Die Besprechung des Buches von Petri ist keine leichte Sache. Mir ist es möglich gewesen, um eine Sonderbesprechung herumzukommen: da ich mit ihm befreundet bin, wollte ich nicht die starken grundsätzlichen Gedenken [sic] äußern. Es ist nach meiner Ansicht gefährlich, wenn z. B. Steinbach in dem neuen ›Deutschen Archiv für Landes- und Volksforschung‹ in seinem Aufsatz ›Die Westdeutsche Volksgrenze als Frage- und Forschungsaufgabe der politischen Geschichte‹ auf Grund dieser Arbeit das fränkische Reich bis zur Loire als in seiner Mehrheit germanisch bezeichnet.«[117]

Die politische Brisanz der Arbeit Petris war Sproemberg keineswegs entgangen. Doch anders als sein Utrechter Kollege Enklaar war er offensichtlich nicht gewillt, aus der Einsicht in die wissenschaftlich-politischen Ziele Petris Konsequenzen zu ziehen. Ganz im Gegenteil war er, auch um den Preis der Anbiederung, darauf bedacht, seine wissenschaftliche Tätigkeit fortzusetzen. Gerade der Verlust dieses Amtes bedeutete deshalb für Sproemberg, der sich über Jahre hinweg und gegen massive Widerstände innerhalb der eigenen »Zunft« für den Dialog mit den Historikern der westlichen Nachbarländern engagiert hat, einen tiefen Einschnitt. Wie er gegenüber Holtzmann bekannte, bedeutete die Kassierung seines Referates »die Zerstörung eines in mehr als sechs Jahren aufgebauten Werkes der Gemeinschaftsarbeit mit bel-

---

[115] Enklaar an Sproemberg, 21. 5. 1938.

[116] So Sproemberg an Enklaar, 30. 4. 1938: »Ich habe, wie Sie wissen, persönlich nichts gegen Petri, mit dem ich gerade über diese Frage noch im vorigen Herbst in Aachen verhandelt habe.«

[117] Sproemberg an Enklaar, 23. 3. 1937. Zu den politischen Implikationen von Petris Habilitationsschrift vgl. auch DERKS, Westforschung, 92 ff.

gischen, niederländischen und französischen Historikern.« »Ich leugne nicht«, betonte er, »daß dies mir großen Schmerz bereitet.«[118]

Obwohl Sproemberg nach und nach aus der deutschen »Zunft« ausgeschlossen wurde, setzte er seine meist von belgischen und niederländischen Freunden und Historikerkollegen finanzierte Vortragstätigkeit fort. Ebenfalls mit Hilfe seiner früher geknüpften Kontakte versuchte er auch weiterhin für die Fortsetzung eines Mindestmaßes an grenzüberschreitendem Austausch einzutreten. Glaubt man seinen im Sommer 1945 verfaßten Bewerbungen für ein Lehramt an einer der für eine baldige Wiedereröffnung in Frage kommenden Universitäten, in denen er zugleich Rechenschaft über seine früheren Tätigkeiten abgelegt hat, dienten diese noch vor Kriegsbeginn unternommen Reisen und Gespräche mit belgischen und niederländischen Kollegen dazu, »bereits Vorsorge für die Zeit nach dem Zusammenbruch Hitler-Deutschlands zu treffen.«[119] Einen begrenzten, aber für die Frage der moralischen Beurteilung Sproembergs keineswegs unbedeutenden Diskussionszusammenhang fand der Historiker dagegen im Gedankenaustausch mit führenden Vertretern der »Westforschung«, insbesondere mit Franz Petri, Franz Steinbach und Paul Wentzcke. Dieser hatte ihm noch 1937 die Mitarbeit im Frankfurter »Wissenschaftlichen Institut der Elsaß-Lothringer im Reich« angeboten.[120] Obwohl er sich unter der Hand immer wieder gegen die politischen Implikationen ihrer »Grenzlandarbeit« stellte und Petris Arbeit als Oberkriegsverwaltungsrat im besetzten Belgien nicht erst nach 1945 mißbilligte,[121] war Sproemberg vom wissenschaftlichen Ertrag der Arbeit der Bonner Historiker durchaus überzeugt. So gab er 1939 gegenüber Franz

---

[118] Sproemberg an Holtzmann, 9.2.1938. Sproembergs Referat wurde gemäß den Vorstellungen der Herausgeber u.d.T. »Grenzfragen und Nachbargebiete im Westen« von Edith Ennen, Martha Hechtle, Josef Niessen und Franz Petri noch einen Jahrgang weitergeführt. Wie er seinem Freund Ganshof versicherte, hätte er sich »niemals zu einer Änderung der Grundeinstellung meines Berichtes ... veranlassen lassen.« (Sproemberg an Ganshof, 11.6.1938)

[119] Organisation zur Verbreitung geschichtswissenschaftlicher Literatur im Ausland (wie Anm. 26). Zu Sproembergs Biographie nach 1945 s. DIDCZUNEIT, Heinrich Sproemberg, 39 ff.

[120] Vgl. dazu das Schreiben Wentzckes an Sproemberg v. 4.11.1937 sowie das Dankschreiben Sproembergs v. 9.11.1937.

[121] Nach dem Krieg bat Petri, der aufgrund seiner früheren Tätigkeit in der deutschen Militärverwaltung im Februar 1946 verhaftet worden war, Sproemberg um einen Entlastungsbrief. Obwohl Sproemberg dieser Bitte nachkam, konnte und wollte er sich über Petris jüngste Vergangenheit nicht äußern, da er diese »scharf mißbilligt« habe (Sproemberg an Holtzmann, 20.3.1946). 1940 hatte er Petri dagegen noch versichert, daß dessen »und Herrn Steinbachs wissenschaftliche Arbeit mit amtlicher Politik an sich nicht das Geringste zu tun« habe, wobei er hinzufüge, »daß, so weit meine Kenntnis reiche, diese amtliche Politik auch nicht annektionistisch sei.« (Sproemberg an Petri, 15.3.1940) DERKS, Westforschung, 93 ff, berichtet, daß ausgerechnet jene von Petri betrogenen Historiker diesem nach 1945 einen Persilschein ausstellten.

Petri sogar seiner Freude Ausdruck, daß er seine eigenen Forschungen »als gleichgerichtet mit den Arbeiten Ihres rheinischen Kreises« empfinde.[122] Er habe, betonte Sproemberg, nie einen »Hehl daraus gemacht, was ich für meine eigene Arbeit der Aussprache und Fühlungnahme mit Ihrem Kreise verdanke.« Drei Jahre später äußerte er auch gegenüber Paul Egon Hübinger die Auffassung, daß er »keinen wissenschaftlichen Kreis in Deutschland« kenne, »der mit solchem Eifer und auch mit solchem Erfolg historische Arbeit« leiste wie die »rheinischen Historiker«.[123] Seine Zusammenarbeit mit den »rheinischen« Historikern hat Sproemberg auch in den fünfziger Jahren fortgesetzt.[124]

Trotz der politischen Distanz, die Sproemberg nicht nur von den maßgeblichen Repräsentanten der Bonner Schule, sondern auch von den führenden Köpfen der Berliner Universität trennte, war er in seiner Eigenschaft als ein außerhalb jeder wissenschaftlichen Institution stehender Privatgelehrter auf gute Kontakte zu Vertretern vieler Strömungen innerhalb und außerhalb der deutschen »Zunft« angewiesen[125] – nicht zuletzt im Interesse der gemeinsamen Austauschaktion. Diese Haltung brachte ihn mehrfach an die Grenzen der Selbstverleugnung. Sein »Andienen« zeigt sich auch in seinem Verhältnis zu Albert Brackmann, dessen provozierendes Verhalten gegenüber ausländischen Wissenschaftlern – etwa im Konflikt zwischen Huizinga und der HZ – er wiederholt vor seinen ausländischen Partners gedeckt hat.[126]

---

[122] Sproemberg an Petri, 13.9.1939.

[123] Sproemberg an Hübinger, 13.5.1942.

[124] In seiner Zeit als Leipziger Hochschullehrer hatte Sproemberg zahlreiche Kollegen aus der Bundesrepublik und dem westeuropäischen Ausland zu Vorträgen eingeladen. Darunter befanden sich neben Petri auch Repräsentanten der »Westforschung« wie Friedrich Metz und Matthias Zender. Daneben plante er mit Petri und Steinbach Kooperationsprojekte mit belgischen und niederländischen Historikern. 1957 wurden die Verbindungen im Zuge der sozialistischen Umgestaltung der Universitäten in der DDR einseitig abgebrochen. Vgl. dazu VEIT DIDCZUNEIT, Geschichtswissenschaft an der Universität Leipzig. Zur Entwicklung des Faches Geschichte von der Hochschulreform 1951 bis zur ›sozialistischen Umgestaltung‹ 1958. Diss.Phil Leipzig 1993.

[125] Er sei der festen Überzeugung, schrieb Sproemberg Édouard Perroy, daß man »jede Gelegenheit« ergreifen müsse, »um in unseren Ländern für eine sachliche Berichterstattung aus der fachwissenschaftlichen Literatur der Nachbarn einzutreten, und zwar im dringenden Interesse der wissenschaftlichen Arbeit in unseren Ländern.« (Sproemberg an Perroy, 25.6.1937)

[126] Nach der Entlassung Sproembergs aus den *Jahresberichten* hatte Brackmann Rundschreiben verschickt, in denen er Sproemberg denunzierte (Sproemberg an Ganshof, 11.6.1938). Nach dem Krieg verdächtigte Sproemberg Brackmann, im Verein mit Rörig seine Berufung an die Berliner Universität zu hintertrieben zu haben. (Sproemberg an Holtzmann, 29.8.1945) Kritisch äußerten sich Holtzmann und Sproemberg vor allem über Platzhoff und Mayer, deren NS-Verstrickung nun in vollem Umfang zutage trat. Darüber hinaus machte Sproemberg Fritz Rörig auch für die vorzeitige Emeritierung Robert Holtzmanns im Jahr 1939 verantwortlich. Sproem-

Auch sein Verhalten gegenüber Franz Petri und Franz Steinbach war geprägt von Opportunismus und einem ausgeprägten Geltungsbedürfnis. So betonte Sproemberg in einem Brief an Steinbach vom 15.3.1940, daß es »wirklich schade« sei, daß Pirennes *Mahomet et Charlemagne* »vieles enthält, was bei uns großen Anstoß erregt«, auch wenn er gleich hinzufügte, daß es sich hier um ein Werk handele, »das noch lange hinaus einen bedeutenden Einfluß auf die Forschung üben« werde. Und ein Jahr später schrieb er wiederum an Steinbach:

»Es ist doch schön, daß trotz Ihrer Inanspruchnahme durch den Krieg die Verbindung nicht ganz abreißt. Nichts würde mich mehr freuen, als wenn sich nach glücklicher Beendigung des Krieges unsere wissenschaftliche Zusammenarbeit enger gestalten würde. In Ihrem wissenschaftlichen Kreis ist noch wirkliches Leben vorhanden, was man leider von anderen Universitäten teils überhaupt nicht, teils nicht in diesem Maße, behaupten kann.«[127]

Den guten Worten ließ Sproemberg schließlich auch Zigaretten an die »im Felde stehenden« Kollegen folgen. Als langjähriges Mitglied des Vereins für geschichtliche Landeskunde der Rheinlande hatte er sich entgegen seinen politischen Vorbehalten, von denen er seine ausländischen Freunden wiederholt zu überzeugen suchte, bis in die Kriegsjahre bereitwillig in den Dienst des Bonner Instituts gestellt. So wurde er von Edith Ennen nachdrücklich um weitere Beiträge für die *Rheinischen Vierteljahrsblätter* gebeten. Im Gegenzug widmete ihm Franz Petri im gleichen Organ ausgesprochen positive Rezensionen.[128] Dagegen nahm Sproemberg an den Tagungen der Westdeutschen Forschungsgemeinschaft nur sporadisch teil.[129]

---

bergs persönliche Integrität im Dritten Reich steht außer Frage. So unterstützte er während des Krieges nicht ohne persönliche Risiken nach Berlin zwangsdeportierte ausländische Studenten und Dozenten. Auch Holtzmann versuchte sich kurz nach Kriegsbeginn für Krakauer Professoren einzusetzen, die in das KZ Oranienburg verschleppt worden waren. (Holtzmann an Brandi, 29.12.1939; 8.1.1940, in: NL Brandi, Nr. 1, Bl. 723, 728)

[127] Sproemberg an Steinbach, 25.9.1941.

[128] Vgl. FRANZ PETRI, Neue Werke zur Geschichte der Niederlande. Zur Geschichte Flanderns und Brabants, in: RhVjBl 9 (1939), 154-160. Gegenüber Sproemberg wiederholte Petri seine Wertschätzung: »Es freut mich, daß Ihnen die Besprechung gefallen hat. Aber es ist ja nicht schwer, eine wirkliche Leistung anzuzeigen! Jedenfalls können Sie mit Ihren Arbeiten auch in Zukunft des aufmerksamen Interesses unserer westdeutschen Forschung gewiß sein.« (Petri an Sproemberg, 31.7.1939)

[129] Dokumentiert ist zumindest seine Teilnahme an der Gerolsteiner Tagung vom April 1933 (vgl. hierzu Sproembergs Bericht für die Geschäftsstelle im Nachlaß) sowie der im Oktober 1937 in Aachen abgehaltenen Tagung zum Thema »Deutsch-niederländische Siedlungsgeschichte«, die beide im Zeichen der Auseinandersetzung mit Belgien und der Niederlande standen. Von der Aachener Tagung hatte sich Sproemberg noch Unterstützung für eine Intervention bei den

Nach 1945 setzte er seine Kooperation mit den Bonner Historikern nach kurzer kriegsbedingter Unterbrechung fort. So publizierte er 1948 seinen ersten Nachkriegsartikel in den *Rheinischen Vierteljahrsblättern* und steuerte später auch einen Beitrag für die Festschrift Franz Steinbachs bei. Die Erwartung des nun schon immerhin fast sechzigjährigen Gelehrten, jetzt endlich gebraucht und anerkannt zu werden, erwies sich als stärker als ein eventuelles Bedürfnis, die Rolle der westdeutschen Landesgeschichte im Nationalsozialismus kritisch zu hinterfragen.

Doch zurück zu seiner Situation vor 1939. Trotz seiner vermeintlich guten Beziehungen zum Bonner Institut brachte sich Sproemberg durch sein selbständiges Agieren auf ausländischem Parkett und die Unabhängigkeit seines historischen Urteils zunehmend in eine Außenseiterposition innerhalb der deutschen Geschichtswissenschaft. So führte ein im Mai 1938 an der Universität Löwen gehaltener Vortrag über »Das Erwachen des Staatsgefühls in den Niederlanden«,[130] in dem Sproemberg nicht nur Interpretationen widersprach, die den angeblich germanischen Charakter dieser Länder behaupteten, sondern darüber hinaus die frühe Eigenstaatlichkeit der Niederlande unterstrich, zum sofortigen Ausschluß aus der Redaktion der *Hansischen Geschichtsblätter*.[131] Wie Sproemberg nach dem Krieg gegenüber dem Volks-

---

Jahresberichten versprochen (vgl. dazu seinen Brief an Leo Just, 17. 10. 1937). Zum Hintergrund vgl. FAHLBUSCH, Forschungsgemeinschaften, 402 ff und 414 ff.

[130] Sproembergs Vortrag wurde nicht in Deutschland publiziert, sondern vom Internationalen Komitee der Geschichtswissenschaften gedruckt: vgl. DERS., Das Erwachen des Staatsgefühls in den Niederlanden. Galbert von Brügge, in: L'Organisation corporative du Moyen Âge à la fin de l'Ancien Régime. Études présentées à la Commission internationale pour l'histoire des assemblées d'états, III, Louvain 1939, 33-88. Die Reise nach Belgien war auf persönliche Einladung des belgischen Botschafters in Deutschland erfolgt (vgl. dazu Sproembergs Bericht an die Kulturabteilung des AA v. 21. 6. 1938). Für seine Reise zum ebenfalls 1938 stattfindenden Internationalen Historikerkongreß in Zürich empfahl ihm Robert Holtzmann daher ausdrücklich Zurückhaltung. (Holtzmann an Sproemberg, 10. 8. 1938)

[131] Bezüglich der Staatsorganisation dieser Länder bemerkt Sproemberg: »Für die kleinen Staaten in Europa lagen die Dinge aber grundsätzlich anders. Der Staatsgedanke mußte sich bei Ihnen in schärfster Opposition zu dem mittelalterlichen Universalreich und zu den aus ihm abgeleiteten europäischen Großstaaten durchsetzen. Infolgedessen tritt hier die neue Art des Staatsaufbaus früher und reiner in Erscheinung ... So mußte man sich in den werdenden niederländischen Staaten zur Erringung und Behauptung eines politischen Sonderdaseins immer wieder bis zum Äußersten mit der Waffe in der Hand einsetzen, aber man mußte sich auch ebenso geistig losringen von den Staatsvorstellungen des Mittelalters ... Daher ist das Ergebnis in den nördlichen wie in den südlichen Niederlanden bis an die Grenze der Gegenwart eine bundesstaatliche Organisation gewesen, und in den niederländischen Staaten ist die Erinnerung daran nicht geschwunden, was sie ihren großen Territorien, so vor allem Flandern, Brabant und Holland, für die Ausbildung des Staatsgedankens zu verdanken haben.« (Ebd., 35 f) – Daß Sproemberg an eine belgische Universität eingeladen wurde, an der, wie er in seinem Bericht eigens her-

bildungsminister der DDR, Paul Wandel, hervorhob, hatte er seine vor der *Commission internationale pour l'histoire des assemblées d'états et du parlementarisme* gehaltene Vorlesung in Löwen als »ein(en) entschlossene(n) Protest gegen den Annektionismus und ein(en) Kampf für die Demokratie verstanden.«[132] Mit seinem vielmehr von den verfassungsgeschichtlichen Arbeiten Otto Hintzes und vor allem von Pirennes Interpretationen inspirierten Vortrag hatte er sich nach eigenem Bekunden gegen die propagandistischen Darstellungen prominenter »Westforscher« zu stellen versucht.[133] Tatsächlich stellten Sproembergs Ausführungen, wie sein Schüler Gerhard Heitz später unterstrich, mehr als eine herausragende wissenschaftliche Leistung dar.[134] Sproemberg, betonte Heitz, habe mit seinem Vortrag ebenso ein »deutliches Bekenntnis zur Selbständigkeit der vom deutschen Imperialismus bedrohten staatlichen Existenz Belgiens« abgelegt. Dabei kam der 1933 auf dem Internationalen Historikertag in Warschau von Sproembergs Freund Émile Lousse initiierten und drei Jahre später gegründeten ›Internationalen Kommission zur Geschichte des Ständewesens‹ im wissenschaftlichen Leben Sproembergs eine besondere Bedeutung zu.[135] Obwohl er erst 1955 in die Kommission berufen wurde – der Fritz Hartung von Beginn angehörte –, hatte diese dem außerhalb des akademischen Establishments stehenden deutschen Historiker in den dreißiger Jahren neben persönlichen Freund-

---

vorhob, seit dem Krieg kein deutscher Gelehrter mehr gesprochen hatte, signalisiert die Verständigungsbereitschaft der belgischen Gelehrten um so nachdrücklicher. Zum Hintergrund der besonderen Rolle der Universität Löwen und ihrer Bibliothek im Kontext der deutsch-belgischen Beziehungen vgl. WOLFGANG SCHIVELBUSCH, Eine Ruine im Krieg der Geister. Die Bibliothek von Löwen August 1914 bis Mai 1940, Frankfurt a. M. 1993.

[132] Sproemberg an Paul Wandel, 8.2.1953.

[133] SPROEMBERG, Das Erwachen des Staatsgefühls, 33ff; passim. Sproemberg beruft sich immer wieder auf die Forschungen Otto Hintzes, insbesondere dessen Studien über die »Typologie der ständischen Verfassung« (HZ 141, 1929, 229ff) sowie auf den Aufsatz »Weltgeschichtliche Bedingungen der Repräsentativverfassung« (HZ 143, 1931, 39ff). Sproembergs nachgelassene Korrespondenz deutet nicht auf persönlichen Kontakt zwischen beiden Historikern. Wie seine Briefe an Marc Bloch zeigen, hat er den bekannten Berliner Verfassungshistoriker verehrt. Vgl. dazu den Exkurs in Kap. II.

[134] GERHARD HEITZ, Heinrich Sproemberg (1889–1966) zum Gedächtnis. Liber memorialis Heinrich Sproemberg. Études présentées à la Commission internationale pour l'histoire des Assemblées d'états et du parlementarisme, in: Wissenschaftliche Zeitschrift der Universität Rostock 17 (1968), 3–8.

[135] Zur Entstehungsgeschichte der Kommission vgl. den kurzen Überblick von HELEN M. CAM, The Commission for the history of representative and parliamentary institutions 1936–1966, in: XIIe Congrès International des Sciences Historiques. Études présentées à la Commission internationale pour l'histoire des assemblées d'états, Bd. 31, Louvain 1966. – Zu Sproembergs Sichtweise der Entstehung des Ständestaats sei ebenfalls auf HEITZ, Heinrich Sproemberg, 4f, verwiesen.

schaften auch ein wissenschaftliches Asyl geboten.[136] Dennoch lassen Sproembergs Äußerungen von 1938 auch vermuten, daß er über eine Geste an das Gastland hinaus hinsichtlich der Thesen Petris um eine vorsichtige Kompromißlösung bemüht war.[137]

Ein Monat nach seiner Rückkehr und nur wenige Tage nach dem Tod Walther Vogels, seines wichtigsten Fürsprechers im Redaktionsausschuß der *Hansischen Geschichtsblätter*, wurde ihm dennoch vom Geschäftsführer des Hansischen Geschichtsvereins, dem Hanseforscher und Bremer Staatsarchivar Hermann Entholt, die Mitarbeit an der *Hansischen Umschau* gekündigt.[138] Seine Entlassung beantwortete Sproemberg mit seinem sofortigen Austritt aus einem Verein, dem er siebzehn Jahren angehört hatte.[139] Nach dem Krieg war Entholt, der inzwischen wieder die Leitung des Bremer Staatsarchivs übernommen hatte, nach eigenem Bekunden aufgrund seines hohen Alters angeblich nicht mehr in der Lage, sich der Vorgänge von 1938 zu erinnern.[140] Unter der Herausgeberschaft von Fritz Rörig und Heinrich

---

[136] Vgl. hierzu HEITZ, Heinrich Sproemberg, 3; sowie die Erinnerungen von MANFRED UNGER (wie Anm. 21).

[137] »Man wird«, betonte Sproemberg mit kritischem Blick auf Petris *Germanisches Volkserbe in Wallonien und Nordfrankreich. Die fränkische Landnahme in Frankreich und den Niederlanden und die Bildung der westlichen Sprachgrenze* (1937), »den ersten kühnen Hypothesen über das Ausmaß des fränkischen Bluteinschlages auf wallonischem und nordfranzösischem Gebiet mit abwartender Vorsicht gegenüber stehen müssen, aber es bleibt unbestreitbar, daß durch die fränkisch-germanische Siedlung eine Gemeinschaft geschaffen wurde, die weit über die heutigen Volksgrenzen nach Westen hinausreichte.« (Das Erwachen des Staatsgefühls, 40)

[138] Hermann Entholt an Sproemberg, 24.6.1938: »Bei dieser Gelegenheit muß ich nun zu meinem großen Bedauern einer Pflicht als Geschäftsführer genügen, indem ich Sie bitte, Ihre weitere Mitarbeit an der Umschau einzustellen. Die Gründe dafür werden Ihnen ja selbst ohne weiteres klar sein. Die mächtige Zeitströmung, der auch wir Folge zu leisten haben, läßt eine andere Entscheidung nicht zu, und wir dürfen in Rücksicht auf unseren Verein dem Andringen von gewisser Seite keinen Widerstand entgegensetzen.« Zum Lebenslauf Entholts vgl. den apologetischen Nachruf von LUDWIG BEUTIN, Hermann Entholt. Worte des Gedenkens, gesprochen auf der Pfingsttagung des Hansischen Geschichtsvereins zu Rostock, in: HGBl 76 (1958), 1–4.

[139] Verantwortlich für seine Entlassung machte Sproemberg den neuen Leiter der *Hansischen Geschichtsblätter* Fritz Rörig. (Sproemberg an Paul Wandel, 8.2.1953).

[140] So in seinem Brief an Sproemberg v. 1.4.1948. Damals sei man der Ansicht gewesen, betonte Entholt, »im Interesse der sonst bedrohten Erhaltung des Vereins die nicht-arischen Mitglieder« zu ersuchen, ihren Austritt zu erklären. Demgegenüber behauptete Sproemberg, daß sein Ausschluß nicht aufgrund seiner angeblich jüdischen Abstammung, sondern als Antwort auf seine Haltung in der belgisch-niederländischen Frage erfolgt sei. (Sproemberg an Hermann Entholt, 27.5.1948) Dabei verwies er auf die positiven Besprechungen seines Vortrages in der Fachpresse, so von PAUL EGON HÜBINGER (HJb 61, 1941, 347–349) und HEINRICH MITTEIS (HZ 161, 1940, 572–579), die allerdings die politische Brisanz des Aufsatzes umgingen. Bemerkenswert ist vor allem die positive Beurteilung des ganzen Bandes (wie Anm. 130) von Mitteis, der hierin eine »völkerverbindende Gemeinschaftsarbeit« erkannte, von der er eine baldige Fortsetzung er-

Reincke, die keinen Zweifel an ihrer Gesinnungstreue zum NS-Regime aufkommen ließen, andererseits aber bestrebt waren, die wissenschaftliche Tradition der Hanseforschung fortzusetzen,[141] bestand für Sproemberg in diesem auch im Ausland angesehenen Organ keine Publikationsmöglichkeit mehr.

Wenngleich Sproemberg nach dem Verlust dieser in ihrer Bedeutung für den internationalen Dialog kaum zu überschätzenden Positionen noch vereinzelt für deutsche Fachzeitschriften Rezensionen verfassen konnte,[142] die *Rheinischen Vierteljahrsblätter* ihm 1941 Raum für einen hundertseitigen Eröffnungsbeitrag zur Festschrift Aloys Schultes überlassen hatten,[143] kam seine wachsende Isolierung einer faktischen Zerstörung der Arbeit der »Ge-

---

hoffe. »Man staunt immer wieder darüber«, unterstrich der Rostocker, »wie verschieden französische und deutsche Gelehrte vorgehen, wenn es ihnen darauf ankommt, den Inhalt eines Begriffs zu ermitteln. Beide Methoden, die Klarheit und der Tatsachensinn auf der einen, die Tiefe und Kraft der Synthese auf der anderen Seite, könnten sich gut ergänzen.« Zu Mitteis' Rolle im Dritten Reich s. Georg Brun, Leben und Werk des Rechtshistorikers Heinrich Mitteis unter besonderer Berücksichtigung seines Verhältnisses zum Nationalsozialismus, Frankfurt a. M. 1991.

[141] Vgl. dazu Joist Grolle, Von der Verfügbarkeit des Historikers. Heinrich Reincke und die Hamburg-Geschichtsschreibung in der NS-Zeit, in: Frank Bajohr/Joachim Szodrynski (Hg.), Hamburg in der NS-Zeit, Hamburg 1995, 25–57; 41. Nach dem Urteil Grolles habe diese »Doppelqualifikation« beide Historiker in die Lage versetzt, Überzeugungsarbeit im Dienst des Dritten Reiches zu leisten und gleichzeitig ihre Reputation als Hanseforscher und die Professionalität der Hanseforschung insgesamt erfolgreich zu verteidigen. – Die Rolle der Hanseforschung im Nationalsozialismus ist vor allem aus den eigenen Reihen bisher nicht angemessen aufgearbeitet worden, wie der apologetische und streckenweise fehlerhafte Beitrag von Volker Henn, Wege und Irrwege der Hanseforschung und Hanserezeption in Deutschland im 19. und 20. Jahrhundert (in: Geschichtliche Landeskunde der Rheinlande. Hg. Marlene Nikolay-Panter u. a., Köln usw. 1994, 388–414), deutlich zeigt. Vgl. hierzu auch den kritischen Tagungsbericht von Dirk Schümer, Geschichte als Waffenwerk. Die Hanseforscher entdecken ihre Vergangenheit, in: FAZ, 21.6.1995.

[142] Während der Kriegsjahre boten ihm lediglich die HZ (hier aufgrund seines freundschaftlichen Kontaktes zu dem Schäfer-Schüler Walther Kienast) und die *Annalen des Historischen Vereins für den Niederrhein* Publikationsmöglichkeiten. Vgl. hierzu Sproembergs Bibliographie in: Ders., Mittelalter und demokratische Geschichtsschreibung. Ausgewählte Abhandlungen. Hg. Manfred Unger, Berlin 1971, 449–458. Auch andere Projekte konnte Sproemberg nicht mehr durchsetzen. Dazu gehörte die Betreuung der Übersetzung von Henri Pirennes Klassiker »Mahomet et Charlemagne« beim Münchener Verlag Callwey sowie die seit 1939 im Auftrag des Bibliographischen Instituts in Leipzig von ihm verfaßte »Geschichte der Niederlande und Belgiens«, die der nationalsozialistischen Zensur bereits im Manuskriptstadium zum Opfer fiel. Zur der schließlich von Paul Egon Hübinger angefertigten und Pirennes Intentionen verfälschenden Übersetzung von »Mahomet et Charlemagne« vgl. kritisch Schöttler, Die historische »Westforschung«, 227 f.

[143] Heinrich Sproemberg, Die lothringische Politik Ottos des Großen, in: RhVjBl 11 (1941), 1–101.

schäftsstelle« gleich. Nicht nur für die französischen Historiker bedeutete der Verzicht auf eine kritische Würdigung ihrer Arbeiten in maßgeblichen deutschen Zeitschriften wie den *Jahresberichten* und den *Hansischen Geschichtsblättern*, denen sie direkt zugearbeitet hatten, einen schlimmen Affront. Dies alles geschah, wie Sproemberg gegenüber Holtzmann richtig bemerkte, ohne einen einzigen Zwang von amtlicher Seite.[144]

Aber auch auf französischer Seite wurde der weitere Bestand der Organisation, der neben Deutschland und Frankreich auch Belgien und Dänemark angehörten, während der offizielle Beitritt der Niederlande und der skandinavischen Länder 1937 noch in naher Aussicht gestanden hatten, durch den Tod Eisenmanns im Mai 1937 in Frage gestellt. So konnte das ein Jahr zuvor in Berlin für diesen Zeitpunkt vereinbarte Gegentreffen in Paris, für das bereits ein provisorisches Programm[145] vorlag, nicht mehr realisiert werden. Den französischen Historikern war es nicht gelungen, eine geeigneten Nachfolger als Leiter der Pariser »Geschäftsstelle« zu berufen, der zu diesem Zeitpunkt noch zu einer Zusammenarbeit mit Deutschland bereit gewesen wäre. Sehr aufmerksam und besorgt hatte man jenseits des Rheins die Entwicklung der deutschen Geschichtswissenschaft und ihre allmähliche Selbstgleichschaltung seit 1933 verfolgt.[146] Wie an der offenkundigen Resignation der Franzosen abzulesen ist, wurde auch dieses Austauschprojekt bald von der Realität der politischen Beziehungen zwischen Deutschland und Frankreich eingeholt.[147] Eisenmann selbst hatte noch kurz vor seinem Tod in einer

---

[144] Sproemberg an Holtzmann, 1.3.1938. »Nun weiß Herr Ganshof leider noch nichts von der Kassierung meines Referates, die sich für Frankreich besonders ungünstig auswirken wird, denn naturgemäß wurden gerade diejenigen Arbeiten besprochen, die der Gemeinschaftsarbeit mit uns dienen und deren Verfasser gerade auch diejenigen Persönlichkeiten sind, die für unsere Organisation sich einsetzten. Nach den vorsichtigen Sondierungen muß ich leider befürchten, daß die Erklärung, die ich schließlich geben muß, bei der gegenwärtigen Lage ganz besonders ungünstig wirken muß. Ich befürchte sehr, daß man offen und noch mehr versteckt sie generell als eine feindliche Aktion auffassen wird.«

[145] Vgl. Dok. Nr. 3 im Anhang. Als zusätzlicher deutscher Teilnehmer war neben Holtzmann und Sproemberg Theodor Mayer vorgesehen.

[146] Vgl. dazu etwa die skeptischen Kommentare der Herausgeber der *Revue historique* (177, 1936, 743f) zur neuen politischen Ausrichtung der HZ unter Karl Alexander von Müller und zu den Forderungen Walter Franks nach einer »dienenden« Geschichtswissenschaft. Als hellsichtiger Analytiker des nationalsozialistischen Deutschlands erwies sich auch Henri Jourdan. Seine warnenden, in der *Encyclopédie Française* veröffentlichten Artikel erreichten zwar einen großen Teil der französischen Öffentlichkeit, blieben aber ohne weiterreichenden Folgen für die französische Deutschlandpolitik. Vgl. DIETER TIEMANN, Deutsch-Französische Jugendbeziehungen der Zwischenkriegszeit, Bonn 1989, 290ff.

[147] Auch in anderen Bereichen kamen deutsch-französische Projekte gegen Mitte der dreißiger Jahre zum Erliegen. So klagten Henri Jourdan und Charles Petit-Dutaillis, die sich u. a. auch

Rezension den Gleichklang von nationalsozialistischer Politik und völkischer Wissenschaft im Nachbarland herausgestellt.[148] Auch von belgischer Seite wurden die Forschungen der Bonner Historiker, insbesondere diejenigen Petris, offen zurückgewiesen.[149] Wie Sproemberg 1940 rückblickend notierte, waren die mit der »Geschäftsstelle« verbundenen Zielsetzungen im Dezember 1938 praktisch gescheitert.[150] Somit markiert die Berliner Tagung zugleich den Höhe- und den eigentlichen Endpunkt in der kurzen Geschichte dieser Organisation.

Nachdem auch die privaten Kontakte mit den ehemals am gemeinsamen Unternehmen beteiligten französischen Gelehrten mit dem Tod Eisenmanns und dem Ausscheiden Benaerts bis auf wenige Ausnahmen weitgehend zum Erliegen gekommen waren, richteten sich Sproembergs und Holtzmanns Hoffnungen auf den Ausbau der wissenschaftlichen Beziehungen zu Belgien und Luxemburg. Zu diesem Zweck – dem auch Sproembergs Belgien-Reise von 1938 dienen sollte – arbeiteten beide an der Gründung einer Kommission, unter deren Dach ein Tausch von Assistenten sowie die Förderung von »Austauschvorlesungen« initiiert werden sollten.[151] Auch für diese Organisation war Sproemberg als geschäftsführender Sekretär vorgesehen, während der Berliner Romanist und Sprachwissenschaftler Ernst Gamillscheg als Geschäftsführer sowie Franz Steinbach, Fritz Rörig und der Münchener Romanist Karl Vossler als Vertreter der angeschlossenen Universitäten neu hin-

---

für den Jugendaustausch engagiert hatten, über die zunehmende Indifferenz gegenüber dem westlichen Nachbarland und die geistige Selbstabschneidung der Deutschen. Vgl. dazu TIEMANN, Deutsch-Französische Jugendbeziehungen, 245 ff.

[148] LOUIS EISENMANN, Rez von: Handwörterbuch des Grenz- und Auslanddeutschtums, Breslau 1933 ff, in: RH 179 (1937), 166–169. Eisenmann zufolge spiegelte sich in diesem Großprojekt der deutschen »Volksgeschichte« die politische Entwicklung in Deutschland nicht erst seit 1933: »On peut ... remarquer l'espèce d'harmonie préétablie qui fait qu'une œuvre dont l'idée et la préparation remontent nécessairement à pas mal d'années en arrière ait pu, lorsqu'elle a commencé à paraître, se trouver en si exacte conformité avec les tendances et les formules nouvelles de la politique allemande passée sous la direction du national-socialisme. Il y a là une indication précieuse pour quiconque veut comprendre exactement, scientifiquement, l'évolution parallèle de la pensée et de l'action dans l'Allemagne d'après guerre.« Zum Hintergrund s. WILLI OBERKROME, Geschichte, Volk und Theorie. Das »Handwörterbuch des Grenz- und Auslanddeutschtums«, in: Schöttler (Hg.), Geschichtsschreibung als Legitimationswissenschaft, 104–127.

[149] FRANÇOIS L. GANSHOF, Pages d'histoire, Brüssel 1941, 17–24 (Rez. von: Petri, Germanisches Volkserbe).

[150] So an seinen niederländischen Freund Enklaar, 11.8.1940.

[151] BAB, Rep. 49.01, Nr. 3090, Bl. 29–32: Kommission für die Förderung der wissenschaftlichen Beziehungen zwischen Deutschland, Belgien und Luxemburg auf dem Gebiete der Geschichte und ihrer Hilfswissenschaften. (Vgl. Dok. Nr. 4)

zukamen.¹⁵² Offensichtlich verstand Sproemberg diese Aktion als Fortsetzung der Arbeit der Geschäftsstelle. Die eigene Arbeit sollte ungeachtet der Mitarbeit Steinbachs nicht gegen, sondern parallel zu den Zielsetzungen des »Bonner Kreises« verfolgt werden.¹⁵³ Ob damit noch eine ehrliche Zusammenarbeit mit westeuropäischen Kollegen intendiert war, muß bezweifelt werden. So zielte etwa die von Gamillscheg – Leiter des »Deutschen Wissenschaftlichen Instituts« in Bukarest und Teilnehmer am »Kriegseinsatz der Geisteswissenschaften« – betriebene »Deutsche Romanistik« auf kulturelle Superiorität und intendierte allenfalls, wie Frank-Rutger Hausmann eindringlich und umfassend dargestellt hat, auf die frühzeitige Gewinnung von kollaborationsbereiten Gelehrten, denen die Überlegenheit der deutschen Wissenschaft vor Augen geführt werden sollte.¹⁵⁴

So gelang es zunächst noch, François Ganshof für eine Reise nach Berlin zu gewinnen, der nach Vorträgen an der Berliner Universität 1937 noch einmal im Januar 1939 im Haus der Belgischen Gesandtschaft vor deutschen Gästen sprechen konnte. Über diese Anfangserfolge hinaus kam der Austauschverkehr jedoch sehr bald zum Erliegen. Die bald nach dem deutschen Überfall auf die westlichen Nachbarländer wiederaufgenommenen Verbindungen zwischen Sproemberg und den ehemals an der »Geschäftsstelle« beteiligten ausländischen Gelehrten blieben ausschließlich privater Natur. Schon kurze Zeit nach 1945 nahmen auch wieder französische Historiker Kontakt mit Sproemberg auf – ein Beleg dafür, daß dieser im Ausland offenbar als einer der wenigen unbelasteten deutschen Historiker galt, die eine Zusammenarbeit mit dem NS-Regime verweigert hatten.¹⁵⁵

---

¹⁵² Vgl. Dok. Nr. 5.
¹⁵³ Sproemberg an Gamillscheg, 16.7.1938.
¹⁵⁴ Als schärfster Opponent Petris hatte sich Gamillscheg (1887–1971) ebenfalls mit Untersuchungen zur sog. Landnahmeforschung profiliert, so in seinem dreibändigen Hauptwerk »Romania Germanica. Sprach- und Siedlungsgeschichte der Germanen auf dem Boden des alten Römerreiches« (Leipzig 1934ff). Zu Gamillscheg und der Romanistik im Nationalsozialismus FRANK-RUTGER HAUSMANN, »Vom Strudel der Ereignisse verschlungen«. Deutsche Romanistik im »Dritten Reich«, Frankfurt a. M. 2000, DERS., »Aus dem Reich der seelischen Hungersnot«: Briefe und Dokumente zur romanistischen Fachgeschichte im Dritten Reich, Würzburg 1993, 123 ff; DERS., »Deutsche Geisteswissenschaft«, 293 ff, 352 ff (»Kriegseinsatz« der Romanisten).
¹⁵⁵ Louis Halphen an Sproemberg, 21.11.1946: »Lieber Kollege, ich bin sehr berührt, daß Sie so freundlich waren, an mich zu denken in einer derart tragischen Zeit, die wir soeben durchgemacht haben. Bei allen Leiden, die mir widerfahren sind, bin ich glimpflich davongekommen, und konnte mich mehr oder weniger neu einrichten (die Gestapo hat mir mein Institut, meine Bücher, meine Notizen geraubt) und die Arbeit wieder aufnehmen. Der Gedanke ist mir angenehm, daß das nationalsozialistische Deutschland – ich will es zumindest hoffen – dabei ist zu verschwinden; aber es ist bedrückend festzustellen, dass so viele gelehrte und gebildete Menschen, oder die zumindest als solche erschienen, mit dem Verbrechen paktiert haben. Daß

5. Bilanz: Wissenschaft im Dialog?

Die hier am Beispiel Heinrich Sproembergs und der maßgeblich von ihm initiierten »Geschäftsstelle« nachgezeichnete Behinderung des wissenschaftlichen Dialogs mit den Geschichtswissenschaften der westlichen Nachbarländer wurde nicht in erster Linie von amtlicher beziehungsweise nationalsozialistischer Seite betrieben – wobei angesichts der Gemengelage von Kompetenzen und konkurrierenden Organisationen im »Dritten Reich« kaum noch zwischen Staat und Partei unterschieden werden konnte. Es waren vielmehr einzelne Wissenschaftler, die, von einflußreichen Positionen in Zeitschriftenredaktionen und Universitäten aus, einzelne Wissenschaftler maßregelten, die geistige Selbstabschneidung vom internationalen Austausch vorantrieben und die deutsche »Zunft« zunehmend isolierten. Dabei scheint es, daß es nicht allein die Inhalte der wissenschaftlichen Produktion Sproembergs waren, die immer wieder Anlaß zur Intervention gaben. In der Berichterstattung über die Literatur Westeuropas gab es auch für den im Verfassen »diplomatischer« Rezensionen geübten Mediävisten Sproemberg zahlreiche Regeln zu beachten. Zum einen, um seine ohnehin gefährdete Position innerhalb der deutschen Geschichtswissenschaft nicht völlig zu zerstören. Zum anderen, um jeden offenen Konflikt mit den nationalsozialistischen Machthabern zu vermeiden. Hätte Sproemberg seine Sympathie für den einen oder anderen ausländischen Kollegen oder aber seine Kritik an den Fachgenossen im eigenen Land noch deutlicher artikuliert, hätte er zweifellos nicht bis in die Kriegsjahre hinein als Rezensent tätig sein können. Dies gilt insbesondere im Hinblick auf seine Kooperation mit dem tief in das Regime verstrickten Bonner »Institut für geschichtliche Landeskunde«. Zweifellos war es der umtriebige und sichtbar um Anerkennung kämpfende

---

Sie nun vermögen, effektiv dazu beizutragen, einen solchen Schandfleck auszulöschen und junge Deutsche auszubilden, die Deutschlands würdig und gleichzeitig imstande sind, die historischen Traditionen wissenschaftlicher Arbeit, die die Ehre des alten Deutschlands ausgezeichnet haben, zu verbreiten.« (»Mon cher collègue, je suis très touché que vous ayez bien voulu penser à moi au cours de la tragique période que nous avons traversée. J'en suis sorti indemne, non sans avoir connu de dures souffrances, et ai pu tant bien que mal me réorganiser (la Gestapo m'a enlevé mon institut, mes livres, mes notes) et me remettre au travail. Il m'est agréable de penser que l'Allemagne nazie est – je veux du moins l'espérer – en voie de disparition ; mais il est pénible de constater que tant d'hommes instruits et cultivés, ou qui paraissaient l'être, ont pactisé avec le crime. Puissiez-vous contribuer efficacement à effacer une tache pareille et former de jeunes Allemands dignes de compter au nombre des hommes eux-mêmes dignes de son nom et en même temps en état de répandre les traditions historiques de travail scientifique qui ont fait l'honneur de la vieille Allemagne ...«)

Sproemberg – für die einen der universitäre Außenseiter mit exzellenten Kontakten zum Ausland, für die anderen der »Nichtarier«, dem es immer wieder gelang, sich auch ohne Lehrstuhl wissenschaftlich zu behaupten – den einige Opportunisten und tatkräftige Kollaborateure wie Rörig, Brackmann, Hartung oder Hoppe aus dem Weg geräumt sehen wollten. Wie der »Fall« Sproemberg zeigt, schlug sich das »Paktieren« vieler prominenter, aber auch weniger einflußreicher Historiker mit dem NS-Regime keineswegs nur in ihren schriftlichen oder mündlichen Äußerungen nieder, mit denen sie die politischen Ziele der Nationalsozialisten unterstützten oder zu unterstützen glaubten.[156] Im Hinblick auf die Diskussion über das Verhalten deutscher Historiker zwischen 1933 und 1945 hat gerade der Aspekt der gezielten Verdrängung einzelner mißliebiger Kollegen als Beispiel für eine Form von Kollaboration der »Zunft« mit dem Nationalsozialismus noch zu wenig Beachtung gefunden.

In welchem Ausmaß die Psychologie dieser Ausgrenzungspraktiken auch von »Opfern« des Regimes selbst verinnerlicht wurde, ist ebenfalls weitgehend unerforscht. Auch dieses Problem läßt sich am Beispiel Sproembergs aufwerfen. Der Berliner Historiker, der im Verständnis der nationalsozialistischen Rassenlehre als »Nichtarier« galt und auch aus diesem Grund aus der »Zunft« gedrängt wurde, war offenbar um den Preis der Aufrechterhaltung seiner wissenschaftlichen Tätigkeit bereit, sich selbst auf die rassistische Ausgrenzungspraxis der Nationalsozialisten einzulassen. So versuchte er 1938, als er mit seinen belgischen Kollegen über den geplanten Austausch von Assistenten verhandelte, Verständnis für die Notwendigkeit des Ausschlusses jüdischer Gelehrter zu erreichen. »Auch die Frage der Vorbedingungen der Kandidaten nach den deutschen Prinzipien wird sich wohl regeln lassen«, teilte er Robert Holtzmann mit. In Belgien habe man Verständnis dafür, daß »ohne dieses die Angelegenheit rasch ein Ende nehmen würde.«[157] Man werde, setzte Sproemberg hinzu, »in der Gruppe, in der zuverlässige Freunde von uns sitzen würden, mit dem nötigen Takt die Sache regeln.« Mit diesen Äußerungen war ein Punkt erreicht, an dem die Grenze zwischen Selbstzensur, äußerer Anpassung und persönlicher Distanz zum NS-Regime nicht mehr eindeutig zu ziehen war.

Dennoch hatte sich Sproemberg durch ein Verständnis von internationaler Kooperation von den meisten seiner deutschen Kollegen distanziert, das

---

[156] Die Diskussion um die »Verstrickung« deutscher Historiker in die Expansions- und Vernichtungspolitik der Nationalsozialisten kann hier nicht aufgegriffen werden. Vgl. dazu aber die abwägenden Überlegungen von WINFRIED SCHULZE, GERD HELM und THOMAS OTT, in: Schulze/Oexle (Hg.), Deutsche Historiker im Nationalsozialismus (wie Anm. 83), 11–48.

[157] Sproemberg an Holtzmann, 23.5.1938.

nicht nur auf die eigenen nationalen Vorteile fixiert war. Ihm ging es im Gegensatz zu Mehrheit seiner »Zunftgenossen« darum, über die rein sachliche Zusammenarbeit hinaus den ausländischen Nachbarn auch in seiner kulturellen Eigenart zu verstehen und zu akzeptieren. Das von der Völkerpsychologie entwickelte Postulat angeblicher Wesensunterschiede zwischen Deutschen und Franzosen, das auch von den Nationalsozialisten gepflegt und kultiviert wurde,[158] ist bei ihm nicht anzutreffen. Mit Widerständen und Intrigen sah sich schließlich auch Robert Holtzmann konfrontiert, der sich zwar nicht in gleicher Weise wie sein Sekretär Sproemberg für die deutschfranzösische Sache exponierte, dessen Historiographie und dessen politisches Selbstverständnis aber kaum den ideologischen Vorstellungen der Nationalsozialisten entsprochen haben dürfte und der 1939 vorzeitig emeritiert wurde.[159] Welche Motive ihn veranlaßt hatten, sich trotz politischer Vorurteile und persönlicher Reserven mit belgischen und französischen Kollegen für die gemeinsame Austauschorganisation zu engagieren, kann letzten Endes nur gemutmaßt werden. Für Holtzmann trifft wohl zu, was auch über die Motivation der beteiligten französischen Historiker gesagt werden kann. Ebenso wie die meisten ihrer deutschen Kollegen verstanden und präsentierten sich diese als unpolitische Vermittler nationaler Belange, wobei jeder Anschein einer politischen Agitation, auch im Sinne einer Aussöhnung der Völker, konsequent vermieden, dabei aber die Notwendigkeit eines grenzüberschreitenden Austauschs niemals in Frage gestellt wurde.

Die Geschichte der »Geschäftsstelle« zeigt zugleich, daß eine konstruktive und kontinuierliche internationale Zusammenarbeit, die ihren konkreten Ausdruck neben der Durchsetzung einzelner Rezensionen vor allem in der Berliner Tagung von 1936 gefunden hat, unterhalb der Ebene der offiziellen Kulturpolitik und trotz des engmaschigen Kontrollnetzes des NS-Regimes auch nach 1933 zumindest in Ansätzen möglich war. Voraussetzung dafür war allerdings das Vertrauen des Auslands, das hergestellt zu haben in erster Linie als Verdienst Sproembergs bewertet werden muß. Was die Duldung des hier untersuchten vornehmlich privaten Austauschunternehmens seitens des NS-Regimes betrifft, gilt, was Dieter Tiemann am Beispiel des DAAD ausgeführt hat: da am nationalen Zweck der »Geschäftsstelle« kein Zweifel bestand, konnte das Projekt aus dem Blickwinkel der Nationalsozialisten zunächst als nützliche Einrichtung begriffen werden, die das neue Regime in ein »milderes Licht tauchte und damit sowohl von seinem negativen Erschei-

---

[158] Vgl. hierzu TIEMANN, Deutsch-französische Jugendbeziehungen, 304 ff.
[159] Vgl. oben Anm. 126. In einem Brief vom 4.6.1946 an Sproemberg gab Holtzmann seiner Hoffnung Ausdruck, Albert Brackmann, den er für seine Emeritierung verantwortlich machte, »in diesem Leben [nicht] noch einmal vor die Augen zu bekommen.«

nungsbild im Ausland ablenken als auch Ansatzpunkt für operative Schritte bieten konnte.«[160] Eine eigenständige »Politik« mit dem Ziel einer weiterreichenden deutsch-französischen Verständigung war auf der Grundlage der von der »Geschäftsstelle« geschaffenen Verbindungen hingegen nicht möglich, wie das Projekt auch insgesamt keine politische Dimension errang. Auf französischer Seite verfolgte man die Vorgänge im Deutschen Reich zwar sehr aufmerksam und gelangte sicherlich auch zu einer realistischen Einschätzung der dortigen Entwicklungen, verharrte aber spätestens nach dem Tod Eisenmanns weitgehend in Passivität. Der immer korrekte und oft auch freundliche Umgangston zwischen Deutschen und Franzosen konnte nicht darüber hinwegtäuschen, daß sich die Bedingungen wissenschaftlicher Beziehungen in der zweiten Hälfte der dreißiger Seite jedoch deutlich verschlechterten und angesichts der politischen Entwicklung in Deutschland und der anti-französischen Einstellung der meisten deutschen Wissenschaftler kaum noch Raum für einen unvoreingenommenen Dialog vorhanden war.

Dennoch konnte, wie die Karriere Sproembergs nach 1945 zeigt, nach dem Zweiten Weltkrieg im Kontext einer Neuorientierung der Geschichtswissenschaft vereinzelt an die in den dreißiger Jahren hergestellten Kontakte und Beziehungen zu Belgien, Frankreich und den Niederlanden angeknüpft werden. Freilich bemühten sich jetzt auch frühere Gegner einer deutsch-französischen Verständigung wie etwa Theodor Mayer um ein Gespräch mit den westlichen Nachbarn.

Dokumente

1. Statut der Organisation zur Verbreitung geschichtswissenschaftlicher Literatur im Ausland
   (BAB, Rep. 49.01, Nr. 3090)
2. Ausländische Teilnehmerliste an der Tagung der »Deutschen Geschäftsstelle« vom 13.–15. 3. 1936
   (BAB, Rep. 49.01, Nr. 3090)
3. Programme provisoire du Congrès organisé les 26, 27, 28 Mai par l'Office d'Echanges Internationaux de Trauvaux Scientifiques à Paris
   (BBAW, NL Sproemberg, wiss. Korrespondenz, 1937–1938)

---

[160] Vgl. TIEMANN, Zweigstelle Paris des DAAD und Institut Français de Berlin, 294. In gleicher Richtung argumentiert auch HANS MANFRED BOCK, Zwischen Locarno und Vichy. Die deutsch-französischen Kulturbeziehungen der dreißiger Jahre als Forschungsfeld, in: Ders. u. a. (Hg.), Entre Locarno et Vichy, 25–61, 36 f.

4. Kommission für die Förderung der wissenschaftlichen Beziehungen zwischen Deutschland, Belgien und Luxemburg auf dem Gebiet der Geschichtswissenschaften und ihrer Hilfswissenschaften
   (BAB, Rep. 49.01, Nr. 3090)
5. Antrag Ernst Gamillschegs und Robert Holtzmanns an das REM, 23.11.1938
   (BAB, Rep. 49.01, Nr. 3090)
6. NSDAP, Schreiben der Reichsleitung des NSD-Dozentenbundes v. 12.12.1938 bezgl. der Förderung der wissenschaftlichen Beziehungen zwischen dem Deutschen Reich, Belgien und Luxemburg
   (BAB, Rep. 49.01, Nr. 3090)

STATUT
der Organisation
zur Verbreitung
geschichtswissenschaftlicher Literatur im Ausland

1. Träger der Organisation.

In jedem beteiligten Land wird von der maßgebenden Historikerorganisation ein Vertrauensmann bestimmt, der die alleinverantwortliche Leitung der Geschäftsstelle in dem betreffenden Land übernimmt. Es wird erwartet, daß die Auswahl nicht ohne Fühlungnahme mit der zuständigen amtlichen Stelle des Landes getroffen wird. Durch die Vertrauensmänner allein findet die Verbindung zwischen den einzelnen Ländern statt. Da nach der bisherigen Erfahrung ein Erfolg nur erzielt werden kann durch vertrauensvolle Zusammenarbeit der Leiter der Geschäftsstellen, so wird erwartet, daß bei ihrer Einsetzung eine gewisse Verständigung mit den übrigen Vertrauensmännern versucht wird und im dringenden Interesse der Sache jeder Wechsel tunlichst vermieden wird.

2. Umfang der Organisation.

Die Grundlage bildete eine Verständigung zwischen deutschen, französischen und belgischen Historikern im Interesse der Förderung ihrer fachwissenschaftlichen Arbeit. Den Niederlanden und der Schweiz war die Angliederung sofort vorbehalten. Durch eine neue Vereinbarung wird eine Erweiterung auf die skandinavischen Länder Dänemark, Finnland, Norwegen und Schweden ermöglicht. Die Neuaufnahme eines weiteren Landes kann nur erfolgen durch Zustimmung aller bisher beteiligten Länder. Es ist selbstverständlich, daß mit der Internationalen Historischen Vereinigung (Comité international des Sciences historiques) engste Zusammenarbeit erstrebt wird.

3. Zuständigkeit der Organisation.

Politische Fragen und allgemeine internationale Angelegenheiten gehören grundsätzlich nicht in das Arbeitsgebiet der Organisation. Sie stellt sich vielmehr die Aufgabe, zwischen allen angeschlossenen Ländern die fachwissenschaftlichen Beziehungen auf dem Gebiete der Geschichte und ihrer Hilfswissenschaften zu fördern. Zu diesem Zweck sollen die persönlichen Verbindungen der Historiker eingesetzt werden für eine Verbesserung des Besprechungswesens, ferner für die Beratung der Bibliotheken bei dem Bücherankauf aus dem Ausland, und es soll ferner den Verlegern jedes Landes hilfreich zur Seite gestanden werden zur Verstärkung und Erhaltung des Verkaufes fachwissenschaftlicher Literatur nach dem Ausland. Diese Unterstützung erfolgt wie alle anderen Maßnahmen auf dem Fuße vollkommener Gleichberechtigung und Gegenseitigkeit. Es soll zu diesem Zweck auch aufklärend gewirkt werden in jedem Lande über die Möglichkeiten der Aufnahme der Literatur im Ausland. Die Organisation tritt grundsätzlich nur in Aktion, wenn Ihre Hilfe ausdrücklich gewünscht wird.

4. Der innere Aufbau der Landesorganisation.

Jedes Land regelt seine Angelegenheiten innerhalb der Organisation völlig autonom. Alle Kosten, die in einem Lande entstehen, werden von ihm selbst getragen. Der Vertrauensmann wird sich in jedem Lande nicht nur mit den Historikern, sondern vor allem mit den Leitern der wissenschaftlichen Zeitschriften des Fachgebietes, den Spitzen der öffentlichen Bibliotheken und Archivverwaltungen sowie mit den Verlegerverbänden in Verbindung setzen. Der Vertrauensmann bestimmt seine ständigen Mitarbeiter, deren Namen den anderen Geschäftsstellen bekanntgegeben werden. Im übrigen regelt er allein alle Angelegenheiten seines Landes, und nur er ist zuständig für Anfragen aus seinem Lande.

5. Der Verkehr der Geschäftsstellen.

Das Grundprinzip ist, daß jedes beteiligte Land mit allen anderen angeschlossenen Ländern unmittelbar in Verbindung tritt. Die Geschäftsstelle sammelt die Anfragen innerhalb ihres Landes und leitet sie nach sorgsamer Prüfung und gegebenenfalls unter Befürwortung an die Geschäftsstelle des Landes, das für die Beantwortung in Frage kommt. Die Antwort geht auf dem gleichen Wege durch die Geschäftsstelle zurück. Ferner werden die Vertrauensmänner auf Grund ihrer Erfahrungen und Anregungen aus ihrem Lande den anderen Geschäftsstellen allgemeine Vorschläge zur Förderung der Organisation unterbreiten. Da die Arbeit ehrenamtlich innerhalb des Kreises der Gelehrten geleistet wird, so muß darauf hingewirkt werden, daß die Tätigkeit nicht durch kleine und unbedeutende Anfragen zu sehr in Anspruch genommen wird. Es ist vielmehr beabsichtigt, durch allgemeine Maßnahmen grundsätzliche Besserung der fachwissenschaftlichen Zusammenarbeit zu erreichen. Ein Muster bilden der Zeitschriftenkatalog und das Merkblatt, auf dessen Grundsätze hier generell verwiesen wird. Die Verhandlungssprache ist Deutsch oder Französisch; für den Briefverkehr können auch die Landessprachen angewandt werden.

Der deutsche Vertrauensmann:
Prof. Dr. R. Holtzmann
Leiter der Deutschen Geschäftsstelle
Berlin C 2, Historisches Seminar der Universität

AUSLAENDISCHE
TEILNEHMER-LISTE

an der Tagung der
»Deutschen Geschäftsstelle«
vom 13.-15. März 1936
im Harnack-Haus in Berlin-Dahlem, Ihnestr. 16-20.

BELGIEN
Professor F. Vercauteren, Brüssel

DAENEMARK
Professor K. Fabricius, Kopenhagen

FRANKREICH
Professor E. Coornaert, Paris
Professor R. Latouche, Grenoble
Professor M. Crouzet, Paris (Revue historique)

NIEDERLANDE
Direktor Dr. N. B. Tenhaeff, Haag

NORWEGEN
Professor O. A. Johnsen, Lysaker

SCHWEDEN
Professor N. Ahnlund, Stockholm

Programme provisoire du Congrès organisé les
26, 27, 28 Mai par l'Office d'Echanges Internationaux
de Travaux Scientifiques à Paris (Sorbonne)

Lundi 26 Mai –	10 h.–12 h.	Séance de travail consacrée à l'organisation des échanges.
	15 h.–18 h.	Communications relatives à l'histoire économique et à l'histoire sociale dans ses rapports avec l'histoire économique et celle des institutions (Moyen-Age, Epoques moderne et contemporaine) – Durée des communications: 20 à 25 minutes au maximum –
	20 h.	Représentation théâtrale à la Comédie Française.
Mardi 27 Mai –	Matinée.	Visite de l'Exposition Internationale.
	Après-midi.	Visite des châteaux, du parc de Versailles et des Trianons.
	19 h. 30	Dîner à la Cité Universitaire.
Mercredi 28 mai	– 10 h.–12 h.	Séances de travail consacrées à l'organisation des échanges.
	15 h.–18 h.	Communications relatives à l'histoire économique et sociale.
	20 h. 45	Visite des Salles de sculpture grecques et modernes du Musée du Louvre.

KOMMISSION
für die Förderung der wissenschaftlichen Beziehungen
zwischen
DEUTSCHLAND, BELGIEN UND LUXEMBURG

Seit dem Juli 1931 besteht eine Organisation »zur Verbreitung geschichtswissenschaftlicher Literatur im Ausland«, die auf einem Abkommen mit belgischen, französischen und niederländischen Historikern beruht und deren deutsche Geschäftsstelle von Herrn Professor *R. Holtzmann* von der Berliner Universität geleitet wird. Der Sinn des Unternehmens ist, mit Kenntnis der zuständigen amtlichen Stellen, die persönlichen Beziehungen der Gelehrten zur Verbesserung der wissenschaftlichen Verbindungen zwischen ihren Ländern einzusetzen. In Belgien konnten besondere Erfolge erzielt werden, weil das Haupt der belgischen Historiker, Herr Professor *H. Pirenne* trotz der Kriegsdifferenz das Unternehmen mit seinem ganzen Einfluss unterstützt hat. Auf seine Veranlassung wurde sein Schüler, Herr Professor *F. L. Ganshof* von der Universität Gent, mit der Leitung für Belgien betraut und dieser hat sich ein erhebliches Verdienst um die weitere Ausgestaltung erworben. Ausserdem waren in Belgien die von deutscher Seite beteiligten Wissenschaftler geschätzt und konnten persönlich viel für die Förderung der Sache tun. Es fanden sich auch hier verschiedene wichtige gemeinsame Arbeitsgebiete.

Auf Anregung von belgischer Seite interessierte sich der belgische Gesandte, jetzt Botschafter Herr Vicomte *Davignon* für das Unternehmen und bei einer Rücksprache mit Herrn Dr. Sproemberg, der Mitarbeiter der deutschen Geschäftsstelle ist und besonders über belgisch-niederländische Geschichte arbeitet, am 4. März d. J. sprach er sein persönliches Wohlwollen für den Gedanken der Zusammenarbeit aus und sagte die Förderung der belgischen Regierung für den weiteren Ausbau zu. Hierüber wurde Herrn Professor R. Holtzmann Bericht erstattet, der daraufhin mit interessierten Berliner Universitätskollegen Fühlung nahm, und zwar Herrn Prof. *E. Gamillscheg*, der durch seine neuesten Arbeiten engere Fühlung mit der belgischen Wissenschaft erhalten hatte, sowie mit dem inzwischen verstorbenen Professor *W. Vogel*, der alte Beziehungen zu diesen Gebieten hatte. Im Frühjahr fand unter Leitung von Professor W. Vogel, da Herr Professor Holtzmann verreist war, eine Besprechung statt, an der Herr Legationsrat *Berryer* von der belgischen Gesandtschaft und Herr Professor *Ganshof*, der nach Berlin gekommen war, teilnahmen. Es ergaben sich danach zwei Punkte für den

Ausbau der Zusammenarbeit: 1) Förderung der Austauschvorlesungen von deutschen und belgischen Gelehrten, 2) der Versuch eines Austausches wissenschaftlicher Assistenten zwischen deutschen und belgischen Universitäten.

Im Einverständnis mit Herrn Professor R. Holtzmann und Herrn Professor E. Gamillscheg konnte Herr Dr. Sproemberg, als er im Mai d. J. einer Einladung der Universität Löwen und einiger belgischer wissenschaftlicher Gesellschaften zu Vorträgen nach Belgien folgte, die Besprechungen mit den belgischen Gelehrten fortsetzen. Daraus ergab sich der Plan eines gemeinsamen Vorgehens der belgischen Universitäten. Es wurde vorgeschlagen, von den vier belgischen Universitäten für Gent Herrn Prof. *F. L. Ganshof*, für Löwen Herrn Professor *L. van der Essen*, für Lüttich Herrn Professor *P. Harsin* und für Brüssel Herrn Professor *P. Bonenfant* zu bestimmen, dazu Herrn *J. Vannérus*, Präsident der Kommission für Siedlungsgeschichte und Mitglied der Commission royal d'histoire. Es handelt sich um Gelehrte von massgebendem Einfluss und grossem wissenschaftlichem Ruf. Eine solche Kommission kann daher den deutschen wissenschaftlichen Interessen in Belgien die besten Dienste leisten. Diese Herren haben ausserdem persönlich freundschaftliche Beziehungen zu den beteiligten deutschen Gelehrten. Herr Professor Gamillscheg hat eine Reise nach Paris im Sommer benutzt, um den belgischen Siedlungshistorikern und einigen anderen Mitgliedern der voraussichtlichen Kommission den deutschen Standpunkt darzulegen. Auf dem Internationalen Historikerkongress in Zürich haben dann weitere Besprechungen stattgefunden, und Herr Professor Ganshof übergab Herrn Professor Holtzmann im Auftrag der belgischen Gelehrten die Zustimmungserklärung und machte die Mitteilung, dass die belgische Kommission sich in der vorgeschlagenen Zusammensetzung unter Leitung von Herrn J. Vannérus konstituiert habe. Ausserdem haben sich in Zürich Vertreter des Grossherzogtums Luxemburg, Herr Professor *Margue*, derzeit luxemburgischer Kultusminister, und Herr Professor *J. Meijers* für diese Zusammenarbeit interessiert und die Bereitwilligkeit Luxemburgs zur Teilnahme ausgesprochen.

Daraufhin wird der Vorschlag gemacht, auch von deutscher Seite eine Stelle einzurichten, die das belgische und luxemburgische Angebot annehmen und die Durchführung der Vorschläge in Deutschland in die Tat umsetzen kann. Es ist dabei zu berücksichtigen, dass im Hinblick auf die sehr individuellen Verhältnisse im Ausland eine amtliche Dienststelle nicht in Frage kommt. Der Erfolg hängt im Ausland ausschliesslich von der bereitwilligen Mitwirkung der dort beteiligten Gelehrten ab, die diese Fragen mit ihnen persönlich bekannten deutschen Gelehrten erledigen wollen, wobei aber selbstverständlich vom Ausland in die Verbindung der deutschen Gelehrten mit ihren amtlichen Stellen in keiner Weise hineingeredet werden soll. Diese ist vielmehr Voraussetzung.

Als Angelegenheiten, die der Zuständigkeit dieser Kommission unterstehen sollen, seien folgende genannt, wobei grundsätzlich bemerkt wird, dass stets die Genehmigung aller in Betracht kommenden anderen Stellen eingeholt werden soll.

1) Der Tausch wissenschaftlicher Assistenten

Es sollen solche Persönlichkeiten getauscht werden, die bereits eine wissenschaftliche erhebliche Leistung hinter sich haben und von denen man für die Zukunft Bedeutendes für die Fachwissenschaft erwartet. Nur in der Zahl soll Zug um Zug getauscht werden, sonst soll Freizügigkeit für die Universitäten sowie für das Spezialfach bestehen. Es ist daran gedacht, Spezialisten zu senden für Disziplinen, in denen in dem anderen Land ein besonderes Bedürfnis besteht, sodass also bei diesem Tausch die jungen Gelehrten gleichzeitig lernen und ihrerseits Anregung geben können. Für die wechselseitige Ergänzung besteht tatsächlich ein praktisches Bedürfnis. In finanzieller Beziehung soll der Tausch grundsätzlich auf gleichem Fuss erfolgen, sodass ein Devisenbedarf nicht entsteht. Doch müssen die Unterschiede der Lebenskosten zwischen Deutschland und Belgien angemessen berücksichtigt werden. Jedes Land gewährt alle möglichen Vergünstigungen, um den ausländischen Gast vollkommen in den eigenen wissenschaftlichen Betrieb aufzunehmen. Als Dauer sind etwa zwei Semester in Aussicht genommen.

2) Förderung der Austauschvorlesungen

Hier ist ein Ausbau nach denselben Gesichtspunkten sehr wohl möglich und von grossem Nutzen.

3) Zeitschriftentausch

Im Rahmen der Besprechungen sind bereits von belgischer Seite Vorschläge für den Tausch und teilweise die Schenkung wissenschaftlicher Zeitschriften gemacht worden, die der wissenschaftlichen Arbeit, wie sie hier als Gemeinschaftsunternehmen vorgeschlagen wird, dienen sollen. Auch hier könnte die Kommission persönlich einwirken und überwachen.

Berlin, den 23. November 1938

An das
Reichs- und Preussische Ministerium
für Wissenschaft, Erziehung und Volksbildung
zu Händen des Herrn Assessor Dr. Dahnke

Berlin

Unter Bezugnahme auf die Rücksprache der beiden Unterzeichneten mit Herrn Oberregierungsrat Dr. Burmeister am 25. Oktober bitten wir zu genehmigen, dass als Deutsche Kommission zur Förderung der wissenschaftlichen Beziehungen zwischen Deutschland, Belgien und Luxemburg folgende Herren zusammentreten:

1) Professor Dr. R. Holtzmann in Berlin als Vorsitzender
2) Professor Dr. E. Gamillscheg in Berlin als Geschäftsführer
3) Professor Dr. F. Rörig in Berlin für die Universität Berlin
4) Professor Dr. F. Steinbach in Bonn für die Universität Bonn
5) Professor Dr. Th. Mayer in Marburg für die Universität Marburg
6) Professor Dr. Egger in Wien für die Universität Wien
7) Geh. Rat Professor Dr. Vossler in München für die Univerità München
8) Professor Dr. F. Thorbecke in Köln für die Universität Köln

Ferner schlagen wir als Sekretär Herrn Dr. H. Sproemberg in Berlin vor.

Die Verständigung der genannten Herren erfolgt erst nach Genehmigung durch das Ministerium. Sämtliche Funktionen sind ehrenamtlich.

Ueber Ziele und Zwecke dieser Kommission unterrichtet die beigefügte Beilage. Als Geschäftssitz der Deutschen Kommission ist das Romanische Seminar der Universität Berlin, Berlin C 2, Aula-Gebäude in Aussicht genommen.

Zur Deckung der baren Auslagen erbitten wir gegen nachträgliche Verrechnung einen Vorschuss von RM. 200,-.

E. Gamillscheg   R. Holtzmann

Abschrift f. d. Vorgang bei WS   W U Nr. 3116

Nationalsozialistische   München 33, den 12. Dezember 1938.
Deutsche Arbeiterpartei   Karlstraße 12. Hi/Wi
Reichsleitung   eing. 14.Dez.1938
NSD-Dozentenbund   W U 3116/38.
Der Reichsdozentenbundführer

Akt.Z. A 850/10 Tgb.Nr.575

Betrifft: Förderung der wissenschaftlichen Beziehungen zwischen dem Deutschen Reich, Belgien und Luxemburg.

Lieber Pg. Wacker!

Wie mir vertraulich mitgeteilt wird, steht die Errichtung eines Ausschusses für die Förderung der wissenschaftlichen Beziehungen zwischen dem Deutschen Reich, Belgien und Luxemburg vor dem Abschluß, der vor allem dem Austausch wissenschaftlicher Werke, gegenseitiger wissenschaftlicher Berichterstattung und dem Austausch von jungen Wissenschaftlern und Assistenten zu dienen hat. Als Leiter dieses Ausschusses sind in Vorschlag gebracht worden die Berliner Professoren Holtzmann und Gamillscheg, als sein Sekretär Dr. Heinrich Sproemberg – Berlin, als weitere Mitglieder für einzelne Universitäten Rörig – Berlin, Steinbach – Bonn, Theodor Mayer – Marburg, Thorbecke – Köln, Egger – Wien. Die Vorschläge gehen von den genannten Leitern aus und werden von diesen beim Ministerium befürwortet.

Es erscheint mir zunächst einmal völlig unmöglich, den entscheidenden Einfluß, den ein Sekretär in einem derartigen Ausschuß auszuüben vermag, einem außerhalb der Universität stehenden Mann wie dem genannten Sproemberg, der zudem noch Achteljude ist und nicht das geringste Verhältnis zum Nationalsozialismus besitzt, zu überlassen. In wieweit die übrigen Mitglieder des Ausschusses geeignet für die Durchführung seiner Aufgaben sind, müßte im einzelnen geprüft werden.

Ich bitte Sie, mir mitzuteilen, da ich an der ganzen Angelegenheit das größte Interesse habe, wie weit die Sache bisher gediehen ist.

Heil Hitler!
gez. Schultze
Reichsamtsleiter.

An Herrn Staatsminister Dr. Wacker, Reichserziehungsministerium, Berlin W 8, Unter den Linden 69.

Resümee und Ausblick

Die französische Geschichtswissenschaft wurde in der Zwischenkriegszeit stärker beachtet, als bislang angenommen worden ist. Die vorgestellten Rezeptionsstudien verdeutlichen, daß die wissenschaftliche Auseinandersetzung mit Frankreich nicht durchgehend oder einseitig durch Ablehnung gekennzeichnet war. Die Kritik an den Leistungen französischer Historiker weist vielmehr ein größeres Spektrum an differenzierten Urteilen auf, als der mehrheitlich konservativen und auf scharfe Abgrenzung bedachten deutschen Historikerschaft bislang zugeschrieben wurde. Vor allem in der *Historischen Zeitschrift* fanden Historiker unterschiedlicher politischer Überzeugungen Gehör. Neben teilweise großzügigen Spielräumen in der Berichterstattung und Möglichkeiten zu fachinterner Kritik, wie sie insbesondere (bis 1933) von Hedwig Hintze genutzt und in der HZ auch geschaffen wurden, stehen zahlreiche Beispiele intellektuell-politischer Wahrnehmungsbarrieren. Ein besonders gravierender Fall von geistiger Selbstisolierung wurde am Beispiel von Johannes Hallers Anklagen gegen die französische Wissenschaft und das französische »Volk« dokumentiert. Sein Verharren in einer völkerpsychologischen Sichtweise, seine Verwendung nationaler Klischees sowie sein Verzicht auf eine Revision der populären Vorstellung von Frankreich als »Erbfeind« boten der Instrumentalisierung für nationale Propagandazwecke eine breite Ansatzfläche. Sowohl Hallers als auch Gaston Zellers Werke spiegeln nach nunmehr über sechzig Jahren eigener Rezeptionsgeschichte aber nicht nur einen Abschnitt in der Geschichte der deutsch-französischen Historikerbeziehungen wider, sondern stellen als Bestandteile deutsch-französischer Geschichtspolitik auch ein Stück der Historiographiegeschichte beider Länder selbst dar. Die komplexe, über 1945 hinausreichende Rezeptions- und Wirkungsgeschichte dieser populärwissenschaftlichen Werke in Deutschland und in Frankreich zeigt zum einen, mit welcher Intensität die deutsch-französische Konkurrenz um die Deutungsmacht der gemeinsamen Geschichte ausgetragen wurde. Zum anderen verweist die Aufnahme der Zellerschen Schrift auf eine – unterhalb der Ebene der Fachzeitschriften anzutreffende – detaillierte Kenntnis dieses Werkes und eine sehr intensive Wahrnehmung und kontroverse Diskussion, insbesondere im Rahmen der Westdeutschen Forschungsgemeinschaft. Unverkennbar standen die Zusammenkünfte solcher Forschungseinrichtungen im Zeichen einer wissenschaftlich-politischen »Feindberichterstattung« und somit einer »finalen« Auseinandersetzung mit dem ehemaligen Weltkriegsgegner. Anders, aber nicht weniger »verdeckt« als die Mitglieder der »Westdeutschen Forschungsgemeinschaft«, antwortete Haller schließlich selbst auf die Zellersche Herausforderung. In den Vor- und Schlußworten seiner mehrfach aufgelegten Schrift wies er das Verständigungsangebot seines französischen Kollegen brüsk zurück, ohne allerdings Autor und Werk jemals direkt beim Namen zu nennen. Auf diese Weise entspann sich ein über mehrere Jahre geführtes, aus dem Argumentationsarsenal der deutsch-französischen Erbfeindschaft schöpfendes Zwiegespräch. Gleichzeitig waren seitens der deutschen Historikerschaft durchaus kontroverse Stimmen zu den Werken Zellers zu vernehmen. So zeigten sich hier Lob und Anerkennung auf der einen und generelle Seitenhiebe gegen die französische Historiographie und eine pauschale Gegenüberstellung von deutschen und französischen Konzeptionen von Geschichtswissenschaft auf der anderen Seite. Ebenso standen Vertreter der »Rheinideologie« jenen Historikern gegenüber, die einer politischen Instrumentalisierung ihrer Wissenschaft eine Absage erteilten.

Während die Rezeptionsgeschichte der Werke Hallers und Zellers über die Zäsur des Jahres 1945 hinausweist, blieb die Diskussion der Arbeiten Marc Blochs für eine Neuorientierung der Geschichtswissenschaft in Deutschland nach dem Zweiten Weltkrieg folgenlos. Zwar waren die Positionen und Werthaltungen, die in der Auseinandersetzung mit dessen Œuvre deutlich wurden, keineswegs homogen. Die Biographien Robert Holtzmanns, Heinrich Sproembergs, Eugen Wohlhaupters, Percy Ernst Schramms und Theodor Schieffers spiegeln vielfältige, aber doch auch unterschiedliche Rezeptionsbarrieren gegenüber den Arbeiten dieses französischen Historikers wider. Während Holtzmann in seinen Rezensionen frankophobe Töne anschlug, signalisierten die Rezensionen Sproembergs und Wohlhaupters zunächst Bereitschaft zum Dialog. Der Versuch, das Spektrum der deutschsprachigen Kritik am Œuvre Marc Blochs zu rekonstruieren, verweist auf die Schwierigkeiten, die der Beschäftigung deutscher und österreichischer Historiker mit der französischen Geschichtswissenschaft im Lauf der politischen Konjunkturen im Wege gestanden haben. Dabei wurde aber auch deutlich, mit welchen Problemen insbesondere einzelne Wissenschaftler am Rande des akademischen Establishments und, nach 1933, unter den Bedingungen der Diktatur zu kämpfen hatten. Es sind auch die Biographien dieser Außenseiter, an denen die problematischen Bedingungen einer vorurteilsfreien Haltung gegenüber der französischen Geschichtswissenschaft in den dreißiger Jahren greifbar werden. Als Dissidenten im Wissenschaftsbetrieb permanenter Benachteiligung ausgesetzt, wurden ihre Auslandskontakte von der fachwissenschaftlichen »Obrigkeit« in Gestalt einflußreicher Ordinarien mit Argwohn und Mißtrauen beobachtet oder sie selbst – wie Sproembergs Beispiel zeigt – aus ihren Ämtern gedrängt. Doch war es, wie gerade am Beispiel der Rezensionen zu Blochs Œuvre gezeigt werden konnte, auch nach 1933 möglich, Arbeiten jüdischer Autoren sachlich und ohne den Anschein einer (national-)politischen Sinngebung zu rezensieren. Die Frage nach Rezeptions*barrieren* und Rezeptions*indizien* zeigt zwar, daß Blochs Arbeiten von einer breiteren wissenschaftlichen Öffentlichkeit aufmerksamer zur Kenntnis genommen worden sind, als bislang angenommen worden ist. Ein »Weg von der Rezension zur Rezeption« Blochs hat in der deutschen Geschichtswissenschaft der Zwischenkriegszeit gleichwohl nicht stattgefunden. Trotz der von Historikern ganz unterschiedlicher politischer und wissenschaftlicher Prägung vorgenommenen Auseinandersetzung mit seinen Werken ist es nicht zur Aufnahme eines kontinuierlichen, auch theoretische und methodologische Fragen erörternden kritischen Dialogs gekommen. So erschöpfte sich die Kritik an seinen zwischen 1920 und 1933 erschienenen Schriften zumeist in der bloßen Vermittlung der wichtigsten Thesen. Darüber hinaus spiegelt diese aber auch die Zeitgebundenheit vieler deutscher Historiker in der Beurteilung französischer Forschungsergebnisse und ihre Befangenheit in nationalen Denkmustern wider, die selten frei von revanchistischen Positionen waren. Selbst bei einem so profilierten und mit der französischen Geschichte vertrauten Mediävisten wie Percy Ernst Schramm zeigt sich in aller Deutlichkeit, in welchem Maß seine Historiographie nicht nur mit den politischen Ereignissen der Gegenwart korrespondierte, sondern auch der nationalen Selbstbestätigung diente und damit die vermeintliche »Wesensverschiedenheit« der Völker betonte. Unüberbrückbare Distanz zur republikanischen und innovativen Wissenschaft Marc Blochs offenbart sich schließlich in der rückwärtsgewandten, völkischen Geschichtswissenschaft von Hermann Wopfner oder Adolf Helbok.

Eine Ausnahme stellt jedoch Heinrich Sproemberg dar. Dieser verfügte zweifellos über die nötigen Kenntnisse und Fachkompetenz, um nicht nur die Arbeiten Blochs sachgerecht einschätzen, sondern überhaupt – innerhalb des ohnehin knappen Verfügungsrahmens seiner Berichterstattertätigkeit – die ausländische Wissenschaft angemessen würdigen zu können. Sproembergs bemerkenswerte Erkenntnis der europäischen Fundierung der mittelalterlichen Verfassungen blieb in der Realität der deutschen Mittelalterwissenschaft der Zwischenkriegszeit eine Ausnahmeerscheinung. Entsprechend verhallte seine aus dieser Erkenntnis abgeleitete Forderung nach einer intensiveren Vermittlung französischer Forschungsresultate ungehört. Eine breitere öffentliche Aufmerksamkeit für Blochs Schriften zu erzeugen, ist ihm nicht gelungen. Von Eugen Wohlhaupter, dessen Fachinteressen sich nur peripher mit denen Blochs deckten, konnte diese Aufgabe ebensowenig erwartet werden wie von dem um die Vermittlung belgischer und niederländischer Historiker verdienten Sproemberg. Mit den hier vorgestellten »Fällen« ist die komplizierte Frage nach der Rezeption Marc Blochs in Deutschland und Österreich allerdings nicht abschließend geklärt. Wie sein Beispiel ebenfalls zeigt, kann mit der rezeptionsgeschichtlichen Analyse eines einzelnen, wenn auch des vielleicht bedeutendsten Vertreters der *Annales*, noch keine generalisierende und verläßliche Auskunft über die Aufnahme dieser »Schule« in den untersuchten Ländern gewonnen werden. Für eine vertiefende Untersuchung dieser Problematik müßten weitere Historiker aus dem Umfeld der *Annales* herangezogen und die Quellenbasis auf diese Weise vergrößert werden.

Auch Arbeiten anderer, den *Annales* zuzuordnenden Autoren, wurden kritisch kommentiert. Besondere Aufmerksamkeit galt dabei weniger dem *Annales*-Mitbegründer Lucien Febvre als vielmehr den Wirtschaftshistorikern Henri Hauser und Georges Espinas, die beide dem Redaktionskomitee der Zeitschrift angehörten. Daneben fanden Arbeiten Georges Bourgins, Charles-Edmond Perrins, des Althistorikers André Piganiol und des bekannteren Revolutionshistorikers Georges Lefebvre teilweise große Beachtung. Dagegen wurden eine Reihe von weiteren Mitarbeitern der *Annales* übersehen: Genannt seien etwa Maurice Halbwachs, Maurice Baumont, Paul Leulliot, Jules Sion, Henri Brunschwig, Henri Baulig, Jacques Houdaille oder Gustave Méquet. Weitaus schwerer als die Vernachlässigung dieser Autoren wiegt jedoch der Befund, daß die Arbeiten der rezensierten Historiker nicht oder nur in wenigen Einzelfällen mit der Zeitschrift *Annales* und damit mit der »schulebildenden« Wirkung dieses Organs in Zusammenhang gebracht wurden. Das Lob, das Hermann Aubin 1930 in der von ihm geleiteten *Vierteljahrschrift für Wirtschafts- und Sozialgeschichte* der neuen französischen Zeitschrift zollte, blieb, soweit zu übersehen ist, die einzige ausführlichere »programmatische« Auseinandersetzung der deutschen Geschichtswissenschaft mit dem wissenschaftlichen Konzept der *Annales*.[1]

---

[1] Aubin bezeichnete die *Annales* als das »unserer Vierteljahrschrift parallele Organ«, würdigte aber den aktuellen Bezug der Zeitschrift: »Nicht in der bloßen Gelehrsamkeit kleben bleiben, nicht am heutigen Leben vorbeigehen, das sind die Parolen, welche die Herausgeber ihren Mitarbeitern einschärfen.« Die *Annales*, lobte der Rezensent, schrecken auch vor »schwierigen und weitgreifenden Fragen« nicht zurück, machen »vor keinen Grenzen halt ... und suchen planmäßig alle Kulturländer zu berücksichtigen.« Auf die Gründer der Zeitschrift ging Aubin zwar nicht näher ein, hob aber hervor, daß »durch alle Hefte ... der bewegliche Geist und die sorgsam leitende Hand der Herausgeber zu spüren« sei. Aubins positiver Besprechung folgten jedoch keine Taten: Arbeiten von Bloch oder Febvre blieben in der VSWG ebenso unrezensiert wie spätere Jahrgänge der Zeitschrift. Obwohl er einräumte, daß die Herausgeber ihrem Versprechen, die *Annales* als »nationale Zeitschrift mit internationalem Charakter« zu gründen, im Hinblick

Eine produktiv-kritische Rezensionskultur zeichnet die Berichterstattertätigkeit Hedwig Hintzes in der *HZ* und zahlreichen anderen deutschen Zeitschriften aus. Ebensowenig wie ihre französischen Kollegen konnte sie ihre Beschäftigung mit der Französischen Revolution von politischem Engagement und Belehrungseifer trennen. Auch ihrem Werk fehlen nicht die Helden – allen voran die großen Geschichtsschreiber der Revolution wie Jean Jaurès, Alphonse Aulard und Albert Mathiez. Als republikanische Linke oder Sozialisten revolutionierten sie mit der Öffnung der Forschung für neue Themen, Fragestellungen und Methoden die Geschichtsschreibung über 1789, verbanden diese aber gleichzeitig mit einer politischen Mission. Wie bei keinem anderen Thema zeigt sich daher die soziale und politische, in erster Linie auf eine Bejahung oder Ablehnung von Demokratie und parlamentarischer Republik hinauslaufende Standortgebundenheit des Historikers so deutlich wie bei der Geschichtsschreibung über die Französische Revolution. Im Gegensatz zur Mehrheit auch ihrer sozialistischen deutschen und französischen Kollegen, deren Werke in ihren nationalen Historiographien verwurzelt blieben, kann bei Hedwig Hintze jedoch mit Recht von einem europäisch orientierten Forschungsdiskurs gesprochen werden, der in krassem Widerspruch zu der von den meisten deutschen Historikern praktizierten ideologischen Instrumentalisierung deutscher Sonderwegsvorstellungen gestanden hat. Ihre Arbeiten zur Französischen Revolution markieren vielmehr den Abstand zu einer legitimatorischen, hier im Sinne einer politischen Abgrenzung verstandenen Beschäftigung deutscher Historiker mit diesem Ereignis. Als Historikerin, die nicht nur die politischen Ideale der Französischen Revolution verinnerlicht, sondern den »realen Ansatz einer deutschen Beteiligung an der Spitze der internationalen Forschung«[2] verkörpert hat, stellte sie im Wissenschaftsbetrieb der Zwischenkriegszeit eine doppelte Ausnahme dar.

Selbst nach der Vertreibung Hedwig Hintzes aus dem deutschen Wissenschaftsbetrieb gab es zahlreiche Kontinuitätsstränge in der Berichterstattung über französische Neuerscheinungen. Diese wurde auch unter den National-

---

auf die Mitarbeiter und des »Interessenkreises« nachgekommen seien, konnte Aubin in einer Fußnote kaum seine Enttäuschung verbergen, nicht an dem Projekt beteiligt worden zu sein: »Wir sind von dem Plan in seinem Entstehen unterrichtet worden und hätten gewünscht, daß ein so weitausschauendes Unternehmen zunächst von den berufenen Vertretern der einzelnen Länder auf seine verschieden gelagerte Durchführbarkeit wäre geprüft worden. Ein solches Forum könnte in ähnlichen Fällen von der deutschen Vertretung im internationalen Historikerausschuß geschaffen werden.« HERMANN AUBIN, Neue Zeitschriften, in: VSWG 23 (1930), 515 f.

[2] ROLF REICHARDT, Vorwort zur Neuausgabe von: Hedwig Hintze, Staatseinheit und Föderalismus im alten Frankreich und in der Revolution, Frankfurt a. M. 1989, V–XXVIII; XV.

sozialisten nicht abrupt abgebrochen, sondern stellenweise, wie etwa die umfangreiche Rezensionstätigkeit Martin Göhrings in der HZ belegt, stellenweise intensiviert. Wie sich außerdem gezeigt hat, war die Lückenhaftigkeit der bibliographischen Kritik nicht immer politisch motiviert, sondern zu einem großen Teil durch Ressourcenknappheit und Unkenntnis der wissenschaftlichen Organisationsstrukturen des Auslands bedingt. Wie am Beispiel der »Geschäftsstelle« sichtbar wird, variierten die Spielräume für einen internationalen Wissenschaftstransfer und eine konstruktive Zusammenarbeit mit dem Ausland gerade in den Anfangsjahren des »Dritten Reiches« noch häufig. Der unter ihrem Dach praktizierte deutsch-französische Dialog wurde zunächst weniger von staatlicher Seite, sondern vielmehr von einflußreichen Ordinarien und Institutsdirektoren sowie von beteiligten Verlagen und Zeitschriften beeinflußt und – letztlich auch zerstört. Hierbei zeigt sich ein weiteres Mal, daß die deutsche Historikerzunft drohenden staatlichen Eingriffen oftmals mit den Mitteln einer Selbstzensur oder »Selbstgleichschaltung« zuvorzukommen suchte.

Dagegen deutet der offizielle Titel der französischen Partnerorganisation, die sich *Office des échanges bibliographiques internationaux* bzw. *Office d'Échanges Internationaux de Trauvaux Scientifiques* nannte, auf ein von der propagandistisch überlagerten Namensgebung der deutschen Organisatoren abweichendes Selbstverständnis und eine mehr auf den konkreten wissenschaftlichen Austausch und den bilateralen Gleichklang gerichtete Erwartungshaltung hin. Aber auch hier spielten Nützlichkeitserwägungen und Konkurrenzdenken gegenüber der Geschichtswissenschaft jenseits des Rheins eine entscheidende Rolle. Die Frage, in welchem Umfang die Verantwortlichen der französischen »Geschäftsstelle« eine Politik der Verständigung anstrebten, läßt sich auf der Basis der vorliegenden Korrespondenzen im Nachlaß Sproembergs nicht eindeutig beantworten. Ein Interesse an wirklicher Zusammenarbeit war auf deutscher Seite – sieht man von dem Einzelfall Sproemberg ab – nicht erkennbar. So zog die Machtübernahme der Nationalsozialisten trotz der gegen Frankreich gerichteten politischen Ziele keineswegs einen sofortigen Einbruch in den »Beziehungen« zwischen deutschen und französischen Historikern nach sich. Im akademischen Betrieb schien weiterhin »Normalität« zu herrschen, zumal die Einstellungen und Verhaltensweisen der meisten deutschen Historiker gegenüber dem westlichen Nachbarn kaum einer Korrektur im nationalsozialistischen Sinne bedurften – ganz im Gegenteil wirkte das Trauma der »Schande von Versailles« bei den meisten Gelehrten noch immer nach.

Auf französischer Seite suchte man nach 1933 trotz erheblicher Verunsicherung und auch einzelner Proteste die bestehenden Abkommen und Verbindungen aufrechtzuerhalten. Wie in Deutschland gingen aber auch in

Frankreich und Belgien die maßgeblichen Impulse für eine internationale Zusammenarbeit in erster Linie von einigen wenigen dialogbereiten Gelehrten aus, die jedoch im Gegensatz zu den deutschen Initiatoren mit der Stimme der offiziellen auswärtigen französischen Kulturpolitik sprechen konnten. In Deutschland hingegen wurde der Verständigungsgedanke mit Frankreich, den Heinrich Sproemberg 1931 öffentlich als Grundlage seiner Wissenschaft proklamiert hatte, von der Mehrheit der deutschen Historiker scharf zurückgewiesen. Für die erfolgreiche Gründung und Arbeit der »Geschäftsstelle« war es daher seitens ihrer Initiatoren von Beginn der Planungen an unabdingbar, jeden Anschein einer Politik des Ausgleichs mit Frankreich und Belgien konsequent zu vermeiden. Nur auf diese Weise konnten sowohl die Duldung durch das nationalsozialistische Regime erreicht als auch die Mitarbeit jener Kollegen gewonnen werden, die einer Kooperation mit Frankreich ohnehin ablehnend gegenüberstanden oder ihre Forschungsarbeit schon früher auf die Erfordernisse des wissenschaftlichen »Abwehrkampfes« eingestellt hatten. Aber selbst bei diesen Gelehrten war ein nüchternes Informationsbedürfnis zu konstatieren und der Wunsch, auch im Ausland zur Kenntnis genommen und dort möglichst positiv rezensiert zu werden, nicht zu verleugnen. Das Verlangen, der deutschen Forschung wieder internationale Reputation zu verschaffen, war somit allen Beteiligten gemeinsam. Selbst bei jenen Persönlichkeiten, die sich wie Heinrich Sproemberg und – mit Abstrichen – Robert Holtzmann im Rahmen der »Geschäftsstelle« bemüht haben, die Abwehrhaltung der deutschen Historikerschaft zu durchbrechen und die ehemals guten Kontakte zum westlichen Ausland zu erneuern, sind mitunter betont nationalistisch-revisionistische Positionen anzutreffen. Dies gilt insbesondere für die Auseinandersetzung mit der polnischen, aber auch mit der propolnischen französischen Historiographie, wie sie im Umfeld des Internationalen Historikerkongresses von 1933 sichtbar wurde. Auch Holtzmann hatte sich als Angehöriger der deutschen Delegation maßgeblich an dieser Debatte beteiligt. Erinnert sei in diesem Zusammenhang zuletzt an den Entstehungskontext der Deutschen Forschungsgemeinschaft als »Notgemeinschaft der Deutschen Wissenschaft«, die auch mit dem Ziel gegründet worden war, das wissenschaftliche Ansehen Deutschlands zu heben und, wie ein Mitglied des Reichstags sinnfällig formulierte, dem gedemütigten Deutschen Reich wieder Geltung als »Großmacht des Geistes und des Wissens« zu verschaffen.[3]

---

[3] Vgl. NOTKER HAMMERSTEIN, Die Deutsche Forschungsgemeinschaft in der Weimarer Republik und im Nationalsozialismus. Wissenschaftspolitik in Republik und Diktatur 1920–1945, München 1999, 35. Das Zitat stammt von dem Münsteraner Kirchenhistoriker, Prälat und Wis-

Deutsch-französische Historikerbeziehungen waren in der Zwischenkriegszeit immer Initiativen einzelner Personen, die jedoch keine richtungsweisenden Signale setzen konnten. Eine wirkliche internationale Zusammenarbeit, wie sie Marc Bloch vorschwebte, blieb ebenso unerfüllt wie die 1928 erhobene Forderung des Historikers nach einer international vergleichenden Geschichte der europäischen Gesellschaften.[4] Zwar boten einige wenige vor dem Zweiten Weltkrieg initiierte Projekte – wie beispielsweise die in den dreißiger Jahren begonnenen Schulbuchgespräche – nach Kriegsende Anknüpfungspunkte für zukünftige gemeinsame Unternehmungen. Doch wirkten auf der deutschen Seite die alten Barrieren und Selbstbeschränkungen für die Verwirklichung einer grenzüberschreitenden Geschichtswissenschaft lange Zeit nach. Wenngleich Gerhard Ritter als Vorsitzender des neugegründeten Historikerverbandes nach dem Zweiten Weltkrieg versuchte, auf internationalem Parkett zu agieren, so erwies sich dessen Annahme, bereits zu »europäischen Themenstellungen« gelangt zu sein, doch als folgenreiche Selbsttäuschung.[5] Und auch Hermann Heimpels Ende der fünfziger Jahre getroffene Feststellung, daß die »Zeit einer ausschließlich nationalstaatlichen Geschichtsbetrachtung vorbei« sei, muß heute als Fehleinschätzung betrachtet werden.[6] Trotz jüngst angestoßener Debatten um eine transnationale Gesellschafts- und Sozialgeschichte[7] hat sich die Historiographiegeschichte noch immer nicht aus ihrem nationalzentrierten Blickwinkel gelöst. Wenngleich sich Organisations- und Diskussionsformen längst internationalisiert haben – verwiesen sei etwa auf das durch die Zeitschrift *Storia della Storiografia* etablierte Diskussionsforum – ist die Geschichte der Geschichtswissenschaften, wie zuletzt die Debatte um die Rolle der deutschen Historiker im Nationalsozialismus gezeigt hat, auf den nationalstaatlichen

---

senschaftsorganisator Georg Schreiber (1882–1963), der von 1920 bis 1933 der Zentrumsfraktion des Reichstages angehörte.

[4] Blochs Vision einer international vergleichenden, europäischen Sozialgeschichte ist, wie noch einmal Michael Borgolte konstatiert hat, bis heute nicht Wirklichkeit geworden (Die Erfindung der europäischen Gesellschaft. Marc Bloch und die deutsche Verfassungsgeschichte seiner Zeit, in: Peter Schöttler (Hg.), Marc Bloch. Historiker und Widerstandskämpfer, Frankfurt a. M./New York 1999, 171–194; 172).

[5] Vgl. dazu Kap. II.1., 137.

[6] Hermann Heimpel, Über Geschichte und Geschichtswissenschaft in unserer Zeit, Göttingen 1959, 22. Zu den Versuchen westdeutscher Historiker nach 1945, sich von der Nationalgeschichte zu lösen vgl. Sebastian Conrad, Auf der Suche nach der verlorenen Nation. Geschichtsschreibung in Japan und Westdeutschland, 1945–1960, Göttingen 1999, 11 ff.

[7] Diese Debatte hat jüngst die Zeitschrift *Geschichte und Gesellschaft* aufgenommen. Vgl. dazu die im Bd. 27 (2001) versammelten Überlegungen von Jürgen Osterhammel (Transnationale Gesellschaftsgeschichte: Erweiterung oder Alternative?, 464–479) und Albert Wirz (Für eine transnationale Gesellschaftsgeschichte, 489–498).

Rahmen und eigene Traditionszusammenhänge fixiert geblieben. Eine Ausweitung der Perspektive hin zu einer Erforschung der europäischen Geschichtswissenschaft der zwanziger und dreißiger Jahre sowie zu einer internationalen und interkulturellen Geschichte der Wechselbeziehungen und Rezeptionsprozesse ist bislang nicht ausreichend verfolgt worden.[8] Ganz im Gegenteil hat die traditionelle Abgrenzung der Geschichtswissenschaft nach nationalen Gesichtspunkten dazu geführt, daß, wie Sebastian Conrad unterstreicht, »die vielfältigen transnationalen Verflechtungen und Austauschprozesse aus dem Blick« geraten sind.[9] Auch die Methode des historischen Vergleichs habe den »historiographischen Nationalismus« zwar relativiert, doch mit der fortgesetzten Fixierung auf den nationalstaatlichen Rahmen letztlich auch reproduziert.[10] Fruchtbarer für das Feld der Wissenschaftsgeschichte hat sich der von Michel Espagne und Michael Werner verfolgte Ansatz der Kultur-Transfergeschichte erwiesen, der Prozesse produktiver Aneignung und nicht die originalgetreue Übertragung fremder Ideen untersucht.[11] Zwar wurden hierbei die Funktionen von Kulturimport kritisch beleuchtet und auch Rezeptionsprozessen besondere Aufmerksamkeit geschenkt. Dieser Ansatz blieb jedoch im wesentlichen eine Domäne der literaturwissenschaftlichen Komparatistik.[12] Vor diesem Hintergrund versteht sich die vorliegende Arbeit als Versuch und Plädoyer, auch die Geschichte der Geschichtswissenschaft für die gerade im »Zeitalter der Konfrontation« so wichtige Frage nach grenzüberschreitenden Abgrenzungs- und Aneignungsprozessen zu öffnen. Dabei hat sich gezeigt, daß Rezensionen, die deutsche Historiker dem Nachbarland Frankreich widmeten, diese zwar nur selten zur Überprüfung des eigenen Kenntnisstandes genötigt haben. Im Gegensatz dazu steht die Rezensionspraxis Hedwig Hintzes und Marc Blochs, die uns die Pro-

---

[8] Hiervon ausgenommen werden muß jedoch das Werk des amerikanisch-deutschen Historikers Georg G. Iggers. Vgl. dazu die Angaben im Literaturverzeichnis.

[9] SEBASTIAN CONRAD, Doppelte Marginalisierung. Plädoyer für eine transnationale Perspektive auf die deutsche Geschichte, in: GG 28 (2002), 145-169; 146.

[10] Ebd., 146. Kritisch zu diesem Ansatz MICHEL ESPAGNE, Sur les limites du comparatisme en histoire culturelle, in: Genèses 17 (1994), 112-121.

[11] Vgl. MICHEL ESPAGNE/MICHAEL WERNER, Deutsch-französischer Kulturtransfer als Forschungsgegenstand. Eine Problemskizze, in: Transferts. Les relations interculturelles dans l'espace franco-allemand (XVIIIè-XIXè siècle). Textes réunis et présentés par MICHEL ESPAGNE, MICHAEL WERNER, Paris 1988.

[12] Vgl. dazu JOHANNES PAULMANN, Internationaler Vergleich und interkultureller Transfer. Zwei Forschungsansätze zur europäischen Geschichte des 18. bis 20. Jahrhunderts, in: HZ 267 (1998), 649-685. Vgl. auch MICHAEL WERNER, Maßstab und Untersuchungsebene. Zu einem Grundproblem der vergleichenden Kulturtransfer-Forschung, in: Lothar Jordan/Bernd Kortländer (Hg.), Nationale Grenzen und internationaler Austausch. Studien zum Kultur- und Wissenschaftstransfer in Europa, Tübingen 1995, 20-33.

duktivität und die Möglichkeiten eines wahrhaft internationalen Zwiegesprächs vor Augen führt und auf die Bedeutung dieser zu Unrecht vernachlässigten Textgattung für eine interkulturelle Geschichte der Wechselbeziehungen verweist. Wenngleich auf der Seite der deutschen Historiker die herausgearbeiteten Rezeptionsbarrieren die Rezeptionsbereitschaft deutlich überwog, sich mit der französischen und der deutschen Geschichtswissenschaft zudem zwei unterschiedliche Historikerkulturen einander gegenüberstanden, so ist gleichzeitig deutlich geworden, daß die französische und die deutsche Geschichtswissenschaft, die sowohl in gegenseitiger Aneignung als auch in der Ablehnung unmittelbar aufeinander bezogen waren, nicht als getrennte Einheiten betrachtet werden sollten. Auch die Historiographien beider Länder müssen mehr als Produkte einer gemeinsamen Geschichte begriffen werden. Gerade die spätestens seit 1870/71 verschärfte nationalstaatliche Konkurrenzsituation zwischen Deutschland und Frankreich verstärkte Prozesse gegenseitiger Beobachtung und damit der Aneignung oder Ablehnung.[13]

Mit der vorliegenden Untersuchung hat sich die Frage nach transnationalen Austauschprozessen zwischen der deutschen und der französischen Geschichtswissenschaft in der Zwischenkriegszeit keineswegs erledigt. Für die weitere Bearbeitung dieses Forschungsfeldes müßten die Quellenbasis und der Kreis der zu untersuchenden Historiker noch erheblich erweitert werden und weitere »mikrobiographische Tiefenbohrungen« (Peter Schöttler) unternommen werden. Und ebenso müßten die Beziehungen zwischen der deutschen Geschichtswissenschaft und anderen europäischen Historiographien in den Blick genommen werden, was bislang kaum ansatzweise geschehen ist. Gleichzeitig muß aber festgestellt werden, daß sich die Erforschung internationaler Diskussionszusammenhängen in der Geschichte der Geschichtswissenschaft nicht auf eine Erweiterung der Untersuchungsperspektive auf den zwischenstaatlichen oder europäischen Bereich beschränken darf. Vielmehr wird an den aktuellen Diskussionen deutlich, daß sich eine transnationale Geschichte heute nicht mehr auf den europäischen Kontinent beschränken und die Marginalisierung der außereuropäischen Geschichte fortführen darf. Gerade die Disziplin der Historiographiegeschichte mit ihrer bisherigen Fixierung auf die westliche Welt aber offenbart die Schwierig-

---

[13] Vgl. PAULMANN, Internationaler Vergleich und interkultureller Transfer, 680. Paulmann plädiert für die jeweilige Ergänzung beider Ansätze: Arbeiten über interkulturellen Transfer müßten notwendigerweise vergleichen, während die historische Komparatistik die Transferforschung nicht ausblenden dürfe.

keiten einer realen Internationalisierung der Geschichtswissenschaft, auch wenn heute Einigkeit darüber besteht, daß eine transnationale oder post-koloniale Perspektive die Interpretation der Geschichte um eine wesentliche Dimension erweitert.[14]

---

[14] Vgl. CONRAD, Doppelte Marginalisierung, 169. In diese Richtung zielt Georg Iggers' Projekt-Konzept einer vergleichenden internationalen und interkulturellen Geschichte des Geschichtsdenkens seit 1750 (Ms. 2002), in dem er seinen älteren Ansatz einer »Geschichtswissenschaft im 20. Jahrhundert« (Göttingen 1996) um eine globale Perspektive erweitert.

Abkürzungsverzeichnis

Allgemeine Abkürzungen

AVHD	Archiv des Verbandes der Historiker Deutschlands
BAK	Bundesarchiv Koblenz
BAP	Bundesarchiv Potsdam
BBAW	Berlin-Brandenburgische Akademie der Wissenschaften
BDC	Berlin Document Center
DFG	Deutsche Forschungs-Gemeinschaft
DHI	Deutsches Historisches Institut
EC	Emergency Committee in Aid of Displaced German [ab 1938: Foreign] Scholars
ERR	Einsatzstab Reichsleiter Rosenberg
FS	Festschrift
GLAK	Generallandesarchiv Karlsruhe
GStAPK	Geheimes Staatsarchiv Preußischer Kulturbesitz, Berlin
Hg	Herausgeber
Jb	Jahrbuch
MGH	Monumenta Germaniae Historica
MPIG	Max-Planck-Institut für Geschichte Göttingen
ND	Nachdruck
NdsStAO	Niedersächsisches Staatsarchiv Oldenburg
NL	Nachlaß
NStUB	Niedersächsische Staats- und Universitätsbibliothek Göttingen
NYPL	New York Public Library, New York, NY
PArAA	Politisches Archiv des Auswärtigen Amtes, Bonn
RSHA	Reichssicherheitshauptamt
StBPK	Staatsbibliothek Preußischer Kulturbesitz Berlin
SUNY	State University of New York, University at Albany
UAHUB	Universitätsarchiv der Humboldt-Universität zu Berlin
UB	Universitätsbibliothek
WFG	Westdeutsche Forschungsgemeinschaft

Zeitschriften- und Reihentitel

AEKG	Archiv für elsässische Kirchengeschichte
AESC	Annales. Économies. Sociétés. Civilisations
AfK	Archiv für Kulturgeschichte
AfSG	Archiv für Sozialgeschichte
AGB	Archiv für Geschichte des Buchwesens

AHDE	Anuario de historia del derecho español
AHES	Annales d'histoire économique et sociale
AHR	American Historical Review
AHRF	Annales historiques de la Révolution Française. Organe de la Société des Études Robespierristes
AHS	Annales d'histoire sociale
AJFS	Australian Journal of French Studies
AnE	Annales de l'Est
AnnTrento	Annali dell'Istituto storico italo-germanico in Trento/ Jahrbuch des italienisch-deutschen historischen Instituts in Trient
APuZ	Aus Politik und Zeitgeschichte. Beilage der Wochenzeitung »Das Parlament«
ASWSP	Archiv für Sozialwissenschaft und Sozialpolitik
AUF	Archiv für Urkundenforschung
AUP	Annales de l'Université de Paris
BT	Berliner Tageblatt
BullFLStr	Bulletin de la Faculté de Lettres de Strasbourg
Bull.int.com.hist.scienc.	Bulletin of the international committee of historical sciences
CIS	Cahiers internationales de Sociologie
DA	Deutsches Archiv für Geschichte des Mittelalters
DALV	Deutsches Archiv für Landes- und Volksforschung
DAZ	Deutsche Allgemeine Zeitung
DJZ	Deutsche Juristen-Zeitung
DLZ	Deutsche Literaturzeitung
ELJb	Elsaß-Lothringisches Jahrbuch
ESS	Encyclopaedia of the Social Sciences
FAZ	Frankfurter Allgemeine Zeitung
FHS	French Historical Studies
FuF	Forschungen und Fortschritte
FZ	Frankfurter Zeitung und Handelsblatt
GG	Geschichte und Gesellschaft
GeoZ	Geographische Zeitschrift
GRM	Germanisch-Romanische Monatsschrift
GT	Göttinger Tageblatt
GWU	Geschichte in Wissenschaft und Unterricht
HGBl	Hansische Geschichtsblätter/Hansische Umschau
HJb	Historisches Jahrbuch der Görres-Gesellschaft
HMRG	Historische Mitteilungen der Ranke-Gesellschaft
HVJS	Historische Vierteljahrsschrift
HZ	Historische Zeitschrift
JbdtG	Jahrbuch für deutsche Geschichte
JbfSozGes	Jahrbuch für Soziologiegeschichte
JbGesMOstdtl	Jahrbuch für die Geschichte Mittel- und Ostdeutschlands
JbUG	Jahrbuch für Universitätsgeschichte
JbLibFor	Jahrbuch zur Liberalismus-Forschung
JbNSt	Jahrbücher für Nationalökonomie und Statistik
JMH	Journal of Modern History
KZfSS	Kölner Zeitschrift für Soziologie und Sozialpsychologie
LMA	Lexikon des Mittelalters, München/Zürich 1980ff

MA	Le Moyen Age, Brüssel
MIÖG	Mitteilungen des Instituts für Österreichische Geschichtsforschung
NA	Neues Archiv der Gesellschaft für Ältere Deutsche Geschichtskunde
NDB	Neue Deutsche Biographie
NPL	Neue Politische Literatur
NZZ	Neue Zürcher Zeitung
ÖZfG	Österreichische Zeitschrift für Geschichtswissenschaften
PJb	Preußische Jahrbücher
PVJS	Politische Vierteljahresschrift
RA	Revue d'Alsace
RevbelPhH	Revue belge de Philologie et d'Histoire
RCC	Revue des cours et conférences
RCHL	Revue critique d'histoire et de littérature
RH	Revue Historique
RHD	Revue d'Histoire diplomatique
RHDFE	Revue historique de droit français et étranger
RhJ	Rechtshistorisches Journal
RHM	Revue d'Histoire moderne
RHMC	Revue d'Histoire moderne et contemporaine
RhVjBl	Rheinische Vierteljahrsblätter
RWZ	Rheinisch-Westfälische Zeitung
SMH	Sozialistische Monatshefte
SZ	Süddeutsche Zeitung
SZG	Schweizerische Zeitschrift für Geschichte
TelAviverJbdtG	Tel Aviver Jahrbuch für deutsche Geschichte
TvG	Tijdschrift voor Geschiedenis
VfZG	Vierteljahrshefte für Zeitgeschichte
VSWG	Vierteljahrschrift für Sozial- und Wirtschaftsgeschichte
VuG	Vergangenheit und Gegenwart
WaG	Die Welt als Geschichte
ZfE	Zeitschrift für Erdkunde
ZfG	Zeitschrift für Geschichtswissenschaft
ZfGO	Zeitschrift für Geschichte des Oberrheins
ZfP	Zeitschrift für Politik
ZfB	Zentralblatt für Bibliothekswesen
ZfKG	Zeitschrift für Kirchengeschichte
ZfP	Zeitschrift für Politik
ZgesSt	Zeitschrift für die gesamte Staatswissenschaft
ZHF	Zeitschrift für Historische Forschung
ZRGG	Zeitschrift für Religion- und Geistesgeschichte
ZRG GA	Zeitschrift für Rechtsgeschichte, Germanistische Abteilung
ZWLG	Zeitschrift für württembergische Landesgeschichte

Quellen- und Literaturverzeichnis

Ungedruckte Quellen

Bayerisches Wirtschaftsarchiv, München
  F 5: Verlag R. Oldenbourg, München

Berlin-Brandenburgische Akademie der Wissenschaften, Berlin
  NL Heinrich Sproemberg
  NL Konrad Burdach
  Deutsche Literaturzeitung (DLZ)
  Internationale Assoziation der Akademien (Historische Abteilung, II–XII, 24)
  Internationale Assoziation der Akademien (Historische Abteilung, II–XII, 25)

Bibliotheek van het Vredespaleis – Peace Palace Library, Den Haag
  Collection Hedwig Hintze

Bundesarchiv Berlin
  ehem. BDC: NS-Parteiakten: Gisbert Beyerhaus, Peter Richard Rohden, Martin Göhring
  Rep. 1501: Reichsministerium des Innern (ehem. Abteilungen Potsdam)
  Rep. 49.01: Reichsministerium für Wissenschaft, Erziehung und Volksbildung (ehem. Abteilungen Potsdam)
  NS 8: Kanzlei Rosenberg

Bundesarchiv Koblenz
  NL Hermann Aubin
  NL Otto Becker
  NL Fritz Theodor Epstein
  NL Walter Goetz
  NL Richard Fester
  NL Johannes Haller
  NL Hans Rothfels
  R 73: Notgemeinschaft der Deutschen Wissenschaft/Deutsche Forschungsgemeinschaft
  R 153: Publikationsstelle Berlin-Dahlem

Geheimes Staatsarchiv Preußischer Kulturbesitz, Berlin
  NL Friedrich Meinecke
  NL Albert Brackmann

Generallandesarchiv Karlsruhe
  Nachlaß Willy Andreas

Humboldt-Universität zu Berlin, Universitätsarchiv
  Phil. Fak. 1243, Nr. 92–118: Habilitationsakten Hedwig Hintze
  Phil. Fak. 627, Nr. 94–104: Promotionsakten Hedwig Hintze

Max-Planck-Institut für Geschichte, Göttingen
  Verband der Historiker Deutschlands (AVHD)

New York Public Library, New York
  EC Hedwig Hintze

Niedersächsisches Staatsarchiv, Oldenburg
  NL Hermann Oncken
  NL Siegfried August Kaehler

Niedersächsische Staats- und Universitätsbibliothek, Göttingen
  NL Karl Brandi

Politisches Archiv des Auswärtigen Amtes, Bonn
  Kulturabteilung: Forschungsgemeinschaften

Rigsarkivet Kopenhagen
  NL Aage Friis

Rockefeller Foundation Archive, New York
  Record Group 1.1, Series 200, Box 50/Folders 590/91
  Record Group 2, Series 200/1940, Box 192, Folder 1368

Society for the Protecting of Science and Learning Limited (S. P. S. L.; bis 1937: Academic Assistance Council), Bodleian Library, Oxford
  pp. 391-432: personal file »Hedwig Hintze« (1934-1947)

Staatsbibliothek zu Berlin, Preußischer Kulturbesitz
  NL Hans Delbrück
  NL Adolf von Harnack

State University of New York, University at Suny Albany, Special Collections and Archives
  American Council for Emigres in the Professions Records, Hedwig Hintze folder 97, Box 3, Series IV: Files from Else Staudinger

University of Nebraska-Lincoln, University Archives
  Alvin Johnson papers, Encyclopaedia of the Social Sciences, 1933-1935

Westfälisches Archivamt, Archiv Landschaftsverband Westfalen-Lippe
  NL Franz Petri

Gedruckte Quellen

Briefwechsel, Editionen, binationale Abkommen

The Birth of Annales History. The Letters of Lucien Febvre and Marc Bloch to Henri Pirenne (1921-1935). Hg. Bryce und Mary Lyon, Brüssel 1991.
Marc Bloch, Écrire la Société féodale. Lettres à Henri Berr, 1914-1943. Hg. Jacqueline Pluet-Despatin, Paris 1992 (dt. u. d. T.: Briefe an Henri Berr 1924-1943: mein Buch »Die Feudalgesellschaft. Mit einem Vorwort zur deutschen Ausgabe von Otto Gerhard Oexle, Stuttgart 2001).
Marc Bloch – Lucien Febvre: Correspondance. I: La naissance des Annales 1928-1933. Établie, présentée et annotée par Bertrand Müller, Paris 1994.
Marc Bloch – Fritz Rörig, correspondance (1928-1932), établie et présentée par Peter Schöttler, in: Cahiers Marc Bloch 1 (1994), 17-52.
Marc Bloch: Lettres à Richard Koebner (1931-1934), établies et présentées par Peter Schöttler, in: Cahiers Marc Bloch 5 (1997), 73-82.
Heimpel, Hermann, Aspekte. Alte und neue Texte. Hg. Sabine Krüger, Göttingen 1995.
Huizinga, Johan, Briefwisseling, 1884-1945, 3 Bde., Utrecht/Antwerpen 1989-1991.
Kaehler, Siegfried A., Briefe 1900-1963. Hg. Walter Bußmann/Günther Grünthal, Boppard 1993.
Lyon, Bryce (Hg.), The Letters of Henri Pirenne to Karl Lamprecht (1894-1915), in: Bulletin de la Commission Royale d'Histoire 132 (1966), 161-231.
Mann, Thomas, Essays, Bd. 2: Für das neue Deutschland, 1919-1925. Hg. Hermann Kurzke, Stephan Stachorski, Frankfurt a. M. 1993.
Middell, Matthias/Sammler, Steffen (Hg.), Alles Gewordene hat Geschichte. Die Schule der Annales in ihren Texten 1929-1992, Leipzig 1994.
Meinecke, Friedrich, Ausgewählter Briefwechsel. Hg. Ludwig Dehio, Peter Classen, Stuttgart 1962.
–, Autobiographische Schriften. Hg. Eberhard Kessel, Stuttgart 1969.
Revision der Thesen von 1935 auf der deutsch-französischen Historikertagung im Mai 1951, in: Internationales Jahrbuch für Geschichtsunterricht 1 (1951), 65-67.
Ritter, Gerhard. Ein politischer Historiker in seinen Briefen. Hg. Klaus Schwabe, Rolf Reichardt, Boppard 1984.
Robert Bosch und die deutsch-französische Verständigung – Politisches Denken und Handeln im Spiegel der Briefwechsel, Stuttgart 1996 (= Schriftenreihe des Bosch-Archivs, 1).
Rutkoff, Peter M./Scott, William B., Marc Bloch, Letters to America: The Correspondence of Marc Bloch, 1940-41, in: French Historical Studies 12 (1981), 277-303.
Srbik, Heinrich Ritter von. Die wissenschaftliche Korrespondenz des Historikers 1912-1945. Hg. Jürgen Kämmerer, Boppard 1988.
Thomas Mann an Ernst Bertram. Briefe aus den Jahren 1910-1955. Herausgegeben und mit einem Nachwort versehen von Inge Jens, Pfullingen 1960.
Verpflichtender Wortlaut der Einigung der deutschen und französischen Geschichtslehrer über die Entgiftung der Lehrbücher, in: Internationales Jahrbuch für Geschichtsunterricht 1 (1951), 46-64.
Verzeichnis der französischen Zeitschriften auf dem Gebiet der Geschichte und ihrer Hilfswissenschaften. Herausgegeben von der Deutschen Geschäftsstelle zur Verbreitung geschichtswissenschaftlicher Literatur im Ausland unter der Leitung von Professor Dr. Robert Holtzmann, Historisches Seminar der Friedrich-Wilhelms-Universität Berlin, Berlin 1934.

Primärliteratur

(Auf eine detaillierte Auflistung aller untersuchten Rezensionen deutschsprachiger Autoren wurde hier aus Platzgründen verzichtet. Die bibliographischen Angaben der verwendeten Beiträge und Rezensionen finden sich, soweit hier nicht verzeichnet, im Textteil. Alle erschienenen Rezensionen zu Marc Bloch befinden sich im Anhang in Tab. 1 und 2. Rezensionen zu Schriften Hedwig Hintzes sind in die Bibliographie Hintzes mitaufgenommen.)

Deutschland/Österreich

AUBIN, HERMANN, Neue Zeitschriften, in: VSWG 23 (1930), 515–516.
–, Staat und Nation an der deutschen Westgrenze, Berlin 1931.
–, Zum 50. Band der Vierteljahrschrift für Sozial- und Wirtschaftsgeschichte, in: VSWG 50 (1963), 1–24.
BADER, KARL SIEGFRIED, Eugen Wohlhaupter, in: HJb 62–69 (1942–1949), 992–996.
BELOW, GEORG VON, Autobiographie, in: Sigfrid Steinberg (Hg.), Die Geschichtswissenschaft der Gegenwart in Selbstdarstellungen, Leipzig 1925, 1–49.
–, Sinn und Bedeutung des deutschen Zusammenbruchs, in: Deutschlands Erneuerung 3 (1919), H. 2, 77–84.
BELOW, MINNIE VON, Georg von Below. Ein Lebensbild für seine Freunde, Stuttgart 1930.
BERGSTRAESSER, ARNOLD, Sinn und Grenzen der Verständigung zwischen Nationen, München/Leipzig 1930.
–, Staat und Wirtschaft Frankreichs, Stuttgart 1930 (zus. mit Ernst Robert Curtius, Frankreich, Bd. 2).
BERNEY, ARNOLD, Nekrolog Georg von Below, in: HVJS 24 (1929), 525–528.
BERTRAM, ERNST, Rheingenius und Génie du Rhin, Bonn 1922.
BEUTIN, LUDWIG, Nekrolog Walther Vogel, in: VSWG 31 (1938), 306–307.
BEYERHAUS, GISBERT, Die konservative Staatsidee in Frankreich und ihr Einfluß auf die Geschichtswissenschaft, in: HZ 156 (1937), 1–23.
–, Notwendigkeit und Freiheit in der deutschen Katastrophe. Gedanken zu Friedrich Meineckes jüngstem Buch, in: HZ 169 (1949), 73–87.
BRANDI, KARL, Karl V. vor Metz. Vortrag bei der Jahresversammlung des Wissenschaftlichen Instituts der Elsaß-Lothringer im Reich zu Frankfurt (13.6.1936), in: ELJb 16 (1937), 1–30.
–, Karl V., Spanien und die französische Rheinpolitik, in: HZ 167 (1943), 13–28.
BRAUBACH, MAX, Um die »Reichsbarriere« am Oberrhein, in: ZfGO N.F. 50 (1937), 481–530.
–, Französische Revolution und Kaiserreich. Ein Bericht über Neuerscheinungen, in: HJb 57 (1937), 619–626
–, Nekrolog Aloys Schulte, in: HZ 165 (1942), 447–449.
BRAUN-VOGELSTEIN, JULIE, Was niemals stirbt. Gestalten und Erinnerungen, Stuttgart 1966.
BRAUNE, FRIEDA, Edmund Burke in Deutschland: ein Beitrag zur Geschichte des historisch-politischen Denkens, Heidelberg 1917 (ND 1977).
CURTIUS, ERNST ROBERT, Deutsch-französische Kulturprobleme, in: Der Neue Merkur 5 (1921–22), H. 3, 145–155.
–, Maurice Barrès und die geistigen Grundlagen des französischen Nationalismus, Bonn 1921.
–, Französischer Geist im neuen Europa, Berlin 1925.
–, Vorwort zu »Deutscher Geist in Gefahr«, Stuttgart/Berlin 1932, 9 f.
–, Die französische Kultur. Eine Einführung, Stuttgart 1930 (zus. mit Arnold Bergstraesser, Frankreich, Bd. 1).
DELBRÜCK, HANS, Offener Brief an Herrn Professor A. Aulard, Paris, in: BT, 17.2.1922.

Die deutschen Universitäten und der heutige Staat. Referate erstattet auf der Weimarer Tagung deutscher Hochschullehrer am 23. und 24. April 1926 von WILHELM KAHL, FRIEDRICH MEINECKE, GUSTAV RADBRUCH, Tübingen 1926.

DOPSCH, ALPHONS, Herrschaft und Bauer in der deutschen Kaiserzeit. Untersuchungen zur Agrar- und Sozialgeschichte des hohen Mittelalters mit besonderer Berücksichtigung des südostdeutschen Raumes, Jena 1939.

EHRHARD, ALBERT, Ziel und Aufgabe des Wissenschaftlichen Institutes der Elsaß-Lothringer im Reiche, in: ELJb 1 (1922), 1-11.

FEDER, ERNST, Hugo Preuß. Ein Lebensbild, Berlin 1926.

FRANK, WALTER, Nationalismus und Demokratie im Frankreich der dritten Republik (1871-1918), Hamburg 1933, 3. Aufl. 1942.

-, Zunft und Nation, in: HZ 153 (1936), 6-23.

-, Kleo Pleyer. Ein Kampf um das Reich, in: HZ 166 (1942), 507-553.

Frankreich und der Rhein. Beiträge zur Geschichte und geistigen Kultur des Rheinlandes. Von RUDOLF KAUTZSCH, GEORG KÜNTZEL, FEDOR SCHNEIDER, FRANZ SCHULTZ, GEORG WOLFRAM, Frankfurt a. M. 1925.

FRANZ, GÜNTHER (Hg.), Bücherkunde zur Geschichte des deutschen Bauerntums, Berlin 1938.

FREUND, MICHAEL, Nekrolog Albert Mathiez, in: SMH 76 (1932), 1049.

GANAHL, KARL-HANS, Nekrolog Hans v. Voltelini, in: ZRG GA 60 (1940), XI-XXIV.

GLAGAU, HANS, Die Geschichte der Revolution in demokratischer Beleuchtung, in: HZ 91 (1903), 233-254.

-, Reformversuche und Sturz des Absolutismus in Frankreich (1774-1788), München/Berlin 1908.

GOETZ, WALTER, Die deutsche Geschichtsschreibung des letzten Jahrhunderts und die Nation. Vortrag gehalten in der Gehe-Stiftung zu Dresden am 25. Januar 1919, Leipzig/Dresden 1919.

GOLDSCHMIDT, PAUL, Rez. von: Jean Jaurès, Histoire socialiste, 1789-1900, Bd. XI: La guerre franco-allemande (1870/71), Paris 1908, in: HZ 102 (1909), 614-616.

GRAUTOFF, OTTO, Zur Psychologie Frankreichs. I. Napoleon Bonaparte und Maurice Barrès, in: PJb (1922), 187-206.

GRIEWANK, KARL, Rez. von: Johannes Haller, Tausend Jahre deutsch-französischer Beziehungen, Stuttgart, 3. Aufl. 1936, in: DLZ 58 (1937), 1963-1965.

GROLLMUß, MARIA, Die Frau und die junge Demokratie. Ein Versuch über Frau, Politik und Demokratie, Frankfurt a. M. 1925.

-, Joseph Görres und die Demokratie. Diss. Phil. Leipzig 1932.

HALLER, JOHANNES, Die deutsche Publizistik in den Jahren 1668-1674: ein Beitrag zur Geschichte der Raubkriege Ludwigs XIV., Heidelberg 1892.

-, Epochen der deutschen Geschichte, Stuttgart/Berlin, 1. Aufl. 1923.

-, Partikularismus und Nationalstaat. Vortrag, gehalten auf der 55. Tagung des Vereins deutscher Philologen und Schulmänner in Erlangen am 1.10.1925, Stuttgart 1926.

-, Tausend Jahre deutsch-französischer Beziehungen, Stuttgart, 1.-5. Aufl. 1930-1941.

-, Verständigung? In: Berliner Börsenzeitung, Nr. 361, 6.8.1931, Morgenausgabe.

-, Reden und Aufsätze zur Geschichte und Politik, Stuttgart/Berlin, 1. Aufl. 1934.

-, Über die Aufgaben des Historikers. Vortrag, gehalten am 15.11.1934 im Historischen Verein Münster, Tübingen 1935.

-, Lebenserinnerungen. Gesehenes-Gehörtes-Gedachtes, Stuttgart 1960.

HARTIG, PAUL/SCHELLBERG, WILHELM (Hg.), Handbücher der Auslandskunde, Bd. 4: Handbuch der Frankreichkunde, Zweiter Teil. Mit Beiträgen von Otto Grautoff u. a., Frankfurt a. M. 1930.

HARTMANN, KARL JULIUS, Die Universitäts- und Landesbibliothek Straßburg, in: ZfB 59 (1942), 441-452.

HARTUNG, FRITZ, Rez. von: Hugo Preuss, Staat, Recht und Freiheit. Aus 40 Jahren deutscher Politik und Geschichte. Mit einem Geleitwort von Theodor Heuss, Tübingen 1926, in: ZgesSt 83 (1927), 396-400.
-, Otto Hintze, in: FBPG 52 (1941), 199-233.
-, Nekrolog Peter Richard Rohden, in: HZ 167 (1943), 667.
-, Otto Hintze, in: Staatsbildende Kräfte der Neuzeit. Gesammelte Aufsätze, Berlin 1961, 497-520.
HEIMPEL, HERMANN, Frankreich und das Reich, in: HZ 161 (1940), 229-243.
-, Der Kampf um das Erbe Karls des Großen. Deutschland und Frankreich in der Geschichte, in: DAZ, 24.3.1940.
HEINERMANN, THEODOR, Frankreich und der Geist des Westfälischen Friedens, Stuttgart usw. 1941 (= Gemeinschaftsarbeit der deutschen Romanistik. Hg. Fritz Neubert).
HELBOK, ADOLF, Siedelungsforschung. Ein Weg zur geistigen und materiellen Wiederaufrichtung des deutschen Volkes, Berlin 1921.
-, Grundlagen der Volksgeschichte Deutschlands und Frankreichs. Vergleichende Studien zur deutschen Rassen-, Kultur- und Staatsgeschichte, Textband, Berlin/Leipzig 1937.
-, Erinnerungen - ein lebenslanges Ringen um volksnahe Geschichtsforschung, Innsbruck 1963.
HELLER, HERMANN, Europa und der Fascismus, Berlin/Leipzig 1929.
-, Sozialismus und Nation, Berlin, 2. Aufl. 1931.
HENNECKE, EDGAR, Rez. von: Marc Bloch, Les rois thaumaturges, in: ZfKG 44 (1925), 123-124.
HEROLD, MARTIN/NIESSEN, JOSEF/STEINBACH, FRANZ (Hg.), Geschichte der französischen Saarpolitik, Bonn 1934.
HERRE, PAUL/REIMANN, ARNOLD, Einigung der deutschen und französischen Geschichtslehrer über die Entgiftung der Schulbücher, in: Nationalsozialistische Erziehung. Kampf- und Mitteilungsblatt des NS-Lehrerbundes, Gau Berlin, 8.5.1937, 229-235.
HINTZE, OTTO, Soziologie und Geschichte. Gesammelte Abhandlungen zur Soziologie, Politik und Theorie der Geschichte. Hg. Gerhard Oestreich, Göttingen, 2. Aufl. 1964.
-, Nationale und europäische Orientierung in der heutigen politischen Welt, in: Wille und Weg 1 (1925), 394-400 (wieder abgedruckt in: Soziologie und Geschichte. Gesammelte Abhandlungen zur Soziologie, Politik und Theorie der Geschichte. Hg. Gerhard Oestreich, Göttingen, 2. Aufl. 1964, 193-199).
-, Rez. von: Alfred Weber, Die Krise des modernen Staatsgedankens in Europa, Stuttgart 1925, in: ZgesSt 80 (1925/26), 354-360.
-, Rez. von: Otto von Bismarck, Deutscher Staat. Ausgew. Dokumente, eingel. von Hans Rothfels, München 1925, in: ZfP 15 (1926), 380-384.
-, Rez. von: Karl Stählin, Elsaß und Lothringen im Ablauf der europäischen Geschichte, München 1926, in: HZ 135 (1927), 128-129.
-, Rez. von: Carl Schmitt, Verfassungslehre, München 1928, in: HZ 139 (1929), 562-568.
-, Allgemeine Verfassungs- und Verwaltungsgeschichte der neueren Staaten. Fragmente, Bd. 1. Hg. Giuseppe Di Costanzo, Michael Erbe, Wolfgang Neugebauer, Neapel 1998.
HÖMBERG, ALBERT, Die Entstehung der westdeutschen Flurformen. Blockgemengflur, Streifenflur, Gewannflur, Berlin 1935.
-, Grundfragen der deutschen Siedlungsforschung, Berlin 1938.
HOLBORN, HAJO, Protestantismus und politische Ideengeschichte. Kritische Bemerkungen aus Anlaß des Buches von Otto Westphal: ›Feinde Bismarcks‹, in: HZ 144 (1931), 15-30.
HOLTZMANN, ROBERT, Aus der Geschichte des Rheingebiets. Germanen und Deutsche, Römer und Franzosen am Rhein, in: Der Deutsche und das Rheingebiet. Hg. Gustav Aubin u.a., Halle 1926.
-, Nekrolog G. Des Marez, in: HZ 145 (1932), 479-480.
-, Nekrolog Henri Pirenne, in: HZ 153 (1936), 451-452.
-, Aufsätze zur deutschen Geschichte im Mittelelberaum. Hg. Albrecht Timm, Darmstadt 1962.

HÜBINGER, PAUL EGON, Um die Westgrenze des alten Reiches, in: Die Westmark. Monatsschrift für deutsche Kultur 9 (1941), 65-67.
-, Die Anfänge der französischen Rheinpolitik als historisches Problem, in: HZ 171 (1951), 21-45.
HUPPERTZ, BARTHEL, Räume und Schichten bäuerlicher Kulturformen in Deutschland. Ein Beitrag zur Deutschen Bauerngeschichte, Bonn 1939.
JANSSEN, JOHANNES, Frankreichs Rheingelüste und deutsch-feindliche Politik in früheren Jahrhunderten, Frankfurt a. M. 1861, Freiburg, 2. Aufl. 1883.
JELLINEK, WALTER, Entstehung und Ausbau der Weimarer Reichsverfassung, in: Handbuch des Deutschen Staatsrechts. Hg. Gerhard Anschütz, Richard Thoma, Tübingen 1930, 127-138.
JUST, LEO, Neuere Geschichte Frankreichs, Belgiens und der Niederlande, in: HJb 55 (1935), 569-586.
-, Wie Lothringen dem Reich verlorenging, in: RhVjBl 7 (1937), 215-227.
-, Um die Westgrenze des Alten Reiches. Vorträge und Aufsätze, Köln 1940.
-, Frankreich und das Reich im Wandel der Jahrhunderte. Kriegsvorträge der Rheinischen Friedrich-Wilhelms-Universität Bonn, H. 2, Bonn 1940.
-, Der geistige Kampf um den Rhein, Bonn 1941.
-, Briefe an Hermann Cardauns, Paul Fridolin Kehr, Aloys Schulte, Heinrich Finke, Albert Brackmann und Martin Spahn 1923-1944. Hrsg., eingeleitet und kommentiert von Michael F. Feldkamp, Frankfurt a. M. 2002.
KADEN, ERICH HANS/SPRINGER, MAX, Der politische Charakter der französischen Kulturpropaganda am Rhein, Berlin 1923.
KÄMPF, HELLMUT, Pierre Dubois und die geistigen Grundlagen des französischen Nationalbewußtseins um 1300, Berlin/Leipzig 1935.
-, Geschichte der Westgrenze des Deutschen Reiches bis zur Französischen Revolution, Potsdam 1943.
KERN, FRITZ, Die Anfänge der französischen Ausdehnungspolitik bis zum Jahr 1308, Tübingen 1910.
-, Gottesgnadentum und Widerstandsrecht im früheren Mittelalter. Zur Entwicklungsgeschichte der Monarchie, Leipzig 1914, 2. Aufl. Darmstadt 1954.
KERN, FRITZ/PANGE, JEAN DE, Un manuel des relations franco-allemandes, in: Bulletin trimestriel de la Conférence internationale pour l'enseignement de l'histoire 2 (1933), 84-88.
KLEMPERER, VICTOR, Maurice Barrès, in: GRM 10 (1922), 45-55.
KLOSTERMANN, ERICH, Die Rückkehr der Straßburger Dozenten 1918/19 und ihre Aufnahme. Rede bei der Gedenkfeier der Reichsgründung gehalten am 18.1.1932, Halle 1932.
KOBYLINSKI, HANNA, Die französische Revolution als Problem in Deutschland 1840 bis 1848, Berlin 1933.
KOCH, WALTHER, Nekrolog Alphonse Aulard, in: SMH 67 (1928), 1007.
KOCH-WESER, ERICH, Einheitsstaat und Selbstverwaltung, Berlin 1928.
KRIECK, ERNST, Volkscharakter und Sendungsbewußtsein. Politische Ethik des Reichs, Leipzig, 2. Aufl. 1943.
Kritische Beiträge zur Geschichte des Mittelalters: Festschrift für Robert Holtzmann zum 60. Geburtstag am 17. Oktober 1933. Hg. WALTER MÖLLENBERG u. MARTIN LINTZEL, Berlin 1933 (ND Vaduz 1965).
KÜHN, JOACHIM, Der Nationalismus im Leben der dritten Republik, Berlin 1920.
LANGWIELER, WILHELM, Hippolyte Taine: Ein Weg zum völkisch-rassischen Realismus, Heidelberg 1935. (Diss. Phil. Heidelberg 1932)
LEUBE, HANS, Deutschlandbild und Lutherauffassung in Frankreich, Stuttgart/Berlin 1941.
MASCHKE, ERICH, Marc Bloch 1886-1944, in: JbNSt 178 (1965), 258-269.
-, Begegnungen mit Geschichte, in: Ders., Städte und Menschen. Beiträge zur Geschichte der Stadt, der Wirtschaft und Gesellschaft 1959-1977, Wiesbaden 1980, VII-XIX.

MAYER, GUSTAV, Erinnerungen. Vom Journalisten zum Historiker der deutschen Arbeiterbewegung, Hildesheim 1993.
MAYER, THEODOR, Die Entstehung des »modernen« Staates im Mittelalter und die freien Bauern, in: ZRG GA 57 (1937), 210-288.
-, Die Geschichtsforschung im neuen Europa, in: Völkischer Beobachter, Süddeutsche und Münchener Ausgabe, 11./12. 4. 1942, 4.
MEINECKE, FRIEDRICH, Drei Generationen deutscher Gelehrtenpolitik, in: HZ 125 (1922), 248-283.
-, Nekrolog Fritz Vigener, in: HZ 132 (1925), 277-288.
MEISNER, HEINRICH OTTO, Otto Hintzes Lebenswerk (27. August 1861-25. April 1940), in: HZ 164 (1941), 66-90.
MENZEL, OTTOKAR, Robert Holtzmann zum 70. Geburtstag, in: FuF 19 (1943), 309-311.
METZ, FRIEDRICH, Der Oberrhein und das Elsaß, Berlin 1940.
MOMMSEN, WILHELM, Richelieu, Elsaß und Lothringen. Ein Beitrag zur elsaß-lothringischen Frage, Berlin 1922.
-, Richelieu, Politisches Testament und kleinere Schriften. Eingel. u. ausgew. von Wilhelm Mommsen, Berlin 1926.
-, Rez. von: Gaston Zeller, La Réunion de Metz à la France (1552-1648), 2 Bde., Paris 1926, in: HVJS 24 (1929), 649-653.
-, Der Internationale Historikerkongreß in Warschau, in: VuG 23 (1933), 582-586.
ONCKEN, HERMANN, Die historische Rheinpolitik der Franzosen, Stuttgart/Gotha 1922.
-, Die Rheinpolitik Kaiser Napoleons III. von 1863 bis 1870 und der Ursprung des Krieges von 1870/71, 3 Bde., Stuttgart 1926.
PFLEGER, LUZIAN, Rez. von: Gaston Zeller, La Réunion de Metz à la France, in: HJb 47 (1927), 378-379.
PLATZ, HERMANN, Geistige Kämpfe im modernen Frankreich, München 1922.
-, Hippolyte Taine, in: Hochland 25 (1928), 246-252.
-, Deutschland und Frankreich. Versuch einer geistesgeschichtlichen Grundlegung der Probleme, Frankfurt a. M. 1930.
PLATZHOFF, WALTER, Rez. von: Hermann Stegemann, Der Kampf um den Rhein: das Stromgebiet des Rheins im Rahmen der großen Politik und im Wandel der Kriegsgeschichte, Berlin 1924, in: ELJb 2 (1923), 177-179.
-, Die französische Ausdehnungspolitik von 1250 bis zur Gegenwart, in: Frankreich und der Rhein. Beiträge zur Geschichte und geistigen Kultur des Rheinlandes. Hg. Rudolf Kautzsch u. a., Frankfurt a. M. 1925, 42-70.
PLEYER, KLEO, Die Landschaft im neuen Frankreich. Stammes- und Volksgruppenbewegung im Frankreich des 19. und 20. Jahrhunderts, Stuttgart 1935.
PREUß, HUGO, Staat, Recht und Freiheit. Aus 40 Jahren deutscher Politik und Geschichte. Mit einem Geleitwort von Theodor Heuss, Tübingen 1926 (ND Hildesheim 1964).
RAUMER, KURT VON, Die Zerstörung der Pfalz von 1689 im Zusammenhang mit der französischen Rheinpolitik, München 1930.
-, Der Rhein im deutschen Schicksal. Reden und Aufsätze zur Westfrage, Berlin 1936.
RITTER, GERHARD, Der Freiherr vom Stein und die politischen Reformprogramme des Ancien Régime in Frankreich, in: HZ 137 (1928), 442-497; 138 (1928), 24-46.
-, Die Ausprägung deutscher und westeuropäischer Geistesart im konfessionellen Zeitalter, in: Congrès International des Sciences Historiques 7 (1933). Résumés des communications 1.2. 1933, 139-141.
-, Der Oberrhein in der deutschen Geschichte, Freiburg/Br. 1937.
-, Zum Geleit, in: Archiv für Reformationsgeschichte 38 (1941), 193-198.
-, Europa und die deutsche Frage, München 1948.

–, Gegenwärtige Lage und Zukunftsaufgaben deutscher Geschichtswissenschaft. Eröffnungsvortrag des 20. Deutschen Historikertages in München am 12. September 1949, in: HZ 170 (1950), 1–22.
–, Deutsche Geschichtswissenschaft im 20. Jahrhundert, in: GWU 1 (1950), 81–96; 129–137.
–, Vereinbarung der deutschen und französischen Historiker, in: WaG 12 (1952), 145–148.
–, Zur Problematik gegenwärtiger Geschichtsschreibung, in: Ders., Lebendige Vergangenheit. Beiträge zur historisch-politischen Selbstbesinnung. Zum 70. Geburtstag des Verfassers. Hg. v. Freunden und Schülern, München 1958, 255–283.
Rohden, Peter Richard, Robespierre. Die Tragödie des politischen Ideologen, Berlin 1935.
–, Die Französische Revolution im Spiegel der europäischen Geschichtsschreibung. Einleitung zu Crane Brinton, Europa im Zeitalter der Französischen Revolution, Wien 1939, 5–38.
–, England und Frankreich. Ein Beitrag zum Thema »Westeuropa«, Berlin 1940. (Schriftenreihe der NSDAP, Gruppe IV: Europäische Politik einst und jetzt)
– Die französische Politik und ihre Träger Advokat, Schriftsteller, Professor, München 1941.
–, Französische Geschichte, Leipzig 1943.
Rothfels, Hans, Rez. von: Wilhelm Mommsen, Richelieu, Elsaß und Lothringen, in: PJb 195 (1924), 92–93.
Rühlmann, Paul (Hg.), Rheinische Schicksalsfragen. Eine Schriftenfolge, Nr. 27/28: Friedrich Metz, Probleme des deutschen Westens, Berlin 1929.
Schieder, Theodor, Kleo Pleyer zum Gedächtnis, in: Jomsburg 6 (1942), 133–137.
Schieffer, Theodor, Ein Denker wider seine Zeit: Alexis de Tocqueville, in: Hochland 33/2 (1936), 305–318.
–, Rez. von: Marc Bloch, La Société féodale, Bd. 1.: La formation des liens de dépendance, Paris 1939; Bd. 2: Les classes et le gouvernement des hommes, Paris 1940, in: DA 4 (1941), 278–279; DA 5 (1942), 285–286.
–, Rez. von: Augustin Fliche/Victor Martin (Hg.), Histoire de l'Église depuis les origines jusqu'à nos jours, Paris 1937 ff, in: DA 5 (1942), 548–550.
–, Rez. von: Louis Halphen, Charlemagne et l'Empire carolingien, Paris 1947, in: HJb 71 (1951), 400–402.
–, Rez. von: Robert Boutruche, Seigneurie et Féodalité. Le premier âge des liens d'homme à homme, Paris 1959, in: HJb 81 (1961), 334–335.
–, Walther Holtzmann, in: DA 20 (1964), 301–324.
Schmitt, Carl, Hugo Preuß, sein Staatsbegriff und seine Stellung in der deutschen Staatsrechtslehre, Tübingen 1930.
–, Hugo Preuß in der deutschen Staatslehre, in: Die Neue Rundschau 41/1 (1930), 289–303.
Schneider, Karl G., Die grundlegende Bedeutung der Zeit von 1552 bis 1648 für die neuere französische Ausdehnungspolitik, in: RhVjBl 4 (1934), 11–25.
Schramm, Percy Ernst, Die Krönung bei den Westfranken und Angelsachsen von 878–1000, in: ZRG KA 23 (1934), 117–242.
–, Der König von Frankreich. Wahl, Krönung, Erbfolge und Königsidee vom Anfang der Kapetinger (987) bis zum Ausgang des Mittelalters (I), in: ZRG KA 25 (1936), 222–354; II, in: ZRG KA 26 (1937), 161–284.
–, Ordines-Studien II: Die Krönung bei den Westfranken und den Franzosen, in: AUF 15 (1938), 3–55.
–, Geschichte des englischen Königtums im Lichte der Krönung, Weimar 1937 (ND Köln 1970).
–, Der König von Frankreich. Das Wesen der Monarchie vom 9. bis zum 16. Jahrhundert. Ein Kapitel aus der Geschichte des abendländischen Staates, Weimar 1939 (2. Aufl., Darmstadt/Weimar 1960).
Schulte, Aloys, Frankreich und das linke Rheinufer, Stuttgart/Berlin 1918.
Sieburg, Friedrich, Gott in Frankreich? Ein Versuch, Frankfurt a. M. 1929 (ND Stuttgart 1993).

SIMONS, WALTER, Hugo Preuß, Berlin 1930 (Meister des Rechts, Bd. 6).
SPRANGER, EDUARD, Rudolf Stadelmann zum Gedächtnis. Akademische Trauerfeier am 21. Januar 1950 in Tübingen, Tübingen 1950.
SPROEMBERG, HEINRICH, Beiträge zur Französisch-Flandrischen Geschichte, Bd. 1: Alvisus, Abt von Anchin (1111-1131), Berlin 1931.
-, Die Entstehung der Grafschaft Flandern, Teil I: Die ursprüngliche Grafschaft Flandern (864-892), Berlin 1935.
-, Niederlothringen, Flandern und Friesland, in: Wilhelm Wattenbach, Deutschlands Geschichtsquellen im Mittelalter. Deutsche Kaiserzeit. Hg. Robert Holtzmann, Bd. 1, Heft 1, Berlin 1938, 83-156.
-, Nekrolog Robert Holtzmann, in: HZ 170 (1950), 449-450.
-, Bemerkungen zu einer neuen Geschichte Frankreichs, in: ZfG 5 (1957), 373-381.
-, Pirenne und die deutsche Geschichtswissenschaft, in: DERS., Mittelalter und demokratische Geschichtsschreibung. Hg. Manfred Unger, Berlin 1971, 377-439.
SRBIK, HEINRICH RITTER VON, Rez. von: Joseph Aulneau, Histoire de l'Europe centrale depuis les origines jusqu'à nos jours, Paris 1926, in: HZ 137 (1928), 509-514.
-, Gesamtdeutsche Geschichtsauffassung, in: Deutsche Vierteljahrsschrift für Literaturwissenschaft und Geistesgeschichte 8 (1930), 1-12.
-, Rez. von: Gerhard Schröder, Geschichtsschreibung als politische Erziehungsmacht, Hamburg 1939, in: HZ 162 (1940), 335-339.
STADELMANN, RUDOLF, Hippolyte Taine und die politische Gedankenwelt der französischen Rechten, in: ZgesSt 92 (1932), 1-50.
-, Hippolyte Taine und das Problem des geschichtlichen Verfalls, in: HZ 167 (1943), 116-135.
STEINBACH, FRANZ, Nekrolog Barthel Huppertz, in: RhVjBl 50/51 (1950/51), 502.
STEINBERG, SIGFRID (Hg.), Deutsche Geschichtswissenschaft der Gegenwart in Selbstdarstellungen, 2 Bde., Leipzig 1925/26.
STEINER, WALTER, Französischer Geistesdruck am Rhein. Geschehenes und Gegenwärtiges nach authentischem Material, Berlin 1927.
STEGEMANN, HERMANN, Der Kampf um den Rhein: das Stromgebiet des Rheins im Rahmen der großen Politik und im Wandel der Kriegsgeschichte, Berlin 1924.
STENGEL, EDMUND ERNST, Deutschland, Frankreich und der Rhein. Eine geschichtliche Parallele, Langensalza 1926.
STERN, ALFRED, Die Französische Revolution und ihre Wirkung auf Europa, in: Propyläen-Weltgeschichte, Bd. 7: Die Französische Revolution, Napoleon und die Restauration 1789-1848, Berlin 1929, 1-114.
STOLZ, OTTO, Aus dem Werdegange eines Meisters der Geschichte und Volkskunde Tirols: Hermann Wopfner, in: Tiroler Heimatblätter 14 (1936), 214-218.
TEXTOR, FRITZ, Eine entmilitarisierte Zone am Oberrhein im 17. Jahrhundert, in: RhVjBl 5 (1935), 290-301.
-, Entfestigungen und Zerstörungen im Rheingebiet während des 17. Jahrhunderts als Mittel der französischen Rheinpolitik, Bonn 1937.
THIMME, FRIEDRICH, Französische Kritiken zur deutschen Aktenpublikation, in: Europäische Gespräche. Hamburger Monatshefte für Auswärtige Politik 5 (1927), 461-479.
VOLXEM, JOSEF VAN, Frankreichs Ardennenpolitik unter Ludwig XIV, in: RhVjBl 4 (1934), 259-278.
WAHL, ADALBERT, Rez. von: Augustin Cochin, La Crise de l'histoire révolutionnaire: Taine et M. Aulard, Paris 1909, in: HZ 104 (1910), 681-682.
-, Die Ideen von 1789 in ihren Wirkungen auf Deutschland, in: Zeitwende 1 (1925), 113-126.
-, Rez. von: Albert Mathiez, Autour de Robespierre, Paris 1925, in: HZ 134 (1926), 140-142.
-, Rez. von: Georges Lefebvre, Napoléon, Paris 1935, in: DLZ 58 (1937), 25-28.
-, Geschichte der französischen Revolution 1789-1799, Leipzig 1930.

–, Die Französische Revolution und ihre Wirkungen auf die Welt, in: Die Neue Propyläen-Weltgeschichte. Hg. Willy Andreas, Bd. 5: Die Alte und die Neue Welt im Zeichen von Revolution und Restauration, Berlin 1943, 1–92.

WEBER, ALFRED, Die Krise des modernen Staatsgedankens in Europa, Stuttgart 1925.

WENDEL, HERMANN, Nachruf auf Albert Mathiez, in: FZ, 19. 4. 1932.

–, Nachruf auf Albert Mathiez, in: Das Tagebuch 13/1 (1932), 398–401.

–, Danton und Robespierre, in: Die Gesellschaft 9/2 (1932), 521–544.

–, Danton, Berlin 1930 (ND Königstein/Ts. 1978).

–, Unter der Coupole. Die Paris-Feuilletons Hermann Wendels 1933–1936. Hg. Lutz Winckler, Tübingen 1995.

WENTZCKE, PAUL, Rheinkampf, 2 Bde., Berlin 1925.

–, Rhein und Reich: geopolitische Betrachtung der deutschen Schicksalsgemeinschaft, Berlin 1927.

–, Rez. von: Gaston Zeller, La Réunion de Metz à la France, in: ZfGO N.F. 41 (1928), 168–170.

–, Ruhrkampf. Einbruch und Abwehr im rheinisch-westfälischen Industriegebiet, Berlin 1930.

–, Georg Wolfram zum Gedächtnis: 3. Dezember 1858–14. März 1940, Frankfurt a. M. 1941.

WINDELBAND, WOLFGANG, Der Nationalismus in der französischen Geschichtsschreibung seit 1871, in: Joachim Kühn, Der Nationalismus im Leben der dritten Republik, Berlin 1920, 207–239.

WITTRAM, REINHARD, Erinnerungen an Johannes Haller, gest. 24. Dezember 1947, in: WaG 10, 1950, 67–70.

WOLFRAM, GEORG, Rez. von: Gaston Zeller, La Réunion de Metz à la France, in: ELJb 7 (1928), 215.

–, Rez. von: Gaston Zeller, La Réunion de Metz à la France, in: HZ 137 (1928), 307–311.

WOPFNER, HERMANN, Anleitung zu volkskundlichen Beobachtungen auf Bergfahrten, Innsbruck 1927.

–, Die Forschung nach den Ursachen des Bauernkrieges und ihre Förderung durch die Geschichtliche Volkskunde, in: HZ 153 (1936), 89–106.

–, Bauerntum, Stadt und Staat, in: HZ 164 (1941), 229–260; 472–495.

–, Autobiographie, in: Österreichische Geschichtswissenschaft der Gegenwart in Selbstdarstellungen. Hg. Nikolaus Grass, Innsbruck 1950, Bd. 1, 157–201.

ZAHN-HARNACK, AGNES VON, Adolf von Harnack, Berlin-Tempelhof 1936, 2. Aufl., Berlin 1951.

ZIEGLER, WILHELM, Die »Entgiftung« der deutschen und französischen Lehrbücher. Ein Beitrag zu der »Einigung« der deutschen und französischen Geschichtslehrer, in: VuG 27 (1937), 463–472.

–, Zur »Entgiftung« der deutschen und französischen Lehrbücher, in: VuG 28 (1938), 433–436; 699–701.

ZIMMERMANN, KARL, Die Kriegsereignisse zwischen Rhein, Saar und Mosel im Jahre 1814, in: RhVjBl 4 (1934), 25–48.

Frankreich/Belgien

AULARD, ALPHONSE, La paix future d'après la Révolution française et Kant. Conférence faite à la Sorbonne, 7 mars 1915, Paris 1915.

–, La guerre actuelle commentée par l'histoire: vues et impressions au jour le jour (1914–1916), Paris 1916.

–, Art. »Frankreich«, in: Walter Fabian/Kurt Lenz (Hg.), Die Friedensbewegung. Ein Handbuch der Weltfriedensströmungen der Gegenwart, 1922 (ND Köln 1985), 169–171.

–, La Propagande pour la Société des Nations. Discours prononcé le 26 Mai 1927, à Berlin, dans la Salle du Reichstag, à la Séance Inaugurale du Congrès de l'Union Internationale des Associations pour la Société des Nations, in: La paix pour le droit, Juli 1927, 235–239.
BAINVILLE, JACQUES, Histoire de deux peuples, Paris 1915.
–, Histoire de deux peuples continuée jusqu'à Hitler, Paris 1933.
BENOIST, CHARLES, Les lois de la politique française et le gouvernement de l'Alsace sous Louis XIV, Paris 1928.
BERR, HENRI, La »Bibliothèque de Synthèse Historique«, in: Revue de synthèse historique 28 (1914), 337–342.
–, »Pour la science«, in: Revue de synthèse historique, 1926, 5–16.
BLOCH, MARC, Encore un répertoire de bibliographie historique courante, in: AHES 3 (1931), 390–391.
–, Un tempérament: Georg von Below, in: AHES 3 (1931), 553–559.
–, Histoire d'Allemagne. Moyen Age, in: RH 169 (1932), 615–655.
–, Manuels ou synthèses? In: AHES 5 (1933), 67–71.
–, Pour se mieux connaître, in: AHES 7 (1935), 183.
–, Rez. von: Johannes Haller, Tausend Jahre deutsch-französischer Beziehungen, Stuttgart/Berlin 1930, in: RH 175 (1935), 158.
–, Aux origines de la Flandre, in: AHES 8 (1936), 588–590.
–, Hors de France: deux instruments de travail, in: AHS 1 (1939), 311–312.
–, Pour une histoire comparée des sociétés européennes, in: Marc Bloch, Mélanges Historiques, Bd. 1, Paris 1963, 16–40.
–, Apologie der Geschichte oder der Beruf des Historikers. Hg. Lucien Febvre, München 1985 (neue Ausgabe u. d. T. Apologie der Geschichtswissenschaft oder der Beruf des Historikers, hrsg. Peter Schöttler, mit einem Vorwort von Jacques Le Goff, Stuttgart 2002).
–, Die seltsame Niederlage. Der Historiker als Zeuge. Hg. Ulrich Raulff, Frankfurt a. M. 1992.
–, Histoire et historiens. Textes réunies par Etienne Bloch, Paris 1995.
–, Rois et serfs et autres écrits sur le servage. Textes réunies par Dominique Barthélemy, Paris 1996.
–, Die wundertätigen Könige. Mit einem Vorwort von Jacques Le Goff und einem Nachwort von Claudia Märtl, München 1998.
–, Die Feudalgesellschaft, Stuttgart 1999.
CALMETTE, JOSEPH, L'Europe et le peril allemand. Du traité de Verdun à l'armistice de Reims 843–1945, Paris 1947.
CHOBAUT, HENRI, L'Œuvre d'Aulard et l'histoire de la Révolution Française, in: AHRF 6 (1929), 1–4.
COCHIN, AUGUSTIN, La crise de l'histoire révolutionnaire: Taine et M. Aulard, Paris 1909.
EISENMANN, LOUIS, Rez. von: Propyläen-Weltgeschichte, T. VIII, in: RH 169 (1932), 397–399.
–, Rez. von: Handwörterbuch des Grenz- und Ausland-Deutschtums, in: RH 179 (1937), 166–169.
FEBVRE, LUCIEN, L'histoire dans le monde en ruines, in: RSH 30 (1920), 1–15.
–, Das Gewissen des Historikers. Hg. Ulrich Raulff, Frankfurt a. M. 1990.
–, Der Rhein und seine Geschichte. Hg. Peter Schöttler, Frankfurt a. M./New York 1994. (Erstausgabe zusammen mit Albert Demangeon u. d. T.: Le Rhin. Problèmes d'histoire et d'économie, Paris 1935).
–, Combats pour l'histoire, Paris, 2. Aufl. 1965.
–, /SIGMANN, JEAN, En lisant les revues allemandes. Deux articles de l' »Historische Zeitschrift«, in: AESC 5 (1950), 277–284.
FUNCK-BRENTANO, FRANTZ, Le chant du Rhin, Paris 1934.
GANSHOF, FRANÇOIS L., Nekrolog G. Des Marez, in: VSWG 25 (1932), 94.
–, Pages d'histoire, Brüssel 1941.

GLOTZ, GUSTAVE (Hg.), Histoire Générale: Histoire du Moyen-Age, Bd. 1: Les Destinées de l'Empire en Occident de 395 à 888 par Ferdinand Lot, Christian Pfister, François L. Ganshof, Paris 1928-1934.
GODECHOT, JACQUES, L'enseignement d'Albert Mathiez à l'École des Hautes Études, in: AHRF 9 (1932), 271-275.
HALPHEN, LOUIS, Les barbares des grandes invasions aux conquêtes turques du XIè siècle, Paris 1926.
HAUSER, HENRI, Le Problème du Regionalisme, Paris 1924.
HUIZINGA, JOHAN, Burgund. Eine Krise des romanisch-germanischen Verhältnisses, in: HZ 148 (1933), 1-28.
JAURÈS, JEAN, Histoire socialiste de la Révolution française, Paris 1969, Vol. I: La Constituante.
-, Histoire socialiste de la Révolution française. Ed. revue et ann. par Albert Soboul, Paris 1983-1986.
JOURDAN, HENRI, Souvenirs d'un Français en poste à Berlin de 1933 à 1939, in: Mémoires de l'Académie des Sciences, Belles-Lettres et Arts de Lyon 29 (1975), 125-137.
LEFEBVRE, GEORGES, L'œuvre historique d'Albert Mathiez, in: AHRF 9 (1932), 193-210.
-, Rez. von: Gaston Zeller, La France et l'Allemagne depuis dix siècles, Paris 1932, in: AHRF 10 (1933), 184-185.
LICHTENBERGER, HENRI, L'Allemagne d'aujourd'hui dans ses relations avec la France, Paris, 2. Aufl. 1922.
MAN, HENDRIK DE, Die sozialistische Idee, Jena 1933.
-, Gegen den Strom. Memoiren eines europäischen Sozialisten, Stuttgart 1953.
MANNEVILLE, H. DE, Rez. von: Gaston Zeller, La France et l'Allemagne depuis dix siècles, in: Revue d'histoire diplomatique 47 (1933), 108-109.
MATHIEZ, ALBERT, Le Bolchevisme et le Jacobinisme, Paris 1920.
-, Die Französische Revolution, Zürich 1940.
MORISSET, RENÉ, Rez. von: Gaston Zeller, La Réunion de Metz à la France, in: Revue critique d'histoire et de littérature 94 (1927), 344-346.
PAGÈS, GEORGES, A propos de deux livres récents sur les relations franco-allemandes depuis dix siècles, in: RHM, N.S. 16 (1935), 59-66.
PIRENNE, HENRI, Avant-Propos, in: Histoire de Belgique, Bd. V, Brüssel 1926, IX-XV.
-, Mahomet et Charlemagne, Paris usw., 8. Aufl. 1937 (dt.: Geburt des Abendlandes. Untergang der Antike am Mittelmeer und Aufstieg des germanischen Mittelalters. Übertragen von Paul Egon Hübinger, Amsterdam 1940; Mahomet und Karl der Große. Übertragen von Paul Egon Hübinger, Frankfurt a. M. 1963; Mohammed und Karl der Große Hg. Wolfgang Hirsch, Frankfurt a. M. 1985).
POERCK, G. DE, Rez. von: Gaston Zeller, La France et l'Allemagne depuis dix siècles, in: Revue belge de Philologie et d'Histoire 12 (1933), 737-739.
PORTAL, ROGER, Gaston Zeller (1890-1960), in: RHMC 8 (1961), 317-318.
RAPHAEL, GASTON, Rez. von: Johannes Haller, Tausend Jahre deutsch-französischer Beziehungen, in: RHM 6 (1931), 62-63.
REBILLON, ARMAND, Henri Sée, in: RH 177 (1936), 736-738.
-, Henri Sée, in: Annales de Bretagne 43 (1936), 3-33.
RENOUVIN, PIERRE (Hg.), Histoire des relations internationales. Bd. 2-3: Les temps modernes, Paris 1953-1955.
La Révolution française, Sondernummer zu Alphonse Aulard, Okt.-Dez. 1928.
SÉE, HENRI, Remarques sur l'application de la méthode comparative à l'histoire économique et sociale, in: RSH 36 (1923), 37-64.
-, Rez. von: Gaston Zeller, La France et l'Allemagne depuis dix siècles, in: TvG 47 (1932), 73-74.
SOREL, ALBERT, L'Europe et la Révolution française, Bd. 1: Les Mœurs politiques et les traditions, Paris 1885.
TIRARD, PAUL, La France sur le Rhin, Paris 1930.

Viénot, Pierre, Frankreich und Deutschland. Die Überbetonung des Nationalen, in: Die Neue Rundschau, Dezember 1931, 721–736.
–, Ungewisses Deutschland. Zur Krise seiner bürgerlichen Kultur. Hg. Hans Manfred Bock, Bonn 1999.
Watrin, Paul, La frontière franco-allemande, in: La Science historique. Bull. de la Société Archéologique de France 24 (1932), 109–112.
–, La tradition monarchique. Hg. Jean-Pierre Brancourt, mit einem Vorwort und einer Bibliographie versehen von Guy Augé, Paris 1983.
Weill, Georges, Rez. von: Otto Engelmayer, Die Deutschlandideologie der Franzosen, Berlin 1936, in: RHM 13 (1938), 315.
Zeller, Gaston, La Réunion de Metz à la France (1552–1648), 2 Bde., Paris 1926.
–, La réunion de l'Alsace à la France et les prétendues lois de la politique française, in: RA 76 (1929), 768–778.
–, La France et l'Allemagne depuis dix siècles, Paris 1932, 2. Aufl. 1948 (dt.: Tausend Jahre deutsch-französische Beziehungen. Ein geschichtlicher Abriß in französischer Sicht, Baden-Baden 1954).
–, Pour une histoire des relations internationales, in: Congrès International des Sciences Historiques 7 (1933). Résumés des communications 1.2. 1933, 23–26.
–, Bulletin Historique: Histoire d'Allemagne (Époque moderne), in: RH 175 (1935), 95–120; RH 184 (1938), 403–430; RH 187 (1939), 48–62.
–, Le Rhin vu par un historien et un géographe, in: RA 82 (1935), 47–66.
–, Rez. von: Max Braubach, Der Aufstieg Brandenburg-Preußens 1640 bis 1815, Freiburg 1933, in: RHM 11 (1936), 79–80.
–, Aspects de la politique française sous l'Ancien Régime, Paris 1964.

Andere

Brinton, Crane, Europa im Zeitalter der französischen Revolution, Wien 1939, 2. Aufl. 1948.
Gooch, George Peabody, Rez. von: Hanna Kobylinski, Die französische Revolution als Problem in Deutschland 1840 bis 1848, Berlin 1933, in: EHR 50 (1935), 376–377.
Gottschalk, Louis R., Jean-Paul Marat. A Study in Radicalism, New York 1927.
Laski, Harold J., Socialist Tradition in the French Revolution, London 1930.
Tawney, Richard Henry, Rez. von: Marc Bloch, Les Caractères Originaux de l'Histoire Rurale Française, Oslo 1931, In: EHR 4 (1932), 230–233.

Schriftenverzeichnis Hedwig Hintze

Die ausführliche Untersuchung des Werkes von Hedwig Hintze in Kap. III. läßt an dieser Stelle eine ausführliche Bibliographie ihrer Schriften gerechtfertigt erscheinen, die jedoch noch keinen Anspruch auf Vollständigkeit erheben kann. Soweit in einer Zeitschrift mehrere Veröffentlichungen nachgewiesen sind, sind diese in gesonderten Abschnitten zusammengefaßt. Auf eine namentliche Auflistung ihrer in der HZ veröffentlichten Annotationen und Rezensionen mußte aus Platzgründen dennoch verzichtet werden. Diese sind, soweit behandelt, im Anmerkungsapparat des Textteils ausgewiesen.

Frühe Schriften, Rezensionen in Tageszeitungen, vereinzelt/selbständig erschienene Schriften in chronologischer Reihenfolge
Guggenheimer, Hedwig:
Sommernacht, in: Kurz und Bündig, 13.6.1901.
Zur Erziehungsfrage, in: Allgemeine Zeitung, München, 3.12.1903 (Beilage, 438f).

Novalis' »Hymnen an die Macht« und Richard Wagners »Tristan und Isolde«, in: Neue Musik-Zeitung, Stuttgart/Leipzig, 6.7.1905, 425–428.
Senta, Hedwig, »Besiegt«; »So zieht die Sehnsucht durch die Welt«; »Mohnfelder«; »Sternennacht«; »Wie einst«, in: Charon. Monatsschrift für Dichtung, Philosophie und Darstellung 3 (1906), H. 3, 180–181.
Rez. von: Ulrika Carolina Woerner, Gerhardt Hauptmann, Berlin, 2. Aufl. 1901, in: Der Sammler. Belletristische Beilage zur Augsburger Abendzeitung, 24.1.1907, 7–8.
Hoffmann und Richard Wagner, in: Richard-Wagner-Jahrbuch 2 (1907). Hg. Ludwig Frankenstein, 165–203.
Personen-Register zu Lachmann-Munckers Lessing-Ausgabe, Berlin/Leipzig 1924.

Hintze, Hedwig:
Der französische Regionalismus, in: Deutsche Nation. Eine Zeitschrift für Politik, 3 (1921), 287–292.
Rez. von: Ernst Robert Curtius, Maurice Barrès und die geistigen Grundlagen des französischen Nationalismus, Bonn 1921, in: BT, 29.1.1922.
Echo des Auslandes. Presseschau, zusammengestellt von Hedwig Hintze, in: Rheinischer Beobachter, 3.4. – 27.5.1923.
Deutsche Geistigkeit im Verhältnis zu Frankreich. Mit einem Nachwort der Redaktion, in: Das neue Deutschland 11 (1923), 20–23.
Einleitung zu Alphonse Aulard, Politische Geschichte der Französischen Revolution. Entstehung und Entwicklung der Demokratie und der Republik 1789–1804, Bd. 1, München/Leipzig 1924, IX–XV.
Rez. von: Ernst Robert Curtius, Balzac, Bonn 1923, in: BT, 21.6.1925.
Rez. von: Ernst Robert Curtius, Französischer Geist im neuen Europa, Stuttgart 1925, in: BT, 12.8.1926.
Der französische Regionalismus, in: Volk unter Völkern. Jahrbuch des Deutschen Schutzbundes 1 (1925), 349–367.
Die Krisis des Liberalismus in der Französischen Revolution, in: Wille und Weg. Eine liberale Halbmonatsschrift 1 (1925/26), 593–598.
Geist von Locarno und historische Kritik, in: FZ, 14.2.1926, Erstes Morgenblatt.
Die neuen französischen Wirtschaftsprovinzen, in: Wirtschaftsblatt Niedersachsen. Amtliche Wochenschrift des Industrie- und Handelskammerverbandes Niedersachsen-Cassel Nr. 7/8, 15.2.1926, 125–128.
Einleitung zu Hugo Preuß, Verfassungspolitische Entwicklungen in Deutschland und Westeuropa. Historische Grundlegung zu einem Staatsrecht der Republik, Berlin 1927, V–XX.
Die Kampfweise des Ritters von Srbik, in: FZ, 10.1.1927, Abendblatt.
Staat und Gesellschaft der französischen Renaissance unter Franz I., in: Deutsche Vierteljahrsschrift für Literaturwissenschaft und Geistesgeschichte 5 (1927), 485–520.
Staatseinheit und Regionalismus in Frankreich, in: SMH 64 (1927), 364–371.
Staatseinheit und Föderalismus im alten Frankreich und in der Revolution, Stuttgart usw. 1928 (neu hrsg. und eingel. v. Rolf Reichardt, Frankfurt a. M. 1989).
Rez. von: Pierre Ravel, La Chambre de Justice de 1776, Paris 1928, in: DLZ N.F. 6 (1929), 2405–2406.
Jean Jaurès, in: Zeitschrift für französischen und englischen Unterricht 29 (1930), 161–176.
Der nationale und der humanitäre Gedanke im Zeitalter der Renaissance, in: Euphorion. Zeitschrift für Literaturgeschichte 30 (1929), 112–137.
Franz I., in: Menschen, die Geschichte machten Hg. Peter Richard Rohden/Georg Ostrogorsky, Bd. 2, Wien 1931, 228–232.
Nation et humanité dans la pensée des temps modernes, in: RHM 8 (1933), 1–35.
Nation und Humanität. Von einer deutschen Frau, in: Politische Rundschau. Revue politique. Rivista politica 12, H. 11 (1933), 428–440.
Das erste Fest der Föderationen, in: Pariser Tageszeitung, 4. Jg., Nr. 1048, 14./15. Juli 1939, 3.

Annales historiques de la Révolution française
Goethe et la Révolution Française, in: 9 (1932), 425-441 (dt. in: Die Justiz 7 (1932), 286-301).
Albert Mathiez. Une page de souvenirs, in: 9 (1932), 481-483.

Archiv für Sozialwissenschaft und Sozialpolitik
Jean Jaurès und die materialistische Geschichtstheorie, in: 68 (1933), 194-218.
Rez. von: Celestin Bouglé, Socialismes français. Du socialisme utopique à la démocratie industrielle, Paris 1932, in: 68 (1933), 753-756.
Rez. von: Ernest Poisson, Fourier, Paris 1932 (Collection des Économistes et des Réformateurs sociaux de la France, in: 69 (1933), 638-639.

Encyclopaedia of the Social Sciences
»Regionalism«, in: 13 (1934), 208-218.
»Schlosser, Friedrich Christoph (1776-1861)«, in: 13 (1934), 574-575.
»Staël-Holstein, Baronne Anne Louise Germaine Necker de (1766-1817)«, in: 14 (1934), 315-316.
»Sybel, Heinrich von (1817-1895)«, in: 14 (1934), 491-492.
»Vergniaud, Pierre Victurnien (1753-1793)«, in: 15 (1935), 238-239.

Die Gesellschaft. Internationale Revue für Sozialismus und Politik
Bürgerliche und sozialistische Geschichtsschreiber der Französischen Revolution. Taine-Aulard-Jaurès-Mathiez, in: 6 (1929), 73-95.
Rez. von: Hermann Wendel, Danton, Berlin 1930, in: 9/1 (1932), 458-459.
Rez. von: Hermann Wendel, Französische Menschen, Berlin 1932, in: 9/2 (1932), 268-270.

Die Hilfe. Zeitschrift für Politik, Literatur und Kunst
Die Frage des Frauenwahlrechts in der Französischen Revolution, in: 11 (1919), 132-134.
Rez. von: Oswald Spengler, Preußentum und Sozialismus, in: 4 (1920), 64.
Rez. von: Felix Emmel, Der Tod des Abendlandes. Gegen Oswald Spenglers skeptische Philosophie, in: 11 (1920), 176.
Rez. von: Eduard Engel, Frankreichs Geistesführer, in: 12/13 (1920), 192.
Rez. von: Walter von Molo, Luise, in: 22 (1920), 336.
Der Untergang des Abendlandes, in: 26 (1920), 44-47. (Rez. von: Oswald Spengler, Der Untergang des Abendlandes. Umrisse einer Morphologie der Weltgeschichte)
Rez. von: Theodor Birt, Charakterbilder Spätroms und die Entstehung des modernen Europa, in: 33 (1920), 512.
Rez. von: Otto Braun, Aus nachgelassenen Schriften eines Frühvollendeten. Hg. Julie Vogelstein, in: 35 (1920), 543.
Zum »Untergang des Abendlandes«, in: 4 (1921), 63-64
Rez. von: Walter von Molo, Das Volk wacht auf, in: 27 (1921), 432.
Rez. von: Emil Gött, Sein Anfang und sein Ende. Aufzeichnungen seiner Mutter Maria Ursula Gött, in: 32 (1921), 512.
Ein chinesischer Mystiker, in: 28 (1922), 45-46. (Rez. von: Laotse Tao teh King; Vom Geist und seiner Tugend)
Nation und übernationale Bindung im Lichte des deutsch-französischen Fragenkreises, in: 35 (1929), 165-166.

Historische Vierteljahrsschrift
Rez. von: La Révolution française par Georges Lefebvre, Raymond Guyot et Philippe Sagnac. Peuples et civilisations, Histoire générale publiée sous la direction de Louis Halphen et Philippe Sagnac, Bd. 12, Paris 1930, in: 26 (1931), 650-651.

Rez. von: Gaston Martin, Nantes au XVIIIè siècle, L'Ere des Négriers (1714–1774) d'après des documents inédits, Paris 1931, in: 27 (1932), 642–643.
Fichte und Frankreich, in: 28 (1934), 535–559.
Rez. von: F.J.C. Hearnschaw (Hg.), The social and political Ideas of some representative Thinkers of the Revolutionary Era, London 1931, in: 28 (1934), 885–886.
Rez. von: Georges Lefebvre, La grande peur de 1789, Paris 1932, in: 29 (1935), 204.
Collection des Documents inédits sur l'histoire économique de la Révolution française. Questions agraires au temps de la Terreur. Documents publiées et annotés par Georges Lefebvre, Strasbourg 1932, in: 29 (1935), 622–623.

Historische Zeitschrift
Rez. von: Henri Hauser, Le problème du Régionalisme, in: 132 (1925), 530–533.
Rez. von: Pirou, Gaëtan, Les doctrines économiques en France depuis 1870, Paris 1925, in: 134 (1926), 142–145.
Rez. von: Karl Stählin, Elsaß und Lothringen im Ablauf der europäischen Geschichte, München/Berlin 1926, in: 135 (1927), 128–129.
Rez. von: Henri Sée, La vie économique et les classes sociales en France au XVIIIè siècle, Paris 1924, in: 136 (1927), 628–629.
Rez. von: Albert Mathiez, Autour de Danton, Paris 1926, in: 137 (1928), 342–343.
Nekrolog Alphonse Aulard, in: 139 (1929), 449–450.
Rez. von: Élie Carcassonne, Montesquieu et le problème de la Constitution française au XVIIIè siècle, Paris 1927, in: 140 (1929), 179–181.
Rez. von: Henri Sée, La vie économique de la France sous la monarchie censitaire (1815–1848), Paris 1927, in: 143 (1931), 151–153.
Die Französische Revolution. Neue Forschungen und Darstellungen, in: 143 (1931), 298–319.
Rez. von: Henri Sée, Science et philosophie de l'historie, Paris 1928, in: 145 (1932), 351–352.
Nekrolog Albert Mathiez, in: 146 (1932), 196.
Rez. von: Louis de Cardenal, La province pendant la Révolution. Histoire des clubs jacobins (1789–1795), Paris 1929, in: 146 (1932), 583–584.
Madame Roland, in: 147 (1933), 32–39.
Rez. von: Léon Dubreuil, Histoire des insurrections de l'ouest, Bd. 2, Paris 1931, in: 147 (1933), 430.

Notizen und Nachrichten, verfaßt von Hedwig Hintze
134 (1926), 615–616.
135 (1927), 155–156; 338–340; 530–531.
136 (1927), 205–207; 438–439; 630–632.
137 (1928), 164–165; 394–395; 408–409; 606–607.
138 (1928), 206–207; 430–431; 698.
140 (1929), 227–228; 463.
141 (1930), 431–435; 649–651.
142 (1930), 425–426; 428–429; 648–649.
143 (1931), 196–197; 199; 423–424; 429; 649–650.
144 (1931), 206–207; 433; 652–654.
145 (1932), 655–657.
147 (1933), 245–246; 467–468; 665–666.
148 (1933), 153; 196–197; 426–428.

Die Justiz. Zeitschrift für die Erneuerung des Deutschen Rechtswesens
Hugo Preuß. Eine historisch-politische Gesamtcharakteristik, in: 2 (1927), 223–237.
Der deutsche Einheitsstaat und die Geschichte, in: 3 (1928), 431–447.
Goethe und die Französische Revolution, in: 7 (1931/32), 286–301.
Ludwig Bamberger, in: 8 (1932/33), 145–158.

Preußische Jahrbücher
Der moderne französische Regionalismus und seine Wurzeln, in: 181 (1920), 347–376.
Rez. von: Theodor Overbeck, Christentum und Kultur. Gedanken und Anmerkungen zur modernen Theologie. Aus dem Nachlaß herausgegeben von Carl Albrecht Bernoulli, Basel 1919, in: 185 (1921), 252–253.

Tijdschrift voor Geschiedenis
Unter dem Pseudonym PEREGRINA: Jean Jaurès und Karl Marx, in: 51 (1936), 113–137.
Nachruf auf Albert Mathiez (1874–1932), in: 55 (1940), 42–49.

Zeitschrift für Politik
Ökonomische Probleme der Französischen Revolution, in: 13 (1924), 450–460.
Rez. von: Alfred Weber, Die Krise des modernen Staatsgedankens in Europa, Stuttgart 1925, in: 15 (1926), 297–300.
Rez. von: Ernst von Aster, Die französische Revolution in der Entwicklung ihrer politischen Ideen, Leipzig 1926, in: 17 (1928), 187–189.
Rez. von: Georges Bourgin, Napoleon und seine Zeit. Weltgeschichte in gemeinverständlicher Darstellung. Herausgegeben von Ludo Moritz Hartmann. Siebenter Teil, Zweite Hälfte, Stuttgart/Gotha 1925, in: 17 (1928), 281–282.
Rez. von: Hendrik de Man, Zur Psychologie des Sozialismus, Jena 1926, in: 17 (1928), 477–479.
Zur politischen Ideengeschichte Frankreichs im 18. Jahrhundert, in: 19 (1930), 212–217.
Rez. von: Alfred Stern, Der Einfluß der französischen Revolution auf das deutsche Geistesleben, Stuttgart/Berlin 1928, in: 20 (1931), 428–431.

Zeitschrift für die gesamte Staatswissenschaft
Rez. von: Henri Sée, La France économique et sociale au XVIIIè siècle, Paris 1925, in: 85 (1928), 171–174.
Rez. von: Henri Sée, Matérialisme historique et interprétation économique de l'histoire, Paris 1927, in: 87 (1929), 631–636.
Rez. von: Ernst von Hippel, Der französische Staat der Gegenwart, Breslau 1928, in: 88 (1930), 389–391.
Rez. von: Julien Hayem (Hg.), Mémoires et documents pour servir à l'histoire du commerce et de l'industrie en France, Paris 1929, in: 89 (1930), 140–141.
Rez. von: Jacques Delevsky, Les antinomies socialistes et l'évolution du socialisme français, Paris 1930, in: 89 (1930), 636–641.
Rez. von: Walter Goetz (Hg.), Propyläen-Weltgeschichte, Bd. 7: Die Französische Revolution, Napoleon und die Restauration, Berlin 1930, in: 90 (1931), 136–140.
Rez. von: François Prevet, Le régionalisme économique. Conception et réalisation, Paris 1929, in: 90 (1931), 375–377.
Rez. von: Elisabeth Feist, Weltbild und Staatsidee bei Jean Bodin, Halle 1930, in: 92 (1932), 114–115.
Das heutige Frankreich, in: 92 (1932), 262–271.
Rez. von: Walter Goetz (Hg.), Propyläen-Weltgeschichte, Bd. 8: Liberalismus und Nationalismus, Berlin 1930, in: 93 (1932), 336–337.

Rezensionen von Hedwig Hintzes Habilitationsschrift
ANDREWS, GEORGE GORDON, in: JMH 2 (1929), 306.
BHD., E., in: BT 19. 3. 1929.
BLOCH, MARIE, in: Vorwärts, Zentralorgan der SPD (Berlin), 21. 4. 1929.
BONJOUR, EDGAR, in: Der kleine Bund. Beilage zum »Berner Bund«, 2. 9. 1928.
DARMSTÄDTER, PAUL, in: HZ 138 (1928), 643–646.

DIPPEL, HORST, Austritt aus dem Ghetto? Deutsche Neuerscheinungen zur Französischen Revolution, in: HZ 252 (1991), 339-394.
FLING, FRED MORROW, in: AHR 34 (1928/29), 156-157.
HASHAGEN, JUSTUS, in: Schmollers Jahrbuch für Gesetzgebung, Verwaltung und Volkswirtschaft im Deutschen Reiche 55, 1 (1931), 174-178.
HAUSER, HENRI, in: ZgesSt 86 (1929), 169-173.
DERS., in: RH 159 (1928), 121, Anm. 7.
HISTERMANN, B., Der Föderalismus in Frankreich. Prinzipielles zum Buche Hedwig Hintzes, in: Germania. Zeitung für das deutsche Volk, 14.7.1929.
HOLZAPFEL, KURT, in: ZfG 38 (1990), 1125-1126.
JÜTTE, ROBERT, in: HZ 251 (1990), 710-711.
KOCH, WALTER, in: SMH 34 (1928), 916-918.
KORSCH, KARL, Das Problem Staatseinheit-Föderalismus in der französischen Revolution, in: Archiv für die Geschichte des Sozialismus und der Arbeiterbewegung (Grünberg-Archiv) 15 (1930), 126-146 (ND 1966).
KREUTZ, WILHELM, 200 Jahre Französische Revolution – Erträge der Forschung IV: Die Französische Revolution: Ereignis – Rezeption – Wirkungen. Deutschsprachige Neuerscheinungen zum Bicentenaire im europäischen Vergleich, in: NPL 37 (1992), 351-383.
KREUTZER, J., in: Kölnische Zeitung, 25.11.1928.
MATHIEZ, ALBERT, in: AHRF 5 (1928), 577-586.
MOMMSEN, WILHELM, in: Die Literatur. Monatsschrift für Literaturfreunde 30 (1927/28), 551.
MORSTEIN-MARX, FRITZ, in: Archiv des öffentlichen Rechts 57 (1930), 240-243.
N.N., in: RWZ, 13.3.1929.
N.N., in: BT, 19.3.1929.
PELZER, ERICH, 200 Jahre Französische Revolution – Erträge der Forschung II: Die Französische Revolution als Kulturereignis, in: NPL 36 (1991), 376 f.
PRITTWITZ-GAFFRON, E. de, in: Bibliothèque Universelle et Revue de Genève, décembre 1929, 512.
R., J., in: Deutsch-Französische Rundschau 1 (1928), 443.
RITTER, GERHARD, in: DLZ 50 (1929), 181-189.
ROHDEN, RICHARD, in: ZfP 18 (1929), 57-58 (Beiheft der Deutschen Hochschule für Politik, politischer Literaturbericht).
P., R., in: Berichte der Deutschen Hochschule für Politik 6 (1928), H. 4.
SACHER, HERMANN, in: Literarischer Handweiser. Kritische Monatsschrift 65 (1928/29), H. 5, 328.
SALOMON, ALBERT, in: Die Gesellschaft 6 (1929), 92-94.
SCHRADER, FRED E., Strategien der Historiographie und Perspektiven der Mentalitätsgeschichte. Ein Forschungsbericht zum Bicentenaire der Französischen Revolution, in: AfSG 30 (1990), 358 f.
SÉE, HENRI, in: RH 159 (1928), 385-386.
SIEBURG, HEINZ-OTTO, Über: Hedwig Hintze, Staatseinheit und Föderalismus im alten Frankreich und in der Revolution, in: Historische Mitteilungen der Ranke-Gesellschaft 6 (1993), 290-296.
STERN, ALFRED, in: NZZ, 11.10.1928.
WENTZCKE, PAUL, in: Deutsche Rundschau 55, H. 220 (1929), 94.
ZAHN FRIEDRICH, in: Allgemeines Statistisches Archiv. Organ der Deutschen Statistischen Gesellschaft 18 (1929), 491.
H.M.B., in: English Historical Review 44 (1929), 499.

Andere Kritiken
BAHR, HERMANN, Tagebuch, in: Neues Wiener Journal, 1.5.1921. (Rez. von: Hedwig Hintze, Der französische Regionalismus)

ROTHFELS, HANS, Rez. von: Hedwig Hintze, Ökonomische Probleme der Französischen Revolution (ZfP 13, 1924), in: HZ 130 (1924), 632-633.
GERHARD, DIETRICH, Rez. von: Hedwig Hintze, Der französische Regionalismus (Volk unter Völkern, Jahrbuch des deutschen Schutzbundes, 1925), in: HZ 133 (1926), 178.
ROTHFELS, HANS, Rez. von: Hedwig Hintze, Die Krisis des Liberalismus in der französischen Revolution (Wille und Weg 1, 1925/26), in: HZ 134 (1926), 446.
KÖHLER, WALTHER, Rez. von: Hedwig Hintze, Staat und Gesellschaft der französischen Renaissance unter Franz I. (Vierteljahrsschrift für Literaturwissenschaft und Geistesgeschichte, 1927), in: HZ 137 (1928), 150-151.
SÉE, HENRI, Rez. von: Hedwig Hintze, Bürgerliche und sozialistische Geschichtsschreiber der französischen Revolution, in: RH 162 (1929), 179.
JACOB, KARL, Rez. von: Hedwig Hintze, Bürgerliche und sozialistische Geschichtsschreiber der französischen Revolution, in: HZ 141 (1930), 434-435.
SÉE, HENRI, Rez. von: Hedwig Hintze, Jean Jaurès, in: RH 168 (1931), 376.
DERS., Rez. von: Hedwig Hintze, Goethe und die französische Revolution, in: RH 169 (1932), 678.
DERS., Rez. von: Hedwig Hintze, Jean Jaurès und die materialistische Geschichtstheorie, in: RH 171 (1933), 236.
DERS., Rez. von: Hedwig Hintze, Ludwig Bamberger, in: RH 171 (1933), 650.
DERS., Rez. von: Hedwig Hintze, Nation et humanité dans la pensée des temps modernes (RHM, février 1933), in: RH 172 (1933), 345.
DERS., Rez. von: Hedwig Hintze, Fichte und Frankreich, in: RH 173 (1934), 433.

Sonstige Repliken
ASTER, ERNST VON, Rez. von: Alphonse Aulard, Politische Geschichte der Französischen Revolution. Entstehung und Entwicklung der Demokratie und der Republik 1789-1804, 2 Bde., München 1924; in: Die Gesellschaft 2 (1925), 458-461.
BLEICH, ERICH, Vertragswerk und Verfassungswerk. Betrachtungen über zwei wichtige Fragen der Zeitgeschichte. (Rez. von: Hugo Preuß, Verfassungspolitische Entwicklungen in Deutschland und Westeuropa. Historische Grundlagen zu einem Staatsrecht der Deutschen Republik. Hg. Hedwig Hintze, Berlin 1927), in: Mitteilungen aus der historischen Literatur, N.F. 16 (1928), 1-15.
DARMSTÄDTER, PAUL, Rez. von: Alphonse Aulard, Politische Geschichte der Französischen Revolution, in: ZgesSt 79 (1925), 139-140.
FETSCHER, IRING, Reformen machen Mut zum Aufstand. Neue Literatur zur Französischen Revolution, in: FAZ, 13.10.1989, 27.
FRIEDRICH, FRITZ, Rez. von: Hugo Preuß, Verfassungspolitische Entwicklungen in Deutschland und Westeuropa, in: VuG 17 (1927), 400-401.
HASHAGEN, JUSTUS, Rez. von: Hugo Preuß, Verfassungspolitische Entwicklungen in Deutschland und Westeuropa, in: Schmollers Jahrbuch 55/2 (1931), 149-151.
-, Rez. von: Lucien Febvre, Combats pour l'histoire, Paris 1953, in: HZ 178 (1954), 149.
HOLTZMANN, ROBERT, Rez. von: Hugo Preuß, Verfassungspolitische Entwicklungen in Deutschland und Westeuropa, in: HZ 136 (1927), 532-535.
KOCH, WALTER, Rez. von: Alphonse Aulard, Politische Geschichte der Französischen Revolution, in: SMH 32 (1926), 565-566.
DERS., Rez. von: Hedwig Hintze, Epochen der französischen Revolutionsgeschichtsschreibung, in: SMH 1928, 1009.
N.N., o.T., in: The Christian Science Monitor, 5.1.1929.
N.N., Weibliche Dozentenköpfe, in: Tempo, Nr. 130, 1930.
N.N., Weibliche Hochschullehrer an der Berliner Universität, in: Zeitbilder, 1931.
PREUß, HUGO, Rez. von: Alphonse Aulard, Politische Geschichte der Französischen Revolution, in: Deutsche Juristenzeitung, Literaturbeilage 30 (1925), H. 12, 977.

R.I., Eine Frau doziert Geschichte. Dr. Hedwig Hintzes Antrittsvorlesung, in: Vossische Zeitung, 31.10.1928.
ROTHFELS, HANS, Rez. von: Alphonse Aulard, Politische Geschichte der Französischen Revolution, in: HZ 132 (1925), 129-131.
SCHOTTHÖFER, FRITZ, Rez. von: Alphonse Aulard, Politische Geschichte der Französischen Revolution, in: FZ, 18.7.1925, 1. Morgenblatt.
SRBIK, HEINRICH RITTER VON, Rez. von: Alphonse Aulard, Politische Geschichte der Französischen Revolution, in: DLZ 46 (1925), 2302-2306.
DERS., Geist von Locarno und historische Kritik, in: VSWG 16 (1926), 439-444.
THOMA, RICHARD, Rez. von: Hugo Preuß, Verfassungspolitische Entwicklungen in Deutschland und Westeuropa, in: ZgesSt 84 (1928), 388-389.
WALDECKER, LUDWIG, Rez. von: Hugo Preuß, Verfassungspolitische Entwicklungen in Deutschland und Westeuropa, in: Archiv für Rechts- und Wirtschaftsphilosophie (1926/27), 599-600.

Sekundärliteratur

Bibliographien, bibliographische Aufsätze, Lexika, Nachschlagewerke

ARNIM, MAX, Internationale Personalbibliographie 1800-1943. 2 Bde., Bd. I, Leipzig, 2. Aufl. 1944, Bd. II, Stuttgart 1952.
BENZ, WOLFGANG/GRAML, HERMANN (Hg.), Biographisches Lexikon zur Weimarer Republik, München 1988.
BRUCH, RÜDIGER VOM/MÜLLER, RAINER A. (Hg.), Historikerlexikon. Von der Antike bis zum 20. Jahrhundert, München 1991.
CHARLE, CHRISTOPHE/TELKÈS, EVA, Les professeurs du Collège de France. Dictionnaire biographique (1901-1939), Paris 1988.
DICK, JUTTA/SASSENBERG, MARINA (Hg.), Jüdische Frauen im 19. und 20. Jahrhundert, Reinbek 1993.
JULLIARD, JACQUES/WINOCK, MICHEL (Hg.), Dictionnaire des intellectuels français. Les personnes. Les lieux. Les moments, Paris 1996.
BURGUIÈRE, ANDRÉ (Hg.), Dictionnaire des sciences historiques, Paris 1986.
EBERLEIN, ALFRED, Internationale Bibliographie zur deutschsprachigen Presse der Arbeiter- und sozialen Bewegungen von 1830-1982. München, 2. Aufl. 1996.
FROMM, HANS, Bibliographie deutscher Übersetzungen aus dem Französischen 1700-1949, 6 Bde., Baden-Baden 1950-1953.
FAUGÈRES, ARLETTE/FERRE, REGINE, Repertoire des historiens français pour la periode moderne et contemporaine, Paris 1983.
HERUBEL, JEAN-PIERRE, The »Annales Movement« and its Historiography: A selective bibliography, in: FHS 18 (1993), 346-355.
HOFFMANN, JOHANNES, Stereotypen, Vorurteile, Völkerbilder in Ost und West, in Wissenschaft und Unterricht. Eine Bibliographie, Wiesbaden 1986, 174-198.
Kürschners deutscher Gelehrtenkalender, Berlin/Leipzig, 1925 ff.
MENYESCH, DIETER/MANAC'H, BÉRENICE, France-Allemagne. Deutschland-Frankreich. Bibliographie 1963-1982, München 1984.
-, France-Allemagne. Internationale Beziehungen und gegenseitige Verflechtung. Eine Bibliographie, München 1994.
MÜLLER, BERTRAND, Bibliographie des travaux de Lucien Febvre, Paris 1990.
RÖDER, WERNER/STRAUSS, HERBERT A., International Biographical Dictionary of Central European Emigrees 1933-1945, München/New York/London/Paris 1983.

SCHOEPS, JULIUS H. (Hg.), Neues Lexikon des Judentums, Gütersloh/München 1992.
SICK, KLAUS PETER, Orientation bibliographique. Les relations culturelles entre la France et l'Allemagne 1930-1940, in: Bulletin de l'Institut d'Histoire du Temps Présent (IHTP), no. 39, Paris 1990, 28-63.
STOLLEIS, MICHAEL, Juristen. Ein biographisches Lexikon. Von der Antike bis zum 20. Jahrhundert, München 1995.
Verzeichnis der schriftlichen Nachlässe in deutschen Archiven und Bibliotheken. 2 Bde., Bd. I. Bearb. v. Wolfgang A. Mommsen, Teil I: Einleitung und Verzeichnis, Boppard 1971; Teil II: Die Nachlässe in den deutschen Archiven, Boppard 1983; Bd. 2: Die Nachlässe in den Bibliotheken der Bundesrepublik Deutschland. Bearb. v. Ludwig Denecke. Boppard, 2. Aufl. 1981.
WEBER, WOLFGANG, Priester der Klio. Historisch-sozialwissenschaftliche Studien zur Herkunft und Karriere deutscher Historiker und zur Geschichte der Geschichtswissenschaft 1800-1970, Frankfurt a. M., 2. Aufl. 1987.
–, Biographisches Lexikon zur Geschichtswissenschaft in Deutschland, Österreich und der Schweiz. Die Lehrstuhlinhaber für Geschichte von den Anfängen des Faches bis 1970, Frankfurt a. M. 1984.
WEHLER, HANS-ULRICH (Hg.), Deutsche Historiker, Bd. I-IX, Göttingen 1971-1982.

Darstellungen

ACKERMANN, KONRAD, Der Widerstand der Monatsschrift Hochland gegen den Nationalsozialismus, München 1965.
ACOMB, FRANCES, Albert Mathiez (1874-1932), in: Bernadotte Schmitt (Hg.), Some Historians of modern Europe. Essays in Historiography, Port Washington, N.Y., 2. Aufl. 1966, 306-323.
ALBRECHT, STEPHAN, Hermann Hellers Staats- und Demokratieauffassung, Frankfurt a. M. 1983.
ALEMANN, HEINE VON, Leopold von Wiese (1876-1969), in: Friedrich-Wilhelm Henning (Hg.), Kölner Volkswirte und Sozialwissenschaftler. Über den Beitrag Kölner Volkswirte und Sozialwissenschaftler zur Entwicklung der Wirtschafts- und Sozialwissenschaften, Köln 1988, 97-138.
ALTHOFF, GERD (Hg.), Die Deutschen und ihr Mittelalter, Darmstadt 1992.
ANDREAS, WILLY, Johann Huizinga (7. Dezember 1872-1. Februar 1945). Ein Nachruf, in: HZ 169 (1949), 88-104.
ANSCHÜTZ, GERHARD, Aus meinem Leben. Hg. Walter Pauly, Frankfurt a. M. 1993.
APELT, WILLIBALT, Geschichte der Weimarer Reichsverfassung, München 1946.
APPELT, HEINRICH, Nekrolog Theodor Schieffer, in: DA 48 (1992), 417-418.
AREND, HEIKE, Gleichzeitigkeit des Unvereinbaren. Verständigungskonzepte und kulturelle Begegnungen in den deutsch-französischen Beziehungen der Zwischenkriegszeit, in: Francia 20/3 (1993), 131-149.
ARENDT, HANS-JÜRGEN, Artikel »Hintze, Hedwig, geb. Guggenheimer«, in: Manfred Asendorf/Rolf von Bockel (Hg.), Demokratische Wege. Deutsche Lebensläufe aus fünf Jahrhunderten, Stuttgart 1997, 273-274.
ASCHHEIM, STEVEN E., Nietzsche und die Deutschen. Karriere eines Kults, Stuttgart 1996.
AUBERT, ROGER, Johannes Haller, in: Dictionnaire d'histoire et de géographie ecclésiastiques, Bd. 23 (1990), 175-177.
AUGSTEIN, FRANZISKA, Schlangen in der Grube, in: FAZ, 14. 9. 1998.
BADIA, GILBERT, Das Frankreichbild der Weimarer Zeit. Faszination und Ablehnung in der deutschen Literatur, in: Franz Knipping/Ernst Weisenfeld (Hg.), Eine ungewöhnliche Geschichte. Deutschland-Frankreich seit 1870, Bonn 1988, 112-122.

BARBIAN, JAN-PIETER, Literaturpolitik im »Dritten Reich«. Institutionen, Kompetenzen, Betätigungsfelder, München 1995.
BARGATZKY, WALTER, Bericht über die Wegnahme französischer Kunstschätze durch die deutsche Botschaft und den Einsatzstab Rosenberg. Hg. Wilhelm Treue, in: VfZG 13 (1965), 285–337.
BARIÉTY, JACQUES/POIDEVIN, RAYMOND, Frankreich und Deutschland. Die Geschichte ihrer Beziehungen 1815–1975, München 1982.
BECHER, URSULA A., Ist die Französische Revolution zu Ende? Politische Erfahrung und historisches Symbol im Frankreich des 20. Jahrhunderts, in: GG 11 (1985), 5–18.
–, Geschichtsinteresse und historischer Diskurs. Ein Beitrag zur Geschichte der französischen Geschichtswissenschaft im 19. Jahrhundert, Stuttgart 1986.
–, Methodenkonzeption und politische Funktionalisierung der Geschichtsschreibung Frankreichs im 19. Jahrhundert, in: Christian Meier/Jörn Rüsen (Hg.), Historische Methode, München 1988, 181–199.
–, Die Bedeutung Lamprechts bei der Neuorientierung der französischen Geschichtswissenschaft um die Jahrhundertwende, in: Horst Walter Blanke (Hg.), Transformation des Historismus. Wissenschaftsorganisation und Bildungspolitik vor dem Ersten Weltkrieg. Interpretationen und Dokumente, Waltrop 1994, 95–111.
BECK, DOROTHEA, Theodor Haubach, Julius Leber, Carlo Mierendorff, Kurt Schumacher. Zum Selbstverständnis der »militanten Sozialisten« in der Weimarer Republik, in: AfSG 26 (1986), 87–123.
BECKER, WERNER, Demokratie des sozialen Rechts. Die politische Haltung der Frankfurter Zeitung, der Vossischen Zeitung und des Berliner Tageblatts 1918–1924, Göttingen/Zürich/Frankfurt a. M. 1971.
BEHRINGER, WOLFGANG, Schuldige Väter, milde Söhne, strenge Enkel, in: Berliner Zeitung, 14.9.1998.
–, Bauern-Franz und Rassen-Günther: Die politische Geschichte des Agrarhistorikers Günther Franz (1902–1992), in: Otto Gerhard Oexle/Winfried Schulze (Hg.), Deutsche Historiker im Nationalsozialismus. Unter Mitarbeit von Gerd Helm und Thomas Ott, Frankfurt a. M. 1999, 114–141.
BELITZ, INA, Befreundung mit dem Fremden: Die Deutsch-Französische Gesellschaft in den deutsch-französischen Kultur- und Gesellschaftsbeziehungen der Locarno-Ära. Programme und Protagonisten der transnationalen Verständigung zwischen Pragmatismus und Idealismus, Frankfurt a. M./Berlin/Bern 1997.
BENDA, ERNST, Hugo Preuß und Gerhard Leibholz. Von der Weimarer Verfassung zum Grundgesetz, in: ZRGG 48 (1996), 291–302.
BERDING, HELMUT, Arthur Rosenberg, in: Ders., Aufklären durch Geschichte. Ausgewählte Aufsätze, Göttingen 1990, 51–67.
–, Die Französische Revolution in der Kontroverse, in: Aufklären durch Geschichte, 141–159.
–, Völkische Erinnerungskultur und nationale Mythenbildung zwischen dem Kaiserreich und dem »Dritten Reich«, in: Horst Walter Blanke u. a. (Hg.), Dimensionen der Historik. Geschichtstheorie, Wissenschaftsgeschichte und Geschichtskultur heute. Jörn Rüsen zum 60. Geburtstag, Köln usw. 1998, 83–91.
BERGSTRAESSER, ARNOLD, Die Soziologie der Freiheit. Alfred Weber zum Gedächtnis, in: Außenpolitik. Zeitschrift für internationale Fragen 10 (1959), H. 3, 141–149.
BETZ, ALBRECHT, Wegscheide nach 150 Jahren. Die Prinzipien der Französischen Revolution im Dritten Reich und im Exil, in: Harro Zimmermann (Hg.), Schreckensmythen – Hoffnungsbilder. Die Französische Revolution in der deutschen Literatur; Essays, Frankfurt a. M. 1989, 251–270.
BEUMANN, HELMUT, Gedenkrede im Namen des Konstanzer Arbeitskreises für mittelalterliche Geschichte, in: DERS., Theodor Mayer zum Gedenken, Sigmaringen 1974, 11–23.

BEUTIN, LUDWIG, Hermann Entholt. Worte des Gedenkens, gesprochen auf der Pfingsttagung des Hansischen Geschichtsvereins zu Rostock, in: HGBl 76 (1958), 1-4.
BIEWER, LUDWIG, Reichsreformbestrebungen in der Weimarer Republik. Fragen zur Funktionalreform und zur Neugliederung im Südwesten des Deutschen Reiches, Frankfurt a. M. 1980.
BISKUP, MARIAN, Erich Maschke – ein Vertreter der Königsberger Geschichtswissenschaft aus polnischer Sicht, in: JbGesMOstdtl 41 (1993), 91-107.
BLANKE, HORST WALTER, Autour d'un livre. Die wissenschaftliche Korrespondenz eines Historikers: Heinrich Ritter von Srbik, in: Storia della Storiografia 17 (1990), 101-106.
–, Historiographiegeschichte als Historik, Stuttgart/Bad-Cannstatt 1991.
–, Typen und Funktionen der Historiographiegeschichtsschreibung. Eine Bilanz und ein Forschungsprogramm, in: Wolfgang Küttler u. a. (Hg.), Geschichtsdiskurs, Bd. 1: Grundlagen und Methoden der Historiographiegeschichte, Frankfurt a. M. 1993, 191-211.
BLAU, JOACHIM, Sozialdemokratische Staatslehre in der Weimarer Republik: Darstellung und Untersuchung der staatstheoretischen Konzeptionen von Hermann Heller, Ernst Fraenkel und Otto Kirchheimer, Marburg 1980.
BLOCH, ÉTIENNE (Hg.), Marc Bloch: une biographie impossible, Limoges 1997.
BOCK, HANS MANFRED, Tradition und Topik des populären Frankreich-Klischees in Deutschland von 1925-1955, in: Francia 14 (1986), 475-508.
–, Die Deutsch-Französische Gesellschaft 1926 bis 1934. Ein Beitrag zur Sozialgeschichte der deutsch-französischen Beziehungen der Zwischenkriegszeit, in: Francia 17/3 (1990), 57-101.
–, Deutsch-französische Kulturbeziehungen der dreißiger Jahre. Tagungsbericht und Dokumentation, in: Lendemains 16 (1991), 147-154.
–, /MEYER-KALKUS, REINHART/TREBITSCH, MICHEL (Hg.), Entre Locarno et Vichy. Les relations culturelles franco-allemandes dans les années 1930, 2 Bde., Paris 1993.
–, Zwischen Locarno und Vichy. Die deutsch-französischen Kulturbeziehungen der dreißiger Jahre als Forschungsfeld, in: Entre Locarno et Vichy, Bd. 1, 25-61.
–, Kulturelle Eliten in den deutsch-französischen Gesellschaftsbeziehungen der Zwischenkriegszeit, in: Rainer Hudemann/Georges-Henri Soutou (Hg.), Eliten in Deutschland und Frankreich im 19. und 20. Jahrhundert. Strukturen und Beziehungen, Bd. 1, München 1994, 73-91.
–, Ernst Robert Curtius und die Aporien des ›unpolitischen‹ Intellektuellen, in: Manfred Gangl/Gérard Raulet (Hg.), Intellektuellendiskurse in der Weimarer Republik. Zur politischen Kultur einer Gemengelage, Frankfurt a. M./New York 1994, 233-244.
–, Paul Distelbarths »Lebendiges Frankreich«. Ein Dokument verdeckter Opposition und verständigungspolitischer Kontinuität im »Dritten Reich«, in: Exilforschung, Bd. 12: Aspekte der künstlerischen inneren Emigration 1933-1945. Hg. Claus-Dieter Krohn, München 1994, 99-113.
–, Konservativer Einzelgänger und pazifistischer Grenzgänger zwischen Deutschland und Frankreich. Der Frankreich-Publizist Paul H. Distelbarth im Dritten Reich, in: Francia 21/3 (1994), 99-133.
–, Wechselseitige Wahrnehmung als Problem deutsch-französischer Beziehungen, in: Frankreich Jahrbuch 1995. Politik, Wirtschaft, Gesellschaft, Geschichte, Kultur. Hg. Deutsch-Französisches Institut in Verb. m. Lothar Albertin u. a., Opladen 1996, 35-56.
–, Paul H. Distelbarth: Das andere Frankreich. Aufsätze zur Gesellschaft, Kultur und Politik Frankreichs und zu den deutsch-französischen Beziehungen 1932-1953, Bern 1997.
–, (Hg.), Projekt deutsch-französische Verständigung. Die Rolle der Zivilgesellschaft am Beispiel des Deutsch-Französischen Instituts in Ludwigsburg, Opladen 1998.
–, Der Blick des teilnehmenden Beobachters. Zur Entstehung von Pierre Viénots Buch ›Ungewisses Deutschland‹ in der Weimarer Republik und zu dessen Stellung in der französischen Deutschland-Essayistik des 20. Jahrhunderts, in: Pierre Viénot, Ungewisses Deutschland. Zur Krise seiner bürgerlichen Kultur. Herausgegeben, eingeleitet und kommentiert von Hans Manfred Bock, Bonn 1999, 9-77; 223-235.

BOEDEKER, ELISABETH/MEYER-PLATH, MARIA, »Hintze-Guggenheimer, Hedwig«, in: 50 Jahre Habilitation von Frauen in Deutschland. Eine Dokumentation über den Zeitraum von 1920-1970, Göttingen 1974, 63.

BOEHLICH, WALTER, Ein Haus, in dem wir atmen können. Das Neueste zum Dauerstreit um den Romanisten Ernst Robert Curtius, in: Die Zeit, 6.12.1996.

BOIS, GUY, Umbruch im Jahr 1000. Lournand bei Cluny – ein Dorf in Frankreich zwischen Spätantike und Feudalherrschaft, Stuttgart 1993.

BOLLENBECK, GEORG, Bildung und Kultur. Glanz und Elend eines deutschen Deutungsmusters, Frankfurt a. M. 1994.

BOLLMUS, REINHARD, Das Amt Rosenberg und seine Gegner. Zum Machtkampf im nationalsozialistischen Herrschaftssystem, Stuttgart 1970.

BOOCKMANN, HARTMUT, Geschichtsunterricht und Geschichtsstudium in Göttingen, in: Ders./ Hermann Wellenreuther (Hg.), Geschichtswissenschaft in Göttingen. Eine Vorlesungsreihe, Göttingen 1987, 287-320.

–, Deutsche Geschichte ist mehr als rhein-donauländische Heimatkunde. Die ostdeutsche Geschichte wird in der Bundesrepublik zuwenig erforscht, in: FAZ, 22.5.1989.

–, Der Historiker Hermann Heimpel, Göttingen 1990.

–, /Kurt Jürgensen (Hg.), Nachdenken über Geschichte: Beiträge aus der Ökumene der Historiker. In memoriam Karl Dietrich Erdmann, Neumünster 1991.

BORCHARDT, PETER, Die deutsche Bibliothekspolitik im Elsaß. Zur Geschichte der Universitäts- und Landesbibliothek Straßburg 1871-1944, in: PAUL KAEGBEIN/PETER VODOSEK (Hg.), Staatliche Initiative und Bibliotheksentwicklung seit der Aufklärung, Wiesbaden 1985, 155-213.

BORGOLTE, MICHAEL (Hg.), Mittelalterforschung nach der Wende 1989, München 1995.

–, Anfänge deutscher Geschichte? Die Mittelalterforschung der zweiten Nachkriegszeit, in: Tel-AviverJbdtG 21 (1996), 35-53.

–, Die Erfindung der europäischen Gesellschaft. Marc Bloch und die deutsche Verfassungsgeschichte seiner Zeit, in: Schöttler (Hg.), Marc Bloch. Historiker und Widerstandskämpfer, Frankfurt a. M./New York 1999, 171-194.

BORN, KARL ERICH, Neue Wege der Wirtschafts- und Sozialgeschichte in Frankreich: Die Historikergruppe der »Annales«, in: Saeculum 15 (1964), 298-309.

BOROWSKY, PETER, Justus Hashagen, ein vergessener Hamburger Historiker, in: Zeitschrift des Vereins für Hamburgische Geschichte 84 (1998), 163-183.

BOSQUELLE, DOMINIQUE, L'Institut Français de Berlin dans les années trente, in: Cahiers d'études germaniques 21 (1991), 217-250.

BOTT, GERHARD, Deutsche Frankreichkunde 1900-1933. Das Selbstverständnis der Romanistik und ihr bildungspolitischer Auftrag, 2 Bde., Rheinfelden 1982.

BOUREAU, ALAIN, Kantorowicz. Geschichten eines Historikers, Stuttgart 1992.

BÜSCH, OTTO/ERBE, MICHAEL (Hg.), Otto Hintze und die moderne Geschichtswissenschaft, Berlin 1983.

BRANDSTÄDTER, HEIKE, Hedwig Hintze: Kleine Schriften. Versuch einer Lektüre, in: AnnTrento 22 (1996), 433-449.

BRANDT, AHASVER VON, Fritz Rörig: Worte des Gedenkens, gesprochen auf der Hansischen Pfingstversammlung in Höxter, am 3.6.1952, in: HGBl 71 (1952), 1-8.

–, Hundert Jahre Hansischer Geschichtsverein, in: HGBl 88 (1970). 3-67.

BRÄU, RICHARD, Alfred Webers streitbares Leben, in: Hans G. Nutzinger (Hg.), Zwischen Nationalökonomie und Universalgeschichte: Alfred Webers Entwurf einer umfassenden Sozialwissenschaft in heutiger Sicht, Marburg 1995, 21-48.

BRAUBACH, MAX, Aloys Schulte 1857-1941, in: 150 Jahre Rheinische Friedrich-Wilhelms-Universität zu Bonn 1818-1968. Bonner Gelehrte. Beiträge zur Geschichte der Wissenschaften. Geschichtswissenschaften, Bonn 1968, 299-310.

BRAUDEL, FERNAND, »Personal Testimony«, in: JMH 44 (1972), 448-467.

–, Geschichte und Sozialwissenschaften. Die lange Dauer, in: Schriften zur Geschichte, Bd. 1: Gesellschaften und Zeitstrukturen, Stuttgart 1992, 49–87. (frz: Écrits sur l'histoire, Bd. 1, Paris 1969).

–, Die Gegenwart von Lucien Febvre, in: Schriften zur Geschichte, Bd. 2: Menschen und Zeitalter, Stuttgart 1993, 326–350. (Écrits sur l'histoire, Bd. 2, Paris 1990).

–, Lucien Febvre, in: Schriften zur Geschichte, Bd. 2, 351–358.

–, Marc Bloch, in: Schriften zur Geschichte, Bd. 2, 359–364.

BREIPOHL, RENATE, Religiöser Sozialismus und bürgerliches Geschichtsbewußtsein zur Zeit der Weimarer Republik., Zürich 1971.

BROCKE, BERNHARD VOM, ›Wissenschaft und Militarismus‹. Der Aufruf der 93 ›An die Kulturwelt‹ und der Zusammenbruch der internationalen Gelehrtenrepublik im Ersten Weltkrieg, in: William Musgrave Calder III u. a. (Hg.), Wilamowitz nach 50 Jahren, Darmstadt 1985, 649–719.

BRUCH, RÜDIGER VOM, Weiterführung der Schmollerschen und Lamprechtschen Traditionen in der Weimarer Republik? In: Gerald Diesener (Hg.), Karl Lamprecht weiterdenken: Universal- und Kulturgeschichte heute, Leipzig 1993, 225–241.

BRÜCKNER, ALFRED/RUDOLF, HANS ULRICH/WALTER, EDGAR (Hg.), Miscellanea in honorem Hellmut Kämpf. Festschrift zum 60. Geburtstag von Professor Dr.phil.habil. Hellmut Kämpf, Weingarten 1971.

BRÜHL, CARLRICHARD, Nekrolog Louis Halphen, in: HZ 173 (1952), 213.

–, Deutschland-Frankreich. Die Geburt zweier Völker, Köln/Wien 1990.

BRUN, GEORG, Leben und Werk des Rechtshistorikers Heinrich Mitteis unter besonderer Berücksichtigung seines Verhältnisses zum Nationalsozialismus, Frankfurt a. M. 1991.

BURGUIÈRE, ANDRÉ, Histoire d'une histoire: La naissance des Annales, in: AESC 34 (1979), 1347–1359.

BURKE, PETER, Die »Annales« im globalen Kontext, in: ÖZfG 1 (1990), 9–24.

–, Offene Geschichte. Die Schule der »Annales«, Berlin 1991 (The French Historical Revolution. The Annales School 1929–1989, Cambridge 1990).

BURLEIGH, MICHAEL, Wissenschaft und Lebenswelt: Generaldirektor Brackmann und die nationalsozialistische Ostforschung, in: WerkstattGeschichte 3 (1994), 68–75.

CAMPHAUSEN, GABRIELE, Das Rußlandbild in der deutschen Geschichtswissenschaft 1933 bis 1945, in: Hans-Erich Volkmann, Das Rußlandbild im Dritten Reich, Köln usw. 1994, 257–283.

CARBONELL, CHARLES-OLIVIER/LIVET, GEORGES (Hg.), Au berceau des Annales, Toulouse 1983.

CHARTIER, ROGER, Die kulturellen Ursprünge der Französischen Revolution, Frankfurt a. M./ New York 1995.

CHICKERING, ROGER, Karl Lamprecht. A German Academic Life (1856–1915), Atlantic Highlands, NJ 1993.

CHRISTADLER, MARIELUISE (Hg.), Die geteilte Utopie. Sozialisten in Deutschland und Frankreich. Biografische Vergleiche zur politischen Kultur, Opladen 1985.

CHRISTMANN, HANS HELMUT/HAUSMANN, FRANK-RUTGER (Hg.), Deutsche und österreichische Romanisten als Verfolgte des Nationalsozialismus, Tübingen 1989.

COHEN-SOLAL, ANNIE, Sartre 1905–1980, Reinbek 1991.

CONRAD, SEBASTIAN, Auf der Suche nach der verlorenen Nation. Geschichtsschreibung in Japan und Westdeutschland, 1945–1960, Göttingen 1999.

–, Doppelte Marginalisierung. Plädoyer für eine transnationale Perspektive auf die deutsche Geschichte, in: GG 28 (2002), 145–169.

CONRADY, KARL OTTO, Völkisch-nationale Germanistik in Köln. Eine unfestliche Erinnerung, Schernfeld 1990.

CORNELIßEN, CHRISTOPH, Politische Historiker und deutsche Kultur. Die Schriften und Reden von Georg von Below, Hermann Oncken und Gerhard Ritter im Ersten Weltkrieg, in: Wolf-

gang J. Mommsen (Hg.), Kultur und Krieg: Die Rolle der Intellektuellen, Künstler und Schriftsteller im Ersten Weltkrieg, München 1996, 119-142.
-, Geschichtswissenschaften. Eine Einführung, Frankfurt a. M. 2000.
-, Gerhard Ritter. Geschichtswissenschaft und Politik im 20. Jahrhundert, Düsseldorf 2001.
CRAIG, JOHN E., Scholarship and Nation Building. The Universities of Straßburg and Alsatian Society 1870-1939, Chicago 1984.
CYMOREK, HANS, Georg von Below und die deutsche Geschichtswissenschaft, Stuttgart 1998.
DACHS, HERBERT, Österreichische Geschichtswissenschaft und Anschluß 1918-1930, Wien/ Salzburg 1974.
DAHM, VOLKER, Das jüdische Buch im Dritten Reich. Teil I: Die Ausschaltung der jüdischen Autoren, Verleger und Buchhändler; Teil II: Salman Schocken und sein Verlag, Frankfurt a. M. 1979, 1982.
DAVIS, NATALIE ZEMON, Censorship, Silence and Resistance: The Annales during the German Occupation of France, in: Litteraria Pragensia 1 (1991), 13-23.
-, Rabelais unter den Zensoren (1940, 1540), in: Freibeuter 58, November 1993, 33-76.
-, Die Frauen und die Geschichtswissenschaft. Das Beispiel der Annales, in: Neue Rundschau 105 (1994), H. 1, 56-70.
DEETERS, JOACHIM, Hanseforschung in Köln von Höhlbaum bis Winterfeld, in: HGBl 114 (1996), 123-140.
DEFRANCE, CORINE, Die Franzosen und die Gründung des Instituts für Europäische Geschichte in Mainz 1949-1955, in: Dies./Winfried Schulze, Die Gründung des Instituts für Europäische Geschichte in Mainz, Mainz 1992, 55-77.
DEHNHARD, ALBRECHT, Dimensionen staatlichen Handelns. Staatstheorie in der Tradition Hermann Hellers, Tübingen 1996.
DEMM, EBERHARD, Ein Liberaler in Kaiserreich und Republik. Der politische Weg Alfred Webers bis 1920, Boppard a. Rh. 1990.
-, Geist und Politik - die Konzeption der Führerdemokratie Alfred Webers, in: Manfred Gangl, Hélène Roussel (Hg.), Les intellectuels et l'État sous la République de Weimar, Paris 1993, 13-23.
-, Alfred Weber und die Nationalsozialisten, in: ZfG 47 (1999), 211-236.
-, Von der Weimarer Republik zur Bundesrepublik. Der politische Weg Alfred Webers 1920-1958, Düsseldorf 1999.
DERKS, HANS, Deutsche Westforschung. Ideologie und Praxis im 20. Jahrhundert, Leipzig 2001.
DEUTSCH, ROBERT, »La nouvelle histoire« - die Geschichte eines Erfolges, in: HZ 233 (1981), 107-129.
Deutsche und europäische Juristen aus neun Jahrhunderten. Eine biographische Einführung in die Geschichte der Rechtswissenschaft. Hg. GERD KLEINHEYER, JAN SCHRÖDER, Heidelberg, 4. Aufl. 1996.
Deutsches Geistesleben und Nationalsozialismus. Eine Vortragsreihe der Universität Tübingen. Hg. ANDREAS FLITNER, Tübingen 1965.
Deutschland - Frankreich - Europa. Die deutsch-französische Verständigung und der Geschichtsunterricht. Im Auftrage des Internationalen Schulbuchinstituts. Hg. Georg Eckert, Otto-Ernst Schüddekopf, Baden-Baden 1953.
DIDCZUNEIT, VEIT, Geschichtswissenschaft an der Universität Leipzig. Zur Entwicklung des Faches Geschichte von der Hochschulreform 1951 bis zur ›sozialistischen Umgestaltung‹ 1958. Diss.Phil Leipzig 1993.
-, Heinrich Sproemberg - ein nichtmarxistischer Historiker in der DDR, in: GWU 45 (1994), 573-578.
-, UNGER, MANFRED/MIDDELL, MATTHIAS, Geschichtswissenschaft in Leipzig: Heinrich Sproemberg, Leipzig 1994.
DIESENER, GERALD (Hg.), Karl Lamprecht weiterdenken: Universal- und Kulturgeschichte heute, Leipzig 1993.

DIETZ, BURKHARD, Die interdisziplinäre »Westforschung« der Weimarer Republik und NS-Zeit als Gegenstand der Wissenschafts- und Zeitgeschichte. Überlegungen zu Forschungsstand und Forschungsperspektiven, in: Geschichte im Westen 14 (1999), 189-209.

DINER, DAN, Ideologie, Historiographie und Gesellschaft. Zur Diskussion der Pirenne-Thesen in der Geschichtswissenschaft. Ein Nachtrag, in: Henri Pirenne, Mohammed und Karl der Große. Untergang der Antike am Mittelmeer und Aufstieg des germanischen Mittelalters, Frankfurt a. M. 1985, 207-237; 277-282.

DIPPEL, HORST, Universalismus gegen »Nationale Beschränktheit«. Französische Revolution und deutsches Geschichtsverständnis im 19. und 20. Jahrhundert, in: Lendemains 14 (1989), 157-168.

-, Austritt aus dem Ghetto? Deutsche Neuerscheinungen zur Französischen Revolution, in: HZ 252 (1991), 339-394.

DIPPER, CHRISTOF, Rez. von: Willi Oberkrome, Volksgeschichte. Methodische Innovation und völkische Ideologisierung in der deutschen Geschichtswissenschaft 1918-1945, Göttingen 1993, in: HZ 261 (1995), 458-460.

DITT, KARL Die Kulturraumforschung zwischen Wissenschaft und Politik. Das Beispiel Franz Petri (1903-1993), in: Westfälische Forschungen 46 (1996), 73-176.

DÖHRING, ERICH, Geschichte der juristischen Fakultät 1665-1965, in: Geschichte der Christian-Albrechts-Universität Kiel 1665-1965, Bd. 3, Teil 1, Neumünster 1965.

DÖRING, HERBERT, Der Weimarer Kreis. Studien zum politischen Bewußtsein verfassungstreuer Hochschullehrer in der Weimarer Republik, Meisenheim a. G. 1975.

DOMMANGET, MAURICE/GODECHOT, JACQUES/HUARD, RAYMOND/LABROUSSE, ERNEST/REBERIOUX, MADELEINE/SOBOUL, ALBERT/SURATTEAU, JEAN-RENÉ (Hg.), Jaurès Historien de la Révolution Française, Paris 1989.

DUMOULIN, OLIVIER, Profession historien 1919-1939. Un métier en crise? Thèse de 3e cycle, E.H.E.S.S., Paris 1983.

-, L'histoire et les historiens 1937-1947, in: Politiques et pratiques culturelles dans la France de Vichy. Hg. Jean-Pierre Rioux, Paris 1988, 157-176.

-, Histoire et historiens de droite, in: Jean-François Sirinelli (Hg.), Histoire des droites en France, Bd. 2: Cultures, Paris 1992, 327-398.

ECKERT, JÖRN, Die Juristische Fakultät im Nationalsozialismus, in: Uni-Formierung des Geistes. Universität Kiel im Nationalsozialismus, Bd. 1. Hg. Hans-Werner Prahl, Kiel 1995, 51-85.

ELZE, REINHARD, Beitrag zur Schlußdiskussion der Otto-Brunner-Tagung, 19.-21. 3. 1987, in: AnnTrento 13 (1987), 149-152.

Die Emigration der Wissenschaften nach 1933. Disziplingeschichtliche Studien. Hg. HERBERT A. STRAUSS u. a., München usw., 1991.

ERBE, MICHAEL, Zur neueren französischen Sozialgeschichtsforschung. Die Gruppe um die »Annales«, Darmstadt 1979.

-, Zur Rezeption der *Annales*-Historie in der Bundesrepublik, in: Lendemains 6 (1981), 68-76.

-, (Hg.), Friedrich Meinecke heute, Berlin 1982.

ERDMANN, KARL DIETRICH, Die Ökumene der Historiker. Geschichte der Internationalen Historikerkongresse und des Comité International des Sciences Historiques, Göttingen 1987.

ERICKSEN, ROBERT P., Kontinuitäten konservativer Geschichtsschreibung am Seminar für Mittlere und Neuere Geschichte: Von der Weimarer Zeit über die nationalsozialistische Ära bis in die Bundesrepublik, in: Heinrich Becker u. a. (Hg.), Die Universität Göttingen unter dem Nationalsozialismus: Das verdrängte Kapitel ihrer 200-jährigen Geschichte, München usw. 1987, 219-245.

ERLER, HANS/EHRLICH, ERNST LUDWIG/HEID, LUDGER (Hg.), »Meinetwegen ist die Welt erschaffen«: Das intellektuelle Vermächtnis des deutschsprachigen Judentums. 58 Portraits, Frankfurt a. M./New York 1997.

ERNST, FRITZ, Johannes Haller. Gedenkrede im Historischen Seminar der Universität Heidelberg, Stuttgart 1949, in: DERS., Gesammelte Schriften. Hg. Gunther G. Wolf, Heidelberg 1985, 44-57.
Erziehung und Schulung im Dritten Reich, Teil 2: Hochschule, Erwachsenenbildung. Hg. MANFRED HEINEMANN, Stuttgart 1980.
ESCHENBURG, THEODOR, Aus dem Universitätsleben vor 1933, in: Flitner (Hg.), Deutsches Geistesleben und Nationalsozialismus, 24-46.
-, »Also hören Sie mal zu«: Geschichte und Geschichten 1904 bis 1933, Berlin 1995.
ESPAGNE, MICHEL, Sur les limites du comparatisme en histoire culturelle, in: Genèses 17 (1994), 112-121.
EßLINGER, HANS ULRICH, Emil Lederer: Ein Plädoyer für die politische Verwertung der wissenschaftlichen Erkenntnis, in: Hubert Treiber/Karol Sauerland (Hg.), Heidelberg im Schnittpunkt intellektueller Kreise. Zur Topographie der »geistigen Geselligkeit« eines »Weltdorfes«: 1850-1950, Opladen 1995, 422-444.
-, Interdisziplinarität. Zu Emil Lederers Wissenschaftsverständnis am InSoSta, in: Reinhard Blomert u.a. (Hg.), Heidelberger Sozial- und Staatswissenschaften. Das Institut für Sozial- und Staatswissenschaften zwischen 1918 und 1958, Marburg 1997, 117-158.
-, Emil Lederer (1882-1939): »Die Arbeitslosigkeit ist das Problem unserer Zeit ... mittelfristige Arbeitslosigkeit wird zu einer langfristigen, wenn mehrere Wellen technischer Fortschritte rasch aufeinanderfolgen«, in: Erler u.a. (Hg.), »Meinetwegen ist die Welt erschaffen«, 408-414.
ETZEMÜLLER, THOMAS, Sozialgeschichte als politische Geschichte. Werner Conze und die Neuorientierung der westdeutschen Geschichtswissenschaft nach 1945, München 2001.
EUCHNER, WALTER, Sozialdemokratie und Demokratie. Zum Demokratieverständnis der SPD in der Weimarer Republik, in: AfSG 26 (1986), 125-178.
-, (Hg.), Klassiker des Sozialismus. 2 Bde., München 1991.
Exodus von Wissenschaften aus Berlin. Fragestellungen, Ergebnisse, Desiderate. Entwicklungen vor und nach 1933. Akademie der Wissenschaften zu Berlin, Forschungsbericht 7. Hg. WOLFRAM FISCHER/KLAUS HIERHOLZER/MICHAEL HUBENSTORF/PETER TH. WALTHER/ROLF WINAU, Berlin/New York 1994.
FABER, KARL-GEORG, Geschichtslandschaft - Région historique - Section in history. Ein Beitrag zur vergleichenden Wissenschaftsgeschichte, in: Saeculum 30 (1979), 4-21.
FAHLBUSCH, MICHAEL, Wissenschaft im Dienst der nationalsozialistischen Politik? Die »Volksdeutschen Forschungsgemeinschaften« von 1931-1945, Baden-Baden 1999.
FAULENBACH, BERND, Deutsche Geschichtswissenschaft zwischen Kaiserreich und NS-Diktatur, in: Ders. (Hg.), Geschichtswissenschaft in Deutschland. Traditionelle Positionen und gegenwärtige Aufgaben, München 1974, 66-85.
-, Ideologie des deutschen Weges. Die deutsche Geschichte in der Historiographie zwischen Kaiserreich und Nationalsozialismus, München 1980.
-, »Deutscher Sonderweg«. Zur Geschichte und Problematik einer zentralen Kategorie des deutschen geschichtlichen Bewußtseins, in: APuZ 33 (1981), 3-21.
-, Die »nationale Revolution« und die deutsche Geschichte. Zum zeitgenössischen Urteil der Historiker, in: Wolfgang Michalka (Hg.), Die nationalsozialistische Machtergreifung, Paderborn usw. 1984, 357-371.
-, Gustav Meyer. Zwischen Historiker-Zunft und Arbeiterbewegung, in: Christadler (Hg.), Die geteilte Utopie, 183-195.
-, Selbstverständnis und Leitvorstellungen politischer Historiker in der Krise der frühen 30er Jahre, in: Jörn Rüsen/Gustav Schmidt (Hg.), Gelehrtenpolitik und politische Kultur in Deutschland 1830-1930. Referate und Diskussionsbeiträge, Bochum 1986, 169-192.
-, Deutsche Geschichtswissenschaft nach den beiden Weltkriegen, in: Gottfried Niedhart/Dieter Riesenberger (Hg.), Lernen aus dem Krieg? Deutsche Nachkriegszeiten 1918/1945, München 1992, 207-240.

–, Hedwig Hintze-Guggenheimer (1884–1942). Historikerin der Französischen Revolution und republikanische Publizistin, in: Barbara Hahn (Hg.), Frauen in den Kulturwissenschaften. Von Lou Andreas-Salomé bis Hannah Arendt, München 1994, 136–151.
FETSCHER, IRING/MÜNKLER, HERFRIED (Hg.), Pipers Handbuch der politischen Ideen, Bd. 5, München 1987.
FINK, CAROLE, Marc Bloch. A Life in History, Cambridge/New York 1989.
FLASCH, KURT, Die geistige Mobilmachung. Die deutschen Intellektuellen und der Erste Weltkrieg. Ein Versuch, Berlin 2000.
FLECKENSTEIN, JOSEF, Danksagung an Theodor Mayer zum 85. Geburtstag. Versuch einer Würdigung, in: Theodor Mayer zum 85. Geburtstag, Konstanz usw. 1968, 11–29.
–, Johann Huizinga als Kulturhistoriker, in: Philologie als Kulturwissenschaft. Studien zur Literatur und Geschichte des Mittelalters. FS Karl Stackmann. Hg. Ludger Grenzmann, Göttingen 1987, 326–341.
FOUCHÉ, PASCAL, L'Édition française sous l'occupation 1940–1944, 2 Bde., Paris 1987.
FRANZBACH, MARTIN, Plädoyer für eine kritische Hispanistik, Frankfurt a. M. 1978.
FRIED, JOHANNES (Hg.), Die abendländische Freiheit vom 10. bis zum 14. Jahrhundert. Der Wirkungszusammenhang von Idee und Wirklichkeit im europäischen Vergleich, Sigmaringen 1991.
FRIEDRICH, CATHRIN, Erich Brandenburg – Historiker zwischen Wissenschaft und Politik, Leipzig 1998.
FRIGUGLIETTI, JAMES, Albert Mathiez, historien révolutionnaire (1874–1932), Société des études robespierristes, Paris 1974.
FRITZ-VANNAHME, JOACHIM, Das trennende Gemeinsame. Über Orte der deutsch-französischen Geschichte, in: Die Zeit, 13.2.1997.
From Erasmus to Tolstoy. The Peace Literature of Four Centuries; Jacob ter Meulen's Bibliographies of the Peace Movement before 1899. Edited, with an introduction by Peter van den Dungen, New York usw. 1990.
FUHRMANN, HORST, Zeitenthobene Geschichte. Historiograph und Urkundenforscher vor Flammenhorizonten: Zum Tode des Mediävisten Theodor Schieffer, in: FAZ, 11.4.1992.
–, »Wer hat die Deutschen zu Richtern über die Völker bestellt?« Die Deutschen als Ärgernis im Mittelalter, in: GWU 11 (1995), 625–635.
–, »Sind eben alles Menschen gewesen«: Gelehrtenleben im 19. und 20. Jahrhundert, dargestellt am Beispiel der Monumenta Germaniae Historica, München 1996.
FUNKE, MANFRED, Ein demokratischer Fundamentalist. Zum hundertsten Geburtstag des Carl-Schmitt-Antipoden Hermann Heller, FAZ, 17.7.1991.
FURET, FRANÇOIS, Der revolutionäre Katechismus, in: Eberhard Schmitt (Hg.), Die Französische Revolution, Köln 1976, 46–88.
–, Marx et la Révolution Française, Paris 1986
–, Das Ende der Illusion. Der Kommunismus im 20. Jahrhundert, Sonderausgabe, München/Zürich 1998.
–,/OZOUF, MONA (Hg.), Kritisches Wörterbuch der Französischen Revolution. 2 Bde., Frankfurt a. M. 1996.
–, 1789 – Jenseits des Mythos, Hamburg 1989.
GEIGER, WOLFGANG, L'image de la France dans l'Allemagne nazie 1933–1945, Rennes 1999.
GÉRARD, ALICE, Albert Mathiez. Sozialistischer Historiker und Robespierrist, in: Marieluise Christadler (Hg.), Die geteilte Utopie, 173–182.
–, Die französische Kontroverse um die Große Revolution in Wissenschaft und Politik 1789 bis 1989, in: Frankreich. Eine politische Landeskunde. Hg. Landeszentrale für politische Bildung Baden-Württemberg, Stuttgart usw. 1989, 64–85.
GEREMEK, BRONISLAW, Marc Bloch: historien et résistant, in: AESC 41 (1986), 1091–1105.
GERHARD, DIETRICH, Otto Hintze. Persönlichkeit und Werk, in: Otto Büsch/Michael Erbe (Hg.), Otto Hintze und die moderne Geschichtswissenschaft, Berlin 1983, 3–18.

–, Otto Hintze: His work and his significance in historiography, in: Central European History 3 (1970), 17–48.

GILBERT, FELIX, The Historical Seminar of the University of Berlin in the Twenties, in: Lehmann/Sheehan, An interrupted past, 67–70.

–, Otto Hintze und die moderne Geschichtswissenschaft, in: Büsch/Erbe (Hg.), Otto Hintze und die moderne Geschichtswissenschaft, 195–208.

GILLESSEN, GÜNTHER, Hugo Preuß. Studien zur Ideen- und Verfassungsgeschichte der Weimarer Republik. Diss. Phil. Freiburg 1955 (ND Berlin 2000).

GINZBURG, CARLO, Einleitung zu Marc Bloch, *I re thaumaturgi*, Turin 1973, XI–XIX.

–, Mentalität und Ereignis. Über die Methode bei Marc Bloch, in: Ders., Spurensicherungen. Über verborgene Geschichte, Kunst und soziales Gedächtnis, München 1983, 126–148.

GLENISSON, JEAN, Die französische Historiographie der Gegenwart: Tendenzen und Ereignisse, in: Haupt/Ziebura, Wirtschaft und Gesellschaft in Frankreich, 40–62.

GODFREY, JAMES L., Alphonse Aulard (1849–1928), in: Bernadotte Schmitt (Hg.), Some Historians of modern Europe. Essays in Historiography, Port Washington, N.Y., 2. Aufl. 1966, 45–63.

GÖDDE-BAUMANNS, BEATE, Deutsche Geschichte in französischer Sicht. Die französische Historiographie von 1871 bis 1918 über die Geschichte Deutschlands und der deutsch-französischen Beziehungen in der Neuzeit, Wiesbaden 1971.

–, Die Deutschen und die Französische Revolution. Eine 200jährige Auseinandersetzung, in: Frankreich. Eine politische Landeskunde. Hg. Landeszentrale für politische Bildung Baden-Württemberg, Stuttgart usw. 1989, 39–63.

–, Frankreichbilder deutscher Historiker. Kontinuität und Wandel, in: Helga Abret/Michel Grunewald (Hg.), Visions allemandes de la France (1871–1914)/Frankreich aus deutscher Sicht, Bern usw. 1995, 17–33.

–, Die Auseinandersetzung der Historiker mit der Niederlage: Frankreich nach 1870/71 – Deutschland nach 1918/19, in: Ilja Mieck/Pierre Guillen (Hg.), Nachkriegsgesellschaften in Deutschland und Frankreich im 20. Jahrhundert, München 1998, 193–206.

GRAB, WALTER, Die Debatte um die Französische Revolution, München 1975.

–, Französische Revolution und deutsche Geschichtswissenschaft, in: Jürgen Voss (Hg.), Deutschland und die Französische Revolution, Sigmaringen 1983, 301–322 (= Beihefte der Francia, Bd. 12).

GRADMANN, CHRISTOPH, Historische Belletristik. Populäre historische Biographien in der Weimarer Republik, Frankfurt a. M. 1993.

GRÄSSLIN, MATTHIAS, Das Gefühl, das aus reiner Erkenntnis entspringt. Marc Blochs Aufsätze über die Methoden der Geschichtswissenschaft und über seine Historikerkollegen. Rez. von: Marc Bloch, Histoire et historiens. Textes réunies par Etienne Bloch, Paris 1995, in: FAZ, 15.3.1996.

GRASSMANN, SIEGFRIED, Hugo Preuß und die deutsche Selbstverwaltung, Lübeck 1965.

GRAU, CONRAD, Planungen für ein Deutsches Historisches Institut in Paris während des Zweiten Weltkrieges, in: Francia 19/3 (1992), 109–128.

GRAUS, FRANTIŠEK, Geschichtsschreibung und Nationalsozialismus, in: VfZG 17 (1969), 87–95.

–, Rez. von: M. Bloch, Die Feudalgesellschaft, Berlin 1982, in: ZHF 12 (1985), 219–221.

–, Verfassungsgeschichte des Mittelalters, in: HZ 243 (1986), 529–589.

–, »Freiheit« als soziale Forderung. Die Bauernbewegungen im Spätmittelalter, in: Johannes Fried (Hg.), Die abendländische Freiheit vom 10. bis zum 14. Jahrhundert. Der Wirkungszusammenhang von Idee und Wirklichkeit im europäischen Vergleich, Sigmaringen 1991, 409–433.

GREBING, HELGA, Zwischen Kaiserreich und Diktatur. Göttinger Historiker und ihr Beitrag zur Interpretation von Geschichte und Gesellschaft (M. Lehmann, A. O. Meyer, W. Mommsen, S. A. Kaehler), in: Geschichtswissenschaft in Göttingen, 204–238.

–, Sozialdemokratie und Nation. Zur Geschichte der Diskussion der »nationalen Frage« in der SPD vor und nach 1945, in: Klaus Schoenhoven/Dietrich Staritz (Hg.), Sozialismus und Kommunismus im Wandel. Hermann Weber zum 65. Geburtstag, Köln 1993, 69–90.

–, Das Konzept des demokratischen Sozialismus als antiautoritäre Alternative. Historische Fundamente und aktuelle Akzentuierung, in: Internationale Wissenschaftliche Korrespondenz zur Geschichte der deutschen Arbeiterbewegung 29 (1993), 283–294.

–, Die Traditionen des »demokratischen Sozialismus« als Anti-These zum Marxismus-Leninismus. Der Weg zum Godesberger Programm, in: Sozialdemokratische Traditionen und Demokratischer Sozialismus 2000, Köln 1993, 26–43.

GROH, DIETER, Jean Jaurès und die deutsche Sozialdemokratie, in: Ulrike Brummert (Hg.), Jean Jaurès: Frankreich, Deutschland und die Zweite Internationale am Vorabend des Ersten Weltkrieges, Tübingen 1989, 1–17.

GROH, DIETER/BRANDT, PETER, »Vaterlandslose Gesellen«. Sozialdemokratie und Nation 1860–1990, München 1992.

GROLLE, JOIST, Der Hamburger Historiker Percy Ernst Schramm–ein Historiker auf der Suche nach der Wirklichkeit, in: Vorträge und Aufsätze. Hg. Verein für Hamburgische Geschichte, H. 28, Hamburg 1989.

–, Von der Verfügbarkeit des Historikers. Heinrich Reincke und die Hamburg-Geschichtsschreibung in der NS-Zeit, in: Frank Bajohr/Joachim Szodrynski (Hg.), Hamburg in der NS-Zeit, Hamburg 1995, 25–57.

GROPPE, CAROLA, Die Macht der Bildung. Das deutsche Bürgertum und der George-Kreis 1890–1933, Köln 1997.

GROßE KRACHT, KLAUS, Zwischen Berlin und Paris: Bernhard Groethuysen (1880–1946). Eine intellektuelle Biographie, Tübingen 2002.

GRUNEWALD, MICHEL/SCHLOBACH, JOCHEN (Hg.), Vermittlungen. Aspekte der deutsch-französischen Beziehungen vom 17. Jahrhundert bis zur Gegenwart, 2 Bde., Bern usw. 1992.

GRUNEWALD, MICHEL, Der »Erbfeind jenseits des Rheins«. Überlegungen zum Frankreichbild der »Preußischen Jahrbücher« zur Zeit der Weimarer Republik, in: Ders./Schlobach (Hg.), Vermittlungen, 371–388.

–, Frankreich in deutschen Kulturzeitschriften 1871–1939. Einige Überlegungen zur Konstituierung von Wahrnehmungsmustern im bilateralen Kontext, in: Frankreich Jahrbuch 1995. Politik, Wirtschaft, Gesellschaft, Geschichte, Kultur. Hg. Deutsch-Französisches Institut in Verb. m. Lothar Albertin u. a., Opladen 1996, 97–112.

GUENÉE, BERNARD, Des limites féodales aux frontières politiques, in: Pierre Nora (Hg.), Les Lieux de Mémoire, Bd. 2: La Nation, Paris 1986, 11–33.

GUSSONE, NIKOLAUS, Ein Unsichtbares anwesend machen. Percy Ernst Schramm über Herrschaftszeichen und die Demokratien von Weimar und Bonn, in: FAZ, 19.10.1994.

–, Herrschaftszeichen und Staatssymbolik. Zum 100. Geburtstag von Percy Ernst Schramm, in: Majestas. Hg. Heinz Duchhardt u. a., 2 (1994), 93–99.

GUSY, CHRISTOPH, Die Weimarer Reichsverfassung, Tübingen 1997.

HAAR, INGO, Historiker im Nationalsozialismus. Deutsche Geschichtswissenschaft und der ›Volkstumskampf‹ im Osten, Göttingen 2000.

HAAS, STEFAN, Historische Kulturforschung in Deutschland 1880–1930. Geschichtswissenschaft zwischen Synthese und Pluralität, Köln usw. 1994.

HACHMEISTER, LUTZ, Der Gegnerforscher. Die Karriere des SS-Führers Franz Alfred Six, München 1998.

HAHN, BARBARA (Hg.), Frauen in den Kulturwissenschaften. Von Lou Andreas-Salomé bis Hannah Arendt, München 1994.

HAHN, PETER-MICHAEL, Frankreich und das Reich während des 17. Jahrhunderts im Spiegel der deutschen Geschichtswissenschaft des 19. und 20. Jahrhunderts, in: HZ 247 (1988), 53–94.

HALLGARTEN, GEORGE W.F., Als die Schatten fielen. Erinnerungen vom Jahrhundertbeginn zur Jahrtausendwende, Frankfurt a. M./Berlin 1969.

HALPERIN, S. WILLIAM (Hg.), Some Twentieth Century Historians, Chicago/London 1961.
HAMMERSTEIN, NOTKER (Hg.), Deutsche Geschichtswissenschaft um 1900, Stuttgart 1988.
-, Die Johann Wolfgang Goethe-Universität Frankfurt am Main. Von der Stiftungsuniversität zur staatlichen Hochschule, Bd. I: 1914-1950, Frankfurt a. M. 1989.
-, Die Deutsche Forschungsgemeinschaft in der Weimarer Republik und im Nationalsozialismus. Wissenschaftspolitik in Republik und Diktatur 1920-1945, München 1999.
HANSEN, REIMER/RIBBE, WOLFGANG (Hg.), Geschichtswissenschaft in Berlin im 19. und 20. Jahrhundert. Persönlichkeiten und Institutionen, Berlin/New York 1992.
HAPPEL, HANS-GERD, Das wissenschaftliche Bibliothekswesen im Nationalsozialismus. Unter besonderer Berücksichtigung der Universitätsbibliotheken, München usw. 1989.
HARDTWIG, WOLFGANG, Hier kochten die Chefs persönlich: Lutz Raphael studiert die Historikerschule der »Annales« und ihre akademischen Erfolge, in: FAZ, 25.11.1994.
HATTENHAUER, HANS (Hg.), Rechtswissenschaft im NS-Staat: Der Fall Eugen Wohlhaupter, Heidelberg 1987.
HAUPT, HEINZ-GERHARD, Die Aufnahme Frankreichs in der deutschen Geschichtswissenschaft zwischen 1871 und 1914. Am Beispiel der »Historischen Zeitschrift«, in: Michael Nerlich (Hg.), Kritik der Frankreichforschung 1871-1975, Karlsruhe 1977, 53-60.
-, Tendenzen in der bundesrepublikanischen Frankreichforschung, in: Kritik der Frankreichforschung, 188-199.
-, /ZIEBURA, GILBERT (Hg.), Einleitung in: Wirtschaft und Gesellschaft in Frankreich seit 1789, Gütersloh 1975, 15-31.
-, Sozialgeschichte Frankreichs seit 1789, Frankfurt a. M. 1989.
HAUSER, OSWALD, Prof. Dr. Otto Becker, 17.Juli 1885-17. April 1955, in: Zeitschrift für Schleswig-Holsteinische Geschichte 80 (1956), 23-28.
HAUSMANN, FRANK-RUTGER, »Aus dem Reich der seelischen Hungersnot«: Briefe und Dokumente zur romanistischen Fachgeschichte im Dritten Reich, Würzburg 1993.
-, »Deutsche Geisteswissenschaft« im Zweiten Weltkrieg. Die »Aktion Ritterbusch« (1940-1945), Dresden/München 1998.
-, »Vom Strudel der Ereignisse verschlungen«. Deutsche Romanistik im »Dritten Reich«, Frankfurt a. M. 2000.
HEIBER, HELMUT, Walter Frank und sein Reichsinstitut für Geschichte des neuen Deutschlands, Stuttgart 1966.
HEIMANN, HORST/MEYER, THOMAS (Hg.), Reformsozialismus und Sozialdemokratie. Zur Theoriediskussion des Demokratischen Sozialismus in der Weimarer Republik, Berlin 1982.
HEIMPEL, HERMANN, Rudolf Stadelmann und die deutsche Geschichtswissenschaft, in: HZ 172 (1951), 285-307.
-, Über Geschichte und Geschichtswissenschaft in unserer Zeit, Göttingen 1959.
-, Symbolische Formen und Kriegstagebuch. Percy Ernst Schramm - Der Forscher und Mitmensch, in: GT, 19.11.1970.
-, Königtum, Wandel der Welt, Bürgertum. Nachruf auf P. E. Schramm, in: HZ 214 (1972), 96-108.
HEINEMANN, ULRICH, Die verdrängte Niederlage. Politische Öffentlichkeit und Kriegsschuldfrage in der Weimarer Republik, Göttingen 1983.
Heinrich Mitteis nach hundert Jahren (1889-1989). Symposium anläßlich des hundertsten Geburtstages in München am 2. und 3. November 1989. Hg. PETER LANDAU, HERMANN NEHLSEN, DIETMAR WILLOWEIT, München 1991.
HEINRICHS, HELMUT (Hg.), Deutsche Juristen jüdischer Herkunft, München 1983.
HEIß, GERNOT, Von Österreichs deutscher Vergangenheit und Aufgabe. Die Wiener Schule der Geschichtswissenschaft und der Nationalsozialismus, in: Ders./Siegfried Mattl u. a. (Hg.), Willfährige Wissenschaft. Die Universität Wien 1938-1945, Wien 1989, 39-76.
HEITMANN, KLAUS, Das französische Deutschlandbild in seiner Entwicklung, in: Sociologia Internationalis 4 (1966), 73-101; 165-195.

HEITZ, GERHARD/UNGER, MANFRED, Heinrich Sproemberg, 1889-1966, in: Heinz Heitzer/ Karl-Heinz Noack/Walter Schmidt (Hg.), Wegbereiter der DDR-Geschichtswissenschaft: Biographien, Berlin 1989, 300-317.

HENN, VOLKER, Wege und Irrwege der Hanseforschung und Hanserezeption in Deutschland im 19. und 20. Jahrhundert, in: Geschichtliche Landeskunde der Rheinlande. Regionale Befunde und raumübergreifende Perspektiven. Georg Droege zum Gedenken. Hg. Marlene Nikolay-Panter u. a., Köln usw. 1994, 388-414.

Henri Berr et la culture du 20e siècle. Histoire, science et philosophie. Actes du colloque international 24-26 octobre 1994, Paris. Hg. AGNÈS BIARD u. a., Paris 1997.

HERBERT, ULRICH, Best. Biographische Studien über Radikalismus, Weltanschauung und Vernunft 1903-1989, Bonn 1996.

HERTFELDER, THOMAS, Historie als Kulturkritik. Zu einem Interpretationsmuster in Franz Schnabels »Deutscher Geschichte im neunzehnten Jahrhundert«, in: HJb 116 (1996), 440-475.

-, Franz Schnabel und die deutsche Geschichtswissenschaft. Geschichtsschreibung zwischen Historismus und Kulturkritik (1910-1945), 2 Bde., Göttingen 1998.

HEß, JÜRGEN C., Wandlungen im Staatsverständnis des Linksliberalismus der Weimarer Republik 1930-1933, in: Karl Holl (Hg.), Wirtschaftskrise und liberale Demokratie, Göttingen 1978, 46-88.

HEUß, ANJA, Kunst- und Kulturgutraub. Eine vergleichende Studie zur Besatzungspolitik der Nationalsozialisten in Frankreich und der Sowjetunion, Heidelberg 2000.

HINRICHS, ERNST, Läßt sich die Geschichte mit Brettern vernageln? Bemerkungen zu deutsch-französischen Annäherungen in der Geschichtsforschung, in: Frankreich und Deutschland. Zur Geschichte einer produktiven Nachbarschaft. Hg. Niedersächsische Landeszentrale für politische Bildung, Hannover 1986, 129-143.

HIPPEL, WOLFGANG VON (Hg.), Freiheit-Gleichheit-Brüderlichkeit? Die Französische Revolution im deutschen Urteil, München 1989.

HÖHNE, ROLAND A., Die Frankreichhistoriographie der Weimarer Republik am Beispiel von Hermann Oncken, in: Nerlich (Hg.), Kritik der Frankreichforschung, 96-109.

HOJER, ERNST, Nationalsozialismus und Pädagogik. Umfeld und Entwicklung der Pädagogik Ernst Kriecks, Würzburg 1996.

HOLTZMANN, WALTHER, Nekrolog Robert Holtzmann, in: ZRG GA 65 (1947), 482-484.

-, in: DA 8 (1951), 256-258.

HONEGGER, CLAUDIA (Hg.), Marc Bloch, Fernand Braudel, Lucien Febvre u. a. Schrift und Materie der Geschichte. Vorschläge zu einer systematischen Aneignung historischer Prozesse, Frankfurt a. M. 1977.

HÜBINGER, GANGOLF, Die Intellektuellen im wilhelminischen Deutschland, in: WOLFGANG J. MOMMSEN (Hg.), Intellektuelle im Kaiserreich, Frankfurt a. M. 1993, 198-210; 242-244.

HÜBINGER, PAUL EGON (Hg.), Bedeutung und Rolle des Islam beim Übergang vom Altertum zum Mittelalter, Darmstadt 1968.

-, Ausgewählte Aufsätze und Vorträge. Beiträge zur Geschichte Europas und der Rheinlande in Mittelalter und Neuzeit, Siegburg 1990.

HUHN, JOCHEN/WITT, PETER-CHRISTIAN (Hg.), Föderalismus in Deutschland. Traditionen und gegenwärtige Probleme, Baden-Baden 1992.

IGGERS, GEORG GERSON, Neue Geschichtswissenschaft. Vom Historismus zur Historischen Sozialwissenschaft. Ein internationaler Vergleich, München 1978.

-, Geschichtswissenschaft und Sozialgeschichtsschreibung 1890-1914. Ein internationaler Vergleich, in: Wolfgang Küttler (Hg.), Marxistische Typisierung und idealtypische Methode in der Geschichtswissenschaft, Berlin 1986, 234-244.

-, Geschichtswissenschaft in Deutschland und Frankreich 1830 bis 1918 und die Rolle der Sozialgeschichte. Ein Vergleich zwischen zwei Traditionen bürgerlicher Geschichtsschreibung, in: Jürgen Kocka (Hg.), Bürgertum im 19. Jahrhundert, Bd. 3, München 1988, 175-199.

–, Geschichtswissenschaft im 20. Jahrhundert: ein kritischer Überblick im internationalen Zusammenhang, Göttingen 1993.
–, Projekt-Konzept einer vergleichenden internationalen und interkulturellen Geschichte des Geschichtsdenkens seit 1750, Ms. 2002.
ILG, KARL, Nekrolog Hermann Wopfner, in: HZ 198 (1964), 789-791.
In memoriam Hermann Heimpel. Gedenkfeier am 23. Juni 1989 in der Aula der Georg August-Universität, Göttingen 1989.
IRSIGLER, FRANZ, Groß- und Kleinbesitz im westlichen Deutschland vom 13.-18. Jahrhundert: Versuch einer Typologie, in: Péter Gunst (Hg.), Grand Domaine et petites exploitations en Europe au Moyen Age et dans les temps modernes. Rapports nationaux, Budapest 1982, 33-59.
–, Raumkonzepte in der historischen Forschung, in: Zwischen Gallia und Germania, Frankreich und Deutschland. Konstanz und Wandel raumbestimmender Kräfte. Vorträge auf dem 36. Deutschen Historikertag, Trier, 8.-12. Oktober 1986, Trier 1987, 11-27.
–, Zu den gemeinsamen Wurzeln von »histoire régionale comparative« und »vergleichender Landesgeschichte« in Frankreich und Deutschland, in: Hartmut Atsma/André Burguière (Hg.), Marc Bloch aujourd'hui. Histoire comparée et sciences sociales, Paris 1990, 73-85.
JACOBEIT, WOLFGANG/LIXFELD, HANNJOST/BOCKHORN, OLAF (Hg.), Völkische Wissenschaft. Gestalten und Tendenzen der deutschen und österreichischen Volkskunde in der ersten Hälfte des 20. Jahrhunderts, Wien usw. 1994.
JÄCKEL, EBERHARD, Frankreich in Hitlers Europa. Die deutsche Frankreichpolitik im Zweiten Weltkrieg, Stuttgart 1966.
JAEGER, FRIEDRICH/RÜSEN, JÖRN, Geschichte des Historismus. Eine Einführung, München 1992.
JAKOBS, HERMANN, Theodor Schieffer (1910-1992). Ein Gelehrtenleben im 20. Jahrhundert, in: HJb 113 (1993), 1-20.
JANSEN, CHRISTIAN, Professoren und Politik. Politisches Denken und Handeln der Heidelberger Hochschullehrer 1914-1935, Göttingen 1992.
–, Die Hochschule zwischen angefeindeter Demokratie und nationalsozialistischer Politisierung. Neuere Publikationen zur Wissenschafts- und Universitätsgeschichte in Deutschland zwischen 1918 und 1945, in: NPL 38 (1993), 179-220.
JAPPE, HAJO, Ernst Bertram: Gelehrter, Lehrer und Dichter, Bonn 1969.
JARAUSCH, KONRAD u. a. (Hg.), Geschichtswissenschaft vor 2000. Perspektiven der Historiographiegeschichte, Geschichtstheorie, Sozial- und Kulturgeschichte. FS Georg Gerson Iggers, Hagen 1991.
JARDIN, ANDRÉ, Alexis de Tocqueville. Leben und Werk, Frankfurt a. M./New York 1991.
JEHLE, PETER, Werner Krauss und die Romanistik im NS-Staat, Hamburg/Berlin 1996.
JEHN, PETER, Die Ermächtigung der Gegenrevolution. Zur Entwicklung der kulturideologischen Frankreich-Konzeption bei Ernst Robert Curtius, in: Nerlich (Hg.), Kritik der Frankreichforschung, 110-132.
JEISMANN, MICHAEL, Das Vaterland der Feinde. Studien zum nationalen Feindbegriff und Selbstverständnis in Deutschland und Frankreich 1792-1918, Stuttgart 1992.
–, Im Sperrgebiet der Historiographie. Der Abwehrriegel hielt lange stand: Französische Mentalitätsgeschichte in Deutschland, in: FAZ, 4.5.1994.
JOHLER, REINHARD, Innsbruck: Zur Entstehung von Volkskunde an der Sprachgrenze, in: Jacobeit (Hg.), Völkische Wissenschaft, 407-415.
–, Geschichte und Landeskunde: Innsbruck, in: ebd., 449-462.
–, »Volksgeschichte«: Adolf Helboks Rückkehr nach Innsbruck, in: ebd., 541-547.
–, »Tradition und Gemeinschaft«: Der Innsbrucker Weg, in: ebd., 589-601.
JOHN, JÜRGEN, Die Reichsreformdiskussion in der Weimarer Republik, in: Huhn/Witt (Hg.), Föderalismus in Deutschland, 101-126.

Jordan, Lothar/Kortländer, Bernd (Hg.), Nationale Grenzen und internationaler Austausch. Studien zum Kultur- und Wissenschaftstransfer in Europa, Tübingen 1995.

Jütte, Robert, Hedwig Hintze (1884-1942). Die Herausforderung der traditionellen Geschichtsschreibung durch eine linksliberale jüdische Historikerin, in: Walter Grab (Hg.), Juden in der deutschen Wissenschaft. Internationales Symposium April 1985. Jahrbuch des Instituts für Deutsche Geschichte der Universität Tel Aviv, Beiheft 10, Tel Aviv 1986, 249-279.

Kamp, Norbert, Percy Ernst Schramm und die Mittelalterforschung, in: Boockmann/Wellenreuther (Hg.), Geschichtswissenschaft in Göttingen, 344-363.

Kater, Michael H., Das »Ahnenerbe« der SS 1935-1945. Ein Beitrag zur Kulturpolitik des Dritten Reiches, München, 2. Aufl. 1997.

Kaudelka, Steffen, Ein Lebenslauf mit Geschichte. Manche führten den Krieg der Geister, Hedwig Hintze hatte Geist und entdeckte die Schicksalsgemeinschaft der Völker, in: FAZ, 10.10.1998.

Kaudelka, Steffen/Walther, Peter Thomas, Neues und neue Archivfunde über Hedwig Hintze (1884-1942), in: JbUG 2 (1999), 203-218.

Kaznelson, Siegmund, (Hg.), Juden im deutschen Kulturbereich. Ein Sammelwerk, Berlin, 2. Aufl. 1959.

Kettenacker, Lothar, Kontinuität im Denken Ernst Anrichs. Ein Beitrag zum Verständnis gleichbleibender Anschauungen des Rechtsradikalismus in Deutschland, in: Paul Kluke zum 60. Geburtstag dargebracht von Frankfurter Schülern und Mitarbeitern, Frankfurt a. M. 1968.

-, Nationalsozialistische Volkstumspolitik im Elsaß, Stuttgart 1973.

Keylor, William R., Jacques Bainville and the Renaissance of Royalist History in Twentieth-Century France, Baton Rouge/La. 1979.

Khilnani, Sunil, Revolutionsdonner. Die französische Linke nach 1945, Hamburg 1995.

Kienast, Walther, Nekrolog Marc Bloch, in: HZ 170 (1950), 223-225.

Klein, Fritz, Die deutschen Historiker im ersten Weltkrieg, in: Joachim Streisand (Hg.), Studien über die deutsche Geschichtswissenschaft, Bd. 2: Die bürgerliche deutsche Geschichtsschreibung von der Reichseinigung von oben bis zur Befreiung Deutschlands vom Faschismus, Berlin (Ost) 1965, 227-248.

Klingemann, Carsten, Das »Institut für Sozial- und Staatswissenschaften« an der Universität Heidelberg zum Ende der Weimarer Republik und während des Nationalsozialismus, in: JbfSozGes 1 (1990), 79-120.

Klötzer, Wolfgang, Nekrolog Paul Wentzcke, in: HZ 192 (1961), 791-792.

Klueting, Harm, »Vernunftrepublikanismus« und »Vertrauensdiktatur«: Friedrich Meinecke in der Weimarer Republik, in: HZ 242 (1986), 69-98.

Knipping, Franz, Deutschland, Frankreich und das Ende der Locarno-Ära 1928-1931, München 1987.

Knoche, Michael, Wissenschaftliche Zeitschriften und Bibliotheken in den dreißiger Jahren, in: Peter Vodosek/Manfred Komorowski (Hg.), Bibliotheken während des Nationalsozialismus, Teil II, Wiesbaden 1992, 133-147.

Kocka, Jürgen, Otto Hintze, in: Deutsche Historiker, Bd. 3, Göttingen 1972, 41-64.

Koenen, Andreas, Der Fall Carl Schmitt. Sein Aufstieg zum »Kronjuristen des Dritten Reiches«, Darmstadt 1995.

Körner, Heiko, Carl Brinkmann. Eine wissenschaftsbiographische Skizze, in: Reinhard Blomert/Hans Ulrich Eßlinger/Norbert Giovannini (Hg.), Heidelberger Sozial- und Staatswissenschaften. Das Institut für Sozial- und Staatswissenschaften zwischen 1918 und 1958, Marburg 1997, 159-165.

Kolboom, Ingo, Von der heillosen zur heilsamen Verstrickung. Deutsche und Franzosen in der gegenseitigen Wahrnehmung, in: Hans Süssmuth (Hg.), Deutschlandbilder in Dänemark und England, in Frankreich und den Niederlanden, Baden-Baden 1996, 287-299.

KORTLÄNDER, BERND, Begrenzung – Entgrenzung. Kultur- und Wissenschaftstransfer in Europa, in: Ders./Jordan, Lothar (Hg.), Nationale Grenzen und internationaler Austausch. Studien zum Kultur- und Wissenschaftstransfer in Europa, Tübingen 1995, 1–19.

KOSELLECK, REINHART, Art. »Revolution«, in: Geschichtliche Grundbegriffe, Bd. 5, Stuttgart 1984, 653–788.

KOWALCZUK, ILKO-SASCHA, Legitimation eines neuen Staates. Parteiarbeiter an der historischen Front. Geschichtswissenschaft in der SBZ/DDR 1945 bis 1961, Berlin 1997.

KRAUSE, TILMAN, Mit Frankreich gegen das deutsche Sonderbewußtsein. Friedrich Sieburgs Wege und Wandlungen in diesem Jahrhundert, Berlin 1993.

KREUTZ, WILHELM, 200 Jahre Französische Revolution – Erträge der Forschung IV: Die Französische Revolution: Ereignis – Rezeption – Wirkungen. Deutschsprachige Neuerscheinungen zum Bicentenaire im europäischen Vergleich, in: NPL 37 (1992), 351–383.

KROHN, CLAUS-DIETER, Zur intellektuellen Biographie Emil Lederers, in: Emil Lederer, Der Massenstaat. Gefahren einer klassenlosen Gesellschaft, Graz 1995, 9–40.

–,/VON ZUR MÜHLEN, PATRIK/PAUL, GERHARD/WINCKLER, LUTZ (Hg.), Handbuch der deutschsprachigen Emigration 1933–1945, Darmstadt 1998.

KRÜGER, EDELTRAUD (Hg.), Berliner Historiker. Die neuere deutsche Geschichte in Forschung und Lehre an der Berliner Universität, Berlin 1989.

KRÜGER, PETER, Deutscher Nationalismus und europäische Verständigung: Das Verhältnis Deutschlands zu Frankreich während der Weimarer Republik, in: Francia 11 (1983), 509–525.

–, Die Außenpolitik der Republik von Weimar, Darmstadt, 2. Aufl. 1993.

KRUSE, VOLKER, Soziologie und »Gegenwartskrise«. Die Zeitdiagnosen Franz Oppenheimers und Alfred Webers, Wiesbaden 1990.

KUBASEC, MARJA, Sterne über dem Abgrund. Aus dem Leben der Antifaschistin Dr. Maria Grollmuss, Bautzen 1961.

–, [KUBASCH, MARIA], Maria Grollmuß, Berlin 1970.

KUCZYNSKI, JÜRGEN, Vorgefechte im Meinungsstreit, in: ZfG 32 (1984), 429–439.

KUHLGATZ, DIETRICH, Verehrung und Isolation. Zur Rezeptionsgeschichte der Biographie Friedrichs II. von Ernst Kantorowicz, in: ZfG 43 (1995), 736–746.

KÜTTLER, WOLFGANG/RÜSEN, JÖRN/SCHULIN, ERNST (Hg.), Geschichtsdiskurs, Bd. 1: Grundlagen und Methoden der Historiographiegeschichte, Frankfurt a. M. 1993.

–, Geschichtsdiskurs, Bd. 2: Anfänge modernen historischen Denkens, Frankfurt a. M. 1994.

LADEMACHER, HORST, Franz Petri zum Gedächtnis, in: RhVjbl 57 (1993), VII–XIX.

LANGEWIESCHE, DIETER, Die Eberhard-Karls-Universität Tübingen in der Weimarer Republik. Krisenerfahrung und Distanz zur Demokratie an deutschen Universitäten, in: ZWLG 51 (1992), 345–381.

–, Die Universität Tübingen in der Zeit des Nationalsozialismus: Formen der Selbstgleichschaltung und Selbstbehauptung, in: GG 23 (1997), 618–646.

LEBZELTER, GISELA, Die »Schwarze Schmach«. Vorurteile-Propaganda-Mythos, in: GG 11 (1985), 37–58.

LE GOFF, JACQUES, Préface: Marc Bloch, Les rois thaumaturges, Paris 1983, I–XXXVIII.

–, /ROGER CHARTIER/JACQUES REVEL (Hg.), Die Rückeroberung des historischen Denkens. Grundlagen der Neuen Geschichtswissenschaft, Frankfurt a. M. 1990.

LEHMANN, HARTMUT/HORN MELTON, JAMES VAN, Paths of Continuity. Central European Historiography from the 1930s to the 1950s, Washington, D.C. 1994.

–, /SHEEHAN, JAMES JOHN (Hg.), An interrupted past: German-speaking refugee historians in the United States after 1933, Washington, D.C., 1991.

LEHNERT, DETLEF, Hugo Preuß als moderner Klassiker einer kritischen Theorie der »verfaßten« Politik. Vom Souveränitätsproblem zum demokratischen Pluralismus, in: PVJS 33 (1992), 33–54.

–, Verfassungsdispositionen für die Politische Kultur der Weimarer Republik – Die Beiträge von Hugo Preuß im historisch-konzeptiven Vergleich, in: Ders./Klaus Megerle (Hg.), Pluralismus als Verfassungs- und Gesellschaftsmodell. Zur politischen Kultur in der Weimarer Republik, Opladen 1993, 11–47.

–, Verfassungsdemokratie als Bürgergenossenschaft. Politisches Denken, Öffentliches Recht und Geschichtsdeutungen bei Hugo Preuß – Beiträge zur demokratischen Institutionenlehre in Deutschland, Baden-Baden 1998.

LEIDLMAIR, ADOLF, Hermann Wopfner und die Volkskunde von Tirol, in: Hermann Wopfner, Entstehung und Wesen des tirolischen Volkstums. Bäuerliche Siedlung und Wirtschaft. Zwei Beiträge aus dem Band: Tirol, Land und Natur, Volk und Geschichte, geistiges Leben. Hg. Hauptausschuß des Deutschen und Österreichischen Alpenvereins, Bd. 1, München 1933. ND Innsbruck 1994, V-XVII.

LEUILLOT, PAUL, Aux origines des »Annales d'histoire économique et sociale« (1928). Contribution à l'historiographie française, in: Méthodologie de l'histoire et des sciences humaines. Mélanges en l'honneur de Fernand Braudel, Toulouse 1973.

LIETZMANN, HANS J., Kontinuität und Schweigen. Über die Fortwirkung Alfred Webers und seiner politischen Theorie in der westdeutschen Politikwissenschaft, in: Hans G. Nutzinger (Hg.), Zwischen Nationalökonomie und Universalgeschichte: Alfred Webers Entwurf einer umfassenden Sozialwissenschaft in heutiger Sicht, Marburg 1995, 137–159.

LIPPOLD, VERENA, Netzwerk und Netzhaut. So plakativ: Geschichtsbilder im britisch-deutschen Austausch, in: FAZ, 20.10.1999.

LIVET, GEORGES, Gaston Zeller et les relations internationales. Une leçon de méthode et de critique historique, in: Bulletin de la Faculté des Lettres de Strasbourg, avril 1961, 354–366.

LOKATIS, SIEGFRIED, Hanseatische Verlagsanstalt. Politisches Buchmarketing im »Dritten Reich«, Frankfurt a. M. 1992.

LUDWIG, ESTHER, Adolf Helbok (1883–1968) und die »Gleichschaltung« des Seminars für Landesgeschichte und Siedlungskunde an der Leipziger Universität (1935–1941), in: Wissenschaftliche Zeitschrift der Humboldt-Universität zu Berlin, Geistes- und Sozialwissenschaften 40 (1991), 81–91.

–, »Ein sonniges Neuland« oder der Historiker als »Diagnostiker am Leibe des Volkes«. Zum Verhältnis von politischem Legitimationsbedarf und wissenschaftlichem Erkenntnisinteresse anhand der Kontroverse der »Kötzschke-Schule« mit Adolf Helboks Volkstumsgeschichte, in: Westfälische Forschungen 46 (1996), 49–72.

LÜBBE, HERMANN, Politische Philosophie in Deutschland, Stuttgart 1963.

LÜDTKE, ALF, Anregungskraft und blinde Stellen. Zum Alphabet des Fragenstellens nach Marx, in: Ders. (Hg.), Was bleibt von marxistischen Perspektiven in der Geschichtsforschung?, Göttingen 1997, 9–32.

LUTHARDT, WOLFGANG, Sozialdemokratische Verfassungstheorie in der Weimarer Republik, Opladen 1986.

LUZZATTO, SERGIO, Les tranchées de la Sorbonne: Les historiens français et le mythe de la guerre révolutionnaire (1914–1918), in: Storia della Storiografia 20 (1991), 3–27.

LYON, BRYCE, Henri Pirenne. A biographical and intellectual study, Ghent 1974.

–, Marc Bloch: did he repudiate *Annales* history?, in: Journal of Medieval History 11 (1985), 181–191.

MACHTAN, LOTHAR, Hans Rothfels und die sozialpolitische Geschichtsschreibung in der Weimarer Republik, in: Ders. (Hg.), Bismarcks Sozialstaat. Beiträge zur Geschichte der Sozialpolitik und zur sozialpolitischen Geschichtsschreibung, Frankfurt/New York 1994, 310–384.

MÄRTL, CLAUDIA, Nachwort zu Marc Bloch, Die wundertätigen Könige, München 1998, 535–542.

MAIER, HANS, Ideen von 1914 – Ideen von 1939? Zweierlei Kriegsanfänge, in: VfZG 38 (1990), 525–542.

MARKOV, WALTER, La révolution française vue par les historiens de la république de Weimar, in: Revue d'Allemagne 6 (1974), 58-66.
-, Zwiesprache mit dem Jahrhundert. Dokumentiert von Thomas Grimm, Köln 1990.
MÄRZ, WOLFGANG, Der Richtungs- und Methodenstreit der Staatsrechtslehre, oder der staatsrechtliche Antipositivismus, in: Knut Wolfgang Nörr u. a. (Hg.), Geisteswissenschaften zwischen Kaiserreich und Republik. Zur Entwicklung von Nationalökonomie, Rechtswissenschaft und Sozialwissenschaft im 20. Jahrhundert, Stuttgart 1994, 75-133.
MASTE, ERNST, Hugo Preuß. Vater der Weimarer Verfassung, in: APuZ 43/60, 26.10.1960, 695-702.
MASUR, GERHARD, Das ungewisse Herz. Berichte aus Berlin – über die Suche nach dem Freien, Holyoke/Ma. 1978.
MATTHIESEN, MICHAEL, Gerhard Ritter. Studien zu Leben und Werk bis 1933, 2 Bde., Egelsbach usw. 1993.
MAUERSBERG, JASPAR, Ideen und Konzeption Hugo Preuß' für die Verfassung der deutschen Republik 1919 und ihre Durchsetzung im Verfassungswerk von Weimar, Frankfurt a. M. 1991.
MAYER, THEODOR, Rez. von: Philippe Dollinger, L'évolution des classes rurales en Bavière depuis la fin de l'époque Carolingienne jusqu'au milieu du XIIIe siècle, Paris 1949, in: HZ 171 (1951), 582-586.
-, Nekrolog Alphons Dopsch, in: HZ 179 (1955), 213-216.
-, Die Königsfreien und der Staat des frühen Mittelalters, in: Das Problem der Freiheit in der deutschen und schweizerischen Geschichte, Lindau/Konstanz 1955, 7-56.
MCNEIL, GORDON H., Georges Lefebvre 1874-1959, in: S. William Halperin (Hg.), Some Twentieth Century Historians, Chicago/London 1961, 57-74.
MEINEKE, STEFAN, Friedrich Meinecke. Persönlichkeit und politisches Denken bis zum Ende des Ersten Weltkrieges, Berlin 1995.
MERTENS, LOTHAR, Forschungsförderung im Dritten Reich, in: ZfG 44 (1996), 119-126.
MEUTHEN, ERICH, Nekrolog Theodor Schieffer, in: HZ 256 (1993), 241-248.
MEYER-KALKUS, REINHART, Die akademischen und wissenschaftlichen Beziehungen zwischen Deutschland und Frankreich 1925-1944, in: Lendemains 17 (1992), 71-93.
-, Die akademische Mobilität zwischen Deutschland und Frankreich (1925-1992), Bonn 1994.
MICHELS, ECKARD, Das Deutsche Institut in Paris 1940-1944, in: Revue d'Allemagne 23 (1991), 451-466.
-, Das Deutsche Institut in Paris 1940-1944. Ein Beitrag zu den deutsch-französischen Kulturbeziehungen und zur auswärtigen Kulturpolitik des Dritten Reiches, Stuttgart 1993.
MÖLLER, HORST, Nationalsozialistische Wissenschaftsideologie, in: Tröger (Hg.), Hochschule und Wissenschaft, 65-76.
-, »Wissensdienst für die Volksgemeinschaft«. Bemerkungen zur nationalsozialistischen Wissenschaftspolitik, in: Berlinische Lebensbilder, Bd. 3: Wissenschaftspolitik in Berlin. Minister, Beamte, Ratgeber. Hg. Wolfgang Treue, Karlfried Gründer, Berlin 1987, 307-324.
-, Frankreich in der deutschen Kultur der 1920er Jahre, in: Revue d'Allemagne 21 (1989), 217-234.
MOMMSEN, HANS, Zum Verhältnis von politischer Wissenschaft und Geschichtswissenschaft in Deutschland , in: VfZG 10 (1962), 341-372.
MOMMSEN, WOLFGANG J., Der autoritäre Nationalstaat: Verfassung, Gesellschaft und Kultur des deutschen Kaiserreiches, Frankfurt a. M. 1990.
-, (Hg.), Kultur und Krieg: Die Rolle der Intellektuellen, Künstler und Schriftsteller im Ersten Weltkrieg, München 1996.
MOSSE, GEORGE L., Ein Volk, ein Reich, ein Führer. Die völkischen Ursprünge des Nationalsozialismus, Königstein/Ts. 1979.
MROZEK, BODO, »Hedwig Hintze-Preis« ins Leben gerufen, in: Der Tagesspiegel, 15.9.1998.
MÜLLER, BERTRAND, Critique bibliographique et construction disciplinaire: l'invention d'un savoir-faire, in: Genèses 14 (1994), 105-123.

–, Lucien Febvre et la politique du compte-rendu, in: Le goût de l'histoire, des idées et des hommes. Mélanges en hommage au professeur Jean-Pierre Aguet, Vevey 1996, 437–459.

MÜLLER, CHRISTOPH, Hermann Heller (1891–1933): »Nationale Kulturgemeinschaft und antinationaler Nationalismus«, in: Erler u. a. (Hg.), »Meinetwegen ist die Welt erschaffen«, 345–361.

MÜLLER, CHRISTOPH/STAFF, ILSE (Hg.), Der soziale Rechtsstaat. Gedächtnisschrift für Hermann Heller 1891–1933, Baden-Baden 1984.

MÜLLER, GERHARD, Ernst Krieck und die nationalsozialistische Wissenschaftsreform. Motive und Tendenzen einer Wissenschaftslehre und Hochschulreform im Dritten Reich, Weinheim 1978.

MÜLLER, GUIDO, Gesellschaftsgeschichte und Internationale Beziehungen: Die deutsch-französische Verständigung nach dem Ersten Weltkrieg, in: Ders. (Hg.), Deutschland und der Westen. Internationale Beziehungen im 20. Jahrhundert. FS Klaus Schwabe zum 65. Geburtstag, Stuttgart 1998, 49–64.

MÜLLER, HERIBERT, Der bewunderte Erbfeind. Johannes Haller, Frankreich und das französische Mittelalter, in: HZ 252 (1991), 265–317.

–, »Eine gewisse angewiderte Bewunderung«. Johannes Haller und der Nationalsozialismus, in: Gestaltungskraft des Politischen. FS Eberhard Kolb. Hg. Wolfram Pyta, Ludwig Richter, Berlin 1998, 443–482.

MÜLLER, KLAUS-JÜRGEN, Die deutsche öffentliche Meinung und Frankreich 1933–1939, in: Klaus Hildebrand/Karl Ferdinand Werner (Hg.), Deutschland und Frankreich 1936–1939, München 1981, 17–46.

MÜLLER, RUDOLF WOLFGANG/SCHÄFER, GERT (Hg.), »Klassische« Antike und moderne Demokratie – Arthur Rosenberg zwischen alter Geschichte und Zeitgeschichte, Politik und politischer Bildung, Göttingen 1986.

NAGEL, ANNE CHRISTINE, »Der Prototyp der Leute, die man entfernen soll, ist Mommsen«. Entnazifizierung in der Provinz oder die Ambiguität moralischer Gewißheit, in: Jahrbuch zur Liberalismus-Forschung 10 (1998), 55–91.

NEHLSEN, HERMANN, Nekrolog Karl August Eckhardt, in: ZRG GA 104 (1987), 497–536.

NERLICH, MICHAEL (Hg.), Kritik der Frankreichforschung 1871–1975, Karlsruhe 1977.

NEUGEBAUER, WOLFGANG, Hans Rothfels als politischer Historiker der Zwischenkriegszeit, in: Peter Drewek u. a. (Hg.), Ambivalenzen der Pädagogik. Zur Bildungsgeschichte der Aufklärung und des 20. Jahrhunderts, Weinhein 1995, 169–183.

–, Otto Hintze und seine Konzeption der »Allgemeinen Verfassungsgeschichte der neueren Staaten«, in: ZhF 20 (1993), 65–96.

–, Otto Hintze und seine Konzeption der »Allgemeinen Verfassungsgeschichte der neueren Staaten«, in: Otto Hintze, Allgemeine Verfassungs- und Verwaltungsgeschichte der neueren Staaten. Fragmente, Bd. 1. Hg. Giuseppe Di Costanzo u. a., Neapel 1998, 35–83.

–, Zur Quellenlage der Hintze-Forschung, in: Jahrbuch für die Geschichte Mittel- und Ostdeutschlands 45 (1999), 323–338.

NIKOLAY-PANTER, MARLENE, Geschichte, Methode, Politik. Das Institut und die geschichtliche Landeskunde der Rheinlande 1920–1945, in: RhVjBl 60 (1996), 233–262.

–, Zur geschichtlichen Landeskunde der Rheinlande, in: Dies. u. a. (Hg.), Geschichtliche Landeskunde der Rheinlande. Regionale Befunde und raumübergreifende Perspektiven. Georg Droege zum Gedenken, Köln usw. 1994, 3–22.

NOLTE, ERNST, Der Faschismus in seiner Epoche. Action française, italienischer Faschismus, Nationalsozialismus, München/Zürich, 5. Aufl. 1979.

NORDMANN, DANIEL, Des limites d'état aux frontières nationales, in: Pierre Nora (Hg.), Les Lieux de Mémoire, Bd. 2: La Nation, Paris 1986, 35–61.

NOWAK, KURT, Historische Einführung: Adolf von Harnack. Wissenschaft und Weltgestaltung auf dem Boden des modernen Protestantismus, in: Ders. (Hg.), Adolf von Harnack als Zeitgenosse. Reden und Schriften aus den Jahren des Kaiserreichs und der Weimarer Republik, Teil 1: Der Theologe und Historiker, Berlin 1996.

OBENAUS, HERBERT, Geschichtsstudium und Universität nach der Katastrophe von 1945: das Beispiel Göttingen, in: Karsten Rudolph/Christl Wickert (Hg.), Geschichte als Möglichkeit. Über die Chancen von Demokratie. FS Helga Grebing, Essen 1995, 307-337.

OBERKROME, WILLI, Reformansätze in der deutschen Geschichtswissenschaft der Zwischenkriegszeit; in: Michael Prinz/Rainer Zitelmann (Hg.), Nationalsozialismus und Modernisierung, Darmstadt 1991, 216-238.

-, Volksgeschichte. Methodische Innovation und völkische Ideologisierung in der deutschen Geschichtswissenschaft 1918-1945, Göttingen 1993.

-, »Grenzkampf« und »Heimatdienst«. Geschichtswissenschaft und Revisionsbegehren, in: Tel-AviverJbdtG 25 (1996), 187-204.

-, Historiker im »Dritten Reich«: Zum Stellenwert volkshistorischer Ansätze zwischen klassischer Politik- und neuerer Sozialgeschichte, in: GWU 50 (1999), 74-98.

OESTREICH, BRIGITTA, Hedwig und Otto Hintze. Eine biographische Skizze, in: GG 11 (1985), 397-419.

-, Otto Hintze, in: Michael Erbe (Hg.), Berlinische Lebensbilder. Geisteswissenschaftler, Berlin 1989, 287-309.

-, Hedwig Hintze geborene Guggenheimer (1884-1942). Wie wurde sie Deutschlands erste bedeutende Fachhistorikerin?, in: AnnTrento 22 (1996), 421-432.

OESTREICH, GERHARD, Die Fachhistorie und die Anfänge der sozialgeschichtlichen Forschung in Deutschland, in: HZ 208 (1969), 320-363.

-, Otto Hintze. Tradition und Fortschritt, in: Brigitta Oestreich (Hg.), Gerhard Oestreich. Strukturprobleme der frühen Neuzeit. Ausgewählte Aufsätze, Berlin 1980, 127-141.

OEXLE, OTTO GERHARD, Die Geschichtswissenschaft im Zeichen des Historismus. Bemerkungen zum Standort der Geschichtsforschung, in: HZ 238 (1984), 17-55.

-, Rechtsgeschichte und Geschichtswissenschaft, in: Akten des 26. Deutschen Rechtshistorikertages, Frankfurt a. M., 22.-26. September 1986, Frankfurt a. M. 1987, 77-107.

-, Ein politischer Historiker: Georg von Below (1858-1927), in: Notker Hammerstein (Hg.), Deutsche Geschichtswissenschaft um 1900, Stuttgart 1988, 283-312.

-, Marc Bloch et la critique de la raison historique, in: Atsma/Burguière (Hg.), Marc Bloch, 419-433.

-, Das Andere, die Unterschiede, das Ganze. Jacques Le Goffs Bild des europäischen Mittelalters, in: Francia 17/1 (1990), 141-158.

-, Was deutsche Mediävisten an der französischen Mittelalterforschung interessieren muß, in: Michael Borgolte (Hg.), Mittelalterforschung nach der Wende 1989, München 1995, 89-127.

-, Viel mehr als nur ein »Klassiker«: Marc Bloch, in: RhJ 15 (1996), 79-95.

-, Das Mittelalter als Waffe. Ernst H. Kantorowicz' ›Kaiser Friedrich der Zweite‹ in den politischen Kontroversen der Weimarer Republik, in: Ders., Geschichtswissenschaft im Zeichen des Historismus, Göttingen 1996, 163-215; 289-302.

-, Zweierlei Kultur. Zur Erinnerungskultur deutscher Geisteswissenschaftler nach 1945, in: RhJ 16 (1997), 358-390.

-, »Une science humaine plus vaste«. Marc Bloch und die Genese einer Historischen Kulturwissenschaft, in: Schöttler (Hg.), Marc Bloch. Historiker und Widerstandskämpfer, 102-144.

-, /WINFRIED SCHULZE (Hg.), Deutsche Historiker im Nationalsozialismus. Unter Mitarbeit von Gerd Helm und Thomas Ott, Frankfurt a. M. 1999.

-, »Zusammenarbeit mit Baal«. Über die Mentalität deutscher Geisteswissenschaftler 1933 - und nach 1945, in: HA 8 (2000), 1-27.

ORY, PASCAL, Artikel »Aulard«, in: Jacques Julliard/Michel Winock (Hg.), Dictionnaire des intellectuels français. Les personnes. Les lieux. Les moments, Paris 1996, 97-98.

OSCHMANN, KERSTEN, Über Hendrik de Man: Marxismus, Plansozialismus und Kollaboration: ein Grenzgänger in der Zwischenkriegszeit, Diss. Phil. Freiburg 1987.
OSTERROTH, FRANZ, Der Hofgeismarkreis der Jungsozialisten, in: AfSG 4 (1964), 525-569.
PAPST, WILFRIED (Hg.), Das Jahrhundert der deutsch-französischen Konfrontation: ein Quellen- und Arbeitsbuch zur deutsch-französischen Geschichte von 1866 bis heute, Hannover 1983.
PARAVICINI, WERNER (Hg.), Das Deutsche Historische Institut Paris. Festgabe aus Anlaß der Eröffnung seines neuen Gebäudes, des Hôtel Duret de Chevry, Sigmaringen 1994.
PARKER, HAROLD T., Henri Sée (1864-1936), in: Bernadotte Schmitt (Hg.), Some Historians of modern Europe. Essays in Historiography, Port Washington, N.Y., 2. Aufl. 1966, 444-476.
PAULMANN, JOHANNES, Internationaler Vergleich und interkultureller Transfer. Zwei Forschungsansätze zur europäischen Geschichte des 18. bis 20. Jahrhunderts, in: HZ 267 (1998), 649-685.
PELZER, ERICH, 200 Jahre Französische Revolution – Erträge der Forschung II: Die Französische Revolution als Kulturereignis, in: NPL 36 (1991), 349-391.
–, Die Wiederkehr des girondistischen Helden. Deutsche Intellektuelle als kulturelle Mittler zwischen Deutschland und Frankreich während der Französischen Revolution, Bonn 1998.
PETERSEN, SUSANNE, Lebensmittelfrage und revolutionäre Politik in Paris 1792-1793, München/Wien 1979.
PETKE, WOLFGANG, Karl Brandi und die Geschichtswissenschaft, in: Boockmann/Wellenreuther (Hg.), Geschichtswissenschaft in Göttingen, 287-320.
PETRI, FRANZ, Franz Steinbach 1895-1964, in: Bonner Gelehrte, 376-384.
–, Franz Steinbach zum Gedächtnis, in: RhVjBl 29 (1964), 1-27.
PEUKERT, DETLEV J., Die Weimarer Republik. Krisenjahre der klassischen Moderne, Frankfurt a. M. 1987.
Ploetz. Die Französische Revolution. Hg. ROLF REICHARDT, Freiburg/Würzburg 1988.
POMIAN, KRZYSZTOF, L'heure des Annales. La terre – les hommes – le monde, in: Pierre Nora (Hg.), Les lieux de mémoire. II, 1: La Nation, Paris 1986, 377-429.
PORTNER, ERNST, Koch-Wesers Verfassungsentwurf. Ein Beitrag zur Ideengeschichte der deutschen Emigration, in: VfZG 14 (1966), 280-298.
PRELLWITZ, JENS, Jüdisches Erbe, sozialliberales Ethos, deutsche Nation: Gustav Mayer im Kaiserreich und in der Weimarer Republik, Mannheim 1998.
PREUß, ULRICH K., Die Weimarer Republik – ein Laboratorium für neues verfassungsrechtliches Denken, in: Andreas Göbel u. a. (Hg.), Metamorphosen des Politischen. Grundfragen politischer Einheitsbildung seit den 20er Jahren, Berlin 1995, 177-187.
RAEFF, MARC, Hermann Aubin und die zeitgenössische Historiographie, in: Forschungen zur osteuropäischen Geschichte 48 (1993), 159-166.
RAMHARDTER, GÜNTHER, Geschichtswissenschaft und Patriotismus. Österreichische Historiker im Weltkrieg 1914-1918, München 1973.
RAPHAEL, LUTZ, Von der wissenschaftlichen Innovation zur kulturellen Hegemonie? Die Geschichte der »nouvelle histoire« im Spiegel neuerer Gesamtdarstellungen, in: Francia 16/3 (1989), 120-127.
–, Historikerkontroversen im Spannungsfeld zwischen Berufshabitus, Fächerkonkurrenz und sozialen Deutungsmustern. Lamprecht-Streit und französischer Methodenstreit der Jahrhundertwende in vergleichender Perspektive, in: HZ 251 (1990), 325-363.
–, Zwischen wissenschaftlicher Innovation und politischem Engagement: Neuerscheinungen zur Geschichte der frühen Annales-Schule, in: Francia 19/3 (1992), 103-108.
–, The Present as Challenge for the Historian. The Contemporary World in the Annales ESC, 1929-1949, in: Storia della Storiografia 21 (1992), 25-44.
–, Epochen der französischen Geschichtsschreibung, in: Wolfgang Küttler/Jörn Rüsen/Ernst Schulin (Hg.), Geschichtsdiskurs, Bd. 1: Grundlagen und Methoden der Historiographiegeschichte, Frankfurt a. M. 1993, 101-132.

–, Die Erben von Bloch und Febvre. »Annales«-Geschichtsschreibung und »nouvelle histoire« in Frankreich 1945–1980, Stuttgart 1994.
–, Die Pariser Universität unter deutscher Besatzung 1940–1944, in: GG 23 (1997), 507–534.
Rapp, Adolf, Nekrolog Adalbert Wahl, in: HZ 186 (1958), 236–237.
Raulet, Gérard, Gescheiterte Modernisierung. Kritische Überlegungen zur deutschen Frankreichkunde der Zwischenkriegszeit, in: Begegnung mit dem ›Fremden‹: Grenzen–Traditionen–Vergleiche. Hg. Eijiro Iwasaki, Bd. 2, München 1991, 289–301.
Raulff, Ulrich, Der streitbare Prälat. Lucien Febvre (1878–1956), in: Lucien Febvre, Das Gewissen des Historikers. Hg. Ulrich Raulff, Frankfurt a. M. 1990, 235–251.
–, Parallel gelesen: Die Schriften von Aby Warburg und Marc Bloch zwischen 1914 und 1924, in: Aby Warburg. Akten d. internationalen Symposiums Hamburg 1990. Hg. Horst Bredekamp u. a., Weinheim 1991, 167–178.
–, Der Historiker im Krieg. Marc Bloch, in: Merkur 45 (1991), H. 11, 1014–1025.
–, Geschichtsschreibung. Die große Siesta, in: FAZ, 5.31994.
–, Ein Historiker im 20. Jahrhundert: Marc Bloch, Frankfurt a. M. 1995.
Reeken, Dietmar von, Wissenschaft, Raum und Volkstum. Historische und gegenwartsbezogene Forschung in und über »Niedersachsen« 1910–1945. Ein Beitrag zur regionalen Wissenschaftsgeschichte, in: Niedersächsisches Jahrbuch für Landesgeschichte 68 (1996), 43–90.
Reichardt, Rolf, Vorwort zur Neuausgabe von: Hedwig Hintze, Staatseinheit und Föderalismus im alten Frankreich und in der Revolution, Frankfurt a. M. 1989, V–XXVIII.
–, /Schmitt, Eberhard, Die Französische Revolution – Umbruch oder Kontinuität?, in: ZHF 7 (1980), 257–320.
–, Von der politisch-ideengeschichtlichen zur sozio-kulturellen Deutung der Französischen Revolution. Deutschsprachiges Schrifttum 1946–1988, in: GG 15 (1989), 115–143.
Reuveni, Gideon, Geschichtsdiskurs und Krisenbewußtsein: Deutsche Historiographie nach dem Ersten Weltkrieg, in: TelAviverJbdtG 25 (1996), 155–186.
Ritter, Annelies, Veröffentlichungen von Professor Dr.phil. Percy Ernst Schramm, Hamburg 1960.
Ritter, Franz, Theorie und Praxis des demokratischen Sozialismus in der Weimarer Republik, Frankfurt a. M. 1981.
Rösener, Werner, Einführung in die Agrargeschichte, Darmstadt 1997.
Rössler, Mechthild, Der andere Diskurs zu Raum und Geschichte: Wechselbeziehungen zwischen »École des Annales« und früher deutscher Sozialgeographie 1920–1950, in: GeoZ 79 (1991), 153–167.
Rohden, Peter Richard/Sieburg, Heinz-Otto, Politische Geschichte Frankreichs, Mannheim, 2. Aufl. 1959.
Rosenberg, Hans, Machteliten und Wirtschaftskonjunkturen. Studien zur neueren deutschen Sozial- und Wirtschaftsgeschichte, Göttingen 1978.
Roth, Karl Heinz, Eine höhere Form des Plünderns. Der Abschlußbericht der »Gruppe Archivwesen« der deutschen Militärverwaltung in Frankreich, in: 1999 4, H. 2 (1989), 79–112.
–, Klios rabiate Hilfstruppen. Archivare und Archivpolitik im deutschen Faschismus, in: Archivmitteilungen. Zeitschrift für Archivwesen, archivalische Quellenkunde und historische Hilfswissenschaften 41 (1991), 1–10.
Rothfels, Hans, Die Geschichtswissenschaft in den Dreißiger Jahren, in: Flitner (Hg.), Deutsches Geistesleben und Nationalsozialismus, 90–107.
Sahlins, Peter, Natural Frontiers Revisited: France's Boundaries since the Seventeenth Century, in: AHR 95 (1990), 1423–1451.
Sammler, Steffen, »Histoire nouvelle« und deutsche Geschichtswissenschaft. Der Einfluß deutscher Historiker auf die Herausbildung der Geschichtskonzeption von Marc Bloch, in: Comparativ 1 (1992), 54–63.
Schefold, Dian, Hugo Preuß (1860–1925). Von der Stadtverfassung zur Staatsverfassung der Weimarer Republik, in: Deutsche Juristen jüdischer Herkunft, 429–453.

–, Hugo Preuß: »Aus dem großen Zusammenbruch den demokratischen Volksstaat retten«. Zwischen Obrigkeitsstaat, gemeindlicher Selbstverwaltung und Weimarer Verfassung, in: Recht und Politik. Vierteljahreshefte für Rechts- und Verwaltungspolitik 33/1 (1997), 27–37.
–, Hugo Preuß (1860–1925): »Aus dem großen Zusammenbruch den demokratischen Volksstaat retten«, in: Erler u. a. (Hg.), »Meinetwegen ist die Welt erschaffen«, 294–309.
–, Geisteswissenschaften und Staatsrechtslehre zwischen Weimar und Bonn, in: Erkenntnisgewinne, Erkenntnisverluste. Kontinuitäten und Diskontinuitäten in den Wirtschafts-, Rechts- und Sozialwissenschaften zwischen den 20er und 50er Jahren. Hg. Karl Acham u. a., Stuttgart 1998, 567–604.
Scheuer, Helmut, Ein Grenzfall, in: Hermann Wendel, Danton (ND Königstein/Ts. 1978), 423–443.
Schidorsky, Dov, Das Schicksal jüdischer Bibliotheken im Dritten Reich, in: Bibliotheken während des Nationalsozialismus. Hg. Peter Vodosek, Manfred Komorowski, Teil II, Wiesbaden 1992, 189–216.
Schieder, Theodor, Die deutsche Geschichtswissenschaft im Spiegel der Historischen Zeitschrift, in: HZ 189 (1959), 1–104.
–, Otto Hintze und die moderne Geschichtswissenschaft, in: HZ 239 (1984), 615–620.
Schieder, Wolfgang, Das italienische Experiment. Der Faschismus als Vorbild in der Krise der Weimarer Republik, in: HZ 262 (1996), 73–125.
Schivelbusch, Wolfgang, Eine Ruine im Krieg der Geister. Die Bibliothek von Löwen August 1914 bis Mai 1940, Frankfurt a. M. 1993.
Schleier, Hans, Die Historische Zeitschrift 1918–1943, in: Joachim Streisand (Hg.), Studien über die deutsche Geschichtswissenschaft, 2 Bde., Bd. 2: Die bürgerliche deutsche Geschichtsschreibung von der Reichseinigung von oben bis zur Befreiung Deutschlands vom Faschismus, Berlin (Ost) 1965, 251–302.
–, Die bürgerliche deutsche Geschichtsschreibung der Weimarer Republik, Berlin (Ost)/Köln 1975.
–, Zur Revolutionsinterpretation in der deutschen Geschichtsschreibung zwischen 1848 und 1933, in: ZfG 32 (1984), 515–525.
–, Epochen der deutschen Geschichtsschreibung seit der Mitte des 18. Jahrhunderts, in: Wolfgang Küttler/Jörn Rüsen/Ernst Schulin (Hg.), Geschichtsdiskurs, Bd. 1: Grundlagen und Methoden der Historiographiegeschichte, Frankfurt a. M. 1993, 133–156.
–, Die Berliner Geschichtswissenschaft – Kontinuitäten und Diskontinuitäten 1918–1952, in: Exodus von Wissenschaften aus Berlin. Fragestellungen, Ergebnisse, Desiderate. Entwicklungen vor und nach 1933. Akademie der Wissenschaften zu Berlin, Forschungsbericht 7. Hg. Wolfram Fischer/Klaus Hierholzer/Michael Hubenstorf/Peter Th. Walther/Rolf Winau, Berlin/New York 1994, 198–220.
Schlesinger, Walter, Theodor Mayer und der Konstanzer Arbeitskreis, in: Theodor Mayer zum 80. Geburtstag, Konstanz 1963, 9–29.
Schluchter, Wolfgang, Entscheidung für den sozialen Rechtsstaat. Hermann Heller und die staatstheoretische Diskussion in der Weimarer Republik, Baden-Baden, 2. Aufl. 1983.
Schmitt, Bernadotte (Hg.), Some Historians of modern Europe. Essays in Historiography, Port Washington, N.Y., 2. Aufl. 1966 (1. Aufl. 1942).
Schmitt, Eberhard, (Hg.), Die Französische Revolution, Köln 1976.
–, Einführung in die Geschichte der Französischen Revolution, München 1976.
–, Zur Zäsurideologie der französischen Revolution von 1789, in: Karl Bosl (Hg.), Der moderne Parlamentarismus und seine Grundlagen in der ständischen Repräsentation, Berlin 1977, 195–240.
–, /Meyn, Matthias, Ursprung und Charakter der Französischen Revolution bei Marx und Engels, in: Ernst Hinrichs u. a. (Hg.), Vom Ancien Régime zur Französischen Revolution. Forschungen und Perspektiven, Göttingen 1978, 588–649.

SCHOCHOW, WERNER, Ein Historiker in der Zeit. Versuch über Fritz Hartung (1883-1967), in: Jahrbuch für die Geschichte Mittel- und Ostdeutschlands 32 (1983), 219-250.
-, Die Preußische Staatsbibliothek 1918-1945. Ein geschichtlicher Überblick, Köln/Wien 1989.
-, Hugo Andres Krüß und die Preußische Staatsbibliothek. Seine Berufung zum Generaldirektor 1925 und die Folgen, in: Bibliothek. Forschung und Praxis 19 (1995), 7-19.
SCHÖNWÄLDER, KAREN, »Kriegseinsatz der Geisteswissenschaften«, in: Forum Wissenschaft 2 (1985), 28-30.
-, Historiker und Politik. Geschichtswissenschaft im Nationalsozialismus, Frankfurt a. M. 1992.
SCHÖTTLER, PETER, Von den »Annales« zum »Forum-Histoire«. Hinweise zur »neuen Geschichte« in Frankreich, in: Hannes Heer/Volker Ullrich (Hg.), Geschichte entdecken. Erfahrungen und Projekte der neuen Geschichtsbewegung, Reinbek 1985, 58-71.
-, Mentalitäten, Ideologien, Diskurse. Zur sozialgeschichtlichen Thematisierung der »dritten Ebene«, in: Alf Lüdtke (Hg.), Alltagsgeschichte. Zur Rekonstruktion historischer Erfahrungen und Lebensweisen, Frankfurt a. M. 1989, 85-136.
-, Lucie Varga. Zeitwende. Mentalitätsgeschichtliche Studien 1936-1939, Frankfurt a. M. 1991.
-, Zur Geschichte der Annales-Rezeption in Deutschland (West), in: Matthias Middell/Steffen Sammler (Hg.), Alles Gewordene hat Geschichte. Die Annales-Schule in ihren Texten, Leipzig 1994, 40-60.
-, »Désapprendre de l'Allemagne«: les Annales et l'histoire allemande pendant l'entre-deux-guerres, in: Hans Manfred Bock (Hg.), Entre Locarno et Vichy. Les relations culturelles franco-allemandes dans les années trente, Bd. 1, Paris 1993, 439-461.
-, L'érudition-et après? Les historiens allemands avant et après 1945, in: Genèses, Sept. 1991, 172-185.
-, Zur Erinnerung an Marc Bloch (1886-1944). Das Leben lieben. Von der Wissenschaft zur Résistance oder: Was ist ein kämpfender Historiker? In: Die Zeit, 17. 5. 1991.
-, Eine spezifische Neugierde. Die frühen »Annales« als interdisziplinäres Projekt, in: Comparativ 4 (1992), 112-126.
-, Der deutsche Historiker als Denkmal und Mythos. Zu einer fragwürdigen Biographie über Ernst Kantorowicz, in: SZ, 2. 4. 1992.
-, Als Frankreich sich selbst aufgab. Marc Blochs schonungslose Analyse der »seltsamen Niederlage« von 1940, in: Die Zeit, 10. 4. 1992.
-, Die Annales und Österreich in den zwanziger und dreißiger Jahren, in: ÖZfG 4 (1993), 74-99.
-, Das »Annales-Paradigma« und die deutsche Historiographie (1929-1939). Ein deutsch-französischer Wissenschaftstransfer? In: Lothar Jordan/Bernd Kortländer (Hg.), Nationale Grenzen und internationaler Austausch. Studien zum Kultur- und Wissenschaftstransfer in Europa, Tübingen 1995, 200-220.
-, Lucien Febvres Beitrag zur Entmythologisierung der rheinischen Geschichte, in: Lucien Febvre, Der Rhein und seine Geschichte, herausgegeben und kommentiert von Peter Schöttler, Frankfurt a. M./New York 1994, 217-263.
-, Der Rhein als Konfliktthema zwischen deutschen und französischen Historikern in der Zwischenkriegszeit, in: 1999. Zeitschrift für Sozialgeschichte des 20./21. Jahrhunderts 9, H. 2 (1994), 46-67.
-, Der gelehrte Krieger. Im Weinberg der Geschichte: Ulrich Raulffs Studie über den französischen Historiker Marc Bloch, in: Die Zeit, 7. 4. 1995.
-, Marc Bloch et le XIVè Congrès international de sociologie, Bucarest, août 1939, in: Genèses 20 (1995), 143-154.
-, Rationalisierter Fanatismus, archaische Mentalitäten. Marc Bloch und Lucien Febvre als Kritiker des nationalsozialistischen Deutschland, in: WerkstattGeschichte 5, 1996, H. 14, 5-21.
-, (Hg.), Geschichtsschreibung als Legitimationswissenschaft 1918-1945, Frankfurt a. M. 1997.

– ‚Geschichtsschreibung als Legitimationswissenschaft 1918–1945. Einleitende Bemerkungen, in: Ders. (Hg.), Geschichtsschreibung als Legitimationswissenschaft 1918–1945, Frankfurt a. M. 1997, 7–30.

–, Die historische »Westforschung« zwischen »Abwehrkampf« und territorialer Offensive, in: Ders. (Hg.), Geschichtsschreibung als Legitimationswissenschaft, 204–261.

–, Französische und deutsche Historiker-Netzwerke am Beispiel der frühen »Annales«, in: Hamit Bozarslan (Hg.), Regards et miroirs. Mélanges Rémy Leveau, Leipzig 1997, 213–226.

–, /WILDT, MICHAEL (Hg.), Bücher ohne Verfallsdatum. Rezensionen zur historischen Literatur der neunziger Jahre, Hamburg 1998.

–, Geschichtsschreibung in einer Trümmerwelt. Reaktionen französischer Historiker auf die deutsche Historiographie während und nach dem Ersten Weltkrieg, in: Peter Schöttler/Patrice Veit/Michael Werner (Hg.), Plurales Deutschland – Allemagne plurielle. FS für Étienne François, Göttingen 1999, 296–313.

–, Marc Bloch und Deutschland, in: Ders., (Hg.), Marc Bloch. Historiker und Widerstandskämpfer, 33–71.

–, Marc Bloch as a critic of historiographical nationalism in the interwar years, in: Stefan Berger/Mark Donovan/Kevin Passmore (Hg.), Writing National Histories. Western Europe since 1800, London/New York 1999, 125–136.

SCHOLTYSECK, JOACHIM, Robert Bosch und der liberale Widerstand gegen Hitler 1933 bis 1945, München 1999.

SCHORN-SCHÜTTE, LUISE, Karl Lamprecht, Kulturgeschichtsschreibung zwischen Wissenschaft und Politik, Göttingen 1984.

–, Karl Lamprecht und die internationale Geschichtswissenschaft an der Jahrhundertwende, in: AfK 67 (1985), 417–464.

–, Karl Lamprecht, Wegbereiter einer historischen Sozialwissenschaft?, in: Notker Hammerstein (Hg.), Deutsche Geschichtswissenschaft um 1900, Stuttgart 1988, 153–191.

–, Nachwirkungen der Lamprechtschen Geschichtsschreibung. Rezeptionen im Ausland und in der deutschen Geschichtswissenschaft und Soziologie, in: Diesener, Karl Lamprecht weiterdenken, 272–294.

SCHRADER, FRED E., Augustin Cochin et la République française, Paris 1992.

SCHREINER, KLAUS, Führertum, Rasse, Reich. Wissenschaft von der Geschichte nach der nationalsozialistischen Machtergreifung, in: Peter Lundgreen (Hg.), Wissenschaft im Dritten Reich, Frankfurt a. M. 1985, 163–252.

–, Wissenschaft von der Geschichte des Mittelalters nach 1945. Kontinuitäten und Diskontinuitäten der Mittelalterforschung im geteilten Deutschland, in: Ernst Schulin (Hg.), Deutsche Geschichtswissenschaft nach dem Zweiten Weltkrieg (1945–1965), München 1989, 87–146.

SCHREMMER, ECKART, Erich Maschke (2. März 1900–11. Februar 1982), in: HZ 235 (1982), 251–255.

SCHRÖDER-GUDEHUS, BRIGITTE, Deutsche Wissenschaft und internationale Zusammenarbeit 1914–1928. Ein Beitrag zum Studium kultureller Beziehungen in politischen Krisenzeiten, Diss. Phil. Genf 1966.

–, Internationale Wissenschaftsbeziehungen und auswärtige Kulturpolitik 1919–1933. Vom Boykott und Gegen-Boykott zu ihrer Wiederaufnahme, in: Rudolf Vierhaus/Bernhard vom Brocke (Hg.), Forschung im Spannungsfeld von Politik und Gesellschaft. Geschichte und Struktur der Kaiser-Wilhelm-/Max-Planck-Gesellschaft, Stuttgart 1990, 858–885.

–, Die Jahre der Entspannung: Deutsch-französische Wissenschaftsbeziehungen am Ende der Weimarer Republik, in: Yves Cohen/Klaus Manfrass (Hg.), Frankreich und Deutschland. Forschung, Technologie und industrielle Entwicklung im 19. und 20. Jahrhundert, München 1990, 105–115.

SCHÜDDEKOPF, OTTO-ERNST, Auf den Spuren historischer Vorurteile. Das Gespräch zwischen deutschen und französischen Historikern wird fortgesetzt, in: Pädagogische Blätter 3 (1952), 471–474.

–, Linke Leute von rechts. Die nationalrevolutionären Minderheiten und der Kommunismus in der Weimarer Republik, Stuttgart 1960.
SCHÜMER, DIRK, Geschichte als Waffenwerk. Die Hanseforscher entdecken ihre Vergangenheit, in: FAZ, 21.6.1995.
SCHÜRGERS, NORBERT J., Politische Philosophie in der Weimarer Republik. Staatsverständnis zwischen Führerdemokratie und bürokratischem Sozialismus, Stuttgart 1990.
SCHULIN, ERNST, Das Frankreichbild deutscher Historiker in der Zeit der Weimarer Republik, in: Francia 4 (1976), 659–673.
–, Geistesgeschichte, Intellectual History und Histoire des Mentalités seit der Jahrhundertwende, in: Ders., Traditionskritik und Rekonstruktionsversuch. Studien zur Entwicklung von Geschichtswissenschaft und historischem Denken, Göttingen 1979, 144–162.
–, Geschichtswissenschaft in unserem Jahrhundert, in: HZ 245 (1987), 1–30.
–, Die Französische Revolution, München, 2. Aufl. 1989.
–, Deutsche Geschichtswissenschaft nach dem Zweiten Weltkrieg (1945–1965), München 1989.
–, Deutsche und amerikanische Geschichtswissenschaft. Wechselseitige Impulse im 19. und 20. Jahrhundert, in: Ders., Arbeit an der Geschichte. Etappen der Historisierung auf dem Weg zur Moderne, Frankfurt a. M./New York 1997, 164–191, 248–255.
SCHULZ, GERHARD, Zwischen Demokratie und Diktatur. Verfassungspolitik und Reichsreform in der Weimarer Republik, Bd. 1, Berlin 1963.
SCHULZE, WINFRIED, Friedrich Meinecke und Otto Hintze, in: Erbe (Hg.), Friedrich Meinecke heute, 122–136.
–, Otto Hintze und die moderne Geschichtswissenschaft um 1900, in: Notker Hammerstein (Hg.), Deutsche Geschichtswissenschaft um 1900, Stuttgart 1988, 323–339.
–, Die Historiker und die historische Wirklichkeit. Die Modernisierung der deutschen Geschichtswissenschaft im 20. Jahrhundert, in: Boockmann/Jürgensen (Hg.), Nachdenken über Geschichte, 157–185.
–, Deutsche Geschichtswissenschaft nach 1945, München 1993.
–, Der Stifterverband für die Deutsche Wissenschaft 1920–1995, Berlin 1995.
–, /OEXLE, OTTO GERHARD (Hg.), Deutsche Historiker im Nationalsozialismus. Unter Mitarbeit von Gerd Helm und Thomas Ott, Frankfurt a. M. 1999.
SCHUMANN, PETER, Die deutschen Historikertage von 1893 bis 1937. Die Geschichte einer fachhistorischen Institution im Spiegel der Presse, Diss. Phil. Marburg/L. 1974.
SCHWABE, KLAUS, Wissenschaft und Kriegsmoral. Die deutschen Hochschullehrer und die politischen Grundfragen des Ersten Weltkrieges, Göttingen 1969.
SCHWARZ, ERIKA, Hedwig Hintze, in: Krüger (Hg.), Berliner Historiker, 80–88.
SCHWEIKER, MARION, Der Mutualismus Pierre-Joseph Proudhons als Grundlage einer föderativdemokratischen Neuordnung Europas, Göttingen 1996.
SEE, KLAUS VON, Die Ideen von 1789 und die Ideen von 1914. Völkisches Denken in Deutschland zwischen Französischer Revolution und Erstem Weltkrieg, Gütersloh 1975.
SEIBT, GUSTAV, Erzähler des Langsamen. Französische Historiographie im 20. Jahrhundert, in: Verena von der Heyden-Rynsch (Hg.), Vive la littérature. Französische Literatur der Gegenwart, München 1988, 234–237.
SIEBURG, HEINZ-OTTO, Probleme der Geschichte Frankreichs und des deutsch-französischen Verhältnisses im Lichte neuester Forschung, in: Deutsche Vierteljahrsschrift für Literaturwissenschaft und Geistesgeschichte 36 (1962), 277–315.
–, Literaturbericht über französische Geschichte der Neuzeit. Veröffentlichungen 1945 bis 1963, in: HZ, Sonderheft 2 (1965), 277–427.
–, Die Erbfeindlegende. Historische Grundlagen der deutsch-französischen Beziehungen, in: Ruth Stiel/Gustav Adolf Lehmann (Hg.), Antike und Universalgeschichte. FS Hans Ernst Stier, Münster 1972, 323–345.
–, Aspects de l'historiographie allemande sur la France entre 1871 et 1914, in: Francia 13 (1985), 561–578.

–, Französische Geschichtswissenschaft im 20. Jahrhundert. Hauptströmungen und Modellfälle, in: Heiner Timmermann (Hg.), Geschichtsschreibung zwischen Wissenschaft und Politik. Deutschland-Frankreich-Polen im 19. und 20. Jahrhundert, Saarbrücken 1987, 255-279.

–, Geschichte Frankreichs, Stuttgart, 4. Aufl. 1989.

–, Die Französische Revolution in der deutschen Geschichtsschreibung 1789-1989, in: Associazione degli Storici Europei (Hg.), La Storia della Storiografia Europea sulla Rivoluzione Francese, Relazioni Congresso maggio 1989, Roma 1990, 137-165.

SIMON, CHRISTIAN, Staat und Geschichtswissenschaft in Deutschland und Frankreich 1871-1914. Situation und Werk von Geschichtsprofessoren an den Universitäten Berlin, München, Paris, 2 Bde., Bern usw. 1988.

–, Drei Neuerscheinungen zur Geschichte der Geschichtswissenschaft in Deutschland nach 1945, in: Storia della Storiografia 20 (1991), 137-145.

–, Rez. von: Heinz Sproll, Französische Revolution und Napoleonische Zeit in der historisch-politischen Kultur der Weimarer Republik, München 1992, in: Storia della Storiografia 24 (1993), 180-184.

– Historiographie. Eine Einführung, Stuttgart 1996.

SMITH, LEONARD SANDER, Otto Hintze's comparative constitutional history of the West. Diss. Phil. Saint Louis 1967.

SOBOUL, ALBERT, Zum 80. Geburtstag von Georges Lefebvre, in: ZfG 3 (1955), 124-130.

–, Préface: Albert Mathiez – Georges Lefebvre. Pour le centième anniversaire de leur naissance (1874-1974), in: Voies nouvelles pour l'histoire de la révolution française. Colloque Albert Mathiez – Georges Lefebvre 1974, Paris 1978, 7-11.

Some Historians of modern Europe. Essays in Historiography. Hg. BERNADOTTE SCHMITT, Port Washington, N.Y., 2. Aufl. 1966.

SONTHEIMER, KURT, Antidemokratisches Denken in der Weimarer Republik, München, 2. Aufl. 1993.

SPARWASSER, REINHARD, Zentralismus, Dezentralisation, Regionalismus und Föderalismus in Frankreich. Eine institutionen-, theorie- und ideengeschichtliche Darstellung, Berlin 1986.

SPENCE RICHARDS, PAMELA, Deutschlands wissenschaftliche Verbindungen mit dem Ausland 1933-1945, in: Peter Vodosek/Manfred Komorowski (Hg.), Bibliotheken während des Nationalsozialismus, Teil II, Wiesbaden 1992, 111-132.

SPROLL, HEINZ, Französische Revolution und Napoleonische Zeit in der historisch-politischen Kultur der Weimarer Republik. Geschichtswissenschaft und Geschichtsunterricht 1918-1933, München 1992.

SRBIK, HEINRICH RITTER VON, Geist und Geschichte vom deutschen Humanismus bis zur Gegenwart, II. Band, München/Salzburg 1951.

STADLER, PETER, Internationaler Historikerkongreß im Schatten der Kriegsgefahr: Zürich 1938, in: Boockmann/Jürgensen (Hg.), Nachdenken über Geschichte, 269-281.

STAFF, ILSE, Zur Rezeption der Ideen der Französischen Revolution von 1789 in der deutschen Staatslehre des 20. Jahrhunderts, in: Die Ideen von 1789 in der deutschen Rezeption. Hg. vom Forum für Philosophie Bad Homburg, Frankfurt a. M. 1989, 223-258.

STEIN, WOLFGANG HANS, Die Inventarisierung von Quellen zur deutschen Geschichte. Eine Aufgabe der deutschen Archivverwaltung in den besetzten westeuropäischen Ländern im Zweiten Weltkrieg, in: Inventar von Quellen zur deutschen Geschichte in Pariser Archiven und Bibliotheken. Bearb. von einer Arbeitsgruppe unter Leitung von Georg Schnath. Hg. Wolfgang Hans Stein, Koblenz 1986, XXVII-LXVII.

STEINBACH, MATTHIAS, Der Weg ins Niemandsland. Wissenschaft und Krieg: Henri Pirenne als Kriegsgefangener in Jena, in: FAZ, 22.5.1996.

–, Weltgeschichte, Forstspaziergang und Selbstbetrachtung: Alexander Cartellieri (1867-1955) – Historiker in Jena, in: Blätter des Vereins für Thüringische Geschichte 6 (1996), H. 2, 35-41.

–, Paris-Erfahrung, Identität und Geschichte. Revolutionsgeschichtsschreibung und Frankreichbild bei Alexander Cartellieri (1867-1955), in: Francia 26/2 (1999), 141-162.

–, Des Königs Biograph. Alexander Cartellieri (1867-1955). Historiker zwischen Frankreich und Deutschland, Frankfurt a. M. 2001.
STEPHAN, INGE, Leben und Werk von Hedwig Guggenheimer-Hintze (1884-1942), in: Dies., Das Schicksal der begabten Frau. Im Schatten berühmter Männer, Stuttgart 1992, 143-156.
STEPHAN, WERNER, Aufstieg und Verfall des Linksliberalismus 1918-1933. Geschichte der Deutschen Demokratischen Partei, Göttingen 1973.
STERN, FRITZ, Die Historiker und der Erste Weltkrieg. Eigenes Erleben und öffentliche Deutung, in: Ders., Verspielte Größe. Essays zur deutschen Geschichte des 20. Jahrhunderts, München 1998, 37-68.
STIEG, MARGARET F., The Origin and Development of Scholarly Historical Periodicals, Tuscaloosa 1986.
STOLLEIS, MICHAEL (Hg.), Rechtsgeschichte im Nationalsozialismus: Beiträge zur Geschichte einer Disziplin, Tübingen 1989.
STOLLWERCK, DIETER, Das Problem der Rheingrenze unter besonderer Berücksichtigung Ludwig XIV. Diss. Phil. München 1972.
STRAUSS, LÉON, L'Université de Strasbourg repliée. Vichy et les Allemands, in: Les Facs sous Vichy. Textes rassemblés et présentés par André Gueslin, Clermont-Ferrand 1994, 87-112.
STREISAND, JOACHIM, Frankreich im Geschichtsbild des deutschen Faschismus, in: Revue d'Allemagne 10 (1978), 528-536.
TANNER, KLAUS, Die fromme Verstaatlichung des Gewissens. Zur Auseinandersetzung um die Legitimität der Weimarer Reichsverfassung in Staatsrechtswissenschaft und Theologie der zwanziger Jahre, Göttingen 1989.
TAPIÉ, VICTOR-LUCIEN, Aspects de la politique française sous l'Ancien Régime, Paris 1964.
THADDEN, RUDOLF VON, Restauration und napoleonisches Erbe. Der Verwaltungszentralismus als politisches Problem in Frankreich (1814-1830), Wiesbaden 1972.
THAMER, HANS-ULRICH, Die gespaltene Erinnerung. Vergangenheit und Gegenwart in den Revolutionsfeiern von 1889, 1939 und 1989, in: Geschichte und Geschichtsbewußtsein. FS Karl-Ernst Jeismann. zum 65. Geburtstag. Hg. Paul Leidinger, Dieter Metzler, Münster 1990, 535-558.
Theodor Schieffer 1910-1992. Mit Beiträgen von Heribert Müller (Theodor Schieffer. Leben und Werk), Horst Fuhrmann (Theodor Schieffer und die Monumenta Germaniae Historica), Rudolf Hiestand (Theodor Schieffer und die Regesta Pontificum Romanorum), Carlrichard Brühl (Theodor Schieffer als Diplomatiker), München 1992.
TIEMANN, DIETER, Schulbuchrevision im Schatten der Konfrontation. Deutsch-französische Auseinandersetzungen zwischen den beiden Weltkriegen, in: GWU 39 (1988), 342-362.
–, Deutsch-Französische Jugendbeziehungen der Zwischenkriegszeit, Bonn 1989.
–, Zweigstelle Paris des DAAD und Institut français de Berlin. Zwei Einrichtungen der auswärtigen Kulturpolitik mit jugendpolitischer Orientierung, in: Hans Manfred Bock u. a. (Hg.), Entre Locarno et Vichy, Bd. 1, Paris 1993, 287-300.
–, Rez. von: Michel Grunewald/Jochen Schlobach (Hg.), Vermittlungen. Aspekte der deutsch-französischen Beziehungen vom 17. Jahrhundert bis zur Gegenwart, 2 Bde., Bern usw. 1992, in: Francia 21/2 (1994), 274-276.
–, Deutsche Jugend zwischen Ost und West – ein Aspekt der Diskussionen um Kulturtransfer Ende der 20er, Anfang der 30er Jahre, in: Christian Baechler/Klaus-Jürgen Müller (Hg.), Dritte in den deutsch-französischen Beziehungen, München 1996, 207-214.
TIMM, ALBRECHT, Robert Holtzmann, in: NDB 9, 562.
TOUBERT, PIERRE, Préface, in: Marc Bloch, Les caractères originaux de l'histoire rurale française, Paris, 3. Aufl. 1988, 5-41.
Transferts. Les relations interculturelles dans l'espace franco-allemand (XVIIIè-XIXè siècle). Textes réunis et présentés par MICHEL ESPAGNE, MICHAEL WERNER, Paris 1988.
TRAVERSO, PAOLA, Victor Klemperers Deutschlandbild – Ein jüdisches Tagebuch, in: TelAviverJbdtG 26 (1997), 307-344.

TREBITSCH, MICHEL, Les Revues européennes de l'entre-deux-guerres, in: Vingtième siècle 44, oct.-déc. 1994, 135–138.
Übersicht über die gesamte literarische und dozentliche Tätigkeit von Prof. Dr. Eugen Wohlhaupter, erg. von H. G. Seifert, o. O. 1948.
ULLRICH, VOLKER, Späte Reue der Zunft, in: Die Zeit, 17. 9. 1998.
UNGERN-STERNBERG, JÜRGEN U. WOLFGANG VON, Der Aufruf »An die Kulturwelt«. Das Manifest der 93 und die Anfänge der Kriegspropaganda im Ersten Weltkrieg, Stuttgart 1996.
VAUCHER, PAUL, Gaston Zeller (1890–1960), in: RH 225 (1961), 530–532.
VEIT-BRAUSE, IRMLINE, The Place of Local and Regional History in German and French Historiography: some general reflections, in: AJFS 16 (1979), 447–478.
Visions allemandes de la France (1871–1914)/Frankreich aus deutscher Sicht. Hg. HELGA ABRET u. a., Bern usw. 1995.
VOGLER, GÜNTER, Otto Hintze (1861–1940), in: Edeltraut Krüger (Hg.), Berliner Historiker, 34–52.
VOIGT, GERD, Rußland in der deutschen Geschichtsschreibung 1849–1945, Berlin 1994.
VOLKMANN, HANS-ERICH (Hg.), Das Rußlandbild im Dritten Reich, Köln usw. 1994.
–, Deutsche Historiker im Umgang mit Drittem Reich und Zweitem Weltkrieg 1939–1049, in: Ders. (Hg.), Ende des Dritten Reiches – Ende des Zweiten Weltkriegs. Eine perspektivische Rückschau, München 1995, 861–911.
–, Von Johannes Haller zu Reinhard Wittram. Deutschbaltische Historiker und der Nationalsozialismus, in: ZfG 45 (1997), 21–46.
–, »Als Polen noch der Erbfeind war«: Zum 50. Todestag des politischen Historikers Johannes Haller, in: Die Zeit, 12. 12. 1997.
VOSS, INGRID, Deutsche und französische Geschichtswissenschaft in den dreißiger Jahren, in: Bock u. a. (Hg.), Entre Locarno et Vichy. Les relations culturelles franco-allemandes dans les années 1930, Bd. 1, 417–438.
VOVELLE, MICHEL, Die Französische Revolution. Soziale Bewegung und Umbruch der Mentalitäten, Frankfurt a. M. 1989.
WACKER, ULRICH, Rez. von: Marc Bloch, Die Feudalgesellschaft, Berlin 1982, in: Das Argument 137 (1983), 143–145.
WALTER, FRANZ, Nationale Romantik und revolutionärer Mythos. Politik und Lebensweisen im frühen Weimarer Jungsozialismus, Berlin 1986.
WALTHER, PETER THOMAS, Emigrierte deutsche Historiker in den Vereinigten Staaten, 1945–1950: Blick oder Sprung über den Großen Teich?, in: Christoph Cobet (Hg.), Einführung in Fragen an die Geschichtswissenschaft in Deutschland nach Hitler 1945–1950, Frankfurt a. M. 1986, 41–50.
–, Von Meinecke zu Beard?: Die nach 1933 in die USA emigrierten deutschen Neuhistoriker, Diss. Phil. New York 1989.
–, Fritz Hartung und die Umgestaltung der historischen Forschung an der Deutschen Akademie der Wissenschaften zu Berlin, in: Historische Forschung und sozialistische Diktatur. Beiträge zur Geschichtswissenschaft der DDR. Hg. Martin Sabrow/Peter Th. Walther, Leipzig 1995, 59–73.
WALTHER, RUDOLF, Art. »Marxismus«, in: Geschichtliche Grundbegriffe, Bd. 3, Stuttgart 1982, 937–976.
WATT, IAN, L'institution du compte-rendu, in: Actes de la Recherche en Sciences Sociales, Paris 1985, 85–86.
WEHLE, WINFRIED, Unversöhnt. Zum Streit um Ernst Robert Curtius, in: FAZ, 11. 3. 1998.
WEIGAND, WOLF VOLKER, Walter Wilhelm Goetz 1867–1958. Eine biographische Studie über den Historiker, Politiker und Publizisten, Boppard 1992.
WEIN, FRANZISKA, Deutschlands Strom – Frankreichs Grenze. Geschichte und Propaganda am Rhein 1919–1930, Essen 1992.

Weißmann, Karlheinz, Der Weg in den Abgrund. Deutschland unter Hitler 1933 bis 1945, Berlin 1995 (= Propyläen Geschichte Deutschlands, Bd. 9).

Weisz, Christoph, Geschichtsauffassung und politisches Denken Münchener Historiker der Weimarer Zeit, Berlin 1970.

Werner, Karl Ferdinand, Hauptströmungen der neueren französischen Mittelalterforschung, in: WaG 13 (1953), 187–197.

–, Das NS-Geschichtsbild und die deutsche Geschichtswissenschaft, Stuttgart 1967.

–, Die deutsche Historiographie unter Hitler, in Bernd Faulenbach (Hg.), Geschichtswissenschaft in Deutschland. Traditionelle Positionen und gegenwärtige Aufgaben, München 1974, 86–96.

–, Machtstaat und nationale Dynamik in den Konzeptionen der deutschen Historiographie 1933–1940, in: Franz Knipping/Klaus-Jürgen Müller (Hg.), Machtbewußtsein in Deutschland am Vorabend des Zweiten Weltkrieges, Paderborn 1984, 327–361.

–, Marc Bloch et la recherche historique allemande, in: Atsma/Burguière (Hg.), Marc Bloch, 125–134.

–, Historisches Seminar – École des Annales. Zu den Grundlagen einer europäischen Geschichtsforschung, in: Jürgen Miethke (Hg.), Geschichte in Heidelberg. 100 Jahre Historisches Seminar, 50 Jahre Institut für Fränkisch-Pfälzische Geschichte und Landeskunde, Berlin usw. 1992, 1–38.

–, Marc Bloch und die Anfänge einer europäischen Geschichtsforschung. Vortrag gehalten am 16. Juni 1994 anläßlich der Wiederkehr des 50. Todestages des französischen Mediävisten Marc Bloch, Saarbrücken 1995.

–, Karl der Große oder Charlemagne? Von der Aktualität einer überholten Fragestellung, München 1995.

Werner, Michael, Maßstab und Untersuchungsebene. Zu einem Grundproblem der vergleichenden Kulturtransfer-Forschung, in: Lothar Jordan/Bernd Kortländer (Hg.), Nationale Grenzen und internationaler Austausch. Studien zum Kultur- und Wissenschaftstransfer in Europa, Tübingen 1995, 20–33.

Wiese, Leopold von, Erinnerungen, Köln 1957.

Wildt, Michael, Generation des Unbedingten. Das Führungskorps des Reichssicherheitshauptamtes, Hamburg 2002.

Winkler, Heinrich August, Der Schein der Normalität. Arbeiter und Arbeiterbewegung in der Weimarer Republik 1924 bis 1930, Berlin/Bonn 1985.

–, Der Weg in die Katastrophe. Arbeiter und Arbeiterbewegung in der Weimarer Republik 1930 bis 1933, Berlin/Bonn 1987.

–, Hans Rothfels – ein Lobredner Hitlers? Quellenkritische Bemerkungen zu Ingo Haars Buch »Historiker im Nationalsozialismus«, in: VfZG 49 (2001), 643–652.

Wolf, Rainer, Hermann Heller, in: Kritische Justiz 26 (1993), 500–507.

Wolf, Ursula, Litteris et Patriae. Das Janusgesicht der Historie, Stuttgart 1996.

Wüstemeyer, Manfred, Die »Annales«: Grundsätze und Methoden ihrer »neuen Geschichtswissenschaft«, in: VSWG 54 (1967), 1–45.

Ziebura, Gilbert, Die deutsche Frage in der öffentlichen Meinung Frankreichs von 1911–1914, Berlin 1955.

–, Die deutsch-französischen Beziehungen seit 1945. Mythen und Realitäten, Pfullendorf 1970.

Personenregister

Abel, Wilhelm 212 ff.
Ammann, Hektor 113, 115, 118
Andreas, Willy 390
Anschütz, Gerhard 289 ff., 297 f.
Aron, Raymond 416
Aubin, Gustav 431
Aubin, Hermann 19, 113, 219, 276 f., 476
Aulard, Alphonse 243 f., 260-290, 327-352, 359, 368, 372 f., 383, 388, 391, 396-408, 477

Baethgen, Friedrich 198
Bahr, Richard 268
Bainville, Jacques 112, 116, 400, 402 ff.
Bamberger, Ludwig 296
Barbusse, Henri 248
Barrès, Maurice 245-253, 257 ff., 338
Batiffol, Louis 102, 111
Bauer, Stephan 276
Bauer, Wilhelm 281
Baulig, Henri 476
Baumgardt, David 317 f.
Baumont, Maurice 476
Becker, Carl Heinrich 178, 248
Becker, Otto 390, 408, 429 f.
Below, Georg von 147, 149, 165, 206, 276 f.
Benaerts, Pierre 424 f., 431, 436 f., 455
Benoist, Charles 83
Bergstraesser, Arnold 18, 109, 192, 249, 302
Bernstein, Eduard 361
Berr, Henri 130, 133, 142 f., 230, 236 f.
Bertaux, Felix 253
Bertram, Ernst 245-253
Best, Werner 442
Beyerhaus, Gisbert 94, 396-402
Beyerle, Konrad 176
Blanc, Louis 273
Bloch, Marc 14, 28, 33, 39 ff., 74 f., 108, 129-240, 372, 407 f., 416, 425 ff., 433, 436, 451, 473-483
Boehm, Max Hildebert 393

Boissonnade, Prosper 207
Bosch, Robert 69 ff.
Boucau, Henri 74
Bouglé, Celestin 355-360
Bourgin, Georges 344, 353, 476
Boutruche, Robert 135 f., 228
Brackmann, Albert 47, 119, 156, 256, 283, 334 f., 388 f., 420-460
Brandenburg, Erich 390, 408
Brandi, Karl 91-97, 126, 229, 335, 422
Brandt, Ahasver von 200
Braubach, Max 120, 126
Braudel, Fernand 132, 138, 145 f., 190
Braune, Frieda 408
Braun-Vogelstein, Julie 42
Brentano, Lujo 265 f.
Breysig, Kurt 252
Brinkmann, Carl 198, 205-210, 265 f.
Brinton, Crane 404, 407
Brunner, Otto 145, 186, 237 f.
Brunschwig, Henri 416, 476
Bücher, Karl 310
Bühler, Johannes 245 f., 249
Burdach, Konrad 242, 254
Burke, Edmund 337 f.
Büttner, Heinrich 441 f.

Calmette, Joseph 127
Carlyle, Thomas 356
Cartellieri, Alexander 21, 29, 110 f., 412, 418 ff.
Cochin, Augustin 355, 397-405
Conze, Werner 144 f.
Coornaert, Émile 437
Crouzet, Maurice 437
Curtius, Ernst Robert 16 f., 82, 84, 108, 122, 184, 231, 247-253, 259

Darmstädter, Paul 370, 375
Daudet, Léon 257
De Sanctis, Gaetano 282

Debrix, René 70
Dehio, Ludwig 137
Delbrück, Hans 265 f., 294
Delevsky, Jacques 356
Demangeon, Albert 71, 82 f., 113, 120, 126, 212
Denis, Ernest 437
Dernburg, Heinrich 441
Dessoir, Max 416
Distelbarth, Paul H. 16, 70
Dopsch, Alphons 150, 162, 166, 205, 208 ff., 214, 230
Droysen, Johann Gustav 61
Durkheim, Emile 348, 399, 403

Ebert, Max 210
Eckhardt, Karl August 177, 179
Einstein, Albert 318
Eisenmann, Louis 167, 416 f., 423-439, 454 f., 460
Engel, Wilhelm 229
Engels, Friedrich 312, 356 ff., 376
Enklaar, Diederik Theodorus 445 f., 455
Ennen, Edith 447, 449
Entholt, Hermann 452
Epstein, Fritz 360
Epting, Karl 439
Ernst, Fritz 54
Eschenburg, Theodor 52, 348
Eschmann, Ernst-Wilhelm 20
Espinas, Georges 170, 276, 425, 476
Ewig, Eugen 231

Fabian, Walter 278
Fagniez, Gustave 400-404
Fawtier, Robert 137, 183
Febvre, Lucien 28, 33, 71, 74, 78, 82 f., 104, 108, 113, 120-137, 143 f., 148-153, 183 f., 207, 216, 225, 277, 407 f., 476
Fester, Richard 59, 389 ff., 443
Finke, Heinrich 176
France, Anatole 387
Frank, Walter 77, 89, 116, 404, 454
Franqué, Wolfgang von 115
Franz, Günther 113, 179, 212 f.
Freyer, Hans 142, 145, 408
Friedrich, Hans E. 68 f.
Frings, Theodor 113
Fueter, Eduard 54

Fueter, Elisabeth 54
Funck-Brentano, Frantz 112

Gamillscheg, Ernst 440, 455 f.
Ganshof, François-Louis 162, 183, 423-437, 447, 454, 456
George, Stefan 247 f., 251 ff.
Gerhard, Dietrich 25, 42, 244, 269, 307
Gershoy, Leo 407
Gide, André 248
Gierke, Otto 291
Giraud, Emile 311
Glagau, Hans 270
Gneist, Rudolf 291
Goebbels, Joseph 406
Goetz, Walter 13, 268, 280 ff., 317-320, 325, 408
Göhring, Martin 348, 478
Goldschmidt, Paul 347
Gooch, George-Peabody 282
Göring, Helmut 113
Gottschalk, Louis 352
Grabowsky, Adolf 245
Gradmann, Robert 212
Grautoff, Otto 16
Griewank, Karl 72, 94
Grimm, Friedrich 116
Grimme, Adolf 319
Grollmuß, Maria 408
Guggenheimer, Moritz 288
Gurian, Waldemar 69

Halbwachs, Maurice 476
Haller, Johannes 21, 29, 37 f., 51-128, 165, 194, 199, 392, 473 f.
Halphen, Louis 116, 163 f., 232 f., 436, 456
Harnack, Adolf von 265, 267
Hartmann, Karl Julius 409
Hartmann, Ludo Moritz 276
Hartung, Fritz 89, 94, 283, 285, 364, 388-392, 406, 420, 441-451, 458
Hashagen, Justus 138, 365
Hassinger, Hugo 119
Haubach, Theodor 321
Hauser, Henri 232, 367 ff., 373, 383, 407, 476
Haushofer, Heinz 213
Hechtle, Martha 447
Hegemann, Werner 295

Heimann, Eduard 286, 317
Heimpel, Hermann 21 f., 133–138, 189, 202, 480
Heinermann, Theodor 94 ff.
Heinrichs, Katharina 408
Helbok, Adolf 113, 215, 218, 221–225, 228, 475
Heller, Hermann 286 f., 317 f., 320–326, 328
Hennecke, Edgar 188
Herkner, Heinrich 242, 265 f.
Herre, Paul 73
Herzfeld, Hans 391
Heuss, Theodor 70, 290
Heymann, Carl (Verlag) 290
Heymann, Ernst 174
Hilferding, Rudolf 336 f.
Himmler, Heinrich 179, 441
Hintze, Hedwig 15, 41 ff., 139, 225, 241–408, 420, 473–483
Hintze, Otto 41 f., 167, 237 f., 241 f., 244, 252, 267 ff., 271, 280, 284, 308 f., 352, 375, 379 ff., 389 ff., 451
Histermann, B. 397
Hitler, Adolf 23, 65, 70, 111, 221, 223
Hoetzsch, Otto 283
Hoffmann-Linke, Eva 333
Holtzmann, Robert 21, 47 f., 113, 115 f., 159–165, 167, 184 ff., 198, 285, 413–460, 473–483
Holtzmann, Walther 229, 235
Hölzle, Erwin 94
Hömberg, Albert 225 f.
Hoppe, Willy 226, 440, 458
Houdaille, Jacques 476
Hübinger, Paul Egon 83, 126, 452 f.
Huizinga, Johan 66, 68, 282, 407, 434, 448
Huppertz, Barthel 215, 225–228

Isaac, Jules 73

Jaffé, Fritz 115
Jankuhn, Herbert 213
Janssen, Johannes 80
Jaspers, Gertrud 390
Jaurès, Jean 245, 259, 265, 274 f., 278 f., 283, 285 f., 297 ff., 321, 326–364, 368, 373, 382–386, 406, 477
Jellinek, Walter 289
Johnsen, Oscar Albert 438

Johnson, Alvin 360, 367
Jourdan, Henri 416, 454
Jünger, Ernst 116
Just, Leo 93, 97, 121 ff., 205

Kaehler, Siegfried August 271 f.
Kämpf, Hellmut 198 ff., 202
Kant, Immanuel 264, 283, 295 ff.
Kantorowicz, Ernst 188, 203
Kaser, Kurt 276
Kehr, Eckart 25, 295
Kehr, Paul Fridolin 230
Kelsen, Hans 284
Kerkhof, Karl 49
Kern, Fritz 31, 63, 80, 93, 113, 186 ff., 199
Keyserling, Hermann 16
Kienast, Walther 94, 136, 162, 184, 193 f., 198, 229, 232, 417, 453
Kirn, Paul 94, 126
Klemperer, Victor 251
Knapp, Georg Friedrich 213
Knapp, Georg Friedrich 213
Kneip, Jakob 245, 247
Kobylinski, Hanna 408
Koch-Weser, Erich 366
Koebner, Richard 166
König, René 416
Korsch, Karl 364, 368, 377 f., 383 f.
Koser, Reinhold 59
Kötzschke, Rudolf 213, 220, 222
Kretzschmar, Johannes 433 f.
Krieck, Ernst 197
Krusch, Bruno 415
Krüß, Hugo Andres 410 f., 430, 438
Kulischer, Josef 206 ff.
Kuske, Bruno 113

Labrousse, Ernest 145
Lamprecht, Karl 14, 133, 138–143, 165, 220, 310
Langlois, Charles Victor 142 f.
Langwieler, Wilhelm 336
Laski, Harold 353
Latouche, Robert 436, 438
Lavisse, Ernest 372
Leber, Julius 316
Lederer, Emil 317, 354
Lefebvre, Georges 206, 213, 333, 390, 404, 407, 476

Lenz, Kurt 278
Leuilliot, Paul 476
Levison, Wilhelm 235 f.
Leyh, Georg 411
Lichtenberger, André 386
Lichtenberger, Henri 117
Lintzel, Martin 186
Loesch, Karl C. von 244
Lotz, Walther 265 f.
Lousse, Émile 451
Ludwig, Emil 351
Lührs, Margot 408
Lütge, Friedrich 212 f.

Maitland, Frederic William 213
Malon, Benoît 361
Man, Hendrik de 305, 309–317, 325
Mann, Heinrich 247, 251 f.
Mann, Thomas 247, 251, 253
Mantoux, Paul 73
Marcks, Erich 59, 283, 375, 388
Markov, Walter 45, 414
Marx, Karl 257, 312, 341 ff., 349, 356–364, 376, 382
Maschke, Erich 146
Masur, Gerhard 12 f.
Mathiez, Albert 283, 327–364, 368, 383, 390, 403–408, 477
Maurras, Charles 124, 257, 338, 403
Mayer, Gustav 352, 360, 389
Mayer, Theodor 23 f., 94 f., 113 f., 119 ff., 162 f., 221, 438, 442, 448, 454, 460
Mayrisch, Emile 70
Mehring, Franz 363
Meinecke, Friedrich 23, 25, 110, 147, 206, 241 f., 255 f., 260, 265 ff., 270, 272, 281, 287, 292, 294, 303, 317 ff., 334 ff., 375, 388 ff., 408, 415, 417
Meitzen, August 211 f.
Mennicke, Karl 317
Méquet, Gustave 476
Metz, Friedrich 113, 115, 119 f., 218, 448
Meynen, Emil 113, 119 f.
Michelet, Jules 337, 343
Mitteis, Heinrich 184, 197 f., 237 f., 452 f.
Möllenberg, Walter 163
Mommsen, Wilhelm 68, 79, 84, 88 ff., 102, 111, 433, 436 f.
Monod, Gabriel 338

Müller, Karl Alexander von 407, 454

Naumann, Friedrich 244, 297, 303
Niekisch, Ernst 321
Niessen, Josef 113, 447
Nietzsche, Friedrich 252 ff.
Nitti, Francesco 311

Oldenbourg, Wilhelm 334 f.
Oncken, Hermann 15, 29, 55, 67, 69, 83 f., 247, 251, 374 f., 392
Oppenheimer, Franz 284, 318
Oppermann, Otto 434
Ostrich, Georg 439
 (= Georg Rabuse)
Ostrogorski, Moishe Jakowlewitsch 399

Pagès, Georges 73, 75 f., 98
Pange, Jean de 31
Paul, Johannes 438
Perrin, Charles-Edmond 162 f., 184, 221, 476
Perroy, Édouard 420, 448
Petit-Dutaillis, Charles 416, 454
Petri, Franz 22 f., 111 f., 115–120, 420–456
Pfeifer, Gottfried 113
Pfister, Christian 160
Pfleger, Luzian 86
Piganiol, André 476
Pirenne, Henri 14, 47, 142, 166, 171, 276 f., 282, 310, 414, 419 ff., 428, 449, 451, 453
Platz, Hermann 336
Platzhoff, Walter 55, 94, 430, 448
Pleyer, Kleophas 77 f., 223 ff., 228, 392 ff., 403
Preuß, Hugo 243, 284 ff., 288–300, 306 f., 315, 325, 327, 366 f., 378 f., 388
Proudhon, Pierre-Joseph 257 ff., 273, 275, 278, 360, 378, 384

Quidde, Ludwig 390
Quinet, Edgar 337, 384

Rachfahl, Felix 294
Radbruch, Gustav 318, 320
Ranke, Leopold von 61
Ratzel, Friedrich 82
Raumer, Kurt von 68, 71 f., 111, 117

Reifenberg, Benno 77
Reimann, Arnold 73
Reincke, Heinrich 452 f.
Reincke-Bloch, Hermann 48, 417
Renouvin, Pierre 73
Ritter, Gerhard 18, 23, 25, 29, 109, 132-138, 374 f., 480
Ritterbusch, Paul 94, 178, 180 f.
Rohden, Peter Richard 404 ff.
Rolland, Romain 259 f.
Rörig, Fritz 94, 166, 170 f., 448, 452, 455, 458
Rosenberg, Arthur 317, 320
Rosenberg, Hans 213
Rothfels, Hans 15, 89, 146, 270 ff., 391 f., 436 f.
Roupnel, Gaston 204
Rust, Bernhard 430

Sagnac, Philippe 333
Salomon, Albert 337, 382
Salomon, Gottfried 284, 402
Sartre, Jean-Paul 416
Sattler, Paul 69
Schäfer, Dietrich 47, 111, 414
Scharff, Alexander 95
Scheel, Otto 67
Scheidewin, Wolfgang 254 f.
Schieder, Theodor 144, 224, 394
Schieffer, Theodor 228-237, 474
Schmidt-Ott, Friedrich 411
Schmitt, Carl 69, 94, 116, 284, 288 f., 305 f., 320, 391 f., 402
Schnabel, Franz 18, 22, 29, 259, 262, 382
Schnath, Georg 232
Schneider, Karl G. 97
Schramm, Percy Ernst 184, 188-203, 474 f.
Schreiber, Georg 480
Schulte, Aloys 55, 93, 278, 396, 453
Schultze, Walther 441
Schumpeter, Joseph Alois 304
Scurla, Herbert 437
Sée, Henri 155, 206 f., 344, 353, 356, 358, 391
Seignobos, Charles 143
Sieburg, Friedrich 16 f., 77, 109
Sion, Jules 212, 476
Smend, Rudolf 284
Sorel, Albert 63, 80

Spahn, Martin 113
Spengler, Oswald 257
Sproemberg, Heinrich 46 ff., 161 ff., 166-172, 232, 413-460, 473-483
Srbik, Heinrich Ritter von 220, 271-281, 287
Stadelmann, Rudolf 336
Stählin, Karl 265 ff., 283, 388
Stegemann, Hermann 55, 93
Steinacker, Harold 218, 220 f., 395
Steinbach, Franz 23, 97, 111, 113-120, 228, 421 f., 434, 442-456
Stengel, Edmund Ernst 113
Stern, Alfred 282

Taine, Hippolyte 261 ff., 273, 282, 336-339, 396-408
Tawney, Richard Henry 213
Tenhaeff, Nicolas Bernadus 438
Thiers, Adolphe 58
Thimme, Friedrich 265 ff.
Thoma, Richard 291
Tillich, Paul 286, 317, 325
Tocqueville, Ch. Alexis de 337 f., 354, 376, 401
Troeltsch, Ernst 241 f., 257, 306, 325

Uebersberger, Hans 94
Ulbricht, Walter 414

Valentin, Veit 295
Varga, Lucie 407
Verriest, Léo 153
Vidal de la Blache, Paul 216
Vinogradoff, Paul 213
Vogel, Walter 166, 170, 226, 432, 452
Voltelini, Hans von 159
Vossler, Karl 455

Wagner, Hans 205
Wahl, Adalbert 20 f., 311, 334 f., 347, 364, 397, 403 f.
Wandel, Paul 451
Watrin, Paul 124 f.
Weber, Alfred 142, 208, 265 f., 286, 301-311, 315, 325
Weber, Max 297, 303
Wechssler, Eduard 16
Weill-Raynal, Étienne 73

Wendel, Hermann 295, 317, 345, 348, 351, 356
Wendorf, Hermann 113, 115
Wentzcke, Paul 79, 90, 95, 113 f., 443, 447
Wiese, Leopold von 265 f.
Wittich, Werner 212
Wittram, Reinhard 52, 55
Wohlhaupter, Eugen 172–181, 474 f.
Wolfram, Georg 79, 86 ff., 110, 124, 126

Wopfner, Hermann 205, 208–212, 215–223, 475
Wundt, Wilhelm 257, 310

Zeiss, Hans 94
Zeller, Gaston 37 f., 51–128, 199, 473 f.
Zender, Matthias 448
Ziegler, Wilhelm 74